欧洲法与比较法前沿译丛编委会

主　编：李　昊

编　委：季红明　杜如益　葛平亮

　　　　黄　河　蒋　毅　查云飞

欧洲法与比较法前沿译丛
丛书主编：李　昊

|第三版|

民法方法论

从萨维尼到托依布纳

上　册

【德】约阿希姆·吕克特
【德】拉尔夫·萨伊内克 ◎主编
刘志阳　王战涛　田文洁 ◎译
刘志阳 ◎校

Methodik des Zivilrechts
von Savigny bis Teubner
（*3. Auflage*）

Joachim Rückert
Ralf Seinecke

中国法制出版社
CHINA LEGAL PUBLISHING HOUSE

本书为司法部2020年度法治建设与法学理论研究部级科研项目"民法典适用中的方法论研究"（20SFB4051）的研究成果

西法东渐，尔来百年。精卫填海，其得其失？

试举一例：清光绪二十八年，梁任公急心于救国而作《新民说·论权利思想》，仅述耶林权利思想之"崖略"；此后薪火相继，百余年间，译此名著者代有其人；而今海峡两岸，《为权利而斗争》汉译本频出，精品不断。年近期颐的潘汉典教授更是在新中国成立前和改革开放后两个节译本的基础上，准备结合德文原著的多个版本和多语译本，推出该书更新、更深思熟虑的全译本。真可谓不负耶林，不负任公！法律翻译界五世同堂，各尽其力，此诚文化之盛世，亦比较法之盛世也！

且不言严复先生所倡"信、达、雅"之标准，翻译本非鹦鹉学语、口耳之学，乃在新语言环境下之诠释与再造。法律翻译更是融汇东西方社会治理之经验，谋求古今中西仁人思想之汇通。故清末法学家沈家本修律，颇得益于同文馆之法学译著。梅仲协先生评价民国时期制定的民法典："现行民法，采德国立法例者，十之六七，瑞士立法例者，十之三四，而法日苏联之成规，亦尝撷取一二。"新中国的法制建设最初得益于苏联法学；改革开放后的法制重建，视野更为广阔，对欧美各国的法律关注不断加深。比较法学者也渐渐从宏大的法理阐释，走向微观的法律制度和判例研习；许多研究者也从单纯的以"西药寻中病"式研究，转向了谋求中西法学对于共同关切的重大社会问题之交流与反思。

德国法之译介，自 20 世纪 90 年代以来有法律出版社出版、米健教授主持的"当代德国法学名著"译丛以及吴越教授主持的"德国法学教科书"译丛，其影响之深远，在业界功不可没。然而德国法学著作汗牛充栋，法律更新更是日新月异，许多有特色、有深度的作品仍然值得我们继续挖掘。欧盟法的发展在近十年亦是异军突起，然而目前尚无特别全面、体系化的译丛。本丛书正是希望补时之缺，给更倾向于中文阅读的读者提供一批德国和其他欧盟国家最新的法学名作，力求让读者把握德国法和欧盟法的最新脉动，拓展比较法的视野。德国法部分沿袭人大社和北大社已有的德国法学教科书策划书目，大体分为基础教程、拓展教程以及部分专著，以查缺补漏和注重前沿交叉为特色；欧盟法部分在选材上则不拘一格，既有大部头的综合教材，也有针对某一领域、某一问题的专论。同时，丛书还部分涉猎英美学者的经典名著和前沿作品。

放眼世界，目下比较法学颇有"式微"之惑。恰如韩世远教授在其新版《合同法总论》序言中结合个人访学经历作出的观察：美国学者坦陈"不再注重欧洲的文字和思想"；而在德国司法实务中，比较法解释也缺乏权威性。进而得出，"在法体系的形成期，比较法最易发挥其作用；一旦法体系形成并日趋成熟，该体系已可为所遇到的法律问题提供成套的解决方案，自给自足，便成寻常"。另外，2018 年 6 月底，英国退欧钟声敲响，欧元区财政一体化动议受挫，欧盟法的适用地域、深化层次也在缩减。此时在中国研究德国法和欧盟法还有意义吗？答案无疑是肯定的。比如大数据时代的数据保护，德国、欧盟几乎是日新月异，它们的解决方案中有哪些经验和教训？对中国无疑颇具启迪意义。再如德国民法典的编纂艺术，以及后法典时期如何续造法律、与时俱进，都对当下的民法典立法以及未来的法治建设意义深远。故而，在比较法越来越难以为我国法治提供现成答案的前提下，在比较法本身也无法在司法实务中自证其正当性和权威性的情况下，它带给人们的是超越法域的人类理解，以及对共同疑难问题的方案参考。从法律人自身修养而言，比较法带来的宏大视野和智慧启迪也是不可或缺的。在风景如画的阿尔斯特湖畔，在汉堡马克斯·普朗克比较与国际私法研究所的四层地下书库，我们再次感受到了比较法的力量。

　　本译丛自 2013 年动意以来，由北京航空航天大学李昊老师牵头，与明斯特大学、科隆大学、汉堡大学等德国著名学府的诸位在读博士共同遴选策划了德国部分书目；欧盟法书目则主要得益于毕业于中国政法大学中欧法学院的诸位留欧博士。译事不易，甘苦自知。前后弹指五年，其间多有波折，我们策划的部分书目已经在中国人民大学出版社、北京大学出版社先后出版，编委会在此衷心感谢。本次策划出版的四十余本译著，在规模、涵盖领域上可以说是盛况空前的。中国法制出版社的马颖主任及侯鹏、靳晓婷、王雯汀等多位编辑不仅在出版事宜上给予了大力支持，而且各位编辑老师的眼光、魄力也给我们留下了深刻的印象。本编委会在此对中国法制出版社和各位编辑老师致以深深的谢意。本丛书的译者虽然大部分都有留欧学习的经历，然而法律语言古奥，加之译者个人的经验和学养有限，有所讹误在所难免，望广大同仁不吝指正赐教，欣欣为盼！

丛书编委会谨识

2018 年 6 月 28 日

民法方法论（Methodik）并不是某种方法学说（Methodenlehre）。其客体并非确立法律研究中唯一正确标准的某一方法。从这一意义上讲，方法论或许是一个被剪裁过的词。它并不涉及某一唯一正确的法学理论，而是对法学技艺和法律工作方式的描述。因此，这里的方法论重点涵盖德国200多年以来最具影响力的方法立场研究。借此，对本书的理解可能会更明晰。

这本《民法方法论》的关注点始于萨维尼，止于托依布纳。他们均极具代表性。本书开篇始于萨维尼（Savigny，1779—1861），绝非偶然。对此至少有四个理由：（1）萨维尼贡献了相当详细的方法论。自1802年冬季学期开始，萨维尼就开设了法学自学导论课程（Anleitung zu einem eigenen Studium der Jurisprudenz），并有意识地称之为方法论（Methodik）。这完全符合今天我们对方法论的理解。萨维尼认为，在法律学习中应当对法源分析和法源批判进行训练。然而，就像人们常常认为的那样，在今天，这些方法规则已经很难被直接使用。（2）早在1840年，萨维尼就全面构思出了自己的方法论。（3）在法律方法论上，他特意明确地使用了宪法政策关联。这是因为方法问题同时一直是宪法问题。（4）最后，萨维尼的方法论效用极强——至少是解释中的"解释规准"（canones）这一形式。因此，将萨维尼置于首位更为合理，而不是代之以诸如胡果（Gustav Hugo，1764 年生）、蒂堡（Anton F. J. Thibaut，1772 年生）或费尔巴哈（Paul J. A. Feuerbach，1775 年生）这些著名的法学家。

同样，从 19 世纪开始亦不无原因。欧洲大陆的现代转折和首批西方宪法都出现在这一时期。对于法而言，继受的罗马法的旧的诠释学和理性法的哲学公理方法以及涵摄方法已经退出历史舞台。立法机关、司法机关、律师和学术之间的关系必须被重新调整——当然也包括方法论。宪法问题已经决定性地影响到了该时代的方法论。

杰出的方法论家群体中最年轻者当属托依布纳（Gunter Teubner，1944— ）。他的社会学方法在 20 世纪和 21 世纪为法学开创了一个新的视角。这一方法将社会学和经济学定为指导性科学，而非"历史学"。这虽然类似于萨维尼的方法论，都是跨学科地展开，但是思维方式更开放。

没有具体范例便无法理解法律方法论。因为这样就会显得抽象且具有纯粹论辩性。因此，本书所有的文章均有应用范例。如此就能够以案例来检测抽象的规则。这样，方法的立场就不会只被自己的标准衡量，案例与理论也因此能够交相辉映。

这些关于方法论立场的文章尚不具有方法史上的关联。因此，本书添加了从萨维尼到托依布纳的详细的历史概述部分。在此概述中谈及了前面文章中简短述及的或省略的方法上的导向，比如法的司法续造或所谓的欧洲法方法。有关法的经济分析和英国案例法方法的内容也使本书更加完善。

我们的《民法方法论》还希望为读者自学打下坚实的基础。这也是你们最关心的。本书在方法论和分析上具有独创性。每篇文章的最后都配以文献提示，且本书最后还专门附以详细的、注解性的《阅读书目推荐》。

最后，本书篇首部分的《并非戏谑的十二条方法规则》一章旨在提供阅读指导。该章希望快捷且没有理论障碍地传达法律方法论的关键内容。它或可帮助各位拓宽自己的方法视野。

本书介绍了长达两个世纪的民法方法论。在这两个世纪中，德国首先是君主立宪式的宪制环境，其后为民主式的宪制环境。刑法和宪法在本书中难以被一起讨论，只能作为一个独立的研究课题。它们都遵循专门的原则和独立的方法论。但这也是一个开放的问题。它们是丰富多彩的，某种民法方法学说的历史并不能直接影响它们。

谨以此书献给你们！

约阿希姆·吕克特（Joachim Rückert）

拉尔夫·萨伊内克（Ralf Seinecke）

法兰克福，2019 年 5 月 3 日

本书得到了众多朋友的认可，且早已脱销。仔细通读本书后，我们并未觉得过时或缺少什么。主要是为了自学需要添加一些文献提示。当然，就如边码 3 处所提示的，仍然还有一些期望。比如，埃利希（Eugen Ehrlich）和洛特玛（Philipp Lotmar）似乎很适合加入这一璀璨的法学方法生活。但是他们并不属于不可放弃的权威，所以必须在此"省略掉"。不管怎样，在提示上并未省略——见本书"人物索引"部分。关于法社会学、欧洲法方法、思维类型的内容在结构上的连续性和案例比较方面有所增减。此外，我们还深入地修订了此书，修正、修改和补充了众多细微之处和语言内容，特别是增补了所有新的出版物，同时还更新了书目。

我们并未给出对裁判实践的分析，而只是对此作出一些提示（边码 21、63、1569）。再多似乎就过犹不及，且这并不特别重要。因为近代宪制国家的裁判实践无法得出方法规则，在此并未专门描述出它们重要的语境和前提。不管怎样，绝大多数较早的方法论专家同时都是裁判部门或法院中经验丰富的实践者——这有别于今天。不管怎样，我们努力尝试在任一被阐述的方法论内容结尾处都配以一个他们的法学范例。

方法论必须首先解决两个问题：人们如何"正确地"解决案件，以及人们为什么如此解决案件。第一个问题是法律实践问题。特定时期的特定法学在解决案件时执行何种规则，这并非研究意义中的纯粹科学问题，解决方案始终处于法律的技艺学说中。专家们的这些技艺学说均符合每一个时代的习惯和／或者规范要求，因此并不是永恒的学术研究问题和理论问题。此外，"论证理论"这一新的方法理论已经较好地证明，这涉及"正确地"描述被要求的论证理由的问题（参见边码 1476 及以下）。不管怎样，这些判决的理由论证在当代宪制国家关联下越来越受到重视。

　　对判决理由的要求或对特定判决理由的要求已经反映出了第二个问题，即"为何这样"？今天，这一回答受制于宪法。从这一意义看，这里探讨的并不是抽象的方法学说，且同样不仅仅是民法的方法论。众多被如此讨论的问题因此失去了它"皇帝的外衣"，且表现为虚假的问题或纯粹的技术问题。例如，比抽象的理论更重要的是对一切方法规则和方法学说的时间局限性的理解。虽然这始终都涉及法学，但是的确处于非常复杂的政治、经济、社会、道德、职业等因素的相互影响中。历史的花园甚为巨大。这是正确的，因为这些关系决定性地影响着各种方法。恰如所发生的那样，人们最好借助历史上著名的案例来学习。这些案例是我们的指南。这些重要的典型案例以及它们所受宪法政策的指引，可以很好并清楚地解释今天的问题。

约阿希姆·吕克特（Joachim Rückert）

拉尔夫·萨伊内克（Ralf Seinecke）

法兰克福，2016 年 12 月

　　本书首版（首版无序言）于 1997 年以《萨维尼以来新民法方法论的案例和陷阱》（Fälle und Fallen in der neueren Methodik des Zivilrechts seit Savigny）为题出版，共同作者有：Frank Laudenklos，Michael Rohls 和 Wilhelm Wolf。首版已经在整体上被修订过，且彻底地扩展为覆盖全面的教科书。这里仍保留了独特的构思和原初的一些文章。但是这些文章已经全部被审阅过，且增补了较新的文献。

　　本书所针对的是方法问题的独立领域。对此使用了不同的方法，以便得出其特殊的意义，但是各个部分也可以独立阅读。本书首篇是《十二条简单的方法规则》（zwölf knappe Methodenregeln）。《十篇方法专题》结合各自原始语境讨论了自萨维尼以来的新方法论的主要立场。《三篇方法精介》为法学方法简介扩展了经济分析和比较分析的视角。《总结》部分总结了本书的研究（本段提及的篇名为原著第二版中的名字。——编者注）。

　　历史概述部分讲述了自萨维尼以来的法律方法的历史。该部分所讲述的都是必要的内容。伯梅（Boehmer）、维亚克尔（Wieacker）和拉伦茨（Larenz）分别于 1950 年至 1951 年、1952 年、1960 年推出了最新的方法论论著，这些内容都以反对 19 世纪的自由主义为特征。人们在 20

世纪初即已作出谴责式定论。这些未经检验的偏见影响至今，尽管它们始终受到驳斥。方法论之间的斗争一直是争夺法律权力的政治斗争。至今，立法机关、司法机关和法学界为这一权力而喋喋不休。因此，方法问题始终是宪法问题。当然这些问题不仅关涉民法。民法和公法中类似的对法概念和方法的探讨也很重要。但是对于这些探讨，本书难以胜任。

最后非常感谢一些学生、助手和同事，他们奉献了精力、热忱、文章和讨论。特别是萨伊内克（Ralf Seinecke）对第二版贡献良多。他作出了一些重要的拓展，并审校了所有文章。因此他的名字也被列为共同编著者。Philipp Sahm 仔细地整理了新的文献。Audrey Bouffil 在修改上做了关键工作。Andreas Engelmann 仔细认真地做了索引。感谢 Nomos 出版社的 Johannes Rux 博士和 Sabrina Preisinger 多次友善的督促！

约阿希姆·吕克特（Joachim Rückert）

法兰克福，2012 年 5 月

▌上 册▌

▍下　册▍

第一章　导　论[*]

一、三个缺陷

二、新的方法?

三、我们的三重问题

四、并非犬儒主义

五、余论?

　　本书并非针对现有研究中明显欠缺的内容开展的缜密研究的成果。初时，1994 年在法兰克福大学有一门关于"民法新方法"的研讨课。研讨课的成果极大地弥补了当时的不足，并研讨出一系列丰富的成果。不管是研讨课还是研讨出的成果一直都具有现实意义，将这些研究成果固定下来则是为了弥补三个方面的明显不足。而这些对本书第三版依然很重要。一如既往，这些仍然值得独立研究。因此，我们首先提出三方面要求：

　　·**忠于历史**（historische Treue），即尽可能纯正地、忠于历史地描述那些已被认可的、具有实质原创性的方法内容，只有这样，评价才公正。

　　·**教义学检验**（dogmatische Tests），即对范例进行教义学上的验证，否则方法论仍然较为抽象、难以理解。

　　·**宪法史上的检验**（verfassungshistorische Tests），对方法内容在现代宪制国家层面进行规范性分析。否则，法律方法论就会只被视为获取规范时不太重要的程式化点缀。这并非我们的初衷。

---

*　约阿希姆·吕克特（Joachim Rückert）撰，刘志阳译。

2　　　　读者不仅可以看到 16 篇方法专题和 3 篇方法介绍，还有一个总结（边码 1511 及以下）和一些必要的历史概述（边码 1357 及以下）。对"法律拓荒者"（Juristische Entdecker）[1] 和"他们的弟子撰述的"德语区的"民法学者"[2] 的梳理已经初有成效。本书的侧重点将放在方法和内容的演化上。因此，本书首次以 1800 年法学现代化之始到今天的一些重要历程作为核心内容，希望这会给大家带来一些启迪。

3　　　　从内容概览中可以获取较多的内容预测。在一定程度上，本书中的人物并非最重要的，但的确是一些在法学研究中被普遍提及的古典学者、对方法论具有普遍影响的（即不仅仅是在民法中的）法律学者。我们的法律生活中还闪耀着诸如（小）恩德曼（Endemann）、费肯杰（Fikentscher）、帕夫洛夫斯基（Pawlowski）和比德林斯基（Bydlinski）等法学家的光芒，但是我们必须在色彩丰富的调色板上严格挑选出与我们设定的巨擘相称的色彩。否则，研究范围就会过大，以至于本书难以胜任。只是以往法学前辈的孙辈和曾孙辈的描述，在第二版中已经纳入了概念法学的先驱普赫塔（Puchta）和温特沙伊德（Windscheid）、著名的理论家耶林（Jhering），以及 20 世纪的尼佩代（Nipperdey）、科殷（Coing）、吕特斯（Rüthers）、卡纳里斯（Canaris）和托依布纳（Teubner）。与之前一样，放弃了登伯格（Dernburg）或者贝克尔（Bekker）和洛特玛（Lotmar）、恩德曼（Endemann）（女），以及厄尔特曼（Oertmann）的研究，因为这些人物对于本书意义不明显，且我们还有对宪法问题方面的考量。[3] 这也适用于沃尔夫（Martin Wolff）、雷

[1]　比如该版本：Zivilrechtliche Entdecker, hg. von Th. Hoeren, München 2004。

[2]　比如该系列论著：S. Grundmann und K. Riesenhuber（Hg.）, Deutschsprachige Zivilrechtslehrer des 20. Jahrhunderts in Berichten ihrer Schüler-Eine Ideengeschichte in Einzeldarstellungen, Bd.1, Berlin 2007, Bd. 2, 2010。

[3]　Siehe S. Hofer, Zwischen Gesetzesbindung und Juristenrecht-Die Zivilrechtslehre Friedrich Endemanns（1857-1936）（Fundamenta Juridica 22）, Baden-Baden 1993; W. Süß, Heinrich Dernburg-Ein Spätpandektist im Kaiserreich. Leben und Werk（Münchener Univ.schriften Jur. Fakultät 74）, Ebelsbach 1991; M. Kriechbaum, Dogmatik und Rechtsgeschichte bei Ernst Immanuel Bekker（Münchener Univ. schriften Jur. Fakultät 61）, Ebelsbach 1984, kurz und aktualisiert diess. jetzt in: Greifswald-Spiegel der deutschen Rechtswissenschaft 1815 bis 1945, hg. von J. Lege, Tübingen 2006; Philipp Lotmar, Schriften zu Arbeitsrecht, Zivilrecht und Rechtsphilosophie. Hg. und eingeleitet von J. Rückert, Frankfurt/M. 1992; Forschungsband Philipp Lotmar（1850-1922）, hg. von P. Caroni, Frankfurt a.M. 2003; Philipp Lotmar-letzter Pandektist oder erster Arbeitsrechtler?, hg. von I. Fagnoli, Frankfurt a.M. 2014; R. Brodhun, Paul Wilhelm Oertmann（1865-1938）. Leben, Werk, Rechtsverständnis sowie Gesetzeszwang und Richterfreiheit（Fundamenta Juridica 34）, Baden-Baden 1999.

曼（Heinrich Lehmann）和海德曼（Hedemann）或较早期的经验主义者密特玛尔（Mittermaier），以及与萨维尼（Savigny）同时代的两个勇敢的开拓者胡佛兰德（Hufeland）和胡果（Hugo）。[4]关于经常被提及的自由法运动（Freirechtsbewegung）的贡献以及关于韦斯特曼（Harry Westermann）的内容只在新增补的"历史概述"（边码1357及以下）一章第四点中被提及。理由在于，该运动并不想发展出真正的方法论——尽管埃利希（Eugen Ehrlich）提出了"法的逻辑"（Logik des Rechts）（1918，2.A. 1925）。此外，本书最后还对大量的著作研究作了总结性的归纳与陈述。

诚然，"漏洞"从未缺席。在方法论上自然隐藏着基于完整性（Ganzheit）而引申出的问题。因为只有通过对完整性的设想才会产生对漏洞的思考，例如，一般而言，房子必有窗户，窗户是房子的一部分，漏洞也必然存在，在没有影响完整性时就无危害。就方法论史而言，我们并不想评断全部时代。对此，曾经这仅仅是为后文中有方法问题亦是宪法问题这一观点提供便利，但因而也积累了一些经验，并为我们继续思考作了准备。在近代，宪制国家在关于基本人权、权力制衡、民主、议会、法治国和福利国家的构想中，如何确定被强大权力所扩张的司法权？方法和法概念如何相互影响？如过去一样，今天我们仍然视该问题为核心。对此，自萨维尼以来，文献资料已经充分地发挥着桥梁功能，且萨维尼并未被抛弃。萨维尼之所以被列入，是因为1789年后的法学现代化改革本质上都是基于他的贡献，这一道路指引了众多法律人。由于人们在学术和生活中必定带着方法内容的原初设想和目的前行，就如在人类中已经实现并将要实现的那样。纯粹的传记式的努力对此并无意义。同样，学术理论和逻辑以及

---

[4] Siehe die Arbeiten von *A. Depping*, Das BGB als Durchgangspunkt. Privatrechtsmethode und Privatrechtsleitbilder bei Heinrich Lehmann（1876-1963）（Beitr. zur Rechtsgesch. des 20. Jhs. 34），Tübingen 2002, Chr. Wegerich, Die Flucht in die Grenzenlosigkeit. *Justus Wilhelm* Hedemann（1878-1963）（Beitr. zur Rechtsgesch. Des 20. Jhs. 44），Tübingen 2004, *Th. Hansen*, Martin Wolff（1872-1953）. Ordnung und Klarheit als Rechts-und Lebensprinzip, Tübingen 2009; *K. Borrmann*, Gemeines deutsches Privatrecht bei Carl Joseph Anton Mittermaier（1787-1867）（Fundamenta Juridica 59），Baden-Baden 2009; *M. Rohls*, Kantisches Naturrecht und historisches Zivilrecht. Wissenschaft und bürgerliche Freiheit bei Gottlieb Hufeland（1760-1817）（Fundamenta Juridica 48），Baden-Baden 2004; 关于胡果的最新内容见 *H.-P. Haferkamp*, ZEuP 2015, S. 105-127; *J. Rückert*, "……在此田地上，他似乎并不可以栽植玫瑰……". Gustav Hugos Beitrag zur juristisch-philosophischen Grundlagendiskussion nach 1789, in: Rechtspositivismus und Wertbezug des Rechts, hg. von *R. Dreier*, Stuttgart 1990, S. 94-128.

法学理论都并非永恒。这涉及一个历史的发展和逻辑上的原则，没有过去
的经验，今天的法学就不可能变得有生机。

5　　　　导论部分并不想提前叙述其他任何内容。这里只会述及一些开始时所
提到的缺陷，以及问题的共性方面。

一、三个缺陷

6　　　　确切地说，涉及三个相异却同样重要的缺陷。

7　　　　第一，人们对于 **1945 年以来的各种方法流派（Methodenrichtungen
seit 1945）**都过分保持了**沉默**，这直接导致我们缺乏对"自己时代"更准
确的、忠于历史且具有语境意识的观点，简而言之：缺乏时代性的研究——
尽管已有一些尝试。[5] 我们的父辈和祖父辈（这里尚无女性）在各自宪法
语境中较为全面、广泛且审慎地珍视我们对此的利益，但是不应该像个别
人所说的那样，让这些利益陷入不可避免的政治意识上的应急讨论，或者
应急式解决方案中。[6] 这一不足相对容易解决。

---

[5]　非批判性的重要内容（特别是在一般原则中）：F. Wieacker, Privatrechtsgeschichte der
Neuzeit unter besonderer Berücksichtigung der deutschen Entwicklung, Göttingen, zuerst 1952, 2.A. 1967,
但在核心内容上并无变化；K. Larenz, Methodenlehre der Rechtswissenschaft, 1960, Teil I, zuletzt
6.A.1991, vgl. S.A. Berlin 1983, 117-177，这一部分在以前的论述中并无变化；这两本改动较大的
著作中修订内容较多：H. Schlosser, Grundzüge der Neueren Privatrechtsgeschichte（1949, 1975），10.A.
Heidelberg 2005, §10；以及在此著作中：H. Schlosser, Neuere Europäische Rechtsgeschichte, München
2012, Kap. 11 VI und 15；F. Müller, Juristische Methodik（1971），7.A. Berlin 1997, Teil 2.22；F. Bydlinski,
Juristische Methode und Rechtsbegriff（1982），2.A. Wien 1991, Teil 2, F. Haft, Aus der Waagschale der
Justitia. Eine Reise durch 4000 Jahre Rechtsgeschichte（1986），4. A. München 2009；评价晦涩的著作是：
W. Fikentscher, Methoden des Rechts in vergleichender Darstellung, hier Bd. 3, Tübingen 1976: einerseits
eine monumentale Vergewisserung aus einer Hand（auf 796 S.），aber überwiegend nicht aus erster Hand
und zu sehr Synthese vor der Analyse, 比如见他的著作："Übersicht über moderne rechtsmethodische
Entwicklungen", 446-452。更独立的论述是：U. Neumann, Rechtsphilosophie in Deutschland seit 1945,
in: Rechtswissenschaft in der Bonner Republik. Studien zur Wissenschaftsgeschichte der Jurisprudenz,
hg. Von D. Simon, Frankfurt a.M. 1994, S. 145-187。"民法上的"内容见该著作：Chr. Joerges, Die
Wissenschaft vom Privatrecht und der Nationalstaat, S. 311-363, 并未致力于方法论，而是民法的私
法实体。如今更独立的评价还有：E. Hilgendorf, Die Renaissance der Rechtstheorie zwischen 1965
und 1985, Würzburg 2005, bes. S. 35 ff. u. 24 f., 关于纳粹时期遗留问题的内容；H.-P. Haferkamp, Zur
Methodengeschichte unter dem BGB in fünf Systemen, in: AcP 214（2014）S. 60-92。

[6]　参见费肯杰对维特豪尔特的立场："法律否定主义"（罗尔斯所撰部分，边码 882 及
以下），或者最新观点，试图找到罗尔斯对维特豪尔特的误解（对此见本书第四章"历史概述"
部分，边码 1493，脚注 92）。

但是，第二个缺陷则是：我们已然陷入太多幻境之中。这些很难被识别为缺陷并加以解决。大家似乎都仰赖自萨维尼以来直到 1950 年的各种立场，但是这些立场都几乎只来自二手或多手传达人。如果第一手传达人是值得信赖的，那么该问题就似乎不再具有意义。但是他们却并非如此。因为我们的第一手传达人——"古典法学家们"并不可靠。拉伦茨（Larenz）和维亚克尔（Wieacker）那些理当受到众多赞誉的著述，即1960 年的《法学方法论》（Methodenlehre der Rechtswissenschaft）中的"历史批判"部分 [7] 和《近代私法史》（Privatrechtsgeschichte der Neuzeit）[8]，此外还有伯梅（Bohmer）的《民事法秩序基础》（Grundlagen der bürgerlichen Rechtsordnung）[9]，都是当时思想家的贡献——虽无惊人之处，但却意义非凡。"他们的时代"（那些经历过纳粹时期的法学家的时代——译者注）从1933 年开始，却并未止于 1945 年。事实上前两位作者的观点比其他大多数人的更被重视。在对 1789 年以来，特别是对决定性的"自由主义的"19世纪的方法、法律方法的形态和批判的释明中，"二战"后的法学家们一开始就猛烈地批判 1949 年以来新的宪法境况和法状态，这比他们在民法教义学中的批判要强烈得多。1933 年后，他们就决绝地与他们认为来自 19世纪的不再受欢迎的遗产和束缚相抗争。[10] 但是我们不会忽视一些非常小

---

[7] Larenz（Fn. 5），但是并未简单替代 1992 年以来卡纳里斯的研究成果。

[8] *Wieacker*（Fn. 5）.

[9] *G. Boehmer*, Grundlagen der bürgerlichen Rechtsordnung, Bd. 1: Das bürgerliche Recht als Teilgebiet der Rechtsordnung, Tübingen 1950; Bd. 2, Abt. 1: Dogmengeschichtliche Grundlagen des bürgerlichen Rechtes, 1951; Abt. 2: Praxis der richterlichen Rechtsschöpfung; *G. Boehmer*, Einführung in das bürgerliche Recht（1954）, 2. Aufl. 1965; 对此关键性的评价见 *I. Kauhausen*, Nach der „Stunde Null". Prinzipiendiskussionen in Privatrecht nach 1945, Tübingen 2007, besonders S.50 ff., 168 ff.。

[10] 对此参见下文中弗拉塞克（Frassek）对拉伦茨和维亚克尔的分析，边码 580 及以下、656 及以下。特别参见 *Wieacker*, Privatrechtsgeschichte; *J. Rückert*, Geschichte des Privatrechts als Apologie des Juristen-Franz Wieacker zum Gedächtnis, in: Quaderni fiorentini per la storia del pensiero giuridico moderno 24（1996）531-562 und *Wieacker*, Privatrechtsgeschichte der Neuzeit: Genese und Zukunft eines Faches?, in: Franz Wieacker. Historiker des modernen Privatrechts, hg. von *O. Behrends* und *E. Schumann*, Göttingen 2010; 目前非常深入的论述见 *V. Winkler*, Der Kampf gegen die Rechtswissenschaft. Franz Wieackers „Privatrechtsgeschichte der Neuzeit" und die deutsche Rechtswissenschaft des 20. Jahrhunderts, Hamburg 2014（=Diss. iur. Frankfurt a. M. 2013）。还有非常引人入胜的阶级史内容见 *J.-L. Halpérin*, Histoire de l'état des juristes. Allemagne, XIXe-XXe siècles, Paris 2015, 以及 *J.-L. Halpérin*, Der Juristenstand als Gegenstand historischer Forschung und die Geschichte des juristischen Felds in Deutschland, in: Zs. d. Savigny-Stiftung für Rechtsgeschichte. Germanistische Abt. 134（2017）S. 225-246。

的教义学问题，如事实合同、法律行为基础、客观解释、意思表示的规范解释、信赖责任原则、侵权法中的社会衡平、不作为义务和安全交往义务，简言之：所有可能的"**质料化**"（**Materialisierung**）——他们都代表着民法和严格的法治国意义上的法的相对性。其中一些会在各章中作为法教义学的优点被详细提及。但是，"质料化"这一类别已经与它那不受欢迎的伙伴——"形式化"（Formalisierung）一起展现了一个非常符合时代的视角——是否仅有这两条道路，且是否知道哪条道路是更好的。

9　　　　这一重要论断很快在一系列重要见证人的试炼中得到印证。他们首先是公开抵制，1933 年后开始转型，并在 1945 年后耐人寻味地保持沉默。人们似乎只阅读维亚克尔和拉伦茨所写的关于康德（Kant）和萨维尼的内容，或者一些关于普赫塔、耶林、戈贝尔（Gerber）、贝克尔、温特沙伊德、洛特马、施塔姆勒（Stammler）、恩内塞鲁兹（Enneccerus）、厄尔特曼、黑克（Heck）或其他人的内容，以便说出一些对民法方法构想感兴趣的人的名字，这些人或多或少是失之偏颇的形式主义者。值得关注的还有其他学者，比如辩证论者黑格尔（Hegel，1770）、"目的论者"耶林（Jhering，1818）、"合作社制度推崇者"基尔克（Gierke，1841）、集体劳动法学者（korporativ-Arbeitsrechtler）辛茨海默（Hugo Sinzheimer，1875）、"活法论者"埃利希（Eugen Ehrlich，1862）、新黑格尔学者宾德（Julius Binder，1870）、自由法学者康特洛维茨（Hermann U. Kantorowicz，1877）、形而上的法现象学学者莱那赫（Adolf Reinach，1883）和戈哈特·胡塞尔（Gerhart Husserl，1893）、质料的价值哲学家舍勒（Max Scheler，1874）和哈特曼（Nicolai Hartmann，1882）、质料的法律思维学者韦尔策尔（Hans Welzel，1904）或倡导法学中更自由的所谓论题学方法的菲韦格（Theodor Viehweg，1907）。

10　　　　在拉伦茨和维亚克尔的担保下，人们就完全相信了那些过去的论述。对这些论述明显欠缺深入的批判——并非指我们今天的批判，我们在使用这些文献时必然会有意地更加具有批判性：反对私人自治，反对法律自由主义，反对代议民主制和平等、自由的私权，反对"形式的"和议会制的法治国，反对旧式的法律解释，反对"实证主义"和罗马法上所谓的脱离群众（Volksfremdheit），简言之：主要反对忠于制定法文本的、中立且专业的司法，并反对尽可能公平的、分析型的法学——1933 年之前赞成此观点的有从阿道夫·默克尔（Adolf Merkel）到菲利克斯·索姆罗（Felix Somló）

这些所谓的耶林学派的一般学说、施塔姆勒的批判法哲学、凯尔森（Hans Kelsen）的纯粹法学以及全部法经验主义和康德以来的形而上学批判，这一捍卫一个独特的"反自由主义的"评价法学（Wertungsjurisprudenz）的斗争不再需要证明。[11]本书已经在关于朗格（Lange）、拉伦茨和维亚克尔的专题中清楚地提到这一斗争。但斗争也是我们法律史和方法论中的图景，比如斗争片面地、深刻地塑造着《潘德克顿科学与工业革命》（Pandektenwissenschaft und industrielle Revolution）（维亚克尔，1968—1969）[12]，这一直强调有利于集体和人民的生活特征或者现实特征，但该特征绝非仍然是或本该是我们所要强调的特征——我们必须更加清醒地去分析。[13]只有斗争，这些伤痛的经历才是可以被避免的。

第三，从总体来看，还有一个因涉及纳粹时期而令人心情沉重的解决问题的新视角，但同样也是要点或导向。这涉及方法的价值。从吕特斯（Rüthers，1968）开始，纳粹司法被两个语词概括———一个是"从方法本身来看无可指摘的无限制解释"，另一个则是"变异的法"（entartetes Recht）。

11

---

[11] 法史中有一些自由主义的立场，这些立场对自由主义的概述仍非常不清晰。目前见 J. Rückert, Art. Liberalismus, in Handwörterbuch zur deutschen Rechtsgeschichte, 2. A., Bd. 3, 20. Lfg 2014, Sp. 957-967. 研究纳粹时期的详实内容见 M. Stolleis, Recht im Unrecht. Studien zur Rechtsgeschichte des Nationalsozialismus, Frankfurt a.M. 1994, 2. A. 2006; 专门针对民法的基础内容见 B. Rüthers, Die unbegrenzte Auslegung. Zum Wandel der Privatrechtsordnung im Nationalsozialismus（1968），7. A. 2012, B. Rüthers, Entartetes Recht. Rechtslehren und Kronjuristen im Dritten Reich（1988），2.A. München 1989, dtv 1994; 关于刑法的内容见 K. Marxen, Der Kampf gegen das liberale Strafrecht, Berlin 1975; 对方法富有启发性的讨论见 K. Anderbrügge, Völkisches Rechtsdenken, Berlin 1978 及 R. Schröder 的贯彻："……但是法官在民法领域中始终是坚定的！" Die Urteile des OLG Celle aus dem Dritten Reich, Baden-Baden 1988, bes. 208 ff.（methodische Aspekte），280 f.（zus.fd. zu den bereichsspezifisch differenzierten Ergebnissen）. 特别是关于争论的解释模式、争论方向、对比和逻辑：J. Rückert, Das „gesunde Volksempfinden"-eine Erbschaft Savignys?, in: ZRGGA 103（1986）S. 199-247, hier 224-231; 关于魏玛和纳粹时期较为重要的概述性内容见 O. Lepsius, Die gegensatzaufhebende Begriffsbildung, München 1994; zus.fassend J. Rückert, Unrecht durch Recht-zum Profil der Rechtsgeschichte der NS-Zeit, in JZ 70（2015）S. 793-804.

[12] 维亚克尔的多次引注见 Jur.Jb 9（1968/69）S. 1-28, 1974，Wieacker, Industriegesellschaft und Privatrechtsrechtordnung, S. 55-79（dort datiert auf 1966?）; dagegen jetzt zur sog. Pandektistik der Band: Wie pandektistisch ist die Pandektistik?, hg. von H.-P. Haferkamp u. T. Repgen, Tübingen 2017.

[13] 对此批判性的论述见 J. Rückert, Autonomie des Rechts in rechtshistorischer Perspektive, Hannover 1988; 见本书第四章"历史概述"部分，边码 1421 及以下、1432 及以下；关于劳务合同的示例见 Historisch-kritischer Kommentar zum BGB, hg. von M. Schmoeckel, J. Rückert u. R. Zimmermann, Bd. 3, Tübingen 2013, zu§611 Rn. 47 ff., 82, 231, 254, 264 ff., 338 ff.。

这样看来，该解释方法似乎除了导致变异外别无他用。随之而来的是区分和质疑。[14]并未被考虑到的是，"变异的"和"无可指摘的"这两个词仍然反映了太多来自反自由主义的斗争遗产。如果1933年之后在方法上无瑕疵地执行了法的"变异"，那么1945年之后就只需要清除该"变异"，而该无瑕疵的方法可以被继续使用。但是继续使用的问题完全没有被关注到。不法的载体并不是方法，而是价值本体，即具体的政治背景，这首先是指应受谴责的纳粹纲领，然后是指纠正性的《德国基本法》。从此角度看，对任一内容而言，方法显得是空洞形式。"无限制解释"这一著名标题似乎是解释的死刑判决书的要旨——这一形式标准仍与内容无关？然而，该形式在此被过分地与内容隔离。即使法秩序事实上就是价值秩序，并且遵循每一个价值本体——普遍认可的吕特斯的前提[15]，该价值工具还必须使法律方法不成为空洞的形式。如果完全忽视同样被吕特斯[16]认可的转换解释限制器这一功能，那么这就取决于方法自身是否以及如何进入价值秩序之中。[17]谁将方法仅仅作为缺乏自身价值的工具使用，谁就已经遵守了一个特定的、带有方法瑕疵的价值秩序，而非一个仅仅在形式上或方法上显得空洞的方法论。不管怎样，在自由法治国秩序中还有一个"正确的"方法，即阻止对自由和平等产生危害的法律保障措施的合理的、可控制的方法，而该危害可能是常态性的，也可能是忠诚的法学家或其他人造成的。因此，在宪法发展之初，良好的"形式"就已经被颂扬为"专断的死敌"和"自由的兄弟"（耶林）[18]。

12   其他概述则涉及对1945年之后历史的关注：普遍的意识形态战线也令人惊讶地继续反对自由主义和理性主义。1945年以后一些主要的立场，

---

[14]   *Rüthers*（Fn. 11）；bereichsspezifisch differenzierende Ergebnisse bei Schröder（Fn. 11）；对吕特斯命题的关键讨论内容，无限制且方法上无可挑剔的见 K. Luig, Macht und Ohnmacht der Methode, NJW 1992, S.2536-2539。他在方法上提出了不同点，且发现了众多并非"无可指摘"的判决，这些有违法律的行为不可基于方法中立而实现。结论显而易见，对此见文中内容。

[15]   关于这一前提的特别清楚的内容见 *Rüthers*, Entartetes Recht, München 1988, S.207。

[16]   对此参见下文皮尔森所撰内容，边码922及以下。

[17]   吕特斯在"方法问题和宪法问题"之间所主张的态度主要见 Rechtstheorie 40（2009）S. 253-283；但是也可见 *Rüthers*, Rechtstheorie, München（1999），6. A. als Rüthers/Fischer/Birk 2016, §20 A III 4, §25 B，新的标题下的附加内容"法律方法论"。

[18]   *R. Jhering*, Geist des römischen Rechts auf den Stufen seiner Entwicklung, Teil II 1（1854），4.A. 1880, S. 471。

比如对德语"非法治国"（Unrechtsstaat）、基督教新自然法（christliches Neonaturrecht）、世俗的新观念论（profaner Neoidealismus）、质料的价值哲学（materiale Wertphilosophie）、新生命哲学（neue Lebensphilosophie）、（形而上的）诠释学（Hermeneutik）以及马克思主义的（marxistisch）批判者、青年社会主义的（jungsozialistisch）批判者和反资本主义（antibürgerlich）的评判者，所有这些思想，即绝对主导性的"后现代的德国法哲学"（Kaufmann，1990）[19]，绝对地占据了反自由主义的意识形态前沿。人们以"实证主义"（Positivismus）和"制定法的奴役"（Gesetzesknechtschaft）来对抗曾经的敌人——哪怕是社会学化的自由法学者（soziologisierende Freirechtler）福克斯（Ernst Fuchs）在 1933 年之前都未如此赤裸地说过。[20]在拉伦茨和维亚克尔的论述中，19 世纪自由主义者坚定的批判性视角被一以贯之，非常富有造诣地融入历史和当代的视角中。

在 1957 年到 1958 年于卡尔斯鲁厄所作的《制定法与法官技艺——论制定法之外的法秩序的问题》（Gesetz und Richterkunst. Zum Problem der außergesetzlichen Rechtsordnung）这一著名报告中，**维亚克尔（Wieacker）**特别凝练地展示了反自由主义这一富有成效的共识的方式和范围。[21]出于对 20 世纪新事物的强烈关注，一系列的报告相继涌现，如对"法典的社会时效"（这里指 1900 年的《德国民法典》）、向评价转型的报告、法官职业对"生活关系的有意塑造并因此带来的社会、经济状态的有益秩序"、"对塑造社会型法官有益的立法者的谦抑"、一系列相应的司法判例、至少作为"原则"的"对一定条件下职能性制定法之外评价标准的认可"、"具有自我意识和富有生命的判决"、制定法之外的"法源理论的重构"等的研究。对此研究的批判只是有点过于道德性和"片面性"。[22]1967 年，维亚克尔在他的私法史著作中将新近私法发展的整体图景完全描述为私法的相对化、社会伦理的约束和对 19 世纪形式主义的告别——相反，对人权、

13

---

[19] 富有启发性的概述见 A. Kaufmann, Rechtsphilosophie in der Nach-Neuzeit-eine Abschiedsvorlesung, Heidelberg 1990, 2. A. 1992；以及 A. Ollero, Rechtswissenschaft und Philosophie. Grundlagendiskussion in Deutschland（Münchener Univ.schr., Abh. zur jur. Grundlagenforschung, 33）Ebelsbach 1978。

[20] 对此内容见本书第四章"历史概述"部分，边码 1407 及以下。

[21] Wieacker 1958, 还可见 Wieacker, Ausgewählte Schriften II, Frankfurt 1983, 41-58。

[22] Wieacker 1958/1983, 41, 42, 43, 49, 56, 53；关键词是"热心的"，对此较好的论述见 S. Hofer, Drittschutz und Zeitgeist, in: Zs. d. Savigny-Stiftung für Rechtsgeschichte, Germ. Abteilung 117（2000）S. 377-394，"关怀作为基本思想"是他律的，而非自律的自助和解放性帮助。

基本的自由权、基本权利、司法的制定法约束力却并无太多关注。一切"变异"都归因于"实证主义"。[23] 在 1950 年以后的方法设想中，维亚克尔在探寻一个极易令人产生矛盾情感的调和。[24]

14　　　同样，1960 年拉伦茨（Larenz）还在他的《法学方法论》中庆祝"法院在今天实现了法演进中最重要一步，即达到了'法典化'（1900 年达到巅峰）以来在制定法面前更自由的地位"[25]。首先对英国哈特（Hart）的分析法理论以及罗尔斯（Rawls）和德沃金（Dworkin）"自由主义"传统的再引进显然耽误了一些时间，因为这些再引进的内容也曾为德国的传统，只是当时并没有发挥作用。然而，在方法问题上，法与方法的发展还要远远落后于再引进所带来的拖延。在此，更长的历史视角似乎可以更好地阐明很多内容，并可能带来真实的经验。

15　　　历史酝酿的过程总是很缓慢。直到今天，所谓的**解释规准（Auslegungskanon）**在富有影响力的塑造者那里仍特别稳定。所谓的 1840 年萨维尼的解释规准、1838 年普赫塔的概念法学或 1910 年自由法运动仍偶尔呈现为拉伦茨和维亚克尔作品中闪耀的古典的本色生活。[26] 所谓的概念法学及其"自由主义"的、新的、合理的图景并未被修改，自由法运动的正面形象仍活在传奇之中。同样，令人惊诧的是，那些独立的研究学者仍专注发掘萨维尼重要的一般法诠释学，因为他们没有注意到具有决定性的语境以及这些著名的解释规准内容的定位和界限。[27] 萨维尼 1840 年的一篇文章中的一个新

---

[23]　Siehe etwa *Wieacker*（Fn. 6）539, 560 f.

[24]　关于维亚克尔的法律方法的继承者见边码 656 及以下，非常具有批判性的内容见 Winkler（Fn. 10）。

[25]　*Larenz* 1960（Fn. 5）278. 并非如 1968 年后的版本那样关键。

[26]　Man vgl. Etwa *A. Kaufmann*, Problemgeschichte der Rechtsphilosophie, in: *A. Kaufmann, W. Hassemer*（Hg.）, Einführung in Rechtsphilosophie und Rechtstheorie der Gegenwart（1976）, 6. A. Karlsruhe 1994, S. 67 f., 134-142, und 7. A. 2004, 56 f., 72 f.,111 ff., 121 f. 内容无改变，却是重新构思的：9. A. 2016-allzu pietätvoll; oder *R. Zippelius*, Juristische Methodenlehre, 5. A. München 1990, S. 20, 38-41; ebenso 11. A. 2012; 尽管有批判，但仍典型的著作是 *P. Koller*, Theorie des Rechts. Eine Einführung, Wien/Köln 1992, S. 195 f.。

[27]　Siehe *Müller*, Methodik（Fn. 5）81ff., oder *A. Rinken*, Einführung in das juristische Studium, 2.A. München 1991, S. 232-242. 纯粹为了总结过去内容的著作是 *K.F. Röhl*, Allgemeine Rechtslehre, Köln usw., 1994, 109; aus der Geschichtsliteratur etwa Schlosser（Fn. 5）10.A. 2005, §§6 IV u. VI, 10 I, III, IV; 更加详细，但是并无定论的内容见 U. Schroth bei *Kaufmann/Hassemer*（Fn. 26）270ff., 279; 如今要更多内容见 *Th. Vesting*, Rechtstheorie, München 2007, 2. A. 2015. 但是他断定（Rn. 193），在萨维尼（in System I 207）的解释中涉及"依据更新案例的灵活的法规"。但是萨维尼想"通过运用合法的程序在它的真理中识别法律"，这明显非常不同；其他内容见边码 207，萨维尼处并不存在目的论，在第 2 版中如今被减弱为纯粹"附带的"，但是在萨维尼这里，目的论非常被认可且被富有意义地剔服，边码 145。

视角揭示了一个实际更吸引人的事实：从 1789 年一直演进而来的民主宪制国家的视角看，这是一个"时髦"且明晰的问题意识。在此被不当贬低的趋势中还有该著名的伟大论断，即人们处在一个"后现代"之中 [A. 考夫曼（A. Kaufmann）]，因为 1950 年即已发生"现代的终结"（Guardini 1950）。这样，一个更优的新时代就直接遮蔽了辉煌的 19 世纪。但是该叙述失之偏颇且有违历史，并带有一个非常严肃的疑问：我们对现代和当代的界定问题，以及我们的连续性和非连续性问题。考夫曼称之为现代"终结"的哲学上的支持者有雅斯贝尔斯（Jaspers）、海德格尔（Heidegger）、哈贝马斯（Habermas）、阿佩尔（Apel）。[28] 他们的片面性是显而易见的，因而需要更好的论据。由于这些权威人士对一个特定的哲学流派作了区分，所以他们之间分歧巨大。这里主导的并非康德的批判认识论和先验的实践哲学，而是基于存在主义、共识论和最终证明论来试图"战胜"持形而上学批判论的康德及其世界影响。康德的"制定法的普遍性"再次仅仅从形式上来分析，即拿掉了平等的自由这一法律上的实质理想。[29] 顺带说一下，该主导观点已经在 1802 年至 1803 年被黑格尔抛弃。[30] 它似乎已被"时代所抛弃"，且可能已经在始终急剧变化的环境 [卢曼（Luhmann）] 中变得不合时宜。[31] 即由于变革，就否定了法体系，就拥抱更自由的方法，就拥抱法官法，等等——难道这真的是正确的吗？难道这是我们的出发点？还是这涉及对自由的法官身份的确认？

　　这些由诸如拉伦茨、维亚克尔、伯梅（Boehmer）和其无数追随者作为决定性观点和传统加以传达的观念，却只能被理解为学术史上的锁链。这样，古典学者将成为经典，我们将成为我们时代的印记。我们的任务是   16

---

[28]　*Kaufmann*, Nach-Neuzeit（Fn. 19）3.

[29]　*I. Kant*, Metaphysische Anfangsgründe der Rechtslehre（1797），Einleitung Rechtslehre§B/A S. 33："依据一个普遍的自由法则"，以及 A 34, 45，关于继受实现的总结见 Rückert, Von Kant zu Kant?,,,Stufen der Rezeption Kants in der Rechtswissenschaft seit Savigny", in: Neukantianismus und Rechtsphilosophie,hg. von R. Alexy u.a., Baden-Baden, 2002, S. 89-109。

[30]　在他所谓的关于自然法论证内容之中，参见 Werke, hg. von *Moldenhauer* u. *Michel*, Frankfurt a.M. 1969 ff., Bd.2, S. 434-533; dazu *Rückert*, Idealismus, Jurisprudenz und Politik bei Friedrich Carl von Savigny（Münchener Univ. schriften Jur. Fakultät, 58），Ebelsbach 1984, S. 132 f., und *Rückert*, Formalismus und vergleichbare Konzepte zum 19. Jahrhundert, in: Deutsche Rechtswissenschaft und Staatslehre... , hg. von *R. Schulze*, Berlin 1990, S. 169-174。

[31]　*Vesting*（Fn. 27）107.

更加毫无偏见地考察他们著作中的原始文献。这样，我们就会寻找到正确的历史定位和相关人物。整体上的联系和影响将是本书的总结部分（边码1511 及以下）和历史概述部分（边码 1357 及以下）的内容。

二、新的方法？

17　　还有，方法构想变得越来越有趣是因为它本身就构成了**客体（Gegenstand）**——反之亦然。在这里不能从认识论上加以深化。但是，这一正常的分析不管在内容上，还是在客体上都不利于批判性分析。以"伽利略的苹果"为方法发现了作为客体的"本质"，对"自然"关系的萨维尼式信仰引申出了一个实在的、"依据真实的历史"来实现的法信仰，自由法的法创造发展出了一个新的"非国家的"法。方法论的问题只是各种方法、次序、语词的确定性、历史主观解释、后果考量、漏洞和法律续造的地位等诸如此类的问题。毫不意外，民法上的方法构想明显包含**私法理论（Privatrechtstheorie）和宪法理论（Verfassungstheorie）**。自与"《德国民法典》作别"（Schlegelberger，1937）[32] 以来一直都在寻找"与时俱进的私法理论"（Kübler，1975），今天，这甚至再次出现在《大私法学杂志》之中。[33] 让我们聆听一些 1945 年以来特别重要的声音：首先涉及"私法的恢复"（Hallstein，1946），[34] 同时还涉及"社会主义特色的"私法（Raiser，1946），[35] 甚至"自由的社会主义"（Wesenberg，1954），[36] 或至少是一部非"资产阶级的"法（Wieacker，1949）。[37] 之后，人们在法学和教义学上更狭义、更直接

---

[32]　具有代表性的著作是 *F. Schlegelberger*, Abschied vom BGB（Vortrag am 25.1.1937），Berlin 1937，作者曾任德国司法部部长。

[33]　*F. Kübler*, Über die praktischen Aufgaben zeitgemäßer Privatrechtstheorie（=Jur. Studiengesellschaft Karlsruhe, 119），Karlsruhe 1975; Zeitschrift für die gesamte Privatrechtswissenschaft, hg. von *W. Ernst* u.a., Bd. 1, 2015.

[34]　*W. Hallstein*, Wiederherstellung des Privatrechts, in Südd.Jur.Zeitung 1（1946）S. 1-7, 1946 年单独出版。Hallsten（1901-1982），曾任德国法兰克福大学的校长，1958 年后任欧共体主席。

[35]　*L. Raiser*, Der Gleichheitsgrundsatz im Privatrecht, in: Zs f. Handelsrecht 111 [1948（aber Vortrag von 1946）] S. 75-101, hier 100. Raiser（1904-1980），曾为德国哥廷根大学和图宾根大学著名的教授，多次担任公职如校长、学术委员会领导和德国新教团体的负责人。

[36]　*G. Wesenberg*, Neuere deutsche Privatrechtsgeschichte, 1.A. Lahr 1954, S. 223（im Schlusssatz）. 之后版本中不存在。

[37]　*Wieacker*, Keine Wiederauferstehung des Besitzbürgers, jetzt in *Wieacker*, Zivilistische Schriften（1934-1942）[aber bis 1976], hg. von Chr. Wollschläger, Frankfurt a.M. 2000.

地以"当代合同自由"的界限来对法进行发展（Raiser 1958）。[38] 但很快就陷入了困境，因为人们觉得已经出现了"自由主义表示模式的现实损失"（Kübler 1973）[39]。无论如何，内容和客体的设想在私法上明显具有瑕疵，[40] 在这里方法是次要的，且一定程度上并非古典法学所指的。

　　之后不久，在 20 世纪 60 年代至 70 年代，学者就开始坚定地寻找**新方法中的新堤岸（neue Ufer in neuer Methode）**。为此进行的一些伟大战役同样受挫——仍然没有定论。不同于 1960 年拉伦茨的《法学方法论》、1970 年埃塞尔（Esser）的《法学的前理解和方法选择》（Vorverständnis und Methodenwahl der Rechtswissenschaft）和 1972 年的《私法方法论》（Methodik des Privatrechts）[41]，或者是 1969 年到 1972 年科殷的《法律方法论》（Juristische Methodenlehre）[42]，方法论（Methodenlehre）这一曾经华丽且富有诱惑的语词开始衰落：它已经被边缘化；[43] 或只是作为批判对象而存在；[44] 或被消解于关于"法的方法的比较性描述"的五个部分；[45] 或在一个已经交互的

18

---

[38]　*L. Raiser*, Vertragsfreiheit heute, in: Jur.zeitung 13（1958）S. 1-8. 其他重要的声音参见 *F. von Hippel*, Zum Aufbau und Sinnwandel unseres Privatrechts（Vortrag auf der Zivilrechtslehrertagung vom 19.10.1955）, Tübingen 1957, mit positiverer Grundeinstellung, aber auch starker Betonung der Defizite（Siehe: 60 f.）; *F. Wieacker*, Das Sozialmodell der klassischen Privatrechtsgesetzbücher und die Entwicklung der modernen Gesellschaft（Vortrag vor dem BGH）, Karlsruhe 1953, 具有对"新社会法'制度'"的确认（neue Auflage, S.31, *F. Wieacker*, Industriegesellschaft und Privatrechtsordnung, Frankfurt/M. 1974）。1945 年之后的概览现在可见 *Rückert*, Das BGB und seine Prinzipien: Aufgabe, Lösung, Erfolg, in: Historisch-kritischer Kommentar zum BGB（Fn. 13）, Bd. 1, 2003, S. 34-122, hier Rn 91 ff., 99 ff.,115 zu den Lehrbüchern。

[39]　*Kübler*（Fn. 33）33.

[40]　具有一定矛盾性内容的著作见 *Hallstein*（Fn. 34）7:"私法的任务在社会性上并不比公法少。"

[41]　首先见 Enzyklopädie der geisteswissenschaftlichen Arbeitsmethoden, hg. von *M. Thiel*, 11. Lieferung: Methoden der Rechtswissenschaft, Teil I, S. 3-37.

[42]　*H. Coing*, Juristische Methodenlehre, Berlin 1972-ein Auszug aus der 2. A. 1969 der„Grundzüge der Rechtsphilosophie"（1950, 5.A. 1993）, vgl. dort Kap. VI: Das juristische Denken; weniger eingehend die 1.A. 1950 Kap. 8: Die Rechtswissenschaft. 内容上的变动似乎就具有高价值。科殷尝试一种自由和严格的概念约束之间的方式，但他的确是对法官非常友好的，且擢升了"法"，见下文富尔雅提所撰内容，边码 810 及以下；见本书第四章"历史概述"部分，边码 1432 及以下。

[43]　在此内容丰富的版本见 *Kaufmann/Hassemer/Neumann*, jetzt *Hassemer/Neumann/Saliger*（Fn. 26）, 这里并无独立章节，这变成了"诠释"和"论证理论"，*Zippelius*（Fn. 26）和 *Müller*（Fn. 5）是明显的例外情形，因为二人分别在 1971 年和 1976 年就已经完成了首版的创作。

[44]　Siehe *Rinken*, Einführung（Fn. 27）256-58, 263; *Koller*（Fn. 26）17; *Müller*（Fn. 5）24.

[45]　*W. Fikentscher*, Tübingen 1975–1977.

多元法实用主义的"法律人的方法论"中被过分期待;[46] 或成为大学学习中针对"法律专业学生"的驯化式方法;[47] 或偶尔概括性地涉及"法概念"并"混淆"于"法学基本问题"之中。[48] 新近的构想都被冠以不同的称谓,比如"证明理论"(Begründungstheorie)[49] 或"法律人的科学理论"(Wissenschaftstheorie für Juristen)[50];"论证的理论"(Theorie der Argumentation)或"论证学说"(Argumentationslehre)[51] 以及新的"一般衡量学说"(Allgemeine Abwägungslehre)。[52] 或者它们完全强调用客体来替代方法或优先于方法?[53] 对该方法问题的抛弃似乎是错误的,该问题始终位于客体之中,并未与法学隔离,反而常常被使用。[54]

19　　　何处可寻得一个具有说服力的出路?研究应止步于此?即只涉及"民事司法"和私法的"功能",该功能涉及干预性国家的(再次)崛起,而这恰恰是"非常敏感"的话题。[55] 抑或方法论应该在一般性的衡量理论中被探讨并消弭于具体事项之中?[56] 还是普遍的觉醒至少会带来对一些(务

---

[46]　H.-M. Pawlowski, Methodenlehre für Juristen. Theorie der Norm und des Gesetzes(1981), 2. A. Heidelberg 1991.

[47]　K. Adomeit, Rechtstheorie für Studenten. Normlogik-Methodenlehre-Rechtspolitologie(1979), 3. A. Heidelberg 1990, S. 80 ff.; 5. A. mit S. Hähnchen, 2008; dto. 6. A. 2012, 59 ff.

[48]　F. Bydlinski, Juristische Methodenlehre und Rechtsbegriff, Wien 1982, 2. A. 2011.

[49]　H.-J. Koch u. H. Rüßmann, Juristische Begründungslehre, München 1982.

[50]　M. Herberger u. D. Simon, Wissenschaftstheorie für Juristen, Frankfurt a.M. 1980.

[51]　R. Alexy, Theorie der juristischen Argumentation, Frankfurt a.M. 1972, 10. A. 2008; U. Neumann, Juristische Argumentationslehre, Darmstadt 1986.

[52]　L. Michael, Methodenfragen der Abwägungslehre. Eine Problemskizze im Lichte von Rechtsphilosophie und Rechtsdogmatik, in: Jahrbuch des öff. Rechts der Gegenwart 48(2000)S. 169-203.

[53]　S. Smid, Einführung in die Philosophie des Rechts, München 1991, zur Methode immerhin 34 ff.; Koller, 1992(Fn. 26)kritisch über Methodenversuche, S. 171, 194; K. Seelmann, Rechtsphilosophie, München 1994, mit ausdrücklichem Verzicht(§4 Rn. 11), ebenso 6. A. mit D. Demko, 2014.

[54]　Siehe R. Wank, Die Auslegung von Gesetzen, Köln 1997, 6. A. 2015; E. A. Kramer, Juristische Methodenlehre, Bern/München/Wien 1998, 5. A. 2016; J. Vogel, Juristische Methodik, München 1998; Vesting 2007, 2. A. 2015(Fn. 27)§6: Interpretation; Rüthers/Fischer/Birk, Rechtstheorie(Fn. 17), Kap. 4: Rechtsanwendung, §§20-25, 9. A. 2016, 自 2011 年第 6 版带有该标题:"Methodenlehre";最新的内容见 F. Reimer, Juristische Methodenlehre, Baden-Baden 2016。

[55]　为人熟知的对过程的解释内容见 D. Simon, Die Unabhängigkeit des Richters, Darmstadt 1975, S. 173。

[56]　So Michael 2000(Fn. 52);批判性内容见 Rückert, Abwägung-die juristische Karriere eines unjuristischen Begriffs, in JZ 66(2011)S. 913-923。

实的、简朴的）收获和新方法萌芽的期望？我们这本书中会对这一问题作
出回应，任何一点贡献都是自己的积累，比如本书评价性的总结部分（边
码 1511 及以下）和历史概述部分中的内容（边码 1357 及以下）。

　　无论如何，新近法律方法论讨论中令人印象深刻的益处在于针对宪法 20
这一客体的方法学说在学术上的发展。这在 1961 年的国家法学者会议上
即已呈现，[57] 然后还有 1967 年克里勒（Kriele）的《法律获取理论》（Theorie
der Rechtsgewinnung）和穆勒（F. Müller）的《法律方法论》（Juristische
Methotik，自 1976 年，实际上是 1966 年）。但是，这一进步对于民事方法
内容而言仍是棘手的。当民事方法似乎必须臣服或适应它时，就如偶尔呈
现出来或在涉猎广泛的《现代宪制国家》（Verfassungsstaat der Neuzeit，C. J.
Friedrich 1953）中可以想到的那样，原始的民事上的问题似乎已经成为历
史。任一私法上的私人自治可能已经不再值得一提。

　　但是尚未确定的是，**宪法和私法（Verfassung und Privatrecht）** 这两个 21
客体在今天是否已经或者应该直接合二为一。对此至少很容易让法史学者
联想到 1789 年法国大革命前的封建旧制度和与之类似的诸法合体。而这
恰恰是被我们当代私法所弃绝的。[58] 尽管在该期间人们着力于为"社会自
治"（Sozialautonomie）而非私人自治 [59] 辩护，并反对努力争取而来的私法

---

　　[57]　关于"宪法解释的原则"及评述见 *P. Schneider* und *H. Ehmke*, gedruckt in den VVdStL 20,
Berlin 1963. Informativ der Sammelband von *R. Dreier* u. *F. Schwegmann*, Probleme der Verfassungsinterpretation.
Dokumentation einer Kontroverse, Baden-Baden 1976。

　　[58]　对此详见 *Rückert* 2003（Fn. 38）Rn. 72 ff.。

　　[59]　*Eike Schmidt*, Von der Privat-zur Sozialautonomie, in: JZ 1980, S. 153-161. 类似的带有总结
倾向的内容见 *U. Spellenberg*, Vom liberalen zum sozialen Privatrecht?, in: Recht im sozialen Rechtsstaat,
hg. von *M. Rehbinder*, Opladen 1973, S. 23-67; schärfer zugespitzt bei *G. Brüggemeier*, „Zeitgemäße
Privatrechtstheorie"als Aufgabe, in: Arch.f.Rechts- und Sozialphilos. 64（1978）S. 87-95, 对"作为
实质宪法理论上的社会福利国家批判理论"和"整个社会总体框架计划"的要求，"私
法理论"缩水到了它的"组成部分"（94 f.）。具有对"私法广泛伦理化"的类似趋势。*P.
Derleder*, Privatautomonie, Wirtschaftstheorie und Ethik des rechtsgeschäftlichen Handelns, in: Festschrift
für R. Wassermann zum 60. Geburtstag, Neuwied 1985, S. 643-658, bes. 656. 法的伦理化作为所谓
的社会问题的回应是 19 世纪后期的主要主题，详见 *R. Schröder*, Abschaffung oder Reform des
Erbrechts?Die Begründung einer Entscheidung des BGB-Gesetzgebers im Kontext sozialer, ökonomischer
und philosophischer Zeitströmungen（=Münchener Univ.schr., Abh. zur rechtswiss. Grundlagen-Forschung
46）Ebelsbach 1981; 其他例子参见 *Wiethölter* Rn. 878 ff. und den Abschnitt„Kritisch-politische
Jurisprudenz"Rn. 1447 ff.。

与公法的分立。[60]但是，被近期一些宪法文献[61]和判决[62]简化的所谓的基本权利的第三人效力，再现了曾经的法律问题：此处的公民与公民，彼处的公民与国家，仍热度未减。就如被常常教导的那样，这一区分在法治国中仍未解决，且已退化为一个管辖权问题。这是不可想象的，或甚至证明私法上的法概念作为最自由的个人意志领域的界分——或更现实的，但也更狭隘的财产权利——在今天"干预型国家"或基本权利型国家中似乎已经过剩；公法已让私法变得多余；一切法都源自国家；私法需要平等的司法和法律方法，就如独自地分立并互相制约着的公法，等等。另一方面，法域任务、功能和方法的区分显得较为明显且受到重视。[63]难以理喻的是，干预能够被直接引入自由私法的目的和功能之中。或者它似乎就不再是"干预"，而是对必要的私法功能架构的保障，是基于此目的的一定条件和界限，并非"来自外部的"。此处甚少说明的是基本权利规则在实现私权中的实质性、积极性角色，这始终与独立的宪法目的有关，就如《德国基

---

[60]　在政治社会语境上对这一区分的不同意义见 *J. Rückert*, Das BGB und seine Prinzipien（Fn. 38）34-122, Rn. 72 ff.。

[61]　Brandenburgische Verf. v. 20.8.1990, Art. 5 I: 宪法所保障的个人和社会团体的基本权利对立法、执法和司法具有约束力，如果本部宪法对之作了确定，那么对第三方亦为直接有效的法。Entwurf des Runden Tisches v. 4.4.1990, Art. 40 I: 本部宪法中的人权和公民权对立法、执法和司法具有约束力，如果本部宪法对此作了规定，则对第三方直接有效；与 Art. 1 II 1: 任何人对他人的权利都具有同等对待的义务。

[62]　首先是关于商事代理和保证的裁判: BVerfG v. 7.2. 1990 und 19.10. 1993, E 81, 242 u. 89, 214，这引起了足够多的争论。对此特别富有启发性的是这一非常具有原则意识的简练分析内容: *S. Hofer*, Vertragsfreiheit am Scheideweg, München 2006。

[63]　对于司法功能的区分研究见 *Simon*（Fn. 55）168ff., 类似内容还有 *Rinken*（Fn. 27）263; siehe *Larenz*（Fn. 5）253, *Rüthers/Fischer/Birk* 2016（Fn. 17）§20 B IV. 关于宪法的内容见 K. Hesse, Grundzüge des Verfassungsrechts der Bundesrepublik Deutschland, 1.A. 1966, 20. A. 1999, §2: besondere Natur der Grundrechtssätze, 但是关于原则的本质, 详见本书第四章"历史概述"部分, 边码 1462. 差异也与一些重要的判决研究相关, 比如关于刑法的内容见 *U. Neumann*, Positivistische Rechtsquellenlehre und naturrechtliche Methode. Zum Alltagsnaturrecht in der juristischen Argumentation, in: Rechtspositivismus und Wertbezug des Rechts, hg. von R. Dreier, Stuttgart 1990, S. 141-151, bes. 145 ff.（Strafrecht eher ergebnisbezogen）, 类似的关于劳动法的内容见 *M. Schlachter*, Auslegungsmethoden im Arbeitsrecht-am Beispiel von §87 Abs. 1 BetrVerfG, Göttingen 1987; 不同于民法, 也不同于卡特尔法, 对此参见 *W. Seiler*, Höchstrichterliche Entscheidungsbegründungen und Methode im Zivilrecht（Fundamenta Juridica 15）, Baden-Baden. 1992, zus.fd. 23, 171 ff., 188 ff. 和 *M. Reichelt*, Die Absicherung teleologischer Argumente in der Zivilrechtsprechung des Bundesgerichtshofes. Eine empirisch-deskriptive Analyse, Berlin 2011; 不同于欧洲法见 *W. Kilian*, Europäisches Wirtschaftsrecht, 4. A. München 2010, Rn. 349 ff.。

本法》第 2 条所设定的宪法意义上的一般性的行动自由。

不管怎样，在此情形下必然要考虑到宪法和宪法政策（verfassungsrechtliche und verfassungspolitische Verankerung）对当今私法的认可——且这不仅仅在政治"示意"中，就如人们在萨维尼著名的《当代罗马法体系》（1840—1849）中就已经发现的那样［如巨匠胡果（G. Hugo，1842）］。[64] 在民法上讨论与宪法和宪法政策相关的问题可能显得奇怪，但是在今天却不可或缺。近六十年以来，对法教义学的认识论、逻辑学和论证理论方面的讨论越激烈，对此问题的讨论就越适宜。[65] 然而，令人惊讶的是，"将法官的制定法解释方法作为国家法问题"[66] 来研究反而很少获得共鸣。[67]

三、我们的三重问题

这一广泛的认知利益只能借助具体的问题来实现。没有法律人就不能完善法贯彻的规则。宪法政策的环境随处存在，而法律人始终立于该环境之中。首先要重视的是，那些传承下来的方法命题究竟归功于哪些法学家，或具有哪些法学角色。这也即指：

（1）关于**案件裁判上的法律适用（fallentscheidende Rechtsanwendung）**或实践法学（典型形式：法官、法典评注、实践性的法教义学）；或者

（2）关于**科学上的法律分析（wissenschaftliche Rechtsanalyse）**（典型形式：作为自由的法研究的学术、专家法、教授法）；或者

（3）关于对法进行的**法律批判上的处理（rechtskritische Behandlung）**（典型形式：法政策、立法、法的改良）。

只有这样区分才会出现方法原理的宪法政策温床，才能使较老的原则适应时代。一个富有成效的参照系呼之欲出，而**问题史（Problemgeschichte）**

22

23

24

---

[64]　*G. Hugo*, Rez. zu Savigny, System, Bd. V 1841, in: Göttingische gelehrte Anzeigen 1842, Nr. 1 , S. 1-4, hier 1.

[65]　参见上文脚注 41 及以下；关于经典的解释规准，参见 *D. Buchwald*, Die canones der Auslegung und rationale juristische Begründung, in: ARSP 79（1993）S. 16-47，但是具有薄弱的结论：解释规准改善了合理证立的成功机会，它们有助于探寻出成功的论据（46 f.）。在法学上，而非在此处应用于民法方法上的该部历史知识丰富的有益的书籍：*I. Mittenzwei*, Teleologisches Rechtsverständnis, Berlin 1988. 其他参见本书第四章"历史概述"部分，边码 1476 及以下。

[66]　参见下述博士论文：*W. Gitter*, Tübingen 1960, XVIII u. 199 S.——但是只有排印版。

[67]　参见很有意思的著作：*M. Bertelmann*, Die ratio decidendi zwischen Gesetzesanwendung und Rechtsbildung anhand höchstrichterlicher Rechtsprechung, Diss. iur. Bonn 1975, 215 S。

亦将成为可能。对此，萨维尼和黑克[68]即例证。只有对此三种原理特征的区分分析才能显示，过去是否刻意对这些层面不作区分。所以萨维尼在他的法学理念论背景前、在真实的法律认知的标签下，将法官的角色与学术的角色联系在了一起。在此范围内，他将二者很现代地与政策批判上的法的改良作了非常明确的区分。[69]相反，黑克非常有意地区分了司法和法学的角色，并只赋予法官对直接决定性的法进行研判的权力。新近学者仍偶尔只研究案件审理意义上的法律适用和法律批判，或者仅仅是法律批判。[70]

25 鉴于这一明显的**宪法政策上的介入**（**verfassungspolitische Einbettungen**），作者和其著作的语境在方法构想内容上必须且仍需要被有意识地控制和引导，以便不传导一些错误的内容和论点。因此，哪怕是著作史和生平中的细枝末节都要归于方法史。例如，人们恰当地将所谓的撰写《法律方法论》时早期的萨维尼与撰写《当代罗马法体系》时后期的萨维尼相区分，尽管有点太抽象。宪法政策上的环境在 1802 年到 1803 年与 1840 年之后也相异；萨维尼教授在 1842 年可以成为大臣。1912 年和 1930 年黑克的方法规则也不同于 1936 年；拉伦茨 1938 年的贡献不同于 1960 年；1968 年的维特豪尔特（Wiethölter）不同于之后以及今天的他——这些非常乏味，以至于很少被关注。本书将在 16 篇人物专题中加以关注。

26 尚存的一个问题——但并非最后的问题是，对**教义学例子**（**dogmatisches Beispiel**）的扩展。对此的考验是，一般的方法内容在具体应用后还剩下什么？这是非常富有启迪的，比如过错理论——萨维尼的过错理论、黑克的"升值案判决"（Aufwertungsrechtsprechung）、拉伦茨和埃塞尔的事实合同、朗格的法律行为基础理论、维特豪尔特的企业经营权等、穆勒的所有权阻碍（Eigentumsblockade）等。

27 **法的经济分析**（**die ökonomische Analyse des Rechts**）、**制度经济学**（**die Institutionenökonomik**）和**判例法方法论**（**die case law-Methodik**）的成果对这些问题并无多少益处。它们本身也很少如穆勒对宪法上方法的贡献那样直接涉及民法方法的内容，但是它们给出了必要的前瞻。民法学者从经济分析方法中获取了太多重要解释性成果上的利益，特别是国际性的。它与

---

[68] 参见下文边码 428 及以下。

[69] 参见下文边码 151。

[70] 更详细的内容见本书第四章"历史概述"部分，边码 1447 及以下。

制度经济学一样，是私法的一种元理论。这即表明，它可以阐明很多，但是并非意图为法去设定什么。这同样适用于与判例法方法的比较。这样，一些重要的可选择的方法论出现了，在此意义上的还有所谓的社会学方法（边码 1455a）。

穆勒的宪法定位体现于日臻完善的《法律方法论》（Juristische Methodik）之中，该书基于他对法律方法的规范层面的特意强调而备受关注。因此，这也被纳入本书之中，因为本书也类似地强调规范的因素。此外，穆勒也提供了一些民事案例。[71] 但是我们仍立足于 1995 年的初版之上。修订版仍坚持当初的构想，但是也更难将之贯彻。此外，这三重透视中的一个认识是，它们可能难以克服令人惊讶的学科间的实施障碍（erstaunliche disziplinäre Wahrnehmungssperre）。因此，这并非例外情形，而是一般情形，即方法论的文献很少专门是民法的、刑法的或公法的，包括新近的欧洲法的。如果仅涉及专门的方法论问题则也有益处。对于那些一般性问题而言，这恰恰有时显得荒谬，特别是法理论和法律史上的研究经常让人感觉是残缺不全的。比如公法中的"衡量"（Abwägung）似乎仅仅是公法上的主题——人们并未了解它的全面历史。[72]

四、并非犬儒主义

判断行为，作为真实的日常工作是法律实践的特征，作为虚拟的日常活动则是大学的特征。这一判断行为既体现在法官的判决中，也体现在律师的鉴定中。人们应当把实践寄希望于方法吗？这在规范上和政治—社会上似乎已经失败了。法律实践不可自娱自乐，而是要依据现行法。没有一般规则而只是从案例到案例的研究就可能会阻碍所追求的公正的平等对待原则，并可能因缺乏经验而变得艰难。对实践的理论反思常常触及职业或行业偏见。因此，方法构想必然对此产生兴趣并有所作为。对传承下来的解释规准的使用原则仍一如既往地被视为"最好的解决方案"，[73] 且"方法研究的能力"是对成功而言"不可放弃的关键条件"。[74] 在"诠释学圈子内"或"法发现的前

---

[71]　参见下文边码 1109 及以下。

[72]　参见下文边码 1457 及以下。

[73]　*P. Raisch*, Vom Nutzen der überkommenen Auslegungskanones für die praktische Rechtsanwendung（=Jur. Stud.gesellschaft Karlsruhe, 181）Heidelberg 1988, hier S. 81 ff.

[74]　*Vogel*（Fn. 54）Vorwort.

理解"（Vorverständnis）中保持批判性仍无济于事，就如 1970 年埃塞尔在"前理解"这一著名的旗帜之下所做的那样。[75] 同样，蔓延开的**微妙的犬儒主义（ der subtile Zynismus ）**同样并不少见，以此人们在方法的探索中只看到了"法政策的思潮"——这在一定程度上也是真相的一部分，但同时认可的是，"这些思潮"对问题的解决似乎"并没有直接的意义"[76]——这在一定程度上并非全部真相。这些"判断"同样取决于法律思维和研究的一般性前提及其规范上的影响。

30　　　然而，早期积极的声音也是易逝的。人们只要查验，就会发现对自萨维尼以来的构思的回应都令人意外地欠缺，而从特定经验获得的内容中的真正新鲜与震撼的部分，极少被回应。法律方法的"当代"问题绝非新的，而是长期以来在一些激烈的经验中被思考过的。因此，忠实地描述会获得特别的价值。当该描述在问题导向上富有创造性并切合实际时，此种描述就特别行之有效。在此，这与现今民法实践方法上裁判的规范角色问题与宪法角色问题，以及在范例中将之贯彻的问题一样。依据耶林所赞成的 1852 年的名言"出于罗马法并胜于罗马法"，这样，本书描述了我们伟大的经典学者并超越他们。[77]

五、余论？

31　　　第五章会从当代视角出发作出总结归纳（边码 1511 及以下）。第六章中的生平与文献推荐（边码 1557 及以下）将提供重要的学习与阅读上的帮助。若想更准确地了解与之相关的回应，可以阅读第四章中的历史概述（边码 1357 及以下）。本书第二章会涉及关于重要例证的十二条方法规则（边码 32 及以下）。这些会尽可能让人容易理解并清楚地给出必要的、规范的、清楚的法律方法论介绍，包括我们时代的一般性的方法论。

---

[75]　*J. Esser*, Vorverständnis und Methodenwahl in der Rechtsfindung. Rationalitätsgarantien der richterlichen Entscheidungspraxis, Frankfurt am Main 1970; 2. A. 1972 mit dem geänderten Untertitel „Rationalitätsgrundlagen" statt „-garantien". Zu seiner keineswegs einseitigen Gesamtkonzeption Rn. 755 ff.

[76]　如该经验丰富的教师的著作：*D. Schmalz*, Die juristische Fallösung, Karlsruhe u.a. 1976, S. 138。

[77]　参见下文边码 380。

第二章　并非戏谑的十二条方法规则[*]

要目

我们会在十二条规则部分结合具体请求权来讲解方法论。这对与之相关的现行法解释、应用和续造方面应该有所助益。此处不允许戏谑。比如拉德布鲁赫（Gustav Radbruch）嘲讽性地写道："解释是这样的结论——该结论是随着解释工具的选定而确定的结论。[1] 这表达形式固然很好，但终究是在嘲讽方法规则。对我们来说，如果每个案件都是被独立地审理，那

32

---

[*] 约阿希姆·吕克特（Joachim Rückert）和拉尔夫·萨伊内克（Ralf Seinecke）撰（感谢 Kim Brocke, Lena Foljanty, Philipp Giel, Margarete Jagusch, Thomas Pierson, Philipp Sahm, Felix M. Simon 和 Henok Tsehaye 等提出的意见和建议），刘志阳译。（本章标题借用了耶林的《法学的戏谑与较真》中的用词。——译者注）

[1] *Radbruch*, Einführung in die Rechtswissenschaft, nach dem Tode besorgt v. Zweigert, 12. Aufl. Stuttgart 1969, S. 169（1910 年第 1 版中尚不存在）.

么就不存在针对所有案件的普遍方法或特定方法。并非任一裁判都受制于不可控的评价行为，即一个决断行为（Dezision）。方法论必须被审慎地选择，因为这涉及对现行法的合理分析。这听起来有点中规中矩，且不容置疑，但也是刻意为之。然而，同样也不可太认真地对待这些规则。这并不涉及绝对真理或信仰问题。对此可以想到之前耶林那个著名的标题：《法学中的戏谑与较真》（Scherz und Ernst in der Jursitprudenz，1884）。"这有助于看到（方法）较真中的（方法）戏谑和戏谑中的较真。

33　　　　对法律方法理论幻想的批判性分析并未因上述方法而被束之高阁：用法律概念来推演、作出唯一正确的裁判、非常合理的论证、从无瑕疵的体系上演绎或依据逻辑涵摄——这些理想的内容在特定的历史条件下具有各自的意义。但是，对合理的平等对待原则、法治国原则意义上的法的确定性（Rechtsgewissheit）或法的明确性（Rechtsbestimmtheit）以及民主意义上的法约束的要求并未实现。这些原则为我们的现行法染上特别强烈的宪法色彩（《德国基本法》第 3 条；第 20 条第 3 款；第 28 条第 1 款第 2 句；第 97 条；第 1 条第 3 款；第 20 条第 3 款；第 97 条、第 79 条第 3 款）。

一、清楚自己想要做什么

34　　　　谁要在现实中贯彻法，比如解释和适用，谁就应该知道自己要做什么。法律实践和法律科学（Rechtswissenschaft）不可等同。他们追求不同的**认知利益（Erkenntnisinteresse）**。法律实践应当遵循现行法并因此而受之约束。而法律科学研究现行法和非现行法，因而是自由的（《德国基本法》第 5 条第 3 款）。实践致力于案例，并在司法、行政和律师咨询活动中对之作出裁判。同样，法律科学也涉及案例，但是并不对之作出裁判。它分析法，寻找原则性、基本性的关联，解释（法）政策上的评价，并揭示法中历史性、哲学性、社会性、经济性因素和其他因素。

35　　　　然而，还有法政策——在宪法框架内。与政策相关的活动涉及自由地衡量并决定，比如在议会中、在各个政党中、在公共事务中、在规划的行政中或在学术中，等等。受约束的法律实践因此种自由而区别于法政策上的行动和自由研究。这涉及实践、学术和政治的分工。这一分工并非一个经验性的问题，而是一个规范性的问题。至于对法的态度，自由的法治国原则意义上的经典格言："真诚地顺从，坦诚地批判"[边沁（J. Bentham）]。普鲁士的版本是："尽管随心所欲地发牢骚，但必须顺从！"

（弗里德里希二世）。[2]

　　法教义学（Rechtsdogmatik）的认知利益并不太明晰。法教义学并非　　36
简单等同于法律科学，也并不直接等同于法律实践。它在科学上更注重实
际。它的经典任务是以规则形式构建原理——教义（dogmata）。这也意味
着，体系化地对教义进行整理和阐明。这已经体现在教科书和法典评注之
中。在现实利益中它一直受制于法。当现行法并未规定直接的答案时，法
教义学才更自由，比如在法律续造领域。此处它可以借助原则和基本原理、
类推解释和论证来提出实际建议。但是它在这里同样并非完美，因为它对
现行法进行了续造。

　　方法问题的影响在于，法律实践受制于方法。相反，法律科学和法政　　37
策在方法上是自由的。当然，对此二者都存在既定的方法，比如合理的研
究或审慎的政策。如法律实践一样，法教义学在方法上同样受制于现行法，
但是在对现行法律科学影响上它更自由。

二、将方法问题作为宪法问题对待

　　方法问题是宪法问题。这是显而易见的，但也常被误解。这是宪法问　　38
题的两个方面：规范性，即宪法需要方法；历史批判性，即方法变革和宪
法变革是相互印证的。本书中的历史概述部分（边码1357及以下）将从
该意义上阐述，并在下面提出第三条规则。

　　虽然我们的宪法并不明确将方法规则拟定出来，但是也将之表达了出　　39
来。方法规则是法的可能性的前提条件，法立于规则之上，而非立于具体
的裁判之上。《德国基本法》中有四个依据：

　　（1）《德国基本法》第20条第2款第1句中的**民主要求（Demokratiegebot）**：
"一切国家权力来自人民"（还有《德国基本法》第20条第1款："民主
的……联邦国家"）。因此，对选举的议会和作为主权的"一切国家权力"
所源自的人民，法（Recht）具有民主上的反约束力。实现该反约束力的工
具是制定法约束（Gesetzesbindung）。如果没有（方法）规则制定法约束将
消失。

---

　　[2]　康德于1804年在其著名论文《什么是启蒙》（Was ist Aufklärung?）中有所述及，参见
瑞克拉姆（Reclam）出版的便携版：Stuttgart 1974 und öfter（UB 9714），S. 11（斜体部分为原文
献所强调）。

（2）《德国基本法》第 97 条第 1 款中的**法官受制定法约束原则（die richterliche Gesetzesunterworfenheit）**："法官具有独立性，且只受制于制定法。"该原则已经存在于 1877 年的《法院宪法法》之中，且今天仍存在。1919 年《魏玛宪法》强调了在君主和行政机关面前法官独立的原则，而前二者并未民主地法定化。相反，在今天的民主宪法中，民主议会立法的实在（positive）约束已经变得更加重要。

（3）《德国基本法》第 20 条第 3 款中的司法受"制定法和法"（Gesetz und Recht）**双重约束（die doppelte Bindung）**原则。在法治国，司法除了受制定法的约束外还要受法的约束。但是这里的法约束不得逾越制定法的约束，因为法的范围很广。《德国基本法》中的"法"在一定程度上并非指自然法、理性法或者主观上的正义。另一方面，"法"（Recht）在一定程度上同样多于制定法（Gesetz），比如习惯法甚至法官法。联邦宪法法院同样提到"法之外"（Soraya 1973），但没有继续确定。[3] 维特豪尔特（Rudolf Wiethölter）则推定为"法的海洋"。[4] 对此"（法）之外"，法官可以作为反对制定法形态中明显不法的武器使用——并非额外的，也绝非"海量的"。

（4）司法中的**合法性控制（Rechtsmäßigkeitskontrolle）**。《德国基本法》第 20 条第 2 款第 2 句将权力划分为"专门的立法权、行政权和审判权"，即分为立法机关、行政机关和司法机关，这赋予了司法一个明确的角色。它应该以制定法和法为标准来控制其他权力，而非自己设定标准。在现实中意味着：议会界定法的标准，政府和行政机关专注法的执行，司法机关则关注合法性。因此，法官仍然受制定法的约束。虽然现实中行政机关通过行政法规（Rechtsverordnung）、乡镇通过条例（Satzung）来制定法的标准，但这并无影响。同样，对于所谓的法的标准中的漏洞也很少仅仅交由法官来处理（见下文四）。

40　　　司法的约束力使得方法论问题成为宪法问题。民主、法治国、分权原则和法官独立这些原则需要制定法约束。制定法约束意味着规则约束，规则约束意味着方法约束。埃塞尔（Josef Esser）在 1956 年所著的《我们法源学说的革命性纲领》（Revolutionierendes Programm für unsere

---

[3]　BVerfGE 34, 269（286 f.）——所谓的 1973 年 2 月 14 日作出的索拉雅（Soraya）裁判。

[4]　*R. Wiethölter*, Zum Fortbildungsrecht der（richterlichen）Rechtsfortbildung. Fragen eines lesenden Recht-Fertigungslehrers, in: KritV 3（1988），S. 1-28.

Rechtsquellenlehre）[5]中对"造法的法"（Rechtsbildungsrecht）得出的结论是，"法发现的规则"——属于司法上规范创制的"宪法"。

三、应当知道和应用的方法史

方法随着宪法的改变而改变，宪法改变了方法规则。在历史概述一章（边码 1357 及以下），会对各个时间段所有的错误和混乱进行更准确的阐述。可以简要总结为八个阶段：（1）概念法学（Begriffsjurisprudenz）；（2）自由法运动（Freirechtsbewegung）；（3）利益法学（Interessenjurisprudenz）；（4）纳粹法学（NS-Jurisprudenz）；（5）1945 年之后的评价法学（Wertungsjurisprudenz）；（6）政策批判法学（kritisch-politische Jurisprudenz）；（7）衡量法学（Abwägungsjurisprudenz）；（8）论证法学（Argumentationsjurisprudenz）。这八个阶段是否必须全部知道？是的，因为方法论中所有的错误和混乱都始于错误的概念。因此下面试图作一定的总结：

最混乱的概念是**概念法学**，它被作为替罪羊的耶林于 1884 年创造并保留下来，指的是 19 世纪 40 和 50 年代的法学。因此，这也是君主立宪主义的产物。它试图通过概念来摆脱制定法文本，并以此来对抗君主，以便保障权利。法上的漏洞不应作为司法上拒绝法的借口，就如常常出现的拒绝裁判那样——没有法（kein Recht），就没有裁判。这在方法上也更清楚地表明，对规则导向的实践而言，清晰的概念和对原则的体系化研究是非常有意义的。然而概念和体系不可成为目的本身、不可成为脱离生活的推测，且不可成为仅是概念上的或纯粹体系上的理由。那些作为法律概念（juristische Begriffe）基础的政治、社会、经济、伦理和宗教上的评价必须始终被考虑在内。在今天，没有这些要素的证明一般以"概念法学"论辩来指称。1910 年左右的**自由法运动**中所强调的志向并不相同，有社会家长式统治的志向、民主的志向和平等的志向等。它在这些目的之下始终强调制定法的漏洞和法的漏洞，宣称规范和规则的约束，但也主张幻想，推崇国王式法官。漏洞是它的信条，而非方法的规则。与此同期的还有**利益法学**，其在遵守宪法的基础上将立法者的利益衡量作为决定性规则置于中心

41

42

---

[5]　*J. Esser*, Grundsatz und Norm in der richterlichen Fortbildung des Privatrechts. Rechtsvergleichende Beiträge zur Rechtsquellen-und Interpretationslehre, Tübingen 1956, S. 120 f., 在后续版本中并无变化。

地位，并塑造了"理智的顺服"［黑克（Heck）］这一形式。[6] 但是它接受不法的立法者（Unrechtsgesetzgeber）的"利益"这一行为亦并非不会带来可怕的后果，而且它还否定议会制的法治国这一前提。1933 年之后的**纳粹法学**支持改变《魏玛宪法》，并将当时的新秩序视为新的"宪法"。它针对"无限制的解释"（Rüthers）[7] 赤裸地鼓吹诸如"具体秩序"、受限制的"方法的优点和弱点"（Ludig）[8] 这些具有煽动潜力的表达形式。**评价法学**始于1930 年左右。它致力于厘清实在法的价值冲突——这也是它的机会与风险。如果价值是从制定法中（比如《德国基本法》）忠于宪法地抽离出来的，那么这就体现为机会。然而在 1945 年之前人们从"纳粹党章"中的同样话语里抽离出了同样的价值。评价法学在方法上将具有约束性的立法者的"利益衡量"（Interessenabwägung）转化为了法官自由的"法益衡量"（Güterabwägung）。隐藏于评价之中的政策在 20 世纪 60 年代中期后被**政策批判法学**所强调。政策批判法学同样在忠于宪法的视角下将民主、人性、社会性和参与性置于重要地位。但是它在实在法中的应用曾经一直存在问题。新的制定法、新的法学家和新的法官开始出现。受方法规则界定的方法被置于次要地位。这同样适用于大约 1958 年之后的**衡量法学**，它从具有第三人效力的基本权利领域中的规范冲突和法益冲突出发，并认为这些冲突只能够被衡量性地解决。法益衡量并无定式。它寻求在个案中合理地去解决案件。这可能是非常合理的，也可能是非常不合理的。自 20 世纪 70 年代末以来的**法律论证理论**最终将自己从内容上的问题中抽离出来。它认为内容上的问题是不可解决的，并因而关注程序规则和证明规则。正确的程序应能（直接）确保一个正确的结果。对使用正确的方法即可实现唯一正确的答案的信仰，被正当程序的要求和依据规则作出合理证明的要求所取代。

43　　　　以上是方法史和宪法史的内容。人们必须知晓所有吗？这也是一个关于我们的方法运用的质量的问题，并因之关涉我们的法的定性问题。对此一个好的例子是关于"事实合同"的学说。几乎所有的观点都认为"事实"与"合同"相冲突。事实是行为举止，而合同则要求法约束意思。以

[6]　*Ph. Heck*, Gesetzesauslegung und Interessenjurisprudenz, in: AcP 112（1914）, S. 1-318, hier 20.

[7]　*B. Rüthers*, Die unbegrenzte Auslegung. Zum Wandel der Privatrechtsordnung im Nationalsozialismus, Tübingen 1968, 7. Aufl. 2012.

[8]　*K. Luig*, Macht und Ohnmacht der Methode, in: NJW 1992, S. 2536-2538.

纳粹法学的具体秩序来看"事实合同"是容易理解的，因为"事实合同"
本来就基于具体秩序。由于对事实合同而言并不取决于意思表示，而是取
决于具体秩序中的行为，法约束力的产生独立于个人的意志。在此所呈现
的是：方法问题即宪法问题，这两者在过去和今天一直都共存着。在纳粹
的宪法文本中，合同成为纯粹的事实。只有对这些不同路径进行分析才能
够对法学方法上的可能性和界限、危险和机会作出说明。这也应为今天
所用。

四、将解释规准作为指南

现在，借助此工具可以走向解释。解释是构建法律涵摄推理过程［所
谓的三段论（**Syllogismus**）］中大前提的第一步。当具体的小前提符合一般
性的大前提时，则得出法律后果。如果一个人的自行车被以一定目的拿走
（小前提），那么这就符合《刑法典》第 242 条中的事实构成："故意"拿走
"他人的动产"，以便"非法据为己有"（大前提）。 ⁴⁴

对大前提解释的首要指南是传统的解释方法或解释要素，即**解释规准**
（**canones**），它指的是解释的准则。这是一个经受考验的方法，目的在于得
出关键观点。今天人们多将语义解释、语法解释、体系解释、历史解释和
目的解释归入其名下。在具体情形中这些解释要素可能会被同时强调。解
释规准方法的益处有两方面：任一理解行为都依赖解释行为，以便发掘出
（法律）条文的意义。我们第一步的听或看已经关注到了语义和语法——
虽然这基本上不值一提。但是，词句和法律规范并非不言自明。这样，解
释规准方法就会告知人们需要考虑什么。 ⁴⁵

当各个解释要素会导致得出不同的结论时，解释就会变得复杂。有时
历史会给出不同于语义或体系的解释提示。这样就产生了所谓的**次序问题**
（**Rangfrage**）。哪一观点具有优先性？语义？体系？历史还是目的？该问题
只能从规范上弄清楚，这不再是一个理论问题。如果所谓的立法者的意思
（见下文七）已经清楚明了地在立法文献中表明出来，该问题就会较为容
易解决。在议会民主制的法治国立法者的意志也比其他典型解释方法具有
优先性。但是立法者的意思也经常与条文意思一样，并不十分清晰，或者
完全不可确定。那么该领域就会变得更开放。这样就不再涉及解释问题，
而是涉及所谓的法律续造（见下文十）。 ⁴⁶

五、顺从语义

47   议会（**Parlament**）只能以言词形式公布制定法。因此，只有词句是关键的，在解释中应当始终被重视。在此，含义、意义、形式和内容这些哲学领域中的问题并无意义。这里只涉及对法律条文在法律上的权威理解和语词的法律运用。这并非一个规范的问题。旧的词句必须从它的时代来解释，词义的变化需要被重视。口语用法可能具有帮助，但并非最终标准。所以《德国民法典》第 12 条中的 "besorgen" 并不涉及购买，而是涉及 "担心"；《德国民法典》第 854 条中的 "占有"（Besitz）并非涉及《德国民法典》第 903 条中的所有权，而是事实上对物的控制。

48   有时立法者会亲自对一个语词作出定义［**法律定义（Legaldefinition）**］，比如《德国民法典》第 121 条中的 "unverzüglich"（不迟延）或第 122 条第 2 款中的 "kennen müssen"（应当知道）。这些法律定义在《德国民法典》中具有限定性的框架。如果立法者并未列出，则人们必须进行评注，并解释这些语词。但是注意，这里列出的定义并非解释的出发点，而只是对法律实践中的讨论作出的总结性定论。

六、洞察体系

49   各部法典或制定法，即如《德国民法典》或《德国刑法典》那样对一个专业领域制定的独立的、总结性的规范，始终都在遵循一定的框架结构。如果全部内容已经被分门别类，且依据原则、规则和例外情形作出编排，则人们称之为体系。一部制定法的所有词句都在一个成体系化的关系中，这有助于正确地理解词句。

50   体系具有两种含义：内部体系和外部体系。外部体系在法律文本上容易被看出来，比如《德国民法典》中的编、章、标题、小标题、节、次小节、条、款、句、半句和项。《德国民法典》"第一编：总论" 中的规则原则上适用于所有五 "编"。但是它们也可以被例外规则所修正，比如对具有交易实质性特征的认识错误（《德国民法典》第 119 条第 2 款）并不适用于继承法中对遗嘱上处分行为的撤销（《德国民法典》第 2078 条）。从外在的位置上也可以得出一个规范的地位。在一组规范之首常常存在基本准则和原则，比如在《德国基本法》第 1 条中的基本权利序列之首即不可侵犯的人的尊严；《德国民法典》第 1 条中就是一般行为能力；《德国刑法

典》第 1 条中的"法无规定不为罪，法无规定不处罚"（nullum crimen nulla
poena sine lege）、罪刑法定（keine Strafe ohne Gesetz）原则。在对有疑义的
词句和答案的理解中，这些原则可以，也应该经常提供一个明晰的方向。
同样，规范的位阶和规范效力等级的考量也属于外部解释，比如基本原则
和一般法、联邦法和州法、欧盟法和国内法。简单的例子是《德国基本法》
第 31 条中关于联邦法优先性的规定，《德国基本法》第 25 条关于国际法
普遍性规则优先性的规定。

　　第二种解释工具是**内部体系（das innere System）**。这并非如外部体系　　51
那样容易辨识。一般会被这样提到，即法体系内不可存在相冲突的评价。
对法秩序的原则性评价必须融会贯通，这被称为内部体系，主要存在于法
秩序和与之相关的各个原则之中，比如自由平等、劳动者保护、私人自治、
消费者保护或过错责任和危险责任等。现实中法秩序的统一性同样应在对
其评价中得到维护。这本身乏善可陈。同一法秩序不可同时既肯定又否定
损害赔偿。然而并不老套的是，这要么涉及学术上的解释，要么涉及法律
续造。该冲突要么在解释上被克服，要么在法律续造上违反制定法或体系
去作出评价、设定基本原理和原则。诸如一个普遍的"德国私法中的信赖
责任"［卡纳里斯（Canaris）］[9]在法律续造上被置于与迄今所承认的最高的
过错损害赔偿原则（《德国民法典》第 276 条）同等的地位。这可能具有
好的理由，但是并非体系解释问题，而是对现行法在目的和价值上的法律
续造。这处于非解释性的其他规则影响之下（见下文九和十）。

七、寻求立法者

　　方法问题即宪法问题。对我们这一议会民主制的法治国而言（《德国　　52
基本法》第 20 条第 1、2 款，第 28 条第 1 款），这意味着只有联邦议会才
可制定联邦法（《德国基本法》第 77 条第 1 款第 1 句）。因此，立法机关
对自己立法活动的解释具有权威并不取决于主观性和历史性，而是取决于
立法者的决定。当然，立法者并非指各个具体的议员及其"意志"，而是
指已经成为决定性的且一般已经被置于（制定法）素材之中的立法理由。
立法者的决定可以或新或旧。我们今天的众多已生效的法条和法典都成形
于 19 世纪晚期，比如《民法典》（1896 年）、已修订的《商法典》（1897 年）

---

[9]　*Cl.-W. Canaris*, Die Vertrauenshaftung im deutschen Privatrecht, München 1971.

的主要部分、《刑法典》（1871 年）、《民事诉讼法》（1877 年）和《刑事诉讼法》（1877 年）。同样，公法亦非全新的，比如 1919 年《魏玛帝国宪法》（Weimarer Reichsverfassung）中的国家教会法在 1949 年《德国基本法》的规范中得以延续（《德国基本法》第 140 条），与之相关的还有星期天工作禁令（《魏玛帝国宪法》第 139 条）。因此，1888 年的《〈德国民法典第一草案〉立法动议》对于解释《德国民法典》始终非常重要，同样的还有 1948 年至 1949 年的议会委员会的咨询会议纪要和 1948 年 7 月以来与各占领国政府的商谈纪要对《德国基本法》的解释。与之相应，在今天，政府的各个草案、联邦参议院和联邦政府的意见、委员会的会议记录和报告，以及《联邦议会公报》对 2002 年的债法现代化同样具有重要意义。

53   词句，包括立法者的词句，并非固定地雕刻在特定的时空之中。这也是一切解释的挑战。语词的意义，或者更确切地说它们的应用，[10] 并不会经过法学家之手就被改变。法官可能会改变法律语词或法条的意思，即另作他用，比如《德国刑法典》第 240 条中的暴力这一概念。主流观点也会转变，比如《德国民法典》第 831 条中的举证责任分配。交易会带来新的习惯，比如商法以交易条款的形式来对长期的交易习惯进行文本化（《德国商法典》第 346 条）。所有这些都需要被遵守。同样，关系也会发生改变，但是由此并不可得出法和制定法基础的改变。对法律效力（Rechtsgeltung）而言并无永恒的标准。

在绝大多数情况下，看一下法典评注和教科书可能会有所帮助，必要时可看一下较早的版本和经验性的（辅助的）知识，比如犯罪学、法律事实研究、经济学或实践社会学，还有担保和理财咨询领域中新的银行释明义务。

54   每部制定法都影响到了既有的法状态，它改变、更新并消除了既有的规则。人们意图修改什么以及如何修改，这对关键理由的理解具有不容小觑的意义。由于历史原因，此类问题并不容易解释。对此，至少对于民法而言，一个唾手可得的辅助工具横空出世——《〈德国民法典〉历史批判

---

[10]　词句和语言并非"永恒性的"意义本体，众所周知，来自 L. Wittgenstein, Philosophische Untersuchungen, Frankfurt a.M. 1967 und öfter（zuerst engl. 1953），Nr. 43："语词的意义是它在语言中的应用。"

评注》（"Historisch-kritische Kommentar zum BGB"）（2003 年及以后）。[11]

　　尽管所有这些或许都是"旧的工具"，但是对于众多曾经较难的，特 55
别是基本性的问题，我们在这里较容易找到答案，比如在《德国民法典》
之前并未采用的无因代理的直接效力（《德国民法典》第 164 条），对民事
合伙的无民事权利能力的理解（《德国民法典》第 705 条）——然而联邦
普通法院在今天仍将之视为具有权利能力的法人，或者对抵押物转移中类
型法定问题的理解。

八、带着目的观察

　　今天所有人在解释时都会提到**目的**（Telos）。在论述时本书会以具体 56
的规则目的为例。对目的的判断是简单的，因而也是非常常用的。此类目
的同样会被用于对语义的修改。比如公认的是，《德国民法典》第 107 条
中的未成年人依据"目的"也可实施所谓的"法上的中性行为"。但依据
语义他只可以缔结此类"仅仅"带来"法上益处"的行为，比如接受赠与。
如果他向一个善意第三人转让一个他人的物（《德国民法典》第 932 条），
那么该未成年人并不丧失所有权，因为他并不拥有该物的所有权，且他也
并不承担损害赔偿责任（《德国民法典》第 828 条第 2 款）。未成年人绝不
承担不利益。即使明显缺乏法上的利益，也可不经过其父母的同意，因为
未成年人只应被保护以免遭受不利（目的）。目的凌驾于语义之上。

　　如果涉及制定法既已规定的目的，则解释仍维持在制定法约束范围之 57
内。但是，当无法从制定法规定或认可的现行法中明确地推导出来时，需
要对目的进行判断。在这些情形中可能会以所谓的**"制定法的精神"**（**Geist
des Gesetzes**）来对词句进行论证，并相对改变制定法约束。当然，对法定
的和非法定的目的加以区分并非易事。那些并不能依据其他解释要素来支
撑的目的绝非法定的目的，因为它们并不能够从制定法规则中推导出来。
当目的和精神踏上解释的舞台时，法律续造就即将登场。

　　在目的解释时必须区分两种目的——内在目的和外在目的。基于语义、 58
体系和历史的**内在目的**（**interne Zwecke**），即法定的目的，它们维护着制
定法约束（Gesetzesbindung）。**外在目的**（**externe Zwecke**），即非法定的目的，

---

[11]　*M. Schmoeckel, J. Rückert* und *R. Zimmermann*, Bd. 1 ff., Tübingen, derzeit Bd. 1-3, BGB AT und
Schuldrecht（2003, 2007, 2013）.

在诸如实质正义、效率、实用性、事物本质、法律交往的需要、客观的目的、法伦理上的原则等各种关键词之下融入制定法之中。

九、区分解释、法律续造和衡量

59　　解释与法律续造之间的区分已经多次被提到。这涉及一个明显的规范性区别，而非经验性的。尽管如此，具体情形中的界限仍并非始终明晰。人们经常只想将解释的界限限定于字面意义或者（内在的）制定法目的，或者人们在"概念核（Begriffskern）和概念晕（Begriffshof）"（黑克）[12]之间作出区分。这非常有帮助，但并非始终有效。

60　　实际上，区别一直都是渐进性的，即多一点解释性 / 少一点续造性，抑或相反。因此，必须首先知道区别的规范性后果，然后加以区别才会变得容易。对于**解释（Auslegung）**而言，其受制定法约束。对于**法律续造（Rechtsfortbilung）**而言，其并无此严格的约束力，而是另外一个并不太明晰的约束。当制定法和法中具有足够的依据，则从一个"计划之外的"条文漏洞中即可得出一个解释（X）。由此得出的规则是：区分解释和续造，并对续造慎而为之。续造始终跃出现行法之外——问题是向何处去？这最终是一个（法）政策问题。

61　　一个贴切的例子是 1899 年发生的刑法中的偷电案。这里涉及的是，电是否为"动产"（《德国刑法典》第 242 条）。由于在刑法中禁止不利于犯罪嫌疑人的（法律续造上的）类推，帝国法院已经对动产这一概念作了严格的解释（1871 年《德国刑法典》第 1 条），但电并未在其中。立法者必须创造一个新的刑法事实构成，如今天的《德国刑法典》第 248c 条。从刑法中的法律续造禁止原则中可知，解释在这里是严格的。

62　　偷电案还表明，方法规则受**法域（Rechtsbereich）**和法律规范结构的限制。刑法中的方法要严格于民法中的方法。国家组织法中的事实构成要严格于一般性的基本人权法中的事实构成。这也改变了解释和法律续造的界限。方法规则越严格，则解释的空间越狭窄。

63　　同样，**衡量（Abwägung）**也是不同的。若将所有的实践裁判都视为衡量，那么就不存在解释与续造之间的界限。被衡量的法益如言论自由、所有权自由等在具体事例中一样被优化，而非被解释。在解释和法律续造上

---

[12]　*Ph. Heck*, Begriffsbildung und Interessenjurisprudenz, Tübingen 1932, S. 52 u. 60.

人们可以凭借一个个制定法漏洞来一点点地拼凑出法律续造的版图。但该版图在利益衡量上被排斥。这里并非基于制定法规则和未被规制的漏洞，而是基于存在一般性的价值和法益，比如在各种基本人权之中。这些必须在具体事例中分析，即置于一个衡量关系之中。在利益衡量中不可漏掉任何一个既存之物（见下文十一）。

十、只在法治国意义上续造法

当制定法或法中存在所谓的**漏洞（Lücke）**，即缺少一个规则时，法律续造才登场。但是漏洞在这里并非任一漏洞。当立法者并未考虑到某一情形，且这一并未被意识到的漏洞后来被发现时，才允许法律续造。相反，如果立法者有意设置了一个假定的漏洞，即通过不规制来实现规制，则法律续造就不被允许。比如，《德国民法典》规定了一些缔约过失的具体情形（《德国民法典》第122、179条），但是有意地禁止一般性的信赖责任。因此，在规范上要再次区分哪些漏洞可被填补，哪些则不可被填补。

同样，法律续造应当在法治国的意义上介入既有的法。它同样并非不受法约束。由于这在制定法中并无直接的依据，而是基于漏洞，所以它必须借助更一般性的工具。对此包括类比推理（Analogie）（拉丁文：argumentum a simile，学术性的：a simili）、反向推理（argumentum e contrario）、举轻以明重和举重以明轻（argumentum a minore und a maiore）、原则推理（argumentum e principio）。这些论证方式中的任一个都被对照比较过，尽管依法审理案件时使用一个未被规定的方法来得出一个可能同样的法律后果仍不可被采用。当然，在这里各个（事实层面上的）事实和（规范层面上的）评价会被比较。然而，在该比较技术上必须始终构建一个一般性的连接点（tertium comparationis），一般是一个原则，该原则被认定为未被制定法调整的案例的处理标准。否则该法律续造就是不透明的，且该论证最终就是恣意的。

这在偷电案（上文九）中同样会更清晰。1900年左右，一个电工接了一根电线，以便自己能够免费照明。这是盗窃吗？需要被处以刑罚，就如《德国刑法典》第242条规定的拿走他人的动产那样？当然不是，电流并非动产。但是可以进行类推吗？第242条保护所有权，或更一般性的表述是一个既有的法益秩序。尽管电流并非动产，但的确是一个被规制的法益，类似于动产。因此，类推是可行的。但是刑法禁止不利于犯罪嫌疑人的此

64

65

66

种类推（《德国基本法》第 103 条第 2 款；《德国刑法典》第 1 条）。在民法上，依据《德国民法典》第 823 条第 1 款来主张损害赔偿似乎是可行的。

67   该思想实验的方法原则通常首先适用于个案类推，更确切地说是**制定法类推（Gesetzesanalogie）**，然后适用于**法律类推（Rechtsanalogie）**，即对多个规则一般性的类推，比如基于《德国民法典》第 12、862、1004 条的一般性的不作为之诉的许可；最后同样适用于法律续造的其他方法。新的案件要始终与实在法上的方案进行比较，构建一个一般性的连接点，并作出同等处理（a simile）抑或非同等处理（a non simile vel e contrario）。这是案例比较的最原始方法，也曾一直是法学的核心。[13]

十一、有时需要衡量

68   一个完全异于解释和续造的领域是**衡量（Abwägen）**。这在法的适用中是一种越来越受欢迎的行事方式。这里存有三个问题：什么时候必须衡量？衡量什么？如何衡量？

69   我们需要一个契合于衡量的典型例子。当立法者在《建筑法》第 1 条第 7 款中作出明确规定时，则无论如何都必须作出衡量。此处需要作出衡量的是"公共利益和私人利益"，进一步说是"合理地"加以衡量。对于何时、对何物且如何作出衡量这些问题在这里容易作出回答。但是这看起来比实际上的要更简单，因为究竟什么是"合理地"？这并未被事先规定，而是在裁判中才判断。在规划法中，具有政策上意义的是，去增强当地的规划潜力并维护一定的未来发展空间。

70   不同的是《德国基本法》领域中的衡量情形，虽然没有明确的授权，但衡量已经作为方法扎根于此。在此处衡量，是因为此处出现的法益冲突只能通过衡量来克服。解释和续造在这里并无更多的帮助。事实上，在基本权利列表中看不到任何冲突规则。但是，如何衡量各种基本权利的法益？比如，恰如 1958 年具有划时代意义的吕特案中那样，当一个人的言论自由与他人的所有权自由（Eigentumsfreiheit）冲突时如何衡量？当时汉堡的部门领导吕特（Erich Lüth）想通过一个抵制号召（言论自由）来阻止

---

[13] 对此的概述见 *J. Rückert*, Denktraditionen, Schulbildungen und Arbeitsweisen in der Rechtswissenschaft-gestern und heute, in: Selbstreflexion der Rechtswissenschaft, hg. von E. Hilgendorf und H. Schultze-Fielitz, Tübingen 2015, S. 13-52, 这里有许多例子。

某电影的上映（所有权自由）。这似乎是一个民法问题，即《德国民法典》第 823 条第 1 款框架内的违法问题。联邦宪法法院依据基本权利的标准解决了该原本属于民法的问题（第三人效力）。言论自由对该法院更重要。

　　但是，如何在这里"合理地（gerecht）衡量"？对此的表述是：理性地衡量、机智地衡量或公正地衡量。或者适当地、合比例地、合目的地、符合原则地、最佳化地、符合实际地衡量等。其中的任一表达都是合宜的，但没有一个是规则。人们必须在具体案例中确定言论自由的分量与所有权自由的分量之间的关系。衡量让自己远离所有法或制定法的约束。在实践中人们会以内容上的"指导方针"来应对。这些指导方针会在具体案例中被研究、确定并表达于文献之中。基于此再次产生了一个对既有规则的依赖。司法已经发展出了具体衡量所确定规则的案例类型，比如在家庭法中以所谓的关于合理生活费用的杜塞尔多夫数额参照表；损害赔偿法中对于"合理赔偿"的痛苦抚慰金数额参照表（《德国民法典》第 253 条第 2 款）；法典评注中由司法发展而来的关于交往保障义务的详细案例分类。然而，基于此，是司法机关而非立法者实施了法律续造。因此，人们称我们的时代为法官法时代。

　　对于法律续造和衡量这些法律适用的更开放领域而言，可从法治国原则中得出**结论**。立法上的决定越少涉及评价性内容，这些评价性内容将越多地体现在论证之中。这还并非"评价法学"。议会优先、法律续造、法确定性和民主参与要求在法院法律续造中具有公开、透明的论证理由。评价须被提及，倾向性意见须被论证，结论须被公开。这样，该法律续造至少是可控、可讨论的，且保障了法治国的原则。这体现了强化司法的法文化，且异于如英国那样的非法典化文化（参见边码 1314 及以下）。

十二、勿忘正义

　　可惜没有特定的正义。人们以正义这一哲学上的存在（Sein）来指称平等或"各得其所"（suum cuique）。但是何谓平等？且该得何物？这仍是相对的，因为每个时代、每个阶段、每个情形都各不相同，因此也被滥用。这取决于人们的价值观。人们只要查看一下古代（奴隶）、中世纪（农奴）、当代（女性）和今天（全球的穷人）的不平等性。仅仅以那些诸如"平等的""公平的""合理的""正确的""得体的""适度的"关键语词并不能解决正义这一问题。

73   如果正义涉及方法规则，则我们必须对此设定一个具体的准则。当制定法和方法规则在一个具体的案例中并不能得出令人满意的答案时，则产生一个正义问题——但是不满意，比如对法非适时性的指责，何时指涉到非正义？这并不能够用一个具体的规则来总结。因此，人们只能够构建一个行事规则（**Verfahrensregel**）："勿忘正义"！它处于思考的最后，或作为"正确性控制"（埃塞尔）标准出现，[14] 各个标准在此处必须是开放的，且慎思以定之。因为实在法已经为自身主张了正义——在法治国，实在法在一定程度上不会带有不法。该正义性主张必须首先被有力地反驳。这便是实在法优先。

74   一个富有启发性的正义案例（Gerechtigkeits-Fall）是柏林墙卫兵案。这里非常明显地适用了《德国基本法》上的禁止溯及既往原则（《德国基本法》第 103 条第 2 款）。在之前的民主德国并不存在针对在柏林墙边射杀行为的明确刑法规制，实际上这类守卫行为甚至会受到奖赏。许多人认为，残暴的射杀行为，比如射杀毫无防卫的人并杀伤躺在地上的逃难者仍不应被赦免——尽管禁止溯及既往。在教义学上和制定法忠实上该赦罪需求很难被证立。一条道路是，民主德国的法已经支持了可罚性，或否定了阻止逃亡的正当化理由。另一条道路是国际法和 1966 年《公民权利及政治权利国际公约》中对迁徙自由的保障，这虽然已被民主德国签署，但是并未被转化为国内法。最后一条道路是无例外地执行法的溯及力，因为禁止溯及既往原则在这里导致了对暴政的豁免。豁免在这里指：我们制定了一个"制定法"，并杀害了"逃亡者"。但是所有道路在方法上都是棘手的。正义从未因方法而唾手可得。

75   在审判实践中，以及对法的解释、衡量和续造中，我们在这里结合具体案例所提出的十二条方法规则应该会有所助益。诚然，它们不可能解决所有案件，但是它们能够帮助解决案件。它们有多少帮助，也因案而异。这取决于"事物的本质"。这些答案可能并不会让法律人削减任何方法规则。但是请不要做无助益的嘲讽。宁愿较真中更多的戏谑，抑或相反。

---

[14] *J. Esser*, Vorverständnis und Methodenwahl in der Rechtsfindung. Rationalitätsgrundlagen richterlicher Entscheidungspraxis, 2. Aufl. Frankfurt am Main 1972, insb. S. 142 ff., 145.

第三章　十六篇方法专题和三篇方法精介

第一节　古典学者萨维尼 （Savigny，1779—1861）的方法和民法[*]

要目

一、以古典学者的著作开始

为何始于曾经的萨维尼——何用之有？对谁有益？谁若对"方法和民法"感兴趣，谁就不应错过他。其八卷本著作《当代罗马法体系》[1] 中第一卷就有两篇关于"具体制定法的解释"的文章，是最受欢迎的传统引用主题："制定法中内在思想的重构"（Reconstruction）和今天所谓的解释规准（canones），即关于四个解释"要素"的四段话。文章写道：

76

---

　　* 约阿希姆·吕克特（Joachim Rückert）撰，刘志阳译。

　　[1] F.C v. Savigny, System des heutigen römischen Rechts, Bd. 1-8, Berlin 1840-1849, hier Band. 1§§32-51, S. 206-330. 下文只列原标题的简称。

"解释的工作，就是我们对制定法中内在思想进行重构……

因此我们在其中必须区分四个要素：语法上的要素、逻辑上的要素、历史上的要素和体系上的要素。

解释的语法要素客体是词句，是将立法者的思想传递给我们的手段。因此，在表述中存有立法者所使用的语言规则。

逻辑要素针对思想内容的结构，即针对逻辑关系，在其中解析其思想内容的具体部分。

历史要素的客体是调整某既有法律关系的现行制定法通过法条所确定的状态。制定法应是以特定的方式介入该状态，且本要素应该展现出介入的方式——制定法对法新增加的内容，应将任一要素都表达出来。

最后，体系要素涉及内在关联，其将全部法律制度和法律规则联结成一个大的统一体（§5）。恰如历史要素，本要素已经同时浮现在了立法者的头脑中，只有当我们弄清楚该部制定法与整个法体系具有何种关系，应如何影响该体系时，我们才能够完全理解立法者的思想。"（《当代罗马法体系》第一卷，边码213—216）。[2]

77   这些内容常常只是以关键语词的形式被引用，且常常存在错误，比如缺乏逻辑性或需要一定的目的。对此如何对待？这仅仅是必备内容吗？是，亦否。当这些引用内容仅仅被视为各种方法标本中类似于蜡菊的标本时就作肯定回答，当人们认识其**活性（Lebendigkeit）**时，则作否定回答。如果并非专家，则需要让自己了解一些。这样人们就会清楚，原文如何变成了干枯的信息，同样也体会到原文被复述后的僵化。人们带着被慢慢引起的好奇心开始回忆，并带着"方法与民法"这一疑问再次探究19世纪40年代的表述。这具有四重意义：一是学到了当代仍持续存在的"自由的和社会的"法学和法的基础；二是学会了如何看待该时代创作了大量巨著的古典学者；三是学会了独立地看待浮夸的引述；四是学会了如何看待当前对"方法和民法"的说教。

78   "重构"和解释规准，确切地说涉及"制定法解释"（Auslegung der Gesetze）的124页丰富内容中的两页（System I , 206-330）。其首要任务是注意该内容的选择性，这首先是一个**数量的问题（quantitative Frage）**。

_____

[2]   转引自 Savigny „System"（Fn.1），下文就如此处一样，只列简称。

答案是显而易见的。这两页内容既是这 124 页内容中仅有的，也是萨维尼所有相关文献中仅有的。这是传统引文中并未提及的。事实上，要记住全部内容的要求确实太过分。如往常一样，人们需要信任专家的绝大多数内容，只需要在别人为其准备的内容中获取信息；否则人类就不存在信任，且只了解到只言片语。下述文献概览只展示四个文本上的联系：

（1）萨维尼所谓的《法律方法论》（Juristische Methodenlehre）。1951 年魏森贝格（G. Wesenberg）才使其引起广泛关注。[3] 该文章被尘封于柜中近150 年；后来作为日耳曼学派学者成名的格林（Jacob Grimm），作为萨维尼在马尔堡的"法学独立研究导论"[4] 课堂上的学生，在 1802 年和 1803 年参与了写作。1951 年，萨维尼的合著作品《法律方法论》出版，该书受到了广泛关注，但是书名中的"方法论"一词使用并不恰当。

（2）现在，人们找到了萨维尼授课的原始笔记，并了解到萨维尼在1809 年作了修订，人们将被萨维尼称为方法学（并非方法论）的两部分内容和他在 1810 年、1841 年到 1842 年的潘德克顿导论课程的内容整理出版，使这些内容很容易得到。[5] 借此，一些全新的基础资料进入了视野——此外还有专门为学生撰写的文章，这是一份难得的阅读文献。

（3）1814 年著名的论战文献——《论立法和法学的当代使命》（Beruf unserer Zeit für Gesetzgebung und Rechtswissenschaft）[6]，一直都属于萨维尼那些著名文献中的重要部分，其对蒂堡（Thibaut）在《论统一民法对德国的必要性》（Notwendigkeit eines allgemeinen bürgerlichen Rechts für Deutschland）中倡导的那颇受欢迎的呼吁作出了切实回击；此外，该文对格里讷（N. Th. Gönner）

---

[3] *F.K. v. Savigny*, Juristische Methodenlehre. Nach der Ausarbeitung des Jakob Grimm hg. von G. Wesenberg, Stuttgart 1951. 将 K(arl)写成 C(arl)这一拼写方式在过去很长一段时间里较为常见，但是仍较少契合萨维尼诸如"方法理论"（Methodenlehre）这一标题。

[4] 课程即在此标题下公开讲授，见 *Mazzacane* 1993（Fn. 5）14。

[5] *F.C. v. Savigny*, Vorlesungen über juristische Methodologie 1802-1842, hg. u. eingeleitet von A. Mazzacane[=Savignyana（Fn. 10）Bd. 2]，1993, neue erweiterte Ausgabe 2004.

[6] 首版是：Heidelberg 1814，然后是扩展版：2. A. 1828；增加了前言的无修改本：3. A. 1840；新版：hg. von *J. Stern, Thibaut* und *Savigny*, 1914；重印版：Darmstadt 1959；无删减重印版：H. Hattenhauer 1973, 2. A. 2002。新版本还是依据 1814 年旧版本中的原始页码来引用。该部名著较容易获得，但旧版价值不菲。具有批判内容的著作是：Akamatsu/Rückert 2000（Fn. 10）。

1815 年《格里讷评论》（*Grönner-Rezension*）[7] 中的巴伐利亚—法兰西的立法意识形态作了精练反驳，且在 1816 年的总评论中被浓缩在《对各部新法典的支持与反对》（*Stimmen für und wider neue Gesetzbücher*）一书中 [8]。

（4）另一全新的基础文献为萨维尼的全部潘德克顿讲义的原始文本 [9] 和流传下来的大量的讲义手稿。[10] 这些资料都很有分量，因为其中记载了当时有效的私法、"一般理论"、"民法的概念和范围"、"法的渊源"与中世纪所继受的罗马后期（533 年）的《民法大全》（Corpus Iuris Civilis）的关联等。

以上概述显示，重新管窥文献是有趣的，因为我们的材料基础已经变得更好。这些材料已被有规划地独立研究着。简单一瞥就可以看到一系列对有关萨维尼事实的修正。

但是人们不仅面临着宏观的数量，还面临着颇具难度的疑问。如何理解萨维尼的语言？"思想"（Gedanken）的"重构"（Reconstruction）、"制定法中内在的"（dem Gesetz inwohnen）"要素"（Element）和"内部关联"（innerer Zusammenhang）——这些词语在语言上具有何意？特别是法律人

---

[7]　这是一个决定性的回击：*N.Th. Gönner*, Über Gesetzgebung und Rechtswissenschaft in unsrer Zeit, 1815（die scharfe Kritik seines ehemaligen Landshuter Kollegen）, zuerst in Savignys neuer,,Zeitschrift für geschichtliche Rechtswissenschaft", I Heft 3（1815）S. 373-423; erneut in Savigny, Vermischte Schriften, V S. 115-172。

[8]　首先参见 Zs. für gesch. Rechtswissenschaft III Heft 1（1816）S. 1-52, erneut in Beruf 2. A. 1828 und bei Stern 1914 usw.（Fn. 6）。几乎每一本法律史和私法史的教科书都介绍了该著名争论。缩减为两个立场非常具有误导性，见 *Rückert*, Savigny（Fn. 9）, S. 160-193 und in *Rückert*, Kodifikationsstreit, in Handwb zur. dt. Rechtsgeschichte, 2.A. Bd.3, Berlin 2012, Sp. 1930-34。

[9]　UB Marburg 出版社出版的约有 2000 页的出版物；1824/1825 年的全文由 Hammen 在 1992 年编辑（Fn. 10）；文献概述见 J. Rückert, Idealismus, Jurisprudenz und Politik bei Friedrich Carl von Savigny（Münchener Univ.schriften, Jur. Fakultät 58）, Ebelsbach 1984, S. 135-144。

[10]　对此目前见 Repertorium der Vorlesungsquellen zu Friedrich Carl von Savigny（Savignyana 14）, Frankfurt a.M. 2016, für rund 150 Exemplare in aller Welt; folgende Editionen erschienen außerdem in der Reihe,,Savignyana. Texte und Studien", hg. von J. Rückert, Frankfurt a.M. 1992 ff., Bd. 1: Pandektenvorlesung 1824/1825（mit Einführung zur Gesamtedition）, hg. von H. Hammen, 1992; Bd. 2: Vorlesungen über juristische Methodologie 1802-1842, hg. u. eingel. von A. Mazzacane, 1993, 2. erweiterte Aufl. 2004; Bd. 3: Landrechtsvorlesung 1824, hg. u. eingel. von Chr. Wollschläger, 1.Hbbd. 1994, 2. Hbbd. 1997; Bd. 5: Politik und neuere Legislationen. Materialien zum,,Geist der Gesetzgebung". Aus dem Nachlass hg. von H. Akamatsu u. J. Rückert, 2000; Bd. 8: Pandekten. Obligationenrecht. Allgemeiner Teil. Nach Savignys Vorlesungsmanuskripten hg. von M. Avenarius, 2008; Bd. 11: Savigny-Porträts, von J. Rückert, B. Ritzke u. L. Foljanty, 2011。

对此如何理解？这些非法学上的词汇只是 1800 年前后浪漫的、理想性的时尚中并不重要的点缀？还是其影响力恰恰存在于其所带来的持续利益中？制定法文本体现为被重新创造的"思想"；今天所指的解释方法，即语法上的、逻辑上的、历史性的和体系性的方法，似乎只是各个"要素"，即作为具体的各个步骤，"如果解释要获得成功，它们就要一起发挥作用"（System I 215）**——恰恰并非作为"解释规准"、规则和准绳。且这仍适用于所继受的罗马法——萨维尼的研究对象，因为过去还几乎没有相关的制定法素材！

今天似乎没有人仅仅想重构或重新创造**制定法思想（Gesetzesgedanke）**——虽然我们觉得被束缚了，但确实是在制定法面前更自由了；另一方面，人们在褒扬这四个方法的同时，也在抱怨这些在萨维尼那里毫无次序性——因为我们觉得萨维尼设置得太过随意了。萨维尼的语句只是被引用来作为对过去的诀别，今天已不再使用？还是它们具有其他意义？萨维尼为什么区分法的思想和制定法？为什么他强调制定法中"内在"的思想？难道制定法语词（Gesetzeswort）难以胜任？为什么次序对他而言并不如此重要？为什么缺少今天强调的目的性要素？为什么"历史性"解释不仅涉及制定法语词的起源，还涉及"法律关系"的早前"状态"？为什么"体系"解释不仅仅简单地涉及这一关联（Zusammenhang），还涉及特定的"内部关联"和一个"大的统一体"？

我们需要释明这些概念，并基于此来阐明萨维尼的方法内容及方法语境的范围。自 1789 年（法国大革命）和 1806 年（神圣罗马帝国灭亡）的巨大转折以来，我们自己时代中方法和内容上的定位就似乎成了主题。由于萨维尼的制定法并非我们的制定法，因此他的制定法解释亦非我们的解释。他的"重构"并非我们的历史解释。目的论在*解释规准*中的缺失并非偶然。令人关注的"内在蕴含"并非仅仅是在组织学上对制定法植物中的某类萌芽或制定法身体中的灵魂这些受时间限制的、可放弃的影射，而是一个对法的其他视角的明晰证据。法并未被设想为制定的法，而是作为完全"自在地"生成的法——用这一奇怪的萨维尼的词语来表述。但是，就如该图景所发人深省的那样，是谁缔造、培育并支持着制定法？很明显，

81

** 括号中的德文指《当代罗马法体系》第一卷第 215 页。System 为《当代罗马法体系》的德文简称，罗马数字表示卷，阿拉伯数字表示页码。本章下同。——译者注

立法者并非首要的——那又是谁呢？以何物作为对他人效力的资格证明？这应为一个值得讨论的法的猜想吗？又依据何标准来判定制定法？就如明希豪森（Münchhausen）所认为的那样，制定法自己决定着法？或者是历史经验？是政治决定？是法哲学？还是同时是以上全部内容？萨维尼究竟意指一切法，还是专指民法？

82　　人们可能认为这太繁杂而放弃该伟大的探求之旅，并可能用一些有关方法论史和法史的概述或教科书中的关键语词来宽慰自己。这在绝大多数情况下是可行的，但是在这里却并非如此。因为各种教科书和概述性文章并未传达合理的知识确信和方向引导；当然，此处所研究的问题也一直很少能够引起兴趣。[11]社会发展正常时，对于被长期讨论过的学术上的结论，作个总结即可糊弄过去；但对于自 1945 年以来合理中断的传统而言，这并不能满足法史的要求。大约 40 年的研究已经撼动了众多内容，但是从未被简练总结过——因此人们自己必须加以发掘；但是从改善和价值期望的途径去关注萨维尼、方法和民法已经足矣（意识到这已经很好了），如今需要更多地从实在的、现实可能的和现实需要的角度加以分析。

83　　如边码 76 处所述，对 19 世纪 40 年代原著的认真浏览已经达到了开始时（边码 77）提到的四重学习效果。然而没有相关语境就不能评价 1840 年的引文——这对今天的文本仍然适用，在这种情况下无论如何都要了解相关语境。如过去一样，不管怎样今天必须将之与著作、生平和影响一起研读，以便获得应有的益处。

84　　因此，本节首先探究萨维尼的生平、著作和影响，[12]然后探究方法论原文，其次探究方法论范例（此处为所谓的过错理论），最后总结成十个要点。这一总结也可以作为捷径和预告，以便为读者服务。

85　　对于近十年来极其基本和广泛的关于萨维尼研究的成果和出版物，只

---

[11]　只是该问题被回避，见 *K. Kroeschell*, Deutsche Rechtsgeschichte, Bd. 3（seit 1650），Opladen 1989。他并未详述全部内容，而只是遴选了一些主题。此处必须用到众多对历史新的一般性概括和具体讨论内容——但这过于宽泛。关于"19 世纪法的自治这一主导问题的详细信息和 19 世纪的新草案"见我的研究：Autonomie des Rechts in rechtshistorischer Perspektive, Hannover 1988, hier Teil 2, S. 35 ff.。

[12]　具有影响的归纳见 *Rückert*, Savignys Einfluß auf die Jurisprudenz in Deutschland nach 1900, in: Rechtsgeschichte in den beiden deutschen Staaten（1988-1990），hg. von *H. Mohnhaupt*, Ius Commune Sonderheft 18, Frankfurt 1991, S. 34-71, hier 53 f.（Kurzfassung in JuS 1991, 624 ff.），现在还可见 *Rückert*, Savigny-Studien, 2011。

有当其具体的拓展确实显得较为重要时，才会被提及。[13]

二、著作中的生活和生活中的著作[14]

弗里德里希·卡尔·冯·萨维尼（Friedrich Carl von Savigny）（1779—　　86
1861），罗马法教授、普鲁士国务委员、柏林上诉法院法官、法律审查委
员会会长，由于生活经历丰富、著作等身，直到今天仍享有盛名。虽然往
事如烟，但是必须重视他的成就，因为其属于法学奠基性人物之一，且不
仅仅在德国之内。

1. 生活轨迹：法兰克福、马尔堡、巴黎、兰茨胡特、柏林

萨维尼出生于法兰克福，1795 年夏天到 1799 年年初在小城**马尔堡**　　87
（**Marburg**）学习，1796 年至 1797 年在**哥廷根**（**Göttingen**）学习，并在一
个朋友圈内结识了诸多毕生的益友，有哲学家、语言学家、神学家、历史
学家以及诗人。在当时的等级社会中，这位年轻贵族"合群的"（哲学家
F. Schlegel 之语）生活方式具有平等对待所有学生的优秀特征。出身贵族
的萨维尼选择学术作为自己的职业也曾轰动一时。他一生的主要经历是：
1801 年至 1804 年在**马尔堡**任教；之后即开启了长期的科研之旅——并再次
因无薪休假而引起轰动——主要是前往**巴黎**，以便搜集后来《中世纪罗马
法史》（1815 年及之后）的资料；自 1808 年至 1810 年在巴伐利亚—莱茵州
的**兰茨胡特**（**Landshut**）（即后来的慕尼黑大学）担任罗马法教授；最后，
在德意志的新中心柏林任职，大学改革者、内政部文化与课程司司长威
廉·冯·洪堡（Wilhelm von Humboldt）将其选聘过去。在那里，萨维尼从
1810 年到 1842 年作为大学和学术委员会的教师和研究者工作了 30 年，取
得了卓越的成就。直到 1848 年，他还是大学行政岗位、政府（国务委员）
和政治中的关键人物，1815 年至 1816 年担任王子的法律讲师，1842 年至
1848 年担任人口计生部长。1861 年，在他的家庭葬礼上，威廉国王罕见地

---

[13] 最后参见两个文集：Savigny global 1814-2014.,,Vom Beruf unsrer Zeit"zum transnationalen Recht des 21. Jahrhunderts（Beiträge zu Grundfragen des Rechts 12），Göttingen 2016, hg. von S. Meder und C.-E. Mecke, und: Savigny international?, hg. von J. Rückert und Th. Duve（Savignyana 13），Frankfurt a.M. 2015。对该研究的概述见我的研究：Friedrich Carl von Savigny（1779-1861）-ein Frankfurter in Berlin, in: Festschrift 200 Jahre Juristische Fakultät der Humboldt-Universität zu Berlin..., Berlin 2010, S. 133-177，附有关于萨维尼生平和著作的详细资料表。

[14] 下列章节部分参照了我关于萨维尼的文章：M. Stolleis（Hg.），Juristen. Ein biographisches Lexikon, München 1995, 2. A. 2001。

亲自带着当时所有的王子，一同身着礼服出现在大学的教授中间。

88　　从彼时直至今日，在**辉煌成就**及**基本立场**方面，人们将萨维尼与人文和政治历史中的一些关键语词联系在一起，诸如"历史法学"[15]、历史法学派、历史主义、新人文主义、浪漫主义、理念论、自然法、法的形而上学、民族精神说、立法批判和改革保守主义，但是也有一些**批判性的关键语词**，如"空寂主义"（Quietismus）（Thibaut 1815，1838）、"形式主义"（Welcker 1829）、"实证主义"（Gärtner 1840，Marx 1842，Reyscher 1846）和"概念法学"（Begrifftsjurisprudenz）（Jhering 1884）。这些博大的联想内容具有众多意义，且同样晦涩难懂。

89　　这些丰富内容可以直接归纳为一句话：萨维尼首先是个法学家。但是萨维尼为法学带来了学术上的甚至是"历史上的"研究，其在 1814 年[16]用众多卓有成效的内容将法学描述为"加工普遍理念的仪器"（Apparat allgemeiner Ideen）（Jhering 1861）。然而，如上所示，他也留给了我们众多的问题。因此，将他简单地归结为"法学家"具有误导性。

2. 著作成果

90　　这些生活资料和关键语词给出了一些背景，但是显然并非萨维尼著作中有关方法论与民法问题的答案。如果人们不使用法学著作来解答这些问题的话，这些问题就仍旧是知识上的负担。这并不涉及"[他（阿尔尼姆）之所以是]浪漫主义者，因为（他）是克莱门斯（Clemens Brentano）的妹夫"这一逻辑推论，而是作为理解的辅助手段——还需要这些事实：萨维尼喜欢与诗人群体和哲学家群体交往，这导致他有时会使用非法学语言，以使得这些语言容易被理解。从其职业选择上的轰动事件直到作出昂贵的自费科研之旅，都可凸显他何等地对学术感兴趣，而非对贵族阶级中习以为常的政务、外交、军事上的官职感兴趣。他将罗马法强调为民法的典范，并将民法强调为法的典范，这导致了他对制定法（Gesetz）的质疑；而

---

　　[15]　这是 1815 年后杂志的标题（脚注 7）；而不是《法制史杂志》（Zeitschrift für Rechtsgeschichte）。关于当时的杂志内容见 J. Rückert, Geschichtlich, praktisch, deutsch. Die„Zeitschrift für geschichtliche Rechtswissenschaft"（1815-1850），das„Archiv für die civilistische Praxis"（1818-1867）und die„Zeitschrift für deutsches Recht und deutsche Rechtswissenschaft"（1839-1861），in: M. Stolleis（Hg.）Juristische Zeitschriften. Die neuen Medien des 18.-20. Jahrhunderts, Frankfurt a.M.1999, S. 107-257。

　　[16]　在论著《论立法和法学的当代使命》（Beruf）中，见脚注 6。

该质疑也凸显了社会政治上反对专制、支持自由的潮流。他在 1810 年左右作出的离开兰茨胡特前往柏林的抉择可能非常重要，当时的德国是一个多元的德国，简单地对比就是：法兰西影响下的莱茵联邦比照着普鲁士德国；中央集权制与君主立宪制的复辟比照着对分权原则和人民主权的维护；绝对依附法令与对其服务的职业导向性的注释法教育比照着依据对于诸如罗马人为了尽可能实现法律阶层独立利益的学术职业教育，这是罗马人最重要的法律经验。大革命的法学标志不再是 La Loi——《法律》，亦不再是正义女神（iustitia）。萨维尼的反法典化的法律思想在兰茨胡特的"巴伐利亚—莱茵邦—法兰西式疗养"中彻底地受到挑战。伟大的（老）费尔巴哈（Feuerbach）在邻国制定新的 1813 年版的《巴伐利亚刑法典》和《巴伐利亚民法典》。很明显，萨维尼的法律见解在此情形上得到了一个直接回应；他的方法论和解释方法再次受制于该回应。1842 年后立法委员的工作似乎成了萨维尼之后法的观点的试金石，此后不久其就撰写出了今天常被引用的论文。萨维尼的同龄人和后人的思想内容被激烈地讨论（且有目共睹地持续着）、解释和应用。

这一切都被思索着，并似乎产生了一个真正的关联性研究，即生活中 ₉₁的作品与作品中的生活，且方法论与民法概念作为其中顺理成章的一部分。当然，这里并不讨论这些。但是研究的丰富性及可能性应当被提及。

所有这些都显示萨维尼是这个时代的人。甚至他在其时代所贯彻的思 ₉₂潮都具有历史地位。该独特的思潮位于其目标和成果中。这些对于方法和民法又有何意义？

三、萨维尼法理解中的方法和民法

一篇关于作品的报告并不能告知人们太多信息。"方法与民法"这一 ₉₃主题和有关解释的常用引文并不涉及具体的内容，而指涉客体和方法，即整体上的法理解（Rechtsverständnis）。这些进入了法学的基本概念中，并追溯到历史和哲学的基础。没有客体和方法，法学就难以完成自己的任务，就没有方法论和民法概念。

1. 简述

有关法的理解的关键点可以极其简单地描述为：其**客体**和研究内容是 ₉₄从所谓的公元 533 年的《国法大全》（Corpus Iuris）的传统中继受的全部罗马法。萨维尼的**方法**则是历史分析的方法。更细致地说则是：萨维尼赋予了法学以客体和方法**双重的定位（ doppelte Orientierung ）**。该定位必须同时是历史的（或实在的、具体的、与事实相关的、偶然的）和哲学的（或绝对的、体系的、一般的、必然的）。在他的时代，其将该要求形塑在了直至今日仍为奠基性的，并被多次重新印制的四大著作之中（Besitz 1803，Beruf 1814，Geschichte 1815ff.，System 1840ff.），[17] 这使其成为几代法律人的导师和先驱，并成为学术上的引领者。

95　　　　这一概述很空洞。人们可能从中并不能觉察到这涉及当代法学的诞生时刻和众多根本性立场之间的争斗——这场争斗尚未决出胜负。仍不清楚的是，萨维尼是否还研究并关注民法和法律方法。显然，他的影响无疑直接肯定了该问题。但二者只是非常有限地切合实际。但是为何如此？对此人们必须释明更多内容。首先是需要原原本本地弄清楚他对制定法和法、法学和科学方法的解释，还有其中关于哲学以及法律基本概念的影响的猜想。此处是首次依据新的原始素材进行分析（边码 79）。这使得我们对于他关于方法论的文章、私法的构想和过错理论的示例有了更清晰的认知。

2. 独特的制定法观念

96　　　　萨维尼的研究**客体**是整个罗马法和从所谓的公元 533 年的《国法大全》的传统中继受的法——因此并不仅仅是民法，更谈不上"某个民法"。《国法大全》中广博的民法，特别是《学说汇纂》[Pandekten（希腊文），Digesten（拉丁文）] 之中的民法，越来越成为其主要的兴趣点。但是《学说汇纂》同样已经被纳入原初古代诉讼中的国家法和经济私法的背景中，这些背景到 1800 年时已经逐渐成为历史。诉的体系（Aktionensystem）（即基于诉讼职权的造法）、地方司法官诉讼（praetor-iudex-prozess）、后来的皇家官员诉讼（kaiserlicher Beamten-Prozess）、奴隶制和家父特权（pater-familia-Vorrang）等，是一些契合罗马法古代条件的最粗糙的关键语词。在 1800 年左右，这些条件的局限性变得清晰。与这些局限相关的越来越重要的问题是：究竟是什么塑造了被遗弃部分和未被遗弃部分的特质？其中何物适合作为自由、平等背景下的广博的当代法？人们可以如同追剧一样，对诸如

---

[17]　关于"Beruf"见脚注 6，关于"Geschichte"见脚注 15。"Besitz"指今天在方法上具有典范性的著作《论占有》（Das Recht des Besitzes），首版面世于 1803 年，当时萨维尼 24 岁；关于"System"见本章脚注 1。

劳务合同和给付障碍这些教义示例的漫长修正过程进行追踪。[18]

　　萨维尼重新研究了这些问题。他并不将《国法大全》（Corpus Iuris）尤其是《学说汇纂》（Pandekten）理解为**真正的制定法（als eigentliches Gesetz）**——就如传统中绝大多数的制定法那样。尽管《民法大全》（Corpus iuris civilis，1583 年之后才被如此指称）中的各个部分被优士丁尼（Justinian）皇帝作为法律颁布发行，但萨维尼并不视之为自由创设的原创性立法，而是对罗马人当时的法律状态进行周全的汇编和维护。这本身就有好的基础，且已经改善了许多。因此，对他而言，罗马法"并非罗马制定法的内容"，且绝非"一团混乱的、恣意的规定"（Thibaut 1803）。尽管从外部看"这一切都通过《优士丁尼法典》的形式出现，但（对萨维尼而言）它们却改变不了任何东西"[19]。对其而言，不管是不是在罗马，**造法的中心（Zentrum von Rechtsbildung）**并不在皇帝、国家或制定法，而是在与法相关的人，在"人民"。立法除了"发展、保护、促进"外并无其他作用——萨维尼于 1824 至 1825 年说道。[20] 因此，从一开始萨维尼就将"制定法"（Gesetz, lex）的解释指向完全不同于我们所理解的制定法的这一"制定法"对象。对其而言，

　　　　"任何制定法……规定的目的在于，确定法律关系的本质，并表达出某一思想……，基于此确保任一法律关系的存在都免于错误和恣意"。

　　——这就是其在"解释的基本规则"（System I 212）[21] 一章中所强调的首

[18]　对这些例子的深入研究见 *Rückert*, Dienstvertrag mit Arbeitsvertrag, in HKK III 2013（见本书上文边码 54），s. vor§611 Rn. 52-54, §611 Rn. 100 f. und Pandektistische Leistungstörungen?in: Wie pandektistisch ist die Pandektistik?, hg. von H.-P. Haferkamp u. T. Repgen, Tübingen 2017, S. 205-239。

[19]　首先参见 1811 年萨维尼关于潘德克顿介绍的引文：*Mazzacane*（Fn. 10）S. 175/fol. 173 r（原始页码，在两版中都可以找到）；其次可参见 die Pandecteneinleitung 1812, bei Mazzacane 184/67 r. A.F.J. Thibauts Kritik steht in seinem berühmten Standardwerk„System des Pandecten-Rechts", Vorrede zur 1. A. 1803, Bd. 1, S. V, 8. Aufl. 1834（在之后版本中被重印）；最后，关于他的相关内容见 *Rückert* in: Neue Deutsche Biographie, Bd. 26, Berlin 2016, S. 106 f.; A.F.J. Thibaut（1772-1840）. Bürger und Gelehrter, hg. von *Chr. Hattenhauer* u.a., Tübingen 2017。

[20]　如见 Pandecten 1824/25, Einleitung（bei Hammen 4 und Mazzacane 198/80 v, Fn. 10）；但也是多方面的，参见 *Mazzacane* 175/173 r für 1811。

[21]　参见萨维尼的研究和此处所关注的连续性问题，这一表述自 1809 年以来即已清晰（"法律应该确定某个法的关系"），但是在 1802 年、1803 年时还尚不清楚（"法律应该表达某个思想，以便使之客观化"），参见 *Mazzacane*（Fn. 10）140/39 r, 89/4 v; dann 175 f./173 r u. ö.。

要内容和历史要素上的（如开始的引文）连接点。因此，由于**"法律关系"**（**Rechtsverhältnis**）是**先于制定法**（**vor dem Gesetz da**）的，所以制定法确定了法律关系并保护了它；对于萨维尼而言，制定法的"思想"只是制定法保护法律关系的手段，其并非独立的、新设计的、革新性的造法手段。"法律关系"对制定法而言始终是"法源"，而非纯粹的法中的关系（Beziehung im Recht）（就如今天的用语）。就如其在《当代罗马法体系》第 4 章所讲解的那样，在"法源"中，"法律关系"是法"更深的基础"，而不仅仅是主观的权利，同样并非依据"存在和范围"来确定各项权利的判决。他并未正面详细定义该重要的"法律关系"。法律关系是"现实生活"中"法律状态"的一部分（System I 17）。但是对于其观点的独立性而言，消极界定已经足够。

98   该观点至今仍被激烈讨论。但是现在这并不取决于此，而是取决于是严格地针对一切法，还是仅仅针对民法；是仅仅是确定性的，还是同样具有评价性；是仅仅是政治性评价，还是基于已被认可的"内在"必然性；以及如何被有力地论证，等等。具有决定意义的只是：萨维尼的制定法观念与当时和今天的主流观念是不同的。因为这也涉及解释上的观点。

3. 解释观念（Auslegungsvorstellung）的次序

99   关于客体的观念和关于方法的观念在任一接近成熟的构想中都是一致的，所以就关涉到解释观念。依据制定法观念，关键语词**"重构"**（**Reconstruction**）就突然变得具有双重意义。这区别于一些重要的次序："制定法"的解释突然显得并非特殊之物，而是仅为确定现存的法律关系的一种理解。这样，在制定法、法学家文献（《学说汇纂》）和法律行为上，"解释是可能且必要的，就如该行为（即解释行为）在本质上是平等的一样"——萨维尼在 1824 至 1825 年的授课内容中这样写道。一般法诠释学（Rechtshermeneutik）产生了。1840 年，其在《当代罗马法体系》一书中扼要地讲述了该观念，即法学界、法官和个人事实上都同样在致力于"解释"。法学界、司法界和"生活关系构成"中的个人的法律活动的"共同之处"在于，"都以弄清法源的内容这一特定的方式作为基础"（I 206）。他想对共性作出描述，即解释并非对"制定法不明之处的全部实然情形"的总结（I 297），而是专指对法源内容的理解。人们越来越难以理解，这一解释学说怎能出自一个今日所视的古典学者之手。但事实确实如此。

4. 其他方法观念、解释目的和忠实标准

如果法不是被首先理解为立法者自由创设的制定法，那么解释就不只是要尽可能精确并忠实地领会立法者的文字和意志，而是具有了另外一个目的。解释的目标和忠诚的对象也从立法者本身转移到其他法律适用者。整个枪手模式（gun-man-Modell）（J. Austin 1832）将制定法置换成更高的命令——它的基础不容置疑，尽管我们的思维仍存在众多差异，但是事实就是这样。这里并不涉及对制定法的探究，而是对存在的法律关系的探究和对**完全依据制定法的法（Recht überhaupt anhand des Gesetzes）**的探究。这样，忠实对立法者的效力根本上要小于忠实对权利主体的效力——完全是民主式思维！？在梅特涅（Metternich）复辟的维也纳，萨维尼被当成雅各宾党人绝非偶然。

但是究竟如何探究法？这指向了萨维尼的方法观念。同样，制定法解释就成为一般性寻找不同形态中现存法的下位情形。这样，制定法就不是法的"唯一真正的渊源"，而只是"其中之一"——他自 1812 年[22]起一直如此认为。对我们而言，不同的法现象，如制定法、判决、法律科学和法律行为，都在一定程度上被视为"现实法的符号、标志和表达，从其中人们只能逐渐清晰地发现这些具有巨大的、不可忽视的关联性的内在事实"——萨维尼在 1813 至 1814 年写道，并在《论立法和法学的当代使命》和《当代罗马法体系》中作了强调。[23]难道这就是萨维尼所言的"现实的法"？

5. 对现实的法（wirkliches Recht）的研究、科学的方法

如何研究此类"现实的法"，或恰如萨维尼所言，"人民本来的意志"（Beruf 17）？对此，其一直主张"三个""完整的科学**要素**"或"**举措**"，这些都得自三个可能的"不同立法观点"[24]，即可能的相应观察视角：（1）具体文本的"语言上的意思"；（2）依据内在关联而作为整个（体系）的"体系上的观点"；（3）依据"历史的发展，即依据同一群人的不同时代的必要的联系——内在的法史"（后简称为历史），而作为"联结的整体"的"历史上的观点"。这些方法上的要求不可与客体相孤立。视角必须始

100

101

102

---

[22]　Einleitung Pandecten 1812（ bei Mazzacane, Fn. 10）183 f./66 v: "法所处越高，则渊源就越多。"

[23]　Bei *Mazzacane* 188 f./71 r und in Beruf 17（ =Stern 81）, System I 20 f.; 对此重要的文献请见Rückert（ Fn. 9）309。

[24]　此处是 1809 年的表述，见 Mazzacane 139/38 r; 精辟的还有 1812 年的表述，"这样得出我们科学的三要素"（ebenda 184/67 r）。

终是"现实的法"，"既存的法律关系"应当被意识到，其应当被确定。这就是忠实标准。1813 至 1814 年，萨维尼对此写下了一个比喻，该比喻在 1814 年后变得著名，即活的法必具有语言："法可以通过法学家或者制定法来获得语言，好的制定法具有这一目的，否则，恣意确定的制定法可能暴力地毁坏、歪曲、毁灭真正的法。"[25]

103　　尽管如此，人们明显进入了**另一个"解释的世界"（andere„Auslegungswelt"）**——这是与将制定法仅仅视为立法者的产品的视角相比更广博且具有更高要求的方法。这些方法更多地被称为"科学"而非"解释"亦并非偶然，尽管对萨维尼而言，它们会涉及这两者。这些方法意欲为**科学上的方法（wissenschaftliche Methode）**，并将**三个视角**统一于制定法之上，而制定法仅被视为活法的表达：文本释义、体系、发展史。因此，萨维尼既非今天声名狼藉的、然而多数情况下被误解的、著名的温特沙伊德（Windscheid，1884）[26]式的"法学家"，又非独尊立法者言语和意志的教义学者，更非纯粹解决案件的法律适用者。其有关制定法和法以及解释和法学的构想可以否弃立法者的言语，而对我们而言，立法者的言语对民主和法学来说是首先不可否弃的。还有，我们对制定法泛滥的抱怨绝大多数只是为了更好地立法。

104　　另一方面，我们有一个始终不可放弃的任务，即独立于制定法的内容这一偶然因素来推动**法律科学（Rechtswissenschaft）**，而法律科学并未融合到形式上的分析、逻辑和辩论理论等之中，也并未融入社会学、社会科学、政治科学、经济学、伦理学或其他更封闭的科学中。此外，在"制定法上的不公平"和"法官法"繁荣的时代，制定法的魅力还受到了贬损。毫无疑问的是，法律科学的独立缺少了支持。萨维尼对此提出十分独特的构想了吗？

6. 独立的法概念：演进的效力、法的双重性

105　　萨维尼在这里同样提出了独立的构想，对此最好关注**法概念（Rechtsbegriff）**的比较。如果该构想并未"返回"到自然法的立场——赞成与正确的本质或理性相一致的法，那么该构想就是独立的。反之，该构想亦不可"预先"进入到**实证主义的（positivistisch）**立场——实证主义认

---

[25]　Bei *Mazzacane* 189/71v. Vgl. *Savigny*, Beruf 1814（Fn. 6）8.
[26]　对此参见下文边码 280 及以下。

为任一制定出来的法都有效。事实上萨维尼视自然法和制定法为"歧途"而予以摒弃；他称之为"凌驾于一切实在法（positives Recht）之上的标准法（Normalrecht）"的歧途，以及将"法的内容理解为一个偶然的、无关紧要的内容，并满足于将对事实的感知作为该内容"的歧途（System I 52f. Auch VIII 533f.）。其想通过整合来避免二者。在"法的本质"中人们必须接受**两个要素（zwei Elemente）**并相应地接受两个任务："一个个体的（要素），其是专门属于任一公民的要素；一个普遍的要素，其构建于人类本质的整体之上"，与之相应的是一个"公共的任务，其必须用其特有的方式来解决具体民族的历史任务"。（System I 52f.）

　　萨维尼如何看待法的效力来源？他将其置于**演进而来的效力（gewordene Geltung）**中，置于人民对"历史任务"的解决中，即既非纯粹在本质或理性中，又非位于立法者或个人随意的制定中。从效力的否定上来看，这是清楚的，从效力的肯定上来看，则不太清楚——再次与今天类似。对于具体的问题必须关注此处的哲学。但首先涉及一个并不少见的异议： 106

　　萨维尼的历史中积淀的法是否同样只是体现为**任意性立法（beliebige Setzung）**？这虽然并非新的任意，但会是（更糟糕的）旧的任意吗？这就涉及一个保守的实证主义的立法意识形态的变体。另一方面，这应（同样？）取决于"人民"和"人民的真正意志"（Beruf 17）——也是雅各宾党人似的、激进的民主思潮？还是其他方式的立法？ 107

　　对法的概念的追问，萨维尼有关法的本质的**两要素形式（Zwei-Elemente-Formel）**已经回答。此处，立法通过具体的民族并同时依据共同的人类天性而实现。这个法的**双重本质（Doppelnatur）**只有在具体的、历史性的答案中才可被理解。人们必须与萨维尼一起双重地探讨该答案，即作为历史和当前限制之中的特定时期、特定民族的法，以及在其体系的理念中作为法中人类本质的表达的法。这并非一个简单的回应和使命——自然也并未否定掉萨维尼的方案。相反，承认法双重性的思想在当前对制定法实证主义现代化不可胜数的探索中是最具生命力的。人们借助于古典学者萨维尼研究的这一前提比借助今天其他不同的文章更能够让自己厘清法的双重性思想。对此，再次将目光投向这一方法（法概念中相应的要素）是有裨益的。 108

7. "历史的"和"真实历史的"方法、双重定位的原则探索

　　萨维尼对相应方法命名的有力探索并未停留在我们绝大多数人非常 109

不充分地提到的"geschichtlich"或"historisch"这两个对我们而言很普通的语词之上。他以此意指一些特别的东西,并通过一些附加词,诸如"真正历史的"(eigentlich historisch)、"真实历史的"(wahrhaft historisch)(1814/1815),更清楚的"历史体系的"(historisch-systematisch)(1814)或"历史哲学的"(historisch-philosophisch)(1802/1803,1804)来强调这一点。[27]

110　　　　为什么这里缺少对"三要素"的解释(见边码 24)?原因在于,对于一个共同的方法模式而言,这并不取决于罗马渊源的具体文本之初始状态,[28]而是取决于尚存的"双重科学意义"(Beruf 48):历史的和体系的(1802/1803,1804)。我们今天"历史的"这一术语的用法与那时的用法相比,已经有较大改变。

111　　　　如今,"**历史的**"(**historisch**)这一术语并非简单地意指"传承相继"(如在所述的立法的三个视角之处),而是首先指"要去敏锐地领悟任一时代和任一法形式所特有的东西";"**体系的**"(**systematisch**)这一术语在这里同样意指对整体的关注。[29]概括而言就是这里涉及作为具体的和作为整体的法素材;人们可以继续拓展:作为特殊的和作为一般的,作为偶然的和作为必然的——并以此揭示哲学上的特征。这必是这样的思路,即始终将具体的与整体的一同考虑并进行整合,且这同样被当作实在性的正确注解(Deutung)。

112　　　　萨维尼的特殊思路首先来自时代背景。如体系方法一样,历史分析方法在当时十分受推崇。**萨维尼的要点**(**Savignys Pointe**)在于所述要素的关联,在于所述的**双重定位**(**Doppelorientierung**)——这清楚地体现在其语词组合之中。"真实历史的"要素多于"历史的"。这并非受信赖的经验研究(congnitio ex datis),即对资料和事实的认知,这与康德(Kant)的理性研究(congnitio ex principiis)相反;而是在一个另外的**科学和历史概念**(**Wissenschafts- und Geschichtsbegriff**)中对二者的新结合。在这里,人们在对历史的观察中直接提炼原则——**依据**康德的德国式理念论的新的历史概

[27]　Dazu *Rückert* 1984(Fn. 9)331, 374.

[28]　他在此意义上的说明参见 1828ff.(bei Mazzacane[Fn. 10]210 f./94 r)。

[29]　Siehe nur Beruf 48(=Stern 99):"体系性,以便将任一概念和条文视为在整体处于关联和互动之中。"

念。[30] 因此，历史同样也可与当代融合。这样（且只有这样）萨维尼的法学才可如所述的那样避免"两个歧途"：对他而言，从（法的）历史和当代的纯粹历史、经验性事实中较难推断出"实在的"法，就如同从纯哲学上的、纯粹的、抽象的哲学和法哲学中较难推断出"自然法"（Naturrecht）和"标准法"（Normal-Recht）一样。

对萨维尼而言，"真实历史的"法这一认知将法学研究从制定法知识、判决知识或观点层面擢升至科学层面。但是科学（**Wissenschaft**）意味着：其不是仅仅依据随意的外在规则来研究和编排历史事实上的历程（资料），而是寻找并确认演化而来的、实在的、具有自我特性的法，这些绝大多数"隐匿于大千世界之中"（1827 年至 1842 年的授课一直如此），但不管怎样，这些"法"具有**"内在的统一性"（inwohnende Einheit）**（1812/1815），或"内部统一性"（1812/1809），萨维尼因此也在寻找和确认"其（法规）中内在的有生命力的原则"（1821），即一个依据自己的"原则整合成的整体"（Kant）。[31] 萨维尼在这里发现了其时代具有高价值的学术概念——至于正确与否，在这里仍不作讨论。对其而言，这一认知方法绝对是通往法学的"唯一路径"。[32]

与今天的法学相比，这一要求作用于法的方式是相当不同的。事实上，今天的法学将该科学任务（**wissenschaftliche Aufgabe**）——自主地建构一个依据自己的原则来规制的法的整体，委托给了其他**专业（andere Fächer）**——政治学、社会学、经济学、社会生态学等，并因此放弃了该任务，或者对该任务的理解根本不同于萨维尼。但是如果想到，一个依据自己的原则规制的整体尚未从法学学者的学术中产生，且尚未从有效的法的逻辑上、目的上、价值分析上以及其他分析中产生的话，则不再那么令人费解。因此，一个先行的法教义学者的答复就并不令人意外，就如在一

113

114

---

[30]　更详细的内容参见 H. Kiefner, Art. Savigny, in Hwb. zur dt. Rechtsgeschichte, Bd.4, 1990, Sp. 1313-23, hier 1317 f., *Rückert* 1984（Fn. 9）100 ff., 250 f., 331 f.; 补充性的内容参见 *Rückert*, Savignys Konzeption von Jurisprudenz und Recht, ihre Folgen und ihre Bedeutung bis heute, in: TRG 61（1993）S. 65-95, 74, 77; 当前还有 *Rückert*, Savigny-Studien, 2011。

[31]　Vgl. *Rückert* 1984（Fn. 9）331（1815），60（zu Kant）; vgl. *Rückert*, Savigny bei Mazzacane（Fn. 10）148/46 r u. 150/46 v（1809），183/66 r（1812），197/79 v（1821-24），209/93 r（1827-42）.

[32]　如这一纲领性论述：Savigny, Über den Zweck dieser Zeitschrift, in Zs. f. gesch. Rechtswiss. I（1815）S. 4;"示例汇编"是所谓的意图从起因性史实中得出启发的、实用的、历史著作中的惯用语。

次谈话或谈论中所表达的那样："对于什么是教义这一问题，并非如此容易确定"（Badura 1993）——甚至针对原则来源的实质性问题在此会被忽略。[33]依据实在的—制定法的法"原则"的教义上的秩序并非依据该制定法的原则的秩序，而是依据立法者的原则的秩序。同样，人们并不能认同的是，立法者仅仅接受独立的法律原则。制定法科学（Gesetzeswissenschaft）之外的法律科学（Rechtswissenschaft）已经成为谜团。但 150 年前恰恰相反。该区别可再次从萨维尼的时代背景中得知——同样还可从该延续的时代的构造中得知。因此，这变得较少具有哲学性或（更时髦的）学理性。

8. 哲学基础：法中"内在统一性"

115

萨维尼的主张明显超越了制定法知识（Gesetzeskunde），进入了不仅仅是非基于理性的实证—资料研究上的（ex datis），也不仅仅是理性—原则认知上的（ex principiis）科学导向中。这一主张蕴含着特定的**哲学基础**（**philosophische Fundamente**）。简而言之，这涉及对理念（Idee）和现实性（Wirklichkeit）的理解。实际上，萨维尼还同时在现实中探寻理想之物（Ideelles）和正确之物（Richtiges）——反之亦然。在认识论和本体论上，人们能够非常容易地从当时哲学里并行的新导向中说明这一法理解上的平行动机。此处的新导向指的是谢林（Schelling）、黑格尔（Hegel）、荷尔德林（Hölderlin）和施莱格尔（F. Schlegels）的哲学流派，他们都针对康德的区分思维和主观思维（Trennungs- und Subjektdenken）（就如他们对康德所理解的那样）发展了统一思维（Vereinigungsdenken）（D. Henrich；Kondylis 1979）或者"客观"理念论（objektiver Idealismus）。就如"在历史分析上"应用的那样，萨维尼只在过去和现在存在的、真正"实在的"、人类的法中探索。但是其并未放弃正确之理念和**内在统一性**（**inwohnende Einheit**）思维，而是将它们固定于它们所隐匿并体现的某现实的双重本质之中。在普遍之物和具体之物未被分解的真正统一中，他意欲发现法的实在性和理

---

[33]　如今需要参见 Entstehen und Wandel des verfassungsrechtlichen Denkens, Berlin 1996, 160 f.；在此关键语词下较好的关于"法教义学"的介绍参见 M. Herberger in dem unentbehrlichen„Historisches Wörterbuch der Philosophie", hier Bd. 8, 1992, 266-72——但是没有切实的回应。依旧值得阅读的反思内容见 R. Dreier, Zum Selbstverständnis der Jurisprudenz als Wissenschaft（1971）；Zur Theoriebildung in der Jurisprudenz（1978）；Zur Problematik und Situation der Verfassungsinterpretation, 目前参见 Dreier, Recht-Moral-Ideologie, Frankfurt/M. 1981, 48 ff, 70 ff, 涉及制定法分析、法官法分析和法政策的三方面的建议，且涉及"伦理化"谨慎要求的最高目标（或者原则？）（61, 119）。萨维尼的"现实的法"（„wirkliches Recht"）则未被考虑到。

念。与探究纯粹文献中的真理相比，他那"严格的历史方法"的确具有"神圣的责任"（Beruf 117）——恰如在谢林那里一样，在法学家中再次出现了该著名的语词。"因为只有通过它（即历史）才能够取得与人们的原初状态之间活的联系……"——法的理念和现实。

萨维尼所强烈抨击的对象，即此现实中作为理念的一些诸如黑格尔哲 ⟨116⟩
学中的"理性"之类的东西，丝毫未改变这一动因和他那演化而来的正确法的理念。萨维尼的一些对手和朋友对他构想中的精神哲学要素展开了争论，并使之成为纯粹的历史学者或者法教义学者，即本质上成为历史专家和"制定法"专家——之所以是对手［从黑格尔和甘斯（Gans）到波肯菲尔德（Böckenförde）］，是因为他们不愿将这称为哲学—实证论的，而仅仅是历史—实证论的；之所以是朋友［从兰茨贝克（Landsberg）到贝恩斯（Behrends）、雅各布斯（Jakobs）、皮克（Picker）、齐穆尔曼（Zimmermann）］，是因为他们在那些抨击面前捍卫他，并意图"纯粹地"将其认定为历史学者和教义学者。[34] 二者都未触及萨维尼的意图和立场。

萨维尼的确希望同时描述**法的理念和现实性（Idee und Wirklichkeit** ⟨117⟩
des Rechts）。其将该论证步骤设定为**构想的核心部分（Herzstück seiner Konzeption**）。尽管该构想可能仅为一个对罗马法良好的经验历史研究的总结性概述，但是该构想似乎并未揭示出它对当今时代的"内在必然性"；其可能是对体系化的辩护，但是却并不能得出内部的"内在统一性"；其似乎在为重视演化之法而辩护，为他所述的"历史意义"而辩护（Beruf 5），但是该构想对于演化而来的法是否理解尚不能给出审慎的正确性。这似乎仅仅是一个不被信任的辩护，胡果（G. Hugo）自 1812 年以来就特别支持这样的法，即"自我生成的法"[35]——在另一个对法学可能有用的理由中提

---

[34]　不仅仅哲学家会经常提及 1820 年黑格尔的这一命题："理性的即存在的，存在的即理性的"（Grundlinien der Philosophie des Rechts, 1821, Vorrede am Ende），以及他对"纯粹历史贡献"的一贯批判（第 3 章）和对"制定一部法典"能力的批判；的确只需要去"了解他那特定的一般性中既有的法定内容，即理性地去总结该内容"（第 210 章）——针对历史的理性。对该批判的简要总结参见 *Rückert* 1984（Fn. 9）122 ff. und umfassend in *Rückert*, Thibaut-Savigny-Gans: Der Streit zwischen „historischer" und „philosophischer"Rechtsschule, in: *Eduard Gans*（1707-1839）. Politischer Professor zwischen Restauration und Vormärz, hg. von *R. Blänkner*, *G. Göhler* u. *N. Waszek*, 2002, S. 247-311.

[35]　*Hugo*, Die Gesetze sind nicht die einzige Quelle juristischer Wahrheiten,in: *Hugo*, Civilistisches Magazin, Bd. IV Heft 1（1812）S. 89-134; 对此参见 *Rückert* 1984（Fn. 9）304 ff. 关于习惯法的例子。

到了它。[36] 萨维尼则着重支持**法中更高层面的一些东西**（**etwas Höheres im Recht**）。因此，自 1808 年以来，他持续地将**双重本质**（**Doppelnatur**）加诸一切法，即一般的、客观的、"内在必然"之面和"个别的"、外在偶然之面。这样，在 1814 年，法对他而言就是"意义不同于我们自然法（Naturrecht）的自然的法（natürliches Recht）"[37]，但是自然的法并非人定的、成文的法，另一方面亦非依据当时语言用法所表述的纯粹依据习惯的"习惯法"（Gewohnheitsrecht），而是由"内在隐秘地起作用的力量"所促成的，具体而言，首先"基于习俗和人民信仰，然后通过法学"，这应理解为既存的民间法（Volksrecht）的机体（Beruf 14），而非真正的法产品——这里存在一个在哲学上得到支持的特别的法构想。人们针对萨维尼的这一构想添加了完全不同的、脱离民众的保守的实践。实践可以具有众多理由。这一视角是否契合他的"实践"，在此涉及非常有效的构想，且该构想值得认同。

9. 哲学基础：法源中的整体理念——法的自治（Autonomie des Rechts）

118   以此客体和在此方法上，法和法学可以被独立于来自命令的法的纯粹实践，并独立于纯粹构思出的自然法和理性法来讨论。法在一定程度上的**自治**（**Autonomie**）曾经就是这样被论证的。

119   但是这里仍存在一个**批判点**（**kritischer Punkt**），它直到今天仍引起上文所述及的不安定性和一些批判。这非常直观地体现在了萨维尼的渊源概念（Quellen-Begriff）之上。萨维尼始终强调的是，**"整体的理念"**（**Idee eines Ganzen**）可能并应当来自"渊源"，且只可能或应当来自这里。在其罗马法的专业领域和他对罗马法的理解中，"渊源"是 533 年以来《国法大全》（Corpus Iuris）的整个传统，而非仅仅指 533 年的制定法文本内容。较难理解的是，在其渊源和其历史中只是完全"自然地"存在一个整体，或者可以从中推断出一个其已经设定的整体，这对于今天的制定法而言，的确更难理解。对于该看法，法学上的基本概念尚不充分，比如罗马的基本概念或德意志的基本概念或罗马—基督教—欧洲的基本概念。对此，这些概念并未表达出什么，或它们包含着自己的哲学。论证该观点需要与对

---

[36] 见本节四、7（边码75及以下），关于自生的秩序。

[37] Beruf(Fn. 6)13/78. Vgl. *Rückert*(Fn. 9)309.

具体问题的具体评价内容相关的**哲学基础**（philosophischer Unterbau），且萨维尼亦这样做了。这在那个非常哲学化的时代并无特别。对法学而言他只是很好地将之贯彻而已。

这与今天的法学并无可比较性。人们已经最迟在 1945 年后的自然法复兴之后和 20 世纪 50 年代中期对联邦德国正常状态的反省中解决了该问题。这一长期以来吸引着法学家的法在生活中"具体化的理念"（Idee der Konkretisierung）（Engisch，1953）甚至简化了该设想，即最重要的事情应该是对"现实"的关注——因为理念论者曾经是唯实论的。教义学专注于与最高法院判决博弈。学术则基于大学的职责而出现。这些学术问题将一个不再具有干扰性的存在（Dasein）艰难地维系在基础学科之中。自治意外地出现了。萨维尼教导要避开这个死胡同，即使没有人走这条路。

10. 其他如国家、私法、公法等基本概念的影响

与之相反，富有启发性的是，萨维尼并不仅仅只具有对方法和法的独立构想，而且还据此顺势构思了他的**法律基本概念**（**juristische Grundbegriffe**）。在其 1814 年著名的核心著作《论立法和法学的当代使命》中和后来的《当代罗马法体系》（1840 到 1849 年、1851 到 1853 年）一书中具有一些与法的概念、法源、国家、法、人民、自由、风俗、法学家角色、方法和解释等相关的颠覆性语句，但是也既十分具体又十分粗略地述及：关于一切自然人普遍和平等的权利能力（System II 1ff., 2）；关于作为财产能力主体的法人（II 235ff., 239）；关于基于法律事实的法律关系的产生、改变和嬗变（III 1ff.），比如权利的转让、自由的行为、意思表示、合同和（IV）赠与与迟延；关于侵权及其后果（V 和 VI）；关于跨民族和跨时代的私法（VIII）和关于一些债法的基本问题（Obligationenrecht 1851 u. 1853）。

萨维尼以发生史（更佳的是演进史）的演进形式来装饰这一**"整体的理念"**（**Idee des Ganzen**）（Beruf Kapitel 2）。发展牵涉到连续性，并创造着连续性，且容易被作为整体看待。据此，一切法都是不可视地、真实地在"内在必然性"之中（S. 8/76）[38] 产生，"有机地"、无革命地产生，且根本不是从刻意的制定法中产生。尽管外在是多样的，但是在内在、在组织体上却能够实现统一的设想。在与法律规范的外在关系上，这同样也为"现实的法"的理念所允许（S. 17/81）。在"文明时代"，现实的法基于"双重

120

121

[38] 此处页码来自 Beruf 1814 und Stern 1914（Fn. 6），下文中将如原文献一样将页码标出。

的生活原则"在族群生活中和法学学术中成长着，[39]"政治性地"和"技术性地"（S. 12/78）演进着。据此，诸如人民和法律人这两个在绝大多数情况下难以和谐的要素被融合为一个整体。

该观念被类似于同时代的新的、重要的**语言和艺术发展框架**（**Entwicklungsschema für Sprache und Kunst**）保障着，荷尔德林（Hölderlin）、阿尔尼姆（Arnim）、格林（J. Grimm）和其他人对其加以应用：法应当首先是"人民"的"本质"中不可分割的一部分（S. 8/76）。在"文明"阶段中，它与文明的"不可估测的细节"一起必然演化为"共同的意识"，成为从"人民的活动"中分离出的内容，并归化为已经形成阶层的法律人的"意识"（S. 12/78）。尽管存在本质与意识（或自然／精神）的分离（或破裂），但是"法仍是人民和法学家（作为艺术—本质）的产品"，且只能"从该（现在的）双重生活原则的共同作用中"去理解（S. 12/78）。由此得出该著名的表述："因此该观点总结为，……一切法……全部都是通过内在隐秘地起作用的力量，而非通过立法者的恣意"产生的（S. 13/79）。在这里，萨维尼的法有其统一性，萨维尼的法在此是"实在的"，且此处其在学术认知上可以被理解为理念和现实。统一性和连续性对他而言已经被不可避免地融合：他在 1815 年非常概括地讲道：

> "被视为独立之物，从另一方面看则是一个更高整体的部分……所以任一独立的自然人必须同时被作为一个家庭、族群和国家的部分看待；族群的任一时代都是全部既往时代的演进和发展；与此不同的观点同样因此是片面的，且当该观点意图独立地发挥作用时，就是错误的和迂腐的。"（Über den Zweck, S. 3）

更广泛的推断则涉及国家和法的概念，涉及私法和公法：

在此条件下"**国家**"（**Staat**）不应被理解为人造的机构，而是作为"（可能的）智慧的（不仅仅是自然的！）人民共同体的组织形态"。[40]因此，与傲慢的人类立法一样，受欢迎的国家契约论同样显得颠倒是非（System I 28 ff.）。

---

[39]　Dazu näher *Rückert*（Fn. 9）328 f., 335 ff.

[40]　如 1840 年的内容见 System I 22；1802 年以来的全部内容见 *Rückert* 1984（Fn. 9）312 ff., S. 328 关于 1815 年的内容。

双面的**现实的法**（**das wirkliche Rechts**）是"外部世界"中自由的规 　124
则。该规则实现了风俗的自由施展（System I 331f.），但是同样"可能"是
"自由的反作用……即违法"（V 1）。但是该规则并不绝对地位于该范围之
内，即并非抽象—合理化的，1840 年在欧洲内贯彻的"基督教的生活观"
中这仍是历史—个体的（System I 53）。[41] 所以，这一本体上"自然的自
由"被依据债法中历史的约束或人类伦理的准则或"交往中真实的需求"
（Obligationenrecht I 7f.）来分析。

在**私法**（**Privatrecht**）中虽然现实的法原则上被称为"自由施展"（I 　125
332，类似内容见 25），但是这的确只是私法上"同时必不可少的……更高
层级的整体的部分"，"更高的共同的自由"替代"个别的恣意"（1815）。[42]
因此，在家庭法中和在婚姻观中（System I 340f.，347），萨维尼与费希特和
黑格尔一样，并未打破更高一层的基督教所影响的道德整体，并代之以纯
合同形式中的外部自由。同样，基于历史事实，整个生活关系和地主—农
民关系都未被纳入私法（I 366）。同样，"雇佣关系"作为当时劳动法的一
部分而并未直接置于合同之中，而是置于人法之中（I 366f.）。贫穷问题和
违反道德的私法观点则由"公法"（I 71）解决，而非通过强制性的私法。
原因在于新确定的二分法：

萨维尼在**公法与私法**（**öffentliches und Privatrecht**）之间首次如此确 　126
定地发现了一个根本性的、"确切的对立性，这在于公法将整体视为目的，
个体视为从属性的，而私法以个体的自然人作为自己的目的，一切法律关
系都作为其存在和独特状态的手段"（I 23）。然而，其理想的对立性并无
清晰、现实的界限，完全不同于真正自由地表述的类似构想，比如洛特克
（Karl von Rotteck）所表述的构想。[43]

11. 萨维尼的历史观点——构想的独特性

据此解释，本书开始所给出的粗略描述（边码 94）得以释明。如 　127
今，萨维尼多次讨论的**历史立场**（**geschichtliche Stellung**）在或旧或新的

---

[41]　关于《当代罗马法体系》第 15 章和第 52 章之间的重要关联，见 *Rückert* 1984（Fn. 9）364 ff.

[42]　In: Über den Zweck（Fn. 32）3.

[43]　*Carl von Rotteck*, führender süddeutscher Liberaler und Staatsrechtler. 参见 Lehrbuch des Vernunftrechts und der Staatswissenschaften, Bd. 1, 1829, S. 102: "私法立于自己的根基，国家只是被授权作出保护；但是公法仅来自国家……即在任何情况下都是受限制的……而私法……则是不可侵犯的、独立的。"

渊源中明显被理解为法的基本问题中的**历史—哲学的双重定位**（**historisch-philosophische Doppelorientierung**）。以此，他构建了纯粹经验的、技艺性的法律知识（Rechtskunde）、抽象的自然法、黑格尔学派的理性法和胡果式的怀疑论法学。

128　　　　人们可将此思维方式更精确地定义为形而上学的、客观的、理念论的思维方式。[44] 该思维方式可被理解为一个根本性的**思维类型**（**Denktyp**），并属于规范世界思维的特定逻辑，该思维类型完全不同于其他的思维类型。实在性和对理念的反约束——这一双重性与实在性的经验唯一性相对立，实然与应然在方法上的统一与方法上的区分相对立，等等。[45]

129　　　　由于这里强调该根本性的解释路径，所以需要作出的提示是，其可能被夸大。因为萨维尼探讨的法律问题越具体和中性，比如时效问题，哲学的形而上学的必要性方面就越会退向实在的内容。人们无须原则性地、双重性地确定一切实在之物。但是，诸如此类的体系性的努力仍是引人注目并有益的。

130　　　　因此，**双重定位**（**Doppelorientierung**）这一语词提供了一把了解萨维尼的研究客体和方法构想的钥匙。借此人们可以理解他法律语言中的非法律上的奇异现象，理解一些反对自然法和制定法思想体系的理由，并理解其法概念上的、解释对象上的、方法观念上的、学术观念上的、其他法律概念上的独特性和私法的特殊地位。对萨维尼而言，凭借自己"内部""自然的自由"相互协调的发展、通过利益相关的人民群体自身、在法学家辅助下的法是最佳的。

131　　　　双重定位这一关键语词同样也被证明为**内容的密码**（**Inhaltsschlüssel**）。萨维尼的法并非全部是私法。但是萨维尼如果将该问题理解为首要是"私的"——主要在财产法的核心领域中的话，那么就带来"现代的""在此范围内自由的构想"。相反，在家庭法中和在诸如对"元权利"（Urrechte）本身（如基本权利、人格权）、法人或自杀权的争议问题上，他使法的一般性"道德要素"占统治地位，而非个体性道德要素。如前所述，道德将

---

[44]　其他印证见我 1984 年的研究（边码 9）；该思维方式的定义性内容见第 240 页及以下。

[45]　更正确的透彻研究见 *Rückert*, Das „gesunde Volksempfinden"-eine Erbschaft Savignys?, in Zs der Sav.-Stiftung für Rechtsg. Germ. Abt. 103（1986）S. 199-247, hier 224-231; jetzt auch in *Rückert*, Savigny-Studien, 2011。

萨维尼引向了"公法"中的社会任务。

因此，对于萨维尼在方法论上的、哲学上的和历史—政治上的明晰特征而言，将萨维尼方法论在法学和哲学、康德哲学和非康德哲学、自由和保守之间（大概地）作出区分，似乎具有重要意义。但是，萨维尼对此并未像其他地方那样提出一个原则。其在此类最高层面的定论中明显发现了一个"理论"上的"僭越"。[46]有时他还具体地引用一个现在已经"实现的"发展或一个"自然而然的"观点。因此，其在哲学原则上很谨慎。至今，诸如黑格尔、甘斯、马克思（Marx）、科勒（Kohler）等哲学家用他们可能占优势的方法和对理性更深刻的理解以及过去的和当代的法来反驳该"历史法学派"法学家的观点。

对关于解释的两个传统理论的好奇带来了巨大的混乱，并引起了对此僵化的理论条件作出回应的小高潮。这带来了下述认知，即萨维尼创造出了**一个关于法和解释的独立于制定法的构想（gesetzesunabhängige Konzeption von Recht und Auslegung）**，非常原则性地进行了论证，并考虑到了众多的后果。该构想一直吸引着各种各样的制定法批判者。萨维尼在这里树立了一个靶子。同样也展示了该理论的巨大影响和坚韧性。萨维尼的构想因此就非常明显地异于今天的主导构想。在他的法观点中，**方法和民法（Methode und Zivilrecht）**具有一个完全独特的角色。尽管如此，当代宪制国家和法制国家（Gesetzesstaat）中仍明显存在萨维尼的相应内容。"制定法解释"是与该理论相关的活动，即使"此制定法"已经不同以往。那些萨维尼的文献真的具有这些内容？今天对萨维尼的研究成果对此并不认同。

因此，关于解释的文献必须被更确切地研究。与孤立的开篇引文中（边码76）被解释规准所固化的"要素"相比，萨维尼的原文告知了更多不同的东西。同时，如果人们从今天孤立的现实意义上看，萨维尼究竟为法律方法和民法提供了什么，也会变得更加明了。

132

133

134

---

[46]　参见《当代罗马法体系》第一卷第25页中的相关内容："我不愿将国家限于法的目的（就如一些自由的康德派学者），理论根本就不应过分要求通过列举国家行为目的的排除去限制个人发展的自由。"

四、方法论原文：萨维尼关于"制定法解释"的第 4 章

135   如上所述，萨维尼在其《当代罗马法体系》第 4 章中以不少于 124 页的篇幅讨论了该专题。这一专题产生了深刻影响，但是那些被片面理解或被误解的罗马案例碎片的传统却失去了影响。这些罗马案例已经与社会脱节。此外，萨维尼的文本遵循了严格的结构设计风格，这导致其无法被复述，从而更加令人惋惜。因此，其他人对之作出的总结就通常具有缺陷。该经典作家也就被碎片化了，或成了后现代的脚注。这本不是他应得的。

136   与初步印象相反，将方法问题纳入"制定法解释"一章是正确的。解释在那里一般被作为一切法源的方法来对待，而不仅仅针对制定法这一专属情形。因为对于萨维尼而言，就如所指出的那样，制定法仅仅是法的一种类型，且制定法解释原则上只是一种正确的解释。只是因为与"常常具有非常复杂本质的制定法上的解释行为"相比，"习惯法上或学术法上"原则上类似的解释行为具有"较简单的本质"，"制定法解释"才适用于整章（System I 207）。

1. 萨维尼对于"制定法解释"教义的结构设计

137   就如在其内容索引中所展示的那样，萨维尼在一个连续的框架内展开了论述（System I S. VII）。人们可以在 124 页内容和 19 个章节中了解 6 个被详细解释的要点（Hauptpunkt）和 1 个未被解释详尽的要点：

（1）在第 32 章中首先定义了**解释的概念（Begriff der Auslegung）**。萨维尼指出，他借此表示的是什么，并未表示的是什么，这区别于真意解释和非真意解释，并确定了关于具体制定法解释的以下章节（第 33 至 41 章）的任务和对整个法源的解释（第 42 至 46 章）。

（2）之后，他在第 33 至 46 章对解释的问题进行了分类，并配以**规则（Regeln）**。

（3）他在第 47、48 章中描述了"有关解释的**罗马法（das Römische Recht）**表述"。

这一简短的总结之后是：

（4）特有的关于"罗马法规定的**实践价值（praktischer Wert）**"的第 49 章，即有关即时性的罗马法规则在今天的效力。他强调了完全不同的构思，并否认了其效力。

（5）涉及第 50 章中的一个总结，即关于解释的"**更新的观点**"（Ansichten

der Neueren）。在该章与自己的研究相关的文献中，他总结性地归纳了正确的内容和不正确的内容。

（6）紧接着是第 51 章中的两个要点，即"关于解释的**最新立法（neuere Gesetzgebung）**表述"的总结。

（7）一个并未在标题中体现出来的内容，即关于"对我们而言什么是值得推荐的……"这一问题的重要章节（S.329），[47] 即一个最符合目的的措施的**法政策上（rechtspolitische）**的简要研究。

因此，萨维尼（1）描述了概念；（2）详细发展了正确的规则；（3）按历史发展顺序总结了罗马法；（4）研究了罗马法的当今效力；（5）分析了当前的意见；（6）总结了最新立法中的解释规则；（7）附加了一个法政策上的评价。人们必须了解所涉及观点的益处和不同点，以便评价具体的内容。

在有关"解释的概念"这一过渡章节中，萨维尼对问题点及其联系、根本的共同性和根本的普遍错误作了描述。然后，其将"基本规则"，确切地说是将作为整体的和整体中部分的法条（Rechtssatz）发展成为"具体制定法的解释"（具有对其时代特别重要的对"优士丁尼制定法解释"的应用，在文本批判和具体解释之中），以及"对整个法源的解释"。此后，有关部分和整体的观点的核心规则就独立地发展着，并经受住了考验，其（到现在）评估了关于《国法大全》中"有关解释的罗马法表述"的成果，确定了区别，并否定该罗马法规则在其时代法学上的实际效力。同样，其严格地界定了"更新的观点"，即当前解释事务中所主张的教义学，认为其中大多数内容是不清楚或不正确的，并加以否定。萨维尼以两个新的观点结束：一种涉及"最新法典"的法律比较，即 1794 年的《普鲁士一般邦法》、1804 年的《法国民法典》和 1811 年的《奥地利通用民法典》（最后两个至今仍有效），以及法政策学的展望。因此，萨维尼对"解释的概念"这一专题是以下列 **11 个视角（elf Perspektive）**展开的：概念性的、分析性的和阐明性的视角，体系性的和细节性的视角，历史性的和现实分析性的视角，总结性的和法教义学上的视角，以及比较法学上的和法政策上的视角！其明显在避免纯粹抽象的、纯粹哲学的或纯粹政治上的立场。

当今的复述内容绝大多数只是稍微触及所有内容的开始，即第 32 章

138

139

140

---

[47]　此处引用的页码来自《当代罗马法体系》第 1 卷（1840），本节下文所标记页码即为原文中的。（S.329 即为上述文献的第 329 页，后文中相同出处的只以德文标记页码。——译者注）

中萨维尼的导论部分。这些复述内容对特殊的案例类型的规则塑造毫不知情，且据我所知，对实际有效的法的总结性评价和法政策上的解决建议亦不知晓。这些复述内容甚至会忽视决定众多内容的关键概念。[48] 因此，这些复述阻碍了了解萨维尼**主导性观点**（**leitende Gesichtspunkte**）的正确捷径，这些观点虽然在介绍性章节中并不缺少，但是在这些章节中已被凝缩为简化的表达，且这些表达经常被严重误解。

2. 误解

141　　比如人们讨论萨维尼的**客观解释和主观解释**（**objektive und subjective Auslegung**），但是这两个关键语词在萨维尼处完全不存在，且不仅仅从语词来看不存在。这一问题在其有关法客体和制定法概念的前提下就完全不存在。[49]

142　　许多人都在考量该表述，即哪一个解释要素具有优先性，尽管萨维尼自己在解释规准的表述中并未明确提及——之所以没有，似乎是因为其并未注意到。相反，其只将解释规准用于"制定法的健全状态"的范围内（S. 222）。对其而言，与瑕疵状态的解释（S. 222ff.）的根本区别并未被注意到。这一区别意味着什么？

3. 制定法文本"健全状态"时的解释

143　　据此，萨维尼意指此情形，即"该表示所表达的自己已经表达的思想，且不存在阻碍我们去认知该制定法真实内容的思想的情形"（S. 222）。他只在第35—37章中才涉及"瑕疵制定法的解释"（如标题），即"瑕疵制定法的疑难情形……和可以克服该疑难情形的辅助手段"（S. 222）。这里首先涉及两个"可以想象的此类有瑕疵的制定法的情形……: I. 不确定的表述，

---

[48] 明显多次称为"经典的"方式，并以此来对萨维尼和这些问题作出说明：M.R. *Deckert*, Die Methodik der Gesetzesauslegung, in JURA 1994, S. 412-419。萨维尼在此与解释规准一起出现——只与它一起，且只见于 System§33/S. 212 f.。来自萨维尼原始文献的一些小误解仍未被消除（参见原始文献边码9）。值得注意的是，拉伦茨1960年《法学方法论》中那歪曲的综述竟然将碎片化的萨维尼理解内容置于一个连续脉络之中。如此大杂烩阐述在历史上和教义上都是错误和无价值的。仅有一个关键的明确阐述：H.H. *Jakobs,* Wissenschaft und Gesetzgebung im bürgerlichen Recht nach der Rechtsquellenlehre des 19. Jahrhunderts, Paderborn 1983, hier 115 f.，关于解释或者广泛的引导性内容见 R. *Ogorek*, Richterkönig oder Subsumtionsautomat?Zur Justiztheorie im 19. Jahrhundert, Frankfurt 1986, hier 149 f., 175，在此可能毫无内容改变——只是需要阅读：Larenz(Methodenlehre der Rechtswissenschaft, 1960 u. ö.；对此见本书上文边码5及以下)，尽管有人撰写了关于萨维尼的解释，但是仍要阅读关于萨维尼的内容。

[49] 参见本书上文边码97、99及以下和 Rückert 1984(Fn. 9)354 f.。

即根本并未表达出完整的思想。II. 不正确的表述，即其直接指称的思想不同于制定法的实际思想"（S. 222）。在制定法文本的**"健全状态"**（gesunder Zustand）时，则存在表述与思想的**和谐**（Harmonie）一致，因此不存在根本性的认知问题和忠实问题。人们只需要"稳妥地、无缺陷地理解制定法内容"的规则（S. 213）——有且只有该制定法应当配以所知的语法的、逻辑的、历史的和体系的解释要素，"如果要解释成功，还必须要统一该四个要素"（S. 215）。因此，只有在这种情况下才与所谓的*解释规准*相关。

有必要说明的是四个要素，而非诸如对于罗马法学术而言的三要素（或者就如一般对法学而言仅为两个）[50]，因为在真正的制定法解释上添加了**"逻辑"要素**（das„logische"Element）。制定法虽然只是确定了法律关系，但是在形式上有意表达的思想内容绝大多数具有逻辑秩序，这被当作"思想次序"（1809 年）或"作为逻辑性整体本身"（1811 年），最终作为"逻辑关系——各个具体部分在此相互结合"（1840 年），[51] 这些在体系上则意指"内在关联，它将所有的法律制度（Rechtsinstitute）和法律规则统合成一个大的统一体"。

4. "瑕疵状态"中制定法文本的解释

不同的是**制定法表达**（Gesetzesausdruck）**有瑕疵**（mangelhaft）时的情况，即"不确定的，即原则上导致一个思想不完全的表述"，或"表述不正确"（S. 222）。今天人们绝大多数只讨论"瑕疵状态"中制定法文本的"解释"情形。对此存在辅助手段，但是并非在人们常使用的四要素中，而是在此三要素中：立法的内在关联；制定法与其理由和基于解释所得出内容的内在价值的关联，以今天仍不确切的语句表述就是：在体系的整体关联中；在立法的理由和目的中，以及最后在结论的内在价值中，即一种结果评价的方式。此处萨维尼还非常确定地提及了"辅助手段"的"次序"（S. 225, 228），并或多或少地区分"有疑问的"手段（S. 232, 233, 238），即他构建了一些**层次**（Hierarchien）。经过多次衡量和批判性评断后，人们还在此处发现了今天十分受欢迎的制定法目的（Telos）（S. 228），因为基于此可以很轻易地违背制定法中的"字词"（Buchstaben），不忠实地将"精神"颠倒。

萨维尼首先在有瑕疵的制定法文本解释的具体情形中得出了该结论，

144

145

146

---

[50]　见本书上文边码 102、110。

[51]　Bei *Mazzacane*（Fn. 10）140/39 v, 176/174 r; System I 214.

然后类推适用于**整体上的法源**（Rechtsquelle im Ganzen）的解释。因此，其所指的并非我们陌生的、纯粹具体制定法文本上的矛盾问题，而是整个法源的各层面，就如《国法大全》中的文本种类所具有的极尽不同的法律意义，如《法学阶梯》（Institution）、《优士丁尼法典》（Codex）、《学说汇纂》（Digeste）、《新律》（Novelle），此后添加的文本种类，如基督教法（kanonisches Recht）、帝国律法（Reichsgesetz）、学术上产生的习惯法和司法裁判（S. 264）。这里同样可能产生矛盾、不完备性以及漏洞。同样，萨维尼谨慎地区分了这些问题，并根据需要给出了有次序的规则（S. 266，此处与伯梅的观点相左）。在欧洲背景下的多层级法学的时代，这些问题在今天都并不遥远。他最终周全地划定了他那些规则的不可避免的模糊之处和其案例类型上"众多的过渡地带"（S.240）的界限。

147   到处都谈论**"用概念来演算"**（Rechnen mit Begriffen），人们也习惯以此作为概念法学的歧途来批判他。这些表述具有其他的背景和意义。该图景仅仅意指类似于数学中的安定性，而非演算。[52]

5. 余论？——宪法规范上的关联、选择性的问题定位

148   对误解与偏见的提及仍得不出确定的观点。但是，如果萨维尼经久不衰的解释规准（更好的表述：解释要素）恰恰并非为那些今天人们愿意应用解释规准的情形而设计，如果这一指责因缺少目的性、优先规则和精确性从一开始就不切实际，那么只有当萨维尼的研究方法具有视角多样性和缜密性时，他实际上所提出的观点才有意义，或许还具有分量。但是方法在何处？这从未被重视，且从未被强调过。

149   在民法方法论的角度下较少引起注意的是，萨维尼保持着与一般精神科学中的**诠释学**（Hermeneutik）的联系（自沙伊尔马赫以来），其视任一法律适用都为科学上、精神上的活动，或对其而言，一切解释在根本意义上都是不能完全付诸规则的**"艺术"**（Kunst）。对于在制定法的法律认知上长期以来被讨论的认识论和诠释哲学上的问题，特别是认识论的意志因素，萨维尼并不感兴趣。他猜测性地且合理地认为其中没有主要问题，因为一种纯粹的只是逻辑上的法学的认知总是显得难以企及。其合理地认为，更重要的是，在解释中选取何种**思路**（Blickrichtung），且应需要**何种忠实**（welche Loyalität）。萨维尼并不担忧认识论中的意志因素，对他而言，具

---

[52]　关于（错误）说明见 Rückert 1984（Fn. 9）374 f.。

有无条件约束力的并不是作为立法者表达的制定法，而是作为创造法律的人民的意志表达的制定法。人们对此最好在固定的"传统"（德国的学术传统或英国的经验传统）中展开研究。[53]这将我们引向了未被了解的萨维尼的真正有趣的方面。

鉴于对此完全默许的影响史，萨维尼在方法问题中明确的**宪法规范意识和宪法政策意识（verfassungsnormatives und verfassungspolitisches Bewusstsein）**让人惊讶，并富有启发性。对此并不需要任何成文的宪法。因此，罗马式的法解释规则对萨维尼不再具有效力，确切地说既不适用于一般情形中的法律人群体，又不适用于司法活动，因为这涉及"公法的内容"，"其当今的适用性被一般原则"（S. 316）否认。源自6世纪的优士丁尼专门的行政规章表述得"非常清楚，就如我们应当要解释的那样，即完全不需要解释。但是基于两个理由，我们恰恰不能够认定该最重要的规则为制定法"（S. 314），一个是基于行政规章的国家法本质，另一个则因为当时执行解释禁令，这对法官而言完全不可能实现。国家法恰恰"根本不"属于"继受的外国法部分"（S. 165 mit 316）。

基于此，萨维尼批判性地从两方面加以确定，一方面是所有的立法意识形态，另一方面则是法律人完全自由的立场。萨维尼批判优士丁尼针对制定法作出自由的法律上精神活动这一**禁令（Verbot）**的极端性，在严厉的立法意识形态中该禁令只允许机械的解释方法（S. 305）。依据其所述的纲要，萨维尼在第328页还提到了类似的普鲁士的禁止评注的例子和1794年的提请解释（référé législatif）。[54]同时他还直观地指出，优士丁尼时代之前的"法律人群体的**自由地位（freie Stellung）**"与今天的宪法也不相称。"宪法"这一语词同样明显堕落了（S. 302, 300），比如在分权原则方面，还不如称为非分权原则（S. 302, 305）。罗马法对解释采取了制约和放任这两种极端的方式，萨维尼富有启发性地加以引用，以证明1840年的宪法实际上是选择了中间路线。据此，诸如法官和个人等这些学术性的法律人在私法上作出真正的、纯粹的解释是被允许的。相反，并不允许对制定法的变造（Umbildung）、"续造"（Fortbildung）（就如萨维尼经常使用的那样）、修正（Abänderung）或改良（Verbesserung）。

150

151

---

[53]　关于萨维尼的提示见 Pandecteneinleitung 1821（bei Mazzacane 198/81 r）。

[54]　见本书上文边码137。

152　　重要的还有这些规则的规范定位。就如萨维尼所强调的那样（S. 313 Fn.），这些规范被置于"公法"之中，按今天的语言来说是在一个**宪法规范性规则（verfassungsnormative Regel）**之中。其中存在一个针对它们且针对整个流派的关键性立场。萨维尼对"尽可能的准确性、确定性和明确性作为一切解释的目的和基准点"的肯定也立足在该规则之上。这涉及从作为保障法律关系避免"错误和恣意"的解释的基本形式和作为"更可靠和更完整地理解"的手段的解释的基本形式，到通过解释达至的"更可靠的法律关系"之目的（S. 216）和对在错误规则处"残留的不清晰"的经常批判，直到"在更确定的法律规则上获得一个纯粹结果"的一般性目的的表述（S. 241）。在解释之路上，他想通过"尽可能多的智力劳动尽可能地"来弥补不足，即在高度劳动分工的文明状态中的法不再可能存在于"直接的确信"之中，而是分裂为"政治上的"和"技术上的"因素。[55]

153　　**法源（Rechtsquelle）**，也包括制定法和特别是作为人民生活调节器的法律人，必须"体现……与人民共同生活的立场"（S. 241）。因此，完全依据他的上述法构想并不涉及制定法理解本身，而是将制定法上既存的法律关系确定无疑地理解为从属法源。对于分工"文化"无法估量的细节而言，对"技术"的处理即为对"人民生活"继续开展"政策"研究（Beruf 12）。同样，真正的漏洞情形，即"当一个新的、迄今未知的法律关系出现时"，他并不想基于辅助性的自然法来填补，而是最终立足于实在法自身，通过类推方式来解决（S. 290f.）。这里同样并非法学家首次创设了该规则。对此，今天的租赁（leasing）教义学内容即为例证。在此思路上，萨维尼完全就像当时法国的宪制国家和当代的宪制国家那样，将真实的、忠实的制定法解释和政策性的制定法改良之间的一个有力的界限带入其时代。对其而言，法不确定性的产物始终是非忠实的甚至不可预见的变造（Umbildung）这一危险。

154　　但是，萨维尼对此十分清楚的是，即使竭尽全力，"纯粹的解释和根本性的**法律续造（Fortbildung des Rechts）**之间的界限在个案中仍可能非常不确定"（S. 329f.），紧接着他推荐一个针对模糊的、疑难情形的**机制上的解决方案（institutionelle Lösung）**。对此"值得追求的是，或许应该存在

---

[55]　System I 241，更详细的内容见 Beruf 12（Stern 78）。Jakobs（Fn. 48）41 f. u. ö.，在此只有一点点回溯，但是非常强调"残余"在"技术上"太过"政治性"（这在人民生活中并未被决定），因此对法学界和法而言也并非确定的地位。

一个拥有两种职权（解释和续造）的高级的权力，且他的活动因此不再受到对任一界限质疑的阻碍"。对于"自由行使解释的权利（Recht）"，他最终推荐了最高法院，它

"具有一个类似于法国翻案法院（Cassationshof）的地位。这样其就可以使用类似的影响，并为司法带来类似的益处，就如古罗马的裁判官和法学家，这样就赋予它扩张解释和限缩解释，而这在上文中为纯粹的法官并不享有的程序，似乎必须从真正的解释领域中逐出"。（S. 330）

他在之前也阐述过法国翻案法院、古罗马的裁判官和罗马法学家的角色。因此，如果萨维尼基于"实在的"法来坚定认为并支持解释作为原则上"自由的"精神活动（S. 210f, 329f），那么这里同样存在一个宪法政策上的和类似**宪法上的选择（verfassungsrechtliche Option）**。事实上它就类似于这一构想，即未被立法者事先确立的法和并不受制定法内容限制的解释的构想。[56]

萨维尼基于此所达成的有关解释和续造的**选择性的问题定位（alternative Problemverortung）**不久即再次失势。人们不久就不再谈及一般诠释学和规则的宪法特征。没有这些书中具有现实意义的语境，传统的引述就显得无趣。没有一个法律方法是理所当然的或先验的，同样，没有一个民法方法是理所当然的；但是这并不意味着其可简单地被法令、社会规范、政策、经济或其他塑造价值的因素所取代。

通过制定法、法官、法学家和法律共同体来约束制定法、法官、法学家和法律共同体进行造法的法在**宪法规范上的关联（verfassungsnormative Zusammenhang）**当然是重要的。对萨维尼来说，这一关联不仅仅涉及制定法命令（Gesetzesbefehl）。萨维尼的分析和建议是正确的，并事实上已经考虑到了宪法关联。他将解释推崇为"艺术"，而非概念垒砌（S. 211），且解释一般所包含的四个著名的解释规准要素至今仍是智慧且精确的，并因此是十分富有效能的。如前所示，当人们正确且忠实地应用他的建议时，解释规准才真正地适用于制定法的"健全状态"，而非"有瑕疵的"状态。[57]

同时人们找到了解决我们长期存在的问题的启发。对于制定法表达方

155

156

157

158

[56]　见本节三、2（边码18及以下），边码96及以下。
[57]　见本节四、3和4（边码49），边码143及以下。

式的**瑕疵状态**（ mangelhafter Zustand ），即对于我们主要的讨论范围而言，萨维尼给出了四个更严格的**补充规则**（ zusätzliche Regeln ），但这些很快就被忽略了。它们越来越难以适应作为纯粹设定而非确定现有法律关系的正在兴起的制定法环境，同样不再适应勃兴中的法官法环境。萨维尼严格区分"真正的解释"和制定法改良以及"变造"（ Umbildung ），或更温和的"法律续造"，为了维护权力分配、议会优先和法的确定性，该区别在当时正在发展中的宪制国家中是必要的。他对此已有认知。他对于不可避免的过渡情形的制度性建议，今天基本上已经被贯彻在制定法上的或实际上已经确认的最高法院甚至宪法法院的法律续造权限的构造之中，且事实上再次远远超越了"疑难"案例。

159　　　但是萨维尼真正关心的并非解释、法官法、制定法或法学家法本身，而是**尽可能的法确定性**（ möglichste Rechtsgewissheit ）。因此该一贯的提醒仍非常清晰，法律续造可能违背本身的善意而成为负担。如果其不再仅仅用于忠实的文本解释和文本缺陷本身（依据表述和思想，而非依据价值判断）之间真实的和不可避免的过渡区间的弥合，而是蜕变为宽松的、"对法进行改善的"法律续造，而法律续造将以此角色制造出其本该想要避免的非准确性和法的非明确性。该观点还可得出两个本质性的联系且值得一探究竟。

6.作为解释任务的法的安定性（ Sicherheit ）和明确性（ Gewissheit ）——民法和刑法

160　　　尽管萨维尼从一个在众多关系中并不完全具有可比较性的宪法状态出发提出论证，但是其**问题定位**（ Problemverortung ）仍然是富有启发性的。他的法官虽然类似国王，但人格上并不完全独立；他继受的罗马法并非封闭的法典；至少一部成文的宪法在普鲁士中并不存在；鉴于在《德国民法典》《德国商法典》《德国刑法典》，甚至《德国基本法》、行政法和社会法等之前不完整的制定法世界，教义法学曾是一个不可或缺的法律梳理和法律制造的因素。但是，在解释过程中，在何意义上首先涉及法的安定性、确定性和明确性这一老问题。因此，法教义学仍然很有价值。如以前一样，其构想提供了一个富有启迪的回答，特别是如果人们关注与之相关的法域的话。

161　　　如上所述，萨维尼在罗马人和罗马法学家中发现了"从法所源自的人民共同生活中能够产生的鲜明生动和直接明确等所有优势"（ S.

241）。该思想与其作为对一个现实的法的发现而非纯粹的制定法文义学（Gesetzesphilologie）的解释构想相符。该思想契合于理所当然地主要被作为**私法（Privatrecht）**看待的继受而来的罗马法，而这对萨维尼来说是重点。[58] 该思想具有普遍适用性吗？

对此富有启迪的是萨维尼在一封写给贝泽勒（Georg Beseler）的书信中的立场[59]，贝泽勒于 1843 年在其著名的书稿**《民间法和法学家法》（Volksrecht und Juristenrecht）**中建议设立具有非专业的陪审员的陪审法院，而非法学家法院（Jutristengericht）。正如萨维尼所言，"对于陪审法院的建议"他"完全不同意"。法学家法院"所谓的人民不满意"的问题"与他的感知完全相悖"。这也与陪审法院在法国所受到的高度重视相悖，如有必要，审理过程应当公开。政治进程中司法附庸这一论断被普鲁士的"经验［特别是来自'煽动时代'（Demagogenzeit）的］[60] 彻底否定掉。法学家严重脱离了生活"，是一个"非常恣意的猜想"。英国和法国的陪审法院的选举经验"千百次地"证明"该保障的虚假内容"，在德国还缺少一个"庞大的无产阶级的阶层"。贝泽勒的莱茵—普鲁士的法院宪章的图景是"完全错误的……"，特别是在数量上，因为陪审法院可能极少被启动。陪审员的经验并不表明"陪审员"比法学家的法院"更具可靠性"。就如在法国和英国所显示的那样，陪审员不少都为"政治上的立场和成见所影响和控制，或者受到政治威胁"。他们很多次作出无罪判决是"因为他们否定了制定法"，因此"与其职务和誓言相悖地"行使"赦免的权力"。"而专业法院则永不会做这些。"同样，"对上诉的排除是……最危险的"。

因此，萨维尼认为，对于法的安定性和确定性而言，法学家法官具有更大的法律可信赖性。"实在"法的贴近生活性对其而言突然变得不那么重要了。

人们将来可能**并不会**将他对陪审法官法律忠信度的质疑**当作保守的偏见（nicht als reakionäre Vorurteile）**而加以摒弃。不管怎样，作为国务委员、莱茵上诉法院法官、法学教师，并且热衷于通过书信咨询了解信息的

162

163

164

---

[58] 还可参见 Pandecteneinleitungen bei Mazzacane（Fn. 10），148/46 r（1809），175/173 r（1811），202/84 v（1825）；nicht anders wohl auch 139/38 r（1809）；关于国家法内容见本书上文边码 150。

[59] 1843 年 10 月 13 日信件，Tag der sog. Völkerschlacht 1813 übrigens，翻印于 G. Beseler, Erlebtes und Erstrebtes, Berlin 1884, Anlage 7; auch bei A. Stoll, Friedrich Karl von Savigny..., Bd.3, 1939, S. 60-62。

[60] 所指的是 1819 年之后和 1832 年反对大学生社团、教授及其他的政治活动。

萨维尼是非常见多识广的——这亦可批判地理解。[61]人们在这里看到了诸如他那关于作为法源的"人民"的论述等这些差强人意的教义化的背景，而这是在比较层面和现实层面上被谨慎地考量过的论据上的背景（System I 18ff.）。他对于任何一个完全政治上——法学上的"人民"都不信任，不管是在立法中，还是作为人民选举的陪审法官。众所周知，他将人民只作为自然整体（Naturganzes），只作为"自然上的人民"构建于其一般性的法理论中。在 1814 年，这首先作为对抗君主专制立法者、官僚主义的教条者和不那么现实的法学家（如蒂堡）的制定法的和理性上的傲慢（System I 30f.）这一立法上的栅栏，但这同样对抗 1789 年后如法国那样的没有国王的制定法专制。另一方面，在对"学术上的法"的认可和推广、学术"传统"的保障中，萨维尼并不希望"法学家"在民间法之前存在"未经授权的僭越"（System I 48f.），并再次向贝泽勒（Beseler）强调了这一点。"只有当法律人意欲建立一个封闭的阶层时，该指责才可能成立"。但是任一"对此行使必要权力的法学家"都可能陷入这样的状态（System I 48 f.）。1843 年关于社会动荡现实的具有迷惑性的假象可能在此也起了作用——对此尚无专门研究。无论如何，我们有一些著名的平步青云者的例证，比如萨维尼的学生——科赫（Chr. Fr. Koch）。[62]然而，陪审员的法律忠信度问题、人民概念与法律人脱离生活的问题这两个视角包含着法确定性要求和法的根基性之间极其重要的联系。

165　　　这特别适用于财产私法。以上所阐述的对源自限制性的人民概念的、一般性的法律傲慢和理性傲慢的"阻隔"，在**私法（Privatrecht）**上完全不起作用，特别是在纯粹的财产法（即排除家庭法和继承法）之中。因为此处**与法利益攸关的"人民"（das rechtsinteressierte „Volk"）**自己本来就能够借助合同来构建法律关系。同样，在当时人们可以彻底否认私法中的法律人是特别脱离生活的。即使是教授，他们绝大多数也比我们更务实。[63]所以引人注意的是，萨维尼在**刑罚关联（Strafzusammenhang）**中提

---

[61]　参见本书上文边码 86—90。

[62]　关于这位作为法官和作家的鞋匠的儿子见 J. Rückert, Christian Friedrich Koch, in: Neue Deutsche Biographie, Bd. 12, 1980, S. 257-260。

[63]　对人物的整理内容见 Rückert,„Theorie und Praxis"am Beispiel der historischen Rechtsschule, mit einem Ausblick bis heute, in: Rechtswissenschaft als juristische Doktrin..., hg. von Cl. Peterson, Stockholm 2011, S. 235-193, hier 289-293。

出了对陪审员法律忠信度的质疑和对其过分接近活法的质疑。尽管贝泽勒讨论了民事法院和刑事法院，但是萨维尼在这里只针对刑法方面。这改变了宪法规范的处境。但是对于刑法他却欢迎立法，"即作为对自由的保护"——这被绝大多数人完全忽略。这首先存在于他尚未出版的、在1816 年、1817 年为普鲁士王储的私人刑法授课讲义中。[64] 基于这一另外的自由功能，在刑法中不再取决于对制定法的法律忠信度，而是更取决于对活的刑法的真实生活——这似乎始终本该如此。据此就达至了宪法的另一个核心点。

不同的法域具有不同的自由功能：**私法（Privatrecht）**为自由开放而设 166计，**刑法（Strafrecht）**则为保护自由而设计。解释的任务因规则的不同功能而具有不同的导向，这同样修正了私法的问题以及其他更多内容——但是都存在自由的利益。这引出了萨维尼在解释构想上的最后一个关键方面。

7. 个人的动因——作为自发秩序的私法

并不令人惊讶的是，萨维尼以对**私法**的分析来开启"解释"这一章。 167在此，法最终服务于"在特定形态中构建自己生活关系的个人"（System I 206）。人们在他对制定法解释（Auslegung der Gesetze）的导论性评论中容易忽略这一重要的视角。该视角指向了个人的动因，虽然这在当时没有明显优势，但是的确逐渐占据了统治地位。萨维尼在《当代罗马法体系》中认为需要解释的制定法全是私法上的规则。他所使用的一个刑法例子（System I 233），也同样涉及针对个人的法安定性和法确定性（Rechtssicherheit und Rechtsgewissheit）。依据他的理解，忠实的制定法解释也是一个自由的法塑造（Rechtsverfassung）的因素——在刑法中通过与制定法打交道之时的法律忠信度，在私法中则是依据制定法去更确切地拟定个人的法律关系。基于此他断定优士丁尼对制定法"私人解释"的禁令也针对私法。依据萨维尼的观点，该禁令必须归入一个制定法应用的机械化程序之中（S. 305），并契合专制关系。优士丁尼似乎试图以此永远地摆脱错误，"但是同时也将精神的自由"毁灭了。

---

[64] 阐述性内容参见 *Rückert* 1986（Fn. 13）240f.。萨维尼还作为大臣扮演了 1842 年刑法典立法者的角色。1851 年《普鲁士刑法典》构建于他的草案之上，且还有与之相关的 1871 年《帝国刑法典》，这里的很多部分仍在适用。在法典中，他支持非常具有创新性的再社会化理论，然而我们对这一理论并不习惯——这一今天已差不多被忽视的视角：*Rückert*, Savignys Recht und Rechtswissenschaft im Spiegel einiger Bildquellen, in: Savigny global（Fn. 13）S. 287-323, hier 317f.。

168　　　　因此，萨维尼解释论构建于个人主义的—自由的基本思想之上。这在今天也**并不过时（nicht überholt）**。我们的《德国基本法》第 2 条中的一般基本人权即以一般的发展自由为出发点。私法和公法因此现在都遵循法律上平等的自由这一基本原则。面对大量对之不再感兴趣的萨维尼的追随者和他的法学双重定位中对冲的要素，人们必须要强调这一点。

169　　　　简言之，相对应视角位于下列观点之中：在于萨维尼外延自由的［即**"私法自由主义的"（privatrechtsliberal）**］**法概念（Rechtsbegriff）**之中；在于并未准确地将所有法限定在一个自由定义的"一般任务"之上（I 52f.）；在于他对附着于个体之上的人民概念的拒绝；在于事关民族精神和人民意识的具体人民的局限性；在于法学家在法上友好地强调解释的科学性和类似要素。同样，他的逻辑学和语义学——据此，在解释上涉及"制定法中内在思想的重构"（System I 213），包含着超个体的因素。他并不清楚该"思想"应该来自何处，就如他不清楚如何使该思想"蕴藏"于制定法之中一样。一方面他以该精练的"内在的"一词来为制定法思想提供防护以对抗纯粹的立法者恣意，且他就因此顺应潮流地限制了较老的或较新的专制主义和立法傲慢。仍不清楚的是，如何及通过谁可以从另一方面将制定法变为"思想"。萨维尼时代的公法在此也并未作出明确决断。拥有或没有宪法的各邦国，以更多宪制的和更多君主制的宪法共存于 1815 年的德意志邦联中。与之相应，谨慎的法学家萨维尼满足于一个在此范围内开放性的法概念的构想。

170　　　　尽管他仍将这一构想在 1814 年及以后一直描述为"内在必要的"、历史上必要的和在真理中不可避免的，他还是为开放的形势配上了一个限制性的意义。在这里他将论证的方式扩展到哲学深度，在他的论证方式中，[65]存在着一个法学和政治学上的**形而上学（Metaphysik）**。从不明显的和不可验证的内在观点中本应可以得出一些决定性的评价。许多人已经发现该构想的现实吸引力和一定的学术性。这一思考已被提过。[66]

171　　　　然而，如果存在一个其他哲学或完全不存在任何哲学（尽管这一现象并未出现），且其对法学基本概念在形而上学的固化并未被拆分，那么萨维尼的具体问题定位就的确有**启蒙价值（aufklärender Wert）——同样契合**

---

[65]　见本节三、8（边码 115 及以下）。

[66]　见本节三、9（边码 118 及以下）。

实际（auch aktuell）。它的确提出了一个在当今的讨论中并未论及的角度：如果民法方法学说为自己设定了个人—自由的视角，且将之贯彻在"公法"、法概念和法律方法论中，那么民法的方法论就可以是独立自主的和示范性的。这样就产生了一个针对当代的全新视角和问题，但是这些视角和问题仍未指出传统引述内容中的僵化之处。

同样，萨维尼对"实在"法的探寻对此仍是富有启发性的。[67] 法律人已经多次对"生活"进行了探寻，但仅仅是在**自然主义的死胡同（naturalistische Sackgasse）**中。因为法并不活着，而只是被活着。如果人们撇开萨维尼"自然法"[68] 的客观理念论的深谷，撇开他《论立法和法学的当代使命》中独特的习惯法概念（S. 13/78f.）和其经过完善的习惯法概念（System I§12），萨维尼对其**构想（Konzeption）**的例子就会显得突出。1808 年，为了让兰茨胡特的学生认识到法不仅仅是纯粹人为计划的，还可能是纯粹偶然产生的，他选择了**汇票法（Wechselrecht）**作为例子：

"汇票基于汇票交易的内部需要而产生。在任一大型商贸城市中，大众熟知这一完全被创造的关系。所以任一商贸城市都有一个票据法，这并非构建在制定法中，同样亦非在法学家的著作中，而是在所有有想法的商人的一般意识中。如果现在，在全体民众中同样散布着民族意识和公民情感，且同样恰如每个城市中的商业知识一样发展着，则所有关系都会被人民的意识推动着，就如那里的商业关系，人民似乎具有一个原初的法。"[69]

1815 年，他在反驳格里讷（Gönner）时用到了**证券行情（Geldkurs）**的例子：

"有价证券的行情由人民的意见塑造，而这在此通过交易状态、以类似于那里（即在国家的宪法上）由法学家所代表的方式体现出来，这样商人的意见大多就形成了行情。"[70]

---

[67]　见本书上文边码 102、113、121。

[68]　见本书上文边码 117 处脚注 37 和边码 121 处脚注 38。

[69]　Nach dem ungedruckten Manuskript der Institutionenvorlesung 1808, fol. 3 v, 4, erklärt und zitiert bei Rückert 1984（Fn. 9）111 ff., 115.

[70]　*Savigny*, Gönner-Rez., Verm.Schr.（Fn. 7）V 128.

174　　　　这些示例与大卫·休谟和胡果之间存在着令人惊讶的关联。萨维尼提供的另一种更难的解释是与**语言演化**（Sprachentwicklung）的比较。[71]

175　　　　对此现在并不取决于民族精神学说、商业精神、法学家的作用和私法之间的关联是否可能以及怎样被视为协调。[72] 该例子还展示了萨维尼的具体探索（表面上排除了哲学，但是它们都源自那里），萨维尼试图利用它们来找出一个与众不同的答案。**在否定上**（negativ）该答案展现了所谓的法概念的民族精神说在**两面战线**（doppelte Front）前面临双重挑战。正确的法和一切情况下的私法既不可被理解为依据理性法和自然法的抽象的、有计划的产物，又不可被理解为纯粹的、立法者的意外产物。对于为避免该"歧路"[73] 的两个任务，大多数人已经认可且评价过。

176　　　　显得更难且从未尝试过的是，对该**构想**（Konzeption）进行**肯定的**（positiv）解释并形成概念。本土化、多样的解释、哲学十分繁荣的时代、对"自我"演进和"自然"论断的支持等，这些与萨维尼相关的特色掩盖了问题，而对这些特色的争论一直存在[74]，但是这些困难并非不可解决，需要从历史中更确切地对这些争论和萨维尼本身加以解读，且需要关注 1800 年左右以来法和法学家语境的本质变化；哲学上的背景必须作为问题之源和方案素材来阅读和比较，且较少作为影响和现象；在这里并不深究哲学上的背景（请见历史概述，边码 1357ff.）。汇票的例子和其有关胡果和休谟（Hume）背景的文章足以使人去关注迄今尚未涉及的、更多的理解上的可能。

177　　　　在这里，似乎不仅可以相信能够集中看到萨维尼的**私法构想**（Privatrechtskonzeption），而且可以在**自发秩序**（spontane Ordnung）的经济—社会哲学**理论**（Theorie）上将之解释清楚。同样，该理论中着重强调在两面战线上反对以下观点，即意欲将社会和经济仅仅理解为人为的计划性的，或偶发—恣意的（kontingent-willkürlich）。因此，专制的、自以为是的中央集权主义的歧途和一个有价值的且最终并不关心自由的放任主义模

---

[71]　对此见本书上文边码 102。

[72]　参见对此具有质疑的内容：Rückert 1984（Fn. 9）116, 304 ff.。

[73]　对此见上文边码 105—108，三、6。

[74]　Dazu näher *Rückert* 1984（Fn. 9）332, 88，且作为常用语太"自然的"文献提示见脚注 68，对《当代罗马法体系》的分析见 *Rückert*, Savignys Dogmatik im „System", in FS. für Cl.-W. Canaris, München 2007, S. 1263-1297, 现在还可见 *Rückert*, Savigny-Studien, 2011。

式（Laissez-faire-Modell）的歧途自始至终应当被避免。[75] 如此看来，萨维尼似乎在所有情况下都是在所谓反射式自由意义上的动因这一思路上去维护他的核心私法观念，而该动因将法理解为实现普遍外在自由的手段。在此意义上，萨维尼那作为"人民根本意志"的"现实的"法理念就变得意义重大，即作为私法上权利主体本身的法，该主体在此不仅为国家法中的一个自然整体，而且是自发秩序中塑造法的因素。[76] 这同样具有历史性，人们知道该理念在米瑟尔（Justus Möser）法官处大放异彩，胡果亦主张该观点，且他非常钦佩的、苏格兰启蒙运动中重要的哲学家休谟对之更加推崇。可以发现这完全类似于上述证券行情和语言演化的例子：[77]

　　"在类似的方式中毫无承诺（即正式的承诺）地依据人类的习俗逐渐地发展着语言。黄金和白银也以类似的方式成为大众交换的手段，并以上百次交易后确定的价值行使支付职能。"

　　该制度起源的理论明显给出了一个解释性的积极设想，而这多次触动到了萨维尼。　178

　　上文中**萨维尼专门的补充内容（Savignys besondere Zutat）**以该视角观察会变得更为清楚。他是在"内在统一性""内部统一性""内在必然性"这一语境中引入法之自然生成这一思想，任务是融入欧洲的风俗和基督教历史中。这使得该思想作为起源论而存在，尽管基于英国启蒙运动学者休谟、亚当·斯密（Adam Smith）和哥廷根学者胡果的怀疑—功利主义关联冲淡了该思想。[78] 但是，这恰好使其与同时代的德国哲学相兼容，据此，　179

---

[75]　Vgl. vor allem *F. v. Hayek*, Die Verfassung der Freiheit（zuerst engl. 1960）, 3. A. Tübingen 1991, zus.fassend in der Einleitung 8 f.; zur spontanen Ordnung 36, 70, 72, 193. Maßgebende Übersicht jetzt bei *R. Richter* und *E. Furubotn*, Neue Institutionenökonomik, Tübingen 1996（4.A., 2010）, 17 f., 42-ein Hinweis, für den ich Chr. Kirchner herzlich danke.

[76]　参见本书上文边码 123。

[77]　*D. Hume*, A Treatise on Human Nature（1739/40）, III.2.2（ed. Selby-Bigge, Oxford 1888 u. ö., S. 490）；关于"Hugo 1812"见上文脚注 35；对于萨维尼来说，现在也是《论立法和法学的当代使命》一书中的内容，见 Akamatsu/Rückert（Fn. 10）, Register zu Hume; für Smith jetzt H. Akamatsu, Ein Beitrag zu den Hintergründen für die weltweite und überzeitliche Rezeption von Savignys Rechtdenken-insbesondere seiner Schrift Vom Beruf, in: Savigny global（Fn. 13）S. 337-355, hier 348 f.。

[78]　对此见本书边码 117。

制度生成不再在怀疑—目的论上被考虑。人们称此设想为"恣意的自由游戏"（谢林，1800），（简而言之）更愿意从理性的主观出发［康德，费希特（Fichte）］，或从人类"暗含的必然性"，即"干涉自由"（谢林，1800）的必然性出发，或从所理解的世界史过程出发（黑格尔）来思考。[79] 对"暗含的必然性""内在必然性规律"（谢林），或萨维尼的法的"内在必然性"的决定性修正，恰如施法之"手"——亚当·斯密的"无形之手"[80] 与休谟之间的关联一样清晰。这种必然性和全面性的增加将该理念引入到德国**统一哲学（Vereinigungsphilosophie）**的哲学前提和法理论前提中。[81] 此外，该理念从萨维尼的"历史法学"学派发展出了 19 世纪后期的国民经济学中的德意志"历史法学派"［施莫勒（Schmoller）等］。在新的"英国"理论语境中，自发的秩序起源思想在该期间再次成为"新制度经济学"中的"主要论题"[82]。这与所谓的法的经济分析[83] 的关系也很近。因此，萨维尼提供了一个辐射广阔的私法理论——虽然理念论已经过时，但是事实上在当代思潮中仍非常有建设性。

8. 其他渊源？

180　　此处并未提及许多萨维尼那些众所周知以及浅显易懂的文章，尽管它们也适合放在"方法和民法"这一标题之下。所涉及的只是 1814 年《论立法和法学的当代使命》中的一些章节，这些涉及一个完全一般性的"法律科学的方法"（Methode der Rechtswissenschaft）［《论立法和法学的当代使命》第 117 页，或施特尔因（Stern）:《蒂堡和萨维尼》（Thibaut und Savigny），第 140 页］，涉及"双重的法学意义"且涉及非常一般性的而非法律实践上的法发现（S. 48/99）。同样，这些关于"对概念推演"（S. 29/88）的章

---

[79]　关于这些自由问题的关联见 Rückert, Natürliche Freiheit-Historische Freiheit-Vertragsfreiheit, in: Recht zwischen Natur und Geschichte, hg. von F. Kervegan und H. Mohnhaupt, Frankfurt/M. 1997, S. 305-337（331）; jetzt auch in Rückert, Savigny-Studien, 2001。

[80]　Adam Smith, An Inquiry into the Nature and the Causes of the Wealth of Nations（1776），hier 4.Buch, 9. Kap. am Ende:"通过追求自己的利益往往能更有效地促进社会的利益，但并非真正打算促进它……"; 对此有益的内容可参见 J. Starbatty, Die englischen Klassiker der Nationalökonomie, Darmstadt 1985, 7 f., 35 f.（具有许多错误继受内容和众多错误翻译内容的提示）。

[81]　关于此导向，以及"客观的理念论"，见本书边码 115。

[82]　Vgl. statt vieler jetzt sehr präzise Richter/Furubotn（Fn. 75），302 ff. u. ö., 38 ff（41 das Zitat）. 见下文边码 1552 及以下。

[83]　参见下文边码 1210 及以下。

节也非常一般性地涉及罗马法学家的概念技巧，而非法律实践上的方法。之后自 1840 年以来在《当代罗马法体系》中的阐述则更加专业且更加全面，因此在此被首选使用。这里只是集中于"制定法的解释"，这里也只关注规则的法学位置。

在 1810 年后演变为其《潘德克顿讲义》中分立的《导论》的两个方法论中，萨维尼探讨了解释以及制定法解释的问题——这在前面已多次提到。在那里人们还可以看到：法需要尽可能地安定和明确这一主导性观点、对文本真实地（即忠实地）解释的限定、对"现实的法"的忠实和对制定法改良的摒弃。这些更一般性的文章或多或少地在《当代罗马法体系》面前独立地呈现，但是在此处却并不适于列出。对于研究萨维尼的民法和方法论问题而言，他的《当代罗马法体系》足以作为核心的和最关键的渊源——具有一定的语境。尚存的一个问题是：萨维尼的方法论适用到例子上会如何？

五、过错理论的例子

依据萨维尼的教义来选取例子是由问题所确定的：这不应该涉及随意的教义问题和解答，而是一个解决解释和变造之间的解释的规范性问题的例子。对此，诸如萨维尼对一个一般性的、双层次的**不当得利返还规则**（**Kondiktionsregel**）的研究就不是很好的例子，因为他在这里并未致力于研究在结果中非常有争议的、可能的体系化和规则表述情形。[84] 同样，此处并不深入探讨纯粹反对非忠实地改良制定法的立场，比如 1802—1803 年所谓的《方法学》（Methodologie）中的内容。

合适的例子是其对**过错学说**（**Culpa-Lehre**）的立场。对此必须将两篇著作结合起来：1824—1825 年清晰易懂的《潘德克顿讲义》（Pandectenvorlesung）中的学术论述和 1815 年针对格里讷（Grönner）的评论中富有启发性的一章内容。很遗憾，对于萨维尼亲自系统性地对过错理论的研究，就如他在《债法》中所探讨的众多内容那样，我们已经无法看到，因为 72 岁的萨维尼在这伟大章节收笔之前就于 1853 年结束了他的学术生涯。

181

182

183

---

[84]　Näher gezeigt in *Rückert*, Dogmengeschichtliches und Dogmengeschichte im Umkreis Savignys, bes. in seiner Kondiktionslehre, in: Zs d. Sav.Stiftung für Rechtsgesch. Romanistische Abt. 104（1987）S. 666-678; jetzt auch in *Rückert*, Savigny-Studien, 2011.

184　　从 1824—1825 年的《潘德克顿讲义》中人们可信地得出，萨维尼对这一已经发展了几百年的学说增补了一个**更加新的学说（eine neuere Lehre）**。人们主要将之区分为过错、重大过错、轻过错和最轻过错（die culpa，die culpa lata，levis und levissima）。特别是自哈瑟（Johann Christian Hasse）发表《罗马法的过错》（Kiel 1815）以来，就一直执行着所谓的双重程度说。这里有一个非常具有现实意义的法学教义的变革。就如对其自己的《潘德克顿讲义》作出的修订那样，萨维尼立刻就参与了该改造。[85]1824—1825 年的讲义笔记文稿显示，他谨慎地在文献及案例类型的支持下执行着哈瑟的双重程度方案（Zwei-Grade-Lösung）。[86] 在《当代罗马法体系》中他将此问题作为例子稍微提了一下（Ⅰ90）。

185　　但是只有与《格里讷评论》（Gönner-Rezension）中的章节结合起来才可在此学术争论中得出其主张的有趣视角。[87] 在此处，萨维尼将过错理论作为**法安定性问题（Rechtssicherheitfrage）、法概念问题（Rechtsbegriffsfrage）和法典化问题（Kodifikationsfrage）**等核心问题的试金石。法安定性和法确定性是通过法典或有机展开的法学来保障的吗？萨维尼恰好使用该过错理论来揭示，立法也是需要审慎推动的法律科学活动，"对立法的偏爱"更可能带来难以预料的法的不确定性。其于 1815 年写道：

　　"现在，被制定的规范变成实在的了，就如其在过错情形中可能成为的那样，一些内容已被普遍视为不同于先前的东西，人们怎能因此还想要将法的状态描述为摇摆不定的！这样，法就始终只是一些具体的东西，且该具体之处恰恰在一个这样的时代被如此地检验和思考，即对观点和特殊之处所有实际的改变都可无危害地发生；同时这是逐渐发生的，因为往往过去相当长的时间后，一个新的观点才在理论中被普遍承认，且还需要更长时间才能在实践中找到切入点。相反，实施中的法不惜一切带来固定存在的东西，恰是立法上的'业余爱好'。"[88]

---

[85]　Greifbar jetzt in der Edition von M. Avenarius (wie Fn. 10).

[86]　Siehe Pandektenvorlesung 1824/25（wie Fn.10）256 ff.

[87]　Gönner-Rezension 1815, in VS, Bd. 5（wie Fn.7）169 f., auch bei *Rückert* 1984（wie Fn.9）180.

[88]　Gönner-Rez.（wie Fn.86）169 f.

因此，萨维尼敏锐地证明，由于限定于具体的问题，并且作了缜密的 | 186
分析，且仅仅是渐进地、实验性地加以贯彻，学术上的改变无论如何都比
立法上的改变**具有更少的不确定性**。

对此具有关键影响的是，在此例子中，忠实的、真正的解释上的 | 187
实质视角源于对所有情形和具体情形的**法状态的安定性（Sicherheit des Rechtszustandes）**的强调。萨维尼并未模糊化处理该问题，而是对此加以
明确地解释，并承认了新观点（被迫解释）的风险。在多次从教义角度进
行的授课中并未涉及这些章节。但是人们可能认为，萨维尼并未将其过错
理论中的**法的续造和变造（Rechtsfortbildung und-umbildung）**置于强制性
解释之后，且并未简单断定是符合实际目的的或受生活限制的开放式续造，
或与之相反，绝对地停留在文字层面。相反，其将法的续造排除了，并同
时指出了实施的方向、界限与在新世代的宪法功能框架中真正解释的关系。
同样，这一教义范例因此展示了论证理由储备中值得注意的多样性，一个
对教义性研究中的法政策与规范之处的明晰且无偏见的意识，以及在一个
尽可能的法确定性方面的私法的自由导向。

六、留存了什么？——十条提醒

这些关于萨维尼的分析必定会带来收获。这些收获可以总结为十点： | 188
1. 其著名的解释规准并不构成其方法教义的核心，而只是一个**支柱**。 | 189
它是研究制定法文本**"健全状态"**的工具，因此只针对完全可理解的文
本分析，而非针对我们经常研究的"瑕疵状态"中的制定法——这并未正
确地表述出他的思想，或者根本不针对有漏洞的问题（见本节四、2 到 4，
边码 141 及以下）。

2. 基于"主观的"而非"客观的"解释方法、基于非目的论的、基于"未 | 190
决的"前提问题或完全对概念的推演的**批判**是错误的，因为这忽视了萨维
尼的问题和描述的结构设计。这来自**误解**（见本节四、2，边码 141 及以下）。
萨维尼在此比我们考虑更多。

3. 同样，对缺少准确性和次序的**批判**，必须首先了解，萨维尼的**问题** | 191
定位于**"有瑕疵的制定法"（Problemort„mangelhafte Gesetze"）**。他首先拒
绝过分的期待，并发展出了"真实地""忠实地"解释为导向的规则、赞
成有限制的法律续造和反对"解释性的"法改良的规则。法学并非演算和
纯粹的归纳，但是可以具有一定的确定性，且必须以此为目标。萨维尼避

免了沃尔夫（Christian Wolff, 1679—1754）的"示范性方法"（demonstrative Methode），或 1789 年大革命中的立法意识形态和 1790 年以来激进的新自然法学者的过分张力。今天批判夸大方法论的可能性和必要性，并片面要求的精确性，但是其对于次序问题则自相矛盾且并不严谨（见本节四、4，边码 145 及以下）。

192   4. 萨维尼非常清楚，在真实的解释和真正的续造之间存在着过渡地带。因此他建议以具有该两个权限的专门的最高法院的形式来作**出机制上的解决方案（instituionelle Lösung）**。萨维尼的这一建议具有非常明显的法政策性和宪法政策性，且基于自己在柏林上诉法院的工作经验。尽管如此，他还维护着个体自由，即要求一切法尽可能**确定（Gewissheit）**——即使其并非在任何地方都优先地表示推崇。他在这里甚至展示了原则性的强硬（对此见本节四、6，边码 160 及以下）。因此，在私法中并非对立法者命令（Gesetzgeberbefehl）的忠实，而是对立法者所确定的、对法律关系利益攸关的民众的"现实的法"的忠实。因此，传统引文中的**"重构"（Reconstruction）**并非直接指向立法者命令（Gesetzgeberbefehl）的重构，而是涉及对现实的法的重构（见本节三、3 和 5，边码 99 及以下、边码 102 及以下）。

193   5. **解释规准（canones），更好的说法是四个解释要素（besser der vier Auslegungselemente）**，在法学理论上的特殊性并不在于较好地列举或成功地精简，且同样不涉及其与一般性的文本诠释学之间的关系，而在于其与所谓的**"现实的法"（wirkliches Recht）**而非制定法命令（Gesetzesbefehl）的关系。因此，在核心民法中，解释的指向和忠实并非针对制定法文本，而只是借助文本指向相关利益范围（比如汇票）中现实的法律关系——一个与今天大多数情形完全不同的构想（见本节四、7，边码 107 及以下；三、2 和 5，边码 96 及以下、边码 102 及以下）。此阶段的核心问题既非文字法学又非法官王国或判决的决断因素。针对现实的法的非忠实的法改良（Rechtsverbesserung）或制定法修正（Gesetzesverbesserung）或束缚它的法典化必须被阻止。萨维尼强调这些界限（见本节三、4，边码 100 及以下）。他在肯定意义上作了克制。

194   6. 解释规准是关于法、制定法、解释、法学和法确定性的**独立构想的要素（Element einer eigenständigen Konzeption）**（见本节三，边码 93 及以下）。据此，并不涉及诸如此类的制定法语词的确定性，而是涉及具体

法主体所具有的法定的、真正的法律关系的确定性（本节三、4，边码 100
及以下）。该确定性只有通过自主地塑造和展示才能够实现。通过制定法
和解释对法律关系的巩固并不影响通俗表述的法，而是影响已被确认的、
可以理解的和至少为相关人在结论中可以把握的法。法确定性的目的中具
有个人的因素，而这可能客观性地埋没在纯粹的法安定性中。人们在牢狱
中可能更安全（萨维尼：暴政）。但该安定性并非此处所涉及的安定性（本
节三，边码 99 及以下；四、6，边码 160 及以下）。

7. 因此，法、制定法、解释等具有一个**针对法律相关人（Rechtsbetroffen）**　195
本身的指向，并以此为出发点——即使这并非政治民主性的方向。**私法
（Privatrecht）**将成为自治法（autonomes Recht）的**示范法（Modellrecht）**（见
本节四、7，边码 167 及以下）。另一种情形是刑法，较为复杂的还有国
家法。私法的任务是实现自由，刑法的任务是保护自由；刑法是通过法典
化实现任务，私法恰恰不是通过法典化实现其任务，而是通过对民间已
有的法律关系的科学认知。因此，萨维尼的方法论要求双重的法律忠诚，
即针对强制法和针对自由法（见本节四、6，边码 160 及以下）。在自休
谟（Hume）以来的**自发秩序（spontane Ordnung）**理论框架内，该构思
就如他所举的例子（汇票、语言、证券行情）一样容易理解（本节四、7，
边码 167 及以下）。

8. **自由利益（Freiheitsinteresse）**是具有普遍性的原则。尽管这涉及民　196
法和刑法这样的相互影响（见本节四、6 和 7，边码 160 及以下、边码 167
及以下）。对于必要的私法制度框架而言，比如私法中的强行法，萨维尼
对刑法的分析思路似乎要被继续考量。因此，这似乎必然部分涉及对自由
的保护（侵权法），部分涉及通过确定游戏规则来实现自由，没有游戏规
则，游戏就无法进行，自由的游戏也无法进行（对此见本节三、4，边码
100 及以下）。比如我们在对待第 823 条框架中的交往义务时就不利于行动
自由，强行扩大了保护。萨维尼对此已经提出了原则框架。

9. 自萨维尼以来，忠于制定法这一思想就越来越取决于制定法的发展　197
境况，且直到 1933 年后在独裁的政治背景下达至巅峰，以至于制定法成
了带毒的武器。他不惜一切代价地反对忠实于制定法，这支撑了他对法、
制定法和解释的独特构想，最终支撑了他那构建于哲学根基之上的、对现
实和理念中**法的双重固定（doppelte Verankerung des Rechts）**（本节三、6
到 8，边码 105 及以下）。他现实地将这指向了欧洲历史文化中存在的基督

教伦理和基于具体权利主体考虑的法的个人自由理念。制定法在这里只被视为对自生的、"现实的"法的确定和保障，而非独立的、他治意义上的制定（见本节三的 2、6 和 8，边码 96 及以下、105 及以下、115 及以下）。

198   10. 法的固定不可仅仅在先验上或形而上学上作出考量，还必须在政治上或保守或进步地分析，但也不仅仅是徒劳的。法的固定从具体法主体出发，强调法的功能在于，**法是避免冲突和解决冲突的独立工具**。因此，这仍是富有启发性的，即使人们对此并未区分哲学和政治。我们所列举的有关立法理念上的枪手模式（Gun-man-Modell）或有关将伟大的"实在性"设定为解释的理论，二者都威胁到自由的关系。因为据此事实上就是在判断谁作出了命令或谁确定"现实性"的观念。同样，"人民"的法律性命令在民主中必须接受该考量。因此，有关民法和方法论的问题原则上包含对私法和民主的回应。

七、展望

199   这些萨维尼的文献绝非辩解，而是开始时所许诺的、从古典学者文献处获得益处的**前提条件（Voraussetzung）**。人们认识到，今天的方法论绝大多数都是非常孤立地设计的，即它们荒谬地一边过分地苛求约束，一边作为所谓的纯粹的技术在规范上作过低的要求。对于解释规准的讨论则一如既往地异常活跃，在历史外衣下许多重要的内容都被讨论到。这涉及该具有象征意义的问题，即 1980 年后洪堡大学的萨维尼的半身塑像[89]是否应当被重新安置在其荣耀之地。萨维尼的眼光令人敬佩，他原则上有规律地关注法中必然的一般性和偶然的具体性；关注到哲学上的基础和具体的法学上的教义和政策上的评价。后来，其中一部分完全失去了上述能力，还有一部分则失去了对此的哲学意愿和哲学信仰。没有萨维尼的整合之力，他那吸引人的双重定位就毁灭于纯粹的体系和纯粹的历史学中。这样人们就带有攻击性地将此控诉为所谓的概念法学（Begriffsjurisprudenz）（Jhering 1884 in„Scherz und Ernst"）以及渊源纯粹主义（Quellenpurismus）和法律统计学（Rechtsstatistik）。如前所述，今天人们不再将法学（Jurisprudenz）的独立统一性思想理解为法律科学（Rechtswissenschaft），不再将法的**独立统一性（selbständige Einheit）**思想理解为一个依据自己的原则调整的整体

---

[89]   参见本节脚注 10。

（Genzes）。1781 年康德那众所周知的要求是，"人的确要探讨民事的制定法（bürgerliches Gesetz）（他理解的是：国家状态中的法）的原则，而非无穷无尽的各种形态"[90]，而该要求几乎不再让人感兴趣。因此，众多原则性的问题孤立地、临时地或边缘地被讨论，但只是作为具体的法律评价和政策。萨维尼在哲学上受支持的整体构想（Gesamtkonzeption）因此显得绝无"可理解性"[91]，且绝非被结果导向性地考量。对此越来越清楚的是，法学必须具有一定的**自治性（Autonomie）**，否则它就失去了核心任务。

萨维尼的**体系能量（Systemenergie）**一直展现出巨大的魅力。借助萨维尼的双重定位和对细节与整体的贡献，人们可以领悟到具有征服性的体系意志上的全部制定法细节。同样，独立于理念论的下层建筑，令人印象深刻的还有这样的贡献，即今天仍可用于当代非形而上学的、研究性的理解和解释。萨维尼对一般概念和具体经验的研究类似于关于一般性研究假设和具体资料范围内的内容。对于法学家而言，该体系性的能量具有特殊价值，因为正义所要求的制定法规则的均衡性和价值协调性才会完全作为问题和任务呈现出来。因此，该体系意志并非萨维尼的奇怪想法或所谓的概念法学。在此意义上，法学必须是**体系性的（systematisch）**，否则它就漏掉了一个核心任务。

我们当代的法学问题仍然是它如何作为**科学（Wissenschaft）**，而非作为文秘工作能够在法院适用、从"此"历史或"此"生活中推断出相应的评价。这的确不足以将该问题转归政治。对于该问题而言，没有规范性的形而上学仍只是一个理智的、批判上合理的方法。即该规则问题和可能的法律方案必须批判地加以确定。这样，该问题必须依据其语境和条件来解释和比较。这些法律方案现在可以作为评价来被理解和讨论。据此，在更多的评价关系上，这些是可以理解并可以判断的。这样，特别得到公认的评价就具有一个法律上重要的地位。这在萨维尼处可以清楚获知。[92] 同样，评价的难题、有利的一面和不利的一面就会变得清楚。在社会的持续发展中，法律科学可能会促进法的功能的发挥。和平和正义（Pax et Iustitia）将

[90]　Kritik der reinen Vernunft（Werke, ed. Weischedel III 313=A 301, B 358）; dazu siehe *Rückert* 1984（Fn. 9）60 und 1987（Fn. 13）103 ff.，涉及此处的难点内容。

[91]　对事实清楚的描述内容见 *J. Benedict*, JZ 2011, S. 1078。

[92]　我的分析见边码74。他在这里总是从多角度提出问题：特别是在罗马法、继受的法典、新的立法、文献和实践上，也经常在当时的法政策上。

会增强。或者更时髦的说法：期待将被巩固，错误的期待将被拒绝，斗争将最小化，变革之路将显明，且平等对待，即正义，因系统的评价而得以强化。

202　　　没有这些理论就很难分辨出它们**与萨维尼的区别（Differenzen zu Savigny）**。萨维尼的带有**哲学—形而上学基础（philosophisch-metaphysische Grundlage）**的双重定位还涉及法的客体和方法，据此，实然和应然被体系地限制于实在性本身，法学上则为"现实的法"。他那尚具一般性或依据罗马渊源的法理论在内容上的确为时代产物，就如他理解的那样。对于法源和解释理论领域而言，时代性十分明显，但是如其所见，在他的方式中并不存在罗马的解释理论。时代性首先体现在：宪法和法治国的背景方开始呈现。萨维尼考虑到了非常独立的国王式法官，但是却没有考虑到较为自由的律师；考虑到了少量"受教育的"法律人阶层，考虑到了摇摆不定的立法机构，但是并未考虑到更高的学术伦理和大学伦理。如果人们理解这些条件，则同样会理解现今的解释教义和方法教义在现代宪制国家中的相应限制。

八、参考文献

203　　**1. 萨维尼原文入门**

a. 对于萨维尼一般理念、**法概念和民法概念（Rechtsbegriff und Zivilrechtsbegriff）**，人们需要首先从所引用的萨维尼著作的原始书页中开辟路径，因为这些在所有新版中几乎都被标注，一共约有 25 页。新的版本也给出了捷径：

204　　（1）他的一般理念可以简单有效地在他 1815 年创立的《历史法学杂志》第 1 卷第 2 至 7 页《关于本杂志的目的》（Über den Zweck dieser Zeitschrift）这一介绍性文章中找到，并被编于 Savigny, Vermischte Schriften I 1850, S. 105-106, 新版载于 Rechtsphilosophie oder Rechtstheorie?, hg. Von G. Roellecke, Damstadt 1988, S. 41-52; 以及 Hattenhauer 1999 u. 2002（见上文脚注 6），最好的复制本为：Juristische Zeitschriften. Die neuen Medien des 18. bis 20. Jahrhunderts, hg. von Michael Stolleis, Frankfurt am Main 1999, S. 506-522。

（2）指向法的概念的首先是此本著名的论战文集：*Vom Beruf unsrer Zeit für Gesetzgebung und Rechtswissenschaft*, Heidelberg 1814 和众多新版以及批判性的 2000 年新版（脚注 6、10），这里为第二章（Kapitel 2）："实在法的产生"

（Entstehung des positiven Rechts）。萨维尼在这里用 5 页纸研究了诸如"习惯法"的"一切法"这些基本概念的产生和发展，而"习惯法"已经稍微被制定法腐蚀，且似乎只应为其补充。

（3）需要补充的是依据 *Das System des heutigen Römischen Rechts*，Bd. 1，1840（und Neudrucke），§52：Wesen der Rechtsverhältnisse，in Verbindung mit§15：Die Rechtsquellen in ihrem Zusammenhang，und mit§7：Allgemeine Entstehung des Rechts。这里都只有较少的页数（3，7，5）。在第 52 章有著名的一般性的法的定义，但也还只是个私法的定义（明显在《当代罗马法体系》第一卷第 331、332 页）；在第 15 章具有"民间法"和"基督教生活中的人类本性上的伦理规制"这一一般理念；在第 7 章这被作为立法视角中的实在法来描述。这一关联较重要（见边码 124 和脚注 41）。

b. 对萨维尼经典的、**一般性的法律方法**（**allgemeine juristische Methode**）（对我们并非如此）而言，人们可知一个所谓的方法学说（*Methodenlehre*）。如果先研究好下面这几个方面共 20 页的内容，会变得更容易：

（1）《论立法和法学的当代使命》，1814 年版，第 3 章，第 22 页。这些关于"总结"实在法的"关键原则"的内容，从法律人的研究方法看，具有"学术特征"。此外在第 6 章第 48 页具有关于"双重意义"、"法律人不可或缺的"、历史的和体系的内容。

（2）然后是他著作中非常形象的表述：*N.Th. Gönner*，*Über Gesetzgebung und Rechtwissenschaft in unserer Zeit*，首先是 1815 年在 *Zeitschrift für geschichtliche Rechtswissenschaft* Bd. 1，以及 *Vermischte Schriften*，Bd. 5，1850，S. 115-172，这里具有关于所谓的历史方法的真实特征的内容：第 119、120 页和 1850 年新版第 140—142 页。

（3）这些内容涉及对萨维尼而言的法律科学的方法，对他而言也是法律方法。今天我们如何指称法律方法——对法律的实践研究，他在此阐述了著名的渠道：System，Bd. 1，1840，Kapitel 4：Auslegung der Gesetze，§§32-54。特别著名且值得一读的是第 32、33 页，即第 33 页中的四个解释要素、第 32 页中将制定法解释嵌入一般性的"学术活动"和作为艺术的解释之中，在第 32 页及第 35 页中过渡为解释方法论的第二个主要部分和规范中的"瑕疵"表述。其中一些上文已经引述。这些内容常常被不正确地从现代性上来理解。这些展示了与今天相比完全不同的、几乎是苛求的关于实践和学术的法律方法的概念。

205

206

207

208

209

2. 书中间接引述的揭示

本部分包含一些对非常著名的著作的单纯间接引述：

· 边码 100：*John Austin*, The Province of Jurisprudence Determined, London 1832（u. Neudrucke）, hier gleich S. 1.

· 边码 115：*P. Kondylis*, Die Entstehung der Dialektik. Eine Analyse der geistigen Entwicklung von Hölderlin, Schelling und Hegel bis 1802, Stuttgart 1979, und D. Henrich, Between Kant and Hegel. Lectures on German Idealism, Harvard U.P. 2003.

· 边码 119：*L. Foljanty*, Recht oder Gesetz. Juristische Identität und Autorität in den Naturrechtsdebatten der Nachkriegszeit, Tübingen 2013; Rn. 119：K. Engisch, Die Idee der Konkretisierung in Recht und Rechtswissenschaft unserer Zeit, Heidelberg 1953, 2. ergänzte Aufl. 1968.

· 边码 149：*F.D.E. Schleiermacher*, Hermeneutik und Kritik, in Sämtl. Werke, Abt.1, Bd. 8, 1838.[93]

3. 对于次要文献的介绍

对这位杰出法学家的关键文献的搜集必须更精准。众多内容只是二手资料。人们可能会通过非原始的资料与一些非常实用的关于萨维尼的百科文献来作出极其准确的判断。按时间顺序请见：

· *Kiefner, Hans*, in: Handwörterbuch zur dt. Rechtsgeschichte, Bd. 4, 1990, Sp. 1313-23.

· *Rückert, Joachim*, in: M. Stolleis（Hg.）, Juristen-Lexikon, 1995, 2. Aufl. 2001, S. 555-560.

· *Nörr, Dieter*, in: Neue Deutsche Biographie, Bd. 22, 2005, S. 470-473.

· *Schröder, Jan*, in: Deutsche und europäische Juristen aus neun Jahrhunderten, 5. Aufl. 2008, S. 366-375.

· *Rückert, Joachim*, in: Killy Literaturlexikon. Autoren und Werke des deutschsprachigen Kulturraums, 2.A. Berlin 2011 und Darmstadt 2016, S. 214-216.

4. 其他新文献

· 至 2008 年的详细阐述：*Jan Schröder*, wie unter 3.

---

[93] 有关萨维尼和施莱尔马赫的内容见 *Rückert*, Savignys Hermeneutik-Kernstück einer Jurisprudenz ohne Pathologie in: Theorie der Interpretation vom Humanismus bis zur Romantik-Rechtswissenschaft, Philosophie, Theologie..., hg. von J. Schröder, Stuttgart 2001, S. 287-327; jetzt auch in *Rückert*, Savignystudien, 2011。

·至 2009 年新文献的主题性评价：*J. Rückert*, Friedrich Carl von Savigny（1779-1861）-ein Frankfurter in Berlin, in: Festschrift 200 Jahre Juristische Fakultät der Humboldt-Universität zu Berlin..., Berlin 2010, S. 133-177.

·较老的文献：*J. Rückert*, Idealismus, Jurisprudenz und Politik bei Friedrich Carl von Savigny, 1984, Teil 1 Kap. 2, und generell in *Rückert*, Savigny-Studien, 2011.

5. 其他文献

此处需要从使用的角度表明，什么是不友好的和无用的。有众多著名的关于萨维尼的文章，但是真的无需全部阅读。一些文章太浅显、存在错误或混乱、片面且刻薄，或者虽然博学却偏激，甚至是无知的且具有误导性的，例如：

·*Denneler, Iris*, Karl Friedrich von Savigny, 1985（in der Reihe„Preußische Köpfe"）; schon der Name im Titel ist falsch. Karl Friedrich war ein Sohn, Friedrich Carl unser Methodiker.

·*Jochum, Heike*, Das Erbe Friedrich Carl von Savignys-Zur 225sten Wiederkehr des Geburtstags von Friedrich Carl von Savigny, in: NJW 2004, S. 568-573.

·*Rüfner, Thomas*, Historische Rechtschule, in: Handwörterbuch des europäischen Privatrechts, Bd.1, 2009, S. 829-833.

第二节　普赫塔（Georg Friedrich Puchta，1798—1846）的方法和法学说 *

要目

一、五种特征

213　　要将格奥尔格·弗里德里希·普赫塔（Georg Friedrich Puchta）作为一位方法论家来理解，有必要首先将目光投向其思维的主要特征。

214　　普赫塔于 1798 年生于安斯巴赫附近的卡多尔茨堡（Cadolzburg），父亲是州法官**沃尔夫冈·海因里希·普赫塔（Wolfgang Heinrich Puchta）**。[1] 其父亲是一位"实践者的典范"[2]，除了履行法院工作职责之外，还公开发表了一系列主要关于民事程序内容的论文。[3] 普赫塔从未对**民法的实践（Praxis des Zivilrechts）**失去兴趣。[4] 民法实践对他的启发体现在其法教义

---

　　* 汉斯-彼得·哈夫卡姆普（Hans-Peter Haferkamp）撰，刘志阳译。

　　[1] 具体的家庭信息参见 *P. Landau*, NDB 20, 2001, 757；关于个人信息可参见 *Christoph-Eric Mecke*, Begriff und System des Rechts bei Georg Friedrich Puchta, Göttingen 2009, 51 ff.。

　　[2] *E. Landsberg*, Geschichte der Deutschen Rechtswissenschaft, 3.2., München 1910, 439.

　　[3] 有关沃尔夫冈·海因里希·普赫塔的信息可见 *U. Falk*, Von Dienern des Staates und von anderen Richtern. Zum Selbstverständnis der deutschen Richterschaft im 19. Jahrhundert, in: Europäische und amerikanische Richterleitbilder, hg. Von A. Gouron u. a., Frankfurt a. M. 1996, 251 ff.。

　　[4] 与其父亲的关系部分可参见博讷特（J.Bohnert）所引述的家信：Beiträge zu einer Biographie Georg Friedrich Puchtas, in: ZRG GA 96（1979），232 f.。

学中和对于法学家法和习惯法的法源论思考中。普赫塔在柏林成为法律系裁判委员会成员；1842 年成为高等审判庭的援助工作人员，1844 年成为顾问。[5] 作为法官，他取得了极大的成就。[6]

1811 年至 1816 年，普赫塔在纽伦堡念埃古迪恩综合中学 [7] 并从当时的校长格奥尔格·威廉·弗里德里希·黑格尔（**Georg Wilhelm Friedrich Hegel**）那里受到了重要的哲学熏陶。但是作为法学家他却首先努力与黑格尔划清界限，这导致了他与黑格尔的法学硕士生甘斯（Eduard Gans）之间长达一生的艰辛对峙。[8] 对峙的核心内容涉及《**现实性和人类理性**》（**Wirklichkeit und die menschliche Vernunft**）中法的关系以及法中的必然性和自由的关系。

1816 年至 1820 年，普赫塔在埃尔朗根学习法学。他加入了布本罗伊特的温和派学生社团，并且追随牧师克拉夫特（Christian Krafft）开展了弗兰肯**基督教复兴运动**（**Erweckungsbewegung**），这是虔诚主义的一种形式，提倡亲自祈求耶稣宽恕自己。[9] 普赫塔的法学理论也受到了影响；他自始至终认为，作为上帝恩赐的美德只能通过自由来实现。他认为人类自由是法的萌芽，并认为："人类有通过自己的自由决定履行上帝意志的自由。"[10] 在这个意义上，法对于普赫塔来说是"上帝对人类的秩序，且由人类有意识地执行"[11]。法和上帝紧密联系。

在大学生涯中，普赫塔阅读过**萨维尼**于 1814 年出版的《论立法与法学的当代使命》一书。该部基本纲领对他来说是影响其法律思维的关

215

216

217

[5]　*Bohnert*（ Fn. 4 ），230.

[6]　在普赫塔工作所在委员会的高等审判庭主席对普赫塔作为法官能力的评价为："虽然只是一名教授，但是也参与了州法律的研究，他的理论统治着整个委员会，所有人都服从他的思想。"转引自 E. I. Bekker, Festgabe der deutschen Juristen-Zeitung zum 500-jährigen Jubiläum der Universität Leipzig, hg. von O. Liebmann, Berlin 1909, Sp. 97。

[7]　普赫塔在他的传记式提示中对此作了阐述：Georg Friedrich Puchta's kleine civilistische Schriften, hg. von A. F. Rudorff, Leipzig 1851, XX f, sowie im Brief an Hugo vom 2. 8. 1828, abgedruckt in: Georg Friedrich Puchta. Briefe an Gustav Hugo, hg. von H. H. Jakobs, Frankfurt a. M. 2009, 88。

[8]　*J. Braun*, Gans und Puchta. Dokumente einer Feindschaft, in: JZ 1998, 763 ff.

[9]　关于此关联可参见 *H.-P. Haferkamp*, Einflüsse der Erweckungsbewegung auf die„historischchristliche"Rechtsschule zwischen 1815 und 1848, in: Konfession im Recht, hg. von P. Cancik u. a., Frankfurt a. M. 2009, 71 ff.。

[10]　*Puchta*, Cursus der Institutionen, Bd. 1, Leipzig 1841, 8.

[11]　*Puchta*, Institutionen I（ Fn. 10 ），23.

键著作。虽然只短暂地听过萨维尼的课，但普赫塔曾一度认为自己是萨维尼的学生并且公开称自己为萨维尼学说的拥护者[12]。萨维尼的思想内容特别吸引普赫塔的地方在于，萨维尼的法源学说建立在"人民共同的确信"上，[13] 这后来被普赫塔称为**民族精神（Volksgeist）**[14]。这个出发点为普赫塔提供了自己的通向方法问题的途径，将法的结构而不是制定法适用（Gesetzesanwendung）作为对象。

218　　　　普赫塔对萨维尼的理解独树一帜。[15] 原因在于普赫塔从 1821 年开始受到一位哲学家的影响，然而，对于萨维尼来说他的哲学相对较新，萨维尼却毫不感兴趣，这位哲学家是**谢林（Friedrich Wilhelm Joseph Schelling）**。[16] 1828 年到 1831 年，普赫塔在慕尼黑参加了谢林的哲学课程，这在谢林过世后才得到公开。[17] 普赫塔构建其法理论时主要是反对黑格尔，并偏向于谢林的区别**肯定（positiver）/ 历史**和**否定（und negativer）/ 逻辑哲学（Philosophie）**的理论。

219　　　　实践、上帝、民族精神、反黑格尔和谢林——从这些中可以得出怎样的普赫塔方法呢？

二、方法论？对僵化的方法规则的质疑

220　　　　若想要探究普赫塔对方法问题的思考，就首先要关注他对于方法规则

---

[12]　1828 年 11 月 6 日普赫塔致萨维尼的信件。与 Braun（Fn. 8）764 和 Bohnert（Fn. 4）229 f. 的叙述不同，普赫塔自己并未如此说。

[13]　*Savigny*, Vom Beruf unserer Zeit für Gesetzgebung und Rechtswissenschaft, Heidelberg 1814, 8.

[14]　首次称为 "Volksgeist"，见 *Puchta*, Rez. Das *Erbrecht* in weltgeschichtlicher Entwicklung, Teil 1, Berlin 1824, Teil 2, Berlin 1825, in:（Erlanger）Jahrbücher der gesammten deutschen juristischen Literatur 1, 1826, S. 14（作为民族精神的 "伊斯兰教的追随者"，这并非恶意地使用）；参见 *Puchta*, Rez. Sigmund Wilhelm *Zimmern*: Geschichte des römischen Privatrechts bis Justinian, Bd. 1, Heidelberg 1826, in: Erlanger Jahrbücher. 3, 1826, 295。在这里他提到了 "罗马的民族精神"；参见 *Bohnert*, Über die Rechtslehre G.F. Puchtas, Karlsruhe 1975, 47.

[15]　普赫塔和萨维尼围绕萨维尼的《当代罗马法体系》第 52 章草稿的书信辩论表明了其产生的误解，对此参见 *Haferkamp*, Die Bedeutung der Willensfreiheit für die Historische Rechtsschule, in: Willensfreiheit und rechtliche Ordnung, hg. von E.-J. Lampe/M. Pauen/G. Roth, Frankfurt a. M. 2008, 204 ff.

[16]　对此关联见 *Haferkamp*, Georg Friedrich Puchta und die 'Begriffsjurisprudenz', Frankfurt a. M. 2004, 321 ff.; 关于 Schelling 详见 X. Tilliette, Schelling. Biographie, Stuttgart 2004；有些部分内容不同的是 Mecke, Puchta（Fn. 1）, 455ff., 656ff.。

[17]　具体的相关证据参见 *Haferkamp*（Fn. 16）321 ff.。

的否定。

相对于胡果（Gustav Hugo），普赫塔在 1827 年认为，就如著名的蒂堡（Thibaut）所言，如何"能阅读和听取委员会对诠释学的意见"，对于他来说是完全没有把握的。[18] 长久以来他以自己的表述方式对法源和法律诠释学持保留态度。[19] 1838 年他认为，对独立的法律诠释学学科的创制"并不富有成效"。[20] 1846 年他对死板的解释规则提出警告："不需要走得太远，在此之前必须保证**良好的法律技巧和知性（der gesunde juristische Tact und Verstand）**，那些外在的规则是愚蠢的人用以炫耀自己思维的工具，最好不去解释这些规则。"[21] 人们已经从"批判和解释的规则中……发展出自己的学科，即法律诠释学（juristische Hermeneutik），这通常是一种非常浮于表面的、贫乏的、没有深入事物本质的、呆板的描述。如果不考虑健全的人类知性，那么整个法学将被称为诠释学"[22]。

除了方法思维的核心领域，普赫塔对**制定法解释（Gesetzesauslegung）**问题也关心甚少，对**法律续造（Rechtsfortbildung）**的问题也同样只给予了模糊的回答。对于法学的"创造性"活动，他在 1841 年谈道："特殊规则……并不具有完备性。整个法学必须包含对其的引导。该领域中的每个法学家、每个法官都必须能够胜任；法学文献则提供了帮助。"[23] 1844 年他做出了一致的评论，"对学术上的法和其方法的认识**并非特殊规则的客体（nicht Gegenstand besonderer Regeln）**，而是整个法理论的任务"[24]。

三、作为出发点的法起源论

初步来看，并不可简单地将普赫塔理解为方法论学家。将他简单地看作一种不合理的、未进行彻底研究的、具有一定实用性的方法论代言者，是目光短浅的。普赫塔对方法问题非常感兴趣，却对传统上片面的或者当代诠释论上的运用和优先规则鲜有兴趣。他的切入点不甚相同：普赫塔是

221

222

223

[18]　*Puchta*, Brief an Hugo vom 2. 1. 1827, 22 ff., bei *Jakobs*（Fn. 7），27.

[19]　Puchta verwies ab 1832, System des gemeinen Civilrechts, §11 Anm. einzig auf Mühlenbruchs, Pandekten, §§54-67.

[20]　*Puchta*, Pandekten, Leipzig 1838, 22.

[21]　*Puchta*, Vorlesungen über das heutige römische Recht I, Leipzig 1846, 41/§15.

[22]　*Puchta*, Vorlesungen I,（Fn. 21），39/§15.

[23]　*Puchta*, Institutionen I（Fn. 10），44.

[24]　*Puchta*, Pandekten, 2. Aufl. 1844, §16 a. E.

从法源角度而不是从法律适用理论上来研究法学的。

　　"法学家和立法者颠倒处理之处在于，他们的错误几乎全部都是有关法生成原因的基础性错误……法官的首要任务是，使自己确信规范的存在，对这些规范的运用构成了其工作内容。还包括对规范生成和渊源的认知——基于此可以创造法规；对条件的认知——这制约着创造。"[25]

224　　　普赫塔作为教义学者致力于对"当代仍适用的罗马私法"的研究，而这个语词由胡果创造。[26] 显而易见，在 1806 年神圣罗马帝国灭亡后[27]，法的效力不再能够从某一名帝国立法者的决定中推导出来。[28] 在德意志邦联内，民法也保留了其地域上的适用性。[29] 作为民族法的共同法不可能是制定法（Gesetzesrecht）。同时普赫塔需要面对一个难题，《国法大全》中的条文以及后来众多以学术论文和法院判决形式作出的解释哪些还可以继续适用。与今天的方法问题常常聚焦于制定法适用相比，普赫塔的方法问题更加复杂，最具比较性的是今天国际私法中的冲突法。这就涉及条文的效力等级。法律适用（Rechtsanwendung）的核心问题可以表述为：

　　"制定法之外还有其他规范，他们从何产生？如果法官还需要运用其

---

　　[25]　*Puchta*, Vorlesungen I,（Fn. 21），21/§10.

　　[26]　*G. Hugo*, Institutionen des heutigen Römischen Rechts, Berlin 1789, Vorrede, 6.

　　[27]　18 世纪开始就已经存在对共同法适用基础的不同意见的交锋，参见 K. Luig, Der Geltungsgrund des Römischen Rechts im 18. Jahrhundert in Italien, Frankreich und Deutschland。首版为 1977 年，此处依据的是该重印版：K. Luig, Römisches Recht, Naturrecht, Nationales Recht, Goldbach 1998, 3 ff.; A. Daniel , Gemeines Recht (= Schriften zur Rechtsgeschichte 101), Berlin 2003, 86 ff.。

　　[28]　*Haferkamp*, Die Bedeutung von Rezeptionsdeutungen für die Rechtsquellenlehre zwischen 1800 und 1850, in: Usus modernus pandectarum. Römisches Recht, Deutsches Recht und Naturrecht in der frühen Neuzeit. Klaus Luig zum Geburtstag, hg. von Haferkamp u. T. Repgen, Köln 2007, 25 ff.

　　[29]　在一些地区部分排除了共同法的适用，特别在普鲁士、巴伐利亚州和黑森州的部分地区，巴登州与瑞士；对规范的有序列举内容参见 G. Bruns, Art. Gemeines Recht, in: Allgemeine Enzyklopädie der Wissenschaften und Künste, Bd. 57, hg. von J. S. Ersch u. J. G. Gruber, Leipzig 1853, 218；一些提示内容参见 C. G. v. Wächter, Gemeines Recht Deutschlands, insbesondere Gemeines Deutsches Strafrecht, Leipzig 1844, 207 f.；更确切的领域划分内容参见 B. Dölemeyer, Gesetzbildungsbibliographie Deutschland, in: Handbuch der Quellen und Literatur der europ. Privatrechtsgeschichte Bd. III 2, hg. Von H. Coing, München 1982, 1409 ff.。

他规范，他从何处寻找？"[30]

四、比较：与萨维尼理论的区别——文本上更狭窄、体系上更严格

普赫塔的出发点参考了萨维尼的理论，萨维尼也将法的生成置于其法
理论的中心。吕克特（Joachim Rückert）重点阐述了萨维尼的方法纲要。[31]
普赫塔值得特别关注吗？还是他只是一名萨维尼的后继者？

可以看出他们有几点一致：

- 都将法的产生归功于人民，与之相应，都提到了"民族精神"。
- 都给法学设置了双重任务，应该对其进行历史性和体系性的研究。
- 都将"当今罗马法"作为其关注的中心。
- 都认为法学家比立法者更多地起到了推动法律发展的作用。

更进一步仔细观察也可以发现有显著的不同：

（1）普赫塔停止了对规范的研究，他没有将其解释理论贯穿于"法律
关系"之中。普赫塔的法源研究在文本上更狭窄。

（2）普赫塔的法体系从一个更高的原则角度观察整个民法。体系上严
格相关，更少有机性，更多等级性。

比起萨维尼，普赫塔更加具有"实在性"和"逻辑性"。

1. 文本上更狭窄

萨维尼方法的特征是，他将"法律关系"，也就是"现实生活"中"法
的状态"的某个片段看作"法的深层次基础"。[32]这样法就会直接在民族
意识中留下烙印。萨维尼认为每部制定法都"决定了法律关系的属性"[33]。
立法表达出"一种思想"，解释意味着"重构制定法中内在的思想"。[34]萨
维尼在解释时关注的是隐藏在制定法条文背后的法律关系。萨维尼认为

225

226

227

228

---

[30]　*Puchta*, Vorlesungen I,（Fn. 21），22/§10.

[31]　*J. Rückert*, Methode und Zivilrecht beim Klassiker Savigny（1779-1861），见本书上文边码
76—212。

[32]　*Savigny*, System des heutigen römischen Rechts, Bd. 1, Berlin 1840, §4, 对此参见 *Rückert*（Fn.
31）Rn. 97。

[33]　*Savigny*, System I（Fn. 32），212.

[34]　*Savigny*, System I（Fn. 32），212f.

法律关系（ Rechtsverhältnis ） 和制约它们的各种法律制度（Rechtsinstitute）
一样有机地联系着，[35] 并且制定法由这种结构所决定。萨维尼的制定法解
释（ Gesetzesauslegung ）便建立"在罗马法有机统一的前提下，其在实在法
的普遍属性中……又找到了其深层次原因"。[36] 仅有历史中规范制定者的
意志难以促成萨维尼的统一性 [37]，还需要回溯到其基础性的法律关系和罗
马法的有机统一体。[38]

1838 年，在《潘德克顿》的前言中，普赫塔在介绍施塔尔（ Friedrich
Julius Stahl）时对法律关系作了分析。谁像施塔尔一样仅关注"占有和交易、
需求和动机的自然观点"，谁就像航行在 **"一片涌动的观念海洋（ ein Meer
schwankender Vorstellung ）** 中，这里充满了不确定的概念、不统一的主张
和黯淡的梦境……，这与真实的法学相去甚远，如同陈旧的自然法的荒漠
一样"[39]。1841 年他说得更加委婉："对法律关系的观察是具有诱惑性的，其
诱惑性在于不是去寻找固定僵化的原因，而是在涌动的浪潮中摇摆。"[40] 其
中固定的原因指的就是规范。为了对其加以确定，需要禁止解释者深入触
及法律关系。制定法解释应该有一个"单纯的易被继受的方向，纯粹涉及
获得立法者想要在制定法中确立的法条"[41]。这意味着不拘泥于词句本身，
这"只是宣誓性的"，[42] 但是词句本身也起到了重要作用："意义总是以文字
为载体（即使不在其共同含义中）。"[43] 为了重新构建立法者意志，除了词

----

[35]　*Savigny*, System I（ Fn. 32 ），7（ Rechtsverhältnisse ），9（ Rechtsinstitute ）；关于经过多次讨
论的区别内容参见 *Rückert*, Idealismus, Jurisprudenz und Politik bei Friedrich Carl von Savigny. Ebelsbach
1984, 342 ff.; *Kiefner*, Lex Frater a Fratre, Institution und Rechtsinstitut bei Savigny, in: Rechtstheorie 10
（ 1979 ），129 ff., 136 ff.

[36]　*Savigny*, System I（ Fn. 32 ），286 mit Verweis auf§5; hierzu *Rückert*（ Fn.35 ）348 f.

[37]　*Rückert*（ Fn. 35 ），passim; *Rückert*, Savignys Konzeption von Jurisprudenz und Recht, ihre Folgen
und ihre Bedeutung bis heute, in: Tijdschr. voor Rechtsgesch. 61（ 1993 ）65 ff.; *Rückert*,（ Fn. 31 ）Rn. 97ff.

[38]　那些被用于解释有缺陷的制定法的解释规则，并没有出现在萨维尼早期的方法理
论中。J. *Schröder*, Recht als Wissenschaft, München 2001, 221，作者认为在这里事实上是向前注释
主义的、有关当代阶段的陈旧解释理论的倒退; *Rückert*（ Fn. 31 ）34 mit Anm. 21. 但是还不能确
定是否在支持连续性。

[39]　*Puchta*, Pandekten（ Fn. 20 ），VII.

[40]　*Puchta*, Institutionen I（ Fn. 10 ），52.

[41]　*Puchta*, Pandekten, 3. Aufl. Leipzig 1845, 25.

[42]　*Puchta*, Vorlesungen I（ Fn. 21 ），39/§15.

[43]　*Puchta*, Vorlesungen I（ Fn. 21 ），39/§15.

句，还需要考虑"动机、目的、实用性"和生成历史[44]。然而，法学的"接受活动"（即解释）就这样到了极限。

普赫塔对待法源比萨维尼更严格。这对于"《国法大全》的解释（**Interpretation des Corpus Juris**）有直接意义"。[45]《学说汇纂》的法言中的词句是核心要点。"真实的解释"不能"产生有别于文字中内在的其他意义，只能存在一种宣告性解释"[46]。这里明显要区别于罗马人的解释，他们更进一步包含了"科学与既有之法之间的关系"，也就是"补充、扩展、调整"。对于《国法大全》也适用下面的话：

230

> "解释的最高原则是：制定法是对立法者意志的表达。"[47]

从19世纪30年代起[48]，普赫塔经常引用萨维尼的观点，对文本解释中不断增加的直观理解持保留态度。普赫塔也将可继受的文本和其解释的历史仅表述为作为产生法的"国家意志"的"民族精神"。[49]但是他害怕"单纯的专断独裁"[50]，当时贝斯勒（Georg Beseler）为了实现对民族精神的深入理解，于1844年在法学家面前强调"无偏见的、明智的意义，清澈自然的视角，对现实和真相的渴望"[51]。连基尔卢弗（Johann Friedrich Kierulff）也必须说："一些人希望自己被说服，为了获得对某物支配权，最好是放弃该物，最好的雕刻家不是去征服顽固的石头，而是去顺应空气。"[52]普赫塔强调民族精神的特征是"隐秘作坊"，它排除了人类的干涉。这并不意味着古老的法不可被改变。但这里需要一种特殊的法源，特别是一种法学家习

231

---

[44]　*Puchta,* Vorlesungen I（Fn. 21），42/§15.

[45]　*Puchta,* Vorlesungen I（Fn. 21），39, 44/§15；这并不意味着共同法作为制定法被适用，它只是习惯法和法官法。但它不同于习惯法，必须按照解释学的规则来诠释，就如同一部法律被错误理解一样，参见 *Mecke,* Puchta（Fn. 1），316f.。

[46]　*Puchta,* Vorlesungen I（Fn. 21），39/§15.

[47]　*Puchta,* Vorlesungen I（Fn. 21），39/§15.

[48]　更确切的内容参见 *Haferkamp,* Puchta（Fn. 16）358 ff.；部分补充内容参见 *Mecke,* Puchta（Fn. 1），346ff.。

[49]　*Puchta,* Vorlesungen I（Fn.21），25/§10.

[50]　*Puchta,* Das Gewohnheitsrecht, Teil 2, Leipzig 1837, 51.

[51]　*G. Beseler*, Volksrecht und Juristenrecht, Leipzig 1843, 120 f.

[52]　*Puchta,* Rez. Friedrich Carl von Savigny: System des heutigen römischen Rechts Band I und II Berlin 1840, in:（Richters）Kritische Jahrbücher für deutsche Rechtswissenschaft 4, 1840, 674.

惯法。普赫塔拒绝在解释（Interpretation）的外衣下进行调整。对于萨维尼来说是解释，而对于普赫塔来说已经是法律续造。

2. 体系上更严格

232

鉴于民族精神的"内部统一性"不应被引入渊源解释，与之相区别的作为"法律制造"的法律科学的系统的续造程序的资格也发生了改变。普赫塔于 1837 年对其法源理论进行了修改。[53] 他明显区分了民族精神内的精神统一性（他禁止法学家踏入这里）和法学家的体系性研究，这样法学家的贡献就失去了成为法源的能力。法学家成为法源的前提只能是，其规范可以"直接建立在人民确信上"，"这当然不能通过学术活动和其效果来实现"。[54] 依据体系创制的规范能不再限制制定法和习惯法：通过学术性规范来废除一项习惯法或者制定法是"根据事物本质无法实现的"。[55] 普赫塔在此也批判了萨维尼的"学术法"。普赫塔认为，萨维尼错误地将作为法源的法学家效力中两种明显被区分的领域作为"造法的一种和同种等级"对待。[56] 在这种新取向之后也隐藏着一种不同的法的解释。比起结合偶然和必然的因素，普赫塔很少强调和谐的"整体"："法是理性的，它是体系的一部分，形成了各种种类和类型的有机体。但这只是法的一个方面，从这个角度出发我们永远不能获得自由；这就是法的核心。"[57] 理性"完全无法或不能仅仅通过一次跃升而成为法"：[58] "法通过国家的直接意志和立法者的生成是自由的生成；所生成的内容并不受制于某个特定路线所确定的必然性。"[59] 法学的任务是，通过掌握法条之间的联系、研究其之间的关系，将"自由"产生的法作为一个体系来把握，并认识和形成法的理性"层面"，这样就能在各处寻找通过所有组成成员而形成的每个概念的起源。[60] 其结果是法中的结构因素和合理关系**不是简单地自发产生（nicht einfach von**

---

[53]　*Haferkamp*, Puchta（Fn. 16）, 371 ff., *Mecke,* Puchta（Fn. 1）, 279ff.

[54]　*Puchta*, Rez. Romeo Maurenbrecher, De auctoritate prudentum prolusio academica, in: Richters Jahrbücher 6, 1839, 729.

[55]　*Puchta,* Vorlesungen I（Fn. 21）, 48/§18.

[56]　*Puchta*, Rez. Georg Beseler: Volksrecht und Juristenrecht, Leipzig 1843, in: Jahrbücher für wissenschaftliche Kritik, Bd. 1, 1844, 18（auch separat erschienen）.

[57]　*Puchta*（Fn. 10）, 6.

[58]　*Puchta*（Fn. 10）, 6.

[59]　*Puchta,* Vorlesungen I（Fn. 21）, 25/§10.

[60]　*Puchta*, Institutionen I（Fn. 10）, 101.

selbst machten），而是很明显**亦**由法学创造。

"只有掌控各个条文之间的关联、研究法条之间关联的人才掌握这些体系性知识，才能寻找到通过所有组成成员而形成的每个概念的起源。比如当我们观察有关不动产的具体权利时，法学家必须知道其在法律关系的体系中的地位，同时，从起源到法概念都必须把握，也必须同样与其他具体权利融会贯通，其性质才据此完全确定。一个权利是一个客体之上的力量；某个物上的权利，则具有各种权利的某项特殊本质；他物上的权利，必须部分服从于物上的权利；服从该物的一面是对其使用，它属于用益物权的种类；对某个主体的使用是确定的，超出部分的权利是役权；对不动产来说是地役权；对不动产的使用则是通行地役权。我将这称为概念的谱系。"[61]

普赫塔认为法学家的工作是**对法进行续造**，他从既有原则中创造出新　233
的规范。相反，萨维尼认为在此通常无法进行法的"续造"。[62]

因此普赫塔认为体系方法**不是简单地对既有之物的发现（nicht einfach**　234
Auffindung des Gegebenen）和对既有有机体的临摹，而是比萨维尼观点更加具有创造性的活动——体系构建。他将当代科学的工作方法明显区别于罗马法学家的工作方法，而这被萨维尼于 1814 年标榜为范例：[63]"自然力量在古代科学具有重要地位，在今天则是他对手段和方式的有批判意识的思想具有重要地位。"[64]普赫塔将体系构建者的行为与艺术家有意识的创造相比较：

"我将体系描述比作对立体艺术品的描摹，对立体艺术品的描摹需要从不同侧面来实施。不同角度与单个角度相比具有相对优势，比如，从不同的角度可以更全面地展现整体和其各个部分，虽然从某个单一角度可能会具有独特的优势，且对特定目的有用，但是任一单一的理解和描述都不是

---

[61]　*Puchta*, Institutionen I（Fn. 10），101.

[62]　参见萨维尼对此提醒的内容：System I（Fn. 32），232, 233, 248。

[63]　*Savigny*, Beruf（Fn. 13），1814, 28f.

[64]　*Puchta*, Institutionen I（Fn. 10），466.

绝对真实或错误的。只有在对象本身改变时，或者发生牛头不对马嘴等重
大错误时，才有可能发生错误描述。"[65]

235　　　　普赫塔反对"建立在**严格的、刻意的思想关联（strenger bewußter
Gedankenverbindung）**上的体系化方法，更偏向于建立在一种见解
（Anschauung，如果允许我使用常被错误使用的词语来表述的话）上的体
系化方法"。[66]他反对"自然冲动"，在这里体系的建立"缺少固定的规划
和执行的结果"。[67]普赫塔坚持认为，**没有一种体系能缺少最高的基本原理
（kein System ohne obersten Grundsatz）**。[68]1829年，他将该基本原理称为"对
我唯一可能的原则"。[69]该最高的基本原理是："一切法都是客体之上的意
志关系。"由此认为，"客体的不同引起权利的不同。不同客体上的权利可
能并不相同，因为不同的基础之间必然会有差异，这必然会导致不同客体
之上的权利差异"[70]。因此，"客体的差异性"就成了"我们体系的原则"。[71]
普赫塔区别了五种客体：

　　　　"1）物；2）行为；3）人，这又分为a）我们之外的人，b）我们之外
却又向我们过渡的人，c）我们本人。"[72]

236　　　　萨维尼反对类似的严格的体系构建。他将法的有机的独立结构作为认

---

　　　　[65]　*Puchta an Savigny vom 26. 12. 1831*, bei Bohnert, *Vierzehn Briefe* Puchtas an Savigny, in: Nachrichten der Akademie der Wissenschaften in Göttingen, I. Philologisch-historische Klasse, Jahrgang 1979, Nr. 2. 20; 这意味着只有作为体系性关联而存在的体系才可以被模仿，参见 *Mecke*, Puchta（Fn. 1），650，此处缺少批判。

　　　　[66]　*Puchta*, Brief an Blume vom 22. 5. 1829, 被引用内容参见 *Haferkamp*, Puchta（Fn. 16），523 ff.。

　　　　[67]　*Puchta*, Betrachtungen über alte und neue Rechtssysteme, in Rheinisches Museum 3, 1829, 238.

　　　　[68]　关于自康德以来对于该点的讨论参见 *M. Frank*,,,Unendliche Ann.herung". Die Anf.nge der philosophischen Frühromantik, Frankfurt a. M. 1997。

　　　　[69]　Brief an Blume vom 22. 5. 1829, 参见哈弗卡姆普（Haferkamp）的翻印版，Puchta（Fn. 16），523 ff.。

　　　　[70]　*Puchta*, Zu welcher Classe von Rechten gehört der Besitz, Rheinisches Museum 3, 1829, 248.

　　　　[71]　*Puchta*, Classe von Rechten（Fn. 70），248.

　　　　[72]　*Puchta*, Classe von Rechten（Fn. 70），249f.

知目的。^[73]"法律条文和法律关系的内在关联应该自我复制"在体系的结构中,"体系的结构基于该内在关联产生,就如同自在地产生一样"^[74]。1829年普赫塔表达了反对意见:如果人们由"一个法律关系对其他法律关系产生的影响来决定",那么他就会放弃"表达"的意愿。^[75]普赫塔认为体系性研究比构建更难"提炼出指导性原则"^[76],体系发现和体系建造也一样。

普赫塔的视角比萨维尼更加积极且更加具有建构性。人们不能简单地从萨维尼的角度来理解他。

五、普赫塔的研究成果

1. 普赫塔的对话者:作为实践法学的司法活动

通过将私法主体的意志作为私法理论的出发点,普赫塔主张一种自由的、由国家制定的却不受监管的私法。法政策上的问题是,在那个时代的宪法组织中如何能找到这种模式的保障。^[77]他的建议是将**宪法**(**Verfassungen**)提高到"私法的保护伞"的地位。1837年,当"哥廷根七君子"因批判汉诺威国王的宪法而被其驱逐时,^[78]普赫塔借鉴了强烈维护宪法的历史学家达曼(Friedrich Christoph Dahlmann)的相关观点,认为:

"我发现了一种针对达曼宪法的负面结果,它似乎也是由新兴政治家对法学家的否定和法学家处理事务的方式导致的。

当人们建立在架空的状况上,就可以看到结果;……值得注意的是,

---

[73]　关于萨维尼的体系设想参见 *Rückert*, Savigny(Fn. 35), 328f., 338; *A. Mazzacane*, in: Friedrich Carl von Savigny: Vorlesungen über juristische Methodologie 1802-1845, hg. von dems., 2. Aufl., Frankfurt a. M. 2004, 31ff.; 这具体意味着什么? 参见吕克特对萨维尼的精彩分析内容: 1840ff.: *Rückert*, Savignys Dogmatik im System(2007), 目前见 *Rückert*, Savigny-Studien, Frankfurt a. M. 2011, S. 153ff.。

[74]　*Savigny*, Methodologie, 1809, in *Mazzacane*(Fn. 73), 225, 这在 1802—1803 年即有, 参见 *Mazzacane*(Fn. 73), 106. 这里他认为, 体系不能只用于"查找参阅", 而需要"从整体上解读并且成为整个研究的基础", *Savigny*, Methodologie, 1802/1803, in *Mazzacane*(Fn. 73), 124。

[75]　*Puchta*, Betrachtungen(Fn. 67), 235.

[76]　*Savigny*, Beruf(Fn. 13), 22.

[77]　深化的内容参见 *Haferkamp*,(Fn. 16), 434 ff.。

[78]　*M. Saage-Maaß*, Die Göttinger Sieben-demokratische Vorkämpfer oder nationale Helden?Zum Verhältnis von Geschichtsschreibung und Erinnerungskultur in der Rezeption des Hannoverschen Verfassungskonfliktes, Frankfurt a. M. 2007.

在达曼的著作《政治》（Politik）的第一册中还包含了国家宪法的基础，而法院没有出现。"[79]

239　　　　和对其他制定法一样，普赫塔反对且不信任宪法，因为他不太信任制定宪法及法律的常任委员会。[80]他警告，人们不要通过削弱"直接的人民确信和知识的力量并将全部续造的任务都交给立法者"，以剥夺在法学和法律实践中自由地塑造的法"应该有的自由活动"。[81]他参照古罗马的先例，将受法学家影响的私法的自我调控能力作为基础。这承载着宗教的信仰，即只有通过自由才能化解因罪恶而产生的上帝和人类之间的隔绝，这也意味着，只有自由的法的演进才能引起法进一步的道德化。[82]在"保证法的确定性上，不同于国家的技师，法官应具有话语权"，应是其坚强的后盾。[83]普赫塔并不赞成继续维持**案件意见征询程序**（**Aktenversendungsverfahrens**），该程序允许法学院作为裁判委员会决定审判程序。[84]他不认可**教授法**（**Professorenrecht**）。法律论证必须有说服力，并且其效力不应该取决于作者的职业地位。[85]普赫塔提倡的是，教授的法学和独立于法学运行的司法之间互相作用，教授法学在法律人培养方面和编写适宜操作的潘德克顿教科书方面施加影响，司法则是在法的现实中维护着私法。

240　　　　他的方法论思考是合乎**法律实践**（**Rechtspraxis**）的。他拒绝僵化的方法规则，这反映了他原则上否定限制自由的学术研究。在这个意义上，他不要求司法机关绝对服从，而是鼓励其进行独立的学术研究。

---

[79]　*Puchta*, Brief an Hugo vom 14. 2. 1839, 197 f., bei Jakobs, Briefe（Fn. 7），197.

[80]　*Puchta*, Aus einem Schreiben von München, betreffend den bayrischen Landtag von 1831, in: Rankes historisch-politische Zeitung 1832, 91-102（anonym, Zuweisung bei Stahl, Nekrolog Puchta, in: Rudorff, Georg Friedrich Puchta's kleine civilistische Schriften, Leipzig 1851, XI）.

[81]　*Puchta*, Institutionen I（Fn. 10），46.

[82]　对此详见 *Haferkamp*（Fn. 9）。

[83]　*H. Liermann u. H.-J. Schoeps*, Materialien zur preußischen Ehescheidungsreform, Göttingen 1961, 501.

[84]　同时代的批判内容参见 *J.B. Sartorius*, Revision der Lehre von der Aktenversendung, Zeitschrift für Civilrecht und Prozeß. 14, Gießen 1840, 219 ff.；稍晚的例子参见 *Falk*, Consilia. Studien zur Praxis der Rechtsgutachten in der frühen Neuzeit, Frankfurt a. M.2006, 232 ff.。

[85]　这体现了与 Romeo Maurenbrecher 的区别，对此参见 *Haferkamp*,（Fn. 16），173 ff.。

"立法者的法学思考不应该取代法官的思考；不能对立法者思维进行反思的法官似乎是有辱其名的。"[86]

鉴于这样的考虑，其法学理论赋予了法学家以及法官工作的方法要求。 241

2. 确定某一规范的效力

如上所述，普赫塔将《国法大全》的条文视为制定法文本，并使之服 242
从于他那相对忠于原文的严格的制定法解释规则。由于缺少国家立法者，
共同法作为一个整体不能作为制定法，而只能作为习惯法被适用。[87] 对于
现行法起决定性作用的是，古老的条文能否被继受。法官不能不加注释地
适用《国法大全》的文本。[88] 如果一个这样的古代条文经确定可以被继受，
接下来需要确定它是否会被新的习惯法修改。这就有必要寻找一个与之相
对的法庭习惯或者有关罗马法的通说观点。普赫塔也在此强调法官的自我
职责，即这些规范应契合相应时代的法律意识：

"当某种观点被最经受检验的法学理论所认可（通说观点），并且当其
持续被有效适用（法庭实践），同时一名负责任的法官在存疑时也会采取
支持态度，那么就可以推定这种观点具有真实性。但是推测必须让位于真
相；只要法官能够确定这种观点有错，如果继续适用，那么就违反了他的
义务，即使数百年来人们都认为其是真实的，并且自古以来就在法庭上被
运用。"[89]

普赫塔对建立在法官内心确信基础上的法律续造的可能性持开放性态 243
度。只要法官造法并非基于体系去论证，而只是基于法官的法律意识，那
么它就属于习惯法，这区别于作为科学的法。这种 "由法学家揭示的法"
是（**法学家**）习惯法（**Juristes Gewohnheitsrecht**）。[90] 普赫塔认为法学家是

---

[86] *Puchta*, Vorlesungen I（Fn. 21），19/§5.

[87] *Puchta*, Vorlesungen I（Fn. 21），27/§11.

[88] Vgl. *Puchta*, Vorlesungen I（Fn. 21），8/§1.

[89] *Puchta*, Vorlesungen I（Fn. 21），44/§16；但是法律的稳定性要求错误必须 "相当确定"，
45/§16。

[90] *Puchta*, Gewohnheitsrecht II（Fn. 50），16 ff., 19.

"民族中精通法的成员，是民族法意识的天然代表和寄托"[91]。民族精神只有在无需运用现行法的原则即可以推导出法律规范的前提下才可能适用：

> "例如是否应该将遗嘱见证人的名字记入遗嘱，如果需要，那么见证人的遗嘱是否需要被密封等问题，不需要通过内部的、体系的理由来确定。"[92]

244　　　1846 年普赫塔明确指出，法学家习惯法不仅仅针对例子中提到的形式和期限问题。它更可能囊括了"许多法条"，以及如"遗嘱或时效"这样的"整个法律制度"，但只重复性地"涉及其存在性问题"[93]。法学家习惯法独立于法学家的体系性论证之外而产生。它是一个法条的间接陈述，并且通过法学或法庭习惯的**承认（Anerkennung）**而保留下来。

245　　　如果法官查找到一条确定的法律规范，那么他就不允许用学术上的演绎推理或者其他单纯的体系性论证来代替它。普赫塔对使用学术理论来取代习惯法或制定法"实质上不可能出现"[94]的确信限制了体系内部论证的可能性。人们在 20 世纪将普赫塔的观点假定为，法恰如在一个涵摄性的**"概念金字塔"（Begriffspyramide）**中，并从它的法概念推导出来，[95]从而误以为，普赫塔认为法首先是实在性的。他在进行体系构建的努力过程中一直强调，"不能从不切实际的投机中引导出来"[96]。主观的权利不是简单地作为法概念的结果而产生的。1842 年普赫塔明确地表述了对法概念的理解：**"符合法律规定的（ist den Rechtsvorschriften gemäß）**权利主体与客体的关系。"[97] 1846 年他进行了类似的陈述，"某个权利存

---

[91]　*Puchta*, Vorlesungen über das heutige römische Recht II, Leipzig 1846, 43/§16.

[92]　*Puchta*, Gewohnheitsrecht II（Fn. 50），17，参见本书上文：14 处所举例子。

[93]　*Puchta*, Vorlesungen I（Fn. 21），44/§16.

[94]　*Puchta*, Vorlesungen I（Fn. 21），48/§18.

[95]　关于此图景参见 *Haferkamp*, Wege der Historiographie zur Privatrechtsgeschichte der Neuzeit, in: ZNR 2010, 61 ff.; *Haferkamp*, Positivismen als Ordnungsbegriffe einer Privatrechtsgeschichte des 19. Jahrhunderts, in: Okko Behrends u. Eva Schumann（Hgg.），Franz Wieacker-Historiker des modernen Privatrechts, Göttingen 2010, 181 ff.

[96]　*Puchta*, Brief an Blume vom 22. 5. 1829, 参见该书所引用的内容：*Haferkamp*, Puchta（Fn.16）。

[97]　*Puchta*, Cursus der Institutionen II, Leipzig 1842, 367（加粗部分为本书所强调）.

在的要件是：（1）以某个法律规范为基础"[98]。这样，普赫塔的法体系就像法律规范的金字塔形体系一样。

3. 普赫塔的权利体系（System der Rechte）分析

普赫塔同时将其主要精力贡献于创立一种法律规范的和谐体系，这应该在两个层面上影响了法官的活动：　　　　　　　　　246

首先，对于法官来说应该建立法律规范之间合理的价值联系，可以使其将**既有的法作为有意义的构造（bestehendes Recht als sinnvolles Gefüge）**来进行处理。

同时，还应该允许法官基于这种意义关联来裁判未被规制的情形（ungeregelte Fälle）。关键是这一观点，即法自身可以通过**原则（Prinzipien）**来调控。

对法官来说潘德克顿体系应该是一种不可或缺的辅助手段。　　　247

"如果法官将任何一本潘德克顿教科书作为裁判规范来使用，将绝不会陷入窘境，这种方法对其一直有用。"[99]

a）作为体系的潘德克顿法

这是一个从康德开始就已经被讨论过的问题，即如何能将一个任意且　　　248
偶然产生的法和一个理性且必要的体系相互统一起来。实在法对于普赫塔来说也可能**不是一种封闭的体系（kein geschlossenes System）**。它是"人类事务的不完美性，排除了完全实现纯粹法的想法和法内部的完善"。[100]普赫塔试图达到部分关联并且将不可关联的法律规范作为例外与个案融合起来。这就产生出潘德克顿法体系的层次化的逻辑结构。

aa）与整个体系的关联

普赫塔认为："（1）无客体即无权利，（2）依据法调整的客体的不同，　　　249
权利也是不同的，对不同客体的规制必须依据不同的权限。"[101]

具体可以得出以下**分类（Klassifikationen）**：　　　　　　　　250

---

[98]　*Puchta*, Vorlesungen I（Fn. 21），107/§47.

[99]　*Puchta*, Vorlesungen I（Fn. 21），15/§5.

[100]　*Puchta*, Institutionen I（Fn. 10），94.

[101]　*Puchta*, Pandekten（Fn. 20），32.

（1）人自身的权利，划分为人格权和支配权。[102]

（2）物上的权利，划分为完全支配的权利（所有权）和部分支配的权利（物上权）。后者又可划分为使用方面的支配权利（地役，农用土地使用，借地）和交换价值方面的支配权利（质押权）。[103]

（3）行为上的权利，"可以使一个人（债权人）支配另一个人的行为（债务人）"，但前提是这种行为只具有"财产价值"。[104]

（4）除权利人之外的人的权利。从所有人的人格平等可以得出，对人的权利不能一概而论，总是需要个别考虑。[105]

（5）转移给权利人并由其代表的人的权利：继承权和其他财产权。[106]

251   基于这些"构成了权利的极大多样性的逻辑单元"，普赫塔得出了"最上位的法概念，以此出发囊括、支配和调控全部法的实体。**每种法依据其客体获得概念（Jedes Recht erhält seinen Begriff durch seinen Gegenstand）；**对于每种法，首先应弄清的是客体问题，确认后才能得出最初的原则，这样才能判定具体的法"。[107]

bb）自由生成的法

252   此外还可能出现无法从**体系上证明的（nicht systematisch begründet）法。**这样的法条"绝不可能是学术上的法，只可能是制定法或者习惯法"[108]。这里涉及普赫塔 1837 年提出的补充领域，他将"法官法划分为两种互为基础的形式"[109]。普赫塔提到了一个"自由的法条"，它落入了"自由的和任意的决定"[110]，

---

[102]　*Puchta*, Pandekten（Fn. 20），33; Pandekten, 2. Aufl.（Fn. 24），64; Vorlesungen I, 1846, 105/§46; Institutionen II（Fn. 97），368 f.

[103]　*Puchta*, Pandekten（Fn. 20），32 f., 108 f.; Pandekten, 2. Aufl.（Fn. 24），64; Vorlesungen I（Fn. 21），105/§46; Institutionen I（Fn. 10）86 ff.; II（Fn. 97），369 f.

[104]　*Puchta*, Pandekten（Fn. 20），1838, 32; Pandekten, 2. Aufl.（Fn. 24），64; Vorlesungen I（Fn. 21），105/§46; Institutionen I（Fn. 10）90; II（Fn. 97），370 f.

[105]　*Puchta*, Pandekten（Fn. 20），S. 33; Pandekten, 2. Aufl.（Fn. 24），64; Vorlesungen I（Fn. 21），105/§46; Institutionen I（Fn. 10）86 ff.; II（Fn. 97），371 f.

[106]　*Puchta*, Pandekten, 2. Aufl.（Fn. 24），64; Pandekten（Fn. 20），33; Vorlesungen I（Fn. 21），105/§46; Institutionen II（Fn. 97），372.

[107]　*Puchta*, Vorlesungen I（Fn. 21），104/§46.

[108]　*Puchta*, Vorlesungen I（Fn. 21），44/§16.

[109]　*Puchta*, Gewohnheitsrecht II（Fn. 50），16 f.

[110]　*Puchta*, Vorlesungen I（Fn. 21），44/§16.

他还提到了一些法条，"而依据这些法条的本质，它们具有恣意内容"。[111]

如果**自由地制定了**这样一种法条，那么该法条将再次成为各种**结果的** 253
来源（Quelle von Konsequenzen）。这个观点首先由普赫塔于 1837 年提出。
普赫塔将其描述为"一种不可能存在的制度，比如基于内部原因而发生的
准代位继承，我会说：它的存在只要能作为前提，就是从统一原则中推导
出来的确定关系的具体法条"[112]。1844 年时他也曾说：

> "地役权的相互区别中不存在逻辑必然性，具体债务的区别也一样，
> 只有被规定下来的区别，才能成为逻辑必然性的源泉。"[113]

b）作为范本的谢林式的立法和结果的"双重合理性"

普赫塔在其潘德克顿体系中实现的体系性概念与谢林在慕尼黑大学课 254
堂上论述的**方法纲要（Methodenprogramm）**有显著的相似之处。普赫塔
1829 年开始旁听这门课程时，便希望这"为哲学开启一个新时代"，他"欣
喜地希望"，"对年长者是玩物，对年轻者是陈腐工具的哲学能重振旗鼓，
获得崭新的名誉"。[114]但对于普赫塔来说**不可能**将谢林在慕尼黑大学的授
课内容归结为法哲学（eine Rechtsphilosophie zu entnehmen）。在 1802 年谢
林发表了关于大学学习方法的观点后，[115]他就再也没有发表有关法的具体
言论。对于简单地移植其他法哲学理论，普赫塔似乎认为应当反对。他认
为哲学和法学是一种"相对的给与和接受"的关系，[116]而不是相互的从属
关系。谢林也在其慕尼黑的授课中强调，他的讲演必须能成为听众"自身
所能接受的内容"："学习以完善自我。"[117]

在普赫塔试图为诸如法等自然产生的客体进行理性证立时，触及了一 255
个谢林在 1809 年早已研究的问题，即"自由的概念是否能与体系达成一

---

[111]　*Puchta*, Gewohnheitsrecht II（Fn. 50），17, a. a. O., 73："人们应该注意到，证人署名和盖
章的必要性基于从原则中推导出来的内部真实性。"

[112]　*Puchta*, Gewohnheitsrecht II（Fn. 50），71.

[113]　*Puchta*, Pandekten 2. Aufl.（Fn. 24），64 Anm. a）.

[114]　*Puchta*, Brief an Blume vom 10. 1. 1829, UB Bonn S. 865.

[115]　*F.W.J. Schelling*, Vorlesung über die Methode（Lehrart）des akademischen Studiums,
1802/1803, hg. von W. E. Ehrhardt, Hamburg 1990.

[116]　*Puchta*, Institutionen I（Fn. 10），100.

[117]　*Schelling*, SW V, Stuttgart/Augsburg 1856-1861（Nachdruck Darmstadt 1966-1990），241.

致"[118]。在普赫塔听过的谢林在慕尼黑大学的授课中，谢林讲过一个绝对不同但他认为与法有亲缘关系的客体——神话，并以此为例来展示如何解决自己提出的问题。作为自由解释的实然释义构筑了不可逾越的**实然优先于思维的状态（Vorrang des Seins vor dem Denken）**。[119]实然状态和一个决定的"偶然性"相联系。这属于后天获得的经验范畴，是经过历史加工的**肯定哲学（positive Philosophie）**。同时也保持了一些能够获得理论理性的经验、逻辑的哲学。谢林在柏林时重点关注的**否定哲学（negative Philosophie）**，[120]在实证主义哲学之外承担起了对所发现之物的**"合理正当化"（rationale Rechtfertigung）**[121]的任务。每个被规定的和只能被经验发现的行为将被解释为因果链的开端，该因果链只能被出现在中间的新行为所打断。[122]从上帝的自由出发，"目的是建立一种其他先验实然的体系"。若哲学将在经验上发现的存在解释为因果关系，那么在此意义上就是一个体系。该因果关系的最高原则是自由，因而在理解上具有不确定性。人们"肯定地"寻找该原则的结果，"否定地"追溯该结果的原因。[123]这同时也意味着，存在的真实性虽然可以被解释为体系，但不可以被反映出来。解释需要持续反映到经验中并同时需要稳定的审查。在慕尼黑大学时代，对于谢林来说，现实之物（Wirkliche）（基于黑格尔的表达）原则上是理性的，即使其理性的一面还没有被发现。同时，现实的理性却以上帝的自由为前提。[124]

256　　普赫塔一直强调，**法只是实在法（Recht nur positives Recht）**，他将法当作实然的现象而不是应然。普赫塔认为法是"历史的事实"，[125]不考虑

[118]　*Schelling*, Über das Wesen der menschlichen Freiheit, Werke I 7, Tübingen 1809, 336.

[119]　Vgl. *S. Peetz*, Die Freiheit im Wissen, Frankfurt a. M. 1995, 304.

[120]　Philosophische Einleitung in die Philosophie der Mythologie oder Darstellung der reinrationalen Philosophie, zwischen 1847 und 1852, Werke II 1, 254 ff.

[121]　*Peetz*, Die Philosophie der Mythologie, in: Schelling, hg. v. H. J. Sandkühler, Stuttgart/Weimar 1998, 156.

[122]　*Peetz*（Fn. 119）305："当裁判或者意思的结果受制于从裁判的本性中得出的必要的法律，但是裁判本身却在此意义上不受法律约束，即法律所确定的裁判，以及法律本身的约束力这一意义上：这样就清楚的是，依据制定法来裁判以得出结果的知识，可能限定于理论上的理性运用，且在知识的客体领域中是完全合法的。"

[123]　Vgl. das progressive und regressive Verfahren in: Schelling , Einleitung in die Philosophie 1830, hg. v. W. E. Ehrhardt（=Schellingiana I）, Stuttgart 1989, 24 f.

[124]　*Peetz*（Fn. 119）313.

[125]　*Puchta*, Institutionen I（Fn. 10）, 96.

"对现实的否定"或者对"实然存在的应然化"的修正。[126]他强调人类的自由是"法的核心",一种通过罪而被确定为被上帝保证的自由,是和上帝自己的自由相联系的。在法史研究中他试图为实在法找寻其历史根源并且经验性地去理解。

普赫塔的法条严格**合理化(Rationalisierung)**的构想起源于谢林的肯 257
定哲学和否定哲学相互作用的构想,肯定哲学试图历史性地溯及实然的起源,否定哲学则试图证明既有的东西是必然的。他的法体系建立在**自由制定和必然结果之间的互相作用上(Zusammenspiel von freier Setzung und notwendiger Konsequenz)**。

"法通过国家的直接意志和立法者而产生是自由地产生;该途径所制定的具体的法并不遵从某一确定原则所确立的定律(如所有权取得的形式,行使某项权利的时效,合同约束力的前提条件,遗产继承人的合法性,等等)。整体上来说还存在着在法的理性本质上的某些限制;法是具有理性的,在其逻辑必然性的发展过程中具有从属性。例如,当立法者将所有权认可为对物的直接支配权,也就有必要认可该属性所产生的理性结果,如在效果上有一种不同于义务的特性,但在一定的条件下可以使必然性背离该结果。"[127]

c)通过对既存法的原则的研究而进行法律续造

法学家通过体系关联内在的结果正确性所推导出并制定的法律规范, 258
必须服务于**漏洞填补(Lückenfüllung)**。普赫塔的法学对这个问题做出了回应:"法官可以在任一权利的最大限度扩张时做出补充,防止其在众多情形下缺乏裁判所依据的规范。"[128]

"毋庸置疑,这种法源对于法官来说是非常有必要的,因为即使是最全面的法典也不可能囊括适用于所有未决案件的规范,并且民众直接的法上的确信也不能保证提供足够的帮助。作为对这种需求的承认,所谓的自

---

[126]　*Puchta*, Institutionen I(Fn. 10) , 97.

[127]　*Puchta*, Vorlesungen I(Fn. 21) , 25/§10.

[128]　*Puchta*, Rez. Beseler(Fn. 56) , 17.

然法的辅助性运用的早期习惯观点，因对成文化的法的严格遵守而更加突出，其认为只有采取这样的手段，并且符合纯粹哲学，才可以独自成就法学。"[129]

259　　　　只有"法官被当前的人民确信和立法所信任"时，才能适用学术法。**学术是"补充性的法源"**（Wissenschaft war„ergänzende Rechtsquelle"）并且以存在"漏洞"为前提。[130] 学术法也对个别法条进行"修正"，这些法条"并不完全相互排斥，但在其完整意义上可以共存"，并且当"出于内部因素存在对习惯法或制定法进行调整的必要性"时，可以被扩张或者限制运用。[131] 但存在着不甚分明的界限：扩张解释或限缩解释是"不改变原法条，仅仅通过正确的解释来消除狭义或广义的错误的外显之物"，而在进行调整时是对法条本身进行扩张或限制。[132] 对于不可调和的矛盾[133]，学术法还可以通过填补漏洞来消除。[134] 它涉及"补充、扩展、调整"。[135] 当法的制造借助法体系原则只具有补充功能，就可以明确，通过学术法来废除习惯法或者制定法"本质上是无法实现的"[136]。

260　　　　这种法律续造怎样才能超越法体系发挥作用呢？普赫塔在这里也进行了一些说明：

261　　　　"认识法学和其方法**并非特殊规则的客体**（nicht Gegenstand besonderer Regeln），而是法学整体的任务"。只有"总体"上来看才需要一种"双重操作：（1）从原则中根据案件本身属性推断出法治国（法律结论），（2）证

---

[129]　*Puchta*, Gewohnheitsrecht II（Fn. 50），15.

[130]　*Puchta*, Pandekten 3. Auflage（Fn. 41），§16.

[131]　*Puchta*, Vorlesungen I（Fn. 21），48 f/§18.

[132]　*Puchta*, Vorlesungen I（Fn. 21），49/§18.

[133]　对普赫塔来说存在着一个二律相悖，即当两条规范之间的矛盾"无法确定，这就使这种矛盾获得了废止或调整的效力"[*Puchta*, Vorlesungen I（Fn. 21），49/§19]。不可调解的矛盾会导致双方法律内容的无效，并且产生一种"法源，其本质任务就是对制定法进行补充……也就是法学理论"（S. 52）。但是"大多数罗马法中的所谓的矛盾都是外在现象"（S. 51），而事实上只是冲突情况，它可以通过有效法律的时间优先顺序来解决或者需要"通过解释来解决"（S. 51）。

[134]　*Puchta*, Vorlesungen I（Fn. 21），49-52/§18.

[135]　*Puchta*, Pandekten 3. Auflage（Fn. 41），25/§10 Anm.p）.

[136]　*Puchta*, Vorlesungen I（Fn. 21），48/§18.

明这种结果在相同情形下会出现在既存法中（类推）[137]。

在"原则""结果""类推"中，他对相同论证的陈旧形式，即类推进 262
行了现代的讨论。[138] 早先人们主张，可能从一条法律规范向另一条法律规
范进行类推，现在人们确定，这需要*可比性的概念*。这出现在对**"原则"**
（**Prinzip**）概念的当代讨论中。这种观点是说，实在法应追溯至其原则，
并且未受规制的案例基于该原则"顺理成章地"发展出新的法律规范。

黑克（Philipp Heck）将此过程称为**"颠倒方法"**（**Inversionsmethode**）[139]，263
并说到了概念的谬误，即三段论推理中通过经典的归谬法得出的伪结
论：[140] "从结论上来说，没有自我欺骗就不能得到新的法的内容。"[141] 这种
批判并未针对普赫塔。普赫塔从未详细讨论过应该如何有逻辑性地归纳原
则并从中得出"结论"。他并未遵循某一特定哲学逻辑。很有可能他模仿
的是**罗马的法学家**（**römischen Juristen**）。无论如何在这个过程中不涉及
三段论、（不完全的）归纳法或者准数理性的涵摄法，涉及的是目的论的、
有代表意义的程式。"每个概念都是一个活动的主体，而不是一个只输送
并接受信息的呆板的工具"[142]。在普赫塔的体系中有一个很典型的例子。[143]
从"所有权人对物有直接支配权"的判断可以得出"所有权人可以要求先
前的占有人交还该物"的判断。[144] 因为在这里非占有的所有权人显然没有
获得对物的直接支配，第二句判断**无法通过三段论**（**nichit syllogisch**）从
第一句判断得出。这个要求更多是对所有权人支配权的保护提出的。如果
对于普赫塔来说这些判断是"必要"相关的，这里涉及的并不是三段论式
的推导关系，而是绝对所有权的基本原则。普赫塔可能与黑克一样持反对
意见，"他认为学术活动是机械性活动，并且认为该活动阻碍了对其创造

---

[137]　*Puchta*, Pandekten, 2. Auflage（Fn. 24），§16 a.E.

[138]　*Schröder*, Zur Analogie in der juristischen Methodenlehre der frühen Neuzeit, in: ZRG GA 114, 1997, 1 ff.

[139]　*P. Heck*, Was ist diejenige Begriffsjurisprudenz, die wir bekämpfen?, DJZ 1909, Sp. 1457 ff.; zutreffende Kritik dieses Bildes auch bei *Mecke, Puchta*（Fn. 1），S. 634f.

[140]　*Heck*, Begriffsbildung und Interessenjurisprudenz, 1932, 96.

[141]　*Heck*, Begriffsbildung（Fn.140），Sp. 1460.

[142]　*Puchta*, Institutionen I（Fn. 10），101f.

[143]　Hierzu bereits *Herberger*, Dogmatik（Fn. 73）401.

[144]　*Puchta*, Institutionen I（Fn. 10），37.

性的认识"[145]。

六、普赫塔体系和潘德克顿体系中双重视角的分离

264   兰茨贝克（Ernst Landsberg）于1910年在其德国法学史中对普赫塔进行了有关论述，他提出，"普赫塔的地位和声望在短时间内多次得到提升，这是非常特殊的，可能没有一位法学家能与之媲美"。[146]首先由于"普赫塔的强大的主观人格……将所有对其理论有兴趣的罗马法学者都引导到其方法的轨道上"，这样普赫塔就成为"最主观的、大胆的、背离日常生活的、实践中无法应用的、辩证法上吹毛求疵的概念法学的典型代表"。**反对普赫塔（Perhorreszierung Puchtas）**的发起者是耶林，而他多年以来将普赫塔的纲要作为自己潘德克顿法学课程的基础，[147]并且于1865年引用该作品对过分高估的"后果"[148]进行了驳斥。1884年，耶林将普赫塔与"**概念法学**"（**Begriffsjurisprudenz**）关联到一起，[149]并许可他作为首位游客拜访他创立的"**概念天国**"（**Begriffshimmels**）。[150]这带来的影响是，普赫塔在离世40年后仍被认为是脱离生活的，导致该错误认知的原因在于片面地看待普赫塔的潘德克顿教科书。1840年施吕特（August Wilhelm Schröter）评论了普赫塔的潘德克顿法学并认为，这可能开辟了"新的方向"[151]。普赫塔将个别法律制度"变成表面上有机的整体，其中没有（？）任意的和偶然的因素相互起作用，每个部分都各居其位组成了一个整体"[152]。**普赫塔的潘德克顿体系（Puchtas Pandekten）**很早就被普遍认为是**体系上不寻常的（ungewöhnlich systematisch）**。这也归咎于普赫塔无意撰写一本详尽的指南，而是一本概要性著作，在这里常常为了重要渊源的联系和证据而放弃对研

---

[145]　*Puchta*, Rez. Beseler（Fn. 56），1844, 21.

[146]　*Landsberg*（Fn. 2），458.

[147]　对此现在可参见 C. *Jäde*, Rudolf von Jhering, Pandektenvorlesung nach Puchta. Ein Kollegheft aus dem Wintersemester 1859/60, Göttingen 2008。

[148]　*Jhering*, Geist des römischen Rechts auf den verschiedenen Stufen seiner Entwicklung, Bd. III 1, Leipzig 1865, 301.

[149]　*Jhering*, Scherz und Ernst in der Jurisprudenz, Leipzig 1884, 330.

[150]　*Jhering*, Scherz und Ernst（Fn. 149），253: "第一位登记的是普赫塔。"

[151]　*Schröter*, Rez. Puchta, Richters Jahrbücher 4（1840），300.

[152]　*Schröter*, Rez. Puchta,（Fn. 151），298 f.

究状况作出描述。[153] 同时在此普赫塔也详细阐明了他的体系思维。他试图将其最高原则和实在法在思维上尽可能深入地联系起来，也在整体的体系关系中强调具体法律规范的"原则"和"结果"。

但这只是普赫塔科学纲要中的一个侧面（**nur die eine Seite von Puchtas Wissenschaftsprogramm**）。出版了普赫塔遗作的鲁道夫（Adolph Rudorff）于 1871 年反对过耶林，事实上，"隐藏于逻辑要素之后的现实因素"可追溯到普赫塔的潘德克顿学术。对此，不应被掩饰的是，"在普赫塔的第二部著作中，他将立法的现实因素以及历史的、政治的、经济的、伦理的因素和罗马法那整个富有生命力的立法史详尽且令人满意地描述出来。这部著作就是《〈法学阶梯〉教程》（**Cursus der Institutionen**）"[154]。普赫塔于 1839 年出版了《罗马人的法史》（Geschichte des Rechts bei dem Römischen Volke）[155] 一书。这部作品的重心完全不同，始终关注法律规范的社会和经济框架条件。被认为是强调文化语境的法史的先驱之一[156] 的阿诺德（Wilhelm Arnold）将普赫塔看作一个伟大的榜样："人们只要认真研读普赫塔的《〈法学阶梯〉教程》，就能看到法和生活在这里是以何种和谐的方式相联系。"[157]

普赫塔在其教科书中严格**区分了体系视角和历史视角（trennte den systematischen und den historischen Blick**）。这种区分不仅仅是其方法纲要的表现，也是**教学法构想（didaktischen Konzepts**）的一部分。[158] 第一学期，学生们学习罗马法的历史导论课程。第二学期，就接着系统地学习罗马法的具体内容。接下来是潘德克顿讲义的目的，优先教授法律思维，其次才是现行法。学生们应该将两种视角融会贯通，运用于创造性的研究部分中。如果人们将普赫塔的法学理论简化为其潘德克顿教材，就歪曲了事实：

265

266

---

[153]　关于此教科书的类型参见 *Haferkamp*, Karl Adolph von Vangerow（1808-1870）-Pandektenrecht und 'Mumiencultus', ZEuP 2008, 813-844。

[154]　*A. F. Rudorff*, Vorrede zur 11. Aufl. von Puchtas Pandekten 1871, hier nach Abdruck vor der 12. Aufl. 1877, VIII.

[155]　1840 年《〈法学阶梯〉讲义》的副标题即为此。

[156]　*H. Hofmann*,,, In Europa kann's keine Salomos geben."-Zur Geschichte des Begriffspaars Recht und Kultur, in: JZ 2009, 1 ff.

[157]　*W. Arnold*, Cultur und Rechtsleben, Berlin 1865, X.

[158]　*Haferkamp*, Pandektisten am Katheder, in: Rechtswissenschaft als juristische Doktrin（Rättshistoriska Studier 25），hg. von Claes Peterson, Stockholm 2011, 84-103.

　　　　"强调整体中的一部分并不是一个片面的程式，将一部分看作整体才
应被称为片面。"[159]

七、范例：代理

267　　　不同于自然法学有关**自由代理（freie Stellvertretung）**的假设，19 世纪
前三十年，罗马法学家中的主流观点认为，罗马法与上述法律制度相去甚
远。[160]最广为传播的解决方法由穆伦布鲁赫（Mühlenbruch）于 1817 年提出，
假设被代理人和代理人之间存在一种权利的转让，但是被代理人的**经由取
得（Durchgangserwerb）**却没有被解决，[161]这可能会导致被取得的物之上
具有被代理人的债权人的抵押权。

268　　　1840 年**萨维尼**第一次发表了其代理学说，这在其早前的课程中已经
讲授过。[162]从 1809、1810 年开始，他着手研究债务建立过程中的自由代理
问题，也就是债务关系层面的问题。[163]

269　　　1837 年萨维尼第一次悄悄地彻底审视了他那异常的观点，即在经典
罗马法中就已经存在了自由的代理。在《论占有》的第六版中，到目前为
止只讨论了代理人取得占有，[164]而现在论述到，虽然除了屈指可数的几个
例外，一般来说"没有权利可以通过他人的行为取得，但是这个规则只适

---

[159]　*Puchta*, Institutionen I（Fn. 10），100.

[160]　对此的概览仍见 K. F. *Everding*, Die dogmengeschichtliche Entwicklung der Stellvertretung im 19. Jahrhundert, Münster 1951, 25（Vorläufer），38 ff.（穆伦布鲁赫和他的追随者）。今天仍有一些常见的理论术语可以追溯到此；此外还有一些更早的演述：U. *Müller*, Die Entwicklung der direkten Stellvertretung und des Vertrages zugunsten Dritter. Ein dogmengeschichtlicher Beitrag zur Lehre von der unmittelbaren Drittberechtigung und Drittverpflichtung, Stuttgart 1969, 154 ff.; 简要的内容参见 M. *Schmoeckel*, Zur Entwicklung des Vertretungsrechts, in: Das Bürgerliche Gesetzbuch und seine Richter, hg. von *Falk* u. *Mohnhaupt*（Ius Commune Rechtsprechung, 14），Frankfurt a. M. 2000, 81 f.; *Schmoeckel*, in Historisch-kritischer Kommentar zum BGB, Bd 1, Tübingen 2003, §§164-181, Rn. 2 f.; 一些较好的同时代的概述内容参见 *Scheurl*, Beiträge zur Bearbeitung des Römischen Rechts. Stellvertretung, Bläsing 1853, 315ff.。

[161]　C.F. *Mühlenbruch*, Die Lehre von der Cession der Forderungsrechte, Greifswald 1817, hierzu *Luig*, Zur Geschichte der Zessionslehre, Köln 1966, 47 ff.

[162]　Vgl. *Savigny*, Pandektenvorlesungen 1824/25, hg. von Hammen（=Savignyana 1）1993, 232 f.

[163]　对此的证据参见 F. J. *Hölzl*, Savignys Lehre von der unmittelbaren rechtsgeschäftlichen Stellvertretung, in: Kontinuitäten und Zäsuren in der Europäischen Rechtsgeschichte, hg. von A. Thier/G. Pfeiffer/P. Grzimek（=Rechtshistorische Reihe 196），München 1999, 222 f.。

[164]　Hierzu *Hölz*, Stellvertretung（Fn. 163）213 Anm. 17.

用于（至少在古典法学家时代）民事取得行为，而不是自然行为，其中包括占有"[165]。萨维尼在这里暗指推导出其理论学说的"我们的法源的唯一地位"[166]，这是当时[167]莫得斯汀（Modestin）所写的关于《学说汇纂》中案例（D41，1，53）的内容：

　　　"所有民事权利人所取得的，我们只能通过具有支配力的人取得，如口头协议债权；自然权利人所取得的——如占有——只有在我们意图获得其占有权的前提下才能通过某人取得。"[168]

　　这里所提到的"自然权利人"通过第三人取得的可能性，在此通篇紧密地指向例子中所提到的占有取得。为此也提到了几个其他的意见，据此占有取得应是自由代理的唯一合法情况。[169]萨维尼的认识没有错误。[170]他在 1840 年《当代罗马法体系》（System）第三卷中公开发表的观点，即对于非民事的法律行为在优士丁尼时代就可以自由代理，将这些立场纳入演化史的解释中。"只要交往行为更加生动多彩"，这种"如此被限制的原则"就无法在罗马法中存续。[171]通过代理人取得占有权只是认可自由代理的第一种形式。在优士丁尼时代的法中所规定的自由代理可以在《学说汇纂》（D41，1，53）中找到其表述，而其他法源只能代表先前的法状态：

　　　"所有这些观点结合优士丁尼的法只能被看作对规则的发展历史的阐述，这种规则以其不可置疑的最新的和单独适用的形态，通过法规 L. 53 de a. r. d. 所表述出来。"[172]

270

---

　　[165]　*Savigny*, Recht des Besitzes, 6. Aufl. Gießen 1837, 360; 在首版中这里表述为："但是这一规则在此处同样具有例外情形。"Recht des Besitzes, 1803, 249[Hervorhebung von mir].

　　[166]　*Savigny*, Obligationenrecht, Bd. 2, Berlin 1853, 54.

　　[167]　Nach *Lenel*, Palingenesia iuris civilis II, 1889, Sp. 69 Anm. 5 stammt es von Sextus Pomponius.

　　[168]　Ea, quae civiliter adquiruntur, per eos, qui in potestate nostra sunt, adquirimus, veluti stipulationem: quod naturaliter adquiritur, sicuti est possessio, per quemlibet, violentibus nobis possidere, adquirimus, D 41.1.53.

　　[169]　Vgl. *K. A. Vangerow*, Pandekten, Bd. 3, 6. Aufl. Marburg 1852, 294.

　　[170]　*Savigny*, System des heutigen römischen Rechts, Bd. 3, Berlin 1840, 97 Anm.（p）.

　　[171]　*Savigny*, System III（Fn. 171）, 94.

　　[172]　*Savigny*, System III（Fn. 171）, 97 Anm.（p）; „L 53 de a. r. d."是《学说汇纂》第 41 卷第 1 章第 53 段（D41,1,53）的旧的引注方式。

271　　　　通过废除该卷法言中作为例外所提到的民法上的取得类型，特别是口头协议（stipulatio），"自由代理"在罗马共同法中"不再受到限制"。[173]

272　　　　依据理解可推测，萨维尼在解释《学说汇纂》第 41 卷第 1 章第 53 段（D41, 1, 53）时受到了误导，如 1840 年的《债法》，以及更加明显的 [174]1853 年的《债法》。萨维尼没有给出其所接受的**古代法中的自由代理转让（Übergang zur freien Stellvertretung im antiken Recht）**理论的明确来源的引证。1840 年，通过解释将历史发展引入渊源对他来说还"非常自然"。[175]

273　　　　有疑问的是，普赫塔在 19 世纪 30 年代是否已经知道了萨维尼的这些论证。[176]从 1832 年起[177]普赫塔一直将《学说汇纂》第 41 卷第 1 章第 53 段作为"通过第三人取得占有"的一般论述的唯一来源。1838 年 [178]在这个范畴内出现了值得引起注意的表述，"在取得者的代理关系中也可能存在通过第三人取得占有的情况。这种通过代理而取得的可能性在现行法中已经称为一般情形，但也存在重大例外"。在取得占有权的问题上需要明确例外情形的范围。虽然可以通过代理获得占有权，"但根据当事人的意图通常不存在代理"，[179]通过自由代理直接取得债权已被排除："第三人可能基于非自己加入的债被间接地授予权利或附加义务。"[180]普赫塔遵循的是穆伦布鲁赫的转让理论。[181]

274　　　　即使在 1840 年萨维尼的《当代罗马法体系》一书第三卷出版后，普赫塔也为这种观点作出了贡献。在他的《〈法学阶梯〉教程》一书中并未激烈地反对萨维尼。他认为萨维尼对《学说汇纂》第 41 卷第 1 章第 53 段的解释是"不太可能的"，因为这样萨维尼就似乎矛盾性地"为古文献指

---

[173]　*Savigny*, System III（Fn. 171），98.

[174]　*Savigny*, Obligationenrecht II, 1853, 20 ff.; 对此见该表述：*Mohnhaupt*, Savignys Lehre von der Stellvertretung, in: Ius Commune 8（1979），66 ff.; H.lzl, Savignys Lehre（Fn. 164）225 ff.

[175]　*Savigny*, System III, 1840, 94; *Mohnhaupt*, Savignys Lehre（Fn. 174）69 spricht einleuchtend von einer„Kunstform".

[176]　很显然，普赫塔不知道自 1840 年开始在《当代罗马法体系》一书中发表的教条理论的引申部分。这在马堡大学收藏的普赫塔给萨维尼的书信中有所提及。

[177]　*Puchta*, System des Gemeinen Civilrechts, 1832, 18.

[178]　*Puchta*, Pandekten（Fn. 20），37 f.

[179]　*Puchta*, Pandekten（Fn. 20），103.

[180]　*Puchta*, Pandekten（Fn. 20），285, 委托人"等同于被委托人"，287。

[181]　但是提示内容只见于 *Puchta*, System des Gemeinen Civilrechts, 1832, 155。

出了详尽且特定的位置"。[182]

在授课中,他的观点表达得更加明确。他认为萨维尼的学说建立在"对自然取得和民事取得规则的不恰当的普遍化上,以及对《学说汇纂》第41卷第1章第53段的误解上"[183]。如果法学家莫得斯汀希望进行这样的一种扩展,他就不会让口头协议取代作为基础原则的支配权并称其为合同。此外也有其他观点,认为"决定性的例外仅限于占有"[184]。**萨维尼的解释对于普赫塔来说过于离谱(Savignys Auslegung ging Puchta zu weit)**。他更重视优士丁尼法上的用语和其他法源的佐证。

从这种严格的法源解释出发,普赫塔试图通过一种**双重视角**(**doppelter Perspektive**)来理解罗马法学家的裁判。他的《〈法学阶梯〉教程》一书从**历史角度**(**historisch**)探究了这个问题,并描述了罗马法否定自由代理手段的理由:"该规则是个自然规制,只要它不会给交易行为带来太大的限制,那么它在最简单的关系中就是有效的,因为它是有利于法安定性的。"就这样他通过"扩大富裕阶层公民的法律上的交易行为至已知世界的绝大部分"解释了"例外情况的必要性"。他列举了"由他人为我们的利益去缔结合同以实现现实需求"的罗马法上的可能性,并在剩余情形中补充说明了经由取得的一些缺点。

他的潘德克顿教学大纲将论述集中于一个"逻辑性的"论据:"缔结合同的人不是合同义务的主体,而是直接通过合同缔结人作用于他人,这是有悖于法律关系的本质的。"自由代理违反了"行为人应该为自己的行为产生的义务负责"的原则。[185]普赫塔在这里使用了"内部",也就是依照体系性论据进行论证。

潘德克顿在授课过程中,通过一些补充来淡化这种对教科书的体系性审视。他强调"我们的法比罗马法更倾向于代表行为(Repräsentation)",但对于合同他指出,间接代理和经由取得是可能的,并举了中介和经纪人作为实践中的例子,最后得出结论:"这种必要性完全有充足的理由。"[186]对学生们来说可以作为思考工具的体系性结构,一直会被问题的历史视角

275

276

277

---

[182] *Puchta*, Institutionen II(Fn. 97), 336 f., Anm. n.

[183] *Puchta*, Vorlesungen I(Fn. 21), 123/§52.

[184] *Puchta*, Vorlesungen I(Fn. 21), 124/§52.

[185] *Puchta*, Pandekten, 3. Aufl.(Fn. 41), 391/§273.

[186] *Puchta*, Vorlesungen II, Leipzig 1848, 114/§273.

排挤到次要地位。"肯定地"探究法条的起源和发展，"否定地"把法条作为体系结构的一个部分来理解。普赫塔将其双重方法性视角带入了其理论的细微之处。

八、结论

278　　　长期以来，普赫塔的方法思维因被歪曲地描述为"概念法学"或者"概念金字塔"而被埋没。该图景的历史贯彻了整个 20 世纪，但是这与普赫塔自己对法学家方法的思考鲜少有关。普赫塔的方法思维并不为当今的我们所熟知。普赫塔思考的是法的客体结构（Gegenstandsstruktur）的方法，并不是从法的适用出发。他思考的中心是这样的问题，即如何为在共同法中冲突的各个文本建立效力等级。此外还涉及如何在实现法官造法的同时进行科学审查。在相对严格地遵循《国法大全》的文本规定的同时，普赫塔首先寻找的是古罗马时代正义裁判的立足点。法官有可能通过习惯法，通过可以追溯到他所代表的民族精神的审判实践或者所反映的法律科学上的确信来改变先前判例。在此对于普赫塔来说最重要的是，将这种改变合理地融入现行法的语境之中。作为法学家，普赫塔致力于该工作，将这一目的关联作为法律规范和法律实践的体系交由法官之手。法应该由该法的原则来调控。如果该体系提供了构建新法的可能性，那么在填补漏洞时法官应该优先使用这样的学术法。学术法也是从现存罗马法精神中发展出来的可合理控制的法律续造，因此该罗马法应始终受优先地位。只有当从法体系中引导出来的规范不能满足法官"建立在稳定基础上的确信"[187] 和一种明确的实践性的"需要"时，法官才被允许去违背这种关联，去发展一个新的并不能从该体系得到理论支持、只能通过深入发掘民族精神来加以论证的规范。

279　　　普赫塔将这种法学家实施的法创造描述为民族精神的自由运动的一部分，并且法学家基于此逐渐去接近完美的上帝，[188] 由此，他赋予了此种法律发展基督教乐观主义的特点。相较于黑格尔，他与谢林一样，拒绝将黑格尔学家所认为的实在法简化为"理性的东西"。与萨维尼一样，他排除

---

[187]　*Puchta*, Rez. Beseler（Fn. 56），21 f.

[188]　存在"一种通过全人类而形成的法律的形成过程，每一个公民都对其享有特殊的份额。每一个公民都是这个锁链的一部分，它跨越已经成为过去的当代初期，一直到即将迎来的终点"，Institutionen I（Fn. 10），22；对此参见 *Haferkamp*, Erweckungsbewegung（Fn. 9）。

了法生成中有意识的人为计划，并且将其作为法的自我运动而固定在民族精神的"隐秘作坊"中。实践、宗教、反黑格尔，萨维尼和谢林给了共同法严格的条文制定、带有体系意义的规范联系、作为方法工具的法的原则和"确信"的著作，普赫塔将这些交由法官去运用。普赫塔相信并援引罗马法的正义价值，预见其会成为"世界法"[189]，为了现代化之需，他在"法官轻易创立新学说"和关闭"通向实践的进步之门"的对冲危险之间探寻一种妥协方案。[190]

九、参考文献

1. 普赫塔的文章入门

Lehrbuch der Pandekten, Leipzig 1838, Vorwort; Pandekten, 3. Aufl. Leipzig 1845, §§1-21.

Vorlesungen über das heutige römische Recht; aus dem Nachlaß hg. von A. A. F. Rudorff, 1. Band Leipzig 1847, §§1-21（Erläuterungen zum Pandektenlehrbuch）.

Cursus der Institutionen, Bd. 1, Leipzig 1841, §§1-35（philosophische Grundlage）.

Betrachtungen über alte und neue Rechtssysteme, 1829, leicht greifbarer Wiederabdruck in: Georg Friedrich Puchta. Kleine zivilistische Schriften, hg. von A. A. Fr. Rudorff, Leipzig 1851, ND Aalen 1970, S. 221-238（Systemverständnis）.

Beseler, Georg: Volksrecht und Juristenrecht, Leipzig 1843, in: Jahrbücher für wissenschaftliche Kritik, Bd. 1, 1844, S. 1-40（Rechtsquellenlehre）.

2. 次要文献入门

Haferkamp, Hans-Peter, Georg Friedrich Puchta（1798-1846）, in: Festschrift 200 Jahre Juristische Fakultät der Humboldt-Universität zu Berlin..., Berlin 2010, S. 229-239.

3. 其他文献

Bohnert, Joachim, Über die Rechtslehre Georg Friedrich Puchtas（1798-1846）（=Freiburger Rechts-und Staatswissenschaftliche Abhandlungen 41）, Karlsruhe 1975.

Haferkamp, Hans-Peter, Georg Friedrich Puchta und die „Begriffsjurisprudenz"

---

[189]　Vgl. Institutionen I（Fn. 10）, 106 f.

[190]　*Puchta,* Rez. Beseler（Fn. 56）, 21 f.

（ =Studien zur europäischen Rechtsgeschichte. Veröffentlichungen des Max-Planck-Instituts für europäische Rechtsgeschichte, Band 171 ）, Frankfurt a. M. 2004.

Ders., Die Bedeutung der Willensfreiheit für die Historische Rechtsschule, in: Willensfreiheit und rechtliche Ordnung, hg. von Ernst-Joachim Lampe, Michael Pauen und Gerhard Roth, Frankfurt a. M. 2008, S. 196-225.

Ders., Einflüsse der Erweckungsbewegung auf die „historisch-christliche" Rechtsschule zwischen 1815 und 1848, in: Konfession im Recht. Auf der Suche nach konfessionell geprägten Denkmustern und Argumentationsstrategien in Recht und Rechtswissenschaft des 19. und 20. Jahrhunderts. Symposion zum 65. Geburtstag von Michael Stolleis, hg. von Pascale Cancik, Thomas Henne, Thomas Simon, Stefan Ruppert und Miloš Vec, Frankfurt a. M. 2009, S. 71-94.

Mecke, Christoph-Eric, Begriff und System des Rechts bei Georg Friedrich Puchta （ =Beiträge zu Grundfragen des Rechts 1 ）, Göttingen 2009.

第三节 温特沙伊德（Bernhard Windscheid，1817—1892）的方法和民法 *

要目

一、首要问题

1892 年 10 月 26 日，已经四世同堂的本哈德·温特沙伊德去世。为什么要研究温特沙伊德？他那身着 19 世纪黑大衣的修长身躯给人留下了极其严肃的印象，而这些也给我们透露了一些有关法治国中的法学、法概念和方法等方面的信息。为什么不只探究他的朋友耶林（1818—1892）——他也去世了百余年，但一直以来常常引起思辨，且常在书中被提到，难道是因为他的目的思维？人们在书籍中已经难觅温特沙伊德，包括在民法中，最多在涉及以下这些主题时会被零星地谈到，比如"请求权"或"前提条件"、《德国民法典》的诞生或作为耶林的反对者（亦为失败者）等。[1]

280

---

* 约阿希姆·吕克特（Joachim Rückert）撰，刘志阳译。

[1] 由于缺少介绍人物的资料，所以这里难以精确化。但是这并不取决于信息的完备性，而是取决于对受时间限制的、学术史上相关证明的观视。因此，仍然囊括了富有启发性的首版信息。参见依据年代史的评定：*H. Köhler*, Allgemeiner Teil（1952），29. Aufl. 2005, §3 Rn. 4（zur 1. BGB-Kommission），dto. 40. Aufl. 2016; *Larenz*, Schuldrecht I（1953），13. Aufl. 1982, S. 298（zur „Voraussetzung"）; *Larenz*, Allg. Teil, 1967, S. 254, 6. Aufl. 1983, S. 232（zu Anspruch），nicht mehr in Larenz-M. Wolf, 9. Aufl. 2004, dto. 10. Aufl 2012; *D. Schwab*, Einführung in das Zivilrecht（1974），（转下页）

他的 200 周年诞辰是否真的被关注？还是全部阵营令人惊讶地一致保持批判？[2] 他被联合抵制了，这一联合值得关注。甚至他的姓名也常被省略，人们只提及所谓的"**概念法学**"（**Begriffsjurisprudenz**），这首先指涉温特沙伊德、普赫塔（1798—1846），甚至萨维尼。[3] 在他和我们之间似乎具有太多未知，一个人物和一部著作就这样被抹去——在那一时代和整个法学世界这些曾被视为私法法学，甚至是法学的象征。就如该名言："法学，即潘德克顿——潘德克顿，即温特沙伊德。"[4] 这并未使得温特沙伊德变得容易理解——比如何谓"潘德克顿"？人们对此不再假设。恰如温特沙伊德在他的三卷本的《潘德克顿教科书》中所宣扬的：不管怎样《**学说汇纂**》（**Pandekten**）就如民法一样，甚至"就是法"。该书从 1862 到 1906 年共九个版本，不仅仅决定着德国的民法世界。因此，人们与温特沙伊德一起经历了在罗马与莱比锡之间来回穿梭的"伟大的时间之旅"。

（接上页）15. Aufl. 2002, S. XXIV（bei der Lit.），nicht mehr in 20. Aufl. 2016; *A. Rinken,* Einführung in das juristische Studium（1977），3. Aufl. 1996, S. 243（W. als Jhering-Gegner）; *Eisenhardt,* Allgemeiner Teil（1977），4. Aufl. 1997, S. 56 f.（关于法律行为）; *Medicus,* Allgemeiner Teil（1982），4. Aufl. 1990, Rn. 74, dto.11. Aufl. 2016（关于请求权）; *R. Bork,* Allgemeiner Teil des Bürgerlichen Gesetzbuchs, 2001, Rz. 31（W. letzter Gemeinrechtler），35 f.（in 1. Kommission），118（nicht erwähnt bei Begriffsjurisprudenz），291（bei Anspruch），dto. 4. Aufl. 2016; 更多内容见 *Th. Ramm,* Einführung in das Privatrecht I, 1970, S. 190（mit Quelle），III 749. Brox, Faust, Otte, Rüthers, Schack, Scherner 等所著的、常被使用的关于民法的学习资料，抑或 Musielak 所著的关于民法基础知识的《德国民法概论》（Grundkurs BGB），以及 *J. Baumann,* Einführung in die Rechtswissenschaft（1967），8. Aufl. 1989 中对此完全保持沉默。——下面内容部分基于我的思想性论文：Bernhard Windscheid und seine Jurisprudenz,„als solche"im liberalen Rechtsstaat（1817-1892），in JuS 32（1992）S. 903-908。基于此处的目的，该文在这里被彻底修正，且特别补充了第六部分和第七部分。

　　[2]　比如拉伦茨、克勒（Köhler）及其他学者，还有 Ramm, Rinken（sämtlich in Fn. 1），或者 *Wiethölter,* Rechtswissenschaft, 1968, S. 195; *E.A. Kramer,* Juristische Methodenlehre（1998），2. Aufl. 2005, hier S. 136。

　　[3]　Vgl. *E. Schmidt/Brüggemeier,* Zivilrechtlicher Grundkurs（1974），7. Aufl. 2006, S. 35（1. Kommission）. *Köhler*（Fn. 1），S. 19; 类似内容参见 *Rinken*（Fn. 1）; 重要的文献还有：*Engisch,* Einführung in das juristische Denken, 1956, S. 38-42; 对修辞学的强调内容参见 *Jörg Benedict,* Savigny ist tot! Zum 150. Todestag von Friedrich Carl von Savigny und zu seiner Bedeutung für die heutige Rechtswissenschaft, in JZ 66（2011）S. 1073-1084, hier 1076 f.; 参见本书上文边码 76 及以下，关于萨维尼，边码 213 及以下，关于普赫塔，边码 1357 及以下关于所谓的概念法学。

　　[4]　*Hch. Siber,* DJZ 14, 1909, Festnummer zum 500 jährigen Jubiläum der Universität Leipzig, Sp. 964.

二、奇异的图景和更严肃的问题

除了温特沙伊德所致力的法哲学和方法上的有趣内容能够引起我们的注意外，他的其他方面很少值得称赞。[5] **奇异的图景（Schreckbilder）**映入我们的眼帘。"具有唯理论的制定法实证主义（Gesetzespositivismus）形态的无生命力的概念法学"可能与"温特沙伊德本人密不可分"。[6] 当人们破译该语言游戏时就会明白，为什么所谓的"无生命力"不仅是空话，而且是非常糟糕的。更引人注意的是，"无生命力"这一语词实际上似乎绝不是指"特别的无政策性的、脱离生活的或者与当时的社会隔绝的"潘德克顿法学，而是完全"政策性的潘德克顿法学"。[7] 温特沙伊德明显是"无生命力的"非政策性的，不是"无生命力的"政策性的。其他人则更高雅地称为"圆满形式中的概念法学形式主义"。[8] 但是"圆满"在此并非赞扬，而是代表着迷途的尽头。就如后来文献中关键性的反驳，这一态度恰恰使得"只有成文的实在法才是真正的法"，此处不可避免的

281

---

[5]　忽略这些默示的内容，如 *Adomeit*（*-Hähnchen*），Rechtstheorie für Studenten（1979），6. A. 2011, 参见边码 67 关于概念法学的内容；*Pawlowski,* Methodenlehre（1980），3. Aufl. 1999；*Pawlowski,* Einführung in die juristische Methodenlehre（1986），2. Aufl. 2000, 此处的"概念法学"中没有温特沙伊德，但是他绝非已被免责。同样在该汇编文献中还有一些明显的错误：„Theorie und Technik der Begriffsjurisprudenz"（=Wege der Forschung 434），Darmstadt 1976, 他只在第 433 页解释了词汇。*F. Müller*, Juristische Methodik（1971），4. A.1990, vgl. S. 81, 96, dto. 7. A. 1997；*Zippelius,* Rechtsphilosophie, 2. A. 1989；*Zippelius,* Juristische Methodenlehre（1971），10. A. 2006, dto. 11. A. 2012；以及 *Kaufmann/Hassemer/Neumann*（*/Saliger*），Einführung in die Rechtsphilosophie und Rechtstheorie der Gegenwart（1976），7. A. 2004, nur S. 117 kurz, dto. 9.A. 2016, 108. 当前公正的介绍可参见 *Rüthers*, Rechtstheorie, *Horn*, Einführung, Vesting, Rechtstheorie, Fn. 96, 此间还可参见 *Schlosser*（Fn. 8）。

[6]　*Fezer*, Die Pluralität des Rechts, JZ 1985, S. 762 ff.（763）；对此及类似的内容参见 *Döhring, Fikentscher* u.a. der Bericht in der absolut grundlegenden Monographie von *U. Falk*, Ein Gelehrter wie Windscheid. Erkundungen auf den Feldern der sog. Begriffsjurisprudenz, 1989, S. 3, 最新的内容参见 *Falk,* Der Gipfel der Pandektistik: Bernhard Windscheid（1817-1892）. Windscheid, Jhering und die Begriffsjurisprudenz, in: Greifswald im Spiegel der deutschen Rechtswissenschaft 1815-1945, Tübingen 2009, S. 129-150。此外非常有用的内容如：*J. Ober*, Bernhard Windscheid und die Reinigung des römischen Rechts, Diss. iur. Köln 1989。这两本著作涉及长期潜在的对温特沙伊德新评价的第一阶段。见下文脚注 96。

[7]　*H. Wagner*, Die politische Pandektistik, 1985, S. 10.

[8]　*H. Schlosser,* Grundzüge der Neueren Privatrechtsgeschichte（1949, 1975），7. Aufl. 1993, S. 129, aber auch 154；有所缓和的版本是 10. A. 2005, S. 154 f., 部分做出积极的新评价的内容参见 S. 184；类同的内容参见 *H. Schlosser,* Neuere europäische Rechtsgeschichte, 2012 的第 254 页及以下关于普赫塔和第 286 页及以下关于温特沙伊德。

是"法和社会秩序更深层次的复杂基础"[9]，以及"法和市民社会的社会政治基础"仍被忽略。[10] 在最新的"伟大的"《德国民法总论》教科书中仍遵循该思路，该教科书"过分自由地"遵循一个"过时的人类图景"——这太过简单。[11] 其他人也温和地承认一个理解性错误，即"排除政策性判断的法律裁判是可能的且有意义的"[12]。人们顺理成章地将温特沙伊德与他的朋友耶林所讽刺的"概念天国"联系到一起，[13] 将之置于"抽象的、杜撰的概念世界的荒诞"之中，认为其是保守市民式的法治国中的法形式主义者。[14]

282　　　　人们可能会忽略这一历经数人、僵持了百余年的、明显反复政治化的论战。但是与之相关的**事实问题（Sachfrage）**太重要。为什么这在过去如此之糟糕，只愿意让成文的实在法有效？成文的实在法指的是自 1871 年以来由普遍、平等地选举出来的帝国议会所制定的法。如果法律方法问题是宪法问题——就如此处所体现的那样，则这就更加重要。"高深的内容"和"复杂性"不可能是人们智识地发现的"肤浅内容"？他真的探究出了"社会政策上的基础"？在自由主义自由式的君主专制的人类图景中，有什么是十分糟糕并在当时是过时的？像温特沙伊德这样知名且有能力的人会如此简单地被迷惑？！他真的是一生都在"荒谬的……概念世界里"游猎？还带着他的仰慕者？难道我们忽略了这些前提条件，我们就不能再理解他的贡献？比如，他研究他那个时代所继受的罗马法，而非制定好的《德国民法典》。这一答案可能"太过敌对——太过吹捧"？这一熟知的图景却成了一个谜。

---

[9]　*Schlosser* 1993（Fn. 8），S. 154.

[10]　如该修订后的内容：Schlosser 2005（Fn. 8），S. 184。

[11]　So Bork 2001 (Fn. 1) in der Nachfolge des klassischen Enneccerus/Nipperdey-Buches zum BGB-AT (zuletzt 15. Aufl. 1959), hier Rz. 101, 但是此处值得关注的是另一种评价；从另一面看，《德国民法典》与"老态的"人类图景相比显得太"年轻"；不同的自然是经济图景；详见脚注 91 及以下。

[12]　*J. Esser,* Vorverständnis und Methodenwahl, 1970, S. 174；类似文献见 *R. Dreier,* Zur Problematik und Situation der Verfassungsinterpretation（1976），in: *R. Dreier*, Recht-Moral-Ideologie, 1981, S. 111.

[13]　例如 *Jhering* 1884 撰写的具有传奇色彩的讽刺著作：Scherz und Ernst in der Jurisprudenz. Eine Weihnachtsgabe für das juristische Publikum, 4. Aufl. 1891, S. 245 ff.; dazu unten Seinecke über Jhering, Rn. 352 ff., und Rn. 1367 ff. zur Begriffsjurisprudenz.

[14]　*Rinken*（Fn. 1）.

三、温特沙伊德——一个谜

对他**生平和著作（Leben und Werk）**的关注似乎必然能解开该迷思。[283]
在此，这显得比其他方面要更贴近且更必要，因为诸如"非政策性""脱
离生活"这些问题不仅关涉作为学者的他，还关涉他"整个人"——他的
态度和他的生平。

生于天主教徒家庭的他年轻时就公开、全然地脱离教会。这在 1847 年[284]
天主教的莱茵地区是非常大胆的做法，尽管人们对此给予了宽容。[15]1856 年，
作为罗马法教授的他宣称，"当代法学"的"伟大任务"是在德国"自己的
土地上战胜罗马法"。[16] 这同样是大胆的。这不亚于要求从他的土地上清除
掉该时代法学的主干专业。在德语语言区人们主要讲授罗马法，在所谓的
共同法地区——仅次于适用 1794 年《普鲁士一般邦法》地区的第二大地区，
约有 1700 万居民，法院将之作为普遍性的法来使用。[17] 自中世纪以来越来
越清晰的是，这一所谓的共同法或罗马共同法——以自 6 世纪优士丁尼皇
帝流传下来的伟大的法的文本汇编《国法大全》（Corpus iuris）和其主要部
分《学说汇纂》[Pandekten（希腊文），Digesten（拉丁文）] 为蓝本——不仅
仅在德语区被确认为是有益且有效的（所谓的罗马法继受）。[18]《国法大全》
曾是法律人的圣经，且直到《德国民法典》颁布才为我们废除。为了当时
的时代，温特沙伊德与之诀别。1874—1883 年，在对《德国民法典》创制
具有决定意义的第一委员会工作期间，他很乐意且特别积极地推动与《国
法大全》诀别。[19] 他并非在工作之余顺带做了这件事，而是住在柏林作为
起草委员，并完成大量的法政策上的决策工作。对耶林而言，对此似乎"没
有其他人更合适"。[20] 这不可能绝对脱离世界去开展。1865 年，耶林——这

---

[15]　脚注 36。

[16]　首 先 可 参 见 Die Actio des römischen Civilrechts vom Standpunkte des heutigen Rechts, 1857,
Vorwort S. IV. 其他四项证据可参见 M. Rümelin, Bernhard Windscheid und sein Einfluß auf Privatrecht und
Privatrechtswissenschaft. Rede, 1907, dort in Fn. 26。

[17]　对此的概述和阐述见 F. Endemann, Lehrbuch des bürgerlichen Rechts I, 9. Aufl. 1903, S. 8 f.。

[18]　关于欧洲这一大主题之下的内容可以参见任意一本关于法律史的教科书，或者
Handwörterbuch zur deutschen Rechtsgeschichte, 5 Bde. 1971-1997, 在关于 Rezeption 的章节中。

[19]　1900 年生效的《德国民法典》自 1874 年即开始立法准备，1888 年陆续推出各个草案，
1896 年在帝国议会通过，现主要汇集于：H.H. Jakobs/W. Schubert, Die Beratung des BGB I: Einführung, 1978。

[20]　Brief vom 8.7.1874 an Windscheid, 目前最好可参见 K. Kroeschell, Jherings Briefe an Windscheid.
1870-1891, 1988, hier S. 38。

位缔造今天仍被经常谈及的所谓特别"贴近生活"的流派的活跃的"目的法学家"，恰恰在温特沙伊德那里发现了这一"更加健全的"、贴近生活的趋向，温特沙伊德的确似乎"较少触及形式法学的要素"。[21] 此外，"当法学家将具有正义意识和一般伦理内容人格的人视为值得模仿的榜样时"，专家们还将温特沙伊德描述为正义方面的榜样。[22]

285　　　如何看待上述所有的图景？究竟是先进的图景，还是先进与落后混杂的奇异图景？无疑，存在相矛盾的证据。但是因此这个人就具有更多的谜。如果我们想要了解他，就必须更准确地认识他。我们必须揭掉这一奇异图景的面纱并亲自查验。简单一窥，难见真容，只是徒增好奇而已。

四、生平简介和研究重心

286　　　因此，似乎必须关注整个人类和所有法律人。因为法学深受人类价值观影响，法学体现了人类的价值观，深达法的概念和方法。倘若人们更详细地关注这些人物，那么这就并非传记风格，而恰恰是必要的，特别是像温特沙伊德这样在论述中的未解之谜。不管怎样要给出突破点和关键点。因此，他的生平和著作的相关信息可能对我们有所助益，特别是关于生平的。[23] 除了他 1838 年博士论文中的履历外，绝大多数信息是来自他人的介绍，这并不十分值得信赖，且不再有证人证明。[24] 这些决定了流传至今的

---

[21]　1865 年 4 月 18 日的书信可参见 R. v. Jhering in Briefen an seine Freunde, hg. von H. Ehrenberg, 1913, hier S. 176。

[22]　同时代人的表述可参见 Rümelin（Fn. 16），S. 8；事实上还可参见脚注 24。

[23]　2014 年，期待已久的广博的传记问世：F. Klein, Bernhard Windscheid: 26.6.1817-26.10.1892. Leben und Werk, 546 S。

[24]　如今多方解释性的内容参见 Klein, 2014, Fn. 23；"温特沙伊德的生平"对学术史仍特别重要，参见 P. Oertmann（Hrsg.），Bernhard Windscheid. Gesammelte Reden und Abhandlungen, 1904, S. IX-XX und Oertmann, ebda. XXI-XXVI。此处的文献索引已经被该书超越：Klein；并非完全可信却实用的重印版 Bernhard Windscheid, Kleine Schriften, Reden und Rezensionen, 2 Bde.（=Opuscula Juridica），Leipzig 1984。提供了较好信息内容的还有莱比锡的同事：J.E. Kuntze, in Sächsisches Archiv für bürgerliches Recht 2（1892）673-685（与该书内容一致：J.E. Kuntze, Jhering, Windscheid, Brinz, 1893, S. 13-25）；以及 R. Leonhard, in: Rechtsgeleerd magazijn 12（1892）249-283（有很多其他在此不会被用到的证据）；具有较少研究成果是 E. Eck, in Juristisches Literaturblatt IX, Nr. 40, v. 1.12.1892, S. 185 f；富有成果的争论内容参见 J. Kohler in Die Zukunft 2（1893）S. 54-63；不同的内容，却是非常重要的材料，参见 DJZ Jubiläumsnummer 1909（Fn. 4）；同时代尝试评价且思考透彻的文献参见 M. Rümelin 1907（Fn. 16），还有特别的文献：Landsberg, Geschichte der deutschen Rechtswissenschaft, III/2, 1910, S. 854-865。不太可信的文献是所谓的：Tagebuch 1837-43, hg. von Lesener, in ZSRG.Rom. Abt. 83（1966）S. 382-396。资料与厄尔特曼的不一致，因此关于温特沙伊德出生的情况有疑问。

印象，但是在更新的书籍中也完全展示了他的另一面。

1. 生平简介

1817 年，作为一个税务咨询师的第三个儿子，温特沙伊德出生在当时位于普鲁士莱茵区的杜塞尔多夫。这些信息并不存在什么值得期待的关联，倒不如说有点平淡且压抑。同样，1818 年年初，卡尔·马克思在当时莱茵地区的普鲁士的特里尔开启了他丰富的一生。温特沙伊德也认识马克思的资助者弗里德里希·恩格斯，[25] 他来自较早工业化的易北河流域，恩格斯将该地区令人窒息的劳动关系加工成了一本著名的社会批判性著作。[26] 这一时代问题距之并不遥远。同样，他对**莱茵普鲁士和普鲁士（Rheinpreußen und Preußen）**间的社会政治反差也并不陌生。各个世界，包括法学的，自由的**莱茵—法国的"制度"（rheinisch-französische,,Institutionen"）**——陪审团、公开审理原则、口头辩论原则、起诉原则、自由辩论原则，都出自这里具有代替宪法意义的新的"法国"民法、商法、刑法和莱茵地区的工人。与之反衬的是没有宪法的普鲁士，普鲁士当时在政治上受贵族影响，地方上存在着贵族压迫，在法律上则是地方法和《普鲁士一般邦法》（ALR）共存，普鲁士中唯一具有现代化气息的城市是柏林。到柏林之后，温特沙伊德拒绝了众多聘请，比如前往维也纳和斯特拉斯堡，[27] 但接受了慕尼黑（1858—1872）、海德堡（1871—1874）和莱比锡（1874—1892）的聘请——这些都是当时非常著名的自由管理式的法学院。小的格勒夫斯瓦尔德（Greifswald）（1852—1858）也是非普鲁士式的。人们必须考虑到这一尚未中央集权化、丰富多彩的德国，对当时的人来说，1848 年左右的"统一渴望"是不言而喻的。民族统一的渴望对于地方诸侯统治来说是进步的，但是这绝非如之后的"帝国"那样渴望进入帝制，这里分散着自由的元素，但绝未成为民族自由的元素。为了自由的场所，温特沙伊德作为海德堡的教授（并非莱比锡的）于 1874 年加入《德国民法典》起草委员会（1874—1883）。人们已经了解他对于法和方法立场的一些前提条件，即一定程度的自由、经济上的理性和社会上的开明。

---

[25]　或为自己，或关于某个弟兄，参见 Das Tagebuch bei Lesener（Fn. 24）。

[26]　恩格斯 1845 年出版了非常著名的作品《英国工人阶级状况》（Über die Lage der arbeitenden Klassen in England），后来成为一名马克思主义的经典作家。

[27]　对此内容参见 Oertmann（Fn. 24），S. XVI f.。在柏林，1874 年之后人们就觉得他频繁受聘有点不安。

288　　　他身边同一时期的人（**Zeitgenosse**）有好友耶林（1818）[28]，以及并不让人意外的"德国社会小说文体"奠基人冯塔纳（Theodor Fontane）（1819）。[29] 与之联系密切的还有较年长的诗人法学家伊默曼（Karl Immermann）（1796—1840），他是伟大的文化与早期资本主义批判作家。[30] 此外，还有重工业奠基人克鲁普（Alfred Krupp，1812）、社会主义党创建人拉萨勒（Ferdiand Lassalle，1825）和自由主义党创建人本尼克森（Rudolf von Bennigsen，1824），他们在温特沙伊德的时代都赫赫有名。借此，他那丰富多彩的人生应当被描绘出来了：他生活在普鲁士和非普鲁士国家，生活在政治、经济和社会生活都处于现代化的时代；他的思想受各种保守主义和开明的莱茵地区和南德地区的自由主义、自由的个人主义和阶级联盟等观点影响。

289　　　温特沙伊德踌躇地走向**法学（Jurisprudenz）**。直到 1835—1837 年他在柏林参加了萨维尼的课程，当时萨维尼正处于事业鼎盛状态的晚年时光，萨维尼那伟大的声音给了他兴趣和热爱。令人惊讶的是，萨维尼以富有魅力的熟练技巧给罗马案例碎片上的注释细节加添上了体系的力量、原则的能量和法律文本的可信赖性——从今天来看，我们并不将《学说汇纂》中的法言称为"制定法"。[31] 1850 年在巴塞尔，作为"罗马法学改革者"的温特沙伊德致力于《前提条件的罗马法理论》，这是一本对今天所谓的法律行为基础这一长期性的问题富有敏锐见解的书。1840 年，23 岁的他在祖国的波恩以**"罗马法和法国莱茵地区法"（römisches und französisch-rheinisches Recht）**为主题撰写了教授资格论文，这是罕见的传统与现代、罗马与巴黎的融合。可以说，这一融合是大胆且疯狂的。1847 年，30 岁的他在巴塞尔成为教授——这一德语语言区和德国法学家活动地在罗马共同法的外衣下比今天更容易进入。这是朝着公民化发展的瑞士的一个较活跃的时代。在那里他被聘请到在巴赫霍芬（J.J. Bachhofen）良好监督下的委员会工作。人们期望"通过科学的法律学习去有力地改变粗糙的、无原则的

---

[28]　对于所有这些和会被提及的世界著名的法学家姓名的信息见 *Kleinheyer/Schröder*, Deutsche und europäische Juristen aus neun Jahrhunderten, 5. Aufl. 2008。

[29]　参见并非多余的书籍：*W. Müller-Seidel*, Theodor Fontane. Soziale Romankunst in Deutschland, 1975.。

[30]　对此同样并非多余的内容见 *F. Sengle*, Biedermeierzeit, Bd. 3: Die Dichter, 1980, S. 815-887。

[31]　见本书上文边码 76 及以下关于萨维尼的内容。

法律事务中的理由论证，因为这在我们这里（即在巴塞尔），法院内外越来越多地蚕食司法"，人们看到"温特沙伊德教授在此方面能够在课堂之外也作出成效"。[32]"无原则的"——这一词汇描述了该长期的问题，也现实地适用于我们现在民法中建立起来的衡量法学。[33]

巴赫霍芬（Bachhofen）看清了一个特征：作为普通人和法学家，温特沙伊德最突出的品格似乎是坚毅。不是只有莱比锡的多年的同事昆茨（Kuntze）认为他"忠于信念"，是"忠实的代表"，具有"意志如钢铁般坚定"的一面且具有伟大的社会牺牲的"温和的一面"。[34]雷恩哈德（Leonhard）强调他"对法稳固性的偏爱"。[35]波恩大学学监何维克（Bethmann-Hollweg）在 1840 年就注意到了这一重要性，当他答谢温特沙伊德对任命编外教授发表的冒险的、非常规的诚信宣言时，温特沙伊德已经抛弃教会的教义，只立足于伦理—宗教世界观的基座之上。[36]温特沙伊德认为宗教重要，而非教会。[37]在社会政策上经验丰富的国民经济学者布仁塔诺（Lujo Brentano）形象地在"坚定的法创造"上将其比作"正义的传播者"，并总结道："他是在自由主义的经典时期中理想主义自由者的代表。"[38]伦理上的关切和法学上的关切是相关的。他的品格是：有责任感、严以律己且成果丰硕——1870年耶林担心地写信给他："你不要这么努力了"[39]——约束自己个人的成功欲望。[40]1874 年，他在《德国民法典》起草委员会中一开始就正式声明，希望

290

---

[32] 比如 *Bachofen* 1850, nach DJZ 1909, Sp. 959 f.。

[33] 参见我的概述："Abwägung"-die juristische Karriere eines unjuristischen Begriffs, in JZ 66（2011）S. 913-923, Überblick, Rn. 1476 ff.。

[34] *Kuntze*（Fn. 24）；*Eck* 也强调 „heiligen Ernst"（Fn. 24）und *Siber,* DJZ 1909, Sp. 964. *R.* 施密特（R. Schmidt）视他那并非迂腐的"较真"和他那"真正的善"为其个性（DJZ 1909, Sp. 950）。

[35] （Fn. 24），S. 269.

[36] 生平介绍参见 *Oertmann*（Fn. 24），S. XII。

[37] 在慕尼黑他是老天主教徒，即天主教中批判教义的分离派的追随者，在 1890 年末还是新教徒，因为对他而言这显得适合他的世界观和自由的学术研究，其生平参见 *Oertmann*（Fn. 24），S. XIX。

[38] *Schmidt* und *Brentano*, DJZ 1909, Sp. 949, 965.

[39] *Kroeschell*（Fn. 20），S. 20.

[40] 1858 年他在耶林拒绝前往慕尼黑后获聘任，他这样写给父亲，不管怎样，他都"非常荣幸我能够考虑作为这位巨星的候选人，对此意味着我已经紧随其后"，所依据资料参见 DJZ 1909, Sp. 968。

"在讨论中忽略他的《潘德克顿法教科书》"。[41] 他试图以此立刻抛开他那影响深远的著作的权威性。"他明显试图以立竿见影的方式拒绝自己对不同意见存有偏见的思想，并同时持有自由的立场。"[42] 这一见证令人印象深刻。

291　　　　他是位彻彻底底的法律人[43]——但是此处的法律人指什么？这些人生经历展示了何种**价值立场**？人们看到了毫无偏见、独立追求的品格，在职责中自我约束的意志和能力、稳重和坚持不懈、谦虚和严格、除了工作还是工作，等等。[44] 他明显依据字面意义将康德那"绝对律令"（kategorischen Imperativ）视为义务的义务（Pflicht zur Pflicht），而他作为受之鼓舞的法学教师也如此要求学生。[45] 不管怎样：这一具有理性的人在此确立了该价值立场。他的回答只是确认了他本人的品格。没有特权，只有义务。布仁塔诺恰当地称此态度是"**经典自由主义式的**"（**klassisch liberal**）。属于此的当然还有**社会责任**。只是其中有多少会成为现实则并不确定，因为任何人都必须自己认可这一义务。不管怎样，温特沙伊德认可并履行了该义务。1876 到 1892 年他是莱比锡公共福利组织成员，在此期间他一直投身具体的行动，并以身作则，比如在贫困救济者机构工作。[46] 这些并非很小的进步。他在政治上带着"积极的公共意识"加入民族自由主义者之中。[47] 但是人们并不知道细节，比如他对于自 1869 年以来的《营业法》中的劳动者保护法、1878 年的《反对具有公共危害的社会民主追求法》（Sozialistengesetz）、（1883 年开始的）社会保险等的态度（参见边码 306）。不管怎样，他的价值观被认为是自由的和注重人道的。由此可看出，他是一位彻彻底底的法学家。我们不能再聆听到他那著名的课程，但是我们仍能阅读到他的著作。

---

[41]　所依据资料参见 DJZ 1909, Sp. 954。这里指的是他著名的教科书，如边码 280、292。

[42]　DJZ 1909, Sp. 954.

[43]　*Kuntze* 1892（Fn. 24），S. 675；类似的内容参见 *Brentano*（Fn. 38）。

[44]　对此（有点夸张的内容）参见他在 1874 年对慕尼黑大学生的告别演讲：DJZ 1909, S. 956。

[45]　例如，在 DJZ 1909, Sp. 957 中，他就是基于此来论证。卢梅林（Rümelin）的类似报告（Fn. 24），S. 10. 所指的是康德：依据那些将成为普遍法则的准则去行为，而该准则也是你所想要的（Grundlegung zur Metaphysik der Sitten, 1785）。温特沙伊德所指内容有多少是康德的却难以弄清，对此的切入点参见 das Historische Wörterbuch der Philosophie, IV 1976, 在 „Imperativ, kategorischer" 之下。或者参见 *Windscheid* 1884（bei Oertmann, Fn. 24），S. 115: 对高尚的人而言是自由或强迫。

[46]　对此内容参见 DJZ 1909, Sp. 961. 进行强调的文献还有：*Kuntze* 1892（Fn. 24）；目前更详尽的文献有：*Klein*（Fn. 23）。

[47]　*Kuntze*（Fn. 24），S. 676.

2. 研究重心：作为"制定法"的教科书?

1838 年他在波恩以一本用拉丁文撰写的 61 页的著作《伟大的妇女担保》（De valida mulierum intercessione）开启了学术生涯。[48] 然而今天已经没有人再阅读该书。[49] 但是如果真的想要深入学习罗马法的话，在本书中的确难以实现。这里有"妇女担保的效力"的内容，即罗马法中禁止她们作出担保。温特沙伊德在此试图为妇女的法律地位这一复杂问题找到一个区分原则。1849 年他又开始踏上**寻找"原则"**之旅，且现在有了口号。[50] 就如他在《潘德克顿法教科书》中论证的那样，对他而言"原则"意味着这一推理："元老院决议所针对的那些法律行为的特征属性是什么？"[51] 罗马的元老院决议涉及一个例外规则，这非常准确地针对特定案例类型。因此温特沙伊德在此是为了实践上的法明晰性（Rechtsklarheit）、裁判的安定性和一致性，以及明确的正义。对此他寻找有问题的法律行为的"标志性属性"，将之在语言上和概念上加以固定，并以此提出一个简化的、预设的、规范性的导向——"概念法学"（? ）。这是法律人的常态工作，该工作位于具体案件和具体规则、案例类型和类型化规则之间，且处于逐渐扩张的案例范围、规则构成和原则之中。特别是借助《学说汇纂》的共同法地区和法院明显迫切需要这类法律人的研究。否则就不会如此渴望开始创作他的毕生著作**《潘德克顿法教科书》（Lehrbuch des Padektenrechts）**，该书于 1862 年面世，并于 1870 年帝国实现统一之时以 3 卷本约 1800 页出版。该书一直在被完善，温特沙伊德去世后由基普（Theodor Kipp）继续于1900 至 1906 年在"与德国民法比较"这一副标题下修订两次，并扩展到约 3000 页。至少三次增印、一次翻译成外文体现了该部著作的意义。[52] 任一穿过 19 世纪私法的道路都必须经过这一关隘。

温特沙伊德以此论著开始了自己的毕生事业，并在实践科学上的法明晰性（Rechtsklarheit）方面逐渐成为被认可的专家。他明确强调，他并不将他的主要著作简单地如普赫塔（Puchta）那样称为"潘德克顿"，或者

292

293

---

[48] 我再次只部分地述及文献的年代和标题缩写，详见厄尔特曼（Oertmann）、法尔克（Falk）或温特沙伊德的相关内容：Kleine Schriften（ Fn. 24 ）; 现在特别见 Klein（ Fn. 23 ）。

[49] 并非一次性的：Falk（ Fn. 6 ），s. S. 247。

[50] Über das Princip des SC[Senatus consultum]Velleianum, AcP 32（ 1849 ）S. 283-324.

[51] Pandekten II, 5. Aufl. 1879, §485 Fn. 3（ S. 832 ）.

[52] 重印版为：1963 年版、1984 年版和 1997 年版；也被翻译成了意大利文。

如他的对手阿因茨（Arndts）、布瑞因茨（Brinz）、凯勒（Keller）、巴罗因（Baron）那样称为"潘德克顿教科书"或"潘德克顿体系"，而是首先如蒂堡（Thibaut）自 1803 年开始或索菲尔德（Seuffert）自 1825 年起所称的**"潘德克顿法"（Pandektenrecht）**那样。他还指出了潘德克顿法在实在法上的合法性（Rechtlichkeit），《学说汇纂》被**严格地**理解为**有效的法（geltendes Recht）**。这不是理所当然的。人们曾着重从罗马史上（作为古典的潘德克顿法）和哲学上来阐明合法性，且仅仅在特殊情形中从实践上的实用主义角度加以阐明，且具有更多的形式。温特沙伊德首先从中得出了严格有效的、准备好的、可直接适用的民法。这一点必须要向今天在《德国民法典》《德国刑法典》《德国基本法》等法典中寻找裁判规则的法学家说明。温特沙伊德从这些已经被讨论了千余年的《学说汇纂》里大约 9100 个案例中提炼出判例规则，[53] 又提炼出精确的概念，并运用层级化的抽象规则编排成可适用的体系。哪一个法学家、法官和公民不期望同样以此方式来驯服我们的损害赔偿法、社会法、税法或环境法中浩瀚的判例？在民法领域，各个地方可能不想与之类似地重新立法。卢梅林（Rümelin）在 1907 年形象地将之解释道：

"人们今天远未想象到温特沙伊德的潘德克顿教科书在所谓的共同法地区的影响。如果我认为，在上世纪后半叶的维滕堡和其他一些地区，大量的争议案件完全是依据温特沙伊德的教科书进行审判，则这一点都不过分。并非高级法院……似乎没有了独立性。不言而喻的还有，何处存在一个与下一级法院提交的判决一致的上一级法院判决？但是在大量的下级法院缺少判例和法源（即《国法大全》）支持的案例中都直接以温特沙伊德为依据。"[54]

294　　　　与一部制定法一样，该教科书被当作**规则储备（Regelvorrat）**看待。昆策（Kuntze）将该书称为"伟大的成就"，它"为民族"给出了"行为

[53]　参见 G. Köbler, Zielwörterbuch europäischer Rechtsgeschichte, 4.Aufl. Gießen 2007, 关于 Digesten 的内容。

[54]　Rümelin（Fn. 16）S. 4.

的基准点"，一个同时是文化上和民族上的成就。[55] 今天哪一部教科书被这样描述过？尽管存在枯燥的语言和大量的脚注，但就如昆策所言，这或许是受到"法的交往的复杂性"影响——而且雷恩哈德（Leonhard）还增添了一些文献资料。似乎法律适用者必须阅读的关于《学说汇纂》的浩瀚书籍被凝缩在一本书中。温特沙伊德因他对文献的精雕细琢而闻名并受到尊敬。他将他那成果丰硕的世纪中的众多法律人的声音转为强有力的和鸣。他同样首次研究该时代的裁判，这直到 1947 年才在《德意志诸国最高法院裁判档案》（Archiv für Entscheidungen der obersten Gerichte in den deutschen Staaten）（1847—1944）中结集出版。"**概念研究**"（**Begriffsergründung**）在此流派框架内曾是一个重要的"目的框架"。[56] 温特沙伊德的第二个方法则是经典的**政策与法的区分**（**Trennung von Politik und Recht**）和值得期待的法与现行法的区分。[57]

"法学即潘德克顿——潘德克顿即温特沙伊德"——这一套话现在被   295
释明了。[58] 这曾是帝国的帕兰特（Palandt），但是更确切地说：该著作并非一部法典评注，在格吕克（Christian Friedrich Glück）于 1790 年开创的、最终（1896 年）共有 63 卷本的《〈学说汇纂〉的详细新解释——一部评注》（Ausführlichen Erläuterung der Pandekten nach Hellfeld. Ein Commentar）一书中，人们已经足以知晓。温特沙伊德提供了新的、**精雕细琢的"体系"**（**durchgeformtes „System"**）。即在原则、一般性条文和具体条文的共同交织中，他实现了该唯一的法学上"完美"的形式，这既非通过评注又非通过判例，而只是以一个依据原则调整的整体来实现的。1814 年萨维尼经典地将此称为：具有一种异于"判例法"的完整性，即通过发掘"指导性原理"或"原则"。[59]

所有法学家在今天仍受益于温特沙伊德的努力，且钦佩他语言、概念   296
构造和体系结构方面那受过专业训练的无比精准。但人们可以做得更好，因为温特沙伊德只是顺带塑造了德语中的民法专业术语。

---

[55]　*Kuntze*（Fn.24）S. 681.

[56]　*Windscheid* 1884, bei *Oertmann*（Fn. 24），S. 109.

[57]　加粗部分为原文献所强调：*Leonhard*（Fn. 24），S. 273。

[58]　参见本节脚注 4。

[59]　*F.C. von Savigny*, Vom Beruf unsrer Zeit für Gesetzgebung und Rechtswissenchaft, 1814（viele Neudrucke, mit den Originalseitenzahlen, 见本书上文边码 204），S. 22.

297 　　但是为什么他的法学还有如此奇异的图景？**批判者**批判其脆弱性，称该书只是一个纯粹"烘干且制作良好的植物标本"[60]——就如对《德国民法典》的批判一样，他参与制定该法典时也引起了他人的嫉妒和质疑。不值得在此致力于围绕易懂的和晦涩的、德意志的和罗马的、贴近生活的和脱离生活的内容开展虐待式的频繁论战。对法的审视直到今天仍同样存在，如此笼统的讨论并不具有太多意义。很多时候只是将自己的语言和规范愿景时兴地加入"生活""民族""人民"之中，以便声势浩大地去"发掘"。就如《德国民法典》一样，温特沙伊德的著作并非针对教授，而是针对法律适用者。因此该书也无法做到通俗易懂。这并非与民为敌地或与学术为敌地来思考。具有决定意义的就是被实施过的经验，即对民法感兴趣的相关人员，要么是商业贸易中的专业人员，要么是门外汉——但只是在产生争议之时。第一类相关人员需要专业知识和咨询，对第二类相关人员而言自我积累或简单的知识在争讼中则难以应付。[61]日常生活中学会的民法并非温特沙伊德的事务。因通俗和大众化而受益，也会因精确性和法学家责任而受损。同样，纯粹停留在批判、历史或哲学之上的民法研究也并非他的风格。人们必须结合1850年的时代背景来作出选择。温特沙伊德为他的著作选择了当时最急需之物：只阐述**现行有效的民法（das geltende Zivilrecht）**，并将**法学家约束（Juristenbindung）**视为法治国上的当务之急。

298 　　有传闻：他给他的听众展示了他所参与制定的尚在编撰中的《德国民法典》中的一个法条，他将那看起来更优雅的相反建议抛掷一边。但是他很快就证明，当他用自己的建议回答了重要的五个法律问题之时，其他人的法条建议则并未考虑到这五个重要的法律问题。[62]在这一工作中并不涉及更好的知识，亦不涉及一个特定的法概念或特定的方法。尽管如此，这对二者都有意义。因为将庞大的概念、制度和体系研究深入贯彻这一**主要关切（Hauptanliegen）**，必定同样塑造法概念和方法。同样，法概念涉及有限的稳定性，也涉及可以在法律适用中尽可能保持稳定性的方法——哪怕该关切最终可能只是梦想。这一关切是一切法学的任务。今天，在法治

---

[60]　比如"博学的法学家"：*Kohler*（Fn. 24）S. 59，在一个值得注意的行文朴素的讣告之中。

[61]　比如今天的立法理论，一如既往地特别参见 *P. Noll*, Gesetzgebungslehre, 1973, S. 171 ff., 177 ff.。

[62]　Nach *Rabel*, DJZ 1909, Sp. 962.

国和法的明确性（Rechtsbestimmtheit）这些关键词之下找到了通往当代宪制的入口。

3. 研究重心：基调性演说和法的概念

温特沙伊德仍坚定地，也是艰难地固守他的领地，并招致了反对。他在多个基调性演说——《法和法学》（Recht und Rechtswissenschaft）（1854）、《德国的罗马法》（Das römische Recht in Deutschland）（1858）、《致慕尼黑的大学生》（An die Münchner Studierenden）（1867）、《追忆萨维尼》（Zum Gedächtnis von Savignys）（1879）、《法学的任务》（Die Aufgaben der Rechtswissenschaft）（1878）——中捍卫了自己的立场。[63] 这些演说的内容被多次引用，同样也被多次曲解。这些"任务"多数已经陨落。这些演讲构成了他成果的**第二个重点（der zweite Schwerpunkt）**。语言大师耶林在1865 年提出：

> "生活并非概念，反而概念是基于生活。需要被贯彻的并非逻辑，而是交往、法感所要求的生活，这在逻辑上或许是可推导的，或并无可能。"[64]

在法上必须"实现"的，很快就被提上了日程，只是什么在法上是值得的？耶林引发了一场生活中的雪崩（Lebens-Lawine），在这里差异慢慢消失。他的追随者一致地认定脱离生活的概念法学和贴近生活的目的法学之间根本对立。一段漫长的**历史**开始了。温特沙伊德在人生的后期（1889 年）最终反驳道：在他的眼中概念法学与目的法学应该"并非对立"。[65] 所有的法都追求目的。这并非新的发现。但是下面这句话的正确性也并没有因此减损：

> "一切法学都运作于明晰的概念之中，它的任务并非异于提炼明晰的概念和阐述其内容。"

---

[63]　Vgl. *Oertmann* oder in: Kleine Schriften usw.（Fn. 24）.

[64]　Geist des römischen Rechts III/1, S. 321; 关于语境和概述内容参见边码 1370 及以下。

[65]　在一篇面向实践者的演讲稿之中（参见 DJZ 1909, 955），这一演讲针对耶林的论战文章："Der Besitzwille. Zugleich eine Kritik der herrschenden juristischen Methode", 1889，以及他未写完的哲学性著作："Der Zweck im Recht", Bd. 1.2., 1877. 1883, 2. Aufl. 1884. 1886。

301   他想到了他的潘德克顿法知识，是为法律适用而准备的。这非常具
有意义。因为明晰的概念在这里却是实现法的稳固（Rechtsfestigung）
和法学家约束之目的的预期手段。这一立场具有**非凡的宪法政策上的意
义（eminenten verfassungspolitischen Sinn）**。人们还对温特沙伊德提出的
法官"技巧"表示质疑。他将之视为非常有价值的东西，只是："他不希
望这是司法审判的渊源。渊源只可以是法学家的思维。"[66] 这再次涉及基
于法学家"思维"的裁判约束力。人们批判他忽视了交易利益。他直接
回应道"交往的需求并非法源"[67]，1887 年他在教科书中则作了更清晰的
回应：

"对于与事物本质和交往的需要相契合的东西，人们具有不同的看法；
这并不取决于我们对之所想的，而是立法者对之所想的。"（I§22）[68]

302   同样，他在正义感和法学家思维的冲突**之间**也不动摇：

"如果法学家按照自己的思维，不管怎样（即反复思考后）都不愿放
弃他的结论，则法官应当判断，他是如何思考的，而非他是如何感觉的。
只能期待通过立法来补救——我们所有人都受制定法约束。"[69]

303   这再次只涉及法的适用，但是现在说出了**整个模式**：仅仅将谨慎的漏
洞填补、立法补救作为忠实适用的方法。这是 1800 年左右蒂堡的模式，
一直肩负着对理性立法者和忠诚法官开明的期待[70]——需要注意的是，该
模式的前提仍需要被查验。这一立场展示了哪一个法学的价值观，以及法
的概念和方法的哪一个语境？

304   对此人们必须变得务实，否则就陷入了不可靠的、政策化的观点幻想
之中。所涉及的是**三个群体**：立法者、法官和法的相关人（Rechtsbetroffen）。

---

[66]   *Windscheid*, DJZ 1909, ebda.

[67]   1880, siehe *Falk*（Fn. 6），S. 35.

[68]   Nach *Falk*（Fn. 6），S. 36.。

[69]   1890, sowie DJZ 1909, Sp. 955. 具有误导性的简称可见 *Kleinheyer/Schröder*（Fn. 28）。

[70]   关于这些问题中的三个模式参见 *Rückert*, Autonomie des Rechts in rechtshistorischer
Perspektive, 1988, S. 63 ff.; 关于温特沙伊德的合宜的法官图景，参见 *Falk*（Fn. 6），S. 221.

"立法者"（**Gesetzgeber**）具体指 1871 年设立的具有一般选举权的帝国议会。虽然受到联邦参议院的程序和选择立场的限制，但是这在当时是一个政治进步的工具。在这里需要依据宪法缔造"法秩序"，但并非简单地依靠"在国家中"使用公权力的人。法在整体上应首先确认人类的自由——如果称之为"理性主义的制定法实证主义"的话，则这一本质上的关联就被贬低和曲解了。[71]

　　"法官"（**Richter**）意指帝王、君主式的司法机构，1877 年的《法院宪法法》第 1 条保障了法官的独立性，但是该法条存有漏洞，如今该法条内容已经退居二线，1848 年后它那旧自由主义形式的"叛乱者"已被镇压，它的新使命被谨慎地规制着。[72] 305

　　"法的相关人"（**Rechtsbetroffene**）则触及非常不同的情形，这并不容易归纳。不出所料，作为民族自由主义者的温特沙伊德支持制定法和立法者、反对相对令人怀疑的司法机关。雷恩哈德（Leonhard）对法的相关人还给出了另外的提示，这似乎"专指穷人和弱者——温特沙伊德的朋友，他们都处处、随时害怕法官的自由随性"[73]。这并不过分，诸如洛特玛（Lotmar）和劳温菲尔德（Loewenfeld）这样的社会学法学家也表达同样的担心，而法治国意义上的法学家马克斯·韦伯（Max Weber）也如此强调。[74] 温特沙伊德还称赞俾斯麦为社会福利政治家，他自 1883 年起推动了社会保险，这不同于他众多持有自由政治立场的朋友。[75] 306

---

　　[71]　"但是谁是不同于国家的'法秩序'，升格为了人的公共权力？"——对温特沙伊德来说并非如此，因此契合这一视角，在温特沙伊德古典自由的图景方面不同于该内容：*H. Hattenhauer*, Die geistesgeschichtlichen Grundlagen des deutschen Rechts, 3. Aufl. 1983, S. 149. 民众的理性和作为其间接表达的立法的命题在 1862—1906 年的 Lehrbuch der Pandekten I§15 中并无变化。需要补充的是这一内容，即温特沙伊德 [1884 bei Oertmann（Fn. 24），S. 102]：法首先应该是对人类自由的确认。这可能是吸引人的，但是在此却被错误地简化：*Larenz*, Methodenlehre（Fn. 86）28, *Kaufmann*（Fn. 5），并将众多其他内容简化为"唯理论的制定法实证主义"，将法律意志的内容被简化为"历史—心理上的因素"——但非常具有成效，边码 318。这关涉在伦理上被认可的法实证主义。

　　[72]　对此详见 *Rückert*（Fn. 70），S. 38 ff.。

　　[73]　*Leonhard*（Fn. 24），S. 275.

　　[74]　对此详见 *Rückert*（Fn. 70），S. 47 f., 72。

　　[75]　*Oertmann*（Fn. 24），S. 122. 关于帝国中被完全低估的、广阔的社会政治性的自由主义范围的重要例子，参见 *Rückert*, Entstehung und Vorläufer der gesetzlichen Rentenversicherung, in: Handbuch der gesetzlichen Rentenversicherung, 1990, S. 1-50, hier S. 20 f.。

307　　　　一些关于**社会政策性的法律问题（sozialpolitische Rechtsfragen）**的例
子对此作了印证。如果人们知道这是针对当时对一般交易条件鼓吹的背景，
那么就深刻明白温特沙伊德对"交往需要"的不信任。[76] 劳动合同构想就
是一个核心的例子。为了《德国民法典》，温特沙伊德对此参与了讨论，
但与当时所谓的"社会伦理"时代的传奇思想相悖。[77] 对于有激烈争议的
"买卖破除租赁"的社会性问题，温特沙伊德认为需要在他那永恒法原则
的框架内作出缓和。[78]

　　　　"我放弃'买卖破除租赁'，我不知道还有多少人也放弃了；只是不可
说这一人们不喜欢的规则是目光短浅的罗马思维的后果——罗马法的方法
完全足以让'买卖不破除租赁'这句话变得合理。"[79]

308　　　　这样似乎就不应该"目光短浅地"实施"买卖破除租赁"——这涉及
法律方法问题。在他所极力维护的"法的稳固性"（Festigkeit des Rechts）上
结晶着**整个法学的价值立场（ganze juristische Werthaltung）**，即稳固也可
以再次松动。它在个体之上自由地形成，在法治国原则意义上的制定法中
寻找保障以抵御始终危险的国家，这一制定法也对善意或恶意的法学上的
自助进行防御。不管怎样，该制定法和忠实的方法还体现为更好的保护。
在此意义上，温特沙伊德也就是"彻彻底底的"法律人：在自由的、社会
开放的且在 1871—1892 年已经转向法治国的帝国，以及在他工作和生活过
的自由的宪制国家（当时的——译者注）——巴伐利亚、巴登、萨克森。

---

[76]　对此参见 R. Pohlhausen, Zum Recht der allgemeinen Geschäftsbedingungen im 19. Jahrhundert,
1978, S. 186 f., und *Falk*（Fn. 6），S. 40, Fn. 205。

[77]　《德国民法典》对于劳务合同的扭曲立场见 *Rückert*, Dienstvertrag mit Arbeitsvertrag,
in: Historisch-kritischer Kommentar zum BGB, hg. von *M. Schmoeckel, J. Rückert* und *R. Zimmermann*,
2003 ff, Bd. 3, 2013, bes. vor§611 Rn. 57ff., 92, sowie§611 Rn. 45, 70, 83-87, 261; 简短的内容还可参见
Unmöglichkeit und Annahmeverzug im Dienst-und Arbeitsvertrag, in ZfArbR 14（1983）S. 1-29, 12 f., 概
括性的内容参见 „Frei"und„Sozial". Arbeitsvertragskonzeptionen um 1900 zwischen Liberalismen und
Sozialismen, in ZfArbR 23（1992）S. 225-294.

[78]　对此首先参见 *Falk*（Fn. 6），S. 111 ff.。1900 年《德国民法典》第 571 条设置了颠倒
的规则，这在 2002 年后被第 563 条等扩大。

[79]　来自 1889 年法兰克福的演讲：DJZ 1909, Sp. 955（Fn. 65）。总体看来，目前基础性
的内容是：*Tilman Repgen, Die soziale Aufgabe des Privatrechts. Eine Grundfrage in Wissenschaft und
Kodifikation am Ende des 19. Jahrhunderts, 2001, S.231 ff.* 关于"买卖破除租赁"的内容。

他的价值观因此完全契合他的个人经历。

在一些**法律基本概念（juristische Grundbegriffe）**中，他的价值立场 309
在法律上的影响更加具体，比如在他狭义表述的法源概念中。他只承认制
定法和习惯，并不承认自然法、理性法和纯粹的政策法。这一立场将他的
法概念和法秩序塑造为被确认的各项自由（在社会的多元中），将主观的
权利概念构建为意志统治。他的立场决定了他那严格构建的解释概念，该
解释概念意欲依据语词、立法者意志和"逻辑"去实施；他的立场也决
定了他对因悖俗而无效持保留态度（1900 年《德国民法典》第 138 条）；
他还极端保守地固守 [80] 在可能过时但是清晰的关于紧急继承法、嫁资法
（Dotalrecht）和程序倒置（Wiedereinsetzung）的简明规则。对此在今天难以
对细节进行讨论。这影响也不是太大，因为不满主要针对他那作为**价值立
场的制定法上的稳固性（Festigkeit am Gesetz als Werthaltung）**。

具有这一导向的还有他早期著名的关于"诉"（Actio，1856）和"前 310
提条件"（Voraussetzung，1850）的著作。这些再次成为**基本原理主题
（Grundsatzthemen）**。这些著作有时是非历史性的，且因此是非罗马的。关
于诉，即有关**请求权（Anspruch）**的主题，他实际上将关于诉权和实体上
的请求权的"当代的"和"罗马的"观点区分置于中心。但是，在对差异
的鉴别和结论的寻求中体现了非凡的历史意识。昆策（Kuntze）称之为恰
当的"没有伪造的……解救"[81]。温特沙伊德将当时长期被贯彻的关于一切
请求权可诉性的观点，以及对于法的贯彻（Rechtsdurchsetzung）而言实体
法优先这一具有高度意义的原则塑造成概念——直到今天。大约 1000 年
来，法体系和法的事实构成被从程序的角度思考，比如基于诉。在 1840
年左右萨维尼处还依然如此行事。温特沙伊德以他的区分——不断从罗马
继受的法律世界和国内法的法律世界，告别了整个法律世界。

他基于对"前提条件"案例类型的深入分析推导出了一般原则，该一 311
般原则在真正的法律行为条件之外在法上又确认了一些"不成熟的条件"。
这是罗马学者忠于文本地尝试驯服众多关于交易条款的规则，该尝试在今
天被置于**"交易基础"（Geschäftsgrundlage）**这一厄尔特曼总结的关键语
词之下。温特沙伊德的确固守了对《德国民法典》中拒绝规则的著名质疑，

---

[80]　So *Rümelin*（Fn. 24），S. 31.

[81]　*Kuntze*（Fn. 24），S. 683, 关于《学说汇纂》，但也契合此处。

1892 年还表达了一次：

　　"我坚定地确信，默示作出的条件始终视为有效——虽然人们可能会对之提出反对意见。它虽然曾被扔出了门外，但是又从窗户进来了。"[82]

312　　　该窗户曾是司法审判，2002 年债法改革后则打开了法律之门，即该法典中新的第 313 条。对交易条款（或条件或交易基础）的驯服似乎比拒绝更切合实际。因此，这里同样适用制定法的稳固性（Festigkeit am Gesetz）这一原则。

313　　　与此相关的典型的原文尚待分析，就如起初所言，温特沙伊德在 1884 年就攀登上了**混乱的巅峰（Gipfel der Verirrung）**，他在关于"法学的任务"的演讲中还回顾了他参与《德国民法典》的立法活动。该演讲中的"此类法学家"（Juristen als Solcher）（温特沙伊德在《法学的任务》中的用语，后来一般指他在《法学的任务》中描绘的法学家那样的法学家——译者注）所撰写的内容在今天的大多数版本中已被标注出来，且已经变成通俗的批判之词。但是这些内容常常被歪曲使用。这些内容是：

　　"立法被高度期待；在大量情形中是基于伦理、政治、国民经济上的考量，或者立足于这些考量的整合之上，这些绝非此类法学家的事情"。（122/443/31）[83]

314　　　此外，温特沙伊德还明显针对一年前基尔克（Gierke）的一篇同样著名的文章。1883 年，基尔克在其所谓的拉班德批判（Laband-Kritik）[84] 中"一方面以宗教和伦理视角，另一方面以经济和社会的关系"有力地为"法实

---

[82]　对此见 *Falk*（Fn. 6），S. 218。

[83]　参见 *Oertmann* 122，更好的文献，且有摹真本，见 Kleine Schriften（beides Fn. 24）443 bzw. S. 31 des Originals（diese S. im folg. Absatz im Text）。我接受我书中的下列结论：（Fn. 70），S. 96，此处也有与基尔克（Gierke）、拉班德（Laband）等那场著名讨论的语境，参见 Windscheid（bei Oertmann, Fn. 24），S. 111："我心里首先想说的是，立法所分配给法学的立场不应被低估。"（S. 30）

[84]　*O. Gierke*, Laband's Staatsrecht und die deutsche Rechtswissenschaft, in（Schmollers）Jb. f. Gesetzgebung und Verwaltung, n.F. 7（1883）S. 1097-1195, separater Nachdruck Darmstadt 1961. *Gierke*, 1841-1921. 基尔克是比温特沙伊德更年轻的一代，是著名的日耳曼法学家，且在《德国民法典》编纂委员会的教授席位上具有很强的竞争力。

体的学术理解……和（它）关系的研究"辩护，恰如在与*耶林*（*Jhering*）——1871 年普赫塔续编的《潘德克顿教科书》中的*鲁道夫*（*Rudorff*）辩论。相反，温特沙伊德在**现代法治国意义上**（**modern rechtsstaatlich**）对法学的任务加以区分。他的命题只涉及**"立法"**（**Gesetzgebung**）——这极少被关注，但是决定性的。他的命题只涉及法学两个任务中的一个——"在创制新法中的……任务"（S. 30）。此外他将另一任务"赋予了现行法"（S. 28）。他以法治国原则的视角区分了这两个措施。对他而言，基尔克对法的历史和哲学分析不仅仅是主要事务，也是"对现状全面认知"的必要前提（S. 25）。这一经典演讲的成果也很少被引用。

在《法学的任务》这篇文章中，温特沙伊德在"此类法学家"这一语 `315` 词之前列举的例子已经非常清晰。如离婚、经济秩序、社会救助法、国家和教会的关系等（还有民间婚姻！当时非常有争议），这些都是**法政策上的争点**（**rechtspolitische Streitpunkte**）。这一所谓的脱离生活的潘德克顿学者在这里指出了当时的巨大问题。他的暗示具体涉及《德国民法典》中非常艰难地争取到的世俗的离婚权；涉及自 1869 年以来在经济和社会上变革的经营制度，亦在 1878年被改革；涉及 1894年被解决的分期付款；涉及《德国民法典》中作为世俗基础的整个家庭法。这遵循着这一重要的号召：

"哪一个法学家有勇气说出，在这种立法中自己应担当决定性角色？"（S.31）

显然，绝大多数温特沙伊德的批判者（**Windscheid-Kritiker**）都有这样 `316` 的政治"勇气"。这在当时则是一个双重的勇气：一方面是反对的勇气——反对议会的立法，反对自由主义式、政治自由主义式、社会—政治自由主义式、政治自由主义—社会主义式和法治国原则上的法政策上的制度期待，以及反对立法中绝对平等的决定权；另一方面则是支持的"勇气"——支持德意志国家中在人格上仍相当依附于皇帝、国王、领主等的法官和恰恰并不进步的法律人阶层，支持法律人的特殊政治角色。相反，在温特沙伊德看来，在所有令人尊敬的专业知识上，这些法律人如政治经济学者和伦理学者以及其他专业人士一样，在此只具有与其他议员一样的平等投票权。因此，人们在争论**宪法的核心问题**——议会的投票权、表决，争论民主原则，争论新帝国中法律主体的宪法地位。法律主体的宪法地位曾被自由地和平等地加以确定。依据温特沙伊德的措辞，什么是非常糟糕的？实际上他在新的外衣中反对旧的阶级特权，这在1871年帝国建立时被抛弃。他一直是纯粹的法律人，但是现在并非如此。他并未反对法律的进步和自由、法学的开放，而是反对"具有决定性"声音的独断。人们当然可以直接将进步委托给法学家或者"社会"。相反，温特沙伊德的回答则不同，在那个时代，这在一定程度上是反动的和无根据的。之后，从对温特沙伊德的劝告的批判中区分出反对民主议会的法学家勇气（Juristen-Mut）和赞成政治法学家（der politische Jurist）的勇气；这些发生在非常不同的1919年后、1933年后和1945年后的推动浪潮之中——这反映了一个长期的问题。人们在即将来临的民主、多元的社会中为法学寻找新的位置。不管怎样，法学在1800年前的旧秩序中为精英阶级所保障的角色总体上已经结束，1850年到1918年间主要的精英—家长制的社会也宣告终结。1933年之后法学还沉痛体验到了温特沙伊德在一定程度上都未预料到的腐败。

317　　　　1854年以来，温特沙伊德主要演讲的关注内容体现了不再令人惊讶的对作为法律人或者作为人类事务的**正义之事（Sache der Gerechtigkeit）**的长期的责任心。[85] 他的保守并非可耻的逃逸。这曾是对法和方法的新理解——一个受宪法制约的理解的表达。温特沙伊德首次全面地经历、思考这些，并在法律上（特别是在民法中）加以贯彻，这对法来说就是以部分代表全体。人们怎么能够称法全部为"无生命力的"？这当然必须借助我们1933年之后的艰难历史来分析，该段历史也强有力地改变了法学。

五、揭秘

318　　　　当人们在1933年之后呼喊"鲜血与土地"的时候，人们在这一依旧活跃的意识中想到了温特沙伊德和他的意义。这一结果并不奇怪。我们对1800年以来一直具有现实意义的内容，比如基本问题、质疑、评价和重要经验的陈述中众多最好且富有思想的内容，都可以追溯到**这一血气方刚的攀登者**，但是这些内容在1933年以后被带偏了轨道。关于"无生命力的"温特沙伊德的确切图景存在于维亚克尔、拉伦茨和达姆（Dahm）、沃尔夫（Erik Wolf）和舍恩菲尔德（Schönfeld）的著名论述中，此外，年龄较大的卡

---

　　　[85]　见 Oertmann（Fn. 24）110（1884），6（1854），58（1867/68）：学习去适用法和改善法，以及 1878, S. 77;＝Kl.Schriften（Fn. 24）441/29 u. 448/36（1884），148/58（1867/68），359/6（1854）。

尔·施密特（Carl Schmitt）也提到过一次。[86]1910 年之前来自自由法运动的方法论批判因此得以普遍化。[87] 整整一个时代都被彻底地作出负面性判断。他们以细腻的反对者的直觉，并以他们严格的反自由主义的和反议会的前提标准加以评判，完全不顾其他政治上的差异。许多人跟随着开始所述及的奇异图景，[88] 即使一些已经消逝。[89] 人们抱怨**实证论（Positivismus）、形式论（Fomalismus）、唯物论（Materialismus）、机械论（Mechanismus）**，或者至少抱怨重要的 "反政治行动的倾向"（Wieacker，1952），或者反对 "时政上的行动" 的倾向（1967），等等。直到 1960 年，拉伦茨还具有他那纯粹偶然的、缺乏 "精神实体" 的 "唯理论的制定法实证主义"。[90] 这是否可能 "仅仅是"

---

[86]　*Wieacker*, Bernhard Windscheid zum 50. Todestage, DR 1942, 1440-1443（W. "无责任"）；修订版：*Wieacker*, B. Windscheid, in: Gründer und Bewahrer, 1959, S. 181-196（在批判中并未削弱提示！）；*Wieacker*, Privatrechtsgeschichte der Neuzeit, 1. Aufl. 1952, S. 262 f.（厌恶政治行为），2. Aufl. 1967, S. 445-447（类似，但是有点不同）；*Larenz*, Methodenlehre der Rechtswissenschaft, 1. Aufl. 1960, S. 25-30: Der rationalistische Gesetzespositivismus Windscheids, 5. Aufl. 1983, S. 27-31（dto）；*G. Dahm*, Deutsches Recht, 2. Aufl. 1963, S. 124 ff.-die 1. Aufl. 1951 lag mir nicht vor; analog aber schon die Fassung von 1944, S. 73；*C. Schmitt*, Über die drei Arten des rechtswissenschaftlichen Denkens, 1934, S. 29 ff., 38 f. in der Sache. *C. Schmitt*, Die Lage der europäischen Rechtswissenschaft, 1950, S. 14 f.；*Erik Wolf*, Große Rechtsdenker der deutschen Geistesgeschichte, 1. Aufl. 1939, S. 457-489, 4. Aufl. 1963；*W. Schönfeld*, Die Geschichte der deutschen Rechtswissenschaft im Spiegel der Metaphysik, 1943, S. 75, 182, 244；2., nur scheinbar stark veränderte Auflage 1952 unter dem Titel„Grundlegung der Rechtswissenschaft".

[87]　埃利希（Ehrlich）于 1913 年视他那时代的普遍的法规范为 "无生命力的样子"，见 *Eugen Ehrlich*, Grundlegung der Soziologie des Rechts, 1913, S. 6（=4. Aufl. S. 20）；参见本书第四章 "历史概述" 部分关于自由法运动的内容，边码 1407。耶林在 Scherz und Ernst（Fn. 13），1884 中的批判，本处内容参见第 337—383 页，这一转折尚未出现，只是 "不健全的"（356, 365）。格林的德语词典有这一词汇（Bd. 2, 1860, Sp. 186），但是没有应用的例子。

[88]　参见上文边码 281；还可参见 *Kleinheyer-Schröder*（Fn. 24）。

[89]　基于不同的动机被关注，部分在耶林的论述中，主要是科勒（Kohler, 1893）、埃利希、福克斯（Fuchs）（vgl. nur Falk, Fn. 6）、厄尔特曼（Oertmann）及辛茨海默（Sinzheimer）的论述，部分在基尔克的论述中。

[90]　Falk, Fn. 86. 在文中称为 "柔化的制定法实证主义"。和拉伦茨对此的见解一样少，但 1933 年后他明确提到了，相关内容主要见 Rechts-und Staatsphilosophie der Gegenwart, 2. Aufl. 1935, Teil I 1. I: Der Positivismus, S. 11-25: 与法的安定性、分权原则、司法约束的关切的本质相比，没有可被视为 "更表面的" ——拉伦茨显然对此并不感兴趣。重要的是对他来说缺少针对法理念的 "形而上的法的证立"，纯粹原因上的、社会学的或心理学的举措、立法者意志、纯粹 "心理上的" 观点、"历史法学派的民众概念的分析"，以及此处 "形而上的本体关系"（原文献第 15—17 页），等等。1960 年，拉伦茨在对所有权的 "原始意义" 的反驳中，对温特沙伊德的所有权概念的批判分析是循环论证（petitio）。如果人们从法律所保障的各项自由中，而非从他治的 "本体" 中得出法秩序，那么在所有权上，"应当回避" 就居于中心地位，而非 "应当使用"。另外，这区分了拉伦茨对温特沙伊德的 "法定的实证主义" 的同等实证应用，因为温特沙伊德信任 "理性的" 立法者，见 *Arthur Kaufmann* in *Kaufmann/Hassemer/Neumann*（/Saliger）（Fn. 5）。

学术性的实证主义，仍具有争议，但是没有任何意义。这一并不纯粹的异议指摘账单就如它的历史一样长久，并为人所熟知。[91]

319   首先，这一新的**本体—融合**（**Substanz-Integration**）的法学意义显得非常抽象且难以捉摸。但是这在当时明晰的语境中很快得到释明。任一当时的读者都明白新的民粹法（völkisches Recht）中的民粹本体。在温特沙伊德这里，本体—分离（Substanz-Distanz）在规范上具有决定性的宪法政策上的意义，但被拉伦茨作为肤浅问题而抛到一边，也被其他人回避或常常被加以指责。比如，"形式主义"在温特沙伊德时代仅仅指逻辑上的说服力，却非形而上学的概念唯实论（应然的概念似乎直接位于实然之中），或完全忽视了评价。温特沙伊德并未撰写下列如法学家索姆（Sohm）[92]那样的句子："基本概念居于未受当代风浪波及的法的深谷。"[93] 他有意小心且无怜悯地为法官开放必要的自由空间。[94] 但是温特沙伊德实际上在两方面并不适合作为人民共同体（Volksgemeinschaft）中的法学家的代表：并非道德上自治的、确定的、个体的自由主义者；并非法律人阶层内政优先的尖锐批判者，即1933年的"护法者"——他恰恰用他那"此类法学家的缺陷"对此作了批判。[95]

320   这一受时代限制的曲解和论战已经远去。我们必须了解它，以便不受其任意摆布。温特沙伊德对我们而言并非简单的榜样或反面教材。[96] 我们

---

[91] Siehe die Liste bei Falk（Fn. 6）4；这完全类似于对《德国民法典》的指责，对此参见 *Rückert*, Das Bürgerliche Gesetzbuch-ein Gesetzbuch ohne Chance?, in JZ 58（2003）S. 749-760。

[92] *Rudolf Sohm*, 1841-1917. 比如基尔克比温特沙伊德年轻一代，但也是该时代最著名的法学家之一，他是1891年德国民法典第二编纂委员会成员、教会法学者和日耳曼学者。

[93] 对此做出澄清的见 *Rümelin*（Fn. 16），S. 36 ff.：问题是人造的法概念的错误抽象化，归纳不足，特别是在持久性上。对于后者可参见 das Sohm-Zitat, dort S. 44 in der Fn.Sohm，但这在此也显得太片面。对此见本书历史概述部分内容，边码1381。

[94] 目前对此的重要研究参见 *Falk und Ober*（beide Fn. 6）。

[95] 纳粹的表达为"民粹的""民众的感觉""具体秩序"等，相关内容参见 *Rückert*, Das,,gesunde Volksempfinden-eine Erbschaft Savignys?, in: ZSRG.Germ.Abt. 103（1986）S. 199-247。

[96] 长期存在的评价倾向是：Schubert 1978, Jakobs 1983, J. Schröder 1985, Ogorek 1986, Picker 1986[这些内容都可见于 Falk（Fn. 6），S. 21]；此外还有 R. Schröder, Abschaffung oder Reform des Erbrechts, 1981, S. 73., 124, 380 ff., Rückert 1983（Fn. 77），13；总结性的内容参见 Kroeschell, Deutsche Rechtsgeschichte III, 1989, S. 266 f.: Der Positivismus und seine Gegner. Daß Coing, Europäisches Privatrecht II, 1989, S. 39 ff.。似乎值得注意的内容是，在,,Die Rechtswissenschaft im deutschen Rechtskreis" 这一标题下温特沙伊德只使用了1847年之前的一个引注，且他的脚注也有所涉及（并非"严格的实证主义者", s. Falk）。所有基于耶林的论战性的和部分非常推测性的观点去阐述普遍并不可信（原文献第47、48、51页）。公正的介绍见 Horn, Einführung in die Rechtswissenschaft und Rechtsphilosophie（1996），4. Aufl. 2007, Rn. 149-151; Rüthers, Rechtstheorie（1999），5. Aufl. 2010, s. Reg.; Vesting, Rechtstheorie, 2007, s. Reg., bes. 94 f.。

的评价首先关注他的法概念、方法的宪法政策意义和他那私法中的社会要素。不管怎样，他作为法学家的卓识更容易让人认可。

　　社会因素似乎被塑造得太弱。但是历史问题必然让我们在私法中对温特沙伊德作出一些期待。就如他在其他地方所述及的立法政策上的例子（边码315）所示，温特沙伊德明显对通过一般性的、自由平等的私法之外的特别法所带来的社会福利基础给予了理解。因此，他跟随相当广泛的社会福利思潮，且在这里原则上遵从帝国所确认的法学上的任务分配。[97] 这涉及解放性的—社会福利上的自由主义，而这恰恰是《德国民法典》所争取的平等、自由的法所想维护的，但是绝非因此确认了社会任务。该任务只能以专门的、非平等的立法来完成。自由发展的条件不应该被一般、笼统地弥补，而应该在客观且典型的缺乏相应条件之处进行弥补，比如通过1869年以来的劳动者保护 [《营业法》(Gewerbeordnung)]，或者社会保险（始于1881年），或者1894年以来的消费者保护 [《分期付款法》(Abzahlungsgesetz)]。显然，这处于当时而非我们的时代经验的视野之中。人格的社会性核心和人的尊严必须通过原则上任意（dispositiv）私法中的非典型的强制法来保护，而不能完全交由社会来决定。今天，我们称市场上的不平等、信息不对称等为动因。它们反映了社会问题，但是就如弱点本身一样并不重要。例如**侵犯人的尊严（Menschen-Würde-Berührung）**，确切地说：不平等地侵犯。在此，帝国的特别法以市场秩序、社会保险和消费者权利等为出发点；这在规范的动因和原则中一直被维护着，直到今天，哪怕只有《德国民法典》中有消费者法的一般性规定。但是，不管在什么时候，对于平等尊严的法定的特殊衡平手段标准，都要通过具体的法律来确定。这一标准既不是永恒又不是可持续的。同样，在人权之上一切都具有历史意义。在温特沙伊德时代，权利保护或许在美国法上被积极实践着，但是绝非在欧洲和德国的法域中。因此，在温特沙伊德的私法中，人们一直在徒劳地寻找着社会福利性因素。因为人权和社会福利权在私法中从未被确认过。而它们恰恰刚刚为人类普遍、平等的权利能力、合同自由、世俗的婚姻自由和遗嘱自由奋斗着。基于对所述的特别法的任务划分，强制性的社会支持在私法中亦没有相应的位置。

　　温特沙伊德对法的自由立场的**宪法政策意义（ der verfassungspolitische**

321

322

---

　　[97]　对此见 *Rückert* 2003(Fn. 87)，S. 751。

Sinn）非常契合我们今天的《德国基本法》和其中保障一般发展自由的第
2 条。如今，我们对分权原则和法官约束（Richterbindung）已经不再敏感。
在今天的议会民主中，实践法学的功能已经不同于温特沙伊德时皇权性的
司法机构的功能。更多的信赖、更灵活的法在今天显得可承受且可接受。
但是温特沙伊德和其他人对被授权的、独立的法律人的警告仍然合理。因
为"作为法律适用者的法律人被强制对公众负有义务。基于法律适用者的
主观化，作为法律人的他已经变得没有功用，他是多余的，因为他并不能
促成更多的安宁，而是仅仅执行他自己的政策观点"[98]。在今天的法治国，
法律强制（Rechtszwang）仍不可成为法律人的特殊利益。温特沙伊德在当
时的法治国进程中也觉察到了这点。因此，对此人们仍可从他这里学到很
多，恰如人们使用这些法学的主要工具，应该且能够应付得了现行法、忠
实的法律适用和法言法语。

六、方法问题

323　　　　从温特沙伊德的法学方法中可以得出什么？对此，他的生平和他的
立场背景可能为化解僵化的论战带来一个开放的视角。温特沙伊德对此
并未撰写一部自己的方法论著或一篇较长的论文。他避开了 1814 年以来
萨维尼、1838 年以来普赫塔或 1852 年以来耶林的一场场伟大的**方法论
战（Methodendebatten）**。但是他在他的教科书中的确写了题为**《对法的
解释和学术研究》**（Auslegung und wissenschaftliche Behandlung des Rechts
überhaupt）的大约 15 页常规厚度的、简洁的专题。[99] 该书因此非常具有相
关性，但是也同样非常晦涩。这些内容必须被更准确地说明，该处究竟表
达了什么。解释在此甚至被视为一种艺术。

324　　　　这些方法的内容带有一些精练的语句，比如在**"解释的概念"（Begriff
der Auslegung）**中的前两句话：

　　　　"解释是对法的内容的阐述。法的内容可能或多或少已经显而易见；它
越不显而易见，则解释的任务就越重要。"（§20/S.81）

---

　　[98]　*Ramm*（Fn. 1）III, S. 753.

　　[99]　*Windscheid*, Lehrbuch, 8.Aufl. 1900, §§20-24/S. 81-95; 11 Seiten in der 1.A. 1862, 这里所有的
实质内容都一样，全部内容可参见 *Falk*（Fn. 24），S. 137-157。

在此，解释是"自由的研究"（82）。[100]"与必须被学习的技艺相比"，它并不是特别的"可以被教导的学术"（82）。这显而易见。但是为何会提到技艺？

此后，温特沙伊德确定了**方法的次序**，即一些今天常常被想到的东西："制定法的解释必须首先确定立法者所使用的词句所固定的意义。"（§21/S.82）在这过程中，自然需要使用语言规则，即"语法"解释（82）。但是如果"该结论"令人费解或无法确定，则"首先要关注被解释的制定法的其他确定的内容；然后可以从同一立法者的其他制定法中获取信息，或者是不同的立法者——如果在这些其他制定法和待解释的制定法中能够得到理解上的一致性"（83）。

"如果这一辅助手段并不能达到目的"，就前往**最后的解释阶段**，且现在——

"除了在对所有可实现的要素的观察下尽可能完美地考虑到立法者*的精神*这一要求外，解释者一般可能并未被赋予其他的提示；而且越完美地实现这些，则解释者确定立法者所使用的词句的意义就越可靠。"（84，此处强调）

在此，与"法的状态"（Rechtszustand）的比较、立法者的一般"目的"和"结论的价值"可能也具有意义（84）。

因此这涉及**艺术（Kunst）、语言规则（Sprachgesetze）、整体上的法秩序（Rechtsordnung im ganzen）、目的（Zweck）和结论（Resultat）**，还有"立法者的精神"。若与萨维尼的"思想重构"相比较，[101]这事实上是一个心理学上的措辞，但是绝非对心理学的要求——人们对此容易混淆。然而，这是权威的。如果我们想要了解温特沙伊德，我们必须要尊重他。他还认为：

"但是解释的任务不仅仅是使立法者所使用的词句所具有的意义得以实现；解释还有更多的任务，在立法者想要表达的意义之后去挖掘立法者

---

[100]　下文都与原文中的页码一致。(括号中的数字指脚注99中所引文献的页码，本节下同。——译者注)

[101]　对此见本书上文关于萨维尼的内容，边码76。

真正的思想。即可能出现，且经常出现立法者自己并未完美地弄清楚该思想，立法者在思想的表面形式上所表达的思想与它真正的内容并不完美契合。解释的最高且最尊贵的任务是，在此情形中给予立法者辅助手段，使立法者所表达的真正的意思得以呈现出来。如果立法者注意到了自己并未意识到的某要点的话，解释基于此只是表达出了自己想要表达出来的内容。"（86）

330　　　这明显与萨维尼的重要的"瑕疵"表达情形相关（边码145）。因此，在此情形中除了该思想外还有一个**"原本的思想"**（**eigentlicher Gedanke**）。恰如萨维尼对解释和续造的区分，一个**被细致地层次化的解释技术**（**subtil abgestufte Auslegungstechnik**）呈现出来了。对于解释和续造的界限，温特沙伊德补充道："不管怎样"，在制定法中必须存在"已发现的真实的思想"的"表述"（§22/S.86）。"真正的""表达""真实的"——我们可能都不再提及这些语词。这些是理念论的立场，它认定在可见的世界之后还有另外一个真正的世界。朴实的、事实上非形而上学的温特沙伊德在此的确致力于研究较早的且一直具有诱惑力的技术。同样，人们并不了解这位想要在"最重要的"解释中获取"真正思想"的温特沙伊德。

331　　　直到在第24章"法的**学术分析**（**wissenschaftliche Behandlung**）"之下，人们才发现了更熟知的内容——**"概念的发展"**（**Entwicklung der Begriffe**）。此处认为：解释

　　　"并未构建法的学术分析的对立面；……但是……如果解释完成了自己的工作，则涉及概念的发展，这存在于它所实现的法律规范之中，即在对思想要素的总结中；这取决于在其各组成部分中消化概念，并将之在其所包含的思想要素中展示出来。人们可在该操作中或多或少地继续发展；因为被发现的要素可以再次体现为其他更简单要素的组合，而且很迅速"。（93, Hervoth. Hier; ebenso S. Aufl. S. 63）

332　　　与之前一样，对此可以举出好的**例子**：

　　　"买卖合同是以币易物的合同——合同是基于在特定关系中形成的双方的（或多方）合意而形成的法律行为——法律行为是针对一定法律效果

的私人的意思表示——意思表示是什么？——意思是什么？——一致是什么？——双方一致的意思表示的必要条件是哪一个？——物是什么？"易"是什么？"（第 93 页脚注部分）

　　所有这些法的概念表现为法律规范需要解释的最初要素。这些概念的 {333}发展因此推动着解释，且解释也同时成功地支撑着**概念的发展**。现在温特沙伊德带来了新的内容，这使得该论战直到今天仍为大家熟知：

　　"一个待判案件的事实构成极少符合某个单一条文的事实构成；一般事实构成的不同部分处在不同的条文之下。这些规范所调整的法律效果互相制约和衍射；当然，各种因素的价值越确定，则估算必然得出一个越确定的结果。同时显而易见的是，从对各个法概念的完全总结中才能得出法的真正的体系和它的条文的内在关联。"（94，Hervorh. hier）

　　"事实构成"从"法条"而来，这需要涵摄。这将使用作为"因子" {334}的"法律概念"去演算。这就是臭名昭著的温特沙伊德式的**概念法学**（**Begriffsjurisprudenz**）？法律上的"最终裁判"都是**演算**（**Rechnung**）？如何因萨维尼而为人熟知？[102]二者都因此可能在论证上被误解或曲解。通过"概念演算"来作出推论恰恰是各种形式上的、脱离生活的、保守的、反动的等意义上的指责所针对的。在此并未提及萨维尼和温特沙伊德的真正的演算。若对二者以画面来展现，则该图画应该描绘了他们所追求的——特别是在此关系中，他们所追求的：法的稳固性（Rechtsfestigkeit）或法的安定性（Rechtssicherheit）。萨维尼只在诸如数学之中比温特沙伊德更谨慎地论及安定性。当然，他知道人们不能用概念来演算。这涉及法律适用中类似的安定性，就像人们能够在数学中演算那样。温特沙伊德直接将"概念"比作"因子"——因子可以称为个体或数学上的因数。所指的明显是将概念理解成演算的一部分。但是这并非以数字简单地计算，而是以语词"因子"来实现的不确定的图景，就像人们能够以概念演算那样——如果这些概念就是因子的话。同样，温特沙伊德当然知道，人们不能用法的概念来演算。他所举的关于买卖合同的例子展示了事实上的关切：法的

---

[102]　*Savigny*, Beruf, 1814, S. 29. 参见本书上文边码 147。

概念可以相当精确地互相衔接，并如此来描述一个事实构成。这可能是精算，但是并非演算。[103] 依据我们的观点，演算这一比喻夸大了精算的关切，且值得考量的是，"生活"是否亦被计算进去了？但是"生活"被非常妥善地纳入了温特沙伊德的概念之中。对此法学家——以及更多的"门外汉"争论的是，何物归何处，并因此获得规范上的意义。不管怎样，精算的关切在此必然还是我们的关切。这是发达社会的法的功能。在对概念的研究中，法学家就可能"或多或少地"作出贡献——这就只展示了他们在多大范围内重视并掌控该稳定性的关切。

335　　依据大量非常具有启发性的教义学例子，法尔克清楚明了地说明了，温特沙伊德始终重视法尽可能稳固这一理想，然而的确也被他自己和被授权的法官非常灵活地应用着。[104] 就如他在开始所言，他那方法论的抽象语句同样只"注意到了主导性的立场观点"（82）。对此，现在可能恰恰如在法学的专业问题处那样给出明晰的概念和规则，因为恰如所述，涉及艺术的理论（Theorie der Kunst）——法解释艺术的理论。因此，就如康德和萨维尼那样，温特沙伊德还知道**判断力**（**Urteilskraft**）的学术理论问题。[105] 解释性的法律适用必须始终将一般规则与具体的案例相连接，这从来都不能在逻辑、概念上被清楚地看出来，而是始终在比较上和关联上相对模糊地看出来。然而，这并不涉及不可确定的、无规则的或恣意的行为，这对反驳方法犬儒主义（Methodenzynismus）较重要。不能完全精确并不意味着不能在一定程度上精确，就如在现代宪制国家中，法的运行（Rechtsbetrieb）对法的相关人负有精确的责任，实际上也始终保障着精确，诸如那些在税法、交通法、诉讼时效法中的"简明的"法律问题。

336　　温特沙伊德带着这一意识来论述。因此，他的方法规则在整体上较严格，但是在具体中较灵活。这一**悖论**（**Paradoxie**）曾是契合时代的。它维护着法的运行（Rechtsbetrieb）能够实现法稳固性这一理想，但也允许必要的调整和续造。因此，温特沙伊德设定尽可能贴近制定法的明确目标，并

---

[103]　如 *Falk*, Windscheid（Fn. 6），S. 19 f.；萨维尼并不认同，参见边码 147。

[104]　关于立法者—法官这一长期问题的深化研究，如今特别清楚的论述是 H. *Mohnhaupt*, Das Verhältnis zwischen Gesetzgebung, Rechtsprechung und Rechtswissenschaft als Rechtsquellenproblem（18.-20. Jahrhundert），in Quaderni fiorentini per la storia del pensiero giuridico moderno, 40（2011）S. 19-52。

[105]　见本书上文关于萨维尼的内容，边码 76 及以下。

在此意义上放弃方法上的措施。为了他的艺术，他避免向主观上、客观上、体系上、目的上的真正的、非真正的漏洞和明晰的次序进行扩张，他认为这是教义上和理论上的过分行为——我们却非常热衷于此。他还在该艺术中发现了"科学"。不管怎样，在他的要素中，解释可以且应该在科学上而非政治上被实施，比如在语词意义或真正思想的确定上。[106]

他的艺术节约词句，且强于效率。众多问题被简化，这是因为他来自法治国忠实的法律人群体。这也明显是有点乐观的。但是在此背景中，人们必须在他的理论和实践中理解他的法律方法，然后才能致以敬意。因此，我们要忘记耶林和他的追随者的争论，并忘记错误地捍卫温特沙伊德的顽固的方法论者。今天，如果他的罗马法素材没有因远离我们而变得陌生，那么他的方法技艺或许还容易理解一点。

七、缔约过失 / 信赖责任

适于作为温特沙伊德法学方法示例的是对我们信赖的讨论。除了其他一些更难的例子外，这一相对简单的例子在法尔克（Falk）奠定基础的研究中被较好地论证过。自 1860 年耶林发现该问题（这只是之一）以来，[107] 这一讨论在当时一直围绕着所谓的**缔约过失（culpa in contrahendo）**展开，今天一般被称为**信赖责任（Vertrauenshaftung）**。这里并不涉及纯粹的"渊源性"的论证理论，因为所继受的罗马法对此问题并不具有直接的判断性。对各种渊源和解答方案极其多样、复杂的讨论是：从合同过错到过错推定（vermutetes Verschulden），再到过错拟制（Verschuldensfiktion）和无过错责任、意思表示上的意志原则和表示原则，以及信赖责任和履行责任（Erfüllungshaftung）。温特沙伊德在较长的梳理中对该问题作了全面讨论。[108] 他自己大胆地提出了一个一般规则，即基于信赖损失而非履行损失确立了无过错责任：

---

[106]　So Windscheid ausdrücklich in Lehrbuch II § 24.

[107]　该问题在靠近耶林之前的教义史中是著名的，比如在自然法和 1794 年《普鲁士一般邦法》中被解决，目前参见 J.D. Harke, §311 a Rn. 5 in: HKK(Fn. 77)Bd. II, 2007。

[108]　Windscheid, Lehrbuch der Pandekten, Bd. II, §307 in Fn. 5. 之后在那些权威著作中得以体系化，即依据条款、数字和脚注被引用，这些不同于较老版本，在这些书籍中都是标注页码。事实上，我主要都是遵照法尔克的阐述：(Fn. 6)S. 41-50。

"人们可以对损害赔偿义务的理由所涉及的内容提炼出一般性规则，即如果因相对人并不知道且无义务知道的原因而无法取得该合同债权的话，则任一正在缔结合同的人都必须对相对人因其表示而引起的对获得合同债权的信赖而造成的不利后果负责。"

339　　　　这曾是清楚的，且这是温特沙伊德以此表述法条的方式和品质的例子。从"任一……"开始的内容就被直接当作制定法文本来阅读。来自罗马案例法言中的词句和语法、历史和体系的论据已经被耗尽。因此还剩下**两个方法上的可能性（zwei methodische Möglichkeit）**：一个是构建原则，即构建一个可以覆盖一种情形的"一般性原理"的规则；另一个则是开放的法律续造。

340　　　　温特沙伊德更倾向于**原则构建（Prinzipienbildung）**。他在他所确认的新的"交往需求"的视角下构建原则。[109] 在此（in §307 Fn. 10），他反对耶林在这些情形中寻找过错这种"极具暴力的追求"。他的规则的主要根据在于广泛的对比评价：当对特定物起初就客观不能履行时，罗马的法源提供了无过错责任，就如 2001 年之前《德国民法典》第 306 条中的那样，且如今已经被改变为第 311a 条中的过错责任——这涉及一个持续时间较长的价值评价争论。在此，温特沙伊德认为此意义上的（Dig. 11.7.8.1 und 81.1.62.1）罗马法源的词句[110] 有点太狭窄，因为人们在此常常看到过错这一要件。这些作为默示的担保恰恰唤醒了信赖。最后，他提出了合同中的罗马式的诚实信用（bona fides），粗略地说是诚实信用观点——对他而言所有这一切在此得出了"法"。他概括道：

"意思表示发出人的赔偿义务并非基于他的意思，而是法将该义务非基于他的意思施加于他。该法想要意思表示相对人必须能够对之加以信赖，可以通过受领意思表示来产生一个合同，确切地说通过受领合同就成立。"（II§307 A. 5）

------

[109]　In §307 Fn. 5; Fn. 68. 诱因是所谓的科隆电报案（Kölner Telegrafenfall），对此内容参见 *Haferkamp,* Der Kölner Telegrafenfall, in: Fälle aus der Rechtsgeschichte, hg. v. *Falk/Luminati/Schmoeckel*, München 2008, S. 254-265。

[110]　对此见新的译本：Behrends u.a., Corpus Iuris Civilis, Text und Übersetzung: Digesten, 1995 ff.。

因此温特沙伊德确立了一个**客观的赔偿责任（objektive Haftung）**和**强制性的私法规则（zwingende Privatrechtsregel）**。1900 年的《德国民法典》并未将之确立为规则，而只是将第 122 条、第 179 条第 2 款和第 307 条作为具体的方案。[111] 直到 2002 年第 311 条第 2 款修订时，这才由此成为该制定法中的一个原则。温特沙伊德庄重地将**"这样的法"（das Recht）**作为基础。在法学专业和当时的方法框架内，他决定性地构建了这一客观的法。人们可以认为他的举措是相对有智识的。这契合在法律续造界限之内的原则塑造。在此温特沙伊德用他的素材如此论证，让任一法学家直到今天仍能够很好地执行。不管怎样，并无**"概念法学"**的痕迹。最多是强烈的**规则构建和例外构建（Regel-und Ausnahmebildung）**的导向较为显眼。这个问题的最佳专家恰当地批判道："人们可能对该决定的价值和理由作出非常不同的判断，然而他并不具有概念法学、形式主义或实证主义的特点。"[112] 这一实体法上的教义学具有一个阿喀琉斯之踵——直到今天。对于实施这一客观责任而言，原告必须要证明他具体的信赖损失，即没有该信赖会怎样。这一般并不容易。

对于问题和解答技巧而言，富有启发性的是对我们当前方案的比较分析。由于 2001 年在债法改革的框架内一定程度上颠倒了规则和例外：2002 年之前的《德国民法典》方案严格遵循个人的**过错原则（Verschuldensprinzip）**，且就如温特沙伊德所认为的那样，原则上并没有赔偿责任，但是的确存在例外的信赖责任。债权人首先要证明的是信赖损失。现在原则上存在**信赖责任（Vertrauenshaftung）**（§§311 Abs. 1 mit 280），但是也有除外责任情形；证明情形是一样的——结果上的差异因此微不足道。值得注意的是关键性的信赖不必被证明，但是对规则和例外的体系构造具有较高的教义学功能和法解释功能。同时，该讨论对于概念、原则、规则—例外型结构和教义学的意义也极具启发性。这造成了很大的差异，恰如创制了一个法秩序，哪怕人们在日常生活中可能并未发现。即在信赖责任例子上，某个法秩序是否原则上（即一般性情形和存疑情形）具体地归责，是只在例外情形时客观地归责，还是完全双重地、客观地归责（即依据两个原则来作出）。

---

[111]　对此参见 *D. Medicus*, Zur Entdeckungsgeschichte der culpa in contrahendo, in Iuris Professio, Festschrift für *M. Kaser*, 1986, S. 168-181。

[112]　*Falk*（Fn. 6）46 f.

八、模范、反面教材、新的图景

343　　　作为榜样似乎太过了，作为反面教材又似乎太卑劣了，现在应该将其视为新的图景。温特沙伊德对作为现行法引用的罗马案例法言的处理当然并非未加以考虑就转化到我们对制定法的处理中。但是这一处理确实是富有启发性的。因为他几乎就如制定法一样使用那些案例法言。这很契合他的时代，在那来自罗马继受的和国内传统的决定性因素的共同影响下，他创制了新的民法典。从整体上看，温特沙伊德常常使用那些语词、立法者的思想、待解释规范的体系和意义来论证。此处值得注意的是他的**原则和原则构建的定位（Orientierung an Prinzipien und Prinzipienbildung）**及其**开放性（Offenheit）**。因为他同时在巧妙地引入通往开放的价值研究和法律续造的流畅过渡。

344　　　在 1871 年宪制—法治国式的帝国之中，他认为他对一些法的相对开放的处理在制度上是不成问题的。因此我们在他这里并未发现今天对主观解释和客观解释、解释要素的排序和优先、漏洞和体系等展开的顽固的争论，权力分配的恰当界限在此也陷入了争议。他那将权力**划分为法和政策的权力分配（Gewaltenteilung in Recht und Politik）**概念比我们今天的概念更加乐观且值得信赖。他也对此忠实地作出了榜样。

345　　　他将他的法学任务概括得比我们更广，**概念发展和体系维护（Begriffsentwicklung und Systempflege）**都属于此。

346　　　他的方案以**实践体系（praktisches System）**中的融合与和谐为目标。他的法的概念受私法影响，但是已经明显具有宪法特征。他的法学方法曾限定于法的适用，没有真正的法史和法哲学，但是具体上对正义和公平的衡量的确很宽松。对此，他信赖当时对他而言真正具有道德责任意识的法学家和法官作出的衡量。

347　　　温特沙伊德恰恰并不主张过度的继受，而是主张一些赞成**温和的解释艺术（wohltemperierte Auslegungskunst）**的学术性的、充满经验的建议。在温特沙伊德这里可以察觉到，与自由的知识相比，在解释上实际更多涉及规范—实践的艺术，尽管他自己常常使用实然—语言（Seins-Sprache），该种语言使得法律概念如同空间中的物一样呈现。这归因于使**描述层面（Darstellungsebene）**上的法学如同确定的、精确的科学一样呈现的努力。这对我们而言显得陌生，在当时却被认为正常，且在下一个体系断裂

（Systembruck）和 1900 年后的自由法讨论中也导致它被强烈地控诉为概念法学。[113] 但是这涉及立法批判方面的歪曲批判。直到 1933 年之后，温特沙伊德才真正被设定为批判的最重点目标，直到 20 世纪 80 年代。

对温特沙伊德而言，在**概念构建和原则构建层面（Ebene der Begriffs- und Prinzipienbildung）**上的"东西"是明显不同的。在此，"交往需要"的利益分析、公平和正义衡量对他而言是显而易见的，只是被作为分开的任务。 348

他的著作对于法的概念、方法、体系和谐和宪法之间的关系与法学的双面性而言，仍是值得一看的丰碑。人们不会空手而归。那些受时间局限、呆板的文章将之掩饰了太久。 349

九、文献

1. 温特沙伊德文献

人们只需阅读温特沙伊德 1879 年第 5 版到 1906 年第 9 版的《潘德克顿教科书》（Lehrbuch der Pandekten）第 1 卷中关于解释的第 20—24 章中的 15 页内容，以及关于习惯法和制定法的第 15 章，关于法的概念的第 37 章。此外一直具有吸引力的还有他在 1884 年关于"法律科学的任务"（Die Aufgabe der Rechtswissenschaft）以及立法任务的演讲——特别是我们立法、规章和指令等繁杂的法律世界中的任务，以及厄尔特曼（Oertmann）或厄普思库拉（Opuscula）的内容（见本节脚注 24）。 350

2. 辅助性文献

对于温特沙伊德的方法和民法值得推荐的只有在此处被引用的法尔克的著作： 351

Ein Gelehrter wie Windscheid. Erkunden auf den Feldern der sog. Begriffsjurisprudenz, Frankfurt a. M. 1989.

简短的导引有：

Falk, U. in: Juristen-Lexikon, hg. von M. Stolleis, 2. Aufl. 2001, S. 672f.

Schröder, Jan in Kleinheyer/Schröder, Deutsche und europäische Juristen aus neun Jahrhunderten, 5. A. 2008, S. 459-463.

关于生平和著作史可以阅读：

---

[113] 参见本书第四章"历史概述"部分，边码 1407 及以下。

Friedrich Klein, Bernhard Windscheid: 26.6.1817-26.10.1982. Leben und Werk, Berlin 2014, S. 546.

3. 特别文献

1867 年，温特沙伊德在慕尼黑作了《致大学生的演说》（Rede an die Studierenden）。这仍发人深省，部分超越了时空，部分基于令人惊讶的相近的问题，特别是对他的听众所给予的非同一般的人文关怀。要在寥寥数页中了解"全部"的温特沙伊德，见 Abdruck in Kl. Schriften 140-156 oder bei *Oertmann* 50-65（beides Fn. 24）。

第四节　耶林（Jhering，1818—1892）
"概念法学"方法与民法[*]

要目

一、"概念法学"与鲁道夫·冯·耶林

二、"概念法学"的语境

三、方法与解释

四、教义学与建构

五、法、法、法

六、制定法与科学

七、形而上学与实践

八、耶林"概念法学"的六要义

九、"买卖合同中的风险"

十、六要义再分析

十一、文献

一、"概念法学"与鲁道夫·冯·耶林

鲁道夫·冯·耶林（Rudolf von Jhering，1818—1892）是"概念法学"
（Begriffsjurisprudenz）学者。1884年，他在《法学中的戏谑与较真》（Scherz
und Ernst in der Jurisprudenz）一书中引入了"概念法学"这一概念，并将它
视为"当代罗马法学中的经院哲学（Scholastik）"[1]。在批判中，耶林并未克
服他过去的窠臼（Scherz 338）。[2] 他还明确地指出了他发表在《当代罗马私

352

＊　拉尔夫·萨伊内克（Ralf Seinecke）撰，刘志阳译。

[1]　*Jhering*, Scherz und Ernst in der Jurisprudenz. Eine Weihnachsgabe für das juristische Publikum,
Nachdruck der 13. Aufl. Leipzig 1924, Darmstadt 1992（1. Aufl. 1884），337，下文引用此文献的以《戏
谑》（Scherz）简称。耶林强调的内容原则上将如其他引注一样遵照原文列出。

[2]　批判性的意见参见 *Larenz*, Methodenlehre der Rechtswissenschaft, 6. Aufl. Berlin 1991,
etwa 25; *Wieacker*, Rudolf von Jhering, in: Gründer und Bewahrer. Rechtslehrer der neueren deutschen
Privatrechtsgeschichte, Göttingen 1959（zuerst 1957），197-212, hier 204 ，und *Ehrlich,* Die juristische
Logik, 2. Aufl. Tübingen 1925（1. Aufl. 1918），130。

法和德国私法教义学年鉴》（Jahrbücher für die Dogmatik des heutigen römischen und deutschen Privatrechts）第一期的那篇著名的程式化的文章——《我们的任务》（Unsere Aufgabe），并提到了《不同发展阶段的罗马法精神》（以下简称《罗马法精神》）第 2 卷第 2 分卷的过渡章节。[3]

353   如此，**"概念法学"** 成为起源于 19 世纪、贯穿整个 20 世纪并直达 21 世纪的方法语词——当然，今天它的处境并不良好。[4] "概念法学"给所有方法流派蒙上了消极的一面，并保证它们摆脱不了自己；包括在本书中：不管是黑克、埃塞尔，还是拉伦茨，20 世纪主导的利益法学和评价法学中的所有人都将概念法学视为最糟糕的理论对手。"一切，但独无概念法学"——过去整个世纪的名言警句可能都在这样表述。在"一切"之下人们可以想到各种内容。这一批判一般很难经得起实质性的论辩。"概念法学"是"脱离生活的""形式主义的""实证主义的""脱离实践的""毫无正义的"等。这些贬损之词听起来十分尖锐且压抑，但是它们并未表达太多内容。如果人们问及更美好的（非脱离的）生活、更好的内容（与形式相对）和更高的正义（制定法之外的），则这些指责在批判概念法学时就呈现出相对性和立场依附性。

354   除了关于所谓的"概念法学"的一些实质性问题之外，还有一些人物上的难题。新近的研究洗脱了"主犯们"的罪责。因这些有意无意的前辈：萨维尼（1779—1861）、构思者普赫塔（1798—1846）、继承者耶林和戈贝

---

[3] Jhering, Unsere Aufgabe, in: Jahrbücher für die Dogmatik des heutigen römischen und deutschen Privatrechts 1（1857），1-52，下文将以"Aufgabe"这一省略形式作出提示。建构路径见 Jhering, Geist des römischen Rechts auf den verschiedenen Stufen der Entwicklung, Band II, Teilband 2, 5. Aufl. Leipzig 1898, 357-389.《罗马法精神》的这一版本和其他版本在下文中以"Geist"这一简写形式引用，版本为：第 1 卷为 1907 年第 6 版，第 2 卷第 1 分卷为 1894 年第 5 版，第 3 卷为 1906 年第 5 版（die 6. Aufl. des Bandes I von 1907, die 5. Aufl. des Bandes II-1 von 1894 und die 5. Aufl. des Bandes III von 1906）。

[4] 关于概念法学参见 Haferkamp, Die sogenannte Begriffsjurisprudenz im 19. Jahrhundert-„reines"Recht?, in: Reinheit des Rechts. Kategorisches Prinzip oder regulative Idee, hg. v. Depenheuer, Wiesbaden 2010, 79-99, hier 79-81,und Haferkamp, Art.„Begriffsjurisprudenz", in: Enzyklopädie zur Rechtsphilosophie（http://www.enzyklopaedie-rechtsphilosophie.net, 1.10.2016）; J. Schröder, Art.„Begriffsjurisprudenz", in: Handwörterbuch zur deutschen Rechtsgeschichte, Bd. I, hg. v. Cordes, Lück u. Werkmüller, 2. Aufl. Berlin 2008, Sp. 500-502. 参见克拉维茨（Krawietz）较早的著作，Zur Einleitung: Juristische Konstruktion, Kritik und Krise dogmatischer Rechtswissenschaft, in: Theorie und Technik der Begriffsjurisprudenz, hg. v. Krawietz, Darmstadt 1976, 1-10 u. Krawietz, Art.„Begriffsjurisprudenz", in: Historisches Wörterbuch der Philosophie, Bd. 1, hg. v. Ritter, Basel u. Stuttgart 1971, Sp. 810-813。

尔（Carl Friedrich von Gerber, 1823—1891）及其执行者温特沙伊德（1817—1892），"概念法学"在其文脉上的经典传统脉络已经严重走样。[5]恰恰因为这样，"概念法学"方法史值得关注，预言家耶林在1858年即已将之向法律世界作了宣告。

在"概念法学"这一幕话剧中，耶林是一位**变化多样的主角**。耶林不仅在1884年将"概念法学"塑造为概念，还在1860年左右在通往"大马士革"的路上从"概念的扫罗"转变为"目的的保罗"。[6]在对这一不稳定的精神的继受中，还有多个令人混淆的难题。他的姓名就有多种形式（比如Rudolf或Jhering）：今天人们一致地以两间隔音节来指代他的姓名：*Rudolf von Jhering（鲁道夫·冯·耶林）*。[7]这一贵族头衔是他在从维也纳到哥廷根的回归途中所获得的；他是那个时代著名的学者。[8]然而，不仅仅是耶林那复杂的身份认知在概念法学中导致了说明的难题，还有且主要是他那富于隐喻的语言实在是令人难以看透。他始终在用瑰丽的画面和令人惊奇的比喻来阐明他的主题，这些虽然使他的研究变得不清楚，但是在这些示例的模糊阐述中反而常常具有预言性。此外，耶林的著作本身即为解释上的障碍，它以具有难以计算的断章和新思路为特点。他那差不多有1300页的主要著作《罗马法精神》（第1版，1852—1865年）被分为三大卷（其中第二卷有两个分卷），而差不多有1300页的《法的目的》（1877年第1版，

355

---

[5] 参见本书吕克特所撰关于温特沙伊德的内容，边码76—212；哈夫卡姆普所撰关于普赫塔的内容，边码213—279。有关温特沙伊德，始终重要的文献是：U. Falk, Ein Gelehrter wie Windscheid. Erkundungen auf den Feldern der sogenannten Begriffsjurisprudenz, Frankfurt am Main 1989 und Rückert, Methode und Zivilrecht bei Bernhard Windscheid（1817—1892），Rn. 280-351。

[6] 参见 Wieacker, Privatrechtsgeschichte der Neuzeit, 2. Aufl. Göttingen 1967（1. Aufl. 1952），450。与之相反：Lahusen, Rechtspositivismus und juristische Methode. Betrachtungen aus dem Alltag einer Vernunftehe, Weilerswist 2011, 176; weiter Seinecke, Rudolf von Jhering anno 1858。Interpretation, Konstruktion und Recht der sog.„Begriffsjurisprudenz", in: ZRG GA 130（2013），238-280, hier 244 f. u. 279 f.（"扫罗"为"保罗"改变信仰前的名字，背景知识参见《圣经·新约》中保罗所撰《使徒行传》第9章相关扫罗改变信仰的内容。——译者注）

[7] 关于姓名的表述见耶林致其朋友的书信：Jhering in Briefen an seine Freunde, hg. v. Ehrenberg, Leipzig 1913, Selbstzeugnis, nach Nr. 66, S. 217。

[8] 关于耶林的生平推荐阅读：Kunze, Rudolf von Jhering-ein Lebensbild, in: Rudolf von Jhering. Beiträge und Zeugnisse, hg. v. Behrends, Göttingen 1992, 11-28。

1877 年和 1883 年）[9] 被分为两卷——虽然仍有大量书卷内容未完成。此外还有重要且广为流传的简短作品，如 1872 年所撰的世界名著《为权利而斗争》、1884 年所撰的法学圣诞读物《法学中的戏谑和较真》以及 1868 年在维也纳的入职演讲《论法感的产生》。[10] 除了这些划时代的方法和理论著作外，耶林还有大量的法教义学著作，其中多发表在耶林的《当代罗马法和德国私法年鉴》中。今天最著名的是他在 1860 年对"缔约过失"（*culpa in contrahendo*）的发现。[11]

356　　　　但是耶林著作的丰富性在这里可被忽略掉。在它的丰富性和复杂性中，混淆且阻隔了对耶林的建构法学（Konstruktionsjurisprudenz）理论的观视——这是他在 1858 年左右的方法；直到 1884 年耶林才将其贬损为"概念法学"。这一概念法学在五对命题中得到探讨：方法与解释（三），教义学与建构（四），法、法、法（五），制定法与科学（六），形而上学与实践（七）。但是，对理解耶林的概念法学方法和民法有助益的首先是他们的时代**语境（Kontext）**，即 19 世纪 50 年代，那个法律时代在很多方面与我们的法律时代有所不同。

二、"概念法学"的语境

357　　　　耶林关于"概念法学"这一法律构想的理论内容源自《罗马法精神》第 2 卷第 2 分卷。罗马法在 19 世纪不仅仅是过去时代的法，也是当时的法。就如萨维尼在他的《当代罗马法体系》（1840—1849）[12] 中引出的体系关联中的"今天的"法，耶林在他的《罗马法精神》中并非无目地闲逛于历史之中，而是想要从历史中提炼出与时俱进又永存不朽的精华。因此，他在

[9]　*Jhering*, Der Zweck im Recht, 1. Aufl. Bd. I Leipzig 1877 u. Bd. II 1883, 2. Aufl. Bd. I 1884 u. Bd. II 1886, 5. Danach unveränderte Aufl. Bd. I u. II 1916, im Folgenden wird die 2. Aufl. mit dem Kurztitel Zweck im Text zitiert. 参见耶林后期著作，特别是该内容：Behrend, Rudolf von Jhering（1818-1892）。Der Durchbruch zum Zweck des Rechts, in: Rechtswissenschaft in Göttingen. Göttinger Juristen aus 250 Jahren, hg. v. *Loos*, Göttingen 1987, 229-269.

[10]　*Jhering*, Ist die Jurisprudenz eine Wissenschaft?, hg. v. *Behrends*, Göttingen 1998（zuerst 1868）；*Jhering*, Ueber die Entstehung des Rechtsgefühles, hg. v. *Behrends*, Neapel 1986（zuerst 1884）.

[11]　*Jhering*, Culpa in contrahendo oder Schadensersatz bei nichtigen oder nicht zur Perfection gelangten Verträgen, in: Jahrbücher für die Dogmatik des heutigen römischen und deutschen Privatrechts 4（1861），1-112.

[12]　*F.C. v. Savigny*, System des heutigen römischen Rechts, 8 Bände, Berlin 1840-1849.

1866 年第 2 版的前言中将"精神"这一语词称为"该书的第一个重大错误"！（Geist I VIII，即《罗马法精神》第 1 卷第 8 章，罗马数字表示卷和章——译者注）。耶林在寻找法的*精神*，但并非过去罗马的法。就如一直有点言过其实地给他的朋友温特沙伊德所写的那样："对我而言罗马法什么都不是。"[13] 就如在很快就有 500 年历史的老圣彼得大教堂中，或在梵蒂冈超过 1500 年的圣彼得大教堂中直到今天仍所证道的那样，就如将历史中"神圣的罗马法"转化为"德意志民族"的法，耶林在为他的时代宣讲"罗马法的精神"。[14]

罗马法在 19 世纪只是众多服务于法院和学者的**法源（Rechtsquellen）**之一——然而唯此名冠群雄。在德意志文化民族修修补补的地毯上，使用着不同的邦国法和制定法（如 1794 年的《普鲁士一般邦法》、1804 年的《法国民法典》以及 1811 年的《奥地利普通民法典》）、众多习惯法及所谓的共同法（普通法——除了罗马法源，还有诸如中世纪的《萨克森明镜》这样的国内法源的法的统称）。在任一德意志邦国或诸侯国中法都有相应的不同法源。只是罗马的"法典"——《民法大全》（corpus iuris civilis）就如 19 世纪的现代法典一样，并不是"无漏洞的"法典。它最重要的著作——《学说汇纂》（Padekten/Digesten），是"一种具有 9000 个案例法言的判例集"。[15] "精神"和"体系"这两个当时的关键语词仍有大量空间。[16]

接下来的框架条件对于理解 19 世纪中叶的法较为重要。[17] 比如与私法相比，公法只有极少部分被塑造出来，且只是很弱地在国家面前保护国民。与之紧密相关的是市民的私法被理解为宪法。国家原则上被从市场、生产、

[13] Jhering in Briefen an seine Freunde（1913, Fn. 7），Brief Nr. 20 v. 29.7.1856 an Windscheid, 65 f.

[14] 罗马的三大遗产，即法、帝国和宗教——耶林已经在《罗马法精神》第 1 卷第 1 页（Geist I 1.）作了称赞。

[15] 非常贴切的内容参见 *Rückert*, Savignys Dogmatik im„System", in: Festschrift für Claus-Wilhelm Canaris zum 70. Geburtstag, hg. v. *Heldrich, Prölss* u.a., München 2007, 1263—1297, hier 1272，也具有对德国一般法源的提示。

[16] Vgl. zu„System"in der ersten Hälfte des 19. Jahrhunderts *J. Schröder*, Recht als Wissenschaft. Geschichte der juristischen Methode vom Humanismus bis zur historischen Schule, München 2001, 245 f. und *Rückert*, Heidelberg um 1804-oder: die erfolgreiche Modernisierung der Jurisprudenz durch Thibau, Savigny, Heise, Martin, Zachariä u.a., in: Heidelberg im Umbruch. Traditionsbewußtsein und Kulturpolitik um 1800, hg. v. F. Strack, Stuttgart 1987, 83-116.

[17] 非常富有启发性的内容参见 *K. W. Nörr*, Eher Hegel als Kant. Zum Privatrechtsverständnis im 19. Jahrhundert, Paderborn u.a. 1991, insb. 11-15。

经济、租赁、劳动、家庭和继承中排除出去，以便保障市民在政治上自由
的空间，君主的权力被圈进界限之中。该时代的法学还处于萨维尼"历史
法学派"的光芒之下，相反诸如康德或黑格尔影响下的哲学性的"自然法"
已经过时。[18]

360　　　　19世纪中叶普遍的声音或选择有助于探寻耶林的"精神"。在政治上，
1848年的民族自由运动失败了——当然并非没有留下痕迹。德意志民族国
家迟到了23年——直到1871年德意志帝国才诞生。德意志民主议会（1848
年保罗教堂）并不存在。封建领主继续或多或少地用强有力的邦国议会进
行统治。哲学在19世纪也处于变革之中。对自由主义体系的信仰以及将
经验—世俗的动乱带入形而上—怀疑论秩序的期望也随着黑格尔的死亡而
死亡。[19]怀疑论的体系信仰为众多潮流所替代，诸如今天被消极使用的口
号"实证主义"、对更确定的自然科学成就的期待，当然还有诸如唯实论、
生命哲学等这些反对运动。

三、方法与解释

361　　　　耶林的方法论大多都不太为人所注意。这并不令人惊讶，耶林自己的
确没有为解释（Interpretation）和诠释（Hermeneutik）或方法留下太多东西。
耶林对于制定法简洁的语言和简单的词句并未有太多看法。他更多地关注
"精神"（Geist），即"（罗马）法的精神"。解释理论这一标题并未为之较
好地预告出任何内容："附着于语词"是"法附着于外在表述之上"。谁要
作出批判，谁就（以未示明、不正确或欠考虑的方式）"依靠"语词或外
在表述？

362　　　　耶林对语言的彻底怀疑存在于当时旧的理念论的辩证游戏中：内部与
外部、主观与客观、精神的和纯粹语义的以及本质的与现象的。这一（形
而上的）**双重技术（Doppelungstechnik）** 或辩证法（Dialektik）伴随着耶林
全部"法"的精神。（存在的）善与（存在的）恶对立；本质原则上区别于
现象。对于解释而言意味着：思想优先于语言、思维优先于表达（Geist II-2

---

[18]　关于历史法学派参见 *Rückert*, Die Historische Rechtsschule nach 200 Jahren-Mythos, Legende,
Botschaft, in: JZ 65（2010），1-9。

[19]　关于黑格尔之后19世纪的众多哲学变革和转变富有启发性的内容见 *Schnädelbach*,
Philosophie in Deutschland 1831-1933, 6. Aufl. Frankfurt am Main 1999（zuerst 1983）；关于耶林参见
Wieacker, Jhering（1957, Fn. 2），197 f.。

444ff，即第 2 卷中的第 2 分卷第 444 页及以下——译者注）。没有思想能够完全以语言来表达。没有真正的、正确的法能够被公式、格言、语句和语词所驯服。基于这一（怀疑的）视角可知，**逻辑解释（logische Interpretation）**优先于**语法解释（grammatische Interpretation）**。[20] 这表明，耶林对语义解释（Wortlautinterpretation）的犀利表达应受到关注："语词解释（Wortinterpretation）的最高原则是，必须将一切所想的清楚地表述出来；未被表述出来的所想内容就不被考虑。"（Geist II-2 450）语法既不可离开文本，也不可离开非文本。耶林认为，语法毫无精神地束缚着字词。同样，语法还粘连着语句。

当语法解释仍"停留在语言"之上时（Geist II-2 446），逻辑解释已经"超越了语言"（Geist II-2 446）。它着眼于"表达者的灵魂"（Geist II-2 446f.），并探求"他诞生地的一些思想"（Geist II-2 446）。在 1858 年，逻辑并非指形式逻辑，即（所表达的）语句的逻辑推理关系，而是对意义的理解、对所思考内容的再思考，简言之：内容逻辑。 363

但是对于耶林来说，解释（Interpretation）同样并非千篇一律。首先 364 是对法律行为的解释（Auslegung）有别于对制定法的解释。法律交往的参与人在缔结合同中对他们自己的行为和语言选择负责，但是他们对制定法的表述内容和立法者本身并无影响。因此耶林沿着语词之路至少走到了半途。即使没有摆脱限制，耶林也确实在强调**法律行为解释（Auslegung der Rechtsgeschäfte）**时语词效力的优先性：

"在语词发挥效力之处，没有任何技艺和解说能废除被正确使用的语词的效力。解释的结果在此处必须首先考虑到清晰度。但在逻辑解释中绝非如此，因为法官的主观性在此处具有不对称的更大的回旋余地。严格的解释对于非专业者和粗心者是危险的，对于专业者和细心者才利大于弊。"（Geist II-2 455）

另一方面，法官可测度的"明确性"和客观性解释所具有的危险的严 365 格性相对。由于法的交往和法律相关人能够适应语言的机会和风险，且此时已经休戚与共（反之亦然），与今天的法相反，耶林在解释意思表示时（《德国民法典》第 133 条）并未依据"真正的意思"，而是依据"真正的

---

[20]　关于萨维尼的逻辑解释见本书吕克特所撰关于温特沙伊德的内容，边码 76 及以下、80 及以下、143 及以下。

语言"。

366　　　耶林对**制定法解释（Interpretation von Gesetzen）**时的解释（Auslegung）的任务作了另一番评价。这里他称赞罗马法学家的技艺，即不得使用语词来偏离正确内容。耶林认为，解释的准据并不是制定法文本，而是"现实的需要"（Geist II-2 463）或"生活的利益"（Geist II-2 461）。当诗人和法律人歌德还在嘲讽地写"解释之中似乎应该是新鲜和活泼的！你们不要将之解释出来，而是将之解释进去"时，[21] 耶林在对罗马法学的赞美中将论证引向了正当化：

　　　　"鉴于它（罗马法学）并不满足于将意思解释出来，而且根据自己的期望去修饰、改变和注解制定法，他们即使在形式上位于制定法之下，在事实上仍位于制定法之上——并非对诸如纯粹的语言或立法的思想解释的正确性问题，而是它实践上的适当性问题在决定着接受和拒绝。"（Geist II-2 463）

367　　　这样，"实际的适当性"（Angemessenheit）和"生活利益"或"实际需要"在 1858 年时即为耶林制定法解释方面的关键语词。耶林较多地涉及"思想"和"逻辑"，较少涉及"制定法""语言""语法解释"，从未涉及"字词崇拜"（Aufgabe 38，指第 38 页，见本节脚注 3——译者注）。然而，耶林并非片面、排除性地对语法和逻辑、解释和适当性进行选择。耶林自己说过，他绝不想将"法的特征"限制于"简短的公式"（Geist II-2 IX），在众多喻例和术语图景中，他同样试图漫步于解释而来的法中"或多或少"的中间地带。

四、教义学与建构

368　　　但是耶林的方法并不限于我们今天在"方法论"（Methodenlehre）这一语词之下所表达的内容。耶林的方法不仅仅包括解释规则和萨维尼的解释规准（canones）、论证和修辞，即法发现的"简单"工具。耶林认为，方法主要包括作为**建构（Konstruktion）的教义学**。耶林并未对建构和教义学加以区分。耶林将既有的法（教义学或建构）与被放弃的法发现（方法）合成为

---

[21]　Vgl. *Goethe*, Zahme Xenien II, in: Johann Wolfgang Goethe. Sämtliche Werke nach Epochen seines Schaffens. Münchner Ausgabe, hg. v. Richter, Bd. 13.1, München 1992, 53.

"法—制造"理论，[22] 二者包括法方法和体系、动态和静态、实践和概念。耶林的建构作为**"自然历史的方法"**（naturhistorische Methode）同时指二者。[23]

对于耶林而言，简单的解释（Interpretation）和解释（Auslegung）属于"低级的法学"（Geist II-2 358），即一个以原初的"命令和禁止"的形式对法律规范进行分析的法学（Geist II-2 358），而法律建构为其开启了通往"法更高级表现形式"之路（Geist II-2 358）。这一**"高级法学"**（höhere **Jurisprudenz**）的方法要求（Geist II-2 358）被称为**"制造"**（Production）（Aufgabe 3）。耶林以此来指对"全新素材"的创作和劳作（Aufgabe 8），并反对仅为"继受的法学"的无所事事。耶林以此建构性的法学来宣告一个作为法律—科学（Rechts-Wissenschaft）的法学（Jurisprudenz），它将历史窘境中的法解放了出来。[24] 这一"高级法学"只认可几个面孔："自然历史的方法""**法律建构**"（juristische Construction）"体系"只是同一事物的不同方面。关于自然历史方法和建构，他写道：

369

> "我们到达该点，以便回到法学上的建构，这可以用一个语词来定义，即自然历史方法意义下的法素材的创制。法学上的建构应被这样来表达，即法学的绘制艺术，它的客体和目的是法的实体。"（Geist II-2 370）

因此，自然历史方法和建构是密切相关的。当耶林将建构描述为制造时，自然历史方法就作为活跃的生产活动服务于建构，它分析、实施，并将建构作为教义学来塑造。作为法律获取的程序，它塑造法的素材并改造它："自然历史方法意味着在一个较高的混合状态中来攞升法。"（Geist II-2

370

---

[22] 关于 „Recht-Fertigung" 这一概念见 *Wiethölter*, Zum Fortbildungsrecht der（richterlichen）Rechtsfortbildung. Fragen eines lesenden Recht-Fertigungslehrers, in: KritV 3（1988），1-28 u. *Wiethölter*, Recht-Fertigungen eines Gesellschafts-Rechts, in: Rechtsverfassungsrecht. Recht-Fertigung zwischen Privatrechtsdogmatik und Gesellschaftstheorie, hg. v. *G. Teubner* u. *Chr. Joerges*, Baden-Baden 2003, 13-21。

[23] 关于 „naturhistorischen Methode" 这一概念在《当代罗马法体系》和康德作品中的意义，参见 Kambartel 与科殷的讨论，Der juristische *Systembegriff* bei Jhering, in: Philosophie und Rechtswissenschaft. Zum Problem ihrer Beziehung im 19. Jahrhundert, hg. v. *Blühdorn* u. *Ritter*, Frankfurt am Main 1969, 149-171 und die Diskussion, 172-184, hier 178 f.。

[24] 参见第 16 版中的著名内容："几个世纪以来所研究的法学已经发现了法律世界的基本形式和基本类型，且在其中也有更远的运动，这在如今可能更为涣散；这种法学不可因历史而再次陷入困境。"

361）但不禁产生了这样的后续问题：以何来确认这一混合状态？自然历史方法将之擢升了多高？这些问题的回答与耶林对建构和**体系（System）**的理解密切相关：

　　"我们想将在自然历史方法意义中通过建构形成的法称为体系，并将下列详细解释的内容总结为两句话：体系是实在存在的素材在实际上最有益的形式。"（Geist II-2 383）

371　　　　耶林在此对"体系"和"建构"作了区分。他还将体系和建构擢升为自然历史方法所达至的形式。在这一实体中用自然历史来加工的素材获得了它的结构、要素和形态。这些素材在自然历史方法上被依照法律素材加工后，就安顿于作为法律体系的"法律实体"之中。

372　　　　耶林分配给依据自然历史构建的体系两个**功能（Funktionen）**：一个是实用性的，另一个是建构性的。作为素材的秩序体系，首先是一个对法而言极具适用性的模型。它在"记忆中"储存了关于法律科学上、司法上和立法上的决定（Geist II-2 383），并实现了对体系化秩序的不同部分的简单概览。这可能是一个"最舒适的素材模型，因为是最简洁、最浓缩的素材模型"（Geist II-2 384）。但是，该体系首先提供了法的"最透明的模型"（Geist II-2 385），因为这一方面将寻找法的人的注意力引向了"最细微的差别的相似点"（Geist II-2 385），另一方面弄清楚了制定法和法的"沉默条件"（Geist II-2 385）。比领受之面更有趣的是创造之面。该体系可能是"永不枯竭的新素材之源"（Geist II-2 386）。这样，耶林不仅从预先制定的法律规范（比如制定法）中获取法，还主要从体系的逻辑中获取法。不仅是《国法大全》中单独的法实现了对法律规范的塑造，还主要是体系上不同的法的组合建构了法律规范。基于此的抽象化，或在体系中的抽象化，成为独立的法源。在这里，耶林有义务对体系中的规范力量——体系力量（Systemmacht）的合法化作出阐明。他神秘地选择了形而上的论证，并提到"法学上的推想"（Geist II-2 383），或招来"事物本质"（Natur der Sache）（Geist II-2 388）和"物体的本质"（Natur der Dinge）（Geist II-2 342）。

373　　　　这一纯理论的形而上学在耶林的**"法律实体"（juristischer Körper）**理论中体现得比较明显。特别是在他所使用的塑造性的艺术图景中——这位雕塑家的作品中，尤其明显。就如雕塑家雕刻他的大理石，将石头雕刻成塑像一样，法律人雕琢那些未被加工过的法律素材，从中发掘出具有法实体形式的现行法。这一图景中重要的是：肖像已经（作为本质）藏在大理石中，即法实体始终位于法素材之中。就如有经验的雕塑家在瞥见光秃秃的石头时就能够想象到他的雕塑作品，法学家同样要能以他的鉴别力在法中看到法。耶林的概念法学形而上的实体论只有借助这一实体图景才变得容易理解。他自己的解释也限于具有较弱说服力的形而上的观点：

"实体内容的说明与概念所'概括的'内容同等重要，即在其本体中将其捕获，它对之作了'定义'，即将之与他物相区分，赋之以逻辑上的'本我'"（Geist II-2 363）。

耶林实体的概念披上了**思辨的形而上学**（**spekulative Metaphysik**）的外袍。他不仅提到了"领悟性的概念""本质""本我"（Für sich sein），还有"最内在的核心"或"实体的精华"（Geist II-2 363），以及"法的存在"（Aufgabe 10）。无法超越的是耶林对概念繁殖能力与"法自我审视可能性"的观念（Geist I 40）：科学可以通过糅合不同要素来塑造出新的概念和法律规范；这些概念是具有建构性的，它们互相交配，繁殖新的概念。所有这些图景和语言游戏都只在一种形而上的合理性中被领会；这一合理性将来自耶林的（罗马）法的实在内容储存在他的"精神"之中。这是将质料上的法律素材提升至"精神的'凝聚态'"、（实在）法的（形而上的）法，耶林的体系和建构赋予并保障了创造之力。

　　但是耶林将这一合理的形而上的理论核心再次（从实在角度）放入了**法律建构的三个定律**（**drei Gesetzen der juristischen Konstruktion**）之中。[25] 耶林区分了"实在的""逻辑的""美学的"定律（Geist II-2 379），任一建构都应服从于它们：（1）"与实在素材相符合定律"（Geist II-2 371-374）；（2）"无冲突定律"（Geist II-2 374-379）；（3）"法律之美定律"（Geist II-2 379-382）。**"符合定律"**（**Gesetz der Deckung**）首先要求建构受制于实在的

374

375

---

　　[25]　仅仅耶林的"概念匹配"就迎合了对立法的分析。当"立法者……给予我们所谓的组合实体时，必须对之作出学术上的分析"，且将之解析成"简单的部分"（Geist I 39）。从此简单的部分中可以再次组合出新的法规范，这在技术上并不棘手（比如今天组合成的表见代理，一方面是权利外观的事实构成，另一方面是代理的法律效果）。以此视角看，耶林的组合之力明显具有形而上学的特色，尽管耶林最终并非具有此意。

原则（Geist II-2 371）。在此，第一定律即涉及疑难的形而上学。法律推定似乎首先不允许得出"与实在法不相符的""结论"（Geist II-2 374）。因此，法律推定不得与实在法相矛盾或者有所超越。但这只是制定法的一面。在对实在"既存的要点"的整合中作为法之科学的法学是"完全自由的"（Geist II-2 371f.）。因此，实在法和形而上学的关系被辩证地建构。耶林的实在的制定法关涉自由中的约束或约束中的自由——但自由始终具有优先性。

376　　　相反，耶林的第二个建构的要求——"**无冲突定律**"（**Gesetz des Nichtwiderspruchs**）并不涉及概念产物和实在法的关系。这指向了"科学自身的矛盾"（Geist II-2 374）。概念体系和它的实体不允许存在相互矛盾的法条。设计者似乎必须在其适用范围内的各种"想得到的"情形中（Geist II-2 375）对"法律实体"进行检测，并与它的应然法相比较。在此，不管是否涉及"一种非常规的、实际上重要的"情形，都应同时适用（Geist II-2 375）；"在全部任务上"似乎并不涉及"一个实践问题，而是一个逻辑问题"（Geist II-2 375）。但是所指的并非对所构建的法律规范的形式逻辑上的比较。"逻辑"既不可理解为形式的，也不可理解为内容上的。无冲突这一要求在我们所理解的语言中仅为"价值冲突"，并取决于所谓的"法秩序的统一"。

377　　　耶林的第三定律是"美学"定律——"法律之美定律"。这称为"建构越简洁，则越完美，即越生动、越透明、越自然；在最质朴之中能经受住考验的艺术是最高级的艺术"（Geist II-2 381）。此处重要的并非耶林对法律之美的设想，而是耶林的**规范—实践的**（非美学的）**无标准性**（**normativ-praktische Maßstabsloßigkeit**）。虽然设计师受制于实在的—点画式的法，但是不得陷入矛盾之中，在他的设计中，他在规范上反而是自由的，且最多受到美学上的制约。这可以在一个画面中加以说明：耶林的法律建构让人想到建筑师，他发现了建筑的素材，即他有石料、木料、地基可以使用，所有其他内容都由他决定：建什么样的房子？目的是什么（居住房、商业用房或仓库）？以什么风格？——作为建筑师，他可以自己决定所有内容。但是，这座房子必须美观。

378　　　然而，在法律建构和法律实体理论的三个定律之中并未穷尽耶林的教义学方法。在建构艺术和解释工作之间，耶林还阐述了两个技术："**法律分析**"（**juristische Analyse**）（Geist II-2 334-352）和"逻辑限缩"（logische

Concentration）（Geist II-2 352-357）。这两种位于（较高位与较低位之间的）"中间法学"之上的方法追寻"同样的目的"，但是却"在恰恰相悖的路上"（Geist II-2 352）。法律分析首先通过"抽象"（Geist II-2 336）和"逻辑解构"（Geist II-2 343）从法律素材（Geist II-2 334）之中发掘"法的组成部分"，[26] 即"基本概念"（Geist II-2 335）、"基本内容"（Geist II-2 334）或"法的简单要素"（Geist II-2 335）。在此，耶林的抽象意指"从具体中分析出一般来"，即将法律规范的普遍"部分"（Geist II-2 336）一般化为普遍的基本概念。由此实现的和认定的"全部法的组成内容的可能性"（Geist II-2 336）就释放了分析的建构之力。所分析的法的组成内容和法的要素可能一直被组合为新的法概念和法律制度、新的法律规范和法律原则。这在类推的示例上就特别清晰（Geist II-2 334 f.）。这样，该分析便融入建构的建构性之力，而非向更高状态逃逸。

法学的第二个方法是**"逻辑限缩"（logische Concentration）**。这里并不涉及"解构"和分析，而是完全相反，只涉及"联结和压缩"（Geist II-2 352）。然而在限缩中隐藏着一个建构性之力。通过将法素材凝聚成"原则"（Geist II-2 353）和基本"思想"（Geist II-2 353）可以从该原则中再次编织出新的法律规范。不同于在法概念中对条文中可一般化的特殊性进行比较并加以类推的方法，限缩是通过对被纳入原则之中的、特殊的一般性的推导来创制新的法。当该分析在进行抽象时，限缩则通过在法中找法这一途径来合成自己的法源。 379

正如耶林的解释理论一样，他的教义学和建构论也同样较少借助"简略的公式"。对"体系""建构""自然历史方法""高级法学"的理解并未被清楚地表述。虽然耶林明确为这一（理论）建构和方法的建构之力辩护，但是他同样以"符合定律"来提醒对法的实在性的重视。他那关于形式—自由和自由—形式的话也证明了这些："形式是恣意公开的敌人，自由的同胞。"（Geist II-2 471）[27] 耶林始终想要二者兼得：推想和实在、自由和形式、制造和继受、精神和制定法——哪怕他一直在强调自由、制造和精神。对 380

---

[26]　Zum „Alphabet des Rechts", schon Geist I 41.

[27]　*Oestmann*, Zwillingsschwester der Freiheit, in: Zwischen Formstrenge und Billigkeit. Forschungen zum vormodernen Zivilprozeß, hg. v. Oestmann, Köln u.a. 2009, 1-54, insb. 20-23. 关于这一辩证法参见《罗马法精神》第 3 卷第 9 页："通过非自由达至艺术中的自由之路。"

此也存在耶林矛盾的名言："出于罗马法而胜于罗马法。"（Aufgabe 52）[28]

五、法、法、法

381   除了关注方法和教义学、解释和建构，耶林还关注法的概念。这里存在着他的**法中之法（Recht im Recht）**，[29] 而这也是解释和建构所试图了解的。当然，耶林同样并未将"法"付诸"简短的公式"。他以双面的法的概念开启了他那理论与实践兼具的法律世界的大门。耶林从"组织意义"和"生理意义"出发将该两面描绘为法的权利（Rechte des Rechts），在二者之间他还加上了"心理上的"观察。组织上的视角在此首先聚焦于法的教义或"结构"，而心理上的视角则针对推测和"精神"。最后，生理学上的研究则致力于法律实践和"功能"。[30]

382   但重要的是，在所有三个视角中，既有的法中具有**权利的统一性（Einheit der Rechte）**。但必须被正确认知或表述的是——现行法是"源自人民"，"通过立法者"，还是"通过教义和实践"（Geist I 27）？现行法是"实际的"（Geist I 31）或**"客观的法"（objektives Recht）**（Geist I 33），它构成了法学的核心。除了撰写出来的即"表达出来的法条"，还有"潜在的法条"（Geist I 31）。这些潜在的，即隐秘存在的，但是并未被识别出来的法条成为耶林"永不枯竭的法源"（Geist I 32）。它们（不可支配地）处于对法的所有表达和观察的历史表象之下。

383   在耶林将现行法引导性地解释为"人类自由的客观组织体"后（Geist I 25），他从外部着手解决内部构造和精神，开始进入"法的更外部的、实践上的顶端"（Geist I 28，34）。"法条"（Geist I 28）在此被视为法"外部可视的表象"（Geist I Aufl. I 25）。它们被纯粹实践性地、简单地表述着，即用命令式的形态表述着。这些并未形成法学上的或哲学上的体系，而是仅仅（以双面的法的概念）表现"法的时代意识，而非法本身"（Geist I 32），即法的外部之法。

---

[28]   Vgl. Geist I 14.

[29]   比较这一标题：W. Wilhelm, Das Recht im römischen Recht, in: Jherings Erbe, hg. v. Wieacker u. Wollschläger, Göttingen 1970, 228-239。

[30]   参见 Geist I 26 f.："任一有机体都可以是双重视角的，一个是组织学的，一个是心理的；任一视角都具有自己的组成部分和内在机制，即以自己的功能为客体的机构。"关于组织学和心理学请继续参见 Geist I 27-48 u. 48-58。关于心理学的视角参见 Geist I 44 f.。

在法条中耶林揭示了**教义学的法（Recht der Dogmatik）**，即法概念的 384
法、法制度的法和法体系的法。它们是"法的骨架"，"法条中的法的整个
实体都附着其上"（Geist I 36），作为结构给法的实体以稳固，并给法的精
神以骨肉。法条描绘了法的外在一面，"体系"则构建了"物本身的内部
秩序"（Geist I 37）。但是这并不意味着在作为"命令和禁止"表达出的法
条之前丧失了实践的品质（Geist I 37）。也许在作为"法条"的"教义学的
逻辑"中存在一种"强烈的实践上的意义"（Geist I 37）："十个早期的法条
的具体内容或许已被纳入一个唯一被正确表述的概念之中。"（Geist I 37）
尽管耶林在解剖学的两个层面上强调法的实用性，这一被强调的解剖学上
的法的总结再次将耶林带入了形而上学的王国：

　　"睁着的一只眼看到了作为法律制度和法概念的逻辑有机体的法，闭
着的一只眼则感受到了作为法条的整体的法；每一个都是法的内在本质，
它是现实生活的外在一面。"

　　耶林的辩证法在此又达至一个高峰：内部是本质、具有逻辑性的有机 385
体，外部则是实践性的生活和命令式的法律规范。耶林的策略在于：内和
外、逻辑和实践是一个法的两面，恰如一枚勋章拥有两面一样。尽管存在
形而上学的语言游戏，但是这里的确没有让权利陨落的法的天国，而是法
的两个结构平面仍被相互束缚。它们互为对方的反面。

　　在法的解剖学和生理学的中间地带，耶林常常踏入形而上学的领地。 386
在**"法的心理要素"（psychisches Moment des Rechts）**中（Geist I 44f.）耶
林从"法的精神"（Geist I 45）、法的"灵魂"（Geist I 45）或"法组织体的
心脏"（Geist I 45）角度阐述，这里他失去了所有关于实践的、可适用的和
生活的方面的联系。这一法律世界是纯粹超凡脱俗的世界：

　　"对精神的认知比对实体的认知有多难，则对心理要素（'法的精神'）
的要求比对法的实体的要求就有多难。当法律规范明显建立于表象之上、
法律制度和法概念通过实践中的应用硬要把自身强加于意识之时，任一法
的驱动之力则静默于最深的内部，并极缓慢地起作用，虽然侵彻于整个机
体，但是一般从未在任一单独的点上如此清楚地出现，以至于人们必须有
必要去发掘它们。并无实践上的需要去强迫它们变得清楚，因为它们并非

实践的，并非法律规范，而只是法律制度的质地和特征、无能力适用的一般性思想；只是对法的实践性规范的形成施加一定的影响力。"（Geist I 45）

387　　　这样，耶林就飞升到了他的**"概念天国"（Begriffshimmel）**。[31] 耶林认为，诸如法律制度的"质地"和"特征"这些自由使用的法律思想脱离了法律实践和法律使用。但是这一纯内在的法并非全部的法。这仅仅提供了激发概念构建和制度构建的"驱动力"，就如它（内在地）影响和推动实践一样。尽管有理论—精神的形态，但是耶林的"法的精神"仅仅是驱动上的而非真正精神上的。

388　　　耶林并未攀登上这一脱离实践的法的高峰，他从所在的山坡下来，并在**生理学法视角（physiologische Rechtsbetrachtung）**的山谷中寻找法的"功能"和"实践上的可用性"（Geist I 48）。这是一个 180 度大转弯。没有"对法的功能的认知"就无法期待对教义学和精神的理解（Geist I 48）。只有"生理学"才有助于"真正理解组织构造"（Geist I 48）。逻辑、概念和抽象化突然软化了法的实践和生命。法的"逻辑分析"被"实际适用性视角"所取代（Geist I 49）。如今统治的是"实际生活的立场"（Geist I 48）。但是此处何谓"功能"？何谓"生活"？耶林回答道：

　　　"一般而言，法的功能现在在于自我实现。不能实现的不是法，相反，何物实现了这一功能，则何物即为法，哪怕这并未被确认（习惯法）。只有实在性将记载制定法或法的其他表达形式的文本确证为真正的法，这因此也是法唯一确定的认知手段。"（Geist I 49）

389　　　即使耶林远离了法律推理和概念逻辑，他仍继续陷在这些形而上学的语言游戏之中。这些语言游戏关涉认知、现实性和真实性——这些同样是形而上学和存在主义的经典主题。但是耶林完全是在结合实际地提到这些。当他讲解法的现实功能时，在"形式的可实现性"（Geist I 51）这一语词之下展示的是法的清晰性和法的确定性这一解释规准。他提到了将抽象的法律适用于具体案例的"简易性和安全性"（Geist I 51）、对法律适用的促进以及"同一标准下的法的实现"（Geist I 51）。即使这里揭示了法的"真实

---

[31]　关于概念天国的图景参见《戏谑》（*Scherz* 245-333）。

性",但并未继续过多探讨晦涩的形而上学。

然而,如何解决法的组织学视角和生理学视角之间的矛盾?如何让形 390
而上的内核和实用主义的外表相契合?耶林并未解决这一矛盾。相反,他
将这一矛盾当作法律技艺的无解的难题。如果这一概念并不极其矛盾的话,
人们可以将之称为一个实用主义的形而上学形式。哪怕法的内在和外在、
实践和精神肩负不同的目的,它们也必须相互协调:

> "因此,法形式上的可实现性这一思想是一个与法律概念的逻辑机 391
> 制相悖的原则,他在多方面对法的自由发展作了改变。这一原则强制性
> 地将概念的内在转化为外在,为了内在的区别和概念而强制寻找尽可能
> 正确的标准,这很快引起了法律症状学(juristische Symptomatik)的形成。"
> (Geist I 54)

法的内在逻辑和外在实践上的必然性之间的关系就这样成为法学的 392
时代标志。耶林的法的概念定位于撇开自身来解决这一基本问题:一方
面是教义、建构和概念之间的难题,另一方面是实践、生活和功能之间
的难题。耶林限制在他的实用主义的形而上学中去诊断法学的**症状特征**
(**Symptomatik**),并转化到一个"有活力的法的图景"之中(Geist I 57)。
通过反对(纯粹历史的和纯粹概念性的)法的(实践)法,他获得了作为
(概念的)法的(精神)法。[32]

六、制定法与科学

在教义学、建构和法中之法之外,耶林忽略了制定法。制定法之事非 393
耶林之事。在耶林这里只涉及建构和精神,而非语言和词汇。教义并非制
定法的一部分,而是它的对手。他直接通过另一个**立法者(Gesetzgeber)**
替代了此立法者。在他借助法学家、法官和他的更高理性来反对制定法之
时,这已经体现在了他的解释理论之中:

---

[32] 关于 "Recht als Recht durch Recht gegen Recht" 这一表达参见 *Wiethölter, Zur Argumentation im Recht: Entscheidungsfolgen als Rechtsgründe?*, in: Entscheidungsfolgen als Rechtsgründe, hg. v. G. Teubner, Baden-Baden 1995, 89-120, hier 94 u.ö. oder *Wiethölter*, Fortbildungsrecht(1988, Fn. 22), 1 u.ö.

　　"制定法并不因法学家的持续咒骂而得以发展。法官之手有意或无意地变得轻松自如，正义之臂衰弱，批判者穷尽一切洞察力去损毁制定法，添加制定法并无规定的新条件，根据所涉及的困境来作广义或狭义上的解释，就如无声的誓言那样，最勉强的推理同样找到了入口和自愿的信仰——逻辑同样顺从了利益。"（ Geist II-2 465 ）

394　　当法学家不喜欢某个结果、讨厌某个法条，或者某部法律导致了不适宜的判决时，耶林懂得众多法获取的路径。并且他知道，为了制造法，法学家们使用的制定法有多么少。他明确承认："法学并未将法律条文的全部关键点都置于制定法之中。"[33] 这同样是高级法学的**"非合法源性"（ Nicht-Quellenmäßigkeit ）**（ Aufgabe 5 ）。

395　　制定法的这一自由不仅仅在耶林的方法论中得到印证。它也是耶林建构理论的重要组成部分。教义学位于科学的权限之内，而非立法机关的权力之内：他强烈地主张"立法者不得建构"。他的论证理由显得超前："立法者因此涉入了科学的范围，放弃了他那立法者的权威和权力，并与法学家站到一起。"与之相对，这明显适用于建构科学："此外建构科学在此（建构中）是完全自由的，对科学而言，立法者的建构并不具有约束力。"（ Geist II-2 371f. ）这一科学上的**建构权力（ Konstruktionsmacht ）**本身并非对制定法的藐视。建构者始终受实在法和"符合定律"约束。如果教义学和建构受制于对政策或制定法上方针的继受，或者体系在技术上服务于理论、对法的阐述和说明，则这里并不存在对制定法的挑战。如果耶林的教义学在接受能力上受限制，则制定法并未被其超越。但作为"高级法学"，即耶林的教义学作为建构性的科学以法之名超越了制定法。制定法的仆人变成了主人。在耶林处这并不是对制定法偷偷地瓦解，而是一个公开的要求：

　　"对素材提升的同时也是对法学自身的提升。它从立法者的一个搬运工、实在的具体内容的收集者跃向了自由的艺术和科学；该技艺艺术性地对素材进行构建，为之赋以生命；虽然在其客体之中具有实在的内容，科

---

[33]　*Jhering*, Pandektenvorlesung nach Puchta. Ein Kollegheft aus dem Wintersemester 1859/60, hg. v. *Jäde*, Göttingen 2008, §17, S. 68.

学仍称为精神领域的自然科学。"（Geist II-2 361）

　　然而，耶林认为这一关系不仅仅单方面不利于立法者的建构。耶　　396
林始终用"符合定律"在他的建构理论中留给**实在的政策内容（positiv
Politisches）**一席之地。并且他还在"内部权威的法"（法）和"外在权威
的法"（政策）之间建构了一定的辩证法。[34] 在法的双面性——建构的法和
制定的法中，作为规制和控制手段的一些法律规范继续归立法者支配，而
科学性的建构看起来似乎仅仅服务于法律续造和体系的构建。然而在 1858
年德国法教义学［不管是无体系的《民法大全》（corpus iuris civilis），还是
日耳曼法源，都被它积极地构建着］多元碎片化的法源状态中，法的实体
布满漏洞。围绕着该碎片化的实体的，是规则的漏洞和例外的规则。这一
科学—教义上的建构提供了通往法的核心的钥匙，并为法政策提供了分析
工具。[35]

　　科学和制定法之间缺乏辩证性的关系并未最终归责于耶林的法的概念。　　397
在耶林的**法概念（Rechtsbegriff）**之中——虽然在这里积极地转变着，但是
却具有终极目的，或至少隐藏一个柔性内核的预设内容，对重要的法律实践
和生活世界的政策控制和制定法干预给予较少空间。对耶林而言，法同样
是一个"内在封闭的历史产物"，且并非"恣意性规则的集合——它的起源
在于立法者的回应"（Geist I 26）。当法历经了数百年的打磨和发掘，就不需
要用外显的制定法来证明。这一真正的**法（Recht）**因此独立于它的创造者

---

[34]　关于 A. 和 B. 的标题参见耶林的首本著作：*Jhering*, Pandektenvorlesung（1859/60, Fn.
33），vor§12, S. 61 u. vor§17, S. 67。耶林这一著作主要遵循了普赫塔的潘德克顿内容，但添
加了一些新的标题和标记。参见普赫塔所撰相关内容：Pandekten, fortg. v. Schirmer nach der
Bearbeitung v. Rudorff, 12. Aufl. Leipzig 1877, §§10-16, S. 19-30。在第一版中即已出现了相关表
达（1. Aufl. Leipzig 1838, I. Buch, S. 22）。关于耶林的《潘德克顿讲义》（Pandektenvorlesung）参
见 *Jäde*, Einführung und Erläuterungen zu Jherings Pandektenvorlesung nach Puchta（2008），in: Jhering,
Pandektenvorlesung（1859/60, Fn. 33），21-32。

[35]　*W. Wilhelm*, Zur juristischen Methodenlehre im 19. Jahrhundert. Die Herkunft der Methode
Paul Labands aus der Privatrechtswissenschaft, Frankfurt am Main 1958, 121-124; weiter *Ekelöf*, Zur
naturhistorischen Methode Jherings, in: Jherings Erbe, hg. v. *Wieacker* u. *Wollschläger*, Göttingen 1970,
27 f., hier 28: „Verschleierung der Verhältnisse". Zur rechtsfortbildenden Funktion des„Systems"Coing,
Systembegriff（1969, Fn. 23），164 u. *Fikentscher*, Methoden des Rechts in vergleichender Darstellung. Bd.
III. Mitteleuropäischer Rechtskreis, Tübingen 1976, 200.

和规制对象，且始终存在。[36] 如今，在众多"法裁判者"和"法制定者"之中，法学家和教授是国王。[37] 他们在制定和讲述法上是受到最多教育和最富有经验的——他们的先知叫耶林。[38] 耶林的辩论还反对法的"政策上的"界限，他称之为"科学的羞辱性形式"。最后，法律人在对历史的汲取中是自由的。标准仅仅是法本身，而非对法的实证表述和尝试：

"过去流传下来的法是他研究中的路标，而非界碑。"（Geist I 35）

398　　　明晰的概念和无冲突的体系对耶林十分重要，他对立法的学说和政策不太感兴趣，对政策性立法的分析则完全缺失。耶林并未提供关于议会民主的法理论，那个时代是自由市民阶级的时代，在作为市民法的私法中法必须通过法体系的**自治（Autonomie）**来对抗君主在政治上的侵犯。这一自治保障着科学上的建构和法的教义。只有自由的科学使用自由的法才能完成这一任务。自由的、不受制约的法的自由之星始终指引着耶林自由的、自治的法。[39]

七、形而上学与实践

399　　　不同于方法和解释、教义和建构、法和权利或者制定法和科学之间的复杂关系，耶林对实践和形而上学的关系的研究仍然进展缓慢且不足。[40] 恰如他通常所提到的实践和交往需要，此外他还许诺了一个"罗马法中的"

[36]　德沃金（Dworkin）、比德林斯基（Bydlinski）和阿列克西（Alexy）新近的所谓"原则理论"（Prinzipientheorie）和"整体论"（Geschlossenheitsthese）中的"合法、有效的法"的法伦理上的精进与耶林论述之间有趣的相似之处：R. Dreier, Jherings Rechtstheorie-eine Theorie evolutionärer Rechtsvernunft, in: Jherings Rechtsdenken. Theorie und Pragmatik im Dienste evolutionärer Rechtsethik, hg. v. Behrends, Göttingen 1996（zuerst 1993），222-234, hier 231。

[37]　关于19世纪法学的自我认知，比较 J. Schröder, Recht（2001, Fn. 16），248 f.。

[38]　Vgl. Auch A. Merkel, Jhering, in: Jahrbücher für die Dogmatik des heutigen römischen und deutschen Privatrechts 32（1893），6-40, hier 12: „Hohepriester".

[39]　对此参见 Rückert, Autonomie des Rechts in rechtshistorischer Perspektive, Hannover 1988。

[40]　Vgl. zur „Metaphysik"bei Jhering Rückert, Der Geist des Rechts in Jherings„Geist"und Jherings„Zweck", in: RG 5（2004），128-146 u. RG 6（2005），122-139, hier RG 5, 135-140. 关于耶林和"实践"：Lahusen, Rechtspositivismus（2011, Fn. 6），175-178。

核心"法"。[41]他那在修辞上丰富的语言进入了理念论、自然科学、历史哲学、进化论，最终进入了法学上的语言游戏，但是这些并未被"留存在"连续的理想语言之中。耶林的语言多元主义最终同样将实践和形而上学的关系确定在了他的法、建构和解释构想中。

　　耶林的**实践定位（praktische Ausrichtung）**可在传记和著作概览中找到答案。对此，首先可以印证的是他的职业选择。耶林的理想是从事法官职业，但这一理想因家庭的政治原因无法实现，他因此踏上了学术职业生涯。作为一个来自东弗里斯兰家庭的孩子，他的法官职业之路被限制了，而他哥哥以前的同一选择也受阻了。[42]在大学裁判所当教授时，他撰写法律鉴定（Rechtsgutachten），并在课上对案例练习和应用关系非常重视。[43]1847年，基于这些练习，《没有解答的民法案例》汇编而成，这是一本配以案例以供自己分析却没有答案提示的实务性的学习书籍。[44]同样，对于他的

400

---

[41]　比如这一贴切的命题：*W. Wilhelm*, Recht（1970, Fn. 29）。批判地反对威尔海姆（Wilhelm）"法中之法"不受时间限制的论点：*Fikentscher*, Methoden III（1976, Fn. 35），223, 他强调了耶林《罗马法精神》中的法的发展视角。

[42]　只需参见 *Kunze*, Jhering（1992, Fn. 8），12 f.; s. auch Jhering in Briefen（1913, Fn. 7），Brief Nr. 1 v. 5.4.1844。

[43]　Vgl. *Klippel* u. *Kröger-Schrader*, Rudolf von Jhering an der Juristischen Fakultät der Ludwigs-Universität Gießen, in: Rudolf von Jhering. Beiträge und Zeugnisse, hg. v. *Behrends*, Göttingen 1992, 31-37, hier 34 u. A. *Merkel*, Jhering（1893, Fn. 38），14. 耶林作为鉴定人参与的案件，对此作了清晰描述的是：*Fögen*, Lob der Pandektistik, in: Summa. Dieter Simon zum 70. Geburtstag, hg. v. *Kiesow, Ogorek* u. *Simitis*, Frankfurt am Main 2005, 179-205。关于耶林作为鉴定人的文献还有：*U. Falk*, Jherings Kampf um die Festungsbollwerke-Eine Rechtsgeschichte zur Praxis der Parteigutachten, in: NJW 2008, 719-722。关于法学教师的内容参见 Jhering *Jäde*, Einführung（2008, Fn. 34），13-21 u. *E. Hirsch*, Jhering als Reformator des Rechtsunterrichts（Die Jurisprudenz des täglichen Lebens），in: Jherings Erbe, hg. v. Wieacker u. Wollschläger, Göttingen 1970, 89-100。

[44]　*Jhering*, Civilrechtsfälle ohne Entscheidungen, Leipzig 1847, ab der 2. Aufl. Jena 1870, 5. letzte zu Lebzeiten erschienene Aufl. Jena 1888. 该书从 1897 年第 8 版到 1909 年第 11 版的修订者是费迪南德（Ferdinand Regelsberger），1913 年第 12 版的修订者是基普（Theodor Kipp），1925 年第 13 版和 1932 年第 14 版的修订者是厄尔特曼（Paul Oertmann），标题也变为 „Zivilrechtsfälle ohne Entscheidungen"。耶林基于 1870 年 „Civilrechtsfälle" 第 2 版的附录撰写出了另一本案例书：„Die Jurisprudenz des täglichen Lebens"，Jena 1870, 在其生前共有 9 版。1897 年该案例汇编由勒内尔（Otto Lenel）继续修订，1903 年第 12 版和 1908 年第 13 版由德特莫特（G. Detmold）修订，1921 年第 14 版和 1927 年第 15 版由厄尔特曼修订。必须做出限制性说明的是，耶林在他的《潘德克顿——实务》（Pandekten-Praktika）和案例汇编中设定了大学理论学习这一目的："这并非为后来的实践生活所设计，而是为大学；在理论学习面前这并非显为目的，相反，这些应该为它的纯粹工具服务。"（siehe Jhering, Civilrechtsfälle, 1. Aufl. 1847, X; ähnlich auch noch in der 5. Aufl. 1888, VIII.）

第一本著作——1844 年的《罗马法论文集》（Abhandlung aus dem römischen Recht），耶林这样告知他的出版社，他"只接受了那些"具有"实践利益的（论文）"。[45] 属于重要的实践研究的，还有他自 1857 年起编著的《当代罗马私法和德国私法教义学年鉴》中大量涉猎广泛的具有创新性的教义学论文。

401　　　相反，另一方面，耶林**思辨上的弱点（spekulatives Faible）**清楚地显示在了他的**文章题目和章节标题（Titeln und Überschriften）**之中。《不同发展阶段的罗马法精神》这一有内涵的、形而上学式和哲学史式的标题即可说明这一点。在对第一版的修正中，耶林还删去了几乎是自然法上的小标题"对法的自然理论的贡献"。[46] 在章节标题中则共存着形而上学和实践。比如，在第一个标题"精神"中，耶林分析了"法的本质中存有的要求"或"历史概念中存在的要求"（Geist I 25-28，58-85）。在第二卷的第 2 小卷中耶林讨论了第 45 条范围内的"形式主义的实践价值"（Geist II-2 478-504）亦为第 38 条框架内的"法的可实践性"（Geist II-2 Inhalt XXI）。

402　　　耶林认为，实践和形而上学的关系仍非外部的关系，而是"无论如何"都是内部的关系。耶林从未让实践和形而上学相互对立。两个中心点以同样的方式塑造它们的法和思想体系。尽管耶林在他的**解释学说（Interpretationslehre）**中首先利用"思想""精神"特别是"逻辑"（确切说是内容上的）来反对"对语言的依附"，他强调"*逻辑同样顺从于利益*"。[47] 这同样适用于方法的"本质"，他将此作为实践内容描述道：

　　　"法律方法并非从外移入法中的东西，而是基于内在的必然性由法自己所要求的，安全地、实践性地掌控法的唯一方式和方法。"

403　　　这一关于实践和形而上学的辩证法同样影响到了耶林的建构理论——耶林从来没有在理论和实践调和的意义上及"经典的"形而上学的角度

---

[45]　*Jhering* in Briefen（1913, Fn. 7），Brief Nr. 1 v. 5.4.1844 an die Firma Breitkopf und Härtel, 1.

[46]　关于这一标题的意义，参见吕克特对这一标题的分析：*Rückert*, Kant-Rezeption in juristischer und politischer Theorie（Naturrecht, Rechtsphilosophie, Staatslehre, Politik）des 19. Jahrhundert, in: John Locke und/and Immanuel Kant. Historische Rezeption und gegenwärtige Relevanz, hg. v. M.P. Thompson, Berlin 1991, 144-215, hier 145-152, insb. 149。

[47]　参见本节，边码 361—367 和四、边码 393。

上对此加以理论分析过，而且始终是脆弱的。[48] 在揭示了"法的基础"
（Rechtsalphabet）后，他还在"法律分析"中指出了"实践需要"（Geist II-2
337）。且在"高级法学"的最高峰他并未忘却实践。"实践性任务"和"目
的要素"似乎"对理解法的实体"是"最重要且必不可少的"（Geist II-2
364）。[49] 在对法律技术的总结中耶林称此为"实践目的的哲学"（Geist II-2
389）。

　　最后，**法中之法（Recht im Recht）**也印证了耶林的实践与形而上学的　　404
不确定的辩证法（unbestimmte Dialektik）。他首先（在结构上）在法（法
律规范）的"最高巅峰"上来发展它，并将之带到法律建构（法的概念和
制度）的深渊。然后他才将"精神""灵魂""心理"中的法加工为形而上
学的法，这成为全部法的驱动力，以便在法的功能之中（生理上的）将
其与生活中的实践目的和可用性捆绑。耶林那将"概念的内在转为外在
的""法符号学"从而成为实用主义的形而上学。[50]

　　在解释理论、建构法学和法的概念之中，耶林不断地简化实用主义、　　405
理念论、实践上和形而上学上风格各异的语言游戏。"实践性控制"的"内
在必然性"（方法）、"实践目的的哲学"（建构）和"外显的概念的内在性"
（法）——耶林到处都在用**实用主义的形而上学（pragmatische Metaphysik）**
来分析。他欲二者兼得，但是实践和形而上学却不可兼得。作为通晓实践
的法律人，耶林不能远离实践。作为在哲学上有抱负的法律人，他却并不
打算将实践提高为检验其理论的最终标准。

　　这一长期的矛盾心理最终明显流入了耶林对他那"当今**科学**"的要求　　406
之中（Geist I 16-25）。他对科学的拟人化作了明确的警告，他那明显理论
化的实体世界似乎过多地涉及了拟人化：

　　　"法学绝不允许如有机化学那样的有机体——有机化学引发了这些；但

---

　　[48]　关于形而上学概念的入门性概述内容参见 *Lutz-Bachmann*, Postmetaphysisches
Denken?Überlegungen zum Metaphysikbegriff der Metaphysikkritik, in: Zeitschrift für philosophische
Forschung 56（2002），414-425。"形而上学"的极其多样性开启了"形而上学"和"形而上学
批判"的方式：*Oeing-Hanhoff, Kobusch* und *Cloeren* im Historischen Wörterbuch der Philosophie. Bd. 5,
hg. v. Ritter u. Gründer, Basel 1980, Sp. 1186-1279 u. 1280-1294。

　　[49]　不同的是这一解释：*Coing*, Systembegriff（1969, Fn. 23），166。

　　[50]　参见本节五、边码390及以下。

是从中可得知，法律关系的实践功能似乎会因此被损害，这样就似乎相
信没有任何东西会好过化学家的分析，也不去理解与之相冲突的本质。"
（Geist II-2 351）

407　　　　这样他就决然地与法律本体论相决裂，将法律实践功能和科学概念相
融合，他将法律科学推崇为实践的法学，但不想将之限定于实用之物。他
通常称之为"实践的科学"，或谈及"它的实践趋势"（Geist I 19，22），他
还尝试同时对"法的批判"和"法的本质和表现形式"的"一般理论"进
行展开分析（Geist I 23）。在程序上他将**法的两面性（Zweiseitigkeit des
Rechts）**擢升为法学的任务：

　　　　"它是实践的科学，理论上的才华在此不被如在其他以辩证法作为寻
求真理的驱动力的科学中那样被利用。如果法学——并非指法哲学，而是
任一高过哲学的实践法学，以及教义学——就如乌尔比安所作的那样，称
为哲学，则只有外行人能够对此发出傲慢的笑声。"（Aufgabe 19）[51]

408　　　**"教义学"作为"哲学"**（„Dogmatik"als„Philosophie"）？　"哲学"作
为"教义学"？具有"理论天赋"的"实践科学"和"辩证的方法"，这
些与"总的来说"具有"实践导向"的法同样比较空洞。尽管如此，耶林
还是在对罗马法学的赞美中透露了希望：

　　　　"这存在于立法中的不少于在法学之中，在对实践经验的收集和利用
之中不少于在理论的阐述之中，在对法状态的发现和革新之中不少于在对
其应用之中。在它与现实利益陷入冲突之地，对什么给生活带来了困境有
清楚的认识；对正确的手段有安全、灵活的选择；对正义和公平也有敏锐
的察觉；对结果的诱惑有抵御的勇气。"

---

[51]　对此参见罗马法学家乌尔比安（Ulpian）的观点：Digesten 1.1.1. principium 1.："人们可
以合理地称我们为正义的神父……这样，如果我没有欺骗的话，我们就真实地追求哲学，而不
仅仅是依据现象。"翻译所依据的文献是：*Behrends, Knütel, Kupisch u. Seiler*, Corpus Iuris Civilis. Text und
Übersetzung, II, Digesten 1-10, hg. v. dens., Heidelberg 1995。当然，不同于耶林，这里并未提及教义学。

"立法"和"法学","实践经验"和"理论表述","法状态的变革"　409
和对其"适用""生活""正义""公平""勇气""现实利益""法律方法"
（Geist I 20）——罗马的法学家好像同样都完成了这些。耶林并非妥协，而
只是碎片化地"修复"和黏合断裂。不论是在他的履历、他的著作、方法论、
教义学和法概念之中，还是在他对科学的要求之中，一直存在的是：耶林
并不想将"法的特征"倒退地引向"简短的公式"（Geist II-2 IX）。当"基
于实践超越实践"之时，或当"在形而上学之中逃离形而上学"之时，耶
林那句著名的名言就发生了改变[52]——如果没有亲自说出的话：法学应当
"围绕实践，但不应限于实践"（Aufgabe 18）。[53]

就如晚期的耶林可以同时是"理论上的功利主义者"和"实践上的理
念论者"一样，[54] 早期的耶林不仅仅是实践家或形而上学的"概念法学家"；
也不仅是实证主义者、自然主义者、唯实论者或形式主义者。[55] 就如他所
写的那样，耶林的"发展时间""处于哲学"失去"声望的一个时代"，他
称自己在哲学领域是个"半吊子"（Zweck I IX，即《法的目的》第 1 卷第 9
章——译者注）。在黑格尔死后，19 世纪是一个到处是哲学家又没有一个
哲学家的世纪。恰恰因此，人们不必害怕将这一哲学上的半吊子和没有创
见的思想家（与他想将法压缩在一个"简短的公式"中相比，他对法了解
太多）称为**"实践的形而上学者"（praktischer Metaphysiker）**或**"形而上
学的实用主义者"（metaphysischer Pragmatiker）**。耶林使实践和形而上学
和解，并将它们提升到他的"实践法学的哲学"之中，虽然他并未能令人
确信地解释必要的人的贡献——他并未超出实用主义的形而上学。

八、耶林"概念法学"的六要义

1. 耶林将他的**方法论（Methodenlehre）**构建于**"精神"**和（内在的）**"逻**　410
辑"之上，而非语言和语词约束。他区分了法律行为解释和制定法解释
（Auslegung von Gesetzen），并强调保障法官视角下法律行为交往中语词约束
的安定性；然而，在法律解释中他常常偏离制定法。他倾向于精神，然而

---

[52]　参见本节四、边码 380。

[53]　Vgl. auch Geist II-2 386, 388 f.

[54]　如他的学生：A. *Merkel*, Jhering（1893, Fn. 38），30。

[55]　被称为"双重任务"：*Rückert*, Geist, RG 6（2005, Fn. 40），129-131。

精神不能被压进词句之中。他在对语言的可测性之处安放了"现实需要"，
"生活利益"，或"现实的适当性"。

2. 从狭义看，耶林的建构法学或**教义学理论**（Theorie der Dogmatik）
要比耶林的方法论重要：这里同样涉及方法论，确切地说涉及"**自然历
史的方法**"（ naturhistorische Methode ）。它构成了"体系""建构"和"法
律实体"的方法核心，作为建设性的法学移进了"高级的混合状态"。这
一方法是高度理论性的，因为他将"法概念"和"法秩序"比作"法律
存在"，这需要先知般的洞察力。但是耶林也将他的建构和他的体系与实
践和实在法相连。尽管如此，这一法学的建构性的核心直到最后仍是模
糊的，并掺杂着形而上学的残余（即可能性），而不通过理论推理就难以
弄清楚。

3. 耶林的**法概念**令人失望地被总结成了两面性。他那对法"组织学上
的观察"带领他越过了法律规范和法概念的实践逻辑，并进入了关于法的
"精神"的"心理上的"附加内容。在这一精神中耶林飞升进了后来被他
嘲弄的"概念天国"。但这只是耶林的法的一面。在"生理学的视角"中
他将法决定性地与他的"形式的可实现性"和实践能力相连，并激起了与
他的第一个法视角之间的矛盾，他只能够"辩证地"加以解决。耶林必须
柔化他的双重之法，即一个"法症状学"中的解剖学上的概念逻辑性和生
理学上的实用性，并屈服于实用主义的形而上学。

4. **制定法和科学**被耶林以不利于制定法的方式加以论证。制定法
位于法学家法的精神之下。教义学的名言称："非法源适当性。"虽然
他并不否认政策上的建设性力量，但是他将之限于法学上的点画主义
（ Pointillismus ）。法的力量并不在于制定法之中，而在于作为封闭的法实体
的法典之中，他只基于作为法科学的法学而被制造和控制。耶林以建构法
学建立了他的法学自治，该自治将他和他的民法从当时所有的政治（首先
是君主制，后来是议会制）中解放了出来。作为实践科学的法学端坐于制
定法之上，并给私法提供了反抗政权的批判潜力。

5. 耶林这里的**实践与形而上学**的关系最后也是模糊不清。实践上有所
要求且有雄心，但在哲学上却是"门外汉"的耶林一直在实践和形而上学
之间不断逃亡。他的解释理论、建构理论以及他的法概念的构思都是既具
实用主义又具形而上的。与之相应，对作为法律科学的法学的要求因矛盾
而失败：这些要求应该是"纯理论的""辩证的""哲学的"，但也是"教义

的""实践的""适用导向的"——这并不相配，且生出了**实用主义形而上学（pragmatische Metaphysik）**这一"私生子"。

6. 耶林著名的"**大马士革**"（**Damaskus**）判断被他的实用主义形而上学这一命题反驳掉了一半。虽然 19 世纪 50 年代的耶林始终致力于形而上学的语言游戏，但是他从未丢弃实践和现实内容。耶林的"现实需要"、他对"生活利益"或"现实合理性"的理解，以及他对制定法的矛盾性的敬畏都从未强化他对形而上学的概念的热情。对此还有下列著名的例子，就如他自己所认为的，他因此从概念法学转向了目的法学。耶林的实用主义形而上学从未坐拥概念的纯粹独立生活或纯粹的独立逻辑——且只有这才似乎是理想意义上的"概念法学"。

九、"买卖合同中的风险"

耶林的例子是从生活中选取的。这是一个耶林上承概念法学下接他的大马士革经历的例子。实践家耶林作为吉森大学裁判所（die Giessener Spruchfakultaet）的成员必须对此案作出裁判：[56] 在 19 世纪 50 年代，一家"英国的商行 X"向另一家"英国商行 B"多次出售"罗斯托克船"的"船配件"，[57] 但是并未缔结合同。是年 8 月 27 日 X 商行将"Z 船上的船配件中的一个"出售给了"商人 A"。9 月 24 日，X 又将他的"那些船配件"全部出售给了商行 B，即将 Z 船的配件第二次出售。10 月 21 日 X 得知，Z 船"在 10 月 1 日深夜到 2 日凌晨之间已经沉没"。[58] 此处简称为"一物二卖"：X 将 Z 船的配件既卖给了 A 又卖给了 B。且在 X 和 A 撤销合同之前，Z 船已经毁损灭失。[59]

411

---

[56]　耶林的鉴定见 Kroppenberg, Die Plastik des Rechts. Sammlung und System bei Rudolf v. Jhering, Berlin 2015, 60-88。

[57]　在船的部件上涉及共有人所享有的部分（参见《德国商法典》第 389、391 条）。

[58]　详细事实请见 Jhering, Beiträge zur Lehre von der Gefahr beim Kaufcontract, in: Jahrbücher für die Dogmatik des heutigen römischen und deutschen Privatrechts 3（1859），449-488 u. 4（1861），366-438, hier Bd. 3（1859），451 f.。下文中引用该论文第一部分的内容以"Gefahr"（风险）简称。关于事实还可见 Kroppenberg, Plastik（2015, Fn. 56）。

[59]　其他重要的，但是并非无争议的事实问题，如 10 月 18 日 X 和 A 之间对解除买卖合同达成一致，A 可能知悉船于 10 月 1 日到 2 日之间已经沉没的事实，而且示例中还存在 A 阻碍向第二买受人 B 转移所有权的行为（Gefahr 452 f.）。这些误导了这一法学问题。

现在的法律问题是：谁为这一损失承担风险？[60] 谁为意外灭失的未交付之物承担责任？无过错的损失归谁承担？该案例中更具体的是：是 A 还是 B 需要支付合同价款？还是都不需要？哪怕因船在交付前沉没，他们不再获得对待给付。

412　　今天这一问题受《德国民法典》第 446 条第 1 句调整："买卖物交付后毁损灭失的风险转归买受人承担。"因此，出卖人承担该风险直到交付。在标的物毁损灭失的情形下，出卖人既不可获得买卖价款，又不可获得损害赔偿。这与当时的英国法类似。这对于两个英国商人 X 和 B 的请求权很重要。因为对二人都适用英国法，这样 X 就不能对 B 行使价款请求权。[61]

413　　依据所继受的**共同的罗马法（gemeines römisches Recht）**——耶林的潘德克顿法，对此案却适用另一个风险分担规则。从合同订立到标的物交付（此后也如此），买受人（非出卖人）都对标的物的意外灭失负责（不同于现行法）。因此，当所售之物被交付前在出卖人处意外灭失时，他可以继续向买受人请求买卖价款，即使买受人的交付并转移所有权的请求权连同该物一起消灭。因此，作为船配件出卖人的 X 起诉船配件的第一买受人要求支付买卖价款。他在标的物于 10 月 1 日与 2 日之间意外灭失后仍享有该请求权。在终审中吉森大学裁判所需要对此案作出裁判，耶林在此案中作了该"报告"（Gefahr 451，453）。

414　　耶林并非第一次遇到这种法律事务。对这一法律问题他已经于 **1844 年**在他的《罗马法论文集》（Abhandlungen aus dem Römischen Recht）中**两处**"顺带"提到（Gefahr 450）。[62] 与本案相关的要点是："当出卖人为了自己的利益再次出售了该物，即使该物因意外而灭失，买受人没有获得该物，也必须支付合同价款，出卖人也无需返还从第二买受人处获得的价款。"（Abhandlungen 59）但耶林是在另一法律问题中使用该规范作了回答，

---

[60]　关于买卖合同中风险转移的历史视角观察请见 *Ernst*, in: Historisch-Kritischer Kommentar zum BGB, Bd. III-1, hg. v. Schmoeckel, Rückert u. Zimmermann, Tübingen 2013, §§446, 447, Rn. 5; *Ernst*, Der zweifache Verkauf derselben Sache-Betrachtungen zu einem Rechtsproblem in seiner europäischen Überlieferung, in: Kaufen nach römischem Recht. Antikes Erbe in den europäischen Kaufrechtsordnungen, hg. v. Jakab u. Ernst, Berlin u. Heidelberg 2008, 83-103, insb. 100 f. u. *H. H. Jakobs*, Lucrum ex negotiatione. Kondiktionsrechtliche Gewinnhaftung in geschichtlicher Sicht, Tübingen 1993, 54-86, insb. 69-74。

[61]　耶林对 X 再次作出的判断参见 Gefahr 452 f.。

[62]　参见 Jhering, Abhandlungen aus dem Römischen Recht, Leipzig 1844, 59, 71, 下文引用该文献的内容以"Abhandlungen"简称。耶林指出了两处内容，具体参见 Gefahr 450, Anm. 2。耶林对 1844 年的这一问题的解答详见 *U. Falk*, Windscheid（1989, Fn. 5），52-63。

而非针对上述问题。[63] 他并未讨论因意外事故而受益的（不正直的）出卖人——他一物二卖并向两个买受人都索要价款。相反，耶林探讨的是额外利润的问题，即交易中基于（物法或债法）应返还之物而获得的利润返还问题（Abhandlungen 58-86）。耶林的论题是，"仅仅负有物的返还义务，而无义务必须进行交易的人，就无需返还因任一对物的支配而获得的利益"（Abhandlungen 59）。尽管如此，如果他具有赔偿责任，只在（客观的）物的价值上承担责任。

因此，买受人的给付在耶林 1844 年的论文中并不重要，重要的是**出卖人（Verkäufer）**对所有权人的**赔偿义务（Ersatzpflicht）**。[64] 在此，耶林首先立足于该论点，即"债务人"不得"因支付物的价款而免除义务"（Abhandlungen 59）。这似乎"未给物权返还请求权人带来好处，反而在多数案件中损害了他的利益"（Abhandlungen 72）。在 1844 年耶林不仅探讨了另一问题，他依据当今的标准，并未专门"从概念角度"进行论证，而是考虑到了以典型方式参与法律关系的当事人的利益。此外，如果耶林为了"法学上的结论"一再地反对错误的"太包容"（Abhandlung 71f.），则并非基于目标本身，而是以此为目的去改变法律规范中特定的评价。

面对这一待判案件，耶林现在重新评价了这一 1844 年仅仅"顺带"说出的话。他以双重方式阐述了这一引起转变的"意见转变"。1859 年，他将之作为报复手段使用，以便强调对他法感的反抗[65]："在我的生活中，我从未将一个法律案件依靠情绪波动这一标准……去使用我自己的……观点，相反，我所有曾经的法感和法律技巧都对之反对，而且是最坚决的。"（Gefahr 451）1884 年，耶林在方法上说明了"转变"，以便历史性地开启他那第二个方法阶段："在我的论文中所分析的案例，开启了我的视野，在撤回我曾捍卫的观点时所使用的语言……，含有迈入新征程的正式的第一步。"

415

416

[63]　耶林视对这一问题的混淆为其后来改变观点的原因，参见 Gefahr 454. 这在耶林所述的两处内容中亦变得清楚明了了，参见 Abhandlungen, 58 f. u. 70-73。

[64]　关于核心的文献地点参见 U. Falk, Windscheid（1989, Fn. 5），57。

[65]　关于耶林的过错的论述，尚策（Schanze）在反对拉伦茨和埃塞尔时认为耶林这些论题"不公平"（Unbilligkeit）、"实践上的绝望"（praktischen Trostlosigkeit）、"正确的实践感觉"（richtigen praktischen Gefühl）并非作为"基于法伦理原则的援引"，而是作为"对需要被克服的体系上的美学瑕疵的阐述"[参见 *Schanze*, Culpa in contrahendo bei Jhering, in: Ius Commune 7（1978），326-357, hier 336]。如果尚策对拉伦茨和埃塞尔的批判是正确的，则他认为"公平"（Billigkeit）和"感觉"（Gefühl）作为"美学瑕疵"有点过分。

417　　　　如果将耶林在 1859 年和 1861 年《年鉴》第 3 卷和第 4 卷中发表的有
关"买卖合同中的风险"的描述，与 1857 年和 1858 年《年鉴》中分别关
于"所有权返还请求权的让与"和"第三人法律行为的效力"的论文[66]，或
者接下来几年的论文，比如关于缔约过失的具有重大影响的论文[67]相比较，
简单来看并**不能确定根本性的转变（kein grundsätzlicher Umschwung）**。[68]
作为实践的教义学者的耶林，有许多方面的确比作为理论学者的耶林要更
值得信赖，哪怕耶林对之并不认同。但是耶林如何在教义学方法上解决该
案件？他如何看待合同标的物意外灭失但是并未交付时的法律问题（quaestio
iuris）？在一物二卖时能够在物灭失后向两位购买者主张合同价款吗？

418　　　　《论买卖合同风险的理论》第一部分的标题是"关于语句的意义：买
受人承担风险——基于多次出售的特殊情形"。只有这一部分在这里较为
有意义。[69]耶林将该问题分为 6 步来分析和建构：（1）导论——法律问题
和法律案件（Gefar 449-453）；（2）各种解决方案（Gefahr 453-461）；（3）解
决问题的法律原则的目的和原因（Gefahr 461-466）；（4）法律原则的意义或
含义；（5）法律原则论据上的正当化（Gefahr 476-484）；（6）答案的教义学
建构（Gefahr 484-488）。

419　　　　（1）在导论章节描述了法律问题、他的法感、他的转变和事实后，
耶林为自己（2）给出了方案选择。他讨论了罗马渊源、"一般原则"（Gefahr
455）、他那时代的学术文献以及二审法院的方案。他确定的仅仅是这一结
论中的前两个步骤的第一个：出卖人必须失去合同价款请求权和物。

420　　　　耶林从此开始寻找在体系上和谐的答案。这一要求不可轻视。体系与

---

[66]　*Jhering*, Uebertragung der Reivindicatio auf Nichteigenthümer（Cession derselben, reiv. utilis,
Conossement），in: Jahrbücher für die Dogmatik des heutigen römischen und deutschen Privatrechts 1
（1857），101-188; *Jhering*, Mitwirkung für fremde Rechtsgeschäfte, in: Jahrbücher für die Dogmatik des
heutigen römischen und deutschen Privatrechts 1（1857），273-350 u. 2（1858），67-180. 较 好 的 参
照 是 这 些 教 义 上 的 论 文：*Jhering*, Gesammelte Aufsätze. 3 Bände, Jena 1881, 1882, 1886, 2. Neudruck
Aalen 1981，或 者 见 die digitalisierten Zeitschriftensammlung des Max-Planck-Instituts für europäische
Rechtsgeschichte.。

[67]　*Jhering*, Culpa（1861, Fn. 11）.

[68]　还 可 参 见 *A. Merkel*, Jhering（1893, Fn. 38），12 f.。对 于 缔 约 过 失 参 见 *Schanze*, Culpa（1978,
Fn. 65），331-340；其 他 参 见 *Choe*, Culpa in Contrahendo bei Rudolf von Jhering, Göttingen 1988 und *Medicus*,
Zur Entdeckungsgeschichte der *culpa in contrahendo*, in: Iuris Professio. Festgabe für Max Kaser zum 80.
Geburtstag, hg. v. Benöhr, Hackl u.a., Wien u.a. 1986, 169-181。

[69]　对 此 较 简 单 的 阐 述 参 见 *Kroppenberg*, Plastik（2015, Fn. 56），26 f.。

体系和谐是耶林衡量具体案件解答的标准。建构的规则同样适用于体系中风险承担规则的轨迹。它必须与实在的条文保持一致，不得有价值评价上的冲突，且必须完美地融入体系之中。在寻求这一解答的过程中，耶林（3）解释了（实在的）罗马规则（买受人承担风险）——物在交付前意外灭失的风险也归买受人承担——的目的和理由（Gefahr 461-466）。对此，他阐述了不利于买受人的简单的风险承担规则构建所设想的典型的买卖情形：

> "合同缔结后的给付迟延在具体的人和物的关系中被认为是偶然的，在买卖合同这一概念之中并不存在。它自然—简单（如他所认为的）同样是历史—原初的形式是订立和履行同时发生；买和卖是即刻的取和给。在这一最简单的交易形态上，合同订立风险就转给买受人，这一风险问题在这里不言而喻，或者这一问题从未被重视。但是，当任一因素（合同的缔结和履行）分开且因此在此期间介入了意外因素，则会不同。"

因此出发点是现金交易。直到货物买卖的另一种形式出现才产生特别的风险分担的必要性。标的物的购买和交付分开时，即在更复杂的买卖关系之中，无过错的灭失情形必须被重新分析："当各方对此未达成一致时，谁承担意外的风险？"（Gefahr 464）耶林规范地声称："谁对延期具有过错，谁就必须承担损失。"（Gefahr 464）这在一般情形下是买受人（Gefahr 465）。出卖人则因风险转移延迟而对"其他合同权能的丧失"作出赔偿（Gefahr 465）。 ⁴²¹

耶林在解释完罗马风险承担规则的目的和理由后，他（4）转向了意义和含义。此处他阐述了他的全部法学观念和原初的答案。在意外发生后仍具有价款请求权这一风险承担规则"并不具有传统金钱债权特征，因为该金钱债权并不能使债权人获得除了金钱之外的其他东西，但是该价款请求权具有赔偿之债的特征"（Gefahr 467f.）。耶林从风险承担规则中为对待给付设定了损害赔偿规则，并基于此赋予了它一个体系中的全新位置。它现在不再属于履行不能的规则范围，并以此从买卖法的体系中抽离出来。反之，他将之划入损害赔偿法，且"当卖方因物的灭失并未遭受损失时"，该债权就"消灭"（Gefahr 468）。风险承担作为损害赔偿规则的意义——它的精神和新的体系超过了它的简单形态，即它的基础内容。卖方并非在任一意外事故中都可据此获得价款请求权，而是只当他遭受损失之时。之后耶林详细地探讨了无损害的卖方的不同情形（Gefahr 468-476），当然包括 ⁴²²

多次买卖的情形（Gefahr 474-476）。此处令人惊讶的是，耶林所建议的方案并不契合他在论文之初强烈推荐的法感。因为英国商行 X 在该案中同样没有损失，并对 B 没有请求权，但对 A 的价款请求权似乎仍必须存在。尽管耶林对生活、法感和法律技巧作了众多评论，但这一问题沉沦在了耶林的法教义学热情之中。

423　　　耶林（5）用一般性的观点、评价和法源来继续守护危险承担规则的特殊意义（Gefahr 476-484）。这一"成果"已经符合"自然的法感的要求"，且"在实践上"是应付得了的，并保护了"罗马法免受不公平和矛盾的双重指责"（Gefahr 477）。耶林忌讳片面的论证，他将他对风险承担的新教义学论证为同时具有"实践性""公平性""前后一致性"。耶林还进行了作为法律论证"关键之点"的论证，即基于《学说汇纂》的"法源适当性论证"，即使他只为自己的法学观点找到了微弱的支撑（Gefahr 478f.），且只能够确定"我们至少不与法源对立"（Gefahr 480）。耶林随之揭露了他论证的核心：

　　　"在论证中理解法源上的公开表述，只是获得了出处，而非将从法律制度的内在一致性中的推导确认为证明的方法，这恰恰是我们从起初就必须放弃的。因为这里并不存在来源；否则此处所提出的理论就早已被阐述过。但是对于我在此认同的而言——我们的法源在众多法律规范上并未放弃详细阐述自己真正的理由和目的，以及我们的任务是探索它，并据此在或宽或窄的阐述中确定法律规范真正的意义——对该意义我反而希望自己能够提出必要的证据。"

424　　　"基于内在一致性的推导"和"真正的理由和目的"是这一论证说理的支撑性关键词。特别是"真正的"源自形而上学二重性的词汇。然而耶林将"内在一致性"的正面解释留给了读者——但这易如反掌。对此耶林消极地加以保障（Gefahr 482-484），并指责反对观点"本身"与"法""相冲突"，即评价上的矛盾（Gefahr 477）。这一被抑制的观点建立在"一个'法条'"上，该"法条"的结论极其有悖于伦理，法条的内容与诚信的本质和买卖合同的特征明显相冲突（Gefahr 482）。该观点"讽刺地"说出了"关于法和正义的所有概念"。

425　　　直到他的（6）章节（Gefahr 484-488），耶林才未使用渊源、只借助原则和内在的逻辑艰难地得出这一结论：将"买受人对风险的责任只是企图

让出卖人维护无损失状态"写进"法律建构"中（Gefahr 484f.）。耶林称
之为"一个毫无影响的问题"（Gefahr 485）：对损失承担责任的买受人已经
履行完了买卖合同？出卖人一方的履行可以被拟制？还是只有一方可以作
出履行？（Gefahr 485f.）耶林选择了另一个不太会引起争议的答案：合同
履行应该是不再可能（今天在《德国民法典》第 275 条），且合同价款请
求权与损害赔偿请求权转为了法定保险。"合同价款是一个保险的数目"
（Gefahr 486），保险合同是一个"从债"（Gefahr 487）。基于此，耶林实现
了将风险承担规则纳入保险法上的损害赔偿规则之中的目标。

十、六要义再分析

这一"买卖合同中风险"的例子确立了耶林的六要义。耶林（1）并　426
未坚守关于罗马法规则中风险承担的"词句"，而是辛勤地将之配上作为
"真正原因的"目的，以便它能够被重新另作解释和理解。通过（2）将风
险承担重新规定为损害赔偿规范，耶林获得了一个新的体系关联，这赋予
了该规范一个全新的面孔，并完全创制了一个规范的指示。相反，耶林依
据"符合定律"来检测对实在的渊源的冲突。这样，耶林大量的评价观点
和对反对观点的批判就属于"无冲突定律"。然而，这同样（3）与位于法
条和法源出处、组织内部体系中的结构与精神、生理上实用主义上的案例
解答等解剖学上的外在形态之间的耶林的法构想相契合。耶林（4）在示
例中对法（lex）变得明显怀疑。并非制定法，而是学术上论证的法学家法，
案例的学术构想在体系中是裁判的标准。耶林（5）并不在形而上学层面
构思判决、案例、制定法、法律建构和法之间的关系，即使体系的规范力
量最终仍具有一定的形而上学性。案例解答的驱动力并不仅仅是形而上学
体系性的（当然具有），主要还有实际的法感和案件的实用主义视角。这
一教义学之外的正义要求并非单独构建了这一始终体系化的答案。耶林对
该示例的答案既具有体系性又具有实用主义的色彩。这样，耶林（6）自
己的"大马士革"判断也陷入了压力之中。就如后期的"目的的耶林"很
少放弃他的建构论，1860 年左右的耶林也较少放弃实用主义的、以目的和
正义为导向的论点。

"概念法学家"耶林就这样显露他自己被歪曲的灰暗面。早期的耶林　427
也并非片面的"概念法学家"，即从负面来看是一位沉迷概念并信赖概念
的特技演员。相反，他更愿意要弄目的和体系，以便制造出具有适用性并

且符合利益的结论。这一拒绝赋予法、方法和教义以"简短公式"的**两面
的方法**已经存在于耶林的"概念法学"之中，如此看来它从来都不是概念
法学。作为概念法学，概念法学这一概念同样只存在于耶林的概念天国和
那与风车轮打仗的堂吉诃德式的理想世界里。

十一、文献

1. 耶林文献入门

关于方法论和教义学：

von Jhering, Rudolf, Geist des römischen Rechts auf den verschiedenen Stufen seiner
Entwicklung. Zweiter Theil. Zweite Abtheilung, 5. Aufl. Leipzig 1898, S. 323-389；

von Jhering, Rudolf, Unsere Aufgabe, in：Jahrbücher für die Dogmatik des
heutigen römischen und deutschen Privatrechts 1（1857）, S. 1-52.

关于法和法学的概念和研究：

von Jhering, Rudolf, Geist des römischen Rechts auf den verschiedenen Stufen
seiner Entwicklung. Erster Theil, 6. Aufl. Leipzig 1907, S. 1-58 u. Dritter Theil, 5. Aufl.
Leipzig 1906, S. 311-368.

关于不同的教义问题：

von Jhering, Rudolf, Beiträge zur Lehre von der Gefahr beim Kaufcontract, in：
Jahrbücher für die Dogmatik des heutigen römischen und deutschen Privatrechts 3
（1859）, S. 449-488 u. 4（1861）, S. 366-438；

von Jhering, Rudolf, Culpa in contrahendo oder Schadensersatz bei nichtigen
oder nicht zur Perfection gelangten Verträgen, in：Jahrbücher für die Dogmatik des
heutigen römischen und deutschen Privatrechts 4（1861）, S. 1-112.

2. 次要文献入门

耶林巅峰时期介绍：

Kunze, Michael, „Lieber in Gießen als irgendwo anders...". Rudolf von Jherings
Gießener Jahre（1852-1868）, Baden-Baden 2017 i.V.

概览：

Rückert, Joachim, Der Geist des Rechts in Jherings „Geist" und Jherings „Zweck",
in：RG 5（2004）, S. 128-147 u. RG 6（2005）, S. 122-139.

关于耶林精神中的方法论：

Kroppenberg, Inge, Die Plastik des Rechts. Sammlung und System bei Rudolf v.

Jhering, Berlin 2015.

Seinecke, Ralf, Rudolf von Jhering *anno* 1858. Interpretation, Konstruktion und Recht der sog.,,Begriffsjurisprudenz", in：ZRG GA 130（2013）, S. 238-280.

关于耶林的哲学：

Rückert, Joachim, Rudolf von Jhering（1818-1892）-ein ostfriesischer Niedersachse in den Fesseln der Metaphysik, in：Rechtsleben in Hannover. 50 Jahre Juristische Studiengesellschaft, hg. v. Juristische Studiengesellschaft Hannover, Halle 2016, S. 193-224.

文集中的更多介绍：

Behrends, Okko（Hrsg.）, Jherings Rechtsdenken. Theorie und Pragmatik im Dienste evolutionärer Rechtsethik, Göttingen 1996；

Behrends, Okko（Hrsg.）, Rudolf von Jhering. Beiträge und Zeugnisse aus Anlass der einhundertsten Wiederkehr seines Todestages am 17.9.1992, Göttingen 1992.

较早视角中的"精神"：

Wieacker, Franz/Wollschläger, Christian（Hrsg.）, Jherings Erbe, Göttingen 1970.

更早的对耶林带有片面性评价的代表作：

Wieacker, Franz, Rudolf von Jhering, in：ZSRom 86（1969）, S. 1-36；

Wolf, Erik, Grosse Rechtsdenker der Deutschen Geistesgeschichte, 4. Aufl. Tübingen 1963（zuerst 1939）, S. 622-668；

Fikentscher, Wolfgang, Methoden des Rechts in vergleichender Darstellung. Bd. III. Mitteleuropäischer Rechtskreis, Tübingen 1976, S. 101-282.

3. 其他文献

迄今为止关于耶林的最广阔视角：

Losano, Mario, Bibliographie Rudolf von Jherings, in：*Losano, Mario,* Studien zu Jhering und Gerber. Teil 2, Ebelsbach 1984, S. 207-273.

新的关于耶林著述的内容：

Kunze, Michael,,, Lieber in Gießen als irgendwo anders...". Rudolf von Jherings Gießener Jahre（1852-1868）, Baden-Baden 2017 i.V.

其他选择性资料：

Schröder, Jan, Artikel,, Jhering", in：Deutsche und Europäische Juristen aus neun Jahrhunderten, hg. v. Kleinheyer u. Schröder, 5. Aufl. Heidelberg 2008, S. 230-236, hier 235 f.

第五节　黑克（Philipp Heck，1858—1943）的方法和民法[*]

要目

与萨维尼和温特沙伊德一样，黑克——这一敏锐又精力充沛的利益法学家也实现了一定程度的古典复兴。没有争议的是，黑克一直以来都是卓越的民法方法论大师。他对此已经作了深入研究，并引入了宪法政策性条件。那么，黑克是怎样的人？他为方法论贡献了什么？

一、菲利普·黑克——生平和著作

428　　菲利普·黑克（Philipp Heck，1858—1943），1901 年接受了图宾根大学的聘任。[1] 该大学是他多年的效力之地。在此他作为教授担任了德国法、商法、经济法、民法和德国法律史的教职。[2] 他是法学方法论

---

　　[*]　于塔·玛内戈德（Jutta Manegold）撰（第三版由吕克特审阅并修订），刘志阳译。

　　[1]　黑克的生平具体而言是：1858 年 7 月 22 日生于圣彼得堡；1872 年随家人迁入威斯巴登；1879 年开始在莱比锡大学学习数学，但很快转入法律系学习，1889 年博士毕业，是年在柏林开始撰写教授资格论文；1891 年在格赖夫斯瓦尔德（Geifswald）任教授，1892 年转入哈勒大学（Halle）；1911 至 1912 年任图宾根大学校长；1928 年退休。1943 年 6 月 28 日在图宾根离世。关于姓名：鉴于他对图宾根的忠诚，维滕堡国王授予其象征尊贵身份的王冠上的荣誉十字架。但是黑克一般并未使用该贵族身份。参见 *Kleinheyer/Schröder*, Deutsche Juristen, 190; *Bader*, In memoriam Ph. v. Heck, S. 544 f; *Kreller*, Lebenswerk, S. 469 ff.; 目前全面的信息见 *Schoppmeyer*, Heck, 2001。本节"六、文献"部分中的完整标题在文中会被简写。

　　[2]　黑克除了对民法和方法论进行了跨时代的研究外，还特别关注法律史的日耳曼流派。同样，作为法律史学者，他还对老的弗里斯兰法和老的萨克森法做了令人敬佩的研究。对此参见 Bader, In memoriam Ph. v. Heck, S. 538 ff.。

领域著名的思想家之一。这位图宾根大学法学教师因构建了**利益法学**（**Interessenjurisprudenz**）而为人所熟知，他将此塑造成了一个具有主体框架的理论。因此，这关涉法律技术上的程序，它以在司法上和学术上对人类利益的关注为纲要。这是走向黑克所追求的贴近生活地对法和法律生活作出总结这一目标中的一步。在此意义上他在他的《物权法》前言中引用了歌德的诗句[3]：

> "只要踏入人类生活，
>
> 所有人就经历了生活，但是鲜有人明白，
>
> 安顿之地，即为乐趣所在。"

1912 年，在题为《法律获取问题》（Das Problem der Rechtsgewinnung）[4] 的大学校长任职演讲中，他首次完成了他那以利益法学为导向的方法观点的纲领性概括。此后，在他两本互为补充的著作，即《制定法解释和利益法学》（Gesetzesauslegung und Interessenjurisprudenz）（1914）与《概念构建和利益法学》（Begriffsbildung und Interessenjurisprudenz）（1932）中，他建设性地论述了在这两处概括叙述的司法审判的核心问题范围。他的两本教科书——《债法概论》（Grundriss des Schuldrechts）（1929）和《物权法概论》（Grundriss des Sachenrechts）（1930），都致力于依据利益法学研究方法对法学上冲突案例解答的例证式阐述。写作这些著作的目标之一是：证明在实践上可以合乎逻辑地贯彻他的方法。[5] 尽管黑克以他那本关于法律获取的著作首次构建了他的教义学流派，且他所有基于此的研究都一直依此来发展和完善，1912 年可被称为利益法学的奠基之年，[6] 但是黑克的利益法学起源可以追溯到更早。在他关于商法的教授资格论文《巨额海损法》（Das Recht der großen Haverei）（1889）中，他的方法事实上就已经登场，特别是

429

---

[3]　*Goethe*, Faust I, Vers 167 ff.；黑克在其《物权法》（Sachenrecht）的前言（Vorwort）部分有节选，见 S.V；对此他认为，法应该是解决人类的问题，并有助于人类。法学家的魅力恰恰在此法的生活意义中。

[4]　1912 年的学术演讲：„Rede am Geburtstag des Königs"（Angabe aus: Dubischar, Studien, S. 9）；2. Auflage 1932, Tübingen。

[5]　黑克在两本基础教材的序言中如此写道。

[6]　Heitmann, Stellung der Interessenjurisprudenz, S. 36.

已经要求法官以立法者的角色通过填补漏洞来进行法官造法。[7]同样，一系列 1912 年之前发表的论文就已经包含了他的方法的适用和部分解释。[8]黑克还在他多年参与编辑的《民事实务档案》（Archiv für die civilistische Praxis）中发表了众多具体的研究，这些在方法论的视角上都具有示范意义。[9]

430　　　　就如他的反对者所认为的那样，他的研究以**反对** 19 世纪后半叶仍具有统治地位的"概念法学"著称。依据黑克自己的表述，[10]他受到了耶林的影响。[11]在其著作《罗马法精神》1865 年版第 2 卷中，对利益概念的使用使得贴近生活地对法进行总结和对学术进行重塑成为可能。黑克将在他自己视角下发展的关键性启蒙归功于耶林的论述。[12]

431　　　　在图宾根，黑克发现他的法学院同事卢梅林（Max Rümelin）和施托尔（Heinrich Stoll）具有类似的方法观点，他们在利益法学理论的构建、阐明、传播和守护上与黑克紧密合作。[13]利益法学的主要代表人在图宾根的密切合作也赢得了"利益法学的**图宾根学派（Tübinger Schule）**"这一称号。下面将主要阐述黑克认知中的主要内容——这也被他称为毕生研究的内容。[14]

二、利益法学方法

1. 作为实践方法论的利益法学

432　　　　利益法学是一个针对实践科学的方法论。依据黑克的观点，任一法学方法论的中心都存在一个基于法官裁判的法律获取问题，因为基于法官裁

---

[7]　Begriffsbildung, S. 34.

[8]　Heck in: DJZ 10（1905）, Sp. 1140-1142; DJZ 14（1909）, Sp. 1457-1461.

[9]　例如 AcP 122（1924）, S. 203 ff.; AcP 137（1933）, S. 259 ff.（更多内容见 Esser, Nachwort, S. 214, Anm. 4）。

[10]　依据黑克的自传描述内容得出，见 Begriffsbildung, S. 32 ff.。

[11]　*Rudolf Jhering*（1818-1892）；对他具有标志性的是所谓的"法理上的转折"（siehe Kleinheyer/Schröder, Deutsche Juristen, S. 134 ff.）；参见本书上文边码355。

[12]　参见 Leugnung, S. 244; Begriffsbildung, S. 32："耶林让我成为利益法学家，在此之前我连法学家都不是……该卷是我阅读的第一本法律书。"对此详见 J. Rückert, Art. Interessenjurisprudenz（2017）, unter 3。

[13]　依据年龄，黑克属于较早着手研究"平等中的优先"（primus inter pares）者，他早多年就开始对此推动、维护和批判（比较：*Hippel*, Interessenjurisprudenz, S. 84）。

[14]　Vgl. Interessenjurisprudenz, S. 7.

判就实现了法对生活的决定性影响："裁判首要的作用是实现法对生活的影响。裁判的首要贡献是带来了活的法。"[15] "制定法只有通过裁判才实现赋予法价值的权威性权力。"[16] 因此，**利益法学（Interessenjurisprudenz）**的重要意义是，它强调法与**生活利益（Interesse des Lebens）**、法的目的之间的关系，并将目的性因素置于首位。[17] 这样，它意欲比之前的概念法学这一形式法学的方法更有效地保护法秩序意欲保护的利益。[18] 利益法学试图构建一些法官在审判中应当遵守的、对法学有意义的指导原则，因为它应当为法官的工作做预备。法官依法审判这一根本性的要求仍具有巨大价值。但是，通过赋予法官填补和完善既有的制定法这一权限，法官也被赋予了更大的责任。这也就导致法官被要求依据目的性视角来填补制定法的漏洞，即不仅要对命令进行涵摄，还要辅助性地去创造命令。[19]

　　与哲学上的归类分析相比，利益法学显示了对实务的强调。黑克坚决反对将利益法学归入生活哲学——当时流行的一个思潮。利益法学也并非被人们称为法哲学的哲学部分。[20] 依据黑克观点，利益法学并不应当作为一个哲学视角中用以满足认知欲望的学术科目，而应当是法学的一部分，它意欲在方法问题之下研究通往唯一的终极目的的道路，即利益保护和利益尊重，[21] 并基于此来获取"生活所需要的"法。[22]

　　自古以来作为司法象征的蒙着眼睛、手持天平的正义女神似乎可作为利益法学本质特征的图解："这代表了对法毫无偏见、对待判事实公开地审理，在此规则之上人们从当事人典型的、自然的利益情形出发，以便接下来探讨它的分量和意义，并将之置于恰当的社会关系之中。这是一个自然利益的博弈，并将注意力引向了它的一致性和优先性。"[23]

2. 方法的基本观念

　　现在需要详细阐述理论特征中利益法学的法律发现的执行方式。利益

433

434

435

---

[15]　Vgl. Interessenjurisprudenz, S. 15; 对此更多内容参见 Rechtsgewinnung, S. 3。

[16]　Rechtsgewinnung, S. 4.

[17]　Ebenda S. 1.

[18]　*Heitmann*, Stellung der Interessenjurisprudenz, S. 36.

[19]　Siehe Rechtsgewinnung, S. 1; vgl. Ferner Reine Rechtslehre, S. 177.

[20]　Interessenjurisprudenz, S. 7.

[21]　Begriffsbildung, S. 17, 25.

[22]　Vgl. Rechtsgewinnung, S. 4.

[23]　So in: v. *Hippel*, Interessenjurisprudenz, S. 94.

法学派的发展可以分为**两个阶段**，即"发生学的"和"创造性的"利益理论。[24] 第一阶段以实在法的发生和任务为内容，第二阶段以司法裁判和科学研究的全部方法推导为内容。

436　　　由于黑克从对概念法学的批判中得出了他的观点，因此在比较性阐述中同样要关注与其概念法学的关联。

　　a）发生学上的利益法学

　　aa）作为法因果要素的利益

437　　　利益法学的出发点是最广义的为利益而奋斗的生活，它的具体承受者追求他们各自的欲念之物，并在此互相陷入各种利益冲突之中。[25] 利益冲突是社会学的认知，该认知是利益法学思维的基础，这一思维有助于法更好地适应生活的多样性。"黑克所指的"生活 [26] "只是对人与人、团体与团体、存有生活利益的生活各个部分的法共同体之间的不同关系（……）、无穷无尽的多样性的总结性语词"。黑克将此关系称为"欲求的天性"（Begehrungsdisposition），即并非持续地存在于我们意识之中的、隐藏的期望和倾向，但是通过一定的刺激就会被唤醒，并引发一个现实的欲求。[27] 利益法学以经验为优先，并以此为条件，即作为心理过程的欲求为任何人所知，但是并不具直接可观察性。他是从原因行为中作此推断。该理论称这一追求的天性为"利益"。"利益"这一语词被广义使用，并针对利益享有者这一主体，就如追求的客体那样。[28] 在此，不仅要考虑到对物质利益的维护，还要考虑到对精神的、宗教的、民族的或伦理的、利益的追求。[29] 参照点是具体的个人、团体和法共同体的利益。[30] 各种表现形式中的利益被视为人类生活的驱动力。

438　　　利益法学事实上的特殊性在于，**利益（Interesse）**与法律命令的构建

---

[24]　这一概念建构参见 Begriffsbildung, S. 30 f.。

[25]　Ebenda S. 87.

[26]　Begriffsbildung, S. 38.

[27]　Rechtsgewinnung, S. 27.

[28]　Siehe Begriffsbildung, S. 39.

[29]　Rechtsgewinnung, S. 7.

[30]　在此，对于相互对立的利益而言可能具有不同的情形：在私的冲突中，比如个人利益之间，可能相互冲突，此外还可能有多数人（公司、团体和继承人共同体）的整体利益与个人利益的冲突。还可能是私人利益与公共利益的冲突，以及公共利益之间的冲突。

之间具有**因果性（kausal）**，对法律命令的构建需要考虑到欲求的作用。[31] 这引申到，人类有目的地创制法条，以便对各种利益进行评价和规制，这些利益并非杂乱无章，而是基于各自不同的目的导向而相互冲突。因此，黑克意义上的"利益冲突"指不同利益的自然张力关系，由于同时实现所有的期待和追求绝非可能，所以必然要利他地放弃一定的期待利益。[32]

　　依据黑克的描述，利益法学**与概念法学方法（zur begriffsjuristischen Methode）**在建构上的**分歧（Divergenz）**在于原因性的法要素问题。在此，概念法学的出发点是，命令性概念，比如"所有权"构建于民族精神（Volksgeist）之中，[33] 并在此方面制造出法律命令。[34] 因此，人民信念的结果曾经不仅仅是价值评价和价值理想，而且直接是作为法学观念的法概念。[35] 这意味着，属于法概念的不仅仅是对隐藏于概念之后的规则复合体的语言上的概括。相反，这些法的概念被当作人民信念中的独立本质、作为具有客观属性的"法的实体"对待。[36] 这样，这些法的概念就作为法律规范的渊源，它们似乎曾在规范之先，并因此与整个实在法有因果关联。[37] 黑克称此因果论的形式为颠倒方法（Inversionsverfahren）。他的意见是，法律规范和概括它的命令性规范概念的真正关系被颠倒了，并因此产生了这些法要素的角色互换。[38] 相反，依据他的观点，法律命令在时序上限于对一般性概念的分类。生活需要和对生活需要的评价独立地引发了命令，而不是对一般概念的想象所引发的。[39]

　　bb）冲突理论

　　依据黑克的观点，利益冲突是任一独立具体的法律规范的基础。[40] 立

---

[31]　Rechtsgewinnung, S. 28.

[32]　Siehe Neue Gegner, S. 180, 303；ferner Rechtsgewinnung, S. 19.

[33]　民族精神（Volksgeist）不仅仅是民众中个体上相一致的且相互影响的意识内容的集合名词，而且是心理学上的更高形式的单位，它的工作机构表现为习惯法、立法者和科学（对此见 Rechtsgewinnung, S. 14）。

[34]　Schuldrecht, S. 474; Rechtsgewinnung, S. 14; Interessenjurisprudenz, S. 11.

[35]　Interessenjurisprudenz, S. 11.

[36]　Schuldrecht, S. 474.

[37]　Ebenda.

[38]　Begriffsjurisprudenz, S. 42.

[39]　Interessenjurisprudenz, S. 12.

[40]　黑克多次强调这点。Begriffsbildung, S. 41, Anm. 2; Interessenjurisprudenz, S. 13; Neue Gegner, S. 185.

法者从一个尽可能全面的视角来鸟瞰人类"熙攘的尘世"，识别出法共同体中具体成员的利益和法共同体自身的利益，评价它们，并区分它们。[41] 基于此所得出的制定法是"任一法共同体中互相对立出现且为博取承认的利益之间的分力或**合力（Resultanten）**"。[42] 因此制定法发挥了一种平息的效果。黑克认为，对制定法规则的追求同样遵循着一种利益，即"公共的安宁利益和秩序利益"，该利益作为规范的基础存在于全部法律命令之中。[43] 黑克认为，制定法上冲突裁判的质量取决于是否有权威性的规制效果，[44] 这样利益就被有约束力地且事先可识别地作了区分。[45]

441　　　具有决定性的是，**立法机关（Rechtsetzungsorgane）**如何确定法律规范的内容。制定法的结论、内容和目的只展示了某个利益被更高地评价了，且这应被赋予法律规范上的保护（"优胜的利益"）。[46] 对某利益的保护只可以通过对该利益的回溯才能实现。[47] 从事后来看，这一对某个利益的满足即为制定法的目的。

442　　　利益法学将立法者对利益冲突的判断追溯到之前对各方利益的**衡量（Abwägung）**。[48] 我们需要领会这一点。在此，冲突的利益被依照它的"分量"进行分析［"利益划分原则"（Maxime der Interessengliederung）和"冲突理论"（Konfliktstheorie）］。[49] 衡量是一个复杂的过程，在该过程中会依据"价值理念"来得出作为结果的"价值判断"，这一"价值判断"应当与待实现秩序的一般观念相协调（"社会目标"）。[50] 这些在任一评价过程

---

[41]　*Heitmann*, Stellung der Interessenjurisprudenz, S. 36; 更多的：Begriffsbildung, S. 41。

[42]　Gesetzesauslegung, S. 17; Begriffsbildung, S. 74。

[43]　Begriffsbildung, S. 39。

[44]　黑克论及法的命令本质："生活和审理法官必须参照制定法的要求。"（"要求理论"）（in: Gesetzesauslegung, S. 16.）

[45]　Heck in: Begriffsbildung, S. 41, Anm. 2："通过制定法对利益的保护并不在空空的房间中实施，而是在充满利益的世界中实施，且因此始终涉及其他利益的不利。"

[46]　Interessenjurisprudenz, S. 13。

[47]　Siehe Rechtserneuerung, S. 19。

[48]　只需参见 Begriffsbildung, S. 41; in Leugnung, S. 244，黑克表明，利益衡量的心理过程并不是利益法学的新发明。这一过程在法官、立法者和法学学者的活动中始终具有意义。自有法以来，就存在利益冲突的调和。但是这一存在不能阻止法规范生产的观念、司法的目标设定和概念法学的当前科学已然是别样情形。

[49]　Interessenjurisprudenz, S. 13。

[50]　Begriffsbildung, S. 41。

中具有决定性的价值理念是多样的且具有不同的来源。法塑造首先通过对当事各方的利益衡量来实现。但是，如果人们还想要同时契合社会的秩序观念去塑造法，则必须在衡量过程中注入客观的、对于集体重要的法的价值（"公共利益"）。黑克将此定义为"关键利益"或"更深层次的集体利益"。[51] 因此，所指的就诸如那些法政策上的目标设定——这将法共同体自己的功能能力塑造出来并受到普遍认可，比如对减轻法律交往负担的信赖保护、对更易于适用和创造清晰关系的规范的成年规则的年龄界限的确定。[52] 有时，这些利益在判决中亦会产生冲突，所以立法者面临在具有不同价值追求的秩序目的间作出选择这一问题（"内部冲突"）。[53] 依据利益法学所作出的衡量必定涉及价值性评价，因为这绝不会出现"现实中的利益通过自身力量（比如通过机械的转化行动）贯彻到法律规范之中"的情形。[54]

　　然而，黑克放弃了对价值评价适用何种具体标准这一问题的回答。这 **443** 是显而易见的，因为利益法学不想成为一个必须对生活法益的框架性次序进行界定的、关心物质利益的价值理论；相反，其适用的是法秩序中被**确定的**（具有历史性的）**理想（ anerkannte Ideale ）**。[55]

　　依据黑克的观点，通过理想中涵括的价值评价，法律规范存在一个所 **444** 谓的"利益效应"。从这一法律规范与这些条件之间的关系可知该特殊的"利益内容"。[56]

　　b）创造性利益理论

　　这一部分理论涉及已经成为所描述的利益法学上"发生学基础"的、 **445** 方法上的设问和解答。依据利益法学观点，对生活的决定性影响通过**法官裁判（ Richterspruch ）**来实现，这一方面涉及对正确的和值得信赖的司法裁判的创造性研究和发展，另一方面，**法律科学（ Rechtswissenschaft ）**具有一定概念性、体系性和构建性的任务。鉴于先于法官存在的、典型的实

---

[51]　Gesetzesauslegung, S. 232, Anm. 357; Neue Gegner, S. 168.

[52]　Vgl. *Kallfass*, Tübinger Schule der Interessenjurisprudenz, S. 15, Anm. 50.

[53]　在这一立法理想间的选择之外，黑克还区分了其他公共利益的冲突，对此可见 Begriffsbildung, S. 39, Anm. 2。

[54]　*Kallfass*, Tübinger Schule der Interessenjurisprudenz, S. 16.

[55]　Interessenjurisprudenz, S. 7 f; Begriffsbildung, S. 28.

[56]　Begriffsbildung, S. 41.

在法上的基础情形可能是多样的，首要的任务是发展出一个正确适用规范的适用理论。[57] 实现目的任务有：对既有规范素材的系统整理和描述，对未来的法的规范获取和规范准备的工作。

aa）司法裁判

446　　黑克认为司法活动的特征在于，如立法者一样，法官同样必须辨别争议各方相冲突的利益。在此，法官必须首先检测待适用规范的利益内容。在任一法发现的具体操作中，法官必须关注他研究的真正目的、对生活需求的满足。[58] 作为作出裁判（Entscheidungsfindung）基础的出发点，下列**立场**是基本的：

①制定法对法官的约束

447　　第一个立场在于，基于法治国原则和分权原则，法官要遵守制定法，即他不可在审判中自由行事。这一约束力规定在宪法之上。因此，这并非为衡量提供标准的法官自己的价值理念和价值判断，而是他自己也受制于制定法价值判断，且受制于法共同体中占支配地位的伦理和社会观点。因此，依据黑克的观点，法官自由的独立评价只是辅助性地介入。[59] 以制定法形式表达出的价值判断代表了法共同体所表达的意志，它"对外是独立的、主权性的，而且对内在与法官的关系上也是如此"（法共同体的自治）。[60] 由于法共同体所表示的意志优先于具体国家公民的意志，因此任一国家公民都要遵守，且法官也毫无例外。[61] 法官需要在"他意欲适用制定法，以及批判某命令性规范"之处应用制定法。[62] 他应是**制定法的仆人**（**Diener des Gesetzes**）。对于利益法学而言，法官受制定法制约是一个不可更改的必要前提，在此范围内必须存在一个为了被调整的相关共同生活的利益来最终统一平息所产生的冲突的主管机关。依黑克所言，该机关是立法机关。它只可以通过这样来完成自己的任务，即通过法条中所表达的法共同体的决定对法官产生约束。[63] 同样重要的是，基于法的安定性的利益，

[57]　Vgl. Interessenjurisprudenz, S. 7; Rechtsgewinnung, S. 3; Gesetzesauslegung, S. 3; Begriffsbildung, S. 2f., S. 91.

[58]　Gesetzesauslegung, S. 11.

[59]　Vgl. nur Rechtsgewinnung, S. 30.

[60]　Gesetzesauslegung, S. 13; Schuldrecht, S. 14; Rechtserneuerung, S. 1.

[61]　Gesetzesauslegung, S. 13.

[62]　Siehe Aufwertung, S. 224; Rechtserneuerung, S. 9.

[63]　Vgl. Aufwertung, S. 224.

应该通过制定法的约束力来为法官创设这一确定性，即法院需要依法司法。未来裁判的内容应该是可预见的、被保障的。[64]这一规则的宪法政策意义不言而喻。

②法秩序的不充分性

第二个立场涉及法秩序的不充分性。这意味着，存在一些情形，在这些情形中法体系不能对与具体情形相关的问题给出明确的答案。它被归咎于立法者无力通观生活的全部。生活观和生活关系的多样性不可一目了然，且仍处于不断变化中。因此，对于立法者而言完全不可能的是，在准备阶段即洞察所有个案情形。如果制定法准备适用的领域非常广泛，那么在制定法颁布时可能会产生各种困难。这样，就不可能再完全详尽、恰当地作出规定。[65]这样导致的后果是，制定法相对于生活问题的数量，是欠缺的、不完备的和不一致的。这一制定法的**漏洞的附随性（Lückenhaftigkeit des Gesetzes）**命题（"漏洞理论"）并非黑克学说的中心。[66]黑克在对不同要素的强调中得出了一个由众多漏洞概念组成的体系。[67]比如他依据起源上的差异区分原生的漏洞——在法诞生时即存在的漏洞和次生的漏洞——这些随着时间的推移因生活关系和生活需要的改变而产生。[68]在漏洞概念中来自黑克分类的还有**"真正的漏洞"（echte Lücke）**和**"非真正的漏洞"（unechte Lücke）**。所谓的真正的漏洞来自未被立法者规制的利益冲突，即完全不存在一个命令性规范，因为立法者完全忽视了该冲突，或者这一种类的冲突在立法之时尚不可能出现。此外，命令性规范的概念可能是不清楚的，以至于不能够确定一个命令性规范是否已经概括了一个特定的事实。[69]在**非真正的漏洞**情形中，立法者已经发展出了全面的命令观念，因此命令性规范的构成已经把未曾估计到的事实也考虑了进去。[70]最后还应该指出所谓的"冲突性漏洞"。它们源自命令性规范和价值判断之间的矛盾，这可能导致对同样事实的涵摄会得出不同的结论。[71]

448

---

[64] Aufwertung, S. 224, Anm. 37; 更多内容见 Interessenjurisprudenz, S. 20; Gesetzestreue, S. 34 f.。

[65] So in Gesetzesauslegung, S. 19.

[66] Vgl. Gesetzesauslegung, S. 21.

[67] 关于具体的漏洞术语见 Gesetzesauslegung, S. 168 f.。

[68] A.a.O.

[69] Gesetzesauslegung, S. 169.

[70] Ebenda.

[71] Ebenda.

449   还有就是编辑上的模糊性。这意味着必须考虑到概念和语言上的表达
错误。[72]

　　③历史视角的观念研究和利益研究

450　　在对立法活动的界限和因此导致的法体系漏洞的认知中，黑克呼吁法
官共同参与。但是他非常务实地并不期待法官"盲目顺从"，或仅仅从逻
辑上进行涵摄推理，而是对缺乏的规定进行补充，或对有缺陷的规定进行
修正等，[73]即"理智地（符合利益地）顺从"[74]。对于符合利益的顺从的解释，
黑克借助了主人与仆人关系中日常生活要求的解释：虽然主人想要对他的
仆人作出长期的预先指示，但是仍可能会一直产生指示并未覆盖的不可预
见的情形。因此，主人还要给出指示，赋予仆人一个更自由的地位，并期
待一个合乎利益的顺从，这意味着仆人必须填补出现的漏洞，并使所需的
行为合乎该情形。在此，仆人将考虑到利益状态和主人的态度，并作出相
应的行为。[75]此外，黑克还要求法官不应该在任一规范适用中简单地按字
面意思来适用具体的命令，而是在考虑所有立法上被视为值得保护的利益，
即重视全部法秩序地阐明立法者的意图，以便基于此能够在具体情形中实
现立法者的价值判断（"总体观察原则"）。[76]"法条只有在符合生活利益时，
才能够被理解。"[77]因此，法官不应受制于既有的命令，而是应当为之赋予
一个创造法的能力——但是存在限度。[78]

451　　黑克所要求的对法定利益评价的界定带来了这一问题，即法官如何
去查明一个规范？如何判断哪个利益冲突？此处黑克投向了历史观念研
究和利益研究。依据他的观点，对于制定法的**主观历史解释（subjektiv-
historische Auslegung）**具有决定性的考量是所有对于制定法具有原因性的，
亦为制定法所保护的利益，这样当从立法者的视角解释制定法时，就会受
到最可靠的维护。[79]法官通过定位于立法者的目的考量可以判断诸如某个
规范是否被限缩或扩大适用，在立法者没有预见的情形中如何处理。依据

---

[72]　Gesetzesauslegung, S. 20 f.

[73]　Vgl. Interessenjurisprudenz, S. 20; Begriffsbildung, S. 106 f.

[74]　Gesetzesauslegung, S. 20.

[75]　Siehe Gesetzesauslegung, S. 19 f., 49 f.

[76]　Begriffsbildung, S. 107.

[77]　Gesetzesauslegung, S. 96.

[78]　Gesetzesauslegung, S. 60.

[79]　Vgl. Gesetzesauslegung, S. 59 f.

黑克的观点，与人们在所谓的客观理论下仅仅依据语言规则和适用时的观点来解释制定法相比，要求法官对被赋予立法任务的主体的意志进行研究更有利于制定法精准性的提高。[80]"这一期望和追求曾出现于这些人的意识之中。他们推动了制定法，并只能够通过使得法律适用者依据历史加以认识和关注的制定法解释（Gesetzesauslegung）的方法实现满足。"[81]法共同体还有一个利益在于，用制定法来成功地塑造自己。这里同样还有宪法上的关联。这涉及议会优先。黑克在此并未对立法过程的心理学研究可能性作出分析——就如过去一直所反对的那样，而是仅仅要求在任何情况下的忠实研究和考量。

在法律获取的整个过程中解释是一个需要被区分为两个部分的行为。首先，法官必须研究这些事实构成和法律后果的观念，即颁布制定法时赋予规范中的具体语词（命令概念）的观念（观念研究）。这样法官就必须考察立法者所关注的利益。[82]

452

对黑克而言，在一个规范中所使用的各个**概念**是"在思维上被加工过的、受制于词句的一般形式的意识内容"。[83]这意味着在任一法概念之后都具有某种意义，即预设的集合，对此概念是语言的形式、浓缩的表达。因此，语言对黑克而言仅仅是实现对思维过程从语言上进行概括和整合的辅助手段。[84]黑克认为，虽然这些**语言上的辅助手段**（diese **sprachlichen Hilfsmittel**）具有巨大的启发意义，人们想要将法予以法典化，但是对于制定法解释而言它们并不具有决定性的规范作用。[85]语言只是在解释的框架内的首位认识之源。然而，超出字面意义，则法律适用者必须理解概念所概括的全部观念内容（"自由研究原则"）。[86]最后，从孤立的语言之中无法实现对生活的领悟。[87]既有的背景必须始终被考虑到。据此，这同样适

453

---

[80]　Ebenda. Rechtsgewinnung, S. 37.

[81]　Gesetzesauslegung, S. 60.

[82]　Vgl. Gesetzesauslegung, S. 95.

[83]　So in Begriffsbildung, S. 52.

[84]　Gesetzesauslegung, S. 156.

[85]　Gesetzesauslegung, S. 120.

[86]　Ebenda, S. 94, 156.

[87]　A. a. O. S. 157.

用于对制定法词句的理解。[88]

454   由于法律规范依照发生学的利益理论构建于利益衡量之上，所以法官
必须紧接着超越概念，借助概念进入制定法所关注的利益情形、法定的价
值判断和价值理念（"冲突观察"）。[89] 这意味着他必须解释制定法关注哪
些利益，制定法如何且基于何理由来评价这些利益，并关注规范的利益效
果究竟如何。就如黑克所明确表述的，这里存在**"利益法学实践上的巅
峰"（praktische Spitze der Interessenjurisprudenz）**。[90] 虽然利益研究首先对
制定法的目的进行研究（对"优胜利益的"促进），但是为了全面理解作
为利益衡量结果的法律规范的内容，法官必须同样要厘清对抗利益（"利
益区分原则"）。[91] "目的是促进优胜的利益。依此导向，在事后观察中只
有这些利益可以从制定法中被获知。但是法律规范的内容、目的实现的程
度同样受制于被战胜的反对利益的强度。法律规范的内容只可以被'概念
化'，即使该反对利益已经被知悉。"[92] 黑克举例阐述道：任一税法的目的应
该是为共同体筹措资金。但是具体制定法的特性来自对纳税人的保护。[93]
对制定法利益区分解释（die interessengliedernden Auslegung der Gesetze）
不仅仅要求法官对相互区分的利益和利益享有者进行纯粹的调查，而且还
要求法官挖掘并明确对成功的价值评价而言关键的理由。只有这样才可能
成功地认识基础性的价值判断，并解释一个利益相对于另一个利益的值得
保护性。[94]

          ④合乎利益的制定法解释的结论

455   任一案件裁判的起点是争议案件中存在的利益冲突和在具有问题的法
定事实构成中明显的利益冲突之间的比较。在此背景下历史性的制定法解
释可能导致不同的后果，该结果被黑克总结为**三大案例类型（drei großen**

---

        [88] 关于历史观点的解释，即为了实现体会法律规范生成的思考过程，在条文之
外公开的和未公开的法律文献非常具有启发性（包括法律内部产生过程的案卷），参见
Gesetzesauslegung, S. 105 ff.; s. a. S. 107, Anm. 155。

        [89] Vgl. Begriffsbildung, S. 107; Gesetzesauslegung, S. 94 f.

        [90] Siehe Gesetzesauslegung, S. 96.

        [91] Siehe Begriffsbildung, S. 96; Interessenjurisprudenz, S. 20.

        [92] Begriffsbildung, S. 46.

        [93] Interessenjurisprudenz, S. 13.

        [94] Siehe hierzu auch: Lebensversicherung, S. 24 f.

Fallgruppen）：相对简单的正常情形、较难的情形和漏洞情形。[95]

　　在所谓的**正常情形**（**Normalfälle**）中，法官待判事实由立法者已看到 456 的并规制的利益冲突引起。这样，法官的活动限于逻辑上的涵摄（涵摄推理），即认识到假定的事实构成在程序性事实构成中已经存在。[96] 因此，对利益冲突作出的权威裁判的价值判断可以通过此方式适用于待裁判的利益冲突。[97] 但是，依据利益法学学说，特别之处还在于，必须始终没有例外地先进行利益检测，尽管这在简单情形中被下意识地实施。纯粹形式逻辑上的涵摄推理与直觉上的利益评价并行，"虽然这并未进入意识之中，但是可以作为警报装置起作用，且在违反利益的结论时影响着涵摄推理"（"对直觉控制的检测"）。[98]

　　黑克认为，接下来所分析的**较难情形**需要一个"评价性的命令性规范 457 的建构"，即当不可基于原始规范或补充规范进行涵摄推理，且缺乏上位规范（Decknorm）时，法官应该提供权利保护。[99] 在此，黑克认为，通过确认法官在命令构建方面的职责一方面促进了裁判事实上的合理性，另一方面降低了判决的可预见性以及法安定性。[100] 所以，黑克在此要求法官在个案中对既已有效的秩序上的"稳定利益"与"续造利益"进行衡量。[101]

　　最后的情形是立法者已经预见到了待评价的命令构建的必要性并加 458 以特殊规定的情形［广义的"漏洞"（Lücke）］。[102] 他并没有直接或并未在特定的概念中表达出这一命令，而是将构建这一命令或详细填满这一概念的任务交托给了法官：**授权情形**（**Delegationsfälle**）或安全阀概念（Ventilbegriffe）。[103] 在此法官获得一定的自由裁量权，在此范围内通过对其他规定于既有法律规范之中的、可识别的立法者的价值判断来获得其填补漏洞工作的准则。在此重要的还有与实在法秩序的全部评价机制的

---

[95]　Dazu Begriffsbildung, S. 109.

[96]　Ebenda, S. 109; Gesetzesauslegung, S. 90.

[97]　Rechtsgewinnung, S. 30.

[98]　In: Leugnung, S. 246; Begriffsbildung, S. 116 f.

[99]　Siehe Gesetzesauslegung, S. 161.

[100]　Ebenda, S. 172.

[101]　A. a. O. S. 180.

[102]　A. a. O. S. 161.

[103]　Begriffsbildung, S. 109; 对此的示例为《德国民法典》第 242 条或者立法者所使用的词汇"重要的原因"（wichtiger Grund）。

协调。[104]

459　　第三种类型涉及那些存在"（广义上的）漏洞"的情形——这是历史中利益研究的结论。[105] 该评价性的命令建构通过法官对裁判中对立的利益的关注来实施，法官对他们进行比较并依据价值判断进行衡量。[106]

460　　依据黑克的方法，漏洞处理有两个基础：**制定法的远程控制和法官的独立评价（Gesetzesfernwirkung und richterliche Eigenwertung）**。一方面，法官在历史性利益研究之路上能够绝对一般性地识别评价的趋势和立法中不同利益的序列（"制定法的远程控制"），[107] 另一方面，法官还能够基于他的自我识别和生活经验宣布一些利益值得保护。[108] 然而，只有当缺乏法定的价值判断时，后一个才辅助性地适用（"价值漏洞"）。[109] 因此，只有当制定法、交往伦理和宪法都没有给予法官评价标准时，法官才可使用独立的评价。

461　　对于命令的构建而言，在真正的漏洞中——不管它们被证明为原生的还是次生的，黑克要求法官检测，在制定法中被作出裁判的是同一个利益冲突还是其他事实构成形式中的类似利益冲突，并对欠缺的命令作出填补；这样，制定法评价就是决定性的，在肯定情形中法官需要通过**类比推理（Analogieschluss）**将价值判断进行转移。[110] 如果这并非直接可知，则法官必须另作尝试，从法共同体的主导性观点中寻找主要依据。此外，来自宪法的价值评价，即更重要的价值形态，亦供其使用。

462　　除了具有填补命令的权限，法官在一定情形下还有在其判决中偏离现行法、违背制定法地去裁判的权力。[111] 这种裁判的权力发生在具有非真正漏洞的情形中，这并不取决于漏洞是原生的还是次生的。据此，一个具体的命令规定了错误规制的事实——如果这已经被立法者考虑到；[112] 或者这

---

[104]　Ebenda.

[105]　Siehe Gesetzesauslegung, S. 161.

[106]　Ebenda, S. 225.

[107]　Gesetzesauslegung, S. 230.

[108]　A. a. O., S. 227.

[109]　A. a. O., S. 238.

[110]　只需参见 Interessenjurisprudenz, S. 20；见黑克关于"Platinaproblem"的例子：Gesetzesauslegung, S. 190。

[111]　Gesetzesauslegung, S. 197 ff.

[112]　对此参见 RGZ 68, 317 ff.。

些命令因时间造成的变化而不再适合对它所追求的利益保护发挥作用，因为该利益已经不在，或者原因性的利益基础已经改变。[113] 法官拒绝在语言和逻辑上绝对可能的涵摄推理这一行为就进入待评价的命令构建这一类别，确切地说这属于**命令矫正（Gebotsberichtigung）**的下位概念（"背离理论"）。[114]

　　法官实施命令矫正的界限来自**法共同体自治（Autonomie der Rechtsgemeinschaft）**　463
这一原则。原则上法官应当维护认为值得保护的利益的全貌，不得对其进行抑制，否则就是制定法的失败。[115] 矫正的权限因此只限于这些基于对事实关系的错误认识的情形。至于对不合宜的命令性规范的矫正，黑克认为这一般只涉及"边缘矫正"（Randberichtigung），因为在立法工作中心（"核心领域"）产生的观点漏洞或命令缺陷比在边缘所观察到的要少。[116]

　　黑克总结道，虽然制定法的远程控制具有优先性，但法官仍会作出造　464
法性的活动，因为对过去的观念的认知和加工可以被视为创造性的。[117]

　　在黑克处可看到的并被视为他批判的基础的还有，与填补漏洞的**概念**　465
法学程式（das begriffsjuristische Verfahren）的简要比较。[118] 他称之为"通过建构的漏洞填补"或"颠倒方法"。出发点是，法体系被视为封闭的。因此，虽然不是从制定法之中，但是从法体系中基于认知途径去获取一般原则应该是可能的。这一途径既实现了制定法上应用的理想类型，又实现了逻辑推导性的涵摄推理。但人们因此可能会说，确实存在制定法漏洞，但是不存在法的漏洞。从既有法律规范中抽象出的概念的内容被用作新命令规范的渊源。这些概念的任一共同的要素可能会被总结为更一般性的概念，且可能再次被重新定义。通过从这一定义中推导出新案例的裁判，这些"上位概念"就可能会被用作漏洞的填补。[119] 显然，黑克针对它提出了一个极其不同的、在标准上严格依据制定法优先排列的方法论。这一点历

[113]　对此参见 Aufwertung, S. 203 ff.。
[114]　Gesetzesauslegung, S. 201.
[115]　Ebenda, S. 201.
[116]　Ebenda, S. 206 f.
[117]　Ebenda, S. 250.
[118]　他对此的阐述内容见 Rechtsgewinung, S. 9 ff.。
[119]　A. a. O., S. 10；对此的例子为法律行为（Rechtsgeschäft），见 Rechtsgewinnung, S. 10；以及 „Restaurationsgleichnis"，见 Begriffsbildung, S. 93, Anm. 2；概览性的内容见 *Pawlowski*, Einführung, Rz. 158 f.。

久弥新。从今天来看，黑克分析所依据的制定法这一客体已经有了改变。但是黑克也经历了 1914 年之前的德意志帝国到魏玛共和国再到民族社会主义过程中立法上的根本性转变。

　　bb）实践法学的任务和道路

466　　　实践法学必须为司法裁判作准备，即为裁判提供有力的帮助。因此，它的首要任务是建立使法官有能力尽可能目标明确且符合规则地作出判决的方法教义。

467　　　此外，通过为不同的冲突情形提供恰当的规范建议，实践法学必须胜任获取规范这一任务。此外还有对规范性材料的体系化阐述的任务。

　　①规范获取的任务

468　　　在规范获取上，学者的活动与任一法官在本质上是一致的，但是学者在研究的广度上对之有超越。[120]学术的任务是对既有制定法解释的持续研究，并对所预见的漏洞提出建议。此外，学术在对未来之法的规范获取上也扮演重要角色，即法律学者不仅研究经验性的案例，而且研究未来的案例。[121]研究结果则被不断加入既有的规范材料之中。[122]

469　　　为了完成这一任务——获取新的规范和改善既有规范，学者需要进行一系列的前期研究和辅助性研究。

470　　　依据利益法学学说，**生活**不仅是法律命令的适用范围，而且是它的**渊源（Quelle）**。[123] 因此，学术研究的首要客体是生活关系和生活需求。[124] 对生活关系的认知也被称为"利益研究"，"法社会学"（Rechtssoziologie）"对法律事实的确认"。[125]对学者最重要的要求是，在任一规范上依据利益划分原则来分析。在此，判例法扮演关键性角色：由于法概念是对既有生活关系的描述，只有通过对具体情形的观察和研究才能够继续对一个概念进行具体化。[126]

471　　　对规范材料预备的其他预先检测立足于哲学的部分领域之上。得出这一关联是基于这一观点，即制定法是价值判断和价值理念的体系，但是该

---

[120]　*Kallfass*, Tübinger Schule der Interessenjurisprudenz, S. 62.

[121]　Vgl. *Kallfass*, Tübinger Schule der Interessenjurisprudenz, S. 62.

[122]　Rechtsgewinnung, S. 37.

[123]　相关内容位于：Interessenjurisprudenz, S. 27。

[124]　Vgl. nur Begriffsbildung, S. 130 f.

[125]　Begriffsbildung, S. 131.

[126]　A. a. O. S. 133.

体系并非没有冲突。[127] 因此，要相互对立地衡量各个价值判断，并作出比较，再将法共同体中优胜的愿景全部纳入一种次序之中。此处重要的是，利益法学被设计为**纯粹的方法学说（reine Methodenlehre）**，而非哲学或政治哲学。对于哪一个价值判断在哪一个次序中作为标准发挥作用，黑克认为这不需要表现出来。[128] "它并非质料性的价值学说。我们并不想为法共同体规定哪些利益应优先于其他利益。"利益法学想构建一个完全独立于"某个世界观"且对于任一世界观都是价值平等的方法论。[129] 该学说只将对法共同体中确认的价值理念和不同生活利益的次序**具体化的任务（Aufgabe der Konkretisierung）**纳入作为实践科学的科学之中。因此这一理论的对象是法官，利益法学希望给予其一个使之能够参与实现被确认的理想的程序。[130]

黑克认为，法学同样能够从其他学科中获得规范获取的提示。此处黑克首先提到比较法和法律史。[131] 他认为，过去对其他生活关系和法产生的理解恰恰使得对当今任务的观察变得敏锐。[132]　　472

②描述的任务

依据黑克的观点，任一方法都需要概括和秩序，因为科学研究完全是通过**对秩序概念的构造和加工（Bildung und Ausarbeitung von Ordnungsbegriffen）**来进行的。[133] 研究者的观察得出了一些观念，这些观念受制于语词和语词复合体，然而这些语词和语词复合体只是隐藏其后的意识内容的简略表达。[134] 依此学说，对概念的构造并非下列意义中的因果研究，即这些被构造的概念是基本概念，从这些基本概念中解释出法律规范来，因此这些基本概念就处于分析之始。相反，这些规范在内容上首先需要依据它们的实践动机来确定，以便用某个语言表达来对之加以表述和总结。[135]　　473

黑克认为，从**概括目的（Übersichtszweck）**和体系化描述对秩序概念　　474

[127]　Ebenda, S. 131 f.

[128]　Interessenjurisprudenz, S. 7.

[129]　Begriffsbildung, S. 28.

[130]　Interessenjurisprudenz, S. 7.

[131]　Begriffsbildung, S. 19.

[132]　Ebenda, S. 19.

[133]　Schuldrecht, S. 472; Interessenjurisprudenz, S. 28.

[134]　Begriffsbildung, S. 53.

[135]　*Edelmann*, Entwicklung, S. 72.

的制约中得出了塑造这些概念的广泛自由。因此，对于同一个利益划分和同一个命令整体而言，不同的表述可能是既正确又合理的。黑克称这一自由为"科学上不同构思的等价性（Äquivalenz）"。[136]学者为了描述和使用方便之考量而贯彻的秩序整体的思想被黑克称为**"外部体系"（das äußere System）**。[137]重述规范性材料整体性的概念可以依据不同的标准加以区分。在观念内容方面，黑克区分了命令概念（Gebotsbegriff）和利益概念（Interessenbegriff）。[138]

475　　　　此外，黑克还分辨出具体问题解决方案的**"内部体系"（das innere System）**：在此他解读为不同的冲突裁判——与遵守特定方法规则的规范相一致的秩序之间的事实关联；"内部体系"基于研究结果的内容而产生。[139]由于利益法学在法律规范之中察觉到了每一个冲突裁判，所以从大量的冲突裁判中归纳出了相应的特征，且从中再次作出了问题集群和裁判类型的划分（"分类"）。[140]基于此方法，对所有概念体系形式中既有的事实关系阐述的可能性具备了。[141]

三、利益法学的两线之战

476　　　　利益法学从与所谓的**概念法学（Begriffsjurisprudenz）**的持续对峙中发展而来，而黑克认为概念法学在当时的法学和司法中是占主导地位的。有必要指出的是，黑克的进攻已然针对"技术性的概念法学"[142]。他的批判并未针对用概念作研究的法学或学术上的概念构造。[143]相反："没有概念就无法思考。法学也自然应塑造概念。"[144]但是，他的理论为命令概念增加了利益概念，以便能够表达出制定法目的的观念、利益状态和对它的评价。[145]在黑克所指责的**"技术性的概念法学"（technische Begriffsjurisprudenz）**之

---

[136]　Schuldrecht, S. 473, Anm. 2.

[137]　Begriffsbildung, S. 143.

[138]　A. a. O., S. 472.

[139]　Begriffsbildung, S. 143.

[140]　A. a. O., S. 150.

[141]　Ebenda.

[142]　黑克使用的这一表达见 Begriffsjurisprudenz, S. 42。

[143]　Ebenda, S. 42.

[144]　Ebenda, S. 42.

[145]　Begriffsbildung, S. 10.

中，需要据此来理解这一思潮，该思潮基于因果理论的立场将法的命令概括为作为基础的概念的后果，并从中塑造出新的规范。通过抽象和定义创造了一个"概念的金字塔"[146]。鉴于脱离了生活，黑克坚决拒绝通过概念建造来创造规范，并称此方法为"幼稚的**概念唯实论（Begriffsrealismus）**"，"法学上的艺术理论"。[147]黑克所反对的脱离生活在于，所获得的概念也被用于对这些在确定概念时并未被考虑的情形的裁判。[148]黑克认为，裁判的生活契合性曾只具有次要地位，因为法官必须依据认知逻辑的标准去适用制定法；他在某种程度上必须"考虑"到概念。[149]因此，黑克将法官的这一功能理解为"在事实批判中作出裁判的机器"，他仍避免了对客观正确内容的复杂的、责任重大的研究。[150]黑克在一定程度上太过轻率地作出了这一批判。他明显未经核实就受到了耶林后期反对这一所谓的概念法学的片面论点的影响。黑克并未对萨维尼、温特沙伊德或早期的耶林的观点进行方法分析。

　　在另一方面，他与所谓的**自由法运动（Freirechtsbewegung）**划清了界限。[151]利益法学家认为自由法运动的特征由这一趋势决定，即实在法的约束力在通常情况下或在特定条件下为了利于法官的自由评价而被抑制（"司法裁量"）。[152]与利益法学家相一致，自由法学说拥护者的出发点在于，法具有漏洞，且这不可通过概念的塑造来填补，而是要通过利益分析来填补。[153]此处与彼处一样，对制定法漏洞的处理都处于研究的中心。但是法官的权限被这样扩大了，即法官在漏洞情形中不再受制于制定法的价值理念和价值判断，而是像黑克批判的那样，应该受制于提供了衡量标准的法官的价值理念和价值判断。[154]在此意义上，法官不仅是立法者依据制定法上价值判断的"理智的助手"，而且是"有远见的**法官国王**

477

---

[146]　Vgl. *Dombek*, Tübinger Schule, S. 13.

[147]　So in Interessenjurisprudenz, S. 16 f.

[148]　A. a. O.

[149]　A. a. O., S. 15; 但是关于萨维尼和温特沙伊德的内容见本书上文边码334。

[150]　Rechtsgewinnung, S. 14.

[151]　对此参见 Begriffsbildung, S. 9 ff.; 对此概述内容见边码1407—1412。

[152]　Rechtsgewinnung, S. 23.

[153]　Gesetzestreue, S. 32.

[154]　Rechtsgewinnung, S. 30.

（ **Richterkönig** ）"。[155] 这一举措应该归因于这一基本观点，即如果法官可以通过一般规范只依据其特性自由地评价具体案件，那么该案件就此可以得到最佳裁量。[156] 裁量的理由在此应该从具体案件中独立地推断出来，任一具体案件实际上都自带律法（"sua lex"）。[157] 据此，判决的具体合理性就会被着重强调。黑克反对自由的法发现绝对受制于个体并独立于法官的个人经验和生活态度这一观点；因此，法官的自由衡量并未对多个法官裁量的一致性以及可预见性（法安定性）作担保。[158] 相反，利益法学的好处在于，通过对制定法恰当的适用来协调合理性、一致性和法安定性的理念。[159] 因此，法官原则上受制于制定法的内容，确切地说对漏洞的填补受制于间接的内容，是必要的。[160] 另外，黑克将他的学说构建于历史解释的基本原则之上。相反，自由法学说将制定法的效力严格限制于文义，并来扩大它的自由空间。然而，黑克并未赋予这样的文义决定性的规范效力，此为该两个流派不一致的关键之处。明显的是，此处宪法政策上的理由扮演了重要角色。

四、著名例子：升值案

478　　黑克在对"帝国法院历史中对政治极具影响的案例"[161]——1923 年 11 月 28 日，即通货膨胀巅峰时期，首次利于债权人允许不动产抵押债务升值——的研究中，对 1914 年的《货币法》作了分析，这也提供了一个对诊断案例富有启发的案例，在该案中具有原因性的利益基础因社会环境改变而被改变，因此一些命令性规范不再适于发挥对它们所追求的利益的保护作用。[162]

---

[155]　Ebenda, S. 24.

[156]　Ebenda, S. 7, 23.

[157]　Vgl. Begriffsbildung, S. 105.

[158]　Interessenjurisprudenz, S. 7; vgl. Gesetzestreue, S. 34.

[159]　A. a. O., S. 24.

[160]　Gesetzestreue, S. 34.

[161]　Siehe: Aufwertung, AcP 122（1924）203-226.

[162]　RGZ 107, 78-94（Lüderitzbucht），对于非常具有现实意义的相关过程目前见 *M. Klemmer*, Gesetzesbindung und Richterfreiheit. Die Entscheidungen des RG in Zivilsachen während der Weimarer Republik und im späten Kaiserreich, Baden-Baden 1996, hier S. 217 ff. wosie *K.W. Nörr*, zwischen den Mühlsteinen. Eine Privatrechtsgeschichte der Weimarer Republik, Tübingen 1988, daraus S. 30 das Zitat zum Urteil und S. 55 ff., 65 f. 具有关于裁判的事实语境内容。

原告曾是某不动产的所有权人，并向债权人作了不动产抵押。在抵押 479
债权于 1920 年 4 月 1 日到期时他将债务金额以及利益按照老的价值"公平
地"支付完毕，抵押权人拒绝提供不动产抵押证书和解押确认书。

上述各部**货币法（Währungsgesetze）**将纸币确认为法定的支付手段。 480
第一次世界大战之前马克的价值量与黄金的价值挂钩。战争开始时用金币
清偿金钱之债的义务被废除。从此任何债权人都必须接受以马克纸币来清
偿债务的数额（强制流通）；适用的原则是"**马克等于马克**"（**Mark gleich
Mark**）。这对于 1914 年颁布的制定法之前形成的债权也具有溯及力。由于
"一战"后货币贬值越来越严重，债务人可以支付表面价值数额来免除债
务，即使这与起初的黄金的马克价值不再有价值关联。贬值的货币价值意
味着债权人权利的相应贬值，比如抵押权请求权。

帝国法院在该裁判中放弃了"马克等于马克"这一原则，而是认 481
为：当债务人仅仅为"一战"之前形成的借款抵押支付马克纸钞的纯粹
数额时，债权人有权拒绝提交解押确认书。帝国法院将对**升值请求权**
（**Aufwertungsanspruch**）的确认构建于《德国民法典》第 242 条之上，并
以此赋予法官确定新的货币数额的权力。此时首先需要考虑的是，虽然存
在大规模的货币贬值，但是直到判决之时，上述原则在判决中仍有效。[163]

在升值方面黑克表示赞同：这应该是伦理的要求，且是一个法感的急 482
迫要求。[164] 他思考的是，是否可以以法官对过时的制定法进行修改的形
式（即对一个非真正的次生漏洞的处理）呈现出一个评价性的塑造命令
的案例。帝国法院的判决理由并未使他信服，他的观点是，帝国法院在
历史视角下错误地解释了各个货币法律，且本案中法官修改命令的权限
已经越界。[165]

富有启发的首先是在此关系中黑克对帝国法院关于货币法观点的分 483
析，此处再现了这一思维过程，即各部**货币法（Währungsgesetze）**以对
纸币币值的遵守为前提，这些制定法并不希望在贬值时对债权人造成不

---

[163]　关于货币价值的具体情形是：1923 年 11 月，1 黄金马克 =5220 亿纸币马克，12 月
上升为 1 万亿纸币马克，s. *Rüthers*, Unbegrenzte Auslegung, S. 66。

[164]　Aufwertung, S. 204, S. 208.

[165]　对于 20 世纪 20 年代，特别是升值判决时的法官角色理解问题见 *Rückert* 1994, S.
281 ff.。

利。[166] 黑克一以贯之地以历史方法研究了 1914 年颁布《货币法》时的原因性利益情形。在遵守利益区分和冲突现象的方法规律之下，他一方面提到了国家在强制币值上的利益（"货币利益"），另一方面提到了债权人在金融币值稳定时的利益（债权人利益）。[167] 国家的货币利益在于支持币值稳定——基于强制流通的纸币被以票面价值去偿还国家债权人的金钱之债；保持国内交易的可用性并至少延缓贬值。[168] 国家在颁布货币法时即已考虑到了这一情形下的贬值，即德国可能会输掉战争，即使货币贬值也会被强制流通。立法者对币值波动的预测已经考虑到战争和其不确定的结局的影响。黑克继续分析道，基于此人们预见到了这些制定法在**支撑纸币价值（Stützung des Papiergeldwertes）**中的目的，在确定的币值稳定时《货币法》可能并无任何目标。其他原因则涉及利益的界定，已经确定的是国家会有紧急状态，此时为了国家利益而牺牲债权人的利益似乎必须被容忍。[169] 德国的战争预期是不确定的，且国家需要通过特别巨大的战争贷款来筹措资金以扩大防御。因此，撇开一般债权人的利益，在强制流通基础上偿还战争贷款，恰恰符合国家的利益。此外，人们为国家利益投入的数量越多，则金融利益必定因之而越少。[170] 它们被看成国家利益的战争牺牲品。黑克由此得出结论，利于货币利益地去抑制债权人利益，这与诞生时期的设想和原因性的利益基础相契合。[171] 因此，货币法并不具有避免债权人损失的意图，也并不是基于币值的稳定性。

484　　　　最后，黑克研究了事后产生的变化，并认为，对颁布制定法具有决定性的**利益状况（Interessenlage）**在判决之时**已经消失（entfallen sei）**。贬值的发展已经扼杀了债权人的利益，且国家的利益随着时间的流逝变得越来越小。[172] 因此，《货币法》在此期间也变得失去目的。

485　　　　在此情形下黑克认为存在一种**续造的利益（Fortbildungsinteresse）**。因此，法官作出了评价性的命令塑造，从而使这部过时的制定法契合时代的

---

[166]　　RGZ 107, 78（88 f）.

[167]　　Aufwertung, S. 211 f.

[168]　　A. a. O., S. 211.

[169]　　A. a. O.

[170]　　A. a. O., S. 212.

[171]　　Ebenda.

[172]　　Ebenda.

各种关系，这在原则上是可行的。但是，黑克认为这一利益为更重要的稳定利益所超越。因此，法官被限制去创造升值的法。[173] 为了论证该稳定的利益，黑克分析道，将债权人的债权作为证券债权对待这一长期的法律实践不可被法官判决突然宣布为违法。这诱发了一个普遍的法不安定性。因此，他希望将此对当事人利益衡量的重要任务通过新的立法活动来解决，[174] 因为判决在此可能缺乏可以作为依据的，特别是同等分担金融上损失的客观标准。[175]

此外，法官在同意升值请求权时擅作主张，即**无视法共同体**（**Rechtsgemeinschaft übergangen**）的宪法优先性，因为 1923 年 11 月时立法机构已经处理过该问题。因此，法官不可在立法决定之前采取行动。[176] 基于此，黑克得出这一结论，法官在制定法规制之前必须作出延期审理决定。该例子呈现了对立法者的利益决定、新情形下他的持续影响和一个透明的衡量的经典分析，这是一个富有智慧的解答。这对黑克的方法而言是一个伟大的推介，也展示了他一贯的魅力。

486

五、总结

利益法学没有将社会实在性和生活作为法律适用的主要出发点，它被理解为所谓的法律中立主义的思潮。[177] 此后，在法的解释和适用上，法的社会目的不仅具有辅助意义，而且在所有对法律建构的形式批判上成为首要的视角，法学和法律实践必须以此为标准。[178] 忽视具有时间局限性的总结，被普遍认可的是：利益法学已经开启了一个成果丰硕的**新导向**。[179] 但是它同样让人想到了法学始终存在的窘境，即"究竟何物在任何时刻、任何情形下总是公平的这一问题"。[180] 利益法学发动了一个远离纯粹制定法

487

---

[173]　A. a. O., S. 217.

[174]　A. a. O., S. 217.

[175]　A. a. O., S. 220 f.

[176]　A. a. O., S. 222.

[177]　Siehe *Wieacker*, Privatrechtsgeschichte, S. 574; 但这是批判性的。

[178]　Rosenbaum, Naturrecht, S. 75.

[179]　可见 *Esser*, Nachwort, S. 224; Wieacker 那富有影响的判决忽视了被强调的法律约束，且明显想要将以后避开该法律也合法化。这必定被批判性地限制，关于语境见本书上文边码 10 及以下，关于维亚克尔的内容见边码 656 及以下。

[180]　*Kallfass*, Tübinger Schule der Interessenjurisprudenz, S. 90.

语言的运动。它在制定法之中不仅关注规范——它们将形式上的法律逻辑应用到个案之中；而且关注立法者对特定社会利益的判断——这应该通过法官之手变为现实。[181] 在此意义上司法和立法被理解为国家政治的工具，基于此，多元的社会利益得以平衡。[182]《德国民法典》诞生时他献给了法学一个新的流派。

488　　　但是不禁产生了这一问题，即是否恰如利益法学所言，在规范背后的每一个立法者的决断都可以被理解为始终处于**中立和客观（Neutralität und Objektivität）**之中。因为，如果享有利益者亲自影响了立法，则利益的内容有时就不会如此明晰——它本可以给出一个无可指摘的判断标准。[183] 在旧的制定法方面存在问题的恰恰是计划的利益衡量被有效地转化到社会现实之中——自立法以来这可能已经发生了根本变化。[184]

489　　　同样，结论可想而知，因此所要求的从盲目顺服到理智顺服的转变带来了对规范相当**复杂的处理（komplizierte Handhabung）**。基于此，通过从制定法上构建规范的形式来设立条件去追求对规范适用者的免责，使其避免了评价问题，但是这恰恰可能带来质疑。然而，这是必要的，这一必要性来自受时间限制的个案的处理可能性。因为日常的法律适用需要一个相对简单的可适用的工具，且这并不导致在任一案件中必须对所有的评价标准重新进行深入分析。另一方面，只有通过基于利益的研究之路，具体化的规范才能确保对制定法有规律的解释和适用，并且避免基于必要的一般化和类型化的规范构成要件带来的僵硬和脱离生活的危险。

490　　　从历史角度看，问题是，在黑克对概念法学方法的描述中，他是否明确地对通过建构来进行漏洞填补作了清楚的叙述，以便显得自己更趋近生活。黑克所引用的主要是耶林的描述，耶林所言的是最广义的建构——对法素材的塑造。他一般性地追求法的体系秩序和体系认知，对他而言体系并非目的，而是"实际已有的材料在现实中的有益形式"。[185] 如上所述，但是黑克也追求基于适用性基础并致力于使用方便的"概念体系"。可以得知的是，对耶林建构思想的简化阐述限制了他的真实意图——"基于解

---

[181]　*Rosenbaum*, Naturrecht, S. 76.

[182]　A. a. O.

[183]　*Rosenbaum*, Naturrecht, S. 77.

[184]　A. a. O.

[185]　摘自 *Dubischar*, Studien, S. 20 f., Anm. 10。

放法学的目的，将制定法、法律规范、原则确定的、不变的数量从直接需求的偶发事件置于更高状态之中"。[186]

在**民族社会主义**（Nationalsozialismus）这一新的世界观方面[187]存在的问题是，利益法学在多大范围内适合作为工具去贯彻该体系。在对民族社会主义精神的革新的研究中，利益法学陷入了窘境。批判者反对黑克，认为他的利益概念以个体化为导向，具有实际特殊利益的国家的各种共同体利益却被置于同一层级。[188]此外，民族社会主义在种族理想优先前并不容许中立性。黑克的批判者恰恰还追求让纳粹的世界观成为对所有法律适用者都具有约束力的哲学基础这一方法。[189]相反，黑克则将他的理论非常妥善地视为重新评估法秩序的工具："历史研究在新的制定法中变得更有成效，因为目的统一性、立法思维封闭性高度存在（……），第二，因为与以前相比，在元首、纳粹党的宣言之中、在制定法的注解中，法律适用者被给予了更清楚认识制定法决断的动机的辅助手段。"[190]同样，对于契合过失的法和填补漏洞的理论，黑克为新的法律思想开启了通往旧的制定法的道路，[191]因为如上所述，在一切衡量过程中任一法政策上的制度追求都会被考虑进来。对此黑克解释道，该时代的立法者（法官必须探究他的意愿）恰恰并非一个无主见者，而是一个民族社会主义者。因此这也应该是法官必须为之服务的民族社会主义的目标世界。[192]因此，黑克**放弃了**（aufgegeben）他原初方法导向上的**宪法政策上的法治国—自由的前提（die verfassungspolitisch rechtsstaatlich-liberalen Prämisse）**。他同样给世界观以法学上的优先——该世界观恰恰有目的地摧毁了曾经的前提。这一十分可怕的优先性确认了宪法政策语境的方法论事实上如何具有决定性。方法论问题同样是宪法问题。

还需要注意的是，黑克在推广他的方法观点时所具有的坚信和坚持十分引人注目，他为他的利益法学提出了某种程度上绝对性的要求。但是，

491

492

[186] Ebenda.

[187] Vgl. *Rüthers*, Unbegrenzte Auslegung, S. 271.

[188] Ebenda, S. 274; 参见弗拉塞克对拉伦茨的批判, Rn. 602, 1418, 1427。

[189] Ebenda, S. 274.

[190] Rechtserneuerung, S. 18.

[191] *Rüthers*, Unbegrenzte Auslegung, S. 275.

[192] Rechtserneuerung, S. 19.

一个法体系从来不是完美的，且始终处于发展之中。法学的方法问题也不能 "置身事外"。它们不能纯理论地存在。因此，人们应当同样赞成，任一法的发展阶段都基于一代人的部分理解，对此人们不可简单将之抛弃。最后，任一依据需要的细微理解都向公平和正义的前进方向作出了自己的贡献。在此方向上菲利普·黑克作出了重要贡献。

六、文献

1. 黑克文献入门

特别适合的是 1932 年和 1933 年关于概念构建和利益法学的两篇小论文和在 1929 年 "Grundriss des Schuldrechts" 中的方法附录，其他被引用的黑克的重要文献有：

Die *Lebensversicherung* zu Gunsten Dritter, eine Schenkung auf den Todesfall, Archiv für Bürgerliches Recht 4（1890）S.17-123;

Interessenjurisprudenz und *Gesetzestreue*, DJZ 10（1905）Sp. 1140-1142; auch in *Ellscheid/Hassemer*（s.u.），S.32-35, und in Gängel/Mollnau（s.u.），S. 77-81;

Was ist diejenige Begriffsjurisprudenz, die wir bekämpfen?, DJZ 14（1909）Sp.1457-1461;

auch in *Ellscheid/Hassemer*（s.u.），S.41-46, und in *Gängel/Mollnau*（s.u.），S. 124-131;

Das Problem der Rechtsgewinnung. Rektoratsrede, 2.（abgesehen von einigen Verweisungen uvä.）Aufl., Tübingen 1932（zuerst 1912, etwas redigiert auch in *Studien* 1968）;

Gesetzesauslegung und Interessenjurisprudenz, AcP 112（1914），S.1-318; auch separat Tübingen 1914 und redigiert in *Studien* 1968;

Die *reine Rechtslehre* und die jungösterreichische Schule der Rechtswissenschaft, AcP 122（1924），S.173-194;

Das Urteil des Reichsgerichts vom 28. 11. 1923 über die *Aufwertung* von Hypotheken und die Grenzen der Richtermacht, AcP 122（1924），S.203-226;

Grundriß des *Schuldrechts*, Tübingen 1929;

Grundriß des *Sachenrechts*, Tübingen 1930;

Begriffsbildung und Interessenjurisprudenz, Tübingen 1932（gekürzt auch in Studien 1968）;

Interessenjurisprudenz. Gastvortrag an der Universität Frankfurt a.M., gehalten am 15. Dezember 1932, Tübingen 1933;

Die Leugnung der Interessenjurisprudenz durch Hermann Isay. Eine Erwiderung, AcP 137（1933）S. 67-65（auch in *Ellscheid/Hassemer* 235-253）；

Die Interessenjurisprudenz und ihre *neuen Gegner*, AcP 142（1936）S. 129-202 und 297-332, auch separat Tübingen 1936;

Das Problem der Rechtsgewinnung und andere Abhandlungen［Gesetzesauslegung und Interessenjurisprudenz;

Begriffsbildung und Interessenjurisprudenz］,（*Studien* und Texte zur Theorie und Methodologie des Rechts）, redigiert von R. *Dubischar*, Bad Homburg v.d. H./ Berlin/Zürich 1968（Texte teilweise gekürzt und redigiert und leider ohne die Originalseitenzahlen）.

2. 次要文件入门

特别简要的关于黑克和利益法学的文章有：

Kleinheyer, G./Schröder, J.: Deutsche und europäische Juristen aus neun Jahrhunderten, 5.Aufl. Heidelberg 2008, S.190-195;

Schröder, J.: Interessenjurisprudenz, in: Handwb. zur dt. Rechtsgeschichte, Bd. 2, 2.A. Berlin 2011, Sp. 1267-1269;

Rückert, J., Interessenjurisprudenz, in: Staatslexikon der Görres-Gesellschaft, Bd. 8, Freiburg 2017.

对整个方法史语境的观视见历史概述部分：见边码 1413—1431；特别是关于它在纳粹时期的畸形发展；

整体上具有基础性的是这一著作：

Schoppmeyer, Heinrich: Juristische Methode als Lebensaufgabe. Leben, Werk und Wirkungsgeschichte Philipp Hecks（Beiträge zur Rechtgesch. des 20. Jhs., 29）Tübingen 2001（mit sorgfältigem Schriftenverzeichnis zu Heck）.

3. 其他重要文献

Auer, Marietta: Methodenkritik und Interessenjurisprudenz. Philipp Heck zum 150. Geburtstag, Zeitschrift für europäisches Privatrecht 2008, S.517-533;

Bader, Karl S.: In memoriam Ph. v. Heck, Zs. der Savigny-Stiftung für Rechtsgeschichte. Germanistische Abt. 64（1944）S.538-545;

Dombek, B.: Das Verhältnis der Tübinger Schule zur deutschen Rechtssoziologie,

Berlin 1969;

Dorndorf, E.: Zu den theoretischen Grundlagen der Interessenjurisprudenz: Die Beziehungen von Philipp Hecks allgemeiner Auslegungstheorie zu Max Weber und Heinrich Rickert, in: ARSP 81（1995）S. 542-562;

Dubischar, R.（Hrsg）, s.o. 1. bei Heck; Edelmann, J: Die Entwicklung der Interessenjurisprudenz, eine historisch-kritische Studie über die deutsche Rechtsmethodologie vom 18. Jahrhundert bis zur Gegenwart, Bad Homburg v. d. H./ Berlin/Zürich 1967;

Ellscheid, G./Hassemer, W.（Hrsg）: Interessenjurisprudenz（Wege der Forschung 345）, Darmstadt 1974;

Esser, J.: Nachwort in: Dubischar（Hg.）s. bei Heck; Gängel, A./Mollnau, K.A.（Hg.）, Gesetzesbindung und Richterfreiheit. Texte zur Methodendebatte 1900-1914;

Heitmann, H.: Die Stellung der Interessenjurisprudenz innerhalb der Geschichte der juristischen Methodenlehre, Diss iur. Tübingen 1936;

Hippel, Fritz von: Die Tübinger Schule der Interessenjurisprudenz, in FSf. R. Reinhardt, KölnMarienburg 1972, S.83-94;

Kallfass, Wilfried: Die Tübinger Schule der Interessenjurisprudenz, Frankfurt a. M. 1972;

Kleinheyer, G./Schröder, J.: Deutsche und europäische Juristen aus neun Jahrhunderten,5. A., Heidelberg 2008;

Klemmer, M.: Gesetzesbindung und Richterfreiheit. Die Entscheidungen des RG in Zivilsachen während der Weimarer Republ vergessen ik und im späten Kaiserreich（=Fundamenta Juridica 30）, Baden-Baden 1996;

Kreller, H.: In memoriam: Philipp Hecks Lebenswerk und die Romanistik, Zs. der Savigny-Stiftung für Rechtsgeschichte. Romanistische Abt. 64（1944）S.469-476;

Pawlowski, H.-M.: Einführung in die Juristische Methodenlehre, Heidelberg 1986; Rosenbaum, W.: Naturrecht und positives Recht, Neuwied und Darmstadt 1972;

Rückert, J.: Richtertum als Organ des Rechtsgeistes: Die Weimarer Erfüllung einer alten Versuchung, in *Nörr K.W./Schefold B./Tenbruck F.*（Hg.）, Geisteswissenschaften zwischen Kaiserreich und Republik: Zur Entwicklung von Nationalökonomie, Rechtswissenschaft und Sozialwissenschaft im 20. Jahrhundert, Stuttgart 1994, S.267-313;

Rüthers, B.: Die unbegrenzte Auslegung, Tübingen 1968, 7. uvä. A. 2012;

Wieacker, F.: Privatrechtsgeschichte der Neuzeit, 2. Auflage, Göttingen 1967;

Wolf, M., Philipp Heck als Zivilrechtsdogmatiker. Studien zur dogmatischen Umsetzung seiner Methodenlehre, Diss. iur München, Ebelsbach 1996（mit vielen Beispielen und im Ergebnis dezidiert kritisch; der Autor ist nicht zu verwechseln mit dem gleichnamigen bekannten Sachenrechtler, AT-Autor und Prozessualisten）.

4. 黑克流派的其他发展

Sessler, A., Die Lehre von den Leistungsstörungen. Heinrich Stolls Bedeutung für die Entwicklung des allgemeinen Schuldrechts, Berlin, 1994;

Haßlinger, N., Max von Rümelin（1861-1931）und die juristische Methode（Beiträge zur Rechtsgeschichte des 20. Jhs., 81）, Tübingen 2014.

第六节　尼佩代（Hans Carl Nipperdey，1895—1968）的方法与民法[*]

一、导论

493

本书旨在分析自萨维尼以来富有影响的方法概念，因此少不了关于尼佩代的法学方法与民法的文章。公平而言，这一判断也许未免令人感到意外，因为尼佩代不同于其同时代的拉伦茨、维亚克尔（Wieacker）或埃塞尔（Esser），他并未因详尽而独立的方法论著述而为人所知。然而，细察其在魏玛时期、纳粹时期至联邦共和国初期的著作可知，上述论断似应更有说服力。仅仅这一时代维度便已提供了探究方法论的机会，即关于连续性（Kontinuität）和非连续性（Diskontinuität）的问题在许多部分只是遵循了假定的时代界限。[1] 同时，尼佩代属于 20 世纪最有影响力和最为杰出的

---

[*]　托尔斯腾·霍尔施泰因（Thorsten Hollstein）撰，王战涛译，刘志阳校。

[1]　此外关于此问题详尽而广泛的阐述参见拙著：„Die Verfassung als 'Allgemeiner Teil'：Privatrechtsmethode und Privatrechtskonzeption bei Hans Carl Nipperdey（1895-968）"，Tübingen 2007。在本节框架下笔者将限于基本线索的概述和总结。上文提及的尼佩代方法论参见 *Rükert*, Zu Kontinuitäten und Diskontinuitäten in der juristischen Methodendiskussion nach 1945, in: *Acham u.a.*（Hrsg.），Erkenntnisgewinne, Erkenntnisverluste: Kontinuitäen und Diskontinuitäen in den Wirtschafts-, Rechts-und Sozialwissenschaften zwischen den 20er und 50er Jahren, Stuttgart 1998, S. 113-165。

法学家之一。

下文将首先概括考察尼佩代的生平与著述（第二部分），其次考察其
历史文本中的法律概念（第三部分至第六部分），最后，本研究在实践上
的"检测点"是尼佩代的合同自由之矫正，内容将在第七部分加以分析。

二、生平与著述——耶拿、科隆、科隆和卡塞尔

尼佩代于 1895 年生于图林根州巴特贝尔卡（Bad Berka），[2] 来自典型的
知识市民新教家庭。完成在海德堡、莱比锡和主要在耶拿的法科学业之后，
尼佩代于 1916 年通过了第一次国家考试，并于同年完成其刑法方向的博
士论文。1919 年在结束候补文官实习后，尼佩代没有参加第二次国家考试
即决定撰写关于发展不久的经济法领域的教授资格论文［指导老师为雷曼
（Heinrich Lehman）[3] 与海德曼（Justus Wilhelm Hedemann）[4]］。1920 年其以学
术论文《强制缔约与强制合同》[5] 获得教授资格。等待了大约四年，尼佩代
于 1925 年获得科隆大学教职并开启了其职业生涯。授予尼佩代教职的正
是他在耶拿求学期间即已取得联系的耶拿大学教授，而后成为科隆大学法
学院重要奠基人的雷曼。尼佩代在科隆最初教授民法、商法、经济法和劳

---

[2]　详论并进一步佐以生平与著述的见 Hollstein, Allgemeiner Teil（Fn.1），S. 13-120。Knapp
als überblick-und erstmals auch unter Einbeziehung von Archivalien-*Rückert*, Hans Carl Nipperdey, in:
NDB, Band 19, 1999, S. 280-282, daneben *Adomeit*, Hans Carl Nipperdey, in: DBE, Band 7, München
1998, S. 421-422 sowie *Hollstein*, Um der Freiheit willen-die Konzeption der Grundrechte bei Hans Carl
Nipperdey, in: *Henne/Riedlinger*（Hrsg.），Das Lüth Urteil aus（rechts-）historischer Sicht, Die Konflikte
um Veit Harlan und die Grundrechtsjudikatur des Bundesverfassungsgerichts, Berlin 2005, S. 249-269. 2007
年 之 后 提 及 的 有 *Adomeit*, Hans Carl Nipperdey als Anreger für eine Neubegründung des juristischen
Denkens, in: *Grundmann/Riesenhuber*（Hrsg.），Deutschsprachige Zivilrechtslehrer des 20. Jahrhunderts
in Berichten ihrer Schüler, Band 1, Berlin 2007, S. 149-165; *Hollstein*, Hans Carl Nipperdey: Kölner
Rechtswissenschaftler, Präsident des BAG und juristisches Chamäleon?in: *Augsberg/Funke*（Hrsg.），Kölner
Juristen, Tübingen 2013, S. 197-209; 以及从劳动法角度简述的文献 *U. Preis*, Hans Carl Nipperdey-
mythische Leitfigur des herrschenden deutschen Arbeitsrechts, AuR 5/2016, S. G9-G12; 研究并不深入的
文献见 *Cl. Höpfner*, Die Tarifgeltung im Arbeitsverhältnis: historische, ökonomische und legitimatorische
Grundlagen des deutschen Koalitions-und Tarifvertragsrechts, Baden-Baden 2015。

[3]　相关文献参见 *Depping*, Das BGB als Durchgangspunkt: Privatrechtsmethode und Privatrechtsleitbilder
bei Heinrich Lehmann（1876-1963），Tübingen 2002。

[4]　相关文献参见 *Wegerich*, Die Flucht in die Grenzenlosigkeit: Justus Wilhelm Hedemann（1878-
1963），Tübingen 2004。

[5]　Schriften des Instituts für Wirtschaftsrecht an der Universität Jena Nr. 1, Jena 1920.

动法。尽管尼佩代有诸多教职，但其一直留在科隆大学直至 1963 年荣修。直到 20 世纪 20 年代中期，尼佩代的政治态度才开始强调民族保守主义，他可能尤其为家庭背景和耶拿大学的相关政治气氛所限。但稍后随着迁居至更为自由的科隆，其站到了魏玛共和国及其制度的一边，属于为数不多的共和派教授和法学家。这样，尼佩代于 1929 至 1933 年成为德国人民党（DVP）的一员，该党主要由追求民族自由的实业家组成。[6]

496　　　　纳粹期间，尼佩代仍在科隆持续其教学活动。他无论在个人还是人际方面，均表现出与纳粹的政策有巨大差异。这首先可以从他在去纳粹化行动中的表现看出来，他极力反对解雇和驱逐友人、同事的行为，并极力支持此等反对活动。鉴于其祖母为犹太人，尼佩代生存于一定的迫害之中。至于具体的消极后果倒未发生。与之相对，尼佩代参与了德国法学会并作为其中两个委员会的主席。这说明了一个基本的趋势，那就是尼佩代不愿放弃其影响力。但鉴于其犹太出身以及与雷曼和海德曼的紧密关系，尼佩代同时还担忧雷曼和海德曼的革职给德国法学会带来不利影响。无论如何通过对比可以发现，尼佩代委实不属于民族社会主义理念的积极分子或幕后策划者。[7]

497　　　　"二战"之后，尼佩代的生涯先经历了九个月去纳粹化程序的停顿，最终被正名，随后他被任命为联邦劳动法院首任院长（1954—1963），其职业生涯也因此达至最辉煌的顶点。虽工作繁重，但其科隆教职如愿得以保留。作为联邦劳动法院院长，尼佩代决定性地影响了劳动争议法的发展[8]——它的整个法律领域都由法官法塑造。[9]在任职联邦劳动法院之前尼佩代为社民党服务了几年。其政治立场应当被评价为自由—社会的（liberalsozial）。即便他于 1963 年鉴于年龄原因成为荣修教授并作为联邦劳动法院院长而退休，他依然活跃于学术界。尼佩代于 1968 年 11 月 21 日在科隆去世。

---

　　[6]　详见 *Hollstein*, Allgemeiner Teil（Fn.1），S. 13-44。

　　[7]　详见 *Hollstein*, Allgemeiner Teil（Fn.1），S. 44-76。

　　[8]　最为著名的是 BAG GS AP Nr. 1 zu Art. 9 Arbeitskampf=BAGE 1, 291（1955）。

　　[9]　从 1979 年角度出发的有 *Weitnauer*, Zwischen Zwang und Mut zum Richterrecht, in: *Gamillscheg* u.a.（Hrsg.），25 Jahre Bundesarbeitsgericht, München 1979, S. 617-633（623）。关于直至 20 世纪 80 年代的联邦劳动法院的司法解释，例如 *M. Weiss*, Die neue Arbeitskampfrechtsprechung des BAG, Krit V 1986, S. 366-383。

尼佩代的主要兴趣首先在劳动法、经济法和经济宪法、宪法以及一般　　498
民法。在上述领域其有大量著述问世。[10] 经济法学、经济宪法学和宪法学
问题经常联系在一起并无缝对接。

尼佩代当属其同时代劳动法司法审判领域最好的专家与**劳动法学的创**　　499
始人（Begründer des Arbeitsrechts）之一。通过近 300 篇论文和约 800 篇
判决评论，其完成了具有可观的范围与主题宽度的学术著作。同时，作为
在教义学上研究**私法与宪法（Privatrecht und Verfassung）**关系问题的第一
批法学家之一，尼佩代提出了一些原创而关键的解决方案，这些解决方案
也是其对来自学术界与司法界有相当影响的异见者的反驳。在联邦共和国
早期，他以在《德国基本法》中确立的社会市场经济（自 1954 年起）[11] 与
基本权利在私法上的直接第三人效力（自 1949 年起）[12] 的论点影响了德国
刚形成不久的两个主要法问题。其还与联邦宪法法院一道讨论这些中心问
题。[13] 因此，在私法学家中，尼佩代成了"基本权利—法学家"。[14]

私法的社会矫正（soziale Korrektur des Privatrechts）在内容上十分形　　500
象地被比作"红线"。魏玛共和国时期尼佩代立场保守，其将"社会的"
（sozial）首先理解为促进共同体利益的。纳粹时期集体优先于个人进而成
为私法的核心理念。1933 年后尼佩代比之前更为持续地强调集体思想，而
集体思想提供了法学联结点。联邦共和国时期尼佩代改变了他私法理念的
主要内容。其通过对《德国基本法》中基本权利的个体—自由之解释融合

---

[10]　内容丰富的著述目录见 *Hollstein*, Allgemeiner Teil（Fn.1），S. 327-351。

[11]　首先是 *Nipperdey*, Die soziale Marktwirtschaft in der Verfassung der Bundesrepublik. Vortrag
gehalten vor der Juristischen Studiengesellschaft in Karlsruhe am 5. März 1954（1954 年 3 月 5 日在卡斯鲁尔
法学研究会上的演讲），（Schriftenreihe der Juristischen Studiengesellschaft Karlsruhe 10）Karlsruhe 1954，
继而例如，*Nipperdey*, Bundesverfassungsgericht und Wirtschaftsverfassung, in: Wirtschaftsordnung und
Menschenbild. Geburtstagsgabe für Alexander Rüstow, Köln 1960, S. 39-59; *Nipperdey*, Soziale Marktwirtschaft
und Grundgesetz, Köln 1961; *Nipperdey*, Soziale Marktwirtschaft und Grundgesetz, Köln 1965。对此详见
Hollstein, Allgemeiner Teil（Fn.1），S. 268 ff.。

[12]　例如 *Nipperdey*, Arbeitsrecht im Grundgesetz, RdA 2（1949），S. 214-216（216）; *Nipperdey*,
Gleicher Lohn der Frau für gleiche Leistung. Ein Beitrag zur Auslegung der Grundrechte, RdA 3（1950），S. 121-
128（121 ff.）; *Nipperdey*, Gleicher Lohn für gleiche Leistung, BB 6（1951），S. 282-284; *Enneccerus-Nipperdey*,
AT, 14. Aufl., 1. Hlbbd., 1952（Fn.16），S. 57 f.。对此详见 *Hollstein*, Allgemeiner Teil（Fn.1），S. 305 ff.。

[13]　意见相左的见 „Lüth"-Urteil: BVerfGE 7, 198（1958）und „Investitionshilfe"-Urteil: BVerfGE 4, 7 ff.
（1954）。

[14]　*Rückert*, Weimars Verfassung zum Gedenken, in Rechtshist. Journal 18（1999），S. 215-244
（238）.

了"自由"和"社会（的）"，进而反对 20 世纪 50 年代和 60 年代早期学界和司法界的统治性趋向。[15]

501   尼佩代对魏玛共和国以来民法和方法论的**影响**尤其明显地体现在恩内塞鲁兹（Ludwig Enneccerus，1843—1928）1898 年创立的《民法教科书（第一部之一：导论：总则）》（Lehrbuch des Bürgerlichen Rechts，Teil I 1：Einleitung. Allgemeiner Teil）之中，该书 1931 年第 13 版至第 15 版（1959/1960）由尼佩代主持编写。[16]该书既包含了整体民法的方法论基础，又囊括了教义学基础，在恩内塞鲁兹时期发展成为民法领域的"权威之作"。[17]其主要内容不是学理方法，而完全是"法律适用者之具体方法"。[18]该书作为民法总则的经典教材，也时而影响当代。基于此，笔者在下文常会提及此书，同时该书也将作为开启尼佩代方法论的出发点。为钩织整体图景，其他论著将作为补充。

三、恩内塞鲁兹的出发点

502   《民法教科书（总则）》第 12 版是关于制定法忠实（Gesetzestreue）和法学家法之间的方法论体系。**恩内塞鲁兹**自 1898 年第 1 版就赞成方法论上非教条的、尽可能忠实于制定法的路径，并以此定位于"概念法学"（Begriffsjurisprudenz）和"自由法运动"（Freirechtsbewegung）之间。

503   对恩内塞鲁兹而言，这涉及一般要尽可能**严格地受制于**作为历史中立法者意志表达的**制定法**。在与被消极理解的"概念法学"的区分中，制定法的规范体系论和文本体系论处于中心。同时，恩内塞鲁兹努力将其立场与针对脱离现实的法的自由法运动上的论战式批判相区分。作为规则之例外，他在被严格限定的案例类型中为法学和司法提供了法适应变革的社会状态和需求的可能，并以此实现了与法条的社会功能挂钩。这的确取决于

---

[15]　对此详见 *Hollstein*, Allgemeiner Teil（Fn.1），S. 225-323。

[16]　*Nipperdey*, Lehrbuch des Bürgerlichen Rechts. Begründet von Ludwig Enneccerus. Bd. 1: Einleitung, Allgemeiner Teil. 13. Aufl., Marburg 1931; *Nipperdey*, Lehrbuch des Bürgerlichen Rechts. Begr. von Ludwig Enneccerus. Bd. 1, 14. Aufl., 1. Hlbbd. Tübingen 1952; 2. Hlbbd. Tübingen 1955; *Nipperdey*, Lehrbuch des Bürgerlichen Rechts. Begr. von Ludwig Enneccerus. Bd. 1: Einleitung, Allgemeiner Teil, 15. Aufl., 1. Hlbbd. Tübingen 1959, 2. Hlbbd. Tübingen 1960.

[17]　*Rückert*, Kontinuitäten und Diskontinuitäten（Fn.1），S. 122.

[18]　*Rückert*, Kontinuitäten und Diskontinuitäten（Fn.1），S. 125.

对规则和例外关系的强调。[19]

　　恩内塞鲁兹在概念上还对**"解释"**和**"法发现"**作出区分。对于法发现，其又区分了"修正性"法发现与"补充性"法发现。根据文义解释、体系解释与历史解释，并通过对"结果价值"（"目的要素"，Zweckmoment）的考量从而达至可能的结果矫正。在解释框架内，恩内塞鲁兹的研究根本上遵循主观解释理论，即探究"[……]制定法中表达出的立法者意志，而立法者的言语所具有的意义以此为限，即从在词句中可以找到的（即使是不完全的）表达的意义"[20]。只有在考量"结果价值"时他才将客观目的因素纳入进来：

　　"最终在一种或另一种解释中形成的结果之价值将被认为完全具有特殊的意义。法律仅属于我们整体文化的一部分，该部分尤其与伦理和经济观念及需要密不可分。因此法律或可如此解释，其最大可能地适应我们社会生活的要求和我们整体文化的发展，同时法律的易辨性和可实施性（实践性）亦应成为追求的对象。"[21]。

　　这里恩内塞鲁兹也指出了带有经验社会学方法之**"法的理想图景"**（**Idealbild des Rechts**），但这对恩内塞鲁慈而言并不是实在法（positives Recht）之外客观存在的形而上的法律层面，而是仅仅构成理想的法（ideales Recht）之观念。[22] 同样令人称道的是，恩内塞鲁兹从实在法与理想的法之间广泛的一致性出发。当存有疑问时，他将"目的要素"置于其他的解释理由之前，且将"所有解释理由的正确衡量"置于法的学术与司法之手，尽管其完全知晓"目的要素"的争议性。[23] 这样，法律科学和司法的自由操作空间就被创设出来。但是人们不应无视，在面对制定法和历史中立法

　　[19]　详见 *Hollstein*, Allgemeiner Teil（Fn.1），S. 124-139; 对恩内塞鲁兹的基本讨论见 *Rückert*, Kontinuitäten und Diskontinuitäten（Fn.1），S. 122 ff.。

　　[20]　*Enneccerus*, Lehrbuch des Bürgerlichen Rechts, Erster Band, erste Abteilung: Einleitung, Allgemeiner Teil, Zwölfte Bearbeitung, Marburg 1928, S. 106, dazu *Hollstein*, Allgemeiner Teil（Fn.1），S. 127.

　　[21]　见上一脚注 Enneccerus 的出处；斜体部分为原文献所强调。

　　[22]　*Enneccerus*, AT（Fn.20），12. Aufl., 1928, S. 70.

　　[23]　*Enneccerus*, AT（Fn.20），12. Aufl., 1928, S. 113. 关于"理想图景"见 *Hollstein*, Allgemeiner Teil（Fn.1），S. 130 ff.。

者意志之间的结合时，结果矫正仅被当作例外。[24]

506　　在**"补充性法发现"**（ergänzende Rechtsfindung）框架之下同样应当研究"法的理想图景"。然而，对法律和立法者意志的修复已经在"补充性法发现"和根据"我们作为立法者将如何安排的规则"[25]决定的目标上得以明确体现。作为对制定法的偏离，"修正性法发现"同样仅发生在有限的例外情形：

　　"倘若一项规范包含若干情形或导致若干后果，而立法者未能认识或想到该等情形或后果并且理性上本不可以如此方式进行安排，我们便有权依据自己的基础思想并顾及生活经验及其需要从而进一步发展制定法。"[26]

四、魏玛共和国：尼佩代的评价法学之路

507　　回顾过去会发现代际的交替，恩内塞鲁兹于1928年以85岁高龄离世后，33岁的尼佩代接过《民法教科书》第一部的编写工作。对该书第13版，其虽然仅作了些许变动，然而已经涉及几个核心内容。尽管在整体上他并未带来方法论体系的全面更新。[27]

508　　第一眼看上去最为显著的变化是，尼佩代只在恩内塞鲁兹指涉"法的理想图景"之处多次提出"法理想"或"法理念"，以及此关联中的正义。不同于恩内塞鲁兹的"法的理想图景"，尼佩代的"法理念"并不限于观念，而是作为独立、**客观且形而上的层面**（objektive metaphysische Ebene）与实在法共存。直到在这一不同的法哲学基础之上，根本性的软化立场才出现。"法理想"过去一直与为人所熟知的经验的社会学方法相区别，尼佩代则仍以"法理想"与实在法之间最大限度的一致性作为出发点。在这种关联下，法适应变革的社会状态仍是重要的。相应地，在解释规准和"补充性的""修正性的法发现"框架之下，"法理想"的立场仍未受到冲击。

509　　然而，比法理念的新的基础更广泛的是，尼佩代在解释和法发现框

[24]　统一参见 Hollstein, Allgemeiner Teil（Fn.1），S. 130 ff.。

[25]　Enneccerus, AT（Fn.20），12. Aufl., 1928, S. 119；此处显然参考了多次援引的1970年《瑞士民法典》第1条，参见边码855。

[26]　Ibid.

[27]　Hollstein, Allgemeiner Teil（Fn.1），S. 139-168.

架下追溯到"**规范体系（Normensystem）的精神（Geist）、价值和利益平衡**"，因此引入了一个完全不同于恩内塞鲁兹方法论的引导和制约法官裁量的内容：

> "如果第 242 条和《德意志帝国宪法》第 151 条的使用可导致法官依其*主观法感、正义理想作出裁判，那么该条规定就不利于有序的司法和必要的法的安定性。因此形成了习惯法所认可的并约束法官的原则，即法发现（法律解释）时，应当找出基于规范体系的精神、价值和利益平衡的裁判，也就是裁判不得不顾虑已经被证明过的学说和习惯，且应当与主流的整体文化和经济观念保持一致*。"[28]

此处似乎已经认为，在体系层面上，尼佩代是依据客观目的的视角去探究拟制的、当下的、理性的立法者的意志。对历史立法者意志的查明当属关键，但无论如何都不应构成唯一标准。如能看到尼佩代在魏玛共和国时期已经将宪法理解为规范位阶的顶端，则可得出**宪法（Vefassung）**对私法解释具有特殊的**控制作用（steuernde Rolle）**。但在魏玛共和国时期尼佩代尚未大范围对宪法作出评价，总体上也很不具体。这是因为当时仍缺乏对宪法作出具体的解释。关于《魏玛宪法》，尼佩代在内容上强调原则上自由的私法的社会矫正，对此他将"社会（的）"在保守性意义上进行理解，尤其是将其作为集体利益。[29] 重要的是，以此得出了法学和司法之间更大的自由活动空间。

尼佩代的方法应当归入所谓**"评价法学"（Wertungsjurisprudenz）**流派，评价法学在联邦共和国时期继而成为民法领域的主导方法。但是应当看到，在法律方法论中，评价法学在任何时候都不是完全统一的流派。除了内容上并不全面的模糊的关联之外，评价法学和利益法学之间的方法论

510
511

---

[28]　*Enneccerus-Nipperdey*, AT（Fn.16）, 13. Aufl., 1931, S. 141; 斜体部分为本书所强调。

[29]　详论且附以进一步佐证见 *Hollstein*, Allgemeiner Teil（Fn.1）, S. 225 ff.。对"自由"与"社会"不同角度的基本讨论见 *Rückert*, „Frei"und„Sozial": Arbeitsvertrags-Konzeptionen um 1900, ZFA 23（1992）, S. 225-294; *Rückert*, Das BGB und seine Prinzipien: Aufgabe, Lösung, Erfolg, in: *Schmoeckel/Rückert/Zimmermann*（Hrsg.）, Historisch-kritischer Kommentar zum BGB, Band I, Tübingen 2003, vor§1, Rn. 35-122; *Rückert*,„Sozialstaatsprinzip"-Neuer Mut in alten Fragen, in: *Acham* u.a.（Hrsg.）, Der Gestaltungsanspruch der Wissenschaft, Stuttgart 2006, S. 643-726。

实践上的区别还主要体现在司法、法学与立法者意志之间的关系建构之中，以及漏洞填补和法发现之中。"利益法学的方法论贡献能力"在于对主观解释理论的依赖，并触及了主观解释的边界，即"历史中的立法理由在法律适用和法律补遗上"不再具有助益。[30] 在这一点上，评价法学代表人物涉及的是对可供支配之工具的**扩大**。对法律漏洞通过类比途径无法进行填补的情形，以及对模糊的法律概念无法依据其中原因性的利益评价作出解释的情形，应当能够被更好地解决。"评价法学"的中心问题在于，如何以及从哪里觅得解决上述情形所得出的评价。[31]

512   原则上，对历史中的利益评价进行查明意义上的主观解释对于"评价法学"几无意义，即便该利益评价起初已经被考量，并成为具体法律规范的基础。[32] 换言之，应当强化**客观目的标准**（**objektiv-teleologische Kriterien**）。[33] 这些标准是否必定是从实在法中推导出来的？或者是否允许且在何范围内可以在制定法之外寻找这些标准？对此问题，"评价法学"的代表人物的回答非常迥异：这些构想从将评价渊源[34] 限定于制定法和宪

---

[30]　*Bydlinski*, Juristische Methodenlehre und Rechtsbegriff, 2. Aufl., Wien u.a. 1991, S. 127; *Fikentscher*, Methoden des Rechts in vergleichender Darstellung, Band III: Mitteleuropäischer Rechtskreis, Tübingen 1976, S. 405, 表述为："利益法学必然陷入价值问题之中。"

[31]　例如 *Bydlinski*, Methodenlehre（Fn.30），S. 127. 目前关于"评价法学"的概述参见边码 1432 及以下，较早的文献见 *Fikentscher*, Methoden（Fn.30），S. 406 ff.; *Pawlowski*, Methodenlehre für Juristen: Theorie der Norm und des Gesetzes, ein Lehrbuch, Heidelberg 1981, Rn. 119 ff.; 亦见 *Petersen*, Von der Interessenjurisprudenz zur Wertungsjurisprudenz, dargestellt an Beispielen aus dem deutschen Privatrecht, Tübingen 2001. 富有意义的详论见 *Kauhausen*, Nach der „Stunde Null", Prinzipiendiskussionen im Privatrecht nach 1945, Tübingen 2007, 参见此文索引的"评价法学"。宏观的论述内容见 *Rückert*, Vom „Freirecht" zur freien „Wertungsjurisprudenz" -eine Geschichte voller Legenden, ZRG GA 125（2008），S. 199-255。

[32]　拉伦茨被描述为"当代评价法学的元首人物"，*Bydlinski*, Methodenlehre（Fn.30），S. 130 f.; 亦见上文中弗拉塞克所撰关于拉伦茨的内容。

[33]　首先当举拉伦茨为例，*Bydlinski*, Methodenlehre（Fn.30），S. 131 ff.; 亦见上文中弗拉塞克所撰关于拉伦茨的内容。

[34]　例如 *Westermann*, Person und Persönlichkeit als Wert im Zivilrecht, Köln u.a. 1957, S. 52。关于韦斯特曼（Westermann）与评价法学参见 *Fikentscher*, Methoden（Fn.30），S. 406 f, 韦斯特曼的方法论被称为"制定法内在之评价法学"（gesetzesimmanente Wertungsjurisprudenz）。参见佐以范例的文献 *Hollstein*, Allgemeiner Teil（Fn.1），S. 162-168 und 221 f.; 此外有 *Rückert*, Vom„Freirecht"（Fn.31），S. 233, 概述参见本书边码 1432 及以下。

法之上，到为解释和法发现开启制定法之外的评价。[35]

五、纳粹时期：纳粹价值优先

纳粹时期，恩内塞鲁兹和尼佩代版的教科书没有再更新，鉴于对《德国民法典》总则部分的全面批判，这也并不令人感到意外。主流著作对尼佩代方法论保持沉默，尼佩代也未出版书面的方法论著述，因此其方法学说仿佛由一个个马赛克方块组成。对此可以从以下角度窥得一斑。[36]

在这一时期，实在法和立法者意志依然属于尼佩代考察的中心。制定法的基本约束力应当追溯至 1933 年之前颁行的制定法。然而重要的是，一方面在于法律方法论体系内部正义立场之评估，另一方面在于正义当中方法论立场的执行，尼佩代以此最终贬低了被其一再强调的制定法及制定法体系的约束性。对于概括条款的解释，尼佩代明显同时代主流完全一致，通过"第 242 条及第 138 条的突破口"的"新的法理想"对私法的穿透乃尼佩代的出发点。[37]尼佩代将"新的法理想"与"**纳粹的世界观**"（**nationalsozialistische Weltanschauung**）等量齐观。[38]因为其出发点在于，将"法理想"和"正义"同义使用，并以此将"纳粹的世界观"纳入解释的整体范围。当尼佩代分析关于在侵权法改革中引入侵权概括条款的讨论时，其所持的意识形态立场也变得可塑：

"引入概括条款符合一般的法发展，当依据制定法作出裁判时，该发

---

[35]　例如 *Larenz*, Methodenlehre der Rechtswissenschaft, 2. Aufl., Berlin u.a. 1969, S. 315。整体详论并辅以范例见 *Hollstein*, Allgemeiner Teil（Fn.1）, S. 162-168。

[36]　对此详尽参见 *Hollstein*, Allgemeiner Teil（Fn.1）, S. 168-176。

[37]　*Nipperdey*, Das System des bürgerlichen Rechts, in: Zur Erneuerung des Bürgerlichen Rechts. （Schriften der Akademie für Deutsches Recht, Gruppe Rechtsgrundlagen und Rechtsphilosophie 7）München u.a 1938, S. 97. 关于民族社会主义法理念的论证见 *O. Lepsius*, Die gegensatzaufhebende Begriffsbildung. Methodenentwicklungen in der Weimarer Republik und ihr Verhältnis zur Ideologisierung der Rechtswissenschaft im Nationalsozialismus, München 1994, S. 140 ff.。

[38]　*Nipperdey*, System（Fn.37）, 1938, S. 97; 参见来自 Plauen 州法院院长 Freytag 对尼佩代 1938 年 9 月 9 日在纽伦堡高等法院"共同领导会议 1938"上的演讲《关于普通法的改革》（Zur Erneuerung des Gemeinrechts）之报告 „Bericht, Hamburg, den 10. Oktober 1938", S.26, fol. 1-13 Vorder-und Rückseite, unter: Generalakten,,Arbeitsgemeinschaften und Übungen der Referendare", Az. 2221, Bd. 2, Bl. 10 ff., OLG Frankfurt am Main, Archiv, Georg D. Falk 作出的重要提示。该报告大多数都是直接引述尼佩代的"体系"。

展趋势将世界观中的核心内容置于首要地位，并在此重要的法律领域赋予法官该有的地位。"[39]

515　　因此，以此方式意识形态化后的正义就不再是魏玛共和国中那样纯粹矫正的因素，而是变成了首要目标。

516　　相比之下，**规范体系在结构上倒退了（Normensystem strukturell zurück）**。然而尼佩代并没有完全抛弃他的控制性原则规范的概念。《魏玛宪法》被识时务地不再提及。在解释和法发现的框架内，这些控制性的原则规范仅在这些领域中发挥着控制功能，即那些已经通过"纳粹的法改造"将意识形态立场注入制定法之内的法律领域。这一趋势也体现在尼佩代于德国法协会任职时对重新编撰民法典的态度上。[40]在此，尼佩代讨论了作为私法内部之"宪法"的"私法原则"的法典化。[41]其将私有财产、合同规定、合同自由、绩效竞争与私人结社权称为原则。[42]其仅从集体特征对此进行证成，并建立同民族社会主义的关系。[43]类似1933年之前的《魏玛宪法》——此等原则应当形成私法领域的控制特征。[44]

517　　尼佩代将对"纳粹的法改造"的转化视为律师之任务，同时又将其视为立法者的责任。

六、联邦共和国：《德国基本法》作为"总则"

518　　纳粹时期和联邦德国之间的时代界分在许多方面属于臆想，但其已经吸引了一代法史学家。关于尼佩代的方法学说，可以确定，至少在方法框

---

[39]　*Nipperdey*, Die Generalklausel im künftigen Recht der unerlaubten Handlungen, in: *Nipperdey*（Hrsg.），Grundfragen der Reform des Schadensersatzrechts, Arbeitsberichte der Akademie für Deutsches Recht 14, München u.a 1940, S. 36-49（42）；斜体部分为本书所强调。关于背景见 *Mohnhaupt-Wolf*, Deliktsrecht und Rechtspolitik. Der Entwurf einer deutschen Schadensordnung（1940/1942）im Kontext der Reformdiskussion über die Konzeption des Deliktsrechts im 20. Jahrhundert, Baden-Baden 2004。

[40]　*Nipperdey*, System（Fn.37），1938, S. 95 ff.

[41]　*Nipperdey*, System（Fn.37），1938, S. 100.

[42]　*Nipperdey*, System（Fn.37），1938, S. 99 f.

[43]　这一集体思想提供了一种联结，但又不属于民族社会主义理念的本质的核心领域，详见 *Lepsius*, Personengebundene oder strukturorientierte Bewertungskriterien für juristisches Verhalten im Nationalsozialismus, in: *Nehlsen/Brun*（Hrsg.），Münchener rechtshistorische Studien zum Nationalsozialismus, Frankfurt a. M. 1996, S. 63-102。

[44]　*Nipperdey*, System（Fn.37），1938, S. 100.

架层面（auf dieser methodisch-strukturellen Ebene），他的构想与他在魏玛共和国时期的构想具有绝对的连续性（Kontinuität），也与他在纳粹时期的构想具有绝对的连续性。尼佩代决定继续追踪魏玛共和国时期已经开始转向的评价法学，并因此扩展了其方法论概念。

联邦德国时期，**作为法理念的实证化部分的基本权利（Grundrechte als positivierte Teile der Rechtsidee）**居于中心地位，这些基本权利也是解释的原则；借助尼佩代的基本权利对第三人的直接效力这一命题，部分基本权利则作为请求权基础和无效后果的禁止性规范影响到了私法，最终成为整个法律规定的"总则"。现在处于规范体系顶端的是宪法。例如对于人之尊，尼佩代强调：　　　　　　　　　　　　　　　　　519

"第1条第1款乃法律和法律行为的*重要解释原则和存在漏洞之时法发现的原则*。"[45]

尼佩代认为，《德国基本法》第2条第1款是整个法律规定的重要解释规则。[46] 在中心控制层面，基本权利的模糊表达已经为法学和司法打开了**广阔的活动空间（weite Handlungsspielräume）**，但同时也是一种实在法上的倒退。对尼佩代而言，法理念非实在部分，相对实在部分则完全退居二线。这可以从如下内容体现：　　　　　　　　　　　　　　　520

"自然法教义对发展实在法之上存在的法条之追求，实证法学和法律实践的疑虑 [……] 反对这种'凭空而来的'规范，上述两者均忽视了*最重要的普遍有效之法律原则的实在性。该等法律原则在德国目前属于实在法的有机组成，首先也就是宪法规定*。"[47]

---

[45]　*Nipperdey*, Die Würde des Menschen. Kommentierung des Art. 1 Abs. 1 GG, in: *Neumann/Nipperdey/Scheuner*（Hrsg.），Die Grundrechte. Handbuch der Theorie und Praxis der Grundrechte, Bd. 2, Berlin 1954, S. 1-50（23）；斜体部分为本书所强调。关于尊严之于解释的特殊意义参见该文献第8页。

[46]　*Nipperdey*, Freie Entfaltung der Persönlichkeit. Kommentierung des Art. 2 GG. Unter Mitarbeit von Wiese, in: *Bettermann/Nipperdey*（Hrsg.），Die Grundrechte. Handbuch der Theorie und Praxis der Grundrechte, Bd. 4, Berlin 1962, S. 741-909（757）.

[47]　*Enneccerus-Nipperdey*, AT（Fn.16），14. Aufl., 1. Hlbbd., 1952, S. 135；*Enneccerus-Nipperdey,* AT（Fn.16），15. Aufl., 1. Hlbbd., 1959, S. 221；斜体部分为本书所强调。

521　　　　上述论断自始至终将当时关于向自然法的退守之典型问题挤到台后。法理念和宪法的连接成为关键。对于尼佩代而言，内含人之尊严的"法理念的中心"在基本法上成为实在。[48] 当然，虽然其使用了基本法的条文，但其论断无论如何不是退向"实证主义"。首先鉴于在宪法中实证化的自然法原理的异常宽泛的语义，自然法原理的内容便可能产生问题。在过去，众多形而上学的立场都对自然法原理作了分析。同时，基本权利解释上包含的形而上的考量可能本身也在某种程度上通过法律文本得以浚通。在宪法解释的关键点上，尼佩代现在转向**客观目的论解释方法**（ **objektiv-teleologische Auslegungsmethode** ），这尤其可以从尼佩代在基本权利解释框架下联系哈特曼（ Hartmann ）和舍勒（ Scheler ）的价值哲学清楚地看出来（关键词"客观的价值规定"）。总体上，尼佩代使用基本法文本，同时对其进行相对化。最终，尼佩代在此关注的是制定法忠实和法学家法之间的实用立场。[49]

522　　　　关于主要的控制原则的**具体内容上的导向**（ **konkrete inhaltliche Richtung** ），在此只能简要概括。仅此而已：联邦德国早期，就法体系的个体和超个体导向的问题，尼佩代反对任何形式的集体主义，赞成有利于个体自由的导向。其以此与 20 世纪 50 年代和 60 年代早期的法学流派划清了界限，此等流派首先更愿意从集体主义倾向解释基本法。[50] 尼佩代给出了令人印象深刻的清晰强调：

　　　　"法秩序之顶端的最高价值为：人之尊严。各个具体权力领域的界分以及对以此制定的边界之重视对于法而言乃根本，而这种重视原本建立于对和平与规则的意愿。一旦法律得以开化，上述便获得文明基础：对'不得损害他人'（ neminem laedere ）的要求，原本是和平信条（自主禁止），现在好像流露出对他人之尊严的重视。该等要求乃法中作为开化力量的法理念之核心。其决定着人们法上评价的基础（ Coing ）。若人之尊严保护着人的某一领域，在该领域之内人可以作为独立而理应自负责任的行为主体，

---

[48]　例如 Nipperdey, Würde（ Fn.45 ），S. 9。

[49]　详见 Hollstein, Allgemeiner Teil（ Fn.1 ），S. 177-224。

[50]　整体讨论且附以比较范例的参见 Hollstein, Allgemeiner Teil（ Fn.1 ），S. 275 ff.; 论证充分，但尼佩代并不认可的内容 Henne, Die neue Wertordnung im Zivilrecht-speziell im Familien und Arbeitsrecht, in: Stolleis（ Hrsg. ），Das Bonner Grundgesetz, Altes Recht und neue Verfassung in den ersten Jahrzehnten der Bundesrepublik Deutschland（ 1949-1969 ），Berlin 2006, S. 13-37（ 22 ）。

其不受制于其他人的权利要求，亦不被作为共同目标，人之尊严便在法秩序中得以实现。为此自由当属最高法益，其可将人间正义委于人类。[……]此等法理念要求个人尊严针对群体、国家和民族亦受保护。[……]群体位于该法理念之下。"[51]

七、试金石：尼佩代的合同自由之矫正

尼佩代方法论具有说服力的现实范例实难选择。如有意识地不在劳动法领域而在一般民法领域寻找的话，那么，目光便必然落在民法之核心，即合同与**合同自由（Vertragsfreiheit）**。对合同自由及其限制，尼佩代始终在"社会的"矫正视角下发表观点，即使在教义上具有不同的出发点。

523

魏玛共和国时期，在其学术导师海德曼、雷曼和奥赫（Rauch）的启发下，尼佩代就从事对工业化的大众社会、战争经济与物品短缺经济问题的研究。其反复将这些问题与经典民法教义学问题结合起来。当尼佩代在其关于**缔约强制（Kontrahierungszwang）**的研究中如此阐述时，其基本出发点直观而易见：

524

> "一再怀有的希望，即战争末期之后人们欲在私法秩序上尽快回归到被抛弃的个人主义原则，从人之判断上看，并不能实现。战争时期之前已经开始或学术上计划的反个人主义的发展迫致进一步的私法社会化之困境，尤其将因为德国经济生活的崩溃而得以持续。此外，基于政治变革，对暂行法的私法自由以及立法和行政的关键因素的进一步削弱，显然会被视为必要。"[52]

尼佩代对强行缔约的证成最终乃基于**"对某一特定价值运动的社会利益"**［soziale（n）Interesse an einer bestimmten Wettbewegung］，[53] 该等利益是强行缔约的"内在法律原因"。[54] 除了特别法规定的缔约强制情形，尼

525

---

[51]　*Nipperdey*, Würde（Fn.45），1954, S. 9 und 10; 斜体部分为本书所强调。其他部分与此一致，见 *Nipperdey*, Grundrechte und Privatrecht（Kölner Universitätsreden 24），Krefeld 1961, S. 6 f.。

[52]　*Nipperdey*, Kontrahierungszwang（Fn.5），1920, §1„Das Problem", S. 1; 斜体部分为本书所强调。

[53]　作为价值运动的同义语，尼佩代还使用了"财产消费""财产运动""财产交换"，相关表达见 *Nipperdey*, Kontrahierungszwang（Fn.5），1920, S. 5 Fn. 2。

[54]　*Nipperdey*, Kontrahierungszwang（Fn.5），1920, S. 33.

佩代从《德国民法典》第 826 条推导出了一般性缔约强制：

> "不缔约，更恰当地说，不需要缔约、缔约自由，其是 [……] 一般合同自由的结果 [……]。因此需要一个一般性规范，其禁止不缔约，并以此消除缔约自由，其含有合同自由的基本且重要的限制，或较其更高的一般行为自由的基本原则。该条款乃《德国民法典》第 826 条之规定，依其规定，违反善良风俗（gute Sitte）对他人的故意侵害应负损害赔偿责任。"[55]

526   最后，尼佩代推动**私法（das Privatrecht）**去实现一部分公共利益，也即保证经济生活中的物品交换。对尼佩代而言，该等目标亦与宪法的模糊规定相一致：

> "所有权、经济自由、合同自由、机会自由、继承权均被认可（第151、152、153、154 条）。对于经济生活秩序而言，正义原则得以宣告，而欺诈和非道德交易则被禁止。"[56]

527   尼佩代对私法的"社会矫正"论述趋于保守，个体利益则逊于共同利益。[57]

528   从方法论角度观察，很明显，尼佩代关于建构缔约强制的出发点在于变化的社会和经济现实 [关键词"大众社会"（Massengesellschaft）和"战争经济"]。对其而言，这显然是**与生活现实的联结（Anknüpfung an die Lebenswirklichkeit）**和对新颖现象的加工。同时很明显，私法的"社会矫正"在魏玛时期就已经从评价中诞生，而社会矫正也可以在宪法中找到依据。显然这一点为法学和司法开启了广阔的活动空间，其在魏玛共和国时期尼佩代私法的"社会矫正"上已经得以充分表达。

529   正如上文提及的，**纳粹**时期，《德国民法典》的概括条款对于"新的法理念"而言属于"入侵关口"之一。[58]在这一背景下，重要的显然是评价。

---

[55] *Nipperdey*, Kontrahierungszwang（Fn.5）, 1920, S. 54.

[56] *Enneccerus-Nipperdey*, AT（Fn.16）, 13. Aufl., 1931, S. 41.

[57] 全面的内容见 *Hollstein*, Allgemeiner Teil（Fn.1）, S. 232-245。

[58] *Nipperdey*, System（Fn.37）, 1938, S. 97. 关于民族社会主义法理念的论证见 *Lepsius*, gegensatzaufhebende Begriffsbildung（Fn.37）, S. 140 ff; 对入侵关口的图像最为熟知且富有结论的见 *G. Dürig*, FS Nawiasky, 1956, S. 157 ff.; 概览可见 *J. Hager*, Grundrechte und Privatrecht, JZ 1994, 373-383; *H. Dreier*, in H. Dreier, Grundgesetz.Kommentar, 3. A. 2013, Vorb. 57 ff.。

关于《人民法典》，尼佩代虽然强调财产私有、合同自由基本原则、绩效竞争与私人集会自由，[59]但面对《德国民法典》，其分量明显退后：

> "但这些原则经历了重要的意义嬗变，这些原则的实体内容一开始就受到对共同体的义务约束和责任的影响，而且仅仅从该共同体的相关性中就获得了（它的！）内部正当性和国家保护。"[60]

因此，个人对共同体的义务约束和责任**内在地限制了**私法领域的个体自由。自始至终，有益于共同体的才是合乎私法要求的。[61]基于此，私法的"社会矫正"便有失妥当。 `530`

在**联邦共和国（Bundesrepublik）**中，宪法尤其是基本权利最终成为**指导评价的中心渊源（zentrale Quelle für steuernde Wertungen）**，因此也是私法领域社会矫正的中心渊源。作为解释规则，尼佩代自 1949 年业已秉持的特定基本权利直接第三人效力之理论，直接受私法基本权利的影响。[62]具体到民法，尼佩代关于基本权利绝对作用的理论在于，特定的基本权利表征为侵权法领域，《德国民法典》第 823 条第 1 款意义上的绝对权利（"其他权利"），[63]应当视为《德国民法典》第 823 条第 2 款意义上的保护之法。[64]对于旧版《德国民法典》第 847 条的合宪解释，尼佩代认为针对旧版《德国民法典》第 253 条规则的非物质损害赔偿是可能的。[65]在法律行为领域，一些基本权利可以作为《德国民法典》第 134 条意义上的法定禁止而发生作用。[66]因此在合同法领域基本权利亦直接相关。 `531`

尼佩代中心出发点是，作为客观—目的性论据的**"基本权利的意义变** `532`

---

[59]　例如 *Nipperdey*, System（Fn.37），1938, S. 100。

[60]　例如 *Nipperdey*, System（Fn.37），1938, S. 99 f.; 斜体部分为本书所强调。

[61]　详见 *Hollstein*, Allgemeiner Teil（Fn.1），S. 253-260。

[62]　关于尼佩代基本权利理论见 *Hollstein*, Allgemeiner Teil（Fn.1），S. 196 ff.; 关于其个别结论见本书边码 1459 及以下。

[63]　例如 *Nipperdey*, Würde（Fn.45），1954, S. 13, 37, 40 ff.; *Enneccerus-Nipperdey*, AT（Fn.16），15. Aufl., 1. Hlbbd., 1959, S. 95。

[64]　*Nipperdey*, Gleicher Lohn（Fn.12），1950, S. 125.

[65]　例如 *Nipperdey*, Würde（Fn.45），1954, S. 46; *Enneccerus-Nipperdey*, AT（Fn.16），15. Aufl., 1. Hlbbd., 1959, S. 95。

[66]　例如 *Nipperdey*, Würde（Fn.45），1954, S. 36; *Enneccerus-Nipperdey*, AT（Fn.16），15. Aufl., 1. Hlbbd., 1959, S. 597。

迁"（**Bedeutungswandel der Grundrechte**）[67]。在动态的宪法解释背景下涉及的是对基本权利规定目的和意义的最新而客观的查证。[68] 基本权利不再仅仅作为 19 世纪历史视角下针对国家的防御之权来进行解释。[69] 而是"工业大众社会"中个体面对"群体、协会、大型公司和个体威权"需要的基本权利之保护。[70] 鉴于辛茨海默（Hugo Daniel Sinzheimer）（德国"劳动法之父"——译者注）的影响以及他对《魏玛帝国宪法》编撰的贡献，尼佩代还认为要防御各种"社会权力"，[71] 对此其明确将"拥有立法权力的集体"也归入其中。[72] 这一保护角度被尼佩代称为其对基本权利绝对效力学说的根本"出发点"。[73] 其总体乃"基本权利功能对历史状况变迁的调适"[74]。此外，尼佩代对基本权利的理解也是最高价值和其理论背景思想之"质料的价值哲学"的联结。[75]

533

在合同法领域，尼佩代最终希望以其理论保护力量不平衡情形下的个体免受对其自由空间的支配。这一攻击思路很清楚，当尼佩代如此强调：

> "在此仅存在假定的平等地位，其尤以以下假设为基础，即接受义务时的意志决定自由足够保障个体免受难以承受的自由限制。人们相信，若某人接受该类限制，那么自由便原则上得以保障。人们从形式上理解合同自由，而非从实际上，或社会上。此种观察方式误解了社会现实，其经常足以迫致社会弱者成为附庸，但这并不符合宪法的观点。宪法的基本原理规范必然直接适用于此类事实构成，即面对国家权力时事实上需要个人顺

---

[67] 例 如 *Nipperdey*, Boykott und freie Meinungsäußerung, DVBl 73（1958），S. 445-452（447）；*Enneccerus-Nipperdey*, AT（Fn.16），15. Aufl., 1. Hlbbd., 1959, S. 96。

[68] 关于尼佩代的宪法解释可见 *Hollstein*, Allgemeiner Teil（Fn.1），S. 194 ff.。

[69] 例 如 *Nipperdey*, Boykott（Fn.67），1958, S. 447; *Enneccerus-Nipperdey*, AT（Fn.16），15. Aufl., 1. Hlbbd., 1959, S. 96。

[70] 例 如 *Nipperdey*, Grundrechte und Privatrecht（Fn.51），1961, S. 16 f.; *Nipperdey*, Entfaltung（Fn.46），1962, S. 749。

[71] 例如 *Nipperdey*, Würde（Fn.45），1954, S. 19; *Enneccerus-Nipperdey*, AT（Fn.16），15. Aufl., 1. Hlbbd., 1959, S. 96。

[72] *Nipperdey*, Gleicher Lohn der Frau für gleiche Leistung. Rechtsgutachten, Köln 1951, S. 15.

[73] *Nipperdey*, Entfaltung（Fn.46），1962, S. 753.

[74] *Enneccerus-Nipperdey*, AT（Fn.16），15. Aufl., 1. Hlbbd., 1959, S. 96; *Nipperdey*, Grundrechte und Privatrecht（Fn.51），1961, S. 17.

[75] 概括性内容参见 *Hollstein*, Allgemeiner Teil（Fn.1），S. 196 ff. und S. 305 ff.。

服的事实构成。*然而，当合同伙伴（Vertragspartner）在法律上和事实上具有完全平等的地位或者事实上平等的地位（真正协调）时，基本权利的这一保护目的就不被考虑了。因此私人自治与合同自由作为真正意义上自由规范的作用便得以发展。第2条第1款保障的自由也正在于对自身自由范围的有效限制。因此义务负担性合同乃在宪法范围内。合同伙伴原则上可以给一切作为或不作为设定义务 [……]。*"[76]

从方法论角度出发，现在尼佩代在宪法解释的关键点上代表了**动态的宪法理解（dynamisches Verfassungsverständnis）**和运用了**客观目的解释方法（objektiv-teleologische Auslegungsmethode）**。立法者的历史意志得以退缩，法学和司法得到了广泛的塑造可能，且其整体价值得以增加。这也体现在宪法解释框架内的质料的价值哲学之引入上。同时，法学和司法却又同基本法的规范体系捆绑在一起，因此在宪法解释之外不能溯及自然法之立场。[77]

534

八、余论

总体上，从魏玛共和国时期到纳粹时期再到联邦共和国时期，尼佩代的方法论具有**结构上的连续性（strukturelle Kontinuität）**。没有通过不同方法论原则的自动结合，尼佩代便创造了一种具有显著灵活性的新颖概念，即在制定法忠实和法学家法之间的一条实用性中间途径。积极规范体系起着决定性的指引作用，但尼佩代在其解释上赋予法学和司法更大的自由空间。宪法作为中心指引要素赢得了对私法的决定性影响。同样很明显，这一中心指引要素原则上可以互换：《魏玛宪法》、经由"纳粹的法改造"而颁布的原则规范、《德国基本法》，三者毫无疑问是可融合的。这显示了结构连续性上的巨大变通性。[78]

535

---

[76]　*Nipperdey*, Entfaltung（Fn.46），1962, S. 753；斜体部分为本书所强调。同样论断见 *Nipperdey*, Grundrechte und Privatrecht（Fn.51），1961, S. 19 f.。

[77]　*Hollstein*, Allgemeiner Teil Fn.1），S. 196 ff.

[78]　*Hollstein*, Allgemeiner Teil（Fn.1），S. 223 f., 关于结论还可参见 *Rückert*, Kontinuitäten und Diskontinuitäten（Fn.1），S. 127, 143.。

九、原著及文献

1. 尼佩代原著进阶

适 于 高 阶 学 习 的 尼 佩 代 教 材 是：Lehrbuch zum Allgemeinen Teil des Bürgerlichen Rechts，详见第 51 至 59 节以及第 15 节，其 1954 年关于《德国基本法》第 1 条的评注，同样详见其内容。高阶文献见：

Lehrbuch des Bürgerlichen Rechts. Begr. von Ludwig Enneccerus. Bd. 1: Einleitung, Allgemeiner Teil. 13. Aufl., Marburg 1931.

Lehrbuch des Bürgerlichen Rechts. Begr. von Ludwig Enneccerus. Bd. 1, 14. Aufl., 1. Hlbbd., Tübingen 1952.

Die Würde des Menschen. Kommentierung des Art. 1 Abs. 1 GG, in: Neumann/ Nipperdey/Scheuner（Hrsg.），Die Grundrechte. Handbuch der Theorie und Praxis der Grundrechte, Bd. 2, Berlin 1954, S. 1-50.

Lehrbuch des Bürgerlichen Rechts. Begr. von Ludwig Enneccerus. Bd. 1: Einleitung, Allgemeiner Teil, 15. Aufl., 1. Hlbbd. Tübingen 1959.

Grundrechte und Privatrecht.（Kölner Universitäsreden 24）Krefeld1961.

Freie Entfaltung der Persönlichkeit. Kommentierung des Art. 2 GG. Unter Mitarbeit von Günther Wiese, in: Bettermann/Nipperdey（Hrsg.），Die Grundrechte. Handbuch der Theorie und Praxis der Grundrechte, Bd. 4, Berlin 1962, S. 741-909.

2. 参考文献进阶

当前的**奠基性（grundlegend）**文献：

Hollstein, Thorsten, Die Verfassung als, „Allgemeiner Teil": Privatrechtsmethode und Privatrechtskonzeption bei Hans Carl Nipperdey（1895-1968），Tübingen 2007. 其中亦包含尼佩代广泛的著述索引。

此外关于**尼佩代的概括性（Nipperdey generell）**文献有：

Adomeit, Klaus, Hans Carl Nipperdey, in: Dt. Biogr. Enzyklopädie, Bd. 7, München 1998, S. 421-422.

Rückert, Joachim, Hans Carl Nipperdey, in: Neue Deutsche Biographie, Bd. 19, 1999, S. 280-282, und Handwb zur dt.Rechtsgeschichte, Bd., 2. Aufl. Berlin 2016. Sp. 1940-1943.

Siebinger, Martin, Hans Carl Nipperdey（1895-1968），in: Rechtsgelehrte der Universität Jena aus vier Jahrhunderten, hg. von G. Lingelbach, Jena u.a., 2012, S. 309-

327（传记性补充）.

关于尼佩代**方法论（Methodelehre）**的文献：

Rückert, Joachim, Zu Kontinuitäten und Diskontinuitäten in der juristischen Methodendiskussion nach 1945, in: Acham u.a.（Hrsg.）, Erkenntnisgewinne, Erkenntnisverluste: Kontinuitäten und Diskontinuitäten in den Wirtschafts-, Rechts- und Sozialwissenschaften zwischen den 20er und 50er Jahren, Stuttgart 1998, S. 113-165.

第七节　朗格（Heinrich Lange，1900—1977）的方法与民法 *

要目

一、导论

536　　研究民法方法论者未必熟悉卡尔·海因希·朗格（Carl Heinrich Lange）这个名字。相对于同时代的拉伦茨（Karl Larenz）、维亚克尔（Franz Wieacker）、科殷（Helmut Coing）和埃塞尔（Josef Esser），朗格并非因方法论著述而行于世。[1] 其名声乃基于多种多样的出版物，这些出版物主要涉及民法的教义学 [2] 和法政策问题 [3]。

537　　朗格方法论原则之所以值得重视，是因为其生平之中的三方面（下文有四个方面，但此处原文为"三"——译者注）原因。第一，作为在两个

---

　* 威廉·沃尔夫（Wilhelm Wolf）撰，王战涛译，刘志阳校。

　[1] 此外也可以表达为，在主流专著中没有详细提及朗格的方法论。仅参见 *Bydlinski*, Methodenlehre; *Kaufmann/Hassemer*, Einführung; *Larenz*, Methodenlehre; *Pawlowski*, Methodenlehre; *Zippelius*, Methodenlehre。考虑到本节第七部分关于原著及文献题目系全称，以下仅以简明题目注释。

　[2] 此处典型的是朗格的继承与民法总则、物权法教材以及纳粹时期的三卷本教材：Boden, Ware und Geld, Tübingen 1937-1943。

　[3] 此处尤其需要列举的是 die fünf Denkschriften des Erbrechtsausschusses der Akademie für Deutsches Recht, Tübingen 1937-1942; Vom alten zum neuen Schuldrecht, Hamburg 1934; Lage und Aufgabe der deutschen Privatrechtswissenschaft, Tübingen 1937; Eine Privatrechtsgeschichte der neuesten Zeit, Tübingen 1941。

政治制度下活动的法学家，朗格跨越了 1945 年的制度转型，在法学上表现出了其个人连续性。至于这一连续性是否会影响到方法的连续性，具有一定的认知利益，这不仅仅是因为一部分具有影响的著作可能对"二战"后的法律一代产生影响，更因为这位于对方法论各种连续性[4]（当时仅由个别研究支撑[5]）、总体性讨论的框架内。第二，更重要的动机是，朗格在"第三帝国"时期对所谓基尔学派（Kieler Schule）的方法论问题表现出相对清晰的反对立场，而基尔学派代表却根本上致力于新的方法论研究。[6] 第三，值得讨论的是，朗格关于方法论观点的事实背景在于，其在"德国法学会"（Akademie für Deutsches Recht）[7] 的若干职务处于当时法政策活动的中心并对此具有极大影响。第四，朗格的方法论观点既是了解其在德国法学会的法政策研究的入口，又是分析其他纳粹法政策制定者的入口。此处不仅可以得出此等推测，还可得出以下观点，即朗格方法较少具有认识论上的思考，却较多具有将法律适用置于法政策服务之中的意图。

　　此处并无足够篇幅完成上述决定性证成。在介绍一些生平之后需要介绍朗格的方法论基础、描绘连续性问题并检视具体教义问题的实施。　　538

二、海因里希·朗格生平[8]

　　卡尔·海因里希·朗格生于 1900 年 3 月 25 日，父亲为银行经理人恩　　539
斯特·海尔曼·朗格（Ernst Hermann Lange），其母伊莉莎·罗齐娜·朗格（Elsa Rosine Lange）乃小酒馆店主，朗格在被誉为"世界之光"的莱比锡度过了童年和青少年，并于 1919 年开始了大学的法学学习。除了因 1920 年在慕尼黑一年的学习逗留而中断之外，朗格始终在莱比锡完成了其学

---

　　[4]　对此首先可以参阅新近的私法文本 *Joerges*, Privatrecht, S. 311-363, S. 332 及其进一步指示内容，法史角度的见 *Neumann*, Rechtsphilosophie, S. 145-187, 147-152。

　　[5]　典型的是婚姻概念，见 *Rüthers*, Rechtsbegriffe, S. 45 ff.。

　　[6]　*Lange*, Privatrechtsgeschichte；目前可参见 *Frassek*, Lebenssachverhalt。

　　[7]　关于 1933 年成立的德国法学会的历史和结构参见 *Pichinot*, Akademie; *Hattenhauer*, NS-Volksgesetzbuch; *Schubert*, Volksgesetzbuch; *Anderson*, Academy。

　　[8]　如下说明被广泛吸收：*Kuchinke*, Heinrich Lange, NJW 1978, S. 309; *Habscheid*, NJW 1970, S. 552 f.; *Schubert*, Ausschuß für Personen-, Vereins-, und Schuldrecht, S. 68。关于朗格对 1933 年莱比锡民族社会主义德国法学家大会的影响参见 *Landau*, Juristen, ZNR 1994, S. 373 ff.。详论参见 *W. Wolf*, Vom alten zum neuen Privatrecht. Das Konzept der normgestützten Kollektivierung in den zivilrechtlichen Arbeiten Heinrich Langes（1900-1977），Diss. iur. Frankfurt/M. 1997, Tübingen 1998（Beiträge zur Rechtsgeschichte des 20. Jhs., 21）。

术训练，并于 1922 年通过第一次国家考试。之后其在萨克森参与见习服务，并于 1925 年通过第二次国家考试。同年其以《帝国法院发展的侵权行为不作为之诉的理论可证明性》(Die theoretische Begründbarkeit der vom Reichsgericht entwickelten Unterlassungsklage bei unerlaubten Handlungen) 为题完成博士学习。1926 年，朗格以实习法官的身份开启了法律职业生涯，并一直延续到其 1928 年成为莱比锡法律系的助理。与此同时朗格开始其教授资格论文《经典所有权传统事实构成之原因要素》(Das kausale Element im Tatbestand der klassischen Eigentumstradition)[9] 的写作，该论文完成后其于 1929 年 12 月 19 日被授予罗马私法和德国私法专业的特许教授资格。同年其受命任职于州法院，但继续拥有学术职务并持续至 1933 年。纳粹分子攫取权力之后，其于 1933 年早期作为大学负责人直接转任于萨克森人民教育厅高等政务院，在此岗位上朗格深刻影响了萨克森大学的任聘政策。后来，朗格受邀作为理查德·肖茨（ Richard Schotts ）教席的后继者去掌管布雷斯劳大学民法、罗马法与民诉法教席，1934 年 4 月 1 日他正式接受该邀请。朗格首次受聘乃其撰写教授资格论文之前，来自纽约哥伦比亚大学，但被其拒绝，个中原因至今不得而知。

540   1933 年朗格以继承法委员会主任以及《人民法典》(Volksgesetzbuch) 编撰工作的协调者与推动者身份成为德国法学会成员，1939 年秋之后其被限于仅任职继承法委员会主任 [10] 以及对《人民法典》的批判评注任务。[11]

541   同年 10 月 1 日，朗格接受了慕尼黑大学法律系罗马法与民法教席[12] 的聘任，成为鲁道夫·穆勒-埃尔茨巴赫（ Rudolf Müller-Erzbach ）的后继者。随后朗格在此达到了其学术生涯的顶峰，[13] 也即在 1945 年其高校职务被武装政府指令解除之时达至顶点。在被完全复聘为维尔茨堡大学罗马法与民法教席之前，朗格在慕尼黑作为独立法律鉴定人与律师赚取生活费。朗格于 1948 年 5 月至 1951 年 10 月作为班贝格哲学—神学院的讲师以及一直到

---

[9]   In: Leipziger Juristen-Fakultät(Hrsg.), Leipziger rechtswiss. Studien, Heft 53, Leipzig 1930.

[10]   对此详论参见 Schubert, Volksgesetzbuch, S. 6 ff., 13, 本书有几处讲的是赫尔曼·朗格（ Hermann Lange ）而非海因里希·朗格。

[11]   首先参见 Lange, Volksgesetzbuch, S. 208 ff., 213-223。

[12]   鲁道夫·穆勒-埃尔茨巴赫（ Rudolf Müller-Erzbach ）执掌教席时，尚为"德国法律史，德国私法，民法，商法，票据法，工业与工商业管理法"。应朗格愿望才得以改换。

[13]   相关报告见 Kuchinke, Heinrich Lange, NJW 1978, 309。

1955 年作为萨尔兰大学法律系欧洲法比较与融合研究所两名所长之一[14]期间，亦不乏学术雄心。

朗格尤因撰写《继承法》（Erbrecht）[15]、《物权法》（Sachenrecht zum BGB）[16] 以及《民法总论》（BGB Allgemeiner Teil）[17] 等教科书而为"二战"后的学生所熟知。 542

朗格 1967 年荣休之后享受了十年的退休时光，1977 年 9 月 17 日卒于慕尼黑。 543

三、朗格在纳粹时期的方法论

对朗格方法动因研究中的时期划分并不意味着其内容的非连续性。相反，需要对朗格方法中的差异进行更强烈的对比，并让其方法中的一致性更清楚地呈现，这样才能够证明该非连续性。 544

1. 法律适用和正义的概念

在朗格仅有的专于纯粹方法论问题的论述中，[18] 其并未将法律适用的目的定义为"个体公正（individuelle Billigkeit），而是定义为**集体决定的正义（gemeinschaftsbestimmte Gerechtigkeit）**"[19]。朗格将建立具体个案（Einzelfall）正义的任务交与法官，其并不愿将"具有大问题的法的变革、基本裁判的确立、法政策、法律生活技术性发展过程的塑造"[20] 拱手让给法官，其以此方式同时为法官设定了狭小的范围。因此，法官处理法律的目的在于个案之公正裁判，而非个体公正之个案裁判。对法官而言有必要思考这一问题，即朗格意义上的正义是什么及其与个体正义相对之处何在。 545

a）自由主义的"按份分配"（idem cuique）

对于朗格的正义的定义而言，集体决定标准与亚里士多德经典的"人 546

---

[14]　支持他的有国家与管理科学家乔治斯·朗罗特（*Georges Langrod*）。

[15]　共两版：第 1 版（München und Berlin 1962），第 2 版与库兴克（*Kuchinke*）共同撰写（München 1978）。

[16]　仅一版（Stuttgart 1967）。

[17]　从第 1 版（München und Berlin 1952）直到第 14 版（München 1973），从第 15 版起（München 1977）由赫穆·克勒（*Helmut Köhler*）接续。

[18]　Mittel und Ziel der Rechtsfindung im Zivilrecht, 1936.

[19]　Mittel und Ziel, S. 925（加粗部分为本书所强调）.

[20]　Mittel und Ziel, S. 925.

人各得其所"（suum cuique）的理想一样模糊。[21] 但是，如果人们阅读朗格的《从旧债法到新债法》（Vom alten zum neuen Schuldrecht）[22] 这一著作中关于将自由主义的"按份分配"和纳粹的"人人各得其所"相比较的内容，则正义的概念就会变得生动和准确。

547　　按份分配对朗格而言乃自由主义的正义理念，其以可测性为基础，而这一可测性就其而言似乎即为自由之子。[23]

548　　对自由概念不加细致分析便可确定，此处指的是个体活动自由（Betätigungsfreiheit），作为法国大革命的成果，这使得将集体利益置于个人利益之后成为可能。[24] 这种个人主义与唯物论的统治[25]"要求清晰的标注、法的安定性；需要自我行为如同他人行为一样的可测性，而其要求合乎逻辑构建的法体系"。[26] 朗格由此得出，**自由主义中的可测度性**（**Berechenbarkeit im Liberalismus**）以对个案的平等对待为条件。[27] 朗格对自由主义的法理念之同案同判这一出发点给予了**批判**（**Kritik**），其对自由主义的感知与评价缺陷评论道："[自由主义的]可测度性和正义并不评价其整个生活过程，而仅限于法律事实构成中规定的片段。"[28] 将生活多样性圈进作为正义标准的狭小的法律之笼，可能导致外在平等时的内在不平等。基于法安定性之目的，自由主义忽略了个体命运。[29]

549　　对自由正义理念的批判意味着对"空洞的**实证主义**（**Positivismus**）"的**彻底进攻**（**Fundamentalangriff**）。[30] 不但法律主体的外在的法律平等被质疑，而且作为生活事实的法律评价之标准列表的法律的基础资格亦受到质疑。如果人们将分析拓展到方法论内容上，那么就不能否认，依据朗格的预设，将一个事实涵摄到一个事实构成之下这一理性的过程是不足以实现公正裁判的。因为其特征并不能包含整体复杂性之中的生活过程。在此

---

[21]　Schuldrecht, S. 38.

[22]　Hamburg 1934.

[23]　Schuldrecht, S. 38.

[24]　Schuldrecht, S. 8 f.

[25]　Schuldrecht, S. 9.

[26]　Schuldrecht, S. 9.

[27]　Schuldrecht, S. 38.

[28]　Schuldrecht, S. 38. 此文献中有本书作者新补充的内容。

[29]　Schuldrecht, S. 38.

[30]　Schuldrecht, S. 40.

可以先搁置各个事实构成要件的形成过程。因为涵摄最终可以——不依赖于具体事实构成要件——并且仅回答合乎法律的裁判问题。而这在朗格那里并非正义。因此法律文字自身并不适于发现个案的公正裁判。但是由此必须提出的是，如不通过单纯的法律适用，那么个案法律适用者又是如何达至正义的。

b）纳粹的"人人各得其所"

纳粹的正义理念"要求个体让位于集体，这并非不幸，而乃生活之意义"[31]。朗格清楚认识到了对正义概念的定义进行限制的必然性，当其强调，法与国家并非目标本身，其内容与界限在于人民整体，个体从属于国家并不能为坏的法律与坏的统治取得借口。[32] 更确切地说，实现这一要求意味着自由主义所呈现出来的平等幻想被彻底打破，因为现在无法将罪犯与正直之人共同纳入公民（Staatsbürger）这一概念之下。共同体据其整体意义得出的个体评价替代了独立个体之集合。[33] 这一**集体化动因（dieser kollektivistische Ansatz）**放弃了权利平等之原则且将个体的法律地位依据政治价值标准进行分类，这种价值标准受到纳粹的推崇。"人民公敌和异族人拥有自己的权利，但并非如同正派的人民同志（Volksgenosse）之权利"[34]。这正是"人人各得其所"的真正含义。对于法官而言，其在具体个案中的任务是，根据纳粹标准评价个体的价值，以产生该个案中的正义。对于法官而言，《德国民法典》第 1 条的作用在于确定当事人的权利能力，但不能作为当事人权利平等的基础规范及公正裁判的指南。

真正的正义（wahre Gerechtigkeit）需要对已发生事实的全部进行充分评价。[35] 对此，"考察真正的正义时，除了要依据冷静的理智之外，还要依据温暖的法感，那些已经被理智区分的案例就会变得不确定，从外部看

550

551

---

[31]　Schuldrecht, S. 38.

[32]　Schuldrecht, S. 38.

[33]　在这一纲领下，在现代法史研究的语言上以及解析上是对"经典自由主义私法"的作别。取而代之的是"干预型国家现在以命令和禁令为武器向前逼近，并试图，一切私法主体……在公共义务网格下成为一体，以便控制利益交换与利益在主权上分配"，见 Stolleis, Geschichte des öffentlichen Rechts in Deutschland: Weimarer Republik und Nationalsozialismus, München 2002, S. 341。

[34]　Schuldrecht, S. 39.

[35]　Schuldrecht, S. 39.

是相同的，但依据内部的内容看，就会是不同的"[36]。换言之："正义根植于法感，而非法的知性（Rechtsverstand）。"[37]为了作出公正的裁判，法官会首先运用涵摄推理，然后再运用自己的法的知性。而法的知性则取决于**法感（Rechtsgefühl）**。[38]最后会产生公正裁判，在此并不排除依据自己理解的涵摄与法感影响下的正义观念。如果"正义是德意志民族感的表达，那么正义就受制于血缘和土地，但是也受发展所影响并仅属于德意志人民"[39]。法感的方法论功能便被评价为纳粹评价的突破口，其因此可剥夺合理证成与评价。如若法律适用者以集体正义之概念作为一定的目的导向，便存在方法达至正义之处，但很大程度上处于法感的阴暗面，至少是合理的文本导向的涵摄过程之中。

2. 通往正义的法官之路

朗格认识到法律适用者的这一不安定性，并将这一情形描述为纳粹法律适用问题的重点和焦点，即"捉摸不透的公正感和持续不断的法感已经与法之外在形式不再一致"[40]。这种紧张关系的解除很大程度上有赖于朗格的制定法概念。制定法对法官的约束功能被设置得越强，则公平感和法感在功能上就越受限制。朗格的论证在此点上未免不知所措。法官因法的优先[41]而受制定法约束这一原则已经松动，对此应加以限制，即这并非意味着任何情形下对制定法指令的克制，[42]以及制定法裁判在所有情形下均超越法官而成为元首的决定。[43]由此可知，如果制定法与法给人不同的正义观念的话，那么制定法与法就相互处于一种对法律适用具有决定意义的**位**

---

[36] Schuldrecht, S. 39.

[37] Schuldrecht, S. 39.

[38] 朗格的论述参见 Liberalismus, S. 37："义务思想和共同体思想破坏了法之形式。一个理智的法律体系的清楚、被清晰划分、合乎逻辑、固定的构造，让步于动态、随意、可以无视逻辑、受制于正义感的活的有机体。这种理解应当融于感情"，这一评判显得对法感意义的评价较低。但是其从朗格整个演讲的前言中的指责性阐述得以证成，其可能也包括此处来自演讲的引注部分。

[39] Schuldrecht, S. 39; 关于人民感知（Volksempfinden）概念之基础见 *Rückert*, Volksempfinden, SZGerm 103（1986），S. 199-247。

[40] Mittel und Ziel, S. 922.

[41] Mittel und Ziel, S. 924.

[42] Mittel und Ziel, S. 924.

[43] Mittel und Ziel, S. 925; 朗格自身也存在一种紧张关系，对此基础而广泛的讨论见 *Schröder*, Diktaturen, 2016, betont, etwa S. 14, 117。

阶关系（hierarchisches Verhältnis）之中。

a）制定法与法的位阶关系

"制定法是法的形式，制定法源于'法'，而非'法'源于制定法。"[44] 因此如若法优先于制定法的话，可能表现出的矛盾可以表达为："法是一种生活形式，而制定法塑造着生活，因此其亦为一种法。于是在最终效果上，制定法和法的位阶关系又颠倒过来。"[45] 朗格将两者的不一致解释为历史和政治的局限性。法优先于制定法，是为了政治权力而斗争的革命之实用主义所致，该等革命应当以"非制定法为基础，以撼动与其为敌的国家和制定法机器"，[46] 如果一切价值应予重估以及新的目标应予建立的话，位阶关系颠倒便可发生。此处制定法是抵御灰色且摇摆的公平感觉的壁垒，也是重估一切价值与统治工具之手段，方式是在法律领域贯彻元首思想。[47] 朗格对这一发展的最终阶段预测道，如若制定法与法成为一体的话，那么制定法与法的实证哲学属于胜方。[48] 根据制定法的理解，制定法无论如何均非旨在保障和界定个体自由之领域，而是获得**政治的控制工具和塑造工具**（politischen steuerungs- und Gestaltungsinstrument），以实现共同的和非自治之目标。此等制定法与方法理解可以被描述成受**规范支撑的**（normgestützt）私法**集体化**（Kollektivierung）。[49]

因此，在"理想法和现实的制定法之间存在紧张关系时"，对某个法律争议的裁判必定会"触及制定法可承受的边界"。[50] 对朗格而言，这不仅在于制定法秩序和法秩序之间最大限度的一致性，[51] 此处法秩序亦包含一般而可争论的制定法，此外尤其还在于**制定法的秩序功能**（Ordnungsfunktion des Gesetzes），制定法一方面有诸如颁布期限、日期乃至裁判的优势，另

554

553

---

[44]　Schuldrecht, S. 35.

[45]　Schuldrecht, S. 36.

[46]　Schuldrecht, S. 36.

[47]　Schuldrecht, S. 36.

[48]　*Lange*, Rezension Carl Schmitt, JW 1934, S. 1897.

[49]　*Stolleis*,Fn., S. 341 接受了这一概念，但其指作者使用这一受其影响的术语乃整体而非历史地针对一切反对经济自由主义之规范概念的事物。但作者将规范支撑之集体化的概念在表达上首先指向朗格的民法论著——如本文的小标题（Fn.8）——相反，与对纳粹分子和经典的自由主义私法诀别的整个时代的概括相比，施托莱斯使用这一术语比沃尔夫要更广泛。

[50]　Mittel und Ziel, S. 922.

[51]　Mittel und Ziel, S. 922.

一方面诉讼当事人任何一方根据"健康的民族感知（Volksempfinden）"均
有权帮助位于裁判困境之中的法官。[52] 作为法治国基石的法官受制定法
约束原则与第三权力的裁决恣意没有被专门讨论，却将"减轻法官负担
的各种"技术辅助功能置于制定法适用与审视的突出地位。[53] 对朗格来
说，只有制定法命令与纯粹法感相背离时，制定法适用的方法问题才是难
以解决的。作为整体不当的解决方案，朗格不仅批判"极端的制定法实
证主义"，[54] 而且还剑指概念法学、[55] 利益法学 [56] 乃至自由法学派。[57] 朗格
对这些法学流派的批判在于"其并**没有**为法发现提供可供使用的**价值标
准（Wertmaßstäbe）**"。[58] "自由法缺乏根基，目标确定的概念法学掩盖了公
平，利益法学虽说应当评价理想与实质利益，但不愿或不能总是穷尽而无
可反驳地说明哪些利益应当给予评价，以及不能决定哪些利益应当如何评
价。他们均有意识地局限于其工具特质"[59]。因而这一批判根本上指向**标准
欠缺（Maßstabsdefizite）**，由此针对固定标准的缺陷，该等标准是概念法
学确定其目的、利益法学评价其利益以及自由法学阐述其公平之标准。朗
格将这三家当时居于统治地位的方法论的结构缺陷归因于"世界观在早期
的国家中无关紧要"[60] 以及与之相关的价值中立性。然而，价值中立恰恰
被纳粹推行的基本价值评价终结。"人民、种族、集体、忠诚、尊严以及
法的基本要求——公益优于私益——这些形成了清楚的价值排序。"[61] 通过
此等**新的固定的评价（neue und feste Wertungen）**，法发现与法律适用的程
序亦获得一种"统一的指引"。[62] 因为"在对法与制定法新的审视与评价

---

[52]　Mittel und Ziel, S. 922.

[53]　Mittel und Ziel, S. 922.

[54]　Mittel und Ziel, S. 922.

[55]　Mittel und Ziel, S. 922 f.

[56]　Mittel und Ziel, S. 923 f.

[57]　*Lange*, Mittel und Ziel, S. 924. 当自由法学和纳粹主义反对思想贫乏的实证主义时，朗
格则对自由法学偶尔会有好感，一如民族社会主义对空洞实证主义的斗争。朗格认为在制定
法、可预测性与正义性之间，在评价上存在根本差别。Siehe Schuldrecht, S. 40.

[58]　Mittel und Ziel, S. 924.

[59]　Mittel und Ziel, S. 924.

[60]　Mittel und Ziel, S. 924.

[61]　Mittel und Ziel, S. 924.

[62]　Mittel und Ziel, S. 924.

之下，关于法发现正确路径数十年之久的争论已经变得毫无意义"[63]。当法感与语义相悖时，如果法律适用者展开专门的论证，那么他就可以使用以纳粹基本价值为基础的任一随意的方法，只要该方法是"法实现的**手段**"即可[64]。如果被净化后的公平感需要某种**方法惰性**（**Methodenindifferenz**），那么该方法惰性的要求是，法律适用者要始终独立于被选择的方法去对集体利益和个人利益进行衡量。毋庸置疑，德意志的护法者也能信靠制定法。很明显，朗格并没有赋予法发现之方法以独立于法政策评价的价值。法政策评价是在具体、特殊的个案中**贯彻**抽象、一般的法政策的**工具**。

　　因此，当法官产生反对某部制定法的法感时，则该部制定法对该法官的约束就终结了。法感也可满足于作为法律命令之约束性与非约束性之界限划定，但在这一点却并不清楚，这一意义上的法感是否为自由之感，即法官个体可以且应当无条件地依循其独立的法确信，其在法律适用以及司法中的贯彻受一定规则限制。

　　b）法感的功能

　　制定法对法官之约束的松动并不意味着对法官自由空间的扩大，法官是"法律的奴仆，而非其主人"。[65]作为法律的仆人，法官只是**共同体评价的实现者**（**Verwirklicher der Wertungen der Gemeinschaft**）。[66]由此，"受法制约更为强烈"。[67]此处隐含着法感之控制与矫正功能，即纳粹意义上的基础评价应转化到司法的实践，其条件为：法律适用者在个案中打破法律命令和纳粹意义上的评价，或至少认为控制性和矫正性介入实属可能。至少朗格针对矫正性介入设置了一定的障碍，在冲破障碍之前法官应当暂时停止。因此应当考虑到，制定法自身表现的是历史中共同的法智慧，因而经常在制定法看似不公平之处找到较高的正义，而对之探寻的任务已经分配给了法官。[68]法官对制定法的信实意味着证明法官具有相应的**政治基本立场**（**politische Grundhaltung**）。实际上，朗格要求"受人民影响且受

555

556

[63]　Mittel und Ziel, S. 924.
[64]　Mittel und Ziel, S. 924（加粗部分为本书所强调）.
[65]　Mittel und Ziel, S. 924.
[66]　Mittel und Ziel, S. 924.
[67]　Mittel und Ziel, S. 924.
[68]　Mittel und Ziel, S. 924.

人民制约的法官"。[69]朗格好像并不担心缺少这样的法官，因而也并未对此专门论述过。相反，朗格相信，[70]在德国司法的实践中可以发现方法策略和至少初始的政策措施，尽管这些工具是在"民族—自由—保守的"基础之上，朗格认为，魏玛时期的司法已经在丰富的判例当中建立了价值体系，并使之清晰地反映在所有合理且公正之思想者的观念中，朗格还承认，"在统一观念的理念中，为了当时的全体人民——当时还不存在真正的人民共同体，魏玛司法还强调了道德标准的统一性与约束性"[71]。

557　　　因此也许不再惊讶，朗格相信法官法感，是为了"用新国度之法感穿透旧时所确立的法，排除相悖之法，掏空落伍之法，发展有生命力之法，亲近制定法与生活之法"[72]。

558　　　因此，法感是一种司法审级（Instanz），在这一审级中检验制定法评价是否与纳粹评价相一致，且必要时对制定法作出修改。

3. 评价性司法

559　　　倘若用一个概念表达朗格法发现与法律适用的方法，那么非**评价性司法（Wertungsjurisdiktion）**莫属。在朗格看来，对于任一司法活动之结果，重要的在于评价，其抽象于历史性论证关联与认知关联，其并非来自法学之域，而是源于政治。评价之于法一样具有根本性特征，属于人民生活秩序之法的基本要求，其执行乃在于制定法漏洞或与法不相符之处。评价将任何一种方法论等而视之，因为其在法律论证与裁判过程中必定要求审视，当对某部法律存疑时可以对之作出监管性评价，以实现只有在保留根本评价的条件下才能使用来自法典的文本和体系的论证。同时存在的风险是，朗格在纳粹的法律适用中对凌驾于制定法的评价之意义评估或许存在错误。对朗格而言，法官对制定法规定的矫正尤其对历史转折情形而言具有特殊意义，在该历史转折过程中必须对私法领域中受市民的—法治国原则影响的制定法存在进行处理，这也就加剧了该等法官矫正同"民族社会主义革命"精神中日益期待的**新的立法（neue Gesetzgebung）**之问题。朗格针对该新的立法持**严格约束（strikte Bindung）**观点，但严格约束被称为

---

[69]　Mittel und Ziel, S. 924.

[70]　Mittel und Ziel, S. 924.

[71]　Mittel und Ziel, S. 924.

[72]　Schuldrecht, S. 41, 类似观点参见 Mittel und Ziel, S. 925。

实证主义似乎有错误。因为在朗格看来，每一种方法论均不依赖于其公式，仅系论证工具，而非独立合理的法发现模式。由此，单个法律适用者不但被剥夺了自我的方法防护和自我核验[73]——或者反过来说：法律适用者被从方法验证的负担中解放出来，而且还被降级为主流法政策的执行者。较为典型的是，朗格将"颇具问题的法之变革、根本裁判之确立、法政策以及法律生活技术过程的组织"[74]从法律适用者和法官任务范围中切除开来。至少对朗格而言，真正塑造法律生活的决定是在这些领域中被作出的，而"对一切价值之重估"[75]也在这些领域中被实施。[76]对此，法官并非基于法适用者这一身份而被任命。法官被分配的工作方式限于个案中的司法，而非"立法革命之职责"[77]——因此笔者称其为评价法学。因此，朗格的法律方法不仅仅是针对法律适用者的方法指引。甚至有疑问的是，1933—1945年朗格的主要兴趣是否涉及司法权及其方法重构。这一疑问可以从其多处体现的对魏玛共和国时期司法的同情[78]及其纳粹初期著作的主题上[79]看出来。因此同时可以推测，朗格对**法改造（亦即法政策）的根本利益**颇为重视，这在朗格自认为具有革命性[80]的时代不足为怪。

4. 立法的使命

如上所述，立法具有革命之使命。[81]另外可知，立法应当是所有价值重估的一种机制。[82]还应当期待的是，"法律并非形式上形成于议会之法，

[73] *Lange*, Schuldrecht, S. 41. 朗格得出："共同体相关的正义感可以作出清晰裁判，忠于制定法的建构保障了自省的可能。"制度固有意义上，其最终仅能作为制定法忠实的建构对共同体相关的正义感进行审视与调整，而该等正义感乃民族社会主义的正义概念。

[74] Mittel und Ziel, S. 925.

[75] *Lange*, Schuldrecht, S. 36. 其使用的著名的激进公式，乃首先受到尼采自1886年以来的新道德的影响。

[76] 在这一法律活动领域，朗格作为继承法委员会主任与人民法典的总体报告人以及德国法学会中央委员会主席而活动广泛。即便其在人民法典编撰学会中的协调性职位被学会主席汉斯·弗朗克（Hans Frank）撤销，其依然活跃于海德曼、雷曼和西伯特（Sibert）（见 Schubert, Volksgesetzbuch, S. 513-540）编纂一草的讨论，尤其参见 *Lange*, Volksgesetzbuch, S. 208-259。

[77] Lange, Schuldrecht, S. 36.

[78] 典型的是 Mittel und Ziel, S. 924 sowie Schuldrecht, S.46f.。

[79] 尤其是 Liberalismus; Schuldrecht; Nationalsozialismus; aber auch in der Rezension Carl Schmitt, JW 1934, S. 1896 f.。

[80] Schuldrecht, S. 36.

[81] Schuldrecht, S. 36.

[82] Schuldrecht, S. 36.

法律更应当根植于法律生活并被其接受"[83]。此处有意义的是，谁应当亲自实现立法任务以及如何至少在基本特征上开始这一任务。

a）负有使命的人

561   "元首决定德意志人民的法这一框架下的法改造的时机和目标。"[84] 因此，朗格将法政策决定权分派于国家元首，而没有详细描述该等权限的范围与实践意义。"法创造和法实现归属于相关使命人。"[85] 而朗格却将准备立法的工作委托于社会组织，该社会组织的"内在使命来自人民共同体的信任"。[86] 可以估计的是，对于外在使命应当以何种形式存在并没有给予明确说明。朗格对作为法改造机制[87]的制定法之猛烈介入的支持，在现实中要求专业的**法律人指挥部（Juristenstab）**，以便在"纳粹改革"意义上重构复杂的规范大厦，甚或通过新的规范大厦而替代之，该等规范大厦的自由结构并没有被"纳粹革命"完全打破。从这个意义上讲，对朗格而言可能也显而易见，公开表达既不必要且政治上亦未必成熟的是，创制新的纳粹法律之基本任务应当归于可胜任之法律人。反过来亦可得出相似的结论。纳粹初期完全法律人的培养目标在于，能够将制定法作为其教义学工作的决定基础进行使用，进而涵摄事实案例以及依据制定法解析案例和作出裁判。因此，在朗格的法改造构想中，法律建构工具和法律人才培养和谐一致。

b）法改造的基础与目标

562   朗格宣称的法改造的目标与其法律适用理念一脉相承。法改造的任务在于协助实现正义思想对法的安定性思想、法对偏离其本身的制定法之挑战。法感和法运用之间的鸿沟应当予以消除。[88] 同时亦应确定纳粹法的积极一面："纳粹的奋斗目标不是反对法的安定性，而是反对法的非安定性，不是反对制定法，[89] 不是反对忠实于制定法，而是反对空洞的实

---

[83]   Schuldrecht, S. 36.

[84]   Mittel und Ziel, S. 925.

[85]   Schuldrecht, S. 36.

[86]   Schuldrecht, S. 36.

[87]   尤其参见书评 Carl Schmitt, JW 1934, S. 1897, 但亦见 Schuldrecht, S. 36。

[88]   *Lange*, Schuldrecht, S. 40.

[89]   如求教于书评 Carl Schmitt, JW 1934, S. 1896 f., 这一解释甚或得以强化，民族社会主义为——如还属于民族社会主义的——法律而斗争，而非施密特（Schmitt）偏爱的组织或秩序思想。

证哲学。"[90]

早在 1934 年朗格就已经构思，如何将法融入全备性法典的规范结构 的特征之中。[91] 据此，新的法既非只是由生硬的法律原则组成，也非纯粹由概括条款所组成，其视野既非只限于法的安定性，亦非纯粹在于个案的合理决断。相反，为了服务于正义思想，应当将两者结合。关键是**克服**死板的单个原则与完全未成形的概括条款之间的**僵硬对立（der starre Gegensatz）**。诚实信用这一伟大指导原则应当在个案中得以强化使用。如此，僵硬的法和公平的法便不再是法的两个层面，诚实和信用不再是针对制定法的衡平之阀，而是评价具体规定的法的基本规则。[92] 如人们对这一评价过程的基础通过立法简单地描绘，之于朗格便涉及概括条款的具体化，且同时附以单个相对生硬语句的灵活化，关键是，将一切规范解释为纳粹的价值后果。

c）法政策背景

朗格将立法工作上法律人的参与视为根本，在此前提下，一切价值的重估过程应当从单纯政治层面析取，路径为使**法学专业技能（juristischer Sachverstand）**参与到重估过程，而这种思想自始至终也不无恰当。因此，朗格赞成制定法作为针对个案裁判的领导和组织工具以及主张法问题之概括而抽象的规定。朗格以对一般抽象条款的支持立场包容了它的自然生成问题，他后来自己表述："人们对问题闯入得越深，就越多地在整体高度和复杂程度上发现现行法的技术杰作；人们过去以全部热忱支持的相反方案现在已经暴露了它的局限性和负面性。推崇法政策会带来对法政策的厌倦，倚重直觉则会导致倚重技术；之后越来越多地散布出一种观点，即人们坚持最为成熟的旧法，直到新法被完全证明为更优的存在法。"[93] 通过朗格，新的立法宣传承载着旧有的立法思想，因此其也是一种法政策保守主义的出色策略？这个问题好像更为合理，如果人们将法政策的目标及理念基础模糊性导致的纳粹特殊立法的问题纳入视野的话："几乎所有公开出现的人

563

564

　　[90]　*Lange*, Schuldrecht, S. 40.

　　[91]　朗格仅对编纂思想间接地予以阐述，据此其证实了，法改造的任务并不能通过对内容漠不关心的补充立法得以实现，而是仅能通过德意志法感这一伟大的行动来实现。Schuldrecht, S. 83.

　　[92]　Schuldrecht, S. 45.

　　[93]　*Lange*, Volksgesetzbuch, S. 216 f.

在针对旧法的斗争中都取得了共识，但是这些战斗者的确来自不同的政治和学术阵营，而且他们的斗争的目标亦大为迥异。他们是'从犯'，而非'共犯'。战士与文学家、情感与理智、模糊感受与精益求精、实践经验与分析思维不约而同地聚到一起。形成新作品的意志将所有这些汇聚到了一起。"[94] 不可忽视的是，朗格关于法改造的此等评论在 1933 年之后经过十年才由其发表。因此，这些评论不仅或可理解为——当然其只能从隐含的字里行间而读出——对自我法政策追求的积极回顾，也可以理解成关于自我法政策理念论构想缺陷之消极承认，该理念论已经相信**基于制定法（auf Gesetzesbasis）**进行民族社会主义式**法改造（Rechtserneuerung）**具有可能性。这两个极端化的策略值得进一步研究和精确表述。

565   但是应当清楚，朗格在纳粹期间并没有将其民法方法的重点放在法律适用领域，而是放在立法上。对此可能的原因，一方面可以通过朗格特殊的政治敏锐性而发觉。另一方面，并无充分支撑的证据，其出发点可能基于如下事实，即法律适用的任一形式应当基于一定评价，该等评价应当由各个政治体系预先规定且应当为法体系进行转化。如此一来，对于法律活动的结果而言重要的是政治评价转化成法律规定，应用法规仅仅是在个案中贯彻转化到法规中的政策。

566   如果上述简单推断已然击中要害，那么下述亦具有一定的可能性，即朗格关于**民法方法论（Zivilrechtsmethodik）**问题的观点**在 1945 年之后**变化甚少。原则上，朗格的观点无需结构性改变便可以服务于民主国家，就如同服务于极权国家一样。对此，转换评价即足矣，该转换评价完全可以从政治体制出发将法律适用引向另一个方向和另一种结果。法学研究上同样仅需重新评价。

四、1945 年之后朗格的方法论

567   朗格对于民法方法问题的论述在很大程度上只存在于其《民法总则》教科书之中。[95] 但很难发现 1952 年版到 1973 年版之间的差异，因此差异不甚明显。而且在 1945 年之前内容上的差异亦实难发现。

568   方法的目标始终是实现公正的裁判。这可以通过制定法文本之下的概

---

[94]   *Lange*, Volksgesetzbuch, S. 218 f.

[95]   *Lange*, BGB AT, Lehrbuch in 14 Auflagen seit 1952.

念上的演绎和涵摄而得出，法律文本表现的是抽象规范形式的裁判。[96] 因此，通过法律生活中日常的概念法学实现对正常发生案例的迅速且正确之裁判。"制定法适用和法感"[97] 总是构成一个整体。因为在涵摄推理与演绎推理的理智活动之后必然会唤醒法感并控制裁判。[98] 裁判者的概念涵摄和法感结论背离时，上述控制则要求详细的再调查。此等控制应当回答，如果制定法衡量亦针对某具体案例的话，那么制定法中已经作出判断的典型案例是否与具体待判案件具有可比性。[99] 朗格将此称为"以目的为导向的结果确定式方法，在违反规则之情形中其还能确保一个符合制定法的公正的裁判"[100]。总而言之，法科学生从朗格法发现中可以学习到，一般情况下法发现建立在概念法学基础上，在具有疑问情形时制定法通过利益法学觅得界限，但在个别情形下制定法难以胜任之时，会基于对恶意的抗辩间接地对抗立法者，并凭借这些方法实现其个案公正裁判的目的。[101] 这种方法之下对裁判者的约束包括公正标准、利益评价和制定法的法政策目标。法律适用上解释方法一旦失灵，"裁判者便应当回归到制定法的基本思想和我们法律规定的基础规则"[102]。最终朗格为联邦德国法律人指示了法律规定的基础规则，因此也即指示了社会的具体价值。这在 1945 年之后得以转变，因此法发现方法的作用仅在于，不存在更大范围的立法活动而应当通过运用朗格所谓的概念法学方法作出裁判之情形，此时裁判则应当符合大多数情形之时的法感。对此，原因不在于另外一种方法，而是一种变化了的"法感"。这种**方法相对主义（Methodenrelativismus）**似乎无论如何都不幼稚。显然，不管是概念法学和利益法学的核心理论，还是对它们的批判，朗格对这些都是熟悉的。此时朗格将其仅仅理解为执行法政策之时可供选择使用的工具。法的安定性、国家介入限制以及自由空间保护的功能在面对立法和司法权力行为时并未被提及。此等现代法学方法论之**法治国意义上的中心视角（rechtsstaatlich zentrale Aspekt）**并没有在朗格著作中得到重视。

---

[96]　BGB AT, §9 II 1., S. 60.

[97]　比如《德国民法总论》中的标题，§9 II 4., S. 61。

[98]　BGB AT, §9 II 4., S. 61.

[99]　BGB AT, §9 II 4.d），S. 61 f.

[100]　BGB AT, §9 II 4.e），S. 62.

[101]　BGB AT, §9 II 6.e），S. 64.

[102]　BGB AT, §9 II 6.f），S. 64.

五、朗格关于法律行为基础的学说

569　　接下来的这一部分将尝试对朗格的方法学说进行检测，即朗格是否以及在何种程度上，在提出民法问题时遵循了自己的有关教义分析的方法规则，且借助自己的方法规则去探寻问题的解决方案。作为范例这应当体现在 1958 年朗格关于法律行为基础缺失或丧失学说 [103] 上。因为这一法概念针对其在《德国民法典》中缺少具体规定 [104] 而成为朗格方法领域理想的考察点，而这一领域也超过了被其称为概念法学的制定法适用。

570　　对于朗格而言无疑可以确定，法律行为基础缺失或丧失需要法学考量，其亦为拉伦茨和瓦尔特·施密特 - 林普勒（Walther Schmidt-Rimpler）的一句表达所论证，即法律行为基础是合同的根本内容、合同正义的内在表达 [105] 以及合同的正确性基础。[106] 对埃塞尔丰富的形而上的证成模型之评判，[107] 朗格并不能领会。[108] 相反，朗格寻找了一种标准，依其应决定法律行为基础缺失或丧失考量与不考量之间的界限何在。该等探寻乃为实践考量作准备，此处实践旨在解决坚持原初合同不可合理期待的症状。针对这一似乎并不太清楚的区分标准的批判，朗格对此持否定态度，[109] 他基于对该学说的综合分析认为，批判者也没能提供可供使用的具体标准，此外，不可合理期待之概括条款提供了合适的正义标准。[110] 只有在对这一动因的下列证明尝试中才研究"有约必守"（pacta sunt servanda）这一基本规则，不可期待性的界限就位于该基本规则之中。这一基本规则是风险分担的基本原则（Grundprinzip），存在于债务关系非正常发展的一切情形中，也就是当债务关系的义务负担因客观情形发展为不可承受之苛求之时，基于债务人和债权人之间**负担一定注意义务的（Verpflichtung zu einer gewissen**

---

[103]　下述解释之基础参见 Lange, Geschäftsgrundlage, S. 21-59。

[104]　虽然当事人的设想与期待差异在《德国民法典》并非少数的条款上均得以考量，但对此的简要论述仍可参见 Medicus, BR, Rdnr. 153。

[105]　Lange, Geschäftsgrundlage, S. 34, Fn.71 援引了 Larenz, Geschäftsgrundlage, S. 161。

[106]　Lange, Geschäftsgrundlage, S. 35, Fn.72 援引了 Schmidt-Rimpler, Geschäftsgrundlage, S. 3ff, 10 f.。

[107]　Esser, Geschäftsgrundlage bei Larenz, JZ 1958, S. 115.

[108]　Lange, Geschäftsgrundlage, S. 35, Fn.73.

[109]　Lange, Geschäftsgrundlage, S. 36, Fn.79. 尤其属于此类的批判家是 Larenz, Geschäftsgrundlage, S. 117 ff. 以及 Schmidt-Rimpler, Geschäftsgrundlage, S. 3, Anm. 3。

[110]　Lange, Geschäftsgrundlage, S. 36.

Rücksichtnahme）思想才发挥作用。[111] 在此不禁产生的问题是，在风险实现的特定情形中，为什么从约定的或者任意性法律规定的风险分担中必然得出一种义务——它引起了法上可实现的考量，即消灭风险分配约定的义务，或者否定相应规范的义务。在若干决疑论式考虑之后，朗格将其答案集中到决定性的动因："对于注意义务的标准最为重要的是，人们在何种程度上将合同当事人视为'合同伙伴'（**Vertragsgenossen**），以及在合同各方当事人的风险被界分时想要承担另一方的风险，甚或分担整体风险。只有在基于人民共同体思想的强制约束（**Pflichtbindung**）的强化因政治发展而失去价值之后，基于法律生活与法发现的伦理要求的强制约束的强化才能最优地得以正当化。"[112] **强制约束的强化（Vertiefung der Pflichtbindung）**因此构成法律行为基础缺失或丧失考量的真正合法性。也很明显，此等义务在 1945 年以后不能再具有人民共同体学说上的基础。其发展趋于没落，而随之上升的是"伦理要求"，后者的基本内容在此不予详述。

在此首先可以得出，类似于对新政治结构进行评价使得人民共同体在政治上贬值，重新设定的**伦理标准（ethische Kriterien）**获得了一个新的框架，法发现和法律适用应当符合该伦理标准。但这一范围超出了制定法文义的界限，该制定法的文义无法对增强的强制约束力进行证成。因此提出的问题是，法律生活以及法发现中被"拔高的伦理要求"需要何种先决条件，其在新的政策体系框架下可以得以保持，但却可超越政策所决定的法。朗格要求在法律行为基础的情形首先决定一下制定法之外的原则，何时应当考虑伦理要求，即不可合理期待的问题已经提供的决断与评估空间，[113]如阅读朗格文本，首先便可得知，人民共同体适用基础通过自然法价值得以替代不仅仅涉及法律之外亦涉及政策之外的特质。因此关于**自然法概念（Begriff des Naturrechts）**的区分对待之必要被忽视。1945 年后关于自然法的典型讨论，[114] 局限于**质料上的价值伦理（materiale Wertethik）**，并没有讨论关于适用基础和法伦理要求标准的详细规定。[115] 自然法理解的价值伦理乃预先设定、不可转为价值规则意义上的超个体的价值伦理，从外部对个

571

[111] Geschäftsgrundlage, S. 36.

[112] Geschäftsgrundlage, S. 41.

[113] Geschäftsgrundlage, S. 53.

[114] 可以作为概论的极佳参考是 *Wieacker*, Privatrechtsgeschichte, S. 603-609。

[115] *Wieacker*, Privatrechtsgeschichte, S. 605.

体和存在法律行为基础时的合同伙伴提出"要求"。这有别于"经典自然
法概念"。经典自然法概念并不关心对法律主体的外在要求，而"好像在
陈旧的共同信念、权威和传统瓦解之后，正义作为普遍现实仅更多存在于
个人法意识中"[116]。朗格的"伦理要求"因此也不归属于较为狭隘意义上的
"经典自然法"，其对法律主体产生影响的价值伦理的信念有别于 1945 年
之后的司法界[117]和学界[118]，后两者出发点是超法律和超个体的法律原则的
绝对适用。

572　　　　如果评价能实现对法律行为基础加以关注的结果，[119]那么对朗格而言
首先要说明的是，合同是否可以基于法律行为基础缺失或丧失来解除或变
更。与司法的实践相对，[120]朗格赞成根本上的合同终止[121]以及寻找该评价
的教义学支撑，也就是交易消灭的方式。通过对作为教义论证原则之依法
无效[122]、因错误的撤销[123]以及合同价款退还的类推适用[124]的讨论与最终评
判，朗格得出给付障碍法。基于法律行为基础缺失或丧失考虑而建构"制
定法忠实"[125]，为此而将**提高的强制约束（gesteigerte Pflichtenbindung）**思
想应用于自始给付不能法，这正体现了朗格的给付障碍法。作为制定法
忠实方案的出发点，朗格将《德国民法典》的规定视为偶尔给付不能的情
形，即朗格将起始给付不能与自始给付不能分离开了。[126]这一解决方案限
缩的关键考虑在于，导致不可合理期待以及据此的法律行为基础缺失或丧
失之评价，在合同订立之后才能实现。联系《德国民法典》旧版第 323 条
第 1 款和第 275 条，债务人及其对方给付义务的免除应当为实现之目标。

　　[116]　*Wieacker*, Privatrechtsgeschichte, S. 610.

　　[117]　BGH NJW 64, 29（Blinkfüer）；BVerwGE 10, 164 ff., 167；BGHSt 4, 24 ff., 32.

　　[118]　*Weinkauff*, Der Naturrechtsgedanke, NJW 1960, 1689.

　　[119]　*Lange*, Geschäftsgrundlage, S. 42.

　　[120]　有关内容见 RG JW 37, 2036; 38, 1647; BGH NJW 52, 137; LM§779 Nr. 2; NJW 53, 1585;
NJW 58, 297; 339; 785。

　　[121]　*Lange*, Geschäftsgrundlage, S. 50.

　　[122]　Geschäftsgrundlage, S. 42 f.

　　[123]　Geschäftsgrundlage, S. 43.

　　[124]　Geschäftsgrundlage, S. 43 f.

　　[125]　Geschäftsgrundlage, S. 47.

　　[126]　Geschäftsgrundlage, S. 46.

因为该等免除虽然不是依法（ips iure）[127]出现，但是从《德国民法典》旧版第 325 条第 1 款第 3 句可以得出适用之必要，[128]第 3 句规定合同履行应依赖于具体表示。该意思表示所希望的法律后果是放弃（Abstandnahme）合同，其与解除（Rücktritt）相比拥有根本上的优势。放弃合同可导致依据不当得利返还之规定对已经实现之给付进行补偿，还可不具有强制性地引起具有针对未来效力的终止行为，以及使已经产生的违反合同的后果不受影响。[129]从**更强烈的制定法忠实（größere Gesetzestreue）**角度来看，朗格对法律行为基础缺失或丧失考虑的教义学证成之路来自"拒绝履行的自主性"，[130]其源于《德国民法典》第 242 条。

如果因合同所追求的目的的长期意义使得合同消灭严重超出预期而无法承受，那么朗格就宁愿放弃原则性的合同消灭（Auflösung），去实现对合同内容的变更。[131]在此情形下，在尝试适用法律之前还可进行评价，其不仅被置于教义学衡量之先，而且还决定着教义学建构的目标设定。 573

朗格意欲根据《德国民法典》第 157 条或第 242 条将合同内容变更**交由法官决定（dem Richter anheimstellen）**。根本上，朗格将这两个条款视为概括条款，而其基础评价亦并无二致。[132]朗格仅将差异放在上述两个条款的事实构成角度上。从合同角度看，第 157 条自身就在追求对不完善之处的继续发展，而第 242 条却是在追求善良秩序的同等愿望。[133]朗格"更多情绪化地"[134]界定上述两个条款的适用范围。如果基于未来观察当事人双方所愿变更之合同，而且这亦符合其利益，那么便可将第 157 条适用于合同变更。然而，第 242 条的适用要求，"法律规定的义务思想之下当事人一方或双方明显需要成为牺牲者"。[135]此处应当区分解释与合同矫正，并转向合同矫正。上述区分很不明显，因为其几乎没有可供涵摄的概念，但 574

---

[127]　*Lange*, Geschäftsgrundlage, S. 42 f. 朗格对此根据要求的法律明确性进行了论证，法律明确性是基于法律行为基础考量之纠纷情形时参与双方之利益的基础。

[128]　Geschäftsgrundlage, S. 46.

[129]　Geschäftsgrundlage, S. 46.

[130]　Geschäftsgrundlage, S. 47.

[131]　Geschäftsgrundlage, S. 50.

[132]　Geschäftsgrundlage, S. 52.

[133]　*Kaufmann*, Völkerrecht, S. 214 und BGHZ 9, 273, 278.

[134]　*Lange*, Geschäftsgrundlage, S. 52.

[135]　Geschäftsgrundlage, S. 52.

这并没有多少不利影响。因为最终关键不是证明的规范，而是如下事实，即法律适用框架下实现的合同关系构成，其内容可能并不相同；这同时存在于第 157 条的解释以及第 242 条的适用之中。[136]朗格阐明法官巨大的裁量权并非限制于具体合同要素的评价和衡量，[137]其认为法官裁量权是毋庸置疑的，且是法上所需的。[138]

575　　　在朗格处理法律行为基础问题的方法上可以分为共享一种相同点的三**个解决层面（drei Lösungsstufen）**。第一个层面是提出问题，坚持某一合同不予变更是否合理，合同变更或履行分别是否均不合理。在合同不加变更地履行之情形，通过基于目的的合同继续履行之不可合理期待的标准考察第二个层面，即合同应当进行履行还是变更。有必要变更的情形应当在第三个层面"更为情绪化"地确定，即变更是否应当遵守解释或合同矫正的路径。三个层面的共通之处在于，**每个决定均取决于评价（jeweilige Entscheidung von Wertungen abhängt）**。第一个层面的评价依赖于当事人对被拔高的强制约束的接受，该等强制约束并非由制定法，且基于政策原因也很少是由人民共同体思想发展而来，而是"决定于制定法之外的法律原则"。[139]虽然这一表述又表示了对自然法范围的皈依，但是其解释应当取决于如下事实，即"对法律生活和法发现伦理要求的强化"[140]暗示了一种质料上的价值秩序，其对法律主体的要求乃基于**超个体的价值秩序（überindividuelle Wertordnung）**，而该价值秩序在很大程度上并不具体。

576　　　虽然民法方法强化质料上的导向在 1945 年之后没有特别变化[141]，但是朗格特别证实了，其**至少在名义上对评价进行了**从主流政治思想转向质料上的**再定位**。目前其中原因还不能得以明证。该原因也许可从一切主流政治思想中概括而来的实践经验中得以证明，也即政策动机性价值建立在不稳定的甚至有时是罪恶的基础上，因此其没有为公正的法律裁判提供充分的安定性与持续性。可以想到的是，朗格在拥有基本法的联邦德国看到

[136]　Geschäftsgrundlage, S. 53.

[137]　对第 40 届德国法学家大会建议指导原则的反对意见参见 Lange, Geschäftsgrundlage, S. 56。

[138]　Geschäftsgrundlage, S. 56.

[139]　Geschäftsgrundlage, S. 53.

[140]　Geschäftsgrundlage, S. 41.

[141]　*Neumann*, Rechtsphilosophie, S. 148-152; *Wieacker*, Privatrechtsgeschichte, S. 603-609; 其核心不是作为哲学，而是作为一般法学精神危机及其克服问题，目前重要文献参见 *Foljanty*, Naturrechtsdebatten, 2013; 关于评价法学传承性还可参见本书边码 1428 及以下、边码 1501。

的是一个类似的魏玛共和国，一个应被视为价值中立的国家，因而其几乎不能预先确定引导法发现与法律适用的固定价值。在联邦德国时期，朗格最终也认识到了通过基本法建立的客观价值秩序[142]，但是这一客观价值秩序对朗格的目标而言并不富有成效。如果人们脱离表示原则的层面，便可获得这一认识，即在确定不可合理期待的第一步留给法官的是**绝对没有受到限制的裁判空间与裁量空间（kaum eingegrenzter Entscheidungs-und Ermessensspielraum）**。[143]这同样适用于第二步和第三步的考察，即是否根据《德国民法典》第 157 条或第 242 条进行合同内容变更，但鉴于区别结果的缺失，其仅具有学术意义。

　　因此，如果法官法不再具有界限，那么便需要追问，朗格关于教义学原则的考虑对法律行为基础问题会施加何种影响。不仅从本节的研究结构，而且从朗格对教义学思考的导入评论都可得出，对朗格而言，涉及的是对教义学**工具的准备（Werkzeuge bereitzustellen）**，以使得前述通过 "伦理"评价而预先判定的裁判在上文描述的三步内更进一步地同制定法文本实现兼容。用朗格的话来说就是："共同关联的正义感带来明确裁判的地方，忠于制定法的建构保障着自省的可能。"[144]这一来自 1934 年的核心原则依然存在于朗格 1958 年关于 "考虑法律行为基础的出发点、路径与方式" 之论述当中。

577

六、总结

　　在这一问题的初步分析进路上可以暂时确定的是，朗格方法论的真正重心并非在于制定法文本适用，而在于控制该制定法文本适用的评价标准问题。纳粹时期展现出的是，朗格吸收了政策层面的标准。其在德国法律史上的主要活动因此必然是法政策领域。但是目前还找不到朗格在具体法政策问题上的意图阐明，或仅能秉持这一假设，即该等意图可能在整个第

578

---

[142]　联邦宪法法院司法解释意义上的［BVerfGE 7, 198, 205 ff.（Lüth-Urteil）und BVerfGE 6, 55 ff., 72］与国家法主流学说，相关证明内容参见 *Böckenförde*, Grundrechtsdogmatik, S. 22-41。最新话题也可参见 *Dreier*, Grundrechte，其认为质料上的价值伦理对联邦宪法法院关于客观权利的基本权利内容的司法实践的影响并不重要。其认为联邦宪法法院价值秩序学说的起因更多是在于联邦宪法法院对 "魏玛时期假定无限制之价值相对主义" 的拒绝性反映，参见第 21 页及以下。

[143]　对此参见 *Lange*, Geschäftsgrundlage, S. 53。

[144]　*Lange*, Schuldrecht, S. 41.

三帝国时期均保持一致。

579　　　1945 年后的朗格方法保持不变。但应当强调的是，引导法律适用的价值标准不再是政治意识形态，而是通过援引所谓的伦理要求以探明路径。在此，这些标准在内容上是否变化，则需要进一步研究。法律行为基础教义学的例证展现的不是朗格方法或内容趋势的根本转变。

七、原著及文献

1. 朗格原著进阶

非常合适的是朗格 1936 年的短文：

Mittel und Ziel der Rechtsfindung im Zivilrecht, in: Zeitschrift der Akademie für Deutsches Recht 1936, S. 922-925.

朗格的其他重要文献有：

Das kausale Element** im Tatbestand der klassischen Eigentumstradition, in: Leipziger Juristen-Fakultät（Hrsg.）, Leipziger rechtswissenschaftliche Studien, Heft 53, Leipzig 1930.

Liberalismus, Nationalsozialismus und bürgerliches Recht（Recht und Staat in Geschichte und Gegenwart, Heft 102）, Tübingen 1933.

Vom alten zum neuen Schuldrecht. Hamburg 1934.

Rezension zu Carl Schmitt: Über die drei Arten des rechtswissenschaftlichen Denkens, JW 1934, S. 1896 f.

Nationalsozialismus und bürgerliches Recht, in: Frank, Hans（Hrsg.）, Nationalsozialistisches Handbuch für Recht und Gesetzgebung, 2. Aufl., München 1935, S. 931 ff.

Die Entwicklung der Wissenschaft vom bürgerlichen Recht seit 1933. Eine *Privatrechtsgeschichte* der neuesten Zeit（Recht und Staat in Geschichte und Gegenwart, Heft 128）, Tübingen 1941.

Wesen und Gestalt des *Volksgesetzbuch*es, Zeitschrift für die gesamte Staatswissenschaft, Bd. 103（1943）S. 208 ff.

BGB Allgemeiner Teil. Ein Studienbuch. 5. Aufl., München, Berlin 1961（1. Aufl. 1952）.

　　**　本节脚注中使用的简短标题在此处用斜体标出。

Ausgangspunkte, Wege und Mittel zur Berücksichtigung der *Geschäftsgrundlage*, in: FS für Paul Gieseke zum 70. Geburtstag, Karlsruhe 1958, S. 21 ff.

Erbrecht. Ein Lehrbuch. München, Berlin 1962.

2. 高阶参考文献

关键性文献：

Wolf, Wilhelm, Vom alten zum neuen Privatrecht. Das Konzept der normgestützten Kollektivierung in den zivilrechtlichen Arbeiten Heinrich Langes （1900-1977）, Tübingen 1998.

关于朗格与评价法学最新的文献：

Rückert, Joachim, Vom„Freirecht"zur freien„Wertungsjurisprudenz"-eine Geschichte voller Legenden, in: ZSGerm 125（2008）, S. 199-255, insb. 227-232, 参见本书第四章"历史概述"部分，边码 1428 及以下、边码 1501。

3. 其他重要文献

Anderson, Dennis Le Roy: The Academy of German Law. Diss. phil., Michigan 1982, gedruckt London 1987.

Böckenförde, Wolfgang: Zur Lage der Grundrechtsdogmatik nach 40 Jahren Grundgesetz, in: Meier, Heinrich（Hrsg.）, Carl Friedrich von Siemens-Stiftung-Themen XLVII, München 1989.

Bydlinski, Franz: Juristische Methodenlehre und Rechtsbegriff, 2. Aufl., Wien, New York 1991.

Dreier, Horst: Dimensionen der Grundrechte. Von der Wertungsjudikatur zu den objektiv-rechtlichen Grundrechtsgehalten（Schriftenreihe der Juristischen Studiengesellschaft Hannover, Heft 23）, Hannover 1993.

Esser, Josef: Fortschritte und Grenzen der Theorie von der Geschäftsgrundlage bei Larenz. Zu Larenz'Buch„Geschäftsgrundlage und Vertragserfüllung", JZ 1958, S. 113 ff.

Foljanty, Lena: Recht oder Gesetz. Juristische Identität und Autorität in den Naturrechtsdebatten der Nachkriegszeit, Tübingen 2013.

Frassek, Ralf: Vom Lebenssachverhalt zur Regelung. Die Umsetzung weltanschaulicher Programmatik in den schuldrechtlichen Schriften von Karl Larenz （1903-1993）, Diss. jur. Universität Hannover 1994, erschienen mit dem Haupttitel: Von der „völkischen Lebensordnung" zum Recht, Baden-Baden 1996.

Haferkamp, Hans-Peter: Richter, Gesetz und juristische Methode in der Wertungsjurisprudenz, in Zeitschrift für die gesamte Privatrechtswissenschaft 2016, S. 319-34.

Hattenhauer, Hans: Das NS-Volksgesetzbuch, in: Buschmann, Arno/Knemeyer, Franz-Ludwig/Otte, Gerhard/Schubert, Werner（Hrsg.）, Festschrift für Rudolf Gmür zum 70. Geburtstag am 28. Juli 1983, Bielefeld 1983, S. 255 ff.

Joerges, Christian: Die Wissenschaft vom Privatrecht und der Nationalstaat, in: Simon, Dieter（Hrsg.）, Rechtswissenschaft in der Bonner Republik. Studien zur Wissenschaftsgeschichte der Jurisprudenz, Frankfurt a.M., 1994, S. 311 ff.

（*Kaufmann, Arthur*）/Hassemer, Winfried/Neumann, Ulfried/Saliger, Frank （*Hrsg.*）: Einfürung in die Rechtsphilosophie und Rechtstheorie der Gegenwart, 9. Aufl., Heidelberg 2016.

Kaufmann, Erich: Das Wesen des Völkerrechts und die clausula rebus sic stantibus. Rechtsphilosophische Studie zum Rechts-, Staats-und Vertragsbegriffe, Tübingen 1911.

Kuchinke, Kurt: Nachruf auf Heinrich Lange, NJW 1978, S. 309.

Landau, Peter: Die deutschen Juristen und der nationalsozialistische Deutsche Juristentag in Leipzig 1933, ZNR 16（1994）, S. 373 ff.

Larenz, Karl: Geschäftsgrundlage und Vertragserfüllung. 2. Aufl., München und Berlin 1957.

Larenz, Karl: Methodenlehre der Rechtswissenschaft, 6. Aufl., Berlin, New York 1991.

Medicus, Dieter: Bügerliches Recht. 16. Aufl., Köln 1994.

Neumann, Ulfried: Rechtsphilosophie in Deutschland seit 1945, in: Simon, Dieter（Hrsg.）, Rechtswissenschaft in der Bonner Republik. Studien zur Wissenschaftsgeschichte der Jurisprudenz, Frankfurt a. M. 1994, S. 145 ff.

Pawlowski, Hans-Martin: Methodenlehre für Juristen. Theorie der Norm und des Gesetzes, 2. Aufl., Heidelberg 1991.

Pichinot, Hans-Rainer: Die Akademie für Deutsches Recht-Aufbau und Entwicklung einer öffentlich-rechtlichen Körperschaft des Dritten Reichs. Diss. jur., Kiel, 1981.

Rückert, Joachim: Das„gesunde Volksempfinden"-eine Erbschaft Savignys?,

SZGerm 103（1986），S. 199 ff., jetzt auch in *Rückert, Joachim,* Ausgewählte Aufsätze in 2 Bänden, Bd. 1, Keip Goldbach 2012, Nr. 15.

Rückert, Joachim: Unrecht durch Recht,-zum Profil der Rechtsgeschichte der NS-Zeit, in: JZ 70（2015）S. 793-804.

Rüthers, Bernd: Wir denken die Rechtsbegriffe um. Weltanschauung als Auslegungsprinzip, Zürich 1987.

Schmidt-Rimpler, Walter: Zum Problem der Geschäftsgrundlage, in: Dietz, Rolf/ Hueck, Alfred/Reinhardt, Rudolf（Hrsg.），Festschrift für Hans Carl Nipperdey zum 60. Geburtstag am 21. Januar 1955, München und Berlin 1955, S. 1 ff.

Schröder, Jan, Rechtswissenschaft in Diktaturen. Die juristische Methodenlehre im NS-Staat und in der DDR, München 2016.

Schubert, Werner（Hrsg.）：Akademie für Deutsches Recht, 1933-1945, Protokolle der Ausschüsse, Bd. 3., Berlin, New York:

1. Volksgesetzbuch: Teilentwürfe, Arbeitsberichte und sonstige Materialien. 1988.

2. Ausschuß für Personen-, Vereins-und Schuldrecht 1934-1936:（Mietrecht. Recht der Leistungsstörungen. Sicherungsübereignung, Eigentumsvorbehalt und Sicherungszession. Luftverschollenheit.），1990.

Weinkauff, Hermann: Der Naturrechtsgedanke in der Rechtsprechung des Bundesgerichtshofes, NJW 1960, S. 1689 ff.

Wieacker, Franz: Privatrechtsgeschichte der Neuzeit unter besonderer Berücksichtigung der deutschen Entwicklung, 2. Aufl., Göttingen 1967.

Zippelius, Reinhold: Juristische Methodenlehre, 11. Aufl., München 2012.

第八节　拉伦茨（Karl Larenz，1903—1993）的方法与民法[*]

要目

一、导论

580　　没有哪个名字像拉伦茨一样，能同 20 世纪德国法学的民法方法与方法论联系在一起。在拉伦茨的学术研究活动中，恰如对民法教义学研究的重视，他一开始就高度重视对法与法律获取的理论分析。在德国法学中，他的著作颇受认可；对这些法律领域的发展而言，他的研究活动从纳粹时期到"二战"后的时间跨度使其具有代表性和启发性，这点其他法学家无法比拟。

581　　本节的主要目的在于，展示拉伦茨创立的民法方法，并借助具体的教义学示例检验其方法的应用。本处的研究将在两方面超越本研究目的设定的框架。一方面，基于对拉伦茨 20 世纪 30 年代持有的立场的更好理解，在呈现拉伦茨本时期的学术路径的同时，也应囊括其他领域。另一方面，对"基于典型社会行为的合同关系"这一教义学示例的选择，要求至少对该法角色在历史语境中的意义作出综合描述。

582　　研究拉伦茨民法方法在**文献资料**（**Quellenlage**）方面特别具有优势。"社会典型行为"（sozialtypisches Verhalten）这一学说是为了证成合同的法律后果，它的发展，即体现在 1936 年、1944 年、1953 年、1956 年和 1958

---

[*]　拉尔夫·弗拉塞克（Ralf Frassek）撰，王战涛译，刘志阳校。

年的一系列教义学论著中。[1] 拉伦茨方法发展的转折点是 1938 年的《论民粹式法律思维的客体与方法》（Über Gegenstand und Methode des völkischen Rechtsdenkens）这本具有时代特色的著作和 1960 年出版的《法学方法论》（Methodenlehre der Rechtswissenschaft），这两本书在时间上跨度较大。[2]

本节的研究将展示，尽管拉伦茨在 1945 年后作了转型，在方法论上也有零星修正，但是连续性仍占上风，在民法教义学领域中的应用中仍遵循着其在纳粹时期的方法设定。　　　　　　　　　　583

二、卡尔·拉伦茨生平与著述

拉伦茨于 1903 年 4 月 23 日生于莱茵河畔维塞尔。其父也是一名法学家并最终成为普鲁士柏林高等行政法院的审判委员会主席。　　　584

从 1921—1922 年冬季学期到 1926 年 1 月，拉伦茨在柏林、马尔堡，　　585 之后再转回柏林，又在慕尼黑，最后在哥廷根学习。[3] 当获知宾德（Julius Binder）在哥廷根教授法哲学后，[4] 其便转入哥廷根大学。宾德成为影响拉伦茨的学术导师，1926 年拉伦茨在其门下以《黑格尔归责论与客观归责概念》（Hegels Zurechnungslehre und der Begriff der objektiven Zurechnung）为题完

---

[1] Vertrag und Unrecht, Bd. 1, 1. Aufl. 1936, 2. Aufl. vorgesehen für 1944; Lehrbuch des Schuldrechts, Bd. 1, 1. Aufl. München 1953; Die Begründung von Schuldverhältnissen durch sozialtypisches Verhalten, NJW 1956, S. 1897 ff.; Sozialtypisches Verhalten als Verpflichtungsgrund, DRiZ 1958, S. 245 ff.——拉伦茨的《合同与不法行为》第 2 版应于 1944 年出版，但是其并没有成功交付出版商，因为该全版在莱比锡空袭之前不久被销毁。拉伦茨发现只有一本尚未装订的打印版还可使用。关于两版之间形式与内容的差异及其基本介绍在此可参见笔者拙著：Von der „völkischen Lebensordnung" zum Recht. Die Umsetzung weltanschaulicher Programmatik in den schuldrechtlichen Schriften von Karl Larenz（1903-1993），Baden-Baden 1996——关于"事实合同关系"主题的基础文献：Lambrecht, Die Lehre vom faktischen Vertragsverhältnis, Entstehung, Rezeption, Niedergang, Tübingen 1994——鉴于下文"六、原著及文献"附有文献全称，此处及以下仅使用简短标题。

[2] 《方法论》在 1969 年至 1991 年有其他版本出版；此书还被译成西班牙语、葡萄牙语和意大利语——对拉伦茨的法理学论著的评价尤其参见 Frommel, Die Rezeption der Hermeneutik bei Karl Larenz und Josef Esser, 1981。

[3] Diederichsen, Karl Larenz, S. 902；其他部分不同的说明参见 Kim, Zivilrechtslehrer deutscher Sprache, S. 244。

[4] 1870 年，宾德任法哲学、罗马法、民法与民事诉讼法正教授。1903 年调入罗斯托克，后又任教于埃尔朗根、维尔茨堡和哥廷根；关于宾德的介绍参见 R. Dreier, Julius Binder（1870-1939）. Ein Rechtsphilosoph zwischen Kaiserreich und Nationalsozialismus, in: Loos,（Hrsg.），Rechtswissenschaft in Göttingen, Göttinger Juristen aus 250 Jahren, S. 435 ff.

成博士论文。[5]

586　　1929 年 2 月 25 日，[6]*拉伦茨*未先通过第二次国家考试便于哥廷根大学
获得民法与法哲学的教授资格。其论文评定人便是宾德和厄尔特曼（Paul
Oertmann）。其教授资格论文于 1930 年以《法律行为解释之方法》（Die
Methode der Auslegung des Rechtsgeschäfts）为题得以出版，该书的重要性直
至 80 多年后的今天仍未减损。

587　　随后*拉伦茨*在哥廷根作为编外讲师、在波恩作为教席代表从事工作，
1933 年 4 月转入基尔大学，除了 20 世纪 40 年代末期的中断外一直滞于此
地，直至 1960 年获得慕尼黑大学的教席。在基尔大学，其首先作为教席
代表，1933 年 10 月成为正式教授，并接任*胡塞尔*（Gerhart Husserl）的民
法与法哲学教席。

588　　基尔大学在纳粹分子"夺权"之后与布雷斯劳大学、哥尼斯堡大学一
道拥有了帝国大学的地位。在这些"边陲大学"，通过普鲁士文化部，针
对任命与革职政策以及迎合政治的新生力量，建立了所谓的"特攻队学
部"。在上述三所大学之中，人们在基尔大学的行为最为坚定。[7]

589　　为此而组建的高校的老师从此以后被称为"基尔学派""基尔团队"
或"基尔研究中心"，除了教学活动外，这些老师还在大多数部门法的学
术研究中推动了纳粹思想对法学的渗透。[8]其试图通过新的方法将新的法
与当时的民法建立于新的基础上。但是在纳粹法学整体框架下，**基尔学派**
（die Kieler Schule）仅代表众多流派之一，在此期间及至 1945 年这些流派
当中有些具有明显的意见分歧和影响冲抵（见边码 1428）。

590　　倘若关注拉伦茨的著述便可确定，其虽然没有在纳粹权力机关的"关
键岗位"工作，但是对法律发展的各个现实之处均贡献了具有思想深化和
体系化的重要论著。除了发表大量的其他论著，1938 年拉伦茨还出版了以
其报告为蓝本的《论民粹式法律思维的客体与方法》，其中拉伦茨论证了

---

[5] Ergebnis: m.-s. c. l., *Diederichsen*, Karl Larenz, S. 902.

[6] *Volbehr/Weyl*, Professoren und Dozenten der Christian-Albrechts-Universität zu Kiel, S. 45.

[7] *Döhring*, Geschichte der juristischen Fakultät 1665–1965, in: Geschichte der Christian-Albrechts-
Universität Kiel 1665-1965, Bd. 3, Teil 1, S. 208.

[8] *Rüthers*, Entartetes Recht, S. 43 ff.; *Wagner*, Kontinuitäten in der juristischen Methodenlehre am
Beispiel von Karl Larenz, DuR 1980, S. 246-247; 在此意义上参见 *Larenz*, in: *Dahm, Huber, Larenz, Michaelis,
Schaffstein, Siebert*（Hrsg.）, Grundfragen der neuen Rechtswissenschaft, Vorwort; Lange, Die Entwicklung der
Wissenschaft vom Bürgerlichen Recht. Eine Privatrechtsgeschichte der neuesten Zeit, S. 11。

纳粹法改造的精神之中的方法论基础。拉伦茨在这一论著以及其他著述中发展的立场恰恰实现了纳粹思想对法影响的推波助澜作用。

"二战"后拉伦茨在德国的影响首先建立在其两卷本的《债法教科书》（Lehrbuch des Schuldrechts）之上，其自 1953 年到 1993 年 1 月 24 日拉伦茨去世，历经多次再版与修订。1960 年拉伦茨《法学方法论》得以出版。拉伦茨不仅在这一著作的"体系部分"发展了其方法论，而且在"历史批判部分"呈现了自萨维尼以来详尽的发展。 `591`

对拉伦茨民法方法论的肯认，如没有其于 1966 年首次出版的教材《德国民法总论》（Allgemeinen Teil des deutschen Bürgerlichen Rechts）便不完整。该书始终与弗卢梅关于总论的教材处于论争之中，[9] 弗卢梅的第二卷《法律行为》（Das Rechtsgeschäft）于 1965 年出版。两位作者对战后现实的法律问题的不同立场以直观的方式反映了所谓第三帝国之后的德国法学发展。 `592`

三、方法论阐明

1. 1938 年的方法概念

拉伦茨曾将 1938 年撰写的关于方法论的论文表达为"对脱离现实的所谓'概念法学'的回归"与"对'目的论'立法解释转向"以及"对司法造法活动的认识无碍于制定法对法官的约束"。[10] 从这一基础出发，拉伦茨的任务在于，在"法的意义和功能"经历了深刻转型的时代制定出可以公正处理此等变化的方法。 `593`

对此拉伦茨着手研究**法与制定法（Recht und Gesetz）**的关系，拓宽基础**法源（Rechtsquelle）**的目录。当时人们熟知的，除了制定法之外，仅有"习惯法和部分法官法"。**"民粹式法律思维"（das völkische Rechtsdenken）**除了认识到上述法源之外"还有一种其他的人们（可以称之为）'健康的人民信念'（gesunde Volksüberzeugung）[11] 或人民的法的良知（Rechtsgewissen）"。"民粹式法律思维"不是将制定法保留"在其被孤立的地位上"，而是将制定法 `594`

---

[9] *Diederichsen*, Karl Larenz, in: Juristen im Porträt, Festschrift zum 225jährigen Bestehen des Verlages C.H.Beck, S. 506 ff.

[10] *Larenz*, Über Gegenstand und Methode des völkischen Rechtsdenkens, S. 8.

[11] 关于"健康的人民感知"（gesundes Volksempfinden）概念及法源功能的详细介绍参见 *Rückert*, Das „gesunde Volksempfinden"-eine Erbschaft Savignys?, ZRG GA 103（1986），S. 199 ff., 较详细内容见第 223 页。

"置于秩序的整体关联之中，该秩序的基本思想则具有超制定法的本质"。[12]

595   正如拉伦茨所言，该法源不仅仅是新的，而且在其功能上超过了其他法源，此为**"原本的法源"**（eigentliche Rechtsquelle）——如拉伦茨所言。[13]这首先会导致**制定法的贬值**（Abwertung des Gesetzes）。虽然制定法更容易被使用且具有更高的法安定性，但是"面对随时变化的生活，制定法中事实构成的固定界限显得……粗暴且简单"。[14]总之，制定法总是包含不确定的法概念，这些必然要从"已经具体化的集体的法"中推导出来。因此，制定法在此范围内"需要被补充"，这应当"通过法官具体化的途径从未成形的集体的法中加以补充与发展"。[15]对个案中制定法是否被视为具有漏洞之问题的回答取决于，"集体的法意识是否明确（要求）制定法中并没包含的规则"。[16]*"确定制定法漏洞"*的前提因此为"制定法*评价*，其标准在于法以及集体生活承载和决定的基础思想"。[17]拉伦茨在此考虑的是个案裁判的违法性，且仅要求法官，"如果其对该裁判并非只从制定法"中提取的话，"才应小心（论证）其裁判"。[18]

596   实在法的相对化与**法官地位的拔高**（Höherbewertung der richterlichen Position）密切相关。拉伦茨报告的方法以"自由的……"法官人格为前提，该人格是从"集体意义上"评价的，"需要承担"集体意义上的"责任"。这一**被强化的法官地位**（gestärkte Stellung des Richters）可致"法的安定性遭受无法承受的动摇"，拉伦茨反对这一论断，其认为"对法的维护一如对任何一种秩序与制度的维护……最终总是仅在于人"。应当追求的法的安定性关注的不是同制定法文字表述的外在一致性，而是"与制定法内容和目的的一致性以及除此之外的人民生活承载的法律思想"。"这种法的安定性""仅通过法官阶层得以保障，法官阶层满怀着吾辈集体的有生命力的基础价值，并在其法律适用中表达了上述价值"。[19]*拉伦茨虽然不是详细论述其同时代的法官阶层是否已经符合上述理念，但是其研究详细展示*

[12] *Larenz, Methode,* S. 10.
[13] *Larenz, Methode,* S. 11.
[14] *Larenz, Methode,* S. 12.
[15] *Larenz, Methode,* S. 13.
[16] *Larenz, Methode,* S. 16.
[17] *Larenz, Methode,* S. 17.
[18] *Larenz, Methode,* S. 20.
[19] *Larenz, Methode,* S. 22.

了，这样一种"法官阶层"应当可以通过相应的人事政策和精英培养得以实现。[20]

因此法官受制定法约束虽然没有被根本取消，但是"法官受制定法约 597
束在攫取权力的时代……并没有走得很远，法官也还必须在此适用制定
法"，"即使适用该制定法可能会导致民粹式整体秩序无法承受的结果"。
法官作为"我们集体生活的最高基本原则的受托人"可以且应当"不仅要
对制定法进行补充，还要对其进行*修正*"。[21]

以"**人民秩序**"（**Ordnung des Volkes**）为基础的"健康的人民信念" 598
构成新的方法标准。*拉伦茨*将这一秩序理解为广泛的、超越实在法界限意
义上的秩序。"不同外观形式的多样性中的统一性"可能"仅以赋予法意
义的理念与我们人民的道德和法的基本观念的统一性为基础"。"如果法除
了制定法，还包括习惯法、人民共同体的法信念与法官法"，那么"作为
人民整体秩序的法"可能"因此不仅仅比制定法（Gesetzesrecht）更广泛"，
而且"不同于一切法条的单纯集合，而是具有内部统一性，是作为以此
为基础的法观和世界观以及其道德理念表达的整体"。以该统一性为基础
的"理念"应当被理解为"人民特有的、人民共同生活内在的……关于真
正秩序和集体本质的观念"。[22] 很显然，*拉伦茨*不仅将"秩序"（Ordnung）
和法（Recht）的概念等而视之，而且认为法外的因素具有真正的决定性影
响。[23] 此后还留有的问题就是，这一"秩序"的内容应以何种形式进行具
体确定。

对此，拉伦茨认为，法在此不是单纯的"一般的观点、一些人或许多 599
人或所有人的事实信念，而是我们的民族共同存在的内在精神组织和态

---

[20] 关于法官阶层与法秩序的理解参见 *Rückert*, Richtertum als Organ des Rechtsgeistes:
Die Weimarer Erfüllung einer alten Versuchung, in: Geisteswissenschaften zwischen Kaiserreich und
Republik, S. 267 ff.。据此，魏玛时期司法解释的发展已经可以归入 1900 年之前使用的"趋向
满足内涵的真实之流派"（breiten Strom einer Hinwendung zu einem sinnerfüllten Realen），并可得
出"可扩张之法律世界观"，"其与传统的狭义的制定法指引相竞合"（第 311 页）；关于人
事政策的特别重要性参见 *Rückert*, Volksempfinden, S. 234 f.; *Landau*, Die deutschen Juristen und der
nationalsozialistische Deutsche Juristentag in Leipzig 1933, ZNR 1994, S. 388 ff.。

[21] *Larenz*, Methode, S. 25. 拉伦茨援引的例证是关于一名"半犹太"儿童依据《德国民
法典》第 1594 条合法撤销期限的扩张。通过明确提及该儿童的"半犹太"血统勾勒出了"制
定法矫正"可能的方向。

[22] *Larenz*, Methode, S. 11.

[23] 有关法和生活统一的相关观念参见 *Rückert*, Der Sieg des "Lebens", 1995, hier 188-193。

度"[24]。然而，基于此并非在结果上认为，*拉伦茨拒绝通过议会手段或与之类似的经验性手段进行具体化*。拉伦茨所援引的*罗腾贝格*（Rothenberger）的话更为清晰地反映出其理解的世界观：

> "法官不再只是裁判私人利益纠纷的国家机关，而是集体生活原则的自主维护者以及因此是元首意志最重要的执行者之一。其活动已成为秩序真正的'指南'、被破坏了的集体秩序的矫正。"[25]

600　　　因此，*拉伦茨*最终将谁视为被受命在内容上实现"民粹式法律思维"这一新法源的人？很明显，这个人即**元首（Führer）**。将长期酝酿的"民粹秩序"与精确传达的元首意志相互融合**可能滋生越来越多的矛盾（Mögliche Widersprüche）**，*拉伦茨*防止此矛盾产生的方式是赋予元首一种内在能力，使其可以结合时事表达"民粹秩序"的思想。[26] 元首的人格塑造在"整体意志的核心"之上。[27] 结合时事的元首意志的表达在此并不受制于过去的表述，用拉伦茨的话来说，据此这似乎意味着对"元首意思"的误读，这意欲将元首的意思固定于某表述之上，"而该表达可能带来与民粹法秩序的精神和意义不相符的含义"。[28]

601　　　*拉伦茨* 1938 年提出的方法构想的基本路线可以分为如下**四点**：

（1）承认超越具体制定法和习惯法的更高的法源，由此相较于其他方法，制定法和习惯法的地位价值被相对降低。

　　——因此基于制定法规定的具体立场不再具有优先性，而是以"实际生活关系"为基础进行表达的具体立场。

---

[24]　*Larenz*, Methode, S. 12.

[25]　*Larenz*, Methode, S. 41 Fußnote 10: 罗腾贝格（Rothenberger，1896—1959）说过，"我不能承诺在此引用法官的判决"; Zs. d. Akad. f. dt. Recht, 1937, S. 638; 罗腾贝格是著名的纳粹法学家，1935 年任汉堡高等法院院长，1942 年任帝国司法部国务秘书，1947 年在纽伦堡被判 7 年有期徒刑。

[26]　吕克特（Rückert）对该等过程的相应描述为，"之前的过程"未被作为"人民的化身"（人民感知，第 244 页）——同样的结论参见 *Landau*, Juristentag, S. 378（含对"民族原则"和"元首原则"之间的矛盾的提示); *Willoweit*, Deutsche Rechtsgeschichte und „nationalsozialistische Weltanschauung": das Beispiel Hans Frank, S. 28; *Anderbrügge*, Völkisches Rechtsdenken, S. 161 f.; *J. Schröder*, Diktaturen, findet darin eine grundlegende Antinomie, S. 5, 14 f., 57, 117.

[27]　*Larenz*, Deutsche Rechtserneuerung und Rechtsphilosophie, S. 44.

[28]　*Larenz*, Rechtsphilosophie, S. 35.

——因此与之相关的是，一旦制定法与从新法源中推导出的内容不相符，则应做好将制定法视为有漏洞的准备。

（2）实在法的解释需要受制于该法源——它在必要情形下可废除具体制定法中表达的法秩序。

（3）在由此证立的实在法和更高的人民信念以及集体信念之间的冲突中，法官责任具有更高的权重。

（4）法官与法对元首意志的反约束。

拉伦茨通过将卡尔·施密特（Carl Schmitt）提出的**"具体秩序与塑造思维"**（konkreter Ordnungs-und Gestaltungsdenken）转化于私法之中充实了其论著（见边码 1425）。对其而言尤其重要的是，将其方法与黑克（Heck）创立的利益法学区别对待。拉伦茨对利益法学的批判首先在于，利益法学将利益概念作为"价值中立"进行使用。尽管有诸多类似细节的思考，拉伦茨认定的人民信念的至高性并不能得以证立。同时，从今天的视角看，两个学说之间存在根本性的世界观差异。黑克自己"令人惊讶地"否定其学说，因为该学说对其而言"显得尤其适于独裁的元首国家"。[29] 拉伦茨和黑克之间的对立在 1937 年黑克与拉伦茨在《民事实务档案》（AcP）的论战中达至顶峰。黑克认为：拉伦茨在债法基础教材《合同与不法行为》（Vertrag und Unrecht）"（该著作确定了他的新法学）中提出了新法学，而根据其（拉伦茨）前期的论述，这一新法学恰恰与我们人民的本性"相悖，这应当"被克服"。[30] 拉伦茨则迫使作为《民事实务档案》主编的黑克给予了自己立刻回应的机会。[31]

602

2. 1960 年的方法概念

在《法学方法论》第一部分，即"体系部分"，拉伦茨将其对法学的基本理解表达为"理解性科学"。**诠释学**成为根本哲学意义上主流的方法概念（见边码 837、1441）。较为明显的是，对于文本理解必要的"前理解"相对广泛的讨论以及"价值导向的思想"到一般诠释学规定的具体化的发展。

603

---

[29] *Rüthers*, Auslegung, S. 274 f. 关于 20 世纪 30 年代利益法学的进一步评论参见该书第 270—277 页，本书边码 491、1418。

[30] *Heck*, Rechtsphilosophie und Interessenjurisprudenz, AcP 143（1937），S. 180 f., Fußote 72 a.

[31] *Larenz*, Rechtswissenschaft und Rechtsphilosophie. Eine Erwiderung, AcP 143（1937），S. 257 ff.; 这一特别容易引起争议的过程现在可见 H. Schoppmeyer 2001（s.o. die Lit. bei Heck, nach Rn. 491），183 ff.。

604 在基本内容上，*拉伦茨*代表的方法唤起了利益法学的某些方法。利益法学强调*利益状况*，据此可以得出*法官判断*，而拉伦茨却将上述理解进行了颠倒。其将**价值判断**的概念**作为出发点**，作为价值判断的真正基础的利益状况的意义就因此退居幕后。同样，在拉伦茨那里，对于*黑克*而言具有根本性的立法者的判断也要后退。拉伦茨例证丰富的阐述，在某些领域唤起 1938 年的论述（"类型"对立于"概念"），这些阐述最终使得形成价值判断的必要基础陷入异常混沌。不仅所涉个体的利益，而且关于抽象层面的讨论均影响了例证与文本：

> "但是并非所有法定事实构成均在概念上得以塑造。制定法很大程度上是事实的表征，而非'类型'这一概念的表征。类型这一概念不同于通过必备要素来最终确定的概念。或者制定法包含一种'需要实现的'评价标准，而其在个案'适用'时才能被完全'具体化'。上述两种情形并非简单涉及规范的'适用'，而是涉及评价，即符合规范或标准'所指的内容'。这种'适应'并非如同涵摄推理时的同等对待，而是需要多样的互动，以便具有说服力。法学中主要涉及的就是这种互动，其不是拥有'逻辑上强行的'结果之特征，而是可执行与（在一定界限之内的）可信服的思考步骤。"[32]

605 因此，拉伦茨 20 世纪 60 年代的《法学方法论》在结果上好像就是，只是其 1938 年所著的与利益法学相区别的《论民粹法律思维的问题与方法》在世界观上"洗脱过的"版本。在 1938 年版中因对具体利益"缺少评价"而被指责，如今在新版中又教诲似的将之置于首要地位，不再对所谓的"利益等级"进行具体分析。或许，在"正确的"前理解（Vorverständnis）的依据设定上这并无必要。当时的评价法学和新的评价法学的关系被置于评价的中心。[33]

606 在相应篇章[34]的论述中，**制定法的地位（Rang des Gesetzes）**首先要高

---

  [32] *Larenz*, Methodenlehre, S. 194.

  [33] 对此概览参见本书边码 1428、1432 及以下。

  [34] *Larenz*, Methodenlehre der Rechtswissenschaft, II. Systematischer Teil, Kapitel 4, Die Auslegung der Gesetze.

于 1938 年作品中的地位。对于立法者意志或规范制定法内容的优先问题，*拉伦茨*现在采取了居中立场，[35] 以便紧接着同时描述语义和合宪要求的不同解释标准。很明显，*拉伦茨*针对在同一层面上各个解释标准的阐述设了一章，讲述"共同决定因素的解释"。读者应当发问，是否应当存在"解释之外的解释"。*拉伦茨*在两个小节中详述了"共同决定因素的解释"，也即"对案件公正裁判的追求"和"规范环境的改变"。

夸张地讲，仅仅通过描述结构所证明的制定法之内标准和制定法之外标准并存这一点，就体现了**制定法的相对化（Relativierung des Gesetzes）**，即使相关章节中的论述与 1938 年的新的法源并无内容上的连续性。 607

当*拉伦茨*抱怨"当今立法者的权威丧失"时，在一定程度上这被视为 20 世纪 30 年代实在法相对化的"国家崛起"。在拉伦茨看来，"立法者很少使用必要的时间""与精力"去"认真考虑其表述"，而"对规则的忽视则并不少见"，"该等规则"可以且应当"被立法者期待"。[36] *拉伦茨*虽然在结果上排除了作为解释标准的"公正追求"[37] 并在对"民主国家"及其"根本性的宪法条款"的适用中对"意义转变"的接受作出提醒，[38] 但是在动因上仍能发现他在 1938 年所接受的"思维倾向"。 608

与制定法的影响相比，拉伦茨更看重法官的行动，这体现在其对相关篇章论述的成倍扩增上。*拉伦茨*在此对立法漏洞的不同种类及其确定与通过法官活动的填补进行了细致入微的讨论。较为典型的是，在该章中，关于"制定法计划之外的法律续造"一节占有相当的篇幅。 609

*拉伦茨*认为，虽然受联邦最高法院司法制约，但是他在上面所展示的法官与制定法之间的权重关系是适当的，此处*拉伦茨*再次阐述了**制定法之外的标准（außergesetzlicher Kriterium）**，在该标准之下，法官应当可以对制定法规定实施变更。*拉伦茨*认为，"法律续造需要关注法的交往的需要"，"关注事物本质"，并"关注法伦理的原则"。上文有关制定法的篇章对制定法的可能限制只是略微提及，与其相反，在此处则深入地拓展了制定法之外的因素的影响。不管哪个视角，都表明，概括条款几乎可以被任意内 610

[35] *Larenz*, Methodenlehre, S. 303.
[36] *Larenz*, Methodenlehre, S. 338.
[37] *Larenz*, Methodenlehre, S. 337.
[38] *Larenz*, Methodenlehre, S. 341.

容填充。*拉伦茨对该等涉及个案的论述本身并不倾向于对限制标准进行限制。拉伦茨如此论述道：*

"法院可以作出超越制定法的法律续造的界限是，基于所有现行法秩序、运用特定的法律上的衡量无法给出答案，特别是当宪法提供了不同的可能性，且没有任何一个可能性仅仅基于法律原因就优先于所有其他可能性。此处只涉及合目的性问题或者需要立法者的政治决定之时。"[39]

611　　　考虑该等合法解释的界限时很难想象出一种不允许法律续造性解释的案例事实情形。

612　　　相比以上*拉伦茨*1938年的基本路线中列述的方法概念，可以确定：
　　（1）在20世纪60年代，超越实在法的法源虽然不再被明确提倡，但是上述阐述的很多地方都暗示了对制定法以外因素的影响的赞成。这些因素被如此不确定地表达出来，以至于在理论上所得出的结果与依据1938年之后所主张的方法得出的结果相似。
　　（2）阐述的中心乃诠释学——哲学的方法。
　　（3）同时包含了对法官责任的高度重视。
　　（4）出发点不再是元首意志，而是更为广泛理解的"现行的法秩序"和宪法。

613　　　如果不考虑所谓第三帝国末期所期待的对战后德国民主制度在语言及内容上的调整，那么拉伦茨的立场在结论上很少有变化。但是仅仅对其1945年后的思维形态的考察可能有碍于对其应用的可能后果的考察。1945年之前的经验已经体现了，现行的制定法和司法对制定法的重塑（不利于前者）之间的权重后移可以得出何种结果。

四、付诸实践——通过社会典型行为的合同证立

1. 所谓事实合同关系的学说

614　　　提到事实合同，我们首先会想到*豪普特（Günter Haupt）*，其于1941年首次在著作《论事实合同关系》（Über faktische Vertragsverhätnisse）中使用

---

[39]　*Larenz*, Methodenlehre, S. 418.——关于法秩序概念参见 *Larenz*: Fikentscher, Methoden des Rechts, Bd. 3, S. 410 f.; Frommel, Rezeption, S. 234 f.。

了这一概念[40]。*豪普特*学说的中心论点在于，在法律行为合意的角度或者同其并立的角度对合同实际的证立性的事实构成的肯认，这超越了《德国民法典》的立法规定。通常*豪普特*被视为该学说的创立者。然而，对该学说建立和后期发展较为重要的是，应当考虑**两个背景视角（zwei Hintergrundaspekte）**。其一，*豪普特*学说形成于私法教义学更详细的发展关联之中，该发展关联体现了以意志导向为优先的观察趋势，且其有利于客观化的观点。[41]1933 年之后，那个时期的政治环境恰恰有利于上述趋势的发展。其二，*豪普特*的著作首先只提出了一个教义学片段，其仅限于对论题范围说明和作为学说应用范围的三个案例类型的建构。学说在法律实践中的事实能力则要求进一步进行区分和限制。

　　在法律行为上的合意之外创建合同构建事实的动因可一直追溯到 19 世纪下半叶。事实合同关系学说在不同的法学视角中得到了发展，*基尔克*（Otto von Gierke）、*埃利希*（Eugen Ehrlich）、*图尔*（Andreas von Tuhr）的新近学说对此作了具体分析，之后尤其是 30 年代的*西伯特*（Wolfgang Siebert）的学说。基尔克首次用其整体行动理论（Gesamtaktstheorie）作为法律行为之外的构建事实，据此，团体的联合可以通过某个"社会法上的关键行动（Konstitutivakt）"来证立，而这明显并非法律行为上的过程。[42] 　615

　　上述不同讨论的共同点是，虽然大多仅局限于有限的适用范围，但各自又以**限制**作为合同成立性事实构成的**法律行为上的合意（rechtsgeschäftliche Einigung）**为目标。当时存在的一种趋势便是废除单调的合同成立要件，并使某些事实能够产生合同缔结的效果。[43]该等趋势必然要否定或者至少是拆解《德国民法典》中已经规定的法定方案。 　616

　　20 世纪早期，代表私法中的**制定法约束松动化（Lockerung der Gesetzesbindung im Privatrecht）**的关键词是"利益法学"和"自由法学派"（Freirechtsschule），与之相连的便是对法官地位的强化，具体而言也就是 　617

---

[40]　该书的另一个版本为：Heft 124 der „Leipziger rechtswissenschaftlichen Studien"als „Festschrift der Leipziger Juristenfakultät für Dr. Heinrich Siber zum 10. April 1940", Band II, Leipzig 1943（页码与《论事实合同关系》一书中相同）。

[41]　详见 *Lambrecht*, Lehre, S. 19-68。

[42]　*Lambrecht*, Lehre, S. 20, 44. 相同结论参见 *Wolf*, Zivilrechtswissenschaft, S. 417 ff. 与 *Deyerling*, Vertragslehre, S. 122 ff.。

[43]　*Lambrecht*, Lehre, S. 44.

意味着法官自由。这一理论思潮一样影响了法律实践，尤其是民法总则部分。[44]"一战"之后灾难性的经济发展的另一种"贡献"便是，对事实关系的发展给法学带来了哪些新的问题，因为这并非《德国民法典》中规定的构想，可能也超出了立法者的预想。

618   随着 1933 年的政治转轨，上述运动被进行了关键性强化。根据*卡尔·施密特*（*Carl Schmitt*）关于"具体秩序和塑造思维"（konkreten Ordnungs-und Gestaltungsdenken）的学说，**特定的秩序**（国家、企业、家庭）包括法，因此其（事实生活关系）应当决定法之内容，故而施密特的学说在纳粹法学框架下获得了特定的功效。[45]

619   对**作为法制定因素**（**als rechtssetzender Faktor**）的所谓**生活现实性**（**Lebenswirklichkeit**）的肯定，在法律"改革文学"（Reformliteratur）中体现了一种鲜明的特征,20 世纪 30 年代和 40 年代的惯用语即为"法的改造"。私法领域这一流派的杰出代表便是*拉伦茨*。只有在此语境中才能全面理解豪普特在 1941 年时的构想和事实合同关系学说的后续发展。

620   在今天看来，*豪普特的理论在很多方面均与拒绝行为*（Ablehnung）矛盾。首先是事实合同关系学说与《**德国民法典**》**的构想**（**die Konzeption des BGB**）相矛盾（**Widerspruch**），《德国民法典》明确合同关系应通过要约与承诺得以建立。此外，无论在制定法内还是超越制定法的法律续造框架之下，均不具有构建额外的成立要件的空间。另外其也与制定法的以及超越制定法的合同自由原则有悖，因为根据豪普特的概念，无认知与意志的法人也可以进入具有合同约束力的给付关系。[46]尤为重要的是《魏玛帝国宪法》第 152 条第 1 款背景下的事实，即据此合同自由至少在该学说形成的时代便受到了正式的保障。[47]

621   事实合同关系学说论及的问题情形框架下的代表性结论，无一例外亦为其他符合现行私法原则的法学构建的目标。[48]豪普特的理论与之相反，

---

[44]   *Lambrecht*, Lehre, S. 52.——关于魏玛时期的司法趋势参见 *Rückert*, Richtertum。

[45]   进一步可参见 *Rüthers*, Die unbegrenzte Auslegung, S. 277 ff.; auch Rn. 1421 ff.。

[46]   在其关于"农宅继承——判决"中 [„Hoferben-Entscheidung"（BGHZ 23, 249 ff.）] 弗卢梅认为，"事实上"联邦最高法院将"法官裁判置于私人自治的构建之列"，私人自治乃该等情形下具有制定法基础的唯一可能，参见 Allgemeiner Teil II, S. 104。

[47]   *Lambrecht*, Lehre, S. 14 ff.；"根据制定法标尺"，仅对"经济交易"以及仅在第 151 条第 1 款的范围内才是形式上之含义。

[48]   结论首先参见弗卢梅："实施合同实际上并无必要"，Allgemeiner Teil, S. 97。

其要求"统一而尽可能简单地克服"问题，其中可以看到豪普特真实的教义学成就。[49]此外，豪普特的论证进一步得到"合理性'原则'与适当性'原则'"的支撑，[50]由此豪普特将其学说在论据以及内容上引入了纳粹法学的文本，而纳粹法学则有利于自然主义现实相关性上的法律观点，并对自由主义原则进行压制。[51]因此毫无惊讶，豪普特的概念具有丰厚的基础。1941 年，豪普特的中性的描述方式并没有掩饰这一背景。

此外，豪普特的论证根据是，其认为合同规定的**效力基础（Geltungsgrund）**并不在于私人自治，而在于**规则领域的符合事实性（Sachgerechtigkeit des Regelungsbereiches）**。[52]符合事实性这一理由与"法律行为拟制"相对，后来亦经历了 20 世纪 50 年代和 60 年代的讨论，其中也反映了 1945 年前后德国法学的传承性。　　　　　　　　　　　　　　　　　　　　622

2. 拉伦茨学说的继受

拉伦茨 1936—1937 年出版的债法基础系列之《合同与不法行为》（Vertrag und Unrecht）尚未从后来所谓事实合同关系学说的角度进行具体讨论。但是拉伦茨当时的立场要点已经体现在其"基于履行行为与占用行为的承诺"（Annahme durch Erfüllungs- und Aneignungshandlungen）论述中。[53]　　623

拉伦茨认为，应当认识到的是，"制定法既未因存在承诺意思而使合同效果产生"，"接收人又不可信赖某个表示行为的效力，因为此处并不存在表示行为"。"合同效力的基础""在履行行为情形下更多在于其合理性与正当性"，"通过履行行为完全或部分实现合同给付者"，"现在也应获得要求合同上对待给付的权利"，而不仅仅是享有通过赔偿或返还不当得利来恢复的权利。[54]　　624

虽然拉伦茨的讨论主要涉及制定法规定框架下的承诺行为，但上述已经呈现的时代趋势乃《德国民法典》相对化的意志导向概念。拉伦茨开始以他的论述抨击合同的效力基础，他一开始就放弃对法律行为上合意的建构，并无视专门的制定法体系，仅仅依据一般性的公平衡量。比较特殊的　　625

---

[49]　*Lambrecht*, Lehre, S. 45.

[50]　*Lambrecht*, Lehre, S. 12.

[51]　相同结论参见 *Lambrecht*, Lehre, S. 73, 121 ff.。

[52]　*Haupt* 1943, 引注乃依据 *Lambrecht*, Lehre, S. 12。

[53]　*Larenz*, Vertrag und Unrecht, Bd. 1, S. 75 ff.

[54]　*Larenz*, Vertrag, S. 77.

是，*豪普特*在其 1941 年的论文中特别提到了此处*拉伦茨*式论证的视角。[55]

626   《债法概论》**1944 年第 2 版**已经呈现出不同的景象。紧随上文所引用的《债法概论》片段的新的章节是"通过使用公共供应给付的合同关系之证立"（Die Begründung eines Vertragsverhältnisses durch Inanspruchnahme einer öffentlichen Versorgungsleistung）。结论上可以确定，*拉伦茨*的立场正如其 20 世纪 50 年代发表的文章中为人所熟知的，已经在当时进行了描述。

        "如某人使用有轨电车、公交车、渡船或其他类似的公共交通工具，则以此缔结了运输关系，其内容依据为公布的费率、有轨电车公司或其他运输公司的运输条件以及此外关于承揽协议与'双务'合同的制定法条文。该等运输关系开始的时间不是乘客在乘务员处获得车票之时——在期间任何时候都可以发生运输合同关系的缔结，而是登上车辆之时，也即个人使用了经营者为公众提供的给付之时。"[56]

627   在上述引用中，*拉伦茨*的立场以及对*豪普特*的理论的解释言简意赅。*拉伦茨*仅仅继承了*豪普特*表达的案例情形之一，也就是使用"公共供应给付"。然而这种部分继受并非得益于对豪普特学说的根本怀疑，相反，其体现了对教义学安定和巩固新的法律制度的追求。不同于豪普特"统一解决方案"（Einheitslösung），拉伦茨通过对应用范围的限制，避免了对大部分理论内容的批判。

628   另外，上述例证的可塑性有利于拉伦茨的立场。此外，该内容还体现了*拉伦茨*的法律描述的一个教学法上的典型特征。其描述的出发点不是法律规范，而是事实上的生活事件（Lebensvorgang）。通过生活事实（Lebenssachverhalt）的说服力对精选的结论进行详述，而无需考察问题可能存在的符合制定法的解决方案。整本《债法概论》中并没发现一次对可能的替代方案的暗示，例如依据《德国民法典》第 812 条及其以下或第 823 条及其以下以及依据该条款适用上存在的规则漏洞的解决方案。以这种方式，*拉伦茨*深入地分析了上述解决路径并比较了其优劣。拉伦茨对有利于非法律行为性方案的论证限于，法律行为构建在对生活事件的"解释"

---

[55] *Haupt*, Vertragsverhältnisse, S. 27 Fn. 68.

[56] *Larenz*, Vertrag, 2. Aufl., S. 94.

中远离了"所涉及的事件的社会意义"。[57]人们会叩问，为什么通过默示合意不能包含这一社会意义，为什么可能的错误问题与行为能力问题最终不应发挥作用。由此得出的是一种合同强制（Vertragszwang）。

如果人们考虑到私人自治意义下的合意对私法秩序（这被拉伦茨直接抛到一边）的根本意义，那么就不会被该社会性论据说服。无法想象的是，拉伦茨并未考虑这一背景。与之相关，富有启发性的是他的提示："如果某人（例外地基于自己的决定）"索要相应的供应给付的话。[58]

如上所述，拉伦茨 20 世纪 50 年代的论述根本上与其 1933—1934 年的有关立场并无二致。其 1953 年第 1 版的《债法教科书》在内容和教学法上也体现了类似的景象，如果也对其表述进行详细加工的话：

> "现代规模交易带来的是，根据交易理解，一些情形下可以缔结负担义务和债务关系，对此无需作出具有此类目的的表示。取代该等表示的是给付的事实性公共要约以及交易参与人对给付的实际使用。上述两者，事实性公共要约和对给付的实际使用虽然不是（缺少一种相应的表示意识），但是一种行为，其根据其社会典型的意义具有与法律行为意义上的行为一样的法律后果。"[59]

从整体来看，上述理解似乎是合理的并具有说服力，但是从细节来看却有较多的问题，这些问题会让结论变得高度存疑。首先需要究根问底，"现代规模交易"实际上是否是一种普遍性的"理解"，是否发展出一种可能的交往伦理意义上的理解，此处交往伦理系指据此无需法律行为性质的合意便可建立合同关系。当然，通过日常生活中特定交易行为的一般增长，可以发现基于双方明确意思表示的合同缔结在减少。购买音乐会入场券、在乘务员处甚或在售票机上获得车票，在非口语的肢体语言框架下是可以想象并认可的。对那些绝非新颖案例的法律判断，却经常恰当地借助众所周知的法律制度如*要约邀请*（*invitatio ad offerendum*）或默示行为得以实现，

629

630

631

---

[57]　*Larenz*, Vertrag, 2. Aufl., S. 94.——关于运行模式参见 *Rückert*, Sieg des„Lebens", 见本节脚注 23。

[58]　*Larenz*, Vertrag, 2. Aufl., S. 94.

[59]　*Larenz*, Lehrbuch des Schuldrechts, Bd. 1, 1. Aufl., S. 27.

然而《德国民法典》并未考虑该等案情。

632　　对这一观察视角因何在此需要改变这一问题的回应，拉伦茨负有解答义务。关于案情的外行理解和法律鉴定之间的分裂——如果此处存在的话——可能很难对上述问题给予论证，因为这对大多法律问题而言属于惯例而非例外。在*拉伦茨*看来，这一情形好像恰恰给出了相应的证成。"人们之*前*试图"用以囊括相应事实的法律制度，被认为是"虚构的"而被否定。[60] 行为的"*社会典型的意义*"，能够提取的隐含的"生活"，已经取代法定作出的意思表示，该等意义因此正如下文所示，不再适于支撑*拉伦茨*推导的结论。

633　　*拉伦茨*在文本中多次提到的存在相关**交往习惯（Verkehrssitte）**的判断虽然影响深刻，但在此语境中却不具说服力。拉伦茨学说的理由中仍不可理解的内容是，为什么在法上相同的事件会被作出不同的评价，比如同一人分别乘坐公共交通工具和出租车的行为。对于在社会典型行为的债务关系框架下排除因错误而撤销，*拉伦茨*简单地作了循环论证："如果允许该抗辩……那么从该事件的社会典型意义上看，这就会与该事件的本质不符。"[61] 对法律上同样事件的矛盾性判断是*拉伦茨*的批判者的出发点之一，而拉伦茨后来也未能排除这一出发点。

634　　同样，在实际接受给付上*拉伦茨*主张的**表示意识（Erklärungsbewusstsein）**的欠缺也一直未能证成。这又需要重新分析上述一般交易观念引发的疑问。法律拟制的论据在此一样毫无用武之地。参与人的实际期待很难合理地发挥作用，但其可作为合法鉴定的起点。*弗卢梅*与之相关的论述是，依照*拉伦茨*的观点，"医生与病人之间也不能订立合同"，"因为此处病人的意志肯定很大程度上针对'实际的成功'，也即成功的治愈"。[62]

635　　通过联邦最高法院 1956 年时轰动性的判决，即所谓停车场裁判（Parkplatz-Entscheidung），*拉伦茨*论证的学说得以推进。[63] 联邦最高法院第五民事审判庭对拉伦茨学说的接受毫无意外，因为当时审判庭的审判长嗒舍（*Friedrich Tasche*）早在 1942 年发表的著述中就已经对豪普特的观点持

---

[60]　*Larenz*, Lehrbuch, S. 27（斜体部分为本书所强调）。

[61]　*Larenz*, Lehrbuch, S. 28.

[62]　*Flume*, Allgemeiner Teil, S. 98.

[63]　Urteil des V. ZS v. 14.7.1956, BGHZ 21, 319 ff.=NJW 1956, S. 1475.

积极立场。*拉伦茨*以此判决为契机，又在其文章中对该主题领域进行了新的论证。[64] 其文章引言远超过其教科书的论述，却唤起大家对 1944 年《合同与不法行为》中阐述的回忆：

> "一位男士登上一辆满载的有轨电车。乘务员开始没有发现他。当他到达其目的地欲下车时，乘务员要求其购票。该男士反驳道：他目前为止还没有缔结运输合同，亦不再希望缔结，因为其计划下车。同乘人员没人怀疑，该男士应当购买车票。只有法律人陷入困境。"[65]

　　*拉伦茨*在上述案例情形中对问题情况的描述十分恰当且影响深刻，他提示道：比较可行的方案存在于实际生活案情自身，而非通过（常规的）法律思考获得。但该阐述的矛盾仅是一种表面的矛盾，因而无论如何都不适于支撑*拉伦茨*代表的结论。根据古已有之的*悖于行为之抗议*（protestatio facto contraria）这一法形态，从上述案例可以得出矛盾的行为，即乘客基于其行为应当负担履行债务给付之义务。行为重于语言。进一步得出的结论是，应当在债务合同框架下完成给付，相反不再通过案由得以确定。在法律判断中更应当考虑到，所描述的案由或利益情形是否体现出更近于合同的解决方案，而非不当得利法上的解决方案。[66] 当然，这样的一种方案与从上述案例得出的关于其他乘客的法感也并非背道而驰，只有截至目前仅无偿获得运输的人才有义务支付费用，而最终该费用并不比其他乘客优惠。另外，还应当想到，所负担的不是酬劳而是第 818 条第 3 款的价值赔偿。 636

　　如果公共交通工具的经营可以判断为针对潜在乘客的协议要约，*拉伦茨*学说与一般民法评价标准之间便存在应有的一致性，但其问题正在于比较难以看透。 637

> "人们现在会说，从轨道交通公司经营中的'可推测的行为'中，每

---

[64]　*Larenz*, Die Begründung von Schuldverhältnissen durch sozialtypisches Verhalten, NJW 1956, S. 1897 ff.

[65]　*Larenz*, Begründung, S. 1897.

[66]　这一问题首先出现在拉伦茨深入评论的"停车场判决"（Parkplatz-Entscheidun）的案情评判中。

个人都能辨识出，经营者表达了意欲同每个人订立运输合同的意志。这就是可能需要解决的问题。"[67]

638   然而问题似乎在于，从哪儿可以发现对要约的承诺。*拉伦茨*对此得出，"登上电车，一直到到达目的地均不具有'表示价值'"。无论如何*此时*这类行为并不足以"因此作为'承诺'，如果上车人没有*认识*到这样的'承诺意思'"的话。[68]

639   从拉伦茨的观点可以反向推出，上述有疑问之行为应评价为承诺，如果从这类行为并不能*辨识出*当事人没有承诺意思的话。对此处的关键问题而言，法律思考依据的可辨识性应当遵守解释的一般性的基本原理，即根据诚实信用并考虑交往伦理。据此，这类行为似更应符合日常之经历，基于对交通工具的单方和默示的使用*恰恰*可以得出存在订立合同之意志，而非相反。乘客坐上出租车并向司机说明目的地，或者顾客在饭店点了饭菜，这类行为均应当体现其意思。

640   上述法学评价的每个结论正取决于典型的交易行为方式，其建立在现有意思的基础之上。对于事后不存在上述意思的情形，则应适用《德国民法典》第 116 条。从上述案情可以得出，虽未表示出来但却实际存在的不予支付之意思只能构成真意保留。外在呈现的"表示"的效力与被保留的意思并不矛盾。

641   与*拉伦茨*观点相反，一般交易观念的出发点是，基于乘客的行为经常可以构成建立在当前意思基础之上的合同订立。在一些情形中，只有当事人明确地表达出反对的意思时——就如起初提到的例子中那样（边码 635），才可以推导出相反的结论。而*拉伦茨*持有的关于日常生活观念的论据则可径直导致相反的结论。

642   因此可以确定，*拉伦茨*的论证并不适于对合同关系就法律行为之外的原因行为进行构建的支撑。同样，对其援引案例中的现行债法规范的不足，拉伦茨缺少论证。其提出的关于"事实合同关系"以及"基于社会典型行为之合同关系"的承诺路径，也仅能说明其提出的思考标准的简单化和统一化。然而该统一化也只能是表面上的统一化。虽然此处所有的案例情形

---

[67]   *Larenz*, Begründung, S. 1897.

[68]   *Larenz*, Begründung, S. 1897（斜体部分为本书所强调）.

都被置于同样的"合同视角的"分析之下，但是与运输合同的一般缔结过程相比，这些案例情形以没有依据的方式被区别对待了。

　　根据*拉伦茨*的观点，乘客在运输场所购买车票，是基于"一个真正的合同"（ein echter Vertrag）而乘坐，其在个案情形中可以请求确定行为能力欠缺或撤销表示。而乘客在运输途中购获车票，其旅行是依据事实合同关系，就无法行使上述请求确认缺乏行为能力的权利和撤销的权利。在法学上看，这种差异对待并不能得以证成且未免过于任意。[69]

643

　　如上所述，*拉伦茨*认为行为能力和基于社会典型行为的合同关系之撤销并不能毫无条件地适用制定法规范：

644

> "因为没有看到社会典型行为中的'意思表示'，所以'表示欠缺'并不能发挥作用。关于'行为能力'的规定虽然可以直接适用，但是此时要求考虑对未成年人的保护。"[70]

以并不想要作出该等内容的表示为理由来撤销，亦不被允许，因为该行动的法律后果的产生并不取决于该行动"在个案中"*是否可以"被解释为行为意思*"。[71]至于未成年人保护，人们也仅要求"行为人具有能力认识到其行为的社会典型意义"。"原则上"，"幼小儿童也已经知悉其意图，即其（应当）为电车旅程进行支付"。[72]这一未被证成的差异处理的论据在无行为能力情形中应当进行继续论证。

645

　　最后应当研究的是，*拉伦茨*将新的法律制度接入私人自治的一般体系。*拉伦茨*完全知晓前述联系中可能存在矛盾，并试图追求理顺各个原则。

646

　　在此首先可以看到的好像不是共同的基础。

647

> "需要在此说明的是，使用人行动的债务效果的依据并不是该行动可以被认定为他的负担意思的表达，而是无需考虑行为人的意志，通过交易被评价为有理由之义务负担。……

---

[69]　*Lambrecht*, Lehre, S. 81.

[70]　*Larenz*, Begründung, S. 1899.

[71]　*Larenz*, Sozialtypisches Verhalten als Verpflichtungsgrund, DRiZ 1958, S. 245 ff., S. 247（斜体部分为原文献所强调）.

[72]　*Larenz*, Begründung, S. 1899.

不依赖于行为人意志且行为人不可消除其社会典型行为之后果必然是，其实际使用服务则负担依据正常费率或通常的对待给付来作出给付的义务。"[73]

648   同时，*拉伦茨*将这种事实行为归纳到"'私人自治'框架之下，也就是个人构建起法律关系之自由的框架之内"。"其行为的社会典型意义"在于"在各种情况下为行为人所知悉；至少"应当"为其所辨识"。如果行为人希望"避免其行为的*必然的*法律结果"，那么便是"其放弃之"。[74]

"'私人自治'限制的条件为，其权利上需要以某种特定的方式而行为，例如使用有轨电车或在有监控的停车场停放车辆。但是并不存在使用上的*法律强制*。对后果的放弃可能导致明显的不安，其亦不改变使用人自身在法秩序意义上可以自由决定是否使用的事实。只有一点使用人不能做到：当其使用时，其不能证明其使用行为的结果。只是事实使用行为本身取决于使用人意志，而非法律后果。"[75]

649   *拉伦茨*思考的结论是，通过"得知其并非（涉及）法律行为，而是私人自治框架下的行为"，"一些教义学难题"便得以解决。这就是"私人自治的一般边界"，其通过《德国民法典》第134条及以下相关条款以及第138条得以转化，亦在社会典型行为的债务关系框架下被遵守。[76]

650   然而，*拉伦茨*认为进一步解决的教义学难题，很大程度上是基于其评价。例如，其对合同责任和非合同责任的事实构成前提进行了证成并对各自案情给予了合理构建。在同样的意义下，《德国民法典》中的合同请求权的责任后果和不当得利的责任后果被区分。*拉伦茨*的思考虽然旨在为统一的生活事实设定统一的解决方案，但是实际上仅在教义学上对此进行了简单的法律评价区分。*拉伦茨*的方案与私人自治这一核心原则决裂，该原则要求合同的法律后果只能根据以意思为基础的协定来建构。但其没有考

---

[73]   *Larenz*, Begründung, S. 1899.

[74]   *Larenz*, Begründung, S. 1899（斜体部分为本书所强调）.

[75]   *Larenz*, Begründung, S. 1899.

[76]   *Larenz*, Begründung, S. 1899.

虑到，《德国民法典》在非合同法律制度框架下，对于不能满足前述要求的法律关系，应完美地提供合理的评价。这种法定评价可能并非在每个个案中都显得十分合适，同样，将更符合生活这一论据作为抛弃法定最高准则的理由实难令人信服。

拉伦茨至少到 1956 年都较少思考上述方向。相反，拉伦茨认为，将对社会典型行为的认可作为德国联邦最高法院的设定义务根据，这一发展是"现代交易现象切实评价"所允许的。极其重要的是拉伦茨在寻找一种"共同的上位概念"，其未来既应包含构建的合同关系亦应包括社会典型关系。因此拉伦茨提出了"广义合同"的概念。其将视野放到了在"售货机购买"或"自助商店的流程"判定之时进一步可能的适用范围上。[77] 651

不考虑上述教义学思想，同样非常可疑的是，依据社会典型行为的合同关系的一致方案相对于相异的法律分析而言是否至少包含实践上的优势，此时这一问题可以通过确认事实合同关系学说或拉伦茨本人来回答。 652

五、结论

拉伦茨在其方法内容中仍坚持接受并赞同事实合同关系这一法律制度。因而其无论在 1945 年之前还是之后均接受从制定法之外的角度去矫正明示的制定法规定。在此展开的问题通过法以及法秩序的更为广义的理解而被部分掩盖。制定法对此规定的矫正通过广为人知的私法基本原则，即合同自由得以实现。 653

事实合同关系以及依据社会典型行为的合同关系之学说任何时候均缺少制定法基础。具体来看，其与《德国民法典》中债法规则的内容解释相悖。为论证该学说需要指出起到原始法源作用的事实生活关系。借助于根据必要思想步骤的制定法方案虚构的论据，便可论证制定法规则的漏洞依附性。各个结论均存在其对立的立场，制定法规则的背景亦未得以详细研究。 654

最高法官的判决至少部分遵循了这一拉伦茨明确表示赞成的学说。另外，事实合同关系学说于 20 世纪 50 年代通过联邦最高法院得以继受，拉伦茨的观点，特别是其关于法官造法问题的观点，与战后时期的主流法律发展完全一致。从事实合同关系学说所得的结论不仅对拉伦茨，而且对 655

---

[77]　*Larenz*, Begründung, S. 1900.

1950 年德国法总体发展而言均意义非凡。

六、原著及文献

1. 拉伦茨原著进阶

关于拉伦茨 1938 年前期的观点，比较重要的是其 1938 年的简明著作《关于民粹式法律思维的问题与方法》（Über Gegenstand und Methode des völkischen Rechtsdenkens）。1945 年后期论著主要是《法学方法论》（Methodenlehre der Rechtswissenschaft），尤其是其 1960 年简约的首版。拉伦茨其他重要著作有：

Deutsche Rechtserneuerung und Rechtsphilosophie[**], Tübingen 1934.

Vorwort, in: *Dahm, Huber, Larenz, Michaelis, Schaffstein, Siebert*（Hrsg.），Grundfragen der neuen Rechtswissenschaft, Berlin 1935, S. 5.

Vertrag und Unrecht, Bd. 1, 1. Aufl. Hamburg 1936（zur 2. Aufl. 1944 见本节脚注 1）.

Rechtswissenschaft und Rechtsphilosophie. Eine Erwiderung, AcP 143（1937），S. 257-281.

Über Gegenstand und Methode des völkischen Rechtsdenkens, Berlin 1938.

Lehrbuch des Schuldrechts, Bd. 1, München 1953, zuletzt 14. Aufl. 1987.

Die *Begründung* von Schuldverhältnissen durch sozialtypisches Verhalten, NJW 1956, S. 1897-1900.

Sozialtypisches Verhalten als Verpflichtungsgrund, DRiZ 1958, S. 245-248.

Methodenlehre der Rechtswissenschaft, Berlin, Göttingen, Heidelberg 1960, 最新版：6. Aufl. 1991; 以及学术简明版：gekürzte Studienausgabe, 1983, 2. Aufl. 1992, 卡纳里斯修订版：3. Aufl. 1995 bearbeitet von Cl.-W. Canaris.

2. 参考文献进阶

简明进阶文献：

Frassek, Ralf, Karl Larenz（1903-1993）-Privatrechtler im Nationalsozialismus und im Nachkriegsdeutschland, in: JuS 1998, S. 296-301.

同时关于**拉伦茨在债法上（Larenz als Schuldrecht）**的主要文献有：

Frassek, Ralf, Von der „völkischen Lebensordnung" zum Recht-Die Umsetzung

---

[**]   本节脚注中使用的简短标题在此处用斜体表示。

weltanschaulicher Programmatik in den schuldrechtlichen Schriften von Karl Larenz （1903-1993）, Baden-Baden 1996.

极具启发意义的是对埃塞尔与拉伦茨比较研究的文献：

Monika Frommel von 1981, 同时参见下文 3。

3. 其他重要文献

Deyerling, Andrea, Die Vertragslehre im Dritten Reich und in der DDR während der Geltung des Bürgerlichen Gesetzbuchs. Eine vergleichende Betrachtung unter besonderer Berücksichtigung der Diskussion des faktischen Vertrages in der Bundesrepublik, Bayreuth 1996.

Diederichsen, Uwe, Karl Larenz, in: Juristen im Porträt, Festschrift zum 225jährigen Bestehen des Verlages C.H. Beck, München 1988, S. 495-510.

Diederichsen, Uwe, Karl Larenz, NJW 1993, S. 902-903.

Döhring, Erich, Geschichte der juristischen Fakultät 1665-1965, in: Geschichte der Christian-Albrechts-Universität Kiel 1665-1965, Bd. 3, Teil 1, Neumünster 1965, S. 201-232.

Dreier, Ralf, Julius Binder （1870-1939）. Ein Rechtsphilosoph zwischen Kaiserreich und Nationalsozialismus, in: Loos, F. （Hrsg.）, Rechtswissenschaft in Göttingen, Göttinger Juristen aus 250 Jahren, Göttingen 1987, S. 435-455.

Eckert, Jörn, Was war die „Kieler Schule"?in: Franz Jürgen Säcker （Hrsg.）: Recht und Rechtslehre im Nationalsozialismus. Baden-Baden 1992, S. 37-70.

Flume, Werner, Allgemeiner Teil des Bürgerlichen Recht, Bd. 2, Das Rechtsgeschäft, 4. Aufl. Berlin u. a. 1992 （zum faktischen Vertrag）.

Frommel, Monika, Die Rezeption der Hermeneutik bei Karl Larenz und Josef Esser. （Münchener Universitätsschriften Jur. Fak., Abh. zur rechtswiss. Grundlagenforschung, 47）, Ebelsbach 1981.

Hartmann, Franz, Das methodologische Denken bei Karl Larenz. Eine Analyse und Kritik, Frankfurt a. M. 2001 （Diss. Leipzig 1988）.

Haupt, Günter, Über faktische Vertragsverhältnisse, 1941;auch als Heft 124 der „Leipziger rechtswissenschaftlichen Studien"als „Festschrift der Leipziger Juristenfakultät für Dr. Heinrich Siber zum 10. April 1940", Band II, Leipzig 1943（mit der Monographie übereinstimmende Seitenzählung）.

Heck, Philipp, Rechtsphilosophie und Interessenjurisprudenz, AcP 143 （1937）,

S. 129-196.

Kim, Hyung-Bae, Wolfgang Freiherr Marschall von Bieberstein（Hrsg.）, Zivilrechtslehrer deutscher Sprache, Seoul, München 1988.

Kokert, Josef, Der Begriff des Typus bei Larenz, Berlin 1995.

Lambrecht, Peter, Die Lehre vom faktischen Vertragsverhältnis. Entstehung, Rezeption, Niedergang（Beiträge zur Rechtsgeschichte des 20. Jhs. 10）, Tübingen 1994.

Lange, Heinrich, Die Entwicklung der Wissenschaft vom Bürgerlichen Recht. Eine Privatrechtsgeschichte der neuesten Zeit, Tübingen 1941.

Rückert, Joachim, Das „gesunde Volksempfinden"-eine Erbschaft Savignys?, ZRG GA 103（1986）, S. 199-247;jetzt auch in Rückert, Joachim, , Ausgewählte Aufsätze in zwei Bänden, Keip Goldbach 2012, Nr. 15.

Rückert, Joachim, , Der Sieg des „Lebens"und des konkreten Ordnungsdenkens in der Deutschen Rechtsgeschichte der NS-Zeit, seine Vorgeschichte und seine Wirkungen, in Rückert, Joachim/D. Willoweit（Hg.）, Die Deutsche Rechtsgeschichte in der NS-Zeit, ihre Vorgeschichte und ihre Nachwirkungen, Tübingen 1995, S. 177-240, jetzt auch in *Rückert, Joachim,* , Ausgewählte Aufsätze in zwei Bänden, 2012, Nr. 10.

Rückert, Joachim, , Richtertum als Organ des Rechtsgeistes: Die Weimarer Erfüllung einer alten Versuchung, in: Nörr, Wolfgang, Bertram Schefold, Friedrich Tenbruck（Hrsg.）, Geisteswissenschaften zwischen Kaiserreich und Republik, Stuttgart 1994, S. 267-313;jetzt auch in *Rückert, Joachim,* , Ausgewählte Aufsätze, 2012, Nr. 32.

Rüthers, Bernd, Die unbegrenzte Auslegung, Tübingen 1968, 7. uvä. um ein Nachwort erweiterte Aufl. 2012.

Rüthers, Bernd, Entartetes Recht, 2. Aufl. München 1989.

Rüthers, Bernd, Anleitung zum fortgesetzten methodischen Blindflug?, in: NJW 1996, S. 1249-1253.

Seinecke, Ralf, Richtige Reinheit oder reine Richtigkeit?Rechtslehren nach Hans Kelsen und Karl Larenz, in: JZ 2010, S. 279-287.

Volbehr, Friedrich, Richard Weyl, Professoren und Dozenten der Christian-Albrechts-Universität zu Kiel, 4. Aufl. Kiel 1956.

Wagner, Heinz, Kontinuitäten in der juristischen Methodenlehre am Beispiel von Karl Larenz, in: Demokratie und Recht 1980, S. 243-261.

Wolf, Wilhelm, Zivilrechtswissenschaft ohne Larenz. Die Positionierung des Privatrechts zwischen 1945 und 1953, KritV 1997, S. 400-425.

很少提及且并不常见的关于拉伦茨哲学大厦的较早的意大利语基础文献：*La Torre, Massimo*, La,Lotta contra il diritto soggetivo'. Karl Larenz e la dottrina giuridica nationalsocialista, Milano 1988. 简明扼要地论述拉伦茨原著的有：*Braczyk, Boris A.*, Karl Larenz' völkisch-idealistische Rechtsphilosophie, in. ARSP 79（1993）S. 99-116.

4. 其中关于纳粹背景的其他文献

Anderbrügge, Klaus, Völkisches Rechtsdenken. Zur Rechtslehre in der Zeit des Nationalsozialismus, Berlin 1978.

Canaris, Claus-Wilhelm, Karl Larenz（1903-1993）, in: Deutschsprachige Zivilrechtslehrer des 20. Jahrhunderts in Berichten ihrer Schüler. Eine Ideengeschichte in Einzeldarstellungen, Bd. 2, hg. v. St. Grundmann u. K. Riesenhuber, Berlin 2010, S. 263-307. 这篇文章引起一场激烈的论争，但其并未涉及多少本节关于方法论和民法的主题：*Rüthers, Bernd*, Personenbilder und Geschichtsbilder-Wege zur Umdeutung der Geschichte?Anmerkung zu einem Larenz-Portrait, in: JZ 66（2011）, S. 593-601;*Canaris, Claus-Wilhelm*,,,Falsches Geschichtsbild von der Rechtsperversion im Nationalsozialismus"durch ein Porträt von Karl Larenz?Wider einen Versuch,,unbegrenzter Auslegung"eines wissenschaftlichen Textes, in: JZ 66（2011）, S. 879-888;*Rüthers*, Die Risiken selektiven Erinnerns-Antwort an C.-W. Canaris, in: JZ 66（2011）, S. 1149-1151;*Simon*, Dieter, Des Teufels Advokat, in: Myops, Heft 12, 2011, S. 65-78;*Jakobs, Horst-Heinrich*, Sehr geehrter Herr Canaris, in: Myops, Heft 14, 2012, S. 6-16;*Kaube, Jürgen*, Der Fremde als Gast im Zivilrecht, in: FAZ vom 11.4.2012, Seite N 3.

Fikentscher, Wolfgang, Methoden des Rechts in vergleichender Darstellung, Bd. 3, Mitteleuropäischer Rechtskreis, Tübingen 1976.

Landau, Peter, Die deutschen Juristen und der nationalsozialistische Deutsche Juristentag in Leipzig 1933, ZNR 1994, S. 373-390.

Rückert, Joachim, Unrecht durch Recht-Zum Profil der NS-Zeit in der Rechtsgeschichte, in: JZ 70（2015）S. 793-804.

Schröder, Jan, Rechtswissenschaft in Diktaturen. Die juristische Methodenlehre im NS-Staat und in der DDR, München 2016.

Willoweit, Dietmar, Deutsche Rechtsgeschichte und„nationalsozialistische Weltanschauung": das Beispiel Hans Frank, in: Stolleis, Michael, Dieter Simon（Hrsg.）, Rechtsgeschichte im Nationalsozialismus. Beiträge zur Geschichte einer Disziplin, Tübingen 1989, S. 25-42.

第九节　维亚克尔（Franz Wieacker，1908—1994）的方法与民法[*]

要目

一、维亚克尔的生平与著述

二、维亚克尔的法学方法

三、以《德国民法典》第 242 条为例的方法适用

四、余论

五、原著及文献

弗朗茨·维亚克尔是其所处时代最负盛名和国际公认的德国法学家之一。^[1] 维亚克尔首先是一位法律史学家，尤以其著作《近代私法史》（Privatrechtsgeschichte der Neuzeit）^[2] 而闻名，其又是一位罗马法学家，同时其还凭借对民法的重要论述而成为著名的民法学家。然而，今天在文献中很难发现维亚克尔的方法论和法学方法，^[3] 但是他曾对法理论、自然法、^[4] 教

656

---

* 马里昂·特雷格尔（Marion Träger）撰 [本书第三版由约阿希姆·吕克特（Joachim Rückert）审阅、补充和更新]，王战涛译，刘志阳校。

[1]　*J. G. Wolf*, Franz Wieacker 70 Jahre, JZ 1978, 578; *Wollschläger*, Franz Wieacker zum 70. Geburtstag, NJW 1978, 1791; *Lange*, Nachruf, JZ 1994, 354.

[2]　第一版 1952 年，哥廷根，第二版 1967 年。

[3]　本节"五、原著及文献"中提及的文献在下文注释将进行简写。*Fikentscher*, Methoden des Rechts III, S. 414, 在埃塞尔之后提到了维亚克尔，并列举了维特豪尔特制定法之外的标准。这来自维特豪尔特论著《制定法与法官艺术》（Gesetz und Richterkunst）。《制定法与法官艺术》中选择的标准被以存疑的方式进行了价值排序，然而维特豪尔特并没有采取该等方式。考夫曼（Kaufmann）、哈斯默尔（Hassemer）、纽曼（Neumann）、萨利格（Saliger）的《法哲学和法理论》（Rechtsphilosophie und Rechtstheorie）对维特豪尔特的注释仅在脚注部分，且多为维特豪尔特私法史；涉及维亚克尔教义学仅在几处脚注提及，且无详细反映。拉伦茨的《法学方法论》（Methodenlehre）中的注释同样大多只提及维特豪尔特的私法史；仅《制定法与法官艺术》出现在两处脚注中，但是并没有详细论述维特豪尔特方法。帕洛夫斯基（Pawlowski）的《给法律人的方法论》（Methodenlehre für Juristen）仅一处脚注特别讨论了维特豪尔特的论题学讨论；此外仅在个别 Fn. 中简要涉及维特豪尔特法学方法。*D. Simon*（Hrsg.），Ausgewählte Schriften, 在其前言中批判了维特豪尔特对教义学贡献的继受的欠缺。个别论题简述现在可参见 *J. G. Wolf*, Wieacker, 2007。

[4]　Naturrechtsdiskussion, 1965; vgl. auch Rechtsprechung und Sittengesetz, 1961; Gesetz und Richterkunst, 1957.

义学批判与司法三段论、[5] 法发现的方法、[6] 论题商谈、[7] 制定法约束及制定法之外的法律秩序等问题 [8] 贡献甚多。维亚克尔虽然没有书写其独有的法律方法，但是其在法律理论研究中的基本思想涉及法律适用方法，裁判中的法官、法学研究与立法者之间的关系，实在法的角色以及法官作出裁判的过程。

657　　　　维亚克尔上述诸多贡献使得其作为法理论家和民法教义学家的方法计划显露无遗，而这正是本节的强调内容。

一、维亚克尔的生平与著述

1. 生平 [9]

658　　　　弗朗茨·维亚克尔于 1908 年 8 月 5 日生于波美拉尼亚州的什切青旧城，其父是一名法官，后来成为位于施塔德市的州法院的院长。

659　　　　维亚克尔 17 岁那年开始在图宾根大学学习法律，后辗转至慕尼黑与哥廷根。第一次国家考试之后，其于 1929 年夏成为罗马法学者*普林斯海姆*（*Fritz Pringsheim*）的学生，并在普林斯海姆门下于 1930 年年底在弗莱堡完成《解除约款》（Lex commissoria）研究，即关于罗马买卖法中履行强制及撤回的博士论文，并成为普林斯海姆的助手。维亚克尔并没有立即开始候补文官实习与第二次国家考试，而是于 1931 年和 1932 年到罗马与巴勒莫留学。1933 年 2 月，维亚克尔在弗莱堡普林斯海姆门下以《公共无线电广播法》（Recht der öffentlichen Rundfunksendung）之报告完成教授资格论文，并基于对罗马"合伙"的基础研究获得罗马法、民法以及著作权法与专利法之教授资格。1933 年至 1936 年，维亚克尔先后在弗莱堡、美因河畔法兰克福和基尔代理教席。1937 年 1 月 1 日，其成为莱比锡大学计划编外教授，两年之后成为莱比锡大学正教授，并一直持续到战争

---

[5]　Praktische Leistung der Rechtsdogmatik, 1970; vgl. Auch Gesetz und Richterkunst, 1957; Rechtsfindung, 1974; Formalismus und Naturalismus, 1982.

[6]　Rechtsfindung, 1974; Formalismus und Naturalismus, 1982; Szientismus, 1978; Topikdiskussion, 1973.

[7]　Topikdiskussion, 1973; vgl. auch Praktische Leistung der Rechtsdogmatik, 1970; Rechtsfindung, 1974.

[8]　Gesetz und Richterkunst, 1957; Rechtsprechung und Sittengesetz, 1961; Naturrechtsdiskussion, 1965.

[9]　目前详细的"生平履历"见 *Winkler*, Wieacker, 2013, S. 569-572, 下文将继续使用。

后期。其拒绝了来自基尔大学、柏林大学和斯特拉斯堡大学的聘请。维亚克尔于 1937 年 5 月 1 日加入德国民族社会主义工人党。随后，维亚克尔卷入了战争，于 1945 年在意大利被俘。1945 年至 1948 年，维亚克尔在哥廷根和弗莱堡的职业分别为教席代理和兼职讲师。1948 年其被弗莱堡大学重新任命为正教授，教授罗马法、民法与近代私法史。自 1953 年年末起，维亚克尔成为哥廷根大学正教授，并成为新组建的普通法和罗马法研究所的主任。尽管有五次其他高校的聘任邀请，他还是忠实地留在哥廷根。由于与弗莱堡大学的持续联系，维亚克尔于 1970 年成为弗莱堡大学的授薪教授。1973 年，维亚克尔根据自己的愿望提前退休。其于 1994 年 2 月 17 日与世长辞。[10]

正如多次被他校聘任所示，维亚克尔是**最重要（bedeutendest）**的德国法学家与 20 世纪主要法律学者之一。[11] 维亚克尔国内外崇高的声望从其一系列荣誉博士学位（弗莱堡大学、格拉斯哥大学、乌普萨拉大学、佛罗伦斯大学、巴塞罗那大学和罗马大学）中可见一斑。同时，维亚克尔还是众多国内外团体成员 [莱比锡科学学会（1941），哥廷根科学学会（1954），海德堡学会通信及外部成员（1952），罗马山猫学会（1967），米兰隆巴多研究所（1970），乌普萨拉皇家艺术与科学院（1972），慕尼黑巴伐利亚科学学会（1973）以及美国法律史协会]。其获得的特殊荣誉有：1969 年继卡尔·雅斯贝尔斯（Karl Jaspers）之后被授予军队科学家与艺术家的普鲁士普勒梅里特勋章（"Pour le mérite"），1978 年被联邦德国授予星级大十字勋章（Großes Verdienstkreuz mit Stern），以及 1985 年被授予"法学家诺贝尔奖"，即"安东尼奥·费尔特里内利学院国际奖"（Premio Internazionale per le Scienze Giuridiche della Fondazione Feltrinelli）。[12] 但是鉴于其所处的纳粹时代，维亚克尔也被迫放弃了一些荣誉。

660

---

[10]　有关传记数据参见 *Kim/Marschall*, Zivilrechtslehrer, S. 479; *Wolf*, Franz Wieacker 70 Jahre, JZ 1978, 578; *Lange*, Nachruf, JZ 1994, 354; *Winkler*, Wieacker, 2013, S. 569 ff.。

[11]　*Wollschläger*, Franz Wieacker zum 70. Geburtstag, NJW 1978, 1791; *Lange*, Nachruf, JZ 1994, 354.

[12]　*Kim/Marschall*, Zivilrechtslehrer, S. 479; *Wolf*, Franz Wieacker 70 Jahre, JZ 1978, 578; *Lange*, Nachruf, JZ 1994, 354.

2. 著述

661   在维亚克尔广泛的著述中 [13]，重点是**罗马法（Römisches Recht）**。这一重点始于其关于"解除约款"的博士论文和关于"合伙"的教授资格论文，维亚克尔在其学术研究生涯中对罗马法作出了诸多贡献，其最后一本罗马法巨著为经典考古学工具书《罗马法史》第一卷。通过对文本批判的查证以及对文本传统一般情况的研究，他作出了开拓性贡献。其通过《古典法学家的文本层次》（Textstufen klassischer Juristen）（1960）将罗马法学考证提高到了一个新的水准。[14]

662   此外，维亚克尔对中世纪博洛尼亚以来的**新近的法史（neuere Rechtsgeschichte）**作出了重要的贡献。他于 1952 年出版了影响全欧的《近代私法史——以德意志的发展为观察重点》这一著作，并以此创建了近代私法史这一学科。[15] 在该书中，维亚克尔列举了各个时期的思想史以及社会的力量，其影响了德国与欧洲及至当代的法律思维与私法立法。

663   另外维亚克尔还有大量关于**现行法（geltendes Recht）**的论述。在民法领域，其尤其对重要的问题反复阐明立场，如其中论述涉及土地法与所有权保留（1938）、《德国民法典》第 242 条（1956）、债权功能（1941）、意思表示与"社会典型行为"（1943、1957、1959、1961）、合同违反（1954）、法律违反与过失（1957）、过错（1973）、法律行为基础（1965）、给付概念（1965）、法人（1973）以及转换（Konversion）（1990、1992）。[16]

664   自 20 世纪 50 年代后期以来，尤其是自 60 年代后期一直到 80 年代，维亚克尔在不同的著述中对**法理论的讨论（rechtstheoretische Diskussion）**作出了贡献。[17] 其中最重要的是维亚克尔 1957 年发表的论著《制定法与法官艺术》（Gesetz und Richterkunst），维亚克尔在该论著中表达了其关于法律适用尤其是涉及法官法适用与制定法关系的理解。维亚克尔最为知名的法学理论论文《〈德国民法典〉第 242 条之法理论透视》（Zur

---

[13] 最佳传记目前参见 *Behrends* 1995 和 *Winkler* 2013。

[14] *Wolf*, Franz Wieacker 70 Jahre, JZ 1978, 578 f.; *Lange*, Nachruf, JZ 1994, 354.

[15] *Wolf*, Franz Wieacker 70 Jahre, JZ 1978, 578; *Lange*, Nachruf, JZ 1994, 354. 关于学术史以及批判性总结参见 *Winkler*, Wieacker, 2013。

[16] 传记参见 *Behrends* 1995 und *Winkler* 2013。

[17] 最重要的法理论论著被收集于 *Simon, Dieter*（Hrsg.）, Ausgewählte Schriften, Band 2, Theorie des Rechts und der Rechtsgewinnung, Frankfurt 1983。

rechtstheoretischen Präzisierung des §242 BGB）（1956）借助教义学表明了概括条款具体补充之可能。

从时间顺序来看，维亚克尔于1932年即23岁时开始其学术生涯。其于1932年和1933年分别发表两篇论文，于1934年至1944年发表了大量论著，其中大部分关于罗马法，但亦涉及新的财产宪法、土地法、所有权保留、继承法等。1945年至1947年其未有论著发表，1948年仅有一篇评论。1949年之后，从20世纪50年代到80年代，维亚克尔将重点放在学术创作上。通过大量的论著，其讨论了罗马法、民法、法律史，尤其是私法史、民法教义学和法理学。

本节比较感兴趣的是他在20世纪50年代和80年代之间撰写的一些**法理论论著（rechtstheoretische Schriften）**，也即1920年至1930年相对较短的时期内。维亚克尔的观点中几乎不存在时代变迁的问题，即便1965年之后其对日益增多的一般方法批判作出了诸多反应。考察这些论著可以发现，维亚克尔总是在追溯特定**方法上的基本思想（methodische Grundgedanken）**。我们也不能确定维亚克尔在方法上存在中断。根据温克勒（Winkler）的全面研究可以发现，维亚克尔的一般基础论著具有很强的连续性，可追溯至1945年之前。[18] 下文将以1955年之后明确的方法贡献作为基础。

当然不能误以为，维亚克尔的方法要素与1945年之前保持根本的**连续性（Kontinuität）**。[19] 当时刚满30岁的维亚克尔猛烈地展开了时新论证[20]，即正如人们美其名曰的关于"合同救济"与合同订立（变更）的讨论。这正是合同矫正时代的趋势之一。基于偏好，维亚克尔对该趋势的描述甚为明白："尤其今天（1938），在旧的实证主义和旧的法制国家（Gesetzesstaat）崩溃之后，更加广阔和更为自由的法官权力之路似已敞开。其中核心在于一种准确的预兆；但是我们只能对此保持谨慎审视，以防高估这一路径的

665

666

---

[18] 关于1945年之前以及重要的法律连续性问题参见 *Winkler*, Wieacker, S. 439 ff., 445 ff.。对1945年之前的根本考虑参见 *Wieacker*, Richtermacht und privates Rechtsverhältnis. Eine übersicht über den Stand der Problematik im Privatrecht, AöR 29（138）S. 1-39.。

[19] 对此根本性与尖锐性论述参见 *Winkler*, Wieacker, S. 439 ff.。

[20] 参见《抵押贷款利息法》（Gesetz über Hypothekenzinsen vom 2.7.1936），《旧债清除法》（G. über eine Bereinigung alter Schulden vom 17.8.1938）[简略涉及此问题的文献 *J. Rückert*, Das gesunde Volksempfinden..., Zs. d. Savigny-Stiftung für Rechtsgeschichte 103（1986）S. 217]，《合同救济规章》（Vertragshilfe VO vom 30.11.1939）; 1945年之前的亦富有启发意义 *J. Esser*, Schuldrecht, 2. A. 1960, §13.4: "合同救济中的修正"。

范围。"[21]对于法官而言，界限自然不再是私人自治本身，而是部分通过"设定特别法"的"管控"以及部分通过国家管理的建构，这种界限催生了具有社会等级的自我管理和国家监督或等级监督。[22]从这种关联出发，一种作为法律适用学说的原本的方法论并无空间，亦无多大利益。相反，**宪法政策背景（der verfassungspolitische Hintergrund）** 却具有持续性意义。此时，维亚克尔对此特别清楚地联系到了"宪法政策发展"，也即分权原则，但是他对法官友好的倾向如 1945 年之前一样，并未受到影响。维亚克尔的动机完全是社会性的。在合同法上维亚克尔"全身心地"关注"私人自治的自由法制国家规则之欠缺"，例如"租赁合同的特殊条款中未列明相关规则时，或对某具体生活情形明确了特殊规则"[23]。一般性的方法效果是：在规范上强调"生活情形"，具体而言就是本体化（ontologisiert）。合乎逻辑的是，单纯的制定法规范不能作为"真正"的标准性依据。1945 年之后，维亚克尔撤回这一立场，但这一立场无论如何并没有全部消失。更为突出的是，维亚克尔现在如何理解法学方法。

二、维亚克尔的法学方法

1. 基础

在维亚克尔看来，**法教义学的任务（Aufgabe der Rechtsdogmatik）** 在于，为解决人与人之间的纠纷之合理且易于理解的方案提供标准，也即为法律适用提供实践性指导。[24]法官裁判构成法律适用的核心，法官裁判主要来自法院，但也来自行政以及部分来自法政策，只要裁判受合宪性立法程序约束以及内容上受制于《德国基本法》。[25]维亚克尔以法官裁判作为例证。[26]他的一些教义学论著涉及法官作出裁判的过程及其特征，[27]可能的

---

[21]　*Wieacker*, Richtermacht, 1938, bei Wollschläger (Hg.), Zivilistische Schriften, S. 264, auch 294 f.

[22]　Ebda. 296f.，总结性质。

[23]　Ebda. 269, auch 294f.

[24]　*Wieacker*, Praktische Leistung der Rechtsdogmatik, S. 66 f.; vgl. auch *Wieacker*, Szientismus, S. 127; *Wieacker*, Formalismus und Naturalismus, S. 139, 148; *Wieacker*, Gesetzesrecht, JZ 1957, 701, 704.

[25]　*Wieacker*, Rechtsfindung, S. 101 f.

[26]　*Wieacker*, Rechtsfindung, S. 101 f.; vgl. auch *Wieacker*, Gesetz und Richterkunst, S. 3; *Wieacker*, Recht und Automation, S. 164, 166.

[27]　*Wieacker*, Gesetz und Richterkunst, S. 4 ff., 7; *Wieacker*, Gesetzesrecht, JZ 1957, 701, 704; *Wieacker*, Rechtsgewinnung, S. 176; *Wieacker*, Topikdiskussion, S. 94.

方法，[28]制定法约束与法律适用上可能的裁量范围[29]以及法官的法解释与法律续造。[30]维亚克尔的方法原则根本上针对的是适用法的法官。值得注意的是法官角色与方法论的延续性。

对于理解维亚克尔方法的视角比较有意义的是法律适用的目标和要求，因为维亚克尔以此建立了**其方法构想的**（**seines Methodenkonzepts**）**不同前提**（**Prämissen**）。

法的目标在于**实现实践正义**（**Verwirklichung praktischer Gerechtigkeit**）。[31]因此，法官的法律适用应当为了实现法的安定性、同等事物同等对待与意志自由。[32]该目标只有在法官作出裁判的过程中才可以客观化——可合理矫正、公众易于理解和控制的标准决定之时，才能实现。[33]因此法律适用应当尽可能免受法官的主观观念和个人习惯性价值观念之影响。[34]后者也可以从宪法角度得出来：《德国基本法》第3条第3款规定的禁止基于世界观不同而加以歧视、第5条第1款规定的言论自由这一基本权利、第4条规定的良心自由原则、第1条规定的尊重人之尊严的原则结合第2条第1款规定的人格之自由发展等，阻止了法秩序强行实施一定的道德上的价值观念，以便法律适用可以一直免受纯粹个人世界观的影响。[35]最后，在每一个法律裁判中应当重视个案公正，[36]因为一项裁判总是为了解决某一具体的纠纷而将一个一般规则适用于某一具体的案例。

维亚克尔从**平等对待**（**Gleichbehandlung**）的目标得出，每一项裁判都是**一般规则**（**allgemeine Regel**）的适用，用《瑞士民法典》（1907）第1

[28]　*Wieacker*, Praktische Leistung der Rechtsdogmatik, S. 64 ff., 69 ff.; *Wieacker*, Topikdiskussion, insb. S. 97 ff.; *Wieacker*, Rechtsfindung, S. 103 ff.; *Wieacker*, Formalismus und Naturalismus, S. 140 f., 148 ff.

[29]　*Wieacker*, Gesetz und Richterkunst, S. 3 ff., 6 ff., 11 ff.; *Wieacker*, Rechtsprechung und Sittengesetz, S. 28 ff.; *Wieacker*, Praktische Leistung der Rechtsdogmatik, S. 63 f.

[30]　*Wieacker*, Rechtsfindung, S. 102; *Wieacker*, Gesetz und Richterkunst, S. 7.

[31]　*Wieacker*, Naturrechtsdiskussion, S. 5.

[32]　*Wieacker*, Praktische Leistung der Rechtsdogmatik, S. 69; *Wieacker*, Topikdiskussion, S. 98; *Wieacker*, Rechtsfindung, S. 117; *Wieacker*, Recht und Automation, S. 165 f.; *Wieacker*, Rechtsgewinnung, S. 176, 179.

[33]　*Wieacker*, Topikdiskussion, S. 98; *Wieacker*, Rechtsfindung, S. 117, 119; *Wieacker*, Szientismus, S. 129; *Wieacker*, Formalismus und Naturalismus, S. 148; *Wieacker*, Rechtsgewinnung, S. 176, 179.

[34]　*Wieacker*, Rechtsprechung und Sittengesetz, S. 26.

[35]　*Wieacker*, Rechtsprechung und Sittengesetz, S. 24, 26.

[36]　*Wieacker*, Recht und Automation, S. 166 f.; *Wieacker*, Praktische Leistung der Rechtsdogmatik, S. 69.

条第 2 款的表达来讲，裁判者"以立法者身份去作出"裁判。[37]

671　　**一般规则**的要求与法的安定性、同案同判和自由选择以及法律裁判的合理性与可核验性首先由一般制定法来保障，一般制定法"通过自始确立的规则预测到某一具体纠纷之裁判"。[38] 因此，基于一般制定法严格推导出的"制定法实证主义"之方法，显得已经很好地实现了被要求的普遍有效性、可预见性、平等对待以及法的安定性，恰如制定法实证主义对这些长期坚定不移地看重的那样。

672　　然而维亚克尔基于多种原因果断而彻底地拒绝了完全的**制定法实证主义**。[39]一方面，一如所有的涵摄程序——在维亚克尔看来，该等程序由假定条件的严格逻辑结论推导而来，维亚克尔并不满足于**个案正义**（**Einzelfallgerechtigkeit**）。[40] 基于逻辑推论需要具有普遍可见性这一要求，这些程序保障了客观性、同案同判与形式上的法的安定性。但是这一严格的涵摄并没有为裁判的"实践上的合理性"与"实践上的道德正当性"提供保障。[41] 对此个案中有关正义的情形应当纳入裁判过程，而这从制定法严格引导出的制定法实证主义在程序上并不可能。[42]

673　　维亚克尔认为所谓制定法实证主义的另一方面的问题在于，制定法实证主义将一切法与制定法等量齐观，具有一种危险，那就是鉴于法制国家的至善论而失去实践正义的本来目标，不再重视最基本之法的理性。非正义之实在法的危险可通过诸如相互控制、合格的多数与独立的宪法司法而进行预防，但如果法秩序仅奉命于制定法且不允许基于正义对规范进行**超实证控制**（**überpositive Kontrolle**），那么此等风险便不可消除。因此，法

---

[37]　此为维特豪尔特方法中的基本思想：参见 *Wieacker, Praktische Leistung der Rechtsdogmatik*, S. 77; *Topikdiskussion*, S. 97; *Rechtsfindung*, S. 117; *Szientismus*, S. 128; *Rechtsgewinnung*, S. 179; *Zitat des ZGB* unten in Rn. 855。

[38]　*Wieacker, Praktische Leistung der Rechtsdogmatik*, S. 64; *Wieacker, Rechtsgewinnung*, S. 177.

[39]　*Wieacker, Naturrechtsdiskussion*, S. 5; *Wieacker, Rechtsprechung und Sittengesetz*, S. 19; *Wieacker, Gesetz und Richterkunst*, S. 5/6; *Winkler, Wieacker*, 439 ff.

[40]　*Wieacker, Praktische Leistung der Rechtsdogmatik*, S. 69; *Wieacker, Rechtsgewinnung*, S. 182; vgl. auch *Wieacker, Recht und Automation*, S. 166/167. 当然从严格逻辑意义上看并非制定法实证主义方法，这一"逻辑"解释要素在 19 世纪乃是一个普遍性公式，其并非我们所说的形式逻辑，参见关于普赫塔的章节内容（Rn.213 ff.），和关于概念法学的内容（Rn.1362 ff.）。

[41]　*Wieacker, Praktische Leistung der Rechtsdogmatik*, S. 69/70.

[42]　较清楚的强调内容参见 *Winkler, Wieacker*, etwa S. 448，个案中的法发现作为一种典范，而且根本上逐步扩大：不仅是制定法的缓和，而且是主导角度。

秩序自始就应对超实证性标准保持开放。[43]

　　制定法实证主义最终被拒绝，因为在**正常适用**一些制定法时已经需要一些超实证的标准。没有超实证标准，则诸如人之尊严、人格之自由发展或某个基本权利的本质内容等概念就无法被解释。[44] 然而被忽视的是，《德国基本法》已经对这些超实证标准进行了实证化，并因此改变了该问题，同样被忽视的还有，超实证的标准存在非正义的可能性。

　　维亚克尔坚决反对纯粹制定法实证主义是基于一种具有规范性效果的经验性视角。与经典的制定法实证主义观念相反，正如维亚克尔认为的，法律适用并非仅仅指对争议案情的**涵摄（Subsumtion）**，即通过逻辑上的三段论路径在制定法规范中呈现的假定裁判。[45] 制定法实证主义关于法律规定的无漏洞的基本理念，已经由于不可穷尽案例情况而无法实现。[46] 另外，成文规范的语言约束性带来的后果是，它必然导致明确的核心领域之外的规范的可适用性受到质疑，在该等情形下仅仅基于制定法便得出解决方案已不再可能。[47] 法典的过时与老化使得法官与法典编撰时的秩序与评价初心渐行渐远。社会与经济结构以及评价立场的转型导致制定法规定方案持续处于变动之中。[48] 但是法律裁判不能单只基于成文规范的逻辑结论进行推导；而更多的是**法律适用者依据既存的社会秩序与价值秩序（Rechtsanwendende nach der gegebenden Gesellschafts- und Werteordnung）**创造适用于个案的**一般规则（allgemeine Regel）**。[49]

　　在维亚克尔看来，在古典市民法治国向**社会福利法治国（sozialer Rechtsstaat）**发展的过程中，**民事法官（Zivilrichter）**与《德国民法典》编纂的**关系**明显处在**变迁**之中。法官在传统规范体系下仅裁判纠纷，而现在其亦受命于"对生活关系的**悉心塑造（fürsorgliche Gestaltung）**与社会和经济现状的良好规制"，比如在租赁法上强化承租人保护或提供司法上的合

674

675

676

---

[43]　*Wieacker*, Naturrechtsdiskussion, S. 5/6.

[44]　*Wieacker*, Naturrechtsdiskussion, S. 6.

[45]　*Wieacker*, Gesetz und Richterkunst, S. 5/6; *Wieacker*, Rechtsprechung und Sittengesetz, S. 30; *Wieacker*, Szientismus, S. 128; *Wieacker*, Topikdiskussion, S. 87; *Wieacker*, Rechtsfindung, S. 102/103; auch *Wieacker*, Recht und Automation, S. 166; *Wieacker*, Rechtsgewinnung, S. 181, 186/187.

[46]　*Wieacker*, Szientismus, S. 128; *Wieacker*, Formalismus und Naturalismus, S. 140.

[47]　*Wieacker*, Szientismus, S. 128; *Wieacker*, Formalismus und Naturalismus, S. 140.

[48]　*Wieacker*, Gesetz und Richterkunst, S. 3/4; *Wieacker*, Szientismus, S. 128.

[49]　*Wieacker*, Szientismus, S. 128.

同救济。[50] 因为当代转型后的国家及社会秩序涉及变化了的规范理解——
甚至这里涉及民事法官作用变更后的理解，其现在不再只是裁判案件争议，
而是作为 **"社会福利上塑造的法官（ sozial gestaltender Richter ）"**——制定
法实证主义的方法，即仅通过依据成文规范的逻辑上的强行结论而得出的
法律裁判，并非作出法律裁判的充分基础。

677　　　　维亚克尔因此放弃了制定法对法官的绝对统治。[51] 在他看来，并不
能实现单纯的逻辑认知上的制定法适用。[52]

678　　　　每一种释义和制定法解释已经是 **法官的评价性裁判（ wertende
Entscheidung des Richters ）**，也就是从多种可能评价之中作出选择。[53] 除了
极其狭隘的领域之外，如确定税负、养老金、费用的领域或适用年龄界限
的情形，其使用涵摄意义上的逻辑结论足以实现，法官作出裁判的过程总
是包含 **意志因素（ volitive Elemente ）**。[54] 在该等评价过程中，法官的任务在
于，发现可能的评价并从中作出选择。如存在多个评价方案，则需要进行
优化。[55] "前理解"（Vorverständnis）框架之下的裁判，重视涉及案情问题理
解的事实构成，但其并非逻辑的过程，而是一种评价性的选择过程。[56]

679　　　　维亚克尔还指出了另外一个原因，即为什么法律适用需要法官的评
价性裁判。根据对伦理行为的研究，与伦理相关的行为并非建立在认知
意义上的认知行动（ kognitiver Erkenntnisakt ）这一基础上，而是总以个人
在具体情形中对善的判断为基础。[57] 但是 **作为伦理行动的法官裁判行为
（ richterliche Urteilsfindung als sittlicher Akt ）** 从不属于单纯的规范应用，而
是从不同的评价可能中作出选择。[58]

680　　　　维亚克尔将 **评价（ Wertung ）** 理解得十分广泛，其认为评价是 **裁判的**

---

[50]　*Wieacker*, Gesetz und Richterkunst, S. 4/5; vgl. ähnlich 1938, 见本书上文边码 666。

[51]　*Wieacker*, Gesetz und Richterkunst, S. 6.

[52]　*Wieacker*, Gesetz und Richterkunst, S. 6; *Wieacker*, Praktische Leistung der Rechtsdogmatik, S. 59.

[53]　*Wieacker*, Gesetzesrecht, JZ 57, 701, 704; *Wieacker*, Gesetz und Richterkunst, S. 6/7; *Wieacker*, Praktische Leistung der Rechtsdogmatik, S. 59, 63; *Wieacker*, Szientismus, S. 135.

[54]　*Wieacker*, Rechtsgewinnung, S. 176, 186 f.

[55]　*Wieacker*, Szientismus, S. 135; *Wieacker*, Rechtsgewinnung, S. 176 ff., 183.

[56]　*Wieacker*, Rechtsgewinnung, 1978, S. 182, 187; "前理解"是埃塞尔 1970 年创制的表达，参见本书边码 755 及以下。

[57]　*Wieacker*, Naturrechtsdiskussion, S. 13; *Wieacker*, Gesetz und Richterkunst, S. 11.

[58]　*Wieacker*, Gesetz und Richterkunst, S. 11; auch *Wieacker*, Gesetzesrecht, JZ 1957, 701, 706.

所有**确定理由**（**alle Bestimmungsgründe einer Entscheidng**），这一评价的概念应当符合黑克（Heck）利益概念和评价法学的价值概念。[59] 维亚克尔在这里将**评价法学**（**Wertungsjurisprudenz**）——其对此也称为年轻的利益法学——视为利益法学的延续，评价法学只是用评价概念替代了利益概念。[60] 维亚克尔关于"利益"概念和"评价"概念的比较对其方法并无多少助益。甚至该等比较承担着贸然将维亚克尔的方法归入某种方法论流派的危险。一方面，似乎并不能确定，维亚克尔将"利益"和"评价"等同对于利益法学和评价法学是否得当。另一方面，本节应当对维亚克尔方法方案给予批判性研究。对此需要的固然不是维亚克尔对黑克利益概念或评价法学的评价概念的外在偏好。很大程度上需要问及的是，在维亚克尔看来，法官应当寻出其裁判的具体决定原因，也就是"评价"——法官应当从何种领域提取的可能性"评价"。

　　每一解释和制定法解释均是从不同评价可能中进行选择，维亚克尔由此可以得出，作为**评价选择**（**Bewertungswahl**）的任一法律适用行为**同时也是一个"局部的法律续造"**（**zugleich ein Stück "punktueller Rechtsfortbildung"**）。[61]　　　681

　　维亚克尔因此在超越涵摄的法律实施领域——如上所述，也就是法律裁判的多种可能——并没有清楚区分**制定法解释和法律续造**（**Gesetzesauslegung und Rechtsfortbildung**）。他将两者很大程度上融合在一起。因此，维亚克尔并没有认识到法发现的分离程序。维亚克尔对法官作出裁判发展出了**统一的原则**（**einheitliche Maximen**）——实际上仅是原则、指导规则，并非严格的规则或规范。故而下文研究维亚克尔关于法官裁判形成的观点也不再对制定法解释和法律续造进行区分。　　　682

　　根据维亚克尔对制定法实证主义毁灭性的批判和对法官作出裁判时评价过程及意志因素的突出强调可以设想，维亚克尔此时很少论及实在法规范的指引，很大程度上论述的是法官广泛的裁量权。然而维亚克尔也在此提示法律适用所要求的法的安定性、同案同判、裁判的可预见性、理智的　　　683

---

[59]　*Wieacker*, Topikdiskussion, S. 94; *Wieacker*, Rechtsfindung, S. 116.

[60]　*Wieacker*, Topikdiskussion, S. 94; 参见本书边码1428及以下、1432及以下，强调制定法部分，也即黑克在法律上的评价。

[61]　*Wieacker*, Gesetz und Richterkunst, S. 7.

可检验性与作出裁判的可控性及其要求的避免法官的主观价值评价。因此，维亚克尔坚持认为法官受法与制定法的**原则性约束（ grundsätzliche Bindung ）**。[62]然而众所周知的是，基本原理的约束力（ die Bindungskraft von Grundsätzen ）非常不确定。

684 　　　法官似乎必须要使用那些极端情形时的明显非正义之制定法，即依据《德国基本法》的字面含义直接判定无效——属于此类制定法的有：明显违反《德国基本法》第 1 条保护的人之尊严，第 2 条第 2 款规定的生活、身体不受侵害与自由之权利，第 12 条第 3 款规定的强迫工作之禁止以及第 19 条第 2 款的基本权利的根本内容的制定法。[63]这已经通过第 20 条第 3 款规定的司法受 "制定法和法" 之约束体现出来。[64]当对某部制定法是否符合《德国基本法》存有疑问时，法官可以根据《德国基本法》第 100 条第 1 款向联邦宪法法院求助。[65]因此，法官不得因为某条规范可能有些违反超实证的原则而拒绝制定法的约束，即不适用该部制定法。如果宽化对**法官的约束（ Bindung des Richters ）**，那么便授予法官任意悬架于制定法之上的权力，并打开了法官实现自己主观道德之路。[66]但是法律适用应当是在理性上可以事后核验并排除主观观点的。[67]

685 　　　维亚克尔试图寻找介于严格制定法实证主义之极端与法官的自由裁量权之间的**折中道路**，其中维亚克尔一直看重制定法约束的重要作用，例如维亚克尔并没有将 "制定法约束的宽松化"，而是将 "使非正义的制定法不可能产生" 视为免于非正义的制定法之侵害的真正保护方式。[68]

686 　　　**一方面**，法的安定性与同案同判要求制定法对法官的严格指引 [69] 和应当为法官作出裁判找到可核验的标准。[70]**另一方面**，法官在法律适用时可以享有一种裁量权，因为法律适用涉及评价过程，以及法官应当如此操作制定法约束：法官不应机械地跟随制定法，而应始终批判性地考

[62]　*Wieacker*, Rechtsprechung und Sittengesetz, S. 28.

[63]　*Wieacker*, Rechtsprechung und Sittengesetz, S. 29 f.

[64]　*Wieacker*, Rechtsprechung und Sittengesetz, S. 29.

[65]　*Wieacker*, Rechtsprechung und Sittengesetz, S. 29.

[66]　*Wieacker*, Rechtsprechung und Sittengesetz, S. 29.

[67]　*Wieacker*, Szientismus, S. 129; *Wieacker*, Rechtsgewinnung, S. 176.

[68]　*Wieacker*, Rechtsprechung und Sittengesetz, S. 19.

[69]　*Wieacker*, Rechtsprechung und Sittengesetz, S. 28.

[70]　*Wieacker*, Rechtsfindung, S. 117, 119; *Wieacker*, Szientismus, S. 129.

察制定法的正义性。[71]

因此人们可以如此描述**法官的地位**（ Stellung des Richters ）：法官应当 〔687〕
在作出裁判过程中尽可能排除个人评价，应当保持世界观的开放与遵循制
定法的正义导向，不应"盲目地"服从，而是清醒地思考和核实规范的正
义性。制定法实证主义的极端立场与自由评价在此被非历史地和非现实地
予以尖锐化，[72]解决方案恰恰具有矛盾情绪。维亚克尔杰出、敏锐且自由的
语言艺术在 1945 年后避免了尖锐的实证论断。但是他同情最终**塑造社会
伦理的法官**（ sozialethisch gestaltender Richter ），且在必要时还支持超实证
的因素，但他并不怜悯议会法和自由的法治国。基于 1945 年后法学的个
体和权威危机，维亚克尔依然将"法官"理解为最安全和拥有活力之正义。
这也动摇了其方法论。

2. 法官作出裁判过程之细节

法官作出裁判过程的一个重要问题是，应当如何操作**法官的评价裁量** 〔688〕
空间（ Bewertungsspielraum des Richters ），才能避免主观裁判恣意以及保
障必要的法的安定性。在维亚克尔看来，应当找到客观化的、可合理核验
的以及公众看得见的标准。[73]

如果法官仅仅通过*制定法适用*（ Gesetzesanwendung ），即通过涵摄无法 〔689〕
依据制定法规范对争议案件作出裁判，那么就有必要去寻找具有约束力的
制定法之外的标准来作出裁判。[74]因此这涉及寻找**制定法之外的评价方案**，
即法律上应然的前实证性（ vorpositiv ）规则。[75]

其中对可客观化标准的发现程序应当**同时**包含**社会现实与规范的应** 〔690〕

---

[71]　*Wieacker*, Rechtsprechung und Sittengesetz, S. 40.

[72]　作为一般方法轴线，抛开特殊情形，既不存在此等单纯的制定法实证主义［1934
年卡尔·施密特所谓规范主义（ Normativismus ）］，亦不存在单纯的逻辑推导、单纯的法官自
由裁判等，概览参见本书边码 1362 及以下，概念法学参见本书边码 402 及以下，自由法参见
本书边码 1413 及以下，涉及利益法学，等等。维特豪尔特历史图像在一定程度上明显是通过
1933 年的反自由的论战得以确定的，参见本书边码 6 及以下。

[73]　Wieacker, Rechtsgewinnung, S. 176 f.; Wieacker, Praktische Leistung der Rechtsdogmatik,
S. 63; *Wieacker*, Rechtsfindung, S. 117, 119; *Wieacker*, Szientismus, S. 129; *Wieacker*, Formalismus und
Naturalismus, S. 148.

[74]　*Wieacker*, Gesetz und Richterkunst, S. 8, 17; *Wieacker*, Rechtsprechung und Sittengesetz, S. 30;
Wieacker, Formalismus und Naturalismus, S. 140.

[75]　*Wieacker*, Formalismus und Naturalismus, S. 140 f.

然内容（soziale Realität und normativ Gesolltes）。[76] 仅重视规范的应然内容与排除经验存在的程序——被维亚克尔称为**法律形式主义（juristischer Formalismus）**，维亚克尔将此理解为实证主义的不同变种，其中有**注释学派（ecole exégétique）**的法律主义（Legalismus）与德国的概念法学[77]——此等程序并不能说明前制定法之应然的内容。[78] 此外，法是社会交互的现象，[79] 因此有必要培养发现制定法之外正义价值的社会现实。

691　　　此外，亦不可接受仅针对社会现实而不考虑法上应然之物的程序。因为一方面**依据定义（per definitionem）**法似乎是**应然之物（Gesolltes）**，那么，法就不应作为单纯的事实予以描述。[80] 另一方面，这样一种程序错误地将经验的存在系于规范的应然。[81] 此外，该等程序包含诸多不安全性且没有充分保护自由裁判，也即如果制定法未对法官的评价程序进行规定而又存有疑问时，法官应当培养何种社会评价——例如总体多数评价或仅是专家的多数，以及法官如何确定此种评价。[82]

692　　　因此，制定法之外的正义价值作为准则对法官的评价过程而言仅在于其**不但受社会上的现实而且受规范上的应然（sowohl an der sozialen Wirklichkeit als auch am normativ Gesollte）**限制之时——如上所述，1945 年之后避免了一种明确的实在的定义。

693　　　**主观的法的良知或法感（das subjektive Rechtsgewissen oder Rechtsgefühl）**对司法而言并不能作为充分的制定法之外的标准，因为其没有提供客观的内容，不能保证合理的核验与属于正义本质的普适性。[83]

694　　　当运用**利益法学（Interessenjurisprudenz）**分析立法者所设定和评价的利益时，便为建构评价标准提供了一种实证性原则。[84] 此处应积极推崇

---

[76]　*Wieacker*, Formalismus und Naturalismus, S. 150 f.

[77]　*Wieacker*, Formalismus und Naturalismus, S. 145；这一惯用语一再被用作非历史的、尖锐的视角。

[78]　*Wieacker*, Formalismus und Naturalismus, S. 147 f.

[79]　*Wieacker*, Formalismus und Naturalismus, S. 149.

[80]　*Wieacker*, Formalismus und Naturalismus, S. 148.

[81]　*Wieacker*, Formalismus und Naturalismus, S. 148.

[82]　*Wieacker*, Formalismus und Naturalismus, S. 148.

[83]　*Wieacker*, Gesetz und Richterkunst, S. 9.

[84]　*Wieacker*, Gesetz und Richterkunst, S. 9; 积极评价亦见 *Wieacker*, Gesetzesrecht, JZ 1957, 701, 704。

的是关注现实利益状况的制定法规范这一导向。[85] 但是利益法学仅在制定法适用与制定法解释领域具有一定帮助。一旦未能发现立法者的利益评价，利益法学就必然无法作为方法使用，因为其不能为法官的评价选择提供标准。[86] 在维亚克尔看来，应当为法官裁量权的操作寻找制定法之外的负担义务的客观标准，[87] 以便实现对裁判的必要核验与预测，以及实现其追求的法的安定性、同案同判和裁量自由。维亚克尔支持**绝对无条件地负担义务的、制定法之外的评价标准（Anerkennung unbedingt verpflichtender，außgesetzlicher Bewertungsmaßstäbe）**。[88] 然而对此**不能理解**为是具有稳定的质料性内容的**一般规范的体系（System allgemeiner Normen）**。[89] 维亚克尔从评价标准和伦理的历史性**绝对**不可能得出质料上的价值伦理。[90] 由于人类的行为总是个人的、历史的和涉及具体情形的，因此其并不能为正确的行动提供普遍有效的、质料性的规范，因为该规范并不考虑个人、历史或具体情形。[91]

　　维亚克尔还提出了其他理由来**反对抽象的、规范的法伦理（gegen eine abstrakte，normative Rechtsethik）**。在具体情形中，每个伦理行为和据此作为伦理实践行为的法官裁判的基础在于对善的**个人判断**。[92] 因此，对于适用法的法官而言，作为约束性标准的、内容上不可更改的规范体系恰恰是不协调的。[93] 由此产生的问题是，基于此处出现的矛盾——具有普遍约束性的价值标准在某些情况下却是抽象的、具有责任的行为，而具有普遍约束力的标准对于法官而言本应是完全可以发现的。[94] 维亚克尔计划解决这一问题，在他看来，**法伦理的任务（Aufgabe der Rechtsethik）**并不在于特定质料性内容之**绝对的**规范体系的方针——因为如上所示，此种任务完全不可能存在，而是在于为实践作出裁判提供可以客观化与具有约束

695

---

[85]　*Wieacker*, Gesetz und Richterkunst, S. 9.

[86]　*Wieacker*, Gesetz und Richterkunst, S. 9.

[87]　*Wieacker*, Gesetz und Richterkunst, S. 9.

[88]　*Wieacker*, Gesetz und Richterkunst, S. 10.

[89]　*Wieacker*, Gesetz und Richterkunst, S. 10 f.

[90]　*Wieacker*, Gesetz und Richterkunst, S. 10.

[91]　*Wieacker*, Gesetz und Richterkunst, S. 10.

[92]　*Wieacker*, Gesetz und Richterkunst, S. 11; 参见本书边码 679。

[93]　*Wieacker*, Gesetz und Richterkunst, S. 10 f.

[94]　*Wieacker*, Gesetz und Richterkunst, S. 11.

力的标准，其应当可为法官的公正裁判技艺提供直接可执行的指示。[95]因此可行的是，为法官评价空间的操作提供看得见的、可以核验的以及绝对约束性的标准，维亚克尔将其称为**良好的法官艺术的规则（Regeln guter Richterkunst）**。[96]通过这种方式虽然不能为法官内容裁判建立普遍约束性的标准，但是可以为实践行为提供可以客观化的、具有约束力的指示，也就是每一个案中法官的实践方式。[97]此等可客观化与约束性来自何处，当然并未得到解决。

696   在此背景下需要澄清**维亚克尔与自然法的关系（Verhältnis Wieakers zum Naturrecht）**问题。对于维亚克尔而言，自然法绝不只是规范上的**绝对内容体系**。[98]相反，在现存历史状况之下完全是遵循正义的超实证性标准与指示。[99]维亚克尔未予明确的是，人们是否应当将正义的法的可客观化的、方法上可遵循的标准称为自然法。[100]

697   从哪里发现法官裁判技艺可客观化与可合理核验的标准？在维亚克尔看来，最具约束力且最大限度地接近实在法的内容，是从《**德国基本法**》中得出的明确的**评价**。[101]维亚克尔将诸如人类尊严、自由的基本秩序、对平等的宪法政策确认、社会福利国家原则或联邦主义等道德上的基本原理评价作为例证。[102]然而，只要此类评价在基本法中得以明文规定，该等价值标准便得以实在化，且不再支持制定法之外的内容。相反，维亚克尔一再坚持既迷人又危险的**法律世界之双重属性（Doppelug der Rechtswelt）**。此外，评价的获得应当来自宪法、法典与法律表达出的整个法秩序的评价关系。[103]此处维亚克尔处于体系解释框架之下且十分接近实在规范。以尼佩代（Nipperdey）为例，可以发现这一角度更为清晰的处理。[104]

---

[95]　*Wieacker*, Gesetz und Richterkunst, S. 11 f., 17.

[96]　*Wieacker*, Gesetz und Richterkunst, S. 12.

[97]　*Wieacker*, Gesetz und Richterkunst, S. 11.

[98]　*Wieacker*, Naturrechtsdiskussion, S. 12.

[99]　*Wieacker*, Naturrechtsdiskussion, S. 14.

[100]　*Wieacker*, Naturrechtsdiskussion, S. 8.

[101]　*Wieacker*, Gesetz und Richterkunst, S. 12; vgl. auch *Wieacker*, Szientismus, S. 128; *Wieacker*, Rechtsprechung und Sittengesetz, S. 30, 38.

[102]　*Wieacker*, Gesetz und Richterkunst, S. 12.

[103]　*Wieacker*, Szientismus, S. 128.

[104]　参见本书边码184及以下，亦见本书边码1435。

维亚克尔将**经过考验的判例**（bewährte Judikatur），也就是被认可的、 698
被专业人士和法院赞同并常常遵守的法院习惯，称为制定法之外最重要的
裁判指南。这适合作为法官作出裁判的标准，因为经过考验的判例在法官
判例法中可以形成经验，排除不实用的问题解决方案。通过对专业人士和
法院在要求上的一致性，可以阻止恣意裁判，保证作出裁判的客观化和可
核验性。[105] 维亚克尔将希望寄予法律人阶层，而这在 1945 年却未被论及。
显然，维亚克尔 1958 年对法律人阶层的信任一如既往，甚至增强了新的
确信。

埃塞尔（Esser）[106] 认可的其他准则是其所指的"标准"（Standards），即 699
众所周知的历史上暂时的民族或超民族的既有的法律文化的**时代真理**
（**Zeitwahrheiten**）。这里指的是"可实在化的和可以清楚确定的吾辈时代的
文化观"。[107] 由此可见，帝国法院关于"一切公平且正义的思考者的礼仪感"
的公式可谓精当。[108] 必要的惯例，即当代法律思考者的必要共识，防止了
裁判的主观化。因为这种惯例性特征禁止法官以其个人的或特定种群的价
值观念为判断基础。[109]

最终受到质疑的是，将受到认可的、特定条文中的司法公平原则作 700
为约束司法审判的规则看待，而该原则实际上是从《德国民法典》第 242
条中发展而来。其中有维亚克尔认为的如"与自己先行为相矛盾"（venire
contra factum proprium）——也就是禁止自相矛盾的行为，反对恶意的权利
取得，或禁止严重不合理、肆无忌惮的法律追诉。同样，就如同在经受考
验的司法判例与普遍认可的社会、文化及伦理观念之中，必要的合意在这
里对抗着恣意与主观主义。[110]

维亚克尔此外还提到了涉及埃塞尔[111] 的"事物本质"（Natur der Sache） 701
与韦尔策尔（Welzel）的"事实逻辑结构"或"事物的正义"（Gerechtigkeit

[105]　*Wieacker*, Gesetz und Richterkunst, S. 15.
[106]　*Wieacker*, Gesetzesrecht, JZ 1957, 701, 704.
[107]　*Wieacker*, Gesetz und Richterkunst, S. 12 f.; *Wieacker*, Gesetzesrecht, JZ 1957, 701, 704; vgl.
Wieacker, Rechtsprechung und Sittengesetz, S. 39; *Wieacker*, Szientismus, S. 128.
[108]　*Wieacker*, Gesetz und Richterkunst, S. 13; *Wieacker*, Topikdiskussion, S. 95.
[109]　*Wieacker*, Gesetz und Richterkunst, S. 13.
[110]　*Wieacker*, Gesetz und Richterkunst, S. 13.
[111]　*Wieacker*, Gesetzesrecht, JZ 1957, 701, 704; 参见本书谢弗（*Schäfer*）所撰埃塞尔部分，
边码 755 及以下。

der Dinge），并作为司法贯彻的制定法之外的原则。[112]与议会立法相比，在一定程度上以难以控制的方式提供始终受时代限制的标准，这一风险尚未被讨论过。

702　　经受考验的学说（bewährte Lehre）最终还可包含针对法官的直接可以执行的指示。[113]一如埃塞尔所言，体系、制度和法概念应当为在法上作出裁判提供必要标准。[114]此处的体系、制度和法律概念不能被理解为可供涵摄的规范群，而是作为问题解决方案的保留节目（Repertorie von Problemlösungsvorschlägen），而这些问题解决方案在实践上经过多次考验后形成了专业人士的共识，并因此获得了对司法的约束力。[115]对于这些标准适用，维亚克尔所举的例子是，一位父亲为其因第三人过错而受伤害的孩子支付治疗费用后向该第三人要求损害赔偿。根据司法裁判和学说，这位父亲可以获得基于对第三人无因管理的损害赔偿。维亚克尔认为关键的解决步骤在于将"无因管理"制度归入特定的问题类型，此处则为对具有抚养义务的父亲的赔偿。[116]在这个案例中可以看到，特定的制度或法概念如何能成为法官作出裁判的方向指引。

703　　考察维亚克尔所谓的实践性法官裁判技艺的标准便可确定，维亚克尔为裁判过程提供了大量近乎混乱的指引因素（Vielzahl von Orientierungsfaktoren），涉及判例、学说、社会价值观抑或其他领域。然而良好裁判技艺的准则并没有详细的内容或关系规定。

704　　在维亚克尔看来，此等良好裁判技艺的准则也只具有有限的作用（limitierende Wirkung）。其排除了那些一般性要求（allgemeine Postulate）和法外的命令（außerrechtliche Gebote）的使用，这些并没有通过宪法原则、经受考验的普遍法文化观念、被认可的法官的公平规则、事物本质（Sachenatur）、经受考验的学说和判例等加以合法化。[117]法官在为公正裁判技艺寻找制定法之外的准则之时并不自由，这从维亚克尔对裁判以及同案

---

[112]　*Wieacker*, Gesetz und Richterkunst, S. 13, 关于韦尔策尔（Welzel）现在详见 *Winkler*, S. 362 ff.，以及关于事物的正义（450）。

[113]　*Wieacker*, Gesetz und Richterkunst, S. 14; *Wieacker*, Rechtsprechung und Sittengesetz, S. 31.

[114]　*Wieacker*, Gesetz und Richterkunst, S. 14; *Wieacker*, Gesetzesrecht, JZ 1957, 701, 704.

[115]　*Wieacker*, Gesetz und Richterkunst, S. 14.

[116]　*Wieacker*, Gesetz und Richterkunst, S. 8, 14.

[117]　*Wieacker*, Gesetz und Richterkunst, S. 15.

同判与法的安定性要求的客观性和可预见性角度看是一以贯之的要求。当然似乎很成问题的是，此等准则是否更多是在口头上被履行。

具有实践意义的问题是，上述制定法之外的准则与实践性的法官技艺处于何种**次序关系（Rangverhältnis）**之中？维亚克尔强调，**最具约束力的标准（die verbindlichsten Maßstäbe）**来自"基本法的明确评价"。[118]此外维亚克尔没再给出次序关系。从上述所示的次序本身并不能得出权重。例如，很明显的是，维亚克尔在其次序的最后才提及作为标准经受考验的判例，[119]通过直观观察人们可能会得出这一结论：经受考验的判例这一标准应被最后使用。[120]然而维亚克尔却将其称为作出裁判**最重要的制定法外（wichtigste außergesetzliche）**的准则。[121]经受考验的判例为法官提供了最直接的指引。[122]但这并不意味着，此等判例现在可以作为另外的准则而享有更高的约束力。因此维亚克尔并**未**将法官裁判技艺的制定法之外的单个标准**确定次序**。

最后仅能确定的是，无论如何**宪法的评价（Wertungen der Verfassung）**均优先于其他因素。宪法作为基本评价吸收了维亚克尔方案的重要立场；因此维亚克尔方法在许多方面都涉及宪法。[123]对笔者来说，顺理成章的是，谈论维亚克尔时要讨论他的方法中有关宪法理论的内容。然而，鉴于德国的宪法在20世纪历经数劫，不可忽视此关联下的巨大矛盾。不管怎样，如同尼佩代一样，维亚克尔私法中所谓的宪法化的确仍未被批判。

3. 归类

为了在方法论的各种范畴中给维亚克尔作出定位，需要结合维亚克尔作出的对法发现程序的区分。据此法发现程序存在**两种基本方向**，即涵摄—体系的方法（deduktiv-systematische Vorgehensweise）和归纳—实用的方法（induktiv-pragmatische Verfahren）。前者是严格的推导程序，属于维亚克尔公理学（Axiomatik）与概念法学之列，后者则包括判例法、利益法学、自由法学派、斯堪的纳维亚唯实论法学以及法律论题学

705

706

707

---

[118]　*Wieacker*, Gesetz und Richterkunst, S. 12.

[119]　*Wieacker*, Gesetz und Richterkunst, S. 15.

[120]　错误的方式见 *Fikentscher*, Methoden des Rechts, S. 414.

[121]　参见本书边码 698 及其脚注。

[122]　*Wieacker*, Gesetz und Richterkunst, S. 15.

[123]　参见本书边码 669、676、684。

（ juristische Topik ）。[124]

708　　**涵摄程序（deduktives Verfahren）**之下的维亚克尔方法，以假定条件的逻辑结论之普遍显著性为基础。[125] 对这一程序较为实在的是决定裁判之规则的普遍有效性，其对可预见性要求的法律适用、理智的客观性、同案同判以及法的安定性均属合理。[126] 制定法实证主义的方法尤其很好地满足了普遍有效性、自由选择与法的安定性的要求。另外可以确定的是，基于多种原因应当拒绝将制定法实证主义方法作为法发现程序。[127] 维亚克尔**完全反对（der wesentliche Einwand）**严格的推导程序的依据在于，法律适用总是一种评价过程，其表现为不同的评价方案之间的法官选择；[128] 这一评价性裁判避开了纯粹逻辑性与概念性的推导。因此，对维亚克尔来说，纯粹涵摄式的法发现方式并不可行。

709　　**归纳程序（induktives Verfahren）**具有共同性，它放弃了从特定公理（Axiomen）或法律概念之中严格推导出决定。[129] 另外存在诸多不同之处。一部分并不坚持从具有固定价值的特定公理中进行合理推导，但是坚持从一般可表述的基本原理中合理地推导；另一些极端的部分，比如自由法学派，认可法官的"自由评价权"，但并不认可法官作出裁判的最高原则。[130] 维亚克尔拒绝了后一导向，理由为：每一个法律裁判均应表征为一般规则的适用，此等一般规则应由裁判者"以立法者身份进行建构"。[131] 一如极端的自由法学者的观点，这一方法并不能保障客观性、可预见性、平等对待与法的安定性，而这却属于法秩序的基本要求。[132]

710　　值得关注的是一些归纳程序，即其通过法官裁判技艺的**一般准则（allgemeine Maximen）**而对法官的裁量权予以限制。利益法学可以以规范和现实为导向去分析立法者的利益评价，并通过裁判基于的普遍有效性拘

[124]　*Wieacker*, Praktische Leistung der Rechtsdogmatik, S. 69; *Wieacker*, Rechtsfindung, S. 103 f.

[125]　*Wieacker*, Praktische Leistung der Rechtsdogmatik, S. 69.

[126]　*Wieacker*, Praktische Leistung der Rechtsdogmatik, S. 69.

[127]　参见本书边码 672。

[128]　参见本书边码 678。

[129]　*Wieacker*, Praktische Leistung der Rechtsdogmatik, S. 70.

[130]　*Wieacker*, Praktische Leistung der Rechtsdogmatik, S. 70.

[131]　参见本书边码 670。

[132]　参见本书边码 669。

束法官来保障法的安定性。[133] 但是一旦不能发现立法者的利益评价，个人
的利益评价便替代了立法者的利益评价，也就是主要在存在法律漏洞时，
利益法学会要求法官去判断具体情形中的优胜利益。[134] 然而利益法学也就
不再保障维亚克尔一再要求的客观性、可预见性、自由选择性与法的安定
性。[135] 同样，虽然其他归纳方法保证了利益法学的个案公正，但是这却以
牺牲裁判证成的客观安定性与合理性为代价。[136]

　　维亚克尔还详细研究了作为归纳方法的**法律论题学的功效**
（ **Leistungsfähigkeit der juristischen Topik** ）。论题学指称的是一个程序，即
通过对针对某一案件可能作出的各种评价和解决方案进行讨论以达成共识
的程序。[137] 论题程序的积极意义是，这有助于找出个案中各种相关评价，[138]
此外这指向共识的达成；[139] 而对于法的规制体系的功能实现而言，基于共
识形成而存在的法共同体的决定不可或缺。[140] 在现代多元社会以及劳动日
益分工的世界中，一般可供使用与被认可的共同事实只能是非常狭隘的领
域，包括其共识。[141] 在多数情况下，论题学因缺少共识不能得出解决方
案。更为重要的是下面这些维亚克尔**反对**论题程式的主张。当论题学让可
能的评价被自由讨论时，其无视了实在规范的约束性的意义，[142] 而该约束
性是由《德国基本法》第 20 条第 3 款强制规定的。[143] 鉴于法秩序所保障
的同案同判、裁判的可预见性、公正以及法的安定性，任一法律裁判都应
当体现某个裁判原则的适用，且该裁判原则可以适用于所有待同样评价的
案件。[144]

711

[133]　参见本书边码 694；Wieacker, Praktische Leistung der Rechtsdogmatik, S. 71 f.

[134]　Wieacker, Praktische Leistung der Rechtsdogmatik, S. 72.

[135]　Wieacker, Praktische Leistung der Rechtsdogmatik, S. 72.

[136]　Wieacker, Praktische Leistung der Rechtsdogmatik, S. 72.

[137]　Wieacker, Praktische Leistung der Rechtsdogmatik, S. 73 f.; Wieacker, Topikdiskussion, S. 82.

[138]　Wieacker, Topikdiskussion, S. 99; Wieacker, Rechtsfindung, S. 118.

[139]　Wieacker, Topikdiskussion, S. 93.

[140]　Wieacker, Topikdiskussion, S. 86, 93.

[141]　Wieacker, Topikdiskussion, S. 94; Wieacker: Rechtsfindung, S. 114.

[142]　Wieacker, Topikdiskussion, S. 97; Wieacker: Rechtsfindung, S. 117.

[143]　Wieacker, Topikdiskussion, S. 97 f.; Wieacker: Rechtsfindung, S. 117; Wieacker: Praktische
Leistung der Rechtsdogmatik, S. 77.

[144]　Wieacker, Topikdiskussion, S. 97 f.; Wieacker: Rechtsfindung, S. 117; Wieacker: Praktische
Leistung der Rechtsdogmatik, S. 77; 参见本书边码 670。

712 因此论题学**不能作为唯一的法发现的方法**；[145] 而其作用在于真实裁判的准备阶段。因此论题学揭开了法官的"前理解"，并帮助法官发现法律问题、待裁判的案件事实的相关法律要素以及可供使用的评价可能性。[146] 维亚克尔虽然排斥论题学作为唯一的法发现方法，但其仍给予一定空间，其中论题学可以为法官裁判发挥作用，[147] 尤其是当核验评价可能性而发生**不可调和的评价冲突（unbehebbare Wertungswidersprüche）**之时，也就是说从法秩序的评价关联并不能得出评价的偏好。[148] 因此对维亚克尔而言，可能存在一些领域，在这里维亚克尔所指的实践上作出裁判的普遍准则（例如整体法秩序的评价关联）并不能带来解决方案；在这些情形中，在商谈中被证明为最具说服力的实践上的理性依据，应被视为确定裁判的充分依据。[149]

713 原则上可以说，维亚克尔并没有将作为唯一方法的论题学视为完美。同样，其他归纳方法基于上述原因自身亦不能满足法教义学的实践和要求。[150]

714 根据维亚克尔的划分，涵摄—公理化的程序与归纳—实用主义的程序均不能完全符合法律适用提出的要求。前者经常对个案正义未予重视，而后者则经常对规范正义考虑不足。[151]

715 需要问及的是，维亚克尔的法发现方案究竟如何。如果再次审视维亚克尔教义学的基础，**评价过程**自身总是作为**法律适用的核心**而出现。[152] 在这种视角之下，维亚克尔似乎更倾向于归纳—实用的程序方式。这种程序对于维亚克尔而言应当含有不同于目前为止所论及的归纳程序的要素，此类要素具有可核验性且保障了客观性。

716 维亚克尔最终赞成所谓的**"限缩的推理程序"（reduktives Schlußverfahren）**。[153] 这一方法的核心是**相似性判决（Ähnlichkeitsurteil）**。如果从经验可以得出，在一系列相似案例中出现一定的结果，对下述同等案例也应

[145] *Wieacker*, Topikdiskussion, S. 99.

[146] *Wieacker*, Topikdiskussion, S. 99; *Wieacker*, Rechtsfindung, S. 118.

[147] *Wieacker*, Topikdiskussion, S. 99.

[148] *Wieacker*, Topikdiskussion, S. 100.

[149] *Wieacker*, Topikdiskussion, S. 100

[150] *Wieacker*, Praktische Leistung der Rechtsdogmatik, S. 77.

[151] *Wieacker*, Praktische Leistung der Rechtsdogmatik, S. 77.

[152] *Wieacker*, Rechtsfindung, S. 135.

[153] *Wieacker*, Rechtsfindung, S. 105.

当给予同等结果之评价。[154] 限缩的推理程序是一种封闭程序，其不同于涵
摄程序那样严格，因为其仅提供盖然性裁判。[155] 然而，通过将实证规范和
来自长期经验的可能判决相结合，这一程序可以提供检验的可能性以及基
于检验的客观性。[156] 维亚克尔强调"限缩的推理方法"的功效，该功效主
要来自两个定位：一方面定位于多元、多样的现代社会中不可或缺的实在
性规范；另一方面则定位于法律目的、利益和评价——特别是顺应先进的
社会福利国家的评价。[157] 维亚克尔持有的法官对规范与现实的导向证实了，
此等导向在具体情形中是如何集聚的。传统地说，这涉及的是类推与案例
比较的方法。[158]

现在对于维亚克尔而言颇为突出的是，**其认为不存在强制的法发现方法**。　717
虽然法官有义务论证其裁判，但是并没有规定其论证方法。[159] 因此，维亚克
尔认为融合不同的方法原则实为可能且不无意义。[160] 所以他推荐介于论题学
和体系推导之间的功能划分。[161] 论题可以服务于发现个案问题、可能性评价
以及解决方案的建议，该解决方案基于被普遍接受的准则。这种系统的推导
应当对基于一般原则关联与规则关联中偶然性的建议进行控制。[162]

维亚克尔建议的"限缩的推理方法"也可被视为涵摄程序和归纳程序　718
要素的结合。凡涉及封闭程序，便会体现体系推导的特征，也就是当涉及
评价过程与法律目标、利益以及评判之时，封闭程序便体现出归纳—实用
的特征。维亚克尔的方法最终可以称为这样一种程序，即其虽然追求最大
可能的法的安定性、同案同判、裁判客观性以及个案正义，但是其实施的
是广泛评价过程中的法律适用，法律适用者的裁量权应当通过制定法约束
与法官裁判技艺之普遍约束规则予以限制。

维亚克尔方法的特色是对实在规范导向与社会现实**导向的结合**　719
（**Kombination der Orientierung**），以及对保障客观性、法的安定性、自由

---

[154]　*Wieacker*, Rechtsfindung, S. 105.

[155]　*Wieacker*, Rechtsfindung, S. 105 f.

[156]　*Wieacker*, Rechtsfindung, S. 106.

[157]　*Wieacker*, Rechtsfindung, S. 106.

[158]　参见本书边码 1508 b。

[159]　*Wieacker*, Praktische Leistung der Rechtsdogmatik, S. 78; *Wieacker*, Szientismus, S. 129 f.

[160]　*Wieacker*, Praktische Leistung der Rechtsdogmatik, S. 78.

[161]　*Wieacker*, Praktische Leistung der Rechtsdogmatik, S. 79.

[162]　*Wieacker*, Praktische Leistung der Rechtsdogmatik, S. 79.

选择的体系推导与重视个案正义的归纳—实用程序的结合。维亚克尔方法通过宪法论证视角寻找一种宪法理论的基础。

720　　　　鉴于维亚克尔提出了一些方法，并试图保持这些方法之间的平衡，也因为这些方法的特殊价值，人们对此可以持积极的态度。维亚克尔方法也可以被看作尤其以实践为导向的方法，因为其完全将法官及其裁判置于中心位置，并为此提供了详细而具有决定意义的论证。维亚克尔方法在其对法官作出裁判过程的实践指引上似可作为实用程序。法律裁判并非依据制定法或其他一般规范的单纯的逻辑结论而推导出来，而是法律适用始终依托于某个评价过程，此等法律适用具有说服力，并始终被予以承认，且与其他一些学术史的失真图景相对。因此，法律裁判不能恣意而为，而应当保证一定的客观性、同案同判与法的安定性，法律裁判亦有必要对法律适用者的裁判空间作出限制。维亚克尔建议的指引因素为此再次提供了可操作的标准，其通过对制定法的反约束、法秩序的评价关联以及专业人士、历史与法律思考者的共识使合理核验成为可能，并以此保障一定程度的法的安定性。此外，在维亚克尔看来，方法论视角的宪法理论基础似可作为富有意义的开端。因为人们不得不在《德国基本法》的统治之下行为，即法律适用的各种方法以及法发现的各类形式均应当符合宪法精神。

　　　　当然，也可认为该等财富与**宪制国家中的平衡**（Balancieren im Verfassungsstaat）并非不存在问题。维亚克尔试图打破现实中主导的法治国的制定法至上，即其为实在规范之外的竞合准则提供了相当的空间，打开了异常广阔的评价之门，仅含糊界定了路径以及保留了多样性标准的原本的裁判，此处多样性的标准虽然零星，但整体上亦几乎无法被合理掌握。维亚克尔完全相信"社会伦理上"启蒙的法官与法律人，也即法律人阶层。

三、以《德国民法典》第 242 条为例的方法适用

721　　　　以《德国民法典》第 242 条为例应当研究的是，维亚克尔是否在其法律适用实践中坚持其方法原则。讨论的基础是其文献《〈德国民法典〉第 242 条法理论透视》（Rechtstheoretischen Präzisierung des §242 BGB）。在该文中维亚克尔的基本出发点是，《德国民法典》第 242 条并**不是通过执行逻辑推论的涵摄路径**来加以适用的，[163]这是出于（下段前两句中）两个广为人知

---

[163]　*Wieacker*, §242 BGB, S. 10 ff.

的理由：

基于伦理的历史性，对于始终为历史的、个人的以及与具体情形相 [722]
关的行为并**不能提供普遍的、质料上的指引（keine allgemeine materiale
Anweisung**），即可以从历史、情境或个人得以预见的指引。社会伦理可以
为具体情况之下的社会行为阐明准则与方向趋势，但并不是可被涵摄的普
遍有效的规范模板。《德国民法典》第 242 条中的"诚实信用"以及"善
良风俗"因此并非固定的、可以涵摄的"老框框"，而是法官自身对案件
特定情形中的现实要求。[164]

最终以涵摄的路径适用《德国民法典》第 242 条遭到反对，法 [723]
律适用并不局限于逻辑结论角色，而是**总受限于解释（immer schon
Interpretation**），也就是在多种评价之间作出选择。[165]尤其应当强烈观察
到的是此时十分不确定的条款，比如概括条款。因为并未规定裁判准则，
指示《德国民法典》第 242 条"诚实信用"和"交往伦理"的价值在作出
裁判的过程中才能获取。《德国民法典》第 242 条因此不是作为完善的条款，
很大程度上其指示的是经验、准则、规则，而这应当由法官在具体情形中
加以现实化。[166]

维亚克尔拒绝了基于单纯涵摄的裁判以及将伦理的历史性、法律适用 [724]
引入评价之中，这完全与其他的法理论著作中表达的方法论基本思想保持
一致。[167]

此时概括条款的自由空间应当如何填补呢？对此应当在**法庭经验和准** [725]
则的宝藏（Schatz forensischer Erfahrungen und Maximen）中觅得和领会
《德国民法典》第 242 条的准则，维亚克尔将此与制定法相对的规则称为
"普通法"。这包括法的逻辑、自然理性、事物本质与公平、被认可的裁判
的整体状态、裁判理由、在既有法学中已经成为一般习俗的准则与指导原
则。另外还应当包含固定的社会伦理评价与实践伦理的基础原则。[168]适
用《德国民法典》第 242 条时产生的法官裁判技艺的准则，要么依据可识
别并可确定的立法者的说明，要么依据在实践上无争议的正义行动的基本

---

[164]　*Wieacker*, §242 BGB, S. 12 ff.

[165]　*Wieacker*, §242 BGB, S. 14.

[166]　*Wieacker*, § 242 BGB, S. 14 ff.

[167]　参见本书边码 675、678、694。

[168]　*Wieacker*, §242 BGB, S. 17 ff.

原理。[169]

726   维亚克尔为《德国民法典》第 242 条适用所列举的准则在内容上与得
以证实的判例、事物本质、事实逻辑结果、普遍被认为的观念以及法律中
包含的评价方案相一致。维亚克尔亦将其方法原则适用于涉及法官裁判技
艺之普遍约束性质的标准。

727   在此需要问及的是，维亚克尔在实际适用《德国民法典》第 242 条时
是否以及在何种程度上实现了其为了法官作出裁判而构建的准则。维亚克
尔对《德国民法典》第 242 条的适用分为**三种情形（drei Fallgruppen）**。因
为每个概括条款都有的问题是法官如何理解制定法，所以维亚克尔将这三
种案例类型分别根据《德国民法典》第 242 条适用的关系从其他的制定法
规定中挑选出来。[170]

1. 案例类型一：“法官职责”

728   在第一种类型中，维亚克尔将其称为 “法官职责”（officium iudicis），即
法官对成文的法秩序的贯彻（Ausfüllung der geschriebenen Rechtsordnung），
也即实现立法者的评价计划。[171]

729   此处涉及**义务性的判决裁量空间（pflichtmäßiger Urteilsspielraum）**——
“法官的职责”，该裁量空间必然受制于债法中具体化的界限。立法者并没
有勾画所有债法原则的模型。因此《德国民法典》第 242 条属于一般性原
则，一切债法规定均应当由其推导而来，《德国民法典》规定的债法规则
亦不例外。因此，通过法官实现的合同秩序的有意义的发展，对给付情形
的确定仅是立法者评价计划的具体化。[172]

730   **合同的意义（Sinn des Vertrages）**乃由法官发现于制定法自身之中、社
会习俗之中、明确指示包含 “交往习惯”的《德国民法典》第 242 条之中
以及 “共同体传统的通常规定”（naturalia negotii）之中，也即所谓的事物
本质。[173]属于共同体传统的通常规定的例如合同的附随义务，比如借用人
的义务，借用人应当为借来用于展览的图画购买保险，又如卖方在买方行

---

[169]   *Wieacker*, §242 BGB, S. 19.
[170]   *Wieacker*, §242 BGB, S. 21.
[171]   *Wieacker*, §242 BGB, S. 21.
[172]   *Wieacker*, §242 BGB, S. 21.
[173]   *Wieacker*, §242 BGB, S. 21 ff.

使瑕疵权利之前应当试图修补。[174]

所谓如安全帽、告知、解释之类的**保护义务（Schutzpflichten）**在发展 731
过程中，仅由法官根据制定法规定的给付义务而得以实现。[175]同样，在
积极违反债权的演化过程中，法官不过是在实现立法者的目的，具体方式
为在履行不能或履行迟延时通过对《德国民法典》中损害赔偿规定的类推
适用来论证积极违反债权，此处并无造法行为。[176]

《德国民法典》第 242 条与其他法律规定的适用关系在第一种案例类 732
型中可以描述为，法官仅执行立法者的评价计划，也就是《德国民法典》
第 242 条指示的制定法或交往伦理之准则。[177]

对案例类型一，维亚克尔明确强调，其**并非指法律续造或法律创制** 733
（**nicht um Rechtsfortbildung bzw. Rechtsschöpfung**）。[178]在此维亚克尔区分
了法律解释与法律续造——如其所承认的，因此建立了具有一定矛盾的理
论，即每一个释义均已经作为不同评价可能之选择而成为一种个案中应急
性的法律续造行为。[179]根本上，不可能对解释和法律续造进行严格区分；
但是在第一种案例类型中，区分"法官任务"的具体化功能与法官法的法
律续造功能是可行的。在"法官任务"领域，法官也就仅仅实现了立法者
的评价方案，其在债之关系的规则上有必要限制此等具体化，故而确定"脱
法"（praeter legem）或"违法"（contra legem），因为法官仅详细阐述法定
的秩序方案与评价计划。[180]

总而言之，第一种案例类型的标志是：对立法者利益评价的导向、对 734
法定评价方案之实现、对制定法与社会习惯的调整以及对事物本质的涉及。
维亚克尔构建的法官以制定法为定位、评价关联、普遍认可的社会文化观
念、事物本质等这些前提在实践中得以应用。

2. 案例类型二："恶意欺诈"（exceptio doli）

关于法官对法律伙伴（Rechtsgenosse）的**个人的法伦理的行为** 735

---

[174] *Wieacker*, §242 BGB, S. 23 f.

[175] *Wieacker*, §242 BGB, S. 24.

[176] *Wieacker*, §242 BGB, S. 24.

[177] *Wieacker*, §242 BGB, S. 24 ff.

[178] *Wieacker*, §242 BGB, S. 24 ff.

[179] 参见本书边码 681。

[180] *Wieacker*, §242 BGB, S. 21 ff., 24 ff.

（ persönliche，rechtsethische Verhalten ）所要求的准则，维亚克尔将其全部纳入"恶意欺诈"类型。其是对当事人的要求，即在权利行使与防御之时如同其法律伙伴那样去行为。[181] 其中涉及的是实践伦理的固定传统，既有法学承认的业已成为习惯的基本原理，也即上述意义上的"普通法"。[182]因而，这些基本原理将正当化视为被确认的、形成于固定而明确的形式之中的**司法公正的基本原理**。[183] 维亚克尔局限于寻找涉及上述基本原理的正义要素，目的在于促进确定性与避免恣意裁判。

736　　　司法公正的第一个基本原理，维亚克尔认为是"禁止与自己的先行为相矛盾"，也就是禁止自相矛盾的行为。该原则根植于个人的正义，它包含作为基本思想的"持续性"（ constancia ），也就是可靠性，不允许出现自相矛盾。[184] 其出发点是含义之价值，其应由法律伙伴（ Rechtsgenossen ）从其自身行为评估出来。因此，"禁止自相矛盾"原则应当被视为法律交易中信赖原则的应用。[185]

737　　　至于法官对当事人的个体、法伦理行为要求的第二项原则，维亚克尔称之为**"索要对方即将必须返还之物属于欺诈行为"**（ dolo agit，qui petit，**quod statim redditurus est** ）。维亚克尔看到的是缺少"长期的自我利益"之时不应允许权利的行使。[186] 对此原因在于民事法秩序的整体性。起诉人此处的权利保护请求从一种救济变成独立的自我目标。这对起诉人而言仅在变更起诉程序之例外情形，即在临时处分与占有之诉之时才被法秩序准许。此时个体的保护利益优先于对整体法秩序的追索。此外，作为不可分割的整体，法秩序可以阻止仓促地确定最终归属，例如被告根据《德国民法典》第 821 条可以针对对方的得利之异议行使请求权。[187]

738　　　维亚克尔方案的特点是，**整体法秩序的评价关联**（ **Wertungszusammenhang der Gesamtrechtsordnung** ），例如维亚克尔提出了《德国民法典》第 821 条的评价与变更程序中的相对之评价，即临时处分和占有之诉之间的对立性

---

[181]　*Wieacker*, §242 BGB, S. 27.

[182]　*Wieacker*, §242 BGB, S. 36, 52; 参见本书边码 725。

[183]　参见本书边码 700。

[184]　*Wieacker*, §242 BGB, S. 28.

[185]　*Wieacker*, §242 BGB, S. 28.

[186]　*Wieacker*, §242 BGB, S. 29.

[187]　*Wieacker*, §242 BGB, S. 29.

评价。维亚克尔观点涉及的是来自整体法秩序的规则——例外关系视角之下的评价衡量。

"不诚实的权利获得之抗辩"（Einwand des unredlichen Rechtserwerbs）包括权利行使情形，如果所主张的权利状况乃通过自我**违法或违约行为**得以成立的话。[188] 维亚克尔认为，对法律主体这一个人的、法伦理的行为要求的基础，一部分在法共同体的框架性法律之中，法律共同体成员依据这些框架性法律自己设定标准，他们也依据这些标准来接受裁判。作为法律一体化的前提，法律共同体成员自行确定这些标准，他们的行为也被这些标准所评价。因此，谁通过违法或违约行为获得权利，谁就不得要求他人违法或违约地尊重该权利。[189] 此外，平等要求作为正义的基本要素引致了上述原则。[190] 凡自己违法，但又主张权利的人，即在要求利己地、不平等地对待相对人。[191]

维亚克尔对"恶意的权利获得之抗辩"证明的理由为：法共同体的基本结构以及拥有正义目标的法面前的平等。维亚克尔将后者反复强调为法律适用之目标。

因为维亚克尔依据的不是法学或社会的标准或习惯，而是法共同体的基础前提以及正义的基本特征，所以"恶意的权利获得之抗辩"原则涉及的是对当事人行为的**永久有效的要求（zweitlos gültige Anforderung）**。

维亚克尔将"**（禁止）严重不合理的、毫无顾忌的法律追诉**"（**grob unbillige，rücksichtslose Rechtsverfolgung**）列为司法公正的最后一项原则。该原则的根据同样是**法共同体（Rechtsgemeinschaft）**的框架性法律（das Strukturgesetz der Rechtsgemeinschaft）。起诉者偏离了法共同体要求，意图行使其权利。[192] 法共同体的前提条件是，法的安宁（Rechtsfrieden）是可以实现的；但是起诉者的利己行为与法的安宁背道而驰。[193] 此外通过极其不合理、毫无顾忌的法律追诉再次侵害了**平等要求（Gleichheitsforderung）**，

739

740

741

742

[188]　*Wieacker*, §242 BGB, S. 30 f.

[189]　*Wieacker*, §242 BGB, S. 32.

[190]　*Wieacker*, §242 BGB, S. 32.

[191]　*Wieacker*, §242 BGB, S. 32.

[192]　*Wieacker*, §242 BGB, S. 34.

[193]　*Wieacker*, §242 BGB, S. 34.

因为不可能期待起诉人自己评估该等行为。[194]维亚克尔在"毫无顾忌的法律追诉"上回溯到法共同体和正义要求，并由此建立了此处对当事人行为持久有效之要求的准则。

743　　　在维亚克尔看来，案例类型二应用范围的所有准则首先是作为被普遍认可与具有约束力的"普通法"，也就是**实践伦理的固定传统（feste Tradition praktischer Ethik）**。此外，这些准则对维亚克尔而言亦是实践行为的基础原则。"禁止与前行为相悖"（venire contra factum proprium）归入个体正义、"恶意的权利获得"以及以法共同体为基础结构的"肆无忌惮的法律追诉"，同作为正义基本要素的公平要求一道，使这些准则成为对当事人行为永久有效的要求。

744　　　主张上述原则**永久有效（zeitlose Gültigkeit）**的假说与维亚克尔关于伦理的历史性与绝对质料上的伦理的不可能性（Unmöglichkeit einer absoluten, materialen Ethik）相悖。维亚克尔并未涉及这一问题。但是他在其他地方区分了正义的永恒要求及其实现的历史局限。[195]由此可以得出问题的解决方案，因为维亚克尔将上述案例类型二的准则直接归入正义要求的要素，并直接由此对其进行证成，因此从永恒的正义要求可以得出上述准则的恒常性。

3. 案例类型三：法官违背法律的创新

745　　　维亚克尔将案例类型三称为**法伦理向新法官法的突破**。在案例类型三中，维亚克尔对裁判作了总结，该等裁判与制定法评价相对，也即**违背法律（contra legem）**。[196]

746　　　维亚克尔对此举出的**例证**为，不合比例的提高费用之时的工作补偿与基于事后根本性变更的对待给付之调整。几乎所有这些案例都存在经济对等问题。裁判乃趋向于对实质等价原则的承认。相反，立法者对此明确予以反对，如果立法者建构唯名论（Nominalismus）意义上的金钱债务作为面值性债务（Nennwert-Schuld）——不管个别例外——并反对实质给付等价要求的话。此种理解的基础亦在于《德国民法典》第138条第2

---

[194]　*Wieacker,* §242 BGB, S. 34.

[195]　*Wieacker,* §242 BGB, S. 40.

[196]　*Wieacker,* §242 BGB, S. 36 ff.

款的规定，据此约定无效仅发生在双方给付存在明显的误解之时。[197]

此处无论如何都不能像案例类型一那样从立法者秩序方案的具体化出发。同时也不能和案例类型二一样牵涉到针对当事人行为的个体公平要求。[198] **历史性**对实在法的**入侵**（**Einbruch der Geschichtlichkeit**）具有特殊性，[199] 其方式为，由于社会的变化，之前合理的评价在同等标准下已经显得不合时宜，而非法意识自身发生了变化。一如其一般法理论的论文，维亚克尔此处重新强调，历史性使一切永久有效的质料上的标准成为不可能。因此颇为常见甚或不可缺少的是，一般的伦理意识总是突破为新的经验内容。伦理转型发生于公众意识中。当公众法意识已经准备好转型之时，法官才常常实施法伦理上的突破。[200] 维亚克尔对此虽然没有给予明确表述，但是仍然可以看出，此处法官对"既有法文化中被普遍认可的、暂时的时代真理"之导向。维亚克尔对法伦理的穿透所举的例证是：随着我们的法秩序从自由法治国到社会福利法治国之发展，产生了对实质等价的薪酬与符合社会公正的薪酬的主张。[201]

如果法官享有保持**法官的专业技艺**开放的裁量范围，其在法伦理突破与法律续造上便可进行合法之行为。[202] 这就意味着，法官应当首先坚持司法中持续形成的已被承认的习惯。此处一般涉及的是依据详细的标准对诸如实质等价原则或法律行为基础丧失作出的裁判内容。[203]

维亚克尔没有明确表达的是，被认可的法官法尚未形成或纠纷问题尚不能通过专业习惯得以回答之时，法官应当如何行为。只能从上述有关法律续造中得出，变化了的事实关系使当前关系显得有失公平，法官在此等变化后的事实关系以及变化后的法意识上应当以被普遍认可的当代社会文化的观念为指引，在这里，这些观念——如维亚克尔在其一般方法论著中提到的[204]——不再继续发挥作用，假如被承认的习惯尚未出现的话。

747

748

749

---

[197]　*Wieacker*, §242 BGB, S. 36 ff.

[198]　*Wieacker*, §242 BGB, S. 36 ff.

[199]　*Wieacker*, §242 BGB, S. 40.

[200]　*Wieacker*, §242 BGB, S. 40 ff.

[201]　*Wieacker*, §242 BGB, S. 40 ff.

[202]　*Wieacker*, §242 BGB, S. 42.

[203]　*Wieacker*, §242 BGB, S. 42.

[204]　Vgl. *Wieacker*, Rechtsprechung und Sittengesetz, S. 39; *Wieacker*, Rechtsfindung, S. 116; *Wieacker*, Topikdiskussion.

四、余论

750　　　　维亚克尔在《〈德国民法典〉第 242 条法理论透视》中证实了，法律适用不在于假设裁判之下案件事实的逻辑涵摄，而是很大程度上在于不同评价方案之间的评价性裁判，即《德国民法典》第 242 条的概括条款并不构成固定的、适用涵摄的规范样式。《德国民法典》第 242 条很大程度上仅为进一步指示发现下一步意义的准则。

751　　　　此外，如果维亚克尔能论证具有普遍约束力的准则和原则，且依据该等准则和原则可得出《德国民法典》第 242 条的案例解决方案的话，维亚克尔会坚持其方法规则。具有普遍约束力的准则发现于立法者评价计划中的方法建议 [案例类型一与案例类型二的 "欺诈行为"（dolo agit）]，法秩序的评价关联（案例类型一与 "欺诈行为"），事物本质（案例类型一），被承认的法官合理性规则（案例类型二），经受考验的判例（案例类型三）与现存法秩序的被承认的时代真理，所谓的 "标准"（案例类型三）。维亚克尔对此遵循了其提到的 "限缩的" **案件比较程序（Verfahren des Fallvergelichs）**（本书边码 716）。

752　　　　此外，维亚克尔首先在案例类型二中对裁判证成使用了**平等要求（Gleichheitsforderung）**与**公正（Gerechtigkeit）**，这些在其一般法理论论述中被反复强调为法秩序的基本目标。由此观之，维亚克尔方法原则对其而言亦为恰当。

753　　　　最后维亚克尔也证实了其关于价值标准**历史性（Geschichtlichkeit）**之准则以及由此得出的绝对的质料上的价值伦理的不可能性，这些不可能性存在于《德国民法典》第 242 条的一般语言之中，如法官法新创之案例类型三一样，即维亚克尔将此描述为历史侵入实在法。

754　　　　可以得出的结论是，维亚克尔发展出一套以法官裁判实践为导向的方法，其从法官的评价裁量范围出发，但法官的评价裁量权又受到实践中裁判的普遍约束标准和严格的制定法约束限制。维亚克尔凭借其 "良善法官的技艺" 独立提出了对法官实用指引的一种体系，这种指引既能实现对法官评价过程的关注，也能实现对法官裁判不可缺少的合理核验性与对可预见性的考量。通过选取自由的评价裁量范围和严格的制定法实证主义之间的**折中方案（vermittelnde Lösung）**，以及维亚克尔方法与宪法理论的融合，维亚克尔指明了一种合于时代的路径，即在坚持同案同判、法的安定性与个案正义之下，可以在法律适用中实现实践正义。

　　此等目标是否因此真的得以实现，此等路径在历史上以及当代是否值得优待，均需要斟酌。维亚克尔无论如何显然已经超出了第 242 条立法者目标与体系内容的字面含义。第 242 条包含的恰恰并非"概括条款"合于"帝王条款"（这一视角首先形成于 1914 年前夕兴起的猛烈的《德国民法典》批判框架之下）；本条规定了给付效果；本条并不愿意继续实施一般滥用异议；"诚实信用"首先不是被当作独立的、一般性社会伦理规范提出来，而是"考虑"了具体的"交往伦理"。[205] 正如某些场合要求的那样，基于更具说服力的观点所认为的原因，本条不应"成为火热之剑……据此它（德国实践）有能力通过合同法的一切其他条款来击破，如果有必要的话"，此为索姆（Rudolf Sohm）1895 年对《德国民法典》具有争议的回击中的著名言论。[206] 但是毕竟维亚克尔再次相当程度上开始了 1919 年魏玛时代以来早已发生的教义学的扩张。如果我们对维亚克尔的"方法"财富能够如同其本人一样独立而合适地使用，那么我们也能相应独立地获得此等财富。

五、原著及文献

1. 维亚克尔原著进阶

　　特别合适的是 1958 年的《制定法与法官艺术》（Gesetz und Richterkunst）与 1974 年的《关于严格与非严格程序》（Über strengere und unstrenge Verfahren），参见下文。

　　其他重要论著为：

　　Zur rechtstheoretischen Präzisierung des §242 BGB, Tübingen 1956.

　　Gesetzesrecht und richterliche Kunstregel. Zu Essers Buch„Grundsatz und Norm", in: JZ 12（1957）S. 701-706（erneut 1988, s.u.）.

　　Gesetz und Richterkunst, Zum Problem der außergesetzlichen Rechtsordnung, Karlsruhe 1958（erneut 1983, s.u.）.

---

　　[205]　对此写得较好的内容是：N. Al Shamari, Die Verkehrssitte im §242 BGB: Konzeption und Anwendung seit 1900, 2006, sowie H.-P. Haferkamp, §242, in Historisch-kritischer Kommentar zum BGB, hg. von M. Schmoeckel, J. Rückert und R. Zimmermann, Bd. II 1, 2007, Rn. 45 ff, 47 ff.。

　　[206]　R. Sohm, über den Entwurf eines BGB für das deutsche Reich, Berlin 1896, auch in（Gruchots）Beiträge zum deutschen Recht 39（1895）, S. 737-766；关于背景参见 J. Rückert, Das BGB und seine Prinzipien: Aufgabe, Lösung, Erfolg, in HKK（Fn. 205）, Bd. 1, 2003, vor §1 Rn. 107。

Rechtsprechung und Sittengesetz, 1961, in: JZ 337 ff., nach Ausgewählte Schriften, s.u. 1988, 2, S. 17-40.

Zum heutigen Stand der Naturrechtsdiskussion, Köln 1965, nach Ausgewählte Schriften 2, s.u. 1988, S. 1-16.

Recht und Automation, 1969, in: Festschrift für E. Bötticher, nach Ausgewählte Schriften 2, s.u. 1988, S. 152-171.

Zur praktischen Leistung der Rechtsdogmatik, in: Hermeneutik und Dialektik. Aufsätze 2..., hg. von R. Bubner, K. Cramer u. R. Wiehl, Tübingen 1970, S. 311-336, hier nach Ausgewählte Schriften 2, s.u. 1988, S. 59-80.

Zur Topikdiskussion in der zeitgenössischen deutschen Rechtswissenschaft, 1973, in: Festschrift für J. Zepos, nach Ausgewählte Schriften 2, s.u. 1988, S. 81-100.

Über strengere und unstrenge Verfahren der Rechtsfindung, 1974, in: Festschrift für W. Weber, nach Ausgewählte Schriften 2, s.u. 1988, S. 101-120.

Rechtsgewinnung durch elektronische Datenverarbeitung, 1978, in: Festschrift für E. v. Caemmerer, nach Ausgewählte Schriften 2, s.u. 1988, S. 172-194.

Vom Nutzen und Nachteil des Szientismus in der Rechtswissenschaft, 1978, in: Festschrift für H. Schelsky. nach Ausgewählte Schriften 2, s.u. 1988, S. 121-138.

Formalismus und Naturalismus in der neueren Rechtswissenschaft, 1982, in: Festschrift für H. Coing, nach Ausgewählte Schriften 2, s.u. 1988, S. 139-151.

Ausgewählte Schriften, hg. von D. Simon, Band 2, Theorie des Rechts und der Rechtsgewinnung, Frankfurt a.M. 1983.

Kleine zivilistische Schriften..., hg. von M. Dießelhorst, Göttingen 1988.

Zivilistische Schriften（1934-1942）, hg. v. Chr. Wollschläger（=Ius Commune, Sonderheft 137）, Frankfurt a. M. 2000.

Eine gute„Bibliographie der Schriften Franz Wieackers"gibt *O. Behrends* in ZSRom 112（1995）, S. 744-769;daneben jetzt *Winkler* 2013, s.u.

2. 参考文献进阶

直接关于维亚克尔法学方法现可参见 *Winkler*，下文 3 中的文献，其中最重要、最吸引人的内容见第 439—453 页。

从整体上对维亚克尔进行简要介绍的高阶文献参见：

Kleinheyer, G./Schröder, J., Deutsche und europäische Juristen aus neun Jahrhunderten, 5. Aufl. Heidelberg 2008, S. 544.

3. 其他重要文献

Behrends, Okko/Dießelhorst, Malte/Lange, Hermann/Liebs, Detlef/Wolf, Joseph Georg/Wollschläger, Christian（Hrsg.）: Festschrift für Franz Wieacker zum 70. Geburtstag, Göttingen 1978.

Behrends, Okko/Schumann, Eva（Hrsg.）, Franz Wieacker-Historiker des modernen Privatrechts, Göttingen 2010.

Fikentscher, Wolfgang: Methoden des Rechts in vergleichender Darstellung, Bd.d 3, Mitteleuropäischer Rechtskreis, Tübingen 1976.

In memoriam Franz Wieacker. Akademische Gedenkfeier am 19. November 1994 in Göttingen（=Göttinger Universitätsreden 90）, Göttingen 1995.

（*Kaufmann, Arthur*）/*Hassemer, Winfried/Neumann, Ulfried/Saliger, Frank*: Einführung in Rechtsphilosophie und Rechtstheorie der Gegenwart, 9. Auflage, Heidelberg 2016.

Kim, Hyung-Bae/Marschall von Bieberstein, Wolfgang（Hrsg.）: Zivilrechtslehrer deutscher Sprache, München 1988.

Kohlhepp, Ralf, Franz Wieacker und die NS-Zeit, ZRG.Rom.Abt. 122（2005）S. 203-223.

Lange, Hermann: Nachruf zu Franz Wieacker, in: JZ 1994, 354.

Larenz, Karl: Methodenlehre der Rechtswissenschaft, 5. Auflage, Berlin 1983.

Pawlowski, Hans-Martin: Methodenlehre für Juristen, Heidelberg 1981.

Winkler, Viktor, Der Kampf gegen die Rechtswissenschaft. Franz Wieackers„Privatrechtsgeschichte der Neuzeit"von 1967, Hamburg 2014（bes. umfassend, S. 439-453 auch zur Methode）.

Wolf, Joseph Georg: Franz Wieacker 70 Jahre, in: JZ 1978, 578-579.

Wolf, Joseph Georg, Franz Wieacker（1908-1994）, in: Deutschsprachige Zivilrechtslehrer des 20. Jahrhunderts in Berichten ihrer Schüler. Eine Ideengeschichte in Einzeldarstellungen, Bd. 1, hg. v. St. Grundmann u. K. Riesenhuber, Berlin 2007, S. 73-86.

Wollschläger, Christian: Franz Wieacker zum 70. Geburtstag, in: NJW 1978, 1791-1792.

第十节　埃塞尔（Josef Esser，1910—1999）的方法与民法 [*]

要目

一、约瑟夫·埃塞尔生平与著述

二、对"传统"方法理论的批判

三、埃塞尔自己的方法规划

四、范例："事实债务关系"之问题

五、原著及文献

约瑟夫·埃塞尔（1910 年生）的学术成果一再刺激并惠及了法律人阶层。埃塞尔与拉伦茨（1903 年生）、维亚克尔（1908 年生）和科殷（Helmut Coing，1912 年生）均属于同一时代的杰出的法学家，亦为从联邦德国早期至 20 世纪 80 年代这段时期对方法论感兴趣的、雄辩的法学家之一。埃塞尔对方法的研究始于 1956 年，彼时他开始了对"私法中法官续造的基本原理与规范"（Grundsatz und Norm in der richterlichen Fortbildung des Privatrechts）的比较法上的研究，主持了特别具有创新性的《债法教科书》，1960 年出版第 2 版，他的论证文章为 1970 年版和 1972 年版的《法发现中的前理解与方法选择》（Vorverständnis und Methodenwahl in der Rechtsfindung）。

一、约瑟夫·埃塞尔生平与著述

755　　　　埃塞尔出生于 1910 年，曾先后为格赖夫斯瓦尔德大学（1941—1943）、因斯布鲁克大学（1943—1949）、美因茨大学（1949—1961）和图宾根大学（1961 年起）教授，研究方向为：民法、民诉法、保险法以及比较法与法

---

[*]　比尔吉特·谢弗（Birgit Schäfer）撰（本书第 3 版由约阿希姆·吕克特审阅与更新），王战涛译，刘志阳校。

理论。[1]除了在民法中不同领域的丰富研究成果（尤其最初几年研究的赔偿责任法），以及 1949 年首次出版的《债法》教科书[2]之外，*埃塞尔*还撰写了一系列关于方法论问题的文章与专著。其 1940 年的教授资格论文研究的是民法秩序中法律拟制的作用。*埃塞尔*在这篇论文中首先考察和评价了拟制这一立法手段，之后其对方法论的讨论则倾向于法官在法发现时的作用及方法。在《法发现中的前理解与方法选择》（1956）中，*埃塞尔*则试图从比较法角度就法律原则对法官法律续造与该等原则在法体系中的定位进行阐述，其目的在于通过这种方式得出法官法律续造的痕迹，以及实现法律适用学说之合乎现实的发展。追求同样目标的还有《法发现中的前理解与方法选择》（1970，1972 年第 2 版），其中核心问题并非法源，而是诠释学（Hermeneutik）的重要性与法律适用过程中正当性保障问题。在埃塞尔所有方法论著述中，亦同时涉及一个问题，那就是法律适用中教义学有何种影响，教义学提供了何种可能及其边界何在。

　　埃塞尔的基本关注点是，弥合理论和实践之间的严重裂隙，这在其著作中反复体现。这一基本关注点源自一种方法论，其研究的是法发现实践中的事实真相，并建立于据此获得的认知之上，而其并不坚持脱离现实且过时的前提并进而一再疏离实践。　　756

二、对 "传统" 方法理论的批判

　　埃塞尔在大量的文章与专著中努力发展此等合乎现实的方法论，埃塞尔认为当前的方法论方向并不合理，因为其并不能为法发现提供充分的帮助和监控。可以认为埃塞尔研究的**出发点**是，关于 "传统" 方法论的**批判性解构**（**kritische Auseinandersetzung**）及对这些方法论缺陷的揭露。　　757

　　埃塞尔的批判尤其适用于概念法学和制定法实证主义。埃塞尔认为两者尚未被克服，且认为二者对方法论的脱离现实与缺乏实用性负　　758

---

　　[1]　埃塞尔生涯的其他阶段：1935 年在法兰克福完成博士论文，在法兰克福完成教授资格论文《法律拟制的价值与意义》（Wert und Bedeutung der Rechtsfiktionen）（1940 年，1969 年第 2 版），1940 年为弗莱堡大学私人讲师，1958 年为维也纳国际核能组织法律系主任，1969 年获得根特国家大学名誉博士，自 1973 年为海德堡科学学会会员，1976 年获得天主教鲁汶大学的名誉博士（Angaben nach Das Deutsche Who's Who 1989/90 und *Esser*, Antrittsrede 1973, bei der Heidelberger Akademie der Wissenschaften）。

　　[2]　鉴于本节 "五、原著及文献" 已经给出标题全称，故以下注释使用缩写。自第 5 版（1975—1979）开始由 Eike Schmidt（总则）与 Hans-Leo Weyers（分则）接续。

有责任。首先，埃塞尔一再反对**"制定法思维之幻想"**（**Illusion des Gesetzesdenkens**），法官根本上不得作出创制新法的裁判，而是仅仅通过正确解释分别进行新的剖析，即现存的质料性法律规范中已经被视为具有约束力的内容。[3]这一观点有违现实，因为事实上制定法中并没有规定许多制度与法律原则。[4]基于"对实证体系的整体性要求"，[5]对"制定法之外"法源的分析从一开始就被避开了。迄今通过法典编纂模式影响的方法论认为，法官的造法仅为"制定法之合理附属品及其羞涩地遮掩的自身缺陷的医疗替代物"，而不被承认是法条的功能性、常规性和必要性之内容。[6]相反，考虑到事实上不可否定的法官造法，**埃塞尔**强调了克服"实证主义的困境"和深入讨论**法源问题**的必要性。只要漏洞不存在，那么大陆法系的法律人[7]便不能对其自身创造行为的权威性进行证成与界定。[8]

对于制定法实证主义导向的方法论的其他批判点，*埃塞尔*指出此等方法论的能力不足，即不能辨认法官的价值裁判并掌握法官价值裁判的方法。*埃塞尔*强调，不关注教义之外的评价和原则，实践便完全不能胜任。[9]对埃塞尔而言，法发现**从来不是单纯的涵摄工作**；[10]概念也并不像对其设想的那样会得出更多的结果；[11]概念并不具有无须评价、通过逻辑分析即可确定的天然意思。[12]法律实证主义（der juristische Positivismus）并不能认识到上述内容，亦不能由此得出不可或缺的结论。埃塞尔亦在解释技艺中寻找一些路径，以实现所有法官的价值判断最终都可以溯源到立法者。这导致大陆法系法官在作出方案和决定时越来越偏好转向立法者从政治权力斗争中赢得的公共权威。[13]这种方式阻止了对当前法律伦理的各种冲突和教

---

[3]　Einführung（1949），S. 185; Grundsatz und Norm（1956），S. 149, 243; Methodik des Privatrechts（1972），S. 329, 334; Interpretation im Recht（1954），S. 283.

[4]　Methodik des Privatrechts（1972），S. 334.

[5]　Grundsatz und Norm（1956），S. 11.

[6]　Grundsatz und Norm（1956），S. 23.

[7]　大陆法系法律人与英美"判例法"相反，后者不是受制于制定法，而是具有约束力的"先例"。

[8]　Grundsatz und Norm（1956），S. 2.

[9]　Vorverständnis und Methodenwahl（1972），S. 11.

[10]　Grundsatz und Norm（1956），S. 254.

[11]　Methodenlehre des Zivilrechts（1959），S. 309.

[12]　Einführung（1949），S. 179, 187.

[13]　Interpretation im Recht（1954），S. 283.

义上同等价值的各种解决方案的公开讨论。[14] 为了抵御与之相关的危险，*埃塞尔*要求，不能因畏惧合理性丧失而将**评价的难题**从方法理论中排除，而应认识到该问题，并通过制定对该等评价管控的标准来保证必要的合理性。对*埃塞尔*来说，一种忽略这些问题，特别是不使用诠释学经验的方法论，实乃"落伍之科学"。[15] *埃塞尔*甚至提出更宽泛的主张，即"我们的学术方法论对法官而言既不意味着帮助亦不意味着控制"。[16]

　　*埃塞尔*不遗余力地反对这一种方法论，该种方法论排除了被埃塞尔视　　760
为核心的问题，且局限于对经典的法发现技术进行学术描述，[17] 并推动实现过分的教义学抱负。[18] 但未免鲁莽的是，埃塞尔从根本上拒绝了此等法发现技术和与之相关的教义学研究。*埃塞尔*一方面批判对上述视角的过度强调，但另一方面也预先警告，不宜仓促贬低对法官工作所作的必要的法教义上的约束，以及用一种法上伦理化的方式牺牲一切"'科学实证主义'的进步"。[19] 在这一意义上，*埃塞尔*坚决**反对**私法中的**自然法思维**（ **Naturrechtsdenken** ），即援用公平思想而忽视每个教义学的自我控制，以及可能导致"建构性的法学的体系大厦有一天流于荒芜而无人问津"。[20]

　　对埃塞尔而言，危险不仅在于自然法的返璞。在埃塞尔眼中**利益**　　761
法学还隐含着一种**有危害的主观主义风险**（ **Gefahr eines gefährlichen Subjektivismus** ）。利益法学将法官束缚到某一利益上，该利益在立法时决定着法律思维，因此一旦改变了的环境与认知要求，偏离立法者的原初评价，且该评价不能为合乎时代的评价提供科学的理由，那么利益法学就会失灵。如果法官在该情形不借助"教义学的阿里阿德涅线团"（ Ariadnefaden der Dogmatik，希腊神话中克里特公主阿里阿德涅用一个线团帮助忒修斯破解了迷宫——译者注）去评价利益，那么黑克建议的对立法者的"理智顺从"（ denkende Gehorsam ）亦无能为力。[21] 那时利益法学家会依赖自己的评

[14]　Interpretation im Recht（ 1954 ），S. 281.

[15]　Vorverständnis und Methodenwahl（ 1972 ），S. 10.

[16]　Vorverständnis und Methodenwahl（ 1972 ），S. 7.

[17]　Methodik des Privatrechts（ 1972 ），S. 360.

[18]　Antrittsrede（ 1973 ），S. 450.

[19]　Interpretation und Rechtsneubildung im Familienrecht（ JZ 1953 ），S. 522.

[20]　Methodenlehre des Zivilrechts（ 1959 ），S. 323, 318.

[21]　Methodenlehre des Zivilrechts（ 1959 ），S. 313 ff.; Vorverständnis und Methodenwahl（ 1972 ），
S. 133.

价，且视其为最顶端的原则，以避免"脱离现实之结果"，利益法学家在此并不考虑自己的方案与教义体系相协调的问题。[22] 埃塞尔一方面肯定了利益法学迈向了正确的方向这一功绩（即利益法学提出了利益判断的重要性），另一方面也批判利益法学陷入了对概念法学思维论战的泥淖之中。[23]

762　　　　根据这一批判提出的问题是，*埃塞尔*是如何设想战胜上述缺陷的方法理论的？此种方法是借助现实性来使自己的判断变得合理，也就是以法官的创造性活动为基础，将评价行为置于法发现过程之中，并对法官的工作加以控制，即保障合理性与法的安定性。

三、埃塞尔自己的方法规划

1. 法官法与成文法

763　　　　没有司法中持续的漏洞填补、解释、补遗与续造，法就无法有效地发挥作用，[24] 从这一观点出发，*埃塞尔*提出了一个问题，那就是如何将法官活动归入法体系之中，如何将法官活动一方面进行证成，另一方面给予限制。其中**法官之于制定法的地位（die Stellung des Richters zum Gesetz）**起着核心作用。围绕这一问题领域，*埃塞尔*尤其在其博大精深的著作《法官司法续造中的基本原理与规范》中进行了讨论，依埃塞尔所言，该著作的贡献在于，应当"通过比较法考察，最终为从法现实发展而来的关于制定法与法官权力之理论确立牢固地位"。[25]

　　　　a）法体系中法官法的体系地位

764　　　　当*埃塞尔*谈及法官的法律续造、法官的法律创制抑或法官法之时，他究竟在讨论哪些活动？埃塞尔反对以类推方式超越"基于"制定法的制定法适用和漏洞填补，因为这超越了制定法，埃塞尔也反对可以直接引起该观点的观念。[26] 通过对基于制定法的解释和漏洞填补的严格区分，与对制定法之外的漏洞填补和自由的法创制的界分，进而实现对法官法与制定法（Gesetzesrecht）的区别，*埃塞尔*对该行为给予了尖锐的批判。该努

---

[22]　Methodenlehre des Zivilrechts（1959），S. 319. "事实合同"作为无意思表示之合同，其并不符合法律行为的教义；亦见 Grundsatz und Norm（1956），S. 6。

[23]　Methodenlehre des Zivilrechts（1959），S. 326.

[24]　Einführung（1949），S. 117.

[25]　Grundsatz und Norm（1956），S. 18.

[26]　教义学通常亦持此等观点，参见 Methodik des Privatrechts（1972），S. 334。

力建立在一种错误之上，即相对于法创制，制定法适用总被认为是对制定法的简单涵摄。这一观念并不符合现实，对于埃塞尔而言其尤其体现在**漏洞问题的例证**（**Beispiel des Lückenproblems**）中。在不可否认的制定法漏洞上，当制定法实证主义试图以类推作为所谓的法律逻辑上的推导技艺去搭建通往制定法权威的桥梁时，类推建构以及之前对制定法是否存在"漏洞"之分析，最终仍然都是法官的判断，即一种价值判断与意志判断。在埃塞尔看来，类推并非认识之源，而是异于制定法的造法行动的论据与正当化。[27] 在埃塞尔看来，任何情况下所谓通过法官的**漏洞填补**都是**法创制**（**Rechtsschöpfung**）。

　　然而埃塞尔原则上对制定法规范的解释亦没有特别的评判。因为像很久之前立法者设想的那样解释制定法，制定法将可能失去同法律生活的联结，因此法官应当不受制于立法者的历史意志，而应当诠释规范之"客观的秩序意义"。[28] 但是如果没有指导原则和对非法典化的**价值原则**的援用，此等诠释显然不可能实现。[29] 该情形尤其出现在概括条款中，因为概括条款由于不确定性并没体现出可以涵摄的要件。概括条款**将规范塑造留给了法官**。法官填补规范并不是向实在法规则进行追溯，而是溯及制定法之外的评价原则。[30] 通过这种意义上的制定法解释实现了对当前社会关系的必要调整。因此制定法比其创造的社会关系更聪明，当然其也应当更聪明，[31] 但是在社会关系的创造中，事实上是法官比立法者要更聪明。[32]

　　因为**意志因素**（**das volitive Element**）对规范解释发挥着重要作用 [33] 且法官在解释中应当经常援用制定法之外的基本原则，所以**埃塞尔**将解释和

765

766

[27]　Grundsatz und Norm（1956），S. 252 f.

[28]　Einführung（1949），S. 186; Interpretation im Recht（1954），S. 284 f.; Grundsatz und Norm（1956），S. 257, 263.

[29]　Grundsatz und Norm（1956），S. 259, 150.

[30]　Grundsatz und Norm（1956），S. 150, 同样亦参见 Einführung（1949），S. 186, Methodik des Privatrechts（1972），S. 337。

[31]　Grundsatz und Norm（1956），S. 257 f.; Interpretation im Recht（1954），S. 284. 3233.

[32]　Grundsatz und Norm（1956），S. 178, Fußnote 160.

[33]　Grundsatz und Norm（1956），S. 256.

法律续造或者漏洞填补视为一定意义上的同一种事物。[34] 如果埃塞尔亦完全承认存在数量差异，那么其就是在强调，法官基于制定法之外的其他法源的规范塑造在此两个领域中均有重要意义。在埃塞尔看来，漏洞填补仅为"持续性造法之'宏观上'更为明显的界定要件"。[35]

767　　　因此埃塞尔的构想很明显没有清楚区分制定法和法官法，埃塞尔承认两者各自具有各自的领域，其可能并立存在，或者处于约束或被约束关系。法官法在埃塞尔看来，据其所言好像——通过在"正常"制定法适用中已经出现的方式——很大程度上与制定法交织在一起。实际上埃塞尔并不坚持试图解释法官法在制定法之外的效力。对于司法解释"亦"为法源这一观点，埃塞尔称之为"荒谬的、误解的与徒劳的"。在埃塞尔看来，**法律性法源和决断性法源之间**（ **zwischen legalistischen und dezisionistischen Rechtsquellen** ）、发现和建构之间**不存在对立**，而是案件裁判、文本理解和"基本思想"共同作用，并以这种方式将熟悉内容连同新的成分融合于"这部"制定法。[36] 因此，埃塞尔认为，已经发现"通往'法官法'现象的意外而简单的路径"，这尤其是在法官与制定法的关系上："法官是自由的且仅受制定法约束——而制定法仅仅是法官认为有义务去遵守的制定法。"[37] 埃塞尔基本上摘录了 1877 年《法院组织法》第 1 条的前半句的原文，这与《德国基本法》第 97 条第 1 款的内容几乎一样，"法官权力通过独立的、仅受制定法约束的法院得以行使"——在埃塞尔时代，1900 年《德国民法典》和其他的法典（参见本书边码 1402）是为了法治国意义上的分权原则而艰难斗争的结果。

768　　　*很明显，埃塞尔反对"法典信仰"*（ **gegen eine "Kodifikationsgläubigkeit"** ），基于此观点，某部制定法所存储的内容是不变的，此外，任何法官造法必然显得不合于制定法，是从属的造法，这就将制定法客观化了。[38] 事实上，制定法的内容只有通过判例法才能确定。[39] 对埃塞尔而言，伟大的法典编

---

[34]　Grundsatz und Norm（1956），S. 259; 同样亦参见 Interpretation im Recht（1954），S. 288, Methodik des Privatrechts（1972），353。

[35]　Grundsatz und Norm（1956），S. 255; 同样亦参见 Interpretation im Recht（1954），S. 288。

[36]　Grundsatz und Norm（1956），S. 283 f.; Richterrecht（1967），S. 183 f.

[37]　Richterrecht（1967），S. 178.

[38]　Richterrecht（1967），S. 182.

[39]　Einführung（1949），S. 185; Richterliche Rechtsbildung（AcP 1954），S. 179; Grundsatz und Norm（1956），S. 285.

撰无非就是吸纳法律科学与法官实践的活动。[40]埃塞尔眼中的结果是，并非在制定法的边缘和制定法的漏洞之中才能看到法官法，而是每一种解释都体现了以非实证化的法律原则之形式对"成文法"和"非成文法"的结合，这种非实证的法律原则创制了本来的实在规范，即所谓的"行动中的法"（law in action）。[41]埃塞尔认为，制定法和法官法是法现实化的**同一法源中**相互依赖的内容，并因此认为制定法与法官法**在规范上"出身相同"**（**normativ„ebenbürtig"**），仅在逻辑上是约束和被约束的关系。[42]对埃塞尔而言，法官法并非制定法之外的"野生的"，而是在制定法发展过程中拥有自己的地位。因此，*对埃塞尔而言，立法机关之外产生的法并无意义*。人们应当厘清法学家法的*行为*（*Akt*）与地点（*Ort*）、社会学上的生成方式与功能上的定位。在法社会学上被当作另外一种渊源路径的内容，也可以融为制定法的一部分。[43]

埃塞尔在大陆法系观察到了对"司法性立法"（judicial legislation）的不断认可，此等认可最终必然亦导致**制定法概念的变动**（**Verschiebung des Gesetzesbegriffs**）。因此，全面的要件规范之编纂体系的观念便会偏离整体秩序的图景，此等整体秩序包括法官的解决方案与法官法发现时援用的法律原则。[44]

b）法律原则对于法官活动的意义

如上所述，此处埃塞尔一再强调的是*法律原则*对法官活动的意义，即对制定法的解释或开放性续造，埃塞尔走得甚至更远，将其作为整个法秩序的内容——埃塞尔亦将其称为"真实的《国法大全》"（reales corpus iuris）——并赋予其一定资格。[45]为能够理解*埃塞尔关于法官的法发现工作的观念*，应当释明，他对此等法律原则或基本原理、价值原则以及其有时所称非制定法作何种理解。在埃塞尔看来，属于此等**法律原则**的尤其是所谓的一般法律思想、评价的基本原理和构建原则，但也包括法伦理的基

769

770

---

[40]　Grundsatz und Norm（1956），S. 286.

[41]　Grundsatz und Norm（1956），S. 287.

[42]　Einführung（1949），S. 185.

[43]　Richterrecht（1967），S. 184, 194 f.

[44]　Interpretation und Rechtsneubildung im Familienrecht（JZ 1953），S. 521, Grundsatz und Norm（1956），S. 24 f.

[45]　Grundsatz und Norm（1956），S. 22, 94, 149; zustimmend *Wieacker*, JZ 1957, S. 706.

本原理与一个法系中的正义原则。[46] 该等原则的许多内容在埃塞尔看来并非由制定法推导而来，即便实践一直试图援用特定的制定法内容。[47] 很大程度上，其**不依赖于制定法而有效**，且自我证成于"事物的本质或相应的习惯"。[48] 因此，当代法学从法典中提取原则，而之于该等原则而言并非立法者"居于其中"。[49] 作为上述现实观察的结果，*埃塞尔*要求，法律思维应当勇于从作为论据基础的原则出发，该等原则虽然很难由制定法得以证明，但是其"根据法律职业者的共同意见（communis opinio doctorum）属于法之整体（Rechtsganzen）"[50]。

771   还应解释的是，此等法律原则本来来自何处，其在*埃塞尔*体系中具有何种地位，尤其是若援用此原则，或既已援用此原则时，如何才能保障一种埃塞尔反复要求的合理程序。[51] 法律原则在埃塞尔看来并非自然法，一开始就属于现存秩序体系的一部分，只是必须被发现。[52] 其实，法律原则是**基于实践的需要（aus den Bedürfnissen der Praxis）**发展而来，其首先是**在判例法上（kasuistisch）**作为特定事实问题的解决方案。[53] 相应地，*埃塞尔*意义上的法律原则在涵摄意义上并没有可利用的独立价值，即使得法律原则有能力符合此方式来控制造法，即判例法只是符合原则适用的产品。相反，法律原则权威性的依据是，一种仅依据具体合理性制定的方案，且可以应用于其他情形。[54] 只要这尚未出现，那么法律原则仅为前实证性的基础原则。因此，在*埃塞尔*看来，裁判成为实在法原则和制度中的前实在性原则的转换器。[55] 因此法律原则根据埃塞尔理解属于实在法，只要截至目前的法律原则通过造法行为得以制度化。[56] 在这一意义上，埃塞尔也称之为**"制度性有效的"**原则或**"规范性的"**原则。*埃塞尔*以不当得利原则

---

[46]　Grundsatz und Norm（1956），S. 134.

[47]　例如关于禁止自相矛盾的行为（venire contra factum proprium）之"一般法律思想"向《德国民法典》第 162 条的回归，参见 Grundsatz und Norm（1956），S. 5。

[48]　Grundsatz und Norm（1956），S. 5.

[49]　Grundsatz und Norm（1956），S. 174.

[50]　Grundsatz und Norm（1956），S. 24 f.

[51]　Grundsatz und Norm（1956），S. 41.

[52]　Grundsatz und Norm（1956），S. 120.

[53]　Grundsatz und Norm（1956），S. 267, 164.

[54]　Grundsatz und Norm（1956），S. 267.

[55]　Grundsatz und Norm（1956），S. 52 f.

[56]　Grundsatz und Norm（1956），S. 132, 70.

为例，也即过错责任或基于《德国民法典》第 162 条之一般法律思想而得出的原则。此等原则仅直接适用于制度性认可之框架。然而此等原则通过法官法发现的路径可带来更多的法律规范。在尚未制度化的领域，此等原则尚不属于实在法，而仅是"启发性"原则或"指引"。[57]

　　埃塞尔对法律原则的研究亦强调**法学**的影响。法学的任务在于，从**判例法中（aus der Kasuistik）**提取此类原则，确定法学结构的形式、目标和界限以及将其一致性融入法体系。[58] 通过这种方式，**"问题思维"（Problemdenken）**通过**"体系思维"（Systemdenken）**得以补充，并应当防止问题规则完全替代以体系联结的结构与基于事实构成作出的涵摄。如果"教义"体系与其"概念逻辑"似乎偶尔成为以法伦理上的问题讨论与原则形成为导向的现代法学之"障碍"，那么埃塞尔认为此等"障碍"是"不可替代的法的保障与重要的监控平台"。[59] 埃塞尔警告，不要从"纯粹制定法适用的幻想和对假定始终存在的理性法的纯粹逻辑上的评价"这一极端走向同样具有灾难性的另外一种极端，即陷入通过"自由的研究"从"法"的原则中去"创造出"法的幻想这一极端——暗指惹尼（F. Gény）（边码 1408）。规范既非"存在"（da），亦非自由"创制"。更确切地说，基于当前的个案正义和已被认可的目标之间的相互依赖，这些规范（sie）作为"规则"被重新整合。因而埃塞尔在此确定了一种"自由与约束之间的共同效应"，即针对法律逻辑的公理性思考与基于优先地位之问题意识的*法律推理（legal reasoning）*之同等功能的保障。从"审理"意义看，埃塞尔认为只有这样的程序才是法律上的，即根据可指定的特征进行核验的程序，因为此程序性体现了一种明确的理由关联。但是这仅基于对方法规则的评价和适用，且这些方法规制已经为法体系承认。[60]

　　还应阐明，法官在将先例价值裁判和原则转入实在法时究竟如何行为。

---

[57]　Grundsatz und Norm（1956），S. 88 f., 134.

[58]　Grundsatz und Norm（1956），S. 311; 同样亦参见 Methodik des Privatrechts（1972），S. 337。

[59]　Grundsatz und Norm（1956），S. 6 f.

[60]　Grundsatz und Norm（1956），S. 85, auch Fußnote 244. 此论述涉及的是埃塞尔关于"审判"原则（即法官通过具体的法律解释技巧可以推导裁判的原则）与"非审判"原则之区分。审判原则处于进程的末端，其是法学活动的产物。相反，非审判原则处于进程的起点，如无其他法政策裁判，非审判原则便无法转化。对此详见 Interpretation und Rechtsneubildung im Familienrecht（JZ 1953），S. 526 im Hinblick auf Art. 3 Abs. 2 GG; Grundsatz und Norm（1956），S. 69 ff.。

根据埃塞尔的观点，这是特定的**思维形式或范畴（bestimmte Denkformen oder Kategorien）**，其中典型的转化得以实现。倘若这些都是依据蕴含于法概念中的**事实逻辑（Sachlogik）**和评价而构建，埃塞尔就称之为"自然理性"（naturalis ratio）、"事物本质"（Natur der Sache）、"公平"（aequitas）以及所谓的"法律逻辑"（Rechtslogik）。在埃塞尔眼中，该等思维形式提供了一种专门的法律解释与论证基础，而且允许社会价值标准上的法技术思维。[61]

774　　　埃塞尔通过这种方式阐明前实证的法律原则向实证的法律原则的融入，因为埃塞尔相信，自然法学说与法实证主义之间的对立是可以克服的。[62]法官活动对埃塞尔而言则意味着"伦理的固有价值［自然法要素（……）］与法学形式价值及制度价值之间持续不断地互相沟通"。在这种关联上，埃塞尔甚至讨论到**"法"与"道德"的"融合过程"（„Verschmelzungsvorgang"von„Recht"und„Moral"）**，在埃塞尔看来，这具有重要意义，因为此等法律概念和法律论据之类型上的独立性是一种灾难，而且如果不与"那些体现为逻辑力量或社会力量的道德真理"相结合，法律方法必定毫无获益。[63]

775　　　埃塞尔在其法理论中赋予**"自然法要素"**一定的地位，特别是提到了"对原则的实在化"或将"前实在的"原则融入"实在的"原则之中，[64]这些观点受到*凯尔森（Kelsen）*的猛烈批判。事实是，道德、政治或习俗原则均影响法律规范的生成，规范的内容有时符合原则之内容，但这并不意味着，原则可以转化成为实在法。[65]因此*凯尔森*也如此强调，因为在*埃塞尔*那里，"法律规范"（Rechts-Norm）这一法的概念得以扩张，通过这种方式也使针对道德和政治概念的各个固定界限得以褪去外衣。[66]*埃塞尔*认为，实在法规范能够拥有"自然法内容"，通过这种方式，埃塞尔的转化理论变成了自然法学说，而其曾拒绝后者。[67]

776　　　似乎具有疑问的是，*埃塞尔*关于法律规范与法律原则的看法是否真的

---

[61]　Grundsatz und Norm（1956），S. 56, 81; Richterliche Rechtsbildung（AcP 1954），S. 179; Interpretation und Rechtsneubildung im Familienrecht（JZ 1953），S. 523.

[62]　Vgl. *Wieacker*, JZ 1957, S. 702.

[63]　Grundsatz und Norm（1956），S. 60 f.

[64]　Grundsatz und Norm（1956），S. 42, 182.

[65]　*Kelsen*, Allgemeine Theorie der Normen, S. 94, 96.

[66]　*Kelsen*, Allgemeine Theorie der Normen, S. 95.

[67]　*Kelsen*, Allgemeine Theorie der Normen, S. 98.

可以被称为自然法学说。虽然埃塞尔关于法基本原则实证化的一些表述、术语和构想体现了自然法的方向，但是另一方面埃塞尔却一直认为纯粹基于自然法建构的法学说有悖于实证化的法律思想的贡献，例如贡献之一是，"在任一道德化的伦理性干预主义面前"，实在法的稳定性能够提供保障。[68]即便埃塞尔谈及原则实在化，但是对此亦不应理解为，任何含糊的习惯性原则因此可以变成具有约束力的法律规范。对埃塞尔而言，只有经过立法者或法官认可的原则，方属于实在法的一部分。正如埃塞尔一再强调的，**判例法（Kasuistik）**是依据法律的，而非原则之类。[69]如果法律原则尚未得以制度化，那么埃塞尔则将其同法律规范加以区分，即将法律原则称为"具有不同形式的内容"，并强调原则不像法条那样本身就是指令（Weisung），而是"指令的原因、标准与正当化"。[70]此外，埃塞尔将他的实在法原则与自然法则相区分，理由在于自然法则并非永恒的，而是随价值秩序与体系结构的变迁而变化。[71]

在埃塞尔看来，自然法要素肯定在起作用，埃塞尔对此亦不隐讳，但是并非替代实在法原则的作用。埃塞尔追求的"自然法要素"与"法学形式机制与制度价值"之间关于"转化器"（Transformatoren）的**"沟通"**（**Kummunikation**），一如"事物本质"，但仍遭受该异议，即在"事物本质"之上一般存在着最对立的观点。[72]"法律职业者的共同意见"（见本书边码770）能够弥补确定的概念，其在难以解决的法律问题上并不能轻易成为前提条件。　777

　c）法的稳定性与灵活性

关于功能化的法秩序，埃塞尔认为有两个方面尤为重要：一是**法的安定性（Rechtssicherheit）**，二是一定程度的**灵活性（Flexibilität）**，以便能适应变化中的关系和价值观念。[73]因为埃塞尔认为制定法文本仅具有相对微弱的表达性，并且埃塞尔总是强调判例法和法的基本原理对于制定法塑造　778

---

[68]　Grundsatz und Norm（1956），S. 61 f.

[69]　Grundsatz und Norm（1956），S. 132, 137, 151.

[70]　Grundsatz und Norm（1956），S. 50, 51 f.

[71]　Grundsatz und Norm（1956），S. 327.

[72]　*Kelsen*, Allgemeine Theorie der Normen, S. 98 改用了歌德的话："事物本质所谓，乃自身精神之主人。"

[73]　埃塞尔在这一角度引用了美国法学家卡多佐（Cardozo）的话："法律应当稳定但不能停滞。"Richterrecht（1967），S. 186, Fn 69.

的重要性，因此法的稳定性和调适能力应当通过与判例法和法的基本原理的一定交互得以保障。实际上，埃塞尔认为，法律原则的活动使适应时新关系的法律适用成为可能。如上所述，此等原则并不具有永恒性质，而是随**价值秩序变迁（Wandel der Werteordnung）**而变化。根据新的问题理解和制定法理解，新的普遍的法律思想与角色便得以形成。[74]法官在法律适用时援用上述法律思想，便可及时更新制定法的内容。埃塞尔在法律思想显现中恰巧看到了"坚固的制定法规范的有效复兴之匙"。[75]若当代的法官或法学从各个法典中提取原则，那么其恰恰在某种程度上将文本当时意识形态中的基本思想置于一旁，这些思想已在文本中逐渐衰落。[76]

779   因此，法官的任务在于，融合其时代体系以及履行与之有关的**更正时代错误（Überarbeitung der Anachronismen）**之义务。在埃塞尔看来，原则的更新与深入发展不得因此而受阻碍，即基于法安定与法稳定的利益赋予连贯的判决实质的约束力。[77]毫无疑问，迄今为止的审判结果是为了促进司法认知，而非阻碍司法认知。因为，此先例模式对于待形成的原则而言不具有实体法上自身的权威性。法官法并不是"生成"的，它是通过构思和裁判而来的，并非如习惯法那样始终"存在"，而是始终在裁判中变化着。因而埃塞尔认为，原则"总是在路上"。[78]司法判例的规则形成能力并不是建立在习惯法要素基础上，而是建立在持续存在的事实正当性和同现实法信念的一致性的基础之上。对这些内容，在任何时候都需要进行检查。[79]

780   埃塞尔为了面对"法律固化"（Rechtszementierung）[80]的危险，拒绝了先例的实质约束力，仅承认最高法院裁判的事实上的优先效力（eine

---

[74]   Richterrecht（1967），S. 179.

[75]   Grundsatz und Norm（1956），S. 248.

[76]   Grundsatz und Norm（1956），S. 174.

[77]   Grundsatz und Norm（1956），S. 262 f. i.V.m. Richterrecht（1967），S. 186.

[78]   Richterrecht（1967），S. 179 f., 185; Grundsatz und Norm（1956），S. 280. 通过此原则，即大陆法分权原则的思想迫使法官将其裁判作为客观、实在规范进行表达，具有最终效力的裁判和虽被认可但不具有最终效力的原则之间的差异是明显的。

[79]   Richterrecht（1967），S. 194; Grundsatz und Norm（1956），S. 289.

[80]   Richterrecht（1967），S. 186.

faktische Präzedenzwirkung），[81] 即便如此，法官法形成对埃塞尔而言无论如何都不可能同牺牲法的安定性联系在一起。直到抛弃现代制定法不再履行的宽松理念（Sekuritätsidee），才开启了一种路径，即去研究法律思维上更深的权利保障、教义的自我控制以及法官的法律技艺（leges artis）之路。[82]在**教义学（Dogmatik）**中，埃塞尔看到了**稳定功能（Stabilitätsfaktor）**，即其保障着法律适用的连续性与合理的事后可核验性。通过教义学，生活冲突及其原初由经验赢得的价值内容与解决方案被转化进了"技术性"的知识和语言领域，在此创造了具有涵摄能力的事实构成，正如法的安定性所要求的那样。[83] 此外，为有利于法的安定性，埃塞尔主张在先期裁判、指导原则、学说观点以及理论的运用中对法律技术进行规范化，[84] 然而埃塞尔并没有详细论述其是如何进行规范化的。

d）埃塞尔对立法者和法官的立场与宪法中分权原则以及法律约束之观点

埃塞尔关于制定法和法官的法律续造的概念突出体现了，其赋予法官**相对更广泛的塑造权限（relativ weitgehende Gestaltungsspielräume）**并一再强调法官的创造型角色，以便法官的法发现能够适应更新的情况与正义观念。相反，埃塞尔对立法者仅给予较低程度的关注。埃塞尔无论如何都不愿走得更远，以至于制定法更大程度上甚或完全由法官法替代，[85] 但是埃塞尔认为制定法文本对法官裁判仅具有有限的影响。此外，埃塞尔仅对历史角度的制定法解释赋予较低的地位价值，[86] 这一事实表明，埃塞尔认为法官并非很大程度上受制于立法者的决定，而是受制于规范当前应当实现的目标。因此埃塞尔也异常明确地说，法典中的制定法意义上的制度并非法官的最终评价标准，而仅是"社会纠纷和解决方案的工具，立法者在其时代根据其'社会模型'，承认制定法具有规范化的必要性"。埃塞尔认为，

781

---

[81]　Richterliche Rechtsbildung（1954），S. 178; Grundsatz und Norm（1956），S. 276; Einführung（1949），S. 123.

[82]　Richterliche Rechtsbildung（1954），S. 177; Grundsatz und Norm（1956），S. 26 f.

[83]　Grundsatz und Norm（1956），S. 303; Interpretation im Recht（1954），S. 287; vgl. auch Methodik des Privatrechts（1972），S. 337.

[84]　Richterliche Rechtsbildung（1954），S. 178, 182.

[85]　尤其见于 Einführung（1949），S. 120 ff., 其中埃塞尔针对英美法官法强调了制定法的优势。

[86]　Einführung（1949），S. 183 f., 186; Methodik des Privatrechts（1972），S. 353.

立法者"不是可以决定制定法规则的最终效力范围与技术实践能力的权威机关。该权威机关是法律诊所（Klinik des Rechts）本身，它在新的案件上决定着工具的资格、合适性或改进需要：这些工具并不具有约束性，具有约束性的是行动*目标*（Operations*ziel*）"[87]。

因此对埃塞尔而言，**法律实践（Rechtspraxis）**作为**"法律诊所"**，最终决定着合乎目标的法律规则与"工具"——再次使用一个隐喻，此次是使用*福克斯（Ernst Fuchs）*（见边码 1408）最新发现的自由法上的诊所理念。埃塞尔并不是指，当立法提供的"工具"被证明不再合适之时，立法应当提供新的工具。固然可以想象的是，其更为符合我们的宪法，宪法规定了立法机关在政治意见形成与意志形成过程中提出新的法上的规定之时以及决断工作时应负的责任。[88]*埃塞尔*十分**怀疑**基于**立法机关的革新**（**Neuerungen durch die Legislative**），一如其关于赔偿责任法改革的论述所示。其中埃塞尔指出，人们不可期待立法者克服内在矛盾，且值得怀疑的是，议会决议提供的规定是否成熟。[89]此外，在其他的地方，*埃塞尔*指出立法者的误解，经常性的立法失灵或立法之纲领性不足与章程性不足。[90]

所以*埃塞尔*对法官和法学在法规创制与教义保障中角色的强调并非基于这样的认知，即制定法不能毫无漏洞地规制一切事物，而是可能基于这样的设想，即并不可完全期待政治上的立法机关作出一个完备的规制。这同*埃塞尔*对各个法典的怀疑并无二致。

因此需要澄清的是，*埃塞尔*是如何将其构思与宪法确定的分权原则和法官受制定法之约束（《德国基本法》第 20 条第 3 款，第 97 条第 1 款）相协调的。埃塞尔处理此种问题是通过一定的方法，即埃塞尔认为"法官是自由的，仅受制于制定法——而该制定法系指法官自己认为应当受之约束的制定法"，埃塞尔随后得出结论，法官只剩下良心审判作为最后之约束

782

783

784

---

[87]   Grundsatz und Norm（1956），S. 285.

[88]   Vgl. *Müller*, Richterrecht, S. 122.

[89]   Die Zweispurigkeit unseres Haftpflichtrechts（1953），S. 22, 37.

[90]   Grundsatz und Norm（1956），S. 25, ähnlich. 258; Vorverständnis und Methodenwahl（1972），S. 84; Grundsatz und Norm（1956），S. 285 f. 埃塞尔原则上对于我们的法秩序亦是赞同的："对于反映英国法生成的人而言，可能会出现一种似乎可信的理论，即国家将通过司法立法之扩张与议会立法之消减而得益更多。"

（如上所述，见本书边码767）。[91]制宪者可能并未设想法官受制定法的约束。然而埃塞尔亦未十分迅速地解决上述问题。其承认，法官的造法角色无法通过该法理论实现正当化，即仅将政治意志确认为立法者，法官的裁判形成是对制定法的单纯认知性适用。[92]但埃塞尔认为，这一观念**与现实并不相符（Realität nicht gerecht）**。此时没有"司法性立法"，就不可能有法体系，没有司法发展的原则与理论，制定法就毫无生命。[93]因此，法学上的造法涉及的只是一种现实的功能问题，而非宪法理念性权力问题。[94]*埃塞尔的论据根本上的支撑是事实上不可避免之内容，不可认为其有悖于宪法。埃塞尔认为，法官工作中本来就存在创造性的法发现授权。*[95]

2. 法发现中的诠释学、论题学与教义学

*埃塞尔*后期著述详细分析了一类问题，即法官在法发现时如何行为，哪些因素会影响其裁判以及如何才能控制此类因素。埃塞尔在此并没有放弃其阐述的观念，即法的基本原理对法官活动的意义，而是对其进行了补充。　785

a）法发现中的前理解与合理性

通过对法官实践的观察，*埃塞尔*获得一种印象，即法官在案例裁判时主要不是通过解释规则的学院式运用来得出结论，而是将结论主要建立在一定的事前考量以及法官对合理裁判的理念这些基础之上。现实中，实践并不基于法发现的理论性方法，使用这些方法，仅为了在法律技术上论证符合其法律和专业理解的判断，在此证明过程中该裁判仅考虑能够实现所期望的结果的解释视角。[96]　786

对于不同的事前考量、正义观念以及在法官以学院式规范裁判之前就已影响法官的其他观点，*埃塞尔*将其归入**"前理解"（Vorverständnis）**概念之下。*埃塞尔*亦说明了法律适用者的这一前理解由何构成。其来源于"*学习过程的不同种类——从训练过程直到最重要的学习材料、示范性理解的矛盾案例，运用者要么亲自、要么通过识别法院以及司法传统而得以熟*　787

---

[91]　Richterrecht（1967），S. 178. 埃塞尔对其"合乎义务"（pflichtgemäß）所指的内容并未给予详论，且埃塞尔在后一句仅提到法官受制于其良心，而未出现合乎义务之语。

[92]　Grundsatz und Norm（1956），S. 287 f.

[93]　Grundsatz und Norm（1956），S. 242 f.; 109.

[94]　Richterliche Rechtsbildung（1954），S. 178; 相反观点见 *Müller*, Richterrecht, S. 13, 埃塞尔忽视了相应的宪法规范，包括从关于权限秩序的分权原则到私法权力之约束。

[95]　Einführung（1949），S. 185.

[96]　Vorverständnis und Methodenwahl（1972），S. 7 f.

悉"。[97] 前理解也可作**广义理解**（**denkbar weit gemeint**）。*埃塞尔*认为其不是个人的先入之见，法官在法发现时最好应当避免个人的先入之见，而前理解是指总体经验、知识、教义上的基本观念以及教义之外的评价与原则，而这些是法官在其职业"社会化过程"中所坚信与需要的内容，以便能够对法律文本展开工作。因此，其是所有理解的不可或缺的条件，而且提供了一种机会，即法律适用者发现通向其欲解释的文本之路。[98]

788   前理解首先是一种**合理理解的事先条件**（**Vorbedingung adäquaten Verstehens**）。其属于**诠释学**（**Hermeneutik**）的基本观点，即人们只有已经对其语境拥有一定的认识才能理解文本。另一方面，文本的语境来自个别语句的含义。如没有对整体的认识，便不可能理解整体中的部分，反之亦然，没有关于部分的知识，亦不能理解整体。这一理解过程的特质被称为诠释学循环（hermeneutischer Zirkel）。[99]

789   *埃塞尔*理解诠释学的观点，但是其走得更远。"在'认知的'诠释学范围之外或之上"，对于理解制定法文本重要的是，还有一个**"应用"范围**（**„applikativer"Zirkel**），其决定着规范适用。*埃塞尔*强调，法学利益首先并不是理解性利益（Verstehensinteresse），而是**秩序性利益**（**Ordnungsinteresse**），这是一种以法律上的秩序任务为导向的实践利益。[100]法律人对文本感兴趣的不是作为观点的证据，而是对其决定富有意义的指示模型。法律人想要的并非其他，而是以此去"理解"文本，即其借助于理智是否可以作出令其满意与觉得合理之裁判。[101]*埃塞尔*在此强调的是最终裁判观念、意志要素对法律适用的影响。追求正确概念和规范理解对于结果异常重要，此等追求通过对**结果的设想**（**Vorstellung des Ergebnisses**）自始得以确定，结果应当合理地归因于规范适用以及符合正确性要求，而正确性要求亦须符合法律规范。*埃塞尔*认为，此等源自前理解的适用目标在每个文本诠释问题之前，便已经决定了法上"相关的"事实与"合适的"

---

[97] Vorverständnis und Methodenwahl（1972），S. 10; 同样亦见 Dogmatik zwischen Theorie und Praxis（1974），S. 407。

[98] 参见 Vorverständnis und Methodenwahl（1972），S. 10; Möglichkeiten und Grenzen des dogmatischen Denkens（1972），S. 367; 亦见拉伦茨关于埃塞尔前理解之理解，参见纪念文集 Huber, S. 297 f.。

[99] 关于注释学范围及其"出路"详见 *Larenz*, Methodenlehre, S. 206 ff.; 关于法律注释学20世纪60年代的流派之概览可见边码1441。

[100] Methodik des Privatrechts（1972），S. 356 f.

[101] Vorverständnis und Methodenwahl（1972），S. 139.

形式之选择。最终适用目标也决定了一种框架，在该框架之下有计划地去适用被认可的制定法解释方法，以从法律技艺上对裁判作出证明。[102]

　　埃塞尔对法发现中的认知要素赋予十分高的价值，这一看法有时受到**激烈批判**。遭遇到否定的尤其是埃塞尔的这一命题，即法官的前理解不仅推动理解过程，在该理解过程的最后方允许作出裁判，而且越过方法选择，将此等理解过程引向法官的"正确性确信"中即已选择的结果。人们可能并不将此程序视为合法的，因为这样法官就无视了"法和制定法"对自己的"约束"。[103]其他对*埃塞尔*的批判则是基于诠释学纲要，即应当拒绝将前理解作为优先要素，并需要始终批判性地对此加以查证，自己的规范理解并没有因对某个特定裁判的不可避免的期待而变得模糊。相反，*埃塞尔*一反纯粹的理解过程而从认知因素的优先性出发，因此埃塞尔认为诠释学循环接受了一种意识形态功能，即对典型法官工作方式的科学证成。[104]

　　埃塞尔并不想让自己的观念被理解为对实践的任一工作方式的正当化，是对实践的缺陷甚或实践的恣意裁判的正当化。埃塞尔观察到的实践路径虽然并非只有一种，但根据埃塞尔的观点，对前理解在法发现中发挥作用的角色原则上应当给予积极评价。[105]但这并不意味着埃塞尔赞同此种法官裁判，即其仅为主观感觉所支撑，而并不能在客观标准上得以证成。当然埃塞尔强调，其所理解的前理解不应当同个人之先入之见等量齐观。[106]任何一处制定法均不能完全提供一项裁判，而法律适用者总应携入来自其自身的前理解的评价要素，尽管如此，这也并不意味着，在裁量权中对"理性"解决方案的调查存在任意的主观性与恣意的标准。[107]**论证的合理性**亦在于教义学体系及其方法之外。此处埃塞尔将合理性理解为"对

790

791

---

[102]　Methodik des Privatrechts（1972），S. 357; Vorverständdnis und Methodenwahl（1972），S. 10.

[103]　*Larenz*, Methodenlehre, S. 210.

[104]　*Wieder*in, Regel-Prinzip-Norm, S. 151.

[105]　例如很清楚，当埃塞尔强调如下内容时，"没有关于秩序需求与解决方案的先入之见，规范的语言便完全不能对提出的这一问题作答：何谓合理的解答"，或者当埃塞尔认为，"来自更新的秩序问题之前理解更多的是仅作为理解的条件，其系作为裁判基础需要的理解之前提"。Vorverständnis und Methodenwahl（1972），S. 137, 138.

[106]　Zur Unentbehrlichkeit des juristischen Handwerkszeugs（1975），S. 421.

[107]　Vorverständnis und Methodenwahl（1972），S. 132.

实证地存在的社会与制定法上的制度之间的正义问题能够达成共识"[108]。

792　　　　因此，这种裁判的*共识能力（Konsensfähigkeit）*对埃塞尔具有核心意义。埃塞尔认为，以可期待的"理性"或"非持续性"的来对具有渗透性的**共识能力**进行检测，是"合理的正当性控制的经典形式"[109]。这一以共识为导向的正确性控制恰恰保障了解释的法律客观性，避免政治和意识形态工具化的滥用规范。在埃塞尔看来，解释行为的目的性无论如何都不是通向法律变态（Rechtsperversion）之桥，而是恰恰相反。在埃塞尔眼中，法律思维中假定的价值自由相较于法官评价自由而言，必然更易受意识形态影响，这迫使法官不能简单地从逻辑上和必然性上探讨结果，而是对结果进行证成或使其变得可信，即通过法官展示解决方案的正义与理性、解决方案符合普遍承认之法律原则以及解决方案的达成共识的能力。[110] *埃塞尔*因此要求，前理解以及评价的意义在作出裁判上不应长期隐藏于教义学论证之后，以及不应隐藏某些秩序目标与某些观念，即那些根本上仍应得以进一步证实并应承受**合理的正确性控制（rationale Richtigkeitskontrolle）**之观念。[111]

793　　　　应当明白的是，在要求合理的程序中，评价不应被隐藏于表面逻辑结论之后。因为人们没有辨认出这些价值，所以对价值判断的讨论变得困难。这些被认为是*埃塞尔*的贡献，即埃塞尔从一般意识中提取了前理解问题并承认其为现代教义学批判的核心主题。[112] 然而不无疑问的是，埃塞尔提出的对解决方案达成共识的能力的检查是否总能提供令人满意之结果。在许多情形下，法官必然难以断定何种解决方案最具有达成共识的可能。在批判性问题情形中有一种一致性意见，即几乎不存在公正与理性之物。作为法发现的全能性机制，对达成共识之能力的确定因而显得并不合适。[113]

　　　　b）**正确性控制（Richtigkeitskontrolle）与协调性控制（Stimmigkeitskontrolle）**
794　　　　埃塞尔之所以始终在强调，法官必须作出具有共识的且在此意义上理性的和正义的裁判，这与他对法秩序的理解相关：对于埃塞尔来说，法秩序并非任意的秩序，而必须是一个正义的秩序（gerechte Ordnung）。正义

---

[108]　Vorverständnis und Methodenwahl（1972），S. 15, 同样见 S.9。

[109]　Vorverständnis und Methodenwahl（1972），S. 155.

[110]　Vorverständnis und Methodenwahl（1972），S. 119.

[111]　Vorverständnis und Methodenwahl（1972），S. 15, 141.

[112]　*Fikentscher*, Methoden des Rechts, S. 438.

[113]　*Bydlinski*, Juristische Methodenlehre, S. 156.

在埃塞尔眼中并非由实在的法秩序得以保障，而是裁判的一种属性。[114] 基于此等原因，上述"正确性控制"在埃塞尔看来亦甚为重要。因为教义论证并不能提供正确性保障，[115] 所以，对于协调性与合理裁判而言，对令人信服之事实论据的援用绝对必要。但是另一方面，埃塞尔也强调司法统一性的必要性，并强调受立法机关规则纲要的约束，为了实现对该规则纲要的维护和改善，司法机关被赋予了自由、责任与中间人角色。因此，*埃塞尔*并不满足于"正确性控制"，而是除此之外还设定了**"协调性控制"**（**Stimmigkeitskontrolle**），目的在于保证解决方案与实在体系的相容性。[116] 在这一点上，*埃塞尔*使用了**教义学**。教义学在体系框架下是一种控制，其保证适用现有规定的解决方案的兼容性（Verträglichkeit）。将解决方案强制融入该体系的过程也是对合理性的检验，如果人们认真对待该检验的话，该检验会展示某个方案对相关体系未来命运的影响。如果解决方案不能适于体系，那么人们便被强制要么构建替代方案，要么讨论在体系中当前出现的所有结果。[117] *埃塞尔*通过在"正确性控制"之外设置"协调性控制"，补充了论题学的角度，也就是寻找达成共识性解决方案与教义—体系式观点，以便实现它们共同作用之下作出裁判之合理性。[118]

　　*埃塞尔*关于法发现过程中的正确性控制和协调性控制的构想以及其分配给教义学的角色，一部分遭到了反对。这些**批判**首先在于，在*埃塞尔*看来，在法官开始学院式的制定法解释或教义学衡量之前，对于即将作出的裁判的正确性信念就已经形成。如果如*埃塞尔*在实践中的法发现程序中所描述的，那么法官当然干脆直接选择一种可以让其作出符合制定法裁判的解释方法。因此，*埃塞尔*意义上的协调性控制功能仅在于，对法官认为正确的解决方案提供一种事后的论证，即其对解决方案应当给予合法化的外衣。[119] 同一导向上的提示是，*埃塞尔*方法论述中没有任何一处的司法结论

795

---

[114]　Vorverständnis und Methodenwahl（1972）, S. 17.

[115]　Vorverständnis und Methodenwahl（1972）, S. 171; Möglichkeiten und Grenzen des dogmatischen Denkens（1972）, S. 377.

[116]　Vorverständnis und Methodenwahl（1972）, S. 19 f.

[117]　Möglichkeiten und Grenzen des dogmatischen Denkens（1972）, S. 370.

[118]　*Frommel*, Rezeption der Hermeneutik, S. 222 ff.

[119]　*Larenz*, Methodenlehre, S. 210 f.; Festschrift für Huber, S. 298 ff. 他主张应当在正当性信念的约束下来控制一致性。

因该证据而被拒绝，即司法结论不能经受住教义学控制的证据。[120] 最后，埃塞尔关于法发现过程的概念及其区别被归入正确性控制与协调性控制甚至 "无规范的裁判理论"（Theorien normfreien Entscheidens）之列。[121]

796　　　不无疑问的是，上述关于*埃塞尔*理论的评判是否每一点都妥当。*埃塞尔*彻底强调了——亦作为对其著作《前理解与方法选择》批判之回应——**"法律操作工具的不可或缺性"（Unentbehrlichkeit des juristischen Handwerkszeugs）**，亦指出了法院裁判程序中基本法律论证规则对具体例证的忽视。[122] 在这一关联上，*埃塞尔*强调，对法官行为受前理解限制的认识并不能导致不再区分充分论证与随意扭曲的可能性。[123] 一种担心是，通过对于前理解重要性的执行，可能会鼓励实践中滥用方法，而*埃塞尔*对此不予赞同。埃塞尔持相反观点，即澄清方法自由之优先有效的原因，以便能够有效反对方法自由。[124] 在埃塞尔眼中谨慎的法律论证不应为自由评价所替代，这在*埃塞尔*早期的研究中已经清楚讨论过。法官进行的价值裁判不应是直觉审判意义上的主观裁判甚或放弃法律论证之合理性之裁判，而应将价值裁判与体系及论据结合在一起。即使法官的价值判断不需要始终对之前的评价进行再次评价，也必须依据教义学理由对该价值判断与相关法律秩序的整体体系的兼容性加以证明。[125]

797　　　*埃塞尔*自身严肃对待**协调性控制（Stimmigkeitskontrolle）**，无论如何都不愿其仅在形式上得以实现。因为协调性控制在埃塞尔概念里处于法发现过程的最后，但是其亦完全存在批判者所强调的危险，即协调性在实践中并不像*埃塞尔*期待的那样被十分严谨地执行。

四、范例："事实债务关系"之问题

798　　　对于埃塞尔所谓的"事实债务关系"立场的例子，应当研究的是，其在解决实践中的民法问题时是如何使用其方法规则的。

---

[120]　*Bydlinski*, Juristische Methodenlehre, S. 32.

[121]　*Fikentscher*, Methoden des Rechts, S. 753 ff.

[122]　 Zur Unentbehrlichkeit des juristischen Handwerkszeugs（1975）, S. 420 ff. *Bydlinski*, Juristische Methodenlehre, S. 29, Fußnote 80. 他对此并不满意，因为埃塞尔此处仅涉及，对人工流产与公共职业中对激进分子安排之判例的批判。

[123]　Zur Unentbehrlichkeit des juristischen Handwerkszeugs（1975）, S. 421.

[124]　Zur Unentbehrlichkeit des juristischen Handwerkszeugs（1975）, S. 426.

[125]　Methodenlehre des Zivilrechts（1959）, S. 323.

1. 埃塞尔的解决方案

在"事实债务关系"关键词下讨论的案例类型涉及的是，通过明确一 799
致的、有效的意思表示并不能成立合同，但人们却愿意保证给付请求权，
该等请求权通常仅成立于依《德国民法典》规定成立的合同之中。对此一
个形象的例子是"汉堡停车场案"（Hamburger Parkplatzfall）。[126]本案中，一
名女士将其轿车停放在一需要付费的停车场，然而其明确表示，该停车场
乃用于公共用途，其不准备支付被索要的费用。很明确，女士没有作出可
导致缔结合同的意思表示。然而她却被判定负担停车费用。她把其轿车停
放在停车位，仅这一行为已经使其进入经营者的合同关系，因此女士负有
支付费用的义务。[127]法院对此的观点为，合同关系非系由要约和承诺而
得以成立，而是存在事实合同关系，其不以合同成立为基础，其基础在于
社会性给付义务（soziale Leistungspflicht）。这一给付义务源自一种行为，
即根据行为的"社会典型意义"，该行为拥有像某种法律行为一样的法效
果。[128]根据格言"生活可以自我调节"（das Leben selbst ordnet zu），[129]法律
行为的教义学因此被置于一旁，以避免"有悖于现实之结果"。

埃塞尔在此看到的是"规范性法律思维降服于政治—社会性事实"。[130] 800
埃塞尔虽然承认，法律行为的当代学说对"事实合同关系"问题并不提供
直接的解决方案，但其不认为，此足以构成放弃之原因。现在需要探讨的
并不是社会学内容对规范的入侵问题，而似乎是必须通过教义学上的续造
来寻找一种解决方案。一种错误在于，热衷于在要求稳定性的教义学思考
中对研究结果赋予过多空间。[131]埃塞尔强调，社会现象并非最终权威，而
是在不出卖已经取得的成就（das Errunge）的情况下去改善事实构成塑造

---

[126]　BGHZ 21, 319 ff. vom 14. Juli 1956.

[127]　BGHZ 21, 319, 3. Leitsatz.

[128]　BGHZ 21, 319, 333 f. 借鉴了豪普茨（Haupts）的文章《关于事实合同关系》
（Über faktische Vertragsverhältnisse, 1941）与拉伦茨的概念"基于社会典型行为的债务关系"
（Schuldverhältnisse aus sozialtypischem Verhalten），对此详见本书弗拉塞克所撰内容，边码 614 及
以下。

[129]　此为豪普茨的核心论点，引注见 Esser, Faktische Schuldverhältnisse（1958），S. 56。

[130]　Faktische Schuldverhältnisse（1958），S. 56; 对豪普茨的文章的评论并不尖锐 „Über
faktische Vertragsverhältnisse"（1941）in Schmollers Jahrbuch 1942, S. 230 ff.

[131]　Faktische Schuldverhältnisse（1958），S. 52; auch Möglichkeiten und Grenzen des
dogmatischen Denkens（1972），S. 391.

的批判分析之客体。该成就对埃塞尔而言是指，在现有案件中作为法律行为上私人自治之表达的意志原则，人们不得因为个别难以克服的现象而将之抛弃。[132]

801　　　　基于上述考虑，*埃塞尔*致力于一种符合民法体系且同时符合实践要求的解决方案。埃塞尔对此区分了"事实债务关系"的**两个核心的案件类型**（**zwei zentrale Fallgruppen**）：

　　（1）所谓的"参加关系"（Eingliederungsverhältnisse）。属于此类关系的首先是劳动关系与合伙关系，在此根据合同约定内容履行给付，由此可推出，基于任一原因误认为有效的合同是无效的（例如因为雇员的行为能力欠缺）。

　　（2）在关键词"规模交易"（Massenverkehr）和"实际照管"（Daseinsvorsorge）之下讨论的现代规模合同与供应协议（Anschlussvertrag）（例如供电协议）不存在个体建构的事实构成，这尤其存在于交通经济（例如公共交通）与公用事业领域。[133]

802　　　　*埃塞尔*强调，案例类型一，特别是所谓的**事实劳动关系**（**faktische Arbeitsverhältnis**），涉及的并非加入一个这样的企业组织，也并非许多人意欲看到的像"有组织的神话"（organizistischem Mythos）这样的"活的社会关系"，而是关键在于应当如何评判该等关系。在该等情形下亦应当将意志因素作为私人自治之表达。意志因素也体现于无效的劳动合同、合伙合同或租赁合同之中，只是有缺陷的法律而已。同样，该等情形亦在追求一种法的目标，而在现实意志行为中（如劳动给付或合伙中）的合作体现了此类法的目标。如果人们基于内部保护或债权人保护原因来认可该民法上的无效关系，那么上述目标设定必然构建了"一个客观的事实构成"，人们是依据该事实构成这一法律要件而不是依据"加入行为"这一"现象"作了认可。*埃塞尔*认为，"并非生活作出安排"，而"仅仅是人之意志"。[134]*埃塞尔*强调，在法律对该意志活动的认可中，正如人们所认为的那样，私人自治应得到重视，而不应被忽视，倘若问题可以如此提出，就像对任何一种"事实"关系给予"规范性"影响一样。[135]*埃塞尔*不愿将劳动关系或

---

[132]　Faktische Schuldverhältnisse（1958），S. 56；埃塞尔对法律现实的广泛认许见 Schmollers Jahrbuch 1942, S. 234："不再需要个体的合同机制，因此合同亦可取消其形式。"

　　[133]　Faktische Schuldverhältnisse（1958），S. 53 Nr. c）und d）; Schuldrecht, 3. Aufl. 1968, S. 97 f.

　　[134]　Faktische Schuldverhältnisse（1958），S. 58, Schuldrecht, 3. Aufl. 1968, S. 98 f.

　　[135]　Schuldrecht, 3. Aufl. 1968, S. 99.

社会关系的实际情况视为"客观事实构成"，并不认为它具有意思表示的构建合同的功能。对于在法上不能有效证成，但基于一定的保护原因（例如补偿请求、劳动保护）事实上已经实现的法律关系，何时应当对其*如同有效之关系*那样进行处理，涉及的是补充性事实构成。[136] 在特定情形下应当实现同等对待原则的教义学路径，对*埃塞尔*而言是对特定无效原因的无视。在个案中，各个关键的无效原因的具体保护任务，应当根据对事实关系认可的保护利益来作出衡量。因此，诸如无行为能力人基于未成年保护原因不能缔结有效的劳动合同，但是其对已经完成的劳动享有支付报酬请求权。*埃塞尔*以此避免了不当得利返还请求权（价值替代、不当得利返还）的弱点，但是主要是以此摆脱了以加入行为和经营共同体来取代合同这一具有戏剧性、原则性的魏玛教义学和纳粹教义学。[137]

"规模合同"的案例类型（Fallgruppe der„Massenverträge"）（例如在具有付费义务的停车场停车或使用公共交通工具）中，上述解决原则难以继续发挥作用。此处并不是清除"无效的"意思表示的缔结，而很明显出现的是一种"客观"的*不具备意思表示之缔结行为*，其*不在*截至目前仅仅被承认的法律行为式的合同缔结技术之列，但亦需要获得效力。此处的债务关系不是通过合同订立而建立，而是通过使用给付，只有根据债法特殊的义务负担才可要求此等给付。[138] 在这里，*埃塞尔*现在似乎想要计划使用"社会典型行为"来认可这一"事实"合同。然而问题是，以何种*教义形式*才能在《德国民法典》体系之下将此缔约形式包含进来。*埃塞尔*强调，如人们期待将这种缔约形式作为私人自治的体现，那么此等事实构成应当求助于意思表示的教义。当然此处存在一种自然而有明确目标的意志活动（Willensbetätigung）（例如使用应当付费停车场之意志），即便其不是通常教义学意义上的意思表示。[139] *埃塞尔*通过将此类推为"根本上无需作出表示的意志活动之行为"，从而实现了在体系上的教义融合。但这一同等处理并

803

---

[136]　Schuldrecht, 3. Aufl. 1968, S. 98.

[137]　Zur Nichtigkeit s. Faktische Schuldverhältnisse（1958），S. 59, Schuldrecht, 3. Aufl. 1968, S. 99；关于一体化历史（Eingliederungsgeschichte）与平行的法概念现在可详见 *J. Rückert*, §611, in: Historisch-kritischer Kommentar zum BGB, hg. von M. Schmoeckel, J. Rückert und R. Zimmermann, Bd. 3, 2013, Rn. 331 ff.。

[138]　Faktische Schuldverhältnisse（1958），S. 60, Schuldrecht, 2. Aufl. 1960, S. 34 f.

[139]　Faktische Schuldverhältnisse（1958），S. 61.

不是完全通过拟制而实现，而是总涉及法律行为约束力的单个问题。因此，"法律行为"概念也包括对"规模交易"之给付的"社会典型的使用"。[140]

804 　　埃塞尔承认，这并不符合传统的法律行为之教义。埃塞尔**对法律行为的概念进行了扩张（Erweiterung des Begriffs des Rechtsgeschäfts）**，在这里他看到的是一个"教义学上法律续造之真实案件，从体系维护角度来看该案件是唯一可行的"。[141]埃塞尔因而将其解决方案称为体系维护型（systemerhaltend），因为受质疑的构成要件并未被排除在私法自治体系之外。埃塞尔不是创造有悖于体系的"客观"事实构成，而是借助与法律行为相应的要素（即在特定情形下，如同对待意思表示一样对待意思确认），以便克服作为债务合同关系的类型化的给付关系。当然，这应当符合"制定法忠实"原则。并非制定法自身与法律行为学说之"精神"得以变化，而是更为狭隘的教义学观念得以变化。埃塞尔认为，此等教义学观念并不存在于通过法典编撰实现的政治意志形成之中，而存在于法学的认知层面。此等教义学观念是"制定法"的一部分，然而，虽然教义学观念来自法源，但是法源并不是立法者，而是教义与实践。因此教义学的进一步发展亦为教义与实践之任务。正如埃塞尔的著作《私法中法官续造的基本原理与规范》（Grundsatz und Norm）所强调的，从教义学观点和技术的特定立场出发的制定法，以一定的时代认识为基础，其并非法源，因此并不是具有约束性的权威。科学应当揭开基于制定法的观念与关联，应当与法的现实性相比较。[142]其中涉及的是"以适于时代状况之观念合理**建构**法上的法秩序目标"。在这种关联上，*埃塞尔*再次明确其是如何理解现实正义之法的。法律虽然应当适应现实，但是其并非在描述性方面，而是规范性方面，即亦应考虑体系整体导向的教义学。教义学应当逐步翻新老旧的概念大厦，并符合概念大厦的功能转型以及我们的正义观点。翻新方式为，教义学应从边缘情况出发，对每一教义领域慢慢展开讨论以及消除僵硬的思考形式。

---

　　[140]　Faktische Schuldverhältnisse（1958），S. 62, Schuldrecht, 2. Aufl. 1960, S. 34 f. 明显不同的是此处注释引用教材《债法》（Schuldrecht）第 3 版，1968 年，第 97 页，其中埃塞尔强调，不能进行证成的是将希望之法律后果直接作为事实后果，尽管"社会典型"行为已被赋予效力。如同停车场案一样，如人们不通过默示行为（《德国民法典》第 151 条）解释缔约，那么人们就意图越过"悖于行为之抗议"（protestatio facto contraria）的非显著性原则来达成一个满意的解决方案（关于悖于行为之抗议见本书介绍拉伦茨部分，边码 636）。

　　[141]　Faktische Schuldverhältnisse（1958），S. 62.

　　[142]　Faktische Schuldverhältnisse（1958），S. 63.

通过改善法教义学实现的进步并不是背叛制定法，背叛制定法的是那些所谓忠于制定法的方案。在没有办法通过逻辑工具或者拟制方法摆脱法律制定时期的偏见的情况下，这些方案把法律制度束缚在这个偏见之中。[143]

2. 方法观念的实践转化

埃塞尔关于"事实债务关系"教义学文章的末尾，为"规模合同"解决方案的证成提供了一系列思考，此等思考亦出现于其方法论著作中，尤其涉及他的制定法概念，以及制定法约束与法对变化需求的调整之间如何进行协调这一问题。

805

然而，上述关于时间问题的讨论中很明显的是埃塞尔的一种观点，即法发现实践中是如何运行的，以及其应当如何运行。因此埃塞尔思考的**出发点**不是**制定法文本自身（Gesetzestext an sich）**。一种建立于无效合同基础之上的劳动关系在特定情形之下应当受法秩序保护，停车场经营者在有人有意使用其提供的给付之时，应当拥有请求停车人支付在一般情形下需承担的停车费的权利，这似乎从一开始就已经确定，因为如果是其他结果就会显得"不公平"。为了证成此等请求权，埃塞尔并没有直接援引制定法文本，而是一定程度上求助于制定法明确设定的原则，即私人自治及其相关的意志原则。此类原则虽然不可以直接证明存在履行请求权，但是根据埃塞尔关于法发现程序的观念，该意志原则完全没有必要。更恰当地说，关键且充分的是，这些普遍认可、作为法律体系基础的原则与被认为是理性的方案并不矛盾，该方案是"协调的"。**援用原则（Rückgriff auf Prinzipien）**来替代制定法文本之优势在于，人们在法发现时拥有**较大的裁量空间（größere Spielräume）**，对变化的情形容易实现调整。对在立法之时存在的原则教义之建构，并非被视为具有约束力之权威。不过，此类过于狭隘的教义学理解可以在法律规定目标框架之下进行更新与扩张。

806

如果埃塞尔在所谓的"一体化"中寻找一种关于忽视特定无效原因的解决方案的话，那么很明显，对其而言，**法律规则的目的（Zweck einer rechtlichen Regelung）**总具有优先性。无行为能力人的意思表示并非无效这一规则的基础在于未成年人保护这一思想。但是如果特定情形中要求未成年保护，即为证成例如报酬请求权而意思表示应属有效，那么埃塞尔即准备忽视无效的原因。

807

---

[143]　Faktische Schuldverhältnisse（1958），S. 64.

808　　　埃塞尔一再证明的是，其方法论著中予以认可的教义学的作用。在"事实债务关系"的例证中，埃塞尔再次强调了教义学对于法的安定性的意义，以及教义学对法体系自身保持协调性的影响，因此埃塞尔并非放弃此二者，而仅是部分予以改善。埃塞尔在此对"事实债务关系"的教义学定位进行了广泛研究，但是并没有依据案例来给出事实论据，就如同他对法律实践所要求的那样，对此原因在于，埃塞尔同样不是为具体个案寻找符合事实的解决方案之法官，而是作为研究问题领域的法学家。对埃塞尔而言，法学家的重要任务在于，应为实践提供教义学工具，而实践则可对其进行援用。

809　　　在埃塞尔法学教义的思考当中亦比较明显的是，**很难去作出评判**（**schwierig，zu beurteilen**），依据教义学进行的协调性控制在个案中应达至**何种严格程度**（**wie streng**），且如何阻止人们只是通过在形式上作出协调性控制的方式来最终作出"公正裁判"。在第一个案例类型，即所谓"参加关系"中，埃塞尔尚可以结合一个实际存在的意思表示，因此似乎还可能认为是相对地"忠于制定法的"，哪怕该意思表示是推断出来的且无论如何都是无效的，而在第二个案例类型之中仅可推断出"自然的使用意思"，但是埃塞尔在此却走得更远。埃塞尔没有搞明白的是，在个案中自由裁量会在何处耗尽，灵活性与个案正义何时应当屈服于稳定与制定法忠实。

五、原著及文献

1. 埃塞尔原著进阶 [144]

此处尤其合适的是 1972 年手册中的章节"私法之方法"（Handbuchabschnitt „Methodik des Privatrechts"），亦可见 1975 年的《法学手工工具必需性之评论》（Bemerkungen zur Unentbehrlichkeit des juristischen Handwerkszeugs）。特别出名的是 1970 年的《前理解与方法选择》（Vorverständnis und Methodenwahl）。其他重要的文献有：

Haupt, Günter, Über faktische Vertragsverhältnisse, Leipzig 1941, in: Schmollers Jahrbuch für Gesetzgebung, Verwaltung und Volkswirtschaft im Deutschen Reiche 66（1942），S. 230-234.

---

　　[144]　大量的文献目录载于文集 „Wege der Rechtsgewinnung", hrsg. Von Peter Häberle und Hans G. Leser, Tübingen 1990, S. 451-465。选择性著述目录与关于埃塞尔专著评论的目录见 *Vogel, Josef Esser-Brückenbauer zwischen Theorie und Praxis*, Berlin 2009。

Einführung in die Grundbegriffe des Rechtes und Staates. Eine Einführung in die Rechtswissenschaft und in die Rechtsphilosophie, Wien 1949.

Interpretation und Rechtsneubildung im Familienrecht, JZ 1953, S. 521-526.

Die Zweispurigkeit unseres Haftpflichtrechts（1953）, in: Wege, s.u. 1990, S. 23-38.

Die Interpretation im Recht（1954）, in: Wege, s.u. 1990, S. 278-293.

Voraussetzungen und Grenzen richterlicher Rechtsbildung aus Prinzipien im deutschen Zivilrecht, zusammengefasst von Heinz Paulick, in: AcP 153（1954）, S. 176-182.

Grundsatz und Norm in der richterlichen Fortbildung des Privatrechts. Rechtsvergleichende Beiträge zur Rechtsquellen-und Interpretationslehre, Tübingen 1956;4. uvä. Aufl. 1990, mit einem neuen Vorwort. Gedanken zur Dogmatik der„faktischen Schuldverhältnisse"（1958）, in: Wege, s.u. 1990, S. 51-64.

Zur Methodenlehre des Zivilrechts（1959）, in: Wege, s.u. 1990, S. 307-327.

Schuldrecht, 2. Auflage, Karlsruhe 1960.

Richterrecht, Gerichtsgebrauch und Gewohnheitsrecht（1967）, in: Wege, s.u. 1990, S. 160-195.

Schuldrecht, Band 1: Allgemeiner Teil, 3. Auflage, Karlsruhe 1968.

Methodik des Privatrechts（1972）, in: Wege, s.u. 1990, S. 328-362.

Möglichkeiten und Grenzen des dogmatischen Denkens im modernen Zivilrecht （1972）, in: Wege, s.u. 1990, S. 363-396.

Vorverständnis und Methodenwahl in der Rechtsfindung. Rationalitätsgrundlagen richterlicher Entscheidungspraxis, 2. Auflage, Frankfurt 1972（zuerst 1970）.

Antrittsrede vor der Heidelberger Akademie der Wissenschaften, Philosophisch-Historische Klasse am 17.11.1973, in: Wege, s.u. 1990, S. 449-450.

Dogmatik zwischen Theorie und Praxis（1974）, in: Wege, s.u. 1990, S. 397-419.

Bemerkungen zur Unentbehrlichkeit des juristischen Handwerkszeugs（1975）, in: Wege, s.u. 1990, S. 420-427.

Wege der Rechtsgewinnung. Ausgewählte Aufsätze, hg. von P. Häberle und H. G. Leser, Tübingen 1990.

2. 参考文献进阶

较为合适的文本是埃塞尔两名学生写的：

Dubischar, Roland, Rechtstheorie als Literatur, in: AcP 171（1971）, S. 440-469.

Köndgen, Johannes, Josef Esser-Methodologie zwischen Theorie und Praxis, in: JZ 56（2001）, S. 807-813.

非常独立、非常严谨的观点见：

Ryffel, Hans, Rechtssoziologie. Eine systematische Orientierung, Neuwied 1974, S. 232-234.

3. 其他重要文献

Bydlinski, Franz, Juristische Methodenlehre und Rechtsbegriff, Wien 1982.

Fikentscher, Wolfgang, Methoden des Rechts in vergleichender Darstellung, Bd. 3: Mitteleuropäischer Rechtskreis, Tübingen 1976.

Frommel, Monika, Die Rezeption der Hermeneutik bei Karl Larenz und Josef Esser（=Münchener Universitätsschr., Jur. Fak., Abh. zur rechtswissenschaftlichen Grundlagenforschung, 47）, Ebelsbach 1981.

Haferkamp, Hans-Peter, „Methodenehrlichkeit"? - Die juristische Fiktion im Wandel der Zeiten, in: Zivil-und Wirtschaftsrecht im Europäischen und Globalen Kontext. Festschrift für Nobert Horn zum 70. Geburtstag, hg. v. K. P. Berger, G. Borges et al., Berlin 2006, S. 1077-1089.

Kelsen, Hans, Allgemeine Theorie der Normen, aus dem Nachlaß hrsg. von Kurt Ringhofer und Robert Walter, Wien 1979.

Köndgen, Johannes, Josef Esser（1910-1999）, in: Deutschsprachige Zivilrechtslehrer des 20. Jahrhunderts in Berichten ihrer Schüler. Eine Ideengeschichte in Einzeldarstellungen, Bd. 1, hg. v. St. Grundmann u. K. Riesenhuber, Berlin 2007, S. 103-127.

Larenz, Karl, Die Bindung des Richters an das Gesetz als hermeneutisches Problem, in: FS für Ernst Rudof Huber zum 70. Geburtstag, Göttingen 1973, S. 291-309.

Larenz, Karl, Methodenlehre der Rechtswissenschaft, 6. Auflage, Berlin/ Heidelberg u. a. 1991.

Liber amicorum Josef Esser. Zum 85. Geburtstag am 12. März 1995, hg. v. E. Schmidt u. H.-L. Weyers, Heidelberg 1995.

Lichtmannegger, Susanne, Die Rechts-und Staatswissenschaftliche Fakultät der Universität Innsbruck 1945-1955. Zur Geschichte der Rechtswissenschaft im

Österreich des 20. Jahrhunderts, Frankfurt am Main 1999, S. 145 ff., 269 ff.

Müller, Friedrich„Richterrecht"-Elemente einer Verfassungstheorie IV, Berlin 1986.

Schmidt, Eike, Nachruf Josef Esser, in: JZ 54（1999）, S. 986.

Vogel, Stefan, Josef Esser-Brückenbauer zwischen Theorie und Praxis, Berlin 2009（=Diss. iur. HU-Berlin 2008）.

Wieacker, Franz, Gesetzesrecht und richterliche Kunstregel. Zu Essers Buch„Grundsatz und Norm", JZ 1957, S. 701-706.

Weyers, Hans-Leo, Nachruf auf Josef Esser, in: Mitteilungen der Gesellschaft für Rechtsvergleichung Nr. 27, 1999, S. 7 f.

Wiederin, Erwald, Regel-Prinzip-Norm. Zu einer Kontroverse zwischen Hans Kelsen und Josef Esser, in: Paulson, Stanley L./Walter, Robert（Hrsg.）, Untersuchungen zur Reinen Rechtslehre. Ergebnisse eines Wiener Rechtstheoretischen Seminars 1985/86, Wien 1986, S. 137-166.

第十一节　科殷（Helmut Coing，1912—2000）
的方法与民法*

要目

810　　　科殷的方法论并不具有原创性与极端性。科殷方法论的特色是在所有争议问题领域寻找折中路径：在自然法与文化法（Kulturrecht）之间、客观解释与主观解释之间、论题学与体系主义法律思维之间、严格的制定法约束与创制性法官法之间、传统与宪法约束之间。科殷从不持极端立场。其活动路径在于，20世纪在规范必然性（normative Notwendigkeit）与制定法约束的事实不可能性（faktische Unmöglichkeit）之间形成的合适路径。倘有"主流"方法论的话，那么科殷则是其发言人。

811　　　然而这也使科殷的著述显得并不无聊。对于方法论研究，科殷著作因而变得有趣，因为他是从实用主义出发讲述成熟方法。口头流传与得以承认的实用主义方案经常没有体系性。然而科殷却作如下尝试：其运用法哲学思维来构建传统的方法观点。因此，其为经常被假定而几无深究的规则提供了一种弦外之音。

一、科殷：联邦德国早期的代表

812　　　科殷在今天首先是作为法史学家而为人所知。科殷20世纪30年代的

---

*　莱娜·富尔雅提（Lena Foljanty）撰，王战涛译，刘志阳校。

博士论文与教授资格论文均研究中世纪罗马法继受问题，1914 年其被聘为美因河畔法兰克福大学罗马法与民法特聘教授。[1]1968 年科殷成功创办了法兰克福马克斯普朗克欧洲法律史研究所并任所长直至其荣休。[2]

　　1945 年后，科殷开始着手研究法哲学问题。其作为战后没有历史负担的[3] 年轻教授，开始在法哲学上讨论民族社会主义。法（Recht）曾被设定为服务于极权政府，[4] 因此丧失了信誉。像同时代的许多人一样，科殷试图证实，尽管有上述经历，法在其内核上依然为良善之物。法应当被理解为一种本质为正义的事物。价值哲学与宗教仍应当有助益：客观的高层级规范中确立的法有望实现对具有潜在恣意的立法者的限制。[5] 科殷选择了价值哲学之路，其似乎适于社会科学方向，科殷早在 1933 年之前的学生

813

---

　　[1]　关于科殷并无传记，不过最近出版了其生平回忆，标题为《为了科学与艺术——一名欧洲法学家的生平》（Für Wissenschaften und Künste. Lebensbericht eines europäischen Rechtsgelehrten），由费尔德坎普（v. M. Feldkamp）主编。此外参见 Luig, Helmut Coing（1912—2000），in: Grundmann/Riesenhuber（Hg.），Deutschsprachige Zivilrechtlehrer des 20. Jahrhunderts in Berichten ihrer Schüler, Bd. 1, 2007, S. 57-70。其中亦可看到科殷的法史内容及其法哲学的关系。但是该生平回忆对于法哲学及方法论的内容涉及甚少。

　　[2]　Dazu F. Schäfer, Gründung eines MPI für europäische Rechtsgeschichte, ZEuP 2009, S. 517-535.

　　[3]　根据科殷生平回忆中他自己披露的信息，科殷同民族社会主义政权始终保持距离，并且从未参与纳粹党。对于后者论证的怀疑参见评论 F. Schäfer, ZRG GA 132（2015），560（562）。在科殷民族社会主义期间发表的论著当中并未发现其政治立场的明确体现。科殷的博士论文和教授资格论文均以 15、16 世纪的罗马法继受为主题。科殷在其博士论文片段中使用民族社会主义的用语"抽象"罗马法向"接近生活的德国法"的"渗入"，但是他在其教授资格论文中却使用了另外的描述与评价。参见 Coing, Die Frankfurter Reformation von 1578 und das Gemeine Recht ihrer Zeit, 1935; Coing, Die Rezeption des römischen Rechts in Frankfurt am Main, 1939。

　　[4]　对民族社会主义法律尤其参见 Rüthers, Entartetes Recht, 1988，以及使用诸多例证本质论述司法解释的：Rüthers, Die unbegrenzte Auslegung. Zum Wandel der Privatrechtsordnung im Nationalsozialismus, 1968。

　　[5]　对于政治责任分摊首先是借助于所谓的实证主义命题实现的，据此，对于主观上占据统治地位的实证主义负有责任的是，法律人乐意在民族社会主义国家事务中从事活动，因为他们认为对于国家具有忠诚义务。然而从历史来看这一义务无法长久，对此已有论述，见 Rüthers, Die unbegrenzte Auslegung, 1968; 对此等关联到的责任推卸之批判参见早期 Rosenbaum, Naturrecht und positives Recht, 1972, S. 147 ff.，较新的文献是 Walther, Hat der juristische Positivismus die deutschen Juristen im „Dritten Reich" wehrlos gemacht?, in: Dreier/Sellert（Hg.），Recht und Justiz im „Dritten Reich", 1989, S. 323-354。

时代就已经受其吸引，[6] 并试图 "重建自然法"。[7] 因此科殷对战后早期的自然法思考作出了广泛而重要的贡献。[8]

814　　　　即便是在 20 世纪 50 年代自然法热潮退去之后，科殷亦忠守法哲学。科殷首部法哲学作品《法的最高基本原理》（Die obersten Grundsätze des Rechts，1947）对方法论问题的讨论还尚不深入，但在以后的时期，这一情形得以改观。可以对此进行证实的除了文章与报告，还有 1950 年其首次出版的教科书《法哲学基础》（Grundzüge der Rechtsphilosophie）。该书最后一章正是对方法论的研究。1969 年该书第 2 版被彻底修订，之后截止到 1993 年的三个版本仅进行了极小程度的修订。[9] 因此，科殷对方法问题的研究集中在 1949 年至 1990 年。

815　　　　数十年来，科殷并没有从根本上改变其法哲学与方法论，虽然科殷 20 世纪 60 年代与 70 年代的著作显示，其认识到法哲学与法理论领域 [10] 中的社会科学与反形而上学的转折。科殷一直期望能够对其法哲学进行合理的证立，[11] 随着时间发展该愿望变得愈发强烈。[12] 然而，科殷战后步入的 "自

---

[6]　*Coing*, Für Wissenschaften und Künste, 2014, S. 141 f. 科殷在基尔大学学习期间通过君特·霍尔施泰因（Günther Holstein）的讲座已经在考虑社会科学方向，对此参见此处文献，第 30—31、34 页。

[7]　*Coing*, Die obersten Grundsätze des Rechts. Versuch der Neugründung des Naturrechts, 1947. 次级标题中有一个印刷错误，科殷应当是指 "新创"（Neubegründung），见 Kauhausen, Nach der„Stunde Null". Prinzipiendiskussionen im Privatrecht nach 1945, 2007, S. 37。

[8]　对于自然法思考可全面参见 *Foljanty*, Recht oder Gesetz. Juristische Identität und Autorität in den Naturrechtsdebatten der Nachkriegszeit, 2012；此外，同样决定了历史的可参见 U. Neumann, Rechtsphilosophie in Deutschland seit 1945, in: D. Simon（Hg.），Rechtswissenschaft in der Bonner Republik, 1994, S. 145 ff.; H. Hofmann, Rechtsphilosophie nach 1945, 2012；专门针对科殷及其继受贡献的参见 *Mohnhaupt*, Zur„Neugründung"des Naturrechts nach 1945: Helmut Coings„Die obersten Grundsätze des Rechts"（1947），in: H. Schröder/D. Simon（Hg.），Rechtswissenschaft in Deutschland 1945 bis 1952, 2001, S. 97-108。

[9]　小册子《法学方法论》（Juristische Methodenlehre）（1972）并不是独立的书籍，而是《法学方法论》1962 年第 2 版中一章的翻印。

[10]　对此总结较好的内容有 *Hilgendorf*, Renaissance der Rechtstheorie, 2006; 亦见于 R. Dreier, Deutsche Rechtsphilosophie in der zweiten Hälfte des 20. Jahrhunderts, in: Alexy（Hg.），Integratives Verstehen, 2005, S. 215-224; *Neumann*, Rechtsphilosophie, 参见脚注 8。

[11]　见《法的最高原则》（Die obersten Grundsätze des Rechts）（1947）的导论。

[12]　*Coing*, Grundzüge, 2. A. 1969, S. 99 ff., 尤其是 S. 111 ff.。

然法"概念，在其著述中从未完全消失。[13]科殷的**法概念（Rechtsbegriff）**毕生保持着**二元化（dualistisch）**：法律人有义务受制于制定法，同时却亦应受制于作为法最高价值之正义的约束。科殷方法的特殊之处在于，其严肃对待二元主义且赋予制定法约束相当高的价值。科殷尝试将法实证主义（Rechtspositivismus）要素与法唯实论（Rechtsrealismus）要素相结合。[14]由此便得出一种**相对的制定法约束（Gesetzesbindung）**之概念，这成为科殷方法问题中所有思考的目标。

二、模糊界分：科殷的法概念

为了理解这一内容，有必要首先看一下科殷的法概念。鉴于来源的多样性，所涉及的概念很难确定中心：自然法、文化法、正义的基本原理与人类的立法相互交织。可以看到，战后科殷关于法的所有思考及运用更多的是一种综合考量，而非对要素的界定。 816

1. 自然法、文化法、正义原理

科殷并不怀疑超制定法规范的存在。在此涉及的是永久稳定的、对人类进行客观规定的规范，这尤其明确地体现在其早期著作《法的最高基本原理》（Die obersten Grundsätze des Rechts）之中。参照马克思·舍勒（Max Scheler）的价值哲学，他认为存在一个客观的"价值帝国"(Reich der Werte)，该帝国独立于"实然世界"(Welt des Seins) 存在。[15]人类能力仅局限于，从其"实然的世界"出发去认识与实现客观的价值。而这在历史进程中是一步一步得以完成的。"依据伦理价值之行为无异于依据自然法则之行为：伦理价值亦独立于对之作出理解的主体，其亦为人类所缓慢发现，（……）。"[16]法意识的发展通过"道德发现"（moralische Entdeckung）而得以执行。[17] 817

科殷试图以此方式进行论证，在可从经验上观察的情况——法观念与正义观念历史性的变化，与存在永恒有效的价值这一立场之间，并不存在 818

---

[13]　这适用于法哲学著作，参见 Coing, Grundzüge, 5. A. 1993, S. 198 ff. 在《施陶丁格尔民法典评注》（1978）第 12 版的导论中，科殷没有再提到自然法，与 1957 年第 11 版不同，参见第 138 条，边码 4。

[14]　Kauhausen, Nach der„Stunde Null", 2007, S. 46. 因此对于法律的讨论是指，科殷应当被认为是"法律道德哲学家"（Rechgtsmoralist）与衰弱自然法学说的代表。

[15]　Coing, Oberste Grundsätze, 1947, S. 28.

[16]　Coing, Oberste Grundsätze, 1947, S. 116.

[17]　Coing, Oberste Grundsätze, 1947, S. 116.

矛盾。后来，科殷对此的分析作了拓展。其发展出一种**超越制定法的法的模型**（Modell übergesetzlichen Rechts），该模型同样确立于纯粹哲学与经验之中。科殷选择了两条不同的路径来论证该模型。

819　　　　一条路径乃通过**"事物本质"**（Natur der Sache）。如同其同时代的诸多学者，科殷认为秩序乃居于物之内部。[18]据此便存在一种"人之本质""法之本质""婚姻之本质"，科殷由此出发，"此等生活领域作为生动的人性，内部存在着一种本身固有的规律性"[19]。尽管存在彻底的历史转型，但是该"本质"已经无法为人类使用，因此也无法为立法者所用。"（其）存在一定的基本经历与基本趋势，而此决定着相关生活领域的建构"[20]。

820　　　　另一条路径乃支持一种观点，即在历史上**反复存在的典型问题**（wiederkehrende, typische Probleme）应当在法上加以解决。在经验上可确立的问题与"法理念"（即永恒有效的伦理价值）的对峙中应当可以获得永恒有效的法条：

　　　　"1.我们有先验性的伦理的基本见解；以其为基础的便是自然法。此等基本见解赋予自然法目标；其领导法之发展。
　　　　2.我们拥有关于典型社会问题的经得起检验之经验，以及此等问题在各个伦理价值意义上的解决方案。
　　　　3.两者共同实现了永恒适用的法律原则的体系建构。"[21]

821　　　　科殷通过这种方式推导出来的"自然法"，并不是纯粹形而上的。其涉及的是原则，"其由先验性的价值见解与经验发展而来"[22]。因此科殷在其超制定法之法的法哲学概念上游弋于**自然法与文化法**（Naturrecht und Kulturrecht）的边缘。自然法建立在伦理公理与宗教公理基础之上，且为人们所知晓，但是却不能被创造，然而在人类历史进程中得以创制的文化

---

[18]　事物本质这一概念及其在 20 世纪 50 年代和 60 年代的传播见 Dreier, Die Natur der Sache, 1965。

[19]　Coing, Oberste Grundsätze, 1947, S. 12.

[20]　Coing, Oberste Grundsätze, 1947, S. 13.

[21]　Coing, Um die Erneuerung des Naturrechts（1948）, Abdruck in: Maihofer（Hg.）, Naturrecht oder Rechtspositivismus?, 1962, S. 108（115 f.）. 该模型也是其法哲学主要著作《法哲学基础》1950 年第 1 版的根本基础。

[22]　Coing, Grundzüge, 2. A. 1969, S. 205.

法规范，却有永恒的地位。这涉及基于实践经验、"多个世纪的研究"所获得的成就中的"坚定的部分"。[23]科殷认为此等实践经验对法哲学认识具有重要意义。对科殷来说，认真对待在历史发展中产生并经受住考验的、针对特定问题的公正解决方案，是伦理的要求。"因为社会实验的材料是人：其中要求的是人性，人们享有的一切谨慎与作为原则的经验。"[24]法"并非一夜之间"建成，"其成长与成熟需要借助对伦理的认知，该认知保障着始终革新的实践经验"[25]。科殷在此牢固坚持自然法的存在。自然法应"作为正义原则的总和来理解，而此等正义原则构成实在文化法的基础"[26]。"自然法的知识"是由"人类在其寻找正义秩序的过程中通过挑战方式与回应方式获得的"。[27]

　　科殷没有严格区分超制定法规范的不同类型。科殷在其法哲学主要著 822作的后期版本中远离了自然法的传统概念，但对超制定法之法的内容与建构几无改变。"或许（……）更为合适的是，彻底地避免表达出来，而是仅谈及正义之原则，这正是为了摆脱一些与自然法表达相关之观点。无论如何我都想强调，此处的表达总应被理解为正义之原则（……）。"[28]

2. 实在法中的正义原则：科殷的实体法概念

　　虽然人们广泛讨论超越制定法的法这一问题，但是科殷仍强调：人们 823制定的实在的制定法本身具有独立性与价值。法首先是人类创造之物，其形成于各个时代纠纷的争论之中。"法并非形成于其自身"[29]，而是**裁判之产物（Produkt von Entscheidungen）**。[30]这一实在法乃法律人应恪守之法。制定法约束不可放弃，否则会产生一种危险，即法官使主观评价成为指针："法律人的裁判并非建立在个人之上（这是一种危险的错误，当今尤其可以意识到该等错误），而是应当建立在制定法权威基础之上，且必须依据

---

[23]　此等表达见于 *Radbruchs*, Fünf Minuten Rechtsphilosophie（1945）, Abdruck in: Gesamtausgabe, Bd. 3, 1990, S. 78 f.。

[24]　*Coing*, Um die Erneuerung des Naturrechts（1948）, vgl. Fn. 21, S. 108（115）.

[25]　*Coing*, Um die Erneuerung des Naturrechts（1948）, vgl. Fn. 21, S. 108（115）.

[26]　*Coing*, Grundzüge, 2. A. 1969, S. 209.

[27]　*Coing*, Grundzüge, 2. A. 1969, S. 210.

[28]　*Coing*, Grundzüge, 2. A. 1969, S. 200. 下文的"自然法"概念亦为此处的广义概念。

[29]　*Coing*, Oberste Grundsätze, 1947, S. 18.

[30]　*Coing*, Oberste Grundsätze, 1947, S. 18, 114 f.

制定法对其进行证成。"[31]

824　　　　与以上相反，科殷认为自然法的任务在于表述**基准（Leitlinien）**，立法者在建构实在法时应以此为指引。[32] 自然法规范首先是法律批判与法政策学的基础。[33] 在其早期著述中，科殷对自然法是否在例外情形可以发生直接效力仍常常未下定论，[34] 但 20 年后在第 2 版的《法哲学基础》（Grundzüge der Rechtsphilosophie）中科殷确定："自然法的权威和适用属于道德形式。"[35] 科殷以此可以将其法哲学与实在的法律关系结合起来。事实上，实在法与正义的原则在科殷的概念中有多方面的相互交织。他对实在法的理解是一种彻彻底底的物质上的理解。

825　　　　科殷观点的基础在于，实在法是"整体上对公正与合乎目标之秩序进行创造的一种尝试"[36]。通过自然法和文化法，科殷看到存在一类**原则（Prinzipien）**，其对于理解实在法绝对必要。以狄尔泰（Dilthey）在世纪转折点所发展的社会科学理论为引导，[37] 科殷认为，只有当人们开发出法的"意义内容"（Sinngehalt），也即关注法实现的目标之时，法才能被看作精神实体。从这一点看自然法的基本原理非常必要。自然法的基本原理因此不仅针对立法者，而且同样针对解释实在法并在实在法基础上进行裁判的人。"自然法恰恰生存于（……）实在法之中。"[38]

826　　　　正义原则意义上的"自然法"对解释与适用具有更深远的意义。法律人对实在法直接负担义务，因此制定法处于方法论的中心。然而制定法在科殷看来并非简单的制定法。其包含了制定法之外的实质价值，指

---

[31]　*Coing*, Die juristischen Auslegungsmethoden und die Lehren der allgemeinen Hermeneutik, 1959, S. 24.

[32]　*Coing*, Grundzüge, 2. A. 1969, S. 207.

[33]　*Coing*, Oberste Grundsätze, 1947, S. 150 f.

[34]　在早期著述中，对于极端的制定法中的不法（Fälle extremen gesetzlichen Unrecht s），科殷赞成这一观点。法官此处应当享有拒绝的权利，见 *Coing*, Oberste Grundsätze, 1947, S. 132; *Coing*, Zur Frage der strafrechtlichen Haftung der Richter für die Anwendung naturrechtswidriger Gesetze, SJZ 1947, Sp. 61 ff.。很清楚，这里涉及的是道德证成的法律，其不影响法律的适用，对此的论证可参见 Grundzüge, 1. A. 1950, S. 243。

[35]　*Coing*, Grundzüge, 2. A. 1969, S. 207.

[36]　*Coing*, Grundzüge, 2. A. 1969, S. 266.

[37]　这一导向贯穿科殷终生全部著述，*Nörr*, JZ 2001, 449（450）一文称在魏玛时期就已经出现转折。

[38]　*Coing*, Grundzüge, 2. A. 1969, S. 206; 这句话在此后的所有版本中均得以保留，尤其见于第 5 版，第 205 页。

示了伦理规范的模糊界限。通过这些**物质上的制定法概念（materieller Gesetzesbegriff）**，科殷表达的法学说核心上并不是实证主义的。[39]

3. 通过道德与历史的整体（Einheit）和秩序（Ordnung）

科殷所强烈主张的制定法约束与其实体法概念中确定的正义约束并不矛盾。如果人们详细考察科殷关于实在法的理解，便可惊讶地发现这一点。科殷认为，制定法是嵌入实在法秩序之中的，后者在科殷看来仅系制定法之集合。制定法由"主导性的道德理念"发展而来。[40] 实在法的整体与秩序建立于**道德价值（moralische Werte）**之中，后者在试图使实在法成为现实。"诸如平等、信任、尊重人的尊严等道德价值与其他利益并不相同：其是私法秩序固有的决定性秩序要素；其并非与被规制的事实构成处于同等地位，而是高于被规制的事实构成。"[41] 实在法秩序在所谓的道德整体上属于历史的产物，其经由数世纪而得以形成。[42] 在实在法秩序中发挥作用的原则因而是文化法之原则。[43] 因此，科殷认为的"制定法约束"，既包括对整个法秩序中内在原则的约束，也包括对文化法的价值的约束。

科殷关于实在法功能的思考还涉及**物质性价值的融合（Integration materieller Werte）**。因此，科殷首先将自然法规范或文化规范的固有价值归于实在法，因为实在法给法内在的道德价值以贯彻的机会。实在法构成一种前提条件，即对整体社会而言不可或缺的"和平秩序"（Friedensordnung）可以实现。[44] 自然法或文化法的未成文规范对此尚不充分。"在'道德化立法者'的时代以及社会动乱时代，法学需要的是稳固性。（……）为了能够在这样的时代存在，单个公正的裁判本身既不具有力量亦不具有权威；一个受法束缚的裁判的权威则具有更大的机会。"[45] 然而，只有当实在法至

827

828

---

[39]　已有论证见 *Kauhausen*, Nach der „Stunde Null", 2007, S. 46。

[40]　*Coing*, System, Geschichte und Interesse in der Privatrechtswissenschaft（1951），in: Gesammelte Aufsätze I, S. 105（117）.

[41]　*Coing*, System, Geschichte und Interesse（1951），vgl. Fn. 39, S. 117.

[42]　*Coing*, System, Geschichte und Interesse（1951），vgl. Fn. 40, S. 118 f.; *Coing*, Savignys rechtspolitische und methodische Anschauungen（1955），in: Gesammelte Aufsätze I, S. 178（189）.

[43]　在科殷看来，关键词"文化法"在此关联上并不合适，而科殷描述的历史援用针对的正是对此类生长的价值之加工。参见 *Coing*, System, Geschichte und Interesse（1951），vgl. Fn. 40, S. 118 f., 还可以参见 *Kauhausen*, Nach der „Stunde Null", 2007, S. 47。

[44]　*Coing*, Grundzüge, 2. A. 1969, S. 266.

[45]　*Coing*, System, Geschichte und Interesse（1951），vgl. Fn. 40, S. 105.

少在一定程度上实现了正义的价值，实证法才可以保障**和平、稳定与安定**（Frieden，Stabilität und Sicherheit）。否则，实在法不会获得社会承认，因此事实上其权威不会得以保障："根本上，实在法属于一种信念，即实在法在其适用上承载的信念；法理念的力量在人们的意识当中为实在法提供了适用性（……）。"[46]

829　　　在科殷的构想中，制定法与正义、实在法与道德价值很多方面是交织在一起、无法分开的。在确定制定法约束与正义约束的关系时，需要优先实现一种具有权威性的、受到认可的、稳定的和平秩序。这一推定支持**制定法约束**。但是很明显，科殷对立法者及其定义主权（Definitionshoheit）并没有赋予决定性的价值。科殷认为法是由三方当事人联手创制、实施与发展的，只有通过合作才能形成稳定的秩序。所有这三方当事人都应当同时关注制定法与道德秩序：立法者，因为道德机制在立法中对其起指导作用；法院，因为其应当考虑实在法内在的道德价值来裁判案件；法学研究者，因为其任务在于塑造法内在的价值并对法进行体系化以及通过正义原理进行证成。[47]科殷对这一合作中不同的职责的推导并非基于宪法，而是"事物本质"。[48]科殷没有再进一步追问流传至今且仍起作用的任务划分[49]，并且没有尝试将其从社会理论或宪法上进行推导。

830　　　尽管科殷学说在强调制定法约束，但其主旨在于**和平、安定与秩序**（Frieden，Sicherheit und Ordnung），而非对议会中的立法者——这一民主中人民意志形成机构的决定的尊重。因此，制定法约束与正义约束对科殷而言并不意味着矛盾。制定法约束在实现和平秩序的目标之下得以统一，方式是通过历史生长的、在道德价值中发现整体的法秩序。科殷因而得出制定法约束的概念，其中历史立法者仅起到第二位的作用。科殷的视角不在于作为历史产物的制定法，而在于借助制定法所创制的秩序。

---

　　[46] *Coing*, Grundzüge, 1. A. 1950, S. 243. 类似内容见 1969 年第 2 版，第 279 页，其中科殷从第 2 版起对（规范性）适用与（事实性）认可之间进行了大量的严格分析和区分，参见第 2 版第 292 页。

　　[47] *Coing*, Grundzüge, 2. A. 1969, S. 332; 对此还可见本节下文脚注 122。

　　[48] *Coing*, Grundzüge, 2. A. 1969, S. 276.

　　[49] 然而，科殷可能已知晓任务划分的规范性，其在与法官法合法性的关系上指的是，法官法以"宪法问题"为基础，见《施陶丁格评注》，1978 年第 12 版，导论，边码 198；其中法院与议会关系的宪法规定被首次提及，边码 207。

三、无立法者的制定法约束：科殷方法论

基于实在法作为历史性生长与道德性秩序的理解，科殷建立了自己　　831
的方法论。其法概念中植入的关于制定法与正义的**双重定位（doppelte
Orientierung）**通过所有其关于解释、适用与续造的理论得以延伸。科殷强
调制定法约束的可能性与必然性，因而反对一种尖锐的争辩，这里所基于
的主张是，法的真正渊源不在于制定法之中，而在于法官裁判之中，且意
欲赋予司法机关自由之手。[50] 科殷相信制定法约束的可能性及其规范的必
然性。但对于太过狭隘的立法者意志的导向，科殷并无兴趣。对于 20 世
纪 70 年代的尝试，即借助于法学逻辑较为狭隘地理解制定法约束，以及
更透明地在法官裁判中反映立法者的观念，[51] 科殷并没有给予相应讨论。[52]
科殷制定法约束的概念以多种方式对制定法之外的评价保持开放。[53]

1. 解释—适用—续造

制定法约束的各个概念已经以各种形式得以确立，如解释、适用与　　832
续造之间具有区分，以及如何确定它们之间的关系。这一区分解释、适
用与续造等传统概念的出发点在于，理解制定法以及如何据其对案例进
行裁判是可以稳定确定的。因此可以确定的是，何时运用制定法、何时
续造制定法以及裁判何时超越法律原则框架。制定法约束的可能性与必
然性成为 20 世纪 50 年代的试金石，导致解释、适用与续造的区分被主
要法学家质疑。司法活动的特征体现为**论题学上的作出裁判（topische
Entscheidungsfindung）**，以制定法、原则、传统与相当性为导向，"运用"
方案、制定法，也就是说仅从制定法中获得问题答案的做法受到质疑。[54]

在这一背景下，倘若科殷坚持解释、适用与续造之区分的话，上述内　　833

---

[50]　20 世纪 50 年代通过法律论题学的讨论开始碰撞，例如 *Esser*, Grundsatz und Norm,
1956; *Wieacker*, Gesetz und Richterkunst, 1957; *Larenz*, Methodenlehre der Rechtswissenschaft, 1960。20
世纪 60 年代与 70 年代政治性法学理论将其希望寄予法官，法官在此应当作为"社会工程师"
（Sozialingineure）或"分散的立法者"（dezentrale Gesetzgeber）构建社会，例如参见 *Teubner*,
Folgenkontrolle und responsive Dogmatik, in: Rechtstheorie 6（1975），S. 179（183 f.）。

[51]　*Koch/Rüßmann*, Juristische Begründungslehre, 1982; 之前已有讨论 *Koch*（Hg.），Methodenlehre
und analytische Rechtstheorie, 1976。

[52]　《法哲学基础》自第 4 版（1985 年）起，对此描述简略且无自己的评价，见第 4 版
第 86 页。

[53]　对此明确论及的见 *Coing*, Staudinger, 12. A. 1978, Einleitung, Rn. 127。

[54]　*Viehweg*, Topik und Jurisprudenz, 1953; vgl. außerdem Fn. 50.

容更具有不可忽视的象征意义。制定法约束的相对化与 20 世纪 50 年代和 60 年代的法官法学说同时诞生，科殷用这种方式反对**制定法约束的相对化** (**gegen die Relativierung der Gesetzesbindung**)，体现了他的立场："法官不是 无约束的塑造者；在我们的法体系中，他的合法证明是制定法与法。"[55] 然而 事实上，科殷将处理法的不同形式视为流动的。[56] 因为法官的任务是，对 于立法者可能没有设想到的案例，"依据制定法""公正地"进行裁判。法 官是"活生生的正义"，故而是"制定法的守护者（……），也就是在一种 更为深刻的意义上，其并不是单纯适用制定法规定"[57]。同时，法官应恪守 制定法。其任务是，"将个案依据一般实在规范进行合理裁判"[58]。

834　　　科殷因此明确的是，法律适用不是单纯的涵摄，[59] 原则上也需要**价值 判断** (**Wertentscheidung**)。"因此却导致制定法解释延伸到制定法的续造 之中；从对内容的单纯理解看，人们得出其内涵之规定的续造。对制定法 之法的解释与发展因此局限于最狭隘意义上的法。"[60] 为了考虑前述观点以 及防止界限的破除，科殷建议从"狭义解释"角度进行表达，以法律规范 及其"直接"得出的后果为基础。另一方面，这也开启了法律续造，或曰 "广义解释"。[61]

2. 解释：借助于解释规准（Canones）的解释和续造

835　　　法律人的事务是"解释"，要么从狭义上，要么从广义上。因此，各 个法律裁判 (juristische Entscheidung) 的基础在于对**制定法进行理解** (**Gesetz zu verstehen**)——即便已经证明制定法对待判案例并未提供公正的方案， 且对当代问题并未提供合适的解决方案。

836　　　在对解释过程的表述上，科殷沿用了自萨维尼 [62] 以来的共识：传统的 解释规准，再加上比较法方法，[63] 似乎倾向于将"既有的法条理解为法秩

---

[55]　*Coing*, Staudinger, 12. A. 1978, Einleitung, Rn. 127.

[56]　*Coing*, Staudinger, 12. A. 1978, Einleitung, Rn. 124.

[57]　*Coing*, Grundzüge, 1. A. 1950, S. 245.

[58]　*Coing*, Grundzüge, 1. A. 1950, S. 245.

[59]　*Coing*, Grundzüge, 2. A. 1969, S. 331 f.

[60]　*Coing*, Staudinger, 12. A., 1978, Einleitung, Rn. 122.

[61]　*Coing*, Staudinger, 12. A., 1978, Einleitung, Rn. 124.

[62]　对此见本书关于萨维尼的部分，边码 76 及以下。

[63]　*Coing*, Staudinger, 12. A., 1978, Einleitung, Rn. 161.

序的原理，即人类共同生活之公正与有效的秩序"[64]。科殷努力为流传下来的解释方法找到哲学支撑，以及在此基础上确定解释规则相互之间的关系。这一做法富有启示意义，表明了科殷计划在何处确定方法论观点的合法性。

a）一般诠释学学说的指引

科殷对法律解释规则的论证回归到**一般诠释学（allgemeine Hermeneutik）**，其为施莱尔马赫（Schleiermacher）19世纪初引入的理论，之后被狄尔泰（Dilthey）作为社会科学方法用来界定自然科学而得以发展。科殷关注的是规则发展，即如何理解精神著述——艺术品或文本。

1959年科殷在其报告中首次援用了一般诠释学（allgemeine Hermeneutik）方法，并终生将其作为自己法律解释学说（juristische Auslegungslehre）的基础。[65]科殷对施莱尔马赫与狄尔泰发展的学说表现出极大热情，该学说认为，精神著述具有一种**客观的意义内容（objektiver Sinngehalt）**，可行的是通过解释（Interpretation）路径来理解这一客观的意义内容。人们通过不同的角度详述文本，便可实现前述目标。一方面应当重视起源，即研究作者在何种历史情形以及带有何种意图来进行创作。另一方面，一般诠释学的出发点还在于，文本不应仅仅被理解为各个原创者的产物。科殷在赞同上述内容的同时也提出自己的论点：虽然文本以语言为基础，但是作者不能任意使用语言。这种语言总是传达了全部思维传统，因而其内涵是一种客观之物。[66]对此精神作品总是被置于内在关系中，作品应当基于此被理解。"精神作品"存在"溢出意义"，解释应当超越作者的思考本身。[67]

b）来自"事物本质"的解释方法的合法性

科殷援用一般诠释学学说重新论证了法律解释方法。[68]对科殷而言，诠释学概念更多是用来表示，法律文本（Rechtstext）的方法论解释根本上是可行的。正如借助于一般诠释学的方法，任何精神作品的客观内涵都应

837

838

839

---

[64]　*Coing*, Grundzüge, 2. A. 1969, S. 316.

[65]　*Coing*, Die juristischen Auslegungsmethoden und die Lehren der allgemeinen Hermeneutik, 1959. 在这一点上，科殷其他有所关于法学解释方法的文献在内容上是一致的，参见 Grundzüge, 2. A. 1969, S. 313 ff., 第 3 版至第 5 版保持不变；Staudinger, 12. A. 1978, Einleitung, Rn. 129 ff.。

[66]　*Coing*, Auslegungsmethoden, 1959, S. 14 f.

[67]　*Coing*, Auslegungsmethoden, 1959, S. 16.

[68]　对一般注释学的援用本身并不新鲜，萨维尼就援用过，对此参见 *Rückert*, Savignys Hermeneutik-Kernstück einer Jurisprudenz ohne Pathologie, in: J. Schröder（Hg.），Theorie der Interpretation vom Humanismus bis zur Romantik-Rechtswissenschaft, Philosophie, Theologie, 2001, S. 287-327。

当可以理解。对于诠释学基于伽达默尔（Gadamer）《真理与方法》（Wahrheit und Methode，1960）的出版所产生的主观转折，科殷后来亦无涉猎。[69]语言、历史与意义关联对科殷而言均属**客观因素（objektive Faktoren）**，其使解释时得到客观之结果成为可能。制定法解释对于客观因素的导向保证了制定法的意义并非任由人解释时的主观意愿决定。[70]"法学是解释性科学，法律人与诡辩者的区别在于，前者在寻找法律原则的客观意义而非原则隐含的任意性含义。"[71]科殷认为，流传的法律解释规准对此提供了有用的规则。其非常适合一般诠释学的理论。[72]

840　　　科殷并未从规范上对解释规准进行推导。其认为解释规准是"**经验原理（Erfahrungssätze），来源于对事物的处理**"。[73]科殷运用一般诠释学证明了，解释规准不但经受住了传统的考验，而且是一种适合应用于法律的科学方法。将解释规准构建为一般诠释学学说的基础并无他意，只是将"事物本质"合适地合法化而已。

841　　　此等解释方法借助于传统与"事物本质"进行论证，与科殷关于法作为秩序之理解相契合，即秩序是有多种渊源相交织的，且是一种历史的经验产物。而法的规范性在重要节点被相对化。因为问题在于，应当如何确定和理解法律，对此确定的关键在于，什么才被认为是规范，及法学决定的基础依据是什么。如果人们计划在法秩序的全然规范性（或绝对规范性）中发展法秩序，那么有必要依据预定内容去发问，即法自身在其适用方面产生的问题。而科殷对此并没有涉及。相反，许多地方清楚表明，在方法问题上科殷亦适用**事实的规范性（Normativität des Faktischen）**：科殷证实了一般诠释学规则的可适用性，即实践遵循诠释学建构的解释规则。[74]

842　　　另外，将一般诠释学学说转嫁于制定法解释之上意味着对法自身规范

---

[69]　对此参见 Frommel, Die Rezeption der Hermeneutik bei Karl Larenz und Josef Esser, 1981, S. 17 ff.。

[70]　Frommel, Hermeneutik, vgl. Fn. 69, S. 41 ff. 本书提及，科殷对于注释学的继受并非仅在于其哲学前提，还在于其方法论断上与法律注释学都没有的内容，以及科殷继受在 20 世纪 60 年代末期是如何得以塑造的。这里伽达默尔（Gadamer）的理论得以继受，并且原则上涉及各类解释的具体约束性。

[71]　Coing, Auslegungsmethoden, 1959, S. 18.

[72]　Coing, Auslegungsmethoden, 1959, S. 18-21.

[73]　Coing, Grundzüge, 2. A. 1969, S. 325.

[74]　Coing, Grundzüge 2. A., 1969, S. 323 f.

性的弱化。因为这一转嫁乃基于该基本观点，即制定法可比作"精神作品"，一般诠释学为之发展出了方法论。通过对此的假定，科殷解决了一个问题，即是否应当以及应当如何将一般诠释学建构的规则变通适用于制定法文本的特别规范上。即便这对科殷而言并不稀奇，即法解释旨在追求内含于文本中的目标。科殷理解为，**制定法最终是作为文本（Gesetz letztlich als Text）**来被研究，该文本类似于哲学或文学作品可以进行释义。规范文本的作者得到的特殊权威，通过这种方式并不能得以理解，但可以纳入作者关于解释方法及其相互关系的思考之中。

c）方法多元论与客观解释的优先性

从实践角度看，科殷最重要的认识来自一般诠释学，即制定法总是通过一切可被考虑的角度进行解释。科殷因此相信**方法多元论（Methodenpluralismus）**。所有的方法都应当在解释时被加以考虑。其共同构成了一种能够担负的基础，以便正确理解法律规范。如果我们认为解释角度是一种垄断，那么其便是"错误的"或"歪曲了解释"。[75] 解释是"论题学式"，获得认识的途径则是，被解释的内容"被根据不同的角度进行研究以及对不同研究的结论相互进行衡量"。[76]

在科殷看来，方法多元论并不是指，所有方法都拥有相同的地位。其主张"目的方法的优先性"。[77] 其他方法被其称为"此路径上的辅助工具"。[78] 方法多元论只是依据科殷关于法理解以及科殷自己解释观点所追求的目标的结果。该目标立足于这样的评价，"该评价是依据制定法规范所基于的正义观点与合目的性观点所作出的"[79]。科殷使用一般诠释学学说论证的是，制定法是一种精神创造，"一方面其是一种历史行动并因此亦受历史条件局限（……），另一方面其也可拥有客观的内容"[80]。方法多元论独立于造法的历史条件。这一首先从制定法中理解而来的客观关联曾是正义的原则，"实证的制定法也受制于该原则"。[81] 在此，科殷的方法论与

843

844

---

[75]　*Coing*, Auslegungsmethoden, 1959, S. 22.

[76]　*Coing*, Auslegungsmethoden, 1959, S. 17 f.

[77]　*Coing*, Staudinger, 12. A. 1978, Einleitung, Rn. 195.

[78]　*Coing*, Staudinger, 12. A. 1978, Einleitung, Rn. 195.

[79]　*Coing*, Staudinger, 12. A. 1978, Einleitung, Rn. 195.

[80]　*Coing*, Staudinger, 12. A. 1978, Einleitung, Rn. 136.

[81]　*Coing*, Staudinger, 12. A. 1978, Einleitung, Rn. 148.

自然法哲学联系在一起：制定法似乎是实现正义的尝试。对制定法亦应作此理解。科殷解释概念的基础在于，存在一种制定法的价值论上的意义溢出（Sinnüberschuss），[82] 即制定法内部存在更高一级的正义，且不依赖于立法者是否也作如此理解。[83] 科殷自己将其方法论称为一种学说，即"目的性法律适用，人们也可将其称为价值评价方法"[84]。

845　　　这并不意味着，基于方法标准应当排除**主观历史解释（subjektiv-historische Auslegung）**。依据科殷看法，主观历史解释的意义具有局限性。其没有自身的价值，其提供的诸如文义解释和体系解释等仅为制定法客观含义的标志，而该制定法的客观含义曾是解释的特定目的。因此，对于制定法应作何理解，科殷否认立法者及其历史意志对此具有定义主权（Definitionshoheit）。科殷在关于形成历史的单方导向中看到了法发展的制动器："应当予以拒绝的是，对历史立法者理解与设想的约束，即所谓'资料迷信'。此等约束将会使法难以发展。"[85]

3. 适用：价值哲学性的利益法学

846　　　法概念中确定的关于一般诠释学规则所建立的对制定法的目的性援用，亦存在于科殷的法律适用概念之中。科殷在此寻找的内容接近于利益法学。科殷努力发现了，法官裁判应当被视为意志判断而非逻辑操作。法官在法律适用中始终执行其**自身的价值判断（eigene Wertentscheidung）**。[86] 这和"法的本质"——作为与受道德（而非逻辑）制约的秩序相对抗的利益，相适应。[87] 在整个 20 世纪 50 年代的精神中，科殷看到了利益法学的一种通常被批判为"形式主义"和"脱离生活"的演绎模型的替代方案。[88]

---

[82]　*Frommel*, Hermeneutik, vgl. Fn. 69, S. 42 f.

[83]　*Coing*, Auslegungsmethoden, 1959, S. 16 f.

[84]　*Coing*, Grundzüge, 2. A. 1969, S. 333.

[85]　*Coing*, Staudinger, 12. A. 1978, Einleitung, Rn. 136.

[86]　*Coing*, Grundzüge, 1. A. 1950, S. 248

[87]　*Coing*, Grundzüge, 1. A. 1950, S. 248.

[88]　这在战后并不典型，利益法学因忠于立法者而被怀疑，对此参见 *Rückert*, Kontinuitäten und Diskontinuitäten in der juristischen Methodendiskussion, in: Acham u.a.（Hg.）, Erkenntnisgewinne, Erkenntnisverluste, 1998, S. 113（149）。然而科殷通过形式主义批判在此进入主流观点。*Rückert*, ebenda S. 144 ff.; *Rüthers*, Das„gesunde Volksempfinden"-eine Erbschaft Savignys?, ZRG 103（1986）, S. 199 ff.（bes. 228 f.）; *Rüthers*, Formalismus und vergleichbare Konzepte, in: R. Schulze（Hg.）, Deutsche Rechtswissenschaft und Staatslehre im Spiegel der italienischen Rechtskultur während der zweiten Hälfte des 19. Jahrhunderts, 1990, S. 169-174; auch Rn. 1413 ff., 1432 ff.

　　然而，科殷方法论和同世纪上半叶的利益法学之间在所有相似性上均 847
存在一种明显的差异：利益法学意图寻找历史中的立法者的价值判断进行
查明，[89] 而科殷认为历史受制于更广泛的价值。[90] 黑克（Heck）想要让法官
"理智顺从"，[91] 但该要求对科殷影响较小。[92] 虽然科殷强调法官应受约束，[93]
然而依据他偏好的解释学说中的客观理论，此等约束应以**"制定法的评价"**
（**Wertung des Gesetzes**）为导向，[94] 而不仅仅是以立法者为基础。应当注意
的是，除了立法者反映的历史问题情况，还有依据制定法与法秩序得出的
原则以及自然法证成的与文化法确定的正义原则。最后则对法院的"合乎
伦理之裁判"留有一定空间。[95]

　　制定法约束或宪法约束、正义导向与个人判断之间的分量在科殷的著 848
述中存在变化。在其早期著述中，其强调"法的最高基本原理"，用以针
对当时的辩论，即受制定法与宪法中确立的立法者的价值判断之约束，[96]
但此等最高原则受制于最优化原则（Optimierungsgebot），因为一切法律行
为的建构均应旨在实现这一"法的最高基本原理"。[97] 这一制定法与宪法
导向在科殷 1978 年《民法典评注》的导论中再次得以强化，此时并无自
然法——目的论的语言游戏。在此期间——1950 年至 1993 年的《法哲学基础》
（Grundzüge der Rechtsphilosophie）第 5 版期间，**宪法**并未**作为基准点**出现。
相反，科殷在此强调的是个人判断的因素，科殷在此关切的是，要认识到
个人判断的因素并不意味着恣意。一方面，凭直觉裁判的法官，会依据制
定法对裁判进行检验，并进行可能性矫正。"法官的个人道德风貌"在此

---

　　[89]　关于菲利普·黑克（Philipp Heck）的方法论见本书边码 428 及以下，以及 *Schoppmeyer*,
Juristische Methode als Lebensaufgabe, 2001, S. 102 ff.。

　　[90]　其影响在于，并非将视线单单导向利益矛盾，而是导向"主导正义观点的整体秩
序"。*Coing*, Savigny（1955）, Fn. 42, S. 189.

　　[91]　*Heck*, Gesetzesauslegung und Interessenjurisprudenz, AcP 114（1912）, S. 1（20）. 关于法律
约束尤为清晰的内容见 *Heck*, DJZ 10（1905）, Sp. 1140（1142）；同时参见本书边码 447。

　　[92]　*Coing*, Oberste Grundsätze, 1947, S. 150; *Coing*, Grundzüge, 2. A. 1969, S. 332.

　　[93]　*Coing*, Oberste Grundsätze, 1947, S. 142; *Coing*, Grundzüge, 1. A. 1950, S. 247 ff.; 2. A. 1969, S.
331.

　　[94]　*Coing*, Grundzüge, 2. A. 1969, S. 332.

　　[95]　*Coing*, Oberste Grundsätze, 1947, S. 131; *Coing*, Grundzüge, 2. A. 1969, S. 332.

　　[96]　*Coing*, Oberste Grundsätze, 1947, S. 146.

　　[97]　该结论基于如下关联内容得出：*Coing*, Oberste Grundsätze, 1947, S. 140, 143, 150。

也在发挥作用。[98]另一方面，法律人的凭直觉判断也已经受到塑造，而且"受到其法秩序之评价的影响"[99]，因为：

"法在其规则中包含了诸多世代的合乎伦理的经验；在法之内确立了一种判断，即具有公正而自由、可靠而真实之感的人们在数世纪之中对社会生活的特定情形具有的正确之感。法律规则不是法学涵摄的逻辑大前提，而是对合乎伦理之经验、法律思想的反映。因此，法律工作会对法律人的道德情感产生积极的教化作用；对作为法基础的价值、正义、诚实信用之感情，在法身上尤具生命力。"[100]

849　　在其后续版本中亦能发现此等陈述，但就法官的精神信仰而言，乐观主义有所减弱。其中亦提到，个人因素也始终带来"法官阶层的意识形态"或"主观主义"的风险。[101]**一种合理建立的伦理（rational begründete Ethik）**应当提供矫正。[102]司法给予的这种伦理，被科殷视为法学的重要任务。

850　　对于法律适用而言，这取决于**评价（Wertungen）**——即便其权重已经逐渐减弱，而此评价已经被确立于制定法、文化法与法感之中。科殷很紧密地借用了利益法学学说，但又对其进行了变通，科殷意图将文化法上的正义原则作为司法裁判的引导。因而科殷既不能被归入法内（rechtsimmanent）的评价法学，也不属于法外（außerrechtlich）的评价法学。[103]可以说，科殷代表的是价值哲学意义上的利益法学。

4. 法官造法：基于制定法的限制

851　　根据科殷的法律适用构想，法官意图"复活"制定法评价并在其基础上找到适于具体个案的解决方案。此等解决方案引起了实在法之形成。"新

[98]　*Coing*, Grundzüge, 2. A. 1969, S. 332.
[99]　*Coing*, Grundzüge, 1. A. 1950, S. 250.
[100]　*Coing*, Grundzüge, 1. A. 1950, S. 249 f.
[101]　*Coing*, Grundzüge, 2. A. 1969, S. 332 f.
[102]　*Coing*, Grundzüge, 2. A. 1969, S. 332.
[103]　*Kauhausen*, Nach der „Stunde Null", 2007, S. 48 f. 将科殷归于"利益法学"，尽管科殷主张法律道德主义（Rechtsmoralismus）。因此有道理的是，强调相较于其他，科殷更重视法律约束，科殷不愿认为原则首先建立在形而上，这与拉伦茨相反，后者的"法律内在"（Rechtsimmanent）认为完全缺少法律之外的内容，由上所示，这并不正确。

法"的生长系"作为围绕法典化的法的案例法（Fallrecht）"。[104] 通过法院的裁判实践，在"缓慢的过程中，法典中确立的法"得以改变。[105] 法律适用因此总是属于法律续造。

科殷要求，**法官法（Richterrecht）**应当被认可为**法源（Rechtsquelle）**，[106] 方法论对其真实存在并不应置之不理。然而在此科殷针对其 20 世纪 50 年代和 60 年代主导的趋势，赋予法官法比制定法更高的作用：当今私法由*"两大部分"*构成，其并非孤立地存在。[107] 因此，科殷法官法的学说涉及的是确定制定法与正义衡量之间的关系。科殷在此比其他方法论的著述中更为明确地强调，法律应当是一切历史行为的出发点与界限。

852

　　a）法秩序的谨慎转型

科殷在法官法中看到的是法发展的重要动机。因为不同于立法者，法院有能力在裁判中考虑到关系的改变。科殷通过**客观解释理论（objektive Auslegungstheorie）**得出，制定法对时代变迁的解释性调整原则上通过法院实现其合法化。然而，科殷在此亦试图厘清界限。因为"来自该时代"的制定法解释方法具有一种危险，即与它表面上的"客观的"特征完全相反，向极其主观与自由的制定法解释开启大门。[108] 并非解释之中的每次变动都是被允许的。然而科殷认为其界限并不尖锐："仅仅合法的是，法律关系通过科学与先例的进程而逐渐改变，例如此等解释逐步赋予特定的制定法规定更大的分量，其他的制定法规定则被判定为一纸空文。"[109]

853

　　b）对待制定法中漏洞的标准

更为狭隘的前提是，科殷对于法院真正的创造性活动所指定的条件。只有当依据制定法完全不能作出裁判时，才允许法院进行造法活动。"法官法的基础与界限在于制定法中的漏洞。"[110] 是否存在**漏洞（Lücke）**，应当首先借助于历史—发生学解释进行确定。即便从其中得出，立法者对于现存问题情形实际上并没有规定解决方案，那么裁判也不应无根据地作出：

854

[104]　*Coing*, Staudinger, 12. A. 1978, Einleitung, Rn. 197.

[105]　*Coing*, Staudinger, 12. A. 1978, Einleitung, Rn. 197.

[106]　*Coing*, Grundzüge, 1. A. 1950, S. 235; *Coing*, Staudinger, 12. A. 1978, Einleitung, Rn. 127.

[107]　*Coing*, Staudinger, 12. A. 1978, Einleitung, Rn. 127.

[108]　*Coing*, Grundzüge, 2. A. 1969, S. 336.

[109]　*Coing*, Grundzüge, 2. A. 1969, S. 337.

[110]　*Coing*, Grundzüge, 2. A. 1969, S. 341.

"法律续造的权力亦未能使法官完全自由，其应当坚持首先根据制定法，其次依据司法与学理传统研究其裁判。" [111]

855　　　　如解释规则一样，科殷在这里援用数十年之前一种已经得以实行的学说。如存在漏洞，应当采用 **1907 年《瑞士民法典》**（ Schweizwer BGB von **1907**）规定的路径，其关于自由法学派与利益法学的争论亦在德国的方法争论中寻得大门。[112] 第 1 条规定："本法适用于根据其语义或解释包含相应规定的一切法律问题。无可适用的规定时，法官应依据习惯法进行裁判，并且，无习惯法时，依据法院自己作为立法者可能会确立的规则进行裁判。此时法官应当遵循经受考验的学说与传统。"

856　　　　对此应当如何处理？科殷的方法论著述对此描述不一。正如法律适用学说一样，此处随着时代变迁可以确定：1950 年科殷在自然法中的法创制上发现了针对法官的方向点。如实在法没有原则，便应出现上述规则。[113]1969 年科殷将法创制行为描述成必然凝聚各种不同见解的行为：比较法可以提供极大帮助，而制定法评价与正义的基本原理亦然。[114]1978 年科殷主张紧密地以制定法为定位：漏洞填补时应当试图"依据制定法发展出缺失的法条"。[115] 此外科殷现在强调宪法价值：**法创制（ Rechtsschöfung ）**应当在《德国基本法》框架下得以完成，并且"尤其以宪法的基本权利部分确定的价值为导向"。[116] 总体上，科殷不再仅从实践上的必然性与事物本质 [117] 推导法官法的合法化，而是从法官的基本法义务出发，即《德国基本法》第 20 条第 3 款规定的"法律与权利"（ Gesetz und Recht ）。[118]

857　　　　可以确定，科殷法官法概念并没有提到创造性法官。其认为通过法官解释和裁判活动实现法对时代发展的缓慢调适，并坚持认为，制定法应为法官规定界限。对科殷而言，*有违*制定法的法律续造仅在其早期著作中，

---

[111] *Coing*, Staudinger, 12. A. 1978, Einleitung, Rn. 211.

[112] 例如批判《瑞士民法典》的文献：*Kantorowicz*, Der Kampf um die Rechtswissenschaft, 1906, S. 33;《瑞士民法典》生效后：*Rümelin*, Das neue schweizerische Zivilgesetzbuch und seine Bedeutung für uns, 1908, S. 27 ff.; 较新的内容见 *Isay*, Rechtsnorm und Entscheidung, 1929, S. 243。

[113] *Coing*, Grundzüge, 1. A. 1950, S. 256.

[114] *Coing*, Grundzüge, 2. A. 1969, S. 340.

[115] *Coing*, Staudinger, 12. A., 1978, Einleitung, Rn. 122.

[116] *Coing*, Staudinger, 12. A., 1978, Einleitung, Rn. 211.

[117] *Coing*, Grundzüge, 2. A., 1969, S. 283.

[118] *Coing*, Staudinger, 12. A., 1978, Einleitung, Rn. 206.

即战后的几年被直接作为主题研究。[119]法官的创造仅在绝对必要之时。然后其亦应受制定法指引——不论受目的理解指引与否。

四、总结：学理作为法源

如果人们阅读科殷的方法论著述，很少跃入眼帘的是**制定法约束**（**Gesetzesbindung**）这一问题，而此处将对此作一讨论。对科殷而言，制定法约束实属理所当然，其认为法官已经通过其"道德"与"技巧"受制于法律。[120]在 20 世纪 50 年代和 60 年代的讨论中，科殷重点讨论制定法约束，这一期间的讨论认为制定法并不是决定性的法律续造因素。　　858

科殷方法论在很多内容上符合法律人对待实在法时认识的规则，但法律人并没有对法哲学和法理论问题进行深入讨论。制定法约束在此意义上属于一种并未通过严格规则进行论证的先决条件。科殷的法哲学著作提供了一种基础，而其没有对制定法约束赋予一种关联性。对此重要的是科殷的**法概念**（**Rechtsbegriff**）。从社会科学——价值哲学意义上的理解出发，科殷认为法是一种历史生成的道德秩序，其仅确立于自然法提供的以及文化法设定的正义的价值关系之上。自然法、文化法、实在法和制定法在此相互紧密交织，因此它们仅能从整体上进行理解。　　859

因此，约束法官的制定法并不约束从制定法所融入的秩序中推导出来的**质料上的价值**（**materiale Werte**）。法官受制定法约束——同时又在其整体秩序、追求与正义之中实现实在法。因而制定法约束在科殷看来属于目的论性质，其针对的是超越制定法的价值计划的实现。对此合适的是科殷对于客观解释方法的判断，该等解释方法似乎在"合乎正义的解释"之前未曾屈服，其认为对时代变迁的解释性调整合理且必需。科殷原则上承认法官造法，前提是其是依据制定法而得以实现。科殷关于制定法约束的理解满足所有这些要求。在此是否事实上涉及制定法约束或者法之约束（Rechtsbindung），并不能明确进行回答，因为科殷的概念认为法存在于制定法之中，而制定法亦存在于法之中。　　860

---

[119]　Coing, Zur Frage der strafrechtlichen Haftung der Richter（1947），vgl. Fn. 34；后来科殷再次研究该问题，不过此时将法官抵抗权（Widerstandsrecht）问题转移到道德层面：Der Jurist und das unsittliche Gesetz（1965），in: Gesammelte Aufsätze II, S. 50-66。

[120]　Coing, Staudinger, 12. A. 1978, Einleitung, Rn. 233.

861   科殷的法学说特征是，**没有设定严格的界限（keine scharfen Grenzen）**，
不同的制定法约束因素——历史、价值、规定、裁判——之间的关系并未
被清晰地区分。在所有方法论思考中，科殷是在寻找一种混合，其中诸多
要素被很好地进行了均衡，以便使科殷高度崇尚的"法律之下人人平等"
（Equal Justice under Law）[121]之原则尽可能最大限度地得以实现。科殷并没有
明显的偏好。其既不像尼佩代（Nipperdey）一样将宪法坚定地作为指引，
也不像黑克一样坚定地遵循历史中立法者的意志，抑或像拉伦茨一样执着
于法之外的伦理价值，或像菲韦格（Viehweg）、维亚克尔与埃塞尔一样赞
成法院的论题式法创制的优先性。科殷的法学说是中庸的。其并不追求为
法律裁判制定一种规范性标准，而是相信权衡、最优化与制衡原则可以保
障公正而稳定的秩序。

862   此种秩序很难进行控制，而其生命本在于运行。而可控性对科殷而言
很重要，其总是对法官恣意的危害作出警告。他对方法论的期待是：法官
行为应当以规则为导向进行实施，并因此可以被检查与批判。此外，科殷
认为有必要对法律存在之处予以透明化，此处法是指约束法官之法。**正义
的理论（Theorie der Gerechtigkeit）**在此应当有所帮助[122]，并且应当发展私
法的一种体系，即将自然法、文化法和法内在的原则置于一种秩序，并且
使法以这种秩序实现可操作性。[123]这样一种体系当然从来都不是封闭式、
难以变动的体系。其应当随时间一再地进行修正。[124]

863   方法论的设计、正义理论的发展与体系构建，都应属于法律科学的任
务。科殷的法律学说中有众多参与者和众多因素共同作用，居于中心的是
法律科学，其具有突出的地位。科殷认为法律科学是"造法的质料性渊
源"，[125]法律科学通过科学分析使法变得可控。即使科殷在方法思考中仅仅
是零星地论及科学分析，但是科学分析依旧居于科殷学说的中心位置。

---

    [121] *Coing*, Grundzüge, 1. A. 1950, S. 245; 2. A. 1969, S. 334.

    [122] *Coing*, Grundzüge, 2. A. 1969, S. 332.

    [123] *Coing*, System Geschichte und Interesse（1951），参见 Fn. 40, S. 118 f.; *Coing*, Savigny（1955），
参见 Fn. 41; *Coing*, Geschichte und Bedeutung des Systemgedankens in der Rechtswissenschaft（1957/58），
in: Gesammelte Aufsätze I, S. 191（205 ff.）.

    [124] 关于当今民法体系的内容讨论见 *Coing*, Bermerkungen zum überkommenen Zivilrechtssystem
（1963），in: Gesammelte Aufsätze I, S. 297（304 ff.）。

    [125] *Coing*, Staudinger, 12. A. 1978, Einleitung, Rn. 197.

五、范例：以所谓"情人遗嘱"为例之概括条款解释

如今在处理法学案例时又将如何灵活适用方法论？我们可以观察一下继承法，因为其为科殷独具风格的教义学领域。1953 年科殷接过基普（Theodor Kipp）著名的《继承法教科书》，并续写了之后的六个版本，一直到 1990 年。正如科殷处理制定法约束和实质价值约束之间的张力一样，其中尤其体现在，涉及遗嘱的违背伦理以及因此牵涉到的立法者规定的遗嘱自由的边界问题。

1."情人遗嘱"违反道德：连续性的司法

20 世纪遗嘱中违反道德的最重要案例之一便是"情人遗嘱"，亦被称为"情妇遗嘱"。一名已婚男士经过深思熟虑将遗产给予其未婚同居情人，却使其妻子与子女承受债务。19 世纪法院会部分准许该等遗嘱，然而 20 世纪的司法则趋于严格：帝国法院以及之后的德国联邦最高法院宣布此类处分系违反道德，妻子与子女可以就其请求权利依据法定继承后果对遗嘱中未婚情人提起诉讼。[126]

这与《德国民法典》的构想并不相符。立法者强调，**遗嘱自由**（**Testierfreiheit**）是继承法的核心原则。[127] 被继承人原则上应当可以自由决定，在其死亡之后财产会被如何处理。在遗嘱剥夺了继承权的情形下，家庭成员亦应通过制定法规定享有特留份请求权（Pflichtteilsanspruch）。这对法院而言并不足够。在一坚持了 80 多年的连续性司法解释中，法院宣布所谓的"情人遗嘱"违反道德，[128] 其基于两个方面的依据：一方面法院认为，为了通奸关系中的情人利益而冷落妻子与子女系违反道德，因为被继承人违反了其对婚姻与家庭的忠实义务。另一方面，法院认为，对非婚

864

865

866

---

[126]　对司法解释作出很好总结的内容见 Falk, Zur Sittenwidrigkeit von Testamenten. Grundlinien der Rechtsprechung im 19. und 20. Jahrhundert, in: Falk/Mohnhaupt（Hg.），Das Bürgerliche Gesetzbuch und seine Richter, 2000, S. 451-494。

[127]　其作为原则在《德国民法典》第 1937 条及其以下得以确立，对于一般观点，仅参见 MüKo-Leipold, BGB, Bd. 9, 5. A. 2010, Einl. Rn. 17 ff.。

[128]　开始还没有举证责任倒置，例如 RG WarnRspr. 1910, Nr. 371 vom 29.9.1910; RG, JW 1911, 29 vom 3.11.1910；关于纳粹时期举证责任倒置之强化见 OLG München, HRR 13（1937），Nr. 495 vom 24.11.1936；关于 1945 年之后的持续见 OGHZ 3, 158 vom 26.1.1950；司法解释的首次缓和见 BGHZ 52, 17 vom 17.3.1969；明确抛弃举证责任倒置以及强调首先不应根据被继承人的动机，而应依据法律行为特征进行矫正见 BGHZ 53, 369 vom 31.3.1970；证实于 BGH NJW 1973, 1645 vom 29.6.1973；详论且含诸多证明见 Falk, Fn. 126.。

同居者的赠与是希望作为其提供的性服务的对待给付。此等对待给付因此
应当如同卖淫一样被抨击。[129] 法院总体上的论证是基于其经验视角，没有
充分考虑被继承人动机的复杂性。[130] 这在纳粹时期进一步得以强化。1938
年生效的《继承法》第 48 条第 2 款规定，如果某人"以粗暴的悖于健康
的人民感知之方式违反注意义务，注意义务系指意识到责任承担的被继承
人针对家庭与人民共同体应当承担的义务"，则死因行为无效。非婚同居
者作为"婚姻与家庭的破坏者"，其遗嘱违反了"婚姻作为双方相爱与忠
实建构的生活共同体的本质"。[131] 对此的证明责任是纳粹法院强加给这对
情人的（即例外情形下不构成违背伦理）——几乎难以对需要提交的证据
进行举证。[132] 最后，英占区最高法院与后来的联邦最高法院承认了这一司
法解释，在废除《继承法》第 48 条第 2 款之后，现在需要再次援引《德
国民法典》第 138 条第 1 款。20 世纪 60 年代，德国联邦最高法院回归了
一般证明责任的分配，并发展出了不同的标准以判断遗嘱是否违反道德。
司法解释因此趋于保守，遗嘱自由在此强势回归到人们的视野；[133] 然而德
国联邦最高法院对其违反道德之判决最终并没有完全改变。80 年代司法裁
判却遭终结——此类案件数量下降，其可能不仅通过社会转型，而且亦通
过严格的离婚法与供养法的变化而受到约束。[134]

2. 基于通说：关于科殷的立场

867

科殷在其《继承法教科书》中对情人遗嘱的阐述较为简短。其复述了
判决，并承认其原则上持赞同立场。科殷并没有试图运用其方法学说论证
其立场。然而，在科殷论证中可以发现一些暗示，该论证阐明了，他对哪
些方法赋予价值，其在"情人遗嘱"案解决上如何处理制定法与物质性价

---

[129]   为什么直到 2001 年卖淫法生效之前，慕尼黑法律评注仍将其解释为违反道德，而
自 20 世纪 80 年代以来已经几乎没有法院再作出此等案例裁判，对此参见 MüKo-Mayer-Maly/
Armbrüster, BGB, Bd. 1, 4. A. 2001, §138, Rn. 59; 这在改版中被删掉: S. A. 2006, §138, Rn. 59。

[130]   法尔克（Falk）相应地确定，该司法解释在该问题上对于法官日常理论给出了具
有说服力的范例，参见脚注 126，第 471 页。

[131]   OLG München vom 24.11.1936, HRR 13（1937），Nr. 495. 该判决在《遗嘱法》第 48 条
第 2 款施行之前两年作出，其作为典型范例的意义在于，法院如何程序性地使用概括条款，
以实现将纳粹的世界观注入司法解释。

[132]   *Falk*, vgl. Fn. 126, S. 472.

[133]   *Falk*, vgl. Fn. 126, S. 491 f.

[134]   对这一关联预测意义上具有说服力的论证见 *Ramm*, Abschied vom„Mätressentestament",
JZ 1970, 129（132）。

值的关系。

所谓"情人遗嘱"违背风俗（Sittenwidrigkeit）的学说在方法论上暴 868
露了不少问题。第一个问题是关于《德国民法典》第 138 条第 1 款的**解释**
（**Auslegung**）及其在继承法上的适用问题。问题在于，何来的价值，据其
判断一种法律行为或具体到遗嘱是违背风俗的（sittenwidrig）。此处存在不
同的可能性：制定法、作为客观倾向的道德或社会中经验性确认占据统治
地位的价值观念。第二个问题涉及立法上规定的"一般情形"（Normalfall）
与例外情形之间的**权重**（**Gewichtung**），前者系通过特留份法予以矫正的
遗嘱自由，后一种情形之下特留份权利被视为不足，遗嘱自由应当被限制。
科殷此处关注的是，《德国民法典》第 138 条第 1 款作为一种突破了立法
者的基础判断之规定，如何被有限制地使用。

a）《德国民法典》第 138 条第 1 款的解释与适用

科殷关于《德国民法典》第 138 条第 1 款的解释是一种重构，因为科 869
殷在《施陶丁格（Staudinger）法典评注》1957 年第 11 版中对此规定进行
了评论。其中可以看出，科殷将"善良风俗"（gute Sitte）作为"伦理学或
自然法的原则"来理解。而仅当善良风俗在社会上实际得以认可之时，其
在法上才有意义。[135] 科殷得出的理解是，其取决于价值观念的**经验性确定**
（**empirische Feststellung**）。"因此，适用第 138 条第 1 款的法官应当始终思
考，其依据的原则是否也存在于社会上。"主流的道德观念应当确定，"社
会学的问题首先是指什么"？[136]

科殷并没有从方法论上对《德国民法典》第 138 条第 1 款给予可以 870
辨识性的推导。[137] 在其评论中，科殷仅确定"善良风俗"概念应作形象
化理解；至于为什么，科殷并未作解释。帝国法院时而利用其权威性替
代了论证。

关于继承法上的适用，科殷对《德国民法典》第 138 条第 1 款的理解 871
十分重要，即"善良风俗"的内容是历史性地演化的。[138] 科殷在其 1965
年教科书第 12 版还未试图超越帝国法院的判决内容，帝国法院的此类裁

---

[135]　*Coing*, Staudinger, 11. A. 1957, §138, Rn. 5.

[136]　*Coing*, Staudinger, 11. A. 1957, §138, Rn. 5 a.

[137]　关于立法者动机的历史性阐述，在批注中相当简短，并且与下述概念确定亦不吻
合，参见边码 2。

[138]　*Coing*, Staudinger, 11. A. 1957, §138, Rn. 6.

判依据的价值亦符合社会主流的道德观念，但是在 1978 年出版的第 13 版中科殷对观念变迁进行了比较与深入讨论。基于文献中的广泛批判，即对联邦最高法院自 20 世纪 60 年代末以来经历的司法实践之批判，科殷确定道："在本领域的根本性观念有许多已经深刻变化，这一变化对人民的影响并不均衡，这使得公平、正义的思考者在该领域中的共识变少了。"因此，《德国民法典》第 138 条第 1 款之于"情人遗嘱"仍属于保守性适用。[139]

872　　　　然而，尽管已经证明缺乏社会性一致，但科殷仍不愿放弃将此类遗嘱在特定情形下视为有悖风俗之可能。此外，"情人遗嘱"应当被视为违反风俗，如果"此等处分建立在违反婚姻忠实基础之上，并且与妻子和子女的责任处于不可容忍的矛盾之中的话"。[140] 此处取决于，如何导致婚姻忠实的破裂，以及受益者在此扮演了何种角色。对于论证，科殷显然抛弃了一种观点，对于根据配偶相互忠实的请求权可能还存在一种"吾辈人民当中一切正直与公平的思想者的一致同意"，因为该等请求权的支撑不仅在于基督教道德，还在于一种非宗教的道德。[141] 然而科殷对于这一评估却没有进行进一步的经验性论证。[142] 科殷认为，这一问题"同所谓的法秩序和家庭宪法之关系最为紧密地"相关。[143]

873　　　　以此所论的并非其他，而是"婚姻与家庭的本质"。战后时期的法哲学对此**本质论据（Wesensargumente）**不再陌生，在科殷法概念中这一论据也——正如所示——起着一定的作用。[144] 这一"本质"不是经验性或制定法上规定的，而是道德规范的整体集合，此等规范属于物之固有，因此规范在其内核上不受社会变迁影响。当科殷讨论"家庭宪法"（Familienverfassung）时，其亦指同样的稳定规范。实在的法秩序并不简单地优先于此类规范，而是应当与其"处于一定的关系"之中。科殷借助于《德国基本法》第 6 条同样可以尝试对婚姻与家庭的保护优先于遗嘱自由，

[139]　*Coing*, Erbrecht, 13. A. 1978, S. 114.

[140]　*Coing*, Erbrecht, 13. A. 1978, S. 114.

[141]　*Coing*, Erbrecht, 13. A. 1978, S. 115.

[142]　科殷仅在脚注中指示了拉姆（*Thilo Ramm*）的一篇文章，该文亦纯粹论及社会观念的变化，参见脚注 134。

[143]　*Coing*, Erbrecht, 13. A. 1978, S. 115.

[144]　广泛批判见 *Scheuerle*, Das Wesen des Wesens, AcP 163（1964），S. 429-471, bes. S. 460。

不过科殷对此没有涉及。[145]

显然，科殷将《德国民法典》第 138 条第 1 款理解为一种关于社会主导价值观念的入侵关口，科殷对其在继承法上的适用亦如此。事实上，对于主导价值的确定，科殷却援用了并未得到广泛证实的日常信念，并且以本质论据支撑这一发现的价值。因此，即使有点舍弃或弱化，科殷在 1978 年仍忠实地坚持其于 1957 年对《德国民法典》第 138 条的评注内容：科殷不再继续从经验上或制定法上进行推导，在此他将"婚姻与家庭的本质"归入一些规范之中，如果法律行为违反了这些规范即可被认定为违反风俗。[146] 其最终为正义原则意义上的"自然法"的**客观规范（die objektiven Normen）**，此处正义原则是指无需其他方法论证即决定"善良风俗"的内容。[147]

b）遗嘱自由及其突破

在关于遗嘱自由及其突破的关系确定上，科殷亦遵循司法判决，而没有在结论上通过方法论支撑其立场。科殷强调遗嘱自由的价值，但也允许突破遗嘱自由。为何在其教科书中对这一点未予明确？

尤为明显的是 1965 年第 12 版中的相关内容。科殷在此研究了继承法上的自由与社会约束，并决定为了自由而消解张力。但是科殷首先是从历史和道德上对此作了论证："在'义务思想'对抗'意志统治'的箴言之下，民族社会主义对遗嘱自由进行了猛烈攻击。自由在个案中可能被滥用，这是人们为自由必须承担的代价，并且没有理由废除该自由。"[148] 继承法的社会思想通过"特留份制度"得以保障，"该制度系由平等的罗马法律人所创造，其如此鲜明地凸显了遗嘱自由"[149]。在 1978 年第 13 版中科殷才坚定

874

875

876

---

[145]　但是在当时的讨论中，例如拉姆（参见脚注 134，第 131—132 页）依据这一基础对联邦最高法院司法解释进行了广泛批判。

[146]　*Coing*, Staudinger, 11. A. 1957, §138, Rn. 7 f, 19 a ff.

[147]　结果同样见 *Haferkamp*, in Hist.-kritischer Kommentar zum BGB, hg. von Schmoeckel, Rückert, Zimmermann, Bd. 1, 2003, §138, Rn. 29. 因此，此处遵循的是一种狭隘的违背伦理的构想，明确见于科殷关于《德国民法典》第 226 条的评论：科殷在此不同意里茨勒（Riezler）的评论，科殷将所谓的"内在理论"（Innentheorie）相应地称为"现代德国民法整体意义上实体法的思维方式"。据此，伦理秩序对主观权利而言属于一种内在性限制，并且其并非单单构成对自在之法的例外行使的禁止，参见 *Coing*, Staudinger, 11. A. 1957, §226, Rn. 1 a。

[148]　*Coing*, Erbrecht, 12. A. 1965, S. 75.

[149]　*Coing*, Erbrecht, 12. A. 1965, S. 74.

地指出了立法者的评价："立法者没有对遗嘱自由与下一代成员在特留份法中的'权利'设定明确的指引。"科殷在第 12 版中还赞成和仔细阐述的内容，现在被置于其思考之前：对《德国民法典》第 138 条第 1 款在继承法上的适用应当考虑到，遗嘱自由原则上具有优先性："并非每次对成员的冷落均构成有悖于风俗之处分。"[150] 然而这导致在任何版本中均未将所谓"情人遗嘱"的司法判决作为根据。

六、结语

877   科殷对待"情人遗嘱"的态度像其方法论一样是实用主义的。在方法论领域上，科殷努力从哲学上对明显具有适用性的构想进行剪裁，然而此处介绍的继承法案例中缺少相应的周全的论证。在这里，科殷遵循了保持一贯的司法裁判，并向主流观点靠拢。科殷在此并没有援用自己提出的方法规则。遗嘱自由及对其突破之间的关系并不明朗，至于《德国民法典》第 138 条第 1 款，科殷确定了一种经验性理解，而没有借助于传统的解释规则进行论证。科殷没有借助于社会主流道德观念去论证所谓"情人遗嘱"违反道德，而是提出伪法学论据：如所主张但并未得到一致认同的论据，即"婚姻之本质"，其背后隐含着众多可以归结为一个客观道德的规范。在对《德国民法典》第 138 条第 1 款概括条款的法律适用之中，科殷援用了一些价值观念，特别是"事物本质"与"自然法"的规则。相反，科殷在其方法论中突出强调的制定法作用却完全退居二线。在科殷看来，制定法约束同样仅仅是一种相对性的约束。

七、原著及文献

1. 科殷原著进阶

非常好的高阶文献是 1969 年第 2 版以来《法哲学基础》第六章第四节与第五节，参见前述；亦作为小册子的 1972 年的《法学方法论》分别出版。此外还有科殷在《私法制定法解释》(Zur Auslegung der Privatrechtsgesetze) 第六节的评注，参见《施陶丁格法典评注》(Das Kommentar von Staudinger)，柏林 1978 年第 12 版，边码 113—161。1947 年的《法的最高基本原理》(Die Obersten Grundsätze des Rechts) 亦构成科殷方法论的哲学基础。另外其他重要

---

[150]   *Coing, Erbrecht*, 12. A. 1965, S. 76；类似但更为突出的是 1978 年第 13 版，第 114 页。

文献有：

Die obersten Grundsätze des Rechts. Versuch einer Neugründung des Naturrechts, 1947.

Allgemeine Rechtsgrundsätze in der Rechtsprechung des Reichsgerichts zum Begriff der„guten Sitten", in: NJW 1947/1948, S. 213-217, Nachdruck: Gesammelte Aufsätze, Bd. 1, 1982, S. 1-15.

Um die Erneuerung des Naturrechts, in: Universitas 1948, S. 1173-1179, Nachdruck: Werner Maihofer（Hg.）, Naturrecht oder Rechtspositivismus?, 1962, S. 108-116.

Grundzüge der Rechtsphilosophie, 1. A. 1950, 2. A. 1969, 3. 1978, 4. A. 1985, 5. A. 1993.

Vom Sinngehalt des Rechts, in: Ernst Sauer（Hg.）, Forum der Rechtsphilosophie, 1950, S. 61-83.

System, Geschichte und Interesse in der Privatrechtswissenschaft, in: JZ 1951, S. 481-485, Nachdruck: Gesammelte Aufsätze, Bd. 1, 1982, S. 104-119.

Savignys rechtspolitische und methodische Anschauungen in ihrer Bedeutung für die gegenwärtige deutsche Rechtswissenschaft, in: Zeitschrift des Bernischen Juristenvereins 91（1951）, S. 329-343, Nachdruck: Gesammelte Aufsätze, Bd. 1, 1982, S. 178-190.

Geschichte und Bedeutung des Systemgedankens in der Rechtswissenschaft, in: Österreichische Zeitschrift für Öffentliches Recht 8（1957/1958）, S. 257-269, Nachdruck: Gesammelte Aufsätze, Bd. 1, 1982, S. 191-207.

Die juristischen Auslegungsmethoden und die Lehren der allgemeinen Hermeneutik, 1959.

Bemerkungen zum überkommenen Zivilrechtssystem, in: Ernst von Caemmerer （Hg.）, Vom deutschen und europäischen Recht. Festschrift für Hans Dölle, Bd. 1, 1963, S. 25-40, Nachdruck: Gesammelte Aufsätze, Bd. 1, 1982, S. 297-313.

Naturrecht als wissenschaftliches Problem, 1965, Nachdruck: Gesammelte Aufsätze, Bd. 2, 1982, S. 23-49.

Der Jurist und das unsittliche Gesetz（unpublizierter Vortrag 1965）, in: Gesammelte Aufsätze, Bd. 2, 1982, S. 50-66.

Juristische Methodenlehre, 1972（Nachdruck des 6. Kapitels der 2. A. der Grundzüge der Rechtsphilosophie）.

Einleitung, in: J. von Staudingers Kommentar zum Bürgerlichen Gesetzbuch mit

Einführungsgesetz und Nebengesetzen, 12. A. 1978, 13. A. 1994.

Gesammelte Aufsätze zu Rechtsgeschichte, Rechtsphilosophie und Zivilrecht: 1947-1975, 2 Bände, hg. von Dieter Simon, Frankfurt a.M. 1982.

2. 参考文献进阶

富有指引价值的文献有：

Foljanty, Lena, Recht oder Gesetz. Juristische Identität und Autorität in den Naturrechtsdebatten der Nachkriegszeit（=Beiträge zur Rechtsgeschichte des 20. Jhs., 73）, Tübingen 2013.

Kauhausen, Ilka, Nach der „Stunde Null", Prinzipiendiskussionen im Privatrecht nach 1945, Tübingen 2007（=Beiträge zur Rechtsgeschichte des 20. Jhs., 52）, insb. S. 29 ff., 238 ff.

Mohnhaupt, Heinz, Zur „Neugründung" des Naturrechts nach 1945: Helmut Coings „Die obersten Grundsätze des Rechts"（1947）, in: Horst Schröder/ Dieter Simon（Hg.）, Rechtsgeschichtswissenschaft in Deutschland 1945 bis 1952, Frankfurt am Main 2001.

3. 其他文献

Nörr, Knut Wolfgang, Über das Geistige im Recht: ein Nachruf auf Helmut Coing, in: JZ 2001, S. 449-453.

Luig, Klaus, Helmut Coing（1912-2000）, in: Stefan Grundmann/Karl Riesenhuber （Hg.）, Deutschsprachige Zivilrechtslehrer des 20. Jahrhunderts in Berichten ihrer Schüler. Eine Ideengeschichte in Einzeldarstellungen, Bd. 1, Berlin 2007.

Coing, Helmut, Für Wissenschaften und Künste: Lebensbericht eines europäischen Rechtsgelehrten, hg. v. Michael Feldkamp, Berlin 2014.

第十二节　维特豪尔特（Rudolf Wiethölter，1929— ）的方法与民法[*]

要目

一、生平与著述

你们所谓的时代精神，

其实乃著者们自己的精神，

时代在此得以反映。[1]

1968 *年鲁道夫·维特豪尔特成功完成传奇一时的畅销书*[2]《法学》（Rechtswissenschaft）[3]，*此书是"理解现代社会之广播讲座系列"的第四册*[4]。*此时，生于* 1929 *年的维特豪尔特，已经执掌美因河畔法兰克福大学*

878

---

[*]　米歇尔·罗尔斯（Michael Rohls）撰，王战涛译，刘志阳校。

[1]　本节"五、原著及文献"中注明的文献全称在下文中将以简略形式出现。*Goethe*, Faust I, Vers 577 ff.，参见 *Wiethölter*, Rechtswissenschaft（1968），其中见第 45 页。

[2]　*Habermas*, KJ 1989, 138："传奇的"；*Simon*, KJ 1989, 131, 134："如果法律人拥有最畅销的书籍，[……]"；*Fikentscher*, S. 610："颠覆性的影响"。根据 *Bender*, S. 123 Fn. 64，维特豪尔特此书截至 1976 年一版就达到 5 万册。

[3]　Rechtswissenschaft（Funkkolleg Band 4），Hamburg 1968；无变化地加以再版，并另外注明序言：Basel, Frankfurt/M. 1986，1975 年译成意大利文，1991 年译成西班牙语。正如作者在再版中所认为的，本书本应当加"法"字。但这因为著作权问题而未能成行，参见 *Wiethölter*, Rechtswissenschaft（1968），Vorwort。四部文献中关于宪法、国家法、行政法的部分因为维特豪尔特抱恙而由鲁道夫·本哈特（Rudolf Bernhardt）与艾尔哈德·邓宁格尔（Erhard Denninger）完成。

[4]　对于广播讲座的定位，"1967—1968 年的广播讲座属于当时具有历史地位和文化分量的社会变化过程中的改革之希望"，*Wiethölter*, Rechtswissenschaft（1986），Geleitwort。黑森广播与法兰克福大学合作，对此进行广播，具体参见 *Wiethölter*, Rechtswissenschaft（1968），Vorwort。

民法、商法与经济法教席五年。[5] 及至广播讲座版《法学》的出版，*维特豪尔特*已经出版了股份公司法、有限公司法、损害赔偿法、国际私法[6]与医师法领域的论著。除了大量的比较法，维特豪尔特在其教授资格论文中已经体现出一种法政策与法事实导向的趋势，尽管此时还不是其之后的研究中呈现出来的*政策*或*批判法学*。[7] 政策法学（politische Jurisprudenz），[8] 或更准确的批判法学（kritische Jurisprudenz），[9] 维特豪尔特稍后称之为*法律否定主义（juristischer Negativismus）*，在 20 世纪 60 年代中期成为*维特豪尔特*研究的主题，[10]特别是"广播讲座系列"中的第一册与第四册。[11]

在大部分大学生（关键词："1968 年一代"）具有变革意志的背景之下，*维特豪尔特*与法学、社会批判相关的著作先后具有很大程度的一致性。相应地，*维特豪尔特*认为大学学习改革属于社会变革的起点[12]，并且，维特

879

---

[5] 1949—1952 年求学于科隆，1952—1953 年留学比利时；1955 年获得科隆大学博士学位（博士论文为《作为国际私法基础之单边竞合规范》，Einseitige Kollisionsnormen als Grundlage des Internationalen Privatrechts）；1956—1961 年从事律师执业；1958—1959 年访学于加利福尼亚大学（伯克利）法学院；1960 年于科隆大学完成教授资格论文，获得民法、商法和经济法、国际私法与比较法的教授资格；1963 年以来为美因河畔法兰克福大学教授；1989 年获得不来梅大学荣誉博士。

[6] 讲述维特豪尔特学术教学影响的参见例如 Gerhard Kegel. Gedanken des IPR finden sich in den Arbeiten Wiethölters wieder, KJ 1985, 126, 135：法律适用活动乃依据竞合规则就竞合"利益"作出倾向性裁判。对此见 Habermas, KJ 1989, 138, 145。

[7] *Wiethölter*, Interessen und Organisation der Aktiengesellschaft im amerikanischen und deutschen Recht, Karlsruhe 1961. Beispielsweise S. 314：决定性的仅仅是社会实践。同时亦见本注释文献第 33 页：鉴于股东大会的效率较低，它的权利应被相应地削减。

[8] "政策法学"的概念是一种误导，因为维特豪尔特自始认为法学属于政治性质，实际上维特豪尔特指的是政治意识法学（politisch bewusste Jurisprudenz）。但政治哲学亦向政治意识哲学的对立的意义上有所衍生——参见 Martin/Renk/Sudhof, KJ 1989, 244, 247 und Joerges, KJ 1989, 184——以至于，"法律否定主义"或"批判法学"更受青睐。

[9] 既非否定主义意义上也非虚无主义意义上之谓，参见 Wiethölter ZRP 1969, 155, 158 und Simon KJ 1989, 131, 134. 否定主义（Negativismus）的概念体现的是法兰克福学派的否定主义辩论述（社会批判，Gesellschaftskritik，人类悲痛与压抑之否定，Negation von Leid und Unterdrückung des Menschen），参见 Krings, Sp. 43 und Müller, Sp. 740 f.。

[10] 在 1964 年 1 月 31 日的首次讲座中，在《法学》中讲述的内容并不言简意赅：Die Position des Wirtschaftsrechts im sozialen Rechtsstaat, in: Festschrift für Franz Böhm, Wirtschaftsordnung und Rechtsordnung, Karlsruhe 1965, S. 41, insbesondere S. 56 ff. und 58 ff.。

[11] 维特豪尔特对广播讲座的作品，作为由卡德尔巴赫（Kadelbach）主编的《科学与社会》第 1 册，该书第 215 页构成了广播讲座第 4 册的导论和总结，对此见 Wiethölter, Rechtswissenschaft（1986），Geleitwort。

[12] *Wiethölter*, ZRP 1969, 155, 158.

豪尔特热衷于与之相关的讨论。毕竟，本节罗列的近 70 篇*维特豪尔特*的文献中，涉及该主题的就超过 12 篇。[13]

　　*维特豪尔特*受到法兰克福学派的批判理论影响；[14] 人们将维特豪尔特称为该学派最重要的法学分析家。[15] 而*维特豪尔特*批判法学超出了法兰克福学派的批判理论，成为该法学流派的一部分，即将法学家引向一种不同的政策性法理论之方向。[16] 维特豪尔特的理论背景是：对其批判者而言，他属于*新马克思主义避难所*的法兰克福学派；在其同事面前，他维护学生利益 [17]——这也给维特豪尔特带来不少否定的声音。*维特豪尔特*因此被禁言，被嘲笑，并且其书《法学》被贬低为*非学术性手册*。[18] 这一点影响深远，很多法哲学、法理学教科书和工具书均没有提及*维特豪尔特*。而*比德林斯基（Bydlinski）、费肯杰（Fikentscher）*和*帕夫洛夫斯基（Pawlowski）*则完全属于例外。结果则是：*维特豪尔特*陷入沉寂。[19] 看一下维特豪尔特发表的论著，似乎便可以证明这一切，1974 年至 1981 年发表的文献与之前及之后相比，近乎于无。因此，不管怎样，我们可以将影响了该时代并受该时

880

---

　　[13]　参见作品目录，亦参见 das Memorandum des Loccumer Arbeitskreises zur Reform der Juristenausbildung, JuS 1969, 599.

　　[14]　维特豪尔特尤其以马尔库塞（Marcuse）为引导——内容和语言上的相近内容参见 *Wiethölter*, Rechtswissenschaft（1968），u. a. S. 26 und Müller, Sp. 740; 以及尤以哈贝马斯（Habermas）为指引——*Schwerdtner*, ZRP 1969, 136, 138; *Wiethölter*, Zwischenbetrachtungen（1989），S. 794. 将维特豪尔特纳入时代法哲学领域的简介见 *Neumann*, S. 174 ff, 尤其是 S. 177 f.。

　　[15]　*Fikentscher*, S. 607.

　　[16]　一种陈旧的安排见 *Fikentscher*, S. 625 Fn. 366。对于进一步发展见 *Joerges*, KJ 1989, 184, u. a. 186 Fn. 7-10。关于维特豪尔特见 *Eckertz*, Fünf Thesen zur Reform des Juristischen Studiums, KJ 1968, 158; *Hart*, Vom bürgerlichen Recht zur politischen Verwaltung, KJ 1974, 274 和 *Hart*, Die politische Verwaltung als Gesetzeszweck, KJ 1989, 231。

　　[17]　"学生攻击不应成为诱因，原文批判绕过了高校政策。争论当事人毋宁说负担一种政治——科学的学习过程"，*Wiethölter*, Erklärung（1972），注释来源于 *Joerges*, KJ 1989, 184, 192。亦参见 *Simon* KJ 1989, 131, 132。

　　[18]　*Simon*, KJ 1989, 131, 134 f. 对此进一步的指示内容参见本注释文献第 134—135 页，其中尤其提及保罗（Paul）书，第 45 页："马克思主义的滤光镜"（marxistische Zerrbrille）、"空谈思想家"（doktrinärer Denker）、"极权主义的社会主义强制国家"（totalitärer sozialistischer Zwangsstaat）。

　　[19]　*Simon*, KJ 1989, 131, 135.

代影响的法律否定主义模式的终结看作一个时代的结束。[20]

881   然而，*维特豪尔特*没有放弃对传统法学的批判，这体现在其 20 世纪 80 年代和 90 年代初期为数不少的法理论研究中。*维特豪尔特*对政策化的法律科学的精细化构想称为程式化（Prozeduralisierung），亦称为论辩文化（Streitkultur）。因此，一方面，在批判理论的传统上，并非整体接受[21]——而应提高实践法学的合理性，[22]另一方面，对于当今三个根本性的理论阵营——政治经济学（Politische Ökonomie）、系统论（Systemtheorie）和批判哲学（Kritische Philosophie），当时需要创造出一种折中理论。[23]*维特豪尔特*的目标便是完成现代性未竟的工程，即启蒙。维特豪尔特认为，借助法律范畴（Rechtskategorie）的程式化，通过构建论辩文化替代民间宗教（Zivilreligion），[24]可以克服法律悖论，但是程式化必须首先满足自己的前提条件。程式化并不同于程序法，亦几乎不能完全视为针对自由、合理地辩论的*程序合理性*或者*纯粹游戏规则*。被提及的社会学的伟大理论应当具有可使用性。这一让社会学理论具有可用性的目标是一种法学，这种法学对意识、导向性行为（Orientierungsverhalten）与导致危机的法学家的方法论工具这一发展关联进行重构，并同时积极地致力于构建战胜潜在危机的条件。[25]因此，程式化是一种具有可以扩展且需要被扩展的机会。[26]

---

[20] 参见 *Wiethölter*, Begriffs- und Interessenjurisprudenz（1977），S. 223 维特豪尔特的坦诚评价："一旦学者共同体将问题另外评价为一种范例性'被规定的'问题，那么，批判者最好定义为局外人，此类局外人在凄凉的墓园中被掘坟墓，在最不利的情形之下，即'通常'情形下，则被评价为有悖于体系，其生活在排挤之中或自身造成排挤。因此范例中'理性批判'自身仅具有很有限的可能性，因为其被限制为非理性或不具有建设性。"亦参见 *Wiethölter*, Rechtswissenschaft（1986），Geleitwort S. 7："书籍有其时代性。"

[21] *Martin/Renk/Sudhof*, KJ 1989, 244, 250.

[22] *Wiethölter*, Zwischenbetrachtungen（1989），S. 799 ff. und 808 ff.

[23] *Wiethölter*, Zwischenbetrachtungen（1989），S. 795 f. und 812 und KJ 1988, 403, 405 ff. 将维特豪尔特作为例证的有 *Peter Behrens*, Die ökonomischen Grundlagen des Rechts, Tübingen 1986, *Niklas Luhmann*, Positivität als Selbstbestimmtheit des Rechts, RTheorie 1988, 11 ff., *Jürgen Habermas*, Wie ist Legitimität durch Legalität möglich?, KJ 1987, 1 ff. an。

[24] 如此称为此类任务的见于 *Wiethölter*, KJ 1988, 403, 407。

[25] *Wiethölter*, Proceduralization（1989），S. 501, 503.

[26] 一方面见维特豪尔特自己的文献 *Wiethölter*, KJ 1988, 403, 407 ff.，另外的评价见 *Martin/Renk/Sudhof*, KJ 1989, 244, 252。

二、法律否定主义

下文将介绍维特豪尔特理论的基本特征，以便察看其方法论观点。此　882
处介绍的对象是法律否定主义（juristischer Negativismus），而非*维特豪尔特*
的程式化构想。

1. 基本特征

*维特豪尔特*比较了法的现状与法治国的预兆，其认为，该预兆尚未得　883
以实现。当然，社会危机尤其是一种法危机，也就是法的合法性危机：[27]"我
们的法律世界与法律人世界是一个没有君主的宪制君主政体（……），但
是有一个隐蔽的国王（……），即法，（……更准确地说是）司法，（……）
法律人今天既未看透自我世界，亦未看清周遭环境。其实际上不知其在从
事何事。"[28] 并未被发现的是，法律人世界已经从一种具有理想主义的、哲
学的、市民的、自由的时代进入一种具有多元的、政治的、民主的、社会
福利的时代。[29] 而这越来越让人感到遗憾，因为法在超民族价值崩塌之后
成为最终受宠的权威，其可以调整人类社会。[30] 因此，法不得作为未被证
立的（自然法的或实证主义的）权威固守于咎由自取的幼稚之中。[31] 因为
法乃政治问题，属于政治事件与理论的一部分。[32] 当某个法律体系以一种
（不再存在的）一体化的价值体系[33] 为前提时，该法律体系可能就不再被认
可。[34] 目标在于一种真正的法律科学（Rechtswissenschaft），一种技艺学说
意义上的法学（Jurisprudenz）。只有认识到政治现实、人类与社会现实，才
能形成此等法学。

此处存在一个对传统法学的根本性批判点。[35] 对于*维特豪尔特*而言，　884
非政治性的行动和科学上的行动直接被排除在外："法律人的工作并不是任
一今天可使用的内容中的科学，因为该科学认为，理论和方法论上稳固的

---

[27]　*Wiethölter*, Didaktik und Rechtswissenschaft（1970），S. 28. 现今仍坚持此类观点，见
Wiethölter, Zwischenbetrachtungen（1989），S. 803。

[28]　*Wiethölter*, Anforderungen（1969），S. 3.

[29]　*Wiethölter*, Rechtswissenschaft（1968），S. 35 und S. 179. 总结性讨论见 *Simon*, S. 111 f.。

[30]　然而并不确定的是，法律是否真的具备此类核心角色，*Simon*, S. 135 und *Rottleuthner*, S. 21。

[31]　*Wiethölter*, Rechtswissenschaft（1968），S. 28 f.

[32]　*Wiethölter*, Rechtswissenschaft（1968），S. 57 und Anforderungen（1969），S. 14 f.

[33]　*Kramer*, ZRP 1970, 82, 84.

[34]　*Wiethölter*, Rechtswissenschaft（1968），S. 75; *Wiethölter*, Anforderungen（1969），S. 4 f.

[35]　Insoweit zustimmend *Kramer*, ZRP 1970, 82, 83 und auch *Schwerdtner*, ZRP 1969, 136, 140.

推导关系中的运行标准和主体间控制的标准并不可行。"[36] 维特豪尔特依据埃塞尔（*Esser*）的*前理解*形式作出了一般性科学批判，总体上讨论了政治与科学之间关系的问题。[37]

885　　　维特豪尔特认为第二个根本性问题在于，法有悖于作为其基础的现代社会的理念，即社会民主。[38] 在法上，总是从一个理想的人出发——其可以自主地行为，享有主观权利并可使用该权利（显而易见在非同等分配财产之情形），而非从一个真实的人出发。[39] 在不同的法律人格的不同保护上——突出地保护作者、发明人，并未以同等方式保护经营者、所有权人，对雇员保护则更少——继续体现了 20 世纪个体化的法律理解，其对精神贡献的评价高于实际价值。这一人类图像应当根据现行社会与真实维度进行矫正。[40] 批判法学的目标是，创造一种秩序，在这里每个人都是自由的，正如该理念对其所评价的一样。[41] 不仅仅是"安全与安宁！秩序与自由！"，而且是"为了整个人类"。[42] 人之尊严并未得以规定，而是被予以抛弃。[43] 法律人总是扮演成"（温特沙伊德所指的——译者注）那类的法学家"。因此，贫困、权力、饥饿、憎恶、奴役与剥削仍存在于法之外，这些都应由政治去解决。[44]

886　　　此处涉及的乃司法与法学的政策功能。两者可以（迄今为止）中和社会和政治进步，在社会与政治其他力量垮台之时，其亦可建构同样的法。[45] 但是对此需要重新定位。迄今为止，法律人——维特豪尔特在此主要将法

[36]　*Wiethölter*, Juristen（1972），S. 209 f.

[37]　*Fikentscher*, S. 610. 维特豪尔特在其对传统法学的批判上明确将埃塞尔排除在外，埃塞尔并不是其所指传统意义上的法学家，见 *Wiethölter*, ZRP 1969, 155, 157。

[38]　*Wiethölter*, Rechtswissenschaft（1968），Vorwort.

[39]　*Wiethölter*, Rechtswissenschaft（1968），S. 179 f.

[40]　*Wiethölter*, KJ 1970, 121, 127.

[41]　*Wiethölter*, Rechtswissenschaft（1968），S. 180.

[42]　*Wiethölter*, Rechtswissenschaft（1968），S. 181. 维特豪尔特"安定性与平静！秩序与自由！"（Sicherheit und Ruhe!Ordnung und Freiheit!）的表达经常用于分析传统市民社会而出现。原习惯上的意思一直是"经由平静的安定性"和"经由秩序的自由"。政治社会应当实现"经由安定性的平静"和"经由自由的秩序"。Vgl. *Wiethölter*, KJ 1970, 121, 136; Bürgerliches Recht（1972），S. 47 f. und Zwischenbetrachtungen（1989），S. 799.

[43]　*Wiethölter*, Rechtswissenschaft（1968），S. 180.

[44]　*Wiethölter*, Rechtswissenschaft（1968），S. 38.

[45]　*Wiethölter*, Rechtswissenschaft（1968），S. 26 und Juristen（1972），S. 208.

官视为法律否定主义的针对对象——都完全受他人的意志左右，顺从他人的意志，容易受他人意志影响。[46] 作为"主人灵魂的灵魂"，法官实现着其主人（意指立法者——译者注）的政策目标，而那些专家型教授须对法官提供支持。[47] 虽然这些法官受益于该政策的作用，但是法的政策属性恰恰遭到大部分法官的否认，[48] 用维特豪尔特的话说是：

"法官不依赖于'制定法'，或其有意或无意地摆脱这种依赖，不是求助于'制定法'，而是去创制法，因此起作用的是政策，而非法学。这种影响方式越多地被感知到，则现代立法者——不可避免地或基于妥协原因——便更多地援用概括条款。因为这揭示了被法理论或方法论抛弃的依据思维倾向与决断主义（Dezisionismen）作出的审判。这似乎应被当作法学的使命来分析，但该使命却拒绝为之创设条件。因此恶性循环得以形成。这的确是一种恶性循环。因为仅在有意或无意的'阶级司法'（Klassenjustiz）中，该种形式的法官法才发挥功能。在有意的阶级司法中，法官在审判中必须遵循统治阶级的政治指令，而在无意的阶级司法中，思维倾向则控制了各个阶级。在具有社会改革特征的议会民主社会中（包括在它的法律中），法官在社会上保守的思维倾向的政治影响具有双重效果：一方面，以此方式控制着法律适用的是在政治上（议会民主制上）不能够被贯彻的保守的'一面'；另一方面，法律适用要摆脱各种政治分析、控制与修订的统治。"[49]

法的基本弊端之一（如果不止一个）是其灵活的技艺，该技艺可以灵活地描述法律事实，以便为自己争取所期望的法律后果。这样，政策因素被引入事实，该等因素虽然未被公开，但是其追求的法律后果已被预先确定。[50] 因此，法官总是处在一种正在评价的法律续造的状态中，裁判被设

887

---

[46]　*Wiethölter*, Rechtswissenschaft（1968）, S. 35; *Wiethölter*, Juristen（1972）, S. 208.

[47]　*Wiethölter*, Juristen（1972）, S. 208 f.

[48]　*Wiethölter*, KJ 1970, 121, 133.

[49]　*Wiethölter*, Rechtswissenschaft（1968）, S. 292. 据 *Heldrich/Schmidtchen*, S. 212，1982 年，年轻法官在定位上适度偏向"左翼"。维特豪尔特论证的基本问题对此亦无变化。因为期待的仅是向一种适度"左翼"阶级司法的转型，并没有考虑社会的大多数。根据 *Heldrich/Schmidtchen*，在之后的法官代际发展中，基本态度在此移向保守的方向。

[50]　*Wiethölter*, Rechtswissenschaft（1968）, S. 17. 明显与埃塞尔的前理解（Vorverständnis）相似。

定得十分清晰。[51]凭借概括条款引入政策因素的情形经常发生,这好似*咒语(Zauberformel)*,诸如秩序与安定、共同福祉、自由平等、正义、善良风俗以及诚实信用。[52]每个法官裁判的政治意义并未得以知晓。

888 　　因此,目的应当是,通过政策的、接近真实的基础一步一步地替代哲学的、原理事实的法的基础。在理念的位置上应当出现的是现实、权力。这尤其适用于私人自治、主观的权利与所有权。[53]法的政策化是必要的。"*政策的*"这一概念在这里应当理解为国家的*良善秩序*[54]的目标观念,为此目标观念,人类的画像、生活条件的历史性和宪法为各个方法论路径设定了最重要的指南。[55]对于截至目前的方式与目标,应当保持一种批判性的距离。[56]诸如劳动法、租赁法以及经济法等法律领域,其政策化已经相当发达。在这些法律领域存在的关于处理和保护的手段与目标是针对社会,而非个体。[57]

2. 方法论角度

889 　　*维特豪尔特*承认,首先需要对德国传统法律科学的认知进行追根究底,而非去阐述和呈现新的方法与前提。[58]维特豪尔特将这一过程称为经验性的、批判性的描述。[59]这指的是,在法兰克福学派的传统中可能存在一种依据例证对现状的社会批判性描述,但不是借助于已经具有的知识去构建

---

[51] 法官一方面受法律和法权约束(《德国基本法》第 20 条第 3 款第 2 半句),另一方面却仅受制于法律(《德国基本法》第 97 条第 1 款)。对此参见 *Wiethölter*, Rechtswissenschaft (1968), S. 293:法官独立性并非有利于法官的保障,而是有利于社会之保障。因此法官应当恪守政治形成的"法律"。此法律今天首先是指宪法。此类独立性问题缺少一种实用性理论,其背后的权力划分学说缺少一种政治理论。对此亦参见维特豪尔特较新的文献 *Wiethölter*, KritV 1988, 1 ff., 对此参见 *Joerges*, S. 345 ff., 特别是 S. 350 f.。

[52] *Wiethölter*, Anforderungen (1969), S. 4.

[53] *Wiethölter*, Rechtswissenschaft (1968), S. 181.

[54] *Schwerdtner*, RTheorie 2 (1970), 67, 94 批判维特豪尔特的误解,即基于社会学认识不可能弄清客观正义。*Wiethölter*, Rechtswissenschaft (1968), S. 26 却认为,对于旨在追求正义与理性的和平秩序的实现,法律最终仅能作出不充分的贡献,因此只是一种尽可能的良善秩序。

[55] *Wiethölter*, Rechtswissenschaft (1968), S. 179.

[56] *Wiethölter*, Rechtswissenschaft (1968), S. 179.

[57] *Wiethölter*, KJ 1970, 121, 125.

[58] *Wiethölter*, ZRP 1969, 155, 156; *Wiethölter*, Rechtswissenschaft (1968), S. 75. 对此持批判态度的有 *Schwerdtner*, RTheorie 2 (1970), 90; *Bydlinski*, S. 158; *Pawlowski*, Rz. 139; *Roellecke*, S. 338 Fn. 48.

[59] *Wiethölter*, Rechtswissenschaft (1968), Vorwort.

一种新的体系。[60]维特豪尔特至少在其著作中建议了该体系。

*维特豪尔特*在追求一种"好的秩序"。其应当建立在社会学认识与基本的民主模型之上。据此，不得无视传统，将所有已有的东西抛开不管。*维特豪尔特*尤为承认法学的历史性。[61]如果仅有内容被展示出来，那么在现有法形式下亦可探求批判法学。[62]

政策法学的概念像好的秩序一样，因缺少清晰的纲要而不具有方法论上的贡献。[63]在*维特豪尔特*使用的广义上，一切涉及社会事实形成的东西都是"政策性的"。然而，*维特豪尔特*对政策性的法的渴求可能会让人误以为，法向完全确定的内容方向发展。对此，关键点应当是一种许多地方都存在的马克思式资本主义批判，或者至少是一种"左翼"的态度。[64]另外，*维特豪尔特*大多著作中指出了宪法标准，而宪法应为各种力量之间的博弈提供不同的评价方案。[65]

人们应当同时区分*维特豪尔特*著述中的两个层面。第一个层面的批判是，传统上法在政治上以隐蔽的方式适用于政策。*维特豪尔特*揭示了这一点。第二个层面的批判乃针对迄今为止追求的政策，总体看来，该等政策与自己顺应现实的政治观念并不一致。第二个层面的批判不是第一个层面的必然结果，而是可能结果。

我们自然也不能认为*维特豪尔特*完全反对法上的概括条款。[66]上面对作为政策评价的入侵关口的概括条款——比如秩序与安定性、共同福祉、自由平等、正义、善良风俗与诚实信用——的描述显而易见是允许概括条款存在的。同时，*维特豪尔特*仅要求，对概括条款的适用应当以公开的形式，而

890

891

892

893

---

[60]　*Müller*, Sp. 739 f.

[61]　*Wiethölter*, Rechtswissenschaft（1968），前言："政策法学的零时刻（Stunde Null），但并非颜面扫地。"对此误解的是 *Schwerdtner*, RTheorie 2（1970），67, 91。

[62]　此处对维特豪尔特的理解并不相同。一理解见 *Fikentscher*, S. 609，该内容支持维特豪尔特的观点；另一种见解见 *Schwerdtner*, RTheorie 2（1970），67, 92。明显属于第一种意义上的是：*Wiethölter*, KJ 1970, 121, 139。

[63]　对此的批判见 *Hagen*, S. 103。

[64]　持此观点的见 *Schwerdtner*, ZRP 1969, 136, 137 f. 和 RTheorie 2（1970），90; *Fikentscher*, S. 614 f.; *Mayer-Maly*, ZRP 1970, 265, 266。

[65]　此观点见 *Wiethölter*, Position（1965），S. 59 f.。另参见 KritV 1986, 21, 27 f.，其中维特豪尔特阐述道，自己对批判的社会理论的拥护恰恰说明自己的立场不是为了更好的法。

[66]　So aber *Schwerdtner*, RTheorie 2（1970），67, 93.

非隐蔽的方式。因为在*维特豪尔特*看来非政策性的法律适用是不可能的。[67]
可能恰如人们今天所提到的，其中的确在暗示转向一种公开的辩论。

894　　　　另外，*维特豪尔特*的出发点在于，赋权（主观的权利）上的错误思维
使今天的法律活动更为困难。因为主观的权利意味着，一切利益衡量根本
上明显是从法出发。这并不适合于当代社会。[68] 相反，一种具有统治性的
利益应当在衡量中被积极地确定。相关问题的社会意义越大，这也就越有
意义。因为主观的权利隐藏着一种危险，即维持过去所为价值判断之旧状，
即便之前对其所依据的利益衡量已经进行了证立。[69]

895　　　　维特豪尔特在自己的就职演讲中指出了这一可能性，即今天公共
和私人领域制度中的相当性思维可以作为防止价值判断固化的指导方
针。[70] 依据制度中的这一思维，应当首先针对制定法作出评价，而非
首先忠实于制定法。从事实来看，这些形态的组成差异很大。这正说明，
所表达的私法观点将被抛弃。例证有"竞争、市场、预算、公司，可能
还有婚姻，同样还有公示、公开、管理、多元性"。[71] 后来，*维特豪尔特*
将此等重要观点称为功能与利益，[72] 亦称为"事实"，[73] 并将宪法视为标准。
但是*维特豪尔特*没有首先阐明，此类不同的制度、利益、功能、事实之
间是如何平衡的。维特豪尔特有时认为，可以提供的是建构竞合条款，
一如国际私法，其目的在于基于不同文本有不同解释的视角和根据双方
都能接受的*竞合规则*，对纠纷作出裁判。[74] 然而，确立此等竞合规则的
方法却没有阐述。

896　　　　传统关键词如解释规则、类推、法官问题（Richterproblem）、制定法
约束与制定法填补（Gesetzesergänzung）的根本意义仅在于批判角度。

897　　　　因此，本节最后将尝试依据一个例证探析具体的内容。

---

[67]　*Wiethölter*, KJ 1970, 121, 133.

[68]　*Wiethölter*, Rechtswissenschaft（1968），S. 198.

[69]　*Wiethölter*, KJ 1970, 121, 129.

[70]　*Wiethölter*, Rechtswissenschaft（1968），S. 198；关于约格（Joerge）制度法思想参见第
330 页，并参见 *Wiethölter*, Gesellschaftstheorie（1974），S. 691 f.。

[71]　*Wiethölter*, Position（1965），S. 58.

[72]　*Wiethölter*, KJ 1970, 121, 129.

[73]　*Wiethölter*, KJ 1985, 126, 136.

[74]　*Wiethölter*, KJ 1985, 126, 135.

三、例证：经营权

*维特豪尔特*在 1970 年阐明了在设立或经营中的企业经营权的政策功能，即其所谓的经营权（das Unternehmensrecht）。[75]

1. "经营权的传奇"

*维特豪尔特*从经营权的形成方面开始着手研究。经营权是一个"传奇"。1904 年，帝国法院首先提出了经营权的概念。[76] 帝国法院摘引的早期判例[77] 并不支持经营权。另外，经营权是由帝国法院的一种立场引起的，即所有权保护向商业活动自由保护、一般职业与劳动发展权利的保护的扩展。[78] 但是帝国法院仅支持进入经营活动之中的企业经营者的意志，这就在一般所有权保护之外形成了特别的企业财产保护。对于雇员和自由职业者而言，将它们的意志进行相应的形体化实不可能。[79]

本来，帝国法院在 1904 年对待审案例的裁判可以援引法律上的不正当竞争行为，但其自身却创立一种新的裁判基础。后来，随着 1909 年的《反不正当竞争法》及其相关的竞争法的发展，原初构想中的经营权已经成为多余。如今，经营权这一空洞的术语可以从政策上进行填充，特别是仅仅与所有权联系起来。联结研究的路径或许已经被切断；通过此等法律角色实现的工会保护亦不再适合。[80]

1930 年左右，经营者的"财产——因对人类尊严进行保护而达至巅峰"。"对经营者每个活动的保护"也意味着通过"经营者人格权"来对"经营者作出最高的宪法保护（人类尊严、人格）"。与之并行的是，《反不正当竞争法》第 1 条、《德国民法典》第 826 条规定的法律保护（Rechtsschutz）变为依据《德国民法典》第 823 条第 1 款和第 1004 条之保护，目的是避免适用悖俗条款。但这并未被司法所考虑到，司法后来之所以使用了经营权，是为了在面对《德国民法典》的构想时能够将战后因罢工引起的过失性财产损害与损害赔偿限制联系起来。人格保护现在完全导致经营权政策内容

---

[75]　*Wiethölter*, KJ 1970, 121-139.

[76]　*Wiethölter*, KJ 1970, 121, 122; RG 58, 24-31.

[77]　*Wiethölter* behandelt RG 28, 228; 51, 66; 51, 369; 56, 271.

[78]　*Wiethölter*, KJ 1970, 121, 123.

[79]　*Wiethölter*, KJ 1970, 121, 124.

[80]　*Wiethölter*, KJ 1970, 121, 124 f.

的暧昧化。同时，文献中总在关注的是职业行使的权利。然而，该等权利从其资质看已经错过了现代的发展，因为其保障的是不合时宜且绝对性的权利保护。[81]

902　　作为结论可以确定，帝国法院切断了一般职业活动自由的路径，因此社会上并没有发生经济的、社会的与政治性的争论。

903　　经营权的空洞表达功能，同时也是其政策功能，在当代尤其受用于诸如竞争法、竞争法之外的私的侵权法、征用法、劳动法、新闻法、评论法与联合抵制法（Boykottrecht）等。经营权因而塑造了一种背景，即当代一般性的政治性示威权［也即广义上的表达权（Meinungsäußerungsrecht）］中尚未释明且以待解决的损害赔偿法问题的背景。[82]

904　　维特豪尔特现在考察的是，经营权在所阐述的法律领域是否仍发挥作用，也就是是否能推导出一种变化了的结果。侵权法上的财产保护起初只是通过《德国民法典》第 823 条第 2 款和第 826 条来实施。据此，所探求的是那些能够将财产保护带出原有框架的经营性。

905　　竞争法属于《德国民法典》第 832 条第 1 款意义上的经营权的源头，其在《反不正当竞争法》第 1 条的框架下被开放性地裁量。在竞争法中，社会导向性的权利功能思维对个人主义的权利形式思维的取代，已经被该趋势减缓，即对竞争市场上的主观权利的垄断特征进行瓦解的趋势。在法律—技术性涵摄（juristisch-technische Subsumtion）位置出现的是社会学—工艺学—政策性论证（die soziologisch-technologisch-politische Argumentation）。经营权作为主观权利因此在竞争法上成为多余。[83]

906　　在竞争法之外的私人侵权法上，尤其电力电缆折断情形下，可以借助"直接性"特征进行利益衡量。此处自始就不存在主观权利。在一个案例（雏鸡蛋案，Kükeneier）[84]中保障的却是另一个案件（电缆折断案 I，Kabelbruch I）[85]中所予以禁止的。财产保护在该等情形属于所有权保护和保险法问题，而不是经营权问题。[86]

[81]　*Wiethölter*, KJ 1970, 121, 126 f.
[82]　*Wiethölter*, KJ 1970, 121, 128.
[83]　*Wiethölter*, KJ 1970, 121, 129 f.
[84]　BGHZ 41, 123.
[85]　BGHZ 29, 65.
[86]　*Wiethölter*, KJ 1970, 121, 130 f.

鉴于《德国基本法》第 14 条的广义解释，经营权在*征用法*上实属多余。[87]　907

然而，在*罢工法*上现在明显体现了经营权的政策功能。经营权是通过联邦劳动法院（与帝国法院相对）的"策略司法"（Trickrechtsprechung）被引入劳动法的，现在其在具有劳动斗争意识结构的社会中仅作为反罢工武器而存在。这种社会相当性使法律管理者、法律人、高等法官和专业教授确立了一种社会信念。而且论据在于，罢工给国民经济带来损害，且对内给与所有人的利益相关的社会和平带来不利影响。每次罢工都被视为根本上侵犯了依据《德国民法典》第 823 条第 1 款的经营权，但其证成仅属例外情形。[88]　908

不过，*新闻法* [89] 和*联合抵制法* [90] 却符合宪法并得以保障，在社会内部可以实现一种公开性的辩论。结果是，损害赔偿仅在《德国民法典》第 826 条的限制之下得以保障。因而经营权在上述两个领域内并不具有影响。　909

在批判权上，维特豪尔特认为经营权可能会错误地使企业逃避公共批判。因此，倘若《德国民法典》第 823 条第 1 款意义上的真实的判断有损害经营之虞，那么它就被认定为对经营的违法侵犯。[91]　910

经营权因而仅在罢工法与评论法上还具有独立的功能，而这是一种隐蔽性的政治影响。否则，经营权在结果上与《德国民法典》第 823 条第 2 款和第 826 条并无二致。　911

*维特豪尔特*现在认为罢工法与评论法——如上所述——是*一般政治示威法*的一部分。此等普遍性言论自由、政治沟通，由宪法保障。纯粹的国家的自由（Freiheit vom Staat）不能保障此等政治上的自由。国家恰恰引起了这一由现代示威法导致的损害。这些损害如果只涉及金钱损害与实物损害，那么这些损害原则上就应当被容忍。只有过高时才应根据《德国民法典》第 826 条判以损害赔偿义务。以同样的方式，在自然损害上应当为多余的损害情形引入一种一般性的保险体系，正如其他带来新风险的领域一样，目的在于避免不必要的苛刻。[92] 因此*维特豪尔特*在判断此类与一般示威法竞合的财产利益时，会借助于关于金钱问题的公开性政策论争的优先　912

---

[87]　*Wiethölter*, KJ 1970, 121, 131.

[88]　*Wiethölter*, KJ 1970, 121, 132 f.

[89]　*Wiethölter*, KJ 1970, 121, 134.

[90]　*Wiethölter*, KJ 1970, 121, 135.

[91]　*Wiethölter*, KJ 1970, 121, 134 f.

[92]　*Wiethölter*, KJ 1970, 121, 136 ff.

性，而其来源于宪法。

2. 坚持方法原则

913　　*维特豪尔特*起初是用帝国法院这一"传奇"的塑造去分析经营权的政策功能的。此处经营权也反映了法律人的基本弊端，即将法律案情予以陌生化，以至于法律人自身近乎摆脱了所期待的法律后果。帝国法院发明了此等经营权。经营权作为概括条款似的空洞公式被政策所填充。这就在《德国民法典》的普通规则之外创立了一种财产保护，其目的是限制一定的行为方式，当然，此等行为应当属于被阻止之列。正如所期待的，*维特豪尔特*从概括条款出发，并且研究概括条款在政治上，也即社会影响上有何种程度的应用。

914　　现在*维特豪尔特*在一些情形中用对冲突利益的独立衡量替代了经营权，在这些情形中，企业上的主观权利具有独立的（并因此是政策性）功能，并且，该主观权利因此包含了一种（经常）清晰但片面的价值裁判。作为竞合规则，在此处情形下宪法保障的政治沟通优先于单纯的金钱利益。*维特豪尔特*因此坚持了其方法原则。

915　　维特豪尔特作出判断是基于一种特定的、强调根本民主的宪法解释。然而，宪法文本也允许另外一种评价，*维特豪尔特*的评价并非毫无疑问。政策性的罢工法至今亦未获得宪法上的承认。*维特豪尔特*之所以在此作出评价，是因为并不清楚应当如何确定一种良善秩序或宪法目标。由于政治沟通的竞合利益毫无争议地涉及一个非常重要的领域，所以最终达到的是一种可接受的、方法论上得以证成的结果。此处涉及的是*维特豪尔特*的一种理解，却不能提供一种新的"方法"。*维特豪尔特*的工具已经足够穿透和破除现有内容，但却不能建立新的方法或在广义上为对抗的利益发展出一种竞合规则。

916　　正如*维特豪尔特*在其后期作品中所反映的，维特豪尔特在权利的质料化过程中最终失败。[93] 将权利作为规范上大目标（具体而言：宪法的）的手段这一动因在这上面遭到挫折，即权利竞合必须通过对次序的评价来加以解决：但是自由（几乎）从未被明确地予以评价和等级化。[94] 如果同时采取了*衡量*或*比例原则*，便可避开此等窘境。对于其他的超目标的程序（例

[93]　*Wiethölter*, Zwischenbetrachtungen（1989），S. 805; auch *Martin/Renk/Sudhof*, KJ 1989, 244, 246.

[94]　*Wiethölter*, Begriffs-und Interessenjurisprudenz（1977），213, 232.

如宪法）中的矛盾利益的态度，并不存在法的标准。仅仅特定群体的个人或政治的适当判断被转入法中，但是并非作为权利。

四、总结

在*维特豪尔特*看来，在其整体社会语境中，法具有所有的社会内涵，并且不应当被认为是一种预设的、孤立的概念大厦。不应忽视的是*维特豪尔特*留下的贡献，尽管这些并非首要贡献。对此适用该观点：现在并不比过去更好。[95]

如果遵从*维特豪尔特*，人们就至今仍不能在方法论上以某种方式对法律裁判作出证明，就像其传统上得以研究和正要研究的那样。如果人们对*维特豪尔特*进行观察，便意味着已经认可，传统的方法对此是不适合的。

维特豪尔特确信，每一种方法只是将主观有效的阐释赋予一种客观外在的内容，这与所谓的自由法学说不谋而合。[96]像*维特豪尔特*一样，*康特洛维茨（Kantorowicz）*也坚信，并不存在约束性的认识方法，以便作出价值判断和论证唯一正确的裁判。然而哪一位法学家将乐于确定自己的论证能力呢？以及在*方法论上不做任何研究*[97]？然后，借助于比例考察的衡量将更加容易作出机会判断。应当说明的是，人们如何获得关于真实和接近真实的法律上的一致性与可接受性。

另一方面——相信可以从基础性的民主上来确定法（与权力基础），并可以将社会学知识作为法转化到法之中，*作为其主人灵魂的精神的法律否定主义显示，维特豪尔特*的信念受其时代束缚。

至于程式化构想，即便其不是传统意义上的方法，但至少留下了一些乌托邦式的幻想。

五、原著及文献

1.维特豪尔特原著进阶

对于维特豪尔特可以划分为三个阶段。适合第一阶段的文献是其"最

917

918

919

920

921

---

[95]　观点一致的是：*Fikentscher*, S. 619; *Kramer*, ZRP 1970, 82, 84; *Simon*, KJ 1989, 131, 134; selbst *Schwerdtner*, RTheorie 2（1970），67, 92。

[96]　*Kramer*, ZRP 1970, 82 对此亦有体现。

[97]　对此的批判见 *Bydlinskis*, S. 158。

畅销"的 1968 年的《法学》，第四部分第 1 章：法中的人之画像，第 58—75 页。对于之后的两个时期，值得推荐的是 1974 年的文章《司法作为社会理论》（ Privatrecht als Gesellschaftstheorie ）与 1977 年的《概念法学与利益法学》（ Begriffs- und Interessenjurisprudenz ），以及当代的《论（法官）法律续造的续造法》[Zum Fortbildungsrecht der（ richterlichen ）Rechtsfortbildung，1988 年] 与《民法教义中的规则形成》（ Zur Regelbildung in der Dogmatik des Zivilrechts，1992 年)，以上参考下文 "5. 作品目录" 中指示的内容。

便利与极具推荐价值的是维特豪尔特著述文选，目前已经出版：

Zumbansen, Peer/Amstutz, Marc（ Hrsg. ），Recht in Recht-Fertigungen. Ausgewählte Schriften von Rudolf Wiethölter, Berlin 2014, 567 u. xxxvii S.

2. 参考文献进阶

Simon, Dieter: ... ein gewisser Wiethölter. Fünf akademische Bilderbogen zum Selberbemalen, KJ 1989, S. 131-137.

Zumbansen, Peer/Amstutz, Marc: „Einleitung": Recht?, oder: Theorie, Lehre und Praxis als Gesellschafts-Recht, in: dies.（ Hrsg. ），Recht in Recht-Fertigungen. Ausgewählte Schriften von Rudolf Wiethölter, Berlin 2014, S. xiii-xxxvii.

3. 此处使用的其他文献

Bender, Gerd: Rechtssoziologie in der alten Bundesrepublik, Prozesse, Kontexte, Zäsuren, in: Dieter Simon（ Hrsg. ），Rechtswissenschaft in der Bonner Republik, Frankfurt/M. 1994, S. 100 ff.

Bydlinski, Franz: Juristische Methodenlehre und Rechtsbegriff, 2. Auflage, Wien 1991.

Eckertz, Rainer: Fünf Thesen zur Reform des Juristischen Studiums, KJ 1968, S. 158 ff.

Fikentscher, Wolfgang: Methoden des Rechts, Band III: Mitteleuropäischer Rechtskreis, Tübingen 1976.

Habermas, Jürgen: Der Philosoph als wahrer Rechtslehrer: Rudolf Wiethölter, KJ 1989, S. 138 ff.

Hagen, Johann Josef: Soziologie und Jurisprudenz, München 1973.

Hart, Dieter: Vom bürgerlichen Recht zur politischen Verwaltung, KJ 1974, S. 274 ff.

Hart, Dieter: Die politische Verwaltung als Gesetzeszweck, KJ 1989, S. 231 ff.

Heldrich, Andreas; Schmidtchen, Gerhard: Gerechtigkeit als Beruf, München 1982.

Joerges, Christian: Politische Rechtstheorie-Impulse und Suchbewegungen, KJ 1989, S. 184 ff.

Joerges, Christian: Die Wissenschaft vom Privatrecht und der Nationalstaat, in: Dieter Simon（Hrsg.）, Rechtswissenschaft in der Bonner Republik, Frankfurt/M. 1994, S. 311 ff.

Kim, Hyung-Bae/Marschall v. Bieberstein, Wolfgang（Hrsg.）: Rudolf Wiethölter, in: Zivilrechtslehrer deutscher Sprache, München 1988, S. 489 ff.

Kramer, Ernst A.: Der Kampf um die Rechtswissenschaft, ZRP 1970, S. 82 ff.

Krings, Hermann: Dialektik, in: Herder-Staatslexikon, Band 2, Freiburg, Basel, Wien 1986, Sp. 40 ff.

Martin, Guido; Renk, Heidemarie;Sudhof, Margaretha: Maßstäbe, Foren, Verfahren: Das Prozeduralisierungskonzept Rudolf Wiethölters, KJ 1989, S. 244 ff.

Mayer-Maly, Theo: Brauchen wir eine politische Rechtstheorie?, ZRP 1970, S. 265 ff.

Memorandum: Memorandum des Loccumer Arbeitskreises zur Reform der Juristenausbildung, JuS 1969, S. 599 ff.

Müller, Peter: Kritische Theorie, in: Herder-Staatslexikon, Band 3, Freiburg, Basel, Wien 1987, Sp. 737 ff.

Neumann, Ulfried: Rechtsphilosophie in Deutschland seit 1945, in: Dieter Simon（Hrsg.）, Rechtswissenschaft in der Bonner Republik, Frankfurt/M. 1994, S. 145 ff.

Paul, Egbert: Die Funktion des Gewissens im Recht, in: Funktion des Gewissens im Recht, Schriften der evangelischen Akademie in Hessen und Nassau, Heft 86, Frankfurt/M. 1970, S. 23 ff.

Pawlowski, Hans-Martin: Methodenlehre für Juristen, 2. Auflage, Heidelberg 1991.

Roellecke, Gerd: Grundfragen der juristischen Methodenlehre und die Spätphilosophie Ludwig Wittgensteins, in: Festschrift für Gebhard Müller, Tübingen 1970, S. 323 ff.

Rottleuthner, Hubert: Rechtswissenschaft als Sozialwissenschaft, Frankfurt/M. 1973.

Schwerdtner, Peter: Wie politisch ist das Recht?, Rudolf Wiethölter und die deutsche Rechtswissenschaft, ZRP 1969, S. 136 ff.

Schwerdtner, Peter: Rechtswissenschaft und Kritischer Rationalismus, RTheorie 2（1971）, S. 88 ff.

Simon, Dieter: Die Unabhängigkeit des Richters, Darmstadt 1975.

Zöllner, Wolfgang: Arbeitsrecht und Politik, DB 1970, S. 54 ff.

4. 关于维特豪尔特的最新文献

Joerges, Christian/Teubner, Gunther（Hrsg.）, Rechtsverfassungsrecht. Recht-Fertigung zwischen Privatrechtsdogmatik und Gesellschaftstheorie, Baden-Baden 2003.

Fischer-Lescano, Andreas/Teubner, Gunther, Prozedurale Rechtstheorie: Wiethölter, in: Buckel, Sonja/Christensen, Ralph/Fischer-Lescano, Andreas（Hrsg.）, Neue Theorien des Rechts, 1. Aufl. Stuttgart 2006, S. 79-96, 2. Aufl. 2008, S. 75-91（betrifft hauptsächlich den ‚neueren' Wiethölter）.

Blecher, Michael, Rechts-Bewegungs-Kunst für das 21. Jahrhundert. Rudolf Wiethölter zum 80. Geburtstag, in: KJ 2009, S. 427-434.

Steinhauer, Fabian, Geflügelte Worte. Zum Achtzigsten des Juristen Rudolf Wiethölter, in: FAZ v. 15. Juli 2009, S. N5.

Joerges, Christian/Zumbansen, Peer（Hrsg.）, Politische Rechtstheorie Revisited. Rudolf Wiethölter zum 100. Semester, ZERP-Diskussionspapier 1/2013, 235 S.

5. 作品目录 **

Einseitige Kollisionsnormen als Grundlage des Internationalen Privatrechts, Berlin 1956（zugleich Diss. iur Köln 1955）.

Der Rechtfertigungsgrund des verkehrsrichtigen Verhaltens, Eine Studie zum zivilrechtlichen Unrecht, Karlsruhe 1960.

Interessen und Organisation der AG im amerikanischen und deutschen Recht, Karlsruhe 1961（zugleich Habil. iur. Köln 1960）.

Kauf unter Eigentumsvorbehalt und Gewährleistung für Rechtsmängel, JZ 1961, S. 693 ff.

Probleme der Aktienrechtsreform unter besonderer Berücksichtigung des Depotstimmrechts, in: Vorträge für Sparkassenprüfer, Stuttgart 1963, S. 53 ff.

Die Publizitätsinteressen der Anteilseigner, in: Das Frankfurter Publizitätsgespräch,

---

** 在本书第 1 版时，关于维特豪尔特的研究没有发表的文献目录。此处一直是唯一印刷的目录。此外，我们感谢维特豪尔特教授对本书抱有兴趣，尤其感谢其转交此处的文献和对最新文献的提示。

Frankfurt 1962, S. 33 ff.

Die Gründungskontrolle bei Aktiengesellschaften, in: H. Dölle（Hrsg.），Deutsche Landesreferate zum VI. Internationalen Kongreß für Rechtsvergleichung in Hamburg 1962, Berlin, Tübingen 1962, S. 225 ff.

Arzt und Patient als Rechtgenossen, in: Die Aufklärungspflicht des Arztes, Köln, Berlin 1962, S. 71 ff.

§823 Abs. 2 BGB und die Schuldtheorie, JZ 1963, S. 205 ff.

Entscheidungsanmerkung zu BGH-VII ZR 28/61 vom 12.7.1962（Spielbankfall），JZ 1963, S. 286 ff.

Referat über die Einwirkung des Sozialstaatsgedankens auf das Vertrags-und Wirtschaftsrecht im allgemeinen, in: Axel Flessner und Hein Kötz, Sozialstaat und Privatrecht. Deutsch-Schwedisches Juristenkolloquium, RabelsZ 29（1965），S. 805 ff.

Die Position des Wirtschaftsrechts im sozialen Rechtsstaat（Wiedergabe der Antrittsvorlesung vom 31.1.1964 in Frankfurt/M.），in: Festschrift für Franz Böhm, Wirtschaftsordnung und Rechtsordnung, Karlsruhe 1965, S. 41 ff.

Unternehmensverfassungsrecht, JJb. 7（1966），S. 162 ff.

Zur Frage des internationalen ordre public, in: Berichte der Deutschen Gesellschaft für Völkerrecht 7（1967），S. 133 ff.

Die GmbH & Co. KG-Chancen und Grenzen, in: Aktuelle Probleme der GmbH und Co., Köln, 1. Auflage: 1967, 2. Auflage: 1969, 3. Auflage: 1974.

Recht, in: Gerd Kadelbach（Hrsg.），Wissenschaft und Gesellschaft（Funkkolleg Band 1），Frankfurt/M. 1967, S. 213 ff.

Rechtswissenschaft（Funkkolleg Band 4），unter Mitarbeit von Rudolf Bernhardt und Erhard Denninger, Hamburg 1968. Mit Ausnahme der Kapitel von Bernhardt und Denninger ins Italienische übersetzt unter dem Titel Le Formule Magiche Della Scienza Guiridica, mit einer Einleitung von Pietro Barcellona, Rom, Bari 1975. Unveränderter Nachdruck der Ausgabe von 1968, mit einem zusätzlichem Geleitwort, Basel, Frankfurt/M. 1986. Mit Ausnahme der Kapitel von Bernhardt und Denninger ins Spanische übersetzt unter dem Titel Las Formulas Magicas De La Ciencia Juridica, mit einer Einleitung von José Luis de los Mozos, Madrid 1991.

Thesen gegen die Notstandsverfassung, in: Diskus 1968, Heft 4, S. 5（auch unter dem Titel Verfassungswidrige Verfassungsnorm, in: Stimme der Gemeinde zum kirchlichen Leben, zur Politik, Wirtschaft und Kultur 1968, S. 399 f.）.

Jura Studieren, in: Aspekte 1968, Heft 4, S. 8 ff.

Stellungnahme zu den Münchener Beschlüssen zur Fortführung der Studienreform, JZ Sonderheft November 1968, S. 9 ff.

Zur Situation der Rechtswissenschaft, in: Juristenblatt Berlin, 1969, Heft 10, S. 15 ff.

Anforderungen an den Juristen heute, in: Erziehung zum Establishment, Juristenausbildung aus kritischer Sicht, Karlsruhe 1969, S. 1 und in: Krise der juristischen Bildung, Loccum 1969, S. 20 ff.

Recht und Politik, ZRP 1969, S. 155 ff.

Adolf Arndt, Festschrift zu seinem 65. Geburtstag, NJW 1969, S. 1703 ff.

Internationales Nachlaßverfahrensrecht, in: Wolfgang Lauterbach（Hrsg.）, Vorschläge und Gutachten zur Reform des deutschen internationalen Erbrechts, Berlin, Tübingen 1969, S. 141 ff.

Studentische Zwangskörperschaften-ein Problem von Inhalt und Form gesellschaftlicher Veränderung, in: Studentische Politik 4/1969, S. 3 ff.

Presseerklärung von vier Professoren der Juristischen Fakultät, in: Zoller（Hrsg., Pseudonym）, Aktiver Streik, Frankfurt 1969, S. 180 ff.

Die GmbH in einem modernen Gesellschaftsrecht und der Referentenentwurf eines GmbH-Gesetzes, in: Probleme der GmbH-Reform, Köln 1970, S. 11 ff.

Didaktik und Rechtswissenschaft, in: Neue Juristenausbildung, Neuwied, Berlin 1970, S. 25 und in: Reform der juristischen Ausbildung, Loccum 1969, S. 13 ff.

Theologie der Planung, in: Evangelische Akademie im Wandel, Schriften der evangelischen Akademie in Hessen und Nassau, Heft 89, Frankfurt/M. 1970, S. 8 ff.

Reform der Juristenausbildung, öffentliche Anhörung BT Rechtsausschuß, in: Zur Sache 5/71, S. 100 ff.

Zur politischen Funktion des Rechts am eingerichteten und ausgeübten Gewerbebetrieb, KJ 1970, S. 121 ff.

Die Wirtschaftspraxis als Rechtsquelle, in: Das Rechtswesen-Lenker oder Spiegel der Gesellschaft?, München 1971, S. 165 ff.

Stand und Möglichkeiten der Juristenausbildung: Problemgeschichtliche Ableitung, in: Verhandlungen des 49. DJT, Band 2, Teilband 2, Düsseldorf 1972, S. R 12 ff.

Erklärung zur Sitzung des Haushalts-und Planungsausschusses der J. W. Goethe

Universität am 3.2.1971, Typoskript Frankfurt/M. 1972.

Stand und Möglichkeiten der Justizforschung, Verhandlungen des 49 DJT., Band II（Sitzungsberichte）Düsseldorf 1972, R 12 ff., R 102 ff.

Artikel im Handlexikon zur Rechtswissenschaft: Bürgerliches Recht, S. 47 ff., Juristen, S. 208 ff., Wirtschaftsrecht, S. 531 ff., Wirtschaftsverwaltungsrecht, S. 539 ff., Zivilrecht, S. 545 ff., in: Axel Görlitz（Hrsg.）, Handlexikon zur Rechtswissenschaft, München 1972.

Rechtswissenschaft, in: Kritischer Studienführer, Materialien für Abiturienten und Studienanfänger, Köln 1. Auflage: 1973, S. 89 ff., 2. Auflage: 1976, S. 99 ff.

Zur politischen Einschätzung der Einstufenmodelle und-versuche, in: Alfred Rinken（Hrsg.）, Der neue Jurist, Darmstadt, Neuwied 1973, S. 231 ff.

Über die Parteilichkeit der Justiz, in: Vorgänge 1973, S. 148 ff.

Rechtswissenschaft in Kritik und als Kritik, Mainz 1973.

La demistificazione del diritto dell'economia come premessa per un'analisi critica e per una prassi emancipatoria, in: Pietro Barcellona（Hrsg.）, L'uso alternativo del diritto, Band 2. Ortodossia giuridica e practica politica, Roma, Bari 1973, S. 95-100.

Diritto dell'economia: analisi di una,formula magica', in: Pietro Barcellona（Hrsg.）, L'uso alternativo del diritto, Band 1. Scienza giuridica e analisi marxista, Roma, Bari 1973, S. 207-225.

Gli interessi dello stato di diritto borghese, in: Pietro Barcellona（Hrsg.）, L'uso alternativo del diritto, Band 1. Scienza giuridica e analisi marxista, Roma, Bari 1973, S. 35-45.

Privatrecht als Gesellschaftstheorie?, Bemerkungen zur Logik der ordnungspolitischen Rechtslehre, in: Festschrift zum 70. Geburtstag von Ludwig Raiser, Tübingen 1974, S. 645 ff.

Begriffs-und Interessenjurisprudenz-falsche Fronten im IPR und Wirtschaftsver-fassungsrecht, in: Festschrift für Gerhard Kegel, Internationales Privatrecht und Rechtsvergleichung im Ausgang des 20. Jahrhunderts, Frankfurt am Main 1977, S. 213 ff.

Thesen zum Wirtschaftsverfassungsrecht, in: Peter Römer（Hrsg.）, Der Kampf um das Grundgesetz, Über die politische Bedeutung der Verfassungsinterpretation, Köln 1977, S. 158 ff. Und Diskussionsbeiträge auf S. 186 ff., S. 196 f., S. 221 ff., S. 230 ff.

Blanke, Thomas: „Reformatio in peius"?, Zur Geschichte der Ausbildungsreform, KJ 1981, S. 1 ff.

Diskussionsbericht der Kommission,,Zivilrecht", in: Luigi Lombardi Vallauri und Gerhard Dilcher（Hrsg.）, Cristianesimo, Secolarizzazione e Diritto Moderno, Band 2, Baden-Baden, Mailand 1981, S. 1391-1395.

Entwicklung des Rechtsbegriffs, in: V. Gessner, G. Winter（Hrsg.）, Rechtsformen der Verflechtung von Staat und Wirtschaft, Opladen 1982, S. 38 ff.

Wissenschaftskritische Ausbildungsreform - Anspruch und Wirklichkeit, in: Robert Francke u. a.（Hrsg.）, Einstufige Juristenausbildung in Bremen-10 Jahre Bremer Modell, Darmstadt, Neuwied 1982, S. 38 ff.

Vom besonderen Allgemeinprivatrecht zum allgemeinen Sonderprivatrecht?, Anales des la Cátedra Francisco Suarez 22（Granada 1982/83）, S. 125 ff.

Marktversagen, EG-Sozialintegration, Verbraucherschutz, ZERP-Diskussionspapier 7/1983, Bremen 1983, S. 77 ff.

Pluralismus und soziale Identität, in: Luigi Lombardi Vallauri, Gerhard Dilcher（Hrsg.）, Christianesimo Secolarizzazione E Diritto Moderno, Mailand 1981, S. 1333 ff. und Diskussionsbericht, S. 1391 ff. und Zusammenfassung S. 1521 ff.（auch in: Gerhard Dilcher/Ilse Staff, Christentum und modernes Recht, Frankfurt/M. 1984, S. 379 ff.）

Sozialwissenschaftliche Modelle im Wirtschaftsrecht, KJ 1985, 126 ff. [auch in: Gert Brüggemeier/Christian Joerges, Workshop zu Konzepten des postinterventionistischen Rechts, ZERPMaterialien 4/1984, S. 2 ff.;ins Englische übertragen als: Social science models in economic law, in: Terence Daintith, Gunther Teubner（Hrsg.）, Contract and Organisation, Berlin 1986, S. 52 ff.]

Materialisierungen und Prozeduralisierungen von Recht, in: Gert Brüggemeier/ Christian Joerges, Workshop zu Konzepten des postinterventionistischen Rechts, ZERP-Materialien 4/1984, S. 25 ff. [ins Englische übertragen als: Materialization and Prozeduralization in Modern Law, in: Gunter Teubner（Hrsg.）, Dilemmas of Law in the Welfare State, Berlin 1985, S. 221 ff.]

Sanierungskonkurs der Juristenausbildung?, KritV 1986, S. 21 ff.

Prozeduralisierung der Rechtskategorie, MS 1986, S. 12 ff. [ins Englische übertragen als: Proceduralization of the Category of Law, in: Christian Joerges, David M. Trubek（Hrsg.）, Critical Legal Thought, Baden-Baden 1989, S. 501 ff.]

Abschluß-Statement zur Arbeitstagung,,Soziales Schuldrecht", in: Gert

Brüggemeier/Dieter Hart（Hrsg.），Soziales Schuldrecht, Bremen 1987, S. 261 ff.

Zum Fortbildungsrecht der（richterlichen）Rechtsfortbildung, KritV 1988, S. 1 ff.

Rechtsstaatliche Demokratie und Streitkultur, KJ 1988, S. 403 ff.

Julius Herrmann von Kirchmann（1802-1884）, Der Philosoph als wahrer Rechtslehrer, in: KJ（Hrsg.）, Streitbare Juristen, Eine andere Tradition, Baden-Baden 1988, S. 44 ff.

Bemerkungen aus der Rechts-und Juristenwelt, in: Jörn Rüsen（Hrsg.）, Die Zukunft der Aufklärung, Frankfurt 1988, S. 33 ff.

Das Alte geht nicht mehr, und das Neue geht auch nicht., Besprechung von Alexander Blankenagel, Tradition und Verfassung, Baden-Baden 1987, RJ 7（1988）, S. 119 ff.

Ist unserem Recht der Prozeß zu machen?, in: Festschrift für Jürgen Habermas, Zwischenbetrachtungen im Prozeß der Aufklärung, Frankfurt 1989, S. 794 ff.

Arbeit und Bildung, in: Rainer Erd u. a.（Hrsg.）Kritische Theorie und Kultur, 1989, S. 368 ff.

Franz Böhm（1895-1977）, in: Michael Stolleis, Bernhard Diestelkamp（Hrsg.）, Juristen an der Universität Frankfurt/M., Baden-Baden 1989, S. 208 ff.

Notizen zu Geschriebenem und Ungeschriebenem: Rainer Schröder´s,,Die Entwicklung des Kartellrechts und des kollektiven Arbeitsrechts durch die Rechtsprechung des Reichsgerichts vor 1914, in: ZNR 12（1990）, S. 205 ff.

Soldaten sind Soldaten sind Soldaten - Das Soldatenurteil und kein Anfang?, KJ 1991, S. 61 ff.

150 Jahre Gymnasium Schwertstraße. Festansprache am 12. Oktober 1991, in: Die Heimat 1992, S. 9-18.

Zur Regelbildung in der Dogmatik des Zivilrechts, in: Maximilian Herberger u. a.（Hrsg.）, Generalisierung und Individualisierung im Rechtsdenken, Stuttgart 1992, S. 222 ff.

Bremer Kunde, Gelegentliche Gedanken..., in: 20 Jahre Universität Bremen, Bremen 1992, S. 71 ff.

Zur Argumentation im Recht: Entscheidungsfolgen als Rechtsgründe?, in: Gunther Teubner（Hrsg.）, Entscheidungsfolgen als Rechtsgründe, Baden-Baden 1995, S. 89 ff.

Recht-Fertigungen eines Gesellschafts-Rechts, in: Christian Joerges und Gunther Teubner (Hrsg.), Rechtsverfassungsrecht. Recht-Fertigung zwischen Privatrechtsdogmatik und Gesellschafts-theorie, Baden-Baden 2003, S. 13-21 [ins Englische übertragen als Just-ifications of a Law of Society, in: Oren Perez u. Gunther Teubner (Hrsg.), Paradoxes and Inconsistencies in the Law, Oxford 2005, S. 65-77].

Utinam..., in: Rainer Maria Kiesow u.a. (Hrsg.), Summa. Festschrift für Dieter Simon, Frankfurt am Main 2005, S. 641-644.

„L'essentiel est invisible pour le yeux", in: Christian Joerges u. Peer Zumbansen (Hrsg.), Politische Rechtstheorie Revisited. Rudolf Wiethölter zum 100. Semester, ZERP-Diskussionspapier 1/2013, S. 183-192.

Der Reform-Planer. Erinnerungen an Volker Krönings frühe Bremer Zeit, in: Dieter Hart, Franz Müntefering u. Franz-Walter Steinmeier (Hrsg.), Wissenschaft, Verwaltung und Politik als Beruf. Liber amicorum Volker Kröning zum 70. Geburtstag am 15. März 2015, Baden-Baden: Nomos 2015, S. 21-30.

欧洲法与比较法前沿译丛

丛书主编：李　昊

|第三版|　**民法方法论**

从萨维尼到托依布纳

下　册

【德】约阿希姆·吕克特
【德】拉尔夫·萨伊内克　◎主编
刘志阳　王战涛　田文洁　◎译
刘志阳　◎校

Methodik des Zivilrechts
von Savigny bis Teubner
（*3. Auflage*）

Joachim Rückert
Ralf Seinecke

中国法制出版社
CHINA LEGAL PUBLISHING HOUSE

本书为司法部2020年度法治建设与法学理论研究部级科研项目"民法典适用中的方法论研究"（20SFB4051）的研究成果

第十三节　吕特斯（Bernd Rüthers，1930— ）的方法与民法 *

要目

一、作品传记

二、法的价值关联

三、方法论

四、对批判者之批判

五、原著及文献

本德·吕特斯的法理论研究明显将历史思考与自身经历结合在了一起。人们可以将其称为受**"法律灾难"**影响的思维（**Denken von der Rechtskatastrophe her**）。其呈现的是一种试图从极权的法体系经验中吸取教训的法理论。 922

一、作品传记

吕特斯于 1930 年 7 月 12 日生于多特蒙德。其在出生地经历了 1938 年 11 月 9 日的"反犹之夜"（Reichspogromnacht）。纳粹冲锋队冲进了吕特斯一家居住的犹太人的出租房，将犹太人一家赶出了房屋，并抄了他们的家。[1] 吕特斯认为，该事件对其一生影响深刻，并成为其持久的动力。1950 年，吕特斯在明斯特开始了国民经济学的学习，一个学期之后转到法学。在一次考试作业中，吕特斯批判了《普鲁士矿山法》的一个规范，因为其结论存在违反利益之虞，并因此对方法问题产生兴趣，[2] 吕特斯的博士论文也是以《罢工与宪法》（Streik und Verfassung）为题。此为《德国基本 923

---

* 托马斯·皮尔森（Thomas Pierson）撰，王战涛译，刘志阳校。

[1] 此处传记参考了 *Sebastian Seedorf*, Bernd Rüthers-Die„Unbegrenzte Auslegung", in: *Thomas Hoeren*（Hg.）, Zivilrechtliche Entdecker, München 2001, 317-373, insbes. 317-334。关于此经历亦参见吕特斯本人著述 *Bernd Rüthers*, Wir denken die Rechtsbegriffe um... Weltanschauung als Auslegungsprinzip, Zürich 1987, 12；*Rüthers*, Die Risiken selektiven Erinnerns-Antwort an C.-W. Canaris, JZ 2011, 1149 ff., 1150。

[2] *Seedorf*（Siehe Anm.1）, 320.

法》生效五年后的一个重要课题。在通过国家考试和更换指导老师之后，1958 年吕特斯的博士论文获得通过。之后吕特斯就职于奔驰公司，直到1963 年布洛克斯（Hans Brox）为其提供了返回明斯特大学的机会。吕特斯的教授资格论文题目起初为《民法中的社会相当性学说》（Die Lehre von der Sozialadäquanz im Zivilrecht）——这是当时广为讨论的主题。几经思索后，吕特斯更换了题目。在其天主教学生团契中，吕特斯参与组织了关于纳粹法史的报告与系列讲座。[3] 这个主题对吕特斯具有吸引力，在布洛克斯和韦斯特曼（Harry Westermann）的支持下，他克服了法学院的一些拦阻，最终将题目确立下来。虽然很多院系对纳粹时代的研究都有强烈的抵触，但是相比之下明斯特的条件要好很多。[4]1967 年尚存的反对意见，一度危及对吕特斯教授资格论文《无限制的解释》（Die unbegrenzte Auslegung）的通过。[5] 吕特斯的方法规划在此已经得以展开。吕特斯教授资格论文的出版意味着，该书在诸多解释问题上"像一本教材一样得以使用"。[6] 吕特斯将自己定位为所谓"评价法学明斯特学派"的学生，该学派源于图宾根的"利益法学"。[7]

924　　　　在同一年，吕特斯获得三个教职邀请，其接受了柏林自由大学的邀请，很快成为法社会学与法律事实研究所的所长。吕特斯在此回想到了1938 年秋"反犹之夜"的经历。[8]1971 年，吕特斯获得共同创建康斯坦茨大学法律系的机会，吕特斯在此一直工作至 1998 年退休，其于 1991 年至1996 年任大学校长。吕特斯的活动始终将理论和实践相结合。此外，他还参与以下社会服务：德国工会联合会联邦理事会劳动法顾问团成员（若干年），联邦政府劳动法典委员会成员（若干年），某金属公司工会争取每周35 小时工作制劳动争议一案的调解员（1984），斯图加特州高等法院的法官（1976—1989）。吕特斯分享了其主要活动的领域里的法律界人士的视野，

---

[3]　*Seedorf*（Siehe Anm.1），324 f.

[4]　恩斯特·福斯特霍夫（Ernst Forsthoff）将吕特斯称为"明斯特环境的牺牲者"（Opfer seiner Münsteraner Umgebung），注释来源于 *Rüthers*, Selektives Erinnern（Siehe Anm.1），1150。

[5]　*Rüthers*, Die unbegrenzte Auslegung. Zum Wandel der Privatrechtsordnung im Nationalsozialismus, Habil. Münster 1967, Tübingen 1968, 62005. 最新版本包含原著文本，同时增加了后记。两个版本页面保持一致。

[6]　*Walther Ecker*, Rezension zu Unbegrenzte Auslegung（Siehe Anm.5），in: JZ 1969, 644.

[7]　Siehe *Rüthers*, Methodenrealismus in Jurisprudenz und Justiz, in: JZ 2006, 53-60, 53 Fn.

[8]　*Seedorf*（Siehe Anm. 1），328.

调和了企业和工会之间，立法、法官阶层和调解组织之间的职业认识。

1999 年，吕特斯出版了《法理论》（ Rechtstheorie ）。[9] 法的"适用"问 925
题，作为他思维的核心问题，顺理成章地进入该书的副标题。而令吕特斯
更为感兴趣的是"错误发展的体系原因"和"制度性预防的发展"。[10]

二、法的价值关联

对吕特斯而言，不存在"'价值无涉'（伦理无涉）之法"，相反，"每 926
一种法律规范都以规范制定者的**'价值判断'（ Werturteile des Normgebers ）**"
为基础。因此，如果援用科学上无法证明的价值，那么任何法律规范就"始
终"具有"意识形态上的因素"。[11]"没有价值标准"，法律规范"便是毫
无价值的文字"。[12] 同时，也不能对它的适用加以证立。法律人应当确定
其自身立场，以避免成为"无意识的法律技工"。[13]

1. "法亦同为意识形态"

吕特斯首先完全实证地将法定义为"现行规范，即为立法者所颁行的 927
与 / 或法院适用的规范之集合"。[14] 吕克特赋予了法在"政治领域"、在"社
会治理的组织和立法"中、在"社会"领域许多重要的功能，此处只能简
要提及这些功能。[15] 在第一个领域，法发挥了引导机制的功能，也就是引
导行为，包括维护安宁和预防混乱（"形式的秩序功能"）。在第二个领域，
法发挥了整体性作用，其将国家权力的自我限制进行法定化，对法律意

---

[9]　*Rüthers*, Rechtstheorie. Begriff, Geltung und Anwendung des Rechts, München 1999, ⁹2016（左
上角数字指版本，如，此处即为第 9 版——译者注）. 此处只使用 2008 年第 4 版。自 2010 年
第 5 版起，费舍尔（ Christian Fischer ）成为共同撰稿人、2011 年第 6 版起比尔克（ Axel Birk ）
成为共同撰稿人。

[10]　*Rüthers*, Rechtstheorie(Siehe Anm. 9), Rn. 4.

[11]　*Rüthers*, Rechtsordnung und Wertordnung. Zur Ethik und Ideologie im Recht(Konstanzer
Universitätsreden 155), Konstanz 1986, 19. 这一意识形态概念（ Ideologiebegriff ）贯穿了整个文本，
其应作中性理解，即已经体现在无限制解释中（ Siehe Anm.5 ），第 114 页，其后体现于各种论
文中。亦见于 *Rüthers*, Methodenrealismus(Siehe Anm.7), 57.

[12]　*Rüthers*, Wertordnung(Siehe Anm. 11), 26 These 14; die„24. Lehre"in *Rüthers*, Entartetes
Recht. Rechtslehren und Kronjuristen im Dritten Reich, 2. Aufl. München 1989, "并不存在一种非政治
性的、中性世界观的、伦理上价值无涉的法学。价值无涉的法律将成为一纸空文、毫无价值"。

[13]　*Rüthers*, Rechtstheorie(Siehe Anm. 9), Rn. 620, 622: "不受价值影响的适用证成是不可
想象的，如果法律的实体内容应当被剥夺的话。不受价值影响的法律将势必毫无价值。"

[14]　*Rüthers*, Rechtstheorie(wie Anm. 9), Rn. 53, 59. 吕特斯意图将其明确定义为劳动假设。

[15]　*Rüthers*, Rechtstheorie(wie Anm. 9), Rn. 76-90.

识进行塑造和培养，以及对既有的制度保守地加以稳固（"实质的秩序功能"）。在第三个领域，社会领域，吕特斯论及国家与市民之间以及市民与市民之间关系中的期待保障，*也即合同法（lex contractus）*与裁决争端的功能。另外，对于个体面对国家权力行使之保护，法履行着一种保障功能。

928　　　　国家所制定的法是"一种在标准制定程序中确立的建构意志之表达，一种 **'凝结'（geronnene）**于规范持续性和执行能力的**政策（Politik）**"[16]。"制定法包含的是立法的规制意志，而非其他"[17]。这是一种对任一超实证的法的形而上学的终结。在这一意义上，任何（私法）法律规范都是政策性的。[18]

2. 私法的服务功能与防御力量

929　　　　较为有特色的是吕特斯在其《民法总论教科书》中对私法和《德国民法典》的阐述。吕特斯将私法定义为"法秩序之内容，其依据平等原则和自主决定（私人自治）调整着市民之间的法律关系"。个人或社会地位的差异不应导致在制定法上的差异对待。[19] 不同的法律素材、民法典的三个草案稿、民法典立法理由书、民法典议事录、民法典意见书被予以说明，且突显了重要性。[20] 这与吕特斯的解释理论一致。

930　　　　吕特斯使用了大量篇幅来讨论**"私法与政治体系"（Privatrecht und politisches System）**这一主题。其中包含的内容乃针对其司法理解的根本支柱，私法与工业社会，私法作为指引机制与宪制基石，"私法的体系性服务功能"，基本法、私法与经济秩序之下的私法以及作为私法基本要素的私人自治。其中的阐述特别涉及民族社会主义和社会主义民法、私法的价值观要素与私法的保护功能、宪法和民法的相互影响、私法作为"经济宪法的必要要素"。对于《民法总论教科书》而言，其中很多内容并非理所当然。很明显，吕特斯关于法亦政策的理解，指的是私法，并且该理解一直贯彻到研究文献的层面。

---

[16]　*Rüthers*, Entartetes Recht（Siehe Anm.12），"19. Lehre".

[17]　*Rüthers*, Methodenrealismus（Siehe Anm.7），57.

[18]　*Seedorf*（Siehe Anm.1），371, 373：*"就像不动产登记簿，在'技术材料'中的最后涵摄之后还隐藏一种思想体系上的概念。在这一路径上并没有很多人追随吕特斯。"*

[19]　*Rüthers*, Allgemeiner Teil des BGB, 10. Aufl. München 1997（1976 年第 1 版，自 2001 年第 11 版起由吕特斯、施塔德勒主持，最新版为 2014 年第 18 版）Rn. 3. 此外吕特斯还界定了马克思的概念构成，其中民法系指市民国家的整体法秩序，边码 4.

[20]　*Rüthers* AT（Siehe Anm.19），Rn. 7 f.

吕特斯描述了一种经济和社会条件，即其在工业社会施加一种"针对立法和司法的持续性的新的规则强制"。[21] **法是"塑造国家和社会的工具"**（**Das Recht sei „Mittel zur Gestaltung"**），而不是"非政策性的材料"，因此用伯梅（Franz Böhm）[22]的话说是一种"宪法秩序的物质基石"。作为"公共整体秩序的因素"，其"不可避免地"受制于"严肃的工具化"，并服务于价值的贯彻。相反，存在一定的、功能有限的"防御力量"，因为"私法的基本制度"——这应当是指权利能力、私人自治和所有权——保存了"在法律史不同阶段的非人道的法律变态的经历"。[23]主观的权利因此体现的是吕特斯法理论中的一类根本性基础概念。[24] **自由和平等的思想（Freiheits-und Gleichheitsgedanke）** 应当在此意义上决定私法。[25]这一特定的历史经历与民法典五编制的不同解释，对于吕特斯而言乃是对"政治本体"与私法"体系服务功能"的"证明"。因此私法划分的是整体秩序的"世界观影响下的价值基础"。[26]联邦德国的私法是引导"社会走向自由平等民主理念"的"重要塑造工具"。[27]私法是"宪法影响与保障的政治整体宪法的一部分"。[28]法律人追求的体系构建，设定了"意识形态与生俱来的权欲的界限"。[29]

除了私法的政策服务功能，吕特斯还强调了和平功能以及通过现存秩序之保障得以实现的私法保持功能（konservierende Wirkung des

931
932

---

[21]　*Rüthers* AT（Siehe Anm.19），Rn. 11 f.

[22]　关于弗兰茨·伯梅，见 *Rudolf Wiethölther*, Franz Böhm（1895-1977），in: *B. Diestelkamp/M. Stolleis*（Hg.），Juristen an der Universität Frankfurt am Main, 1989, 208-252。

[23]　*Rüthers*, AT（Siehe Anm.19），Rn. 13-16. 吕特斯的教授资格论文已经奠定这一计划的基础。其教授资格论文开头一句便是："民法是建构社会的工具。建构意图是制定法的基础，此等意图亦是法律追求之目的。"法概念的定义，排除了社会的建构功能，不可能还具有意义。*Rüthers*, Auslegung（Siehe Anm.5），Einleitung.

[24]　*Kurt Seelmann*, Rezension zu Rechtstheorie（Siehe Anm.9），in: JZ 2000, 775 f., 775.

[25]　*Rüthers*, AT（Siehe Anm.19），Rn. 15："原则上私法结构 [……] 是有助于自由的，如果社会的和经济的力量通过法律和竞争可以被制约的话。在这一意义上适用的是：私法结构带来自由。"

[26]　*Rüthers*, AT（Siehe Anm.19），Rn. 17, 20："因此私法是政治之法；其具有一种强烈的世界观，[……]，'思想的'成分。一如所有的法律，其任务在于保护一切社会和政治秩序的基础。"

[27]　*Rüthers*, AT（Siehe Anm.19），Rn. 24.

[28]　*Rüthers*, Auslegung（Siehe Anm.5），11 f. 根据弗兰茨·伯梅的观点。关于非政治性私法的代表和对手是约瑟夫·埃塞尔（Josef Esser），第9—10页；亦见第437—438页。

[29]　*Rüthers*, Auslegung（Siehe Anm.5），441.

Privatrechts）。[30] 通过私法此等广泛的定位，从相关教科书比较中可进一步
凸显吕特斯的观点。

3. 价值多元主义与价值主观主义

933　　　由于法理论也需要明确的法价值导向，[31] 由此提出的问题是，此类价
值基础应当被如何看待。吕特斯将其法理论置于法律现实性上的和宪法保
障的**多元而民主的法治国（pluralen und demokratischen Rechtsstaats）**的土
壤之中。在此等发散的正义观念中，其不仅仅公正地提出适用请求。为避
免混乱，法的安定性成为中心枢纽。因此对于吕特斯而言，原则问题的裁
判事实"经常比裁判的内容更为重要"。[32] 法律人持有哪种立场，在此处
视角当中属于第二位，重要的只是，自我立场选择的实现，且该立场选择
面对合宪的制定法与"不可放弃的原则性服从"相关联。[33] 选择一种法理
论立场是每一位法律人的任务。[34]

934　　　在民主中，法学与司法均不应**确立有效的价值观念（Bestimmung der
geltenden Wertvorstellungen）**。由此而言，法理论应当解读为"法学家法
的中肯立场"。[35] 更确切地说，确立价值属于民主法定化的立法者的任务。
法律规范可援用价值判断，因此"整体法秩序无非是针对人类行为规定的
价值规则的（……）体系"。

935　　　因为任一"完备性法律规范"都是一种"引导和塑造工具"，规范制
定者因此也在追求"具体的社会政策目标"，因此**法的适用（Anwendung
von Recht）**是"一种价值实现的行为"。任何一种规范都属于整体正义图

---

[30]　*Rüthers*, AT（Siehe Anm.19），Rn. 21.

[31]　*Rüthers*, Auslegung（Siehe Anm.5），496 f."可以归结为方法问题和社会伦理体系的法
理，类似于领航员，其可使用出色的测量仪表和计算方法，但却不能使用可靠的焦点（星星、
信标等、灯塔），来弄清其立场、时代潮流与时代精神之中的航向"。"一种法哲学或法理没
有法律之上或其背后的价值秩序的说明，则缺失其主体"（第499页）。同样观点见 *Rüthers*,
Rechtstheorie（Siehe Anm.9），Rn. 998-1000。

[32]　*Rüthers*, Wertordnung（Siehe Anm.11），31.

[33]　*Rüthers*, Rechtstheorie（Siehe Anm.9），Rn. 637 f.; 自由的宪制国家应当为不同的适用基
础赋予一定地位。

[34]　*Rüthers*, Rechtstheorie（Siehe Anm.9），Rn. 333："法律人如无一种有意选择的法理的立场，
其便是一类社会和政治风险 [……]。其 [……] 将成为对统治者的权力毫无疑心的、顺从的工
具。"与理性怀疑具有"紧张关系"的批判性内容见 *Seelmann*（Siehe Anm.24），776。

[35]　*Seelmann*（Siehe Anm.24），776。

景中的马赛克方块。[36]立法者的"社会理想"是对各个具体的规范通过"拼图"方式呈现。[37]从事实践工作的法律人在规范适用上因此是"政策性地形成 [……] 裁判的执行帮手"。吕特斯沿袭了黑克（Phillipp Heck）的"理智地顺服"（denkendes Gehorsam）的概念。在正常时代，法律人因此是"首先而必要的实证主义者"。[38]**"忠于宪法的方法论"**（**verfassungstreue Methodenlehre**）应当立足于制定法约束。[39]然而，法秩序亦包含"评价矛盾"，其试图"通过解释或续造的路径"克服法律适用。[40]此外，法律规范应当受制于"老化过程"（Alterungsprozess）。[41]

吕特斯从主观—个体的角度加以证明。主观理由涉及的是人的需要及利益，客观理由涉及的是价值的效用，不考虑**个体的**（**individuelle**）需求。[42]在关于价值依据的哲学争议上，吕特斯承认了"价值主观主义"。[43]吕特斯从作为"人们*主观上*的渴望设想"出发，并认为价值主观主义属于自由体系的基础。[44]在民主中，吕特斯立场在于"凝结为法律规范的多数意见的统治"。[45]

吕特斯以此得出了基本法规定的**"实用主义的部分相对主义"**（**pragmatischer Teilrelativismus**）。[46]其可以简单地相应总结为：据此并不存在**一种**正义，而是竞争性的正义观念。对此，原则上应当予以赞成，因为"正义的多元意味着自由"，而单一的正义则可导致教义学的统治甚或及至

936

937

---

[36] 对此批判见 *Horst Dreier*, Rezension zu Wertordnung（Siehe Anm.11），in: JZ 1988, 300：虚幻的，因为并非封闭式的理想图景，而是一种"强力执行的混杂物，因为团体性的利益"得以体现。

[37] *Rüthers*, Wertordnung（Siehe Anm.11），17 f.

[38] *Rüthers*, Wertordnung（Siehe Anm.11），15 f., 20. 关于黑克参见 *Jutta Manegold*, Methode und Zivilrecht bei Philipp Heck（1858-1943）。

[39] *Rüthers*, Auslegung（Siehe Anm.5），432.

[40] *Rüthers*, Wertordnung（Siehe Anm.11），24，"是为了重构'法秩序的一体化'"。

[41] *Rüthers*, Rechtstheorie（Siehe Anm.9），Rn. 952 关于价值与社会关系的转变；详见 Rn. 953-964。

[42] *Eric Hilgendorf*, Recht und Weltanschauung. Bernd Rüthers als Rechtstheoretiker, Konstanz 2001, 18. 其中有 20 世纪 50 年代和 60 年代司法中的实质价值伦理例证。

[43] 关于价值主观主义的优势见 *Hilgendorf*（Siehe Anm.42），24 ff.。

[44] *Rüthers*, Wertordnung（Siehe Anm.11），21 f.

[45] *Dreier*（Siehe Anm.36），300.

[46] *Dreier*（Siehe Anm.36），300.

极权主义的垄断化。为了防止混乱，所有人均应当尊重现行法。[47]

三、方法论

938　　　方法论本身是中立的，因为通过正确的方法，并不能决定一定的裁判，原则上，方法对不同的价值判断是开放性的。对此，人们可以从例外情形中知晓。[48]方法并不适合作为"防御极权式法律变态"的限制措施。相反，方法论是从形式上实现宪法上规定的立法者为方法论所设定的实质性价值判断的**理论**。从对"正义的"或"非正义的"法律规范进行区分来说，"制定法之外的实质性标准"是必要的，因为方法论作为法律适用的理论不在于"防御"，而在于对主流正义观念的"实现"。[49]吕特斯却认为，"方法意识"可以起到"转换解释的限制器"（Umdeutungsbremse）的作用。[50]方法问题因此进入民主法治国理论的中心，方法问题是**宪法问题**（**Verfassungsfragen**）。[51]虽然被采用的某个方法学说"在很大程度上是价值中立的"，但是对某个特定方法论的选择却不是价值中立的。[52]

939　　　吕特斯的思考出发点在于，当缺乏对制定法状况的全面修正时，如何在**方法上对现行法秩序重新评价（Umwertung der bestehenden Rechtsordnung）**。这个问题属于批判性问题。因此，他构思的出发点在于提供对过去的批判总结和对易受影响的方法构想的分析——根据吕特斯理解——对于法律灾难

---

[47]　*Rüthers*, Das Ungerechte an der Gerechtigkeit. Fehldeutungen eines Begriffs, 3. Aufl. Tübingen 2009, 11, 80 f.

[48]　*Rüthers*, Auslegung（Siehe Anm.5），432："在深刻变化的价值基础上从方法角度深入而专业地控制社会的、政治的例外情形，常规的方法工具的能力证明了法学方法论面对变化了的世界观时的中立性。"

[49]　*Rüthers*, Auslegung（Siehe Anm.5），442 f. 但是可能的例外情形不应导致，"法律外价值观念在普遍原则的招牌之下被宣告为普遍适用的、法律适用上应经常考虑的超实证性法源"（第454页）。关于"实质价值裁判的形式实现理论"见*Rüthers*, Entartetes Recht（Siehe Anm.12），"17. Lehre"；亦见*Rüthers*, Rechtstheorie（Siehe Anm.9），Rn. 992-996。

[50]　*Rüthers*, Auslegung（Siehe Anm.5），491; 同样参见*Rüthers*, Rechtstheorie（Siehe Anm.9），Rn. 996。

[51]　*Rüthers*, Auslegung（Siehe Anm.5），488："即便关于方法问题属于宪法问题的认识是陈腐的，因为方法问题直接涉及法治国原则和民主原则，但其很少得以表达甚至根本不被严肃对待。"

[52]　*Rüthers*, Auslegung（Siehe Anm.5），433. 其中对黑克就方法哲学自由而得出的价值中立功能的"错误"结论给予了批判。这里立场的哲学基础毋宁说是一种制定法实证主义，*Rüthers*, Entartetes Recht（Siehe Anm.12），39; 关于黑克的"错误"亦见*Rüthers*, Rechtstheorie（Siehe Anm.9），Rn. 535。

中的颠覆评价就如在法治国正常情形下的颠覆评价一样。因此吕特斯感兴趣的是，《德国民法典》中的私法在帝制、魏玛共和国与波恩共和国、民族社会主义和社会主义等这些国家体系和社会体系中是如何被适用的。鉴于这些社会体系和国家体系的大部分领域中即使没有更大的立法者干预行动介入也可以运行，因此社会体系和国家体系的运行似乎必然与法律规范和法律适用的结构相关。结果表明，规范解释是不受限制的，且不可限制。[53] 通过法律方法并不能得出裁判的内容。法律内容处于法律工具之外。

同时，居于中心位置的是**法律实践（ Rechtspraxis）**。对于一种方法论而言，本质问题是法官的地位、法源问题与解释论。　940

1. 方法批判

在吕特斯看来，关于**法律灾难的研究（ Untersuchung von Rechtskatastrophen ）**[54] 可以作为一般现象的例外情形，其可以清晰地得以辨识。这也适用这一观点，即"依据政治观的视角来调整"概括条款的适用，这在正常情况下似乎并不容易清楚地识别。[55]　941

吕特斯方法批判的主要对象是黑克的学说，很少涉及耶林。[56] 评论家们一方面提出特殊的实践内容，另一方面则提出纳入法政策与当代史的关联。[57]　942

a）体系突破中的法律重构

民族社会主义除了是一种人类的、社会的及其他的灾难之外，还是一种法律灾难，因为现有私法的大部分内容被用于纳粹理念的转化。在法律文本中至少有很多内容长期保持不变，一旦如此，那么便应当发现在**适用层面**的原因。吕特斯因此探寻方法论的角色和从其中得出的结论，并由此　943

---

[53]　总结见于 *Seedorf*（ Siehe Anm.1 ），340。

[54]　笔者在此使用"法律灾难"（ Rechtskatastrophe ）的概念，是为了替代法律曲解（ Rechtsperversion ），因为吕特斯是借助于突破体系的例外情形来研究一般法律的。对于各现有法律，从否定修辞的语意上看突破体系总是一种灾难。然而，体系突破并不必然产生纳粹时代的法律变态。

[55]　*Rüthers*, Auslegung（ Siehe Anm.5 ）, 266 f.; 亦见 die„4. Lehre", *Rüthers*, Entartetes Recht（ Siehe Anm.12 ）。

[56]　*Hilgendorf*（ Siehe Anm.42 ）, 13 及其尾注 15、16。此外，还提出了对哲学语言批判的强有力的联系。亦见 *Rüthers*, Rechtstheorie（ Siehe Anm.9 ）, Rn. 545："黑克［……］发展出一种经过体系整理和广泛的解释理论［……］，因为之前并不知道该解释理论的完全性，至今仍不失'技术水准'。没有人能够明确界定关于司法的法律约束的界限。"

[57]　*Seelmann*（ Siehe Anm.24 ）, 775.

得出 24 点关于"民族社会主义中法律变态学说的总结"。[58]

944　　　　一种结论是，几个工具便足以重构法秩序，**无需借助立法（ohne Gesetzgebung）**。属于此类工具的首先是通过元首命令和党的纲领对于新法源学说的宣告，一种永恒的法理念，关于法的新的方法论基础概念（具体秩序、具体之一般概念），一种约束性的共同体理念与一种"客观"的解释方法。[59] 此等解释方法也是吕特斯对联邦德国方法学说和实践进行批判时的对象，因此对于吕特斯自身概念而言应当更为具体地进行研究。

945　　　　吕特斯强调了**不确定的法概念与所谓概括条款的突出意义（Bedeutung der unbestimmten Rechtsbegriffe und sogenannten Generalklauseln）**，其作为入侵关口的功能因基本权利的第三人效力（Grundrechtsdrittwirkung）而出名，但是在 1949 年之前亦是重要的。此外，存在核心法律价值观念的"标语式称谓"，这些作为"独立的补充概念和矫正概念"显示出了"显著的法方法论意义"，比如纳粹的"健康的人民感知"[60]、民主德国的"社会主义合法性"[61] 以及联邦德国的社会相当性（Sozialadäquanz）[62]。在此，吕特斯对思维形式的批判也适用于从萨维尼到施密特期间的许多重要法学家，相较于制定法，该思维形式将制度（Institution）理解为"前实在性或实在性之外的物体"。[63]

946　　　　依据吕特斯观点，此类理解的基础是**客观上先在的价值帝国（objektiv vorgegebenen Reichs von Werten）**的观念，此处的价值仅指还应被认识的价

---

　　[58]　*Rüthers*, Entartetes Recht（Siehe Anm.12），223-225. 奥科·贝伦茨（Okko Behrends）将其称为"吕特斯式教义问答书"（Rütherscher Katechismus）——相反观点见 *Rüthers*, Aus der Geschichte lernen?Eine Erwiderung, in: Rechtshistorisches Journal 8（1989），381-395, 389. 贝伦茨属于"笃信的宪法自然法学家"（gläubiger Verfassungsnaturrechtler）。

　　[59]　*Rüthers*, Methodenrealismus（Siehe Anm.7），55.

　　[60]　Siehe *Joachim Rückert*, Das „gesunde Volksempfinden"-eine Erbschaft Savignys?, in: ZRG（GA）103（1986），199-247.

　　[61]　有关最新文献见 *Michael Stolleis*, Sozialistische Gesetzlichkeit. Staats-und Verwaltungsrechtswissenschaft in der DDR, München 1999。

　　[62]　*Rüthers*, Auslegung（Siehe Anm.5），263；对此见 die „10. Lehre", *Rüthers*, Entartetes Recht（Siehe Anm.12）。

　　[63]　*Rüthers*, Umdenken（Siehe Anm.1），60. 中肯的观点见 *Rüthers*, Entartetes Recht（Siehe Anm.12）："第 11 论：制度性法律思想听起来提供的是科学又似是而非的观点。制度上法律思维的法律歧途始于这里，即从规范上对'类型'化的现实加以理解：由于某物是这样，所以它也就应该是这样。该事实被提高成为命令。"

值。[64] 然而人们在此猎取的是一种"幽灵"。[65] 关于对具体秩序和具体——一般性概念的"制度性"解释，拥有一种"针对实践性法律适用中引入非标准化评价的主导功能"。[66] 然而，诸如类型、原则、法的原理、法的价值、事物本质、意义与本质，这些概念具有的作用，不仅针对独立于制定法的客观理论，此等概念在吕特斯看来含糊不定，其亦可作为"固有的价值标准"，作为实在评价的概要。[67]

不过，吕特斯认为，**黑克的方法（Hecks Methode）**（关于黑克参见注释38）提供了一种"重新评价法秩序的极佳的工具"。黑克追求的是方法的统一性和合理性的可核验性，但正义却并不在于该方法论的适用领域。吕特斯的利益概念是价值中立的。但是吕特斯对法哲学和方法论进行区分，因为这一区分不能作为"对纯粹理念本质的歪曲和干涉"。[68] 对于主要立场而言，似乎帝国法律元首汉斯·弗兰克（Hans Frank）更为典型，弗兰克1936年曾表示，法官不应当坚持流传下来的制定法，而应当问自己，元首是如何在其立场上进行裁判的。纳粹时期，客观方法论与主观目的论的方法论在重新评估民法价值的特殊能力上发生了竞合。[69] 在结论上，吕特斯对于不同的解释理论并没有提出差异。但是主观学说总是要求法的清晰性和自觉性，其中主观学说与可见的历史评价紧密结合，以实现主观理论的更大的活动空间，因为主观理论与一种可预估的当代评价结合在一起，其中却丧失了方法的明晰性和法的安定性。[70]

吕特斯因而得出结论：**方法学说**是**价值中立的（wertneutral）**，任何方法均不能阻止纳粹——法律灾难，不过却同时存在不可忽视的差异。

b）客观解释的防护罩

客观理论亦涉及当代法律适用的问题。对于当代**客观解释（objective Auslegung）**较为典型的是，2003年联邦最高法院前院长海耶斯（Hirsch）的观点："其涉及的不是'立法者'——不论是谁——在颁布制定法时'思

947

948

949

---

[64] 对此见 *Rüthers*, Wertordnung（Siehe Anm.11），21。

[65] *Rüthers*, Rechtstheorie（Siehe Anm.9），Rn. 797。

[66] *Rüthers*, Auslegung（Siehe Anm.5），457。

[67] *Rüthers*, Auslegung（Siehe Anm.5），452. 关于作为"虚假论证"的功能亦见 *Rüthers*, Rechtstheorie（Siehe Anm.9），Rn. 913-934。

[68] *Rüthers*, Auslegung（Siehe Anm.5），270-277。

[69] *Rüthers*, Auslegung（Siehe Anm.5），178 ff。

[70] *Rüthers*, Auslegung（Siehe Anm.5），181 f。

考的', 而是立法者应当理性思考的。"[71] 在吕特斯眼中, 客观解释由此成为立法者和法官的**法律权力再分配的工具（Instrument der Umverteilung der Rechtsmacht）**。国家从民主法治国演化成"寡头政治的法官国家"（oligarchischer Richterstaat）。[72] 法律适用者想要对什么在客观上是"理性的"作出判断, 其主张对此有权在解释问题时偏离立法者的意志。哈斯默尔（Hassemer）提出的另一个观点是, 客观解释具有防止伪造的功能。[73] 然而, 即便是赞成吕特斯的论据, 亦无法必然得出同样的结论。[74]

950

  吕特斯并不是说法官不可以有分歧, 但是解释（Auslegung）这一术语似乎并不贴切, 或许所指的应该是一种"释入"（Einlegung）。"制定法意志"的概念只是一种"令人迷惑的掩饰"。[75] 客观理论建立在一种拟制基础之上, 即所谓制定法的**"意志"（Willen des Gesetzes）**是一种**"浪漫的神秘化"（romantische Mystifikation）**, 而其"服务于极为具体的利益", 即冲淡立法者的意志。[76] 制定法可以比立法者更为聪明［约瑟夫·科勒（Josef Kohler）, 1886］的理解并不正确, 而只能是法官可以更为聪慧。[77] 吕特斯首先关注的是对法政策行为的揭露, 此等行为乃隐藏于外在的客观标准之后："如果所召唤的是法的精神、制定法精神或者甚至是客观精神, 那么

---

  [71] 引注根据 *Rüthers*, Methodenrealismus（Siehe Anm.7）, 57。对此参见 *Rüthers*, Gesetzesbindung oder freie Methodenwahl?Hypothesen zu einer Diskussion, in: ZRP 2008, 48-51, 51："因此司法的统治要求展开到立法之上。"

  [72] *Rüthers*, Auslegung（Siehe Anm.5）, 489 f.："如果依据'客观解释', 那么制定法就像没有绳子拴住的气球一样, 被吹得鼓起来, 失去了控制, 随时代之风而去。立法失去了指引能力。国家则从民主法治国变成寡头政治的法官国家。"

  [73] *Winfried Hassemer*, Gesetzesbindung und Methodenlehre, in: ZRP 2007, 213-219, 216.

  [74] *Dieter Simon*, Vom Rechtsstaat in den Richterstaat?, http://www.rechtswirklichkeit.de/aktuelles/inhalte/dokumente/vortrag_simon.pdf（访问时间 2011 年 12 月 31 日）。吕特斯用正确的论证为此"站不住脚的内容"而斗争（第 1 页）。其中同样批判的是客观解释（第 5 页）。本文作者西蒙（Simon）虽然认为违反了权利分置的原则, 但是其更愿将此等违反进行完美化, 而非进行徒劳的反对, 以及其更愿将"严格的法律约束思想旨在正确规范论争并将此论争公开, 且在目的上斗争到底"（第 7 页及以下）。

  [75] *Rüthers*, Methodenrealismus（Siehe Anm.7）, 57.

  [76] *Rüthers*, Auslegung（Siehe Anm.5）, 489 f.："谁在谈论'客观解释', 便是要么欺骗自己要么欺骗他人"; *Rüthers*, Methodenrealismus（Siehe Anm.7）, 58.

  [77] *Rüthers*, Rechtstheorie（Siehe Anm.9）, Rn. 722.

多数情况下所呈现的是巫师自己的精神。"[78] 法因此也成为语言问题。其展示的是"语词的魔术"（Hexerei mit Worten）（维特根斯坦），与"规范设定的功能被司法以'解释'的外衣形式篡夺"。[79] 法律适用仅能实现两种调整意志，立法者意志或法律适用者意志，不存在拥有客观意志的第三种形式。[80] 因而客观方法要求"从法治国到法官国家的宪法转型"。[81]

吕特斯的否定非常明确：**"方法忠实"（Methodenehrlichkeit）**的要求，"精神卫生学"（geistige Hygiene）的要求，"作为漏洞的制定法的沉默，以及作为法政策上证立的法官对制定法矫正的制定法偏离"需被揭示，不得将其隐藏在虚假论据之后。[82]

通过否定客观理论，逻辑上随之而来的是对**自然法上动因（naturrechtliche Ansätze）**的否定。自然法解释的多种可能性总是归于一种资格问题，即谁最终可以决定。因此终审法院的自然法总会得以适用。故而对于法典化的法体系而言，自然法是一种"无政府的、毁灭性的要素"。[83]

同时，吕特斯通过加入实证主义的潮流，进行了一种**双重前置（doppelte Frontstellung）**。在此吸引他的是政治因素在法律适用中的消失。"立法者的绝对权力"与"判例的工具功能"势必在专政上导致"恣意"。[84] 然而，对于更愿意致力于对法作变更性解释的民族社会主义而言，**制定法实证主义（Gesetzespositivismus）**已经成为一种"令人厌烦的镣铐"。不过吕特斯抨击了众多不同的实证主义，比如提到了一个"元首意志的极端实证主

951

952

953

[78] *Rüthers*, Gerechtigkeit（Siehe Anm.47），81，类似的见 „6. Lehre", *Rüthers*, Entartetes Recht（Siehe Anm.12）；同样的见 *Rüthers*, Anleitung zum fortgesetzten methodischen Blindflug?, in: NJW 1996, 1249-1253, 1252. 对"法发现"的"客观目的标准"的指责的批判性内容见 *Claus-Wilhelm Canaris*,„Falsches Geschichtsbild von der Rechtsperversion im Nationalsozialismus"durch ein Porträt von Karl Larenz?Wider einen Versuch,„unbegrenzter Auslegung"eines wissenschaftlichen Textes, in: JZ 2011, 879-888, 886 f.。

[79] *Rüthers*, Rechtstheorie（Siehe Anm.9），Rn. 649.

[80] *Rüthers*, Rechtstheorie（Siehe Anm.9），Rn. 718 f.

[81] *Rüthers*, Methodenrealismus（Siehe Anm.7），56. 吕特斯对这一角度尤其深入地进行了讨论和总结，见 Die heimliche Revolution vom Rechtsstaat zum Richterstaat. Verfassung und Methoden, Tübingen 2014, ²2016。

[82] *Rüthers*, Rechtstheorie（Siehe Anm.9），Rn. 724; 关于客观解释的总结性批判见 Rn. 806-815。

[83] *Rüthers*, Auslegung（Siehe Anm.5），448-451.

[84] *Rüthers*, Auslegung（Siehe Anm.5），97. 此处涉及权利分置。

义"[85]。从 20 世纪初期关于潘德克顿时期的"制定法实证主义"到当代的
"法官实证主义"，可以析出一条路线。[86]吕特斯在不同的地方使用了制定
法实证主义、宪法实证主义、法官实证主义或解释实证主义。[87]但是吕特
斯得出的结论是，"正常情况的法理论"是一种"制定法实证主义和法官
实证主义的结合"。

954　　　　除了客观解释，吕特斯还对法律实践作了**彻底批判（Fundamentalkritik）**。
在实践中，被低估的客观解释的约束作用不止一次被限制，对客观方法或主
观方法争论的事实原因亦不甚明了或被否认，结果的影响并不明确。这是建
立在方法论缺失的基础上，确切地说是在职业教育中方法论具有的分量较
少。[88]一方面，法官法是不可避免会出现的，另一方面，它对于初次接触者
而言"就像晴空万里，突然暴风雨"。[89]司法基本上完全信任制定法的基础。[90]

　　c）方法论的疏忽

955　　　　对吕特斯而言，他所分析的方法论和法律适用在第三帝国并**非唯一的
例外问题（kein singuläres Ausnahmeproblem）**。吕特斯得出一种绝对性的
陈述："法与意识形态之间、法律适用和世界观之间的紧密联系是一种适
用于任何时期的永恒的事实：也适用于我们当代！"[91]所谓的纳粹分子的权
力介入，在一定程度上仅是基础问题的一种"不正常的尖锐的问题情况"，

---

[85]　*Rüthers*, Auslegung（Siehe Anm.5），99, 138.

[86]　*Rüthers*, Rechtstheorie（Siehe Anm.9），Rn. 490 f.,"法官实证主义"（Der Richterpositivismus）。

[87]　*Rüthers*, Umdenken（Siehe Anm.1），41 ff., 70 f.,"我认为非政治的法律适用论题是错误的"
（43）。克服制定法实证主义通常被法官实证主义"贿赂"（71）。宪法实证主义再次将目光错
误投向法官法影响，*Rüthers*, Auslegung（Siehe Anm.5），459。关于法官实证主义亦同上，第476页。
含有论战意味的见 *Rüthers*, Gesetzesbindung（Siehe Anm.71），50："此宣称要克服的制定法实证主
义将被一种生硬的、至少同样有问题的法官实证主义所替代。"

[88]　*Rüthers*, Methodenrealismus（Siehe Anm.7），54.

[89]　*Rüthers*, Gerechtigkeit（Siehe Anm.47），62, 76："法官法是我们的命运。"（Gamillscheg
1964）批判的功能在于，限制法官法的控制偏好，以及"根据分权原则和民主原则进行制约"，
因为"泛滥的法官法"长期挑战着"法官的政治中立性与独立性"（第114页）。以法官为
关键内容的见"第二论"，*Rüthers*, Entartetes Recht（Siehe Anm.12）。

[90]　*Rüthers*, Gerechtigkeit（Siehe Anm.47），122："法官乃法律仆人，其既非法律主人，亦
非法律的法政策批判家甚或立法者的矫正者。法官自身关于现行实体法或强行程序法的法政
策建构意志在何处彰显，宪法就会在何处被严重违反。"不同于 Anm. 117。亦参见下文的方
法论例证。

[91]　*Rüthers*, Umdenken（Siehe Anm.1），13. 类似观点见 *Rüthers*, Methodenrealismus（Siehe
Anm.7），56。

即一种法秩序对于社会和政策的"愿望和设想"而言应当变得可用。[92] "法律变态的例外情形"恰恰揭示了"法、司法与科学的基础"。[93] "法与意识形态的交叉","法对存在于法之外的信念原则之不可避免与不可分离的暗示"是"所有法的'形而上的'基础"。[94] 也许可以说,方法上对规范情况的重新评价经常活动在感知波浪之下。因此,吕特斯并非将自己的工作理解为对过去的总结性分析,而是作为"一种前提,即可以理解和完成法学当代与未来的任务（……）"。属于此类前提的是,"法律适用中的法政策要素的必然性",此处的法律适用反驳了认为"'非政策的'法官的形象实属错误"的观点。[95] 缺少历史关联的方法论的**无历史性（Geschichtslosigkeit）**成为批判的首要对象。法失灵的灾难情形成为所有其他思考的出发点。吕特斯借用了著名的戈尔巴乔夫的话巧妙地总结道:"谁错误地回忆,谁就受到未来的惩罚。"[96]

另外,一种"19 世纪的社会科学法学"逐步淡出,吕特斯将之与卡尔·马克思（Karl Marx）和洛伦茨·冯·施泰因（Lorenz von Stein）等名字关联在一起。[97] 此外,吕特斯还特别批判了"作为认识对象的系统变更带来的更新"。忽视社会科学法学这一立场极具问题,因为没有社会科学法学,**利益法学和价值法学（Interessen- und Wertjurisprudenz）**的流派将"极难得以解释"。[98] 社会科学法学建立了一种"法学的新时代",因为其将视野投向"法的经济、社会与政治基础"。这里涉及耶林与黑克强调的"实践法学"和"对生活的影响"。评价法学强调的则是对利益矛盾的"法定

956

---

[92]　*Rüthers*, Umdenken（Siehe Anm.1）, 28.

[93]　*Rüthers*, Gerechtigkeit（Siehe Anm.47）, 82 f.

[94]　*Rüthers*, Methodenrealismus（Siehe Anm.7）, 56.

[95]　*Rüthers*, Umdenken（Siehe Anm.1）, 99. 基于"法律适用的政治功能",现在得以成长的是"批判性任务",即"将政治要素变得可以辨识和能够被意识到,清除歪理和强制揭露真实的法政策判断标准"。关于司法机关的法政策功能,所谓"第 20 论",见 *Rüthers*, Entartetes Recht（Siehe Anm.12）。

[96]　Vorangestellt u.a. seinem Beitrag Selektives Erinnern（Siehe Anm.1）, 1149.

[97]　*Rüthers*, Blindflug（Siehe Anm.78）, 1251; 对此详见 *Rüthers*, Rechtstheorie（Siehe Anm.9）, §14 Klasse und Recht, Rn. 493-517。

[98]　*Rüthers*, Blindflug（Siehe Anm.78）, 1251: "将历史解释限制到德国理念论和历史法学派上法律思想的根源,可导致几乎与政治无涉的法学和法的实践产生违背历史的观念,以及在一个时期持续性的政治化。"反对确定"德国理念论"的亦见 *Rüthers*, Rechtstheorie（Siehe Anm.9）, Rn. 517。

评价标准"的恪守。[99]

957　　　　从吕特斯的角度看，忽视的结果便是"方法幼稚"、表明具有客观概念如"事物本质"[100]的"魔力"以及对作为权力问题和宪法问题的方法问题之误判。[101]"非历史地"且"表面上非政治性地"去"描述"方法论的尝试是危险的。[102] 在吕特斯看来，"对历史无知的法律人"是危险的。吕特斯自身的方法应当消除此等历史无知。

2. 方法构想（Konzept）

958　　　　合乎逻辑的是，核心要素在于一种法律史考察方法。吕特斯从历史角度构建了其法理论的根本内容（第 12—18、19 章中必要性依据的是法律人的立场选择）。方法论的价值中立并不意味着法律适用中的价值自由。[103]由于不存在非政策性的法，但是法律人却制造了法，所以吕特斯试图批判"将法律适用纯粹描述为逻辑上的、非政策性的活动的尝试"[104]。"非政策性的法律适用之幻想"将法律人变成了"释入（Einlegung）的魔术师而非忠于制定法和法的释出（Auslegung）的仆人"。[105] 释出拥有适用性功能，因为其实现了预设的价值标准。[106] 释出发生于评价意识与制定法忠实之中。

　　　　a）"理智顺服"（denkendes Gehorsam）的法律适用

959　　　　一种具有约束性的方法论旨在保障分权原则和确保法治国原则，因此其便成为一种**宪法问题（Verfassungsfrage）**。[107] 这种方法保障了同案同判以及法的安定性，构成对法院裁判的合理证立和批判的前提，允许"法官的自我控制"与市民的制定法忠实行为以及最终实现法"内在的道德"[富

---

[99]　*Rüthers*, Rechtstheorie（Siehe Anm.9）, Rn. 525, 532.

[100]　*Rüthers*, Blindflug（Siehe Anm.78）, 1252.

[101]　*Rüthers*, Methodenrealismus（Siehe Anm.7）, 56. 关于权力问题和宪法问题方面的方法问题见 *Rüthers*, Rechtstheorie（Siehe Anm.9）, Rn. 542 f.。

[102]　*Rüthers*, Rechtstheorie（Siehe Anm.9）, Rn. 645.

[103]　*Seedorf*（Siehe Anm.1）, 366.

[104]　对此见 *Hilgendorf*（Siehe Anm.42）, 8, 11。

[105]　*Rüthers*, Rechtstheorie（Siehe Anm.9）, Rn. 647. 从他的《无限制解释》以来，在概括以新的、重要的制定法之外的法源为基础进行的重新评价时，吕特斯使用了"释入"这一概念，而非"释出"（Siehe Anm.5），第 176 页。关于"自由法律适用之法政策的幻想"（Illusion einer von Rechtspolitik freien Rechtsanwendung），同前述文献，第 475 页。

[106]　*Rüthers*, Auslegung（Siehe Anm.5）, 436. 虽然是在一种评价的过程之中，但是并不自由，而是"受到整体法秩序的约束"。

[107]　*Rüthers*, Rechtstheorie（Siehe Anm.9）, Rn. 649.

勒（Fuller），《法的道德性》（The Morality of Law），1967 年第 3 版]。[108]《德国基本法》恰恰并非价值中立：其以对制定法的约束（第 20 条第 3 款、第 97 条第 1 款、第 100 条第 1 款）确立了一种"所有思考的出发点"。方法论的任务是，在法律适用中坚持前述原则。法律适用者不应当自由选择其方法。[109]

吕特斯思考法律适用者角色的基础在于**"理智顺服"的形象（Figur des denkenden Gehorsams）**（黑克）。"并非文字之下的涵摄逻辑，而是目的论，即规范价值的实现才具有决定性"[110]。黑克认为，"逻辑优先"受到"生活研究和生活评价优先"的排挤；法律规范是一种对生活现实的规定问题进行的具有约束力的利益评价，[111] 法官受到该评价的严格约束。[112]

然而，法律适用者应当了解被规制的"社会素材"以及"法政策目标"，因为通过私法亦可实现"社会政策性的基本判断"。[113] 因为任何法律规范均"旨在追求社会条件"，社会条件则处于持续变更之中。因此，**法的调节和续造（Anpassung und Fortbildung des Rechts）**"也许（是）法律适用者的最重要功能"。[114]

对于吕特斯而言，替代方案的形成如"法官国王或涵摄机器"（Richterkönig oder Subsumtionsautomat）并不符合要求。根据吕特斯的理解，法官不是涵摄机器，而是"立法者的助手"，[115] 以及在此期间成为"立法者的服务伙伴"，因为法官**在漏洞领域（im Lückenbereich）**是作为立法者（als

960

961

962

[108]　*Rüthers*, Methodenrealismus（Siehe Anm.7），53; Rüthers, Rechtstheorie（Siehe Anm.9），Rn. 649-654,„Funktionen der juristischen Methodenlehre".

[109]　*Rüthers*, Rechtstheorie（Siehe Anm.9），Rn. 706 ff. 除了法治国原则，还有民主原则均对此有要求。

[110]　*Rüthers*, Rechtstheorie（Siehe Anm.9），Rn. 143; Rn. 695.

[111]　*Rüthers*, Rechtstheorie（Siehe Anm.9），Rn. 527.

[112]　*Rüthers*, Rechtstheorie（Siehe Anm.9），Rn. 536 有相关引注："法律约束原则上不允许例外。"

[113]　*Rüthers*, AT（Siehe Anm.19），Rn. 21.

[114]　*Rüthers*, Auslegung（Siehe Anm.5），2 f.

[115]　*Rüthers*, Auslegung（Siehe Anm.5），267 f. 关于黑克将该条款理解为授予全权的规范（Delegationsnormen）。立法者将裁判之权授予司法。

Gesetzgeber）进行活动，[116] 有时甚至成为"批判性的修正者"。[117] 正如利益法学所强调的，立法者比法官更自由一点。这里涉及"具体化地去执行"制定法上的决定。法官自己的评价应当保留"少见的例外情形"。[118] 因此可以划分三种情形（drei Fälle），即服务型顺服中的规范适用、法律之外的漏洞填补和违法的"拒绝顺服"（Gehorsamsverweigerung）。[119]

963　　吕特斯认为，无论如何不能**普遍否定法官法和法官的法律续造（eine generelle Absage an Richterrecht und richterliche Rechtsfortbildung**）。缺少法定的评价，解释亦不可能。基于禁止拒绝服从（《德国基本法》第 19 条第 4 款），法院在漏洞领域可以坚持创造法官法。[120] 法律续造亦因为制定法的急速"老化"而成为"合法化与必然发生"的现象。[121] 具有决定性的是吕特斯所谓的次生漏洞，即因社会转型在进程中通过创造新的案情和利益矛盾而撕开的漏洞。司法机关在此没有其他选择，只能替代立法者进行活动。[122] 这尤其适用于劳动法。[123] 由此最终可得出此等必然性，即**法官法属于命中注定（Schicksalshaftigkeit des Richterrechts**）。也难怪吕特斯甚至认为法官法属于法源之一。[124] 吕特斯借助于奥利弗·温德尔·霍姆斯（Oliver Wendell Holmes，1841—1935）推导出的论据是："联邦德国的法是——而且在争讼中只能是——终审法院'以人民的名义'宣称为法的法。"[125]

964　　吕特斯的批判仅适用于解释这一遮掩的术语，吕特斯的动机在于对不

---

[116]　Rüthers, Rechtstheorie（Siehe Anm.9），Rn. 529.

[117]　Rüthers, Rechtstheorie（Siehe Anm.9），Rn. 827, 但应依据一种形式程序。反对观点忽视了《德国基本法》第 91 条第 1 款规定的法律约束和第 100 条规定的模板要求，Rüthers, Zwischenruf aus der methodischen Wüste: „Der Richter wird's schon richten"（？），in: JZ 2006. 958 ff., 959.

[118]　此外较为优先的是法官自我评价的社会适用的价值观念。而法官确定的是社会现行价值观念，其中具有一种自我评价的行为，Rüthers, Auslegung（Siehe Anm.5），269。

[119]　Rüthers, Rechtstheorie（Siehe Anm.9），Rn. 828.

[120]　Rüthers, Rechtstheorie（Siehe Anm.9），Rn. 724, 822 f.；"漏洞领域的替代立法者"。

[121]　Rüthers, Rechtswissenschaft ohne Recht?, in: NJW 2011, 434 ff., 434.

[122]　对此亦见 Rüthers, Rechtstheorie（Siehe Anm.9），Rn. 822.

[123]　Rüthers, Richterrecht als Methoden-und Verfassungsproblem, in: F. Gamillscheg u.a.（Hg.）, Sozialpartnerschaft in der Bewährung. Festschrift für Karl Molitor zum 60. Geburtstag, München 1988, 293-307, 295 ff. 吕特斯看到的是旨在建构事实的"作为建构标准的法律"之间的"张力关系"。

[124]　吕特斯一反通说，其法理的广泛论证之一（Siehe Anm.9）便对此予以证立，见边码 236—256; 同样见 Rüthers, Richterrecht（Siehe Anm.123），306 f.。

[125]　Rüthers, Gesetzesbindung（Siehe Anm.71），48.

可控的法官法创制进行限制，而这正是方法论和制定法约束的任务。[126] 也就是说，漏洞填补和对老化的制定法进行调整是司法的长期任务。但是应当始终清楚的是，这不是解释的形式，而是**法官法的创制（Schaffung von Richterrecht）**。[127] 此外，法官无权将其"主观价值观念"作为价值标准进行使用，其在创制法官法时亦应恪守"整体法秩序的评价原则"。[128] 立法者的社会理念应当取自整体的制定法评价。

b）解释理论

如其所述，吕特斯反对传统的解释理论，因为传统理论是依据萨维尼的四个常被错误理解的标准。"规范目的（是）任何制定法解释的核心目标"。其他的标准则"受制于"该目标，并属于发现该等目标的"辅助工具"。[129]

吕特斯抨击了将语义界限作为最大的解释限制的做法；规范目的可能无法从语义中识别。[130] 因为其并不需要服从字句。[131] 基于规范目的的文字矫正不是对制定法的偏离。[132] 其中可以得出一种次序，也即矛盾情形下**目的优先（Vorrang des Zwecks）**。因此可以严格区分解释目的和解释工具。

目的优先需要面对的问题是，应当如何使用其他解释工具以及其相互关系又当如何。重要的是**体系（System）**，因为吕特斯的立足点在于，法律适用作为价值实现行为应当实现整体法秩序的内在价值体系。[133] 对吕特斯而言，单个规范在众多规范中"只是一个小的基本要素"，而众多规范就像马赛克方块，在其整体上构成了一种社会理念，以及使一种"实体

965

966

967

---

[126]　Als Alternative droht nach *Rüthers*, Ohne Recht（Siehe Anm.121），436，绝对的法官国家和不受制定法约束的法官法是"法治国家的毁灭，是通往自治的法官这一特权阶层的免费车票"。

[127]　*Rüthers*, Methodenrealismus（Siehe Anm.7），59："对老化的或有漏洞的法律的调整与重新解释是司法的一类合宪性的长期任务，该任务得到法学的支持。"

[128]　*Rüthers*, Wertordnung（Siehe Anm.11），30. 现在吕特斯在其中仅援引了《瑞士民法典》第1条的部分内容："其在此依据得以证明的学说与习惯。"

[129]　*Rüthers*, Rechtstheorie（Siehe Anm.9），Rn. 725.

[130]　*Rüthers*, Rechtstheorie（Siehe Anm.9），Rn. 743.

[131]　*Rüthers*, Rechtstheorie（Siehe Anm.9），Rn. 731-737. 针对"暗示理论"（Andeutungstheorie）和"明确性规则"（Eindeutigkeitsregel）。

[132]　*Rüthers*, Rechtstheorie（Siehe Anm.9），Rn. 982.

[133]　*Rüthers*, Rechtstheorie（Siehe Anm.9），Rn. 754.

秩序体系"变得可见。[134] **内部体系**（das **innere System**）形成于制定法和法官法评价以及"从制定法或宪法归纳出的一般的法基本原理和原则"。规范之间的关系应当服务于规范内容的释明。[135] 因此，**外部体系**（das **äußere System**）所有的只是"次级的意义"，因为法律适用不是"形式逻辑的过程"，而是"目的论上的目的研究"。外部体系不属于法源，然而亦非"全无价值"，而是具有一种指示功能。[136]

968　　　　如果将阐明规范的历史目的作为一种目标，那么居于中心的便是**历史解释**（**historische Auslegung**）。在解释工具之中，吕特斯认为发生史具有重要地位，因为"文本没有语境的话几乎可以截取任意性的含义"。[137] 发生史由三层构成：第一层是精神史和教义史背景；第二层是历史—社会性背景，也就是重要的利益和矛盾（用黑克的话说就是因果利益因素的探究）；第三层是立法者的规制意志，其作为指引目标，属于历史解释的核心。[138] 对生成史的探究"始终是一种强行的原则"，因为偏离了历史目标的解释结果展示了"释入的从外引入的因素（⋯⋯）"。形成史提供的结论，通常比语义和体系更为可靠。另外，发生史区分了解释和法律续造，法律续造的界限便是规范目的，发生史以此又服务于"方法忠实"，其目的在于区分执行法定评价和现有偏离。[139]

969　　　　一切解释工具均指向作为解释目的之原始规范目的。然而释明原始规范目的属于第一步，而非最后一步。规范的目的可以"一个接一个死去"。[140] 吕特斯在此遵循的是一种**三阶段模式**（**Dreistufenmodell**）。

970　　　　因此，在探究原始规范目的时，应当检查第二阶段，即规范目的是否继续有效。而其可以通过制定法规定的持续存在得以体现，因此应当论证偏离。倘若原始目的基于技术、社会或经济发展抑或根本性的价值转变原因而"不可实现"或"没有意义"，那么便不应再适用该规范。在第三阶段应当检查"适用障碍"，适用障碍尤其因信任要件或上位法规则而产

[134]　*Rüthers*, Rechtstheorie（Siehe Anm.9），Rn. 143.

[135]　*Rüthers*, Rechtstheorie（Siehe Anm.9），Rn. 777, 763.

[136]　*Rüthers*, Rechtstheorie（Siehe Anm.9），Rn. 141.

[137]　关于形成史的意义的总结见 *Rüthers*, Methodenrealismus（Siehe Anm.7），57 f.。

[138]　*Rüthers*, Rechtstheorie（Siehe Anm.9），Rn. 780-783.

[139]　*Rüthers*, Rechtstheorie（Siehe Anm.9），Rn. 792 ff.

[140]　*Rüthers*, Rechtstheorie（Siehe Anm.9），Rn. 730.

生。[141] 作为例证，吕特斯引用了刑法上的确定性要求。

这种方法学说的要求（**Der Anspruch dieser Methodenlehre**）乍一看上去还算合理。其涉及的是，"法律人针对其自身'技艺'及其政治作用之更好的自我批判和警惕性"。[142] 在"忠实于方法的法律适用"中，整体秩序中的基本价值对法官的约束可能导致"整体体系的政治价值基础"因法官的评价行为而被转化成私法秩序的内容。[143] 如果法也是意识形态，且法律方法论并不确立自己的价值，那么这就意味着，在盲目地适用正确方法意义上的正确工具时，法律适用可能就已经是定义性的而非政治性的。因为对文本的"建构与解释"与"使用精神武器相似"，所以吕特斯将对文本"责任中立地处理"和对文本"不负有*责任地*处理"等量齐观。[144]

方法论的结论（**Konsequenzen für die Methodik**）可谓众多。吕特斯强调法官的社会责任、对透明度和开放论证的要求以及法律行为例外的价值影响。在关于法的适用这一章节的最后，同时也是《法理论》的最后，吕特斯将"不可放弃的基本价值"强调为法的基点和法的价值工具。[145]

3. 方法分析：解雇保护中的无限制解释

吕特斯批判较多的地方是劳动法中的司法续造。[146] 除了劳动争议法上的诸多续造，吕特斯的著作中一个鲜明的例子是**解雇保护问题**（**Frage des Kündigungsschutzes**）中的一个重要的事实客体。在"无限制解释"上，吕特斯也探讨了纳粹时期的解雇司法。[147] 在教科书中[148]，例证和教义论述之前首先进行的是大篇幅的引言，作者在此讨论了其法政策立场。吕特斯对

971

972

973

---

[141]　全部内容见 *Rüthers*, Rechtstheorie（Siehe Anm.9），Rn. 730 b ff.; Rn. 788 f.。关于吕特斯三阶段论见 *Rüthers*, Gesetzesbindung（Siehe Anm.71），50。

[142]　*Rüthers*, Lernen（Siehe Anm.58），385.

[143]　*Rüthers*, Auslegung（Siehe Anm.5），437 f.

[144]　*Rüthers*, Gerechtigkeit（Siehe Anm.47），86.

[145]　*Rüthers*, Rechtstheorie（Siehe Anm.9），Rn. 998 ff. 结论："一种没有法律价值基础的法理便缺少主体。"

[146]　具体问题列举见 *Rüthers*, Gerechtigkeit（Siehe Anm.47），121。

[147]　*Rüthers*, Auslegung（Siehe Anm.5），238-255. 立刻解雇一位领导的重要理由是，他的妻子在犹太商店中购物。

[148]　*Brox/Rüthers*, Arbeitsrecht, 15. Aufl. Stuttgart 2002[吕特斯续写 1995 年的第 12 版，自 2004 年第 16 版，由博洛克斯（Brox）、吕特斯（Rüthers）、亨斯勒（Henssler）三位作者共同撰写，当前最新版为 2011 年第 18 版]；参考如下：Allgemeiner Kündigungsschutz nach dem Kündigungsschutzgesetz Rn. 197-211。

劳动关系中当事人各自受保护的基本权利立场在法学视域进行了简要探讨。解雇保护的任务在于"合宪性的利益平衡"。通过解雇保护法的概括条款，前述任务"很大程度上成为劳动法院"的任务。吕特斯以经验性观察的方式确定了一种建立在摇摆不定的司法基础上的"几乎不可能再恶化的"法的不安定性。体系是"费时的、费用高昂且低效率的"，因为繁杂的解雇保护程序在各种情况下总是以支付补偿而告终，同时，其又针对劳动市场发展出了"致命性影响"，[149]因为解雇保护程序阻碍了灵活性并增加了调整的难度。

974　　　最终，吕特斯呼吁一种**补偿法（Abfindungsgesetz）**。[150]吕特斯方法上的三个核心要求在序言中得以清楚表达：**一是**对法政策理由的一种透明的揭示，该等理由在社会经验上关注的是当事人的主观利益情况和经济与社会影响；**二是**关于基本权利地位的解雇保护中对价值判断的宪法约束；**三是**司法应恪守立法者的价值判断。这将会有何种具体后果？

975　　　在研究中，吕特斯发现，司法明显偏离了立法者的意志。吕特斯研究了1951年第一部《解雇保护法》的官方的立法理由，[151]其发现，该立法理由并没有论及作为当代标准的预测原则和最后手段原则（ultima ratio）。必要性解雇不应"被增加难度"。[152]相反，应当**禁止恣意（Willkürverbot）**。禁止恣意现在是多方面的，自然也被"无限制地"解释。[153]吕特斯持有的观点是，《解雇保护法》已经"受到致命一击"。[154]在司法中该保护无疑已经适用于基于人身和行为条件的解雇，那些认为立法者似乎想要"对劳动

---

[149]　整体上看较尖锐的论证内容见 *Rüthers*, Mehr Beschäftigung durch Entrümpelung des Arbeitsrechts?, in: NJW 2003, 546-552。

[150]　*Rüthers*, Entrümpelung（Siehe Anm.149）, 549 und öfter.

[151]　官方论证见 RdA 4（1951）, 58-66, 63。

[152]　"法律不反对具备充分理由的解雇，而是仅反对缺少充分证成的解雇，因此后者是对企业成员资格的恣意透视"。注释亦见 *Rüthers*, Vom Sinn und Unsinn des geltenden Kündigungsschutzrechts, in: NJW 2002, 1601-1609, 1601。

[153]　MüKo-Schwerdtner, 3. Aufl. 1997, §622 Rn. 3 f. "通过'无限制解释'的路径，联邦劳动法院在过去40年间将一般的意志控制向前发展为最后手段原则，其中个案审查的必要性极为重要。因此，解雇仅被视为最后的措施［……］新的司法解释几乎不允许预测解雇保护事实进行过程。［……］多种请求的利益平衡描述仅是目标纠纷，而非消除该纠纷。这种抽奖式特征越来越具有压抑性，因为联邦劳动法院经常对平衡的单个历史内容进行毫无关系的编整，且不论优先与否"。

[154]　MüKo-Schwerdtner, 2. Aufl. 1988 vor§620 Rn. 173. 对此亦参见吕特斯专著中的章节：Richterliche Gesetzesablehnung im demokratischen Rechtsstaat. *Rüthers*, Rechtstheorie（Siehe Anm.9）, Rn. 947 f.。

合同的状态采取比婚姻更高的保护程度"的观点并不正确。[155]与离婚相比
较参照了对解雇保护的主流理解的原始资料。结果显示，解雇保护的发展
成为吕特斯方法论前提的教育剧本。[156]

　　立法者通过概括条款和模糊的法律概念规定了解雇保护，也就是，基 976
于对正常解雇的社会证成的必要性（《解雇保护法》第 1 条）和非正常解雇
的重要理由（《德国民法典》第 626 条）。这又通过以下原则得以补充：**"法
官法上的概括条款"**（ richterrechtliche Generalklauseln ），即所谓的"最后手段"
原则，预测原则和个案中所有利益广泛平衡的原则。因为使用概括条款免
受世界观或意识形态的影响"难以想象"，因此吕特斯研究了前理解的内容
和起源，借助于此等前理解，关于法定解雇保护的概括条款得以填充。另外，
吕特斯还思考了，如何使用解雇保护才能更符合制定法目地进行保障。

　　联邦劳动法院自1978年以来是如此使用**比例原则**（ Verhältnismäßigkeitsprinzip ） 977
的，即任何基于企业、个人或行为要求的原因的解雇，仅允许作为最终的
和极其例外的手段。通说接受了《解雇保护法》第 1 条的此等观点。然而
此等观点与包含不同解雇原因的不同条件的语义相悖，同时也悖于官方的
论证。尤其是对于行为要求的解雇，在最后手段原则上因此会涉及一种"对
现有法定利益评价的扭曲"。[157]

　　第二个重要原则是**预测原则**（ Prognoseprinzip ）。这一原则并没有制 978
定法依据。基于解雇概念的未来性，对于所有解雇均有必要推导一种消
极的预测裁判。而无论如何，行为要求上的解雇情形都与此时的利益状
况相矛盾。[158]

　　通过结合上述两条法官法原则，例如联邦劳动法院对司法解释"切割 979

---

[155]　针对婚姻，吕特斯援用了劳动关系的更高层的现状保护，参见 *Rüthers*, Gesteigerter Kündigungsschutz für Bummelanten?Arbeitsdisziplin und Schadensfolgen im Einzelfall. Eine Kritik am Bundesarbeitsgericht, in: FAZ v. 2.8.1989, 10。

[156]　阐述见 *Rüthers*, Arbeitsrecht und ideologische Kontinuitäten?Am Beispiel des Kündigungsschutzrechtes, in: NJW 1998, 1433-1440。对部分问题在方法上从相反角度作了分析，与立法者的结论并不一致，参见 *Rüthers/Henssler*, Die Kündigung bei kumulativ vorliegenden und gemischten Kündigungssachverhalten, in: ZfA 19（1986），31-48。

[157]　*Rüthers*, Kontinuitäten（Siehe Anm.156），1434 f. 对于受经营和员工限制的解雇来说，该原则始终可以作为基本思想。

[158]　*Rüthers*, Kontinuitäten（Siehe Anm.156），1435.预测原则可导致，"终止劳动关系时所剩的私人自治亦被消弭"。

式"的变化实现了基于疾病的解雇，因为消极的健康预测在如今异常严格的标准之内，仅发生于并不多见的例外情形，因此尤其是"慢性病患者与瘾君子的风险"被转嫁到雇主一方。[159]

980 上述原则或法官法概括条款并非凭空而来，而是建立在其他的一种关于**劳动法（Arbeitsrecht）**的完全不同的**法政策的观念（rechtspolitische Vorstellung）**的基础之上，也即将劳动关系建构为"生活的束缚"（Lebensbund），此处的劳动关系将生活的长期约束意志置于雇主之上。因此一种具有解释能力的见解是，正常解雇在长期债务关系中应当意味着违反"有约必守"（pacta sunt servanda）的原则。[160]在影响上，吕特斯在此使用了黑克的话，即制定法遏制（Gesetzesvereitelung）。[161]以此种方式建构的**"人身法上的共同体关系"（personenrechtliche Gemeinschaftsverhältnis）**[162]被打上批判性法概念的痕迹。赫谢尔（Wilhelm Herschel）在1958年和1981年[163]再次建议了一种类似于离婚的方案，依据《婚姻法》第44条、第48条（1946年《控制委员会法》第16号，Kontrollratsgesetz Nr. 16, 1946），该方案同样取决于对未来的预测。如果人们知晓，赫谢尔早在1939年便提出了上述建议，那么债法上的劳动合同与人法上的婚姻关系的平行化将会变得可以理解。当时，赫谢尔援引的是1938年刚颁行的具有种族意识的纳粹婚姻法，其意图对纳粹劳动关系法的起草作出贡献，[164]该法于1938年公布且符合当时拥护元首这一原则。在赫谢尔继受的理论中，预测原则在劳动关系上被转化成完全相异的世界观上的概念。赫谢尔因而在1939年意图推动向《德国民法典》第626条规定的重要原因导致的非正常解雇的

---

[159]　*Rüthers*, Kontinuitäten（Siehe Anm.156），1436. 在法的交往中，结果作为"部分荒谬的、部分不当的错误裁判得以感知"。若干例证见 *Rüthers*, Sinn und Unsinn（Siehe Anm.152），1607 f.。

[160]　证明参见 *Rüthers*, Sinn und Unsinn（Siehe Anm.152），1605；详见 *Rüthers*, Kontinuitäten（Siehe Anm.156），1436. Pacta sunt servanda 是指应当守约，合同是指长期合同。

[161]　*Rüthers*, Sinn und Unsinn（Siehe Anm.152），1605："这样就为经济上和教义上的大量无明确方向的迷途设立了道岔。"

[162]　在这类法的关系中，对于特定的行为不仅存在债法上的给付义务，而且有一般性的"人身法"上的忠实义务和照管义务。

[163]　参见 *Rüthers*, Sinn und Unsinn（Siehe Anm.152），1606。

[164]　详见 *Rüthers*, Kontinuitäten（Siehe Anm.156），1437。

回归，以及向"依据社会主义标准的客观评价"过渡。[165] 解雇仅应适用于特定的雇员。赫谢尔认为解雇中存在一种"危及拥有企业和职业的德国劳动人民的根基"，此外其还表达了最后手段原则。

吕特斯因此也反对预测原则在意识形态上的中立性主张，并能够证明预测原则的**改变法的功能（rechtsändernde Funktion）**亦适用于今天的一般情形，尽管该功能最初存在于纳粹的例外情形中。这些原则的"复苏"具有相同的"功能性目标"，但并不服务于同样的"世界观上的目标"——其总是与立法者的规范目的相悖。因此，立法者的规范目的支持关于世界观上的前理解的概括条款的开放性。吕特斯因此重述其方法史上的前提："无视历史的法律人是危险的法律人。他们倾向于法律方法上的盲目飞行。"[166]

方法批判和方法学说对于方法例证可以得出什么样的结论？对语义和规范目的的分析体现了，虽然司法上的比例审查与之相应，但是普遍适用于解雇的"最后手段"原则 [167] 或行为要求的解雇情形的预测原则并不符合文义与规范目的。解雇保护证明可以作为例证，其针对的是在吕特斯的国家法"正常情形"之下对法定评价进行的明显的重新评估。"无限制解释"的作用发挥实属异常严格。[168]

四、对批判者之批判

方法批判在吕特斯的法理论上范围甚广。因为吕特斯在对待批判上的反应并不保守，其在评论文章之外的用语选择上亦甚为激进，[169] 同时，吕

981

982

983

---

[165]　"不合理的是，对于民族社会主义共同体的解决权限，通过主观主义的方式从一种个人主义的情形中加以提炼。立法者已经在基于充分原因而离婚的《婚姻法》第 49 条、第 55 条上犯了前述错误，因为立法者以社会主义标准超过了客观的评价"，注释参见 Rüthers, Kontinuitäten（Siehe Anm.156），1437。

[166]　Rüthers, Kontinuitäten（Siehe Anm.156），1438 ff. "原则本身并不是一种严重歧途[……]，而是[……]，司法与学界无理要求，借助于重估工具以自身的社会政治愿望图景替代法律评价"。

[167]　Brox/Rüthers（Siehe Anm.148），Rn. 199："'最后手段'原则对于解雇而言是一种法官法，有悖于法律的对立法意志的偏离。"

[168]　对于摇摆不定的司法可参见吕特斯为数众多的裁判评注，吕特斯对此进行了具体的论述和评论。

[169]　例如，德国解雇保护的现行体系有失妥当。其效果有悖于其目标，显然有问题，且失去了方向。Rüthers, Entrümpelung（Siehe Anm.149），549. 脚注斜体部分强调的内容均与原文保持一致。

特斯的主题特别具有敏感性和紧迫感，经常使相关的人具有强烈的自我抵制的感觉。有时这也导致个人冲突。[170]

984   虽然如此，但其中有些仍很重要，吕特斯自己亦对自我矛盾的方法论争作出提醒。因此批判的出发点不应当被忽视。至于争论点当属吕特斯眼中被低估的作为权力问题和宪法问题的方法问题（ **Unterschäzung von Methodenfragen als Macht-und Verfassungsfragen** ），即吕特斯看到的是"法律上的环境污染"。[171]

985   作为最早对纳粹时期民法理论和司法的实践作出的广泛分析，"无限制解释"受到了不同的回应。此处 [172] 以及在众多其他情形中涉及的都是纳粹分子本人，他们看见自己被击中要害，于是尖锐地作出回应。左翼批判者则认为该研究在政策上仍显不足。其中人们看到的是"刽子手关于处决技术的对话"（乌多·赖夫纳，Udo Reifner），并且控诉在持续影响的"资本主义的法西斯组织"中缺乏执行的连续性。[173]这些点虽然涉及方法问题，但是并未触及吕特斯的本真方法论。

986   对于特别强调在方法上要更加纯净地研究这一立场，亦有大量批判，这些批判甚至认为，忠于方法地"描述"判决似乎是对吕特斯方法论的过分妥协。[174] 至少，他的方法论建立制定法约束的能力受到了质疑。方法论并非一种法发现学说，而仅是一种证明学说。实践不是"方法上的垃圾堆"，"而是根据秩序区分拣选出的田地（……），而法律方法论并不知晓此等秩序"。[175] 一些批判显得未免是一种误解，[176] 而其在援引"理智服从"时亦很少在期待之列。无论如何，对于方法论的批判是根本存在的：法律人训练不是探究"图书馆学"或"数学"，而是"作出裁判"。[177] 其他有批判替

---

[170]   尤其参见 *Canaris*（ Siehe Anm.78 ），尤其是第 888 页。

[171]   *Rüthers*, Lernen（ Siehe Anm.58 ），389. 对此批判性的视角见 *Hassemer*（ Siehe Anm.73 ），214。

[172]   参见 *Karl Michaelis*, Die unbegrenzte Auslegung, in: Der Staat 10（ 1971 ），229-243，尤其是 234 f., 237 f.; 相反观点参见 1914 年去世的联邦社会法官埃克尔（ Ecker ）异常积极的评论 *Ecker*（ Siehe Anm. 6 ）。

[173]   注释乃依据 *Seedorf*（ Siehe Anm.1 ），362。

[174]   *Martin Kriele*, Richterrecht und Rechtspolitik, in: ZRP 2008, 51 ff., 52.

[175]   *Hassemer*（ Siehe Anm. 73 ），218 f.

[176]   如 *Klaus Adomeit*, Rezension zu Auslegung（ Siehe Anm.5 ），JZ 1992, 680 f.，基于业已实现的意识形态自由，联邦共和国身份和理论上的关联现在显得更加毫无问题。这在吕特斯看来，既不可能，亦不被期待作为阐述形式（歪理）。

[177]   Hassemer（ Siehe Anm.73 ），215.

代方案中偏狭的思维，例如主观主义和客观主义。[178]此类基本内容只能在此一提，不宜详细展开。

此外，还有方法论上**固有的一些问题（inhärente Probleme）**。与之相关的一个问题是来自克劳斯·路易西（Klaus Luig）的批判。[179]路易西在双方观点上看到了一个矛盾，即方法意识可以用作"转换解释的限制器"（Umdeutungsbremse），同时也有方法论并不适合作为"限制极权式法律变态"的证据。但是上述两种功能并未被完全排除，吕特斯支持制动功能，但不支持阻碍功能。根据吕特斯的理解，真正的法官抗辩根本上仅限于辞职。[180]1945年后一些法律人曾为纳粹时期的法学家辩护，他们的辩护思路是，那些纳粹时期法学家的工作在方法上是正确的。路易西则批判道，吕特斯太过相信1945年之后这些法学家的辩护了。[181]依据吕特斯的观点，"如果严格坚持法律方法，那么许多不公正的裁判就不可能出现"。因此，**转换解释的限制器**这一方法论的价值是具有决定性的认知。也许可以说，虽然许多、但并非所有结果均来自"正确的"方法。"一旦方法开始变得令人厌烦，其就可以被忽视"[182]。此外，人们还可以提出的反对意见是，需要"斗争条款"（Kampfklausel）[183]和一种新的法源理论，也即旧的工具显然捉襟见肘。人们可以援用法律的修辞手法如概括条款、模糊的制度性法概念，仍然无法改变上述事实。这一分歧比初始的印象要小很多，也即视角问题，更准确地说是选择的抽象层面。

考察批判极有可能引起对特定结果和矛盾的抨击。吕特斯并没有坚持

987

988

---

[178] 例如 *Winfried Brugger*, Rezension Gerechtigkeit（Siehe Anm.47），in: JZ 1993, 354 f., 355。

[179] *Klaus Luig*, Macht und Ohnmacht der Methode, in: NJW 1992, 2536-2539; 但在这里被否定了：Seedorf（Siehe Anm.1），368。

[180] 一个国际观察可以改变这一立场。人们想到在巴基斯坦的旅居法官。

[181] *Luig*（wie Anm. 179），2537 f. 他此处引用了贝伦茨（Okko Behrends）和施托莱斯（Michael Stolleis）的观点，提到了方法变态本身，并将"滥用方法的技术"引申到该点："如果某条件的出现会给一方带来不利，该方阻止了条件的产生，那么该条件视为已经出现。"并设立了下列规则："如果某裁判的判决理由将一般原则的抽象高度推向了准则，而论证者并不想让该准则生效，那么该裁判在方法上就不是无可指摘的。"

[182] *Seedorf*（Siehe Anm.1），366 ff. 关于由存在特征（种族）向行为（义务违反）推定的著名例子。

[183] "民族社会主义革命颁行的法律规定不应予以适用，如果其适用有违健康的人民感知的话"。

其价值中立的意识形态概念。[184] 在价值秩序和价值实现视角之下，受到威胁的是对客观解释"要素"的回归。[185] 在吕特斯对《同性伴侣法》的异议（**Einwürfen zum Lebenspartnerschaftsrecht**）上，上述影响正可谓切实中肯。[186] 吕特斯抨击《同性伴侣法》存在双重违宪之虞。[187]《同性伴侣法》违反了《德国基本法》第 3 条，因为面对异性非婚同居共同体，同性伴侣关系受到了优待。吕特斯首先论证认为，《同性伴侣法》违反了《德国基本法》第 6 条规定的婚姻和家庭保护，该规定是"客观的价值判断"。[188] 登记的同性伴侣关系因此成为一种应被阻挡的"国家机关在婚姻家庭保护领域中的干扰性介入"。婚姻保护属于"国家与社会的生存基础"，甚至是"维系生活"的条件。[189] 故而"制定法所提供的同性伴侣形式"的建构应当涉及"子女的福祉"。新的婚姻观念作为原则上两人之间的终生责任共同体这一见解被误读。吕特斯提出的问题是，在德国司法部中"法的理性"已经沦为少数？抑或"理性的多数必须屈从"？吕特斯在此从三个层面违背了其方法原则。吕特斯的法理论不承认客观"理性"，而是追求一种"价值主观主义"。确定规范目的这一方法无法满足他对历史解释的要求。[190] 根据吕特斯

---

[184] *Michael Stolleis*, Rezension zu: Bernd Rüthers, Die Wende-Experten. Zur Ideologieanfälligkeit geistiger Berufe am Beispiel der Juristen, in: JZ 1996, 410 f., 411. 谨慎对待吕特斯所谓的正义特征参见 *Dreier*（Siehe Anm.36）, 310。

[185] 类似的见 *Seelmann*（Siehe Anm.24）, 776。

[186] 在施罗德政府时期的立法中，生活伴侣法也被提名，施罗德认为其是一类"对法治国的危险"，*Rüthers*, Wer schafft Recht?-Methodenfragen als Macht-und Verfassungsfragen, in: JZ 2003, 995 ff, 995 f.。

[187] *Rüthers*, Ehe und Familie im Wandel des Zeitgeistes. Die Gestaltungsfreiheit des Gesetzgebers hat verfassungsrechtliche Grenzen, in: FAZ v. 18.5.2000, 15 und *Rüthers*, Der Ehebegriff des Grundgesetzes. Ungleiches ist auch ungleich zu behandeln, in: FAZ v. 15.7.2000, 8. 尖锐的批判见 *Patrick Bahners*, Beliebiges Donnergrollen. Die Dammwächter: Homosexuellen-Ehe und Zeitgeist, in: FAZ v. 17.7.2000, 47。其中的总结是"在吕特斯的清醒头脑中（……）也许并没有将这种自然主义带入世界"。

[188] "通过婚姻类似的优待是对婚姻和家庭的进一步削弱（……），这有悖于《德国基本法》第 6 条。通过其他的生活形式贬低婚姻和家庭，也将使国家失灵。"

[189] 如果吕特斯对有缺陷的"下代人作为纳税人"作出分析，那么对于同性关系中的收养法的分析似乎就会更合逻辑。

[190] 值得注意的是，吕特斯阐述了婚姻理解的多种变化，即民族社会主义意义上的"婚姻本质"，德国联邦最高法院的司法解释，民主德国最高法院的解释。从中并没有得出现代意义上的事实，而是一种共同而固有的要素、一种"规定于法律之外的婚姻'制度'"，这一制度的"意义和功能"来源于"一种'更高的整体'、一种'整体性的意义关联'"。吕特斯没有讨论《德国基本法》第 6 条的形成史。根据宪法法院的解释（BVerfGE 105, 313, 342），第 6 条的形成史并不能为同性生活伴侣关系提供法律认可的原则。

阶段理论，他还应另外研究价值变迁。吕特斯完全确定了价值变迁，但结果并没有同规范目的可能变化的问题联系在一起。规范目的被缩减为人口政策和儿童促进，并涉及其他生活形式的深远而消极的后果。其他的生活形式依据一种其他的理解在形成史上并不能得以证立，尤其是对于同性伴侣关系，而用德国联邦宪法法院的话说就是鉴于另外的"适用对象的范围"（Adressatenkreis），同性伴侣与婚姻完全不"冲突"。对吕特斯而言，留下的结论便是，"同性婚姻将严重破坏共同的福祉"。[191]

作为个案的上述讨论并非不无危害，其并不能指出一种更大的一致性问题。这里的问题是，法官"无例外地受制定法约束"与批判性矫正者的功能之间的协调。人们可以考虑的是，吕特斯的法理论问题是否已被证立，客观要素是否亦有"必要"，或者当吕特斯所谓"城邦共同体中的生物"（zôon politikón）（……）妨碍法理学家之时，是否会出现此等张力。[192] 吕特斯方法论中的法政策因素越强，则制定法约束就越有可能再次丧失。在这种情形之下，对于客观解释的差异消退至一种建构矛盾的差异。这里应当找到正确的标准。吕特斯建议的是**规范目的持续效力（Fortgeltung des Normzwecks）**提供的一种可能的解决方案，对于这种继续适用，吕特斯则在第二阶段进行讨论。

最近，吕特斯感觉到在当前宪法司法的"在方法上具有重要意义的基本原理裁判"中更加强调法官约束。[193]不管这如何进一步发展，始终要保持的一种认识是，虽然区分了常态与危机，但是对例外情形的研究对方法论仍然特别富有意义。[194]

五、原著及文献

1. 吕特斯原著进阶
简要总结性文献：Methodenrealismus in Jurisprudenz und Justiz, in: JZ 61

989

990

[191]　此外，"赋予同性生活共同体的一种（任何，吕特斯甚至援引了姓名法）法律上的特殊地位有违宪法"。另外关于《同性伴侣法》的裁判在法政策上也值得怀疑。如今，同性生活伴侣对婚姻制度产生了影响。

[192]　*Stolleis*（Siehe Anm.184），411.

[193]　*Rüthers*, Klartext zu den Grenzen des Richterrechts, in: NJW 2011, 1856 ff. zu BVerfG NJW 2011, 836（25.1.2011）.

[194]　*Rüthers*, Auslegung（Siehe Anm.5），492.

（2006），S. 53-60.

其他重要原著：Die unbegrenzte Auslegung. Zum Wandel der Privatrechtsordnung im Nationalsozialismus, 1968, ⁶2005（grundlegende Analyse, leichter und spannender Zugriff über ein konkretes Feld, z.B.§19 II zur Rechtsfähigkeit oder passend zum Methodenbeispiel§19 VI zum Arbeitsverhältnis）.

Rechtsordnung und Wertordnung. Zur Ethik und Ideologie im Recht, 1986.

Entartetes Recht. Rechtslehren und Kronjuristen im Dritten Reich, 1988, 21989（didaktisch und handlich）.

Rechtstheorie. Begriff, Geltung und Anwendung des Rechts, 1999（umfassendes Lehrbuch）, ⁹2016 unter dem Titel„Rechtstheorie mit juristischer Methodenlehre"gemeinsam mit Christian Fischer und Axel Birk.

2. 参考文献进阶

Hilgendorf, Eric, Recht und Weltanschauung. Bernd Rüthers als Rechtstheoretiker, Konstanz 2001（kurze Charakteristik）.

Luig, Klaus, Macht und Ohnmacht der Methode, in: NJW 1992, 2536-2539（kritischer Ansatz）.

Seedorf, Sebastian, Bernd Rüthers-Die„Unbegrenzte Auslegung", in: *Thomas Hoeren*（Hg.）, Zivilrechtliche Entdecker, München 2001, 317-373（umfassend zur Biographie）.

第十四节　卡纳里斯（Claus-Wilhelm Canaris，1937—2021）的方法与民法

要目

一、生平**

"法学即意味着民法，《德国民法典》即意味着卡纳里斯"——也许 991
可以勇敢地让法学插上飞扬的翅膀续写纤丽的篇章。[1] 卡纳里斯属于当今
时代最为著名的民法学家和方法论者。其作为**法律"开拓者"（juristischer**

＊　拉尔夫·萨伊内克（Ralf Seinecke）撰，王战涛译，刘志阳校。

＊＊　只要有必要，注释将对语法和正字法进行调整和修改，不再予以注明。对于卡纳
里斯的著述的引注则以简短标题和年份形式出现。简短标题将在所引文献首次出现时以斜
体示明。

[1]　关于温特沙伊德的精彩论述，见本书吕克特所撰关于温特沙伊德的内容，边码
280—351。

Entdecker）给民法带来的是向无止境的未知领域的巨大探索。[2] 例如他发现了"德国私法中的信赖责任（Vertrauenshaftung）"，揭示了"三方关系中不当得利的平衡"。[3] 然而，卡纳里斯亦未惧怕向哲学和文学地界的远征。[4] 卡纳里斯的法学亦影响了法学方法。卡纳里斯从未害怕"立法者修改三个词语"。[5] 完全相反，立法者为卡纳里斯的法学打开了进入制定法的大门。

992　　　卡纳里斯获得声望不仅因为其为法律研究者。1937 年出生在列格尼茨（Liegnitz, Niederschlesien）的法学家卡纳里斯荣获 1988 年德国科学基金会的莱布尼茨奖，成为获得此项德国最重要的科学大奖的少数几个法学家之一。此外，2002 年，他荣获联邦一等十字勋章。[6] 卡纳里斯早期在格拉茨大学（Graz, 1968）和汉堡大学（1969）任教，并迅速成为德国最为知名的教授之一：1972 年卡纳里斯接替了其老师卡尔·拉伦茨的教席，而拉伦茨正是波恩共和国和德国纳粹时期领军式的民法学家

---

[2]　将卡纳里斯称为"发现者"的是 U. Florian, Claus-Wilhelm Canaris-Die Vertrauenshaftung im deutschen Privatrecht, in: Zivilrechtliche Entdecker, hg. v. Hoeren, München 2001, S. 377-408, 379 和 Grigoleit u.a., Claus-Wilhelm Canaris, in: Festschrift für Claus-Wilhelm Canaris zum 70. Geburtstag, hg. v. Heldrich u.a., Band 1, München 2007, S. VII-X, hier VIII。

[3]　原则性著述有 Canaris, Die Vertrauenshaftung im deutschen Privatrecht, München 1971 u. Canaris, Der Bereicherungsausgleich im Dreipersonenverhältnis, in: Festschrift für Karl Larenz, hg. v. G. Paulus u.a., München 1973, S. 797-865。方法论上的理解尤其见于 Canaris, Systemdenken und Systembegriff in der Jurisprudenz entwickelt am Beispiel des deutschen Privatrechts, 1. Aufl. Berlin 1969, 2. Aufl. 1983 和 Canaris, Die Feststellung von Lücken im Gesetz. Eine methodologische Studie über Voraussetzungen und Grenzen der richterlichen Rechtsfortbildung praeter legem, 1. Aufl. Berlin 1964, 2. Aufl. 1983。

[4]　属于哲学研究的有：Canaris, Aspekte der iustitia commutativa und der iustitia distributiva im Vertragsrecht, in: Law at the turn of the 20th century, hg. v. Kotsiris, Thessaloniki 1994, S. 281-294; Canaris, Theorienrezeption und Theorienstruktur, in: Wege zum japanischen Recht. Festschrift für Zentaro Kitagawa zum 60. Geburtstag, hg. v. Leser, Berlin 1993, S. 59-94 o. Canaris, Funktion, Struktur und Falsifikation juristischer Theorien, in: JZ 48（1993）, S. 377-391。卡纳里斯的文学漫游有：Konsens und Verfahren als Grundelemente der Rechtsordnung-Gedanken vor dem Hintergrund der „Eumeniden"des Aischylos, in: JuS 36（1996）, S. 573-580; Canaris, Richtigkeit und Eigenwertung. Rede zur Verleihung der Ehrendoktorwürde der Universität Graz, in: Grazer Universitätsreden 50（1993）, S. 23-41 o. Canaris, Dankesworte, in: Einheit und Folgerichtigkeit im Juristischen Denken. Symposion zu Ehren von Herrn Professor Dr. Dr. h.c. mult. Claus-Wilhelm Canaris, hg. v. I. Koller u.a., München 1998, S. 187-196。

[5]　参见基尔希曼的著名评述，J. H. v. Kirchmann, Die Werthlosigkeit der Jurisprudenz als Wissenschaft. Ein Vortrag, Berlin 1848, S. 23："法律人通过实在法变成了蠕虫，其只能依靠朽木而生存；……立法者修改三个词语，所有藏书变成废纸。"

[6]　关于卡纳里斯的不同人生阶段，见一则简洁报道 U. Florian（2001, Fn. 2）, S. 377-379。

和方法论者之一。[7] 卡纳里斯不仅续写了拉伦茨开辟性的《法学方法论》
（Methodenlehre der Rechtswissenschaft），而且还接手了拉伦茨大部头的《债
法》教科书，该教科书由贝克出版社（Beck-Verlag）出版，并被列入"绿
皮书系列"。[8] 当然卡纳里斯从未只效力于科学的象牙塔。就像温特沙伊
德（Bernhard Windscheid）影响了《德国民法典第一草案》，卡纳里斯在立
法史上也留有一笔。**2002 年债法现代化（Schuldrechtsmodernisierung von
2002）**就主要带有他的印迹。[9] 当然，卡纳里斯对鉴定活动绝不陌生。因

---

[7]　关于拉伦茨见本书弗拉塞克所撰关于拉伦茨的内容，以及 *Frassek*, Von der„völkischen
Lebensordnung"zum Recht. Die Umsetzung weltanschaulicher Programmatik in den schuldrechtlichen Schriften
von Karl Larenz, Baden-Baden 1996。关于拉伦茨的纳粹时期的经历，见在其去世后发表的书信 *R.
Dreier*, Karl Larenz über seine Haltung im Dritten Reich, in: JZ 48（1993），S. 454-457 及其加入的讨论 *H.
H. Jakobs*, Karl Larenz und der Nationalsozialismus, in: JZ 48（1993），S. 805-815; *Prölls*„Erwiderung auf
Jakobs"Beitrag zu Larenz, in: JZ 49（1994），S. 33 f. 与 *H. H. Jakobs.*, Schlusswort, in: JZ 49（1994），S.
34。关于拉伦茨之于民族社会主义的关系现在再次被激烈争论。出发点在于卡纳里斯的一篇
文章：*Canaris*, Karl Larenz, in: Deutschsprachige Zivilrechtslehrer des 20. Jahrhunderts in Berichten
ihrer Schüler, Band 2, Berlin 2010, S. 263-307。这方面还有 *D. Simon*, Des Teufels Advocat, in: Myops Nr.
12（2011），S. 65-78, *Derleder*, Verspätete Wurzelbehandlung. Die Kieler Schule und ihre Bedeutung für
das Nachkriegszivilrecht-am Beispiel von Karl Larenz und seinem Schüler Claus Wilhelm Canaris, in:
KJ 44（2011），S. 336-342 与 *Rüthers*, Personenbilder und Geschichtsbilder-Wege zur Umdeutung der
Geschichte?Anmerkungen zu einem Larenz-Portrait, in: JZ 66（2011），S. 593-601。卡纳里斯反对吕特斯
（Rüthers）的观点见 *Canaris*„„Falsches Geschichtsbild von der Rechtsperversion im Nationalsozialismus"durch
ein Porträt von Karl Larenz?Wider einen Versuch„unbegrenzter Auslegung"eines wissenschaftlichen Textes, in:
JZ 66（2011），S. 879-888; *Rüthers*, Die Risiken selektiven Erinnerns-Antwort an C.-W. Canaris, in: JZ 66
（2011），S. 1149-1151。最后是 *H. H. Jakobs*, Sehr geehrter Herr Canaris, in: Myops Nr. 14（2012），S. 6-16。

[8]　首先卡纳里斯仅对拉伦茨的缩减版的历史部分进行了续展，即拉伦茨《法学方法
论》1983 年柏林出版第 1 版、1992 年第 2 版和 1995 年第 3 版。卡纳里斯续写了《法学方法论》
1960 年第 1 版和 1991 年第 6 版。这一"大部头"的出版计划，施普林格出版社多年前就宣布
了，然而今天似乎已遭放弃。还有拉伦茨的《债法教科书》第一册，《债法总则》（1953 年第 1
版、1987 年第 14 版）第二册，《债法分则》（1956 年第 1 版、1981 年第 12 版）以及上述两册从
第 13 版起每册的一半内容由卡纳里斯承接。卡纳里斯早在 1993 年就已经提交第二册的半册。
多年以来，贝克出版社一直发布：*Canaris/Grigoleit*, Lehrbuch des Schuldrechts, Band I, Allgemeiner Teil,
Schuldverhältnisse und Leistungsstörungsrecht.

[9]　Siehe *Canaris*, in: Larenz/Canaris, Lehrbuch des Schuldrechts, in: Rechtswissenschaft und
Rechtsliteratur im 20. Jahrhundert, hg. v. Willoweit, München 2007, S. 419-431, 430. 卡纳里斯自己在那里归因于
"对债法现代化法建构的根本影响"；类似的参见 *Grigoleit u.a.*（2007, Fn. 2），S. X："重要而可见的影响"。
亦见卡纳里斯关于债法现代化的文章：*Canaris*, Die Neuregelung des Leistungsstörungs-und des Kaufrechts-
Grundstrukturen und Problemschwerpunkte, in: Karlsruher Forum 2002: Schuldrechtsmodernisierung, hg. v.
Lorenz, Karlsruhe 2003, S. 5-100 u. *Canaris*, Die Reform des Rechts der Leistungsstörungen, in: JZ 56（2001），
S. 499-529. 关于债法现代化法的讨论参见 Ernst/Zimmermann（Hrsg.），Zivilrechtswissenschaft
und Schuldrechtsreform, Tübingen 2001; Schulze/Schulte-Nölke（Hrsg.），Die Schuldrechtsreform vor dem
Hintergrund des Gemeinschaftsrechts, Tübingen 2001。

此，卡纳里斯完全有权利在德国法理学和法科学的"名人堂"中占有一席
之地。[10]

　　卡纳里斯出名是有原因的。他从多种路径展开对法律科学的透视，即
便其认为良好的法学应当穷尽于一种方案。[11] 因此小的短评很少被归属于
卡纳里斯文献的类型，例如简明的教科书。[12] 卡纳里斯研究以高度精细化
与对案例材料几近百科全书式的加工而闻名。因而"大部头教科书"或专
著式论文才适于表达卡纳里斯的法律思维。[13] 卡纳里斯在此绝对没有迷失
在细节中，相反，他总是揭示一种**原则性的法及其内部体系（prinzipielles
Recht und sein inneres System）**。[14] 对（体系）教义和（原则）方法这两极的
结合的端倪，早已见诸卡纳里斯关于"信赖责任"的教授资格论文的前言：

---

　　[10]　*Grigoleit* u.a.（2007, Fn. 2），S. VIII.

　　[11]　对此一方面参见卡纳里斯和施密特（Reiner Schmidt）的讨论，另一方面参见海尼西
（Heinig）和穆勒（Möller）之间的讨论：首先是 *Heinig/Möllers*, Kultur der Kumpanei, in: FAZ.net vom
23.3.2011（http://www.faz.net/aktuell/politik/staat-und-recht/gastbeitrag-kultur-der-kumpanei-1610253.
html），然后是论战回击文章 *Canaris/R. Schmidt*, Hohe Kultur, in: FAZ.net vom 6.4.2011（http://www.
faz.net/aktuell/politik/staatund-recht/gastbeitrag-hohe-kultur-1624499.html），以及回应文章 *Heinig/
Möllers*, Kultur der Wissenschaftlichkeit, in: FAZ.net vom 20.4.2011（http://www.faz.net/aktuell/politik/die-
debatte-kultur-der-wissenschaftlichkeit-1606898.html），访问时间 2016 年 10 月 4 日。

　　[12]　仅参见卡纳里斯承接的教科书的"分量增加"：卡佩勒（Capelle）的简明教科书《商
法》（慕尼黑：1951 年第 1 版）从 166 页（1977 年第 18 版）经过卡纳里斯的完善达到（1980
年第 19 版）238 页，成为"中型"教科书，之后成为贝克出版社"绿皮书系列"大型教科书
之一，卡纳里斯最后一版是 2006 年第 24 版，共有 543 页。同样，拉伦茨承担的《债法分则
教科书》（脚注 8），共计 758 页（1981 年第 12 版，无上下册），卡纳里斯加入后一册就达 734
页（下册，1994 年第 13 版）。相反，拉伦茨续著的部分（上册，1986 年第 13 版）才共计 480 页。
同样，胡雨克（Hueck）主持的《有价证券法》（柏林：1936 年第 1 版），由 130 页（1967 年第
10 版）增至后续版本的 224 页（1986 年第 12 版）。

　　[13]　*Diederichsen*, Einführung zum Symposion anlässlich des 60. Geburtstages von Claus-Wilhelm
Canaris, in: Einheit und Folgerichtigkeit im Juristischen Denken, hg. v. Koller u.a., München 1998, S. 1-5, 3. 除了上
述教科书（脚注 8 和 12）与专著（脚注 3），亦见商法框架下对银行合同法的广泛评注，*Canaris*,
Bankvertragsrecht, 1. Aufl. Berlin 1975（1298 Seiten），2. Aufl. 1981（1393 Seiten），评注的第一部分见 4. Aufl.
2005（799 Seiten）。亦见 *Canaris*, Die Vertrauenshaftung im Lichte der Rechtsprechung des Bundesgerichtshofs,
in: 50 Jahre Bundesgerichtshof. Festgabe aus der Wissenschaft, hg. v. Canaris u.a., München 2000, S. 129-197 或
者 *Canaris*, Die Übertragung des Regelungsmodells der §§125-130 HGB auf die Gesellschaft bürgerlichen Rechts
als unzulässige Rechtsfortbildung contra legem, in: ZGR 33（2004），S. 69-125。

　　[14]　亦见 *Wünsch*, Laudatio, in: Grazer Universitätsreden 50, Graz 1993, S. 7-19, 9："卡纳里斯当
时已经持续研究了从民法基础问题出发的单个子问题。"

　　"故而我在此实际上试图实现的是，本人在那里（即 1969 年所著的关于体系思维著作中）的理论主张是：要将借助一般性法律原则的论证与实现整合的体系思维相结合。"[15]

　　在寻找法"内部秩序"（innere Ordnung）的过程中，卡纳里斯甚至要求"'隐秘理性'的作用"（das Wirken einer „geheimen Vernunft"）。[16]这种原则和体系的结合构成了卡纳里斯法律思维的教义学方法上的核心。[17]

994

　　卡纳里斯关于原则的方法愿望大多伴随着对于**"方法忠实"**（**Methodenehrlichkeit**）的呼求。[18]此处包含的有关解释规准的认识也属于卡纳里斯方法之内容。上述"方法忠实"在卡纳里斯著述中经常构成一种实质性论据，该论据支撑的是其本身的法教义学或法政策目标。[19]这种对两个方法路径的典范式结合——一方面是教义—原则式结构与法律续造，另一方面是以经典的解释思维与制定法思维为导向的严格方法——保证了在这种模型之下的法的合理性。同时起作用的是一种模糊性（Unschärfen），其形成于此等**双重方法（doppelte Methode**）之中，处于第二合理性的边缘。所谓第二合理性系指非常容易转化为非合理性的合理性。其中卡纳里斯假定的，同时构成卡纳里斯方法构想主题的"动态体系"，模糊了原则性方

995

---

　　[15]　*Canaris*, Vertrauenshaftung（1971, Fn. 3），S. VIII.

　　[16]　*Canaris*, Vertrauenshaftung（1971, Fn. 3），S. VIII u. VII.

　　[17]　*Canaris*, Dankesworte（1998, Fn. 4），S. 195："因此我的大多数学术论文最终并不是为其自身意志而写，更多是为了作为法律论证的示范和训练场——我的教科书亦不例外。"

　　[18]　*Canaris.*, Die *Nacherfüllung* durch Lieferung einer mangelfreien Sache beim Stückkauf, in: JZ 58（2003），S. 831-838, 832; *Canaris, Grundrechtswirkungen* und Verhältnismäßigkeitsprinzip in der richterlichen Anwendung und Fortbildung des Privatrechts, in: JuS 29（1989），S. 161-172, 164; *Canaris, Verstöße* gegen das verfassungsrechtliche Übermaßverbot im Recht der Geschäftsfähigkeit und im Schadensersatzrecht, in: JZ 42（1987），S. 993-1004. 进一步参见 *Canaris*, Lücken（¹1964 u. ²1983, Fn. 3），§81; *Canaris*, Die richtlinienkonforme *Auslegung* und Rechtsfortbildung im System der juristischen Methodenlehre, in: Im Dienste der Gerechtigkeit. Festschrift für Franz Bydlinski, hg. v. Koziol u.a., Wien u.a. 2002, S. 47-103, 81., 以及 *Canaris, Grundrechte* und Privatrecht, in: AcP 184（1984），S. 201-246, 235。

　　[19]　见瑕疵担保法框架之下的 *Canaris*, Nacherfüllung（2003, Fn. 18），S. 832 与民事合伙的例证 *Canaris*, Übertragung（2004, Fn. 13），S. 78-81。

法和严格方法之间的界限。[20] 此外，拉伦茨时即已存在的对"正确的法"
（Richtiges Recht）的信仰（卡纳里斯也曾述及）也威慑着要淡化所有法的
意识形态和政治上的隐晦内容。[21]

996　　　　然而，对于法学的高超技艺来说，这种双重的"博弈"来自不确定
的原则与严格的方法，卡纳里斯掌握了这种高超的法学技艺，并在其教义
学上加以应用。[22] 卡纳里斯**"动态体系"的"辩证法"**（"**Dialektik**" seines
"**beweglichen Systems**"）在此（在概念的所有不确定性上）成为主题，其乃
通过本节下述八个部分的方法内容和两个部分的教义—实践性内容来实现。
本节提供了一把钥匙，用以理解我们当代最为犀利和严格的法律人和法学
家之一的法律思维（juristisches Denken）。

二、解释作为可信的论证

997　　　　卡纳里斯没有撰写解释理论方面的专著。[23] 但是其关于方法论方面的

---

[20]　卡纳里斯在维尔伯格（Walter Wilburg）的基础上发展了"动态体系"（das bewegliche
System）。对此卡纳里斯在维尔伯格的讣闻中进行了阐述。Canaris, in: JZ 46（1991），S. 409 f.,
410. "人们可以不加思考地说，其中涉及的是本世纪法学方法论和法理领域中的一种最重
要的'发现'。"关于"动态体系"的基础文献有 Wilburg, Entwicklung eines beweglichen Systems
im bürgerlichen Recht, Graz 1950; Wilburg, Zusammenspiel der Kräfte im Aufbau des Schuldrechts, in:
AcP 163（1964），S. 346-379。根据事实早有 Wilburg, Die Elemente des Schadensrechts, Marburg a. d.
Lahn 1941。亦见于 Westerhoff, Die Elemente des Beweglichen Systems, Berlin 1991 与新的讨论中的 L.
Michael, Der allgemeine Gleichheitssatz als Methodennorm komparativer Systeme, Berlin 1997 或者 F. Fischer,
Das "Bewegliche System", in: AcP 197（1997），S. 589-608。批判文献早有 Esser in: AcP 151（1951），S. 555 f.;
RabelsZ 18（1953），S. 165-167, 166: "我们因此与维尔伯格的愿望一致，即确定任何原则在其适用
中的要求，而非相信，该体系没有事实构成和概念结构，单纯利用法官衡量或结合理解而发
挥作用。"最后，亦见对卡纳里斯动态体系论的批判：Esser in der RabelsZ 33（1969），S. 757-761。
[21]　对于"正当的法"（Richtigen Recht）见拉伦茨的研究：Larenz, Richtiges Recht, München
1979。拉伦茨在其批判中提及了施塔姆勒（Stammler）一篇著名论文：Stammler, Die Lehre von
dem Richtigen Rechte, 1. Aufl. Berlin 1902, Neuauflage Halle（Saale）1926。尽管在标题上具有亲缘关
系，作为黑格尔信徒的拉伦茨和新康德主义的施塔姆勒之间的哲学世界仍泾渭分明。关于"政
治"和"正当的法"仅参见 Seinecke, Richtige Reinheit oder reine Richtigkeit?Rechtslehren nach Hans
Kelsen und Karl Larenz, in: JZ 65（2010），S. 279-287, insb. 284 u. 286。关于施塔姆勒的"正当的法"
现在可参见 Seinecke, Das Recht des Rechtspluralismus, Tübingen 2015, S. 84-94。
[22]　关于基于注释学角度的"游戏"概念见 Gadamer, Wahrheit und Methode, 6. Aufl.
Tübingen 1990, S. 107-116。
[23]　卡纳里斯对拉伦茨主持的"方法论"教科书的修订谨慎而及时，见 Larenz/Canaris,
Methodenlehre（³1995, Fn. 8），S. V。

小型论文形成了法律解释的一种构想，其亦可完全作为一种解释学说进行理解。[24] 这种解释理论由四个方面的要素构成：（1）*解释规准*作为衡量的基础；（2）目的论上的可靠性控制（Plausibilitätskontrolle）；（3）权重规则；以及（4）优先规则。

所谓的"经典"解释规则，即语义解释、体系解释、历史解释和*目的解释*，在卡纳里斯看来**不存在位序（ohne Hierarchie）**。卡纳里斯否定上述解释规则之间的顺序关系，目的在于追求对法律注解工具的自由使用。[25] 其对此给予了非常明确的描述：

998

> "解释标准大多只有一种整体衡量框架之下的论据功能，此处的整体衡量分别涉及单个问题并限于单个问题。"[26]

卡纳里斯指出了*解释规准*的**"论据功能"（Funktion von Argumenten）**，这种论据不是为处理制定法提供一种规则，而是起到一种理由的作用，即理由之间可以进行相互**衡量（abzuwägen）**。[27] 只有在具体个案中各种理由才能找到其分量。通过这种方式，*解释规准*与原则（Prinzipien）或要素更为相似，后者在一种"动态体系"中围绕着案例进行循环，而不是严格地

999

---

[24] *Canaris*, Die *Problematik* der Anwendung von§574 b BGB auf die Kündigung gegenüber dem Erben eines Wohnungsmieters gemäß§569 BGB-ein Kapitel praktizierter Methodenlehre, in: Festschrift für Wolfgang Fikentscher, hg. v. Großfeld u.a., Tübingen 1998, S. 11-42; *Canaris*, Das Rangverhältnis der„klassischen"Ausle gungskriterien demonstriert an Standardproblemen aus dem Zivilrecht, in: Festschrift für Dieter Medicus zum 70. Geburtstag, hg. v. Beuthien u.a., Köln u.a. 1999, S. 25-61; *Canaris*, Auslegung（2002, Fn. 18）; *Canaris*, Die verfassungskonforme *Auslegung* und Rechtsfortbildung im System der juristischen Methodenlehre, in: Privatrecht und Methode. Festschrift für Ernst A. Kramer, hg. v. Honsell u.a., Basel u.a. 2004, S. 141-159; *Canaris*, *Gemeinsamkeiten* zwischen verfassungs-und richtlinienkonformer Auslegung, in: Wirtschaft im offenen Verfassungsstaat. Festschrift für Reiner Schmidt zum 70. Geburtstag, hg. v. H. Bauer u.a., München 2006, S. 41-60.

[25] Siehe *Canaris*, Rangverhältnis（1999, Fn. 24）, S. 33.

[26] *Canaris*, Rangverhältnis（1999, Fn. 24）, S. 58.

[27] Siehe *Canaris*, Auslegung（2004, Fn. 24）, S. 143 f.; *Canaris*, Rangverhältnis（1999, Fn. 24）, S. 58; *Canaris*, Auslegung（2002, Fn. 18）, S. 65; anderes siehe *Canaris*, Nacherfüllung（2003, Fn. 18）, S. 833.

以解释对象为导向的规则。[28] 原则或要素的关系是永恒移动和变化的，因此其萎缩为单纯的见解。[29] 在案件的容貌中原则或要素才展露其面目。

1000　　　　然而卡纳里斯认为，这种规则性论据既非法律的技艺（ars juris）的缺陷，亦非法律或原则导向之（prinzipienorientierten）方法的非合理性工具。[30] 完全相反，卡纳里斯理智地认为："这就是一种人们通常处理论据的方式。"[31] 这些解释规准仅仅是"对特定类型和论据的集体称谓"。[32] 通常人们对其进行"十分松散的"组合，并最终"根据一定程度的反复推理来得出一个特定的答案"。[33] 强大的体系论据可以挖掘出一种软弱的文字论据，对法律素材的随意的、未经深思熟虑的评论，并非举足轻重，因为为了反对具有强烈客观目的性的立场，人们会在方法的天平上对之加以衡量。[34] 卡纳里斯从法律实践中发现了方法理论的标准。[35] 此等标准追求的是一种思维和证立，其并未将黑格尔的信徒置于困境之中。但是这种方法势必激怒康德的信徒，因为康德的信徒寻找的是对自己的规范评价目标与标准的严格区分。

1001　　　　尽管卡纳里斯有方法上的怀疑，即解释规准方法的价值应限制于个案中的论证，但卡纳里斯并不愿意支持具有任意性的**衡量法学**（**Abwägungsjurisprudenz**）。对于这种法学，卡纳里斯批判道，其消失于个

---

[28]　Siehe *Canaris*, Auslegung（2004, Fn. 24），S: 144 f.; *Canaris*, Auslegung（2002, Fn. 18），S. 65 f.; *Canaris*, Rangverhältnis（1999, Fn. 24），S. 59; 以及 *Canaris*, Bewegliches *System* und Vertrauensschutz im rechtsgeschäftlichen Verkehr, in: Das Bewegliche System im geltenden und künftigen Recht, hg. v. Bydlinski u.a., Wien u.a. 1986, S. 103-116, 106.

[29]　Siehe *Canaris*, Auslegung（2004, Fn. 24），S. 143 f.

[30]　Siehe *Canaris*, Auslegung（2004, Fn. 24），S. 144; *Canaris*, Auslegung（2002, Fn. 18），S. 65. 卡纳里斯在此反对下述学者的抨击：*Esser*, Vorverständnis und Methodenwahl in der Rechtsfindung, Frankfurt am Main 1970, S. 123，尤其是 *Rüthers*, Rechtstheorie（11999, 42008），Rn. 815 bzw. 813, Fn. 931。以及被多次引用的著作：*Rüthers/Fischer/Birk*, Rechtstheorie（92016），Rn. 815 u. 813. 其提出了"方法随意性"与"根本上的无原则性"。

[31]　Siehe *Canaris*, Auslegung（2002, Fn. 18），S. 65; *Canaris*, Rangverhältnis（1999, Fn. 24），S. 58; *Canaris*, Auslegung（2004, Fn. 24），S. 144.

[32]　Siehe *Canaris*, Rangverhältnis（1999, Fn. 24），S. 58.

[33]　Siehe *Canaris*, Auslegung（2004, Fn. 24），S. 143.

[34]　Siehe *Canaris*, Rangverhältnis（1999, Fn. 24），S. 58.

[35]　卡纳里斯虽然没有明确将法的实践作为其方法标准，但他明确写道"关于发散式和竞合式解释标准的处理形式被长期付诸实践"，并将其作为论据，见 *Canaris*, Rangverhältnis（1999, Fn. 24），S. 58.

案当中的一种"完全弥漫的"[36] "无休止的"衡量之中。[37] 卡纳里斯明确对"向衡量逃逸"和宪法中的"一再蔓延的过分衡量"提出忠告。[38] 但是，卡纳里斯的*解释规准*功能何在？卡纳里斯同样认为其具有衡量亲和性和个案依赖性。卡纳里斯的回答再次印证了**法学的合理性（Rationalität der Jurisprudenz）**。*解释规准*通过为法学商谈提供结构与纲要确保了这一合理性，因为规准化的方法（die kanonisierte Methode）区分了决定性的内容和无关紧要的内容，并且，其又对现存的法律素材进行了体系化。[39] 作为思维辅助，这种方法减轻了解释者的裁判压力，并将解释者从深入的论证中解放出来。[40] 此等流传至今的解释规准本身就具有合法性，即便其无法确定结论。

　　然而，卡纳里斯并没有停留在作为衡量的、毫无等次的论据的解释*规准*（Auslegunscanones）的注解上。卡纳里斯将其补充为第二个要素：

1002

　　"第二，人们应当始终至少'在心中'贯彻一种**目的的可靠性控制（teleologische Plausibilitätskontrolle）**；否则将临近'单调的文字法学'（öde Buchstabenjurisprudenz），因而带来的危险是，有问题的方案得不到令人信服的论证，甚或真实的困难完全就不能进入视野。"[41]

---

[36]　参见 *Canaris*, Auslegung（2004, Fn. 24），S. 144。亦见其对判决 BGH V ZR 311/89 vom 6.12.1991 的批判，*Canaris*, Der *Vorrang* außerbereicherungsrechtlicher, insbesondere dinglicher Wertungen gegenüber der Saldotheorie und dem Subsidiaritätsdogma, in: JZ 47（1992），S. 1114-1120, 1115："风险，德国联邦最高法院……强调'引向分散的个案观察这一风险'。"斜体部分为本书所强调。

[37]　参见 *Canaris*, Grundrechte und Privatrecht. Eine Zwischenbilanz, Berlin u.a. 1999, S. 56, 亦参见 S. 53, 55；"衡量法学"文本的历史概览见本书边码 1457—1475。

[38]　参见 *Canaris*, Grundrechte（1999, Fn. 37），S. 73 f. 指示的文章：*Leisner*,,,Abwägung überall", in: NJW 50（1997），S. 636-639 与 *Canaris*, Der Abwägungsstaat, Verhältnismäßigkeit als Gerechtigkeit?, Berlin 1997。亦见进一步的批判：*Canaris*, Grundrechtswirkungen（1989, Fn. 18），167, 169 f.; *Canaris*, Das Recht auf *Meinungsfreiheit* gemäß Art. 5 Abs. 1 GG als Grundlage eines arbeitsrechtlichen Kontrahierungszwangs. Gedanken anläßlich der Entscheidung des Bundesverfassungsgerichts im,,Schülerzeitungsfall", in: Freiheit und Eigentum. Festschrift für Walter Leisner zum 70. Geburtstag, hg. v. Isensee u.a., Berlin 1999, S. 413-436, 432。

[39]　Siehe *Canaris*, Auslegung（2004, Fn. 24），S. 144.

[40]　Siehe *Canaris*, Gemeinsamkeiten（2006, Fn. 24），S. 45.

[41]　*Canaris*, Rangverhältnis（1999, Fn. 24），S. 34. 类似内容还可见 Systemdenken（¹1969 u. ²1983, Fn. 3），S. 105 f. "目的论控制"及相关文章 Bereicherungsausgleich（1973, Fn. 3），S. 799 "合乎评价地得以控制"；类似的亦见 *Canaris*, Schadensersatz-und Bereicherungshaftung des Vertretenen bei Vertretung ohne Vertretungsmacht-BGH, NJW 1980, 115, in: NJW 33（1980），S. 332-335, hier 334。

1003   目的论上的控制将此类"经典的"方法串联起来。当然，此时涉及的不是普遍的"客观目的论的"考量。卡纳里斯之前通常怀疑这容易被滥用。[42] 卡纳里斯并不要求严格的*正确性控制*（*Richtigkeitskontrolle*），其"指导"或塑造着来自前理解（Vorverständnis）的解释规准。[43] 法发现过程应当"不再作为一种*目的论的可靠性控制*（*teleologische Plausibilitätskontrolle*）进行设计"。对已发现的并已经证成的结果应当"从目的论上对非合理性的异议"以及"不可容忍的*评价矛盾*"（*untragbare Wertungswidersprüche*）进行验证。[44] 因此，在圣规似的*法律技艺*（*die kanonische ars iuris*）将之引向法时，找法的法律人可能再次停止并抱怨，其是否将不法引入了法之中。但法律人借助于何种合理的标准才能做这些？

1004   此等解释理论的第三个要素是**"权重规则"**（**Gewichtungsregeln**）。[45] 其将尤其是无层次顺序的解释规则充实为一种层次顺序，无论该要素是否对个案保持开放。在两步骤的解释模型中，*解释规准*的普遍适用性不同于个案中的具体应用性，卡纳里斯对此引入一种"初步的优先性"（prima facie Vorrang）：[46]

        "第一（步），人们可以为一种解释工具抽象地授予相比另外一种工具原则更高的或较低的权重，第二步，确定具体的权重，即相关标准在有问题的方案框架之下根据其各个说服力所得到的权重，其中抽象的和具体的

---

[42]   Siehe *Canaris*, Rangverhältnis（1999, Fn. 24），S. 39. 关于对"客观解释"的批判（亦针对卡纳里斯）见 *Rüthers*, Anleitung zum fortgesetzten methodischen Blindflug, in: NJW 49（1996），S. 1249-1253, 1252; *Rüthers*, Wer schafft Recht?-Methodenfragen als Macht-und Verfassungsfragen, in: JZ 50（1995），S. 995-997, 997, insb. Fn. 6 与 *Rüthers*, Methodenrealismus in Jurisprudenz und Justiz, in: JZ 61（2006），S. 53-60, 56 f.。

[43]   在这一方向上适合的可能还是埃塞尔的建议：*Esser*（1970, Fn. 30），S. 130-142. 尤其是第123 页："这一切都清楚表明……，其（即法适用者）在现有社会秩序中的引导，是在可接受性的视角直线从结果的目的论上的正当性控制出发。"更为复杂的是关于方法、教义学和"正当性"之间的关系，见 *Alexy*, Theorie der juristischen Argumentation, Frankfurt am Main 1983（1. Aufl. 1978），S. 334: "教义学上的论证是理性的，只要对一般性实践论证的反应尚未消失的话。"

[44]   *Canaris*, Rangverhältnis（1999, Fn. 24），S. 37 und S. 38, 41, 48, 斜体部分为原文献所强调。

[45]   对于"权重规则"卡纳里斯最近才有论及，见 *Canaris*, Gemeinsamkeiten（2006, Fn. 24），S. 45 f. 但是卡纳里斯早就对基本权利教义学提出过类似的建议，见 *Canaris*, Grundrechtswirkungen（1989, Fn. 18），S. 164。此处其反对"涉及个案的衡量"，而赞成"一般而抽象的优先性裁判"。

[46]   卡纳里斯明确接受了阿列克西（Alexy）式的概念，见 *Canaris*, Gemeinsamkeiten（2006, Fn. 24），S. 45 f. 参引了阿列克西的文献：*Alexy*, Juristische Interpretation, in: Recht, Vernunft, Diskurs, Frankfurt am Main 1995, S. 71-92, 89 f.。

权重进入最终的衡量。" [47]

再次需要讨论的是处于核心的方法论关键词"衡量"（Abwägung）。卡   1005
纳里斯又一次试图对此类原则上非理性的衡量赋予一种结构，因为他将**两
个衡量的层面（zwei Abwägungsebenen）**区别开来。在抽象的层面，卡纳
里斯现在将*解释规准*置于一种关系之中：首先是"*目的论见解（拥有）较
大权重*"，[48] 而"*原则上，应当赋予制定法语义特别高的权重*"。[49] 最终，"*作
为此类确认性的权重，来自制定法'外部'体系的论据*"仅具有"*极其
少量的权重*"。[50] 这同样适用于"历史的"论据。[51] 在衡量的天平上，*目
的*占最高权重，*语义*居中，最后占据少量权重的是"*外部体系*"与*历史*。
尽管*目的（telos）*具有抽象的优先性，解释者"*根本上没有权限*"忽略
"*语义解释、体系解释和历史解释的结果*"，而直接"*援用'客观目的论'
标准*"。[52]

---

[47] *Canaris*, Gemeinsamkeiten（2006, Fn. 24），S. 45. 尽管有明确的次序关系，但并不能最
终确定，此处卡纳里斯是否将规准（*canones*）卸除了等值性。卡纳里斯在这一点上的表述未
免矛盾。卡纳里斯一再写道，规准"根本上处于同样的次序层面"，见 *Canaris*, Rangverhältnis
（1999, Fn. 24），S. 59; *Canaris*, Auslegung（2002, Fn. 18），S. 65. 同样，卡纳里斯写道："因此，在'典
型的'解释规则之间，很少可以像往常的论据类型之间一样给出一种普遍性的顺序，因为不
可避免地，在衡量程序中占有的有时是这种、有时则为另外一种较大的说服力。" 见 *Canaris*,
Auslegung（2004, Fn. 24），S. 144. 此处删去了原文献表示强调的格式。仍不明确的是，卡纳里
斯是否通过"一般性顺序"追求"权重规则"意义上抽象的优先性，或者更多具有的是"强
制性"优先规则之意义。此等矛盾的文本内容可作如下说明：卡纳里斯否定了一种规准的强
制性顺序，但是采取的是一种普遍衡量，该衡量应当在个案之中重新进行具体确定。

[48] Siehe *Canaris*, Rangverhältnis（1999, Fn. 24），S. 58. "优先规则"意义上则更为尖
锐：*Canaris*, Problematik（1998, Fn. 24），S. 30; 同样见 *Canaris*, Gemeinsamkeiten（2006, Fn. 24），S.
45。针对"'单义的'文义优先于目的论的见解之原则"见 *Canaris*, Die Bedeutung allgemeiner
Auslegungs-und Rechtsfortbildungskriterien im *Wechselrecht*, in: JZ 42（1987），S. 543-553, 553, 544 ff.,
549. 在这一方向上卡纳里斯亦体现了其对德国联邦最高法院的批判（BGH VI ZR 285/91 vom
14.4.1992），见 *Canaris*, Vorrang（1992, Fn. 36），S. 1118："过分强调概念视角和缺少目的论上的
基础。"最后亦见 *Canaris*, Systemdenken（^{1}1969 u. ^{2}1983, Fn. 3），S. 91.

[49] Siehe *Canaris*, Gemeinsamkeiten（2006, Fn. 24），S. 45. 进一步参见 *Canaris*, Rangverhältnis（1999,
Fn. 24），S. 41; *Canaris*, Auslegung（2004, Fn. 24），S. 144. 不同观点见 *Canaris*, Bereicherungsausgleich（1973,
Fn. 3），S. 805 u. S. 862："此外，不管怎样，单纯的文义论据很少令人满意。"

[50] Siehe *Canaris*, Gemeinsamkeiten（2006, Fn. 24），S. 45. 此外亦见 *Canaris*, Rangverhältnis
（1999, Fn. 24），S. 41。

[51] Siehe *Canaris*, Wechselrecht（1987, Fn. 48），S. 549.

[52] Siehe *Canaris*, Rangverhältnis（1999, Fn. 24），S. 39. 但是卡纳里斯亦在广泛使用此方法，甚
至在其他地方主张该方法的"根本上的优先性"，见 *Canaris*, Wechselrecht（1987, Fn. 48），S. 547.

1006　　　　卡纳里斯运用假定具有约束力的权重规则对衡量性解释和衡量性说理的共同作用进行了补充和合理化，然后，以"竞合"规则或"优先"规则引出了他解释学说的第四个要素。[53]不同于一般性的解释规准或权重规则，此处是一些既清楚又明确的规则。"优先规则""既不需要也不允许排序、权衡或者衡量"，人们"要么承认，要么拒绝"，[54]该规则需要直接以"是或不是"来作出"判断"。[55]因此其属于一种可替代规则，而非仅仅是不确定的待衡量的原则。[56]如果"优先规则"可用，那么其可以单独确定解释的结果。卡纳里斯对此等极其特殊和清晰的规则提出了不同的例证，[57]也就是，"只要不违反禁止法律续造规则，则制定法的目标优先于其语义"[58]，或者"法律体现出的立法者的规制意图优先于客观目的论标准"[59]，或最终"在缺少解释空间和漏洞情形之下，制定法的语义优先于相反的目的"[60]。

三、宪法与欧洲指令

1007　　　　卡纳里斯的方法论并没有恪守私法的界限。同时，关系到宪法和私法的经典问题时，卡纳里斯在其解释指南上同样更新了思考的视角，比如欧

---

[53]　卡纳里斯在 20 世纪 90 年代后期发展了"优先规则"，见 *Canaris*, Rangverhältnis（1999, Fn. 24），S. 25 ff. 与 *Canaris*, Problematik（1998, Fn. 24），S. 11 ff.; 进一步亦可见 *Canaris*, Auslegung（2004, Fn. 24），S. 141 ff.; *Canaris*, Auslegung（2002, Fn. 18），S. 47 ff.; 最终结论性的内容见 *Canaris*, Gemeinsamkeiten（2006, Fn. 24），S. 46。

[54]　Siehe *Canaris*, Rangverhältnis（1999, Fn. 24），S. 59.

[55]　Siehe *Canaris*, Auslegung（2004, Fn. 24），S. 145 und *Canaris*, Auslegung（2002, Fn. 18），S. 66.

[56]　卡纳里斯指出了这一模式的相似性，方法为区分原则（*principles*）和规则（*rules*），具体可见 *Dworkin*, Bürgerrechte ernstgenommen, Frankfurt am Main 1984（zuerst 1977 im Engl.），S. 54 ff. 以及 *Alexy*, Rechtsregeln und Rechtsprinzipien, in: Geltungs-und Erkenntnisbedingungen im modernen Rechtsdenken（=ARSP Beiheft 25），hg. v. MacCormic u.a., Stuttgart 1985 u. *Alexy*, Theorie der Grundrechte, Frankfurt am Main 1994（1. Aufl. 1985），S. 71 ff. 见于 *Canaris*, Auslegung（2002, Fn. 18），S. 65 f., Fn. 78; *Canaris*, Auslegung（2004, Fn. 24），S. 145, Fn. 13 与 *Canaris*, Rangverhältnis（1999, Fn. 24），S. 59, Fn. 92。

[57]　卡纳里斯认为明显需要研究，见 *Canaris*, Rangverhältnis（1999, Fn. 24），S. 60。

[58]　Siehe *Canaris*, Rangverhältnis（1999, Fn. 24），S. 51 f. 仍不清楚的是，卡纳里斯是仅限于"主观目的论"（即历史的）目标，还是其实际上是普遍性的"目的优先于语词公式"（Zweck-vor-Wort-Formel）。卡纳里斯反对目的绝对控制，他在后来的文章中不再将这一普遍目的优先称为"优先规则"，见 *Canaris*, Auslegung（2002, Fn. 18），S. 66. 但是在该书中却不尽相同: *Canaris*, Wechselrecht（1987, Fn. 48），S. 547. 那里卡纳里斯表达为"客观目的论的标准根本优先于文义解释"。

[59]　Siehe *Canaris*, Rangverhältnis（1999, Fn. 24），S. 53-55 und *Canaris*, Auslegung（2002, Fn. 18），S. 66.

[60]　Siehe *Canaris*, Rangverhältnis（1999, Fn. 24），S. 56 f. und *Canaris*, Auslegung（2002, Fn. 18），S. 66.

洲视角，在此视角中私法不得自我封闭。故而对于尖锐的"优先规则"，卡纳里斯尤其还讨论了**合宪解释（verfassungskonforme Auslegung）**[61]，他首先将其作为体系解释与法秩序客观*目的*之变体进行引入。[62]卡纳里斯认为合宪解释的适用范围严格限于：

> "合宪解释概念的意思是，当存在违宪解释的情形以及因而涉及违宪解释与合宪解释的不同情形之时，才应当谈论合宪解释且总能涉及合宪解释。"[63]

很明显，卡纳里斯保证了合宪解释优先于任何非合宪解释。由此，合宪解释作为**元规则（Metaregel）**成为一种真正的法律规范，而后者的适用优先性需要额外的证成。[64]卡纳里斯提出的一种凯尔森（Kelsen）式的形式上的"法秩序的层级结构"，并不能满足合宪解释的合法性。[65]卡纳里斯对此的发现毋宁说在于权力的博弈和平衡：

1008

> "合宪解释的要求应当保护立法者的权威和自治免受司法侵入，并因此最终服务于这两种国家权力的权限之合乎功能的界分。"[66]

上述论证的逻辑是辩证的。通过对立法行为的司法矫正，保障立法者的"权威"和"自治"。司法机关以*小干预来防止大侵犯（kleine Eingriffe vor großen Übergriffen）*去维护立法机关的权威，并且，司法因此使制定法受到"违宪指控"的威胁减轻了。[67]司法并非重视这一权利，而是在维护着立法机关——这是一种值得关注的论证。

1009

---

[61] Siehe *Canaris*, Rangverhältnis（1999, Fn. 24），S. 52 f. und *Canaris*, Auslegung（2002, Fn. 18），S. 66.

[62] Siehe *Canaris*, Auslegung（2004, Fn. 24），S. 154.

[63] *Canaris*, Auslegung（2004, Fn. 24），S. 154.

[64] *Canaris*, Rangverhältnis（1999, Fn. 24），S. 60; *Canaris*, Auslegung（2002, Fn. 18），S. 67. *Canaris*, Problematik（1998, Fn. 24），S. 31.

[65] Siehe *Canaris*, Auslegung（2004, Fn. 24），S. 147 f.; *Canaris*, Gemeinsamkeiten（2006, Fn. 24），S. 42. 关于"法秩序的等级结构"的基础内容参见 *Kelsen*, Reine Rechtslehre, 1. Aufl. Leipzig u.a. 1934, S. 62 ff., 2. Aufl. 1960, S. 228 ff.。

[66] *Canaris*, Auslegung（2004, Fn. 24），S. 149, 斜体部分为原文献所强调。

[67] Siehe *Canaris*, Auslegung（2004, Fn. 24），S. 151.

1010　　　与合宪解释一样，**符合指令的解释**（**richtlinienkonforme Auslegung**）也构成了一种"优先规则"。在符合指令的解释与非符合指令的解释的竞合情形中，符合指令的解释同样适用"更高层级"法的优先性。但是符合指令的解释获得合法化的方式有别于合宪解释，其并非作为"规范维护的工具"。[68] 这就是"共同体法的优先性"，[69] 其证成了符合指令解释的规范影响力量，并且因此成为欧洲"规范实施"的工具。[70]

1011　　　当然，不仅仅是符合指令的解释与合宪解释之间不同的合法性［"规范维护"（Normerhaltung）/"规范实施"（Normdurchsetzung）］将二者区分开来，两者亦受制于不同的限制性法律。这两种限制性制度的方法指示将这两种"符合性"解释框架之下的"经典"*规准（canones）*再次带回解释游戏。[71] 虽然这两种解释均被**"语义和目的"（Wortlaut und Zweck）**的**"双重标准"（Doppelkriterium）**所限制，[72] 但是不同的法律后果均依循着此等标准。一方面，在这一限制背后，宪法会以废除制定法作威胁，[73] 另一方面，欧洲指令原则上被限制在*现行法（lex lata）*之上。[74] 欧洲指令仅能解释法律状况，但不能创造新的法，同样也不能对某部制定法或现有规定进行驳回。因此，在规范文本的边界背后，上述两者并没有形成新的规范，而是对现行规定进行修正。

1012　　　最终，卡纳里斯对于**国内宪法与欧洲指令之间的冲突情形（Kollisionsfall von nationaler Verfassung und europäischer Richtlinie）**给出了方法指南。卡纳里斯明显是初步地（*prima facie*）解决该冲突：

　　　"其中符合指令的解释原则上优先于合宪解释……如果对基本的法的

---

　　[68]　Siehe *Canaris*, Gemeinsamkeiten（2006, Fn. 24），S. 42 u. 44.

　　[69]　Siehe *Canaris*, Auslegung（2002, Fn. 18），S. 68.

　　[70]　Siehe *Canaris*, Gemeinsamkeiten（2006, Fn. 24），S. 44.

　　[71]　Siehe *Canaris*, Gemeinsamkeiten（2006, Fn. 24），S. 46.

　　[72]　Siehe *Canaris*, Auslegung（2004, Fn. 24），S. 158 f. und *Canaris*, Auslegung（2002, Fn. 18），S. 70 u. 73.

　　[73]　Siehe *Canaris*, Gemeinsamkeiten（2006, Fn. 24），S. 59.

　　[74]　Siehe *Canaris*, Auslegung（2002, Fn. 18），S. 80. 卡纳里斯对欧洲法院（EuGH）指出的欧盟法上的法的关系表示怀疑。*Canaris*, Der EuGH als zukünftige privatrechtliche Superrevisionsinstanz?, in: EuZW 5（1994），S. 417.

解释的结果是违宪的，但又是符合指令的，……那么人们应当努力在宪法层面进行符合指令的解释。"[75]

这听起来是清楚的。指令优先于宪法。然而，卡纳里斯再次有利于宪法地变通执行了该明确规定。指令不能强迫宪法性*违法*（*contra ius*）。[76] 其只能作为宪法解释时的*衡量论据*。因此出现"硬碰硬"的情形时，发挥作用的是向创制宪法者的呼吁，但不具有司法性权力。卡纳里斯坚持将宪法作为国内法的最终标准。

1013

四、宪法与私法

卡纳里斯不仅仅在方法上讨论了宪法与私法的关系。其视角甚为广泛，亦从根本上讨论了宪法与私法的教义关系。本文再次见证卡纳里斯思维既锐利又合理的明晰性。[77]"你现在告诉我，你是如何看待宪法的？"他对私法学者提出的这一棘手问题进行了详细研究，[78]但此处只能给出简要回应。

1014

卡纳里斯认为**立法机关（Legislative）**直接与基本权利联系在一起。这当然也适用于"私法立法者"。[79] 相反，卡纳里斯认为"间接"的第三人

1015

---

[75]　*Canaris*, Auslegung（2002, Fn. 18），S. 80.

[76]　Siehe *Canaris*, Auslegung（2002, Fn. 18），S. 80.

[77]　属于这一主题领域的尤其是 *Canaris*, Grundrechte（1999, Fn. 37）和 *Canaris*, Grundrechte（1984, Fn. 18）。此外亦参见以下两者的讨论：*Schwabe*, Grundrechte und Privatrecht, in: AcP 185（1985），S. 1-8 和 *Canaris*, Erwiderung, in: AcP 185（1985），S. 9-13. 其他还有 *Canaris*, Grundrechtswirkungen（1989, Fn. 18），S. 161-172 和 *Canaris*, Verstöße（1987, Fn. 18）。对此的反对意见参见 *Ramm*, Drittwirkung und Übermaßverbot, in: JZ 43（1988），S. 489-493 和 *Wieser*, Verstößt §105 BGB gegen das verfassungsrechtliche Übermaßverbot?, in: JZ 43（1988），S. 493 f., 以及卡纳里斯后记 *Canaris*, Zur Problematik von Privatrecht und verfassungsrechtlichem Übermaßverbot, in: JZ 43（1988），S. 494-499。关于以合同自由为例的过度禁止（Übermaßverbot）见 *Canaris*, Verfassungs-und europarechtliche Aspekte der Vertragsfreiheit in der Privatrechtsgesellschaft, in: Wege und Verfahren des Verfassungslebens. Festschrift für Peter Lerche zum 65. Geburtstag, hg. v. Badura u.a., München 1993, S. 874-891。

[78]　*Fezer*, Diskriminierende Werbung-Das Menschenbild der Verfassung im Wettbewerbsrecht, in: JZ 53（1998），S. 265-275, 267.

[79]　Siehe *Canaris*, Grundrechte（1999, Fn. 37），S. 16 ff., 21 f., 91 auch siehe *Canaris*, Grundrechte（1984, Fn. 18），S. 245; *Canaris*, Grundrechtswirkungen（1989, Fn. 18），S. 162 und *Canaris*, Verstöße（1987, Fn. 18），S. 993 f.

效力（Drittwirkung）属于"神秘的"概念。[80] 卡纳里斯对此发展出了他自己的一套理论。涉及直接约束的第一步论证，显然卡纳里斯借助的是*解释规准*：《德国基本法》第 1 条第 3 款的语义很明确，结果同时已经得到客观目的论上的证成[81] 且最终得到历史与体系上的保护。[82]

1016　　同样，此等直接约束也适用于**司法机关（Judikative）**。这"并不仅仅"源自《德国基本法》第 1 条第 3 款中明确的法官约束。[83] 相反，"具有具体内容的司法解释"才能填充"制定法"，如此才能实现司法对基本权利的有效保护。[84] 然后结果上适用："此等作为规范设想的裁判理由（ratio decidendi）在其作为干预禁止与保护要求之'正常'功能上受制于……基本权利的约束。"[85]

1017　　而卡纳里斯对**私法主体（Privatrechtssubjekte）**所受约束并非直接进行建构，而是以"曲线救国"的方式。[86] 在私人空间，基本权利的功能仅在于其作为保护要求的功能。[87] 国家受制于一种"义务……目的在于保护每个公民免受来自另一位公民对其基本权利所保障的法益的伤害"。[88] 一如作为"神秘的理论"（dunkle Lehre）的"间接的第三人效力"，卡纳里斯反驳了"辐射效力"（Ausstrahlungswirkung）的"形象的转变"（bildhafte Wendung）。"鉴于与之相关的模糊性"，此等转变"在教义学上不再被视为一种困境的解决方案"。[89] 最终卡纳里斯发现了在私法框架之下的基本

---

[80] Siehe *Canaris*, Grundrechte（1984, Fn. 18），S. 212 und *Canaris*, Grundrechte（1999, Fn. 37），S. 16.

[81] Siehe *Canaris*, Grundrechte（1999, Fn. 37），S. 11, 14 u. 91 und *Canaris*, Grundrechte（1984, Fn. 18），S. 203 ff.

[82] Siehe *Canaris*, Grundrechte（1999, Fn. 37），S. 11 ff. u. 91.

[83] Siehe *Canaris*, Grundrechte（1999, Fn. 37），S. 92.

[84] Siehe Canaris, Grundrechte（1999, Fn. 37），S. 23 ff. u. 92; und siehe *Canaris*, Grundrechtswirkungen（1989, Fn. 18），S. 162.

[85] Siehe *Canaris*, Grundrechte（1999, Fn. 37），S. 92.

[86] Siehe*Canaris*, Grundrechte（1999, Fn. 37），S. 33 ff. u. 93 und *Canaris*, Grundrechtswirkungen（1989, Fn. 18），S. 162; *Canaris*, Meinungsfreiheit（1999, Fn. 38），S. 417.

[87] Siehe*Canaris*, Grundrechte（1999, Fn. 37），S. 37 ff. u. 93; auch Siehe *Canaris*, Grundrechte（1984, Fn. 18），S. 225 ff. u. 245 und *Canaris*, Meinungsfreiheit（1999, Fn. 38），S. 418 f., 421 ff.

[88] Siehe *Canaris*, Grundrechte（1999, Fn. 37），S. 94.

[89] Siehe*Canaris*, Grundrechte（1999, Fn. 37），S. 93, 32 与 详 细 内 容 S. 30 ff.; 进 一 步 参 见 *Canaris*, Grundrechtswirkungen（1989, Fn. 18），S. 164 u. 167 和 *Canaris*, Meinungsfreiheit（1999, Fn. 38），S. 430。

权利更弱的效力。[90] **在教义学上（dogmatisch）**，应当根据基本权利的事实构成的开放性，探明在相关因素的**相互衡量作用**中（in einem **abwägenden Zusammenspiel**）的国家保护义务。在卡纳里斯看来，属于此类义务的有干涉的违法性、基本权利所保护的法益、私法主体在基本权利法益上的依赖、基本权利的次序与形式、干涉的严重性、危险的强度，等等。[91] 换句话说：起决定作用的是保护义务中要素的"*动态体系*"。[92] 然而其中卡纳里斯又指出，根本上应当在基础的法（das einfache Recht）上实现保护义务，[93] 立法在此所剩下的只有一种转换解释"可能"。[94]

五、解释与民法

尽管有一些小的断层，但是卡纳里斯的解释理论构成了一种具有一致性的复杂体系。然而其基础在于一种很难驳倒的、辩证的、动态的可靠性（Plausibilität）。经典的**解释规准（canonnes）**在卡纳里斯看来首先是"**论据**"（**Augemente**）。其通过使用商谈公式（Diskurs*formeln*）保障了合理的法律论证。卡纳里斯甚至借助于**"权重规则"（Gewichtungsregeln）**梳理了上述"论据"的能力。卡纳里斯将*目的（telos）*作为最大权重，文义权重居中，历史与外部体系权重最小。相反，尖锐的**"优先性规则"（Vorrangregeln）**表达的是一类明确的规范，其并没有让解释人在特定解释方法竞合时进行衡量和选择。其仅在极其特殊的情形才得以适用。对于此等方法设置，卡纳里斯是借助于一种**"目的论上的可靠性控制"（teleologischen Plausibilitätskontrolle）**进行评鉴，这种控制正是在仔细巡查粗略的非正义。对此卡纳里斯并没有透露相关标准。

卡纳里斯认为，*解释规准*的**形式合理性（formale Rationalität）**受制于一种第二性的目的论的或**受价值约束的合理性（wertverbundene Rationalität）**。仅在个案中，解释规准规则作为论据才能被衡量——当

1018

1019

[90]　*Canaris*, Grundrechte（1999, Fn. 37）, S. 43 ff. u. 91. 以及例证：*Canaris*, Meinungsfreiheit（1999, Fn. 38）, S. 432。

[91]　Siehe*Canaris*, Grundrechte（1999, Fn. 37）, S. 74 ff., 78 ff. u. 97 f.; *Canaris*, Grundrechtswirkungen（1989, Fn. 18）, S. 163。

[92]　Siehe *Canaris*, Grundrechte（1999, Fn. 37）, S. 80, 98 u. 78 ff.

[93]　Siehe *Canaris*, Grundrechte（1999, Fn. 37）, S. 80 ff.; auch Siehe *Canaris*, Grundrechte（1984, Fn. 18）, S. 227.

[94]　Siehe *Canaris*, Grundrechte（1999, Fn. 37）, S. 83 ff., 62 ff., 98.

然这一衡量缺少方法上的可核验的规则。而且，初步（*prima facie*）适用的"权重规则"亦无能为力。这些权重规则仅能决定一般性的指南，指南在具体情形中总是被重新进行讨论。在裁判上，论据在一种**"动态体系"**（**bewegliches System**）中共同作用并仅形成*临时*（*ad hoc*）的结果。此外，卡纳里斯将不确定的而且几乎不能被掌握的规范*目的*封为最高的*规准*。在一种相似的角色中，卡纳里斯也重构了**基本权利与私法（Grundrechte zum Privatrecht）**的教义关系。在教义上，卡纳里斯将基本权利的私法效力严格地限定于其作为"保护命令"的功能之中，但是具体的"保护需求"在模糊的"动态体系"中被重构了。

1020　　这种**双重合理性的辩证法（Dialektik zweier Rationalitäten）**最终也影响了对私法和宪法或者欧洲指令之间的关系的确定。在私法的边界上，解释规准的作用是作为私法的守护者。尽管存在宪法和指令的优先性，但是法官和教义学家仍一再过度使用"语义和目的"的"双重标准"，用以针对公法的命令。在冲突情形中，宪法只会导致某个规范被取代，指令无法超越规范的*现行法*（*lex lata*）界限。因此，宪法和指令仅在（私法释明的）语义和目的之内发展出了其影响力。如果宪法和指令跨越了语义和目的，那么其便失去在法上的权力，并且，私法的续造需要遵循**私（法）的逻辑**（**Logiken des Privaten**）。

1021　　在**私法的续造（Fortbildung des Privatrechts）**中，卡纳里斯现在将其"双重合理性"的影响继续向内部法的纵深拓展。"双重合理性"已经接近非合理性的无限的空间。对于解释规准方法上的合理性与论证—衡量上的合理性的平衡"博弈"，在解释框架内它们最终进入了原则和其现实性在法律上不确定的空间。卡纳里斯的法的辩证方法在此发展到顶峰，其中法官和教义性科学协同合作，共同"创造法"。[95]

六、法律原则与法律续造

1022　　卡纳里斯在其博士论文与教授资格论文当中已经谈及了法律原则和法律续造的问题。以《论制定法中漏洞的确定》（Feststellung von Lücken im

---

[95] 卡纳里斯关于科学和实践的关系的观点仅见于其短论文：*Canaris/R. Schmidt*（2011, Fn. 11）。关于"法律—制造"（Recht-Fertigung）的概念见 *Wiethölter*, Zum Fortbildungsrecht der（richterlichen）Rechtsfortbildung. Fragen eines lesenden Recht-Fertigungslehrers, in: KritV 3（1988），S. 1-28。

Gesetz）和《法学的体系思维和体系概念》（Systemdenken und Systembegriff in der Jurisprudenz）为题的这两本论著，构建了一种轮廓清晰的原则和法律续造理论，其远超出了（单纯的）实在法。[96] 前述论著也一样得益于卡纳里斯犀利的分析，而这同时也避开了各个原则理论神秘的一面。

卡纳里斯清晰地勾勒了法律续造的领域。其一方面严格界定了**超法的法律续造（Rechtsfortbildung praeter legem）**和解释，另一方面严格界定了前者与不被允许的*违法*的法律适用。其中，卡纳里斯当然知晓续造和解释之间可渗透的边界，但是其坚持将二者的区分作为分析的工具。[97] 经典的是，卡纳里斯以实在法的"有违计划的不完备性"的**漏洞**，开启了其法律续造理论。[98] 这种"不完备性"区分了法律续造和解释，而"有违计划"所区分的是超法的法律续造和不被允许的违法的法律创制。[99] 帮助卡纳里斯作出这种双重区分的两个概念是：**"可能的语义"（mögliche Wortsinn）**表征的是完全和不完全、无漏洞和漏洞、解释和续造之间的区别；[100] 关键语词**评价**能够实现对合乎计划和有违计划、*超法（praeter legem）*和*违法（contra legem）*、被允许和不被允许的法律续造之间的区分。[101] 卡纳里斯并没有将评价概念当作空洞的形式来使用。已经被从规范上加以理解的"计划"需要依据作为"整体法秩序"的全部现行法的标准来探究。[102] 这既不是个别独特的制定法目标，也不是确定此等评价计划的"法外的"评价。[103] 个别独特的制定法目标和"那些法学家"的"法外的"评价都越过了（一般的）法。虽然也许还有缺陷，但是已经无法从法律上加以修正，在这里

1023

---

[96] Siehe *Canaris*, Lücken（¹1964 u. ²1983, Fn. 3）.但中心仍是对《法学当中的体系思想和体系概念》（Systemdenken und Systembegriff in der Jurisprudenz）的研究（¹1969 u. ²1983, Fn. 3）。

[97] Siehe *Canaris*, Lücken（¹1964 u. ²1983, Fn. 3），§10.

[98] Siehe *Canaris*, Lücken（¹1964 u. ²1983, Fn. 3），§§3, 19; 卡纳里斯将实在法理解成"其可能性文义界限之内"的制定法和习惯法（同上）。对漏洞概念构想表示怀疑的是 *Herschel*, Rezension zu Canaris'Feststellung von Lücken im Gesetz, in: AuR 14（1966），S. 180。

[99] Siehe *Canaris*, Lücken（¹1964 u. ²1983, Fn. 3），§§6 ff. u. 20 ff.

[100] Siehe *Canaris*, Lücken（¹1964 u. ²1983, Fn. 3），§§10, 6 u. 8; auch siehe *Canaris*, Auslegung（2004, Fn. 24），S. 155 und *Canaris*, Gemeinsamkeiten（2006, Fn. 24），S. 51.

[101] Siehe *Canaris*, Lücken（¹1964 u. ²1983, Fn. 3），§§20 u. 3 f.

[102] Siehe *Canaris*, Auslegung（2002, Fn. 18），S. 84; *Canaris*, Lücken（¹1964 u. ²1983, Fn. 3），§§28, 29, 34 u. 47.

[103] Siehe *Canaris*, Lücken（¹1964 u. ²1983, Fn. 3），§28, 删去了原文献表示强调的格式。

便开启了法政策。[104]

1024　　在法和不法、解释和续造之间清晰的区分关系中，听起来已经存在一种"隐秘的"同义重复（„heimliche" Tautologie）。卡纳里斯将法律续造理解为基于法（即根据整体法秩序）的法（不是作为法外的法律续造）。漏洞发现和填补在卡纳里斯看来乃并行不悖，并最终依据原则性的法理念和超实证的法理念得以确定和填补。[105]"作为基于法的法的法"（Recht als Recht durch Recht）被维特豪尔特（Wiethölter）当作所有法的根本性同义重复。[106]当然，在所有卡纳里斯著作中的明确性上，上述方法上的同义重复并不明显。卡纳里斯并未对此进行详细论述，而是将基础的法（das einfache Recht）的线网交织于诠释学的范围之中，并一直提升到法理念之上。其中方法上的同义重复并不在于"独立自主的"人民之手，而在于专家和哲人的支配权之中，同样亦为良善的或"正当的"法律人所掌握。[107]

1025　　此外，从理念论上对法的阐明作为更高理念的表达，在卡纳里斯看来乃决定着**基础的法和实在的法**（**das einfache und positive Recht**）。这亦承载于原则之中。当然，这种解释并不在于制定法的表层，即以"原则性的法条"之形式。[108]实在的制定法总是仅表达一种未明示的理念，其构成了更深更内在的存在的外观。对于"获得实在法的一般原则"的形而上的理解，卡纳里斯明确表述为：

　　　"实在法并非穷尽于其梳理与个别评价；而此类梳理和个别评价存在

---

[104]　Siehe *Canaris*, Lücken（¹1964 u. ²1983, Fn. 3），§21.

[105]　这是卡纳里斯博士论文的一个重点。漏洞的确定和填补不应当作为两种不同的过程进行考虑，而是相互之间紧密交织在一起。此等关于漏洞确定和填补的"内在"连接，是被卡纳里斯用来证明其区分出的不同漏洞种类［"禁止拒绝裁判式漏洞"（Rechtsverweigerungslücken）、"目的上的漏洞"（teleologische Lücken）、"原则的漏洞和价值的漏洞"（Prinzip-und Wertlücken）］。*Canaris*, Lücken（¹1964 u. ²1983, Fn. 3），§§136-162.

[106]　Nur siehe *Wiethölter*, Zur Regelbildung in der Dogmatik des Zivilrechts, hg. v. Herberger u.a., Generalisierung und Individualisierung im Rechtsdenken, Stuttgart 1992, S. 222-240, 229 und *Wiethölter*, Zur Argumentation im Recht: Entscheidungsfolgen als Rechtsgründe, hg. v. Teubner, Entscheidungsfolgen als Rechtsgründe, Baden-Baden 1995, S. 89-120.

[107]　当然卡纳里斯拥护（民主的）人民作为统治者，仅参见 *Canaris/R. Schmidt*（2011, Fn. 11）。

[108]　关于"原则性法条"的"规定技术"见 *Rückert*, Das Bürgerliche Gesetzbuch-ein Gesetzbuch ohne Chance?, in: JZ 58（2003），S. 749-760, 753 f.。

的背景是深入的秩序见解和基础评价：法律（lex）及立法理由（ratio legis）
背后是法理（ratio iuris）。只有这种'内部体系'才保障了法秩序的统一性
和连贯性。"[109]

卡 纳 里 斯 令 人 惊 讶 地 试 图 靠 近" 本 真 性 的 隐 语 "（Jargon der　　　1026
Eigentlichkeit）。[110] 在实在法的"背景"中，卡纳里斯主张一种"深层秩序"。
"基础评价"和"法理"停顿于一种肤浅的"法律"（lex）和"立法理由"
的"背后"。卡纳里斯因而并未将自由的、政策上设定的法条置于实在的
中央，而是将其置于一种**意义整体（Sinnganzes）**。这种意义整体在清晰可
见的文本之下存在上述所谓"内部体系"。

超实证的取向亦影响了卡纳里斯确立的漏洞种类，并因此影响了整　　　1027
个法律续造。即便在"**规定漏洞和拒绝裁判式漏洞**"（**Anordnungs- oder
Rechtsverweigerungslücken**）上——源自"实在法规定的适用请求权"的
漏洞，仍总是存在"评价性要素"，其在卡纳里斯看来始终是一种超实
证性要素，即便其"极其弱小"。[111] 这一"评价性要素"在"**目的漏洞**"
（„**teleologischen Lücken**"）上明显地"从根本上得以强化"。[112]

然而，在基于"一般法律原则"的漏洞确定中（**Lückenfeststellung**　　　1028
aufgrund von„allgemeinen Rechtsprinzipien"）卡纳里斯的续造理论达到了
评价和形而上的巅峰。卡纳里斯在此直接援用了一种"法理念"和"事物
本质"。[113] 法律原则的获取与合法化取决于*实证上*不可理解的法理念。然
而卡纳里斯知晓原则，各个原则附近有众多理性上不可控的价值。因此，
卡纳里斯依附的是他的这一合理性要求，主张原则的诚实性。卡纳里斯
对**原则的"合理性评价的"优越性**（„**rational-wertende**" **Überlegenheit von
Prinzipien**）之期望仍是纯粹的：

---

[109]　*Canaris*, Lücken（¹1964 u. ²1983, Fn. 3），§89, 斜体部分为原文献所强调。对此进一步
参见 *Canaris*, Systemdenken（¹1969 u. ²1983, Fn. 3），S. 46。

[110]　对此概念施以影响的是 *Adorno*, Jargon der Eigentlichkeit, in: *Adorno*, Gesammelte Schriften
VI, hg. v. Tiedemann, Frankfurt am Main 2003（zuerst 1964），考虑了海德格尔（Heidegger）。

[111]　Siehe *Canaris*, Lücken（¹1964 u. ²1983, Fn. 3），§§118 u. 62.

[112]　Siehe *Canaris*, Lücken（¹1964 u. ²1983, Fn. 3），§118.

[113]　*Canaris*, Lücken（¹1964 u. ²1983, Fn. 3），§118.

"一边是价值，一边是概念，原则正好居于中间：概念已经被充分界定，以便将法律后果囊括在内，因此也就拥有了一件专门的法律外衣，价值则并未被充分固定，以便将评价隐藏于己身。"[114]

1029　　　　**原则（Prinzip）**所塑造的是一种法上的超级武器的形象。一方面，其是一种指示法上方向的指针；另一方面，作为概念，既不固定又不容易利用。其价值性并未超过法而进入伦理层面，但其始终对正确事物保持开放之耳。法的许多张力和矛盾，比如价值性和概念性，固定性和松弛性，静止性和富有活力性，伦理性和法律性，都被原则囊括于一身。这一切听起来不可思议。的确，这必然令人疑惑。

1030　　　　卡纳里斯并没有期待对原则保持原状。其根据三种其他的特征把**原则的概念（Begriff des Prinzips）**勾勒得更为清晰：一是原则不能无例外地适用，因为原则可以同其他原则在价值内容上存在竞合；[115] 二是原则并不具有"排他性请求权"，而是"在相互补充与限制之间的配合之下才发展其真实的意义内涵"；[116] 三是原则需要"通过次位的原则和含有独立事实内容的个体评价实现具体化"。[117] 在这一水平线上，即与其他原则竞合之时，原则依赖于一种永久性的（*原则性的*）平衡。在这种情形下，虽然存在根本性指针，但是只有当在具体情形中与其他矛盾原则相冲突时，其才拥有*价值*。在纵向层面，竞合原则处于一种原则序列（次位原则、个体评价）之中。在这里，原则理性才具有了现实性。在这种评论上，卡纳里斯已经保证了原则合理性的限制。始终缺乏确定性的预设是，将一些原则置于"动态体系"之中。即便这些原则设定了一种方向，但这些原则只有通过分析"具体的"问题才能指明正确的路径。

1031　　　　同样地，原则的合理内容依赖于衡量的第二合理性，将其合法性和认识论交托于一种理念论的形而上学。卡纳里斯提出的**原则获取的替代方案（Alternativen der Prinzipiengewinnung）**亦陷入纯理论的语言游戏之中：

---

[114]　Siehe *Canaris*, Systemdenken（¹1969 u. ²1983, Fn. 3），S. 52, 对原文献强调的内容作了调整。Auch siehe *Canaris*, Lücken（¹1964 u. ²1983, Fn. 3），§113; *Canaris*, Bereicherungsausgleich（1973, Fn. 3），S. 857.

[115]　Siehe *Canaris*, Systemdenken（¹1969 u. ²1983, Fn. 3），S. 53, *Canaris*, Lücken（¹1964 u. ²1983, Fn. 3），§87.

[116]　Siehe *Canaris*, Systemdenken（¹1969 u. ²1983, Fn. 3），S. 53 u. 55; 进一步亦见 *Canaris*, Lücken（¹1964 u. ²1983, Fn. 3），§87; *Canaris*, Funktion（1993, Fn. 4），S. 383 与 *Canaris*, Theorienrezeption（1992, Fn. 4），S. 74。

[117]　Siehe *Canaris*, Systemdenken（¹1969 u. ²1983, Fn. 3），S. 57, 删除了原文献表示强调的格式。

"纯粹消极的结论，即原则不得违反现行法，同时还不足以证明将其作为法的组成部分。……因此对此需要的是积极证明，即一种普遍性原则基于一种特殊的效力基础要求的是有效性。对此主要有三种可能：作为评价秩序思想或者内部秩序思想的原则是实在法固有的，且原则只是不完美地呈现在实在法之中这一结论；将原则追溯到法理念；最后从物的本质中获得原则。"[118]

原则获取的中心关键词是**内在性（Immanenz）、理念（Idee）和本质（Natur）**。尽管卡纳里斯对此进行了不太危险的包装，例如"实在法"的内在性、一种"法理念"或一种"事物本质"，但是卡纳里斯的原则核心的可用性不在于政策、实在性与后形而上学（postmetaphysisch）层面。而且卡纳里斯在此亦不支持以实在法为基础的法的表面现象。任何原则均取决于**不明确的法理念的思辨性关联（spekulatives Faden einer ungreifbaren Rechtsidee）**。[119]

上述理念论的法律论证不仅影响了卡纳里斯的论证语言和法定化语言，而且，推动卡纳里斯原则起源的**归纳方法（induktive Methode）**亦停留在抽象推论的逻辑，即卡纳里斯确信的是，作为"标准……在此首先又是从现行法中进行提取"，但是卡纳里斯知晓超越实在法的评价行为，此等行为伴随着从特殊法条到普遍性原则的每一个归纳性结论。[120]因此，卡纳里斯从来都不放弃"通过援用这两种其他的适用标准"对原

1032

1033

[118] *Canaris*, Lücken（¹1964 u. ²1983, Fn. 3），§88, 斜体部分为原文献所强调。

[119] 针对法理念中的体系基础的批判亦有 Grimm, Rezension zu Claus-Wilhelm Canaris, Systemdenken und Systembegriff in der Jurisprudenz, in: AcP 171（1971），S. 266-269, 266。在这种关联上也体现了卡纳里斯经常找到的对形而上学框架下的"法伦理"的参考。Siehe *Canaris*, Vertrauenshaftung（1971, Fn. 3），S. 301.

[120] Siehe *Canaris*, Lücken（¹1964 u. ²1983, Fn. 3），§92 u. vorher §§90 f. §93. 卡纳里斯是基于归纳法来获取"具体规范中的法原则"。对此等从个别规范中获取原则的相应批判见 Esser, Grundsatz und Norm in der richterlichen Fortbildung des Privatrechts, 1. Aufl. Tübingen 1956, 4. Aufl. 1990, S. 161 f.: "在编纂的体系意义上，现在存在可以证成的、一种明显使'它的'原则变得绝对化之趋势。法学总喜欢将建构原则和评价原则在其文本上进行普遍化，其希望仅在并不重要的原则上得以体现，以便法学能够依据作为法典原则的法律生活的需要进行扩展。"人们"发展出一种有目的的改写技术，此等技术将单个的法律地位作为代理表达，并针对一项原则或一种普遍新兴法律思想。此等'来自体系'的证明同时书面确认了形式上的文本服从以及'严格逻辑的'体系忠实。人们把事实上判例获得的认识和经验强于法典，目的在于将该等认识和经验作为体系的最高原则进行涵摄评价"。

则进行"保障"，此处两者系指法理念和事物本质。[121] 原则的内容和适用基础不仅在这种形而上学的思维模式之下得以存在，而且归纳方法亦受制于形式逻辑。在成文的法当中对法的再发现之前，法总是被认为已经被理想化地制定出来。[122]

七、"动态体系"

在"动态体系"中，卡纳里斯最终将其法律原则关联到一种秩序，卡纳里斯用该秩序去对抗20世纪60年代和70年代中人们对法和理性的怀疑。这种目的论上开放的和结构上动态的体系在卡纳里斯那里是一种合理的和正确的形式，同时也是"深入"与"内部"的形式（Form）。[123] 在单纯概念性、非动态封闭式和外在的法体系之外或之下，允许存在一种"更佳的"法学与一种"更为正确的法律"。卡纳里斯首先将"动态体系"的"目的论"**结构作为在反命题上对抗"形式逻辑的"**体系。[124]"动态体系"乃受制于"合乎评价的一致性与法秩序内在统一性之思想"。[125] 在法体系概念上，法的目的因素（das teleologische Moment des Rechts）本身就应当得以填补和塑造，目的在于使法能够保持其理性以及因此不至于失去科学性要求。[126] 否则，即将发生的是"无价值的"研究或不具有约束性的论题式的个案透视。[127]

---

[121] Siehe Canaris, Lücken（¹1964 u. ²1983, Fn. 3），§92. 最终卡纳里斯亦将"事物本质"内容回归到其法理念之上，同上 §109。法原则亦仅仅来源于"法理念"。但对此还需要"与实在法的一致性"，同上 §99。

[122] 当然，卡纳里斯没有意图对法理念"联结在一起的方法上的不确定性和危险"予以否定，其甚至指明了"评价要素"的"特别强大的主观性的基本要素"，见 Canaris, Lücken（¹1964 u. ²1983, Fn. 3），§106。然而这并不妨碍卡纳里斯对模式根本的正当性和客观性的坚持。

[123] 原则上赞成 Rittner, Zur Systematik des Wirtschaftsrechts, in: Entwicklungstendenzen im Wirtschafts-und Unternehmensrechts, in: Festschrift für Horst Bartholomeyczik zum 70. Geburtstag, hg. v. W. Harms u.a., Berlin 1973, S. 319-336, 321, Fn. 8; 然而，根本上的限制为："不同于卡纳里斯，……笔者仅更多地强调法条（Rechtssätze）。"

[124] Siehe Canaris, Systemdenken（¹1969 u. ²1983, Fn. 3），S. 41 ff.

[125] Siehe Canaris, Systemdenken（¹1969 u. ²1983, Fn. 3），S. 40. 此等"整体性和结果正当性"后来被卡纳里斯封为其"科学的主旨"。Siehe Canaris, Dankesworte（1998, Fn. 4），S. 195.

[126] Siehe Canaris, Systemdenken（¹1969 u. ²1983, Fn. 3），S. 43, 41 u. 45.

[127] Siehe Canaris, Systemdenken（¹1969 u. ²1983, Fn. 3），S. 44.

在这种"概念法学的"体系以及仅以问题为导向的论题中，卡纳里斯指出了两种方案，而其并非具有替代性。其中，卡纳里斯将其体系*目的*以"超验的"——"被超验的"路径进行了合法化。"动态体系"是"法律思维的可能条件"，同时产生于"特殊证据的结果"。[128]

除了此等原则性评价的目的论体系——其仅能满足对具有目的的法作*合理的*理解，现在出现的是**法秩序的开放性规划与结构（ offene Anlage und Struktur dieser Ordnung des Rechts ）**。这种开放的规划结构赋予了"动态体系"一种绝对和一成不变的形而上学的特征：

> "法律体系对新的洞见保持开放，因为法认知的过程从未封闭过；而且，由于通过立法者、私法和法学的法律续造过程持续进行着，法律体系对于新的规范和评价的深入亦保持开放。"[129]

卡纳里斯因此形成了一种两面的或**双重开放的"法律体系"（ doppeltes offenes „juristisches System"** ）。一方面，此等体系在*认识论上*从来都不曾完全得以使用，并且，其始终是一种"草案"（Entwurf）：[130] 科学理论形成的根本上的易谬性（Fallibilität）妨碍了一种永恒的法认知。[131] 另一方面，该体系在*规范上*是非封闭的：法应当始终作为历史性的文化产品在变迁中被加以理解，并且其总是产生新的理论创造。[132] 此等关于法在认知理论和规范上的开放性的解析型区分，在此被卡纳里斯作了辩证补强。虽然法的认知首先来自它的规范变迁，[133] 但是体系认知"不仅（是）一般法意识的转型"的前提条件，而且该认知亦"本身表达了"具体化的结构之中的变

1035

1036

---

[128]　Siehe *Canaris*, Systemdenken（ ¹1969 u. ²1983, Fn. 3 ），S. 45 u. 43.

[129]　*Canaris*, System（ 1986, Fn. 28 ），S. 104. Auch siehe *Canaris*, Systemdenken（ ¹1969 u. ²1983, Fn. 3 ），S. 62-64. 对此根本上予以追随的是 *Raiser*, Die Zukunft des Privatrechts, Berlin u.a. 1971, S. 8 f., Fn. 2, S. 37。

[130]　Siehe *Canaris*, Systemdenken（ ¹1969 u. ²1983, Fn. 3 ），S. 62.

[131]　Siehe *Canaris*, System（ 1986, Fn. 28 ），S. 104.

[132]　Siehe *Canaris*, Systemdenken（ ¹1969 u. ²1983, Fn. 3 ），S. 63 f. Und *Canaris*, System（ 1986, Fn. 28 ），S. 104.

[133]　Siehe *Canaris*, Systemdenken（ ¹1969 u. ²1983, Fn. 3 ），S. 66.

化。[134] 不仅是法影响着法的知识，法的知识也影响着法。卡纳里斯**从辩证法上构建了开放性体系**。通过法学和司法对法的解释不仅取决于既有的法，而且其亦在科学——实践的法制造（Recht-Fertigung）中被生产和创制。法政策则被忽略掉。

1037　　　　然而，卡纳里斯概念体系的根本特征并不在于辩证的开放性，而是**体系内容的动态性（Beweglichkeit der Systemteile）**。在这种"动态体系"中，卡纳里斯基于从根本上确定并限制的要素数量（例如原则或正义标准）将法组合出来。[135] 上述要素不得简单地根据比例衡量随意扩充。[136] 在此等要素之间并不存在层次顺序，而是"*根本的层次平等与交互式的可互换性*"。[137] 由此，要素的一种"混合关系"保持可变，并且，不能成为一般的事实构成。[138] 就像*解释规准*一样，体系要素只有在具体的个案中才能共同发挥作用，并且，体系要素是在一种"灵活的博弈"中探明法律后果。[139]

1038　　　　这一几乎完全排除了事实构成的、可变的和开放的结构，几乎将"动态体系"完全带回到论题学，即自菲韦格（Viehweg）1953 年的开创性著作《**论题学与法学**》（**Topik und Jurisprudenz**）问世以来，关于法学对自我

---

　　[134]　Siehe *Canaris*, Systemdenken（¹1969 u. ²1983, Fn. 3），S. 73. 在这种思想过程中，体系的黑格尔学派的结构亦尤其明显。而其也影响了卡纳里斯的语言，见前述文献第72页："然而对客观和科学的体系的理解并不意味着，此处客观体系的变化优先于科学体系的变化；因为在这种情形，司法和学说仅依据理念表达'对其'已经适用的内容。当然，这里以完全特殊的标准清楚表明，人们对客观的法与认识及运用之间的关系——至少在客观的法涉及合于评价的具体化而非单纯涵摄之处——只能理解为辩证的关系。"斜体部分为本书所强调。

　　[135]　关于体系要素见 *Canaris*, Systemdenken（¹1969 u. ²1983, Fn. 3），S. 46 ff. u. 77. 关于"'要素'的限制数量"见前述文献第83页。此等思想亦为这种经常性指示的基础，即体系应建立在"一些较少支持的基础思想"之上，见前述文献第76页和第46页以及 *Canaris*, System（1986, Fn. 28），S. 103 f.

　　[136]　Siehe *Canaris*, System（1986, Fn. 28），S. 104; *Canaris*, Systemdenken（¹1969 u. ²1983, Fn. 3），S. 82.

　　[137]　Siehe *Canaris*, Systemdenken（¹1969 u. ²1983, Fn. 3），S. 75, 斜体部分为原文献所强调。

　　[138]　Siehe *Canaris*, Systemdenken（¹1969 u. ²1983, Fn. 3），S. 82 u. 75; *Canaris*, System（1986, Fn. 28），S. 104.

　　[139]　Siehe *Canaris*, Systemdenken（¹1969 u. ²1983, Fn. 3），S. 76 u. weiter 75 u. 46. 另见 *Canaris*, System（1986, Fn. 28），S. 104; *Canaris*, Vertrauenshaftung（1971, Fn. 3），S. 303. 对原则的"共同——游戏"进行批判的亦有 *Grimm*（1971, Fn. 119），S. 268.

地位的合理认识变得并不可靠。[140] 但是卡纳里斯否定此等回归。作为根本性区别，卡纳里斯阐明了不可变的和优先的裁判要素是处于"动态体系"之中。只是裁判在"动态体系"中仍是不确定的，并非路标。[141] 由此，"动态体系"可以放弃不被喜爱的呆板的事实构成，但没有完全放弃对（即便是不确定的）标准的恪守。此外，"动态体系"并不取代经典的教义式，即非动态的事实构成这一合理性，而是对其进行补强。[142] 然而，卡纳里斯没有关注的是，两个自相矛盾的理念（即论题和体系）所引发的问题。卡纳里斯只强调了"动态"秩序的体系正义：

　　"实际上，人们因而不能将动态体系完全归类于正义的这两种趋势：动

---

[140]　关于论题学根本上见 *Viehweg*, Topik und Jurisprudenz, 1. Aufl. München 1953, 5. Aufl. 1974。关于"动态体系"和论题学之间的关系持非常批判的态度见 *Wiethölter*, Privatrecht als Gesellschaftstheorie. Bemerkungen zur Logik der ordnungspolitischen Rechtslehre, in: Funktionswandel der Privatrechtsinstitutionen. Festschrift für Ludwig Raiser zum 70. Geburtstag, hg. v. Fr. Bauer u.a., Tübingen 1974, S. 645-695, 669, Fn. 26："此……关于卡纳里斯体系思想的法学研究……揭示了法体系的无力；卡纳里斯法学研究不受任何法学理论论证的影响……并且在其方法论简化上发展出的所有细节恰如各个'论题'，而卡纳里斯却对论题辛辣而尖锐地予以拒绝。""动态体系"和论题学的亲缘关系亦有人注意，见 *Simitis*, Die Bedeutung von System und Dogmatik-dargestellt an rechtsgeschäftlichen Problemen des Massenverkehrs, in: AcP 172（1972），S. 131-154, 142 f.："关于请求权的回答是试图发现一种开放的体系。因此教义思想演化成问题思想，法律被理解为对社会现实持续的、从未封闭的反映。"对此细节予以注意的还有 *Viehweg*, Topik und Jurisprudenz, S. 105 ff.。*Wieacker*, Privatrechtsgeschichte der Neuzeit, 2. Aufl. Göttingen 1967, S. 597, Fn. 48："论题学和开放性体系相互之间并不排斥，而是彼此有要求。"卡纳里斯对此等亲缘关系予以否认，见 *Canaris*, Systemdenken（¹1969 u. ²1983, Fn. 3），S. 76-78, 特别是反对论题学的篇章，同上第135—154页以及 *Canaris*, System（1986, Fn. 28），S. 103 f.。同样，*L. Michael*（1997, Fn. 20），S. 92-95 致力于与"动态体系"约束性这一主题相区分。对卡纳里斯的区分持批判态度的有 *Grimm*（1971, Fn. 119），S. 268："卡纳里斯在与菲韦格（Viehweg）及其支持者的论争中并未完全实现对其他通道的水平和理解的维护。……此等法发现的阶段，游弋于规范和事态（Sachverhalt）之间，并很大程度上要求论题思考，而这一阶段完全被隐藏于卡纳里斯体系乐趣之中。"类似的还有 *Wieacker*, Rezension zu Claus-Wilhelm Canaris, Systemdenken und Systembegriff in der Jurisprudenz（1969），in: Rechtstheorie 1（1970），S. 107-119, 117："程序针对论题的论战在此是单方面决定的……"此外还有 *Otte*, Zur Anwendung komperativer Sätze im Recht, in: Das Bewegliche System im geltenden und künftigen Recht, hg. v. Bydlinski u.a., Wien u.a. 1986, S. 271-285, 284 f.。

[141]　见 *Canaris*, Systemdenken（¹1969 u. ²1983, Fn. 3），S. 78 与欠缺的表示意识的例证 *Canaris*, System（1986, Fn. 28），S. 109: 这里"法律后果的形成恰恰并非依赖于个案"。

[142]　见 *Canaris*, Systemdenken（¹1969 u. ²1983, Fn. 3），S. 80, 78 u. 82。亦见对意志欠缺和权利表见责任的阐述：*Canaris*, System（1986, Fn. 28），S. 106 u. 108。其中固定的事实构成排除了一种竞合性的动态体系。

态体系考虑的是概括的趋势，因为其普遍确定了根本性的真实标准，并且，其使具体法律后果依赖于个案情形之中见解的共同作用，目的在于考虑个体化的趋势。其中，动态体系的巨大优势可见一斑：*动态体系体现了法理念的不同要求之间特别幸运的妥协并且……将其'两极'带入衡量的'居中'方案中进行平衡；其避开了呆板规范的严肃论（Rigorismus），同样地其也防止了纯粹公平条款的无外形性。*" [143]

1039   卡纳里斯对其方法理论一度要求过高。"动态体系"既不应是严格体系性的，也不应是论题式无体系的。但其既没有遭受"无外形性"（Konturenlosigkeit）之危害，亦无"严肃论"（Rigorismen）之苦。这听上去像梦想中的和解。卡纳里斯对其"动态体系"没有过多期待吗？卡纳里斯通过"动态体系"的优点亦揭示了其缺点。卡纳里斯低估的不仅仅是法的窘迫，因为他"取消了"法理念的不同的、相互矛盾的"趋势"，即个体和普遍的、公正和比例的、活跃和静止的趋势，而且，卡纳里斯掩盖了各种法律方法论的问题和风险，此处的各种方法论系指总是应当强调确定性或不确定性、方法或正确性、法的安定性或结果合理性、立法者或法官。卡纳里斯接受了上述矛盾的张力，并将这种张力虚幻地缓和于他的"动态体系"之中。[144] 动态体系抽象推论的力量会持续促使对法的非动态要素的补强，并对此等要素辩证地加以改造。[145]

八、法律理论建构与"问题的范式解决方案"

1040   卡纳里斯这一定位于原则和评价之法的方法，最终亦包含他法理的概念和具体情形的概念。此处仅能对此进行略述。[146] 对于**法律的理论构建**

---

[143] *Canaris*, Systemdenken（¹1969 u. ²1983, Fn. 3），S. 83 f.，斜体部分为原文献所强调。

[144] 批判内容见 *Grimms*（1971, Fn. 119），S. 268："一种广泛的体系的存在通过实践关联解决的是严格界分意义上的法律政治和法律适用问题。法学和司法在政治上是无可怀疑的。司法意味着体系上的再次具体推导。"

[145] 以德国损害赔偿法，以及《德国民法典》第254条为例，卡纳里斯亦对此进行了贯彻，见 *Canaris*, Systemdenken（¹1969 u. ²1983, Fn. 3），S. 78 f.。对于"不动体系部分的根本优先"（同上，第78页），卡纳里斯现在借助于第254条论述"动态体系部分的存在"及其针对固定体系部分的优先性。这同样适用于卡纳里斯关于不当得利法的著名评价（对此参见本节第十部分）。

[146] 关于法学理论和法律教义学的一致性见 *Canaris*, Funktion（1993, Fn. 4），S. 391："这是真正理论家的标识，正如我们法律人所习惯表达的教义学家的标志……"对此亦参见 *Canaris*, Theorienrezeption（1992, Fn. 4），S. 61。关于"教义学"概念见前述文献，第74页。

（ juristische Theoriebildung ），卡纳里斯首先描述为：

> "一种法律理论是基于一种或多种规则的融合，前述规则的形式是关于现行法、基本评价以及普遍的法律原则和问题的范式解决方案的见解。"[147]

　　因而有三种要素，可以表征一种法律理论。对现行法进行加工——也就是通过解释和续造所获得的教义原则，附带着一种对评价和问题的理解。在方法—原则上已经发现的法条得到具体的评价观点的支撑，并因此进一步受到纯粹评价的桎梏。[148] 但是卡纳里斯理论构想的第三个要素，**"问题的范式解决方案"**（ paradigmatische Problemlösung ），正处于原则和评价的禁区：

1041

> "因此，最终人们只能理解为对于计划当中的理论运用，即理论的范式方案，以及理论的基础规则，如果人们认识到理论背后的评价的话。"[149]

　　借助于"问题的范式解决方案"的理念，卡纳里斯将目光从抽象规则转向具体运用。但是其并不将个案或案例类型理解为"事实"（ Faktum ）。卡纳里斯在"科学上"通过"范式"问题提出了改良案例，此处的问题提出仅可评价性地得以推断。由此，根本上不容怀疑的"待解决*问题*的共性"作为案例类型之"比较中项"（ tertium comparationis ）并非经验、描述

1042

---

　　[147]　*Larenz/Canaris*, Methodenlehre（³1995, Fn. 8 ），S. 279. *Canaris*, Funktion（ 1993, Fn. 4 ），S. 384.

　　[148]　言简意赅的例证是关于《德国民法典》第 818 条第 3 款框架下的"对待给付不当得利"（ Gegenleistungskondiktion ）的"理论"。见 *Canaris*, Die Gegenleistungskondiktion, in: Festschrift für Werner Lorenz zum siebzigsten Geburtstag, hg. v. Pfister u.a., Tübingen 1991, S. 19-63, 19："据此，下述研究应当努力首先明确决定性的评价标准与尽可能不依赖于理论地解决最重要的问题。"这里的理论独立性系指不借助于法律和教义的支撑。当然存在于不当得利法的"混乱"中的教义——理论的前提条件与法学"正常情形"之下的条件并不一致。但亦见 *Canaris*, Der Bereicherungsausgleich bei Bestellung einer Sicherheit an einer rechtsgrundlos erlangten oder fremden Sache, in: NJW 44（ 1991 ），S. 2513-2521, 2514："鉴于大量的顾虑，其从实践结果出发而与德国联邦最高法院方案相反，故而并不令人惊讶的是，此等方案的教义学基础被证明是脆弱的。"

　　[149]　*Canaris*, Funktion（ 1993, Fn. 4 ），S. 383.

或理论意义之所指，而是作为价值与原则问题之表达。[150] 卡纳里斯寻找的不仅仅是一种随意的普遍性，而是一种*正确性*或*原则上*的普遍性。借助于普遍性，卡纳里斯克服了生活（也即案例、例证、特殊事物）与法（也即规则、原则、普遍性内容）之间的张力，并且从最高法理念直到具体案例和专门问题都贯彻了**原则性的形而上学（Metaphysik des Prinzipiellen）**。而且可理解的是，法和法学两者最小的单元再次在原则的曲径上退回到神秘的法价值。不仅是制定法，而且包括法律理论和教义，最终还有实践案例及其问题均体现了原则思维。依据卡纳里斯的法学观点，居于领导地位的只有原则和价值。一切法律科学（Rechtswissenschaft）将变成原则科学（Prinzipienwissenschaft）。

九、法律续造与民法

1043   在卡纳里斯的法律续造上，其坚持的是**法的双重合理性（doppelte Rationalität des Rechts）**。原则和价值的"动态体系"是法理念的一种具体形式，但其方法论倾向于形而上学和理念论理性的一面。此等"'神秘理性,'[151] 之影响"使得卡纳里斯法学理论疏远了制定法和实在法之合理性。当然*顾名思义（ex defitionem）*，任何法律续造僭越的是实在的——制定的法，但是，至少在理论上，卡纳里斯在特别大的纯理论著述中已经超越了这些约束。

1044   虽然卡纳里斯法律续造理论在分析上明显而清晰地开始于**"可能的词义"的边界（Grenze des „möglichen Wortsinns"）**。但卡纳里斯已经在此等边界背后直接打开了其辩证推理的合理性的全部视域：价值（*目的论漏洞*）和原则（*原则漏洞*）促成了法律续造的标准。卡纳里斯的**原则（Prinzipien）**恰恰暗示了一种简单的合理性，但原则本身又不能坚守此等合理性。人们通过*实在规范或事物本质*追寻原则的起源与法定化相互交织的路径，展示的仅是原则背后的**尚属理念论的法理念（nur noch idealistische Rechtsidee）**。卡纳里斯的原则性法律续造可以要求*诠释学*的可靠性，这种可靠性将卡纳里斯法理念的正确性语义学和真理性语义学从**法律续造的窘境（Aporien**

---

[150]   Siehe *Canaris*, Funktion（1993, Fn. 4）, S. 380. *斜体部分为本书所强调。Canaris*, Theorienrezeption（1992, Fn. 4）, S. 68 und *Larenz/Canaris*, Methodenlehre（³1995, Fn. 8）, S. 279.

[151]   Siehe *Canaris*, Vertrauenshaftung（1971, Fn. 3）, S. VIII u. VII.

der Rechtsfortbildung）中转移出来，并且将其融合到原则的概念中来，此处原则既非固定化的"概念"，亦非毫无轮廓的"价值"。立法和司法、评价和概念、抽象化和具体化、静态和动态、实证化和超实证化之间的张力，在卡纳里斯那里几乎毫无分别地相互交织在一起——而它们同样也被卡纳里斯所"抛弃"。原则上升为司法科学意义上的法律续造的拯救公式，并且，*法的合理性危及原则方法续造和可核验结构的美化*。[152] 从一种极强的原则出发，对于简单的法条仍旧保持何种理由上的权重？

这一类问题在"**动态体系**"（das bewegliche System）中作为原则性法秩序继续存在。在一种"开放的体系"中，此等问题的结构（重构）亦不能平衡具有目的的且具有价值的体系的形而上的结构，此处开放的体系放弃了永恒的真理和正确的要求。此等问题构成的不仅是卡纳里斯法理念的外壳，而且也是其内核。因为此等价值内容应确保法的合理性和合法性。由此，动态体系受制于一种**双重辩证法**（zweifache Dialektik）。一方面，动态体系在一种**理念论秩序**（idealistische Ordnung）中覆盖了实在法的合理性。另一方面，动态体系在一种体系中掩盖了关于"法"的问题，这种体系将**法的自相矛盾**（Antinomien des Rechts）进行协调和取舍。动态体系的功能在于普遍性，恰如一种特殊的正义，而这既非无约束力的论题学亦非固化的体系，其不承认事实构成，但却提供了法律标准：动态体系同时是*公正合理的*。

纯理论的方法自由中的方法约束和动态体系中的制定法约束的辩证法，现在应当借助于一种例证进行阐明。卡纳里斯为平衡多人关系的不当得利而发展出的（参见本节第十部分）评价体系——不同于卡纳里斯所言，并未提供一种法的更高的合理性，而是一种替代性方案。这种辩证法保障的不是更好的教义结论，而是其他。这一论题无法抽象证明。其必须在一个有争议的法律问题上加以检验：责任保险人针对他人之债而非现有之债作出支付情形下的不当得利返还问题（参见本节第十一部分）。在这个例证中，卡纳里斯的评价模型既没有聚焦于方法，亦未聚焦于德国联邦

1045

1046

---

[152] 同样的亦有 *Grimm*（1971, Fn. 119），S. 268："其对此作出的贡献是，掩饰了法发现的本来过程。"对此给予激烈抨击的是 *Rüthers*（1996, Fn. 42），S. 1252 f.。

最高法院的裁判结果。[153]这引爆了一场关于裁判评论家和"评论的评论家"
（Rezensionsrezensenten）之间的不同寻常的尖锐争论，[154]这场争论不仅局限
于上述案例，而且还对不当得利法评价思维引起的教义上的随机性危险进
行了探讨。[155]由此，在例证中亦将目光再次投向民法中"动态"思维的可
能及边界。

十、不当得利法中的评价

1047　　卡纳里斯从实践中发展了其方法论。对卡纳里斯而言，司法和科学的
社会实践的参数内容并不构成方法的外在客体。它们就是方法的一部分并
将方法正当化。正如黑格尔所言，其认真对待的是事实。例证呈现的**不仅
是方法，亦构成其出发点**。

　　属于卡纳里斯的教义学成果的还有三方关系中的不当得利法，这乃由

---

[153]　见德国联邦最高法院第 12 审判庭 1990 年 11 月 28 日的判决（XII ZR 130/89），
BGHZ 113, 62-70。对此持批判态度的是 MüKoBGB/*Lieb*（42004），§812, Rn. 53, 116; MüKoBGB/
Schwab（⁷2017）. Rn. 186-189 u. *Esser/Weyers*, Schuldrecht II. Besonderer Teil. Teilband 2, 8. Aufl.
Heidelberg 2000, S. 60。迟疑性评价见 *Medicus*, Bürgerliches Recht, 21. Aufl. Köln u.a. 2007, Rn. 685. 以
及 Medicus/*Petersen*, Bürgerliches Recht, 25. Aufl. München 2015, Rn. 685。谨慎论证见 Staudinger/
Lorenz（2007），§812, Rn. 44。

[154]　卡纳里斯此处乃作为评论家：*Canaris*, Der Bereicherungsausgleich bei Zahlung des
Haftpflichtversicherers an einen Scheingläubiger, in: NJW 45（1992），S. 868-873; *Martinek*, Der
Bereicherungsausgleich bei veranlaßter Drittleistung auf fremde nicht bestehende Schuld, in: JZ 46
（1991），S. 395-400. 作为论战型"评论的评论家"当属 *H. H. Jakobs*, Die Rückkehr der Praxis zur
Regelanwendung und der Beruf der Theorie im Recht der Leistungskondiktion, in: NJW 45（1992），S.
2524-2529, 2524："因为现在很明显，此等内容（也即不当得利法）达到一种困难的高度，战
胜此等困难给教授们在不当得利法的具体化上提出了过高要求。"作为"评论的评论家"对
此评论道："对于任何人在此均为'过高要求'。……因而属于此类的人，在此均被证明为'过
高要求'？！"[*Martinek*, Die veranlasste Drittleistung oder„Haare in der Suppe", in: NJW 45（1992），
S. 3141-3143 u. *Canaris*, überforderte *Professoren*?!, in: NJW 45（1992），S. 3143-3145, 3145] 对此判
决亦见 *Wertheimer*, Bereicherungsanspruch des Haftpflichtversicherers wegen Zahlung an vermeintlichen
Zessionar, in: JuS 32（1992），S. 284-288 与 *Flume*, Zum Bereicherungsausgleich bei Zahlungen in Drei-
Personen-Verhältnissen, in: NJW 44（1991），S. 2521-2524。接着还可参见后来的讽刺："尤其我们
两人［即卡纳里斯和韦斯特曼（Westermann）］属于不当得利法的不确定的种类……由此我
们创造了一种'被过度生长的'教义学……我们行为的目的在于制造困惑——不是在学生
之间（当然每个学生也可以借助于其他的内容），亦非同事之间！"[*Canaris*, Dankesworte（1998,
Fn. 4），S. 190.]

[155]　见一则抨击：*H. H. Jakobs*（1992, Fn. 154），S. 2524 u. 2529。

卡纳里斯于 1973 年在其老师拉伦茨的祝寿文集的文章中发展而来。[156] 在卡纳里斯 "发现" 一年之后，梅迪库斯（Dieter Medicus）对其如此描述道：

"在其所贡献的理论领域，任何认真研究不当得利法的人都不再能够随意涉足了。"[157]

法学使梅迪库斯的这句名言成了学术法。卡纳里斯的评价呈现了一种法学文献中极少见到的强效用性（Wirkmächtigkeit）。[158] 在卡纳里斯的上述文章中，他借助于*目的*和原则取向的方法工具揭示了不当得利法内在价值体系的秘密。[159] 但是卡纳里斯并没有局限于一种模糊的原则表达。作为外在教义之对称，卡纳里斯形成一种 "引起返还请求权的缺陷" 的概念。[160] 卡纳里斯将其作为针对 "给付" 的法定指导概念置于前沿，此处法定的指导概念在复杂的三方关系中仍为 "通说" 所坚持。[161] 在这一概念背后，卡纳里斯察觉到了未经思考的 "概念法学" 和 "恣意的概念操纵"（willkürliche Begriffsmanipulation）。[162] 作为概念，"引起返还请求权的缺陷" "对于科学和

1048

---

[156] Siehe *Canaris*, Bereicherungsausgleich（1973, Fn. 3）.

[157] *Medicus*, Rezension zu Karl Larenz, Festschrift zu seinem 70. Geburtstag, in: NJW 27（1974）, S. 538-542, 540.

[158] 仅见收录在 MüKoBGB/*Lieb*（42004），§812, Rn. 40 f. 的内容，也常见于 MüKoBGB/*Schwab*（⁶2013），§812, Rn. 54 f.。*Looschelders*, Schuldrecht BT（¹¹2016），Rn. 1144; *Brox/Walker*, Schuldrecht BT（⁴⁰2016），§40 Rn. 9; *Medicus*（²¹2007, Fn. 154），Rn. 667 u. *Medicus/Petersen*,（²⁵2015, Fn. 154），Rn. 667; *Schäfer*, in: Historisch-Kritischer Kommentar zum BGB, Bd. III-2, hg. v. Schmoeckel, Rückert u. Zimmermann, Tübingen 2013, §§812-822, Rn. 151; *Wieling*, Bereicherungsrecht, Berlin u.a. 4. Aufl. 2007, S. 92; *Löwenheim*, Bereicherungsrecht, 3. Aufl., München 2007. 详细论述见 *Esser/Weyers*（82000, Fn. 153），S. 47。与此相似的见 Palandt/*Sprau*（⁷⁵2016），§812, Rn. 54 u. Staudinger-Eckpfeiler/*Martinek*（2014），Teil S., Rn. 42-57。

[159] 见 *Canaris*, Bereicherungsausgleich（1973, Fn. 3），S. 800："内在一致性"（innere Folgerichtigkeit），S. 859："合乎评价的一致性"（wertungsmäßige Folgerichtigkeit）。对此进一步见 *Canaris*, Der *Bereicherungsausgleich* im bargeldlosen Zahlungsverkehr, in: WM 1980, S. 354-371, 368："目的论标准的开放性体系。"

[160] Siehe *Canaris*, Bereicherungsausgleich（1980, Fn. 159），S. 370.

[161] 对 "给付" 概念的批判见 *Canaris*, Bereicherungsausgleich（1973, Fn. 3），S. 799 f., 805, 807, 810, 812, 总结为 S. 857。*Canaris*, Bereicherungsausgleich（1980, Fn. 159），S. 367-370 und *Canaris*, Schuldrecht BT 2/2（¹³1994, Fn. 8），§70 VI 2, S. 248 f.

[162] *Canaris*, Bereicherungsausgleich（1973, Fn. 3），S. 807 以及针对埃塞尔（Esser）的激烈论战（S.811-812）："……特别是当今通说的一些代表如埃塞尔，甚至认为连其特殊的结果的合于评价的证成也不再必要，在最简朴的概念法学的黄金时代的会议中，他直接轻率地认为，不当得利返还的问题应当 '根据不当得利法上的给付概念（！）明确地（！）给予回答'。" 此外亦见 *Canaris*, Schuldrecht BT 2/2（¹³1994, Fn. 8），§70 VI 3 a, S. 249。

最高法官的司法"而言毫无价值，并且被"内部矛盾"所穿透：[163]

"基于此，事实上已经接触到了通说的至弱点。仅其过度复杂性就已经引起对教义上并非完美的怀疑。其概念信赖更加令人意外。尽管概念推导自始至终并非自然地被拒绝，但其条件仍旧是，从目的论上去理解概念，并且依据评价对推导进行控制。"[164]

1049　　　卡纳里斯为三方关系发展出的不当得利法的评价程序，是针对一种"范式问题"（paradigmatischen Problem）：广义理解的指示（der weit begriffenen Anweisung）。[165]三方参与人是债务人、债权人和一名被指示的第三人（也即银行）。债务人和债权人之间的债务关系，债务人和银行之间的"补偿关系"（Deckungsverhältnis），都被称为"对价关系"（Valutaverhältnis）。现在债务人指示第三人（银行），向债权人清偿债务（即应予支付的金钱）。第三人履行了其和债务人之间的补偿关系所致之义务，并履行了对债权人而言的债务人之义务［所谓"给与关系"（Zuwendungsverhältnis）］。因而债务人并没有参与旨在清偿其对价关系中的债务的财产转移。只要三角形的法律关系之一（对价关系、补偿关系或给与关系）在法上存在缺陷，如债务不存在或错误支付，那么财产转移行为就应当被撤销。下文为不当得利法的例证。

1. 原则和评价

1050　　　卡纳里斯对三角问题的教义重构以三个原则（本段加粗部分——译者注）为基础：卡纳里斯思考的核心乃"自我负责"（Selbstverantwortung）。[166]卡纳里斯并未将自我负责与权利主体的意思自治或恣意自治（Willkürautonomie）

---

[163]　Siehe Canaris, Schuldrecht BT 2/2（¹³1994, Fn. 8），§70 VI 3 a, S. 249 u. Canaris, Bereicherungsausgleich（1973, Fn. 3），S. 862 u. 800.

[164]　Canaris, Bereicherungsausgleich（1973, Fn. 3），S. 799.

[165]　卡纳里斯对"指示"（Anweisung）的概念继续作为《德国民法典》第783条及其以下各条意义上的内容进行理解。Siehe Canaris, Schuldrecht BT 2/2（¹³1994, Fn. 8），§70 VI 1 a, S. 246 u. Canaris, Bereicherungsausgleich（1973, Fn. 3），S. 800, 805-807, 815, 820-823, 828.

[166]　Siehe Canaris, Bereicherungsausgleich（1973, Fn. 3），S. 814, 删去了原文献表示强调的格式。

相关联，而是将之与"相关人的*行为*"相关联，[167]因此将意思自治理解为**"基于信赖的私人自治"**（vertrauensorientierte Privatautonomie）。[168]"信赖"原则，也即**"交易保护和信赖保护"**（Verkehrs- und Vertrauensschutz）属于独立于自我负责的原则。[169]作为第三个次级原则，卡纳里斯最终将该原则称作**"直接的财产追索和价值追索"原则**（das Prinzip der „unmittelbaren Vermögens- und Wertverfolgung"）。[170]基于"自我负责"和"交易保护"推导而来的"风险归责"（Risikozurechnung）在卡纳里斯著名的三个"评价"中得到进一步阐明：[171]

"*具有缺陷的因果关系的当事人应当尽可能继续享有针对另外一方的抗辩；反过来，当事人应当享有基于合同伙伴*（Vertragspartner）*的关系针对第三人的抗辩；任何一方主体均应当且仅应当承担缺陷因果关系当中涉及其伙伴的破产风险。*"[172]

卡纳里斯现在将这三种评价扩展出另外一种评价：　　　　　　　　　　　1051

"*作为第四个、尽管不太重要的见解而出现的是，试图保持正确的诉*

---

[167]　*Canaris*, Bereicherungsausgleich（1973, Fn. 3），S. 814, 斜体部分为本书所强调。然而，卡纳里斯类比使用的是行为——不当得利的风险归责所联系的行为和关于意思表示的条款（同上，第 823 页）。

[168]　*如 Weitnauer*, Die bewußte und zweckgerichtete Vermehrung fremden Vermögens, in: NJW 27（1974），S. 1729-1734, 1734; 亦见 *Canaris*, Bereicherungsausgleich（1973, Fn. 3），S. 819："因而总体上被证明的看法是，应当看到指示情形下不当得偿还重要的评价标准，其一方面在风险归责思想（即因此导致的自我负责）中，另一方面则在于抽象原则以及通过抽象原则保障的交易保护和信赖保护中。"最后见 *Canaris*, Bereicherungsausgleich（1980, Fn. 159），S. 369。

[169]　Siehe *Canaris*, Bereicherungsausgleich（1973, Fn. 3），S. 814, 817, 819, 821, 824 f., 857-865; *Canaris*, Bereicherungsausgleich（1980, Fn. 159），S. 354. 尤其是 *Canaris*, Schuldrecht BT 2/2（[13]1994, Fn. 8），§70 VI 1 d, S. 248。

[170]　Siehe *Canaris*, Bereicherungsausgleich（1973, Fn. 3），S. 822 f.; 另见 *Canaris*, Bereicherungsausgleich（1980, Fn. 159），S. 370; *Canaris*, Schuldrecht BT 2/2（131994, Fn. 8），§70 VI 1 c, S. 248。

[171]　Siehe *Canaris*, Bereicherungsausgleich（1973, Fn. 3），S. 814 f., 819, 821, 828, 857-865; *Canaris*, Bereicherungsausgleich（1980, Fn. 159），S. 354 u. ö. 以下将此三种"风险归责"（Risikozurechnungen）称为"评价"。在卡纳里斯文章中经常对"利益""正义理解""正义标准"不作区分或同义使用，尤其参见 *Canaris*, Schuldrecht BT 2/2（[13]1994, Fn. 8），§70 VI 1, S. 246-248 或 *Canaris*, Bereicherungsausgleich（1973, Fn. 3），S. 822。

[172]　*Canaris*, Schuldrecht BT 2/2（[13]1994, Fn. 8），§70 VI 1 b, S. 247, 斜体部分为原文献所强调。亦见 *Canaris*, Bereicherungsausgleich（1973, Fn. 3），S. 802-804。

讼中的角色分配。"[173]

1052　　　此等**评价四重奏**（**Wertungsquartt**）即为性：**抗辩获取**（**Einwendungserhalt**）、**抗辩保护**（**Einwendungsschutz**）、**破产相当性**（**Insolvenzadäquanz**）**与（诉讼）角色持续**[（**Prozess-**）**Rollenkontinuität**]。卡纳里斯将这种评价体系的要素一方面联结到"交易取向和信赖取向的自我负责"原则，该原则承担着对不当得利法之合同导向的见解，例如普遍的默许和"范围"思想。[174]另一方面，卡纳里斯将上述评价与物权法上的无因性原则联系到一起，无因性原则在不当得利法上远离了转化物之诉（Versionsklage）与"根本性的"直索禁止（Durchgriffsverbot）。[175]最终，评价、原则和思考的混合在"归责"（Zrechunung）的概念上发现了上述评价的首要教义学内涵。[176]

1053　　　除了自我负责和交易保护原则，卡纳里斯还赋予"直接的财产转移和价值转移"在不当得利法上的适用空间。如果上述两种原则以及与其相关的具体个案中的四类评价不能得以适用的话，那么便导致适用辅助原则。首先，如果当事人保有抗辩权且其不受任何"陌生的"抗辩的威胁，以及如果破产风险和诉讼角色没有推迟的话，那么便会导致直索情形发生。

2. 教义学、方法和制定法

1054　　　上述两种原则、评价四重奏和**"归责"**概念（**Begriff der „Zurechnung"**）亦可表述为下列法教义规则：

---

[173]　*Canaris*, Schuldrecht BT 2/2（¹³1994, Fn. 8），§70 VI 1 b, S. 247, 斜体部分为原文献所强调。然而卡纳里斯在之前的研究中就已经使用了该第四种评价，亦见 *Canaris*, Bereicherungsausgleich（1973, Fn. 3），S. 825 und *Canaris*, Anmerkung zu BGH VII ZR 349/85, in: JZ 42（1987），S. 201-203, 203。

[174]　卡纳里斯固执地强调失败合同的返还与合同中设定的风险归责，例如参见 *Canaris*, Bereicherungsausgleich（1973, Fn. 3），S. 803, 814 ff.。关于"同意表示"（Einverständniserklärung）见前述文献第 815 页，关于"范围"（Sphären）上的归责思想见前述文献第 802 页。

[175]　Siehe *Canaris*, Bereicherungsausgleich（1973, Fn. 3），S. 804, 814, 817, 819, 828, 859, 861, 863; *Canaris*, Schuldrecht BT 2/2（131994, Fn. 8），§70 VI 1 d, S. 248; *Canaris*, Einwendungsausschluß und Bereicherungsausgleich im Girovertragsrecht, in: BB 27（1972），S. 774-780, 774. 批判卡纳里斯的有 *Weitnauer*（1974, Fn. 168），S. 1734 与 *Medicus*（1974, Fn. 157），S. 541. 关于"拒绝转化物之诉"（Ablehnung der Versionsklage）见 *Canaris*, Bereicherungsausgleich（1973, Fn. 3），S. 804, 819。

[176]　卡纳里斯坚持"归责"的概念，虽然此概念被卡纳里斯在概念上进行了构造，他还是坚持了以原则和价值为导向的特质。在其他的地方卡纳里斯亦表达为"归责原则"（Zurechnungsprinzip），见 *Canaris*, Schuldrecht BT 2/2（¹³1994, Fn. 8），§70 VI 1 a, S. 246. 另外关于"归责"问题见 *Canaris*, Bereicherungsausgleich（1973, Fn. 3），S. 799, 814 f., 817, 819-828。

　　"如果第三人作出了一个直接的财产给与，那么只有该第三人对得利人（即在金钱关系）享有给付型不当得利返还请求权（Leistungskondiktion）。基于给付型不当得利返还请求权，第三人对直接给与人（即在补偿关系中）同样负有义务。在'直接给与关系'中，直索不被考虑。"[177]

　　卡纳里斯通过其他概念替代的不单单是一种教义概念，即基于"归责"　　　　1055
的"给付"。在卡纳里斯原则土壤里生长的是一种清晰的、具有规则性的
教义，此等教义正是由卡纳里斯在旧的并历经年岁腐蚀的"给付"之树的
地方种植的。为了这一目标，卡纳里斯将**"引起不当得利返还请求权的瑕
疵"（kondiktionsauslösender Mangel）**移至不当得利法教义学的中心：[178]

　　"其中区分的依据是，其（也就是'引起不当得利返还请求权的瑕疵'）
是否仅在于因果关系层面或者其是否涉及物权的层面或者指示本身。在第
一种情形，不当得利返还根本上发生于各因果关系的当事人之间，此处的
因果关系是指引起不当得利返还请求权的瑕疵之关系，而可能不是多种
'给付关系'中的一种……
　　相反，如果该瑕疵存在于物权层面……或指示本身的……，不当得利
返还原则上不应当'沿着因果关系'来实施，而应在那些当事人之间实施，
在该当事人之间*直接*发生财产转移……"[179]

　　从"引起不当得利返还请求权的瑕疵"概念中发展而来的"裁判规　　　　1056

---

　　[177]　此等教义上予以简化的法条（Rechtssatz）并没有出现在卡纳里斯那里。但其可从
卡纳里斯的一般性阐述中得出来。此等法条的目的在于形象地说明通说和德国联邦最高法院
的差异。其中解决的问题并不是关于"归责"的概念，而是关于"给付"的概念。通说和德
国联邦最高法院关于所谓的"给付型不当得利的优先性"，依据"非给付型不当得利的辅助性"
证成了对直索的排除，见 Wieling（⁴2007, Fn. 158），S. 96-102 或 Loewenheim（³2007, Fn. 158），
S. 76-79。在论争上卡纳里斯将其表达为"辅助性教义"（Subsidiaritätsdogma），见 Canaris,
Schuldrecht BT 2/2（¹³1994, Fn. 8），§70, S. 203, 212, 215-217, 225, 249。卡纳里斯努力解决问题的目
的在于"无法律依据性"（Rechtsgrundlosigkeit）的事实构成要件（见同上），此等事实构成要
件正是卡纳里斯在内容上依据其对物权法和不当得利法的评价而实现的。
　　[178]　对此的总结见 Canaris, Schuldrecht BT 2/2（¹³1994, Fn. 8），§70 VI 3, S. 249 f.，删去了原
文献表示强调的格式。亦见 Canaris, Bereicherungsausgleich（1980, Fn. 159），S. 355-359; Canaris,
Bereicherungsausgleich（1992, Fn. 154），S. 870 与 Canaris, Professoren（1992, Fn. 154），S. 3145。
　　[179]　Canaris, Schuldrecht BT 2/2（¹³1994, Fn. 8），§70 VI 3 a, S. 249 f.

则"乃由卡纳里斯从最后一步中抽取而来，并将其带入关于**因果关系瑕疵和可归责性瑕疵或效力瑕疵（Mängeln im Kausalverhältnis und Mängeln der Zurechenbarkeit oder Gültigkeit**）的教义区分之中。[180] 前者指的是财产给与原因的瑕疵，即据以为基础的债法交易。相反，可归责性瑕疵或效力瑕疵体现的是指示关系或物法关系。对此进行区分的是可归责性瑕疵规则和效力瑕疵规则。效力瑕疵规则中可以产生权利外观的事实构成，但其在可归责性瑕疵规则中却被排除：

> "在因果关系瑕疵之情形，给付型不当得利发生于给付当事人之间；而可归责性瑕疵体现的是相关当事人之间的直接的返还请求权（Direktkondiktion），其中当事人之间直接转移了财产；在效力瑕疵情形，直接请求权同样具有地位，除非存在依据《德国民法典》第 932 条和《德国商法典》第 366 条第 1 款或类推适用《德国民法典》第 170 条及其以下旨在有利于取得人或支付接受人的权利外观保护的前提条件。"[181]

1057　　　不当得利法以评价和原则为取向的重构非常迅速地得以开启，但今天其也在具体教义规则的折磨下痛苦地呻吟不已。掌握该等教义结构并不容易。然而，卡纳里斯通过带入对教义结构的评价保证了教义结构的可靠性，并且卡纳里斯还认为，规则和原则之间不能相互脱离开来。

1058　　　只有当人们将**联邦最高法院的教义学（Dogmatik des Bundesgerichtshofs**）纳入进来，才能理解上述教义学成就。比较这两类教义—实践性方案才能为评判卡纳里斯评价和原则取向的教义学提供基础。与此不同的是，德国最高民事法庭在不当得利法的多人关系中也以《德国民法典》第 812 条第 1 款第 1 句为指引。因而法院应当将"给付"概念与"个案特征"的"固定重复的公式"进行比照：[182]

---

[180]　后来卡纳里斯才引入此等区分，见 *Canaris*, Bereicherungsausgleich（1980, Fn. 159），S. 355-358, 总结性的内容见 S. 358 f.。

[181]　*Canaris*, Schuldrecht BT 2/2（131994, Fn. 8），§70 VI 3 a, S. 250. 亦见卡纳里斯对裁判规则的简明扼要的总结 [同上, Bereicherungsausgleich（1980, Fn. 159），S. 370] 以及对位于裁判规则背后的评价的考察 [*Canaris*, Bereicherungsausgleich（1973, Fn. 3），S. 860-865]。

[182]　对此批判的是 *Canaris*, Schuldrecht BT 2/2（131994, Fn. 8），§70, S. 199 与 *Canaris*, Bereicherungsausgleich（1973, Fn. 3），S. 858："不清晰的个案考察"。原则上同意德国联邦最高法院，但针对这种"陈腔滥调"给予了批判的见 Staudinger/*Lorenz*（2007），§812, Rn. 36。

"上诉法院亦在此同意，根据指示发生的给付情形时的不当得利偿还，原则上在各个给付关系之内得以实施。在指示人和被指示人之间补偿关系中的错误情形，不当得利偿还应当在此等情形之下进行返还。相反，如果指示人和指示接受人之间的对价关系出现错误，那么不当得利偿还应当在此等关系下进行……但是审判庭重复表达了，不当得利法处理两人以上参与的事件时禁止机械地进行解决。其始终取决于个案的特殊性，而对于此种过程的不当得利法上的恰当处理来说，该等个案特殊性应被重视。"[183]

　　在此处章节出现的是**德国联邦最高法院和卡纳里斯之间的差异**（**Differenz zwischen Bundesgerichtshof und Canaris**）。通过联结"个案"中的评价性矫正，法院设定了"给付"概念的简单结构且因此强迫（重构的）科学教义进入"运用概念技巧的"最高给付方案（Höchst-Leistungs-Lösungen），而卡纳里斯对其评价亦进行概念上可靠的重构。卡纳里斯以"引起不当得利返还请求权的瑕疵"为取向的不当得利法教义学强调所涉及的法律关系的具体错误，并且将教义、原则和评价紧密联系在一起：像可归责的效力瑕疵一样，因果关系中的瑕疵导致（因为"自我负责"）"跨越了关系的拐角"（übers Eck）（因为"信赖利益"）的双重不当得利，而可归责性瑕疵（缺少"自我负责"和"信赖保护"）导致的是直索返还请求权（Durchgriffskondiktion）［基于"直接的财产和法益追索原则"（Prinzip unmittelbarer Vermögens- und Güterverfolgung）］。不同于德国联邦最高法院，卡纳里斯无法在个案中进行价值分析，而是只能展示一种普遍性的评价教义，此等评价教义必然无法展开对个案的具体评价，当然这也不再可能实现。[184] 1059

　　尽管具有不可思议的评价一致性，但不当得利法的教义仍严重欠缺。不当得利法教义学对"给付"的理解以及因此对《**德国民法典**》**第 812 条第 1 款第 1 句语义**（**Wortlaut des §812 Abs. 1 S. 1 BGB**）的理解十分不明确 1060

---

　　[183]　BGHZ 89, 376（378）.

　　[184]　参见 *Canaris*, Schuldrecht BT 2/2（¹³1994, Fn. 8），§70 VI 3 b, S. 50："这些规则不仅仅是对独立于规则的结果的描述性概括，而且是与作为基础的评价观点相称。"原文中的强调内容有改变。

并"存有疑问"。[185]"给付"的概念被作为"瑕疵"概念的参考概念而被排挤。但是卡纳里斯"向给付概念的告别"[186]的目的不在于*法律*上的概念争议，而是单单针对"给付"概念取向的教义学的认识可能性的论争。[187]仅此等新的教义学能够合理与评价一致地解决不当得利法在多人关系中的问题。[188]卡纳里斯对制定法条文（这也可能非常不充分）的约束性鲜有兴趣。[189]卡纳里斯所独创的观点，亦使其老师拉伦茨十分惊讶。在对拉伦茨的悼词中卡纳里斯如此写道：

> "拉伦茨对作为学生的我首次留下深刻影响的是，他在高阶练习中因疏忽而犯了一个错误。一位同学指出了上述错误的反面内容，此时这位同学所讲的，正是在条款中的内容，拉伦茨走向讲台，瞥了一眼法条，承认了他的错误，紧接着流畅地作了完全令人确信的证明，为什么制定法规定不但前后不一致而且不能满足正义的理解，而拉伦茨所讲述的方案在各个角度均处于优势。人们经历的是，真正的法学远离单纯的制定法科学有几亿光年，人们同时也知晓，研究和教学作为一个整体的真正意义所在。"[190]

1061 　　基于此，卡纳里斯以"引起不当得利返还请求权的瑕疵"定位的教义脱离了制定法。制定法也并不像"动态体系"中对原则的关联性评价那样重要。当然，卡纳里斯也接受了这种批判并且在方法上避开了**给付概念的"续造"**（„**Fortbildung" des Leistungsbegriffs**），也即卡纳里斯选择的是评价意义上"开放的法律续造"。[191]此等教义的结构完全符合其方法原则：

---

[185]　关于批判，见 *Kupisch*, Gesetzespositivismus im Bereicherungsrecht. Zur Leistungskondiktion im Drei-Personen-Verhältnis, Berlin 1978, S. 12; 相反观点见 *Canaris*, Bereicherungsausgleich（1980, Fn. 159）, S. 369 f.。

[186]　激怒的表达见 *Canaris*, Bereicherungsausgleich（1973, Fn. 3）, S. 857 ff.。对此亦见 *Canaris*, Bereicherungsausgleich（1980, Fn. 159）, S. 367. 对此的批判见 MüKoBGB/*Schwab*（⁶2013）, §812, Rn. 45。

[187]　Siehe *Canaris*, Bereicherungsausgleich（1980, Fn. 159）, S. 367.

[188]　Siehe *Canaris*, Bereicherungsausgleich（1980, Fn. 159）, S. 367.

[189]　批判性的观点见 *Gödicke*, Bereicherungsrecht und Dogmatik. Zur Kritik der Dogmatik aus methodologischer Sicht, Berlin 2002, S. 253 f.; 保守的观点见 MüKoBGB/Schwab（⁶2013）, §812, Rn. 45 f.。

[190]　*Canaris*, Nachruf Karl Larenz, in: JZ 48（1993）, S. 404-406, 405.

[191]　Siehe *Canaris*, Bereicherungsausgleich（1973, Fn. 3）, S. 812 f. 对卡纳里斯"巨大的方法自由"给予批判的是 *Weitnauer*（1974, Fn. 168）, S. 1734。

制定法的语词很少有效。*目的*可以为手段进行辩护。原则和评价上的一切法都来自法理念。令人惊讶的只有一种开放性矛盾，即卡纳里斯 20 多年以来在其论文《三方关系中的不当得利偿还》（Bereicherungsausgleich im Dreipersonenverhältnis）中所研究的问题。1994 年，在接替拉伦茨而续写的《债法教科书》一书中，卡纳里斯写道：

> "然而，当指示中存有漏洞（！）且只有通过类推才能适用于某个基本案件的概括条款（！），比如《德国民法典》第 812 条，在方法论上始终显得无法理解。"[192]

此处的问题正是概括条款的解释或基于漏洞的续造。在卡纳里斯方法论上**始终潜伏的张力（stets latent gehaltenen Spannungen）**尤其明显地出现在下列情形中：制定法或原则，语词或价值，教义上的合理性或理性正义。这类矛盾显得是不可选择的选择。主流的"给付"教义学反对*不法之徒（down by law）*，但是其迷失于传统教义学的"困惑而复杂的思想大厦"之中，[193] 在卡纳里斯看来，其反复无常。[194] 相反，以原则为定位的"瑕疵"教义学则是*法外之徒（outlaw）*，但是对于伟大的语词"正义"而言却是经受住评价的、容易理解的和忠诚的。卡纳里斯在这两种教义学方案中轻易地作出了选择。现在应当在示例和教义上展示，卡纳里斯是否经受住了判决的考验。

十一、联邦最高法院 113，62—70：对他人债务的担保给付

所选的例证构成了一种**"例外情形"**：责任保险人针对投保人的一种并不存在的债务而作出的一种第三人给付。该例证鉴于其"奇特性"和"复杂性"或许不再适合作为"考察对象"。[195] 然而，此等困难使该例证成为

1062

1063

---

[192]　*Canaris*, Schuldrecht BT 2/2（¹³1994, Fn. 8），§70 VI 4, S. 251, 斜体部分为原文献所强调。

[193]　见 *Canaris*, Schuldrecht BT 2/2（¹³1994, Fn. 8），§70, 199; 亦见 *Canaris*, Bereicherungsausgleich（1973, Fn. 3），S. 799："过度的复杂"。

[194]　对此的抨击见 *Canaris*, Bereicherungsausgleich（1973, Fn. 3），S. 800。虽然卡纳里斯证明了，评价的"通说"了解该等评价且从其出发（ebd. 802 f., Fn. 13–15）。但是应当质疑的是，卡纳里斯对通说在原则性方法上是如何使用的，并且是如何据此指导其教义学的。

[195]　Siehe Medicus（²¹2007, Fn. 154），Rn. 685 und *Medicus/Petersen*（²⁵2015, Fn. 154），Rn. 685.

卡纳里斯和德国联邦最高法院的两种教义学的试金石。通过卡纳里斯的努力，不管是"瑕疵"教义学或"评价"教义学，还是"给付"教义学，这些均在说服力上被测验。虽然根本上适用*"疑难案件出坏法"*（*hard cases make bad law*），但是*疑难案件*也是对教义可靠性的测试。

1.1990 年 11 月 28 日的判决

1064　　　　对案件的简述有助于理解。[196]**原告**是建筑师（A）的职业责任保险人（B）。**被告**是一家陷入资金危机、经理人暂缺的有限责任公司（GmbH）的股东（G）。**案情**如下：建筑师 A（与被保险的建筑公司中的同事）处理和核验一家后来陷入破产的工艺企业为有限责任公司开具的账单。根据建筑师 A 由于错误猜测而产生的计算错误，股东 G（无授权，因为不存在经理人）要求建筑师 A 返还公司已经转让给自己（G）的债权。建筑师 A 则求助其职业责任保险人 B，并且指出，根据其"核实"，存在该损害赔偿请求权，且在法律争诉中无法避免。于是，保险人 B 向股东 G 支付了 G 主张的金额。现在确定的是，该保险项目已经被不法地接收。其涉及的是一种法律上的四角关系：该有限公司向 A 行使请求权，而 B 向 G 履行了请求。

1065　　　　在教义表达上意味着：责任保险人（B）为其投保人（A）本不存在的债务向虚假债权人（GmbH）假定的受让人（G）作了支付。对此**德国联邦最高法院（Bundesgrichtshof）**现在形成**两个裁判要旨（zwei Leitsätze）**：

　　　　"a. 责任保险人（B）就损害赔偿向其投保人（A）的债权人（GmbH/G）进行了支付，以履行其义务，因此责任保险人可以原则上就其给付向债权人（GmbH/G）要求偿还，如果债权人事实上并不享有请求权。

　　　　b. 在错误接收中，通过转让或以其他方式，向臆想的债权取得人（G）履行了请求的人，可以要求取得人返还其履行的给付。"[197]

1066　　　　法院通过上述两项裁判要旨允许**责任保险人（Haftpflichtversicherung）（B）直接追索（Durchgriff）**股东（G）。责任保险人没有选择正常流程的返还，

---

[196]　案件的描述依据的是此处的总结 BGHZ 113, 62（62-64）。

[197]　BGHZ 113, 62. 此案例讨论中值得注意的不仅是对评论的评论（oben Fn.154），还有关于裁判的"真实"裁判要旨的讨论，见 *Martinek*（1991, Fn. 154），S. 395; 对此持怀疑态度的见 *Canaris*, Bereicherungsausgleich（1992, Fn. 154），S. 871 与 *Flume*（1991, Fn. 154），S. 2524。

此处是指 B 越过 A 向有限公司并接着向 G，或一般性地表述为通过①保险人向②投保人，②投保人向③虚假债权人，③虚假债权人向④虚假受让人行使请求权。其中德国联邦最高法院要求的保险人（B）的直接追索乃针对虚假债权人（GmbH）（第一项裁判要旨）及至针对虚假受让人（G）（第二项裁判要旨）。因而在此形成的是四角关系中的双重追索。

2. 批判与卡纳里斯方案

卡纳里斯反对上述追索并陈述了其观点。卡纳里斯**"引起不当得利返 1067 还请求权的瑕疵"之学说（Lehre vom „kondiktionsauslösenden" Mangel）**勾勒了他的判断。需要注意的是：因果关系的瑕疵导致的是三角关系中的返还，即各个因果关系中的偿还。[198] 相反，可归责性瑕疵（在偿还、指示或"诱导"之情形）可导致直索。在第一种三角关系中的瑕疵，即①保险人（B）越过②投保人（A）向③虚假债权人（GmbH）实施的请求，乃处于虚假债权人（GmbH）针对投保人（A）的一种瑕疵的损害赔偿请求之中。此等瑕疵不在于因果关系（＝对价关系）。其中导致的便是关系拐角处的返还。这一转让将关系拓展至四角，[199] 也就是向④虚假受让人（G）的关系。在卡纳里斯看来，让与中的缺陷不能归入虚假债权人（GmbH），因为在这一无经理人的有限公司并没有有效的指示。这导致的结果是，直接返还从②转向④，就是说从投保人（A）转向虚假受让人（G）。[200]

相对于德国联邦最高法院的方案，卡纳里斯的解决方案则是：**不存 1068 在责任保险人的直接追索（kein Durchgriff des Haftpflichtversicherers）**，而是**三角关系中的不当得利的返还（Rückabwicklung der Bereicherung im Dreieck）**（确切地说是简化的四角关系）。保险人 B 应当为投保人 A 讨回其错误地向虚假受让人 G 完成的支付。[201] 对于本保险来说，债权缺失的风险不在 G，而在 A，且 A 承担着 G 的破产风险。

从卡纳里斯教义上确定的评价出发，其现在将最高法院法官的判 1069

---

[198] 关于案情亦见 *Canaris*, Schuldrecht BT 2/2（ [13]1994, Fn. 8），§70 V 3 a, S. 243。

[199] Siehe *Medicus*（ [21]2007, Fn. 154），Rn. 685 und *Medicus/Petersen*（ [25]2015, Fn. 154），Rn. 685.

[200] 关于"清偿确定"（Tilgungsbestimmung）、"引致"（Veranlassung）、"指示"（Anweisung）、第 267 条意义上的"对他人债务的第三人给付"（Leistung des Dritten auf fremde Schuld）之教义精密性受文章篇幅限制无法在此详细阐述。

[201] 对不当得利之不当得利（Kondiktions-Kondiktion）和差额（Saldo）等新产生的问题，此处不予探讨。

决分为两部分进行分析。[202] 在第一步对"给付教义学"**内在的批判**（**immanente Kritik**）中，卡纳里斯试图接受联邦最高法院的教义立场，并且，卡纳里斯强调了"给付受领人的视角"。基于这一见解，给付履行人不是保险人，而是投保人。[203] 在第二步分析中，卡纳里斯将其**评价体系**（**Wertungssystem**）进行了动态处理，并将案件推向付款指示情形：[204]

"因为不存在足够的理由证明，实施不同的返还，而非投保人自己向想象错误的债权人支付和保险人向投保人偿付金钱，特别是保险人为投保人的免责请求权进行支付并且故而为该等请求权履行给付。"[205]

1070   这是同一画面，是一些包括对付款指示和交付链进行回溯的同样评价：抗辩权保有、抗辩保护、破产相当与（诉讼）角色连续性。这些评价方针被卡纳里斯在假定的四种案件情形中进行了细化。[206] 借助于这些情形，卡纳里斯计划根据其理解对被侵害的利益和评价加以说明。[207] 此等情形中成

---

[202]   *Canaris*, Professoren（1992, Fn. 154）, S. 3144.

[203]   Siehe *Canaris*, Bereicherungsausgleich（1992, Fn. 154）, S. 869; *Canaris*, Professoren（1992, Fn. 154）, S. 3144.

[204]   Siehe *Canaris*, Schuldrecht BT 2/2（[13]1994, Fn. 8）, §70 V 3 a, S. 242; auch siehe *Canaris*, Bereicherungsausgleich（1992, Fn. 154）, S. 869; *Canaris*, Professoren（1992, Fn. 154）, S. 3144.

[205]   *Canaris*, Bereicherungsausgleich（1992, Fn. 154）, S. 873, 斜体部分为原文献所强调。另见 *Canaris*, Professoren（1992, Fn. 154）, S. 3144 与 *Canaris*, Schuldrecht BT 2/2（[13]1994, Fn. 8）, §70 V 3 a, S. 243。

[206]   亦见卡纳里斯的方法指引 *Canaris*, Schuldrecht BT 2/2（[13]1994, Fn. 8）, §70 VI 1 b, S. 247："此等论证模型乃建立在比较和相似性基础上，其现在在困难的和／或争议问题上自然需要通过一种精确的利益分析与评价进行保障。一如当今所广泛承认的，对此根本上重要的是下述三个标准（也即上述三类评价标准）。"这四类案型为：①表象侵权行为人使保险人在知悉未完成赔偿责任时进行支付。②表象侵权行为人和表象债权人保持正常的交易关系，并且债权人不应得到针对表象侵权人的清偿的债权。同时表象侵权行为人陷入破产。③表象债权人和表象侵权行为人保持正常的交易关系，并且，表象侵权人与表象债权人保持长期交易关系，表象侵权人想要"避免"再次被卷入对表象债权人造成损害。④表象债务人依据保险人的追索就并不存在的损害赔偿请求权对表象侵权行为人的债权进行抵消。所有四个例证见 *Canaris*, Bereicherungsausgleich（1992, Fn. 154）, S. 870。

[207]   在案型①中，表象债权人通过保险人的追索失去了依据《德国民法典》第814条针对表象侵权行为人的抗辩权（Einwendung）。在案型②中，保险人的转化物之诉导致在表象债权人身上的"破产风险的剥离"。保险人基于其他交易生成的针对表象债务人的债权仅得到破产中的比例。在案型③中，表象侵权人通过追索失去了其诉讼角色，因此也失去了一种机会，即放弃针对表象侵权行为人的诉讼的机会。案型④中，表象债务人依据保险人的要求而使表象债权人对所谓现存损害赔偿请求权进行抵销。对上述四类的评价分析见 *Canaris*, Bereicherungsausgleich（1992, Fn. 154）, S. 870。尤其精辟的是 *Canaris*, Schuldrecht BT 2/2（[13]1994, Fn. 8）, §70 V 3 a, S. 243。

立的保险人的一项追索可对各个虚假债权人进行抗辩，并且使该债权人负担某个无依据的破产风险。投保人可能失去其当事人角色和诉讼角色，并且以抗辩为前提条件。所有四项评价都已被违背。因此导致：

> "三位参与人无人认为可以发现具有说服力的理由能够证明，不当得利法上的返还应当另行实施，而不是想象错误的债务人向想象错误的债权人支付其误以为的债务，并且保险人向其偿还金钱。"[208]

3. 替代方案？

针对合乎评价地证成的方案是否可以消除怀疑呢？**论证成立（Quod erat demonstrandum）！？** 论据或视角的关注一如既往地起作用，但是此等论据或视角未被提及。卡纳里斯跳过了其他可能的评价。[209] 保险法的评价亦可能与不当得利法发展相关，但其被转移到保险人和被保险人之间的内部关系中，并因此被排除。[210]

1071

同时，卡纳里斯的教义原理（"引起不当得利返还请求权的瑕疵"）和该付款指示模式阻碍了其对于**选择性的（风险）归责关联**［alternative（**Risiko-**）**Zurechnungszusammenhänge**］的认识。[211] 为什么决定风险归责的应当是"动因"，而非给与行为？为什么保险人根据自己对保险事故的核查自愿作出的支付行为却是不重要的？[212] 简·威廉（Jan Wilhelm）如此批判道：

1072

> "与卡纳里斯相对立的是……导致承担责任的不是合同伙伴的选择，不是

---

[208]　*Canaris*, Bereicherungsausgleich（1992, Fn. 154），S. 870.

[209]　*Canaris*, Bereicherungsausgleich（1992, Fn. 154），S. 869 f.; 此处亦体现了"利益"和"评价"概念的不同的使用。亦令人惊讶的是，卡纳里斯是如何将"*利益分析*"（！）牵扯进"受领人视角"的教义学的"视角—术语"的。在对当事人利益的确定中，卡纳里斯使用了六次"视角"这一比喻。

[210]　Siehe *Canaris*, Bereicherungsausgleich（1992, Fn. 154），S. 869.

[211]　德国联邦最高法院讨论的问题是，投保人是否有权获得保险人给付，见 E 113, 62（69 f.）。

[212]　这体现的仍然是德国联邦最高法院的论调，见 E 113, 62（65 f., 69 f.）。对此赞成的是 *Martinek*（1991, Fn. 154），S. 400。同一观点的还有 *Flume*（1991, Fn. 154），S. 2524 与 *H. H. Jakobs*（1992, Fn. 154），S. 2525。类似的还有 *Wertheimer*（1992, Fn. 154），S. 288，其表达为"对价关系'萎缩'"。卡纳里斯试图弱化此等抗辩，方法是区分了"*是否*"支付之裁判和"*向谁*"支付之裁判，目的在于最终参照保险人（抑或健康保险人）。

与该风险之间的因果关系本身，而是如上所述，给付、有利于合同伙伴的对自我财产的支配行为将给付行为人置于一种依赖之中，即对给付行为人本身，对其困难程度、支付意愿以及涉及对待给付或返还给付（Rückleistung）之依赖。"[213]

1073　　由此，威廉（Wilhelm）将"给付"提升为独立的评价基础，并使其成为促成秩序的范畴，即其使得风险归责成为可能。谁作出了给付，在给付错误时谁就能够期待获得该给付的人对其返还该给付。卡纳里斯在物权法上的评价因而与不当得利法语义上的*评价*相反。

1074　　卡纳里斯无法接受该相反的评价。卡纳里斯评价的三角是稳固而对称的概念金字塔。**保险人利益（Interessen von Versicherern）**仍没有地位，因为保险人可能希望一种快速而实用的返还（此处是针对 G）。**保险人专家鉴定（Expertise von Versicherern）**亦然，其在对损失核验时亦在评价视野之外。指示模式和"引起不当得利返还请求权的瑕疵"取向的教义亦将目光从此等评价中移开。[214] 还有其他的经济、政治或社会的利益自始至终亦不属于此等评价，因为其可能考虑直索。

1075　　然而，卡纳里斯借助于四种设定的评价情形表明是视具体情况而定的。[215] 显然，卡纳里斯也从结果出发进行评价。因此例如针对诉讼角色的

---

[213]　J. Wilhelm, Die Zurechnung der Leistung bei Widerruf einer Anweisung, insbesondere eines Schecks, in: AcP 175（1975），S. 304-350, 319.

[214]　指向这一方向的批判还有 J. Wilhelm（1975, Fn. 213），S. 317："实际上，卡纳里斯所理解的指示给付（Anweisungsleistung）需要过分的同意，这一理解带有普遍的教义学修饰，可能带来误解，也会让卡纳里斯得出错误的结论。"（此处引用内容并非原文中。）在卡纳里斯认可的直接财产追索和价值追索原则中，虽然这一观点作用很大。然而，在"自己责任"和"交易保护和信赖保护"面前，这一观点迷失于辅助原则之中。

[215]　对此简单的反诘足以满足四类假定的案型，例如对于①：如果"恶意"投保人作为表象债务人有意通过其债务的不存在导致"给付"，为什么保险人应当承担前者的破产风险？为什么表象债权人应因此得利（Jakobs, Fn. 154, S. 2529："荒谬地导致信赖保护，难道说信赖保护理论家的特权"？）首先是：此等案型的可靠性本来如何？对于②：为什么保险人应当为基于表象债务人和表象债权人之间的交易关系的债权承担被保险人的破产风险？为什么对本不存在的损害赔偿请求权的支付应当有利于表象债权人？如果债权人原则上必须自己承担他在交易关系中的债权破产风险，那么基于何权利，债权人才对"已经破产的"债务人有抵销的可能（Jakobs ebd., S. 2528）？对于③：为什么投保人应当享有诉讼利益，而该诉讼却未触及其正常情形下的经济利益 [Flume, Fn. 154, S. 2524：保险人处理借助的是"作为自身之物上损害补偿的支付"（mit der Zahlung als Schadensausgleich in eigener Sache）？] 首先当属：凭借何种权利，被保险人对保险人的经济权益而提起诉讼，或依据何种权利，保险人可以对此同样不作为（Jakobs ebd. S. 2529）？哪些市民乐意作为诉讼当事人？对于④：意愿支付的债务人仅存在于臆想的赔偿责任之债偿还的情形？并非任何债权基于正常的交易关系均应当负担诉讼风险？

问题无需处理，因为投保人完全受保险人的一般交易条款的约束。[216] 此外，投保人的风险归责和评价均受制于合同模型的定位。[217] 正常情形下支付的返还可能是"侵权的"，至少也是损害赔偿法上产生的（赔偿责任之）债，而其需要其他一种作为合同因果关系返还的理解。[218] **评价范围（Kreis der Wertungen）** 因而可以偏狭或者更广。因此总可以进行不一样的评价。[219] 个案之下评价工作的偶然性体现在，人们以同样的评价可以得出相反的结果。[220] 评价本身还不能保证确定且正确的结果。即便是对评价的正确运用也需要一种规则，该规则可以控制评价规则。评价总是应当一再进行重新评估。

将评价的开放式教义化当作方法可能引起同样的危险，这恰如一种"盲目崇拜的"教义？卡纳里斯亦必须在其教义的"整体性和连贯性"理念之下坚持评价所预判的结果。如果没有明显的例外情形，则卡纳里斯的"引起返还请求权的瑕疵"学说与责任保险人向虚假债权人的直接追索不符。因此，该原则法学难道不也应当谨防对其原则和评价的绝对化？关于该等理论的理念论上的理论基础，最终令人想到的是 19 世纪所谓概念法学家的老的形而上学的概念知识。[221] "概念理念论"的批判可能也适合对

1076

---

[216]　因此，例如在关于德国保险协会（GDV）的第三者责任险（AHB）一般保险条款范本中，法律纠纷中的保险人"被授权诉讼。其对法律纠纷的诉讼乃以投保人之名且费用自担"（§5.2 Abs. 2 AHB）。在法律系属上其亦"有权，以投保人之名作出一切对其而言合于目的的表示"（§5.2 Abs. 1 AHB）。此处节选乃以 2013 年 3 月的格式约束为基础。特别指出此等责任情形的是 *Wertheimer*（1992, Fn. 154），S. 288。

[217]　见本节脚注 174 中的指示，边码 1052。

[218]　亦同样强调此等区分的是 *Martinek*（1991, Fn. 154），S. 400，表达为保险人针对其投保人而接受"结果风险"（Erfolgsrisiko）。

[219]　魏特瑙尔（Weitnauer）对卡纳里斯的批判极其尖锐而片面，因为魏特瑙尔认为卡纳里斯评价是"决策主义体系"（*dezisionistisches* System），"其中完全忽视了给付行为人的表示意志，大多数时候成为多个传统主题之一，并且被自由捏造的归责标准予以替代，在该等归责原则之下，破产风险和卡纳里斯所谓的'债法上的抽象原则'（schuldrechtliche Abstraktionsprinzip）发挥着控制作用"。Siehe *Weitnauer*, Die Leistung, in: Festschrift für Ernst von Caemmerer zum 70. Geburtstag, hg. v. Ficker u.a., Tübingen 1978, S. 254-293, 275, 斜体部分为本书所强调。

[220]　因而马丁内克（Martinek）通过同样的基础评价（抗辩保有、抗辩保护等）得出了相反的结论，见 Martinek（1991, Fn. 154），S. 400。

[221]　关于所谓概念法学和新的原则理论之间的结构共性明确参见 *R. Dreier*, Jhering als Rechtstheoretiker, in: Rechtsnorm und Rechtswirklichkeit. Festschrift für Werner Krawietz zum 60. Geburtstag, hg. v. Aarnio, Berlin 1993, S. 233-245, 241："可想而知，可以对概念法学上的完全性命题在原则理论（Prinzipientheorie）意义上进行解释，一如当今德沃金（Ronald Dworkin）、比德林斯基（Franz Bydlinski）、阿列克西（Robert Alexy）所代表的立场，而他们都是坚定的非实证主义者。"

评价法学和原则法学的评判。

十二、余言

1077　　上述案例正体现了评价法学对有利于己方评价的偏袒。尽管有关于"方法和民法"在"动态体系"中具有启发性的重构，但是卡纳里斯方法论整体上仍不能令人信服。正是因为卡纳里斯原则和评价遵循"正确法"的理念，因此其失去了简单而清楚之论据的权威。卡纳里斯的方法论和教义学著述所承载的是双重而辩证的合理性，其"过分"依赖理性成为方法论上不可检验的评价。

1078　　*解释规准*作为论据已经在此丧失了其很多规则引导的能力。即便卡纳里斯试图通过权重规则和优先规则对其进行挽救，对*目的*的过分看重进一步削减了解释规准的分量。原则的"动态体系"作为一种广义理解和广泛约束的法律续造的基础，迅速通过第二波的法律续造而覆盖了其合理性。对于"方法忠诚"的大声召唤在他的法律续造理论和法学体系构建中并未得到回应。这种理念论给理性的方法留下了较少空间。

1079　　这样一种法学形而上学同样属于法哲学家的日常行为，就如方法上合理性的外表。持这种哲学立场的并非仅卡纳里斯一人。但这种哲学的预兆和承诺并不能坚持其辩论术上清晰的、动态上尖锐的原则。它们明亮的外表具有迷惑性。其将方法和法上的根本性悖论引开：政策抑或形而上学，立法者抑或法官，制定法抑或裁判，静态抑或动态，方法抑或正确性，批判抑或理念，确定性抑或不确定性，体系抑或论题学？卡纳里斯将此等窘境毫无张力徒然地"调和"于一种"衡量的"和"动态的"平衡之中。卡纳里斯自己提倡的双重"假相"基于默里克（Eduard Mörikes）的诗《咏灯》（Auf eine Lampe，1846）使其自身的方法论和教义学变得模糊："然而美好的是，它身体中散发着极乐之光。"[222] 美好之物在散发着魅力？抑或在它诱

---

[222]　这首诗全文为：仍然未被移走，啊美丽之灯，你装饰着／在这里优美地挂于轻柔的链条之上／现在几乎被忘记的大厅之顶／在你白色的大理石外壳，外壳边缘／常青藤花环编绕着金绿色的青桐／一群孩子围着圈儿快乐地舞蹈／这一切多么美好！笑着，一个温柔的灵魂／但是整个外形却以庄严塑造——／一种真正形式的艺术作品。谁看得到呢／然而美好的是，它身体中散发着极乐之光。

人的魅力中行欺骗之实？[223]

卡纳里斯同时是我们当代最为重要的法学家和最被认可的教义学家之一。其教义学研究通过一种极少能达到的复杂性和语言能力给我们留下了深刻的印象。这并不意味着与此处的批判相悖。"方法忠实"和教义正当性不应相互交织在一起。仅方法并不能保证正确的法和合理的裁判。然而，我们不应当对卡纳里斯方法论进行过度批判。"辩证的"方法或"动态的"方法并不能减轻我们对尽可能合理的和主体间可核验的法的职责，就如这样对法律文本进行处理的职责一样。

十三、原著及文献

1. 卡纳里斯原著进阶

关于**解释的进阶**很好的文献是"小型"论文：

Das Rangverhältnis der „klassischen"Auslegungskriterien demonstriert an Standardproblemen aus dem Zivilrecht, in: Festschrift für Dieter Medicus zum 70. Geburtstag, hg. v. Beuthien u.a., Köln u.a. 1999, S. 25-61 u.

Die verfassungskonforme Auslegung und Rechtsfortbildung im System der juristischen Methodenlehre, in: Privatrecht und Methode. Festschrift für Ernst A. Kramer, hg. v. Honsell u.a., Basel u.a. 2004, S. 141-159.

Das„bewegliche System"demonstriert: Bewegliches System und Vertrauensschutz im rechtsgeschäftlichen Verkehr, in: Das Bewegliche System im geltenden und künftigen Recht, hg. v. Bydlinski u.a., Wien u.a. 1986, S. 103-116.

关于原则和"动态体系"主体的基础文献参见：

Systemdenken und Systembegriff in der Jurisprudenz entwickelt am Beispiel des deutschen Privatrechts, 1. Aufl. Berlin 1969, 2. Aufl. 1983.

卡纳里斯博士论文：

Die Feststellung von Lücken im Gesetz. Eine methodologische Studie über Voraussetzungen und Grenzen der richterlichen Rechtsfortbildung praeter legem, 1.

---

[223]　卡纳里斯一如海德格尔（Heidegger）（*Canaris*, Richtigkeit, Fn. 4, S. 38）为解释本体论解释而辩护，对此见海德格尔和施太格尔（Staiger）之间的书信讨论：*Staiger*, Die Kunst der Interpretation. Studien zur deutschen Literaturgeschichte, Zürich 1955, S. 34-49；*Heidegger*, Zu einem Vers von Mörike, in: Heidegger, Aus der Erfahrung des Denkens（=Gesamtausgabe I-13），Frankfurt am Main 1983, S. 93-109.

Aufl. Berlin 1964, 2. Aufl. 1983.

前几年《*卡纳里斯*全集》(*Canaris'* **Gesammelte Schriften**) 得以出版，主编者为 v. H.C. Grigoleit 和 J. Neuner，2012 年出版于柏林等地，共计三册，近 3500 页。

2. 参考文献进阶

关于卡纳里斯作为教义学的"发现者"进阶文献，并含有小部分传记指示：

Florian, Ulrich, Claus-Wilhelm Canaris-Die Vertrauenshaftung im deutschen Privatrecht, in: Zivilrechtliche Entdecker, hg. v. Hoeren, München 2001, S. 377-408.

关于评价法学的"哲学"观察有：

Jakl, Bernhard, Recht aus Freiheit. Die Gegenüberstellung der rechtstheoretischen Ansätze der Wertungsjurisprudenz und des Liberalismus mit der kritischen Rechtsphilosophie Kant, Berlin 2009, insb. S. 30-48.

比较有争议的是吕特斯的诸多批判，例如：

Rüthers, Bernd, Anleitung zum fortgesetzten methodischen Blindflug, in: NJW 49 (1996), S. 1249-1253.

隆重推荐的是以下文献：

Diederichsen, Uwe, Einführung zum Symposion anläßlich des 60. Geburtstages von Claus-Wilhelm Canaris, in: Einheit und Folgerichtigkeit im Juristischen Denken, hg. v. Koller u.a., München 1998, S. 1-5.

对此缺乏更全面的研究。

第十五节　穆勒（Friedrich Müller，1938—）的"法律方法论"*

要目

一、生平

1938 年，*弗里德里希·穆勒*（*Friedrich Müller*）出生于德国巴伐利亚　1081
州东部城市埃根费尔登（Eggenfelden）。1964 年他以一篇关于德国 1848 年
"三月革命"前结社自由的沿革问题的论文获得博士学位。[1] 在博士后阶段，
*穆勒*在弗莱堡大学*黑塞*（*Konrad Hesse*）手下当助手，并在他的指导下于
1968 年以一篇关于规范结构和规范性的论文获得了大学特许任教资格。紧
接着他在从事了一段时间的编外讲师的工作后，从 1969 年起成为弗莱堡
大学的正式讲师。1971 年他成为海德堡大学的公法、法和国家哲学、法理
学和宪法学的常任教授。1989 年由于健康原因从该大学退休。但他继续从
事着主要在巴西和南非的国际性教学研究活动，2002 年至 2006 年担任巴
西联邦政府的自由顾问，还是巴西司法改革项目的起草者。

*弗里德里希·穆勒*还使用*费德贾·穆勒*（*Fedja Müller*）这个名字出版了文　1082

---

　　* 弗兰克·劳登克劳斯（Frank Laudenklos）撰，田文洁译，刘志阳校。

　　[1] Korporation und Assoziation. Eine Problemgeschichte der Vereinigungsfreiheit im deutschen
Vormärz, Berlin 1965.

学杂志《梵高之耳》，并撰写了不少诗集和散文集。[2]

二、法律方法论

1083　　穆勒的"法学方法"于 1971 年在对实证法的方法缺陷的研究中诞生。作为系统性的后实证主义构想，这种方法尝试建立一套详尽的理论和实践模型，但并不只是停留在实证主义的已有成就和技术层面，还对实证主义的遗留问题给出了解答。

三、基础语境

1084　　方法上的法实证主义将**法典**理解为一种**体系**（**Kodifikation als System**），它应具有统一性、封闭性[3]和无矛盾性。所有的法律案件都可以通过三段论涵摄而解决；法律适用仅仅是由对无懈可击的制定法体系整体的逻辑推导而构成的。[4]开放性的法律问题不会出现。所有新问题都已经被这个体系通过逻辑推论所解决，书面规则中的漏洞表面上源自自然法的必然性，实际上也可通过所谓的推导出的基本原理和原则，经过法学上的建构（Konstruktion）所弥补。

1085　　在这个意义上，实证主义看似可以对**法学成为自治的科学**（**Jurisprudenz als autonomer Wissenschaft**）的可能性的前提条件的疑问给出答案。也就是说如果法学能够为可靠的法律涵摄提供基础，那么它就可以成为一门独立的科学。但是这个答案是通过对法律事实构成上的事实进行严格剪裁后得出的。基于实然和应然根本对立的思维，法律规范不应被认为是与社会存在相关联的。这并不是否定它们之间的社会关联（例如规范和现实的关联），而是对之在法学意义上不予关心。[5]适用法律的法律人的工作受客观逻辑"支配"。最终这也意味着，法条所规定的情况可以通过法条本身解决：法条本身就是法实现的主体。[6]

---

[2]　Lieder aus dem Thermidor, Gedichte vom Engel des Herrn, beide: Neuausgabe Trier 1992; Gedichte vom Zustand, Trier 1991; Prosa von 52 Vorfällen, Trier 1994.

[3]　前提是实在法本身是封闭性的，或者作为其基础的概念体系被认为是可推导且没有矛盾的。

[4]　本节"九、参考文献"部分所给出的完整标题在脚注中仅给出缩写形式。*Müller*, Positivismus, in: Essais, S. 17.

[5]　*Müller*, Positivismus, in: Essais, S. 18.

[6]　*Müller*, Richterrecht, S. 51f.

但这么一来，总的来说，所有法学家的工作和所产生的效果的基础就 1086
被取代了。**法和现实（Recht und Wirklichkeit）**、规范和被规范的现实因素
互相独立存在，只有通过僵化的涵摄模型才能产生联系。

涵摄模型和脱离实际的规范概念表面上轻率地导致了实在法的不可适 1087
用，这样就越来越频繁地需要追溯到实证的前提条件，如法的统一性、体
系性、无漏洞性和无矛盾性。这些前提本身并没有被实证，却不可避免地
超越了实在法（和立法者），实证主义事实上就又陷入了不可靠的民事**自
然法（bürgerlichen Naturrecht）**之中。[7]

即使是表面上的反对学派——自由法学和利益法学——也都不是以 1088
规范理论为出发点。人们倾向于承认法官有能力通过价值判断来弥补现
在已经被普遍接受的漏洞依附性。[8]但这样**法官的角色又成了问题（Rolle
des Richters problematisch）**：不可忽视，当价值判断的运用超越涵摄模型
时，它同时也是由法官所决定并适用于具体案例的。虽然这里也基于同样
的（非现实的）规范模型，但当法律适用超越了规范文本和三段论模型时，
法官因而在表面上扮演了立法者的角色。[9]

这一解决方法被认为原则上是在固守（能保证科学性的）**涵摄模型** 1089
（**Subsumtionsmodell**）及其逻辑蕴含。只有用以涵摄的文本规范基础才能
被扩展解释。[10]但这样一来，问题却被掩盖起来了：根据法官法理论，法
律适用必须援引法律之外领域的理论规则，才至少能够进行法创制。这些
理论原则还应被推定属于"法律之内"，[11]这样法官的援引行为才能合理成
立。其科学准确性可以通过所运用的三段论涵摄来保证。因此，封闭的教
义对于作出的裁判较少具有证明功能，而是对于现在越来越有争议的法官
活动具有正当化功能。

法官法的定位也并不影响制定法实证主义被普遍接受。在这里规范和 1090
被规范的现实部分首先是互相独立存在的。因此应然和实然（现实因素）
保持为相互对立的范畴，[12]不会与这一对相反的概念建立法理上的联系。

---

[7] *Müller*, Positivismus, in: Essais, S. 19.

[8] *Müller*, Positivismus, in: Essais, S. 19.

[9] *Müller*, Richterrecht, S. 26.

[10] 现在除了实在法，还有如客观公序良俗、法理念和以社会科学为基础的结果衡量等。

[11] 与之相同的有实在法和作为其基础的一般法律思想等。

[12] *Müller*, Richterrecht, S. 46.

但是**法律工作的作用**（Funktion von Rechtsarbeit）会进一步受到质疑，因为对其进行区分、控制和稳定[13]的重要因素又将显得不足甚至根本无法实现。此外，涵摄模型会大体沦为单纯对具有争议的法官角色的正当化，在涵摄过程中的关联将涉及法外领域。在该区块中法官裁判行为的责任将归于抽象的权力机构，通常是立法者，[14]也有可能是"天然"存在的道德法则等。[15]

1091　　　最后，对运用涵摄模型起决定性作用的**前提条件**也是**有问题的**（Voraussetzung fraglich）：法实证主义[16]和法官法[17]在规范理论意义上的前提条件应该是，规范先于案件的发生（事实）并先于因其所引发的案件解决过程而存在，也就是说该规范应该已经完备并且可被援用。[18]根据这种观点，该规范本身，也就是说制定法文本，[19]具有了**规制内容**（Regelungsgehalt），也可以说是获得了规范性：只有制定法文本才对社会现实情况有约束力。制定法文本具有规范性，这是它的内在特征。在这种情况下，法律具体化要么意味着三段论涵摄推理，要么意味着运用及实现预设的或者制定法文本中表现出的利益衡量和价值判断。

1092　　　关于规范对于解决法律案件不能提供唯一标准的情况，包括运用解释的所有案件和待判决的绝大多数案件，立法者（对该具体问题）**事实上并未做出判断**（in Wahrheit noch nicht entschieden hat），而只是对裁判给出了一些不完整的线索和信号。在这种情况下，穆勒不主张坚持探究规范所体现的意义（如立法者意志）和规则中内化的标准。如果立法者并未给出唯一的标准，也就无法确定其真实的意志，而只能进行推测和拟制。对这种

---

　[13]　*Müller*, Recht-Sprache-Gewalt, S. 9.

　[14]　形式上可以表现为主观的、历史性的立法者意志，或者是客观的、在法典化的整体中被书面表达出来的"法律"意志。

　[15]　*Müller*, Richterrecht, S. 32.

　[16]　虽然穆勒所提出的制定法实证主义、新制定法实证主义（参见涵摄的超实证主义定义）以及不同形式的反实证主义（自由法学和法官法）都认为：由于这些学派趋于一致，穆勒的制定法实证主义定义并不是历史性的；而"制定法实证主义"指的是一种法规范理论的结构和建立在此基础上的法运用理论，其在各个历史阶段都有不同的侧重意义。关于这种结构下文阐述。

　[17]　作为事实上的实在法。

　[18]　只有涉及其渊源（实证性和超实证性），实证主义法和法官法才有所区别。

　[19]　就像联邦法律被公布并且人们可以在法律汇编中再次查找到一样。

制定法的客观意志和立法者主观意志的探究意味着一种补缺。[20]

　　对规范理解的不充分性（unzureichendes Normverständnis）成为制定　　1093
法实证主义的主要软肋。它是建立在"法律适用"过程前就已完备的法律
规范之上的，即"法先于案件存在"。只有待判案件允许单独运用该规范
来解决，在这一层面上，该规则才获得了规范性，即有约束力的规则特
征。法律工作被认为仅仅是对既存规范的法律适用。这导致实证主义试图
将案件裁判的责任归咎于法条本身和立法者。事实上在具体化过程中法官
的主导地位却被掩盖。实际的裁判过程被隐藏在**纯粹法认知的修饰性表象**
（**Fassade bloßer Rechtserkenntnis**）之后。

四、架构法学

　　从这个角度来看，后实证主义法理论是从制定法实证主义的基本两难　　1094
问题、应然和实然的范畴性分离、规范和现实以及法先于案件存在的理论
中产生出来的。这些理论产生了争议，原因是对规范的理解变得不可靠。
这也表明，任何一种法律科学要想逾越实证主义的局限性，都必须在**法律
规范理论**（**Rechtsnormtheorie**）中找到可靠的基础。

　　探索法律规范理论并不意味着要援引哲学或语言学理论；[21] 正是制定　　1095
法实证主义对三段论逻辑涵摄的坚持，导致了人们无法窥探法律裁判的事
实过程，它被体系性地掩盖在单纯的法发现的正当化表象之后，而该正当
化的精确性则由现有的学术上的正确性保障着。这种照搬理论、与法律实
践活动相脱离的过程，低估了作出法律裁判的复杂性，因此会导致对法律
实践技巧的特殊方法性要求的理解不充分。

　　接下来我们将视线转移到**判决实践的事实过程**（**tatsächliche Vorgängen**　　1096
der Rechtsprechungspraxis）。此处需要研究的问题是，哪些具体因素、以
何种方式影响裁判过程。该研究的基础问题是：当谈到某个特定法秩序时，
要分析事实上发生了什么。该法秩序之所以起作用，是因为它"有效力"。
在这个问题上，特别是考虑到实践中法官的活动，应该发展出一种与实际
情况相符的法律规范理论，在此基础上来对法适用的方法论进行架构化。

---

[20]　*Hesse*, Grundzüge, Rz. 56.

[21]　对此有清楚论述的是：*Müller*, Juristische Methodik, S. 276。

1. 法律规范理论

1097　　制定法实证主义的规范理解的决定性前提曾经是相信规范文本实质上内在的规范性，即规范文本中对社会现实有约束力的规定。实证主义意义上的法律规范就是指规范文本。**法律规范表面上只是**反映社会现实的**文本（ Rechtsnorm erscheint als bloßer Text ），**但只是在法"外的"现实意义上。[22]作为规范条文的汇总的制定法是用文字固定下来的（即文本化的）法的观念；[23]文字表达了一种特定的观念内容并对其进行说明。在裁判过程中法官的任务是，破译立法者使用语言符号传达的意思内容。[24]法官的工作是适用既存法律规范中的被破译释明的概念进行涵摄。理论上不涉及现实领域的因素，目的是在实践中能更加明确地以灵活的方式（如使用目的性限缩解释）进行判决。[25]

1098　　实证主义的规范理解涉及**"代表"**或**"仿照模型"**（ „Repräsentations-" bzw. „Abbildmodell" ）：每个具体的文字都是观念和意义的载体；语言表达了某种非语言的事实，语言的表述在某种程度上代表了这种事实。因此，概念可能会隐秘地带来表达上的同感谬误（Verdinglichung）。同感谬误在这里是指，概念在定义上已经被与不可改变的思想内容捆绑在一起。这一思想内容可以通过先验的解析性判断直接追溯到。[26]

1099　　如同其他概念一般，法律概念也有**符号价值（Zeichenwert ）；**它仅参考描述的内容，却与其并没有实质性联系。概念不等同于它所指的对象，而只是所指对象的语言形式；符号的本质特征是它与所指对象的区别，所以概念只能通过概念的使用方式进行研究。[27]一种"本体论"的对概念实质以及概念内涵的研究，与符号结构完全是不相符的。准确来说在这种情况下不存在符号的使用，因为符号的使用完全表现在所指的内容这一"存在"

---

[22]　*Jeand'Heur*, Gemeinsame Probleme, S. 20.

[23]　*Jeand'Heur*, Gemeinsame Probleme, S. 19.

[24]　*Jeand'Heur*, Gemeinsame Probleme, S. 19. 包括（立法者的）编码过程和（法适用者的）破译过程。

[25]　*Jeand'Heur*, Gemeinsame Probleme, S. 19.

[26]　Vergl. *Kant*, Prolegomena, S.18: 解析性判断只有释明性特性，对认识的内容不做补充。

[27]　*Müller*, Strukturierende Rechtslehre, S. 234.

里，乃至其作为符号还根本不能从中解脱出来。[28]

规范文本中的法律概念及其语句无法通过独立预设的形式获得其意义　1100
和含义。[29] 符号参照的是一个于它本身之外存在的现实情况。为了解释
符号的意义，需要使其符合**指引功能**（**Verweisungsfunktion**）（而不是其代
表功能）。由于符号和它所指的对象没有实质上的参照关系（符号只是事
实情况的表现），必须优先研究的是符号具体参照的对象，如同符号在具
体的对话情形中所被使用的一样。[30]

在此要使用**经典解释步骤**（**klassische Interpretationsvorgang**）。规范　1101
文本作为语言的而非规范性的构成物，需要采取与文本相应的不同解释
方法进行解释。但解释必须通过经验联系来进行。事实因素是否"符合
规范文本"，即事实是否可以适用规范文本，要通过规范（规范文本）的
体系性位置来查明。[31] 同时解释过程的方向将由实物数据（事实信息）来
决定。在对这种**实物数据和语言数据进行的解释**（**Real- und Sprachdaten
vermittelnden Interpretation**）中产生了法律规范。只有这一法律规范才具
有规范性，因为这展示了规范文本中的法概念在事实上的具体适用，而且
这需要在绝大多数案例中才能够确定。这与（实证意义上的）具体化没有
任何关系；仅仅使用规范文本本身尚不具有具体化的能力。除了事实这一
具体化中最重要的初始数据之外，"只有"规范文本具有效力。这种效力
产生的法义务，不仅针对受此约束的相对人，也针对被任命去作出裁判的
法律人，他们必须将这些规范文本——如果符合裁判情形——在现实中作
为初始数据用于裁判，实际上也必须运用这些规范文本来获取法律规范，

---

[28]　参照*海德格尔*（*Heidegger*）的《*存在与时间*》（*Sein und Zeit*）中尖锐的批判（第82页），
他认为这种形式的符号运用是原始人才会采取的："对原始人来说，符号和其所指的对象是共
生的。符号不仅在替代性意义上能够代表所表示的东西，而且符号本身其实始终就是所表示
的东西。……这种'共生'并不是先前孤立的对象的同一，而是说符号还不曾摆脱所指的对
象。由于这一符号的应用仍完全依据实然内容，所以它不可被替换。"（原文引述）甚至*黑格
尔*（*Hegel*）在《*现象学*》一书中也写道（第48页）：这一自我描述之精神的发展的初级阶段，
即"感官上的确信"，同样因无法区分符号（该情形中假定的概念）和被描绘的事物而受挫，
所以这一"感官上的确信"实际上并非可使用的符号。符号和其所指的对象永远是共生的：
譬如白天和黑夜共存于当下云云。

[29]　*Müller*, Strukturierende Rechtslehre, S. 235.

[30]　Vergl. *Jeand'Heur*, Gemeinsame Probleme, S. 22 f.

[31]　具体过程和具体步骤参见下文四、4，边码1106及以下。

并在方法上正确地加以考虑。[32] 这一有关法官职责的效力规定的规范性基础在于《德国基本法》第 97 条第 1 款。效力和规范性分别指具体化的不同阶段，并强调了（规范性）法律规范和（非规范性）规范文本的明显区别。

1102　　　这也表明：必须对规范文本中内在的概念在具体适用的基础上进行研究，在许多情况下，此概念的适用范围必须结合事实重新定义，并由此产生此概念与该事实有关的法律效力，**规范性并未表现出文本的属性，而是一个过程（Normativität nicht als Eigenschaft der Texte，sondern als ein Vorgang）**，它在事实上进行架构，因此在科学上也是可以架构的。[33] 这个过程的主体是法律工作者；他们制造了规范性，基于此，他们的活动必然是具有法创设性的。

2. 作为法治国必要的法学方法

1103　　　从这个视角出发，后实证主义法学方法的任务必须是，为了**法创设学说（Rechtserzeugungslehre）**摒弃对纯粹法认知的拟制。方法论并不是正当化的学问，而是法创设的反映。[34] 只有这种方法才能使法律规范超越与规范文本同等的地位。对这两者的平等对待是法律规范方法理解下的实证主义的主要缺陷。[35] 这种实证主义否定了法律工作的创造性因素，它将这种因素隐藏在涵摄的修饰之下。这样价值判断在单纯的法认知的掩盖下潜移默化地被带入了法发现中，而并不能获得证明。只有考虑到规范性的事实条件（完成法官到造法者的转变）才能结合实际的法律工作重新提出这个问题。

1104　　　法律方法论获得了其独自的**宪法规定中的任务分配（Aufgabenstellung aus den verfassungsrechtlichen Vorgaben）**。因此需要发展出一种方法，它要对以上分析的法创制过程的特殊宪法要求进行科学的具体化。[36] 这里最重要的是法官只受制定法的约束，参见《德国基本法》第 97 条第 1 款（"只服从制定法"）。从法官造法活动的角度，这里明确表述出来的制定法约束是指，法官作出的制定法上的**裁判（Entscheidung）**（裁判规范）

---

[32]　*Müller*, Juristische Methodik, S. 142.

[33]　*Müller*, Strukturierende Rechtslehre, S. 257.

[34]　*Müller*, Juristische Methodik, S. 18.

[35]　参见本节上文脚注 16。

[36]　该法律方法必须在《德国基本法》适用的前提下进行设计，而不应该是"单纯的实在法"科学理论（相反观点：*Kelsen*, Reine Rechtslehre, S. 1）。

应被准确地**归结（zurechnen）**于他作出该判决所引证的**法律规范（die Rechtsnorm）**，以及他所依据的**规范文本（die Normtext）**，法官必须能对此进行方法性解释。[37]这种归结是拥有成文宪法的法治国法所具有的特殊功能所要求的。

3. 法和权力

法本身是社会权力的特殊形式。[38]因此，它是统治的工具。但是在法治国的形式下，它同时也是**限制统治（Begrenzung von Herrschaft）**的工具。法本身必须不借助语言媒介表现出来。因此法必须服从于沟通、提供话语批判的可能和满足言辞辩护的必要性。[39]如果一个法上的裁判援用了宪法规范，那么它就是一个合宪的甚至是合乎法治国理念的权力。此观点表明，为什么法官的**证明义务（Begründungspflichten）**在实在法中被详细地规定下来。[40]如果一个判决从方法上并不可溯源至某个规范文本，那么该判决实际上就不是依据该规范文本，它不但是违法的（不能被归结于实体法），而且也无法从体系上正当化，并因此而不合法（illegitim）。这样的裁判正是"单纯的暴力"的产物。它是一个人对另一个人的统治，不是作为一个体系上使法治国合法化的裁判机关的"这种"法的统治。具体规定的裁判规范（裁判主文）必须能通过口头宣判成为抽象规定的文本（制定法条文）。同时涉及表面上具有法秩序特征的**框架原则（Strukturprinzip）**，它是从立法的宪法约束性、从所有其他国家行为的法约束和宪法约束并普遍从国家行为的法确定性中得出的。[41]因此公民法治国的合法性正存在于尽可能充分地使用形式化的、可控制的、通过口头宣判并符合宪法的权力，尽可能减少使用未合法化的"单纯的"（即应急性的）权力。[42]换句话说：隐藏在纯粹涵摄的主张之后的必要的法官"造法"行为（更准确地说是法的创设），

1105

---

[37] *Müller*, Juristische Methodik, S. 140.

[38] *Müller*, Recht-Sprache-Gewalt, S. 9.

[39] *Müller*, Juristische Methodik, S. 138 f.

[40] 例如《刑事诉讼法》第 34 条和第 267 条；《民事诉讼法》第 313 条第 1 款第 6 项和第 3 款也有体现："［Ⅰ］判决书应记载：（……）裁判理由。［Ⅲ］裁判理由中应简略地记载从事实和法律角度作出裁判的考量。"最极端的规定在《联邦宪法法院法》第 24 条中，法院的某些裁判不需要论证。

[41] *Müller*, Juristische Methodik, S. 139. 关于法治国的文本结构内容参见 *Müller*, Politisches System, S. 95ff.。

[42] *Müller*, Recht-Sprache-Gewalt, S. 31; *Müller*, Notiz, S. 125.

只有当其能够自我证实并基本可控时，才是正当的。没有能力或没有意愿达到此要求的方法最终会危害到**法治国（Rechtsstaat）**。下面将阐述对这种符合《德国基本法》而成立的方法所提出的要求。

4. 法律方法论的要素

1106   在规范文本和法律规范严格区分的基础上，才有*可能*澄清以下问题，即规范和它规定的现实片段有什么样的客观联系。因此由该法律规范理论发展出来的方法的目标必须是，将条文以一种客观决定的、科学划分的过程具体化到两个核心问题上：规范和案件、规范和现实。[43]

a）规范文本和法律规范

1107   "法律适用过程"本身就能产生规范性，下文也称其为**具体化过程**（**Konkretisierungsprozess**）[44]，它在规范和案件核心问题上表现为**两个层次**（**zweistufig**）。

1108   **出发点（Ausgangspunkt）是对案例作出的涉及规范文本整体性的非专业的案件叙述（leienhafte Fallerzählung）**。[45] 法律工作的初始数据不仅包括特定事实（表现为对案例陈述的法学专业性表达），也包括所有规范文本的总和。规范文本就是用专业术语表达的语言数据；案件事实是对真实事件的语言表述，因此属于可以带来实物数据（Realdaten）的范畴。这些实物数据一开始是非语言形式的事实情况。另外，为了司法的实践和学术能对其进一步加工，它必须以语言形式呈现出来。[46] 在案件陈述的框架内，这些最迟会在对实物数据进行重新表述的时候呈现出来。

1109   法官会从大量规范文本中根据他的知识储备从案情出发选择在他看来**显得"相关"的规范文本假说** [„**einschlägig**"**erscheinende（n）Normtexthypothese（n）**]。例如可以结合"船队案例"（Fleetfalls）（《德国联邦最高法院民事裁判集》第 55 卷，第 153 页以下）来看《德国民法典》第 823 条第 1 款规定的所有权侵害问题：船运公司 S 派出一支船队运送一

---

[43] *Müller*, Juristische Methodik, S. 273.

[44] 具体化在这里（相对于实证主义）被理解为"一种在解决案件的过程中阐述一条普遍适用的法规范，且通过方法归属的技术与某一规范条文建立联系的裁判程序"。*Müller*, Juristische Methodik, S. 275.

[45] 下列描述内容几乎在穆勒的所有文献中都出现过，但是侧重点不同。详见 *Müller*, Juristische Methodik, S. 140 ff.；*Müller*, Strukturierende Rechtslehre, S. 263 ff.；借助判决分析的实践阐述见 *Müller*, Fallanalysen；简要的总结性阐述见 *Müller*, Juristische Methodik, S. 270 ff.。

[46] *Müller*, Juristische Methodik, S. 270.

台研磨机。由于道路保养义务者的过失导致河岸坍塌，船队无法通行。原告的一艘船搁浅。他向道路保养义务者索要赔偿。

　　本案中被表达出来的规范文本假说譬如："《德国民法典》第 823 条第 1 款首先需要被检验"。基于此，《德国民法典》第 823 条第 1 款的规范条文将借助所有原始口头论证过的解释观点进行解释。该解释需要利用经典解释方法，即语法解释、体系解释、历史解释和主观[47]解释。[48] 对规范文本假说的选择，特别是对其的解释，取决于**决定解释方向的事实区块**（**Sachbereich, der die Auslegungsrichtung vorgibt**）。出于工作的经济性考虑，该事实区块被归纳为**案例区块**（**Fallbereich**）。在上述案例中指的是运输船无法通行的事实。《德国民法典》第 823 条第 1 款的另一种事实区块是保护所有权不受过失行为的损害。本案却是所有权损害的一种特殊形式。案例区块是指通过限制物品的移动自由而产生的所有权损害形式。

　　因而首先提出的问题是，规范文本假说意义上的所有权侵害是否能够成立。语言信息的解释方向已经确定：需要检验"所有权……被侵害"这一符号链的具体适用。在这个框架下，首先应考虑**各个接近规范文本的解释要素**（**die jeweils normtextnäheren Interpretationselemente zuerst heranzuziehen**），那么首先应运用语法解释和体系解释，因为这是从对规范文本的解释出发的，而如主观解释等方法则涉及非规范文本（制定法素材）。规范文本的语法（**grammatisch**）解释将所有权看作受保护的法益。乍一看似乎是在做无用功。但规范文本的推定作用却不可小觑。所有权是被《德国民法典》第 823 条第 1 款完全地，即根据文字表述无限制保护的。将所有权的保护范围限制于对物的本体的侵入行为，这无论如何都无法通过《德国民法典》第 823 条第 1 款条文内容加以证立。该规范文本也不包含《德国民法典》第 459 条第 1 款第 2 项中的"显著性"这一限制。因此，至少条文内容并不能推导出对所有权侵害构成要件的限缩解释。

　　从体系角度来看（**systematisch**），上述案例中《德国民法典》第 903 条是作为具有实在法性质的、规范文本所规定的所有权被考虑的。这条规

1110

1111

1112

---

[47]　历史解释考虑的是相关规范的前身，主观解释则关注条文的制定过程，即其是如何从立法材料中产生的。

[48]　对规范文本解释和规范领域分析的所有具体化要素的总结性概述见 *Müller*, Juristische Methodik, S. 274-276; 详细阐述见前述文献，Abschnitt 32; 关于萨维尼所谓的"解释规准"（canones）的经典阐述，参见本书上文吕克特所撰内容，边码 76 及以下。

范（Norm）赋予了所有权人在不违反第三者权利的前提下自由处分其物的权利。在此又回到了**案例区块（Fallbereich）**上，即案件事实所反映出来的现实信息：现在必须检验涉嫌被损害的物品的功用及其特殊的、所有权人的使用意图。还要弄清该使用意图是在怎样的事实状态下被阻碍的。因为假设这艘船的用途只是一个可以航行的水上酒馆，而所有权人从来没有将其驶出运河，并且河岸的坍塌并没有损害该船作为郊游目的地的吸引力，那么所有权人就可以自由"处分"该船（仍然作为水上酒馆而使用）。从一开始也就并不存在损害所有权的问题。但是上述案例的事实信息表明这是一支运输船，它的功能是作为运输手段使载重物跨越空间距离，航道受阻使得该功能无法实现。所有权人因此无法行使《德国民法典》第 903条规定的所有权权能。而根据《德国民法典》第 823 条第 1 款该所有权产生的权利也应不受过失行为所侵害。

1113 　　至此可以总结为：《德国民法典》第 823 条第 1 款（所有权）的规范文本假说涉及由过失行为导致的所有权侵害。对所有权保护的规范文本的选择是建立在事实情况和实物数据上的。这包括一个特殊侵权的问题。根据实物数据，再加上体系上与《德国民法典》第 823 条第 1 款相联系的规范条款第 903 条，规范文本假说可被进一步解释为，对使用权的妨害也可以构成规范文本假说意义上的所有权损害。法官赋予了所有权侵害概念一种全新的用法并开始了一种新的"语言游戏"[49]。而同时**规范纲要被表述为（Normprogramm formuliert）**："对物的所有权的侵害不仅可以表现为对物本身的损害，也可以由事实上对该物的所有权人权利的影响所造成。"[50]

1114 　　与此同时，从一开始非常宽泛的被规范文本假说涵盖的事实区块，即保护所有权不受过失行为的侵害，借助于不断向规范纲要浓缩的规范文本假说，将"剪裁出"从规范要最终发展到需要受到约束的实物数据总和中的现实片段。[51] 这个过程被定义为**规范区块分析（Normbereichsanalyse）**。

---

　　[49] 这个借用了*维特根斯坦（Wittgenstein）*晚期哲学的表达方式在弗里德里希·穆勒（*F. Müller*）的著作中 [明确地说是从《权利—语言—权力》（Recht-Sprache-Gewalt）（1975）一书问世以来] 起到了举足轻重的作用。语言游戏表现了一个句子或词语在语言运用方式上的多样性：一个句子只有被看清在何种现实情况下被如何实际运用，才能被理解。理解意味着看透在该情形中语言游戏事实上如何进行。*Müller, Recht-Sprache-Gewalt*, S. 33.

　　[50] BGHZ 55, 153, 159.

　　[51] *Müller*, Juristische Methodik, S. 280.

它借助于规范纲要可以保证**对实物数据进行架构化筛选（strukturierte Auswahl von Realdaten）**，即在一个待决案件中发挥作用的事实不会直接地（"实用导向性地"）成为裁判所依据的事实，而是通过一种普遍化且可控的形式。[52] 在上述案例中可以查明船只所有者的主观使用意图、船只的客观功能[53]和妨碍使用权时间点的运河封锁是对裁判有意义的实物数据，从而查明决定法律规范具体形式的事实。这时规范区块就准确地包含了有效约束规范纲要的实物数据：规范纲要和规范区块构建了**现在具有规范性的法律规范（nunmehr normative Rechtsnorm）**。这又体现在判决引导词中："当一艘船只被某段可航行水域的保养义务者过失所导致的通航障碍阻隔在该水域的一定范围中，并失去了一切可移动的可能，那么根据《德国民法典》第823条第1款，基于对所有权的损害，保养义务人将对船舶所有者承担由于船舶无法航行所产生的损失。"[54]

规范性（Normativität）就不再是一个静态的架构模型，一种（被错误地理解为）法律规范的性质，而是一个**具体化的动态过程模型（dynamisches Ablaufmodell der Konkretisierung）**。[55] 规范性意味着，这样一种法律规范的动态特性，将影响所规范的事实（具体规范性）并将同时受到这些现实片段的影响和重构（由事实出发的规范性）。[56] 对于架构法学来说，规范性意味着所有决定了裁判过程方向的因素和所有不可取代的要素，否则案件的裁判将有所不同。[57] 在这种动态的特性中，即规范区块和规范程序互相影响，通过这两者而构建起来的法律规范被证明是由事实出发的规则模型。[58]

1115

b）法律规范—裁判规范

在这里我们还未讨论过原告的具体诉讼请求（要求被告赔偿损失或者驳回对方的诉讼）。这时的法律规范还是抽象普遍的。它构成了规范文本向

1116

---

[52]　*Müller*, Juristische Methodik, S. 279；Strukturierende Rechtslehre, S. 238.

[53]　在这里两者重合。

[54]　BGHZ 55, 153.

[55]　*Christensen*, Der Richter, S. 87.

[56]　*Müller*, Strukturierende Rechtslehre, S. 258.

[57]　*Christensen*, Strukturierende Rechtslehre, S. 3.

[58]　比如：*Müller*, Normstruktur, S. 168ff.；更清楚的比如：*Müller*, Strukturierende Rechtslehre, S. 231。

裁判规范转化的整个具体化过程中的一个**中间结论（Zwischenergebnis）**，[59] 同时也是具体化过程第二阶段（法律规范向裁判规范转化）的出发点。借助法律规范可以确定一个（迄今没有疑问的）涵摄的**大前提（Obersatz）**。这就可以开始进行制定法实证主义单独描绘的过程，即通过涵摄的方式将法律规范具体化为**裁判规范（Entscheidungsnorm）**。[60] 据此，在上述案例中应判决被告（由于存在一个与判决引导词相符的案例）赔偿损失。因此上述案例[61]的裁判规范可表述为：判决被告赔偿原告相应数量的德国马克。

5. 联邦最高法院的裁判

1117   联邦最高法院也给出了这样的结果。主要来说，通过规范纲要对实物数据的先决的、有约束力的筛选，联邦最高法院对阻碍运输车辆的其他判决值得参照。在燃料库[62]一案中，原告的不动产由于邻接土地引起的火灾危险而必须被疏散。持续的灭火作业使得原告在疏散结束后也不得离开。因而原告无法派出其运输车辆。这里联邦最高法院没有援用妨害使用权，而援用了妨害公共道路的一般使用权。法院认为这里可以说没有发生（前述）不动产所有权侵害而导致的损害结果，且短暂地阻碍交通本身也不是对工厂土地所有权的独立损害。但法院并未提及损害运输车辆所有权的可能性。但以上简要的提示已经能够"明显地"区别于船队案例。[63] 这明显的区别在此不予详述，可参照证据。第 2265 页一个括号里，船队案例被描述为"对于整个船队尾部的个别船只长达数个月的阻碍"。与上述案例唯一的不同是对所有权侵害的时间。这个论据在船队案例中（包括判决理由）并未被认为与裁判有关。现在却突然要决定所有权损害的持续时间（3 小时）。即使持续时间成为案例区块的要素，其是否能进入规范区块也十分可疑。从体系上来说需要首先审视其与《德国民法典》第 985 条的关系。该条规定所有权人（在保留其权利的前提下）可以要求任何占有者返还该物。所有权是绝对权。它是人对物的完全的、原则上无限制的支

---

[59]   *Christensen*, Der Richter, S. 88.

[60]   *Christensen*, Der Richter, S. 88.

[61]   根据船只所有者所处的诉讼地位而有所不同。在"船队案例"中，初审认可了其起诉理由。被告上诉至联邦最高法院，原裁判规范表述为："被告的上诉导致判决部分被驳回"；BGHZ55、154、162。这里陈述的裁判规范是基于船只所有者的起诉行为。

[62]   BGH NJW 1977, S. 2264ff.

[63]   BGH NJW 1977, 2264, 2265.

配权，所有权人有权任意处分该物。在此我们也可以说是任何时间。我们无从得知为什么他能连续三个小时容忍使用权遭到侵害，我们也不知道最高联邦法院如何论证。他当然可以**任意地选择与裁判相关的实物数据**（**entscheidungserheblichen Realdaten beliebig auszuwählen**）并由此操控案件的裁判。可以推测在燃油库案例的判决背后可能存在一个"不公平"的考量，即对于所有权相对短时间的侵害而认可损害赔偿。这个"维护公平"的修正却被定位在了理论上错误的位置上。这不仅是一个在事实上存在所有权损害的框架下可以阐明的问题，更是一个妨碍时间和产生损害及规范性归类标准的不平衡。在每个案件中裁判都需要经过特别仔细的论证。[64]对案件"显而易见"的区别的简短引述并不能使其具有正当性。

五、总结

在此我们更明确地阐明一下，如何理解**实践上法律工作中**创制性或者**推动法律续造的部分**（**rechtsfortbildenden Anteil praktischer Rechtsarbeit**）：不变的前提是对初始的规范文本和事实的具体化。**规范文本**并不当然是规范性的；具体的法律案件（如所有权侵害的特殊形式）可以独自借助于规范文本被裁判而不具有约束力。首先应该阐明"所有权侵害"概念的具体运用。[65]对此，基于**事实区块**（**Sachbereich**）的促动，**规范纲要**（**Normprogramm**）被查明，其所规制的实际部分被有约束力地界定；也就是说，该实际部分可以被有约束力地确定，对于该法律规范来说，为什么某些实物数据具有规范性地进入了裁判之中。从方法上来说，通过**规范区块分析**（**Normbereichsanalyse**）可以查明对于具体化有规范意义的实物数据。规范纲要和规范区块最终共同构成了法律规范。这种抽象普遍的法条／大前提必须被凝练为具体个别的裁判规范。这就是涵摄过程。这时法律规范才获得潜在的规范性，裁判规范是具体的、规范性的。[66]

1118

---

[64]　为什么上述案件中的侵害时间会成为所有权侵害的区分标准；术语解释：规范纲要中侵害时间是否以及为何会被从案件领域内选择出来并且独自对法规范有建设性意义。

[65]　可以首先参见帝国法院的判决，其中对规范条文《德国民法典》第 823 条第 1 款进行了具体化。这里所有权只有受到实质性侵害才被认可。而对于现在进行的规范化过程，这只能作为潜在附加的具体化辅助工具。它也不具有限制规范文本的作用。事实上规范化过程更多地产生于对未决新案件从规范出发进行判决的实际过程。

[66]　然而裁判规范的具体规范性的产生过程并没有结束。它还需要具体的行政行为或法院执行来实施；*Müller*, Strukturierende Rechtslehre, S. 261。

1119　　　法律工作者（这里指法官）对规范性的**创造性"生产"**（„schöpferische"
Herstellung），在每个具体化的共同实施和自我构成的过程中都是必不可缺
的。这种法律工作的创造性成分**不再**被理解为制定法约束力射程之外必须
被阐明的**例外情形**，而是被理解为作为把握对象一般情形的法治国式的制
定法约束力。[67]

1120　　　此外，无法被实证主义所证明的通过规范文本**生产**（**Herstellung**）法
律规范的过程成为**法律工作最本质的要素**（**das wesentliche Moment der
Rechtsarbeit**）。《德国基本法》对这一过程进行了方法性的规定。基础是公
权力受制定法约束。对此，《德国基本法》第 20 条第 3 款作出了一般规定，
第 97 条第 1 款针对司法机关作出了特别规定[68]。重要的还有民主和法治国
原则所引申出的[69]裁判过程和判决表述的可预测性、透明性和区别审查性
原则。[70]这些要求能被履行的前提是，"法运用过程"本身可被从架构上
理解并且可以通过沟通使该过程的所有阶段都可被执行和检查。从这个角
度来看，法律方法作为描述和归类技术的功能可以被理解为**法治国意义上
的必然性**（**rechtsstaatliche Notwendigkeit**）。

1121　　　但是**法律实证主义**（**der juristische Positivismus**）由于不充分的规范理
解和由此导致的法律先于案件存在的拟制使其不能实现法治国的要求。它
通过单纯的[71]法发现的修饰**掩盖了价值判断**（**kaschiert Wertung**）。这被认
为是不可能的。法实证主义并未行其所言，也未言其所行。它与一种透明
和可控的裁判实践渐行渐远。

1122　　　最后，对实然和应然的归类性区分的理论在实践中被表明是不存在的：
规范性的产生将由**规范文本和事实区块两极间的运动**（**Bewegung zwischen
den Polen Normtext und Sachbereich**）而决定，同时起决定性的是，其不涉
及一种平等的，而是以规范纲要为导向并局限于一个方向的媒介。法律工
作者作为该运动的主体寻求一种规范性的条文。首先他们关注规范文本，
但其也有可能不具有规范性。其次他们关注由语言表述的实物数据的现实。

---

[67]　*Christensen*, Gesetzesbindung, S. 312.

[68]　*Müller*, Richterrecht, S. 22.

[69]　*Müller*, Richterrecht, S. 92 f.; *Schmidt-Bleibtreu/Klein*-Klein Art. 20 Rz.9 ff.

[70]　*Müller*, Juristische Methodik, S. 110.

[71]　此处"单纯的法发现"的表述不是对凯尔森的映射，因为它始终表达了价值判断
的必要性。So z.B. *Kelsen*, Positivismus, S. 468.

仅此无法让《德国基本法》第 97 条第 1 款所规定的法律适用者将其作为法律规范的前提，他们在必要时将重新寻求规范的帮助。但这不再是规范文本，而是废除了法律规范中活动的两个要素：实然（以规范区块的形式）和应然（以规范纲领的形式）。废除在此有三层含义：它被包含在法律规范中，它被否定独立的地位（废除了区别），它最终构成了一个不同于以往的整体即法律规范。实然和应然不再是无关的对立。这两个相对概念的运动更加清楚地显示了联系和变动如何互相决定。

这也表明，规范文本和事实区块两极之间的运动并非必须掩盖实际的过程。只有运动的阶段点被明确指出，才具备了明确性；**但是拉伦茨在其《法学方法论》中一般都持不同观点**。在此任举一例："作为辩证法过程的规范解释和应用"一章。[72] 出发点是（和*穆勒*一样）对解释前已经充分确定并因其确定的内容没有讨论余地的规范理论的批判。如今这不仅在现实中被运用，而且经法学家之手内容得到了进一步确定和补充。[73] 从而规范和规范构造在法官的运用过程中一定程度上增加了新的层次。这个过程的最后产生了一个从制定法文本出发的解释、限缩和补充的网络，它可以具体规制制定法文本的应用并进一步改变（极端情况下甚至可以否认）其内容。[74] 根据表象，辩证法在法律适用的框架下应可以被表述为所谓的"现代"用语（"层次""网络"）。大体来说，这只是一种想象。规范在适用中会因不同的方式被改变。这里更重要的是涉及单独通过辩证法证明的改变的瞬间如何正确命名。这里表现出来的不仅仅是规范的规则作用和其日渐凸显的解释必要性 [75] 在辩证法地位上的对立。这里产生的*某种*运动，不需要提及，只需要证明。此外，仅仅毫无意义地反复对概念进行"辩证法"分析是不够的。

1123

六、法官法的问题

最后，法律规范理论上的架构法学理论对法官法现象给予了法治国的**精确的审视（präzisierte Sicht）**。以实证主义的规范理解为前提，法官的行

1124

---

[72]　*Larenz*, Methodenlehre, S.211ff.

[73]　*Larenz*, Methodenlehre, S.212.

[74]　*Larenz*, Methodenlehre, S.212.

[75]　*Larenz*, Methodenlehre, S.214.

为在跨越规范文本和超出三段论模型时就具有了造法性质。根据这种观点，法官法是指所有不能直接从制定法中推导出来的裁判规范的形成过程；也就是说规范文本并未作出直接的、不需要解释的规定，而需要进一步地具体化。[76] 只有在待判案件中规范文本明确没有歧义的规定，法官才必须遵循这一规定。

1125   由于规范文本和法律规范的分离，具体化过程最终达到法律规范的目标显得尤为必要；但这绝不是一种"自由的"过程，而是架构性的甚至是合宪的过程。只有在缺少规定或者与规定相悖，法官超越制定法作出判决的情况下才存在法官法。法官法从而**不具有议会立法的规范文本**（ **Nichtvorhandensein eines parlamentarisch legitimierten Normtextes** ）的性质。从架构法学理论的视角来看，只有裁判机关在裁判行为中不但（如以往一样）援用制定法或裁判规范，而且还援用准规范文本，**这时才构成法官法**。[77]

1126   **法官法的可行性**（ **Zulässigkeit von Richterrecht** ）问题需要遵循宪法标准。与此相关总是被引用的论据并不具有说服力，即根据《德国基本法》第 20 条第 3 款 [78] 法官必须首先受制定法约束（"遵循制定法和法"）并可以涉及超越制定法的领域，因为至少对于立法机关来说《德国基本法》第 97 条第 1 款是特别且唯一相关的规范，据此法官"只服从于制定法"。[79]（正确被理解的）法官法现象是通过分权体系中有权创制法律规范和裁判规范的机关制定（准）规范文本的过程。这与《德国基本法》第 20 条第 2 款第 2 项所规定的 [80] 分权原则和与之直接相关的民主原则是相违背的。[81] 具体实施的执法权和司法权不仅是法治国的一部分，**还必须符合民主性（ auch**

---

[76]　*Müller*, Juristische Methodik, S. 90.

[77]　*Müller, Juristische Methodik*, S. 90.

[78]　只需参见 *Larenz*, Methodenlehre, S.368f. 且与 BVerfGE 34, 269, 287 相关。

[79]　《联邦宪法法院判例集》第 34、269、286 页及以下有不同见解：联邦宪法法院认为传统的法官服从于法律的观点被《德国基本法》第 20 条第 3 款所"改变"！由于联邦宪法法院将前述法官对法律的服从视为分权原则和法治国原则的组成部分，如果对《德国基本法》第 20 条第 3 款进行这样的解释，那么在结果上就打破了分权原则。联邦宪法法院也没有合法性，即使它爱自称为"宪法的保护伞"。它是受宪法规范的宪法机关（《德国基本法》第 92 条）（ *Seifert/Hömig* Art. 93 Rz.1 ）。

[80]　*Jarass-Pieroth*-Jarass Art. 20, Rz. 15.

[81]　*Jarass-Pieroth*-Pieroth Art. 20, Rz. 2.

demokratisch gebunden）。如果人们不能选举法官，唯一一种通过现实政策过程立法的民主上的可能性就是议会对规范文本的表达和制定。[82] 不符合上述条件的裁判，即使内容是正确的，也是违宪的。

从这个角度来看，法学家的可靠且合理的工作方法中的法治国原则的必要性再次进入我们的视野，这种方法必须有意识地服从法治国的可审查性并努力实现服从宪法。它可以导致民主政治在规范文本中的形式结果在事实上影响着社会的法治状态。[83]

1127

七、国家机关文书工作中词意表达局限性的问题

制定法之中以待发现的"意义"或含义的模型不恰当地成为实践中法律工作的事实上的限制条件，该内容是法官需要查明的唯一意义，与之相关的观念是，案件最终由规范自己解决（法官只是规范的语言器官，是规范"意志"的宣告者）。只有在此背景下才发展出一种考虑到这种条件的规范性的现实概念：这指的是被理解为受现实影响的规则模型的法律规范所具有的动态性质，该法律规范影响着相关现实，同时本身又被该现实片段所影响和构筑。结果是对规范文本和法律规范的性质的拟制将不再具有正当性。法律规范必须有规律地由法律工作者所创制。受制定法的约束不再是指事先规定的法律规范，而是产生过程的架构。该架构和法官对其的服从是由《德国基本法》的方法性规范所决定的（见以上论述）。据此法官必须根据《德国基本法》第 97 条第 1 款将某一有效的正式规范文本作为具体化过程的*出发点*。问题是法治国原则所允许的解释的*边界*应**按照何种标准（nach welchem Maßstab）**确定。这种边界原本被称作"待具体化规范的语言"。关于该语言表达作为界限功能的合适性，却存在着极大的疑问。只有该语言具有足够的确定性才具有界限功能。[84] 正是文字的不确定性使得具体化过程尤为必要。那么具体化过程的结果 [85] 如何在不确定的出发点之处找到它的边界？对这个问题的回答需要我们再次关注这些条件，

1128

---

[82]　*Müller*, Juristische Methodik, S. 92.

[83]　*Müller*, Juristische Methodik, S. 92.

[84]　例如当通过该词语能为一个具体的待决法律案件在语言信息和现实信息中找到固定的参照时。上述例子（上文四、4）表明，确定参照和为某一表述选择某一用法才是"法适用者"的原本任务。

[85]　判决的最终和中间结果都是法规范。

即作为规范所指引的裁判的法律实践需要遵守的条件。[86]

1129　　　　法律裁判不仅仅建立在规范性的文本上。只有当文本表述的原文具有唯一正确的含义、核心的意思或（文本的）客观的意思统一性，该文本才具有足够的确定性。鉴于新兴语言哲学和当今语言学上的文本理论，这个模型必须表现得具有想象性。[87]每个含义在一个开放的意义关联中都只是一部分。这种**意义"之"不可驾驭性（Unbeherrschbarkeit„des"Sinns）**和立法者制定在文本中的意思中心的不可捉摸性，并不是一种附带现象。它是文本化的*基本现象*，从文书写作来看，这会被更加严格地归类。文字有复述功能，其架构有重复性：*没有强制性的语境*，原始的"表达意愿"无法实现。每一个文字本身都与其他文字相关；符号是可以重复的，引文可以嫁接，语境具有开放性。在这种观点下文本是差异的合成物。实际的状态就是文本的无限循环。这个状态在架构法学理论框架下被称为"方法可能性"。

1130　　　　民主法治国还要求作为*根源*的规范文本至少是可以拟制的；所以实证主义范例主张：规范文本已经是成熟的可以运用的法律规范。事实上，联系运用文本的法律工作的事实条件，是无法提出这样的*要求*的。更多要求的是这种民主政治的形式化结果——规范文本——成为司法裁判的*出发点*。**规范文本（Normtext）**不再是根源，而是案件裁判的（最重要的）**初始数据（Eingangsdatum）**。这种要求实际上是可以被满足的。这是由于法官法被进一步接受并不是当然的。对这种要求的保证是法官受到《德国基本法》第 97 条第 1 款约束的最重要的任务之一。

1131　　　　然而，上述对文本处理的条件主要对**裁判商谈的终结（Ende des Entscheidungsdiskurses）**具有意义：裁判商谈的终结以文本性的架构作为条件是不可行的。虽然国家会为裁判商谈作出终结行为，但这只是一个拟制。此处拟制的载体是裁判过程中作为特权性终局的判决。[88]这应当是具体案件的一个（也是唯一一个）真相。这样，一个"文本外之物"被强拉过来，这可以使得对文本而言不可能的内容变为可能：它使裁判文书（即

---

[86]　下文依据 Müller, Juristische Methodik, Abschnitt 59："规范文本的合法性之辩——国家制度中的文本分析。"Abschnitt 591：方法选择时"法治国意义上的许可"。这在第 6 版中被补充。

[87]　对此见本节四、1，边码 1097 及以下。

[88]　更精确的说法：不可再上诉的最终裁判文书。

法律规范、裁判规范和判决理由）摆脱了法学的商谈，即禁止对该案件事实（裁判文书）进一步商谈。在这个时点上存在的权力和语言的综合因素[89]将不再混同，权力要素（表现形式：执行手段）将独自占有主导地位。"放弃先前判决"的例子却也清晰地强调了评注的进步和对判决的商谈，同时也表明商谈没有真正完结，文本也不能摆脱其作为文本的命运。商谈的事实上的终结行为与结果上徒劳的终结行为之间的张力实际上将法律工作描述为对文本的工作。但其表明了为什么在方法上涉及对特权化的法律文本的拟制：涉及规范上规制并符合法治国原则，但是却有违商谈的法律工作的要求——法治国原则许可的对文本研判的法律工作的要求。

　　从这个观点来看，**语词界限（Wortlautgrenze）**的特别意义变得非常明确：它通过取消超越了该边界的解释的法效力，从而在内部为方法可能性确定界限，并突出法治国所允许的领域。它也是法治国所必要的**商谈的规训化（Disziplinierung des Diskurses）**的工具。但是规范文本的原文并不能实现这一限定功能。"允许或不允许"不能借助于"可能的语义"来决定，因为它必须最终在词汇上确定地被论证，而此时并不明确应在何处被确定。不像法律规范是成熟且可以运用的，语词界限鲜少能互为前提。对语词界限提出的要求更多地来自规范文本的作用。[90]为了被法学家所"理解"，这些要求是不能被免除的。其作用在于被运用时以立法者的意志来规范裁判。这些发生在对法律案件作出裁判之前的援用过程正是通过上述语言和权力的混合形态而表现出来。该混合形态表现出一种由运用规范文本为主导的状态：一种语义斗争的状态。[91]在这个背景下可以明确看出，传统的两极化的法方法立场至少在《德国基本法》的效力下会失去其描述法律工作实际过程的跨度的能力。决定是否可以适用于具体案例的规范文本的意义既不会成为既存完善的（实证主义），也不会成为开放性的（决断主义）。被贯彻的是规范文本的意义。[92]

1132

---

[89]　该综合因素绝不是法律语言的特性。语言往往受到社会权力的影响，不仅是作为集合体系，还有像对儿童语言习得的校正。对于法律用语还有国家和团体的权力在起作用。

[90]　在法和语言中积累的权力潜能和法治国必要性背景下，需要对法和语言的相互依存问题进行建构，对此上文已有论述，见 *Müller*, Juristische Methodik, Abschnitt IV.3.90。正像鲜少存在一个独立于法律实现规定的法规范概念一样，确定语词的界限不能无视"语词界限"在法律执行体系中的特别功能。

[91]　关于此概念，参见 *Christensen*, Gesetzesbindung, S. 280，提供了更多的内容。

[92]　对此参见 *Christensen*, Gesetzesbindung, S. 275ff.。

1133　　　　只有这样对于语词界限的商谈的**功能性背景（funktionale Hintergrund）**才清晰可见：语词界限的任务是确保语义斗争向法治国的领域内转移；以及保证争讼双方**武器平等（Waffengleichkeit）**。正确地来说：对相关规范文本解释的方法规则[93]必须是从与方法相关的宪法规范中推导出的标准。这些主要用来区分语言数据和实物数据，通过掌握规范区块对语言数据的优先处理，对能否被归类为有效规范文本的具体化因素的一般区分，以及在方法论冲突的情况下在类似规范文本的要素中将语言数据置于优先地位。[94]只有在上述要求下对规范文本进行方法性处理才能使发展出的结果具有法治国性并被合法执行。因此语词界限既不是单纯的语言的，又不是方法论的，而是**一种规范性的范围（eine normative Größe）**。只有方法上完全成熟的（习惯用语：具体化的）规范文本才能起到语词无法起到的限定功能。其有限的作用也是一种在方法上需要结论性论证的和可靠表述的*处理结果*。为了规范纲领（在方法上完全是编辑而来的规范文本）中的语言数据区块，这一处理结果被保存下来，以至于法治国家许可的解释界限由这个规范文本的语义合集所划定：[95]*规范纲要的界限*取代"语词界限"。

八、结论

1134　　　　架构法学理论提供了一种结果上具有法律规范方法性质的、延伸至**司法裁判的实际条件（tatsächliche Bedingungen juristischen Entscheidens）**的法学方法，该方法能帮助我们理解在《德国基本法》的效力下法学家的日常工作方式。它涉及法的具体化过程，这个过程使其从初步的查找规范（选择规范文本假设）延伸至具体的案例裁判（形成裁判规范）。法律工作者在规范文本（制定法文本）和裁判规范之间的行为可以方法性地被把握且

---

　　[93]　同样也适用于执行现实解释。

　　[94]　对于（经常轻率认定的）方法论冲突的要件和从中得出的优先规则，详见 *Müller, Juristische Methodik*, S. 251ff.。

　　[95]　在方法论矛盾尖锐的特别案例中（dazu *Müller, Juristische Methodik*, S. 259f.），最终只有语法要素才能划清有效的裁判规范，这时规范过程界限才缩限为词语界限。由于方法的明确性，这种情况应该在定义上予以区分：只有规范过程的语言链和规范文本在此（例外地）一致，该语言链才根据实施性解释保留规范过程，因为这个概念主要指具体化过程中的一个特定阶段，即考虑所有语言信息完全成熟的规范文本。在此例外地只实现语法要素，其结果就被冠以"规范过程"之称。因此规范过程表现的总是一种法律适用的成果，而规范文本表现的是立法者的成果。

能得到法治国的审查。

　　架构的基础对作为媒介的语言和文本的体系性回溯，以规范导向的裁　　
判行为作为法律行动（juristisches Handeln），在此过程中必须根据法治国的
规定来作出。同时这不是一种方法上的浮夸，而是一种强制性的前提，如
果没有宪法所规定的方法性前提，如法官必须服从法律原则，其内容也无
法被确定。法官的行为被证明是语义学的实践，是针对概念的工作而不是
利用概念来行动。正是这种观点最终揭示了架构法学理论在立法程序上的
意义：如果立法者不愿将其立法权进一步下放，就必须了解该前提并在起
草制定法时予以注意，也就是说通过体系性构建、法律定义等帮助进行规
范具体化，以便能在可能的范围内对解释方向进行操控。必要的是提高对
谨慎立法行为的要求，以确保该行为已考虑到未来的解释。立法在这个意
义上表现为事先的案例解决方案，发展架构性立法理论表现为一个尚未执
行的任务。[96]

九、参考文献**

（截止时间为 2016 年 8 月）

1. 穆勒作品入门

　　特别有独创性的（Besonders originell）是两本精练的著作《法学方法
的案例分析》（Fallanalysen zur juristischen Methodik，Berlin 1974，2. Aufl. 1989）
和《法学方法和政治体系》（Juristische Methodik und Politisches System，Berlin
1976）。**经典（Klassisch）**著作是从 1971 年至今已经再版了 11 次的《法学
方法》，特别是其中总结性的第五章"法学方法的指导原则"，在柏林出版
社 1993 年的第 5 版中非常简短（S. 270-293），并且从 2004 年第 9 版后被大
幅扩展（S. 470-516），其他还有 Müller/Christensen，Bd. 1：Grundlegung für die
Arbeitsmethoden der Rechtspraxis，11. Aufl. 2013，u. Bd. 2：Europarecht，3. Aufl.
2012。

　　在此按照出版时间顺序进一步列举重要文献：

Normstruktur*** und Normativität. Zum Verhältnis von Recht und Wirklichkeit

---

[96]　*Müller*, Strukturierende Rechtslehre, S. 272.

** 感谢穆勒（Friedrich Müller）和克里斯藤森（Ralph Christensen）对文献的审阅和补充。

*** 斜体部分为脚注中所引用内容的简写。

in der juristischen Hermeneutik, entwickelt an Fragen der Verfassungsinterpretation, Berlin 1966.

Recht-Sprache-Gewalt. Elemente einer Verfassungstheorie I, Berlin 1975; 2. stark erweiterte Aufl. 2008.

Reine Sprachlehre-Reine Rechtslehre. Aufgaben einer Theorie des Rechts. Notizen zu Kelsen und Wittgenstein（1975）, in: Essais, s. u. S. 98-119.

Strukturierende Rechtslehre（1984）, 2. Auflage, Berlin 1994.

Positivismus（1986）, in: Essais, s. u. 1990, S. 15-22.

Richterrecht. Elemente einer Verfassungstheorie IV, Berlin 1986.

Notiz zur Strukturierenden Rechtslehre. Operationsfelder-Strukturgesichtspunkte-Strukturierungsebenen-interdisziplinäre Anschlußstellen（1986）, in: Essais, s. u. 1990, S. 120-134.

Einheit der Rechtsordnung（1986）, in: Essais , s. u. 1990, S. 23-30.

Essais zur Theorie von Recht und Verfassung, hrsg. Von Ralph Christensen, Berlin 1990; 2. Erweiterte Aufl. als: Essais zur Theorie von Recht und Verfassung, von Methodik und Sprache, 2013.

Moderne Theorie und Interpretation der Grundrechte auf der Basis der Strukturierenden Rechtslehre, in: ders., Methodik, Theorie, Linguistik des Rechts. Neue Aufsätze（1995-1997）, hg. v. R. Christensen, Berlin 1997, S. 9-19.

Verfassungskonkretisierung, in: *ders.*, Methodik, Theorie, Linguistik des Rechts. Neue Aufsätze（1995-1997）, hg. v. R. Christensen, Berlin 1997, S. 20-35.

Demokratie und juristische Methodik, in: Das Recht der Republik, hg. v. H. Brunkhorst u. P. Niesen, Frankfurt a. M. 1999, S. 191-208.

Syntagma. Verfasstes Recht, verfasste Gesellschaft, verfasste Sprache im Horizont von Zeit, Berlin 2012.

重要的方法论文献目录可以在《法学方法论》第 7 部分：文献中的 Müller 的条目下找到。

2. 扩展阅读

Christensen, Ralph, Strukturierende Rechtslehre, in: Ergänzbares Lexikon des Rechts, hrsg. von Norbert Achterberg, Darmstadt u. a. 1986, Abschnitt 2/560.

3. 其他重要论著

Christensen, Ralph, Der Richter als Mund des sprechenden Textes. Zur Kritik des gesetzespositivistischen Textmodells, in: Untersuchungen zur Rechtslinguistik. Interdisziplinäre Studien zur praktischen Semantik und Strukturierender Rechtslehre in Grundfragen der juristischen Methodik, hrsg. von Friedrich Müller, Berlin 1989, S. 47-91.

Christensen, Ralph, Was heißt Gesetzesbindung. Eine rechtslinguistische Untersuchung, Berlin 1989.

Hegel, Georg Wilhelm Friedrich, Phänomenologie des Geistes（1807）, Ausgabe Suhrkamp, 2. Auflage, Frankfurt/M. 1989.

Heidegger, Martin, Sein und Zeit（1927）, 16. Auflage, Tübingen 1986.

Hesse, Konrad, Grundzüge des Verfassungsrechts der Bundesrepublik Deutschland, 19. Auflage, Heidelberg 1993.

Jarass, Hans; Pieroth, Bodo, Grundgesetz für die Bundesrepublik Deutschland. Kommentar, München 1989.

Jeand'Heur, Bernd, Gemeinsame Probleme der Sprach-und Rechtswissenschaft aus der Sicht der Strukturierenden Rechtslehre, in: Untersuchungen zur Rechtslinguistik. Interdisziplinäre Studien zur praktischen Semantik und Strukturierenden Rechtslehre in: Grundfragen der juristischen Methodik, hrsg. von Friedrich Müller, Berlin 1989, S. 17-26.

Kant, Immanuel, Prolegomena zu einer jeden künftigen Metaphysik, die als Wissenschaft wird auftreten können（1783）, Ausgabe Reclam, Stuttgart 1989.

Kelsen, Hans, Reine Rechtslehre, mit einem Anhang: Das Problem der Gerechtigkeit, 2. Auflage, Wien 1960.

Kelsen, Hans, Was ist juristischer Positivismus?, in: Juristenzeitung 1965, S. 465-469.

Larenz, Karl, Methodenlehre der Rechtswissenschaft, 6. Auflage, Berlin u. a. 1991.

Macedo Silva, Anabelle, Concretizando a Constituição, Rio de Janeiro 2005.

Noronha Renault de Almeida, Christiana, A Teoria Estruturante do Direito e sua Aplcabilidade ao Direito Brasileiro, Nova Lima 2008.

Schmidt-Bleibtreu, Bruno/Klein, Franz, Kommentar zum Grundgesetz, 7. Auflage, Neuwied und Frankfurt/M. 1990.

Seifert, Karl-Heinz/Hömig, Dieter, Grundgesetz für die Bundesrepublik Deutschland, 4. Auflage, Baden-Baden 1991.

4. 进一步学习的提示 [克里斯藤森（R. Christensen）撰写]

法律语言学的研究视角。

弗里德里希·穆勒的著作中一个重要的重心是跨学科合作。从 1983 年开始就有一个由法学家和语言学家组成的研究小组，他们每年在海德堡见面四次。这时候正好出版了第四本文选，即《法非文本》（Recht ist kein Text，Duncker und Humblot，Berlin 2016 ）。

法律语言学当时在科隆已经发展为一门独立的专门学科，由 Isolde Burr 奠基。从这种跨学科的对话中产生了许多出版物，在这里仅列举少数：

Felder, Ekkehard, Semantische Kämpfe außerhalb und innerhalb des Rechts, in: Der Staat 49（2010）, S. 543-571.

Felder, Ekkehard/Vogel, Friedemann（ Hg. ）, Handbuch Sprache im Recht. Berlin u. a., angekündigt für 2017.

Luth, Janine, Semantische Kämpfe im Recht. Eine rechtlinguistische Analyse zu Konflikt zwischen dem EGMR und nationalen Gerichten, Heidelberg 2015.

Vogel, Friedemann/Christensen, Ralph/Pötters, Stephan, Richterrecht der Arbeit- empirisch untersucht. Möglichkeiten und Grenzen computergestützter Textanalyse am Beispiel des Arbeitnehmerbegriffs, Berlin 2015.

Vogel, Friedemann/Hamann, Hanjo, Vom corpus iuris zu den corpora iurum- Konzeption und Erschließung eines juristischen Referenzkorpus（ JeReko ）, in: Jahrbuch der Heidelberger Akademie der Wissenschaften für 2014, Heidelberg 2015.

5. 论著中对穆勒的批判

Becker, Christian, Was bleibt?Recht und Postmoderne. Ein rechtsthoretischer Essay, Baden-Baden 2014.

Coendet, Thomas, Dialektik der Textarbeit. Eine Kritik der Strukturierenden Rechtslehre, in: Vogel, F.（ Hg. ）, Recht ist kein Text Studien zur Sprachlosigkeit im verfassten Rechtsstaat, Berlin, Dunker und Hombolt, angekündigt für 2017.

Fenzke, Ingo, How interpretation Makes International Law, Oxford 2012.

Lodzig, Bennet, Grundriss einer verantwortlichen Interpretationstheorie des Rechts, Göttingen 2015.

第十六节　托依布纳（Gunther Teubner，1944—）的方法和（民）法 *

要目

一、生平和著作简史

二、托依布纳的方法构想

三、对过于沉重的亲属担保之例的实践检验

四、对社会学增益法学的疑问

五、参考文献

一、生平和著作简史

1. 生平

贡塔·托依布纳（Gunther Teubner）生于 1944 年，直至 2009 年曾担任过多所大学法学院的名誉教授，其中有不来梅大学、佛罗伦萨的欧洲大学学院、伦敦经济学院和法兰克福大学。　　　　　　　　　　　　　1136

在学术生涯的起步阶段，他在导师费肯杰（Wolfgang Fikentscher）的指导下于 1968 年完成了博士论文《概括条款的标准和指令》（Standards und Direktiven in Generalklauseln），并于 1970 年发表。托依布纳在起步阶段对法的经验主义社会研究做出了贡献。1977 年他获得了民法、商法、经济法和法社会学的教授资格。教授资格论文《组织民主和社团章程——政治团体的法律模式》（Organisationsdemokratie und Verbandsverfassung-Rechtsmodelle für politisch relevante Verbände）将民主理论和组织社会学与法教义学联系起来。在此托依布纳超越了法学，被视为先驱。[1] 他的学术历程中体现的多学科开放性视角，如经济学、政治学和社会学，不仅影响了他的所有作品，还影响着他的法律论证理论（Theorie der juristischen Argumentation）和方法论。　　　　　　　　　　1137

他曾在许多知名院校开展研究并担任客座教授（如斯坦福大学、莱顿　　　1138

---

*　菲利普·萨姆（Philipp Sahm）撰，田文洁译，刘志阳校。

[1]　*Donati*, Il farsi del civile come norma sociale, in: Teubner, La cultura del diritto nell'epoca della globalizzazione, Rom 2005, S. 7.

公共政策中心和伯克利大学），还获得了一些荣誉称号（如卢塞恩大学、那不勒斯大学、马切拉塔大学、第比利斯国立大学、隆德大学名誉博士）。

2. 著作

托依布纳虽然原本就研究民法并有一系列私法理论成果[2]，但他现在主要以其理论家（Theoretiker）的身份被人们所熟知。他已经早早地被授予了一些名誉：他的理论被归类于系统论[3]并且被誉为"法律领域内卢曼理论最伟大的诠释者"[4]。他带有自讽和谦虚意味地将自己的作品形容为"卢曼的通俗化"[5]。其他学者对他的评价从"高雅"到"不可理解"，差异较大。[6]我们应如何评价托依布纳的作品并予以归类呢？

他的代表作将"法视为一个自我生成的系统"（1989），他在此将尼可拉斯·卢曼（Niklas Luhmann）的系统论广泛地运用到法上。卢曼的系统论是一种对社会的描述性理论。[7]该理论认为社会产生于多个系统。这里的系统指的是各个沟通群体。系统沟通仅指该系统内正在进行的沟通（自我指涉）且（重新）构建了系统自身（自我生成）。因此，系统论研究的是一种社会中沟通的现象学。托依布纳将系统论运用到法上，他将法描述为一种自我指涉、自我生成的沟通系统。[8]他认为系统论的优势是能够解

---

[2]　*Teubner,* Gegenseitige Vertragsuntreue-Rechtsprechung und Dogmatik zum Ausschluß von Rechten nach eigenem Vertragsbruch, Tübingen 1975; *Teubner,* Das Recht der Bürgerlichen Gesellschaft§§705-758, in: Wassermann, Alternativkommentar zum BGB, Neuwied 1979; *Teubner,* Die Generalklausel von Treu und Glauben§242, in: Wassermann, Alternativkommentar zum BGB, Neuwied 1980; *Teubner* Die Geschäftsgrundlage als Konflikt zwischen Vertrag und gesellschaftlichen Teilsystemen, ZHR 1982, 625; *Teubner,* Ein Fall struktureller Korruption, KritV 2000, 388; *Teubner,* Netzwerk als Vertragsverband: Virtuelle Unternehmen, Franchising, Just-in-Time in sozialwissenschaftlicher und juristischer Sicht, Baden-Baden 2004.

[3]　参见 *Calliess,* Systemtheorie: Luhmann/Teubner, in: Buckel/Christensen/Fischer-Lescano, Neue Theorien des Rechts, 2. Aufl., Stuttgart 2009, S. 53; 或者参见 *Huber,* Systemtheorie des Rechts, Baden-Baden 2007, S. 207, 209.

[4]　*Goodrich,* Anti-Teubner: autopoiesis, paradox, and the theory of law, Social Epistemology 1999, 197, 198.

[5]　托依布纳的引用依据该论述：Gómez-Jara Díez, in: FS Teubner, 2009, 261。

[6]　两处引文来自 *Kötz*，引自 Rechtshistorisches Jounal 15, 1996, 283。

[7]　关于系统论见 *Luhmann,* Soziale Systeme. Grundriße einer allgemeinen Theorie, Frankfurt 1984; *Luhmann,* Das Recht der Gesellschaft, Frankfurt 1993; *Huber,* Systemtheorie des Rechts（Fn.3）。

[8]　*Teubner,* Recht als autopoietisches System, Frankfurt 1989, S. 36ff.

1139

1140

释社会自治。[9] 在这个意义上可以将其法理归类于系统论。但是这种划分更加封闭而不是更加开放。将其归入系统论有点操之过急。他的作品中还结合了多种相对立的理论部分。他虽然将自我指涉和反身性等系统论构想置于其法理论的中心地位，但是也进行了一定调整，将哈贝马斯、维特豪尔特和德里达的理念充实进去并予以融合。他在形成自己的反身法的理念（die Idee des Reflexiven Rechts）时借鉴了哈贝马斯和卢曼的理论争点，这个部分作为其理论的补充。[10] 托依布纳将反身法的概念运用到法教义学中，并且在这里明确参照了维特豪尔特的程序化构想和其对法冲突的研究。[11] 他的正义概念源自卢曼的正义概念和德里达对其的解构。[12]

其理论的特征被认为是一种特殊的中庸主义。托依布纳成功地将对立的部分联系起来，而并非通过对不同立场的完全同化使各自本身的理论部分融为一体。因此这种方式更确切地应该被称为组合分析，它使不同的理论相互结合。 1141

除了组合分析，其研究成果的特点还在于要求更多地考虑（法）社会学分析，这在他的作品中被着重强调。[13] 只有这样才能在现在的条件下找到一种有说服力的对待法律问题的方式。因此他对待问题的方式与其他学者的区别在于强大的社会学基础。可以说托依布纳研究的是社会学法学。[14] 1142

---

[9] *Teubner,* Ökonomie der Gabe-Positivität der Gerechtigkeit: Gegenseitige Heimsuchungen von System und différance, in: Koschorke/Vismann, Widerstände der Systemtheorie: Kulturtheorietische Analysen zum Werk von Niklas Luhmann, Berlin 1999, S. 209.

[10] *Teubner,* Reflexives Recht: Entwicklungsmodelle des Rechts in vergleichender Perspektive, Archiv für Rechts-und Sozialphilosophie 68, 1982, 40.

[11] *Teubner,* Recht als autopoietisches System（Fn.8）, S. 123ff, 132.

[12] *Teubner,* Ökonomie der Gabe（Fn.9）, S. 212; *Teubner,* Selbstsubversive Gerechtigkeit: Kontingenz-oder Transzendenzformel des Rechts?, in: ders, Nach Jaques Derrida und Niklas Luhmann-Zur（Un-）Möglichkeit einer Gesellschaftstheorie der Gerechtigkeit, Stuttgart 2008, S.25, 27.

[13] 比如：*Teubner,* Generalklauseln als sizio-normative Modelle, in: Lüderssen, Generalklausel als Gegenstand der Sozialwissenschaft, Baden-Baden 1978, S.29; *Teubner,* Reflexives Recht（Fn.10）, S.17; *Teubner,* Ist das Recht auf Konsens angewissen?, in: Giegel, Kommunikation und Konsens in modernen Gesellschaften, Frankfurt 1992, S. 201; *Teubner,* Ökonomie der Gabe（Fn.9）, S. 207; *Teubner,* Globale Bukowina: Zur Emergenz eines transnationalen Rechtspluralismus, Rechtshistorisches Journal 1996, S. 263; *Teubner,* Selbstsubversive Gerechtigkeit（Fn.12）, S. 10。

[14] 参见 *Teubner,* Folgenkontrolle und Responsive Dogmatik, Rechtstheorie 1975, 179; *Teubner,* Rechts als antipoietisches System（Fn.8）, S. 100; 主题为"社会学法学"（Soziologische Jurisprudenz）的托依布纳祝寿文集; 脚注 146，涉及误解。

1143   托依布纳的理论深奥难解，也许是因为他在卢曼和德里达之后判定了
法学的各种悖论：如裁判悖论和解释悖论，[15]裁判理由的结果导向悖论[16]或
者合同的自然有效悖论。[17]他将悖论理解为矛盾的一种严格形式。它的严
格性在于，悖论不单是有效诉求的碰撞或者相对的、不可同时实现的诉求，
而是像莫比乌斯圈一样相连而具有自我指涉性。根据托依布纳的观点，悖
论和单纯的矛盾区别在于其反身性。[18]反身性的含义可以参照克里特人悖
论，即一个克里特人说，所有的克里特人都在说谎。这就是一个悖论，因
为说这句话的人也是一个克里特人。也只有这句话同时指向说话者，才构
成一个悖论。

1144   托依布纳在法的许多地方发现了这种反身性的疑似悖论的现象：法规
定了其自身的产生、废止、解释并且准许或限制其自身的改变。这种循环
逻辑在规范效力等级中得以贯彻，其中效力金字塔顶点的规范以一种少见
的形式与最低位阶的规范相联系。[19]在这种反身性的影响之下，托依布纳
在卢曼之后还推测出一种更深层次的反身性。处于一种"交错的等级"的
规范等级，一般只用于掩盖另一个悖论，如果基于普遍要求将法和不法这
一区分应用于区分本身，那么这一悖论就会一直出现。[20]在这里有两种结
果可以想象：一种是根据合法 / 非法的区别认为其是合法的，结果会陷入
重言反复。另一种结果是根据合法 / 非法的区别认为其是非法的。[21]这样
合法 / 非法的结论又被不合理地运用。"对合法和非法进行区分本身是否

---

[15]   *Teubner,* Recht als autopoietisches System（Fn.8）, S. 17f. Vgl. dazu *Luhmann,* Organisation
und Entscheidung, Opladen 2000 S. 123; *Ladeur/Augsberg* Auslegungsparadoxien. Zur Theorie und Paxis
juristischer Interpretation, Rechtstheorie 2005, 143, 146.

[16]   *Teubner,* Folgenorientierung, in: Entscheidungsfolgen als Rechtsgründe. Folgenorientiertes
Argumentieren in rechtsvergleichender Sicht, Baden-Baden 1995, S.9.

[17]   *Teubner,* Globale Bukowina（Fn. 13）, 274.

[18]   *Teubner,* Der Umgang mit Rechtsparadoxien: Derrida, Luhmann, Wiethölter, in: Joerges/
Teubner, Rechtsverfassungsrecht. Rechtfertigung zwischen Privatrechtsdogmatik und Gesellschaftstheorie,
Baden-Baden 2003, S. 28. Vgl. *Suber,* Paradox of Self-Amendment: A Study of Law, Logic, Omnipotence
and Change 1990（Aufrufbar unter: http: //www.earlham.edu/~peters/writing/psa/index.htm）; *Fletcher,*
Paradoxes in Legal Thought, Columbia Law Review 1985, 1263, 1266.

[19]   *Teubner,* Recht als autopoietisches System（Fn.8）, S. 9.

[20]   *Teubner,* Recht als autopoietisches System（Fn.8）, S. 10; vgl. Auch *Luhmann* Recht der
Gesellschaft（Fn.7）, S. 310.

[21]   *Teubner,* Recht als autopoietisches System（Fn.8）, S. 10.

合法的问题"[22]在法律系统中是没有结果的。法的证立悖论存在于法的自我合法化中：法的证立以其本身合法为前提。通过以上观察，托依布纳得出结论，不仅仅法律思维存在着悖论[23]，而且法律现状自身的构建都是矛盾的。[24]

对于法来说判断是否存在悖论听起来并不愉悦。但是托依布纳不认为法是无法改良的、不合理的产物，悖论也有其启发性的价值。[25]特别是悖论能激发创造性的过程。[26]悖论不仅不是逻辑错误，更多的是为实现系统上特有的法的正义提供可能性。[27]自我指涉上的悖论和社会学观察是托依布纳理论的核心。他的法学方法也以其为中心。

二、托依布纳的方法构想

虽然托依布纳对方法理论的几个问题发表了意见，如具有结果论据的裁判证立的问题。[28]但是他并没有发表过哪怕一篇关于一般性的法律方法理论的作品。因此，人们需要从他的所有成果中，特别是理论作品中，重建其方法构想。同时需要克服法律论证理论和其认知的方法性运用混同的困难。托依布纳的法律论证理论是不能和其法学理论分离看待的。当需要阐明托依布纳的方法概念时，必须同时考虑其法哲学和法理论的基础。这个特殊的问题需要将理论性视角和应用性视角联系起来。另一个对立关系存在于特殊的、前提众多的理论语言和描述的简单性中。理论性的概念在此只能以给定的简略形式进行描述。否则必须从其原本的理论语言中翻

1145

1146

---

[22]　*Günter,* Kopf oder Füße?Das Rechtsprojekt der Moderne und seine vermeintlichen Paradoxien, in: FS Simon, S. 263.

[23]　Vgl. *Fletcher,* Paradoxes in Legal Thought（Fn. 18），S.1263.

[24]　*Teubner,* Recht als autopoietisches System（Fn. 8），S. 15. 引用卢曼的话，现实和认知相独立是循环构建起来的，参见 Luhmann Soziale Systeme（Fn.7），S. 648 Fn. 3。

[25]　*Teubner,* Recht als autopoietisches System（Fn. 8），16; *Teubner,* Selbstsubversive Gerechtigkeit（Fn.12），9, 19.

[26]　*Teubner,* Rechtsparadoxien（Fn. 18），S. 29.

[27]　*Teubner,* Ökonomie der Gabe（Fn. 9），211f.; *Teubner,* Die Erblast, in: Teubner, Nach Jaques Derrida und Niklas Luhmann. Zur（Un-）Möglichkeit einer Gesellschaftstheorie der Gerechtigkeit, Stuttgart 2008, S. 11.

[28]　作为主编保守的立场，见 Entscheidungsfolgen als Rechtsgründe（Fn. 16）；他自己的立场，见 Altera Pars Audiatur. Das Recht in der Kollision anderer Universitätsansprüche, Archiv für Rechts- und Sozialphilosophie（Beiheft 65）1996, 199。

译过来，这样翻译的缺失不可避免。

1147　　描述托依布纳的法学方法需要跨越双重障碍：一方面需要同时具备理论性和实践性视角，另一方面需要对高度抽象的概念进行简略处理。托依布纳在一个高度抽象的层面上发展出了其法学理论和法律论证理论。但是高度抽象并不意味着托依布纳的方法不适合于实践性、涉及个案的论证。

1. 裁判悖论和法律论证

a）法的不合理成分

1148　　当对法的思考甚至是法本身存在悖论时，法学方法理论就应该从裁判悖论出发进行考虑。裁判悖论是法悖论的日常表象。[29] 借鉴了卢曼伟大的悖论学和德里达（Drrida）的理论，前者认为所有裁判都包含对立面[30]，后者认为裁判情形都包含荒唐的不可决要素，[31] 托依布纳也认为所有的裁判都蕴含着不合理的要素。他认为规范和裁判之间存在着一个巨大的裂缝，"导致了法悖论的产生"。[32] 这里所指的不仅仅是"时髦的悖论学"意义上的智识的时髦外表。[33] 托依布纳对待该悖论的态度是严肃的。悖论对于他来说不仅是法学合理性问题的一种新型表现方式。这个问题不应被描述为在争议领域中两个不能被同时实现的理想诉求的冲突（如概括条款的法安定性和个案正义）。[34]

1149　　法不能阻止非合理性部分渗入法律裁判过程。规范本身不能完全为裁判提供依据。必须在规范、事实和法律后果的三段论推理中引入其他前提条件，这些前提条件又产生于法学论据的分析理论中。[35] 尽管如此，他还是想克服"前理解和方法选择"（埃塞尔）之间解释循环的反身性和循环

---

[29]　*Teubner* Rechtsparadoxien（Fn. 18），S. 39. Vgl. dazu *Ladeur/Augsberg*, Auslegungsparadoxien（Fn. 15），S. 143; *Fögen*, Das Lied vom Gesetz, München 2007, S. 91, 104ff.; *Vesting*, Rechtstheorie, 2. Aufl., München 2015, Rn. 224ff; *Sahm*, Paradoxophilia, Ancilla Iuris 2015, 99.

[30]　*Luhmann*, Organisation und Entscheidung（Fn. 15），S. 132. Vgl. *Luhmann*, Paradoxie der Entscheidung, Verwaltungsarchiv 84, 287.

[31]　*Derrida*, Gesezteskraft. Der mystische Grund der Autorität, Frankfurt 1996, S. 49f.

[32]　*Teubner*, Selbstsubversive Gerechtigkeit（Fn. 12），S. 11.

[33]　*Teubner*, Rechtsparadoxien（Fn. 18），S. 28, 32. 关于对悖论的批判见 *Günter*, Kopf oder Füße?（Fn. 22），S. 255; *Bung*, Das Bett des Karneades in: Brugger/Neumann/Kirste, Rechtsphilosophie im 21. Jahrhundert, S. 72; *Röhl/Röhl*, Allgemeine Rechtslehre, 3. Aufl., München 2008, S. 106ff.。

[34]　不同意见参见 *Habermas*, Faktizität und Geltung, Frankfurt 1994, S. 244。

[35]　*Teubner*, Selbstsubversive Gerechtigkeit（Fn. 12），S. 21f.

性。[36] 这时"法学思考者"将迷失在不同的元层级中，最终必须敢于跳出这个系统，然后再次立足于出发点之上。[37]

法律规范和裁判间的鸿沟是不能靠法律论证来架设桥梁的。[38] 托依布纳认为法律论证可以是技术性的，也可以是尖刻或是圆滑的，不能完全为裁判提供理由："只要有一次对法律案件作出裁判的经验，就会有这样的体会。"[39]

托依布纳明确地反对论辩理论，这种理论试图通过合理的论证来构建裁判程序并否认不合理的成分，但却是徒劳的。[40] 同时他也反对通过揭示不合理内容来预判分析的决断性结局，[41] 抑或如法唯实论一样，结合法官的日常行为来研究其作出的裁判。[42]

b）作为不可能的必要要素的法律论证

托依布纳的法律论证理论可以对裁判的不合理部分给出何种答案？法悖论下的法学方法呈现何种形态？答案很简单：法律论证必然是不可能的。[43] 透过这种矛盾的表述方式可以发现他对方法理解的特征。托依布纳认为，一方面，虽然规范和裁判之间的沟壑无法被填平，论证也无助于越过这个鸿沟，论证在此是徒劳的。另一方面，法律论证还是有其成功之处的，它有一定的帮助和用处。发现法律裁判过程中的不合理的因素正是分析的开始。虽然有裁判不可论证的经验，但是法律论证还是起到了建设性作用。

虽然法律论证无法证立裁判，但是它在为裁判提供可能性方面具有创造性。裁判的悖论就是如此反映在托依布纳的法律论证理论中的。

1150

1151

1152

1153

---

[36]　*Teubner*, Recht als autopoietisches System（Fn. 8），S. 17f.，基于对埃塞尔（Esser）和阿列克西（Alexy）的引证。

[37]　*Teubner*, Recht als autopoietisches System（Fn. 8），S. 15.

[38]　*Teubner*, Selbstsubversive Gerechtigkeit（Fn. 12），S. 24.

[39]　*Teubner*, Selbstsubversive Gerechtigkeit（Fn. 12），S. 21.

[40]　*Teubner/Zumbansen*, Rechtsentfremdungen: Zum gesellschaftlichen Mehrwert des zwölften Kamels, in: Teubner, Die Rückgabe des zwölften Kamels: Niklas Luhmann in der Diskussion über Gerechtigkeit, Stuttgart 2000, S. 196; *Teubner*, Selbstsubversive Gerechtigkeit（Fn. 12），S. 21.

[41]　*Teubner*, Ökonomie der Gabe（Fn.9），S. 200.

[42]　*Teubner*, Recht als autopoietisches System（Fn. 8），S. 8; *Teubner/Zumbansen*, Rechtsentfremdungen（Fn. 40），S. 196.

[43]　托依布纳将其社会学法学课题称为不可能的必要要素，参见 Die Perspektive soziologischer Jurisprudenz: Das Recht der Netzwerke, in: FS Röhl, S. 40，这种表达方式后转化为法论证。

aa）作为去悖论化策略的法律论证

1154 托依布纳将法律论证理解为一种去悖论化的策略。[44]法律实践需要学会解决悖论。[45]去悖论化在此并不意味着是最终行为，而是暂时性的代替手段，使悖论不显现的行为。[46]当悖论出现时，它将会打乱法的运行，阻碍法的合理性的诉求。而去悖论化将会改善该状况。这一将法典运用于自身的法悖论（对于合法／非法进行判断的行为本身是合法还是非法？）在法律系统中无法判定。但是，如果引入了其他差别，这种矛盾的紧张状况会有所缓解。当人们区分法和伦理并质疑从伦理的视角是否合理时，便可运用法内部对合法／非法的区别，从而，该问题不再陷入悖论或循环逻辑。

1155 如果引入其他差别和效力等级，法律论证也可以用相同方式来隐藏裁判悖论，例如区分优劣原因或者区别事实问题和法律问题。[47]然而去悖论化只是掩盖了悖论，它结合历史现状和去悖论化的合理性有可能再次显现出来。[48]这就需要对法中的论据再提出一些要求。[49]必须集中于发展出一种有承受力的、符合社会发展的去悖论化策略来取而代之。[50]正是将法律系统中的悖论加以隐藏的需要提供了创造性的可能，社会多亏它才能建立法人或国家机关。[51]因此托依布纳才认为悖论在当今是有价值的。

bb）法律论证的述行相悖性（Performativität）

1156 对于托依布纳来说，法律论证的任务不仅限于在一定程度上将法和裁判的悖论进行掩盖，使得法律系统至少暂时能运作。法律论证还起到更多作用，它主要能使裁判变为可能：它虽然不作出裁判，但是影响着裁判内

---

[44]　*Teubner/Zumbansen*, Rechtsentfremdungen（Fn. 40）, S. 189; vgl. dazu *Luhmann*, Recht der Gesellschaft（Fn. 7）, S. 343, 370.

[45]　*Teubner*, Rechtsparadoxien（Fn. 18）, S. 42.

[46]　*Teubner*, Rechtsparadoxien（Fn. 18）, S. 31, 42; *Teubner*, Dreiers Luhmann, in: Alexy, Integratives Verstehen: Zur Rechtsphilosophie Ralf Dreiers, Tübingen 2005, S. 209. Vgl. dazu *Luhmann*, Organisation und Entscheidung（Fn. 15）, S. 129.

[47]　*Teubner*, Altera Pars Audiatur（Fn. 28）, S. 210; *Teubner/Zumbansen*, Rechtsentfremdungen（Fn. 40）, S. 194.

[48]　*Teubner*, Ökonomie der Gabe（Fn. 9）, 207.

[49]　*Teubner*, Rechtsparadoxien（Fn. 18）, S. 42.

[50]　*Teubner*, Rechtsparadoxien（Fn. 18）, S. 43; *Teubner*, Dreiers Luhmann（Fn. 46）, S.211.

[51]　*Teubner*, Selbstsubversive Gerechtigkeit（Fn. 12）, S. 31.

容。[52] 它转化了裁判选项：

> "法律论证改变了呈现出来的裁判选项。"[53]

此处不仅指将事实涵摄到某规范之下，而且指冲突的转化。必须在法律系统中进行处理的冲突，必须在法中重构。这就需要提到疏离化。[54] 鉴于各个系统在操作上的封闭性，法律系统无法直接察觉到社会冲突。它对此是麻木的。[55] 关于在系统论的盲目性之下可以理解到什么，托依布纳举了一个关于价格调控法（Preiskontrollgesetz）的例子来说明。[56] 经济法在此规定了一个价格限定节点。这一以立法形式进行的沟通被经济领域理解为一种盈利计算中的延迟，这是成本效益结算中的一个项目，而不是具有法的本质的议会制定的法。反之，法并不是将不遵守法的行为理解为一定程度的有效的收益最大化，或是降低成本的方式，而是（没有）满足法上的事实构成，也就是侵权行为。一个出于经济考虑的、可能违法的行为被法解释为符合归责要件，这是一种误解。这样，一种原本是经济的行为方式才被翻译为法律语言并抽离出原语境。反之经济学也会将罚金误解为一种单纯的支出，而并非对违法行为的处罚。因此，托依布纳认为世界完全是充满误解的，但在此不能将悲观的或消极的世界图景强加于他。

据此，社会冲突必须先转化为法的系统语言，但同时必定会伴有翻译中的损失。托依布纳以高度抽象的方式描述了一种现象，其在法律批判时多次提出："法在原则上不能充分地认识社会冲突并以合适的方式来解决。"[57] 其原因在于基本冲突必须被形式化并被翻译为高度修饰的法律语言，这样就被从社会关系中撕离出来。[58] 这种将冲突从多样的社会

1157

1158

---

[52]　*Teubner/Zumbansen,* Rechtsentfremdungen（Fn. 40）, S. 196; *Teubner,* Selbstsubversive Gerechtigkeit（Fn. 12）, S. 24.

[53]　*Teubner/Zumbansen,* Rechtsentfremdungen（Fn. 40）, S. 196.

[54]　*Wiethölter,* Rechtswissenschaft, Frankfurt 1968, S. 17f. 这里也提到疏离现象，但在描述时缺少系统论背景。

[55]　*Teubner,* Recht als autopoietisches System（Fn. 8）, S. 36; *Abegg,* Evolutorische Rechtstheorie, in: Buckel/Christen/Fischer-Lescano, Neue Theorien des Rechts, 2. Aufl., Stuttgart 2009, S. 404f.

[56]　*Teubner,* Recht als autopoietisches System（Fn. 8）, S. 96ff.

[57]　*Teubner/Zumbansen,* Rechtsentfremdungen（Fn. 40）, S. 190.

[58]　*Teubner/Zumbansen,* Rechtsentfremdungen（Fn. 40）, S. 190.

背景中分离出来的过程建立在法律系统的封闭性之上。这就是法律疏离
（Rechtsentfremdung）的原因。

1159　　　一方面，法律疏离导致了制定规范的繁杂过程，即用以解决冲突而被
形式化的法律规范只是有条件地与社会基础状况相联结。法的结构产生于
不同系统与法的相互作用的机制下（法与政策、法与技术、法与知识）。[59]
在这种机制下法被外界事件所影响。托依布纳在这里必须提到法的影响，
是因为在封闭性的系统中外界不可能有对法律系统的直接因果性影响。[60]
在规则形成中法只能试图发展与问题相适应的规则。从这个视角看，法在
规则形成中并不是从高度复杂且富于表现的冲突出发的，而是以其自身内
部设想为导向的，这种设想在必要时可以只展现（法的视角下）问题的一
个分割的侧面。[61] 这样为了解决问题而形式化的规范便摆脱了该问题，个
体矛盾和法律教条理论的距离也逐渐扩大。[62]

1160　　　另一方面，将法律操作（rechtliche Operationen）应用于其自身带来的
结果（即法律操作的连锁过程）也对此产生助推作用。如果法排除了法程
序中对赞成或反对的论证，取而代之仅允许引用已有的法律素材（规范、
裁判、法律原则、教学意见等），那么这就脱离了现实。[63] 这就产生了一
系列概念、规则和原则的网络。矛盾必须首先被转化进入这张论据之网，
这样才能进一步摆脱基础案件。[64] 这样法律案件就几乎与社会冲突无关。
法的自我指涉结构导致了疏离化的强化。[65]

1161　　　如果人们问及法律论证在托依布纳理论中占据的地位，答案是：法律
论证实现了疏离化。它将社会冲突转化为了一个法律问题。[66] 它改变了冲
突并允许在法律系统中对其保持一定的距离进行审视。疏离化将法律批判

---

[59]　即所谓的创造机制。Teubner, Eigensinnige Produktionsregimes, Soziale Systeme 5 1999, 7ff.；
Teubner, Altera Pars Audiatur（Fn. 28），S. 202; Teubner/Zumbansen, Rechtsentfremdungen（Fn. 40），S. 197.

[60]　Teubner, Recht als autopoietisches System（Fn. 8），S. 93.

[61]　Teubner, Altera Pars Audiatur（Fn. 28），S. 211; Teubner Selbstsubversive Gerechtigkeit（Fn. 12），S. 19.

[62]　Teubner/Zumbansen, Rechtsentfremdungen（Fn. 40），S. 197; Teubner, Selbstsubversive
Gerechtigkeit（Fn. 12），S. 15.

[63]　Teubner/Zumbansen, Rechtsentfremdungen（Fn. 40），S. 191f.

[64]　Teubner/Zumbansen, Rechtsentfremdungen（Fn. 40），S. 196f.

[65]　Teubner/Zumbansen, Rechtsentfremdungen（Fn. 40），S. 196f.

[66]　Teubner/Zumbansen, Rechtsentfremdungen（Fn. 40），S. 194.

置于法之前，对于托依布纳来说正是法的本质。[67]法运作时伴有拟制，其将冲突分解为一系列的事实问题和法律问题并且使其具有可裁判性。[68]因此疏离化使处理冲突的可能性变得多样化并且使处理冲突的方法变得有创造性。疏离化还创造了一种不偏不倚并同时具有中立性的对冲突观察的视角。[69]托依布纳认为，将冲突转化为法律问题使得不具有裁判性的冲突具有了裁判性，这正是基于对冲突在法上的重构与原本冲突之间的疏离。

法律论证又重新产生了法律系统中的冲突，并选择性地将外部条件转译为法律论据。[70]选择不仅仅是对符合现今裁判实践或者主流意见的观点的挑选。[71]托依布纳认为法律论证不只是一个过滤器，而且还独自履行着演示的使命，它通过转变词意开启了新的词意领域。[72]可与其一争的法立场因此变得可以计量并能相互预测。[73]这样"无法度量的变得可以度量。无法裁判的变得可以裁判"[74]。 **1162**

因此裁判可能性在法律论证后改变了，法律论证在此虽然是徒劳的，但也确实具有建设性：不可能性的必然之物。 **1163**

托依布纳认为法律论证具有双面性。但是它并不能起到原先设想的作用，即为裁判提供正当化依据。 **1164**

"法律论据（……）无疑是法律裁判中不可缺少的要素，但是原则上它无法决定法律裁判或者对其进行正当化。"[75]

一方面论证起到了消除裁判悖论的作用。它或多或少、以一定的说服力掩盖了裁判悖论。另一方面它通过转化冲突使得不可裁判的内容可以裁 **1165**

---

[67]　*Teubner/Zumbansen*, Rechtsentfremdungen（Fn. 40）, S. 190, 194.

[68]　*Teubner*, Altera Pars Audiatur（Fn. 28）, S. 210; *Teubner/Zumbansen*, Rechtsentfremdungen（Fn. 40）, S. 194.

[69]　*Teubner/Zumbansen*, Rechtsentfremdungen（Fn. 40）, S. 199.

[70]　*Teubner*, Altera Pars Audiatur（Fn. 28）, S. 210.

[71]　*Teubner*, Altera Pars Audiatur（Fn. 28）, S. 209.

[72]　*Teubner/Zumbansen*, Rechtsentfremdungen（Fn. 40）, S. 198f.

[73]　*Teubner*, Altera Pars Audiatur（Fn. 28）, S. 212. Vgl. *Ladeur*, Kritik der Abwägung in der Grundrechtsdogmatik, Tübingen 2004, S. 12; *dens./Augsberg*, Rechtstheorie 2005, 143, 160.

[74]　*Teubner*, Altera Pars Audiatur（Fn. 28）, S. 211.

[75]　*Teubner/Zumbansen*, Rechtsentfremdungen（Fn. 40）, S. 196.

判。虽然这里裁判的是另一种矛盾，即是法律问题，而不是初始的（经济、
家庭、医学等）矛盾。但是这样才能通过法解决冲突。法通过论证起到了
意义补强的作用：沟通连接的可能性被多样化，由此敞开了解决冲突的创
造性可能。就是说冲突变得可以解决，"诉讼双方可以得到裁判。裁判理
由却无关紧要"[76]。

2. 法的社会增益

1166 法律论证使法律裁判变为可能，代价是疏离化效应。法解决的全然不
是社会矛盾，而仅仅是法律问题。它通过曲折复杂的途径在内部重构了冲
突环境，并且强制性地形成了一幅残缺的图景。法只能试图努力与该图景
相符而不是与现实环境相符。[77]法律问题和社会矛盾之间本质上的鸿沟却无
法填平。当然法必须试图尽可能地靠近社会冲突。托依布纳认为这就是正
义的基本要求。[78]正义要求将在跨越系统边界转化冲突时发生的传递损失尽
可能控制在最小范围。这样法就可以提高自己的观察能力。法必须能敏感
地体察环境，能发现更多的冲突并尽可能全面且正确地对其进行重构。[79]

1167 法律系统的敏感性通过理论概念有所提升，使其像传感器一样探索法
的环境。[80]因此，法教义学必须对法的现象包括其与环境的关系进行观察。
但是法却不应该只考虑环境冲突，也应该同时避免法律操作（Operationen）
在平行的部分系统中的负面影响。为了降低这种负面的疏离化效果，同样
需要提高环境敏感性，以同化这种负面影响。[81]此外理论必须能使法认识
到其对其他系统影响的结果。这个过程叫作法的生态化（Ökologisierung des
Rechts）。[82]这就需要仔细观察社会并进行精确描述。对社会精确的社会学
描述是不可缺少的，它必须在内部对法进行加工。因此托依布纳将法的社
会学阐释视为正义的基本要求。[83]但是，直接将社会认知运用于法是不可

---

[76] *Teubner/Zumbansen*, Rechtsentfremdungen（Fn. 40）, S. 199. Vgl. auch *Luhmann*, Recht der
Gesellschaft（Fn.7）, S. 370.

[77] *Teubner*, Selbstsubversive Gerechtigkeit（Fn. 12）, S. 19.

[78] *Teubner*, Selbstsubversive Gerechtigkeit（Fn. 12）, S. 30f.

[79] *Teubner*, Recht als autopoietisches System（Fn. 8）, S. 99ff.

[80] *Teubner*, Recht als autopoietisches System（Fn. 8）, S. 88; *Teubner*, Altera Pars Audiatur（Fn.
28）, S. 212.

[81] *Teubner*, Netzwerk als Vertragsverbund（Fn. 2）, S. 9f.

[82] *Teubner*, Altera Pars Audiatur（Fn. 28）, S. 212f.

[83] *Teubner* Selbstsubversive Gerechtigkeit（Fn. 12）, S. 25.

能的。法是一个封闭的沟通循环系统。这似乎必然会受到来自社会学知识
的影响。

如果人们问及干扰发生之处，可以回答：干扰发生于法律论证的过程　　1168
中。法律论证可以将法环境的信息带入法之中。[84] 在此还存在着法律论
证与上述托依布纳对法使用更多的（法）社会学分析这一要求之间的联系。
通过准确的社会学分析来构建出可行的论点，这些论点再被以法教义的形
式加以制度化。对社会的社会学分析和描述可以以法律论证的形式被纳入
法，因为法自身决定了对非法律论据的合法性使用。[85]

其效果之一是，对社会学分析的论证性接受改变了裁判基础（下文 a）。　1169
根据规范性要求进行的分析进一步延伸至法律论据（下文 b）。这时可能存
在两种不同的法律论证可能。一种是依据法律裁判所希望的结果进行论证，
另一种是依据可回溯性的结果考察进行论证。

a）论证的论题的产生

对日常生活中常态社会现象的社会学描述，使得迄今为止被忽视的视　　1170
角被引入了法律论证中。

例如结合语境对合同的审查也观察合同关系的非经济性要素，可能会　　1171
超越作为法上的债务关系的解释和作为经济性交易的理解。[86] 对于合同关
系的经济观点更需要其他观点的补充。合同不再是单维度的，而是作为多
维度的社会结构来被理解，这种社会结构被嵌入不同的社会行为逻辑中，
并且只有从经济系统的特别视角出发才构成一种经济上有利可图的交易行
为。[87] 合同是与社会结构相关的不同的行为逻辑，如艺术的行为逻辑与经
济利润逻辑和法的规范导向相结合。[88] 这样一种视角承认合同与其环境关
系的形式多样性和合同作为一种社会语言间关系的普遍矛盾性。

单纯增加认知角度使法有可能在法律论证中获得对裁判具有重要意义　　1172
的视角。[89] 法观察到的越多，与此相关的视角选择就越多，这些视角可以

---

[84]　*Teubner/Zumbansen,* Rechtsentfremdungen（Fn. 40），S.204f.

[85]　*Teubner,* Altera Pars Audiatur（Fn. 28），S. 210.

[86]　*Teubner,* Vertragswelten: Das Recht in der Fragmentierung von Private Governance Regimes, Rechtshistorisches Journal 17（1998），234, 246.

[87]　*Teubner,* Vertragswelten（Fn. 86），S. 234, 244.

[88]　*Teubner,* Vertragswelten（Fn. 86），S. 234, 254.

[89]　*Teubner,* Expertise als soziale Institution: Die Internalisierung Dritter in den Vertrag, in: FS E. Schmidt, S. 308f.

对法与裁判之间的重要关联进行阐明。重要观点通过法律论证被法所接纳。一个在个案中足以影响裁判的观点可以最终作为论证的论题在理论中固定下来。社会学分析就起到了创造论证的论题的作用。从社会观察中推导出来的观点既可以在个案中提供不同的标准，又可以丰富理论形态。在此产生了托依布纳的理论性作品。在这里，通过法从教义学上对社会学描述的接纳，社会学描述在较高的抽象层面尝试超越个案来使法变得丰富起来。[90]

1173　　　如何创造新的论证的论题，可以参照托依布纳对于"作为合同集合的网络"的研究。[91]对社会的社会学考察表明，参照网络结构的合作形式得到了发展。它不同于具有阶级性的企业组织形式，如社团或公司。因此它塑造了一个混合形态，该形态中一方是合同关系，另一方则是团体关系和法人。在复杂的企业链或者连锁系统中，多个互相参照的双边合同组成了一个网络。[92]如果法只承认个人间的双方合同或者关于过失的特别条款，并且使得该网络因此解除，那么就如同只见树木不见森林一样。[93]将合同总体作为网络的社会学描述接近于将网络作为一个整体来进行法学处理。[94]但是网络并不是一个法学术语。法的自治性拒绝将网络简单地作为一个法概念来理解。[95]这就激励了法的发展。结果就必须根据社会学的观察在理论上进行扩展："法律论证开始于其他反身理论结束之处。"[96]托依布纳也寻找那些可以使网络现象正当化的教义角色和法的概念。他认为这关涉到适应网络现象的自生的法的概念的（进一步）发展，比如合同集合（Vertragesverbund）这一教义概念。这种处理方式在具体的法律案件中改变了论证结构。很明显，合同法和侵权法的概念并不能迎合网络化现象。[97]合同/公司等这些法上的选择不足以应对这样的网络。[98]对于必要的法的

---

[90]　Vgl. *Teubner*, Netzwerk als Vertragsverbund（Fn. 2）.

[91]　对此全面的分析参见 *Teubner*, Netzwerk als Vertragsverbund（Fn. 2），以及简要的阐述见 *Teubner*, Die Perspektive soziologischer Jurisprudenz（Fn. 43），S. 40; *Teubner*, Paradoxien der Netzwerke in der Sicht der Rechtssoziologie und der Rechtsdogmatik, in: FS Bryde, S. 9. Weiteres *Seinecke*, Vertragsnetzwerke und Soziologische Jurisprudenz, in: Viellechner（Hg.）Das Staatsverständnis Gunther Teubners, im Erscheinen.

[92]　*Teubner*, Netzwerk als Vertragsverbund（Fn. 2），S. 9.

[93]　*Teubner*, Netzwerk als Vertragsverbund（Fn. 2），S. 122.

[94]　*Teubner*, Die Perspektive soziologischer Jurisprudenz（Fn. 43），S. 46.

[95]　*Teubner*, Die Perspektive soziologischer Jurisprudenz（Fn. 43），S. 47.

[96]　*Teubner*, Die Perspektive soziologischer Jurisprudenz（Fn. 43），S. 46.

[97]　*Teubner*, Die Perspektive soziologischer Jurisprudenz（Fn. 43），S. 41f.

[98]　*Teubner*, Netzwerk als Vertragsverbund（Fn. 2），S. 19.

进一步构建，托依布纳建议关注社会实践。在合同组成的网络情形中，实践已经找到了合适的方式去处理各个独立合同的经济上一致性的矛盾。[99] 这就要求法必须重构，这里并不意味着盲目接受。

对于网络系统的对外责任和参与的当事者，托依布纳建议当事人承担　[1174]
与其份额相应的责任。[100] 接下来他论证道：网络系统的风险要求以赔偿责任的形式承担法上的责任。同时需要考虑到各个组织和具体合同之间的网络的双重属性，这样就可以排除网络系统的单纯的个体责任或者统一的共同责任。[101] 托依布纳得出的结论是参与者根据他们在网络中所占比例承担相应的责任。当整个网络系统需要承担责任，但个体参与者的个别责任份额无法被证明时，这种责任便具有优势。

社会学的考察揭示出传统的法律范畴并不合适，法需要进步。对网络　[1175]
内部责任的论证只有在对新型网络形式的合作模式的结构、风险和逻辑有了社会学认识之后才具有可能性。这种建议在缺少社会学信息的情况下是不可行的。

托依布纳的社会学考察还指出，网络系统是建立在普遍回溯性之上　[1176]
的。[102] 这种认识还可以得出如下结论，网络内的诚实信用保护受到法的规制。这里托依布纳结合法官法对忠实义务的规定，认为在网络内对诚实信用的侵害非常可能受到法的保护。[103]

托依布纳还进一步从他的考察中推导出网络可以独立于合同意义和公　[1177]
司意义成为一个独立的法律范畴。这个概念是更适合于网络现状的，因为它兼容了网络所具有的个体和集体要素之间的矛盾。[104] 这样就产生了一个新的法律范畴，它可以成为处理网络参与者内部关系的标准。

如何在法上解决连锁和集团企业系统问题，结论可以是开放性的。但　[1178]
可以看出，社会学的考察如何为法创造出论证范畴。

b）社会学论据：法的调控和反调控

以上的考察本身当然并不能得出支持或者反对法律裁判的具体法律论　[1179]

---

[99]　*Teubner,* Die Perspektive soziologischer Jurisprudenz（Fn. 43），S. 48.

[100]　*Teubner,* Die Perspektive soziologischer Jurisprudenz（Fn. 43），S. 48.

[101]　*Teubner,* Die Perspektive soziologischer Jurisprudenz（Fn. 43），S. 48f.

[102]　*Teubner,* Netzwerk als Vertragsverbund（Fn. 2），S. 10.

[103]　*Teubner,* Netzwerk als Vertragsverbund（Fn. 2），S. 10.

[104]　*Teubner,* Netzwerk als Vertragsverbund（Fn. 2），S. 149.

据，还需要通过规制目的进行规范性补充。然后对于公司关系的社会学分析才能扩展为论证理由。

1180　　对于合同一方所委托的专家对其他合同伙伴所承担的责任，托依布纳是这样论证的：只遵循科学标准得出的专家意见是值得保护的法益。它本应当是独立并且中立的，却有义务对进行委托的合同伙伴保持忠诚，所以可能会面临因来自合同伙伴的影响而失去中立性的问题。这里表现出一个社会学问题的同时也找到了一条解决途径：为了保护该法益，来自合同伙伴单方面的影响必须通过设置其对第三人承担的责任来得到平衡。[105]

1181　　这里需要处理两种设想：一种是专家意见值得保护的规范性设想，另一种是通过采取平衡方式承担责任来防止系统内腐败危险的现实性设想。

1182　　对于托依布纳来说，这种论证形式的问题在于有关公司领域的未来发展的现实性设想。虽然在裁判理由中会考虑到公司的影响和可影响性的现实因素。但同时对社会发展预言的可能性也被高估了。在整体决定上，社会的发展过程本身过于复杂，难以对其进行准确的预测。[106]法只能给出一个非常不确定的预测。虽然法可以援引邻接系统的"隐含知识"[107]，即在论证上回溯其环境并尝试作出更加现实的独特裁判。但另一方面，托依布纳认为法不能察觉其外部世界。将关于环境的社会学知识纳入法律系统是不可行的。[108]系统的自我指涉性在托依布纳看来就已经对立于直接接受社会学认知。[109]因此，社会学分析并不是指法需要借助子系统中各个不同的理论视角，就如借助一种共同的语言那样。[110]需要在"商谈的不可预估性、封闭性和相互隔绝性"[111]的条件下更加实际地评估法的预测能力。这样法可以"仅使用其自己的定义、在其自己的语境中对其周边系统的意义进行

---

[105]　*Teubner,* Expertise als soziale Institution（Fn. 89），S. 325.

[106]　*Teubner,* Altera Pars Audiatur（Fn. 28），S. 213.

[107]　*Teubner,* Altera Pars Audiatur（Fn. 28），S. 216；*Teubner,* Expertise als soziale Institution（Fn. 89），S. 309.

[108]　*Teubner,* Recht als autopoietisches System（Fn. 8），S. 96.

[109]　*Teubner,* Recht als autopoietisches System（Fn. 8），S. 123.

[110]　费斯汀（Vesting）认为托依布纳看到的是"建立法解释和共同知识之间的关系"，Rechtstheorie（Fn. 29），Rn. 237。费斯汀将共同知识理解为跨越系统边界的知识库，它像一种共同语言一样使沟通变得可能，见前述文献的边码234。相反，托依布纳认为系统具有封闭性，其原则性边界不可逾越，Recht als autopoietisches System（Fn. 8），S. 93 und 120。其结果是系统持续被误解，Altera Pars Audiatur（Fn. 28），S. 215，也就是说没有相通语言。

[111]　*Teubner,* Vertragswelten（Fn. 86），S. 234, 251.

重构"[112]。

托依布纳同时也揭示了通过法进行调控的边界。[113] 由于法律世界（包括邻接范围）存在的不可避免的缺陷，所以副作用或者完全是预料之外的发展成了常态，而不是例外。这就需要法将其裁判结果再次进行内部化，由此可以更加敏锐地察觉其他系统中出其不意的、有负面影响的作用。[114] 消极的或者有破坏性的结果虽然不能避免，但是至少可以在回溯时被察觉。在托依布纳看来这是回溯性后果考量的一种特殊形式。[115] 他认为，预防性的后果规划只有在严格的范围内才有可能，关注回溯性的后果控制看起来更能保证成功。法必须能够察觉，相关社会系统内部是如何反应的，它何时将法律裁判翻译成其系统语言。[116] 这样当法律裁判在邻接系统中引起了负面影响，法就可以进行反向调控。托依布纳认为比起通过法进行正面调控，更重要且更有希望的是防止在其他社会系统中产生损害，这就是法的反向调控。

上述专家责任例子的基础就在于，预计通过采取赔偿责任形式的平衡手段能够预防合同伙伴所委托的专家意见带来的结构性腐败。但是法上的第三方责任的平衡手段是否可行，事先是非常不确定的。专家的第三方责任将在有限的系统中被重构为系统自身的语言，在此最坏的情况是导致无法融合的结果。这种破坏性的结果就必须以论证的方式重新（必要时连同翻译语义损失一起）导入法中。这样法就可以溯及性地将其对周边环境产生的消极结果进行内部化并做出反应。在此发生了两种翻译转换过程。法律裁判被相关社会系统所接纳，反过来对其的接纳又要被转换为法。法律论证必须模拟参与争议的系统所具有的不同行为逻辑。[117]

不过这种形式的后果论证需要一个规范性的假设。如果加上托依布纳的事实性考察和对系统自治性的要求，就可据其产生可靠的论据。必须避

1183

1184

1185

[112] *Teubner,* Vertragswelten（Fn. 86），S. 234, 251.

[113] 对此还可参见 *Teubner,* Recht als autopoietisches System（Fn. 8），S. 95; 123ff.。

[114] *Teubner,* Altera Pars Audiatur（Fn. 28），S. 214.

[115] *Teubner,* Altera Pars Audiatur（Fn. 28），S. 215.

[116] *Teubner,* Altera Pars Audiatur（Fn. 28），S. 215.

[117] *Teubner,* Altera Pars Audiatur（Fn. 28），S. 201; *Teubner* Expertise als soziale Institution（Fn. 89），S. 309.

免系统帝国主义。[118]托依布纳式带有回溯性后果考量的论证也支持维系系统多样性这一规范性目标。法必须防止对邻接的社会系统的损害。但是对获得系统多样性的自由要求却不是托依布纳获得规范论据的唯一依据。这种规范性的方向还可以由法从不同社会系统的"反身理论"[119]中推导出来。托依布纳将反身理论理解为系统专门性讨论，其中各种系统实践都能在内部反映出来，也能自身创造出自我规范性。[120]

3. 法律论证和正义

1186　　至今对托依布纳法学方法的分析表明，法律论证的功能在于消除裁判悖论和使法律裁判变为可能。这里所指的是一个对全新且独立的法律论证的描述。

1187　　此外还可以看出法律论证和在托依布纳看来对社会学阐述的典型要求之间的紧密联系。实践中社会学的提炼用于两个方面：一方面法被更多的可以被称为对裁判举足轻重的观点所充实。另一方面可以从考察中获得论据。其一，社会学考察可以指明达到某一特定规定目标的途径。在这里法可以做出法视角下被扭曲的预测，这样法律裁判很可能会表现出出其不意的或者不具有创造性的副作用。鉴于系统的盲目性，可预料的后果控制只能带来弱势的论据。

1188　　其二，从对于后果的回顾性社会学考察可以构建论据。在此，带有避免制度帝国主义要求和系统自治要求的社会学研究在规范性上被充实。为了满足这两个要求，法也要接受外部世界并因此至少要控制负面影响，也就是说进行论证性加工。

1189　　但这并不只是指法中受到社会学提炼的论证的单纯实际作用。在托依布纳看来这里更多指的是实际必要性。在相碰撞的普遍要求和多元化社会的合理性冲突的多样性之间，法的地位要求对法进行调整。法应该慢慢地简化并且适应现实。[121]托依布纳对论证理论的重构表明，法律论证做出了重要的贡献，它开启了法学对社会学的启蒙。这就需要它适应变化的环

---

[118]　Teubner, Altera Pars Audiatur（Fn. 28），S. 217, 218. Ein Beispiel für eine solche Argumentation wird unter Ⅲ. beim Praxistest anhand der ruinösen Bürgerschaftsfälle gezeigt.

[119]　Teubner, Rechts-und Sozialtheorie-Drei Probleme, Ancilla Iuris 2014, 183, 216.

[120]　Teubner, Rechts-und Sozialtheorie-Drei Probleme,（Fn. 119），S. 215ff.

[121]　Teubner, Altera Pars Audiatur（Fn. 28），S. 218; Teubner Expertise als soziale Institution（Fn. 89），S. 311.

境条件，如此它才能继续完成它的使命。法在对社会的不断适应中增加了复杂性并且学会与其自身的盲点共存。

法对周边环境必要的敏感性不仅仅在于使其能紧跟环境发展的步伐。除此之外，托依布纳认为这也是特殊法律正义的基本要求。[122] 根据托依布纳的观点，当法碰到自身矛盾时才会诉求于正义。当在法上对自己进行密码化，并且陷于循环逻辑或悖论时，法律系统就出现了阻碍。根据合法 / 非法去判断其是否合法，就是正义问题本身。[123] 此处的问题是，当法逾越系统的边界时，在多大程度上契合自身的环境。制度本身固有的格式要求（论证要求、裁判要求、符合现存理论结构等）使得正义的无限度要求不能完全被满足，因此法律系统产生了新的非正义性。[124] 这样法就被自我破坏，并且强制自身扩大边界以便能重新回归法律系统界限之内。托依布纳将正义形容为在正义的无限度要求和符合法的要求之间的持续震荡。[125]

在托依布纳的持续震荡的正义概念和法律论证之间有一个关联是很明显的：法律论证掩盖了裁判悖论。但是它只能在紧急需要时暂时地掩盖悖论，这样悖论总是重新出现并重新提出正义问题。这就要求法全面地考虑裁判情形的社会环境，即提高环境敏感性。法律论证通过将法学商谈中环境考察的观点变得可被接受，从而使将周边环境引入法变得可能。这里又发生了一种转换，它脱离了矛盾，将其转化为法律问题并且变得可被裁决。这种对法律系统内固有的强制要求却又造成了新的非正义，因为法又疏远了其环境。结果上法又必须*论证性地*向其环境靠近并且费力地接受对其环境的社会学认识。托依布纳之处正义的持续不确定性也将在法律论证中被分析。

三、对过于沉重的亲属担保之例的实践检验

这样一种方法在实践中表现得怎样，应该结合过于沉重的亲属担保的例子来看。但是真正用理论方法概念来检验实际例子是不可行的。必须形

1190

1191

1192

---

[122]　*Teubner*, Altera Pars Audiatur（Fn. 28），S. 218; *Teubner* Selbstsubversive Gerechtigkeit（Fn. 12），S. 15f. 提到与正义概念的关系的还有：*Wielsch*, Iustitia mediatrix: Zur Methode einer soziologischen Jurisprudenz, in: FS Taubner, S. 395, 397。

[123]　*Teubner*, Selbstsubversive Gerechtigkeit（Fn. 12），S. 27.

[124]　*Teubner*, Selbstsubversive Gerechtigkeit（Fn. 12），S. 29f.

[125]　*Teubner*, Selbstsubversive Gerechtigkeit（Fn. 12），S. 22.

成一门社会学法学的方法论。为了此目标，托依布纳的方法论必须结合教义学案例来得到升华。因此，像这样的控制方式，即依据具体的例子来检测某理论内容在实践中是否被遵守，是无法有效实施的。尽管如此，抽象想象出来的论证模式的具体运用可以证明其实践上的可适用性。社会学法学可以被运用于解决具体案例。

1. 亲属担保的问题所在

1193　　　过于沉重的亲属担保的问题在于，一名债务人的近亲属为其做担保时，担保人却没有足够的财产来偿还所担保的债务。当主债务人无力偿还债务，债权人（多为银行）对没有财产的担保人（多为子女或配偶）主张债权时，这就成了法律问题。这种给担保人造成严重经济负担的担保，德国联邦最高法院的判例基于合同自由而准许其存在，并不实施任何内容审查。[126]

1194　　　德国联邦宪法法院最终以违反《德国基本法》驳回了该裁判。[127] 具体案例是要求女儿承担父亲担保的为生计所举之债务。上诉人提起宪法上诉，认为她没有能力一次偿还持续累积的利息，这对她造成了过分的经济负担。以她微薄的收入不足以偿还这样的债务。这样她会因裁判得到一个没有尊严的生活，并且损害到一般的行动自由。她认为法院没有认可其基于社会福利国家原则的保护要求，因为她没有基于《德国民法典》第 138 条和第 242 条对债权债务约定的内容进行检查。德国联邦宪法法院认可了该理由并且认为裁判侵害了《德国基本法》第 2 条第 1 款所保护的私人自治。据此，在规定一方明显负有不利益的异常义务的合同中，法院有义务使用民法内容审查来干涉并纠正。民法的概括条款便是法院能够用来缓和合同不平衡之弊病的工具。为了确定是否存在合同平等因一方负有异常沉重的负担而被扭曲的情形，就需要法院调查合同当事人的行动立场。检验标准为行为能力的智力上和结构上的不平等、交易活动中一般人的经验和预测风险的能力。[128]

1195　　　德国联邦宪法法院的这个有利于担保人的裁判却遭到了学术界的尖锐批判。批判针对的是：法官对基本权利的理解，以及宪法法院将个案纠正运用到私法整个领域中这一专制的方式。[129]

---

[126]　Vgl. BGH Urteil vom 16. 03. 1989- Ⅸ ZR171/88, NJW 1989, 1605. 对于该问题的切实分析：*Kollrus*, Die Sittenwidrigkeit von Angehörigenbürgschaften, MDR 2014, 1357。

[127]　BVerfG Beschluss vom 19.10.1993-1 BvR 567/89, BVerfGE 89, 214.

[128]　BVerfGE 89, 214, 234f.

[129]　证明内容参见 *Teubner*, Ein Fall struktueller Korruption（Fn. 2），388。

2. "错误的阵线" [130]

托依布纳也对该判例进行了批判，却出于完全不同的理由。他认为批 1196
判者有一定的道理，但是他们没有将基础矛盾完全充分地进行重构。对于
托依布纳而言，并不涉及使得私人自治免于情感上的负担。对于托依布纳
来说，其目的并不在于保护市场的分配效率不受家庭压力的影响。对无资
产者的高风险担保也只是一个侧面因素。更多的是应该保护家庭免于对经
济合理性的违反。[131]

矛盾存在于非合同性的行为逻辑之间的碰撞。经济活动的出发点在于 1197
效率和利益，在家庭这样的亲密关系中，效率并不是决定性的标准。托依
布纳用对家庭的社会学研究来支持其直观阐明的论点。[132] 这种亲密关系的
特征不同于经济交换的互惠性，而是另一种对等的形式。它不曾被利益最
大化的思想所渲染。[133] 所有亲密关系当然也包括亲属的经济性支持。同
时这样的关系也有特殊的牺牲界限。当超越了牺牲界限时，贷款人就必须
拒绝亲属给予的金钱保证援助。他不能过分期待其亲属为其承担所有风
险。[134] 人的尊严要求不能为了信用担保而付出可能毁灭一名亲属的代价。
至于个案中的相关亲密关系的牺牲界限如何界定这一问题，法不能一概而
论。该牺牲界限应该在各个关系中自我决定。然而，在确定损失的界限时，
债务人可能无法完成自己应扮演的角色。他会面对作为家庭成员和理性经
济人的不同行为要求。[135] 家庭准则在这里会受到经济行为逻辑的过分要求
并且被其结构性地影响。托依布纳认为这里就存在着矛盾。

为了解决这个问题，法不能代表家庭来决定牺牲界限。法不能制定这 1198
样的规则，因为法上的交往原则上不能模仿家庭内部的关系。规定了一般
性损失界限的规则，会导致家庭内部关系的扭曲。[136] 即使是法院的个案衡
量，每次重新查明相关案件是否逾越牺牲界限，最终意味着法院对家庭关
系的规范和对私域的侵犯。在解决这样的亲属间担保案例上，相对于法院

[130]　*Teubner,* Ein Fall struktueller Korruption（Fn. 2），388.

[131]　*Teubner,* Ein Fall struktueller Korruption（Fn. 2），391.

[132]　其他文献：*Allert,* Die Familie: Fallstudien zur Unverwüstlichkeit einer Lebensform, Berlin 1998; 或者：*Dahrendorf,* Homo Sociologicus: Ein Versuch zur Geschichte, Bedeutung und Kritik der sozialen Rolle, Opladen 1958。

[133]　*Teubner,* Ein Fall struktueller Korruption（Fn. 2），395.

[134]　*Teubner,* Ein Fall struktueller Korruption（Fn. 2），392.

[135]　*Teubner,* Ein Fall struktueller Korruption（Fn. 2），395.

[136]　*Teubner,* Ein Fall struktueller Korruption（Fn. 2），396.

对个案情况的着重强调，托依布纳并不看重这些（如债权人的关系、担保人的交易经验、担保额等）。[137] 法最多只能通过严格的兼容性规范进行补救。这意味着禁止过于沉重的亲属担保。

"像其他兼容性案例一样，如法官的成见或者某些官员对个人的不同看法，重点完全不在于个案情况。必须寻找一个普遍抽象的规范，其排除了之前的利益和角色冲突，并试图从一开始就避免冲突状况。"[138]

1199　　接下来的论证改变了这个案件。它不再表明合同平等和私人自治等问题。问题在于《德国基本法》第 6 条的第三人效力。被宪法所保护的家庭自治必须优先于其经济状况而被保护。结论很明显：过于沉重的亲属担保是不被允许的。对这个禁止性规定在教义上的贯彻必须确定，从什么时候开始该担保是过重的，以及该禁止性规定包含的主体范围是什么。这里决定性的标准是规则的明确性和合法性。[139]

1200　　同时托依布纳想要表明，这个矛盾并不是该类型担保的个别情况，而是互不兼容的行为逻辑的碰撞而产生的制度性冲突。这需要转换对基本权利的理解：从针对国家的防御权转向防止扩张性邻接系统的社会部分领域的保障权。[140]

1201　　因此，托依布纳赞成德国联邦宪法法院，并反对一开始德国联邦最高法院的判决。不同于德国联邦最高法院，他也想要保护亲属担保而防止其负荷经济上的过重负担。亲属不应该被置于经济交往和家庭忠诚之间的矛盾中而承受过重的负担。但是对于个人的保护不应该孤立于对个案情况（如合同平等、担保人的交易经验或者风险的可预见性）的综合考虑。多亏了托依布纳对家庭的社会考察，他不仅认识到担保人的风险，还认识到家庭制度的风险。他呼吁要有一个普遍适用的兼容性条款用来保护家庭和亲属关系的整个社会领域不受经济情况的影响。决定性的区别在于对该矛盾的描述不仅仅在于《德国基本法》第 2 条第 1 款，还牵涉到该法第 6 条。在这里托依布

[137] *Teubner,* Ein Fall struktueller Korruption（Fn. 2），396; 关于该判决参见 BVerfGE 89, 214, 235。
[138] *Teubner,* Ein Fall struktueller Korruption（Fn. 2），397.
[139] *Teubner,* Ein Fall struktueller Korruption（Fn. 2），398.
[140] *Teubner,* Ein Fall struktueller Korruption（Fn. 2），400.

纳又引用了系统多样性的规范性要求作为论据。其目的在于，保持家庭作为社会系统并保护其不受经济性系统统治的影响。值得注意的是，托依布纳不仅得到了具体家庭担保个案的裁判，而且也提出了一个建议，即一般如何对亲属担保中呈现出的不同系统合理性间的碰撞加以规制。在此托依布纳认为，法律续造是否以法官法的形式出现抑或通过立法者实施并不重要。[141]

四、对社会学增益法学的疑问

托依布纳对法社会学的研究将一个高度抽象的同时在现实中又可以被运用的方法概念呈现出来。法律论证的理论构想直接与矛盾的法概念和作为超越法律系统的持续震荡的正义理解相联系。高度的抽象水平使法的经济分析仅仅被表述为法的后果考量的一种特殊形式成为可能。[142] 尽管有（或者正是因为）高度的抽象性，社会学法学仍被证明是符合实践的裁判方法。其虽然不常得出新的解决方法，却能带来可靠的论证模式。但是社会学法学没能回答本章的一些特殊问题，且有些问题根本未被提出。

首先提出的问题是，为什么托依布纳的法学方法是和民法联系在一起的。他所设想的方法概念并不是建立在合同自由、私人自治和意思表示解释之上的，所以并非典型的民法概念。法对于合同文本的解读的限制必须被舍弃。[143] 托依布纳关注的是普遍情况下法律论证的运作模式。对他来说公法领域也需要社会学的补充和完善。这种必要性甚至延伸到一种特殊的对《德国基本法》的理解，即使是个别系统也能得到《德国基本法》的保护，如同在上述担保案例和托依布纳在医疗研究中对于*抽屉问题（publication bias）*的分析一样。[144] 如果不是从国家的角度来进行效力等级的考量，而是

1202

1203

---

[141] Vgl. *Teubner*, Rechts-und Sozialtheorie-Drei Probleme（Fn. 119）（S.222）.

[142] 关于法的经济分析参见 *Laudenklos*, Rn. 1210ff.。

[143] *Teubner*, Expertise als soziale Institution（Fn. 89），S. 308.

[144] *Teubner*, Rechts-und Sozialtheorie-Drei Probleme（Fn. 119）S. 219. 这篇最新研究成果证实了由亲属担保所带来的托依布纳思维方式的重构。在这里他提出出版先见问题重新认识为不同系统理性之间的矛盾，并且通过使相关系统（研究领域、经济领域和公共健康）都受到基本权利的保护来将其作为基本权利问题看待。作为解决问题的方法，托依布纳赞成，医学论文在发表之前有义务进行登记。这种做法很有可能成功，因为它巧妙地运用了所参与系统的特点，并且保护研究领域和公共健康不受经济理性扩张趋势的影响。参见 *Hensel/Teubner*, Matrix reloaded: Kritik der staatszentrierten Drittwirkung der Grundrechte am Beispiel des Publication Bias, Kritische Justiz 2014, 150。

考虑互相平行且并立存在的社会系统，在这个意义上方法概念就具有了民法性质。正是将基本权利作为维护制度的保证能清楚地体现这一点。基本权利保护个别社会制度如家庭或者学术研究不仅不受国家独裁，还保护其不受扩张性的制度帝国主义（Systemimperialismus）的侵犯。

1204   方法概念的对象问题也没有定论。托依布纳没有说明其方法概念所采取的视角。[145] 他没有区分案例裁判的法律适用、学术分析和法律批判。还可以进一步发现，托依布纳并没有区分司法和立法。他对于解决具体法律问题的建议不仅适合具体案例，而且可以作为一种长期的普遍的解决冲突的调控手段。这种方法同样适合法律沟通过程中的所有参与者。它有助于具体的决断者，无论是法官还是立法者，也有助于法律运作过程中的参与者，以及分析法学家对该过程的理论性自我描述。

1205   法律解释和法律续造也没有被规范化地区分。结果上看，托依布纳并没有为法律续造的情况给出具体的行为准则。他认为每次法律适用时法都会受到外部的影响并或多或少受到调整。对于他来说，对法的运用也是法的进步。

1206   特别值得注意的是比起其他方法概念，这里缺少了规范。规范从来就被看作分析的出发点或终点，托依布纳却只字未提。他也没有提到对规范的解释或诠释。相应地也没有提到经典的解释方法。因此也并未提出个别解释观点的层次问题。

1207   这种社会学法学也给人留下了这样的印象：只要裁判定位于相邻系统中具有社会性的规范，且裁判具有合法性，那么根据实在法外的规则甚至是违反实在法作出的裁判都不构成法治国的问题。托依布纳认为，每条规定的合法性标准是其社会相当性。[146] 这些考察和托依布纳言下的法对社会

---

[145]　关于他的理论的总的状况可见 *Teubner, Das regulatorische Trilemma: Zur Disskussion um postinstrumentale Rechtsmodelle, Quaderni Fiorentini per la Storia del Pensiero Giuridico Moderno* 1984, 109, 111ff.。

[146]　下面这段话可以说明："法院裁判程序作为社会矛盾的探测器起到越来越重要的作用。当法院对合同性企业系统作出大胆的直索裁判（Durchgriffsentscheidung）进行干涉，却又未给予充分的论证时，这就是一个明显的信号，应该检查理论基础在面对经济关系网络时是否需要重审。"*Teubner, Netzwerk als Vertragsverbund*（Fn. 2）, S. 21. 根据实在法外的规则作出的判决也只是被表述为经济风险。*Expertise als soziale Institution*（Fn. 89）, S. 305. 关于考量默示社会规则而对法律判决进行合法化。*Teubner Expertise als soziale Institution*（Fn. 89）, S. 309. 更多内容参见 *Teubner, Rechts-und Sozialtheorie-Drei Probleme*（Fn. 119）S.222。

的调控，表现了他偏向于法官对法律续造的作用。他认为制定法对社会的调控只能是走弯路。[147]像法官法一样其他能敏锐察觉社会动向的法律形式更加合适。[148] 相对于抽象的法律规范，从许多个案发展而来的法官的法律续造更加能够处理内在于社会矛盾的环境信息。托依布纳也表现出了对制定法的直接调控的质疑和对法官法的偏好，他认为后者更符合环境的社会需要。为了案件裁判，法必须将纯粹的法素材——比如教义上的建构，与复杂转化过程中的法外视角的重构相结合，并由此而产生一种可具体裁判案件的规范。这与弗里德里希·穆勒的通过规范区块分析而新产生的个案规范（Fallnorm）构想的相似之处显而易见。[149]甚至也可以参照利益法学。[150]对托依布纳而言，对生活利益的关注是指从冲突的系统中萃取个案规范。这当然需要防止将法社会学和法的社会逻辑化相混淆的误解。[151] 法仍是自动的裁判发动机，但是为了正义其必须向相邻社会系统趋近。但这似乎只能通过刺激来达到。

托依布纳的研究侧重于法和社会理论的关系，他将外界环境对法学的刺激、法、其外部环境的界限置于法社会学的中心。社会学法学恰恰阐述了法与其环境相结合的令人困惑的过程，而在该过程中产生了法律裁判。　　　　　　1208

社会学法学首先是法的描述性理论，其展现了法律论证的沟通过程，并将之归纳为其功能。当法受到其环境的刺激有目地地增加时，则会产生一种符合计划的行为过程意义上的方法。这两种观点，即描述性理论和对理论知识的方法评价，在托依布纳看来是与法的社会增益理论内容紧密相连的。　　　　1209

五、参考文献

1. 托依布纳作品入门

重要作品如下：

Gunther Teubner, Recht als autopoietisches System, Frankfurt 1989.

---

[147]　Dazu siehe *Teubner*, Recht als autopoietisches System（Fn. 8），S. 81ff., 96.

[148]　*Teubner,* Folgenkontrolle und responsive Dogmatik（Fn. 14），S.187; *Teubner,* Dreiers Luhmann（Fn. 46），S. 207.

[149]　关于穆勒参见 *Laudenklos*, Rn. 1081ff.。

[150]　关于利益法学见吕克特所撰本书第四章"历史概述"部分，边码 1413 及以下。

[151]　比如托依布纳纪念文集中误导性的标题参见 *Teubner,* Die Perspektive soziologischer Jurisprudenz（Fn. 43），S. 40。

关于法的功能，特别是法的论证：

Gunther Teubner, Altera Pars Audiatur: Das Recht in der Kollision anderer Universalitätsansprüche, Archiv für Rechts-und Sozialphilosophie, Beiheft 65, 1996, 199-220, sowie:

Gunther Teubner, Rechtsentfremdungen: Zum gesellschaftlichen Mehrwert des zwölften Kamels, in: Teubner, Die Rückgabe des zwölften Kamels: Niklas Luhmann in der Diskussion über Gerechtigkeit, Stuttgart 2000, S. 189-215（zusammen mit Peer Zumbansen）.

关于法的悖论：

Gunther Teubner, Der Umgang mit Rechtsparadoxien: Derrida, Luhmann, Wiethölter, in: Joerges/Teubner（Hg.）, Rechtsverfassungsrecht. Recht-Fertigung zwischen Privatrechtsdogmatik und Gesellschaftstheorie, Baden-Baden 2003, S. 25-45.

托依布纳对正义理解的发展：

Gunther Teubner, Selbstsubversive Gerechtigkeit: Kontingenz-oder Transzendenzformel des Rechts?in: Gunther Teubner（Hg.）Zur（Un-）Möglichkeit einer Gesellschaftstheorie der Gerechtigkeit, Stuttgart 2008, S. 9-36.

托依布纳带有强烈社会学色彩的理论性著作：

有关合同：

Gunther Teubner, Vertragswelten: Das Recht in der Fragmentierung von Private Governance Regimes, Rechtshistorisches Journal 17（1998）, 234-265.

关于具有毁灭性的家庭担保的问题：

Gunther Teubner, Ein Fall struktureller Korruption?Die Familienbürgschaft in der Kollision unverträglicher Handlungslogiken, Kritische Vierteljahresschrift für Gesetzgebung und Rechtswissenschaft 83（2000）, 388-404.

关于新的合同现象：

Gunther Teubner, Netzwerk als Vertragsverbund: Virtuelle Unternehmen, Franchising, Just-in-time in sozialwissenschaftlicher und juristischer Sicht, Baden-Baden 2004.

有关专家的第三者责任：

Gunther Teubner, Expertise als soziale Institution: Die Internalisierung Dritter in den Vertrag, in: Brüggemeier（Hg.）, Liber amicorum Eike Schmidt zum 65. Geburtstag, Heidelberg 2005, S. 303-334.

有关发表偏见（Publication Bias）的问题：

Gunther Teubner, Rechts-und Sozialthorie-Drei Probleme, Ancilla Iuris（anci. ch）2014, 183.

2. 其他作品入门

作为对系统论的初步导入可以阅读：

Calliess, Gralf-Peter, Systemtheorie: Luhmann/Teubner, in: Buckel/Christensen/ Fischer-Lescano（Hg.）, Neue Theorien des Rechts, 2. Aufl., Stuttgart 2009, S. 53-71.

以下论著与托依布纳进行了激烈的讨论：

Goodrich, Peter, Anti-Teubner: autopoiesis, paradox, and the theory of law, Social Epistemology 1999, S. 197-214.

有关悖论批判：

Günther, Klaus, Kopf oder Füße?Das Rechtsprojekt der Moderne und seine vermeintlichen Paradoxien, in: Kiesow/Ogorek/Simits（Hg.）, Summa Dieter Simon zum 70. Geburtstag, Frankfurt 2005, S. 255-274.

有关社会学法学：

Seinecke, Ralf, Vertragsnetzwerke und Soziologische Jurisprudenz, in Viellechner （Hg.）, Das Staatsverständnis Gunther Teubners, in Vorbereitung.

第十七节　法经济分析中的方法和民法[*]

要目

一、前言

1210　　　法经济分析在德国是一种相对崭新的理论。德国对美国学者卡拉布雷西（Calabresi）、科斯（Coase）和波斯纳（Posner）（分别生于 1932、1910 和 1939 年）所研究理论的继受比其在美国的实施要缓慢。[1] 部分原因在于，"法和经济"的概念不甚明确。构建该理论的两大学科——法学和经济学——的认知重点就大相径庭。法经济分析在德国有**四种不同的发展方向（vier verschiedene Richtungen）**：[2]

　　1. 通过将规范或者交易作为研究素材来运用，法经济分析可以单独成为一种有助于经济学和社会学理论的**深化和精确化**。该领域的上述功能对于法经济分析来说只有在发生史上具有一定的意义。

　　2. 另一个目的是借助法经济分析来研究实在的、法典化的法条的**规制效率**[（Regelungs-）Effizienz]。如"实证的"法经济分析主张，普通法，即经典的（英美）私法以往是具有效率的，而且只要当今的立法在世界范

---

　　* 弗兰克·劳登克劳斯（Frank Laudenklos）撰（第 3 版由吕克特和萨伊内克审阅。如之前一样，本节是应时的，且例子都是非过时的。文献已更新过，且由 Milena Maurer 审阅。"八、参考文献"部分的完整标题在下文中被简略引用），田文洁译，刘志阳校。

　　[1]　*Kübler*, Vergleichende Überlegungen, S. 293.

　　[2]　Vergl. *Kübler*, ebenda.

围内创制了没有效率的规定，它就会持续有效。[3] 根据这种观点，在结果上会导致法官法优先于民主的议会立法。

3. 相反，所谓的"规范性"法经济分析是**对立法程序的分析**，目的是在立法程序中获得的认识的基础上使议会民主的规范制定变得更加有效，[4] 并且对法律规制的目的和手段达成一致提供助力。[5] 通过议会立法程序制定的规范，原则上具有优先性。在此法经济分析的"规范性"意义表现为，它展示给立法机关，规范所调整领域的社会政策性目标设定会产生何种结果；也就是说为了达到效率分析而产生的目标设定必须付出何种"代价"。

4. 最后，法经济分析也可以在法律实践中成为详细建议、深入讨论和前瞻性案例裁判的**附加工具**。[6] 人们也可以据此提前预测法律规制（裁判）的结果。

可以肯定：法经济分析不是一个统一的"学派"。[7] 研究对象是广义上的法的规则。[8] 法经济分析不仅适用于立法者（上述第 3 点），同时也适用于司法者（上述第 4 点和第 2 点）。也可以适用于法学家（这里指研究和教学[9]），其根据在于，经济分析工具需要被进一步地区分，但该过程并未完成。[10]

1211

二、产生

将经济运用于法并非新事物。直到 20 世纪 40 年代和 50 年代，"法与经济"的提法都主要是指经济学对反垄断法的运用。在此，用来阐明规制结果的经济学是普遍通用的工具。这个阶段的特征是将经济学运用

1212

---

[3]　*Kübler*, Effizienz, S. 689.

[4]　*Rose-Ackerman*, Recht und Ökonomie, S. 285: "另一方面，研究应是专注于寻找公共决定的有效方法，而不是提出实证性的、与既存体系完全不同的政治建议吗？最新的经验主义研究成果表明，极端的悲观主义并不合适。"

[5]　*Köhler*, Vertragsrecht, S. 589.

[6]　*Kübler*, Vergleichende Überlegungen, S. 294.

[7]　关于在这篇研究中所探讨的前提有不同的观点，至少可以区分为两类（Harvard/Chicago）。对此富有启发性的论述是：*Kirchner*, Wettbewerbsbeschränkungen, S. 563, 574f.。有些学者认为法经济分析只有一种含义或者上述两种含义，也有些学者主张需要从上文四个角度来研究。

[8]　在英美法系国家，市场理论不仅仅适用于法，而且理所当然地适用于道德原则；比如参见 *Rawls*, Gerechtigkeit, S. 81, 88ff.。

[9]　在教科书中也能找到对法经济分析的论述，比较：*Kötz*, Deliktsrecht, Rz. 119-141。

[10]　对此比较：*Frank*, Rationalität, S. 191ff.，这里主要对运用简化的市场模型进行批判。

于一个严格受限的、以明示的经济关系为特征的法律领域。20 世纪 60
年代早期出现的最初的奠基性研究并未明确将**各个法律部门（einzelne
Rechtsgebiete）**的经济标准与反垄断法直接联系起来，而是意图使用一种
从经济学中推导出来的工具来研究法上的相关决定。当时许多学者发表了
针对立法决议和私法裁判结果的论文。卡拉布雷西（Guido Calabresi）于
1961 年发表《风险分配和侵权法的一些思考》[11]一文，并于 1965 年发表《支
持或反对意外事件的裁判》[12]一文。卡拉布雷西倡导一种对普通法中侵权
责任规定的合理解释。他具体指出，如果运用经济学家庇古（Pigou）的福
利经济学，归责原则就显得过时，因为该原则不允许对特殊的意外事件引
发的行为进行精确归责，而是在个别案件中只对意外事件造成的损失进行
外部化，也就是说将风险转嫁到第三者或者公众身上。

1213 　　1962 年经济学家科斯（Ronald Coase）发表了一篇关于社会成本问题
的论文，[13] 文中希望能将财富经济学运用于实践的经济政策中。这就必须
从经济学观点研究法律规制，这就奠定了扩展经济学传统研究领域的基础。
从此人们开始从经济学的视角考虑法律规制；从经济理论的意义上将法律
规范作为公共利益来把握，通过成本效益分析来研究其效果。[14] 决定性的
前提是经济的理论和经验性方法可以适用于**法体系的各个方面（das ganze
Spektrum des Rechtssystems）**。这样的诉求最早由波斯纳（Richard Posner）
在 20 世纪 70 年代初明确地表述出来，[15] 他希望能对侵权行为、合同和物权
领域，刑法、民法、刑事程序法、行政程序法的理论和实践，立法、执法
和司法理论与经济学进行通述。

1214 　　值得注意的是，正是在 20 世纪 60 年代产生了这一需求，即通过新
的而非从属于狭义法学范畴的要素来对法教义学进行补充的需求。波斯

---

[11]　Yale Law Journal Nr. 70, 1961, S. 499ff.

[12]　The Decisions for Accidents: An Approach to Nonfault Allocation of Costs, Harvard Law
Review Nr. 78, 1965, S. 713ff.; deutsche Übersetzung in: *Assmann/Kirchner/Schanze*, Ökonomische Analyse,
S. 259-289.

[13]　*Coase*, The Problem of Social Cost, Journal of Law & Economics Nr.3, 1960, S.1ff.; 德译本载
Assmann/Kirchner/Schanze, S. 146-202。

[14]　*Otto/Schäfer*, Allokationseffizienz, S.V.

[15]　*Posner*, Economics Analysis, 对该著作，下文中将列出德文译本中的页码（S.）:
Assmann/Kirchner/Schanze, Ökonomische Analyse, Texte Nr. 1, 4, 5 und 9u. 当使用 p. 时则为英文版，
即 1973 年首版。

纳（*Posner*）将法经济分析的产生归因于**法学**作为一种自治学科**的衰落**（**Niedergang der Rechtswissenschaft**）。[16]他认为法学的衰落开始于 70 年代初期，[17]正是在科斯和卡拉布雷西发表其论文时。他认为，有多种因素导致了法学的衰落：一方面因为美国法学院出现了政治性分歧；另一方面由于经济学和哲学的兴盛，再加上"……科学的威信和权威的提升以及其他普遍要求确切模式的增加……"。[18]与之相应的是这个时候制定法解释的明确性出现了越来越大的漏洞。对此有两个方面：一方面是对法律人工作信赖的减少，另一方面是因"百无聊赖"而对尚不完美的传统法学进行完善。[19]波斯纳将法学的衰落解释为这样一种学术文化现象，[20]教授们认为通过对条文的诠释工作已经不能获得新知，并已经厌倦了传统的法教义学。在这种情况下，"更"具有科学性的经济学方法就迎合了这些教授们的兴趣，他们认为运用这种方法有助于获得更多客观性。[21]此外法经济分析的发展却是作为对全面的**法秩序转型**（**Wandel der Rechtsordnung**）的反应而存在的，为了"法律化"概念而构建，即法律越来越多地渗透几乎所有的生活领域。[22]由此也产生了这样的需求：对法律裁判结果的分析原则上要比之前更准确。

三、要求和目标

如上所述，法经济分析并没有一个统一的概念。但一般来说法经济分析都有将现行法根据**有效率的资源分配的**经济标准（**Maßstab einer effizienten Ressourcenallokation**）来衡量的要求。然而在法的经济分析中却并未如此。其结论（如对规定的无效率性分析）会带来对规范的改变，以

1215

---

[16] *Posner*, The decline, S. 761ff.

[17] "By 1960 most of the changes on the theme of the law's autonomy had been rung."*Posner*, The decline, S. 772.

[18] *Posner*, The decline, S. 772f.

[19] *Kübler*, Vergleichende Überlegungen, S. 294.

[20] Vgl. *Kübler*, Vergleichende Überlegungen, S. 294f.

[21] 这里可参见科布勒对波斯纳提出的解释部分的批判，后者只能适用于特殊的美式关系。科布勒的三阶概念对这种发展也具有指导性。Siehe *Kübler*, Vergleichende Überlegungen, S. 295ff.

[22] *Kübler*, Vergleichende Überlegungen, S. 298.

实现资源分配最优化[23]。同时法经济分析也吸取了"新福利经济学"的理论，后者认为对整个社会运作过程的目标和问题的科学陈述必须是不涉及价值的，否则就无法得到实施。[24] 此外，有必要将优化资源配置的理论构想作为捷径来看待，因为有限的资源不能够满足人类无限的需求（"资源稀缺"）。

四、工具

1216　　法经济分析的基础方法是由波斯纳（*Posner*）的《法的经济分析》一书阐述出来的，该书被认为提出了将经济程序适用于法所有领域的**首次全面构想（ erstes umfassendes Konzept）**。[25] 对于波斯纳来说，法经济分析是通过将经济学运用到法上而进行的实在法分析。法经济分析的出发点是人们都是自利的，追求效益最大化并且通过改变自己的行为来应对周边环境的改变。这符合经济学的供求规律的机制，就像商品价格随需求数量而改变一样，人们的行为模式也会根据其特定行为所付出的代价而改变。

1. 三种经济上的基本假说

1217　　经济学被认为是研究在一个资源稀缺的环境中人们的选择行为的科学。人类会理智地改善其生活目标这一假说，包含了应该用经济学进行研究的暗示。由于人们需要刺激，所以可以认为，在环境发生变化时，人们会调整其行为以适应这一变化，从而能增加其满足感。根据人类会对诱惑作出反应的设想，可以推导出**"经济学的三个基本假说"（ drei Grundannahmen der Ökonomie）**。

a）价格和数量的交互性

1218　　首先波斯纳提出了"索取价格和需求数量"的交互性理论。假设土豆的价格每磅涨价一欧元，如果其他商品的价格保持不变，那么一公斤土豆需要消费者付出"比以往相对更多"的对价。一个理性的，或者说是自利的消费者会寻找替代商品，比如大米。如果替代品比土豆更便宜，也就更

---

[23]　"下文将指出，经济学在考量法和法律制度时应该既起到规范作用，又扮演积极角色。"*Posner, aaO., S.*105; 斜体部分为波斯纳强调内容。

[24]　任教于剑桥大学的经济学家希克斯认为，由其命名的裁判规则只包含了弱价值判断。

[25]　下面的重述紧密建立在 *Posner* 的论述上。本文中的引文来自德文译本：*Assmann/ Kirchner/Schanze,*（Fn. 15）.

具有吸引力。如果产品价格上涨（前提也是其他商品价格保持稳定），那么对该产品的需求以及生产数量都会相应减少。这种机制可以用下图表示：

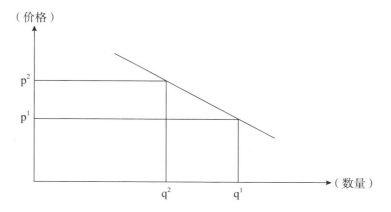

竖轴代表价格，横轴代表产品数量。根据该假设，"价格从 p1 涨到 p2 时"，"所需数量将从 q1 减少到 q2"。如果供给数量从 q1 减少到 q2，那么产品将会从 p1 "涨价" 到 p2。在这里不考虑两个因素：一方面，假定不是相对价格或数量自己在发生变化，比如如果需求和价格同时上涨，就不会发生需求和生产的减少（虽然生产还是会增加）。另一方面，不考虑相对价格的提高会导致收入的降低（相对价格的降低会导致收入的增加），并因此导致需求数量也会受到影响。对这一点的忽视最后引起了对其的批判。波斯纳认为商品价格的改变对收入产生的影响总体来说非常微弱，收入效应对于需求的反作用几乎可以忽视：价格变动的替代效应超出了收入效应。

"供求规律"（Nachfragegesetz）能够以多种方式应用于法体系。犯罪者在服刑后常常宣称已经向"社会赎清了自己的罪过"。刑罚便成为"对犯罪行为向社会付出的代价"。因此，经济学家主张："提高刑罚的严厉程度或者增加为犯罪行为付出代价的可能性能够控制犯罪行为。"犯罪者会因此改变其行为模式。

b）生产者使用——替代价格

上述例子中，消费者认为他追求的是提高自己的效用（满足度）。其他市场参与者，如生产者也会有相同主张，只是从生产者的视角来看，他追求的是效益最大化，而非效用最大化。卖家试图增加利润，即扩大成本与毛利润之间的差价。而现在具有意义的是一个理性参与交易的生产者。也就是说，想要实现其自身利益的生产者必须追求最低价格。这个最低价

1219

1220

1221

格就是"替代价格"，即生产一种商品"所使用的资源"用在次优用途上所能达到的价格。这就是经济学家对于商品"成本"的理解，而生产者只要"低于成本价"出售其商品就一定会亏损。[26] 举例来说："生产除草机的成本就是人工、原料"和其他"原材料的价格"。只有在商品稀缺时才产生成本。对于经济学家来说，成本指的是"机会成本"。资源的销售者还必须面对的是，他在资源的次优用途中应该得到 [27] 却没有实现，而将该资源用于其他生产的事实。这样，被出售的资源就只能由购买者独自使用，其他人则被排除在外。机会成本表现的是"最低价格"，这并不能反映销售者商品的真实价格，因为"当他将用于生产商品的资源用于次优用途时"，他就能"以低价挣到更多钱"。通过市场力量角逐系统，机会成本可以表现为最高价也可以表现为最低价。机会成本的价格如同一个磁石，将所有资源吸引过来，直到被提高的产量基于需求定律被迫降到成本水平。这种**机会成本的建构（ Konstruktion der Opportunitätskosten ）**对于波斯纳来说是非常重要的，因为它表明了经济学不仅仅与钱有关。它原本的对象是对资源的利用，金钱只是对资源要求的权利。例如"家务"也是一种"经济行为"，只是做家务的人"得不到金钱报酬"，因为这种行为也需要付出成本，即做家务的人"付出时间的代价"。而在"单纯"金钱事务上，如 A 将钱转移给 B，虽然 A 的购买力下降了，B 却增加了相等数量的金钱，因为在这里不存在对资源的利用。金钱的转移也就是"免费"的。[28]

c）最高价值地利用的倾向

1222　　　第三个经济学基本假设是，资源总是有追求其"被最高价值地利用"的倾向。该假设的前提是存在自愿交换的可能性。该自愿交换就是市场。例如生产者 A 愿意以高于 B 出的最低价格来购买 B 的生产设备，因为该设备由 A 使用比由 B 使用能产生更大的价值。也就是说 A 可以使用它生产出相对于消费者付出的价格来说更有价值的产品。通过"自愿交换"，资源能够更准确地按照使用来分配，"根据消费者的购买能力使价值达到最大化"。如果资源用在使其价值达到最大化的地方，就可以说它被有效利用。

---

[26]　这里不考虑个案中可以以特殊条件出售的情况。

[27]　也指其他的使用可能性：例如并非为除草机制造者提供人力，而是自己使用。

[28]　事实上这样的转移却基本上不是没有成本的，因为它会使 B（金钱的接受者）不像从前那样努力工作。金钱的转移者却不引起公共成本。财产转移者之间的成本被经济学家称为私人成本。这一点在此并不重要。

2. 效率标准

效率是经济分析的主要概念之一。波斯纳认为，作为一个技术性概念，效率是以"价值"——符合消费者购买商品和服务的综合意愿而使人得到的满足——最大化的方式对经济资源进行利用。[29]判断"价值"最大化的标准是建立在卡尔多 - 希克斯定理（Kaldor-Hicks-Theorem）上的成本效益平衡。公式为：

有益于至少一个公司成员和不利于一个以上公司成员的决定，应该且只有在受益者获得的利益能够补偿不利益者，并且受益者还能获利的情况下才能被执行。[30]

值得注意的是，仅仅存在（损害）赔偿[31]的可能性是否已经足够？因为赔偿事实上能否发生，不再是一个学术上的问题，更多的是被看作政策问题。[32]波斯纳认为，效率价值概念的基础是支付能力。其前提有许多因素，比如收入和财产的分配。确定支付能力的唯一途径是对自由交换进行实际观察。资源遵循着自由交换的路径在哪里进行了转移，就可以认为哪里发生了效率净增长的转化。转移的成立是建立在双方通过转移而改善其处境的基础上的。

借助于法经济分析需要阐明的重要问题是，非自愿交换的效率问题。这在法领域事实上比自愿交换的情形更经常发生，例如判决通常会要求一个人履行某种义务，这是其在该情形下原本不会自愿做的事。法律案件（犯罪行为、意外事件等）的结果是自愿的非自愿转移。人们没有足够的知识来判断它会提高还是降低效率。人们可以借助假设的模型来说明，在双方自愿的条件下是否也会发生强制的转让。假设某公司的产品制造过程会污染水源，那么就需要回答，该水源是否值得净化或值得饮用。人们可以使用所有可支配的数据来尝试决定，（在没有转移成本的情况下——下文"交易成本"）饮用水消费者是否会向该工业企业购买干净水源的使用

1223

1224

1225

1226

---

[29]　*Posner*, Economic Analysis, p. 10: Efficiency means exploiting economic resources in such way that „value"-human satisfaction *as measured by aggregate consumer willingness to pay* for goods and services-is maximized. 斜体部分为波斯纳强调内容。

[30]　*Schäfer/Ott*, Lehrbuch, S.30.

[31]　卡尔多 - 希克斯定理在"补偿标准"（即补偿不利益者）上对帕累托原理（Pareto-Formel）进行了扩展。帕累托原理认为，在没有使任何人遭受不利的前提下，至少使一个人获得更高效益，这种状态便更加理想。

[32]　*Behrens*, Grundlagen, S. 93.

权。人离不开水，因而有害物质绝不可排入水源。水对于人类来说是有价值的——人会向企业购买干净水源的使用权。裁判企业中止污染且承担损害赔偿的判决是符合效益标准的。这种观点试图模拟一种市场交易（自愿交换）的可能条件，而事实上发生的却是强制交换。但是通常人们认为，相对市场交易来说强制交换是一种缺乏效率的资源分配机制。强制性交易行为却要好于一般被禁止的强制行为，因为后者更加缺乏效率。

3. 科斯定理

1227　　*科斯（Coase）*在上面提到的他的基础性论文[33]中发展出了上述案例中得到应用的**预测模型（prognotische Modell）**理论：如果一定的模型条件（没有交易成本、完全市场化＝无限制的竞争、市场参与者的全部信息等）成立，则法律规定不会影响到资源配置。经济现象、交换机制单纯的制度化已经影响到了经济理性，即有效的资源配置。在物权法体系的框架下能基于参与者的交易自身产生理想的配置。在现实条件下却会产生交易成本，且同时只有不完全的竞争。据此，法在这个概念中就得到了特别的意义。必须制定趋近于模型条件的规则，这样交易成本在不受限制的竞争中才能尽可能保持最低。

4. 交易成本

1228　　在实现交易（裁判）的同时会产生这样的问题，资源的投入是必要的，但是它的其他使用可能性就会被随之剥夺。科斯指出，成本的高低和形成社会决定的社会组织行为（social arrangement）有关。[34] **交易成本是与作出裁判相关的全部成本（Transaktionskosten sind also alle Kosten, die mit dem Herbeiführen einer Entscheidung verbunden sind）**。如进行谈判（信息成本），签订合同（决定成本），采取必要措施检查合同条件的履行情况（控制成本）等。所有这些行为都可被估算为相应的价格。它们通常极为昂贵，许多交易在不计算交易成本的情况下可以成立，但在现实中却无法进行。[35] 这正是交易的效用被其成本掩盖的情形。

1229　　假设享有期待权的债权人想要实现其权利，可以通过扣押（《刑事诉讼法》第 857 条第 1 款）或变价等强制执行措施来实现其期待权或者该权

---

[33] *Coase*, Social Cost, im Folgenden zitiert nach: *Assmann/Kirchner/Schanze*, S. 146ff.

[34] *Coase*, Social Cost, aaO., S. 164ff.

[35] *Coase*, Social Cost, aaO., S. 164ff.

利中包含的财产权。他也可以（在扣押后）向享有保留权的卖家支付剩余价款（《德国民法典》第 267 条第 1 款）。[36] 这样他就使享有保留权的买家变成了所有权人。基于对物的支配权，他可以进一步实现其扣押质权，[37] 并可以直接主张所有权。

另一种方式却会引起巨大的交易成本，在这个案例中指的是变价成本：扣押决定的执行会产生拍卖等成本。如果期待权价值 1000 欧元，价款为 10000 欧元，债权人就必须向享有保留权的卖家支付 9000 欧元才能使他的债务人变成所有权人从而获得所有权。但是债权人要得到债权的全部价款，必须支付拍卖变价的 9000 欧元＋变价成本＋债权款项。可以看出，通过强制拍卖获得的变价款通常要远低于物品的实际价格，很明显，这样的交易在现实中不能成立。[38]

5. 所有权

市场——作为交换交易的一般化系统，一方面建立在**所有权制度化**（**Institutionalisierung von Eigentumsrechten**）之上，包括所有稀缺资源。[39] 在此，重要的不是物的物理具象（土地或者机器）上的财富，而是作为影响人与人之间社会关系的特质的集合体。因此并不是人与物的关系，而是私法主体之间的关系具有意义。法经济分析认为构建所有权法是非常必要的。也就是说，如果在对稀缺资源持续争夺的视角下考察个体之间的关系，那么法特别是所有权法的制度化便是保证和平争取资源的唯一路径。这里可以引用*霍布斯*（*Hobbes*）的话：在没有人可以，或者说普遍不能获得可支配资源的情况下，是无所谓和平的（对任何人的战争），这就是一种具有无法秩序的自然状态。下文将指出，优化配置所产生的状态（在模板条件下）是通过市场自发调节的。

五、循环因果关系中的侵权法

当加害者和受害者影响到损害程度时，可以增加分配效率的民事责任

1230

1231

1232

---

[36]　BGHZ 75, 221, 228.

[37]　*Wolf*, Sachenrecht, Rz. 517.

[38]　这区别于另一种情况，即对期待权的执行事实上本身并没有价值。但这是建立在另一种前提条件上的，该前提条件在两种执行方式效率比较的可能性上并没有区别，只在分析结果上有所不同。

[39]　*Behrens*, Grundlagen, S. 129.

形式是危险责任。这里需要做出的反应是对加害行为的行动水平进行调控，在给定行动水平时将预防花费调节至值得社会期待的水平。在此根据分配效率标准，法体系必须应对该"刺激"，将加害行为和受害者的行为所带来的社会经济效益最大化。[40] 很明显，这并不是通过双方所得的简单相加得到的，因为这两种福利价值是互为前提的关系。[41] "如果想要避免（A）给 B 带来的损失，那么就需要加重 A 的负担。原本需要回答的问题是：应该允许 A 给 B 带来损失还是 B 给 A 带来损失？问题在于要避免带来更严重的损失。"[42] 该观点的特征是"纵观全局"[43]，因为在互为前提的损害案例中，无法通过初步证明分清谁是受害者谁是加害者。例如在"养猪场案"[44] 中，在早已存在的养猪场附近建起了一片住宅区。一直以来无人在意的气味影响到了居民。这里谁是肇事者？可以肯定这里有损害产生。不是居民损害了养猪人（如果居民有权禁止排放气味），就是养猪人损害了居民（通过排放气味）。追究肇事者是不会成功的。唯一的可能是找到一个法律论据来减少总共的损失。

1233   按照科斯纵观"整体影响"（Gesamtheit der Auswirkungen）这一要求，下述例子能够运用于具体案例：[45] 有两块相邻土地分别属于一个酒庄（W）和一个农家（F）。酒庄主人喷洒了一种物质来驱除乌鸦，但是风把该物质带到了农家田地里并造成了损害。酒庄主人可以选择使用两种不同的药剂，一种化学的和一种生物的（S^1 和 S^2），但是其效力有所区别，S^1（比 S^2）更加有效，因此能使葡萄酒的生产达到最大化。但是 S^1 对相邻土地造成的损害要大于 S^2。而损害也和种植的作物有关系。种植蔬菜时遭受的损害要大于种植粮食。

1234   双方都有两种可选择的行为方式（酒庄可选择使用药剂 S^1 或 S^2；农家可选择种植蔬菜或粮食），总共有 4 种可能的行为组合。每种行为组合将会决定酒庄和农家的收益。这些组合的可能性可以通过一张表格来展示，每种行为组合后会详细标出所产生的收益（括号里表示损害）。

---

[40] *Schäfer/Ott,* Lehrbuch, S. 115.

[41] 科斯在此甚至将相互性称为"问题的自然本性"；*Coase,* Social Cost, aaO., S. 148.

[42] *Coase,* aaO., S. 148.

[43] *Coase,* aaO., S. 198.

[44] BGHZ 48, 31ff.

[45] Vgl. *Schäfer/Ott,* Lehrbuch, S. 116.

生产行为 组合	W 的收益 （损害）	F 的收益 （损害）	W 和 F 的 总收益（损害）
S^1 和蔬菜	100（0）	50（50）	150（50）
S^2 和蔬菜	90（10）	70（30）	160（40）
S^1 和粮食	100（0）	60（40）	160（40）
S^2 和粮食	90（10）	80（20）	170（30）
不使用药剂	30（70）	100（0）	130（70）

接下来的问题是，哪种生产行为组合在福利理论观点下最有意义。 1235
在此将运用从卡尔多 - 希克斯定理中推导出来的财富最大化原则（wealth-maximization-principle）。该原则通过假设的结构将加害人和受害人集中在一个人身上。这个人将根据其理性的自身利益，采取效用最大化的行动，在这个案例中就会试图通过生产行为的正确组合来安排两块土地，从而达到减少损失增加收益的目的。如果使用 S^2 驱除乌鸦，则需要在农田里种植粮食。虽然葡萄田的收益只有 90 点，比最大收益少了 10 点；但同时农田的收益达到了 80 点，只有 20 点的损失，总体收益达到了 170 点，损失 30 点。这样净收益（总收益减去总损失）实现了最大化（wealth maximization）140点。这样对法秩序就有一个明确的要求：为了达到理想的资源使用状态，应该将责任规定构建成能够实现这样的组合并能有效激活实质性激励措施。这样的规范性标准在 F 对 W 的诉讼程序中对裁判具有决定作用。假设 W 用了更有效的杀虫剂 S^1 且 F 种植了蔬菜，那么 F 将会遭受 50 点损失，如果没有 W 带来的侵害他将会获得 100 点收益。如果 W 使用比较温和的药剂 S^2，造成的损害只有 30 点。而 W 也会遭到 10 点的损失，其收益会因为杀虫剂的效果从 100 点降到 90 点。在这种情况下 F 也可以通过种植粮食来进一步减少损失。因此损害赔偿应该这样确定：W 获得激励，使用相对无害的药剂 S^2，同时 F 也可以改变种植粮食来确保收益。

各种组合中损害赔偿的额度也可以确定。如果 W 使用药剂 S^2，而 F 1236
种植蔬菜，那么 F 就不应该得到 30 点的赔偿，因为 W 采取了社会交往中合适的行为并因此受到了 10 点的损害。反而应该归咎于 F，因为他并没有优化资源配置。如果准许他得到损害赔偿，他也就没有动因去种植粮食，而会继续种植蔬菜并维持同样的损失。

假设 W 使用了更强力的药剂 S^1，而 F 种植了粮食，那么 F 将会得到 1237

损害赔偿;但不是 40 点的赔偿,而是 20 点。因为如果 W 采取了社会交往中合适的行为(使用 S²),相对于 W 没有使用任何药剂的情况,F 还是会遭受 20 点的损害。这 20 点的损害不应该给予赔偿,因为在这样的情形下达到了资源的优化配置。对 F 进行 20 点的损害赔偿已经足够让 W 因使用更有害的药剂而承受不利益(虽然 W 使用 S¹ 时自己不产生损害,但必须对 F 承担 20 点的损害赔偿,而使用 S² 时只需要承担 10 点的赔偿),并且能够补偿 F,使其达到如果 W 使用更温和的药剂 S² 时的状态。这就同时给予了 W 和 F 事实上的激励,使其选择合适的生产行为。

1238   如果 W 使用了药剂 S² 并且 F 种植了粮食,那么 F 请求损害赔偿的起诉将会被驳回,因为这样的状态达到了优化资源配置的效果。这时 F 受到了 20 点损失,而 W 因为使用了生物药剂收益减少了 10 点,也想获得赔偿。但是在这种情况下,参与者的行为不能在分配效率方面通过损害赔偿来得到改善。

1239   如果将生产行为的可能性组合看作**社会组织行为**,那么科斯会说:"当经济学家比较不同的社会组织行为时,合理的手段是比较不同的社会安排所生产的社会产品"(所有参与者的总收入,这里也称总效益)。[46]

六、杀人行为中对被侵害权益的计算

1240   只要运用机会成本原则,就可以得出结论,所有的对象,包括物质的、非物质的,甚至是人类,都可以计算出他们的特殊价值。波斯纳举了一个死亡儿童的例子来进行计算:

> "死亡儿童的损害赔偿计算也属于机会成本概念应用于法的多种用途之一。如果该儿童还不能工作,那么其死亡对于家长而言并没有产生经济成本。同样我们也可以通过换算时间和其他的养育花费(食物、衣服、教育等)来计算家长养育孩子时所投入资源的机会成本。这个价格总额便是家长的推定最低损失。"[47]

1241   这个最低损失中还应该加上医院治疗等费用的损失,无论怎样,最终

---

[46]   *Coase*, Social Cost, aaO., S. 186.

[47]   *Posner*, Economic Analysis, aaO., S. 186.

计算过后都会有一个确定的数额。当得出了这个数额之后，就可以计算出合适的刑法责任：

"如上述所提到的，如果将违法行为的社会成本除以科以刑罚可能性的等级，就可以得出理想的刑法责任。如果某种犯罪行为的成本为 1000 欧元，同时刑罚有关部门给予 10% 的事实上逮捕和判决的可能性，那么合理的刑罚将为 10000 欧元。"[48]

当 E（犯罪行为的社会成本）＝ p（事实上逮捕和判决的可能性）· f（量刑）时，计算量刑的公式为：

$$f = E/p$$

如果一名儿童因为他人的暴力行为而死亡，需要进行下列计算：死亡儿童的损害额为 100000 欧元，嫌疑人被逮捕和判决的可能性为 10%（＝ 1/10），那么本案中理想的刑罚责任为 1000000 欧元。犯人只需要支付上述款项便可，乍看之下这是非常令人惊讶的。然而这只是一种结果性的成本计算。只有在犯人破产的情况下，波斯纳才提到了"非金钱性制裁"的可能性。[49]

七、批判性继受

如上文提到的，对法经济分析的继受在德国进行得相对缓慢，并且在绝大多数案例中都受到批判。这里主要有**四种批判意见（vier Einwände）**：[50]

1. 作为只计算后果的理论，法经济分析不应被采用，因为它掩盖了**法学的独立性（Eigenständigkeit der Rechtswissenschaft）**。

2. 它是不实用的，因为它瓦解了**已经确定的架构（gesicherte Strukturen auflöse）**，而不是带来更多的确定性。

3. 它并不被社会所期待，因为它歧视弱者和贫者。

---

[48]　*Posner*, Economic Analysis, p. 171（übs. von F. L.）.

[49]　*Posner*, Economic Analysis, p. 171f.："第二，违法者经常资不抵债，需要非金钱惩罚对国家才有利。"

[50]　Vergl. *Kübler*, Effizienz, S. 690, m. w. N.

（右侧页边码：1242　1243　1244）

4. 它危害了法文化，因为它用**效用计算（Nutzenkalkül）**代替了法律伦理的约束。

1245   **第一种批判意见（der erste Einwand）**被一些学者以笼统且不可反驳的形式提出。里特纳（Rittner）认为，这种经济考察方式在实践中对于法发现来说既没有起到方法性或者体系性作用，又没有实际效用。它本质上如同事物本质一样只是一种空泛的形式。它只给予了法官表面上的帮助。[51]更严重的是，这种经济学考察方式的论据脱离了法官及学术的控制。[52]他引为论据的判决只来自民法或经济法部门，这并不能代表整个法经济分析的应用领域。波斯纳所倡导的一般趋势是不能忽视的：后果评估应当用于所有法律领域。但是，首先，后果评估必须拒绝接受"不可能进行科学和司法控制"的指责，尤其是在民法领域，而此处通过后果评估的裁判标准（生产活动、损害价值等的组合）的合理调查实现了难得的透明性。相反，里特纳独创性地使个人之间利益冲突的"单纯"案件的解决方式合乎于（不受各种审查的）"法感"[53]（！）。在这样一种论证的背后树立起一种必须服从于其他学术理论方法的观念，这大大地限制了论证的活动空间。不用质疑，这也正是同所谓的"法感"一起产生的问题，他们通过论证过程决定性地促成了法经济分析的产生（见上文）。

1246   **第二种批判意见（der zweite Einwand）**认为法经济分析瓦解了结构并造成了不确定性，这明显地否认了这样的事实，即它并不满足于瓦解结构，而是取而代之，创造了一个新的概念。通过公开评价机制（*效率标准、卡尔多 - 希克斯定理，科斯定理*等）和由此获得的裁判标准的合理的可再执行性，却表现出了更高的确定性，如法律后果的内容具体化。但是法经济分析必须解答在何种程度可以保证实践中效率分析的问题。[54]这里作为社会科学的经济学是最成功的，因为其结论直接建立在经验收集的数据上。[55]值得怀疑的是，所有关于生产行为的不同组合的优势和缺陷的数据是否都被精确并全面地收集起来。从法经济分析的视角来看却可以对其进行反驳，

---

[51]   *Rittner*, wirtschaftliche Betrachtungsweise, S. 47ff.

[52]   *Rittner*, wirtschaftliche Betrachtungsweise, S.9.

[53]   *Rittner*, wirtschaftliche Betrachtungsweise, S.54.

[54]   关于法学和社会学的联系问题（关于通过社会学向法学转化的精确自然科学学术概念）参见 *Naucke*, Jurisprudenz, S. 64ff.。

[55]   *Kübler*, Effizienz, S. 695.

通过部分对效率不准确地计算而产生的不精确性，只有在传统理论性工作
方式能够高度保证稳定性和法确定性的情况下才具有意义。[56]波斯纳断言：

> "一般来说，一种理论不是因为强调其缺陷或边界，而是通过一种更
> 全面、更有效率且更加可行的理论而被推翻的。"[57]

　　这个论据从法经济分析的视角来看本身就有问题。需要考虑的是：个 　1247
案裁判所需数据只有在极个别的情况下才能由法官来收集，因为在简单的
案件构成下一个准确的裁判需要非常大的数据量。[58]但为了使有关法经济
分析的调节机制不失去其意义，必须显著增加司法机关的人力资源。即使
耗费人力财力收集数据（这可能给自己带来很大的人员和裁判成本），裁
判也仍然可能一如既往的不精确，不精准。如果它在这两种方式下是无
效率且浪费资源的，那么与传统的裁判实践相比，这似乎更难判断：资源
优化配置在第 1 点（上文边码 1244）中没有达到，在第 2 点（上文边码
1244）中相对于传统裁判实践会增加裁判成本。以这种方式作出的"错误
裁判"会比传统形式更加昂贵并缺乏效率。

　　第三种批判意见（der dritte Einwand）的目的是，将法经济学运用于 　1248
强化既有的利益秩序，并且隐含地提出了以经济学的长处弥补物权规则的
建议。[59]这样的趋势已经显现出来，而从中得出的结论却非常不同。这既
是在公开宣告，社会正义在自由的人类社会中这一概念是无意义的，[60]又是
在追求效率要求和正义要求之间进行平衡。*科布勒（Kübler）*注意到了德
国联邦宪法法院的共同决定的判决中所实现的这一种平衡，联邦宪法法院
在行动中实现了对裁判权的再分配。[61]如是所言，"对既有利益秩序增强的
指责而言，法的经济分析并不是正确的批判对象"。至于上述方式是否会
引起商品集中的后果，则与考察和决定的前提条件息息相关。这样的结果

---

[56]　*Kübler*, Effizienz, S.696.

[57]　*Posner*, Economic Analysis, aaO., S. 108.

[58]　关于在本案中针对法官提出的事实上所提高的要求，需要考察其在法院日常活动
中是否能被满足。

[59]　*Gotthold*, Theorie des Eigentums, S. 557.

[60]　*Hayek*, Atavismus, S. 23.

[61]　*Kübler*, Effizienz, S. 700 und BVerfGE 50, 290, 322ff.

绝不是必然的；主要和人们将何种事实条件用来作为计算效率的评价因素
以及是否和如何评价法主体和客体以及单纯的事实状态有关。[62] 这种选择
在方法上没有边界；却受到规范的限制（见下文）。

1249　　　　**第四种观点（vierte Punkt）**认为，将市场的地位提高为核心社会机制
会威胁社会和政治秩序的道德基础[63]，并且会为传承的法文化带来极大的
损失。[64] 这条批判意见看上去很难予以否认。虽然有些作者提到，效率分
析有绝对的边界。[65] 法经济分析的主要学者——特别是美国学者所主张的
极端且全面的要求，似乎并非很有说服力，如*科布勒（Kübler）*提到的人
类尊严和作为法益的个体自治，它自身通过个体和集体的效益计算失去了
价值判断。[66] 波斯纳在此以另一种方式表达出来：

　　　　"允许人们签订可执行的自杀合同、出于种族或宗教原因进行歧视或
　者在救生艇上未得到证实就牺牲最弱的乘客，这都是隐性缺乏效率，同样
　也适用于允许堕胎，将婴儿送养给他人换取报酬或者允许被宣判的犯罪者
　选择服刑或参加危险的医学实验。（……）对于正义的要求毫无疑问是与
　价格无关的。"[67]

1250　　　　效率是法经济学思维的中心视角。它决定了正义要求的范围和价值。
当正义问题"在现实中"作为效率问题而产生，才会出现效率和正义被同
等对待的情况。[68] 波斯纳相信人们没有明确的认识却将正义与效率放到同
等地位的现象，长久以来一直存在：

　　　　"像我们在许多其他的例子中看到的一样，如不经过法律程序而判决
　某人，不给予适当的补偿而剥夺所有权或者不向过失肇事司机主张因其

---

[62]　参照本节脚注 7 的内容。

[63]　*Eder*, Rationalität, S. 15.

[64]　*Fezer*, Aspekte, S. 824; *Pawlowski*, Methodenlehre, Rz. 852, 认为将所有价值转化为金钱衡
量存在着错误计算和贬低价值的危险。

[65]　如 *Kübler*, Effizienz, S. 701f.; 以及 *Schäfer/Ott*, Lehrbuch, S. 229, 这里说的是极端自由的法。

[66]　*Kübler*, Effizienz, S. 702.

[67]　*Posner*, Economic Analysis, aaO., S. 110.

[68]　"（……）能成为经济分析的主要角色，消除一定的基于单纯的学术混淆而表现出
来的伪正义问题。" *Kübler*, Effizienz, S. 110.

过失而对被害者造成的侵权损害赔偿，当人们称其为'不正义'时，可以理解，除了在这种实践上浪费资源以外，并不意味着任何苛求。"[69]

只有当所主张的同等对待在各个方面出现问题，才有必要再用效率（或"效用"）标准对伦理立场进行评价，这也就不足为奇了。这种同等对待在私法主体的自由生活领域还没有引发问题。但必须进行质疑的是，当它成为国家权力机关的决定基础时，这样的评价如何表现出来；法的经济学考察是否合宪？基本权利代表着法治国所允许的效率分析的绝对边界？但这只有在效率分析能成为实际被考虑的裁判标准时，才能作出可靠的裁判。如果涉及被宪法所保护的立场，那么该裁判标准在体系中就要被避免。这种立场是神圣的，应明确其不可侵犯性。在这种表象之下，效率分析早已成为政策和私法的实际情况。在此由法经济分析所得出的计算后果的机制能够完成许多任务，前提是有使评价行为制度化的政治性意愿，以便能加以操控并服从民主的控制。在这样的前提下，法经济分析首先能为立法提供代替性决策，借助于此可以预测复杂决定和替代规定的后果。如果法经济分析本身能够成为民主控制的机制，便可以不再受到损失合理性迁就效率的批判：它与效率思维方式一起形成了关于合理性的不可替代的*最低标准*，这就显示出了一种可能，并且强迫实际决策机关制定一个针对其决策理由的论证严密性的更高标准。

八、参考文献

1. 经济分析入门
如前所述，特别值得推荐的是带有美语版原文的翻译后的文集：

Assmann, Heinz-Dieter/Kirchner, Christian/Schanze, Erich, Ökonomische Analyse des Rechts, Kronberg/Ts. 1978, inzwischen als UTB Nr. 1685, 1993.

下述作品提供了丰富的视角：

Kötz, Hein/Schäfer, Hans-Bernd, Judex Oeconomicus. 12 höchstrichterliche Entscheidungen kommentiert aus ökonomischer Sicht, Tübingen 2003.

最新的概括见：

Der *homo oeconomicus* in der Rechtsanwendung, hg. von A. Dieckmann und Chr.

---

[69]　*Kübler*, Effizienz, S. 109.

Sorge, Tübingen 2016.

2. 其他重要文献

Behrens, Peter, Die ökonomischen Grundlagen des Rechts, Tübingen 1986.

Bydlinski, Franz, Juristische Methodenlehre und Rechtsbegriff, 2. Aufl., Wien 1991.

Calabresi, Guido, Some Thoughts on Risk Distribution and the Law of Torts, Yale Law Journal 70, 1961, S. 499 ff.

Calabresi, Guido, The Decisions for Accidents: An Approach to Nonfault Allocation of Costs, Harvard Law Review 78, 1965, S. 713 ff.;deutsche Übersetzung in: Assmann/Kirchner/Schanze, s.o., S. 259-289.

Coase, Ronald, The Problem of Social Cost, Journal of Law & Economics 3, 1960, (erschienen 1962) , S. 1 ff.;deutsche Übersetzung in: Assmann/Kirchner/Schanze, S. 146-202.

Eder, Klaus, Prozedurale Rationalität, ZfRSoz 1986, S. 1-30.

Fezer, Karl-Heinz, Aspekte einer Rechtskritik an der economic analysis of law und am property rights approach, JZ 1986, S. 817-824.

Frank, Jürgen, Die„Rationalität"einer ökonomischen Analyse des Rechts, ZfRSoz 1986, S. 191-211.

Gotthold, Jürgen, Zur ökonomischen„Theorie des Eigentums", ZHR 144(1980), S. 545-562.

Hayek, Friedrich von, Der Atavismus„sozialer Gerechtigkeit", in: Drei Vorlesungen über Demokratie, Gerechtigkeit und Sozialismus, Tübingen 1977, S. 23-46.

Kirchner, Christian, „Ökonomische Analyse des Rechts"und Recht der Wettbewerbsbeschränkungen (antitrust law and economics) , ZHR 1980, S. 563-588.

Köhler, Helmut, Vertragsrecht und„Property Rights"Theorie-Zur Integration ökonomischer Theorien in das Privatrecht, ZHR 1980, S. 589-609.

Kötz, Hein, Deliktsrecht, 4. Aufl., Frankfurt am Main 1988[inzwischen H. Kötz/G. Wagner, 12. Aufl. 2013].

Kübler, Friedrich, Effizienz als Rechtsprinzip-Überlegungen zum rechtspraktischen Gebrauch ökonomischer Argumente, in: Festschrift für Ernst Steindorff, Berlin u. a. 1990, S. 687-704.

Kübler, Friedrich, Vergleichende Überlegungen zur rechtspraktischen Bedeutung der ökonomischen Analyse, in: Ott/Schäfer, S. 293-306.

Naucke, Wolfgang, Jurisprudenz und Sozialwissenschaften-Eine Entgegnung, Rechtstheorie 1973, S. 64-68.

Ott, Claus;Schäfer, Hans-Bernd, Allokationseffizienz in der Rechtsordnung-Beitrag zum Travemünder Symposium zur ökonomischen Analyse des Zivilrechts 23.-26. März 1988, Berlin u. a. 1989.

Pawlowski, Hans-Martin, Methodenlehre für Juristen-Theorie der Norm und des Gesetzes, 2. Aufl., Heidelberg 1991[inzwischen 3. Aufl. 1999].

Posner, Richard, The decline of law as an autonomous discipline, Harvard Law Review 100, 1987, S. 761-780.

Posner, Richard, Economic Analysis of Law, 2. Auflage, Boston u. a. 1977 （ teilübersetzt in Assmann, Kirchner, Schanze, Ökonomische Analyse ）.

Rawls, John, Eine Theorie der Gerechtigkeit, 5. Auflage, Frankfurt a. M. 1990 （ zuerst im Amerikanischen 1971 ）.

Rittner, Fritz, Die sogenannte wirtschaftliche Betrachtungsweise in der Rechtsprechung des Bundesgerichtshofs, Karlsruhe 1975.

Rose-Ackerman, Susan, Recht und Ökonomie: Paradigma, Politik oder Philosophie, in: Ott/Schäfer, S. 269-292.

Schäfer, Hans-Bernd;Ott, Claus, Lehrbuch der ökonomischen Analyse des Zivilrechts, Berlin u. a. 1986[inzwischen 5. Aufl. 2012].

Wolf, Manfred, Sachenrecht, 11. Aufl., München 1993[inzwischen M. Wolf/M. Wellenhofer 29.Aufl. 2014].

第十八节　民法中司法续造的方法：制度经济学视角[*]

要目

一、引言

1. 研究问题的提出和界定

a）解决民法方法欠缺的不同策略

1252　　民法所应用的方法被认为是"欠缺"的。[1] 对这种批判的回应有四种策略：（1）可以推动方法批判，目的是将这种欠缺逐个追踪并捕获。[2]（2）可以在法学框架内探讨完善方法的建议。[3]（3）可以提出此类建议，如通过融合其他社会科学的方法要素来提高法学方法 [4]

---

　　* 克里斯蒂安·凯西讷（Christian Kirchner）撰，田文洁译，刘志阳校。克里斯蒂安·凯西讷于 2014 年 1 月 17 日不幸离世。为了纪念他特编纂了一本纪念文集：Festschrift zu Ehren von Christian Kirchner. Recht im ökonomischen Kontext, hg. von *W. A. Kaal, M. Schmidt* und *A. Schwartze*, Tübingen 2014. 本节仍具有时效性。但是在新版中也被适时地作了修正（ J. Rückert ）。

　　[1] 参见本书"导论"部分内容，边码 6 以下。*B. Rüthers/Ch. Fischer/A. Birk*, Rechtsthorie mit Juristischer Methodenlehre, 6. Aufl. München 2011, S. 477-484.

　　[2] 一些好的例子见 *Josef Esser*: Vorverständnis und Methodenwahl in der Rechtsfindung, 2. Aufl., Frankfurt/Main 1972.

　　[3] Vgl. etwa *H.-J. Koch/H. Rüßmann*, Juristische Begründungslehre, München 1982.

　　[4] 这里指的是一种法学方法，而不是"法学方法理论"。吕特斯认为，在法的司法续造（即法官法的形成，"补充性立法"）中指的是一种有关为了达到该目的而适用的方法，而不是法学方法，参见 *B. Rüthers*, Methodenlehre in Jurisprudenz und Justiz, JZ 2006, S. 53; 以及 *Rüthers/Fischer/Birk*, a.a.O.（ Fn. 1 ）, S. 400; 其他内容见 *K. Larenz/C.-W. Canaris*, Methodenlehre der Wissenschaft, 3. Aufl., Berlin, Heidelberg 1995; 但是，该书第 5 章（第 187 页到第 261 页）分析了"法的司法续造的方法"。

的质量。[5]（4）可以对民法方法进行分析并质疑，不同的方法会产生何种现实效果（效果分析）。

　　b）聚焦民法中对方法的效果分析

　　前三个问题已经得到了深入分析，但至今仍缺少对民法方法的**效果分析（Wirkungsanalyse）**。原因可能是，研究法学方法的学者不能驾驭元方法论来进行效果分析。反过来研究元方法论的学者，缺少有关法学方法讨论的特殊知识。这种相互的方法上的不确定性正是各种交叉重叠研究问题的一个例子。[6] 如果能克服这一点，那么一开始就不需要在方法上讨论各个学科的所有细节和分支的所有问题。如果借助于元方法论对民法领域内运用法学方法产生的实际效果进行研究，就只能对这些方法论的基本模式进行研究。基于此，以后就有可能借助于这里待发展的动因对这些方法论的区别展开研究。

1253

　　因此，下述考量应当符合第四种策略，即对民法中应用的各种方法论的效果分析设定基础，以便在此基础上可以进行一些规范上的思考，即是否应当，以及如何改善这些方法论。

1254

　　c）与欧洲大陆法系民法研究的区分

　　"民法"应该被理解为适用于私主体间的法律关系的法律规则。分析应该仅限于欧洲大陆法系，在这里法院的任务是将由立法机关制定的法适

1255

---

　　[5]　*J.-U. Franck*, Vom Wert ökonomischer Argumente bei Gesetzesauslegung und Rechtsfindung für den Binnenmarkt, in: *K. Riesenhuber*（Hrsg.）, Europäische Methodenlehre, Handbuch für Ausbildung und Praxis, 2. Aufl., Berlin, New York 2010, S. 159-188; *Ch. Kirchner*, Ökonomische Theorie des Rechts, Berlin 1997; *Ch. Kirchner*, Ökonomische Theorie des Rechts, beschränkte Rationalität und französicher Kündigungsschutz, in: Krit. Vierteljahresschrift für Gesetzgebung und Rechtswissenschaft 90（2007）, S. 185-194; *Ch. Kirchner*, Zur konsequentialistischen Interpretationsmethode. Der Beitrag der Rechtswissenschaft zur reziproken methodischen Annäherung von Ökonomik und Rechtswissenschaft, in: T. Eger/C. Ott/J. Bigus/G. v. Wangenheim（Hrsg.）, Internationalisierung des Rechts und seine ökonomische Analyse, Festschrift für Hans-Bernd Schäfer zum 65. Geburtstag, Wiesbaden 2008, S. 37-50; *Ch. Kirchner*, §5 Die Ökonomische Theorie, in: K. Riesenhuber（Fn. 5）S. 134-158; *Ch. Kirchner/S. Koch*, Norminterpretation und ökonomische Analyse des Rechts, in: Analyse & Kritik, Zeitschrift für Sozialwissenschaften, Bd. 11（1989）, S. 111-133; *H.-B. Schäfer/C. Ott*, Lehrbuch der ökonomischen Analyse des Zivilrechts, 4. Aufl. Berlin u.a. 2005.

　　[6]　特别参照了以下内容：*P Behrens*, Über das Verhältnis der Rechtswissenschaft zur Nationalökonomie: die ökonomischen Grundlagen des Rechts, in: Jahrbuch für Neue Politische Ökonomie, 7. Band, Tübingen 1988, S. 209-228; *Ch. Kirchner*, Über das Verhältnis der Rechtswissenschaft zur Nationalökonomie. Die neue Institutionenökonomie und die Rechtswissenschaft, in: Jb. für Neue Politische Ökonomie, 7（1988）, S. 192-208。

用于具体案件情况，并对该制定的法进行发展。

2. 民法方法

a) 方法的目的

1256　　　　民法中的特殊方法关注应集中于立法机关制定的法在运用和发展时对法院起到的方法性引导作用上。这里关注的不是为了达到获得知识的目的而使用的方法（方法的启发性作用），而是为了达到多种不同的目的而运用的方法。根据目的的不同定义，不同方法的性能评判也有所不同。

b) 针对法律适用和法律续造的法学解释规则形态中的民法方法

1257　　　　在成文法的法体系中，立法机关制定的法律规则需要通过法院适用于具体的案件中，因此必须被具体化，学术关注的焦点便集中于审判机关对立法机关所制定的抽象且一般性的规则的解释上。当既存规定不完善并且无法完善时，审判机关便承担起**法律续造的任务（Aufgabe der Rechtsfortbildung）**。上诉法院一方面根据具体案情进行裁判，它会根据以往的判例寻求公正的解决方案；另一方面也必须考虑到，由法院做出解释和发展的法律规则的调整对象也必须遵守被续造的规定。在这个意义上法院也将目光投向未来，民法中运用的法学方法必须服务于法院裁判的这两个目标。在此不是法院法律适用的行为，而是位于利益衡量中心的、由法院实施的、以未来为导向的行为，即其所主导的造法行为，这成为利益相关的重点。分析所运用的方法论应该兼顾其对造法行为起到的作用。

3. 合同理论范例中的方法问题

a) 合同理论范例

1258　　　　从一个立法规定选举和（或）投票的国家的公民的视角出发，存在着如何使司法上的法律续造合法化的问题。合同理论范式是立法合法性构想的基础[7]，据此公民在国家中实施宪制并在委托代理关系[8]中将决策权授予

---

[7]　众多相关内容参见 K. G. Ballestrem, Vertragstheoritische Ansätze in der politischen Philosophie, in: Zeitschrift für Politik, 30（1983）, S. 1-17; J. Buchmann, The Domain of Constitutional Economics, in: Constitutional Political Economy, Bd. 1, 1990, S. 1-18; K. Homann, Moderne Vertragstheorie, in: C. Engel/ M.Morlock（Hrsg.）, Öffentliches Recht als Gegenstand ökonomischer Forschung. Die Begegung der deutschen Staatsrechtslehre mit der Konstitutionellen Politischen Ökonomie, Tübingen 1998, S. 279-285。

[8]　关于"主仆代理思想"参见 R. Richter/E. Furubotn, Neue Institutionenökonomik, 4. Aufl. Tübingen 2011, S. 176f.; 基础性的内容参见 E. Fama, Agency Problems and the Theory oft he Firm, in: Journal of Political Economy, 88（1980）, S. 277-307; M. C. Jensen/W. H. Meckling, Theory of the Firm: Managerial Behavior, Agency Cost and Ownership Structure, in: Journal of Financial Economics, Bd. 3, S. 305-360。

立法、行政和司法三大权力机关。立法的合法化需要通过集体自我约束的构建才能实现。[9] 公民创制法或者委托选举出来的立法机关制定法,并且遵守自己制定的或者授权合法制定的法。只要司法机关的成员不是通过选举获得合法性,便无法在这样的合法性概念中占据一席之地。问题在于是否可以考虑**间接合法性**(indirekte Legitimation),也就是说司法机关必须服从立法机关制定的规则,因此获得立法机关给予的合法性。在这里法学解释方法起到了主要作用,它决定了司法机关是否以及必须在何种程度上服从立法机关制定的成文规定,还有司法机关对于造法行为享有多大的自由空间。

b)保证公民影响立法的可能性

从规范对象即公民的角度来看,举足轻重的是,在司法的法律续造过程中是否可以运用此种方法,或在何种程度上保证此种形式的法溯及地服从于立法机关制定的规则。作为授权人的公民不能控制司法机关的活动。在公民和立法机关的委托代理关系中可以创设一种控制,但是在公民和司法机关的关系中,控制关系将会危及司法机关的独立性。否认公民对司法机关的控制就要求司法机关服从于立法机关的规定。法学解释方法决定了作为授权人的公民对司法上的法律续造只能产生间接影响。这种解释方法影响了公民的政治参与权,是对参与权的保障。

c)司法续造的可预测性的保障(法稳定性)

从作为授权人的公民的视角来看,这里不仅涉及造法的政治参与度,对创制法律规则的架构进行自我约束也具有保证自由的效果:在经过合意制定的法律规则之中公民可以(自由地)做出决定。法律规则确立了激励和惩罚措施。它允许约束对象做出不同的决定,只要他能承担其行为的后果,如惩罚性后果。约束其行为的法律规则所产生的后果是其做出决定时加以考量的一个因素,但这是建立在公民预测能力的基础上的,即在司法上的法律续造的推动下将来的案例会如何被裁判的**法安定性**(Rechtssicherheit)。

法安定性问题直接与司法机关受制于立法机关的立法(制定法约束)相关。如果规制的对象能够遵守严格的立法时立法机关的制定法约束,那

1259

1260

1261

---

[9] Vgl. *K. Homann*, Die Legitimation von Institutionen, in: *W. Korff u.a.*(Hrsg.), Handbuch der Wirtschaftsethik, Bd. 2, Gütersloh 1999, S. 50-95(58-71); *V. Vanberg*, Die Akzeptanz von Institutionen, in *W. Korff* u. a.(Hrsg.), Handbuch der Wirtschaftsethik, Bd 2, Gütersloh 1999, S. 38-50.

么他们就可以更好地进行预测。但是法的安定性问题并未限定于此。规制的对象必须能够预先确定司法对之前规定续造的实际效果。此外还必须能预测，司法机关本身是否和在何种程度上遵循其所创制的法，它是否可以违背先前判决，如果可以，需要具备何种理由。在法安定性的第三个视角下需要区分建立先例约束理论上的判例法，如普通法，[10] 以及欧洲大陆的法律规范。后者虽然承认先例对法院事实上的约束，但却并非法上的约束。由于这里讨论的是欧洲大陆法系中民法方法的问题，所以就不再进一步阐述普通法系中先例的效力。

d）保证同等对待

1262   如果公民想要以集体自我约束的形式创制能适用于自身的法律规则，前提是对同样的事实构成进行相同的规定，这是宪制合意的前提，这也适用于由它引申出来的立法行为，也就是法官的造法活动。

1263   同等情况同等对待的要求是与**保证**司法上的法律续造行为的**可预测性**（**Sicherung der Vorhersehbarkeit**）（法安定性）直接相关的。如果对规范对象来说同样事实构成的案件会得到不同的对待，就会给将来裁判的可预测性带来巨大的损害。

1264   由于保证法安定性和保障同等对待是紧密联系的，对于后者，下文将不再详述。

e）对参与权保障和法稳定性保障的效果研究

1265   对民法中适用的方法的效果研究不仅需要关注司法上的法律续造对立法机关制定的规则的服从（参与权保证），也需要关注对法官未来制定的规则的可预测性。

4. 法学商谈中的方法问题

a）几种法学方法商谈

1266   在合同理论范例中进行商谈的不同观点也影响了法学方法商谈。出发点是**对方法的选择实际上是一个宪法问题**（**Methodenwahl um ein Verfassungsproblem**）。[11] 从该角度来看，方法是依据宪法推导出来的。司法上的法律续造活动对立法机关事先设定的内容的反约束被作为分权理论

---

[10]   *Rüthers/Fischer/Birk*（Fn.1），S. 159f.

[11]   Vgl. *Rüthers/Fischer/Birk*（Fn.1），S. 416f.; *Rückert*, Historischer Überblick（Rn. 1357ff.）.

来理解。[12]这样得出了基于宪法要求的司法机关的制定法约束。[13]然后法的安定性和同等对待原则将会作为法学方法的功能被推导出来。[14]

这样的一种法学商谈符合合同理论范式中进行的论证。它必须结合宪法中推导出来的法学方法的功能。这样就会碰到一个**方法问题**（**Methodenproblem**）：宪法本身也需要解释，这就需要以解释方法的形式进行方法性推导。为了能确定运用方法的功能，法学商谈需要依据一种能确定方法功能的方法，这在方法上是可行的。这种重复逻辑将会在合同理论所进行的商谈中被避免。

法学中所进行的商谈为不同方法的功能分析提供了出发点，但是只有从功能的作用出发对个别方法进行批判才能达到这样的效果。[15]法学商谈在保证法稳定性的功能上也是不完整的。

b）民法方法的效果分析与法学商谈的可能性融合

如果对民法中的方法功能进行法学商谈，就需要在做出规范性陈述之前进行功能分析。这种**功能分析**（**Funktionsanalysen**）可以作为有关方法的**效果分析**（**Wirkungsanalysen**）来实施。这就可以事先确定这种分析的框架。这时合同理论范例就非常有可能在结果上符合与自由和自决相适应的宪法解释。此外还需要引入可以应用于效果分析的理论（如资源稀缺、方法论个人主义、自利性合理行为）（边码 1272 中详述）。这些理论也需要符合从个别主体的自决行为出发的宪法关系。

5. 对实施效果分析的方法的要求

a）综合性规范理论的必要性

如果想要对民法中的方法进行效果分析，就需要获得运用该方法在事实上能够实现何种结果的知识。这就是**预测学**（**Prognosewissen**），也同样存在于应用科学中。这里需要解决的问题涉及社会交互行为，也就是说需要考虑社会学理论。对世界的研究应该探索世界是什么，而非世界应该是什么，也就是说应该考虑实在性而不是规范性的理论。因此就需要运用一种方法，通过它能够得出综合性规范理论，也就是普遍的、内容充实的理

1267

1268

1269

1270

---

[12]　K. Riesenhuber, §11. 相关解释见 K. Riesenhuber（Fn. 5）S. 320; Rüthers/Fischer/Birk（Fn.1）, S. 417f.。

[13]　Rüthers/Fischer/Birk（Fn.1）, S. 389.

[14]　Rüthers/Fischer/Birk（Fn.1）, S. 389f.

[15]　参见 Rüthers/Fischer/Birk（Fn.1）, S. 477-484，关系到"客观理论"的内容。

论，并且可以进行检验。[16]

b）可以证伪的假说

1271

内容充实的理论只能通过可证伪的假说（Hypothese）的形式表述出来。找寻真相并非主要任务，重要的是通过排除假说来接近真相，目的是在假说成立的基础上进行工作。由于每种假设都表述为原则上可以证伪，所以就产生了错误的知识（易错性）。[17] 据此，需要找到一个方法动因，以促进在民法中产生有关方法论实际作用方式的内容丰富的见解，即使该见解可能存在错误。

c）引入基础性理论的必要性

1272

如果需要一种综合性规范理论，前提是需要阐明分析的基础。重要的是这种基础理论的启发性价值，是否能对形成内容充实的理论有所帮助。决策时需要考虑资源的稀缺性（稀缺情形下的决策），以及有关方法个人主义的行为主体和自利行为假说与合理性假说。

d）作为超越规则的方法

1273

在效果分析中被运用的方法还必须满足其他条件。研究方法还可以表现为将司法机关的方法要求塑造为约束。可以想象，民法中的方法也可以表现为**防御制裁的规定（sanktionsbewehrte Regelungen）**。如果司法机关违背该规定，将会受到惩罚，相反，如果遵守规定将会得到激励。这种激励可以表现为名誉的提升，而惩罚可以表现为司法机关工作人员（法官）升职过程的延长或停止。如果是职业道路对其已无足轻重的最高法院的工作人员，其作出的判决将会受到公众的批判，结果上其自身将遭受名誉损失。所以，只要有关方法问题，就有可能受到制裁。

1274

将民法方法转述为作用方式有待研究的惩罚性规定，这就需要回到**新制度经济学（Neue Institutionenökonomik）**的方法性机制。借助该机制可以对法律规则进行效果分析，使其满足在此所述的方法性要求。[18]

---

[16] 关于对法学文献中理论构建的研究见 *Rüthers/Fischer/Birk*, a.a.O.（Fn.1），S. 6-9。

[17] Vgl. *K. R. Popper*, Objektive Erkenntnis, Hamburg 1984, S. 82; *Rüthers/Fischer/Birk*（Fn.1），S. 9；非常详细的论证内容还可参见 *G. Radnitzky*, Theoriebegündung oder begründete Thoriepräferenz. Vom Induktionismus zum Kritizismus Karl Poppers, in G. Radnitzky/G. Andersson（Hrsg.），Fortschritt und Rationalität in der Wissenschaft, Tübingen 1980（engl. Originalausgabe„Progress and Rationality in Science", Dordrecht, Niederlande 1978），S. 317-370（335-342）。

[18] Vgl. *Kirchner*, Ökonomische Theorie des Rechts（Fn. 5）.

e）通过不同主体间博弈的造法

法官的造法行为是在立法机关已经制定了需要进一步加以解释的规定   1275
的范围内进行的。如果要对司法机关运用的方法的实际作用进行分析，有
必要将立法机关和司法机关间的**相互博弈（Wechselspiel）**纳入考量。这里
并不是立法机关对司法机关的单方面制约，而是涉及双方的互动。立法机
关可以从自身出发对法官的造法做出反应，如修改法律规则。司法机关又
可以对其进行应对。这是一个涉及不限主体数量的博弈。

民事审判机关只能对当事人自愿提起的法律争议进行裁判，其进行造   1276
法的可能性是受到一定限制的。可以将**当事人（Parteien）**看作造法的**动
议者（Initiatoren）**。即使审判机关在具体案例中作出了先例性的判决，他
们也可以自由地做出反应。例如立法者提供的某种合同形式被司法机关以
某种方式作出了发展，但是该发展对被规制的调整对象不利，那么他们可
能会尝试避开这些新的合同形式。例如质保合同（Garantievertrag）、租赁
合同（Leasingvertrag）和特许经营合同（Franchisevertrag）。也有可能的是，
合同当事人并不关心自己制定的规则是否被司法机关否定或改变，他们可
以考虑不将争议诉诸法庭，而将争议提交给仲裁机关处理。[19]

综上所述，现在已经发展出一种建立在立法机关、当事人和司法   1277
机关基础上的简单的**司法上的法律续造模式（Modell der judikativen
Rechtsfortbildung）**。这些包含政党游说活动的模式继续试图在规制对象方
面对立法机关的立法行为产生影响。这种模式的扩展对于在此将要进行研
究的司法上的法律续造行为不具有重要意义。

f）对策

下面将首先论述新制度经济学[20]的方法性机制，然后提出问题，即上   1278

---

[19]　关于在法的司法续造方面诉讼主体消极角色的提示，感谢 2012 年年初与科赫
（Harald Koch）的谈话。

[20]　德语语言区新制度经济学的标准著作见 *M. Erlei/M. Leschke/D. Sauerland*, Neue Institution-
enökonomik, 2. Aufl., Stuttgart 2007; *Richter/Furubotn*（Fn. 8）; *S. Voigt*, Institutionökonomik, 2. Aufl.,
Paderborn 2009; 其他关于新制度经济学的著作见 *C. Mantzavinos*, Individuals, Institutions and Markets,
Cambridge, England 2001; *J. Groenewegen/A. Spithoven/A.v.d. Berg*, Institutional Economics, Basingstoke, 2010;
C. Mennard/M. M. Shirley（Hrsg.）, Handbook of New Institutional Economics, Dordrecht u.a. 2005; *D. C.
North*, Understanding Institutions, in: *C. Menard*（Hrsg.）, Institutions, Contacts and Organizations: Perspektiven
from New Institutional Economics, Cheltenham 2000, S. 7-10; *D.C. North*, Institutions, Institutional Change and
Economic Performance, New York 1990（dt. als: *Institutioneller Wandel und Wirtschaftsleistung*（=Die Einheit
der Gesellschaftswissenschaften. Bd. 76）, Tübingen 1992; *O.E. Williamson*, The New Institutional Economics:
Taking Stock, Looking Ahead, in: Journal of Economic Literature, Bd. 38, 2000, S. 595-613。

述边码 1270 中提到是否满足对民法方法的效果分析方法论的要求。下面将简单介绍民法中运用的四种方法，即语法、体系、历史和目的解释方法。在目的解释方法中需要区分其主观和客观的不同形式。主观形式并不需要特别对待，而只要作为历史解释方法的构成形式来把握。这个简短的介绍是建立在法学方法理论的通论上的。应该拒绝对需要研究的解释方法的区别对待，应当被强调的是典范性的方法。接下来应该对个别解释方法进行实在性效果分析。这里应该考虑的是，司法机关的主体应该将方法应用于与立法机关和当事人的博弈之中。

二、新制度经济学的方法工具

1. 对"经济学范例"的接受和在新制度经济学中的调整

a）经济学范例

1279   如果需要对有罚则的、抽象普遍性的规定，即制度[21]进行实在性效果分析，那么首先需要阐明其前提假设是什么。出发点是被经济学普遍应用的和被新古典经济学在特殊情形中应用的"经济学范例"。它建立在**三种假设（drei Annahmen）**上，即资源稀缺、自利性的理性行为和方法论上的个人主义。这些假设关系到社会交互行为的经济学问题，在这样的相互关系中参与主体基于资源稀缺状态各自做出选择。可以认为，他们的行为是出于自己的偏好并且追求增加个人效用。如果认为他们有目的和有计划地追求期待效用的最大化，那么这就可以称为完全理性。因此这是建立在方法论个人主义[22]上的，一方面因为只有个人主体可能有偏好，另一方面因为社会团体的裁判结构只可以在此方面进行研究，即在代表模式下（代理委托模式）或者在集体决议程序中所做出的决定。

b）对经济学范例假设的批判和调整

1280   在经济学的阐明市场功能的微观经济学行为理论中，"经济学范式"

---

[21]　关于制度的定义见 *Richter/Furubotn*（Fn. 8），S. 7。

[22]　Vgl. *K. J. Arrow*, Methodological Individualism and Social Knowledge, in: American Economic Review（Papers and Proceedings），Bd. 84, 1994, S. 1-9; *P. Behrens*, Die ökonomischen Grundlagen des Rechts: Politische Ökonomie als rationale Jurisprudenz, Tübingen 1986, S. 34f.; *C. Kirchner*, Ökonomischer Theorie des Rechts（Fn. 5）S. 18-20: *Mantzavinos*（Fn. 20）; *Richter/Furubotn*（Fn. 8），S. 3; *J. A. Schumpeter*, Das Wesen und der Hauptinhalt der theoretischen Nationalökonomie, Berlin, 1908, Kap. 6; *Voigt*（Fn. 20），S. 21f.

框架中达成一致的假设已经完全被证实。此处被恰当批判的是，两个隐含的假设具有严重的后果。前提是掌握了全面的信息，并且建立在合同合意基础上物资交换的交易行为并不产生成本（零交易成本假设）。这些批判特别集中于"无交易成本的特殊环境"上，在科斯（Ronald Coase）有关交易成本问题[23]的两篇开创性著作之后，里希特（Richter）和菲吕博滕（Furubotn）也迅速对其进行了批判。[24]如果不加以改变地将"经济学范例"假设转移到可以作为行动前提来认识的制度分析上，就会对需要加以发展的理论的实用性产生极大的影响。由于在系统性不完全的信息世界中存在交易成本，所以制度——作为制裁所维护的规则，被创立了。[25]如果人们想要研究制度从属概念的效果模式，即带有罚则的法律规则，那么不仅需要从系统上信息不对称的假设出发，还需要接受信息成本的存在。

如果回顾立法机关起草适用于未来某一段时间的法律规则的过程，那么**信息假设的调整（Modifizierung der Informationsannahme）**就一目了然。因此需要考虑到现在还不可预见的发展的可能性，但这不可避免地会导致立法机关制定的成文规则是且必须是不完整的。这可以通过选择规定的抽象程度来解决，或者通过概括条款、不确定的法概念和 / 或一般法律原则来解决。从这个角度来看，解释方法商谈中的漏洞问题并非表现为立法的缺陷，而是立法时无法避免的信息不对称的结果。 1281

交易成本假设对于法学方法问题来说非常重要，原因在于它关系到可能会产生交易成本的立法形式，而在立法机关和司法机关的立法过程中互相替代和补充的关系中，交易成本非常重要。 1282

如果传统经济学需要借助于**完全理性假设（Annahme vollkommener Rationalität）**并且可以论证市场强制其主体接受该假设，那么在有关制度的作用方式的分析上，制度经济学则不需要遵守这个严格的假设。人 1283

　　[23]　*R. H. Coase*, The Nature oft he Film, in: Economica, Bd. 4, 1937, S. 386-405; *Coase*, The Problem of Social Cost, in Journal of Law and Economics, Bd. 3, 1960, S. 1-44（带有导引性内容的德文翻译见 *Christian Kirchner*, in: *H.-D. Assmann/Ch. Kirchner/E. Schanze*, Ökonomische Analyse des Rechts, 2. Aufl., Tübingen 1992, S. 129-183）.

　　[24]　*Richter/Furubotn*（Fn. 8）, S. 14-17.

　　[25]　Vgl.*Richter/Furubotn*（Fn. 8）, S. 8-14.

们称之为有限理性。[26] 对认知心理学的研究已经揭示了一系列认知错误
行为的案例中的规律。[27] 当今的博弈论研究鼓励参加博弈者在实验中不
需要合乎完全理性假设来行动。[28] 当今在心理学和经济学的交叉领域出
现了一个独立的行为科学这一从属理论，其研究成果使经济学变得更加
成果丰硕。[29] 这种对严格合理假设的调整对于研究民法方法非常重要，
原因在于使期待效用最大化地建立在法官的完美理性基础上的假设很快
就会被推翻。对所有的法官"后见之明偏差"（hindsight bias）的研究表明，
即使法官也会犯认知错误，特别是在经理责任（Managerhaftung）的认
定上。[30]

2. 新制度经济学的方法工具在民法方法效果分析上的适当性

1284   从新制度经济学方法论来看，上文（一、5）中讨论的关于民法方法

---

[26] Vgl. *R. B. Korobkin/T. Ulen*, Law and Behavioral Science: Removing the Rationality Assumption from Law and Economics, in: California Law Review, Bd. 88, 2000, S. 1051-1144.

[27] 众多内容参见 *D. Kahnemann*, New Challenges tot he Rationality Assumption, in: Journal of Institutional and Theoretical Economics, Bd. 150, 1994, S. 18-36; *D. Kahnemann*, Thinking Fast and Slow, New York 2011, insbes. S. 109-254; *D. Kahnemann/A. Tversky*, Prospect Theory: An Analysis of Decision under Risk, in: Econometrica, Bd. 47, 1979, S. 263-291; *A. Tversky/D. Kahnemann D.*（1974）, Judgment under uncertainty: Heuristics and biases, in: Science, Bd. 185, 1974, S. 1124-1131。

[28] Vgl. *W. Güth/H. Kliemt*, Perfect or Bounded Rationality?: Some Facts, Speculations and Proposals, in: Analyse und Kritik Jg. 26, S. 364-381; *W. Güth/H. Kliemt,*（un）Bounded Rationality in Decision Making and Game Theory-Back to Square One?, in: Games, Bd. 1, 2010, S. 53-65; *P. Koellinger/ M. Minniti/Ch. Schade*（2007）„I think I can, I think I can": Overconfidence and entrepreneurial behavior, in: Journal of Economic Psychology, Bd. 28, 2007, S. 502-527; *S. Sandri/Ch. Schade/O. Mußhoff/M. Odening*: Holding on for too long?-An experimental study on inertia in entrepreneurs' and non-entrepreneurs' disinvestment choices, in: Journal of Economic Behavior and Organization, Bd. 76, 2010, S. 30-44; *R. Selten*, Bounded Rationality, in: Journal of Institutional and Theoretical Economics, Bd. 146, 1990, S. 649-658; *R. Selten*, Game Theory, Experience, Rationality, in: *W. Leinfellner/E. Köhler*（Hrsg.）, Game Theory, Experience, Rationality（Yearbook of Vienna Circle Institut）, Dordrecht, Boston, London 1998, S. 9-34.

[29] Vgl. *A. v. Aaken*,„Rational Choice"in der Rechtswissenschaft, Baden-Baden 2003, S. 82-108; *C. F. Camerer/G. Loewenstein/M. Rabin*（Hrsg.）, Advances in Behavioural Economics, Princeton, 2004; *H. Fleischer/D. Zimmer*（Hrsg.）, Beitrag der Verhaltensökonomie（Behavioral Economics）zum Handels-und Wirtschaftsrecht, in: ZHR Beiheft, Band 75, 2011; *D. Fudenberg*, Advancing Beyond Advances in Behavioural Economics, in: Journal of Economics Literature. Bd, 44, 2006, S. 694-711; *Korobkin/Ulen*（Fn. 26）.

[30] 对此详见 *S. Höppner*, Reconsidering the German Business Judgement Rule. Am Empiral Inquiry, Diplomarbeit, Wirtschaftswissenschaftliche Fakultät der Humboldt-Universität zu Berlin, 2011。

论效果分析的方法论要求是否已被满足，需要在如下步骤中加以检测：
（1）制度经济学的方法建立在可谬论的基础上，它被表述为可证伪的假设，
只要运用该假设，就推定其正确。（2）新制度经济学的假设必须考虑不同
的研究对象，包括信息假设、交易成本假设和理性假设。

三、民法中的四种法学方法（解释方法）

1. 引言

对法学解释方法的商谈通常会从语法解释或语义解释开始。但是这种 **1285**
顺序并不是强制性的。如果从分权原则对法学方法的中心意义出发，首
先探究立法机关确定的规范目的并以此为导向进行解释（"作为解释目标
的规范目的"）完全是非常有意义的。[31] 因此这里就以语义解释方法开始，
之后还会对这个命题进行深入挖掘，即立法机关制定的规则的语义实际也
是对立法机关最严格的约束。

2. 语法或语义解释方法

在语法或语义解释方法[32]中，被解释的规则的文本就是解释的出发 **1286**
点。[33] 适用书面表述的规定的前提是文本被"理解"。[34] 这与所使用的概念
的词意相关。这里产生了有关对"正确"文本理解的各种问题。[35] 法律语
言的概念的含义，包括法律规则中运用的概念，与其在日常语言的含义并
不一定相符。[36] 作为交流媒介的语言在不同范围的交流主体中也是不一样
的。此外还有一个问题，即一个概念的词意会因语境的改变而改变（语言
的多孔性）。[37] 不存在一种单一的和恒定的词意。[38] 也不能期待需要被解释

---

[31]　如 *Rüthers/Fischer/Birk*（Fn.1），S. 422-428。

[32]　参见 *F. C. v. Savigny*, System des heutigen römischen Rechts, Berlin 1840, Bd. Ⅰ, S. 213; Bd. Ⅲ. S.244,
这里提到了解释的语法要素。

[33]　关于语法解释和文义解释参见 *E. A. Kramer*, Juristische Methodenlehre, 3. Aufl., München
2010, S. 57-85; *Larenz/Canaris*（Fn. 4）, S. 141-149; *K. F. Röhl/H. Röhl*, Allgemeine Rechtslehre, 3. Aufl.,
Köln, München 2008, S. 613-616; *Rüthers/Fischer/Birk*（Fn.1）, S. 431-438; *R. Wank*, Die Auslegung von
Gesetzen, 5. Aufl., München 2011, S. 39-53。

[34]　Vgl. *Rüthers/Fischer/Birk*,（Fn.1）, S. 107-110.

[35]　详见 *Rüthers/Fischer/Birk*（Fn.1）, S. 107-138。

[36]　关于法律语言中文义精确解释的可能性内容见 *Rüthers/Fischer/Birk*（Fn.1）, S. 124-129,
135-137。

[37]　Vgl. *Rüthers/Fischer/Birk*（Fn.1）, S. 115.

[38]　Vgl. *Rüthers/Fischer/Birk*（Fn.1）, S. 99-139.

的法律规则的表达中存在一个固定的线索。

3. 体系解释

1287 　　体系解释[39]的前提是将法律规则置于一定的语境中，如果可以从语境中得出一个"体系"，那么就可能推断出对法律规定的解释。这需要保证在体系中不存在矛盾，前提是存在一个体系。[40]解释的方式分为两步：第一步要尝试确定**规范的体系性关系（systematische Zusammenhang der Norm）**。第二步需要找到一种可以排除或减少体系中的**不一致因素（Inkonsistenzen）**的方法。这样应该可以达到司法的法律续造能和谐地融入现行法之中的目标，而保证需要被解释的规定内容没有矛盾不是本身的目的。一方面司法的法律续造需要融入一个既存或从属的体系中，这是对作为立法者所追求的完美的法体系的弥补；另一方面需要努力实现法安定性，法律规则的约束对象能够相信，不会产生能导致体系崩溃的解释。司法机关的解释权限是受到限制的，其前提是能明确需要被解释的法律规则归属于哪一个体系。如果这里存在自由空间，就将摧毁或降低理论上预计可获得的法的安定性。

4. 历史解释

1288 　　历史解释[41]，也被称为"主观理论"[42]或"主观目的解释"[43]，是在**历史上立法者的规制目的（Regelungsabsicht des historischen Gesetzgebers）**的意义上来解释法律规则。司法机关在创制法律规范时服从"立法者的意志"，并且服从于经典欧洲大陆的分权原则，接受其在分权原则体系中的位置，此前提是立法者意志可以被确定。

---

[39]　Vgl. *K. Engisch*, Einführung in das juristische Denken, 11. Aufl. bearb von Th. Würtenberger und D. Otto, Stuttgart 2010, S. 139, S. 131, 142; *Kramer*（Fn. 33）, S. 85-116; *H.-M. Pawlowski*, Methodenlehre für Juristen, 3. Aufl., Heidelberg 1999, S. 173-175; *K. F. Röhl/H. Röhl*（Fn. 33）, S. 622f.; *Rüthers/Fischer/Birk*（Fn.1）, S. 438-463; *J. Schapp*, Methodenlehre, Tübingen 1998, S. 85-89; *Wank*（Fn. 33）, S. 55-63; *R. Zippelius*, Juristische Methodenlehre, 10. Aufl., München 2006, S. 52-57.

[40]　对此详见 Larenz/Canaris（Fn. 4）, S. 263-318。

[41]　Vgl. *Engisch*（Fn. 39）, S. 144-146, 166f.; *Kramer*（Fn. 33）, S. 118-140; *Larenz/Canaris*（Fn.4）, S. 149-153; *Pawlowski*（Fn. 389）, S. 175-177; *Riesenhuber*（Fn. 12）, S. 320f.; *K. F. Röhl/H. Röhl*（Fn. 33）, S. 619f.; *Rüthers/Fischer/Birk*（Fn.1）, S. 438-463; *Schapp*（Fn. 39）, S. 85-89; *Wank*（Fn. 33）, S. 65-68; *R. Zippelius*（Fn. 39）, S. 44, 50f.

[42]　Vgl. *Riesenhuber*（Fn. 12）, S. 320.

[43]　关于一些内容参见 *I. Puppe*, Kleine Schule des juristischen Denkens, Göttingen 2008, S. 78。

5. 目的解释

权力分立思想赋予了立法机关的立法活动优先地位，与该思想相应，解释法律规定的时候需要联系"规范目的"，[44] 但是需要判断的是，究竟是根据立法者以往的规范目的，还是根据一种构建的客观规范目的。目的解释的第一种选择和历史解释有重叠相像部分。如果需要阐明"客观"规范目的，即**"制定法的目的"（Zweck des Gesetzes）**，区别于以往的规范制定，这样的解释需要分两步进行。首先要构建该客观规范目的。然后要寻找最适合于实现该规范目的的解释（解释的优化）。客观目的的解释[45]的前提一方面是清晰确定地查明客观规范目的，另一方面是能对之优化。由于这种思维方式是**目的—手段范式的一种形式（Variante des Zweck-Mittel-Paradigmas）**，[46] 对客观目的解释方法的效果分析将专注于在此运用的目的—手段范式的内涵。

四、民法中的法学方法的效果分析

1. 引言

欧洲大陆法系有关司法的法律续造的方法问题集中于法院对立法机关制定的法的解释方法。一般认为，立法机关制定的法优先于法院，法院在将普遍抽象的规定运用于具体的案件情况时必须严格遵循立法规则，与立法机关相反，其无法扮演积极角色。这种看法是只关注司法机关的活动而造成的一种狭隘的见解。这里应设想为一种立法机关、司法机关和提起诉讼者之间的互动（见本节上文一、S. d）。在司法机关和提起诉讼者之间的互动中，原告通过向法庭提起诉讼以求解决争端来推动司法上的法律续造行为，**司法机关（Judikative）**也非常可能发展出**自己的动议（eigene Initiativen）**。司法机关可以准许对某一判决提起上诉，或者积极争取可以提供法律续造机会的案件。在立法机关和司法机关的互动中，立法机关可

1289

1290

---

[44] Vgl. *Engisch*（Fn. 39），S. 162, 174, 302f.; *Kramer*（Fn. 33），S. 142-170; *K. F. Röhl/H. Röhl*（Fn. 33），S. 620-622; 627-631; *Rüthers/Fischer/Birk*（Fn.1），S. 438-463; *Schapp*（Fn. 39），S. 85-89; *Wank*（Fn. 33），S. 64-72; *Zippelius*（Fn. 39），S. 49-52.

[45] 关于客观目的的解释理论的内容特别参见 *Larenz/Canaris*（Fn.4），S. 137-141; *Riesenhuber*（Fn. 12），Rn.11; *Wank*（Fn. 33），S. 64-72; *Zippelius*（Fn. 39），S. 49-52; kritisch insbes. *Kirchner*, §5 Die ökonomische Theorie.（Fn. 5），Rn. 24-30; *Rüthers/Fischer/Birk*（Fn.1），Rn. 806-815a, S. 477-484。

[46] Vgl. *Kirchner*, §5 Die ökonomische Theorie（Fn. 5），Rn. 25-27.

以通过运用概括条款、不确定的法概念和／或一般法律原则以控制司法机关的自由裁量权。它还可以将同样的立法权限授予司法机关。司法机关又可以通过积极运用这种自由裁量权将信息反馈给立法机关，这样的立法合作方式对双方都有益。因此司法机关就可以促使立法机关，在对新的规制对象进行立法时，当精确撰写的规则在实际发挥作用中不确定性较大时，能够给予司法机关更大的自由空间。

1291 　　不同的直接或间接参与法律续造的主体之间的互动，对于分析民法中不同方法的实际效果是非常有意义的，因为只有这样才能分析每个具体参与法律续造行为的主体分别起到的作用。同时也需要确定，司法机关的何种解释方法应该应用到何种情况中。

2. 语法或语义解释

1292 　　如果词意无法明确统一，并且随着语境的变化而变化，那么语义解释的方法也可能产生法安定性的问题。规则的调整对象对司法机关使用语义解释方法进行法律续造的预测可能性就会严重受限。此外还会存在疑问，即司法机关是否能通过对立法机关所运用的概念进行区别于立法机关原先意图的解释，从而使司法机关的法律续造能从立法机关制定的法中"解放"出来。这里就涉及权力分配问题。如果仅聚焦于司法机关的法律续造通过文义解释所带来的自由空间，就必须批判地看待公民影响立法的可能性和对**法安定性**的保障。

1293 　　如果从立法机关、司法机关和动议者的互动来看，那么情况可能有所不同。在立法机关和司法机关的互动中我们需要注意的是，上述问题不一定是司法机关所造成的。非常可能是立法机关想要避免进行明确的规定，而运用概括条款、不确定的法概念和一般法律原则来制造一种不完全的立法性问题解决方式，将任务转交给司法机关，通过判例来"解释概念"。如果能接受立法机关成员自利性理性行为的假设，就可以实施这样的策略，减轻立法机关对公民的责任。责任将落在司法机关的肩上，其成员不同于立法机关，不通过选举而任命。

1294 　　在这种观点下，语义解释又有另外一层含义。司法机关将负责解释概念并进一步保障法安定性。这是通过**保证公民的政治参与权而实现的**（Hintanstellung der Gewährleistung politischer Teilhaberrechte der Bürger）。司法机关更多地保障法安定性，可以在经济学上评价为"公共财产"，也就是一种所有人都可以获得的财产，并且具有虽然被多个主体使用却不会减少的特性。这种观点具有突破性意义，使法律续造进一步脱离了公民的控制。

　　法安定性的另一个问题是，在欧洲大陆法系中司法机关在法上并不受先例约束，在语义解释上这个问题无关紧要。如果司法机关运用语义解释对概念进行释明，则其不太可能在之后的判决中违背先例。 1295

　　司法机关和动议者（**Judikative und Initiatoren**）之间的互动则呈现出另一种情况。当法律规则是概括条款，或含有不确定的法概念时，概念的解释对该规定的规制主体就具有重要意义。法安定性程度越高，预测的准确性也越高。法律规则的调整对象也就值得对法律续造做出努力，从而影响对概念的解释。他们也就有动力将案件上诉至最高法院，让其对概念做出解释，但这里会出现一个搭便车问题。对概念的解释有利于条文的规制主体，而不仅仅是对法律续造付出努力的人。如果成本仅由动议者承担，而所有人都会获益，那么可能会导致其不愿在法律续造中投入成本。他们会产生合理的期待，所有人都在等待其他人付诸行动。集团诉讼会降低这样的风险，或者当动议者可以相信，虽然其在一个案件中带动了法律续造并且承担了成本，在其他案件中其他人也会扮演同样的动议者角色。 1296

　　对于这种考量的**总结**（**Resümee**）可能是出乎意料的：人们不仅仅关注司法机关的活动，也考察立法机关、司法机关和动议者的三角关系的互动作用，对于民法中语义解释方法的作用方式的评价并非一成不变。这表明，主体中的两方，即司法机关和动议者的利益与概念的解释相关。将视线局限于法安定性角度则会适得其反，产生损害民主参与的副作用。 1297

3. 体系解释

　　司法机关在法律续造时如果使用了体系解释方法，**法安定性**的问题应该表述为：第一步应该确定的是相关法律规则应该归为哪个体系，以及如果存在可以考虑多个体系的自由裁量权，就会降低法律约束对象对法律续造的可预见性。这种不确定性始于这一问题，即体系解释框架下涉及哪一个体系。[47] 例如《德国民法典》（第987—1007条）中所有权人和占有权人之间的关系可以归入私法体系、民法体系、物权法体系或者特殊的债法规则体系。这样，在所有权人和占有权人关系中的损害赔偿规定便具有争议性，不能确定其应归入物权法还是侵权法体系。根据体系归类的不同，解 1298

---

[47]　Vgl. *Rüthers/Fischer/Birk*（Fn.1），S. 440f.

释的结果和随之产生的法律续造的具体行为也会不同。借助于体系解释方法来纠正这种立法中的断层和不连贯，是否是司法机关的任务，这个问题在法学商谈中具有重要地位，必须进行不同的效果分析。这里涉及的不是这样的规范性问题，即通过司法的法律续造对立法机关制定的法可能进行的改善这一问题，而是这种**法律续造的效果**（**Auswirkungen dieser Art der Rechtsfortbildung**）。假设司法机关事实上改善了体系一致性，从法安定性的角度来看却是**矛盾的**。得到改善的体系连贯性能更好地预测将来立法机关制定的法律规则如何被司法机关所"改善"。但同时这种可预测性也会被降低，因为司法机关将来如何决定某条法律规则所从属的体系是不确定的。并且，在一个法秩序中如果先例没有法上的约束效果，那么就无法保障，此次将法律规则归入某一体系，下次还会被如此遵守和贯彻。而司法机关也有相当大的动力在将来遵守之前采取的分类方式。

1299   若司法机关对立法机关所制定的法律进行改变，则会导致削弱民主和自由，背后存在的问题是，在这样的视角下对体系缺陷和不连贯性的改善如何通过司法机关产生影响。对其研究应该建立在立法机关、司法机关和动议者之间的互动之上。

1300   立法机关所制定的法律的体系缺陷和不连贯性不是立法技术质量低下的立法失误的必然结果。这也适用于发生（欧洲大陆法系）民法**范式转换**（**Paradigmawechsel**）的情况，也就是说从法典范式到个别重要规范的范式。这种范式的转换也是民法欧洲大陆法系化的结果。[48] 但这也可以归因于民主法治国的立法，很有可能具有连贯性的立法措施的代表和政府草案会在议会参与的政治过程中失去连贯性。这也可以归咎为这里不存在**一个**立法者，因为立法是在多个政治力量的互相对抗中进行的。体系缺陷和不一致性是这种立法形式的必然结果，这里就需要借助司法机关的纠错功能。从规范约束的对象角度来看，意味着具有连贯性的规定取代了具有民主合法性却没有连贯性的立法机关制定的法，只有在立法机关原则上可以对司法

---

[48] Vgl. *S. Grundmann*（Hrsg.）, Systembildung und Systemlücken in Kerngebieten des Europäischen Privatrechts-Gesellschafts-, Arbeits-und Schuldvertragsrechts, Tübingen, 2000; *S. Grundmann*, Systemdenken und Systembildung, in: K. Riesenhuber（Fn. 5）S. 285-314; Kirchner, §7 Der punktuelle Ansatz als Leitprinzip gemeinschaftlicher Privatrechtsharmonisierung, in: S. Grundmann/D. Medicus/W. Rolland（Hrsg.）, Europäisches Kaufgewährleistungsrecht, Reform und Internationalisierung des deutschen Schuldrechts, Köln 2002, S. 95-111.

机关的法律续造行为进行修正的情况下才具有民主合法性。但在对司法机关法律续造的方法进行效果分析时应该注意，这种再修正实际上会遇到立法机关的立法安排问题。

立法机关制定的法会存在体系缺陷和不连贯性，反映了多元的立法过程，并不能满足规制的对象。**立法**过程中的**多元现象（Pluralismus）**现在通过**动议者（Initiatoren）**做出的不同努力而得到多元化发展，他们将争议案件提交法庭审理，意图发动司法机关的修正功能。法律续造的过程可以表述为**三个层次**：（1）法律规则已经被立法机关制定完成；（2）动议者将案件提交法庭，意图发动司法机关的修正功能；（3）司法机关运用体系解释方法进行修正。法律续造的这种图形结构本身又是整个法律续造过程中的一个部分，因为利益团体对立法的影响（游说活动）会逐渐淡化。这样的影响不仅存在于部委的草案和政府的草案层面，也存在于议会立法程序中。

4. 历史解释

如果立法机关在法律续造中运用历史解释，对这种方法的效果分析的出发点就不同于体系解释方法。但是两者也有许多相似性。

如果历史中的立法者并不存在，且司法机关将它的解释构建于这一论据之上，即所选择的解释要与立法者的历史目的相应，那么这就再次涉及司法机关的裁量权。通过选择一种潜在的立场作为这位立法者的观点，司法机关事后在立法程序的过程中重新决定政治利益的比重。这不仅涉及法安定性，还涉及对政治参与权的保障。详细论证参见前文。这也同样需要考察立法机关、司法机关和动议者之间的互动。

它们之间的关系可以用一个**例子（Beispiel）**来说明，即为了实施欧盟指令（Richtlinie des Europäischen Unionsrechts）而修改德国民法上的规定。包括施加影响的利益团体在内的政策讨论，在欧洲层面上不仅涉及位于实体法规定之中的指令条款，还涉及衡量的理由。如果认为德国民法条款之后也会按照该衡量理由来被解释 [49]，那么该衡量理由对解释结果来说将具有重大意义。借助于历史性解释方法可以显示司法机关的特征，如当将欧盟指令转化为国内法时，存在特别重要的衡量理由需要解释相应德国法的

1301

1302

1303

1304

---

[49]　Vgl. *W.-H. Roth*, §14 Die richtlinienkonforme Auslegung, in: K. Riesenhuber（Fn. 5），S. 393-424（412-414）.

规定。由于这里需要进行的论证超越历史性解释方法，需要运用目的解释方法，这个问题将在下文再次深入阐述。

5. 目的解释

1305　　目的解释方法大大地扩张了司法机关在法律续造时的自由裁量权，特别是在探寻需要被解释的法律规则的目的超出了历史上的立法者可能的意图范围之时。如果不再需要探求该历史性目的，而是需要考察"制定法的目的"（客观目的解释方法），那么立法机关制定的法对司法机关的约束将会极大地放宽。这也影响到法安定性、保证民主参政和保障自由。通过客观目的的解释，**司法机关**被从立法机关制定的法中**"解放"**出来。[50] 到这里为止，论证进一步围绕在法学商谈中所显现出的对客观目的解释方法的批判。但在这里更加受到强调的是缺少保证政治参与权的观点。对客观目的的效果分析的解释方法必须在法学批判的基础上更进一步，不仅需要着眼于由司法机关来确定需要被解释的法律规则的目的问题，也要把握作为该解释方法基础的目的方法范例的影响。[51]

1306　　当在目的解释方法中（无论是客观还是主观）需要考察哪一种解释最适合满足之前所定义的目的，就需要对实现目的所选取的手段进行优化。这里就会产生参与互动时非有意产生的副作用。[52] 对手段的选择会影响到目的。这就变成了循环论证。这就意味着，在运用目的手段范例对方法进行效果分析时，使用循环论证的人可以**省略**对自己所提出的观点的**检验**（这是第一个层面——译者注）。这里需要确定对运用客观目的解释方法的司法机关的"解放"的第二个层面。还有第三个层面：如果必须确定什么手段——这里指何种解释方法——适合于满足至今所确定的目的，司法机关又缺少方法上的工具，从而以学术上可以检验的形式来确定**所采用手段产生的预期效果**（**Wirkungen des Mitteleinsatzes**），就跨出了"解放"的第三步。因为法学方法迄今还没有掌握能够跨出第三步的工具。[53]

---

[50] 特别是在此意义上的批判内容：*B. Rüthers*, Die unbegrenzte Auslegung-Zum Wandel der Privatrechtsordnung im Nationalsozialismus（1968），7. Aufl., Tübingen 2012; Rüthers/Fischer/Birk（Fn. 1），S. 471-484。

[51] 已在上文三、5（边码 1289）中详述。

[52] Vgl. *F.A. v. Hayek*, Freiburger Studien, Tübingen 1969, S. 69; umfassend *K. Homann*, Die Interdependenz von Zielen und Mitteln, Tübingen 1980.

[53] 关于这一流派中的进展参见 *Kirchner*, Zur konsequentialistischen Interpretationsmethode,（Fn. 5）。

这样就可以得出**阶段性结论（Zwischenfazit）**：司法机关运用客观目的解释方法进行法律续造，会导致严重的法不安定性，显著降低被规制主体的可预测性，也会严重削弱民主参与权和对自由的保障。

只要司法机关没有运用客观解释方法对立法机关、司法机关和动议者之间的互动关系进行分析，整个理解就不完整。立法机关可以用重新立法的方式应对司法机关运用客观目的解释方法所进行的法律续造。它可以将司法机关"客观化"的制定法目的**收回自己的权限范围内（zurück in ihren Kompetenzbereich）**。这里所出现的不容忽视的能力问题可参见上文（四、3）。立法机关也可以在原本的立法程序中对司法机关"解脱"约束的可能性进行限制。它可以从自己的角度设定立法行为所追求的目的，[54]但这在不只有**一名**立法者的多数决立法程序中会受到更严格的限制。如上文所述，在欧洲层面上需要考虑衡量理由，但是每种衡量理由一般都缺乏一致性并充满矛盾。

动议者在司法机关运用客观目的解释方法的法律续造中也起到了重要的作用。从规定约束对象的角度来看，如果因为在社会、经济和科技环境的发展中，某项规定以往的目的变得不可行，需要修改更新，被规制的主体一方面可以对立法施加影响（游说活动），另一方面也可以将法争端诉诸法庭，排除历史目的运用。他们可以要求司法机关在法律续造的过程中借助于客观目的解释方法重新设定目的，使被规制的主体从历史性的语境中解脱出来并且重新"客观化"。其后司法机关就会代替立法机关，并且已经无法期待新的立法机关通过立法来使自己的行为正当化。在法学商谈中被作为由司法机关实施的**补充性立法**讨论并部分付诸实践的内容，从效果分析来看完全就是司法机关自己扩大自己的行动权限，这也可能由规制的对象（动议者）推动。[55]动议者可以选择，通过游说活动影响立法者，或者启动司法程序，让司法机关运用目的解释方法来扩大其裁量权。如果不仅从动议者，还从司法机关成员的自利性合理行为的角度出发，那么他

1307

1308

1309

---

[54] 施泰因多夫（Ernst Steindorff）将其称为"法律政策"，见 *Ernst Steindorff*, Politik des Gesetzes als Auslegungsmaßstab im Wirtschaftsrecht, in: G. Paulus u.a.（Hrsg.），Festschrift für Karl Larenz zum 70. Geburtstag, München 1973, S. 217-244。

[55] 特别参见 1907 年 10 月 10 日《瑞士民法典》（2011 年 1 月 1 日版）第 1 条第 2 款的立法者对法院的要求，在不能从法典中找到规定并且缺少习惯法的情况下，法院可以按照自己的规则作为立法者制定的法规进行裁判。根据第 3 款这就是"法理和习惯"。

们非常可能对司法机关裁量权的扩大享有利益这种观点就显得非常有说服力。此外不同于立法机关的成员，司法机关的成员在政治上无需对其创制法律的行为负责。如果说立法机关的议员有落选的可能，那么在扩张性司法的法律续造中的威胁一般只来自公众的批判。

1310　　　　立法机关和司法机关对法律续造也有结构性的不同。客观目的解释方法为立法机关和司法机关的角色分工创造了可能，规制对象的**政治参与权（politische Teilhaberechte）**事实上被**极大地削弱（erheblich reduziert）**。

五、总结

1311　　　　研究表明，民法中不同的法学方法会对保证法安定性和保障政治参与权产生巨大和不同的影响。已经清楚的是，有利于司法机关从立法机关的规定中解放出来的法的司法续造行为的最强效果源自客观目的解释方法。同时也表明，只关注进行法律续造的司法机关的行为是不够的，关注立法机关、司法机关和动议者之间的互动才是全面的，这里只对游说活动的问题一带而过。

1312　　　　如果必须找出一个"民法方法的案例"，那么可以参考新制度经济学的方法工具，它已经被投入使用并且取得了一定的成绩。传统的民法中的法学方法商谈将会被新观点补充。事实和（不言自明的）联系，也将会以新的姿态出现。

1313　　　　首先需要说明，在此对一种实在性的、针对研究中所涉及民法中的法学方法的分析所进行的思考是有限制的，即不希望能发展出规范性的构成建议。但至少已经明确的是，何处存在这种塑造建议的行动需要。立法常常成为司法机关法律续造中被批判的对象的根源，因此立法中存在巨大的改革需求。这不仅适用于淡化不确定法概念上，还适用于产生体系缺陷和不连贯性。对于过于宽泛的司法机关法律续造的权限仍然可以加以控制，方法是花时间立法或者对其实际产生的影响进行检验。但也可以考虑对立法机关进行改革：特别是由客观目的解释方法引发的权力分立的危险，应该作为宪法问题严肃对待。最后可以看出，在学术理论中对解释方法的运用需要进行改革。"法学方法教义"常常没有得到足够的展示和发展。新方法的案例虽然已经可见，但是其缺陷常常被忽视。

六、参考文献

补充阅读可参考：

Kirchner, Christian, Ökonomische Theorie des Rechts, Berlin 1997.

Richter, Rudolf/Furubotn, Erik, Neue Institutionenökonomik. Eine Einführung und kritische Würdigung, 4. Aufl. Tübingen 2011.

Voigt, Stefan, Institutionenökonomik, 2. Aufl. Paderborn 2009.

其他论著参见脚注 20。

第十九节　英国判例法概要 *

要目

一、导论

1314　　德国法系和英国法系之间一个经典的主要区分在于，德国的法秩序绝大部分构建于法典化的制定法之上，而英国则是以判例发展而来的法官法作为核心法源。

1315　　但是在过去几十年间，这一主要区分明显弱化。[1] 一方面，主要的私法内容在英国逐渐被编撰为成文法。比如销售法，1979 年被《商品买卖法》所整合 [2]，它吸纳了纯粹法官法中裁判的内容。另一方面，德国法必须面对社会发展所带来的法典化的成文法中的漏洞逐渐扩大的问题，在多个领域中需要借助于法官的法律续造。[3] 对此的一个例证为民法中的人格权保护。这虽然在形式上基于《德国民法典》第 823 条第 1 款中的"其他权利"保

---

　　*　菲力克斯·毛齐（Felix Maultzsch）撰，田文洁译，刘志阳校。

　　[1]　Vgl. *Allen*, Law in the Making（Erstauflage 1927），7. Aufl. 1964, S. 161ff. u. *Zweigert/Kötz*, Einführung in die Rechtsvergleichung（Erstauflage 1969/1971），3. Aufl. 1996, S. 262ff.

　　[2]　Sale of Goods Act 1979 c. 54.

　　[3]　关于这些现象的内容见 *Dawson*, The Oracles of the Law, 1968, S. 432ff.，这里作了非凡的分析。新近的一些内容参见 *Hager*, Rechtsmethoden in Europa, 2009, 4/14ff.。

护这一基础，但是事实上是在纯粹的法官法上发展而来的。[4] 在此背景下，德国和英国之间决定性的法源区分从今天看并非刚性的，而是柔性的。因此，依据当代的观点，不管是在英国还是在德国，推动法向前发展是立法和司法的共同任务。[5]

虽然存在趋同，但是德国和英国不同的法源理论的出发点和法方法仍具有掌控性。德国的法方法仍基于法典的理想图景，而基于司法发展而来的判例法仍有些"匮乏"，这一点常常受到指责。[6] 与之相对应，判例法方法论仍构成英国法发现的核心部分，而法律解释的不同方法在此作为一个相对较新的发展逐渐被搁置。[7] 1316

因此，在英国的*判例法*中讨论专门的法发现的方法也是一直合理的，这些基本框架将在下面被述及。首先，在此将简要述及一些历史和制度的背景（见下文二）。接着将涉及英国审判的风格（见下文三），然后阐述判例法思维的经典角色和基本原则（见下文四）。后面将补充性提到一些英国审判中新近的发展，这些揭示了*判例法*方法的一些变化（见下文五）。在结尾总结（见下文六）和文献综述（见下文七）之后，附录部分附加了一个判决，这应可以了解英国判决的结构和框架。 1317

二、判例法方法的历史和制度背景

英国法和英国的法发现方法的一个核心的特殊之处在于，几个世纪以来它并未被具有干扰性的重大事件阻断，而是在连续进程中发展而来。与不管在公法还是在私法中都具有众多断层的德国法相比，英国的法和方法的发展具有连续性和完整性。这可以通过 17 世纪著名的法官黑尔（Matthew Hale）那著名的比喻来形象地阐述。在此比喻中黑尔（Hale）将英国法比 1318

---

[4]　对此详见 MüKo-*Rixecker*, BGB, 7. Aufl. 2015, Anhang zu§12：一般人格权及概览见 *Hager*（Fn. 3），4/26ff.。

[5]　*Jaffe*, English and American Judges as Lawmakers, 1969, S. 20; *Zeidler*, Betrachtungen über die Innovationsfähigkeit der Rechtspflege am Beispiel der preußischen Justizgeschichte, DÖV 1975, 797-804（801）. 关于英国视角下的立法者和司法机关之间的"对话"见 *Paterson*, Final Judgment, 2013, S. 258ff.。

[6]　*Vogenauer*, Die Auslegung von Gesetzen in England und auf dem Kontinent, Band I, 2001, S.226f.; 类似的内容见 *Kötz*, Über den Stil höchstrichterlicher Entscheidungen, 1973, S.21ff.。

[7]　比较法视野下的英国法律解释方法的发展可见 *Vogenauer*（Fn. 6），Band II, 2001, 这里阐述较为全面。英语文献可见 *Bennion*, Statutory Interpretation, 6. Aufl. 2013, 以及 *Cross/Bell/Engle*, Statutory Interpretation, 3. Aufl. 1995。

喻为"阿狗"（Argo，又译为阿尔戈）船，在希腊神话中一些探险者用该船开启了抢夺金羊毛之旅。在此艰难的冒险之旅中，船的所有部分几乎都被更换，以至于没有剩下一块原有的材料。然而似乎仍旧是那条船，因为根本上并未重新设计，而只是逐渐地修缮。[8]英国法同样如此，因此对关键的历史根源的关注就特别有助于理解。

1319　　作为在整个英国范围内都有效的判例法之一的所谓的*普通法*，其根源可以追溯到 1066 年诺曼底人入侵。[9]从此刻起，地方性的规范，即地方性的习惯法和地方领主颁布的律令，逐渐为司法中发展而来的统一的法所取代。制度前提是创设了拥有全国管辖权的王座法院。[10]*普通法法院*起初试图将其法发现作为对流传下来的商业和交易领域的法的纯粹宣告式确认，但为了避免形成对地方领主裁判优先权强势介入的印象，这最终并未得以实施。[11]然而，依据事实，并不存在对此的强烈质疑，即普通法法院不仅仅在习惯法导向上重塑了英国法的发展，而且是积极地改变着，并因此在裁判的框架内提炼出判例法。

1320　　这一规范塑造的形式与以学术体系为导向的法发现的理想状态严重背离，而在德国在罗马法继受的基础上得以发展，并且在 19 世纪得到了充分发展。[12]反之，普通法从一开始就较少追求学术体系性的诉求，而是以实践定位的技能来实施。这一技能的关键操作者曾经是、现在也是律师和法官职业阶层。[13]与之相应，直到 19 世纪，英国法律人的职业教育仍主要在律师公会的庇护下在所谓的法庭旅馆中开展，这意味着是在空间上和精神上都受普通法法院影响的职业阶层的设施之中。[14]直到后来普通法才逐渐演变为大学学习的对象。[15]在此背景下，法律实践者的视角对英国的法

---

[8]　*Hale,* The History of the Common Law of England（Erstauflage 1713），hrsg. von Gray, 1971, S. 40.

[9]　*Baker,* An Introduction to English Legal History（Erstauflage 1971），4. Aufl. 2002, S. 12ff.

[10]　关于此内容见 *Baker*（Fn. 9），S. 14ff., 37ff.。

[11]　较早的但非常具有影响力的体系描述内容见布莱克斯通 1765—1769 年所著的多卷本著作《英国法评注》（Commentaries on the Laws of England）中的所谓"宣告理论"（declaratory theory）。尤其是 Band I, 1765, S. 64ff.。

[12]　Dazu siehe *Wieacker,* Privatrechtsgeschichte der Neuzeit（Erstauflage 1952），2.Aufl. 1967, S. 97ff., 348ff.

[13]　*Baker*（Fn. 9），S. 155ff.; *Zweigert/Kötz*（Fn. 1），S. 188ff., 251ff.

[14]　*Dawson*（Fn. 3），S. 34ff.

[15]　*Baker*（Fn. 9），S. 170ff.

律方法具有决定性影响。此外，英国上级法院法官的判决对普通法的形塑和发展具有决定意义，而这些法官几乎全部从有经验的诉讼律师中招募而来。

这一简单描述的发展过程揭示了普通法严重受诉讼实践影响的特征。[16] 起初，重要的普通法院法官的管辖权和审判权似乎必须在与地方领主法院的竞争中发展，而且被排斥。在这一过程中，人们使用着一个所谓的令状（writ）体系，这直到 1832 年仍决定着英国的私法。令状涉及原告在国王的司法官处申请的文件。通过发布令状来使被告臣服于普通法院的审判权。然而王座法院因此建立的管辖权受制于令状中所给出的特定的诉讼理由。[17] 普通法的适用和发展因此受制于诉讼中确认的诉讼案由，即所谓的诉讼类型。[18]   1321

此外，法院的裁判起初在严格的形式化程序中作出，该程序并不允许当事人或者他们的诉讼代理人自由地对事实和法发表见解。[19] 相反，在所谓的辩论环节可以对具体的事实和法律问题一步步地进行商讨。在此，一些细微的不确定内容可能会导致败诉。   1322

这些具有极其严格的形式特征的普通法诉讼程序从 14 世纪开始被**衡平判例（equity-Rechtsprechung）**方式所弱化。在此首先涉及针对公权力行为的请愿权，这也可以针对普通法院的不公判决。[20] 此后，由此产生了一个独立的审判管辖权，它用于寻找权利争议中的替代性结论，而这在严格的普通法的形式主义中曾被禁止。在此方式下还实现了对英国法更强烈的学术渗透，因为衡平法官一般受过罗马法的训练，或者受过哲学或神学的训练。[21]   1323

在 19 世纪的发展中，不管在内容上还是在建制上，普通法和衡平法   1324

---

[16]　*Plucknett,* A Concise History of the Common Law（Erstauflage 1929），5.Aufl. 1956, S. 381f.; *Hager*（Fn. 3），3/2.

[17]　*Maitland,* The Forms of Action at Common Law（Erstauflage 1909），Nachdruck 1968, S. 17f.; *Plucknett*（Fn. 16），S. 357.

[18]　对此入门性内容见 *Maitland*（Fn. 17），概览见 *Baker*（Fn. 9），S. 53ff.。

[19]　详见 *Baker*（Fn. 9），S. 76ff.。

[20]　*Baker*（Fn. 9），S. 100ff.; *Jolowicz*, On Civil Procedure, 2000, S. 25.

[21]　Siehe *Baker*（Fn. 9），S. 99ff. sowie *Zimmermann,* Der europäische Charakter des englischen Rechts: Historische Verbindungen zwischen civil law und common law, ZEuP 1993, 4-51（27ff.）.

这两翼都不断地相互磨合。[22] 基于此，一方面，过度形式化的古典的普通法逐渐弱化，并越来越倾向于实体法导向的思维方式。[23] 在此可以归功于衡平这一基本思想的贯彻。另一方面，仍同时留存普通法的核心理念，这塑造了对具有一般约束力规则的提取和对具体生活事实的判断这同一硬币的两面。这一案件审理和规范塑造的初始平等性可以被理解为与德国法发现方法的差异。在此，首先是以传统方式在体系规范中发现法上的方案，然后再将之应用于具体的判例之中。

三、英国审判的风格

1325   法的塑造与具体案件审判的紧密结合也反映了英国审判的风格。

1326   在此关系中首先需要强调的是对待判事实的仔细观察，这发生在高等法院裁判的第一审级中，也发生在上诉法院和上议院或今天的英联邦的最高法院[24] 裁判的上诉程序中。例如，德国联邦法院以极为简略和保守的典型方式阐述案件事实时，英国则通常以极为细致的方式来描述案件事实。在此，不仅涉及外在的差异，而且涉及英国审判的本质上的特质，这常常对内容上的公正审判具有决定性影响。[25] 在此方式下，法发现具有了一定修辞性的因素。这一英国审判的特质虽然在此范围内可能存在问题，即对启发性和情感性地设立的直观例子的过分强调可能会使法发现的合理性要求受损。[26] 但是，普通法的风格和方法立足于这一基本立场之上，即一个纯粹抽象合理的审判展现了一个错误的前提。或许，基于盎格鲁 - 撒克逊的视角，对抗情绪化的先见严重影响审判的最佳手段，并非对待判生活事实尽可能抽象简化的尝试，而是强大的法官人格。法官人格是以他们长年的经验中所塑造的职业伦理来在法律领域中作出克制的积极反应。[27] 基于此，英国的判例法

---

[22]　概述性的内容见 *Maultzsch*, Streitentscheidung und Normbildung durch den Zivilprozess, 2010, S. 139 m.w.N。

[23]　*Maitland*（Fn. 17），S. 66.

[24]　关于作为最高审判机关的上议院在 2009 年被联邦最高法院替代的背景参见 *Le Sueur*, From Appellate Committee to Supreme Court: A Narrative, in: Blom-Cooper/Dickson/Drewry（Hrsg.）, The Judicial House of Lords 1876—2009, 2009, S. 64-94。

[25]　*Hager*（Fn. 3），7/28; *Jolowicz*（Fn. 20），S. 292.

[26]　基于当代判例法模式的一般性批判内容见 *Schauer*, Do Cases Make Bad Law?, 73 U. Chi. L. Rev. 883-918（2006）。

[27]　对此详见 *Posner*, How Judges Think, 2008, S. 93ff.。

方法将丰富多彩的生活当作一种矿藏丰富的法创造的"知识宝库",且并未放弃司法的合理性要求。[28]

与之相关的是英国审判风格的另外一个特殊性,这很大程度上位于 1327 具体法官在判决中所塑造的个性之上。[29]这恰恰同样适用于英国的最高法院——这意味着早期适用于上议院,现在适用于英国最高法院。在此最高法院中共有 12 位法官;但是在具体裁判中一般只有 5 名法官一起审理。他们并未被分配到固定的审委会中,而是在不同案件中被重新组合。[30]在此背景下,英国最高法院的裁判较少是统一的法院机构的行动,而更多是重要的法官人格在具体判决中的表达。[31]在此意义下,所有参审法官作出同样判决并不常见——至少在民事案件中,而是一般由各个参审法官独立地作出裁判意见 [所谓的**独立意见**(seriatim opinions)]。[32]它的历史根源在于原初实践中的裁判模式。据此,任一参审法官直接依据口头审理来作出裁判,且立即生效。[33]在当时的实践中,占主导地位的是随着时间沉淀下来的以书面形式作出的裁判理由;但是独立裁判中的论证的多样性仍被保留。如果一个或多个法官的裁判意见可能在一定条件下被限于对其他法官详细判决论证的简短表决,那么这就被称为主导意见。[34]但是常常出现相左的详尽裁判,他们要么为了统一的结果而选择不同的论证思路,要么在判决结果中作为所谓的不同意见与法官的多数意见相左。这一判决中的多数决原则在个案中可能对判决有法约束力的表述内容的确定造成不利,这一判例也会辐射影响到未来相似案件的裁判。[35]

---

[28]　有关从案件中找法这一法官造法模式详见 *Maultzsch*(Fn. 22), S. 252ff.。

[29]　*Kötz*, Über den Stil höchstrichterlicher Entscheidungen, 1973, S. 13, 17ff.; *Robertson*, Judicial Discretion in the House of Lords, 1998, S. 15f.

[30]　每一个审理法官的选择并不遵循严格的形式化的预先规定,而是基于法院习惯,即基于法院行政部门(所谓的 Judicial Office)的领导的建议,由资历最老的两名法官来选择,参见 *Dickson*, The Processing of Appeals in the House of Lords,[2007]123 L.Q.R. 571-601, 589ff.。与德国法相应的法定法官原则(《德国基本法》第 101 条第 1 款第 2 句),即判决作出者必须依据既定的一般抽象标准预先确定,在英国并不存在。

[31]　Siehe *Robertson*(Fn. 29), S. 22ff.

[32]　*Herzog/Karlen*, Attacks on Judicial Decisions, in: Cappelletti(Hrsg.), Civil Procedure, International Encyclopedia of Comparative Law, Band XVI, Chapter 8, 1982, Rdnr. 85.

[33]　Vgl. *Karlen*, Appellate Courts in the United States and England, 1963, S. 98.

[34]　*Karlen*(Fn. 33), S. 98.

[35]　对此内容见本节下文四、1.b)。

1328   　　总之，英国的裁判风格构建于通识中的法官形象，他们较少基于具体
法素材的专业技能，而是基于一般性的法律论证功能，以及基于与待判案
件具有特殊关联的既有的裁判现状来作出裁判。[36]将判决详细地划分在不
同的专业法院的管辖之内——就如在德国所贯彻的，且在具体法院内通过
审判庭或审委会再作专业的审判范围划分，这在英国法中并不存在。所以，
只能期待最高审级的法官们如同税法判例一样地去处理侵权法中的案件。
这一通识法官的模式构建于盎格鲁 - 撒克逊民族特定的对法治国和司法的
理解。据此，（民事）审判的任务主要在于通过各方当事人（或其诉讼代
理人）之间的"竞赛"作出公正的判断。在此情境中，法官消极地听取当
事人所陈述的信息和论点，并对法律争议，确切地说是法律问题，依据一
般的法律规则和原则作出裁判。与之相对，从英国视角看，专业法官所具
备的专业知识在具体案件中较少与独立的、法治国定位的司法相融合，有
时并不是契合司法的，而是契合行政的积极规制思想。[37]

1329   　　在此背景下，还显而易见的是，英国法官在审理中对法学知识的利用
与德国相比本质上并不重要。[38]而对某个法律问题的学术意见现状的广泛
整理恰恰是德国联邦最高法院判决风格的本质特征，这一风格根源于德国
判决在学术体系上的类型化。[39]另一方面，是对纯粹学术上且并非通过具
体案件的判决所获得的知识的利用，这对于英国审判来说是非典型的。直
到前不久，仍适用这一严格的规则，即禁止在英国判决中引用在世学者的
观点。[40]虽然这一限制在今天已经不再适用，[41]但是法院在对众多学术观点
提炼时仍采取明显保守的立场。从英国视角来看，这些立场一般缺少充分
的合法化，在与案件相关的判例法体系中，这些立场就无法为法发现构建

---

　　[36]　*Devlin*, The Judge, 1979, S. 37; *Posner*（Fn. 27）, S. 263f.

　　[37]　关于这一问题的详细论述：*Damaska*, The Faces of Justice and State Authority, 1986, S. 136ff.。

　　[38]　*Dawson*（Fn. 3）, S. 95ff.; *Stevens*, Law & Politics, 1978, S. 194f.

　　[39]　Vgl. *Hager*（Fn. 3）, 2/35m.w.N.

　　[40]　*Dawson*（Fn. 3）, S. 97. 这一实践的背景是担心，某个判决所基于的观点，提出它的
学者后来会改变看法，从而影响到该判决事后的权威性。这一理论与实践之间的关系再次完
美地触及了对英国法律人而言尽人皆知的实践意义。

　　[41]　关于英国法院与法学的互动关系的最新论文见 *Braun*, Judges and Academics: Features of
a Partnership, in: Lee（Hrsg.）, From House of Lords to Supreme Court, 2011, S. 227-253; *Flohr*, Richter und
Universitätsjuristen in England, RabelsZ 77（2013）, 322-344 以及 *Lord Neuberger*, Judges and Professors-Ships
Passing in the Night?, RabelsZ 77（2013）, 233-250, 238ff.。

一个关键性的基础。

四、判例法方法的基本原则

1. 先例约束：遵循先例原则

a）基础

在判例法方法论的中心矗立着先例约束原则，后来的裁判受之前裁判　1330
中法律内容的制约称为"**遵循先例**"（**stare decisis**）（即"在裁判中仍适用"）。
既有法院裁判可以对之后裁判具有约束力的思想在普通法中具有漫长的历
史。[42] 早在 14 世纪时，在所谓的《年鉴》（Year Books）公布判决的过程中，[43]
司法的实践已经开始引用之前的判决作为权威的阐述。基于此，一个纯粹
实践上的简化一方面对于之后的审判活动具有约束力，之后的审判已经不
再需要在既有的规则上作出详细的新论证。另一方面，对于既有裁判的引
用构建于该认知之上，即在判例法体系中只有对先例的尊重才能够保障必
要的法的安定性和连贯性。

然而，在几个世纪的发展中，英国法中的先例约束原则经历了动态　1331
的发展，这一发展过程紧密地与每一个时期对审判角色的主要理解相
关。[44] 所以，依据 18 世纪中的优胜观点，并非单个判决，而是一系列稳
定的裁判才对之后的判决具有约束力。[45] 这一对先例约束力的限制性理
解与原初普通法院的对外形象完全契合，据此，法院本身并不立法，而
是只帮忙让既已在习惯上适用的规范获得适用。[46] 在这基于习惯的观察
中，不再是某个案件判决，而是当一系列个案形成裁判链后才可引起权

---

[42]　Dazu siehe *Postema*, Some Roots of our Notion of Precedent, in: Goldstein（Hrsg.）, Precedent in Law, 1987, S. 9-33; *Vogenauer*, Zur Geschichte des Präjudizienrechts in England, ZNR 28（2006）, 48-78.

[43]　在 13 世纪下半叶创立的《年鉴》（Year Books）中具有英国最古老的诉讼和判决的文献资料卷讨论。这些《年鉴》起初可能由诉讼律师所带的实习律师共同参与编写，因此起初首先希望作为未来代理律师的职业教育材料，但是它作为判决汇编的功能也慢慢体现出来。《年鉴》这一概念得自原初的版本编号模式，这取决于特定国王的统治时间。关于年鉴更详尽的内容和它对于判例的意义见 *Allen*（Fn. 1）, S. 190ff.; *Baker*（Fn. 9）, S. 178ff.; *Dawson*（Fn. 3）, S. 50ff.。

[44]　详见 *Evans*, Change in the Doctrine of Precedent in the Nineteenth Century, in: Goldstein（Hrsg.）, Precedent in Law, 1987, S. 35-72 sowie Wesley-Smith, Theories of Adjudication and the Status of Stare Decisis, in: Goldstein（Hrsg.）, Precedent in Law, 1987, S. 73-87; 概览见 *Hager*（Fn. 3）, 3/2ff.。

[45]　*Plucknett*（Fn. 16）, S. 347.

[46]　见本节上文二。

威的效力。

1332　　在 **19 世纪**的发展中，英国已经实现了法和审判的一个制度—实证性的图景。[47] 特别是依据边沁（Bentham）和奥斯丁（Austin）[48] 的著作，这样的观点——法主要从交往伦理（Verkehrssitte）和习惯中，"由下而上"地缓慢发展而来，最终让步于这一观点——法是体现在一定立法机构中的国家主权的意志力量的产物。一方面，这一观察方式将立法活动更强烈地置于立法权力的中央。[49] 另一方面，这对于并无成文法规制的普通法而言意味着，审判的判决较少作为有机的传统关联来理解，而是作为有意制定的、权威的规定来理解。在这一制度—实证上理解的审判程序中，严格的先例约束体系可以保障法的安定性，这在 19 世纪得到了充分的发展。[50] 与之相应，遵循先例的实践从此刻开始从一个一般性的、灵活的原则变为一个固定的规则，据此一个具体的裁判已经对未来的裁判产生了约束效力。[51]

　　b）先例约束的客体：裁判理由和裁判附言

1333　　在判例法体系的框架内，先例约束思想可以带来在直观上可立刻理解的可信性。深入研究则涉及不同的规则工具，将其适用于具体案件中需要大量的训练和评判。

1334　　首要问题是，裁判的哪些具体内容具有约束效力？在此，在本质上并不涉及审判的裁判内容，因为这只对具体法律争议的主体，并非对未来的案件具有意义。相反，约束力的客体是所谓的**裁判理由**（**ratio decidendi**），即法的规则，更确切地说是法院在先例中用以支持裁判的法律规则，而且这些法律规则作为一般化的规范可以被用于将来的案件。[52] 裁判理由因为具有何物才导致具有约束力？这在相关案件中始终并未明确显示出来，[53]

---

[47]　简短的概述性内容见 *Maultzsch*（Fn. 22），S. 144ff. m.w.N.。

[48]　关于影响参见 *Atiyah/Summers*, Form and Substance in Anglo-American Law, 1987, S. 222ff.; *Postema*（Fn. 42），13f.。

[49]　关于"议会至上"（parliamentary sovereignty）思想的原因和界限见 *Sydow*, Parlamentssuprematie und Rule of Law, 2005。

[50]　*Cross/Harris*, Precedent in English Law（Erstauflage 1961），4. Aufl. 1991, S. 24ff.; *Zweigert/Kötz*（Fn. 1），S. 253f.

[51]　关于 19 世纪发展的细节参见 *Evans*（Fn. 44）。

[52]　*Cross/Harris*（Fn. 50），S. 39ff.; *Hager*（Fn. 3），3/19ff.

[53]　所谓的 "headnotes"，即置于判决汇编中判决文本之前的摘要性内容，主要是提示判决中法律内容的要点；比较 *Zander*, The Law-Making Process, 7.Aufl. 2015, S. 259。但是在内容摘要中并不存在具有约束力的裁判理由中有约束力的总结性内容。

而是常常只有通过在法院的法律论述和待判案件事实之间仔细地搜索才能够研判出来。[54]至少从严格意义上来说，一个判例中只有那些法律论述才具有先例上的意义，这对于具体判例具体分析是必要的。与之相区别的是所谓的**附带意见（ obiter dicta ）**，即法院虽然写上了，但是它们也可以被拿掉，且对具体案件的裁判并无影响。[55]支撑性的并因此具有约束力的裁判理由（ ratio decidendi ）和非支撑性的并因此无约束力的附带意见[56]的区别却以对先例中的案件事实的仔细分析为前提，以便能够区分出裁判理由中的关键部分和非关键部分。

通过对上述已经研究过的情形——英国的民事判决书一般并非由一致的表决构成，而是由各个审理法官的独立裁判理由（独立意见）构成，对具有约束力的裁判理由的研究可得出一个另外的复杂情形。[57]支撑判决的独立裁判意见的数量越多，则从裁判中分析出对将来判决具有约束力的、统一的裁判理由的难度就越大。[58]在此，不同的重点或者只是个别法官的论证思路中的细微差别都可能有碍于统一的裁判理由。 1335

1971 年 *Boys v. Chaplin* 一案[59]塑造了相对效力——将独立的裁判应用于英国法院审理的约束力的范式上的例子。此案涉及在马耳他发生的驻扎于海外的不列颠的武装力量成员之间的交通事故的损害赔偿法问题。关键性的法律问题在于，被侵权人是否对侵权人享有痛苦抚慰金请求权。此类请求权在交通事故中为英国法承认，但是马耳他法却不承认。上议院的五名审理法官在结果上得出的结论是，虽然事故发生在马耳他，但是被侵权人应当依据英国法来获得痛苦抚慰金。对此他们却给出了不同的理由。这一 1336

---

[54] *Hager*（ Fn. 3 ），3/20.

[55] *Cross/Harris*（ Fn. 50 ），S. 75ff.; *Manchester/Salter*, Exploring the Law, 4. Aufl. 2011, 1-007ff.

[56] "附带意见"常常对未来的审判具有决定性影响。但是这一影响力并非基于一个形式上的约束力，而是基于"附带意见"内容上的确信力——实质合法性代替形式合法性，参见 *Hager*（Fn. 3），3/29，以及 *Zander*（Fn. 53），S. 254。

[57] 见本节上文三。

[58] Lord Hope of Craighead, Methods and Results-the place of case law in the legal system of the UK, in: Schulze/Seif（ Hrsg. ），Richterrecht und Rechtsfortbildung in der Europäischen Gemeinschaft, 2003, S. 145-160（ 155 ）und im Einzelnen Cross/Harris（ Fn. 50 ），S. 84ff.

[59] [1971]A.C. 356. 在官方判决汇编收集的英国判决的其他引用方式中首先是用单书名号将裁判的年份括起来，然后是相应裁判收集的简称（此处："A.C." 代表"Law Reports, Appeal Cases"，对上议院判决的重要裁判汇编）和判决收集版本的开始页码。

痛苦抚慰金的问题，一部分被作为冲突法适用中的实体法看待，[60] 一部分
则被作为损害赔偿数额确定的程序问题看待，[61] 还有一部分被视为马耳他
和英国的法政策上的利益来判断。[62] 在 *Boys v. Chaplin* 一案中，尽管各位法
官在可赔偿损害的冲突法问题上对未来的法律争议在结果上达成了一致，
但是并未形成统一的裁判理由。[63]

1337　　　　最后在一定条件下仍存在的问题是，有约束力的裁判理由和无约束力
的附带意见之间区别的权限是在于首先作出具有潜在约束力的法院，还是
在于现今可能受到约束的审理法院。[64]

1338　　　　对此问题的一个经典示例是上议院 1964 年在 *Hedley Byrne & Co. Ltd. v.
Heller & Partner* 案[65] 中作出的著名裁判，这涉及在咨询意见有瑕疵时合同
关系之外的纯财产损失责任问题。在该争议中，作为原告的一家服务企业
必须对它是否应该对一个顾客预先支付一笔大额付款作出决定。为了保证
该决定的正确性，原告针对自己的主服务银行向被告（顾客的银行）进行
信用咨询。被告对原告的主服务银行给出了顾客信用上的积极评估，但这
并未合理地尽到必要的注意。基于对该评估的信赖，原告对顾客作出了预
先支付，但是他的债权却因顾客的破产而落空，因此基于错误的咨询信息
向被告主张损害赔偿请求权。五名上诉法官达成一致意见认为，对于造成
财产损失的、过失的错误咨询信息的赔偿责任包含合同关系之外的过失侵
权[66]。对此的前提是侵权人与被侵权人之间充分的亲近关系，因为侵权人
对被侵权人违反了注意义务（duty of care）。[67] 特别是当被咨询人可以给出
专业的鉴定意见，并能够预见到他人基于信赖该鉴定意见的正确性而采取

---

[60]　如细节中的差异：*Lord Hodson*（a.a.O., 373ff.）和 *Lord Pearson*（a.a.O., 393ff.）。

[61]　如具有不同的细微差别内容：*Lord Guest*（a.a.O., 380ff.）和 *Lord Donovan*（a.a.O., 383ff.）。

[62]　Z.B. *Lord Wilberforce*（a.a.O., 384ff.）.

[63]　对判决的批判内容见 *Blom-Cooper*, Style of Judgments, in: Blom-Cooper/Dickson/Drewry
（Hrsg.）, The Judicial House of Lords 1876—2009, 2009, S. 145-163（155）。

[64]　对此入门性介绍见 Hager（Fn. 3），3/22ff., 具有更多内容。

[65]　[1964]A.C. 465.

[66]　在此涉及一个概括条款性的关于过错侵权的责任事实构成，这构建于其核心条
件：注意义务（duty of care），违反义务（breach of duty），损害（damage）和损害的可归责性
（causation）之上。详见 *Markesinis/Deakin/Johnston,* Tort Law, 7. Aufl. 2013, S. 97ff. 以及 Zweigert/
Kötz（Fn. 1），S. 610ff.。

[67]　*Hedley Byrne & Co. Ltd. v. Heller & Partners Ltd.,*[1964]A.C. 465, 530, per Lord Devlin.

措施之时。[68]但是这一观点并未说服原告 Hedley Byrne，因为被诉银行明确地在其咨询意见中写明"不承担责任"，且依据所有上诉法官的意见，这在结果上排除了赔偿责任。因此，若不分析根本问题——在过失的错误咨询意见中是否考虑合同关系之外的纯财产损失赔偿责任，而严格依据这一责任排除条款，则该诉讼就已经被驳回。[69]这似乎认为，Hedley Byrne 案中与之相关的法律表述只可被赋予判决中的附言这一地位，因此之后的裁判可以拒绝其约束力。从审理 Hedley Byrne 一案的法官的观点来看，这恰恰是本判决的主要目的，即宣告了对于错误咨询时的赔偿责任这一根本性问题，并创设了对未来的法的安定。在此意义上德弗林（Devlin）勋爵特别指出，对于过失错误咨询时的赔偿责任这一根本问题的研究是必要的，这样才能够正确地裁判 Hedley Byrne 一案。[70]

上议院在此案中为自己主张先例上的权限，艾森贝克（Eisenberg）恰当地将之定性为"公示方式"（announcement approach）。[71]据此，不仅是判决中这些作为必要裁判理由的客观评价视角上的表述属于具有约束力的裁判理由，而且那些其他审理法院明显想要赋之以约束力的表述也具有约束力。在 Hedley Byrne 判决的持续影响下，公示模式在实践中也得到了贯彻。所以，之后对于过失咨询导致的赔偿责任问题的裁判，如果支持 Hedley Byrne 一案中的赔偿责任，则仍不视为无约束力的附带意见，而是作为有约束力的裁判理由看待，并与之相应地作出同等裁判。[72]但是这一举措意味着有点偏离了普通法的基本理念，据此法院只有一个与案件相关的提炼具有法上约束力规则的权限。在"公示"框架中先例约束的范围恰恰并非源自待判事实和法官的法上论证之间的实际交互影响，而是独自来源于审理法院的立法意思。[73]

c）先例约束的范围：审级与推翻先例

下面则存在着这一问题，即哪些法院拥有作出具有约束力的先例的权

1339

1340

[68] Siehe Hedley Byrne & Co. Ltd. v. Heller & Partners Ltd.,[1964]A.C. 465, 466.

[69] Vgl. Cross/Harris（Fn. 50），S. 79f.

[70] Hedley Byrne & Co. Ltd. v. Heller & Partners Ltd.,[1964]A.C. 465, 532, per Lord Devlin.

[71] Eisenberg, The Nature of the Common Law, 1988, S. 54f.; 类似的内容见 Eisenberg, The Principles of Legal Reasoning in the Common Law, in: Edlin（Hrsg.），Common Law, Theory, 2007, S. 81-101（88f.）。

[72] Siehe W.B. Anderson and Sons Ltd. v. Rhodes,[1967]2 All E.R. 850, 857.

[73] Siehe Maultzsch（Fn. 22），S. 165f.

限？哪些法院可能受到这些先例的约束？在此首先存在一个垂直层面的先例约束，较高审级的法院裁判对较低审级法院的裁判具有约束力。英国最高司法机关，即之前所提到的上议院和今天的英联邦最高法院的裁判对作为居中审级的上诉法院（Court of Appeal）和作为初审的高等法院（High Court）具有约束力。[74]上诉法院的裁判虽然可以对高等法院具有约束力，但是对联邦最高法院却没有。

1341 更加棘手且答案差异更大的是对这一问题的评断，即一个法院在何范围内受之前裁判中裁判理由的约束？是否在纵向层面之外还有一个横向层面的先例约束？当并不涉及初审裁判，而是涉及法调查程序中作出裁判时，就有可能受之前同一级别法院作出的裁判的约束。[75]在此背景下，上诉法院一般受自己之前裁判的约束。[76]最后，自1861年上议院对 Beamish v. Beamish 案作出裁判以来，受自己的先例约束的思想就作为基本规则在英国最高审判机构得以确立。[77]就如先例附上作出的时间一样，[78]这一基本规则是居于核心的制度—实证导向的裁判理解的必然。由于最高法院的裁判很快不再被作为纯粹对历史中流传的法律智慧的宣告式确认，而是作为独立的立法活动，必须在未来确保其稳定性，所以这些先例对最高法院这一审级自然就具有了约束力。[79]

1342 然而，绝对的水平层面的先例约束可能会导致，上议院（或今天的英国最高法院）的裁判理由无法通过判决本身，而是只能通过立法者来改变，[80]

---

 [74] 关于英国民事审判管辖的审级入门性介绍内容参见 *Manchester/Salter*（Fn. 55），2-001ff.。

 [75] *Manchester/Salter*（Fn. 55），1-021.

 [76] 上诉法院在此判决中具有对自己先例的水平上的约束，即 Young v. Bristol Aeroplane Co.,[1944]K.B. 718f.，具体见下面的论述："上诉法院必须遵从自己曾作出的裁决，以及遵守由相互协调的司法管辖权组成的法庭的裁决。在这方面，'完整'法院与由三名法官组成的法院分庭处于相同的地位。"这条规则的唯一例外是：（1）法院有权并有义务决定它将遵循自己作出的两项相互冲突的裁决中的哪一项；（2）如果法院认为自己的某一项裁决不能与上议院的裁决相一致，那么法院应拒绝遵守该项裁决，尽管该裁决未被明确推翻；（3）如法院认为某一裁决的作出是因失察所致，即如前一法庭在作出判决时未注意一项具有法定效力的法规或规则，而该法规或规则会影响到该裁决，则该法院不受该本身裁决的约束。"

 [77] *Beamish v. Beamish*,[1861]11 Eng. Rep. 735, 761, per Lord Campbell.

 [78] 关于19世纪英国审判的实证认知参见本节上文四、1. a）。

 [79] Siehe *Evans*（Fn. 44），56f.; *Stevens*（Fn. 38），S. 82f.

 [80] 关于这一立法者修正内容的介绍见 *Lee*, "Inconsiderate Alterations in our Laws": Legislative Reversal of Supreme Court Decisions, in: Lee（Hrsg.），From House of Lords to Supreme Court, 2011, S. 71-100。

哪怕某个作为先例的裁判后来被认定为错误导致的。随着时间的流逝，在此背景下就产生了一个需要，即最高审级在非常严格的条件下必须可以废除自己的先例，人们称之为所谓的**推翻先例（overruling）**。[81] 基于此，稳定性与灵活性之间的张力关系被尽可能地作为判例法体系的基础来调和：对上议院或者英国最高法院之前裁判推翻的权力只保留在最高审级自身，这就排除了较低审级的法院（比如上诉法院），且只在特殊的案件中才考虑推翻先例。一方面，这需要与连续性和法的安定相适应。另一方面，最高审级在特殊情况时才享有的自我推翻的权限保障了普通法的发展和适应能力，防止了判决的僵化危机。

在何条件下才考虑推翻先例这一问题的出发点是所谓的 1966 年的《上议院实践声明》（Practice Statement des House of Lords）。这一由 Gardiner 勋爵担任当时上议院主席所作出的*声明*非常漂亮地释明且合理地平衡了法安定这一要求和判决的开放式发展这一追求： 1343

　　"他们的权威要求将先例当作决定什么是法且如何在个案中适用的不可动摇的基础。先例至少提供一些确定的标准，以便个人在实施自己的行为时作为参照，恰如依据法律规则有序发展的基础。但是他们的权威会导致过于僵化地遵守先例带来的个案不公，并因此不适当地阻碍了法律的适当发展。因此他们建议在保证上议院的裁判具有一般约束力时可以修正之前的实践，必要时弃用之前的裁判。这里他们要有承受对既有基础破坏的决心，比如合同、财产清偿和财产预算所涉及的基础，且特别是涉及刑法的基础。这一声明并不想要影响到本上议院之外的其他地方对先例的适用。"[82]

上议院通过推翻先例来修正自己先例的一个著名例子，再次塑造了关于合同关系外引起的纯粹财产损失的过失责任的判决的发展。如上所述，在此关联中，1964 年的 *Hedley Byrne* 判决率先原则上确认了过失作出错误咨询引起的损害后果的赔偿责任。[83] 这一判决的裁判理由在于，如果被侵权 1344

---

　　[81]　对此更多细节内容和其他参引见 *Hager*（Fn. 3），3/41ff.。

　　[82]　*Practice Statement*,[1966]3 All E.R. 77, per Lord Gardiner L.C. 后来，该公告通过 1969 年的《年度司法行政令》（Administration of Justice Act）获得了直接的法律认可。

　　[83]　参见本节四、1. b）。

人信赖了侵权人的鉴定意见，且在此背景下当事人都处于一个准合同关系
之中，那么侵权人对在财产上受到损害的被侵权人具有注意义务。但是在
1978 年 *Anns v. Merton London Borough Council* 的裁判中[84]，对纯粹财产损失的
合同外的赔偿责任实质上被扩展到准合同上的信赖关系情形之外。在这一
待裁判案件中，房屋的承租人因房屋的建造缺陷而遭受了财产损失，他们
向负有管理职责的房管局主张赔偿，理由在于这些缺陷在正常的官方建筑
监管中应能够被及时发现。上议院作出了利于承租人的裁判，即支持了针
对房管局基于过失侵权的赔偿责任，并以此创设了对过失引起的损害赔偿
责任的概括条款。[85] 依据这一概括条款，如果侵权人能够预见他的行为可
能对他人的财产造成损害，那么侵权人对被侵权人就要承担初步的（prima
facie）赔偿责任，因为在此案中已经存在侵权人和被侵权人间的亲近关系，
而这典型地证立了注意义务的存在。如果这一案件既已存在初步的赔偿责
任，那么这一损害责任只有例外地基于特殊的政策上的反对理由才能够被
排除。由于该案中的裁判理由在核心上只是要求侵权人对相关财产损失的
可预见性作为赔偿责任的条件，但是带来了对纯粹财产损失合同外扩张的
风险。1991 年，上议院以此为理由在 *Murphy v. Brentwood District Council* 案的
裁判中[86] 最终弃用了 *Anns* 案这一先例。在 *Murphy* 案中涉及一个缺陷房屋
购买者向相关房管局提起的损害赔偿诉讼，该购买者因房屋的建筑技术缺
陷而交付了超额的购买款。虽然房管局在有可识别的缺陷时仍批准了房主
的建筑方案，并可能预见到了房屋潜在购买者的损害，但是上议院现在否
决了房管局对于保护购买者财产利益的注意义务，并因此同时弃用了 *Anns*
案中的裁判理由。

1345   这样，虽然为了弃用后来认为有发展错误的先例而设置了推翻先例这
一手段，但是英国最高法院的裁判并非随意使用这一手段，以便维护判例
法体系中对法的安定和信赖保护的需要。因此，推翻先例的前提一般是待
弃用的先例存在根本缺陷，而纯粹认为某先例并非解决相应法律问题的最
佳方案这一理由则并不充分。[87]

---

[84]　[1978]A.C. 728.

[85]　*Anns v. Merton London Borough Council*,[1978]A.C. 728, 751f., per Lord Wilberforce.

[86]　[1991]1 A.C. 398.

[87]　更多细节内容参见 *Hager*（Fn. 3），4/49ff. sowie a.a.O., 4/244ff.。对于未来案例被推翻
的可设想的妥协底线是，只有在未来新的案件中才可以改变裁判理由。

2. 先例效力的限制和扩张：区分和类推

a）基础

首先将被描述的是，如何能够探究出一个先例的裁判理由，且它在多 1346大范围内对未来同样的案例具有约束力。与之相关的是另一个问题，即一个裁判理由对于以后的裁判具有何意义。虽然之后的案例在一定程度上类似于之前先例中被裁判的情形，但是并非完全一致。审理新案件的法院必须在这一关联中作出决定，即原初判例和新案例之间在事实上是否具有本质上的不同。[88] 如果具有本质上的不同，那么就会被**区分（ distinguishing ）**，且这一先例的裁判理由就不被应用在新案例上。相反，如果认定先例和待决情形具有非本质性的差异，那么之前裁判的裁判理由就会通过**类推（ analogy ）**适用在新的事实上。

在此，在区分和类推之间作选择绝非纯粹在逻辑上要克服的行动，而 1347是始终是一个规范评价性的措施。[89] 尽管当前的审理法院在此必须围绕被讨论先例的裁判理由的基本思想来展开，并阐明该思想，但是在评价先例的立法理由是否可以转接到新案例上这一问题时，审理法院一般具有巨大的自由裁量权。在此意义上，通过使用区分和类推这两种方法同时会一直创制新的判例法，这重新固定并再矫正了先例的规范效力。[90] 因此，类似于推翻先例，区分和类推强调判例法思维的动态因素。

但是，由于这一方法不同于推翻先例，且并不导致一个对先例新的形 1348式上的废止，而只是解释和固定它的效力范围，所以上面描述的推翻先例的限制性（即受制于审级和内容的）条件并不适用于区分和类推。所以这对于诸如上诉法院等都可以自由地基于区分而在新案例中不适用联邦最高法院的先例，但是并非如之前通过联邦最高法院裁判的事实那样被同等对待。相反，对于联邦最高法院这一最高审判机关而言可能重要的是，基于区分而在新的事实情形之中不适用自己之前的某个先例或者其前身上议院的先例。由于在此先例可以被取代，对先例的推翻就显得多余，依据上文

---

[88]　见 *Zander*（ Fn. 53 ）, S. 261："问题总是一样的——在本案的事实和判例的事实之间有什么实质性的区别可以证明要适用不同的规则吗？"

[89]　介绍性内容见 *Eisenberg*（ 1988, Fn. 71 ）, S. 70ff.。

[90]　*Gardner*, Some Types of Law, in: Edlin（ Hrsg. ）, Common Law Theory, 2007, S. 51-77（ 71 ）; *Jaffe*（ Fn. 5 ）, S. 74; *Maultzsch*（ Fn. 22 ）, S. 27.

所述，这只在废除严格的条件下才被考虑，[91] 且在方法的实质手段上体现
为区分。

　　b）审判示例：惊吓损害的可归责性

1349　　　至于类推和区分这两个技术如何引发先例状态动态地发展，对此合宜
的示例是关于过失引起的惊吓损害的可赔偿性的裁判。这一裁判再次在过
失侵权这一框架下发展，并涉及侵权人过失引起的一个事故，在结果上并
未导致他人因事故造成生理上的伤害，而是遭受了惊吓损害，并为此损害
要求作出赔偿———一般是痛苦抚慰金。有关这一问题的裁判的大概内容分
散在判例法基本原则各处（并非抽象地，而是在案件中来解决相关法律问
题），并未在一个唯一的裁判中，而是在一系列判决中得以发展，这些判
决在惊吓损害案件的不同细节中被分析，且基于此方式来塑造并使用权威
的*裁判理由*。[92]

1350　　　原初赞成基于过错侵权的惊吓损害责任的判决涉及这些事实，即遭受
惊吓的人直接处于事故的危险范围之内，精神上遭受的损害是直接的生理
危险的后果。[93] 在 1983 年 *McLoughlin v. O'Brian and others* 这一重要裁判中 [94]
出现了这样的问题，即并非因对自己生理安全的担心而产生惊吓，而是基
于被侵权人是事故遇难者的一个近亲属，其在听到该不幸消息后引发的。
在这一事实中原告大概在事故发生两小时后才得知她的丈夫和他们的小孩
遭遇了一场由被告过失导致的事故。在医院中她得知她的女儿们离世的消
息，听到其他两个小孩因疼痛而喊叫的声音，并看到她的丈夫变得呆滞和
绝望，由此她遭受了严重的惊吓，并提起诉讼要求对此作出赔偿。但这里
将惊吓损害归责于肇事者并因此支持赔偿责任不能够直接适用既有的先例
来实现，因为这些事故所涉及的赔偿责任都是基于被惊吓者直接处于危险
范围内而产生的。但是可以对既有先例进行扩张，并基于类推来支持该赔
偿责任，条件是对某个近亲属的伤害的即时反应这一引起惊吓的因素与自
己出现在了危险范围内的情形，可以相比拟。这一问题（即 *McLoughlin* 案

_____

　　[91]　参见本书上文四、1. c）。

　　[92]　关于这一判决链的更多内容见 *Hager*（Fn. 3），3/31ff. 以及 *Manchester/Salter*（Fn. 55），
15-001ff.。

　　[93]　比较 *Dulieu v. White & Sons*,[1910]2 K.B. 669 和 *Bourhill v. Young*,[1943]A.C. 92（在此裁决
中上议院否决了原告在危险区域逗留期间所受损害的赔偿请求）。

　　[94]　[1983]1 A.C. 410.

中的赔偿责任）在结果上被上议院的所有五个审理法官所支持，尽管有些法官采用了完全不同的论证思路来支持自己的裁判。[95] 该判决的中心思想是，如果被侵权人自己受到了危害，那么第三人的惊吓损害对于肇事者不仅是理性上可预见的并因之对其可归责的，而且当惊吓在事故后的很短时间内产生且对近亲属明显引起了担心和悲伤的话也同样处理。在评价上，先例上的既判案例和新的案例情形因此也可以被同等对待，这提供了责任承担上的裁判理由的扩张。

相对的技术（即区分）在 1992 年 *Alcock v. Chief Constable of South Yorkshire* 一案[96] 中被应用。此处涉及在一个足球场中因恐慌引起的踩踏而导致多人死亡的案件。大量死者的亲属在电视中看到了踩踏事故并因此受到了惊吓，他们向对该踩踏事故负有责任的当局主张损害赔偿责任。上议院在本案中否决了该赔偿责任，因为本案中的这一种引起惊吓损害的方式与 *McLoughlin* 案中的方式不具有可比性，并因此需要加以区分。因为不同于 *McLoughlin* 中的原告，本案中的原告并未在事故发生的短时间内直接亲历他们亲属的痛苦，而是通过电视媒体——此外电视只是针对踩踏事故本身，并未公开具体看球人员遭受的不幸。[97] 因此，惊吓损害责任承担的可归责性在本案中基于与 *McLoughlin* 案中裁判理由的区分而被否决。

五、判例法方法的新发展："寻找原则"

如果将之前对具体生活事实的裁判和在此所实现的适用于一般情形中的法律规则（裁判理由）的提取之间的交互作用作为英国判例法的本质特征的话，那么仍然不应该误解的是，在英国的法方法中逐渐呈现出这样的追求，即不再仅仅使用依靠判例的"小步"和长长的判决链来提炼重要的法律问题。相反，裁判逐渐需要以一个更强的抽象—体系化的方式来解释这些法律问题。[98] 对此，一个重要的基础是这一认知，即普通法中的先例在 19 世纪的理解中越来越少地被作为纯粹权威性的立法——这构建了规则的总和，而是必须被理解为合理性的法律原则的表达——这与体系化的

1351

1352

---

[95]　Vgl. *Maultzsch*（Fn. 22）, S. 156f., 166ff.

[96]　[1992] 1 A.C. 310.

[97]　Siehe Alcock v. Chief Constable of South Yorkshire, [1992] 1 A.C. 310, 398, per Lord Keith.

[98]　介绍性内容见 *Maultzsch*, Wandlungen des englischen Rechtsprechungsstils, in: Maultzsch（Hrsg.）, Fuchs oder Igel?-Fall und System in Recht und Wissenschaft, 2014, S. 53-67, 58ff.。

诉求相关。[99] 基于此，一些本属于传统大陆法系的学术体系化要求的要素流进了英国的判例法之中。

1353　　　　一个明显的进展是将英国法引入欧盟和《欧洲人权公约》（EMRK）中所体现的新导向。不少英国的裁判在这一受欧洲大陆的法律思维所影响的体系框架内被保留，但是通过判例逐步塑造规则的模式被利于抽象合理性这一要求所放弃。[100] 这些并未始终基于英国法官的视角而带有同情地被保留，所以丹宁（Denning）勋爵将欧洲法比作"涌入的潮水"。[101]

1354　　　　然而，在欧洲法参照系的另一面，英国最高法院对一些重要法律问题的审判结果不再主要基于对一系列具体的判例情形的分析，而是在强烈的体系性、几乎是教科书式的分析框架中来处理这些法律问题。对此的例证如高夫（Goff）勋爵在 *Cambridge Water Co. v. Eastern Counties Leather Plc.* 一案裁判中 [102] 对相邻不动产之间的损害赔偿责任的分析；Browne-Wilkinsons 勋爵在 *Barclays Bank Plc. v. O'Brien* 和其他人一案中 [103] 对"过度影响"这一法律制度的分析；抑或霍夫曼（Hoffmann）勋爵在 *OBG limited* 一案 [104] 中对侵犯财产行为的分析。在诸如此类的裁判中呈现了法官的规则塑造方法的观点转换，它让具体的判例研究退居二线，并确认了更强烈的体系定位。换言之，英国的判例法越来越受"寻找原则"所主导。[105] 尽管这一新的导向显得十分重要，但是它的实际影响不应被高估。具有严格意义上先例影响力的并非审判中纯粹体系化的分析，而是那些从具体判例情形中提炼出来的作为法律规则的"裁判理由"。[106]

---

[99]　对此首先见 *Allen*（Fn. 1），S. 285ff.; *Dworkin*, Law's Empire, 1986, S. 240ff.; *Eisenberg*（1988, Fn. 71），S. 64ff., 76ff. und 83ff.。

[100]　*Maultzsch*（Fn. 22），S. 179ff.

[101]　H. P. Bulmer Ltd. and Another v. J. Bollinger S.A. and Others,[1974]Ch. 401, 418, per Lord Denning M.R.; auch Arnull, Keeping Their Heads Above Water?European Law in the House of Lords, in: Lee（Hrsg.），From House of Lords to Supreme Court, 2011, S. 129-148.

[102]　[1994]2 A.C. 264, 297ff.

[103]　[1994]1 A.C. 180, 189ff.

[104]　[2008]1 A.C. 1, 18ff.

[105]　如关于高夫勋爵的纪念文集标题，参见 *Swadling/Jones*（Hrsg.），The Search for Principle: Essays in Honour of Lord Goff of Chieveley, 1999。

[106]　Siehe *Jolowicz*（Fn. 20），S. 291f. und *Maultzsch*（Fn. 22），S. 158f.

六、总结

英国的判例法方法具有漫长的传统，它在起初更多地定位于司法的实 ₁₃₅₅
践而非体系科学。在此背景下判例法呈现出了特殊的风格，核心是将那些
待判案件与研判出来的法律规则紧密联系在一起。如果先例约束力一方面
赋予判例法体系必要的稳定性的话，那么另一方面，区分和类推在特定情
形下赋予对个别先例推翻的权限就保障了必要的灵活性和动态性。然而，
在这些英国判例法的经典支柱之侧，近期还出现了最高法院对法律问题进
行更强的体系处理的情形，这导致了英国判例法一定程度上向欧洲大陆的
法方法的趋近。

七、文献

英国判例法的核心历史基础见：

Baker, John H., An Introduction to English Legal History, 4.Aufl. 2002（S.1-222）.

Dawson, John P., The Oracles of the Law, 1968（S.1-99）.

以及概览：

Zweigert, Konrad/Kötz, Hein, Einführung in die Rechtsvergleichung, 3.Aufl. 1996
（S.177-214）.

重要的方法论文献还有：

Cross, Rupert/Harris, J. W., Precedent in English Law, 4.Aufl. 1991.

Eisenberg, Melvin A., The Nature of the Common Law, 1988.

Hager, Günter, Rechtsmethoden in Europa, 2009（Kapitel 3, Rn.2-77 und Kapitel
4, Rn.89-164）.

Manchester, Colin/Salter, David, Exploring the Law, 4.Aufl. 2011.

Zander, Michael, The Law-Making Process, 7.Aufl. 2015（S.208-402）.

Goldstein, Laurence（Hrsg.）, Precedent in Law, 1987.

关于英国判例风格的最新发展概述见：

Maultzsch, Felix, Wandlungen des englischen Rechtsprechungsstils, in: Maultzsch
（Hrsg.）, Fuchs oder Igel?-Fall und System in Recht und Wissenschaft, 2014, S.53-67.

八、附录：英国判决示例

下文所列出的上诉法院的判决涉及损害赔偿法的问题，即所谓的违约 ₁₃₅₆

中债权人的喜好利益的可赔偿性问题。与之相关的内容上的问题本书已经在其他地方基于比较法的视角论述过。[107]下列所附案例的目的在于让读者尽可能真实地看到英国法院判决的结构和风格。这里的一些核心要素已经通过脚注作出提示。

Ruxley Electronics and Construction Ltd. v. Forsyth[108]

上诉法院[109]

1994 年《判例汇编周报》第一卷第 650 页起[110]

Dillon，Staughton 和 Mann 法官[111]

1993 年 11 月 19 日；12 月 16 日

损害赔偿—合同—违约—潜水所用特定深度的泳池建造合同—完工后泳池深度未达合同要求深度—建造缺陷不妨碍潜水，亦未造成财产性损失—弥补缺陷的费用是否可以补偿[112]

合并审理诉讼中，两名原告分别与被告签订合同，为被告在其花园内建造一座泳池及围栏。合同规定，建成的泳池含深度为 7 英尺 6 英寸的潜水区。实际竣工后，潜水区宜用作潜水，但仅 6 英尺深。该施工缺陷未造成财产性损失。预计将泳池重建至指定深度的费用为 21560 英镑。法官支持原告主张的合同价款未清余额，判定原告需向被告赔偿舒适感上的损失2500 英镑，但驳回**原告**合同违约的反诉。[113]

被告反诉：[114]

（法官 Dillon 持反对意见）该判决允许上诉，需参照合同正常履行所产生价值确定被告因合同违约遭受的损失；鉴于损失为重建泳池的费用，

---

[107]　*Maultzsch*, Der Schutz von Affektionsinteressen bei Leistungsstörungen im englischen und deutschen Recht, JZ 2010, 937-945.

[108]　诉讼当事人姓名以"v"隔开，"v"代表拉丁文 versus（"诉"）。

[109]　审判法院的名称，此处上诉法院为第一审级。

[110]　判决出处是《判例汇编周报》（Weekly Law Reports）杂志。

[111]　参审法官名单。"L.J."代表"Lord Justice of Appeal"。如果列出多名法官，则使用简称"L.JJ."。

[112]　所涉法律问题的关键词总结。

[113]　对事实和诉讼程序的简要总结。

[114]　判决中原审被告所采用的诉讼方法。

即便工程缺陷未造成财产性损害。据此，不论是否重建，被告都有权要求赔偿重建的预估费用。[……][115]

[……]

法官 Dillon 认为，并不存在绝对权利，要求原告承担恢复重建的费用。若并无财产性损害，无论费用多高，原告没有理由自动承担修复费用[……][116]

判决中提及以下案例：[117]

[……]

论证中引用了以下其他案例：[118][……]

伦敦中心郡法院（Central London County Court）法官 Diamond（皇家律师）审理。[119]

该起合并审理的诉讼中，原告称被告 Stephen Forsyth 未支付泳池及围栏修建尾款。1993 年 7 月 13 日，伦敦中心郡法院时任法官 Diamond（皇家律师）下达支持原告的判决，被告须向原告 Ruxley Electronics and Construction Ltd. 支付 3903.73 英镑，向原告 Laddingford Enclosures Ltd. 支付 36874.40 英镑。

1993 年 8 月 9 日，被告提起反诉，认为原判不应忽略被告所受损失，不应通过减免尾款数额来补偿挖深泳池所需返工费用，同时认为，由于尾款延付，被告仅能获得泳池水深不足的损失赔偿，而法院对此损失判定的一般损害赔偿金明显过低（仅为 2500 英镑）。

上诉法院法官 Staughton 的判决中记载了事实情况。[120]

被告律师为 William Batstone。

原告律师为 Bryan McGuire。[121]

判决延期 122 天至 12 月 16 日。[122]

---

[115] 多数法官判决的简要总结。

[116] 法官 Dillon 不同意见的简要总结。

[117] 判决涉及所有先例的列举（此处不再详述）。

[118] 当事人代理人所引用的其他先例的列举（此处不再详述）。

[119] 一审审理法官和法院名称。

[120] 涉及法官对案件具体事实的态度。

[121] 当事人代理人名称。

[122] *Curiam advisari vult*（拉丁文）："法庭对事实质疑。"

下达判决如下 [123]：

上诉法院法官 STAUGHTON[124]。1987 年，Forsyth 先生在英国东南部肯特（Kent）郡克兰布鲁克（Cranbrook）小镇附近居住。他希望在自家花园中修建一座泳池，取得了 Ruxley Electronics and Construction 有限公司和 Laddingford Enclosures 有限公司的报价。一份报价出自 Ruxley，仅作泳池修建。另一份报价出自 Laddingford，修建泳池围栏，大部分采用透明材料。两家公司控制人与大股东均为 Philip Hall 先生。

泳池修建合同于 1987 年 6 月 3 日签订，金额共计 38564.77 英镑，另含额外费用。部分费用已通过银行账号转账及信用卡支付。随后，原告 Ruxley Electronics and Construction Ltd. 对被告 Forsyth 先生提起上诉，称被告尚有尾款 9113.38 英镑未支付。合同确有条款明确规定，泳池最大深度应为 7 英尺 6 英寸。

泳池围栏修建合同于 1987 年 10 月 14 日签订，金额共计 31613.97 英镑。部分费用已通过信用卡支付，尚有尾款 29959.47 英镑未支付。

修建工程进展并不顺利。泳池修建由 Ruxley 雇佣的分包商初步完工后，可能由于混凝土加固不到位，出现了一条横跨泳池底部的裂缝。

Hall 先生最终同意，免费重新建造一座泳池，取代现在的泳池。新泳池于 1988 年 6 月底建成，Forsyth 先生反馈了一系列问题，比如管道及水管接头漏水、泳池底部未装总排水管等。Hall 先生对以上问题进行了补救，但未解决所有问题，据 Forsyth 反映，泳池围栏仍存在缺陷。1989 年，此前并不常在家的 Forsyth 先生偶然发现，泳池实际最大深度只有 6 英尺 9 英寸，并非合同所约定的 7 英尺 6 英寸。更糟糕的是，一般来说，潜水泳池最大深度会设在距边缘 6 到 7 英尺的位置，而该泳池的最大深度正好设在泳池边缘，根本不会有人在这个区域潜泳。而原本应该设置最大深度的区域，实际只有 6 英尺深。

Forsyth 先生曾就泳池深度与 Hall 先生进行讨论，表示自己个头大，若水深不足，潜水时没有安全感，也不舒服，希望能将泳池最大深度增加到 7 英尺 6 英寸。于是双方如前文所述，就泳池深度事宜修订了合同。由于

---

[123]　参审法官投票信息。

[124]　*Staughton 法官的表决，展示了多数意见的决定性衡量，涉及法律争议的案件事实和迄今为止的诉讼历史。*

增加深度主要用于潜水，无需特意说明，Hall 一方应在泳池适合潜水区域增加深度。目前，双方都认同 Ruxley 未按照深度要求修建泳池，违反了合同规定。但在 Forsyth 提起反诉后，法官并未判定 Ruxley 违约，Forsyth 因为该违反合同的行为而遭受的损失也未得到补偿，法官给 Forsyth 判赔未能获得愉悦感的一般损害赔偿金 2500 英镑。水深不足已经并且将继续给 Forsyth 带来痛苦。

审判中还讨论了许多其他问题。最终，结合反诉中提及某些问题及尾款延付程度，法官判定反诉原告 Forsyth 先生须向反诉被告 Ruxley 支付 2568.38 英镑，向反诉被告 Laddingford 支付 24917.37 英镑。与此同时还有一项利息补偿，数额约为本金及其他成本之和的 50%。

Forsyth 起初提出反诉的理由有很多，如今他只专注两点：其一，应对未按合同要求深度建造导致的损失进行较大数额的特殊补偿；其二，法院判定的一般损害赔偿金不应只有 2500 英镑。

泳池深度不足到底造成什么影响？法官对此进行了细致研究，见以下：

所建泳池边缘向内 7 英尺左右有一块足够大的 6 英尺深区域，即便是对新手而言，也足够深，潜水是非常安全的。据浴室及娱乐设施管理研究机构（IBRM，全称 Institute of Baths and Recreational Management）的指导手册，泳池潜水区域垂直深度需大于或等于 5 英尺，目前泳池对应区域深度显然大于此标准。当然，该手册是针对有潜水监督员的公共泳池。而无障碍潜泳也当然可以在浅些的泳池进行。很大程度上取决于潜水者的潜水技能。

审判中也有针对跳水板的讨论。若泳池潜水深度能达合同规定，是否能增装跳水板。若合同要求安装跳水板，那么承包商 Ruxley，作为游泳池及相关行业协会（SPATA，全称 the Swimming Pool and Allied Trades Association）成员，需根据协会标准规定，安装与跳板类型及高度适配的安全罩。而如前言所述，该泳池修建合同中并无任何跳板安装款项。有两点理由足以说明为何合同中没有要求安装符合 SPATA 标准的安全罩：其一，合同中没有对 SPATA 标准的引用；其二，只有在讨论装有跳水板的泳池时才会涉及对安全罩尺寸的讨论。

即便合同中并未提及，由于其仍与合同相关，我们仍需考虑，若 Forsyth 先生未来需要安装跳板，或其他将来可能拥有该泳池的人需要安装跳板，泳池深度缺陷是否会导致其无法安装。就 Forsyth 目前的顾虑来看，我不认为他已形成任何意图或希望安装一个跳板，或在未来有这个倾向，我认为这更多或完全仅停留在理论阶段。而目前情况是，就目前已建成的泳池而言，但凡承包商是 SPATA 成员，出于安全考虑，该承包商不会愿意为之安装跳板。换句话说，若已建成泳池在离边缘 6 至 7 英尺区域深度为 7 英尺 6 英寸，那么结合 Braid 先生做好的图纸和 SPATA 的尺寸要求，在泳池深端边缘安装一个 0.5 米高半刚性跳板是符合安全要求的。

根据这些发现，我又回到了水深不足的重要性上来。在我看来，唯一真正重要的是，泳池使用者只能从不超过 6 英尺深的池边进行较浅的潜水。有人可能会补充说，不论水深如何，也许紧张或不熟练的潜水者依旧会感到不安全与不适，即水深增加不会缓解。如果较深的跳水动作是从深壁开始的，那么跳水时人可能会接触到池底向上的斜坡。据 Forsyth 先生所说，他在 1989 年 2 月的一次潜水中感到不太安全。他通过合法途径要求泳池建成后有一定的水深，但并未得到满足合同规定深度的泳池。他在此基础上提出想要潜得更深或有更大水深，我认为这要求是完全合理的。这点人们也能理解。因此，水深不足造成了舒适感缺乏，但这种缺乏是不容易量化的。我也不认为合同的违约剥夺了 Forsyth 先生安装跳板的机会，因为，正如我以前说过的，我不认为他曾经有过安装跳板的愿望，将来也不会有。

McGuire 代表 Ruxley Electronics and Construction Ltd. 提出，合同规定的泳池不涉及跳板安装。法官发现情况并非如此，但他的结论是错误的，这一点（竟然）没有人提出异议。

判决对赔偿数额和计算方法带来哪些影响呢？一种观点认为，法院应按建成泳池和合同规定泳池的价值差来处理。关于这个问题，法官表示：

"最后，我面前没有任何证据表明，深度不足降低了泳池价值，且（原告方专家）提供的证据表明，无论最大水深是 7 英尺 6 英寸还是现在的深度，泳池的价值都是一样的。因此，我不应该强调这种可能性，即如果提供了 7 英尺 6 英寸的最大水深，将来可能拥有这个游泳池的人，有可能会希望安装一块跳板。"

我对这一发现略感意外，因为我原以为深度不同会带来价值上的差异，如有价值差异，那就并不是无关紧要的。但是，没有任何材料可以指责法官的结论，现在也没有人质疑。

另外，还有水深不足的修复成本问题。一种方法是将泳池的底面打穿向下挖深，这将花费 5000 到 10000 英镑。但法官似乎已经接受了这样的证据：新旧混凝土的结合在泳池的建筑中是不可接受的。因而审判中唯一考虑的其他办法是移走泳池，在其他地点挖掘建造一个新的泳池，这将花费21560英镑。法官认为，为了收回这样一笔款项，Forsyth 先生必须表明他打算进行修复工作，而且这样做是合理的。关于这一点，法官表示：

> "在我看来，我不仅不满意 Forsyth 先生打算花费 21560 英镑重建一个新泳池，与此同时，我也认为泳池水深不足带来的损失与重建泳池需耗成本是完全不成比例的。在这种情况下，我认为 Forsyth 先生以如此代价进行这项工作是不合理的。"

然而，法官确实判给 Forsyth 先生 2500 英镑，作为缺乏舒适性的一般损害赔偿金。

如果建筑物或动产受到损害，或因一方或双方违反合同而不具有规定的特征，则有两种可能的方法来衡量损失。每种方法最终目的都是，在金钱能满足的范围内，使受害方处于合同已经履行或没有对他造成任何错误的情形。这两种方法是：第一，计算价值差异；第二，计算修复缺陷费用。

当建筑物或动产受到损坏，或与合同规定不符时，价值差异法通常是适用的。在这种情况下，弥补损失的最便宜的方法往往是卖掉有问题的建筑物或动产，然后购买另一幢没有损坏或符合合同规定的建筑物或动产。价值差异方法试图反映这种名义上交易中的财务后果。因此当合同中有可销售商品时，此法能确定损害赔偿数额。这笔交易之所以是名义上的，是因为我从未听说受害方有义务出售其房屋或动产，再另购一套。即便受害方确有出售再购行为，最终也只能按照所损失的那部分价值来赔偿。1978年《爱尔兰判例汇编》（Irish Reports）第 387 页起 *Munnelly v. Calcon Ltd.* 一案与本案情况类似，该案例也使用了价值差异法。一名拍卖商在都柏林经营房屋和土地。由于邻居的疏忽，该拍卖商的一处房屋被损坏了。大家都认为，除去原房屋与损坏后房屋的价值差异，他无法得到更多赔偿，因为都柏林还有许多与原房屋类似的房子，即原房屋并非不可替代。

相反，当受害方房屋或动产具有一定的特殊性，不能被替代时，价值差异法可能是不充分的。因此，在 1968 年《劳埃德商事海事判例汇编》（Lloyd's Law Reports）第一卷 *Hollebone v. Midhurst and Fernhurst Builders Ltd.* 一案中（第 38 页及以下），一处房屋在火灾中受损。法官 Norman Richards 在第 39 页说道：

　　"结合其大小、位置、特点、与世隔绝的环境以及所处的地区，这处房屋确实具有独一无二性或具有某种特质，当地与之类似的房产少之又少，或很少进入市场。因而如果 Hollebone 夫妇要搬走，就必须离开这个地区，远离当地朋友和熟人，他们不得不在新的地方重新开始建立社交关系。"

　　该案例中的夫妇最终获得火灾前后的房屋价值差额的赔偿，用以恢复房屋原状。同样原则也适用于 1970 年《女王法律判例报告》（Queen's Bench）第一卷的 Harbutt's "Plasticine" Ltd. v. Wayne Tank and Pump Co. Ltd. 一案（第 447 页及以下），该案中有一处商业场所被火焚烧。

　　我们没有证据表明 Forsyth 先生在 Cranbrook 的房子是独一无二的，仅凭照片来判断，是不常有的做法。也没有证据表明 Forsyth 先生特别需要住在 Cranbrook，而不是其他可以找到的、带游泳池的类似的房子的地方。因此可以认为，他索赔的是根据 Munnelly 案提出的价值差额，而不是根据 Hollebone 案提出的修缮费用。但很明显，单是搬家的费用就超过更换游泳池所需的 21560 英镑，McGuire 先生也接受了这一点。试想一下，如果搬家，Forsyth 先生需要付钱给房地产经纪人、家具搬运工和律师，在搬运途中家具也不免会受到磨损，这一切加起来的费用肯定比重新修建游泳池多。

　　于是人们可能认为，据此他有充分理由要求新建一个泳池的赔偿金了。但想真正拿到任何水深不足的特殊赔偿金，有两点他必须在审判中给出有力证明：第一，他有意图重建泳池；第二，他这样做是合理的。一边说"我有明确意图想重建"，一边又说"我认为，这样做是不合理的"，法官怎会相信呢？而我对以下两点结论留有存疑：第一点，如果在法律上，这样的意图对他收回 21560 英镑至关重要，也许还能覆盖上诉费用，那么 Forsyth 先生为什么不打算重建呢？他怎么会不打算这样做呢？怕重建过程导致破坏？与所获赔偿数额相比，这当然只是一个小代价。此外，他现在向本法院提出一项保证，如果这笔钱被判给他，他将把这笔钱用于重建。稍后我将继续讲第二点。

　　大量权威资料都能佐证这两点要求。例如 1991 年《基廷论建筑合同》（Keating on Building Contracts）第 5 版第 202 页中提及的案例中，原告必须表明他打算进行修复工程，而且这样做是合理的。与此情况相同的还有 1988 年《麦格雷戈论损害赔偿》（McGregor on Damages）第 15 版第 675—676 页的第 1091—1092 段提及的案例，以及《英国判例汇编》（British Law

Reports）第四十卷第 1 页、第 19 页、第 25 页提及的 *Imodco Ltd. v. Wimpey Major Projects Ltd. and Taylor Woodrow International Ltd.* 一案中法官的判决，上诉法院法官 Slade 在其中特别指出："法院在判决中必须确认（a）[上诉方]确实打算做这项工作，（b）他们这样做是合理的。"在 1994 年《上诉案件报告》（Appeal Case）第 85 条、第 97G 条提及的 *Linden Gardens Trust Ltd. v. Lenesta Sludge Disposals Ltd.* 案中，Griffiths 勋爵也有一句名言："法院希望听到的是部分修复工作已经开始，或修复工作非常可能会进行。"而我们被告知的是，这点没有任何进展。

1977 年《判例汇编周报》（Weekly Law Reports）第一卷 *C. R. Taylor* （*Wholesale*）*Ltd. v. Hepworths Ltd.* 案中（第 659 页及以下），由于被告的疏忽，原告所有桌球厅在大火中被烧毁。不过台球厅已有好几年没用过了，让其重新拥有利用价值只有重新开发。被告一把火几乎算帮了原告一个忙，把它烧掉了。于是有一种观点认为，除去补救和安全工作等直接开支费用，原告不能获得包括重建费用的其他任何补偿。也许因为我前文提到的两点要求都不满足，May J. 作出以下判决，即原告应打算将台球厅恢复原状，同时应证明这样做是合理的。但是由于稍后将会出现的原因，原告的实际意图在案件审理中是有影响的，这让我难以置信。在我看来，这个案件一开始就不是一个标准的通过衡量恢复损害来决定赔偿数额的案件。台球厅并没有什么独特之处，并非需要复原。因而赔偿只计算火灾前后场地价值差异及一些直接开支费用。

一般来说，原告如何处理他的损害赔偿金与被告无关。如果有人偷了我的手表，我可以起诉他要求赔偿，也可以不要求赔偿，但我没有义务再买一块。例如，我获得赔偿后决定不买表，而是把钱投资于溢价债券。这是我的选择，与被告无关。但如果损害赔偿金没有用来购买新表，有时保险公司会拒绝赔偿，而如果符合政策规定，或者适用《（大都市）火灾预防法》[乔治三世（King George III）时期 1774 年第 14 次会议通过，第 78 章]，保险公司确实有权这么做。另一例，在 1981 年《判例汇编周报》第一卷第 120 页起 *Daly v. General Steam Navigation Co. Ltd.* 一案中，未来生活中家政服务所需费用成为事故受伤妇女的损害赔偿的依据。上诉法院法官 Bridge 认为，她不必坚定表明自己将在未来雇用管家。不管她的意图是什么，她都可以要求赔偿损失。也可参见 1991 年由上诉法院法官《劳埃德商事海事判例汇编》第一卷第 120 页、第 123 页提及的 *Neill Sealace Shipping Co. Ltd. v.*

Oceanvoice Ltd. 一案。

本院一名法官在 1987 年《判例汇编周报》第一卷 *Dean v. Ainley* 案中（第 1729 页及以下）也持有相同观点。该案中，被告同意把一处房产卖给原告，并在交房前进行防潮处理。受害方是否意图对损害进行修复显然已不是影响判决的至关重要因素，因为两位上诉法院法官得出了不同的结论，第三位法官没有发表意见，上诉法院法官 Glidewell 认为，如果原告想要获得实质损害赔偿，其进行损害修复工作的意图是必要条件；原告已保证损害修复工作会在审判期间执行。上诉法院法官 Kerr 则认为进行损害修复工作的意图并非必要条件，他在第 1737—1738 页中说道：

> "意图出售该资产与不确定是否会出售该资产，两种说辞并无实质性差别。即使他在上诉中表明将出售该资产，获得 7500 英镑赔偿，事后不论出于什么原因，他改变主意，决定不花任何钱来改善酒窖，赔偿款项也无法收回。"

我与上诉法院法官 Kerr 的观点相同。

虽然 Forsyth 现已承诺，若能获得赔偿，他将用这笔赔偿来翻新泳池。但在我看来，没必要给他赔偿。因为不能排除在某些情况下，比如整个场址要翻新成工业区，按此算下来的赔偿费也太高了，不是所有情况都能以此法衡量损害。这种情况就像 1977 年《判例汇编周报》第一卷第 659 页起 *C. R. Taylor（Wholesale）Ltd. v. Hepworths Ltd.* 一案。但总的来说，在法庭中，仅有意图修复或恢复资产是无效承诺。

接下来，原告要求被告按合同完成工作必须是合理的，这是应有的要求。那么如何确定过程中哪点具有合理性呢？原告将赔偿金用于修复损害是否是其得到被告赔偿的必要条件？除非出现 *C. R. Taylor（Wholesale）Ltd. v. Hepworths Ltd.* 的情况，在本案中，答案几乎不变："是的。"或者有人会问，如果原告自己出钱，他是否会做损害修复工作？答案可能取决于原告的经济能力，若是穷人不会，而若是富人则会。

根据我的判断，答案可以在 1977 年《判例汇编周报》第一卷 *Radford v. De Froberville* 一案中（第 1262 页及以下）找到。在该案中，被告同意在他的土地上建造一堵墙，以便与原告的毗邻财产分开，但事后并没有这样做。价值递减法只会产生象征性的损害。人们认为原告可以收回在他自己的土地上修建一堵墙的费用。Oliver J. 的判决中涉及当前出现的许多问题，但我必须有选择性地借鉴。首先，在第 1268 页，他引用了 Parke B. 在 1848 年《财政大臣法庭报告》（Exchequer Court Reports）第一卷第 850 页、第 855 页中 *Robinson v. Harman* 一案所述原则：

"当一方因另一方违反合同而遭受损失时，要使受害方处于合同已经履行的情形来衡量能用金钱赔偿的数额。"

然后他在第 1270 页说：

"以客观角度来看，原告自身规定应获得的物品或服务不符合原告的经济利益。也许另一个人会说，原告所规定的理由与其他一些计划或诉讼程序一样，有损其商业利益。这种说法可能没错。但选择权在原告，是否符合自身利益还须由他自己判断。被告则须遵循有约必守原则。如果原告签订合同，在合同中规定了其自身认为符合其商业利益、审美标准或仅满足个人古怪嗜好的物品或服务，如果承包方让第三方操作并交付与限制性条款规定不一样的物品或服务，我不明白为什么原则上原告不能要求赔偿，这导致了实实在在的损失，原告并没有以技术违规为由要求不在合同范围内的利益。"

而后他在第 1272 页说：

"毫无疑问，损害赔偿的衡量标准、原告需承担的责任和损害承受能力在逻辑上是截然不同的概念［参见 1933 年《上诉案件报告》第 449 页、第 456 页至第 469 页 Lord Wright 在 *Liesbosch*（*Dredger*）*v. S. S. Edison*（*Owners*）一案中的发言］。但是，至少在某种程度上，它们之间关系如同镜像一般，特别是在违约损害赔偿的案件中，往往只能通过假设和回答来衡量损害赔偿数额，如果问题没发生情况会是如何？损害发生后，该特定原告如何才能合理地减轻他的损失？"

他在第 1283E 页说，有三个问题他必须回答。第一，原告是否有真实认真的意向进行损害修复工作；第二，原告这样做是否合理；第三，是否存在该案特有而不具备普遍适用性的情况。在回答第一个问题时，法官提及原告曾做出一项保证；此外，他似乎未将原告表示的意图视为原告必须完成的任务。在第 1284E 页，他继续说："这把我带到了第二个问题，这实际上是对第一个问题的一个补救。"有人认为，预制的围栏会像墙一样结实。他回答说：

> "原告最初签订合同并非想获得赔偿，也不是他在出售后再新购土地时实际支付的费用。据我所知，没有哪项损害赔偿原则规定，在原告已在合同中明确规定交付物品质量的前提下，仅因为价格原因，被告就可以违反合同规定，拿低于要求质量的物品来敷衍了事。原告也许愿意接受一种较便宜的履行方式，但我认为他希望交付物品符合合同规定没有什么不合理的地方。"

在目前的情况下，Forsyth 先生无疑遭受了损失，承包商交付的泳池并没有合同约定的那么适合潜水。那么金钱补偿能将他置于与"合同成功履行"同样的情形吗？基于本案事实，赔偿金最终应用来更换泳池而不是修复损害，否则游泳池修建承包商永远有说辞不继续履行合同。即使买家已在合同中约定泳池最大深度应有 6 英尺、7 英尺或 8 英尺，承包商总能以"5 英尺深度就足够潜水了"回绝，而且不支付任何损害赔偿金。在我看来，关键在于 Oliver J. 的主张，即减轻损失的要求需具备合理性。如果有更便宜的方法可以弥补损失，原告要求昂贵的赔偿是不合理的。因此，不能一边要求赔偿修复损害的费用，一边又要求数额需使他能够在其他地方另购建筑物或动产。但是，如果没有其他办法可以提供他所需要的，或者其他方法也不能减少费用，他有权要求修理或恢复的费用，即使该费用非常昂贵。假设我比赛周在约克（York）郡一家酒店预订了房间，后来酒店经理告知房间已满，我无法到店入住。而据了解，当地在该时间段只有一家酒店还有房，这是当地与丽兹酒店相当的酒店，价格不菲。而如果我不能在当地留宿，那我就必须去曼彻斯特（Manchester）找地方住下，同时会错过第一场比赛。一个有经济能力的人是否愿意为了看场比赛而花钱住丽兹酒店，这并不在讨论范围。问题在于，我签订合同要求入住，对方无法满足，让我入住丽兹酒店是对方唯一可以进行补救的办法，我也有权让对方承担这部分费用。

在 1986 年《宪法杂志》（Constitution Law Journal）第二卷第 303 页、第 309 页提及的 *Minscombe Properties Ltd. v. Sir Alfred McAlpine & Sons Ltd.* 一案中，上诉法院法官 O'Connor 说："在其他一些解决方案同样有效和有用的情况下，将损害完全恢复的主张可能是不合理的。"但本案事实并非如此。我们被告知，原告关于损害赔偿提案被认为是不合理的唯一案例是 1992 年 8 月审理的 *George Stow & Co. Ltd. v. Walter Lawrence Construction Ltd.* 一案，该案例未被官方判例汇编收录。

因此，我判定 Forsyth 先生将获得 21560 英镑的损害赔偿金，该金额将从其未付尾款中扣除，并保持原判 2500 英镑，作为深度不足导致愉悦和舒适感缺乏的一般性损害赔偿金。如此，问题已得到解决。

该案中，我们还听到一个有趣的论点，即一般损害赔偿金额 2500 英镑究竟是否足够。Forsyth 提出数额应该比 2500 英镑更高，对此我们已经回复。由于后续也没有再提及，我也就不谈了。

上诉法院法官 MANN[125]：我有幸阅读了上诉法院法官 Staughton 的判决草案，也逐渐开始同意他所陈述诉讼因何事实而起。根据事实，有两点需要注意。首先，Forsyth 先生没有得到满足其合同规定的泳池，其次，在实际交付泳池中潜水是安全的。还应指出的是，泳池深度不足并未减少泳池价值。

问题在于，是否必须向 Forsyth 先生支付一笔钱，以补偿他没得到合同约定的 7 英尺 6 英寸深的泳池而不得不在 6 英尺 9 英寸的泳池内潜水所丧失的愉悦和舒适感。这个简单的问题引起了一些有趣的争论，合同违约导致损害的赔偿标准正是基于这些讨论制定。该标准也见于 Parke B. 对 *Robinson v. Harman* 一案作出的判决。他在判决中说：

"按照习惯法，如果一方因对方违反合同而遭受损失，要使受害方处于合同已经履行的情形来衡量能用金钱赔偿的数额。"

这一非常普遍的原则受到另一项原则的影响，即损害赔偿应反映当事各方之间已有关系的合理顶点。因此，损害赔偿不会反映没有合理缘由而

---

[125]　Mann 法官的表决意见，关涉到 Staughton 法官的表决意见，这在结果上相一致，且给出了对此判决的其他视角。

未进行的损害补救工作。然而在这里，我们并不关心是否进行损害补救工作，而是对未能履行合同要求感到失望。法官提及之前，Forsyth 并没有重建游泳池的意图。现在虽已有重建泳池的承诺，但我认为，如果是作为一项额外礼物，则重建泳池不重要，也没有必要。参见上诉法院法官 Kerr 在 1987 年《判例汇编周报》第一卷第 1729 页、第 1737H 页 *Dean v. Ainley* 一案中的观点：衡量损害赔偿数额时，不能以原告打算做什么，或者做什么为参考依据。

我认为这一申诉得到了 Oliver J. 在 *Radford v. De Froberville* 一案中的回答：

> "必须遵循有约必守原则。如果原告签订合同，在合同中规定了其自身认为符合其商业利益、审美标准或仅满足个人古怪嗜好的物品或服务，如果承包方让第三方操作并交付与限制性条款规定不一样的物品或服务，我不明白为什么原则上原告不能要求赔偿，这导致了实实在在的损失，原告并没有以技术违规为由要求不在合同范围内的利益。"

Forsyth 先生没有得到他所要求的符合他利益的东西。他的利益能得到满足的唯一方法是建造一个新的游泳池，我不认为这是一种不合理的冒险要求。在某些情况下，一个失败的项目的补救成本确实有可能是不合理的，例如在没有个人偏好的情况下，或者在没有任何偏好的情况下，遗产的价值被降低了。而本案在我看来，情况并非如此，这笔交易正是出于个人喜好。因此，我同意这一上诉，并判定 Ruxley Electronics and Construction Ltd. 须向 Forsyth 先生赔偿 21560 英镑。一般损害赔偿金的裁决也因而应例外。

上诉法院法官 DILLON：[126] Forsyth 先生在与 Hall 先生的协议中规定，为他建造的游泳池的最大水深为 7 英尺 6 英寸。但实际建造的游泳池最大深度只有 6 英尺 9 英寸。因此，Forsyth 先生要求赔偿损失，并特别要求赔偿修复缺陷的费用，即提供一个游泳池的最大深度为 7 英尺 6 英寸。但是，法官调查发现的实际情况（该发现未受到质疑），唯一令人满意的补救办法是抛弃现有泳池，在别处挖到所需的深度，然后建造一个全新的泳池。法官核定费用将是 21560 英镑，因此 Forsyth 先生要求以此数额赔偿，而不是原判仅有的 2500 英镑一般损失赔偿金。

---

[126]　他的反对意见，这与多数意见相左。

不得不提及法官发现的另外两个事实。首先，建好的泳池仍然足够深，完全可以安全潜水。其次，没有证据表明深度的不足降低了泳池的价值。相反，法官接受的证据是，无论最大水深是 7 英尺 6 英寸还是 6 英尺 9 英寸，水池的价值将是相同的。但是 Forsyth 先生在施工开始前，在合同中已明确指示水深应为 7 英尺 6 英寸，这个要求是合理的，Hall 先生当时也已接受。

法官从《基廷论建筑合同》第 5 版第 202 页的一段中引用了有关法律：

"在已完成大量工程的情况下，损害赔偿金是指因工程存在缺陷和疏漏而使工程贬值的金额，通常由修复这些缺陷和疏漏的成本，即修复费用计算。在这种情况下，原告必须证明他打算进行修复工程，而且这样做是合理的。"

《麦格雷戈论损害赔偿》第 15 版第 1091—1092 段中也有类似的说法。在 *Imodco Ltd. v. Wimpey Major Projects Ltd. and Taylor Woodrow International Ltd.* 一案中，上诉法院法官 Glidewell 和 Slade 表示接受这一法律构想。法官认为，在本案中，他不满意 Forsyth 先生打算建造一个新的游泳池，如果判给他这笔钱，将花费 21560 英镑。然而，由于 Forsyth 先生已在本法庭向法院作出保证，如果得到这笔钱，他将进行这项工作，因此我对这一考虑持中立态度。即便如此，法官也认为 21560 英镑的赔偿数额与泳池深度不足缺陷，二者在价值上完全不成比例，这是不合理的。Forsyth 先生以如此高的成本重建一个新的更深的泳池是不合理的。以上便是本案判决的难点所在。

修复缺陷必须以合理方式进行，这是 Oliver J. 在 *Radford v. De Froberville* 一案判决中特别得出的原则。此原则在本案中也得到接受。只不过 *Radford v. De Froberville* 一案中，情况正好相反。被告不合理地主张，原告将获得建造预制围栏的费用，而不是被告在合同中同意的沿原告资产边界建造一堵砖墙的费用，即不愿充分赔偿。原告想要被告建造合同规定的那堵墙，而判给原告这笔钱使他能够这样做，因而该修复缺陷的方式是合理的。

修复缺陷的要求应具备合理性，但仅适用于损害仍能通过修复缺陷方式得以补救的情况下。而由于损害已不能通过补救现有资产的方式进行，则该原则不适用于本案。本案只能在以下两者中做出选择：要么给 Forsyth 先生 21560 英镑的赔偿用以重建泳池；要么只能给予 Forsyth 先生 2500 英镑作为丧失愉悦和舒适感的赔偿，而泳池将维持因 Hall 先生违约导致深度不足的现状。当然，合理性在损害补救的实施过程中是一项核心原则。但在我看来，这并不是合理性原则对损害赔偿法产生的唯一影响。

若有证据证明深度不足导致泳池价值减少，且减少的价值远远少于21560英镑，那么鉴于泳池仍然足够深，可以很安全地在其中潜水，赔偿数额将为合同规定泳池与建成泳池的价值差。此判决也基于合理性原则。他没有绝对的权力要求赔偿修复泳池的费用。可在深度不足没有带来泳池价值减少的情况下，为什么无论修复费用多高，他却自动有权要求赔偿修复泳池的费用。这在法律中是非常不合理的结论。因此我同意法官的处理方式，决定驳回反诉。

论证过程我提到过一个可能的平行案例，当时记不起案例名称和所引用的原文，现补充陈述：本院在1955年《判例汇编周报》第一卷第1168页 *Cotton v. Wallis* 一案中给出了大多数法官同意的判决，即出现交付建筑物低于建筑合同规定标准这种情况是合理的，建筑物所有人应当接受。

附带费用的上诉[127]

法官的判令不同[128]

上诉许可申请遭拒[129]

---

[127] 此诉讼产生的相应费用。

[128] 一审判决被改变。

[129] 不得向上诉法院再上诉。但这并不排除另一方再次向最高法院申诉。在这一具体案件中也提出了申请，上议院对该案作出了裁判，该裁判否定了上诉法院的判决。对此参见 *Maultzsch*（Fn. 107），S. 939。

第四章 方法论斗争中的呼声——历史概述 *

要目

"如吾所言，法学的方法论史在这里远远超过非历史性的、当代体系　1357

---

* 约阿希姆·吕克特（Joachim Rückert）撰 [非常感谢卡尔（Svenja Karl）所提供的意见]，刘志阳译。

上的方法论"[1]——这句话实在精辟。当统一的世界观崩塌，当它们转为一种普遍的规范上的多元论，基于法的统一性的体系解释已经失去了认知价值，决定性的意义需要多个体系支撑，而基于多样性条件的历史中的认知赢得了决定性意义。我们需要尝试拨开当前此道路上的方法论迷雾。

一、相关观点

1358

诚然，人人都想发表观点。要对法学方法发表观点，则需要知道已成经典的诸多声音：*概念法学*——抑或更恰当的说法是*原则法学*（*Prinzipienjurisprudenz*）、*自由法学*、*利益法学*、*纳粹法学*、*1945 年之后的评价法学*、*政策批判法学*、*衡量法学和论证理论*[2]，这些是自 1789 年以来法学现代化的两百多年中的九个关键语词。它们聚焦于人们如何思考法且如何实践法这两个问题。人们在这些旗帜之下展开一场场方法论之战。而当时的法律精英皆汇聚于此。如果人们了解这些，就会明白自 1800 年左右以来我们全新的、"现代的"法文化的前世今生。新的诸如*论题学*（*Topik*）、*法律获取*（*Rechtsgewinnung*）、*个案规范思维*（*Fallnormdenken*）、*实践调和*（*praktische Konkordanz*）这些关键语词所指称的后续问题就会容易理解。近 40 年来人们到处谈论论证理论（Argumentationstheorie）。该关键语词也属于或多或少主宰了这九个阶段的法学方法构想之一。然而迄今仍缺乏一个对全部内容的概括。本处的概括并不还原本来的时代面貌。因为这样必然要对一些可疑的重大事件的内容真实性进行核验和证明。相反，后文内容只对这九个阶段的发展脉络进行梳理。

1359

最难解释的就是初始阶段，即所谓的**概念法学**（**Begriffsjurisprudenz**）。概念法学产生的原因并不在于概念这一研究对象。显然，法学研究必须依靠概念，即精确化的语言。我们完全现代的法都是以书面化的语言和概念呈现出来的。显然，这具有好的一面，但也极易超出语词或概念的本意。每个人都可以列举出一些难以理解的制定法。我们的法律规则使得令人痛苦的制裁成为可能，它们需要被严格地关注。规则统治着人类。规则也为独裁专断留下尽可能少的空间。因此，应用规则的规则，也属于法学的方

---

[1]　*Jan Schröder*, Zur Geschichte der juristischen Methodenlehre zwischen 1850-1933, in Rechtsgeschichte 13（2008）S. 160-175, 174.

[2]　提示词、对关键词和标题的简短引用，在本章中如果没有使用引号，则使用斜体格式。

法。这样，呆板、乏味、晦涩的概念在此处也是完全合目的的，而非受制于韵律、音色或音调，甚至风格。此处非常简单：法学需要概念，概念甚至是法学的主要工具。

这样，在*概念法学*上最棘手的是客体。在论战中，它的四周布满雷区，即使透过各种教科书的讲解也难以厘清。但这些内容似乎不可放弃，因为它至少将后来的批判性思潮或多或少地引向这里。谁又不曾听闻，"概念法学家！"已然成为严厉的指责？因此，没有此发端即无从理解结局。人们必须将目光投向论战的幕后方能领悟。这样，就会持续遇到富有启发性的、当时的形态和争论。　　　　　　　　　　　　　　　　　　　　　　　1360

然而这需要一些解释，以及对近 150 年前的论战的观视，首先是针对*概念法学*这一关键语词，然后是针对它**实在的核心（positiver Kern）**——原则法学（*Prinzipienjurisprudenz*）。伟大的法学家的原著很少对我们有帮助。这些原始文献仅仅提供了对其众多论断的可信赖的了解途径。在这里，**对看起来极其不切实际的抽象化的方法论论战中的宪法政策性前提的持续关注（Blick auf die verfassungspolitischen Prämissen）**，迄今仍能提供丰富的教导。被关注的仅是直接证据，更多的提示则会被列于最后。　　　　　　　　1361

二、原则法学，而非概念法学

*概念法学*这一语词**被塑造于 1884 年**——半戏谑，半较真。它出现在 1884 年名为《法学中的戏谑与较真——一本献给法律读者的书》的圣诞读物之中。[3] 发明概念法学这一语词的是重要的法学家、诙谐的作家耶林——后来被封爵为*冯·耶林（von Jhering）*。他使用该语词是为给辩论增添乐趣，并引发对从中世纪后期直到 1900 年《德国民法典》生效这段时间德国所继受的罗马私法的文献中的一些极端哲学上的、违背逻辑的内容的思考。这一今天被称为罗马法学（Romanistik）、当时被称为潘德克顿学的科学［论战中又被称为潘德克顿法学（Pandektistik）］，作为当时法学的前沿科学对一般性、基础性的法理同样具有决定性影响。耶林视之为步入歧途。这又因何？　　　　　　　　　　　　　　　　　　　　　　　　　　　　1362

归入*概念法学*名下的通常有这么几位人物：普赫塔、温特沙伊德和萨维尼；有时还有"前期的耶林"，而非后期的耶林——如果人们用他的"大　　1363

---

　　[3]　未修改的重印版：Darmstadt 1964。

马士革"蜕变（即从概念法学向目的法学的转变）来定位他的话（见前文，*Seineche*，边码 352 及以下）。这些人物影响了整整一个世纪。因为他们的人生和著作覆盖了整个 19 世纪：萨维尼（1779—1861）、普赫塔（1798—1846）、温特沙伊德（1817—1892）、耶林（1818—1892）。我们之所以在此处仅仅辅以年份，是因为这四位人物在本书中都已经被详细地介绍过。

1364　　　　若撇开**论战的指向**（**Richtung der Polemik**），则*概念法学*并未表达出任何内容。它被强力地引向了误区——更糟糕的是，它强有力的影响直到今天仍会造成混乱。就如它被如此空洞且普遍地使用那样，它极其适于在形式上反对显得概念性的、抽象的、脱离生活的或有点令人不满的所有可能之物的论战。它始终制造出新的指责，这些指责如以前一样轻率、空洞和虚浮：1914 年之前针对所谓的抽象的《德国民法典》和脱离民众的司法阶层；1920 年之后则认为没有工业法和劳动法的民法是脱离生活的；1933 年之后则反对所谓的脱离民众的、形式主义的和纯粹个人主义的市民法；这同样发生在 1945 年之后易北河彼岸的德国社会主义地区；1968 年后再次反对所谓的脱离现实的、过于个人主义的民法；等等。因为不管是抽象的法、脱离社会的法、脱离民众的法、脱离现实的法，还是市民法，都存在于当代法之中。而一般抽象地、利益中立地、技术中立地去塑造法，甚至就本属于它的功能。否则，若不尊重人、若非平等和公正，人们应当如何裁判？而"市民法"也并非始终是片面的和具有阶级意识性的。

1365　　　　作为挪揄大师，耶林杜撰了*概念法学*。他的确给那些并未真正懂得他的幽默的人留下了**谜团**（**Nebelwand**）。他对 1884 年前概念上或哲学上的冒险行为的讽刺性描绘读起来仍相当具有幽默感。他在《戏谑》这一著作第 3 部分的标题这样写道："在概念法学的天国——一个幻想的图景"，我们被牵着四处闲逛。让我们一起游览一下（第 247 页及以下）：

1366　　　　当人们"因参观概念而疲劳"时，可以在"无忧"厅休息，然后再继续前往"吹毛求疵仪"，用它可以精确地将"头发分成 99999 根等同的部分"，再前往"疑难法律问题的爬杆"，它是如此之滑，"以至于如果阳光在这里都可能会滑倒"，再到"概念的大厅"，在这里可以"目睹纯粹的，即孤立存在的、断绝社会关系的概念"，再到将法律概念逐出真实世界的"残缺且扭曲"的"概念操作室"，到"拟制仪"，到"构建仪"，到"诠释塑造机"，到"辩证法钻孔机"，最后到用以训练对抗"理性深渊"的"诡计墙"，等等。

这个半较真的游戏穿插了无数隐喻和小例子，在此，对它们进行说明　1367
就似乎显得太多余。对于**概念天国的拜访者**而言一个导览式例子就足矣。
该拜访者问：

　　"我注意到各个概念大小各异，是偶然还是另有原因？"他听到："在
我们中不存在偶然！你自己就可以回答这个问题：概念的大小取决于它的
意义。通过这一特征各个概念互相映衬，比如一般概念与特殊概念。你亲
自在这里（即在概念天国里）直接看到了例子：在那里借贷合同与借用合
同进行了对话。通常一般概念与特殊概念并不进行这一对话，它们之间的
关系是被规定的，且并不给争论的机会。同样，特殊概念之间也很少提供
差异性的素材，只有不定期借用（Bittleihe）和普通借用直到今天仍在特
征区分上未形成一致。但这样就有更多相关的一般性概念被创造。它们争
议的一些内容始于早期的时代；被一些（概念天国中）新加入的理论者编
排。比如，在这里你看到在激烈的对话中的互相排斥和互相否定；早期它
们还最信任对方，但很快就陷入了争吵（即至今对区分无效的两种方式
的争论）。更糟的还有共同债务和连带债务（Korreal- und Solidarobligation）；
它们之间的争议远未休止，每天都有新闻！〔今天难以确定的连带债务
（Gesamtschuld）〕之前它们以最融洽的方式共处着，但不久前一些法律人却
将它们挑拨离间；[4] 自此就不再有和平，它们处于最紧张的关系之中，互相
抨击，且所有的缓和尝试都无果而终。我对这一冲突早已厌倦，且不再掺
和其中。"

　　拜访者："但是在你们的天国中难道本不应该杜绝争吵的吗？"回答：
"你就是止战的雷神！争论是知识的真正源泉，如果没有它，那么在我们
的天国中似乎就难耐寂寞，对概念的永恒关注对我们而言将是常态的；只
有争论和对新生事物的介入才能带来生活和变革。"（第 281 页）

　　这涉及以下**现实的关于区分的争论问题**（**aktuelle Abgrenzungs-**　1368
Streitfragen）——1884 年耶林认为这些问题太理论化，在此争论中始终有

---

　　[4]　间接提到了这篇论文：*Joseph Ungers* Passive Correalität und Solidarität im römischen und heutigen
Rechte, in Jherings Jbb. 22（1884）S. 207-298; 全部内容见 *Sonja Meier*, §§420-432 I, in Historisch-kritischer
Kommentar zum BGB, hg. von M. Schmoeckel, J. Rückert u. R. Zimmermann, Bd. II 2, Tübingen 2007。

实践上的法律问题待解决，即这些法律概念和事实构成应该会引起哪些法律问题。在《德国民法典》立法委员会中人们恰恰也在寻找答案。《第一草案》在 1874 年到 1888 年被咨询讨论过（原则上是足够了），且在 1900 年的法典中保留了基本框架。

1369　　　　1884 年，耶林的文章对习惯于逻辑和哲学的读者来说是活泼的，他们知道，*概念审视就如理性深渊一样*，二者都是**自康德**（1724—1804）**以来哲学理念论的核心概念（Zentralbegriffe des philosophischen Idealismus seit Kant）**，也是诸如萨维尼、普赫塔或温特沙伊德等重要法学家的核心概念；这些读者知道，对于构建一个明晰、精确、尽可能自由地调整和被调整的法体系而言，对法律概念系统地加以区分、界定和组合是何等重要，不管是对私法和公法，债法和物法，还是债务合同和物权合同，等等。

　　　　作为欧洲 1800 年左右以来伟大的欧洲大陆法典化时代的人，耶林的读者知道，去发现"纯粹的"——此处长存的、政策稳定的法律概念曾是自康德以来的、伟大的、专业的努力。试想一下**富有影响的新的法律概念（folgenreiche neue Rechtsbegriffe）**，比如"占有"——正在占有的非所有人应该有哪些权利，比如小偷？抑或"法律关系"——这同样始终意味着权利和义务，还是非也？或"主观的权利"——这应该是所有法和规则的第一基础？抑或仅仅是依据分配状态的状态权（Statusrecht）？抑或"债务"（Obligation）或"负担行为"（Verpflichtung）——它们也允许出售自己和限制生命？抑或"代理"——它应当作为最务实的"意思扩张"而被允许？还是作为难以预料的、有风险的责任去个人化，或责任混淆而被禁止？如果允许的话，应该向谁主张责任？抑或一个疑难的例子，"连带债务"（Gesamtschuld）——它应是累积的义务和责任？抑或仅仅是非现实地按份额分配甚或任一债务人对所有人的连带的外部责任，且仅仅只有内部追索权？对谁具有何破产风险？显然，这涉及法对活跃的、灵活的、最自由的经济的规制，涉及对各种平等的行为的自由的协调——有利于经济发展地、建设性地协调，而非破坏性地协调。

1370　　　　耶林的读者知悉相应教义学和立法论的问题。对我们而言，绝大多数幽默显得有点枯燥，我们不能体会。因为我们不仅缺少同时代人的想法，而且我们法律人逻辑哲学上的教育和概念准确性普遍已变得更好。耶林是在强有力地反对"当时罗马法中的经院学者"（Scherz 337. 数字指所引文献《戏谑》中的页码，下同——译者注），反对"逻辑崇拜"（339），支持"当

代的实际利益"（340），反对"法的数理空想"（342），支持将法律问题作
为"合目的性问题"来对待，而非"本质问题"（342f.，360）。"务实的结果"
必然会对"理论上的想法作出修正"（347）。

　　然而，最终他非常谨慎地将为其所称的"概念法学"定性为偶然的、
"仅为"逻辑推演上的片面"混乱"（einseitige „Verirrung"）。让我们听一
下他那经常被忽略的结论：

　　　"这样就涉及，今天（我所命名的）概念法学自身即带有密码。任一
　　法学都涉及概念，法学和概念的思维同等重要。因此，在此意义上任一法
　　学都是概念法学，首当其冲就是罗马法学；对此也无需添加其他内容。如
　　果这仍在我这里发生的话，那么就是我们当代法学的整体混乱，它忽视了
　　我们当今法的实际的最终目的和适用条件，在这里只发现了一个用以检验
　　自己魅力和目的所拥有的逻辑思维的客体——一座逻辑演化、精神操练的
　　竞技场，在这里胜利属于最伟大的思想家。"

　　逻辑和概念中存在着片面的混乱——情势自此恰恰被颠倒了。思想者
并不值得我们宠爱。偏袒意味着扭曲。耶林认为"第一次国家司法考
试中的法学案例都属于罕见情形"（369），而今天却几乎都是这样颠覆的世
界。耶林这些精彩的批判似乎在针对我们今天的个案导向、最高法院的衡
量式审判和法律科学的原则弱点与概念弱点。就如人们今天所藐视的那
样，与当时对耶林而言过于僵化的潘德克顿的概念世界和体系世界相比，
我们今天的法学更加清晰。一个非常带有政策性的法的"合目的性"文化
（„Zweckmäßigkeits"-Kultur）被带出来——当他在概念和体系观点之侧引入
"合目的性"观点时，他绝对未曾想过。相反，与英国法相比，他更推崇
欧洲大陆法文化中学术性、概念性的教育（352），并认为，"如果概念性
的思维和塑造概念性的思维以及与之密切相关的思维与某个领域十分契合
的话，那么该领域就是法的领域"（362）。

　　但是，恰如法学家们曾强烈要求的那样，如何去更准确地界定逻辑与
生活、理论与实践（Logik und Leben，Theorie und Praxis）之间更紧密的关
系？对此我们只看到，恰如人们所言，不管是韵律、天赋抑或人物——不
管怎样，"它们二者都应被统一"（335ff.），耶林都对此作出了富有意义的
法律人职业教育的积极建议（365ff.）。因此，长期以来，职业教育建议已

1371

1372

1373

经是方法论论战者最喜欢的博弈之地。但是，1818 年出生的耶林属于一个更早的法学时代，尽管他在 1884 年即已经全部写完这些内容。最迟自 1871 年以来，在新的德意志帝国的法律适用之中可能就已经存在着一些宪法问题，这同样必然影响到方法问题，但耶林尚未在此意义上介入。1877 年，《法院宪法法》第 1 条仍在谋求新的规则，并将之确定在宪法条文之中：

　　"法院只受制于制定法，独立行使司法权。"

　　——该句话直到今天仍适用，1949 年《德国基本法》第 97 条第 1 款几乎原文照搬。

1374　　　在对他的朋友**温特沙伊德（Windscheid）**的学术观点的令人注目的颠覆中，耶林曾对**宪法关联（Verfassungsbezug）**作了关注。人们如此长期片面地将温特沙伊德作为纯粹的概念法学者来反对，恰如人们同样片面地将他最好的朋友耶林作为目的法学者来尊崇。

1375　　　耶林著名的讽刺还涉及一些一直重复的、无意义的**法律方法的构想和现实的片面性（Einseitigkeiten juristischer Methodenkonzepte und-realität）**。他认为自罗马以来的长期的方法论史只是具有过于现实或过于理论的片面性的历史（354ff.）。然而，他的讽刺并未涉及任一现代法学的核心，基于宪法原因，这必须作为与议会民主相关的法律文化和法律适用文化来理解，且不再主要作为一个聪明的法律人阶层之物来理解。伪逻辑和脱离生活是修辞术和弊端，这些常常出现，但是在耶林时代还没有占主导地位——恰如他自己所言。理性的温特沙伊德应该非常清楚，耶林的攻击主要是"提醒"，且并不是对主流方法的可信赖描述。[5] 那么，究竟何物才称得上所谓的*概念法学方法论的核心*？

1376　　　在方法论上，耶林为了挪揄而撰写的脱离逻辑、脱离生活的片面内容受到了不公正的对待，持续约有 20 年之久。一直以来，都有自由法学者和诸如黑克（1858—1943）等较年轻的主流批判学者，着力于解释他们在方法上对*概念法学*所作的批判是针对"何物"。作为富有成效的*利益法学*的领军人物，自约 1905 年以来黑克就似乎确定要与旧的*概念法学*作

---

[5]　参见 *Windscheid, Pandekten I*, 8.A. 1900, §10 Fn. 4 a; 关于温特沙伊德，见本书上文边码 300。

别。称其的错误为"**颠倒方法**"（Inversionsverfahren）——并称该魔术为帽子戏法——将兔子一直藏在帽子里，然后将之变出来。黑克特意对此问题写了一篇论文《*什么是我们所反对的概念法学？*》（*Was ist diejenige Begriffsjurisprudenz, die wir bekämpfen?*），[6] 并称之为"技术性的概念法学"。这究竟所言何物，在此最好引述一段较长的原文——原文在此不可省掉：

> "在此，我们了解了法学的这一流派，它研究作为法律规范基础的一般性的命令性概念（Gebotsbegriff），通过总结这实际上已经产生。这一流派有时被'保守的'或'学院派的'法学之类的反对者以及他的追随者'高'估。或许人们可以最明确地称之为颠倒方法。因为法律规范和规范概念之间的真正关系被颠倒了。此处存在反转。这一角色的互换恰如索姆（Sohm）[7] 所清晰描述的那样：规范概念，比如所有权这一概念，在索姆看来实际基于对实际规范的总结。但是，恰如索姆所言，'学术从所有权这一概念和传统的概念（比如物的交付）中'引申出了具体的实在规范。而他们之前恰恰将概念置于这些规范之内。如此看来，'似乎所有规范都是从特定的抽象原则中自由地提炼出来一样'。特殊的命令概念被以相应的方式从一般性概念中推导出来，这样整个体系具有逻辑推导的特征，关于法的概念群都被视为从法（Recht）这一唯一的概念自由发展而来。……对于审判而言，该颠倒被这样评价，在存在疑难问题时既有的法概念被总结为一个概念（即上位概念），该概念被正确地表达（建构），然后从该表述中引申出裁判（通过建构的法发现）。"[8]

这一批判一语中的，但也只是新瓶装旧酒，实际上是对语词论据和概念论据进行的迷惑性、伪逻辑的处理，确切地说：通过谬误的概念设定对易于解释的概念内容的歪曲。一些例子甚至是伪逻辑的，所以一些内容从未被作为法律方法来严肃对待，甚至完全并非来自萨维尼、普赫塔、温特

1377

---

[6] Deutsche Juristen-Zeitung 1909, Sp. 1457-1461; *Andreas Gängel* u. *Karl Mollnau*（Hg.），Die Gesetzesbindung und Richterfreiheit. Texte zur Methodendebatte 1900-1914, Freiburg 1992, S. 124-131.

[7] 这里所指的是下述著名的入门书籍：*Rudolf Sohm*, Institutionen. Geschichte und System des Privatrechts, 4. Auflage 1889, §8 am Ende。

[8] *Heck* bei Mollnau/Gängel（Fn. 6）125 f.; 关于黑克，另见本书上文边码 439、466。

沙伊德或者索姆。

1378　　　　**概念构建（Begriffsbildung）** 过程中恰当的概括事实上并未受到反对，而是受到赞成。比如将法律行为发展为合同的上位概念，将意思表示发展为法律行为的上位概念，此处仍具有学术特征。比如，如果涉及情谊行为，就会立刻清楚，这取决于它在关键部分具有相关意思表示的内容，因为一般只允许出现自由的、法律行为上的法约束力。基于此，生活世界就被专业地以浓缩的、概念性的方式总结和规制。如果后来虽然缺少意思表示但仍应产生法约束力，那么这就同时体现为概念上专门细化的现行法中的特殊性，且需要专门去论证。什么才是欺诈的、错误的、冒险的、脱离生活的、脱离实际的和法律上不可行的或不诚实的，一切针对概念法学的指责仍都令人费解。这是还算合理的法学的日常内容。必须与之区分的是伪逻辑。对此，只有耶林和黑克的批判才契合。

1379　　　　但是何时才涉及伪逻辑？黑克首先抱怨在概念研究中对生活利益的忽视。但是他所批判的颠倒的 **"伪逻辑"（"Scheinlogik" der Inversion）** 可能同样如关注"生活"那样去依照法律评价（只有当概念被合宜地塑造时）来关注开放性的"利益衡量"。如果法学上的概念研究在其容易识别的界限中只是因为对特定情形的抽象概括而变得重要，那么通过它们就绝不会阻碍到"生活"。当然，在近代宪制国家（Verfassungsstaat），"生活"必须通过专门的制定法才会发挥作用。常常认为的是，"生活"似乎是基于"自身"通过逐个案例或至少是通过贴近生活的法律人才运转起来。但是基于此，问题就变得扑朔迷离。究竟何物决定着**正确的生活（das richtige Leben）**？在法律上这始终处于各种合同主体、冲突主体和法学家的人为操纵之中。因此，这取决于谁操纵了生活。谁应当在此具有何权限？这曾经是**宪法问题（Verfassungsfrage）**。诸如法源理论、私人自治、社会自治、民主（《德国基本法》第20条第2款第1句"一切国家权力源自人民"）这些基本概念对此给出了回答。

1380　　　　虽然黑克对伪逻辑的一些例子的批判是正确的，但是并非完全**仅仅在于对"生活"的揭示（bloßer Verweis auf "Leben"）**。他也并未积极地如此实施，而是合乎时宜地引向了立法者的利益判断。这为人们开始奔向自1905年开始以*利益法学*和*自由法学*这两个新的关键语词所代表的替代性方法赢得了时间。对此，耶林明显混淆了相当难以厘清的戏谑内容和较真内容。因此这值得去厘清。在迅速闻名遐迩的、富有煽动力的生活与逻辑这一对比中，他自如地耍起魔术来。"生活并不基于概念，而是概念基于生活。"[Geist III 1（1865）4.A. 1844，320] 这在当时的文献中明显被理解为警告，但是如文献内容所示，如果将此作为新的一般性的领域宣言的话还过于简陋。耶林同样还没有清楚地区分法学上和法律适用上法律人角色的"立法塑造"的差异（Scherz 338，358），与之相应的是对任务的事实区分和目前主要的对实践法学宪法规范上的权限限制。这里积极并充满前景地引出了黑克。但是一些超出了片面的、讽刺的、严肃的批判内容在耶林这里以及概念法学主要的实施者（包括耶林的朋友温特沙伊德、耶林的老师普赫塔和普赫塔的老师萨维尼）之处当然也都可以发现。黑克将之抛弃，并集中于他所称的具有颠倒性的、技术性的概念法学，但是也过于狭隘。

在最激烈的关于*自由法学*和*利益法学*的论战中心，这一问题也同样曾 1381
非常清晰，比如在往日的学者索姆（Rudolf Sohm）之处。1910 年他撰写了一篇富有启发性的文章《论概念法学》（Über Begriffsjurisprudenz）。[9] 人们需要区分概念构建、实在法和概念中的实在法表达。这里实质上涉及**工作分配（Arbeitsteilung）**，当然还有宪法政策上的意义。索姆知道他所指的是什么——他是精通法政策的，并与温特沙伊德一样曾参与《德国民法典》编撰，但与耶林的看法相左。

人们恰巧可以在耶林这里再次发现对**概念构建和概念描述** 1382
（**Begriffsbildung und -darstellung**）这一主题特别清晰的论述，但是大多隐藏在他那未完成且难以穷尽的法哲学伟大著作之中，即 1877 年和 1883 年的《法的目的》（Der Zweck im Recht）。这一论述并非直接适用于看起来所直接理解的法学，而是此范围内可能具有的伦理学。他自己将这两条平行之路拉到一起。如果我们再次在此重要地方转向耶林，那么对他就容易作出正确的评价，并因此节省无谓的争论。且我们就不再反感他那并不简单的句子结构：

"恰如法学基于并不属于此处的理由，法以原始的方式在历史中得以呈现：如果命令（Gebot）和禁止（Verbot）的命令形式与概念形式已经混淆，那么这在伦理学与伦理的命令式之间亦是如此。它将概念的实然（伦理中

---

[9]　Deutsche Juristen-Zeitung 1910, Sp. 114-118, 并收入这一汇编中：W. Krawietz（Hg.）, Theorie und Technik der Begriffsjurisprudenz, Darmstadt 1976, S. 179-185。

的善、美德、义务和德善之人）置于概念的应然之处，这些规范褪掉了它们的命令形式，表现为概念形式。整个描述以此方式呈现了一个对精神世界叙述的特征，描述与科学的关系，恰如自然研究者与自然的关系：该种描述并未揭示，应该是什么，从人的角度应该发生什么；而是描述，是什么，它只描绘、叙述和发展……调查和研究有别于描述，但是对于前两者而言，返回我们观察到的命令的本质和原初形式是必不可少的。作为道德的唯一观察形式，对于伦理的任一概念总结都带有风险，对此我在法学中基于自己和他人的经验一直有所察觉：这在概念上忽视了目的。在概念上人们只是过于轻率地放弃了目的问题。它（即概念）在本我中存在的、封闭的外衣中与我们对峙着，它就在那里，恰如本质的物体。对它的存在理由为何仍存疑问？存在理由本来就与概念同在，概念的存在免除了对此的证明。然而，每个思考者都开始究其原因，且对目的中的一切实际之物的最终原因进行追问。相反，该概念形式将之带离对来源的追问，并将之引诱到进行伪装的辩证法的轨道上，而它本可以借助于纯粹的形式上的操作（结果—建构—怀疑）去获取真相。"（Zweck II, Ausgabe 1905, S. 77f., früher S. 99f.）

1383　　　　在与同样是实践中的规范性原则——伦理的对比中，耶林最终明白，**概念构建和描述的关联**（Begriffsbildungs- und Darstellungszusammenhang）恰恰在概念法学和原则法学中被区分。其中存在一个根本性的、富有意义的**政策和法之间的分工**（Arbeitsteilung zwischen Politik und Recht），而这一分工仅凭争论是不可解决的。

　　　　然而，通过法学、立法、法官法和其他法塑造因素对重要法概念的构建，必须始终关注目的。不同于描述实在法的法律人，塑造法的立法者应当且必须永不要成为"此类法学家"（见边码 313）。否则，借用温特沙伊德在 1884 年所讲的那句天马行空的话来说，他可以带入伦理的、政治的、国民经济的等非法学的考量。[10] 相反，这类法学家不可成为立法者，且在他塑造法的阐述中不可混杂此类分析。因此，立法应当将规则塑造成最固定的形式，不得被一般目的要求所左右。不然，立法就会在各种更具说服力的说辞中被相对化，并为不忠实的解释打开缺口。以严格概念形式对实在法的**描述**也就只想简单、专业且大概地呈现"这是如何"。该描述不得

---

[10]　参见本书上文关于温特沙伊德的部分中涉及的这一著名的内容，见边码 313。

赘述。描述越多，就越多地带入目的问题、规范性概念和语言的目的，反之则不。我们现在拥有的主要是词句。所有这些都非常简单明了，而且具有良好的宪法政策上的意义。

然而，多少概念和多少目的符合真正的法律方法标准，仍是个问题。方法应该既不构建概念，又不描述概念，而是指示转化的路径。因此，此处的**概念标准和目的标准（Begriffs- und Zweckmaß）** 首先受制于转化的规范。在一定程度上这并不能统一确定。对于创制法的立法者（《德国基本法》第 1 条第 3 款；第 20 条第 3 款以及防卫权）、控制合法性的法官（他"受制于制定法"，《德国基本法》第 97 条第 1 款），以及按章行事的管理者（这些法律使之具有较多"衡量"）和在规范上非常自由的法律科学（当这并非法律实践，而只想分析主要情形时，《德国基本法》第 5 条第 3 款）而言，这都体现得非常不同。因此，规则是：越自由，则目的越开放；越受约束，则越具有概念性。 1384

只是耶林对概念的信任非常大，不管是之前（如在《罗马法精神》这本书中）还是在所谓的他的转变之后（如在《法的目的》这本书中），这具有一个更深的**哲学原因（philosophischer Grund）**，即他那**进化式的概念本体论（evolutionistische Begriffsontologie）**。他热忱地相信一个可研究的、确定的、伦理的和法律的概念世界，相信一个"具有秩序的、和谐的伦理体系……就如天国中的行星体系那样"（Geist I 1852，§5，S. 54f.，1878，S. 62）。[11] 尽管这是耶林主要的前提和研究方针，但是却并未被作为主题。他那理念论的研究信仰和在经验上持续追寻的研究实践似乎需要被更准确地界定；不管怎样，他越来越难以维持二者的和谐。 1385

因此，*概念法学*部分是陈词滥调，部分是幻想，部分是存有问题的哲学，部分是合理的描述方法，部分则是半专业的法律工作方法。知悉这些关于概念法学的分析是重要的，且亦足够。对于今天更重要的是，认识该争论中真正的对手，即当时的*原则法学*。 1386

---

[11]　耶林热忱地补充道："法的雅意在于它问题的崇高性之中，且在于它在威严和合法性上堪比行星运行的运动"——演化，确切地说是依据规律的"演化"；只是对于演进的认知仍是难题；因此他那著名的、乐观的著作关涉"不同发展阶段的罗马法的精神"（unvollendet, 1852—1865）——关涉通往现实法上真相的法律上的各个阶段。在"伦理的行星体系"上涉及一个老的名言，即康德的"我头顶的灿烂星空和我心中的道德准则"，这两样使之感到"敬佩和敬畏"的东西，见该部著作：Kritik der praktischen Vernunft, Riga 1788, S. A 289, im Schluss。

原则法学

目的、利益、自由法、生活和价值的拥护者们的真正对手并非所谓的*概念法学*，亦非黑克所指的"技术"，而是人们所称的*原则法学*。一开始，这一实证的名称似乎是多余的，后来则在争论中占据了上风。主要是萨维尼、普赫塔和温特沙伊德对这一原则法学作了建构和贯彻。情形是这样：

首先关注一下**宪法状况（Verfassungslage）**。由于法律方法问题会对宪法状况有回应。18 世纪后期和 19 世纪伟大的**法典（Kodifikation）**（《普鲁士一般邦法》《法国民法典》《奥地利民法典》《萨克森民法典》《德国民法典》《瑞士民法典》——还有更多）已经强有力地改变了法律世界，亦确定了我们今天的世界。这些法典首次完整且完美地概括了私法，并将此构建为自治的领地。基于此，它们克服了古老的由谕旨、行政规章、协会章程、法令、命令、习俗、继受的法等构成的法的多样性问题。从此开始只有法典具有效力。它们那些具有普遍性、完备性的条文成为贯彻自由和平等的旗帜，确切地说：平等自由的旗帜。它们的条文事实上具有宪法的特征，特别是在德语区只有一些半正式的宪法的情形下，私法法典即是宪法的替代（D. 格林）。

同时，还对法实施了一个同样强有力的**集中化（Zentralisierung）**。一个法学上的"利维坦"——《圣经》里的怪物，作为现代国家重新出现，它的力量明显达到了霍布斯（Thomas Hobbes）在《利维坦》（1651）中所想到的以及任一集权的统治者所能够实现的程度。因为它仍拥有参与共同统治的贵族和僧侣这一有力的根基和权力架构。但是自 1776 年和 1789 年以来似乎只有"人民"在统治。一个普通的市民社会，之后是国家的市民社会，如今站在了富有权力的法的主宰——"人民"之前。这一新的利维坦同样需要被守护和束缚——作为民主的、自由的人民主权而被守护，作为可能出现的人民的专政而被束缚。法国即为二者的范例，一边是人民会议，一边是断头台；美利坚合众国自 1776 年始保留了奴隶制的不平等专政，直到 1886 年，甚至更久。如今，在法律方法上应当防止制定法这一革命的权力象征走向专政。这里所指的是一般性制定法，就如自 1215 年以来英国曾经争取来的法治（*rule of law*）那样具有一般性。对此，制定法似乎无论如何都必须是完备的，以便不给恣意再次留下漏洞。**法典化（Kodifikation）**似乎是必须的，且在 1800 年左右蔓延至几乎整个欧洲。

1800 年之后，在这一引人入胜的**现代化背景（Modernisierungskontext）**

1387

1388

1389

1390

中同样存在新的法律上的方法动因。这涉及新授权的国家权力机关的**法约束（Rechtsbindung）**。对此，旧式的所谓的争辩立法（Kontroversen-Gesetzgebung）已不再适合，而是只决定一些具体的争议问题，比如 1572 年的《萨克森宪章》。这是 1770 年英国统治下汉诺威 - 英格兰的《格里吉安法律汇编草案》（Codex Georgianus）的最新的伟大范本。[12] 这部法典中有一个较长的介绍性标题，即"法律、习惯法、规章、行政法规和优先权"，该标题下有 44 个条文。这再一次反映了法的多样性，并试图为了法律适用而将它们编在一起。这部法典最终并未完成。它向我们展示了一个具有高度启发性的尝试，即在一个多样的、完全不同的、非现代的宪法环境中制约这一多样性。[13]

之后人们认识到，在法条上追求切实、具体的完备性是幻想（**konkrete Vollständigkeit der Gesetzessätze Illusion**）。完备性既不可以通过越来越多的判例来实现，也不可通过生硬的解释和评注来实现，即并非如 1794 年具有将近 20000 个条文的《普鲁士一般邦法》所尝试的那样。因此，1804 年的《法国民法典》和 1811 年的《奥地利帝国普通民法典》已经贯彻**另一种完备性（andere Art von Vollständigkeit）**，以便保证对一般性制定法的连接。在编撰《法国民法典》时，人们发现，针对较小调整范围制定规范就需要大约 2300 个条文。人们认为，似乎可以通过一般原则和具体条文的组合来实现另一种完备性。于是，人们将一般性的原则和基本规范与具体的法律规范组合。这体现在《法国民法典》第 1382 条这一著名的侵权法概括条款之中：

　　"自然人的一切行为，不管是何种类，如果给他人造成损失，则他有义务赔偿因其过错所产生的损失。"

然后这被一些具体的条文补充，并在案例类型中被司法进一步分类和整理。《德国民法典》从中吸取了经验，在第 823 条到第 852 条，即侵

1391

1392

---

[12]　参见该版本：*Wilhelm Ebel*（Hg.），Friedrich Esajas Pufendorfs Entwurf eines hannoverschen Landrechts（vom Jahre 1772），Hildesheim 1970，但是并非此处所指的邦国法（*Landrecht*）。

[13]　更多关于普芬多夫（Pufendorf）的信息见 Handwörterbuch zur deutschen Rechtsgeschichte, und *J. Rückert u. J. Vortmann*（Hg.），Niedersächsische Juristen. Ein historisches Lexikon mit landesgeschichtlicher Einführung und Bibliografie, Göttingen 2003, 2. Aufl in Vorbereitung。

权法中实现了一个本质上细致的**概括性规范和具体规定的混合**（**Mischung von Generalnormen und Einzelbestimmungen**），对此只要看一下第 823 条第 1 款和第 2 款就明白了，它们分别是"大的"概括条款和"小的"概括条款。不管怎样，基于此发明了一个新的立法技术，这显得与法治国的、自由的、民主议会的目标相适应。因此，这一引领性的理念是，当具有事实构成和法律后果的具体的法律规范并不直接适合时，**原则性规范**（**Prinzipiennorm**）就应该赋予法官一个决定性的导向。因此，法官也就被授权去作出更自由的裁判，但是仍受一般目的的制约。

1393　　这展现了**对方法的影响**（**Wirkung auf die Methoden**）。在法国和奥地利产生了所谓的注释性的，即解释性的学派，它试图严格以制定法条文来作导向。在德国，民法中当时占主导的是*历史法学派*，与众多传闻相反，他们也非常重视规范的严肃性和规范的忠实性，其他方面则如历史学派那些实践的教义学派的反对者所言。这在萨维尼、普赫塔和温特沙伊德处都有体现，本书也已经详细阐述了。在萨维尼的支持下，在刑法中人们走向了政治活动，开启了法典化的浪潮，这些要求依据法无明文规定不处罚原则进行最精确的研究，完全不同于之前 1532 年旧帝国中重要的刑法上的司法制度（所谓的《卡罗琳娜刑法典》）中所具有的类推和庭外咨询（第 105、219 条）。基于类似于法治国要求的理由，依据《德国基本法》第 80 条，今天的行政规章应当立足于制定法的授权。同样，行政规章和制定法的区分在 19 世纪得到新的发展。它服务于行政机关和阶层代表（或议会）之间的执法权在法治国原则下的分配。

1394　　与此理念和技术相应的是**原则法学**（**Prinzipienjurisprudenz**）。它所指的恰恰涉及当今方法史和方法论视角下的重要核心。**萨维尼**（**Savigny**）首先将此在他的《当代罗马法体系》（共 8 卷，1840—1849）中加以论证并构建，只是没有使用这一关键语词。但是，相应的语词位于直到今天仍很重要的文献——1814 年的《论立法和法学的当代使命》的一个重要章节中。该著作讨论了法和制定法的完备性问题，这一问题通过大量的论证仍不能得到解决，且采用了自莱布尼茨以来大量著名的几何学类比：

"然而，这类完备性还有一种方式，就如通过对几何的艺术表达来弄清楚一样。在任一三角形中都有一些规则，若有必要，从此联系中可以同时得出所有其他规则，比如，通过两边和中间的角，就可以确定一个三角形。

基于类似的方式，我们法的任一部分都有这样的脚本，基于此得出其他部分：我们可以称之为主导原则。将之提炼出来，并去了解基于此所获知的所有法律概念和规则的组合类型和内部关联，这仍属于我们学术中最疑难的任务，而这实质上是赋予我们研究以学术特征的东西。"（第 22 页，摘录）

　　这一段文字为他引来了许多争议，首先是**"用概念演算"**（Rechnen mit Begriffen）这一具有诱导性的比较，而 1862 年以来温特沙伊德也有涉猎。[14] 这应该是脱离生活的数学公式的例证，展示了理性法上推理的理想内容，同样也应该是非理想意义上概念法学的标志。事实上，萨维尼在**不平等地进行比较**（Vergleich ohne Gleichsetzung）。他绝非在要求概念上的完备性，只是在寻求法律适用中尽可能高的"安定性"。更重要的是它的工具：人们应该"感受到"的"指导性原则"，即**指导原则**（leitende Prinzipien），这一原则在对法概念和规则的体系阐述中作为"谱系"，而非金字塔形状。该工具应该使得法律塑造和法律适用已被控制，或可被控制，简而言之：驯服。该理念绝非幻想，而是高度必要且将在后来的法治国中富有成效。所有当代的立法都在使用这一技术。若不这么做，比如在欧洲法中，那么对于法不确定性的普遍质疑就会变得高涨起来，且具有合理性。

　　因此，**原则法学**（Prinzipienjurisprudenz）意义非凡：对法、法源、体系、解释、法律适用、主观的权利等的特定理解，这几乎涉及所有现代法学的基本问题和基本概念，即一些我们今天称之为宪法问题的问题。此外，由此出发通向了在德沃金、卡纳里斯和阿列克西的观点中当代法学结构上的桥梁——但这并非发生学上的。

　　原则法学具有内容的一面和方法的一面。**在内容上**它并不仅仅在"形式上"保障**平等的、法上的自由**（gleiche rechtliche Freiheit）——至少在私法上如此。因为，尽管存在许多宪法，但是公法在司法面前曾非常低效，它甚至曾一度不可诉，且因此与私法相比在法律上和政治上非常不平等且不自由。在私法上得以发展的具有宪法特征的基本概念有：普遍自然的权利能力；作为首要原则的普遍且平等的自由；还有更具体的如合同自由、

1395

1396

1397

[14]　*Savigny*, Beruf, 1814, S. 29; *Bernhard Windscheid*, Lehrbuch der Pandekten, §24, in allen Auflagen im gleichen Wortlaut: 11862, S. 56, 51879, S. 64; 81900, S. 94, 91906, S. 111; 还可参见本书上文边码 333 及以下和 147。

所有权自由、婚姻缔结自由和遗嘱自由；过错原则；只基于自由意志的归责（关于意思表示或有过错的违反义务）；禁止出售自己以及基于此禁止完全臣服于他人的意志之下，比如完全的劳务合同等这些我们已经信赖的基本概念；基本原则区分了公法的主权性和私法的自由性，这一区分至少应该保护了私法。

1398　　　　**在方法上**人们曾倚重**体系**。为什么会对此有兴趣？体系可用于防止恣意，而非简单地作为制度领域的总和。如果人们只将某个基本概念置于优先地位，那么与原则相比恣意就会变得更难，因为其他所有相关的可能性被纳入概念之中，被限制和束缚。在此意义上，人们并不将之作为制度博弈来贯彻整个法与概念的优先性。比如，私法中关于"平等的自由"这一基本概念，要涉及该自由的前提条件和发展条件的维护，直到具体的法律制度。这似乎难以理解？运用教义学上的法分析，人们可以不用法典将法统合起来，即通过 1848 年和 1900 年之前的早期的**"学术上的"法改革**（„wissenschaftliche "Rechtsreform）。这样，在此新的、具有较强承载性的内容与方法性的框架上，诸如《德国民法典》这样全面的法典化就能够被实现。1900 年的《德国民法典》是这一研究的成果，比如具有行为能力条件且在表示中没有错误的意思表示似乎必然是"自由、真诚且可信赖的"，只有这样才具有法约束力。《德国民法典》禁止全部取得他人终身财产或在他人的物上设定终身负担［第 311a 条及以下（旧版）/ 第 311b 条（2002 年新版）］。《德国民法典》创制了所谓的物权法定原则，也对物上存储的有限权利作了引导，以便通过尽可能多的类型实现一个尽可能有效且自由的利用。该法典还创制了婚姻缔结自由、婚姻财产自由（Güterrechtsfreiheit）、遗嘱自由和遗赠自由等。[15]

1399　　　　自 1874 年即已开始制定的《德国民法典》完全受这一内容上和方法上的理想的影响。但是这一愿景并未实现于**法典（Gesetzbuch）**之中。对于平等的、法律上的自由而言，它们在 1900 年之后在其他法域就没有如此受优待，人们可以合理地设想一下 1880 年之后急速发展的社会福利进程。1900 年之后则是下列深具影响的事件：1914 年第一次世界大战，1923

---

[15]　关于这一原则关联的概览性内容见我所著的 Das BGB und seine Prinzipien: Aufgabe, Lösung, Erfolg, in Historisch-krit Komm. zum BGB（Fn. 4）, Bd. I: Allgemeiner Teil, 2003, vor§1, S. 34-122。

年通货膨胀，1929 年世界经济危机和大规模失业，1933 年民粹立法和计划经济，1939 年第二次世界大战，1945 年大危机，直到 1960 年经济才恢复。而租赁法则反映了对直到 20 世纪 60 年代的物资匮乏规制的坎坎坷坷。这对很多人来说是痛苦的，但是*概念法学*、*形式主义*或*实证主义*对此却无能为力。他们的基本理念或原则并未引起或促进武力之战，而只是一个"集体"的内在的集中化。或许平等的自由、个人的处分权、法治国意义上的分权原则、一切国家权力都受制定法约束——特别包括基于制定法和方法的法学家的约束力和民主议会的立法专有权这些理念引起了现实中的两次世界大战？它们并未阻止两次世界大战，但在一定程度上也并未引起战争。

　　另一问题是**原则法学**（**Prinzipienjurisprudenz**）的哲学和学理**基础**。1400
如果没有一个更大或者更小的哲学，那么就无人能够实现，也就不存在这一与价值相关的法学。这至少需要被揭示出来。《德国民法典》将它的基本原则予以一般性的规定，这就回避了该世纪中在唯名论与唯实论之间摇摆的哲学。[16]1840 年，萨维尼以类似的方式加以论证，即指出了"基督教的生活观点"不仅被"视为生活规则"，而且"事实上已经改变了世界"，[17]或者简而言之："任一个自然人（且只是单个自然人）都具有权利能力"，这应该是"人或法律主体的原初概念"[18]。借助"原初的"这一词语，他指出了一个额外的哲学，以此他为自己的评价获得了超出一般认可之外的更多认可。该哲学是**客观理念论的哲学**（**Philosophie des objektiven Idealismus**），在此范围内，即在**认识论上**（**erkenntnistheoretisch**）依据康德并批判康德地去理解，它被理解为在真正理解的实然中去认识应然——一个有效的评价。[19]在此，从对历史实然的"内在必然性"的观察中得出了决定性的评价，即依据特殊的视角从可视的实然中得出一个不再可视的应然。这一论证以相应的形而上学——一种超出"形"的理论为前提。直到今天，这一架构多次被重复论证，哪怕并非如费希特、黑格尔和谢林

---

　　[16]　参见 Motiven zu dem Entwurfe eines bürgerlichen Gesetzbuches für das Deutsche Reich，广义上关键性的 1888 年的第一草案见 Bd. 1, Berlin 1888, S. 25，第 1 条是关于权利能力的内容："该草案的全部内容见证了当代的法意识所要求的，且被视为理所当然的认可。"

　　[17]　F.C. von Savigny, System des heutigen Römischen Rechts, Bd. 1, Berlin 1840, §15, S. 53 f.

　　[18]　Savigny, Bd. 2, §60, S. 2.

　　[19]　对此见本书上文中吕特斯所撰关于萨维尼的内容，以及本章下文三、8 和 9（边码 115 及以下、118 及以下）。

（Schelling）那样涉及体系研究的理念论立场，在法学中涉及诸如耶林（至少在早期）、拉伦茨、科殷（Coing）（偶尔）以及卡纳里斯（Canaris）（较明显）。[20] 如果提到原则法学，则依据具体情形还会涉及这一哲学。但如果"首要的"并非指原则，而是经验的合法性（比如潮汐、担保声明的风险）、实在的法定原则（比如风险声明的形式强制、私人自治）或合逻辑的结构（比如总论、宪法的优先性），那么就另当别论。

1401　　　　不管怎样，概念法学和原则法学仅仅是**同一方法和内容思潮的两面**（ **zwei Seiten derselben methodischen und inhaltlichen Richtung** ），概念法学指论证上混乱的一面，原则法学则指直到今天在事实上仍有意义的核心。论证上的误导和混乱现在应该已被破译了，具有承载力的核心也应已被解释清楚，而每一个宪法原则也易于被理解。因此，接下来的方法史现在也就相对容易理解和判断。然而，混乱仍存在，因为论战中的理解错误部分被处理，部分则依据现实利益被不断制造出来。1914 年之前产生了"为法学而斗争"的论证，这同时也是方法斗争、教育斗争、司法斗争和首要的宪法斗争。而自由法学（Freirecht）和利益法学（Interessenjurisprudenz）这两个新的语词登场了。

三、自由法学和利益法学

1402　　　　二者具有许多共同点。因为二者都是 **1900 年之后拥有共同经历的同一时代的改革运动（Reformbewegungen）**。1871 年出现了帝国议会，这一高度活跃的、务实的立法国家（Gesetzgebungsstaat）的经验撼动了人们对原则法学贡献力的信赖。世纪变革也在此。现代的制定法拥有法治国原则的特质。这必定是一个令人兴奋和震撼的经验，只是我们今天难以复制；法典化最多的是经济法和私法。下列简短的立法目录足以说明：《德意志一般商法典》（ADHGB 1861/1870）、《著作权法》（UrhG 1870）和《外观设计保护法》（MusterschutzG 1876）、《德国刑法典》（StGB 1871）、《法院宪法法》（GVG 1871）、《帝国赔偿责任法》（HaftpflichtG 1871）、《商标保护法》（MarkenschutzG 1870/1876）、《专利法》（PatentG 1877）、《民事诉讼法》（ZPO 1877）、《刑事诉讼法》（StPO 1877）、《破产法》（KO 1877）（1879 年11 月、1898 年）、《股份法》（AktienR 1884 年 11 月）、《营业法》（GewerbeO

---

　　[20]　对此详见下面具体章节。

1869/1871）（1878 年 11 月、1891 年）、各类社会保险法（意外、医疗、养老）（1883/1889）、《工商法院法》（GewerbeGerG 1890）、《有限责任公司法》（GmbHG 1892）、《反不正当竞争法》（UWG 1896）（1909 年 11 月）、《德国商法典》（HGB）（1897/1900）、《德国民法典》（BGB）（1896/1900）、《不动产登记法》（GrundbuchO 1900）等——所有这些都具有现实意义，这些法典名称的德文缩写都应被每个法律人熟知。[21]

在纯粹的立法数量之外，这些重要的立法进程中也浮现了一些疑难的、根本性的改革问题，对此至少有下列重要内容。比如，如何对以下事件作出反应：1878 年后严重的经济危机（所谓的创业者经济崩盘；需要更多竞争还是需要更多干预？或者第三条道路？）；经济上、社会上大量抗议对社会的震动（1889 年矿工大罢工；需要更多的联合自由还是需要较少的联合自由？更多的劳动保护还是不予保护？）；膨胀的城市中无产阶级的贫困（"社会问题"；强制居住权？强制保险？更多的社会救助？累进的税？）或者相反，对巨大财富利益在整体上的不平等分配（共同决定？利益共享？最低工资？社会救助？）；首次完全集中的、强化的司法（帝国法院 1877；对正当权利的新竞争者？）；自 1900 年（《德国民法典》）以来私法学首次完全地受制定法约束。 1403

如今，从制定法中流出的原则越多，陷入动摇的原则越多，则原则和概念就越政策化和不稳定，也就有可能需要再选择和补充立法。在为我们所信任的、相当活跃的**制定法潮流和原则怀疑（Gesetzesflut und Prinzipienskepsis）**中，人们却感到棘手，这令人惊讶。在莱比锡拥有新的、美丽的巨大建筑（1884—1895 年建造）的新司法机关（帝国法院——译者注）常常被过分期待。这一震荡同样波及方法问题和使用它的法律人阶层。 1404

在方法上人们再次摒弃这一思想，即能够从更**一般性的原则中（aus allgemeineren Prinzipien）**获得非常精确、逻辑自洽的**案件适用（Fallanwendungen）**。然而，这并非新颖的，且完全不是在制定法约束上的宪法政策性目的。自亚里士多德以来的推理逻辑已经正确地弄清了前提。康德在 1790 年撰写、1799 年修订的《判断力批判》（Kritik der Urteilskraft）中的特别结论或许已 1405

---

[21]　稍微不太清楚的缩略词汇是：ADHGB-Allgemeines Deutsches Handelsgesetzbuch, UrhG-Urheberrechtsschutzgesetz, GVG-Gerichtsverfassungsgesetz, KO-Konkursordnung, GewO-Gewerbeordnung, UWG-Gesetz gegen den unlauteren Wettbewerb。

经是共同财富 : 连接一般和特殊的"判断力"未必然为自己在内容上带来确定的规则。这一尝试导致了一个无限的溯源, 一个持续的循环。因为这必定为任一应用问题创制一个另外的规则。同样, 人们已经放弃通过禁止解释和评注、绝对的立法者的立法资料去实现具体的法律上的束缚。在并无伟大幻想的原则法学上只涉及基于一般预先规定的、尚具明确性的约束性。

1406　　　　"法律自动制造仪"和"法律分析仪"这一设想具有较大的空间, 但相比对于此设想有更多逻辑上和技术上的批判, 更重要的是**具有宪法意义的政治—社会上的趋势转变**(politsch-soziale Tendenzwende von Verfassungsbedeutung)。在法政策上, 共同的、平等的自由这种组织方式如今显得不如 1900 年之后帝国后期的新社会福利中的**参与者权利的分配**(Verteilung der Teilhaberechte)那么重要。所谓的劳动者和社会的问题日趋突出。德国曾成为世界强国, 但同样必须成为社会福利国家。但是谁应该提供帮助? 谁应该分配份额? 谁应该限制竞争? 只是从帝国议会直到联邦国家州议会这些议会机关? 还是包括各级政府? 或者还有作为社会工程师的法官和法律人阶层? 议会和政府主要被社会保守力量控制。教授甚或法官在帝国日益强大的社会民主党中差不多跟没有一样。同样, 法律人阶层中的改革力量也并非具有主导性。然而, 现在许多人对法官提出改革期望, 想要取代国王式法官, 想要强化制定法的奴仆。这样, 方法问题又被置于核心。自由法运动和利益法学给出了**新的答案**。二者直到今天都在有意或无意地发挥作用。然而, 相生相杀的两个流派之间, 特别是自由法学派、转换解释与利益法学派之间的实际意图和认知已经相互依存、密不可分, 就如与概念法学的论战一样。这再次取决于对背景中的内容和方法上的趋势的理解, 并将之置于更大的脉络中, 并去了解最著名的人物和著作。

四、自由法运动

1407　　　　"自由法学者! " ——这一称谓一直希望被喊出。这意味着巨大的褒扬和严厉的批判, 主要依据 : 对贴近生活、唯实论、理论启发、实质性思维和正义意识的赞誉 ; 对疏离制定法、法官权力、判决恣意和主观主义的批判。这一矛盾在运动的一开始即已呈现出来。在这里需要提到**三个著名的人物和一个不知名的人物**(Drei bekannte Namen und ein vergesser) : 埃利希(Eugen Ehrlich)、康特洛维茨(Hermann Ulrich Kantorowicz)、福克斯

（Ernst Fuchs）、施塔姆普（Ernst Stampe），他们分别出生于 1862 年、1877 年、1859 年、1856 年——看年龄就知道是一个多样的团队，但真正多样的是他们的背景。鉴于僵硬的人生设定可能会误导学术，所以对他们的背景必须作出强调，这涉及大约 1903 年以来的松散的批判者团队，该团队从 1909 年起才展开更广泛的讨论。对外开放、"多元文化"和社会改革中的老奥地利人、罗马法学者和法理学者埃利希身边，还有年轻的、富裕的、左派自由主义的、从事刑法和法律史研究的、在哲学上受新康德主义影响的弗莱堡私法讲师康特洛维茨；巴登州商人之子、卡尔斯鲁厄的律师、实践运动者、左派自由主义无神论者、不具有学究特色的福克斯；来自格拉夫斯瓦德（Greifswald）的施塔姆普是普鲁士民法学者，他是梅克伦堡雇农之子、普鲁士步兵军官，他在家长制社会上（patriarchal-sozial）和政治上是保守的。一个非常迥异的组合，在所研究的方法的实践上也是不固定且影响并不深远的学派。

　　"自由法"（Freirecht）这一语词直到 **1910 年左右对法政策论战的高峰（Höhepunkt der rechtspolitschen Debatte um 1910）**时才出现。起因是埃利希在 1903 年所写的著名的文章《自由的法发现和自由的法学》（Freie Rechtsfindung und freie Rechtswissenschaft）。在此**埃利希**明确地参照了法国人惹尼（Gény）在 1899 年对《法国民法典》注释学派（exegetische Schule）的伟大的方法论批判和他对"自由科学研究"的拥护。学术上的法发现是他的计划。相反，**施塔姆普**推崇"自我创造性的法发现"（1905），且首指司法。私法讲师**康特洛维茨**于 1906 年着手他那即将成名的《为法学而斗争》（Kampf um die Rechtswissenschaft），为谨慎起见还使用了"Gnaeus Flavius"这一假名。[22] 凭此他完成了传播广泛且直到今天仍被翻印的运动宣传册。在这里他大张旗鼓地支持"自由的"法学，并称之为**"非国家的"法**（„nichtstaatliches "Recht）。福克斯的著作《文官司法与法官王国》（Schreibjustiz und Richterkönigtum）（1907）则是更多地在法政策和理论上作出了回应，并使用了如"自由的法的海洋"这一语词（1925），此外还包括法律诊所中在方法论上的职业再教育理念。至此，已经提到最重要的文献。他们的数据和语词形式显得并不相称：1900 年后，当他们首先针对德

1408

---

　　[22]　Gnaeus Flavius 是罗马故事中的一名文员，他从神职人员那里盗取了诉讼文书并公布，这样便将法律内容从秘密群体和僧侣群体中带出来——这促进了法律人群体的发展。

国的私法法典化作出反应时，直接招致了最严厉的批判。这是对所提到的
自 1871 年以来帝国中伟大的法典化浪潮的总结，且法官和法律人的空间
再次被挤压，特别是在自由的私法中。与之相应，双重的要求是：自由、
非国家的法和始终自由的法官。然而，1910 年左右的"非国家"法应为何
物？这仍是迷思，但绝非次要之物。或许是当时强力出现的劳资协议和一
般交易条件？

1409　　　　这四人最终很少有交叉的地方。自由法运动并未像 1933 年之后的纳
粹法学那样，形成诸如以一本共同的杂志（哪怕是规划）、一系列教科书、
评注或将规划贯彻在方法实务中之类的学派。共同点则是，自由法学者和
他们的同盟者在一个相当短的时间内都对"主流的"方法进行尖锐的批判。
他们所指的方法是*概念法学、墨守文字（Buchstabenglaube）、形式主义、保
守主义和实证主义、纯粹技术性的法发现、纯逻辑性的秘密技术*，简而言
之：对他们而言这些是原则法学的法律幻想世界。完全沿着我们已知的耶
林论战中对"目的"和"生活"支持的方向，且积累了诸如"社会学的""现
代化的""自由思想者的"之类的新视角，这些再次为他们所用，更好的是：
使用这些让他们成名之物，尖锐地指向司法。

1410　　　　让我们将所有关于这一松散组合的积极的学派构建，一个 1914 年之
前开始、1919 年之后只有福克斯自己宣告胜利的所谓普遍的自由法运动
等这些传奇放到一边，再次关注**宪法的视角（Verfassungsperspektive）**。这
一次他们以主要人物而为人所熟知。"对于起草者而言谁才是立法者？国
王、帝国，抑或利益情形？"一个著名的批判者在 1905 年对施塔姆普的
批判中问道 [23]，也问到了要害之处。他还可以补充的是，之后其他人"或
者法官国王"对之如何做？论战的喧嚣确认了这一猜测，即与宪法政策
上的权能和与时俱进的在社会批判上的改革道路相比，人们较少关注方法
问题。

1411　　　　**尚存何物？**康特洛维茨的著作始终富有启发性，但与法律人对合理性
幻想的闪耀抨击相比仍较枯燥。但是就如耶林的戏谑批判一样，他们挖苦
的心态远远超出了客观合理的批判。且除此之外，方法建议也不明确。只
有埃利希在 1918 年还写了一本著名的《法律逻辑》（Juristische Logik），但

[23]　*Ernst Landsberg*, Das entgegengesetzte Extrem?, in Deutsche Juristen-Zeitung 1905, Sp. 921-925, 925.

这已经几乎没有效用。福克斯写了大量精短犀利的批判文章。但是这些更多地展示了他的热情，而非更好的方法。同样，他那法学"诊所"的理念在方法上仍不清晰。施塔姆普为法学界的社会科学家献出了一个保守的序幕。

因此，与良心评判相比，自由法运动因其**富有启发性的批判性（lehrreich kristisch）**而被留存下来。这在一定程度上始终是必要的，比如 1925 年之后在魏玛共和国的杂志《司法》（Die Justiz）中，或在 20 世纪 60 年代的政策批判法学中——比如本书关于维特豪尔特（Wiethölter）的部分所介绍的（边码 878 及以下）。自由法运动并未带来一个内涵丰富的、**新的方法构想（neues Methodenkonzept）**。所以，虽然它在此处被介绍，然而从它的学术权威性来看，对它的民法概念、方法论的阐述显得可以放弃。它似乎必然要涉及施塔姆普未完成的全然新颖的教科书，即《民法导论——依据新体系和新教学方法的简易教科书》（Einführung in das bürgerliche Recht-Ein kurzes Lehrbuch nach neuem System und neuer Lernmethode）（1920）。

五、利益法学

自由法学在**方法实务（Methodenpraxis）**上欠缺之所在，则为利益法学重点所指。因此，它直到今天仍具有生命力。一直最具有教益的是它的主要推手——黑克的两本教科书：1929 年的《债法概论》（Grundriss des Schuldrechts），1958 年重新印刷；1930 年的《物权法概论》（Grundriss des Sachenrechts），1960 年重新印刷。当时已经 71 岁高龄的黑克（1858—1943）非常成功地在这两本书中实现了概念分析和目的分析的混合（Mischung von Begriffs- und Zweckbetrachtung）——他当时对此早已经验丰富。他恰当地称之为"利益研究"。在方法史和方法理论上富有启发性的是前言部分和债法的方法部分。总的来说，黑克从一开始（即 19 世纪 90 年代）就属于对方法论在体系上作过最有效贡献的作者之一。

黑克的民法和方法构想本书已专门介绍过（边码 428 及以下）。因此，此处只强调**三个要点**，重要内容如下：

黑克和他的图宾根利益法学派公开**批判"旧的概念法学"**是**脱离生活且拘泥于形式的**（Grundriss des Schuldrechts 1929, 482）。"学生"很快就从文字中得知，他必定"知道，他的注意力一直集中于法与生活之间。他必定确信，只有将法条对生活利益的影响范围解释清楚，该条文才能够被理

1412

1413

1414

1415

解”。

1416　　　　利益法学意图成为一个**"实践法学的方法论"**（**Methodenlehre für die praktische Rechtswissenschaft**），特别是针对司法而言。它意图"确定法官在案件审理中应当遵守的原则，同样也意图为对法官的预备工作具有重要影响的研究者们确定原则"。利益法学并不想被划入生活哲学和法哲学之中。然而，在当时这句话并非指利益法学是与哲学不相干的。但是，该句话在此处只立足于自身。

1417　　　　现在强调**宪法关联**（**Verfassungszusammenhang**）。1932 年 12 月黑克在法兰克福所作的关于利益法学的客座讲座中这样总结：他两个根本观点之一是基于"依据宪法，法官受制于制定法"（1919 年《魏玛宪法》第 102 条；《德国基本法》第 97 条第 1 款）。同样，法官必须与立法者一样自由地对利益作出界定、对利益冲突作出断定。"但是立法者已经作出的衡量优先于法官的评价，且对法官具有决定性"。第二个观点认为，"我们的制定法在与全部生活的关系上仍欠缺、不完备且并非没有冲突。当代的立法者明知这一尴尬，并期待法官不要墨守成规，而是符合利益地顺从，并非依据法律规范的逻辑上的涵摄推理，而是对欠缺的规范的补充和对缺陷规范的修正"。这样，法官同样具有漏洞填补的使命，且同样应该在此使用合法的价值判断。的确，他可能最终陷入如此境地，即"依据自己对生活利益的评价来断定纠纷"，比如在规范冲突、制定法授权法官评价或"否定"制定法评价之时。

1418　　　　该规范性约束的意识是清晰的，恰如那些方法上的建议一直期望能够在具体案例中起作用。对于黑克而言，方法问题完全就是**宪法问题**（**Verfassungsfrage**）。然而**在民族社会主义中**这曾是一个非常苦涩的问题。因为 1936 年他曾在无前提的结论中确认民族社会主义主权在宪法上具有决定性的最终约束力。这样，在 1933 年之后，黑克抛弃了自己方法论的法治国、民主议会和自由这些前提。然而，这一压抑性的虚假结论的原因并不在方法史和方法论的领域中，而是在生活史和政治理想之中。

1419　　　　还有什么？黑克的利益法学和他的图宾根同事，诸如卢梅林（Max Rümelin）和施托尔（Heinrich Stoll）为新近的方法史带来了**成果丰硕的新流派**（**wohl folgenrechste Neuorientierung**）。很快，他们和特里佩尔（Heinrich Triepel，1868—1946）及他人一起在公法中发现了一个新的著名领域。他们有意且恰当地将方法论引向 1871 年以来和 1919 年以来才改变的、越来越多的关于议会制、分权原则的**宪法状况（Verfassungslagen）**。这是迟到的。迟到的还有在越来越失序的世界中对越来越重要的司法实务的专注。全面且卓越的商法法典化（1861/1896）、刑法法典化（1871）、诉讼法法典化（1877）和民法法典化（1900）改变了法学的条件。利益法学现在显得可被放弃，哪怕立法者甚至还明确将之固定下来。《德国民法典》"为一切内容寻找主导的原则，并将之贯彻在规范之中"[24]。利益法学发现了以制定法为导向的**利益研究（Interessenforschung）**中尚有重要价值的分析动因。这里，它在纯粹的涵摄推理、讽刺性的概念法学、太过人性化地从个案中寻找直接的生活正义、讽刺性的自由法学等幻象之间发现了高效率的第三条道路。它因此战胜了这一反功能和反意义的法学尝试，即将*概念、语词、形式和持久性*作为反对*目的、精神、开放性和灵活性*的工具去使用。法文化的使命恰恰必须是有效且忠实地联结稳定性和灵活性、持久性和变迁性、法和政策——和平与正义。

这很明显是最好地完成了现代宪法要求的**议会和司法的工作分工（Arbeitsteilung von Parlament und Justiz）**。法律人阶层的任务是接受这一任务分工，而非维护阶层利益去掩饰它并利己地加以修饰。对于利益情形的宪法意识、视野扩展、视野深化和对重要的教义方法有意识的实践，以及理论上的精雕细琢仍是利益法学的重要遗产。1933 年之后，利益法学不止一次无意地指出了遗忘宪法前提的方法论的危险性。从其他视角看仍存在一个值得关注的连续性，即**评价行为（Wertungsakt）**在利益法学的判断中越来越受到重视。1931 年人们就已经讨论在当代毫无顾忌地出现的关键语词——**评价法学（Wertungsjurisprudenz）**。[25] 这一语词在1936 年被压抑、选择性地使用着，以便当时全新的各种"评价"占据方法的中心位置。这样，方法也就进入了一个糟糕的危险境地。这需要特别加以关注。

1420

---

[24]　确切且中肯的内容是下述《德国民法典》重要编撰者的著作：*Gottlieb Planck*, in ders.（Hg.），Bürgerliches Gesetzbuch, erläutert von G. Planck u.a., Bd. 1, 1.A. 1897, Einleitung, unter„Technische Behandlung des Stoffs", hier S. 20 f.; ebenso in den weiteren drei Auflagen bis 1913。

[25]　对此见 *J. Rückert*, Vom„Freirecht"zur freien„Wertungsjurisprudenz"-eine Geschichte voller Legenden, in Zs. der Savigny-Stiftung für Rechtsgeschichte. Germanistische Abt. 125（2008）S. 199-255, 230。

六、纳粹法学

1421　　这一阶段并非因论辩和误解而变样，而是因为沉默、纵容和轻视而走形。这对亲历者来说是不言而喻的。但是，如果否定纳粹法学的方法论意义，纳粹法学就会被非常不公地无视，因为这只涉及由世界观决定的、无原则地妥协的理论和实践。纵容者和批判者都在困惑地行事。难道人们不是应该直接跳过这段"丑陋的时光"？现在，这**非常富有启发性（besonders lehrreich）**，理由有两个：当时人们积极、主动且颇有影响地为方法论而努力。而且，那些我们既已认知的传统的法律方法丝毫没有展现出阻挡纳粹的作用——这一方面让人难以理解，另一方面也令人震惊。而普遍讨论的主要是罪责问题。

1422　　那些**新的方法理论**也是**"有共同罪责的"（mitschuldig）**，且它们有效地协助了真正极权的纳粹，并且用法律在多方面帮助了罪恶的纳粹，这是有问题的，也并无必要。权力并不依托于理论。相反，它们无论如何都未使得新的意识形态非法化。这曾是合法化的，即许多老一辈有名望的学者和新一辈有前途的学者十分辛苦努力地基于种族歧视的世界观去传达一个"正式的"法律方法。在争论中具有重要辅助作用的有：一个亮眼的修饰、一个充满诱惑的误导和一个令人恐慌的舆论压力。但更重要的是：这一效应得到了一个强烈的、有组织的、有地位的法学家团体的支持，比如利用新的"德国民族社会主义法学家联盟"［简写为护法团（Rechtswahrerbund）］，在 1936 年莱比锡的法律人大会上，或在高荣誉和高报酬的新的慕尼黑"德国法学会"（始于 1933 年秋）中，甚至通过快速、大量地统一和控制法学杂志和出版物，去拥护高校的极权化和残酷"清洗"。

1423　　这一时期称为"纳粹法学"时期，该时期的法学是在方法论上**具有重要意义的派别（belangvolle Fraktionen）**。难道人们要弱化"纳粹时期的法学"？实践意义要大于理论意义的纳粹特色的法学曾经一直是如此强大，可以完全统称为纳粹法学。不只有加入纳粹党的法学家在出风头。另一方面这也意味着当时情况复杂。今天，我们确切地知道，有两个流派当时特别重要，它们也发展出了不同的方法论进路。

1424　　有三个名字和关键语词（Drei Namen und Schlagworte）必属其中。这三个关键语词是*具体秩序和塑造（konkrete Ordnung und Gestaltung）、民粹思维（völkisches Denken）和评价法学（Wertungsjurisprudenz）*，这些首先归入**卡尔·施密特（Carl Schmitt）**的名下。国家法学者卡尔·施密特（1888—

1985）在 1933 年就已经跃跃欲试，并首先在方法论问题中牢牢地成为该领域的代言人。此外，还有两位年轻的民法学者发展了该领域中主导的方法传统：**卡尔·拉伦茨**（**Karl Larenz**，1903—1993）和**海因里希·朗格**（**Heinrich Lange**，1900—1977）。二者在本书中已被专门地介绍了，因此在此只是简要提及，并在更大的背景中进行讨论。

　　卡尔·施密特的反应最为迅速且最有创造性。他当时已经是著名的国家法学者，他于 1928 年撰写的《宪法学说》（*Verfassungslehre*）以及对《魏玛宪法》作出的奠基性的人权评论仍常被阅读。[26]1934 年 2 月底和 3 月初，他在柏林作了两场报告，1934 年 3 月，他在今天已是主流法律刊物的《德国法》（Deutsches Recht）这一德国民族社会主义法学家联盟的核心工具上，撰写了非常华丽且带攻击性的概述性论文《*民族社会主义的法律思维*》（*Nationalsozialistisches Rechtsdenken*）。这些内容已经在他于 1934 年［就如他自己在文中标记的那样（第 6 页）］撰写的另一篇更长的学术论文《*论法学思维的三种模式*》（*Über die drei Arten des rechtswissenschaftlichen Denkens*）中体现。在共 67 页的文章中他将自罗马以来的整个法律思维史华丽地区分为三种模式。在这一分类上他是专家，就如他于 1928 年的《宪法学说》中即已展示的那样。现在他又发现了规则类型、裁判类型和秩序类型（第 11 页）。相应地，在方法论层面他看到了一个法律思维——规范主义（Normativismus）、一个裁判思维——决断主义（Dezisionismus）和一个具体秩序与塑造的思维（第 8 页）。他将最后一个思维歌颂为新的、适时的且非常德意志的，他没有赋予这一思维"令人讨厌的主义"这一称号。他在 1934 年 5 月将该"具体秩序思维"（没有塑造）广泛地鼓吹为新的"民族社会主义法律思维"，与之相对的是泛滥的、非德意志的个人主义的和自由的"规范主义""决断主义"以及"实证主义"。

　　上述法学方法曾是一个耀眼的意识形态理论上的发明。**塑造和规制**（**Gestalten und Ordnen**）如今已经合流，**政策与法**（**Politik und Recht**）已被合二为一。施密特认为制定法在规范上具有优先性是因为具体秩序的权威性，并以具体秩序中的塑造，而非依据制定法或法官的裁判权力来赋予制定法及法官的实际优先性。一切都取决于具体秩序。如今，这些具体秩

1425

1426

---

　　[26]　In Handbuch des Deutschen Staatsrechts, hg. von *Gerhard Anschütz* u. *Richard Thoma*, 2 Bde., 1930, 1932, §101: Inhalt und Bedeutung des zweiten Hauptteils der Reichsverfassung, S. 572-606.

序"本身就带有内在的法"，因此已经很完善了，无需再加以规制。因而，完全不需要如今令人讨厌的议会立法活动或难以控制的法官法。秩序中并不存在真正的冲突，而只是对抗着立法——敌我关系成为主要矛盾。然而，这些已经十分具体的秩序一如既往地需要一定程度的塑造。这些秩序明显常常并不十分具体。实际上并不是在这一旗帜下简单地维持，**而是被非常强烈地重新塑造（ nicht einfache bewahrt, sondern sehr kräftig neu gestaltet ）**：比如《帝国文化部法》（1933 年）中的文化塑造；《国家工作秩序法》（1934年）中的工作或经营秩序；农场主的"世袭农庄秩序"（成典于 1935 年）；公民权利的公民秩序（成典于 1935 年）；国家工作人员的公务员职务（成典于 1937 年）；基于家庭秩序的婚姻法（成典于 1938 年）；基于继承法的遗嘱法（成典于 1938 年）；等等。形态塑造（在意识形态上当然并非指立法）自然委任给了为了"人民"的（而非人民的）塑造者——元首、纳粹党和（能够意识到要正确地去认知该秩序的）法学家。因此，关键性的**规制和塑造的权力（ Ordnungs- und Gestaltungsmacht ）**完全落入"被任命的"且得到良好组织的上述三者之手。就如在理论上一样，在意识形态上也完美地体现为纯粹为了人民而护法（*Rechtswahrung*），这在现实中将在极短的时间内以极残酷的强度如法国大革命和俄罗斯十月革命那样颠覆法律世界——但并非以公开立法的方式，而是以"秘密"的方式。

1427　　然而，在该秩序理论的昏暗处也慢慢认识到这一问题，即秩序可以对该理论真正要求什么。这并未被讨论过。从具体秩序到应然秩序这一步仍陷于民粹思维的云雾里。不管是拉伦茨还是朗格都未拨开。这曾直接是新方法的政治意识性的功能条件，施密特对二者都有推动。颇受关注的新人**拉伦茨（ Karl Larenz ）**生于 1903 年，在哲学上精通自康德以来的各种观点。1935 年，他在 1931 年即已完成的著作《当代法哲学和国家哲学》（*Rechts-und Staatsphilosophie der Gegenwart*）（1935 年第 2 版）中阐明了立场。在这里他（有意识地）将"精神史和政治世界观上的联系置于首位"（S. VII）。1938 年，他最终以一本纲领性的小册子《论民粹思维的客体和方法》（Über Gegenstand und Methode des völkischen Denkens）[这在介绍拉伦茨时已经详细分析过（边码 580 及以下）] 作为法学的鼓吹者登场。该书中也有具体的后果，比如将权利能力作为已确立的法地位，将协商一致的"合同作为塑造民粹秩序的手段",或者将意料之外的行为作为事实合同关系。[27]拉伦茨与黑克利益法学[28]的著名论战则是另外的结果。

很快,较多地受益于法政策的、比拉伦茨较年长的民法学者**朗格**（**Heinrich Lange**）（生于 1900 年），于 1936 年在新的、有权势的"德意志法学会"领导成员的位置上撰写了《民法中法发现的手段与目的》（Mittel und Ziel der Rechtsfindung im Zivilrecht）这一篇相当具有自我意识的文章［该篇文章同样在关于朗格的章节中详细分析过（边码 554 及以下）］。这一从旧的实然向新的应然的转变[29]显得更加赤裸、更不加粉饰。朗格将民族社会主义称为**世界观**,它是永无止境的,因此已经被**固定于"基本评价"**之中（ „Festigkeit" in die Grundwertungen ）。"在今天的法律生活中对法发现方式的统一领导已经成为可能且变得容易"（1936,924）。恰如已经分析过的（边码 1420）,在此意义上他还将*评价法学*（Wertungsjurisprudenz）作为合适的方法。然而,朗格却异常强烈地支持一本新的《人民法典》（Volksgesetzbuch）（自 1937 年以来即拟定草案）,即支持明确的法定化（Verrechtlichung）。这使得他陷入了与著名的基尔学派所主张的直接来自人民的法律意识的紧张关系中,而拉伦茨恰恰在该学派中。这一民粹的、种族的集体意识形态与法上的集体化互相印证。但是在朗格这里这些始终需要"**规范上的支持**"（**normgestützt**）。对拉伦茨和朗格的观点的区分使得人们原则上可以更好地理解纳粹时期的各种方法观点。[30]至于该区分当时在党团斗争之外是否还意味着什么,仍存有疑问。不管怎样,1942 年的《人民法典（草案）》创制了一个有所谓的基本规则与具体法条的弹性混合体,这为将之扭曲地贯彻留下了足够的空间。

1428

---

[27] 对此见本书上文弗拉塞克所撰内容,边码 614 及以下；关于合同,见 Larenz, Vertrag und Unrecht I, Hamburg 1936, §3, S. 31,这里引文作为标题,并认为共同体"不可放任它的成员随意缔结合同","因此,任何合同为了具有法律效力必须积极地融入民众的秩序（völkische Ordnung）中去"（Hervorh. im Original）,这也是法院的任务,即去否定"与共同体思想和诚实信用冲突的规定"的效力,并以合适的规则来代替它（第 33 页）,这不仅仅是《德国民法典》第 134、138 条的无效后果,也是积极地融入。

[28] Etwa *Larenz*, Rechts-und Staatsphilosophie der Gegenwart, 2. Aufl. 1935, S. 22 f.; *Larenz*, Methodenlehre, 1.Aufl.1960, S. 122 ff.

[29] 暗指朗格那著名的标题：Vom alten zum neuen Schuldrecht, 1934。

[30] 关于此,基础性作品是：*Wilhelm Wolf*, Vom alten zum neuen Privatrecht. Das Konzept der normgestützten Kollektivierung in den zivilrechtlichen Arbeiten Heinrich Langes（1900-1977）, Tübingen 1998,相关简洁的内容可见本书上文边码 553。

1429　　　利益法学和自由法运动非常重视的评价行为，但也是原则法学对其试图贬低的实践法学研究中不可置疑的**评价行为**，在 1933 年之后要比之前更明显地构成了**方法的核心**。然而，评价的基点已发生根本变化：原则法学和利益法学中受法学支撑的立法者和与之共担使命的、顺从的法官，开始从自由法运动中的"自由法"和"法官国王"转向了纳粹时期纯粹守护一个当时（民粹式）秩序的"护法者"。

1430　　　该**守护构想（Bewahrungs-Konstruktion）**还完美地迎合了**纳粹的宪法状态（nationalsozialistischer Verfassungszustand）**。在意识形态上的确表现出将人民确定为主要的法源，但是现实中却是元首和他任命的法律领域的领导者成为法源。可怕的影响是，人们甚至在刑法中投身于新的"价值法学"（Wertjurisprudenz），这可以此标题来概括，即《刑法中实质正义的断裂———一个发展的概括》——来自帝国司法部、后来作为刑法辩护者并在纽伦堡审判中为大家熟知的埃利希·施密特 - 莱西讷（Erich Schmidt-Leichner，1919—1983）。[31] 但是，对"制定法之于护法者恰如刀枪之于士兵"（第 18 页）却绝未达成共识。

1431　　　1945 年之后，似乎只有施密特在柏林峰会上不得不从所效力的高校岗位上退出。拉伦茨在 1946 年至 1950 年在基尔被停职，但之后仍在那里任职，1960 年前往慕尼黑，并摇身一变成为债法和方法论大师。朗格则在 1945 年被慕尼黑大学解聘，1953 年之后在维尔茨堡工作，并撤退到具体的教义学。但是他并未完全和他的方法论立场决裂，他现在同样在框架和理论上轻易地将法的价值的评价工具转向新的秩序。通过简单的身份转换就可服务于新的主子，这一方法的空洞使得昔日的光芒明显不再。在 1949 年《德国基本法》下，作为法学方法规则的自由法治国前提和民主议会的前提更不值一提。人们绝对纯粹地回到了真正纯洁的萨维尼的解释规准那里。[32]

　　　在方法上朗格是一个例外，还是一个正常的惯例？这关涉所谓的评价法学，它在 1945 年之后占统治地位，甚至直到今日。更准确地说，这些

---

[31]　In Deutsches Strafrecht 9（1942）S. 2-18, *Wertjurisprudenz* auf S. 9 u. 15; 关于莱西讷（Leichner）的内容现在可见 *Hubert Seliger*, Politische Anwälte?Die Verteidiger der Nürnberger Prozesse, 2016, s. Register; zur Strafrechtswissenschaft jetzt endlich einiges klärend *Monika Frommel*, Rechtsphilosophie in den Trümmern das Nachkriegszeit, JZ 71（2016）S. 913-920。

[32]　典型的，"二战"后未受纳粹历史牵连的作者见 *Horst Bartholomeyczik*, Die Kunst der Gesetzesauslegung, 1951, 5. Aufl. 1971。

曾是相当**迥异的评价法学**（verschiedene Wertungsjurisprudenzen）——一个对于常常被激烈讨论的、既已解决的问题和尚未解决的问题而言非常重要的新近的认知。这些问题在今天必须直接纳入对纳粹法学和 1945 年之后的自然法讨论[33]的研究。它们不应仅仅作为纯粹的新章节而被孤立和忽略。

七、1945 年之后的评价法学

1945 年之后的评价法学还是只涉及各种价值吗？在一定程度上是的，并且刚开始时也积累了许多价值。这些评价法学带来了**令人瞩目的连续性**（merkwürdigen Kontinuitäten）和**一些混淆视听的地方**（paradoxen Fronten）。本身并无太多"过错的"、为民族社会主义方法论大师明确贬低的利益法学仍继续被拉伦茨指责为太自然主义且太个人主义。卡尔·施密特在 1944 年退出法学界，1950 年他出版的一本著作附有一个言过其实的书名：《欧洲法学现状》（*Die Lage der europäischen Rechtswissenschaft*）。他虚情假意地写了一个结尾："法律科学作为法意识的最后避难所"（Schluss, S. 29-32）——他恰恰曾在战线最前沿使法律科学惟命是从。如今，施密特反对"立法上空洞的专业术语"并一如既往地反对"合法性（Legalität）和正当性（Legitimität）上的法的分裂"（S.32）。然后，对于他所极力吹捧的具体秩序和塑造思维这一新的法律方法问题，他却并未招认。在难以招架时，施密特狡猾地更愿为新的"法律科学"招来一个"非常神秘的教堂地下室"以作避难之用（S.32）——该地下室（Krypta）的画像是：他曾攻击传统的法律科学，亲自将它们驱赶到该秘密的地下室，并将它们囚禁于此。

前方则是另一番景象。在奇怪的战后占领区中，**三种相当不同的方法论思潮**（unterschiedliche Methodenströmungen）直接位于全新且无罪责的*评价法学*这一术语之下。有时人们直接将它视为真正的利益法学的发展，这样它就在此关涉*议会制定法*上的评价。有时人们仍将价值设为重点，并因此意指该*法理念*上众多更自由的特征。有时人们决然地投向《德国基本法》中新的价值体系，并将法治国—自由民主议会的原则视为法律方法的原则。完全迥异的价值法学的**三种混乱的形态**（die dreifachen，verwirrenden

----

[33]　对此详见 *Lena Foljanty*, Recht oder Gesetz. Juristische Identität und Autorität in den Naturrechtsdebatten der Nachkriegszeit, 2013, 211 ff.。

Variationen）最近才被研究透彻并解开谜团。[34] 这样，人们才在新的、直至
今日仍有效的宪法背景下理解方法史的实质意义和法哲学意义。

1434　　　　第一种情形可以想到明斯特的韦斯特曼（Harry Westermann），有时还
有法兰克福的科殷（Kelmut Coing），他支持并强调革新的利益法学，然而
有时并非如黑克（Heck）或埃塞尔（Josef Esser）那样重视立法者的评价。
拉伦茨（Karl Larenz）赞成与法理念的关联，并一如既往地淡化对制定法
的臣服（Gesetzesgehorsam）。科隆的尼佩代（Hans Carl Nipperdey）则明确
支持对《德国基本法》的援引，后来持此立场的还有法兰克福的科殷及韦
斯特曼。有关尼佩代、拉伦茨、维亚克尔和埃塞尔的立场本书已经详细介
绍过。韦斯特曼的重要性一点也不弱，他对这三种立场一直具有影响。

1435　　　　在纳粹之前，**尼佩代（Hans Carl Nipperdey，**1895—1968）已经于 1931
年开始接替恩内塞鲁兹（Enneccerus）续写他的经典著作《民法总论》（始
于 1898 年）。该套书的总论部分当时还包括一些对法的概念和方法的重要
解释。在 1952 年的第 14 版和 1959 年的第 15 版中，尼佩代构建了方法论
的教义，这些教义主要从宪法原则中推演而来。他还同时直接投身于宪法
研究。就如他在魏玛所做的，他奋战于新的基本权利法学研究的最前沿。
他是《基本权利实务和理论丛书——基本权利》的编著者之一。他的巨大
影响产生于一本关于劳动法的重要著作、在《施陶丁格（Staudinger）民法
典评注》中的伟大评注以及在 1954 年到 1963 年担任新的联邦劳动法院首
席院长这一职务。对于这一受人关注的领域，他已经视宪法为法的“总论”
（Hollstein）。[35] 对尼佩代而言，“在法发现上”必须在经典解释方法框架内
“基于规范体系的精神、评价和利益衡量来作出判断”——实在法的规范
体系是方法的准绳。并且他将《德国基本法》置于顶端。

1436　　　　1909 年出生的著名物权法学者**韦斯特曼（Harry Westermann）**[36] 是纳
粹时期（私法中）拉伦茨、朗格、维亚克尔和埃塞尔，公法中胡伯（E. R.
Huber）等，以及刑法中沙夫施泰因（Schaffstein）等之外的成功的年轻法

---

[34]　参见该学术研究：*Ilka Kauhausen*, Nach der „Stunde Null", Prinzipiendiskussionen im Privatrecht
nach 1945, 2007。

[35]　参见该卓越的作品：*Thorsten Hollstein*, Die Verfassung als „Allgemeiner Teil". Privatrechtsmethode
und Privatrechtskonzeption bei Hans Carl Nipperdey（1895-1968），2007, 以及本书上文边码 493。

[36]　不要与他的儿子哈姆·彼得·韦斯特曼（Harm Peter Westermann）混淆。

学家之一。在方法论问题上，韦斯特曼于 1955 年在明斯特大学任职校长时所作的报告《民法司法中争议裁判的本质和界限》（*Wesen und Grenzen der richterlichen Streitentscheidung im Zivilrecht*）经常被引用。他直接采用了**法官地位（Richterstellung）**的宪法政策关联（第 5 页）。他将对制定法上的"利益衡量"阐明置于重要位置，但是此外将一个"更深层次"引向了"正义理念"（第 15 页及其下）。在这一深层次上他将基本权利视为"规范的自然法"和"最终价值标准"（第 28 页）。同时，他再次提到了漏洞填补，并认为：

　　"司法上疑难案件裁判的根本界限是，该裁判是使用制定法上评价的；只有当不可避免的不完备性迫使对漏洞填补和法律续造作出制定法上的规制时，判决才可以作出价值评价。"（第 36 页）

　　趋势就此转向了约束性，**只是界限是模糊的**——因为，此处何时是必须的，何时是被强制的，是不太明晰的。事物的强度并非与言语的强度相应。与尼佩代相比，科殷才真正使得韦斯特曼在具体的问题上陷入困顿。在现实中韦斯特曼投向了利益法学——虽然并不确切，但是在用宪法原理作出一般评价的方向上也被冲淡了。

　　如今，方法论中最重要的声音来自令人印象深刻的、博学的法史学者、民法学者和法哲学学者科殷[37]（Helmut Coing，1912—2000）。年轻时的科殷就远离纳粹思维。在纳粹时代，作为哥廷根大学的学生，他就体会到了对阻止上课的恐怖的狂热主义的担心。1945 年后，在法兰克福，没有政治职务和政党身份的他已属于最具影响的法学家之一。1950 年，作为先锋的他就在其著作《法哲学基础》（*Grundzüge der Rechtsphilosophie*）[完稿于"1949 年 3 月 9 日"，差不多是《德国基本法》（5 月 29 日）颁布前两个月]中提出对法学基础再进行大胆的衡量。他对该书一直修订到 1993 年第 5 版。让我们看一下前言中的信号，为了"解释法的本质和诞生条件"，科殷在此处还为其法学引入了**广泛的其他社会科学（weit für die anderen Wissenschaften vom Sozialen）**：首先是作为"姊妹学科"的"国

1437

1438

---

　　[37]　关于他的介绍见富尔雅提（Foljanty）所撰内容，上文边码 810 及以下。

民经济学的基本知识"，即今天所谓的秩序自由主义学者奥于肯（Walter Eucken，1891—1950）和吕佩克（Wilhelm Röpke，1899—1966）所给出的名称。第二大开放处是"对伦理领域的新近哲学研究"，所指的是舍勒（Max Scheler，1874—1928）和哈特曼（Nicolai Hartmann，1882—1950）的存在主义和价值伦理；胡塞尔（Husserl，1859—1938）的现象学以及洛特哈克（Erich Rothacker，1888—1965）的学术史研究。此外还有"当代社会学"和"法的社会条件"，代表者是滕尼斯（Ferdinand Tönnies，1855—1936）和马克斯·韦伯（Max Weber，1864—1920）。这些学者都是高质量的权威人士，特别是在1949年时。最后，科殷几乎史无前例地明确为"政策问题的确切学术解释"开辟了一块领地。他在第1版的前言中即对此作了强调。他兑现了绝大多数内容。如果人们不能意识到他视野的广度，那么就不能理解科殷的贡献。因此我也同样感受到了大量的术语震撼。这些术语较容易被查到，此处只是作出提示和标注。

1439　　科殷的描述始终令人印象深刻，甚至越来越深刻。因为不仅在语言上而且在内容上都给人留下清晰、深刻的印象，这些描述很好地传达了信息，且在比较法上跃出了德国的限制，在内容上作了介绍，并在判断上作了分析。特别是在1976年的第3版中，他重视"对读者"的诚实，这"要求对自己的世界观作出明确说明"（前言，1976）。他通过知识而非坦白来表明自己的立场——就如此后作为批判性的行为在讨论中被赞许和要求的那样。

1440　　在此基础上他的法哲学给出了结论——"任务和方法"，更具体而言是"法学的方法"（1.A. 260-279）。在1969年的第2版中他将此扩展了三倍，成为一个关于"法律思维"的大章节（3.A.，291-346）。[38] 如以前一样，许多其他有意或无意挑选的内容在这里占多数。比如，这里有14页关于"法律思维的历史类型"的内容，即罗马人、经院哲学家、德国潘德克顿学派、法国注释学派（die exegetische Schule）和英美法学者。这些并未如其他著名的划分那样，比如对形式主义（Formalismus）与自然主义（Naturalismus）（Wieacker，1982）或"结果主义与形式主义"（Finalismus und Formalismus）

[38] 1976年第3版所使用，广义上与1969年第2版内容一致，事实上方法也与第4、5版一样。

（Kantorowicz，1914）[39] 的划分。这样，在 1969 年科殷更多地关注法律思维
（das juristische Denken），在一定程度上并未受制于时间史上的因素，部分
还受到他在政策批判上反对的法兰克福语境的影响。如今他比之前还强调
其他典型的策略，即历史性的、哲学理论上的和法政策上的，这些对他而
言**不可放弃的法治国、分权原则、议会民主宪法要求（ Verfassungspostulate ）**
以及对自由和安全的制定法和制定法约束力。他于 1972 年出版的《法律
方法论》（Juristische Methodenlehre）以他 1969 年的论文为基础，并在该书
简短的前言中添加了自己的"立场"，该"立场"后来被再次修改放进了
1974 年第 12 版和 1978 年第 13 版《施陶丁格（Staudinger）民法典评注》
的导论中。但是 1969 年的那篇文章仍与他的法哲学相关。

　　科殷在诠释学和论题学上**扩展了**法律方法的**基础**，即在施莱尔马赫　　1441
（Schleiermacher，1768—1834）和萨维尼（1779—1861）直到埃米利奥·贝
蒂（Emilio Betti，1890—1988）以来的诠释学，以及在 1953 年经过菲韦格
（Theodor Viehweg，1907—1988）稍微修正后变得知名的论题学。同样，他
将他的方法部分统称为**"精神科学"（ geisteswissenschaftlich ）**，这在 1947
年的《法的最高基本原理》（Die obersten Grundsätze des Rechts）（第 143 页
及以下；更多见 1972 年第 4 版）之中；部分则是"目的论的"（1976 年版，
第 329 页），即非利益法学、非评价法学的。[40] 事实上在利益法学方面他严
守着忠实的本义。这一关联在此处已经熟悉。对于避免误解重要的是，科
殷并不是研究国家法学者斯门德（Rudolf Smend）意义上的不清晰的精神科
学方法，就如自 20 世纪 20 年代后期的著名国家法上的方法争议以来，特
别是 1945 年之后所强化的那样。同样，他批判瓦赫（Adolf Wach，1843—
1926）和科勒（Josef Kohler，1849—1919）所使用的**"客观目的论"（ objektive**
Teleologie ），这一术语自 1885 年年底以来就因《德国民法典》的制定而变
得活跃，并为众多新人所研究。然而，他认为，只有使用正确理解的"精
神科学方法"才能够：

---

[39]　In Die Epochen der Rechtswissenschaft（1914），in *ders.*, Rechtshistorische Schriften, hg. von H.
Coing und G. Immel, 1970.

[40]　*Kauhausen* 的提示见其作品，2007（Fn. 34），48, dort S. 29-50 und 238-240，科殷在方
法比较上的最佳定位；此外首先参见 *Foljanty* 2013（Fn. 33）176 ff., 关于自然法的立场；"诠释
学"在此意指所述古典的而非一般哲学上的诠释学：*H.-G. Gadamer* in Wahrheit und Methode.
Grundzüge einer philosophischen Hermeneutik, 1960, 3.A. 1975。

　　"将评价交与法官之手，他需要顺服于制定法的精神；只有这样才可以使法官实现对立法者决定的'延续'"；只有该观点才能够不放弃对制定法忠诚又留有自由意志地进行裁决。只有这样才让制定法和法官忠诚间的特有理解变得清晰。此外，恰恰因法律适用的任务需要对法在精神科学上的分析，这才使得一个方法具有必要性。（1947, 143ff. ）[41]

1442　　在 1947 年时科殷就已经强烈觉察到**宪法政策的问题意识**（**verfassungspolitische Problematik**），并尝试恰当地去解决，即使存在一些当时普遍的或今天被信任的其他内容。他首先绝对古典地看重臣服，即解释时对制定法的绝对忠诚，然后他引入拓展整个含义范围的所有其他手段以作"诠释"，包括常被批判的"事物本质"方面和全面的价值理念，但是他最后再次警告性地回到了"**法的基本功能本身**"（1976，292ff. ），直接关联中的法律思维也在其内。他将该最后内容确定为准则。他对此作出的有点长的总结仍值得我们一看，他的语言非常通俗易懂：法及其机构的任务应该是：

　　"维护和平、安全以及平等。法律规范常常是世界观或利益决定的政策冲突的结果；类似于合同是或多或少'艰难的谈判'的结果。规范应当终结争议；它应当——哪怕可能只是暂时地——终结冲突。但是，对此重要的是，它如今尽量从本身被理解和解释，而非在应用或解释中根据政策决定的客体来重新制定。正所谓，所有的法律解释都是意志决定和政策的最终部分；但是这对我而言似乎是对作为和平秩序的法的功能的根本误解。恰恰是因为当从政治或经济斗争中获得一个法的规则时，该规则才应该终结该斗争：这一斩获并被接受的制度现在应当起作用；该功能要求在实践中适用它的法律人尽可能地使用合理的方法来分析该规范的意义并加以适用。该追求遇到了一些拦阻；但这并不因此就要从一开始就被无意义地拒绝：法律人必须尝试为法服务，执行它的决定，并不以自己的决定将之取代。但是，只有当他的想法遵守方法原则时才可以。同样，类似于伦理学，这里可以尽可能长地作出合理的、方法的程式上的努力，而且不提前中断，因为他并非在所有情形中都会取得成功。"（1976，293，327；强调功能）

---

[41]　对此较好的论述是 *Kauhausen*（Fn. 24）S. 35 f.。

科殷并未公布看似合理的解决方案，他对宪法政策上的片面性持自由   1443
立场，他公正地引入了方法论和方法应用上的丰富经验，并厘清了现代宪
制国家中法学方法论立场的关键观点。在他对法功能的解释中自然同时包
括与《德国基本法》完全相应的**宪法关联（Verfassungsbezug）**。但是科殷
并未如尼佩代那样明确地强调它，该特征在他这里是慢慢显露出来的。

历史上的关联在这里具有重要意义。科殷的立场也与他的亲密"朋友"
克朗施泰因（Heinrich Kronstein）有关。1957 年，他在法兰克福作了题为
《受价值制约之法的法律解释》（Rechtsauslegung im wertgebundenen Recht）
的任职演讲。[42] 在这里他恰当地看到了"当代法和法本身的核心"（第 91
页）。半进步半保守的克朗施泰因是一个特别的见证人，他将问题置于美
国法、普通法和大陆法发展的比较之中。他坚定地维护**受价值约束的解释
（wertgebundene Auslegung）**，反对制定法实证主义，反对道德与法的严格
区分，特别是反对*凯尔森（Kelsen）*。从今天的视角来看，一方面，这完全
契合对受价值制约的法所作出的符合时代的总结。另一方面，这也展示了
（就如很少值得怀疑的那样）1949 年的《德国基本法》植入了关键性的价
值，并完全与《联合国宪章》和国际法接轨，这些价值不必作为法外的价
值被引入。对该可能性的信赖明显受到了太强的撼动。因为，就如人们都
认为的那样，1919 年《魏玛宪法》的价值秩序被明显否定。由于人们现在
基于"制定法实证主义"将缺乏防卫性归咎于它，并以免于纳粹历史负担
的拉德布鲁赫（Radbruch）为关键证人，[43] 人们自然就放弃回撤到该实证的
宪法法（Verfassungsrecht）。首先，通过联邦宪法法院对作为实证的、带有
价值的制度——《德国基本法》进行关键的、富有成效的应用，在此清晰
地改变了《德国基本法》这一坐标，对宪法的信赖被极端地强化，从某种
程度上说，用道德来论证已经毫无必要。然而，该问题仍未被解决，只是
展现了它的历史局限。

---

[42] In *Heinrich Kronstein*, Recht und wirtschaftliche Macht. Ausgewählte Schriften, Karlsruhe
1962, S. 69-9.

[43] Siehe *Gustav Radbruch*, Gesetzliches Unrecht und übergesetzliches Recht, in Süddt.
Juristen-Zeitung 1（1946）S. 105-108, vielmals nachgedruckt, zuletzt in *Radbruch*, Rechtsphilosophie,
Studienausgabe, 2.A. 2003, Anhang 3. 此处只能概略地指出对此的丰富讨论，特别是 1989 年以来
东德的重新转回。人们只注意到了细枝末节：Radbruch 并未提及"超实证的"，而是"超法
律的"（übergesetzlich）。

1444　　　　人们可以从总体上得知，1949 年以后该**宪法关联**（**Verfassungsbezug**）如何明示或默示地扮演越来越重要的角色。然而，它也起着消极的作用，这是指对于**对抗该新的约束**（**Abwehr der neuen Bindungen**）而言。这首先再次投靠了唯实论，就如自由法运动和社会学派那样。比如埃塞尔（Esser），他同样用他方法上的"唯实论"（**Realismus**）来反对宪法规范。对他而言分权原则是宪法的意识形态，这在不可避免的、占统治地位的法官法这一"实际"中渐渐隐退（边码 784）。维亚克尔也并不强烈却类似于"唯实论地"寻找一条"中间路线"。在对其而言始终具有必要性的价值上，他同样想引入必要的"制定法之外的评价方案"（边码 685）。对此，他那富有张力的、宽松的方案使得大部分内容变得不确定。哪怕提到宪法关联也会有众多的保留内容。在韦斯特曼（Westermann）*改良后的利益法学*上，宪法关联仍是模糊的，因为他并未明确地跨越民法的框架，只是非常一般性地提及基本权利，且这些权利仍作为"规范性的自然法"。当拉伦茨援引法理念时宪法关联同样消失于不清晰的相对化之中（边码 607 及以下）。直到后来拉伦茨才在《法学方法论》中触及该"合宪"问题（S.A. 1993，53），并不再在罕见的热情中庆祝，就如在 1960 年"现在达到的法院在制定法面前的自由地位……（作为）或许是自 1900 年'法典化'完成以来法演进中最重要的进步"（1.A. 1960，278）。

1445　　　　然而，宪法关联只被**少数人**（**Minderheit**），如尼佩代，以及后来的科殷明确地设定为主题，并在法学上加以分析。科殷合理地基于"功能条件"论证了它。因此，法律人越来越多地关注宪法内容。然而，他们常常暗暗地绕过《德国基本法》第 97 条第 1 款处严格的制定法约束，并喜欢在《德国基本法》第 20 条第 3 款中有点矛盾的解释性形式——"制定法与法"上作出调和。因此，1945 年之前被多次讨论的连续性又将如何发展？[44]

1445a　　　　对新的联邦共和国**实际上的重新评价**（**reale Umwertung**）发展得异常迅速，在同盟国引导和控制下的战后重建期间和直到 1955 年的占领期间已经得到关注。然而，**法学上的新导向**（**rechtswissenschaftliche Umorientierung**）转型得比较迟缓。在一定程度上，法学家们不再在领导地位上鼓吹民粹种族性的法理念、共同体和领导地位。人们必须抛

---

　　[44]　这一第 3 版中的新标题与我对纳粹法学汇编中的内容相应：Unrecht durch Recht, demnächst, Tübingen 2017。

弃这一本体约束。但是，对于与**本体性的法律思维（substantialistisches Rechtsdenken）**相关的方法自身在复合根基上仍可以长久留存。联邦共和国生活和思维的普遍"西化"[45]在这里并未发生。法哲学和法理论中分析性的、批判上合理的甚至功利的思潮仍被边缘化，它们的呐喊仍未被听到，且一如既往地因"实证主义"被咒骂或轻视。法律史同样乐意沿着一个随意召唤来的"生活价值"去发展（H. Mitteis，1947）。这也可能同样是民粹种族性的价值。这一康德之后的形而上的本体主义（metaphysischer Substantialismus）的框架上的一致性[46]同样长期完全未被重视。但是，它对于我们法理论、法哲学以及方法论的内容、主题选择和方法而言却颇有意义。对历史悠久的形而上学的理念论上的尝试和实在法的相对主义的真正"克服"多次失败。我们虽然将纳粹法学抛弃，但是尚未将它们实质性的理论——更确切地说是结构上的前提抛弃。与之相连的并不容易看见的哲学或理论的木偶上的线仍始终牵在法学家的手中。

对于法律史而言，这一直被研究，且早就被清晰地表述出来。此处 1445b的一个关键点是米特尔斯（*Heinrich Mitteis*）于1947年所作的题为《论法律史的生活价值》（Vom Lebenswert der Rechtsgeschichte）的著名演讲。它的前提直到1993年在"对外"比较的视野下才被弄清楚，即在贾格纳（Sten Gagnér）广博的令人兴奋的对欧洲的研究中——《论近期法律史研究的方法 I：基于六十年的分析》（Zur Methodik neuerer rechtsgeschichtlicher Untersuchungen I: eine Bestandsaufnahme aus den sechziger Jahren）：虽然米特尔斯可能是一位研究"更大关联"的专家，但是他明显也"将他的学术藏于其后，并已经侵入这一地域，在这里梦想、信仰和诗歌试图将僵硬的现实赋予客观的学术并不能预见的意义"（第14页）——表述清晰，且毫无争议。将**"意义实现"**作为框架（**"Sinnerfülltheit" als Struktur**）是自伟大的客观理念论者黑格尔（Hegel，1770—1831）以来形而上的本体主义（metaphysischer Substantialismus）的问题。尽管米特尔斯从未完全支持民粹种族主义内容（das Völkisch-Rassische），但也绝对没有完全放弃，虽不像其

---

[45] 该期间传播的关键词：*Anselm Doering-Manteuffel, Wie westlich sind die Deutschen?Amerikanisierung und Westernisierung im 20. Jahrhundert, 1999*。

[46] Siehe nur *J. Rückert*, Kant-Rezeption in juristischer und philosophischer Theorie..., in John Locke und/and Immanuel Kant. Historische Rezeption und gegenwärtige Relevanz, hg. von M.P. Thompson, 1991, S. 144-215（auch in *Rückert*, Ausgewählte Aufsätze, Bd.1, Keip 2012）.

他乌鸦一样是黑色的，但非常不幸的是，他并未发现自己理论中存在的那些框架性的类似内容与风险，也未对此作出反思。基于将实在法相对化的本体论，法律世界并非就可以在一切情形下都良好地运行。这引向了模棱两可的标准法世界，它那更高本体和实在法之间的矛盾可能被稍微颠覆性地或公开侵略性地使用。[47] 与《德国基本法》中所列出、强调和制度上保障的实在法上的更高的本体相比，这必定更加不稳定。同样，一旦众多其他方法手段被重新定位，那么这一框架就能够自由地通过内在理由、法演化、原则论证等来替代法制定，通过解释者精神中的客观解释、对个案或个案中的衡量来替换基于案例比较、案例类型化和规则构建的教义梳理。

对于米特尔斯来说，这一批判性的观点和解释并未确定，就如法律史对于绝大多数其他法学专业并未确定一样。[48] 同样，这并未严重损害到许多新的开始，但是方法上盲目行事的风险也自然并未因此被排除。直到大约1970 年之后才在一般性的时间史中看到过渡的新时代。[49]

1446　　　19 世纪 60 年代后期以来的这段时期被主要命名为四个**同时代的方法思潮（ gleichzeitig Methodenströmungen ）**：政策批判法学、改良的社会学法学（ die erneuerte soziologische Jurisprudenz ）、衡量法学（ Abwägungsjurisprudenz ）和论证法学（ Argumentationsjurisprudenz ）。虽然最后一个被称为论证法学，但是它对全部法学的方法论都具有意义。所有这些都是对转型与变动的活跃时代的反应：前两个是一种向前的逃逸———一个朝向批判和政策理论，一个是以一般性的衡量替代对规范的应用。相反，论证法学则将方法的要求缩减为程式要求和证明规则。深具传统影响的德国的方法内容绝非"拉伦茨

---

[47]　一个同样值得长期关注的示例：*Ralf Seinecke*, Richtige Reinheit oder reine Richtigkeit?Rechtslehren nach Hans Kelsen und Karl Larenz, in JZ 65（ 2010 ）S. 279-287。

[48]　参见目前关于刑法的内容：*Frommel* 2016（ Fn. 31 ）；对超实证的评价法学的发展清楚地加以强调的是：*H.-P. Haferkamp*, Richter, Gesetz und juristische Methode in der Wertungsjurisprudenz, Zs. für die gesamte Privatrechtswissenschaft 2016, S. 319-334, bes. 327 f., 334；关于公法一般性内容见 *Michael Stolleis*, Geschichte des öffentlichen Rechts in Deutschland, Bd. 4: 1945 bis 1990, 2012, etwa S. 25 ff., 356 ff., 455 ff, 在一个特别清楚的主题上，*Michael Stolleis*, Gemeinwohlformeln im nationalsozialistischen Recht, 1974, für nach 1945 kurz am Ende, S. 303-305；关于宪法中后来发现的老方法手段———"衡量"的历史批判见 *J. Rückert*, Abwägung-die juristische Karriere eines unjuristischen Begriffs oder: Normstrenge und Abwägung, im Funktionswandel, in JZ 66（ 2011 ）S. 913-923, und im Überblick Rn. 1457 ff。

[49]　该期间享有盛誉的内容：*Anselm Doering-Manteuffel* u. *Lutz Raphael*, Nach dem Boom. Perspektiven auf die Zeitgeschichte nach 1945, 2008, 3. Aufl. 2012；对于公法语境描述较多的是：*Stolleis*, Geschichte（ Fn. 48 ）, S. 455 ff., die Methodengeschichte wird nur gestreift, vgl. S. 389 und 460。

所言的”那样。[50]

八、政策批判法学

　　如何向前推进？前方意味着未来，向前推进意味着更好的未来。对议 1447
会立法过程中各种关系的批判上的改革或革命的需求并未显露，或太少，
或向错误的方向发展。一个选择是构建批判法学并反对**被建立起来的当然**
理解（gegen das etablierte Selbstverständnis），在法学中被称为**社会理论批**
判（gesellschaftstheoretische Kritik），在政治上被称为针对议会的议会外的
反对者（APO）。自 20 世纪 60 年代中期以来，这就切实地发生了。方法现
在变成了方法批判。之前的论证被极端化：方法似乎必须是绝对唯实论的，
实证上可以实现的，且紧跟社会变革。规范应用的全部法约束似乎只是幻
想。在法律内容上人们依靠宪法，但这是一个不一样的宪法。从该具有感
人的伟大理念论内容的批判性的唯实论中，后来也偶尔发展成为实际上的
方法嘲讽。

　　对于政策批判潮流而言，有**两个名字（zwei Namen）**特别重要且享 1448
有声望：维特豪尔特（Rudolf Wiethölter），生于 1929 年，法兰克福大学民
法教授，以及瓦瑟曼（Rudolf Wassermann），生于 1925 年，不伦瑞克高等
法院院长。维特豪尔特在 1967 年为黑森州广播台作了他那著名的*法学广*
播讲座，并在 1968 年将之成书。瓦瑟曼多次参与了法律实践，将这些在
1972 年总结成《*政治法官*》（*Der politischer Richter*）这本小册子。

　　维特豪尔特在书中详细叙述了过去对当时相当具有影响的构想（边码 1449
878 及以下）。简而言之，对他而言“一个法体系以及法学尚未”存在（1968，
S. 3）——这**首先**意味着**告别**：告别原则法学，但是也告别自由法、利益法
学和评价法学。这并不涉及“指导”（Unterweisung），而是首次涉及“启蒙”
（Aufklärung）（引用处同上），确切地说，“没有政策性法理论我们不能立于
我们时代的巅峰”（第 10 页）。值得注意的是，高峰和低谷在这里被清晰
界分。“高峰”即“社会理论”（同上）。对此，维特豪尔特实质上对**纯粹**

---

[50]　参见 *Johannes Braun*, Einführung in die Rechtsphilosophie. Der Gedanke des Rechts, 2006, 2.A.
2011，主导思想是：“法不仅是按照更大的视角来分类，它的内在形态上也包含不同的模式，这
基于自己的方式在外在形式上被填充以生活。”（S. VI）相应地还有“内部架构”（§6）和作为一个
“本体上的法知识的储存地”的法哲学（S. 58），可总结为“法思维的现象学”（Phänomenologie
des Rechtsdenkens）（S. 58 ff.）。

民法的合法性衰落作出溯源上的有力证明，这可以追溯到伟大的哲学家康德。所有针对形式主义、概念和疏离化（Entfremdung）的措施在这里都基于社会批判性而被收聚。从中可能不会也不能发展出正在主导的或将要来临的适用和衡量的法律方法。

1450　　　　宪法关联（Verfassungsbezug）非常被重视，但是这从法治国原则上的法律约束力蜕变为自由民主的社会福利国家的**法与社会的改良**（**Rechts- und Gesellschaftsbesserung**）（1968,74f.）。实际上人们现在在《德国基本法》中发现了一个双重理想图景：此处的个人自由，彼处的社会福利国家。这一双重性是互相对立的，既不依据《德国基本法》，又不具有历史性，更不具有事实合理性，而是陷入了被遗忘内容的阴暗处。[51]只要人们逐条阅读《德国基本法》，则首先涉及人的尊严，然后是作为首要基本权利的任何人自由发展自己人格的一般基本自由权，其次按顺序则是：平等权、两个自由权、婚姻、家庭和教育、七个自由权（未将第12a条列入）、社会福利化的条款、对国籍的保障、避难权、请愿权以及实现、保障条款——并未提到*社会福利性*和*社会福利国家*（*Sozialstaat*）。这些涉及与第20条上联邦共和国的关系（"民主的社会福利的法治国"），且在第28条中再次作为对各州中宪法秩序的"社会福利法治国"的要求。双重理想图景不是这样。《德国基本法》应该是某种"社会福利性的"，但是肯定不牺牲被优先且全面保障的平等的自由权。否则，就与反对纳粹专制的时代背景不相符——一个忠于历史的解释的鲜明例子。

1451　　　　同样，**瓦瑟曼**（**Wassermann**，1925—2008）也投身于司法、法和社会的根本革新。法官应该已经"基于其职位"具有"政治性人格"，然而非政党政治性（S.107）。他必须"与其他国家机关一样——参与发展之中，并在法和宪法约束框架内去改变现状"（S.56）——但在约束力上是法优先于宪法？是什么法？且向何处改变？用什么法？宪法首先意味着民主化（S.17），改变仍是模糊的。同样，从中应该不可能引申出一种**法律方法**。

1452　　　　更有希望的似乎是去改变人类。在这里诸如维特豪尔特的努力方向就是**"新型法律人"**（**neue Juristen**）**计划**和新的"*体制内人员培养*"（*Erziehung zum Establishment*）（Wassermann u.a., 1969）**计划**。1971年，在德国的《法官法》中对专门的**法律人培养**（**Juristenausbildung**）设定了实践条款。这在所

---

[51]　最新成果见 *Joachim Rückert*,„Frei und sozial"als Rechtsprinzip, 2006。

谓的单层级的法律人教育中只以一次整体的司法考试（比如在不来梅、比勒菲尔德、汉诺威、奥古斯堡）来实施。实质上在这里是有意地引入社会学，常常配以相应的教席，且在合作教学中会注重理论与实践的结合。且这全部处于 1∶50 或较少的理想的辅导关系中。这些模式本身是成功的，但是普及这些就太昂贵了，且对政治而言最终在新的关系中也不太合适。1984 年，这新的九个政策在 10 年后一一终结。[52] 虽然有很多重要的改变，但社会理论上的、法学的和方法上的理想内容在 1968 年后就未被实施。

　　这促进了今天在论证上有时强烈且高度被代表的**方法犬儒主义**　　　1453
（**Methodenzynismus**）。只存在唯一正确的法律裁判的理念同样构建于幻想之上，就如严格的从大前提到结论的逻辑涵摄推理的理念一样，基于唯实论的认知可以狡猾地得出，似乎并不存在法和法秩序，只存在法官。就如确切的概念和法源概念那样，方法变得多余。从这一批判的浴盆里倒出去的是法、方法和宪制国家。在法学上这是自由的，但是在法律实践中却并非如此。该**"唯实论的"结论明显脱离了现实——一个现实主义的幻想**（**„realistische" Schluss geht offensichtlich zu weit-eine realistic fallacy**）。至于金钱、剥夺自由或警告是否已经到期，在绝大多数情形中就如税务、权力范围、法院管辖权、缔结合同、侵害所有权或众多侵害基本权利的行为等一样清晰。这些分析——从涵摄推理中不能得出唯一正确的内容；必须将假设置于大前提和小前提之中；依据大前提、小前提的结论并非纯粹依据逻辑展开；规范的事实构成不少都是拟制的，且在法律上是不精确的；法并非全自动且合理地直接起作用——这些内容绝非证明所有的法和所有的方法是幻想。实际上相对确定的事实甚至绝大多数是猜测的。对此的估算尚未做出。此处多次被提及的独特的法律人的经验几乎始终与阶层密切相关，在经验上并非太适于赞成或反对。"唯实论的"视角还过于片面地涉及最高法院的案例和方案，在其中恰恰有诉讼中激烈争论后的冲突"遗留问题"或者大量政治说客。

　　不管怎样，法律人在法律实践和法理论上所具有的任务并非去破坏　　　1454

---

　　[52]　对此最好的概述性内容见 *Alfred Rinken*, Einführung in das juristische Studium, 2. A. München 1991, §15, 较为简单的是之后的版本，我的判断也是基于在汉诺威的经验，参见我写的回顾：Profile der Jurisprudenz in Hannover seit 1974, in Festschrift zu Ehren von Christian Kirchner, 2014, S. 217-228。

他们工具的明确性与安全性。在法律实践上，对于一切国家权力的约束力（《德国基本法》第 1 条第 3 款、第 20 条第 3 款），很多都取决于阐述与论证的规则，就如论证理论（Argumentationstheorie）对之所确定的那样（边码 1476 及以下）。**学术与实践的区分（Unterscheidung Wissenschaft - Praxis）**在这里是核心和重点：在经验上，基于不同的制度和工作方式；在学术上，基于其他的标准；在实践规范上，基于此处的自由（《德国基本法》第 5 条第 3 款）和彼处的约束（第 1 条第 3 款、第 20 条第 3 款和第 97 条第 1 款）。没有该区分则各方法就陷入混乱之中。而混乱的受益人则是法律人阶层。但是在民主宪制国家这不仅仅取决于法律人阶层。温特沙伊德在 1884 年就已准确地强调过，他否定法律人在立法中享有优先的地位——这仍在论战中被误导性地引用（边码 315 及其下）。该区分关涉实践——自由的学术因此在事实上和在内容上被我们纳入了本书（见导论）。

1455　　　国家法和基本权利的问题与方案（**staats- und grundrechtliche Probleme und Lösungen**）在此期间已经开始将注意力聚焦在法理论和方法论上。这在本书中并未被当成代表作呈现出来，在一定程度上这是缺陷，如缺少刑法一样令人遗憾。但是这只显示，逾越法律原则的界限并非易事，而今天在任一较大的评断中，非专业人士都会被邀请参与特别客观的合议审理。然而，在公法方面还缺少对生活语境中的方法和基本概念的相应的历史批判研究——人们无法充分知道政治中的决定。[53] 这几乎就是这样，今天的方法和解释似乎不同于 1976 年之前，反而没有什么重要内容是重要的或者应当是重要的。[54] 例如，衡量这一主题被从多角度讨论过，但是没有历史批判的视角。国家法和公法中的衡量法学被纳入本概述之中，这主要是因为衡量已经被提高为一般法律方法，从某种程度上说这是基于衡量法学自己的贡献和相当令人惊讶的认识。[55] 但首先是关于社会学法学、经济分

---

[53]　在这一本基础性的手册中只是简要提及方法史：*Stollei*（Fn. 48），S. 389, 460；S. 17 f. 此处具有研究现状的内容。

[54]　比如在巴度拉（Peter Badura）所做的和与之相关的报告和讨论中：Die Dogmatik des Staatrechts im Wandel vom Bismarckreich über die Weimarer Republik zur Bundesrepublik, in Entstehen und Wandel verfassungsrechtlichen Denkens, Beiheft zu Der Staat 11, 1996, S. 133-164, 虽然教义学内容较多，但并无方法。方法在此论著中也缺乏：*B. von Bülow*, Die Staatsrechtslehre der Nachkriegszeit（1945-1952），1996；关于 1976 年，参见德雷尔和士威格曼（Dreier/Schwegmann）的文献汇编，当今最新的内容见：*Lepsius bei Jestaedt* u.a.（Fn. 73）。

[55]　即基于我对衡量的研究，Lükert, 2011(Fn.48)。

析和制度经济学的内容。

九、社会学法学

1455a

"社会学法学"（soziologische Jurisprudenz）在 1914 年之前伟大的改革
辩论中就呼声很高。它的功能和深远影响始终受到肯定。该"社会学"观
察的理论规制视角可略见于里费尔（Hans Ryffel）的著作《法社会学——
一个体系导向》（*Rechtssoziologie. Eine systematische Orientierung*）。[56] 该视角
对于理解完全不同的、富有条件的语言游戏具有意义，除了孟德斯鸠，百
余年来还有孔德（Comte）、勒普勒（Le Play）、马克思（Marx，是的，此
处还包括马克思）、古姆普罗维茨（Gumplowicz）、涂尔干（Durkheim）、惹
尼（Gény）、埃利希（Ehrlich）、奥本海默（F. Oppenheimer）、韦伯（Weber）、
庞德（Pound）、凯尔森（Kelsen）、努斯鲍姆（Nußbaum）、盖格（Geiger），[57]
他们相互印证、相互批判——这一国际上的伟大任务已经令人震撼[58]，而
且他们几乎全都受过法学教育。所谓的法实证主义因此不仅仅促进了对制
定法的关注，还有对现实的关注。让我们先把名单暂放一边，并直接从常
用的语词出发。"社会学的"（soziologisch）？恰恰是这一核心、常用的关
键语词在进一步分析中造成了混乱。它在方法上具有极多的意义。"社会
学的"意指德文意义上的社会研究的（gesellschaftsforschend）？还是英文意
义上的社会福利研究的（sozialforschend）？还是社会科学的？或直接是"社
会福利工程"（social engineering）？如果都是，那么又该如何？这进一步取
决于方法上的基本态度，但这也并不始终纯粹地出现，而是分立于三个主
流之中。[59]

---

[56]　Neuwied und Berlin, 1974, hier Teil 1: Kritische Bestandesaufnahme, S. 13-114. 里费尔详细地作
了阐述，且依据原文较为真实地给出了信息，在方法上清楚且清晰地基于它真正哲学上的教育
作出区分。该篇文章因此减少了众多不明之处和额外的信息。其他较短的历史提示使得绝大多
数内容依旧模糊。

[57]　Geboren: Comte 1798, Le Play 1806, Marx 1818, Gumplowicz 1838, Durkheim 1858, Gény
1861, Ehrlich 1862, F. Oppenheimer 1864, Weber 1864, Pound 1870, Kelsen 1881, Nußbaum 1887, Geiger
1891.

[58]　很有自信的总结内容参见 *Ryffel*, ebenda。

[59]　这指向了里费尔。见其结构和内容，3 f., 15 f.。Rottleuthner 区分"三种法社会学"
（Einführung in die Rechtssoziologie, Darmstadt 1987, S. 21 ff., 30），但是它的批判标准主要是主题表
现手法，较少有方法。

该三个主流是（**die drei methodischen Hauptlinien**）：经验的、规范的（批判的或辩护的）和知性上再建构的（verstehend-nachkonstruierend）。在*经验上*会论及社会科学性的内容，并专门涉及对法的事实研究和特殊社会学或部门社会学；在*规范性上*会涉及社会哲学或社会理论；在*知性上*则无固定内容。经验性不仅指描述或描绘，还有解释，比如因果性、起源性、功能性，直到合法性。规范性则不仅指批判或辩护，还有通过经验对规范视角的支持。在知性上，韦伯意指超出描述性的意义探寻："社会学应该指：一个释明社会行为的科学，基于此试图在其过程和效应中解释原因。"因此，他所指的是知性的社会学。[60]

在与法学更具体的关系中再次涉及三个主要情形（法教义学、法政策学、法社会学）。经验解释性的社会学可以作为教义学或作为法政策之类在法学上的补充，或完全独立地作为部门社会学。[61]或者作为批判或辩护被使用，然后进入对法的规范上的竞争中。最后，它同样主张成为法律世界中全面的理论，且自己也置身其中。从法学的视角看，法律方法的主要问题仍然是，"社会学"且首先是法社会学（Rechtssoziologie）是否想成为补充的辅助性科学或替换性科学。明显，这些关系容易产生混乱并容易被混淆，特别是当学科利益与政策利益都对此有促成时。

要清楚地弄明白这三种情形之间的关系需要运用事例。一些事例非常有名，其中有两个非常重要。在经验解释上对"法社会学"（Soziologie des Rechts）进行研究的首推**埃利希**（**Eugen Ehrlich，1862—1922**），他在 1913 年的著作《法社会学原理》（Grundlegung der Soziologie des Rechts）中建立了该原则，"这些原则并不想服务于具体的目的，而是纯粹的认知，这并不涉及语词［就如其他制定法法学（Gesetzesjurisprudenz）那样］，而是涉及事实构成"和它们的"合规范性"（就如"自然研究者"那样）。这样，就不会缺乏"实践上可使用的结论"。[62]他总结道："法社会学是关于法的科

---

[60]　*Weber*, Wirtschaft und Gesellschaft, 5. Aufl. Tübingen 1972, Kap. 1, §1, S. 1; jetzt als Band I-23 der Max Weber Gesamtausgabe: Weber; Wirtschaft und Gesellschaft. Soziologie. Unvollendet 1919-1920, hg. v. K. Borchardt, E. Hanke u. W. Schluchter, Tübingen 2013, S. 149; grundlegend bei Weber bereits der Aufsatz von 1913 in der Zeitschrift Logos, 4（1913）S. 253-294,,,Über einige Kategorien der verstehenden Soziologie", bes. Abschnitt III: Verhältnis zur Rechtsdogmatik（见便携简易版：*Max Weber*, Soziologie. Universalgeschichtliche Analysen. Politik. Stuttgart 1973, 97-150）.

[61]　对此具有众多示例：*Ryffel*, ebda. 51-77。

[62]　*Ehrlich*, Grundlegung, 1913, S. 1 f.

学理论。"此外，重要的是，"这一法和法律科学的真正理论必将与实践法学，（且和实践法学一起与法教义学）相对抗"[63]。社会学和法学因此被区分，该法社会学本质上[64]是部门社会学。

在学术理论上，德国的社会学和法社会学第二位大师**马克斯·韦伯**（**Max Weber**，1864—1922）老到且犀利地贯彻了该区分。创作于 1911 年至 1913 年的"法社会学"（Rechtssoziologie），1922 年才被作为著作《经济与社会：经济和社会的秩序与权力》（Wirtschaft und Gesellschaft：die Wirtschaft und die gesellschaftlichen Ordnungen und Mächte）中第四部分出版。[65]在方法上，韦伯在开始就区分法学上的进路和经验上的进路："法学上的进路，确切地说是法教义学式的研究任务是：条文的内容描述了秩序，而对于任一所指称的人类范围的行为而言，秩序是探寻人类正确意义的标准。相反，社会经济学关注的是人类的这一实际行为，即受制于'经济事实'决定的必然性的行为。"[66]诚实说，韦伯的目标并不在于一个规范的交叉学科，而是在于经验上的描述和解释，以及政治和法政策的改革。

1455e

鉴于这一影响力与发展水准，在这两位使用德语的大师处，人们不仅仅看到了 1914 年之前的**辉煌年代（Gründerzeit）**，还有今天的法社会学上的成就。如里费尔（Ryffel）恰当地指出，这里"还出现了当今的分歧，该

1455f

---

[63]　Grundlegung 19, 在导入性章节末尾。关于埃利希目前的重点论述是：*Stefan Vogl*, Soziale Gesetzgebungspolitik, freie Rechtsfindung und soziologische Rechtswissenschaft bei Eugen Ehrlich, Baden-Baden 2003（Fundamenta Juridica 46）。

[64]　由于核心部分和其他部分并不具有决定性的要素。

[65]　1922 年以来的出版史较为重要，但是这并未改变此处重要的方法核心。„Wirtschaft und Gesellschaft" 作为该著名的论著文集 „Grundriss der Sozialökonomik" 中第三部分的不完整的部分版本。经常被使用且成为便于使用的所谓的学生版的著作为：*J. Winckelmann*, Neuwied 1960, 2. überarbeitete Aufl. 1967；如今重要的是历史批判版：*Max Weber*, Gesamtausgabe, Abt. 1 Bd. 22 ff., Tübingen 2000 ff.，法社会学内容见 Band 22/3: Recht, 2010 以及简易学习版 Studienausgabe 2014。

[66]　参见 *Weber*, Wirtschaft und Gesellschaft（Fn. 60），S. 181；以及 Weber, Rechtssoziologie, hg. v. J. Winckelmann, 2. Aufl. Neuwied u. Berlin 1967, S. 69；目前作为 Band I/22-3 der Max Weber Gesamtausgabe: *Weber*; Wirtschaft und Gesellschaft. Die Wirtschaft und die gesellschaftlichen Ordnungen und Mächte. Nachlaß, Teilband 3: Recht, hg. v. W. Gephart und S. Hermes, Tübingen 2010, S. 192 f.。

分歧仍未被解决，且已经渗入所有的经验研究之中"[67]。

1455g   该分歧常常归咎于**对两个问题的混淆（Vermischung von zwei Problemen）**。在方法的主线上不仅涉及实然认知和应然认知的认识论上的区分，还同时涉及规范性的问题，在这里以何程序及何权限去确认并界定法的正确性。**该认识论上的分界（erkenntnistheoretische Trennung）**在分析上是明晰的，并已经被确认；该规范上的分界，粗略地说是法与政策之间的分界，则绝非如此。这自然一直存在于政治斗争中。在今天的激烈冲突中，这仍是当代宪制国家的内容和要素，宪制国家的形式在德国很晚才出现，且绝对适时地构建了对于法学和社会学第一轮讨论的背景。在此关联下，议会民主之路成为实现正确性的绝对优先程序，自1871年以来没有帝国议会就不行。人民对此可能觉得好或是不好，支持、争取还是反对，可能在事实上或在意识上容易混淆，但是这绝对是一个确定的**规范性事实（normatives Faktum）**。如果不能通过民主议会之路达成"令人满意的"结果，那么这一绝对优先的程序就会变得艰难。

1455h   这一程序对**社会学法学（soziologische Jurisprudenz）**意味着什么？这一法学在1914年之前同样已经较早且具体地被提出，特别是福克斯（Ernst Fuchs）[68]，以及魏斯滕多夫（Hans Wüstendörfer）[69]对此富有启发且明显具有一定的夸张的总结。社会学在这里应该作为**法发现（Rechtsfindung）**或法律适用的**论据（Argument）**。这些主张的更精确的解释仍分歧较大。与之相对，在魏斯滕多夫处这首先并非指经验的社会学，而是指"社会的"，更确切地说是"依据社会学作出的利益衡量"或"通过社会学知识解释的

---

    [67] *Ryffel*, 15; 关于1900年到1914年的方法论论战，有比较全面的资料收集了六篇1908年到1912年的标题中带有社会学字样的（„soziologisch"）法学论文（s. in Gesetzesbindung und Richterfreiheit, hg. von A. Gängel und K. A. Mollnau, Berlin 1992, 411-440）。还有1911年的die IVR Tagung u.a. über Soziologie und Rechtsphilosophie [s. Archiv für Rechts-u. Wirtschaftsphilosophie 4（1910/11）]。

    [68] 1910年以来他的观点见: soziologische Rechtswissenschaft, soziologische Rechtsprechung, soziologische Rechtslehre（alles 1910）, soziologische Rechtsgestaltung（1919），或者简单的内容: Soziologie（1911, 1920），还有erfahrungswissenschaftliche Rechtskunst（1923/24），此处的文献目录见 Ernst Fuchs, Gerechtigkeitswissenschaft. Ausgewählte Schriften zur Freirechtslehre, Karlsruhe 1965, S. 261-267。

    [69] 转折时的德国审判。Versuch einer positiven Methode soziologischer Rechtsfindung, in AcP 110（1913）S. 219-380, auch separat u. im Neudruck, Berlin 1971. W. 于1875—1951年在世，曾主要为海洋法学者。下文中的数字为原文中的段落数。

法感"[AcP 110（1913）S.243，247，249，307]，为了弄清"法律规范可使用的社会目的"[AcP 110（1913）S.250] 并相应地"在社会目的视野下""检测"和"发挥"规范上"被设定的可使用之制定法目的"[AcP 110（1913）S.262，282]。这是相对自由的**规范性研究（normative Arbeit）**。这极其类似于法律方法中自由法的开放，特别是类似于为法律上的社会学工程师所作出的辩护演说（见本书边码 1407）。不管以何方式，这里有生命力的、与时俱进的社会性规范对于法律适用和（或）法塑造（Rechtsgestaltung）都是重要的。这并不关涉对所谓的事实的社会意义（或更恰当的现实意义）的关注，或对将事实情形纳入特定的事实构成或法律后果之中意义的关注，就如这对自努斯鲍姆（1914）以来的法事实研究或今天该领域中法的经济分析的促进[70]，而是始终关涉得出规范上的后果，不管是违背制定法还是抛开制定法。这曾是反对旧方法并支持自由的（即制定法上自由的）法律实践的强烈的改革运动的时代精神；这持续地导致在 1914 年之前对所谓的违法的谎言或权限的强有力的解构（本书边码 1402 及以下）。这样，黑克的*利益法学*就成了方法的妥协。同样，它也常被称为社会学法学[71]，但是方法妥协意味着社会学是通过相关利益研究来对法教义学作出的补充。

直到今日，社会经验上的描述和法学与法政策上的结论之间的**张力**
（**Spannung**）影响了所有关于社会学法学的讨论。这些讨论也吸引了政治上的注意力，因为它们同样含有大量的政策。在 1914 年之前，人们十分辛苦地对《德国民法典》展开了事实构成研究。其中有不少只是虚张声势，对此可以简单看一下《〈德国民法典〉立法动议》（*Motive zu dem Entwurfe eines Bürgerlichen Gesetzbuchs*）。1888 年，该书"三、解释、类推"这一标题下的内容写道："相关法的关系事实上的本质必须被探究，且这一规范的后继者必须被假定，而该规范得自立足于实在法的一般原则，以及具有逻辑性和自己特征的事实上的创制"（第 1 卷，第 17 页）——事实上的本质

1455i

---

[70]　对此见本书上文边码 1210 及以下，非常不正确且只是概括性的例子如 *Gunnar Janson, Ökonomische Theorie im Recht. Anwendbarkeit und Erkenntniswert im allgemeinen und am Beispiel des Arbeitsrechts*, Berlin 2004。

[71]　特别著名的作品有：*H. Coing, Die Lage der soziologischen Jurisprudenz. Zur Frage der juristischen Methode im Privatrecht*, in Universitas 7（1952）S. 241-248; 关于科殷。见本书上文边码 810 及以下、1438 及以下。

和事实上的塑造是出发点，逻辑上的结论仅仅指法律角色的正确定位，而非指纯粹的逻辑。当然，那些"概念法学的立法者"也明知并赞成，依据规范作出的任一裁判似乎必须有事实的支撑。

　　经过深思的"社会科学的"或"社会学的法学"的典型例子是今天托依布纳（Gunter Treubner）的众多成果。[72] 在这些伟大的、现实的主题上，合同网络（Vertragsnetzwerk）也被如此深入地研究着；[73] *萨姆*（*Sahm*）则在此对担保作了分析（边码 1192 及以下）。

1455j　　上述讨论区分了对立关系，也显著地缓和了对立。这是因为在私法中，解决紧张关系的方式远不如公法或刑法中那么激烈。在私法中，各方主体在法上都被彻底地赋予权能去自己创设各种关系。他们一直拥有自己的权利。法社会学在这里拥有一个重要的任务，即尽可能贴近现实地"依据社会学"去研究主体间异常复杂的合同意志，并在考虑可支配的权利角色和其界限时对权利的对内或对外的承载力进行解释。在此范围内私法理论曾一直是"社会性的"。所期待的是什么？如何合法地设计以及该设计在现行法上是可行的吗？这指的是私法中的社会学法学所具有的并不那么明显的宪法关联。

1455k　　如果社会学法学能够融入主体自治和立法特权的典型例子中，并将教义学和司法用于法律续造，那么宪法关联将变得更复杂。与这一倾向相近的方式存在于强制法领域之中，存在于**宪法和公法**、**强制性私法和刑法**之中。这样就涉及"正确的"现实描述和它们的法学分析。客观描述与评价、社会学和法学、汇编与编撰之间的根本张力（为了避免言及法社会学的悖论）已经显现。

1455l　　对两种进路**调和的理论**（**Theorie der Vermittlung**）（即对此的方法论）似乎是重要的。由于这并不涉及纯粹的逻辑问题，而是判断力问题，在与精确制定的标准的关系中首推事例和经验。确定的只是在现代宪制国家需

---

　　[72]　特别参见 G. Teubner, Netzwerk als Vertragsverbund, Virtuelle Unternehmen, Franchising, Just-in-time in sozialwissenschaftlicher und juristischer Sicht, Baden-Baden 2004; vgl. *Teubner* 2003: Die Perspektive soziologischer Jurisprudenz: Das Recht der Netzwerke, in Machura, Stephan/Ulbrich, Stefan（Hg.）, Recht-Gesellschaft-Kommunikation, Festschrift für Klaus F. Röhl, Baden-Baden, S. 40-50; 以及 Nach den Fällen: Paradoxien soziologischer Jurisprudenz, in Bertram Lomfeld（Hg.）, Die Fälle der Gesellschaft, Tübingen 2017, S. 225-241。

　　[73]　*R. Seinecke.*, Vertragsnetzwerke und soziologische Jurisprudenz, in: Teubners Staatsverständnis, hg. v. L. Viellechner, Baden-Baden i.V.

要实现程序优先和准确性，而民主议会程序也是确定的。[74] 除了民主的意见形成程序之外，还必须同时具备的是，竞争性的规范性论据要透明且公开地被呈现出来。制定法之外的规范性论据亦不得遮掩。重要的还有，随着我们的生活世界大步地向前推进，这一优先性的确比之前涉及更多的领域。投向事实和现实的社会学视角在这里更常受到批判，类似于在规范批判性的私法领域之中，比如租赁法、劳动法或消费者法。很明显，这可能导致实际内容与法之间的分歧，并带来正当化与现行法的偏离。这似乎是在社会学上的法的改良。同样，已经被彻底且清楚考虑过的是，在此处可能存在典型的，即可一般化的案例。[75] 当然，这比较容易。

十、法的经济分析与制度经济学

20 世纪 70 年代，在经典法学方法之外产生了这一思潮。它并非想取代过去的方法，也并未发展出法学方法规则。但是使用这些方法更容易理解众多规则的效果——特别是私法规则的效果。这非常有助于解释，特别是当涉及一般化的结果衡量之时。但在判断哪些因素和结果具有决定意义时，必须依据现行法去判断。在我们的法体系中，这一方法思潮并不具有**独立的宪法上的意义或政策上的意义（eigenständige verfassungsrechtliche oder-politische Bedeutung）**。然而，法律人越自由地构建解释规则，就有越来越多的观点被提出，而法官甚至也被要求来遵守这些分析方法。比如，在规划法（Planungsrecht）中就要求依据制定法来对结果进行*衡量*。但经济上的后果即使在这里也不允许被赋予特权。对法律问题的两个方案都具有重要意义，且被重视程度并不比其他社会学上的观点高。因此，两种构思在本书中都详细介绍了（边码 1210 及以下、1250 及以下）。

十一、衡量法学

衡量是**实践哲学**（即伦理和道德，以及后来的政治哲学、法政策和立法活动）之中非常古老的**构想（Konzept）**。1945 年之后，这一构想的有力

1456

1457

---

[74]　瑞士的法哲学家和社会学家里费尔的确并非偶然地多次且令人印象深刻地强调这些，见 *Ryffel*, ebda., 232, 234, 240, 242。

[75]　Siehe *Ryffel*, 237-240: Diskrepanz von（1）Norm und implizierter Wirklichkeit,（2）Norm und Gesellschaftsstrukturen,（3）Norm und Rechtsbewusstsein,（4）Norm und Normbefolgung,（5）krasse Rechtsverzerrungen.

成果呈现了"一个不是法律意义上的法学成就"。20世纪伊始，利益法学就将之置于制定法上利益衡量分析的核心。如上明确所示，[76]此处人们意欲**忠实地执行立法者在政策上的衡量（politische Abwägung des Gesetzgebers loyal nachvollziehen）**——恰如现实中的那样。但在保守的普鲁士社会——自由法学者施塔姆普（Stampe）那里就非常广泛地涉及通过利益衡量的一般法发现（Dt.Jur.Ztg 1905, 713-719），[77]特别是由一个新的、更为自由的法官作出的利益衡量。司法本应该成为"在*法典演进中*具有社会实用意义的方法"的（Dt.Jur.Ztg 1905, 1019）"社会法学"（Sozialjurisprudenz）（1904, 66f.）[78]。恰如人们所言，在政策上有俾斯麦在1878年后所实行的著名的通过强制保险（即今天的意外保险、医疗保险、伤残保险和养老保险）进行关怀的先进"社会福利国家"构想。社会福利国家构想有别于社会主义国家构想，社会主义国家构想是基于马克思主义或社会主义者的主张。与利益法学的区别也颇具前景。这两种路径在一开始就已产生分歧。此处是对依法衡量的理智妥协，彼处则是自由衡量的社会法学。两个在宪法政策上和方法政策上**相当迥异的路径**实际上也因此引出了**衡量（Abwägung）**。

1458   更自由的衡量一开始并未受到欢迎。首先，宪法上的条件必须得以确立。直到20世纪50年代，经过政策上衡量的制定法的**再贯彻（Nachvollzug）**才作为**衡量有限应用（begrenzte Verwendung von Abwägung）**的主要方式。1927年，只在刑法中才在堕胎的医学标准上出现令人关注的利于母亲的"法益衡量"（Güterabwägung），这始见于1927年3月11日的帝国刑事法院判决（E 61, 242ff., 254f.）。但是，在法教义学上人们将之理解为绝对的例外，即所谓的"超越制定法的困局"（übergesetzlicher Notstand）。此外，还有1945年之后深具影响的国家法学者斯门德（Smend）在上文所述的[79]1927年国家法上的方法争论中提倡的衡量分析——只是起初非常无成效。如前所示，在纳粹法学中，方法问题也鉴于"确定的"价值而呈现出不同的图景（见边码1421及以下）。

1459   1945年之后，所有变化都有利于**更自由的衡量（freiere Abwägung）**。

---

[76] 参见边码428及以下。关于黑克，参见本书边码1413及以下。

[77] 重印于 Interessenjurisprudenz, Darmstadt 1974, 24-31。

[78] 关于引文和关联，见 *Rückert, Freirecht*（Fn. 25）238。

[79] 见本书上文边码1441。

事实上，在 1958 年以后衡量对联邦宪法法院的司法具有决定意义——虽然迟缓，但直到今天都还很关键。该问题的起因在于新近被提出的问题，即基本权利是否应该以及应当如何影响私法——指向公民相互之间的法。这并非公民防御国家入侵的经典功能。相反，这涉及所谓的**基本权利（Grundrechte）**在私法中的**第三人效力（Drittwirkung）**。在著名的 1958 年的吕特判决中即存在这样的判断。在吕特案中，因某电影制片商和租赁公司的某部电影被抵制，"两位公民"产生了争执，此处是影业公司的权利，彼处则是言论自由。侵权法上的民事之路，即依据《德国民法典》第 826 条或第 823 条基于言论自由的例外的侵权抗辩问题，比如关于当时多次讨论的作为抗辩的"社会衡平"这一论点，也鉴于对基本权立场的直接*衡量*而被抛弃。这是一个**新的裁判方式（neuer Entscheidungsstil）**，它将问题转化为公民的利益冲突和对衡量的判断。这首先听起来像是 1945 年前后活跃的评价法学的再发展，如下所述：

"若如此理解，则表达意见即为此，即纯粹精神作用下的自由；但是如果基于此来侵害他人受制定法保护的法益，而该保护在言论自由面前具有优先性，那么该基于言论自由而实施的侵犯就不被允许。若此，'法益衡量'即为必要：如果他人值得保护的更高等级的利益可能基于对言论自由的确认而被侵犯，那么言论自由的权利必须后撤。这些优势利益是否优先于其他权利，则需要基于案件的所有情形来判断。"（BverfG v. 15. 1. 1958, E 7, 198-230, 205）

即*法益衡量*，如 1927 年时对母亲和孩子的*法益*，其中有且只有一个可以获得*优先性*；当某个权利面对*更高层级的权利*时，其必须后撤；但是这只在*值得保护*的利益位居更高层级且具有绝对优势之时。这些表述**只是相对而言**，绝非内容上的判断标准或构成要件。因此，今天人们会讨论到比例原则这一观点。这样，结论必须基于个案中的所有情形来判断。这一对谨慎判断而言始终恰当的指南在衡量中也是一个新的最低标准。这也变成了**一般不太容易控制的评价过程（generell nicht weiter kontrollierbare Wertungsvorgänge）**的回撤形式。因此，判断也是针对个案的一个方案。这并非更高的或优先的或优胜的一般保护性。如果人们这样来解决问题，那么对事实构成要件、正当化事由以解释的视角，即用涵摄的方法，确实

1460

无法解决该问题。这样就似乎如解决政治问题、伦理问题或道德问题那样，并不依据严格的规范约束来解决问题。

1461　　据此，在这一视角中并不去解决在法律上**尚未解决的规范冲突和价值冲突**。在方法上这是自由的。具有教益的是适用于"自身"的民法视角。在《德国民法典》第 826 条及相关条款上，这涉及抵制的损害和因此对受保护的法益的侵犯的例外的正当化，在这里是一般性的善良风俗——在方法上只是规则和例外的问题，以此实现对案例类型的决定性归类。（被允许的）例外是作为与规则的关系中的（不被允许的）特殊情形被建构的。因此，这涉及一个重要的方法路线。然而在内容上加以填充则并非易事。诸如同意、紧急避险等明确的正当化事由明显被排除。在民法中已经展现出新的趋势。**"社会相当性"**（**Sozialadäquanz**），即一切立足于"历史中形成的社会伦理秩序的框架内"，似乎应该是正当的。这是在"吕特案"之前被激烈讨论过的 1955 年的"尼佩代（Nipperdey）的魔咒"，该魔咒是针对一次又一次因"太过个人主义"和"自由主义"而被批判的《德国民法典》中的侵权法。[80] 看一下尼佩代于 1931 年的观点就可以明显感觉到他**观点的转变**——之前是非常忠实于宪法的尼佩代（边码 1435）。此处还非常清晰明了地介绍了侵权法的内容，且没有基于社会相当性对违法性作出严重的相对化。新的表述和理论虽然并未得以贯彻，但是优先性很好地阐明了变动，在该变动中人们寻得了立场并对之实现了合理化。1963 年，联邦最高法院在闪光灯案审理中即较少地只限于《德国民法典》第 823 条第 1 款去"衡量"；联邦最高法院现在将该规则视为概括条款，并将言论自由与企业经营保护直接相对立。[81]

1462　　在著名的吕特判决中，**衡量**（**Abwägen**）在这一经典的侵权案例上呈现出了明显的**功能转变**（**Funktionswandel**）。当评价法学——至少是在民法的利益法学之形式中，尝试严格依照立法者的评价去定位之时（理智地

---

[80]　Siehe *Enneccerus/Nipperdey*, Allgemeiner Teil des BGB, 14.A. 1955, §§208 und 209 II, Zitat S. 918. 参见对关联评估的重要研究内容：*Uta Mohnhaupt*, Deliktsrecht und Rechtspolitik. Der Entwurf einer deutschen Schadensordnung（1940/1942）im Kontext der Reformdiskussion über die Konzeption des Deliktrechts im zwanzigsten Jahrhundert, 2004。

[81]　这特别适用于针对作为第 823 条其他权利的抵制企业经营的损害，由于人们在此并未认为是适当的，民事法院在吕特案件中基于第 826 条来论证。关于"Blinkfuer"，详见 *L. Darabeygi*, Die Causa Blinkfuer und die Grundrechtsdogmatik zur Pressefreiheit in Weimar und Bonn. Frankfurt a.M. 2016, S.81，以及未被摘录的关于衡量的联邦普通法院的判决。

顺从），这一视角在规范冲突时新的一般性衡量上恰恰已经衰落，恰如在 20 世纪 30 年代和 50 年代的开放的评价法学上（见边码 1428 和 1444）。这显得似乎拥有了一个好的规范技术上的基础。事实上，各个法上的基点是相异的。《德国基本法》中基本权利规范的规范表述，甚至迥然相异的 1933 年后的独裁政权中的宪法，比如 1942 年的《人民法典（草案）》中的基本规则，都明显有别于绝大多数民法、刑法甚至税法的规范。这些都很少具有确定性和具体性，它们都并不明确地区分事实构成和法律后果。甚至还多次缺乏直接的法律后果规定，比如对权利或请求权的确认和否定。然而这绝非法学上的创新——就如所谓的概括条款既已展示的那样。它们的基本权利上的相近内容在此被称为具有新意义的原则（*Prinzipien*），这些原则在这里只作为完美的要求，不存在"要么—要么—后果"（Entweder-Oder-Folgen）这一形式，即不同于具有法律后果的事实构成的传统意义上的*法条*（*Rechtssätze*），虽然这些也具有相当的一般性。

　　这一**规范客体上的差异**（**Unterschied der Normobjekte**）显得要扩大方法上的差异。这样，传统的处理方式似乎显得有点不合适，比如《*对第242 条的法理的阐明*》（*Zur rechtstheoretischen Präzisierung des§242*）（F. 维亚克尔）[82] 或者对《德国民法典》第 823 条第 1 款中的交往义务的阐明，只要打开一本关于《德国民法典》的评注，就会发现具有衍生的、更详细的事实构成和法律后果的案例类型。这样，新的评价法学有意地告别了受制于事实构成和法律后果的所谓的涵摄法学（Subsumtionsjurisprudenz）———一个明显的从适用性衡量到自由衡量的戏剧性功能转变。所"适用"的就是《德国民法典》第 826 条中例外 / 允许的和常态 / 不允许的制定法上的关系。为什么基本权利并非侵权法中的正当化事由？这一途径显得明显"过于狭隘"。同样，否定第 826 条中违反道德这一标志的简单路径（出路）也行不通。所以，新的方法论上的基本原则方案成为可能且显得具有必要，即自由衡量。　　　　　　　　　　　　　　　　　　　　　　　　　　1463

　　至于这一**诀别**在过去或现在是否**必要且有意义**（**notwedig und sinnvoll**），始终存有争议。这一讨论不仅难以鸟瞰全景，而且严重受宪法、制度和间　1464

---

[82]　*Wieacker*, Tübingen 1956; *Wieacker*, Ausgewählte Schriften II, 1983. 对此见本书上文边码 721 及以下。

或的阶级政策影响，[83] 即非常难以参透。人们不仅仅需要从历史批判角度去进行研判——何人、何时、何处、在何语境下支持或反对了何人。该争议至少具有**两个维度**：一个是分析学理论的维度，另一个则是规范宪法的维度。在学理上这涉及对一般性规范条文的认知及"适用"，而在宪法上则至少涉及分权原则、民主原则、议会权限、法治国原则和依法司法原则。

1465 　　司法并不受制于理论。它们并不或在个案中并不论证自己的方法，且并不从中构建自成一体的理论。对于**新的国家法方法论和描述方式（neue staatsrechtliche Methodik und Darstellungsweise）**而言，有一本书和一个人的名字显得特别具有教益，即康拉德·黑塞（Konrad Hesse，1919—2005）的《*联邦德国宪法的纲要*》（*Grundzüge des Verfasssungsrechts der Bundesrepublik Deutschland*）。这本书在"吕特案"后不久就出版了第 1 版（1966 年），直到 1995 年第 20 版，且在 1999 年还被再次印刷。虽然黑塞一点都未提及衡量，但是他那实践调和（praktische Konkordanz）的方法原则在事实和功能上，实际上具有一致性。他在第 2 章中阐明，宪法解释，要依据立足点和功能：

> "如所示，如果宪法不具有封闭和统一的——逻辑上无疑义的或价值上有序的——体系，且对此规范的解释能够不仅仅存在于对一些规定的贯彻中，那么这就需要一个与该事实构成相符的具体化过程……在有限的关联中也存在实践调和原则：宪法上受保护的法益必须在问题解决中被如此逐一调整，即每一个都具有它的现实性。有冲突时，绝不允许以牺牲一方的利益为代价来作出冒失的'法益衡量'或抽象的"价值衡量"。相反，宪法统一的原则具有优化的任务：两种法益必须被设定界限，这样二者才能够实现最优的效力……"（第 20 版，第 26 页）

1466 　　——一部宪法，若只有基本权利的部分，而无体系、规则和可执行内容，则实际上给出了另一个有别于具有法律后果的事实构成的出发点。该观点恰恰是不具说服力的；因为并不存在"内在统一的"体系，且解释在这里不"仅仅存在于适用"之中，也并不只是对案例保持自由地"优化"。此间，在持续的案例比较中存在一个对规范解释和续造的经典法律方法。然而，对规范客体的新设想当然地再次引向了一个新的适用之路。和衡量

---

[83]　制度上涉及宪法法院优先于其他高等法院，在政治层级上涉及公法的优先。

一样，*优化和实践调和*都以优化为目的。与当时出版的毛因茨（Theodor Maunz）的《*德意志联邦共和国国家法*》（*Staatsrecht der Bundesrepublik Deutschland*）[初版是 1951 年，目前是齐佩利乌斯（Zippelius）和维腾佰格（Würtenburger）在 2008 年续写的第 32 版]这一著作的比较具有教益。人们很快认识到，与毛因茨的朴实的概念上的和教义上的"实证主义"风格相比，黑塞（Hesse）的策略更加自由。然而，在黑塞的教义学描述中难以窥见这一差异，而是在方法论和案例分析之中。因此，与司法实践新风格的理论正当化相比，这一新的方法在法教义学上的功能明显要弱很多。

黑塞（Konrad Hesse），1919 年生，属于"二战"后 50 年代哥廷根学者 **斯门德学派（Rudolf Smend-Schule）**的"思想团体"[84]成员，该学派视己为深具影响的卡尔·施密特学派的反对者（F. Günther[85]）。他们自称"精神学科的"——却不同于科殷（Coing）[86]，且视己为以规范文本为导向的狭义法学。黑塞属于世界大战的一代，这代人直到战争结束后才开始大学学习，部分特别理智，部分特别理想主义。在哥廷根，受之前介绍科殷时所提到的著名的价值哲学学者哈特曼（Nicolai Hartmann）的影响，在哲学上甚至弥漫着理念论的气氛。1950 年，黑塞在哥廷根博士毕业，他师从斯门德，博士论文题目为《国家法中的平等原则》（Der Gleichheitssatz im Staatsrecht），[87]1955 年完成的教授资格论文题目为《世俗法院对宗教领域中权利的保护》（Der Rechtsschutz durch staatliche Gerichte im kirchlichen Bereich），很快他在弗莱堡成为正式教授。1975 年至 1987 年，黑塞是联邦宪法法院富有影响力的法官。他那实践调和（praktische Konkordanz）的方法构想已经在教科书中被专门解释。此外，还有对当代利益的更伟大的引导：简而言之，它们关涉**"精神科学"（Geistwissenschaft）**开拓纯粹的"实证的"方法而得到的（斯门德：融入说）**法学的社会性特征（einer gesellschaftlicher Bezug）**。1949 年之后，这被称为

1467

[84]　关于学术史重要术语的著作有 L. Fleck, Entstehung und Entwicklung einer wissenschaftlichen Tatsache. Einführung in die Lehre vom Denkstil und Denkkollektiv, 1935, neu hg. Frankfurt a. M., Suhrkamp, 1980。

[85]　*Frieder Günther*, Denken vom Staat her. Die bundesdeutsche Staatsrechtslehre zwischen Dezision und Integration 1949-1970, München 2004.

[86]　见本书上文边码 1441。

[87]　刊载于 Archiv des öffentlichen Rechts 1951/52, S. 167-224。

超越规范内容的多元化、政治化和方法上的开放。以何方法和政治导向去正确地塑造开放却不太清晰。在自由法和 20 世纪 60 年代后期的政策批判法学以及科殷那里我们了解到，社会开放已经成为关切所在——这一关切显然可以用不同的方式加以解决。

1468　　虽然黑塞十分批判性地反对在基本权利范围内"轻率的"法益衡量[88]，他更赞成诸如"具体化""论题学程序"（topisches Verfahren）[89]，并警示解释的"界限"。这里只涉及"轻率的"，而且他承认，一个相当容易理解的法益衡量原则近似于实践调和原则（7. A. S. 28；20. A.）。所言不虚。

1469　　1958 年的**吕特判决（Lüth-Urteil）**恰当地展示了对**基本权利范围内衡量（Abwägen im Grundrechtsbereich）**的吸纳和新的转化。人们会联想到黑克的利益衡量，但是也同时坚决地回避了它。我们已经看到，1945 年之后的利益法学在多方面已经转化为实质上更自由的评价法学。这关系到黑克的酒友、同事、同龄人和起初的与之辩论者这条主线[90]：从制定法解释的工具到个案评价的工具，从狭义上的特殊案例的*法益衡量*，比如 1927 年基于医学指标的堕胎在刑法上的"超越制定法的困局"（边码 1458），到对未规制却已明示的规范冲突的**一般衡量（allgemeines Abwägen）**。比如在存在所谓的制定法漏洞时，对司法上确认的规范冲突是否根本存在就难以检验。所以，衡量的开始自然就取决于对作为**规范冲突的冲突（Konflikt als Normkollision）**的解释。[91]衡量是否已经开始，这理应要比适用方式中的方案更难以控制。对此，如果审视衡量步骤的指引，就会清楚为何更难：解释应用领域、完备性、比例原则/均衡原则、值得保护性[92]——程序要求、无构成要件、无案例比较、无先例技术甚至衡量逻辑。同样，人们还会发现一面是"方法实用主义"，一面是具有约束力地设定"价值"——一个妖艳

---

[88]　参见边码 1465 的引文。

[89]　"具体化"（Konkretisierung）同样见边码 1465 的引文；恩吉施（Engisch）关于此的基础作品追寻了另一种趋势（本书边码 119）；其他内容见 *Hesse* 7. A. 1974, §2, S. 28, 25, 27, und 20. A. 1995, ND 1999, S. 28, 24, 26。

[90]　见本书上文边码 1432 及以下和 1407 及以下。

[91]　对此重要的文献见 *Amado* 2009, Rn. 1495。

[92]　与众多作品不同，特别深入的研究阐述参见 *Joachim Vogel*, Juristische Methodik, 1999, S. 150-156。

的混合体。[93] 对最富有影响的宪法法院判决的更准确的历史分析——而非主要基于现实利益的现状分析——才刚刚开始。[94]

变化是明显的。只要回顾一下现代法学之初，就会看到法教义学在当时一统天下。这一形势自 1804 年开始被反转。1804 年具有革命性的现代法典《法国民法典》事实上在司法中仍示范性地禁止法官因制定法不明确而拒绝裁判（第 4 条），现在他们依据自己对漏洞的观点或规范冲突的认知作出了太多判决——这是司法控制的老问题。　　　　　　　　　　　　　1470

最近人们可以发现三个值得注意的趋势（drei bemerkenswerte Tendenzen），　1471
即对衡量方法的普及化（Universalisierung）、相对化和基于经验的批判。普及化的代表作是罗塔·米歇尔（Lothar Michael）题为《衡量说的方法问题——对法哲学和法教义学问题的精要研究》（Methodenfragen der Abwägungslehre. Eine Problemskizze im Lichte von Rechtsphilosophie und Rechtsdogmatik）的论文。[95] 在我们的简单介绍中人们很快会发现一些经验上的问题——您可以先自己尝试一下。[96] 令人欣慰的是，在这里有宪法上和法政策上的衡量问题被讨论——以前则非常少，但是也非常容易被质疑（第 202 页及以下）。第二个趋势是 2009 年阿玛多（Amado）提出的相对化——后文将简要提到（边码

---

[93]　主要的、杰出的著作参见 Matthias Jestaedt, Oliver Lepsius, Christoph Möllers u. Christoph Schönberger, Das entgrenzte Gericht. Eine kritische Bilanz nach sechzig Jahren Bundesverfassungsgericht, Frankfurt, Suhrkamp, 2011, Zitate S. 142 und 165，较早的重要读本为：Ralf Dreier u. Friedrich Schwegmann, Probleme der Verfassungsinterpretation. Dokumentation einer Kontroverse, Baden-Baden 1976。

[94]　具有助益的作品是 Arne Riedlinger（Hg.），Das Lüth-Urteil aus（rechts-）historischer Sicht, 2005，然而政策因素很少成为方法问题的主题；以前是 Dargestaltenabeygi（Fn. 81），现在主要是 Jestaedt u.a.（Fn. 73），以及时间史上的判决分析：Anselm Doering-Manteuffel, Bernd Greiner u. Oliver Lepsius, Der Brokdorf Beschluss, Tübingen 2015。

[95]　In Jahrbuch des öffentlichen Rechts der Gegenwart, 48（2000）S. 169-203.

[96]　这里有所助益的是：历史上比亚里士多德（Aristoteles）的法律批判，而非法理的语境内容就被误解（173）；伽达默尔（Gadamer）的批判诠释学不合理地到处成为评价和衡量的见证（173）；亨佩尔（Hempel）和奥本海姆（Oppenheim）的类型理论恰恰想要实现渐次的秩序，而非衡量（174）。所谓的法的"越（……）则（……）结构"，即法的又一特殊客体，在经验上被作为对既有事实的判断。但是它们是偶然的立法创造和法学释义。归纳和比较上的主导区分在理论上并不够，因为这取决于事实构成和法律后果的直接联系。这得出了错误的结论，比如第 254 条作为民法上的例子却并不涉及"比较"，因为该规范规定了明确的法律后果，这仅仅取决于不同的区分。

1495）。第三个则是在理论分析上和经验上受到支持，并有力地呈现为三种
非常不同的衡量形式［在案例上外化的（konduktive）、原则补充的和内化的
（lokale）形式］，宪法法院的判例只在"内化的语境"框架中对案件进行衡
量。[97] 另一方面，在历史分析上已经呈现一个令人瞩目的从立法论到司法
论的功能转变，但并不涵盖宪法。[98] 还有一个经受考验的方案。对从案例
比较中得出的法律规则的教义化这一经受长期考验的方法，不可被抛弃（边
码 1508b）。

1472   因此，衡量法学实际上已经不仅仅涉及方法和法律方法。这曾被提示
到，比如在涉及法治国、民主、议会权限、司法和行政的约束力、法的确
定性和安定性，即在一定程度上是它们基础里的全部法文化。更准确的研
究则揭示，**衡量的构想（Konzept der Abwägung）**来自实践哲学，即来自
伦理、道德和政策立法性的裁判世界。法律人始终将之用于立法方法论，
并称之为"艺术"、"创造性的"或"雕琢性的"活动。[99] 传统上，自亚里
士多德以来，将这些活动引向**方法规则（methodische Regeln）**就被视为不
可能，因为这涉及智慧，而非认知。[100] 因此，关于立法艺术的更早的理
论，人们几乎一概不知，且一直认为，"规范性的（即法政策的）裁判并

---

[97]   Siehe *Friedemann Vogel* und *Ralph Christensen*, Korpusgestützte Analyse der Verfassungsrechtsprechung:
eine Abwägung von Prinzipien findet nicht statt, in Rechtstheorie 44（2013）S. 29-60.

[98]   Siehe *Rückert*, Abwägung-die juristische Karriere eines unjuristischen Begriffs..., 2011（Fn. 48）.

[99]   Vgl. *Georg Beseler*, der große Paulskirchen-Jurist 1848/49, in Erlebtes und Erstrebtes. 1809-1859,
Berlin 1884, S. 139（für 1880）：立法（比如《德国民法典》）必须设定最高目标。它应贯彻具体
法制度的"价值衡量"；还有 *Windscheid*, Pandekten I, S.A. 1879, ebenso 8.A. 1900, §15 Fn. 4："不同
于习惯法，法律基于明确的理由和要达到的目标所明确总结"的有意识的衡量。还有黑克，
他的确首先意指立法者的"衡量"（边码 442）。"艺术"和"创制的"内容见 Ernst Zitelmann,
Die Kunst der Gesetzgebung, Dresden 1904, S. 19; „bildnerische"bei Adolf Wach, Legislative Technik, in
Vergleichende Darstellung des deutschen und ausländischen Strafrechts, Berlin 1908, S. 5; 所谓的立法理
论在此范围内明显并不关心衡量的方法，只需参见 *Hans Schneider,* Gesetzgebung. Ein Lehrbuch,
Heidelberg 1982, 2. A. 1991。

[100]   只是暗示性的内容是，康德因此只是在《实践理性的方法论》（Methodenlehre der
praktischen Vernunft）中指出了经验和教学法（见本节脚注 11，或参见原书第 A269 页及以下），
同样见《伦理方法论》（Ethischen Methodenlehre）: Metaphysische Anfangsgründe der Tugendlehre,
Königsberg 1797, S. A 163 ff.。

不具有确切的原因"[101]。人们始终主张重视一定的原则，无先见、无欺诈且无强迫。[102]这样，在裁判不具有法律上的一般性约束力且因此不需要专门的法上的控制、确信和耐久性之时，衡量方案就具有了它的合法地位。这一构想在法学世界中意味着**赋予每一个裁判者权力**（ Ermächtigung für die jeweiligen Entscheider ），这并未被确认为一般方法，一定程度上也并非《德国基本法》所指。[103]《德国基本法》在一定程度上也并不想赋予仍受纳粹思想污染的法律人阶层以特权。虽然这并不涉及新成立的联邦宪法法院中的法官。但是，法律人阶层的新衡量方法后来与比例原则分析相结合成为客观的标准，[104]自然就借机得以普遍化，并适用于其他领域和其他法院。

那些想要恰当地弄清楚并创造一个**一般性的新方法**（ generelle neue Methode ）的理由仍不能让人信服。方法论学者明显可以粗略地分为推动者和维护者。我们那自 1949 年以来的宪法塑造的法体系却给出了不同的答案。那些待适用的规范明显相异，从基本权利条款到税法，从刑法到民法。与之相应，适用方法也因客体而异。然而这并不改变法治国、分权原则、民主、议会优先、制定法约束和法官约束。人们不可能真正将之否定。这些是完全"非理想主义的"，且绝不可被衡量（边码 1453 及以下）。在这些法律人的方法规则之中仍未被触及的是一些更精确的**实在法上的规定**（ positivrechtliche Anordnung ），比如 1935 年的《法院宪法法》第 137 条和直到 1992 年的一些典型的修订。该法院宪章实际上是一个关键性的具体领地。立法者允许法律续造，但是也将之散布于专门的司法制度之中。这绝非新的，而是一个经受考验的、弱化问题的方案。1935 年称之为：

1473

---

[101]　在此范围内的总结见 Christoph Engel, Rationale Rechtspolitik und ihre Grenzen, JZ 60（ 2005 ）581-590, hier 588; 关于较早的理论见 Heinz Mohnhaupt, Prudentia Legislatoria. Fünf Schriften über die Gesetzgebungsklugheit aus dem 17. und 18. Jahrhundert, München 2003; 1900 年左右较好的作品为：Sigrid Emmenegger, Gesetzgebungskunst..., Tübingen 2006。这一高水准时代的哲学理论立场始终具有最高的教益，绝不过时。

[102]　关于这一极少被考虑的问题参见 Erk-Volkmar Heyen, Historische und philosophische Grundlagen der Gesetzgebungslehre, in Gesetzgebungslehre. Grundlagen-Zugänge-Anwendung, hg. von W Schreckenberger u.a., Stuttgart u.a. 1986, S. 11-20, hier 18; 今天较好的论述有 Emmenegger（ Fn. 81 ）81-154，关于良好的法律内容决定的方法（归纳—演进—历史哲学、社会学、从哲学原则中演绎或无价值判断的新康德主义）。

[103]　对此目前具有说服力的论述见 Lepsius（ Fn. 73 ）。

[104]　对此首先参见 Lepsius（ Fn. 73 ）。

"当某审委会认为需要对法进行法律续造或有必要保障统一司法之时，该审委会需要将之提交大审委会来对该原则性问题进行裁判。"

1474　　　1992 年，"需要提交"被改为"可以提交"——立法者还因此放宽了**法律续造的条件（Bedingungen für Rechtsfortbildung）**。最高法院绝大多数时候避免了该程序，因此就有了"大恐怖"（horror pleni）这个词，即害怕最高法院的大审委会或联合审委会中的全体法官大会。然而，《法院宪法法》仍体现了自由审理的特殊性，自萨维尼以来这就被称为*法律续造*（边码 154）。在联邦宪法法院中，立法者同样放弃了这一区分。立法者只在当"一个审委会（想要）在法律问题上持有不同于另一审委会在判决中所持的意见"时，才规定由全体法官联合裁判（Plenarentscheidung）（《联邦宪法法》第 16 条第 1 款）。

1475　　　这些规范当然并非固化特定的方法观念（**keine bestimmte Methodenvorstellung**）。但是这些却反映了**程序中**的重要**分歧**以及这一意识，即法院的法部门和法客体同样可以带来法约束和方法上的差异。在宪制国家，当需要对"民事案件"或"刑事案件"作出裁判时，这一问题给最高法院带来了新的特殊问题。这样，民法或刑法中的部门法方法就会被整合为一个"最高的"衡量方法。该问题在"管辖权的范围"这一关键语词之下被非常激烈地讨论着。我们的介绍已经明确，当构建一个独立的衡量法学时，这一问题才成为一个可观的部分。这里还有对我们的法进行制度化的较好形式。50 年后，衡量从一个对自由的基本权利的良好实现中发展成为在宪法上对自由非常矛盾的、在方法上追求实用的分配。

十二、论证法学

1476　　　*论证法学*这一名称简朴地来自*论证理论*。然而，在功能和历史上它却成了法学的方法观念。它的简朴具有原因。因为它**将法学方法简化**（**reduziert die juristische Methode**）为论证，即**程式规则**（**Verfahrensregeln**）。这样，它就至少将约束力构建于阐述中的论证规则之上，也构建于立法者决定中历史主观论证的优先性之上。这仍是以规则为导向，而非以真理为导向。它不再主张方法是为了内容正确，而是为了所谓的裁判的形成过程，并避免任一判决中心主义上的恣意。然而，它坚守**依据规则**进行实践上、法律上**证明**的要求，因此，该主张与社会学方法、信息技术方法、反方

法的方法和纯粹法官法的方法等方案有根本区别。诺伊曼（Neumann）在
2001 年的讲述中说道：[105]

　　"但是重要的是，人们将对法律问题处理这一问题描述为非理性的论
证问题——而非正确地认知这一问题。法律方法论致命的弱点实质上不允
许被引向这里——它从未可靠地否定该认知要求。方法论在很大程度上
构建于不可解决的认知上的要求，并因此构建于一个摇晃的法理论基座
上……"（241）

　　一本**典型的法学书籍**（**typisches juristisches Buch**）一般并不介绍*论证
法学*，按常规只介绍主流的方法构想，比如普赫塔（Puchta）、温特沙伊德
（Windscheid）、黑克（Heck）、拉伦茨（Larenz）和阿列克西（Alexy），还有
就是康特洛维茨（Kantorowicz）和维特豪尔特（Wiethölter）的批判。因为
这必然导致这些书要么只介绍论证，即并不介绍实在法；要么将实在法上
的教义学作为论证过程来处理和描述。前一种书以论证理论作为标题，这
使我们能够立刻了解。后一种书则似乎仍让人难以把握。　　　　　　1477

　　基于同样的原因，**典型的判决**（**typische Rechtsprechung**）这一称谓在
这里也是无意义的。另一方面，任一判决在一定程度上都被称为论证，且
作为论证法学的示例，要么较多地以涵摄的方式进行论证，要么较多地以
衡量的方式进行论证。究竟以何方式则取决于对论点的分类、协调，必要
时还要构建层次，并对逻辑和规范上的一致性进行批判。对于在此意义上
特别具有教益的裁判分析，我们还会在对阿玛多（Amado）的介绍中（边
码 1495）展开。　　　　　　　　　　　　　　　　　　　　　　1478

　　论证法学也希望被当作**理论**来看待，而非教义学、政策，甚或方法论。
的确，在理论下人们可以理解很多。人们必须求助于代言人，比如阿列克
西（Robert Alexy）和诺伊曼（Ulfrid Neumann）。这两位都是所谓的否定的　1479

---

[105]　*Ulfrid Neumann*, Juristische Methodenlehre und Theorie der juristischen Argumentation, in
Rechtstheorie 32（2001）S. 139-257, hier 241; 简明的论述内容见 *Neumann,* Theorie der juristischen
Argumentation, in Einführung in Rechtsphilosophie und Rechtstheorie der Gegenwart, hg. von（A.
Kaufmann）, *W. Hassemer, U. Neumann* u. *F. Saliger,* 9.A. 2016, Kapitel 9, S. 303-315; *ders.,*Theorie der
juristischen Argumentation, in Rechtsphilosophie im 21. Jahrhundert, hg. von *W. Brugger, U. Neumann* und *S.
Kirste,* Frankfurt am Main, Suhrkamp, 2008, S. 233-260。

一代（H. Schelsky），即分别于 1945 年、1947 年出生，20 世纪 60 年代大学毕业，但并不真的在 1968 年（意为不在德国六八学运时期——译者注），不过的确是在该环境下被塑造和成长的。

1480 **阿列克西**在哥廷根大学学习法律和哲学，当时哥廷根大学的学生颇具批判性。阿列克西主要师从国家法和法哲学学者德莱尔（Ralf Dreier，1931 年生）和哲学家帕特茨希（Günther Patzig，1926 年生）。二者都更愿讲授批判分析哲学，而非新理念论哲学或马克思主义哲学。1976 年，阿列克西以现已非常著名的作品《法律论证理论》（*Theorie der juristischen Argumentation*）获得博士学位。而《理性商谈理论作为理性论证的理论》（*Die Theorie des rationalen Diskurses als Theorie der rationalen Begründung*，1978 年出版）以及 1984 年的教授资格论文《基本权利理论》（*Theorie der Grundrechte*）都是基础性和引领性的研究。[106] 启发他的是哲学家哈贝马斯的一般性的《商谈理论》（*Diskurstheorie*）。自 1986 年起阿列克西就成为基尔大学教授。1994—1998 年他曾任法哲学与社会哲学研究会德国分会主席。这两样都并非业界对他所取得成就的最终认可。

1481 不出所料，1998 年到 2006 年，阿列克西的主席职务继任者是**诺伊曼**——一位不仅在德国非常著名的法理学学者。在图宾根和慕尼黑大学学习后，他于 1978 年获得博士学位，并于 1983 年在慕尼黑大学法哲学和刑法学者阿图尔·考夫曼（Arthur Kaufmann，1923—2001）处完成教授资格论文。考夫曼倾向于法的本体论（Rechtsontologie），即法的存在理论，但他对分析的、当代的思潮更感兴趣。诺伊曼博士论文研究的是《法本体论和法律论证》（*Rechtsontologie und juristische Argumentation*，1979 年印刷版），教授资格论文则是《"前过错"与归责》（*Zurechnung und „Vorverschulden"*，1986 年印刷版），《关于刑法归责对话模式的前瞻研究》（*Vorstudien zu einem dialogischen Modell strafrechtlicher Zurechnung*，1987 年印刷）。他自 1984 年就具影响，到 1994 年在美因河畔法兰克福继续作贡献。他比阿列克西更专注于当代的知识理论和法律逻辑，此外也非常关注刑法教义学。

1482 两位作者一生中，共同亲身经历了 20 世纪 60 年代和 70 年代的政策批判法学，并积极地参与其中。具有影响的还有 50 年代的论题商谈（Theodor

---

[106] Siehe Argumentation, 3. Aufl. 1996; Grundrechte, 4. Aufl 2001.

Viehweg)[107] 和 70 年代所谓的实践哲学的平反（Manfried Riedel)[108]。这主要
带来了三个被改善的立场（drei verbesserte Positionen）：

    ·注意到对法律裁判的**合理性（Rationalität）**的实质性异议，并初步　1483
提出一个保守的理论。但是法学的合理性要求并未被全部摒弃。

    ·牢固地坚守**符合宪法要求的规范性（verfassungsgebotene Normativität）**　1484
和对法治国、民主议会性实在规则的约束。

    ·放弃之前方法论上**形而上哲学的前提**和对利益法学、评价法学甚或　1485
衡量法学在方法的内容上众多乐观的期望。

    这样看来，论证理论同样显得是对宪法上认可的 1945 年之后的**新社**　1486
会的多元性的方法论上的反应——而且并不限于德国的社会。

    这里富有启发性的是对各种反多元论立场的对比检验。这些立场主　1487
张各种对立的法律方法，他们利用这些对立的法律方法能够选定通往正确
内容的、在方法上可控的、唯一的、真正的正确路径。在上文描述的纳粹
法学（NS–Jurisprudenz）的两种形式中，即在具体秩序思维和评价法学中，
纳粹法学对自己的方法和结果都非常确信（边码 1421 及以下）。在前民主
德国中，人们也表现出同样的确信。斯大林式世界观上自信的法律影响在
那里被称为"社会主义式的合法性"（sozialistische Gesetzlichkeit）。司法部
部长希尔德·本雅悯（Hilde Benjamin）在 1954 年解释得更具体，所要求的
是"严格遵守制定法和扭曲适用制定法的统一"[109]。在守法和司法上，制定
法只立足于一方，此外还始终被赋予纯粹的终极套话——这些绝对不适合
法治国方法论的适用。因此，"严格遵守"意味着强烈的约束，但是完全
异于法治国原则中的制定法约束。同样，如上所述，与之相应的还有 1942
年《人民法典（草案）》所展现的内容（见边码 1428）。

----

[107]　参见他的研究："Topik und Jurisprudenz", 1953（参照边码 1441）。对此首先参见
Gerhard Otte, Zwanzig Jahre Topik-Diskussion: Ertrag und Aufgaben, in Rechtstheorie 1（1970）, S.183-197；
对此论题的补充论述是：*Topik E. Hilgendorf*, Die Renaissance der Rechtstheorie zwischen 1965 und
1985, Würzburg 2005, 35 f.。

[108]　参见关于这一主题的汇编文集：Freiburg, 2 Bände 1972， 1974。

[109]　对此始终特别精要的内容是：*Karl Kroeschell*, Rechtsgeschichte Deutschlands im 20.
Jahrhundert, Göttingen 1992, S. 158 f.；目前较全面的内容是：*Jan Schröder*, Rechtswissenschaft in
Diktaturen. Die juristische Methodenlehre im NS-Stadt und in der DDR, München 2016；相关背景见 *M.
Stolleis*, Geschichte des öffentlichen Rechts in Deutschland, Bd. 4: Staats-und Verwaltungsrechtswissenschaft
in West und Ost 1945-1990, München 2012。

1488　　　这些**理念论立场**（idealistische Positionen）在内容上位于截然相反的预示中，在结构上却处于相似的价值乐观主义之中，并试图构建更有保障的法方法。恰如**拉伦茨**（Larenz）在他那流行的《法学方法论》中谨慎地表达出的那样。但是在导论中他就认为，"并非所有法上的内容……都如一个单行的制定法、一个'主流'学说或判决那样易变"。"在制定法和其可变化的解释的背后"是"法律思想"（Rechtsgedanke），"制定法将之表达出来，而其也服务于法律制度……"（1960，5）。不可变化的是在"法律思想"这一本体中的真理，制定法只是将之"表达出来"——这只当人们将之视为彻底的理想的语言游戏时才容易被理解。据此，这就存在变化中的永恒之物，人们称之为表象中的本体，表象将本体表达了出来，而作为真理的本体是可识别的。法官判决的内容应当是他认为正当的结果，这个结果是"在对待判事实适用某个规范之前，通过按规范本身的要求，将规范应用到待判断的事实所得出的结果"。这样，在这一"识别活动中"，"法律适用都处于方法论的视角之下"（1960，195f.）。尽管对意志要素和一些不认同的内容作出让步，但是拉伦茨还是认为法律适用是对真理的认知。

1489　　　同样，有令人印象深刻的**现实例子**。2006 年，**布劳恩**（Johann Braun）将"法律思想"作为带有理念论色彩的著作《法哲学导论》（Einführung in die Rechtsphilosophie）的副标题。法律思想被置于中心地位。尽管有一些保留和其他语言上的措辞，"思想"在这里仍具有实践上的决定性。对此解释有点费力——一个规范在判决中具有决定性意义的是：

1490　　　"在对法学讨论有意义的引导中，这不仅仅存在于'规范本身'之中——这曾似乎是一个非常狭隘的视角，而且依据从描述的解释结果中的既有信息来确定，最终依据规范中解释允许或禁止的观点与合理秩序图景之间的关系，合理秩序图景远居幕后，在所有适用情形中作为潜意识存在。客观解释在解释制定法时并不传递立法者的政策目标——这对将规范理解为法并不重要，甚至常常具有阻碍；而是以法的思想（Gedanke des Rechts）本身（很少被高估）或者以一个可以要求的秩序合理地考虑法的图景。据此，法律适用的基础必然是'对我们的制度所基于的价值评价的思考'。"（2006，385f.，与原文献中一样是重点内容。）

　　　如此说来，"法律认知"是法官的责任（390）。

"**客观解释**"这一词出现在这里并非偶然。它的历史渊源可以追溯到 19 世纪 90 年代——对此不再阐述（见边码 1441）。客观解释必须将**制定法文本之外的真实内容**置于中心地位，且必要时逆制定法而行。显然，这一方法特别利于对议会的批判立场，且在 1871 年有了帝国议会后才变得重要。人们在刑法中看到了客观解释的功效，它非常契合于审判。瑙克（Naucke）在一个极佳的例子中阐述了该功效。在涉及"罪刑法定原则"（《德国基本法》第 103 条第 2 款）时他依据联邦宪法法院的判决非常明确且无畏地写道："刑法中的制定法约束力被极力视为必要，但在具体情形中却被认为在实际中是无法被贯彻的。"[110]他所提倡的工具在我们的法秩序中并无方法上的地位。

十三、最新内容

我们再次拥有了一个相当活跃、**多元的法学知识舞台（plurale juristische Wissenschaftsszene）**。因此，如果没有**全新的法理论**，那么会令人失望。[111]如果打开专门为此写作的书籍，就会发现 2009 年就出现过不少于 20 种新的法学理论，其中还有一种"解释的理论"。这里所说的是戴维森（Donald Davidson）在哲学上的语言理论，他在 1984 年名为《对真相和解释的研究》（Inquiries into Truth and Interpretation）一书中的一系列论文中呈现了该语言理论。[112]从该书中似乎必定能够发展出一种法律方法学说。因此，人们从该目录中寻找启发，效果也立竿见影。但在那里并未出现方法这一关键语词，只有方法批判这一关键语词，这一关键语词借鉴了一些所谓的尼采（Nietzsche）和德里达（Derrida, 33）的解构，[113]以及美国*批判法学研究*的方法批判（114）。

这并非索引的错误，也非意外。所有这些新的理论都对**法的理论**感兴趣。这里的理论指什么？《导论》中认为，这里所指的"理论""照亮了教义学所未涉及之地，并注意到了构想式的偶然性"。它"对社会上的挑战作出了回应"，当然这里是"新的"挑战（见七）。这里理论都先构建

1491

1492

1493

---

[110]　*W. Naucke*, Strafrecht. Eine Einführung, 5.A. 1987, 89；关于民法，批判性讨论见 *B. Rüthers, Chr. Fischer u. A. Birk*, Rechtstheorie, 9. Aufl. 2016, Rn. 786-820。

[111]　Hg. von S. Buckel, R. Christensen u. A. Fischer-Lescano, 2006: 18 Theorien, 2. A. 2009: 20.

[112]　1986 年的德文翻译标题为：Wahrheit und Interpretation。

[113]　引文依据 2006 年第 1 版。

自己的客体，以便必要时引出在这里作为次要的、非作为引用部分内容
的方法结论。在这里它还涉及宪法政策的旧内容。比如"程序性法理论"
（prozeduale Rechtstheorie）即此类，从某种程度上说是更新近的维特豪尔特，
主张"法律思维方式的结果"（90），这导致对方法规则的完全舍弃。[114] 事
实上这涉及 **20 世纪 60 年代的宪法政策**。如今这听起来像：一个"传统的
国家主义法源理论的新侧重"和一个"政治上立法机关所立之法的贬值（以
及）……同时，作为社会内在斗争结果的多元社会的法的升值，及作为社
会规范性感知的法官法"（同上）似乎是必要的。因此，宪制国家听起来
就像是国家主义的，即恰如一个合理的不受欢迎的对国家的神圣化和制定
法的神圣化；政治上的立法机关，即议会需要被弱化、降低；社会性法被
不假思索地解释为结论并经历强化和升值；法官法则重新成为感知中枢，
被视为社会中规范性的测量机关。

1494　　　人们依据我们的方法介绍可以在此轻松地识别 **1900 年以来批判宪
法议会的法理论和方法论**（**Botschaft der verfassungs-parlamentskristischen
Rechtstheorien und Metheodenlehren seit 1900**）间一直更新的**桥梁**：人们期
望非国家的、社会的、法官法意义上的法律人世界和法律世界。从帝国到
联邦共和国，百年来所有宪法和现实的变化并未改变该漫长的、完全批判
的原则。该原则明显具有长期的地位，它主张长期的批判。但是并未获得
专门的方法。

1495　　　阿玛多（**Juan Antonio Garcia Amado**）在《衡量与规范性解释》（Abwägung
versus normative Auslegung）中完全独立的分析开启了全新的方法视角，他对
将比例原则作为法学方法使用加以批判。[115] 阿玛多最终巧妙且恰当地比较
了法官的论证方法和它的前提。这几乎是对这一长期没有突破，时而哲
学、时而教义学、时而宪法政策的混乱争议的澄清。依据被非常认真地对
待的结论，案例分析（！）不仅可以被描述为原则之间的冲突情形，也
可以被描述为对规范的涵摄（41）。因此，尽管各种基本权利和《德国民
法典》中的规范表述有差异，但是不同的方法一开始似乎都是"合宜的"。
如今，判决的"内在"产生过程并不可控，且不具有理性上的可比较性。

---

　　[114]　参见 Rohls, Rn. 878 ff., 所涉及的内容如今被视为另一个维特豪尔特，所以他早期绝
非被误解。在本书中呈现了早期的他，因为这对 1968 年以后仍具有历史意义。

　　[115]　In Rechtstheorie 40（2009）S. 1-42.

因此，在动机错误情形下，如果具有好的理由，那么动机错误就不再引起撤销（《德国民法典》第 119 条）。同样，关键的是，哪种描述方法是值得推荐的——在法律上值得推荐的。在这里，**与涵摄相比（als Subsumtion）**，阿玛多更赞成**描述（Darstellung）**。这显得"较少具有误导性"（22、34）；这促使立法者和法官去确定更精确的概念和术语、去构建和比较案例类型、去有意识地类推或反推（Gegenschluss）等。因此，作为涵摄的描述可能就实现了可领会性和所有人（不仅仅是法律人）的利益中的法的确定性——很好的对比理由。在此范围内对法律满意程度的经验性研究在过去似乎是有帮助的，但是这些经验研究并不清晰明了。不管怎样，法律行动的交易成本——比如咨询或争论，在明确的法上显然较少。[116]

十四、所谓的欧洲法方法

并不新奇的是这种观点：存在一个独立的**欧洲法方法（europarechtliche** 1496 **Methode）**。它们将这一观点的基础构建于欧盟法院的一些不同的宪法立场、不太精确的共同体法特征和不同的欧洲司法传统的不同论证风格之中。**欧盟法院（der Europäische Gerichtshof）**较少构筑于清晰的权力分立之上，它视自己为一体化的发动机，经常使用一种目的论的方法，更习惯用法国式的推论方法证明，并不将自己视作对法律续造的阻碍，并主张自身为终审机关的常态化角色。事实上它同样作为宪法法院在运行。这给人一个特别的、所谓的具有自主方法的印象。另一风格实际上也明显，它构建于法院其他的宪法政策条件之上，而这一条件也非常独立地以所谓的解释垄断权来解释。[117] 这难道是**一个新的法律方法（neue juristische Methode）**？[118]

我们再次从基本观点开始：方法问题是宪法问题。这一开始是激进且 1496a 必要的。太多内容在这里被混淆：一些真正规范性的方法问题，即人可以做什么或不可以做什么；其他专门的技术，如解释规准（Canones）、区分（Distinguishing）等；具体的程序；对一体化或多或少的学术期望和政治期

---

[116]　类似的内容见我关于衡量的论文（脚注 48），此处第十一部分的内容是法政策上的。

[117]　对此给出快速且切实引导的文章见 Handwörterbuch des europäischen Privatrechts, hg. von J. Basedow, K.J. Hopt u. R. Zimmermann, Bd. 1, Tübingen 2009；其他参见本书第六章的"文献推荐"部分，二、8，边码 1575。

[118]　关于文献，参见边码 1575。

望；等等。[119]欧盟同样未制定真正的关于方法的法。那么对此哪一部宪法在欧洲法上具有决定性？不管怎样，在大量准宪法性的欧盟文件之中明确的是：在这里具有决定性意义的权力制衡原则、成文法优先和保留意义上的**法治国原则（Rechtsstaatlichkeit）**、法确定性原则和制定法约束原则同样适用于欧盟法。欧洲法源上与民族不相匹配的、巨大的多样性和复杂性对此并无影响，这涉及首位的和次位的共同体法或欧盟法院判决确立的普遍性的法律原则，或者其他所谓的次要渊源。这些在这里都被视为共同体自主立法权限的体现，并不"仅仅"作为国际协议。因此，它们是具有效力的独立的法源。在此范围内，规范性的状况与国内法并无不同，法制定和法源的形态与民族国家的私法法典化可能看起来非常不同。此外是平等对待原则的正义要求，此处为所谓的平等适用原则。

1496b   在这些著名原则的框架内隐藏着一些所谓的方法论问题，但是这些是**适用问题**，绝非完全规范上真正新的"规制性"问题。诸如法治国原则和平等原则这些方针有多一般，适用起来就有多困难和复杂，这些方针也是考量方法论的规范性标准。在此，规范上的新问题既不是大量的多样性问题，也不是欧洲法和国内法之间的张力问题。**多样性**是渊源控制问题，这实施起来无疑具有难度，但不是规范性问题。何物是效力渊源，何物就有效。该物须被释明，且在解释上加以协调，并维持无冲突状态——这是一个与是否适用解释规准、是否适用次序学说等相关的法律问题，甚至是一个法治国意义上的法律问题。欧盟与国家间的**张力**是多层面的难题，同时也是在规范上的效力等级问题，这特别是在民族国家和封建国家法中长期存在，且不断被克服，比如关于联邦法优先的《德国基本法》第31条。新近出现的问题主要是**符合欧盟法和欧盟指令的解释（unionsrechts-und richtlinienkonformen Auslegung）**要求。但是这同样也作为合宪解释的要求而为我们所熟知。同样，所谓的或实际上的欧盟法院的方法恣意，抑或欧盟法或欧盟法院的适用优先，都并非规范上的新问题。**方法恣意（Methodenwillkür）**曾一直是司法实践中备受批判的观点，然而这只取决

---

[119] 内容丰富的、具有众多绚烂图画的内容参见 S. Vogenauer, Eine gemeineuropäische Methodenlehre des Rechts-Plädoyer und Programm, in ZEuP 2005, S. 234-262; Chr. Wendehorst, Methodennormen in kontinentaleuropäischen Kodifikationen, RabelsZs 75（2011）S. 730-763。尽管恰当地认为广义上涉及"政策性规范"（第756、761页），即宪法政策上的，这始终研究事物的关键一面，但是对于当代而言却并不详尽。

于这里是否存在一个再审权意义上恰恰错误的法律适用。欧盟法院在这里作为最高等级的审判机关作出反应，这在欧盟法中并不具有决定性作用。谁拥有最终话语权，谁就始终正确——罗马一发话，事情就结束。这对于解决冲突的程序而言恰恰是制度所需。在各个法院之间出现的**权限问题**（Kompetenzenfragen）并非方法问题，而是在法和政策上的司法统一性问题。[120] 基于法治国原则，极端的批判只有在极端的情形中才是合理的，不管怎样它在推理上是重要的，但是依据欧盟这一十分具有约束性的制度架构，这在法律上仍无结果。

自治的欧洲的法律方法（autonome europöisch-juristische Methode）的主张明显打出了非常**错误的旗帜**，并陷入混乱。法律上的不同之处、对法治国的要求和其要素的贯彻、其他渊源的技术、对于不同情形的不同适用等也都待讨论。不明的是，这里的独立内容究竟应该是什么。谁在此确立了方法规则？为了什么？在具有法治国原则意义的方法规则之外？这一独立性似乎必须在规范上作出设置。这并不明朗。虽然作为法源的欧盟法是独立的，但是这并不需要一个新的方法，而是只在**一般性的法治国目标**（allgemeines Rechtsstaatsziel）之中。在这里，国内法提供部分具体内容，但是原则上并无区别。[121] 此外，国内法在欧洲层面上并无效力——这又回到了法典所面临的老问题。[122] 显而易见，与立法活动相比，在判例法范围内所需且有意义的是其他技术。因此，欧洲的方法论必然依据不同的法活动而区分和变化，它们恰恰不可完全统一。法治国原则这一方针留下了许多空间（但它并不要求）去处理不同的事宜，比如基于同样的方式去理解英美普通法规范和《德国民法典》规范。因此，如果法治国的目标在规范上仍被维护，那么以区分来替代*解释规准*对我们就并非问题。这样，众多方法论就必然给出各种新的内容，以便人们基于此在欧洲范围内融洽相处。[123] 然而，制定法诠释的单一性将是一个技术缺陷。因此，这可能需要

1496c

---

[120] 对此较好的论述是 *F. Maultzsch*; Rechtsprechungsvereinheitlichung im Europäischen Privatrecht: Herausforderungen und Lösungsansätze, in Zs. für Privatrechtswissenschaft 2015, S. 282-311。

[121] 非常值得称赞的是这一文献汇编：*Th. Henninger*, Europäisches Privatrecht und Methode, Tübingen 2009, am Ende; 然而，令人惊讶的是，规范的数据部分缺失了。

[122] Siehe *F.L. Schäfer*, Ius Commune Germanicum. Germanistisches Methodenvorbild für das Europäische Privatrecht, in Gedächtnisschrift für J. Eckert, Baden-Baden 2008, S. 741-758.

[123] 对此问题，比较 *Vogenauer*（Fn. 99），具有更多中央集权的趋势。

一个新的方法、新的成果，但是这似乎只在一个非常广的、非法学的意义上才是一个方法问题。

1496d 这里涉及的并非规范性的方法规则，而是**在适用中**对它**的贯彻**（**Umsetzung in der Anwendung**），以及欧洲法转化的质量。当然，人们应该在这一领域及之外在法律比较上进行研究——现实横向研究或历史纵向研究，以便根本地改善**法律的质量**（**juristishe Qualität**）。[124] 但是如果人们忽略这些，则这里就不再有违法和规范实践上的方法缺陷。好的法学自始即有比较性研究。对于萨维尼而言这存在于他的每一部法教义学著作中，[125] 温特沙伊德也提到了法国法，哪怕他在著名的《潘德克顿教科书》中有意专注于德国法。基尔克（Gierke）则在他那伟大的《德国私法》（1895—1917）一书中添加了广泛的发展史内容。今天的教科书，包括一些所谓的伟大的教科书反而满足于孤立，这是传统缺失以及质量方面的问题，非方法问题。

1496e 不同的是，当需要**方法多元论**（**Methodenpluralismus**）时，或更确切地说，当需要从"欧洲各国的思想碰撞"中寻找答案时，法院反而可以超出私法的内在界限将"它们的各个部分"联结在一起。[126] 这意味着**权限**明显在向着有利于立足于法学家法的创造性司法的方向**偏移**（**Kompetenzenverschiebung**）。这可能具有推荐价值，特别是当需要对共同的指导思想进行高水平的研究之时。但这就涉及**法学家法**（**Juristenrecht**），在法治国中这只有在符合法律续造条件时才被视为直接适用的法，这在过去和现在对于良性的法学都具有决定性。[127] 自然法、法学家法、学术法以及几乎所有的习惯法，在近代的宪制国家中，在规范上都受到了限制。就如欧盟法中经常出现的情形，越多涉及"尚未确定表达出的法律情形"[128]，则自然越容易用到法律续造，也就越自由，且司法也就越接近于立法活动，这样

---

[124] 对此特别令人印象深刻的著作是 A. Flessner, Juristische Methode und europäisches Privatrecht, Berlin 2003, hier S. 14 ff.。

[125] 参见本人的论文：Analyse in Savignys Dogmatik im „System", in FS. für Cl.-W. Canaris, München 2007, S. 1263-1297, 现在还可参见 Rückert, Savigny-Studien, 2011。

[126] Flessner, ebda. 17.

[127] 对此富有启发性的论述是 F.L. Schäfer, Ius commune Germanicum（Fn. 101），sowie J. Schröder, Zur Geschichte und Gegenwart des europäischen Privatrechts, in Beiträge zum modernen Europa, hg., von H. Hesse, Stuttgart 2003, S. 35-47。

[128] Flessner, ebda. 24.

必然要对旧的观点做处理——依据类推或如立法者一样。曾经备受称赞的方法改革，后来成为 1907 年《瑞士民法典》的第 1 条沿用至今：在缺乏制定法或习惯法时，法官应该如立法者一样作出判决（第 1 条第 2 款），然而，在此要遵循经受考验的学说和传统——这常被忽略（第 1 条第 3 款）。[129] 这最终是意识形态上的细节。对这一规范性要求并无明确的界限，虽然人们能够轻松地通过揭示"漏洞"来推迟实现该要求，但同样明确的是，这并未改变规范性的情形——大胆地针对欧洲法，且同样大胆地使用旧的方法以及许多新的适用和技术。但是人们不得稀释方法论的规范性核心。

十五、还需要注意什么且什么是确定的

　　我们需要对现代以来的、最著名的法学方法构想的发展历程作一个总结。因此，现在让我们进行**总结**，并以快捷的、框架形式迅速推进。让我们在此来解释宪法政策问题，这一法律人世界的国王曾是谁？现在又是谁？最后我们可以在此解释**当今方法讨论的五个标准主题**，这些受制于基本构想，即漏洞问题、次序问题、客观问题和主观问题、目的论问题或目的问题以及每一个概念的问题。

　　（1）*概念法学*是一个纯粹**挑衅性的标签（polemische Etikettierung）**（耶林），它仍在制造混乱。没有争议的是，如果没有概念，那么法学就无法发挥作用，且形式逻辑也无法运行。这在当时所谓的"逻辑"解释中从未被指出。对此，原则法学这一语词（萨维尼、普赫塔、温特沙伊德）是合宜的方案。原则在这里指一般性的法律规范，而不仅仅是最佳化的要求。以平等原则、法确定性原则和最佳个人安全原则为利益的法应当受那些一般性的规范控制，否则就必须对任一具体情形作出规制，这明显会有功能障碍。一般性规范功能的发挥自然受制于原则，以及忠实地对原则加以贯彻。这一构想同时也发展成为我们时代的开端，即自 1800 年以来的时代。**作为对阶级专制和集权国家的回应（Antwort auf den ständischen Bevormundungs- und Obrigkeitsstaat）**，这一如既往地属于近代宪制国家的条件。它在宪法政策上利于完全贴近生活的、学术上专业的且同时忠于制定法的**法律人阶层（Juristenstand）**，而该阶层最愿意独立地统治。然而，这里也隐藏着矛盾。因为这些法律人可能且必须服务于不同的君主，从国王到人民以及各个议

1497

1498

---

　　[129]　见本书上文边码 855。

会。标准问题容易解决：**法律漏洞（Rechtslücken）**由原则性法条兜着。**次序问题（Rangproblem）**并不存在，因为这些原则本身在体系上和次序上都受到规制。至于适用**客观解释（objektive Auslegung）**还是**主观解释（subjektive Auslegung）**问题也并不存在，因为总之并非立法占据中心位置，而是法学。超出字面意义的**目的解释（Zwecksauslegung）**也很可能不会出现，原则性规范应该会拦截住这些被较为不忠诚地滥用的技术。**法律概念（Rechtsbegriff）**不是国家主导确立的，它也可从习惯法和学术法中产生。

1499 （2）*自由法学*（埃利希、康特洛维茨、福克斯、施塔姆普）想要将法和法学家解放出来。对此，它投向了**非国家的、具有社会实用性的法（nichtstaatliches, sozial brauchbares Recht）**，当代称为：社会法（gesellschaftliches Recht）。为了贯彻自己的理念，自由法学把法官封为国王。法官成为社会工程师。议会则受到了干扰。其中释放出了何物，则取决于司法。在一定程度上自由法只从**漏洞（Lücken）**中产生，因为解释被严格限制在了字义解释之上。**次序问题（Rangproblem）**如**客观和主观（Objektiv-Subjektiv-）**问题一样少。**目的解释（Zweckauslegung）**则非常受欢迎。**法概念（Rechtsbegriff）**也如福克斯所言的自由的、社会的"海洋"一样浩瀚。自由法在政策上是矛盾的，因为这完全取决于法律人阶层，特别是法学家，从中得到了什么。

1500 （3）*利益法学*（黑克）则比较谨慎，也更符合法治国原则。它想**忠实地贯彻立法者的**评价性的利益决定，因此是理智地顺服。立法者在宪法政策上是国王，然而在很大程度上被学术界的法律人所替代，这些法律人对利益判断进行分析。法概念被更准确地界分。制定法之外还有习惯法，特别是**规则漏洞**。这些规则漏洞被精确地表达出来，且被限定于制定法中计划之外的判断空缺。它们应当被尽可能忠实地基于法秩序精神来填补，直到最后穷尽了法官的独立评价。依据具有立法权限的立法机关的可信的价值判断这一所谓的**主观历史解释（subjektiv-historische Auslegung）**一直具有**优先性（Vorrang）**。与之相对，客观解释和目的解释显得具有专断之嫌疑。

1501 （4）*纳粹法学*以两种形式登场。以规范作支撑的形式（朗格）一直视制定法为支撑，具体为制定中的《人民法典》，纳粹法学的这一流派为评价法学，却明确地置身于主导的纳粹价值观之下。具体秩序和塑造思维（施密特和拉伦茨）意欲完全臣服于（所谓的）既有秩序之下。法学家只应是法的守护者。然而秩序必须在各个方面被详细安排。这两种形式都决定性地涉及**新的集体的、民粹的、种族的和民族的法评价**（**neuen kollektiven, völkischen rassischen und nationalen Rechtswertungen**）。在宪法政策上，政党和其领导被置于核心地位，因为他们在有疑问时解释什么可作为决定性的既有秩序。任一对法律规范的贯彻都置于元首特权之下。所有经典的问题悉皆清除（**Die klassischen Probleme entfallen alle**）：没有漏洞，明确的一党优先，没有主观解释和客观解释，目的性控制一直存在于制定法的序言之中。法的概念是逆向的、泛滥的，与政治机关暧昧地勾结在一起，因此变得狭隘。在政策上法明显受意识形态决定。

（5）*评价法学*在 1945 年相当离奇地成了大家熟知的语词，只是结构性的纳粹特征不再是主题。人们再次将**法学上的评价行为作为主题**（**juristischen Wertungsakt als solchen**）。最重要的是，这显得非常有必要，在理论上显得正统且没有意识形态。制定法再次成为法学评价的起点。但是一些人将之置于更高的法理念（拉伦茨）、唯实论（埃塞尔、类似于维亚克尔）或者更深层次的正义理念（韦斯特曼）的优先之下，其他还有历史中沉淀的基本价值（科殷），另外还有首先要置于具有非常宝贵的基本权利的现行宪法之下（尼佩代）。同样，所谓的"符合事实逻辑的结构"（韦尔策尔，H. Welzel）和旧的"事物本质"（拉德布鲁赫，持批判性）经历了复兴。这在宪法政策处明显相异。法理念和正义理念曾是德国法律人阶层的工作，实际上也确实使得法律人成为伦理"学者"。类似的还有历史中积淀的基本价值，这使得持此观点者受益匪浅。唯实论曾是一个一直有益的，但是非常不稳定且变化的建议，它有力地使得"唯实论的"法律人再次强大。对于宪法的基本权利而言重要的，首先是所有法律人，然后是宪法学者，最后才是宪法法院。对于法理念而言并无真正的**漏洞、次序、客观性和目的论问题**（**Lücken-, Rang-, Objektivitäts., und Teleologieproblem**）。在对成文宪法的定位上，这些问题不断地循环往复。法概念与法理念一起在伦理哲学上被扩张。在宪法导向上法的概念获得了一个广泛的、法学上最高的且优先的层次。在第三方效力制度上这一优先性扩展到所有的法秩序上。这样我们现在就在不同的王国中看到了更多的诸侯——但是在卡尔斯鲁厄有了新的皇帝。

（6）*政策批判法学*对所有这些构想都提出了怀疑，如幻象、脱离生活、意识形态，简言之：小市民式的［维特霍尔特，瓦瑟曼（Wassermann）］。它**在社会理论之路上寻找一个新的法理论**（**Rechtstheorie auf dem Wege der**

1502

1503

Gesellschaftstheorie）。新的方法规则起先并非主题。这一法学虽然牵扯到宪法，但是在新的理解中首要的是民主式（不是议会式）和福利国家式。那些**经典的方法问题**在此处也都**消失**。**法概念（Rechtsbegriff）**被从"真正的"社会本身中广泛地提取。在此范围内国王是作为社会理论家和社会工程师的批判性法律人。

政策批判法学的非幻想性且非理想性的继承者是新近的现代批判主义。

1504   （7）革新的**社会学法学**作出了妥协。然而，"社会性的"这一语词在1914年之前即被非常多样地使用。今天社会学法学主张且实践着一种对教义学的"社会性"补充。事实上，它因此承接了黑克的利益法学和他的对立法上利益衡量的因果研究，这在1945年之后已经被转化在评价法学之中。

1505   （8）*衡量法学*则走上了另一种论证路径（吕特判决，K. 黑塞）。最终具有决定性的并非构成要件特征、原则性的法律规范、例外与一般的关系、规范位阶和案例比较，而是衡量天平上的或实践调和尝试中的法益保护。法益的权重设置为几何？或什么时候作出调和？人们始终在事后才知道，哪怕是已经积累了一些案例类型。与涵摄相比，这一过程很难被规制。**经典的方法论问题在这里将不可见**。法的概念被扩展了，因为这些判决可能对已经决定了的法作出微调。该国度里的国王是衡量者，即始终为法律人。在宪法政策上，司法成为一个虽然是嗣后的但始终值得关注的规制性权力。在衡量的补充下，比例原则分析和原则优化在方向上并未对此有任何改变。

1506   （9）论证法学试图回避那些老问题，它回避了方法规则的正确性保障，将规则限缩为证明规则（**Regeln auf Begründungsregeln**）。方法规则在此并不强调实现正确裁判的路径，它只是现实地对**证明的正确描述（Darstellung der Begründung）**进行规制。这样，它只"对外"调整裁判的证明过程。此外，制定法约束由宪法政策加以确定。裁判必须展示它的制定法约束。始终一贯的是主观历史解释的根本优先（**Vorrang**），但是这可以以非理性的理由例外地加以排除。漏洞问题和目的问题（**Lücken-und Zweckproblem**）仍是开放的，法的概念可能因"理想的应然"得以成倍扩张。[130]

---

[130] 非常清楚的论述内容见 R. *Alexy*, Zur Struktur von Rechtsprinzipien, in B. Schilcher u.a.（Hg.）, Regeln, Prinzipien und Elemente in System des Rechts, Wien 2000, S. 31 ff., sowie die Diskussion bei *Vogel/Christensen* 2013（Fn. 77）, S. 41 f.。

阿玛多的最新研究^[131]增添了一个重要的观点：他比较了**证明的描述**　　1507
（**Begründungsdarsellung**），并指出了它们的**同等价值性**（**Gleichwertigkeit**）。
就如常被认为的那样，人们没有必要作出衡量。衡量只是从自己创造的
冲突问题中得出结论。还留有好的宪法理由的空间，它一直支持涵摄方
式和案例比较。如果有从制定法中推导出的理由，则这一描述可能更具
合理性。理据上的暗箱操作在规范上并无益处。这里需要涵摄式描述。
因为这一形式明显更能实现主体间的清晰性和可控性。且在法治国性上
也取决于此。

（10）所谓自主的*欧洲法方法*并非独立的法学方法。具有自主性的仅　　1507a
仅是它的效力，即从欧洲法中推导出来，而非从一国的宪法中推导出来。
但是这事实上并无区别。因为欧洲法的法学方法如国内法方法一样，遵守
同样的法治国原则的要求。共同的原则决定它作为法学方法的特征。只有
当法学方法的宪法相关性不再受重视时（这并不少见），才可能显出差异
来。如果重视它，这一所谓的欧洲法方法就体现为一些其他被不同方式塑
造的客体（比如法源和素材）的一些额外的技术。

如今**何物是正确的**？自约1800年以来我们这些时代的主要法学方法　　1508
思潮的历程表明，并不存在一个跨时代、最终被确认的真理。不管是从历
史角度评价合法性的演化论，还是基于本质、理性和法理念的形而上学，
抑或依据"真实的"或社会现实性的伪唯实论，都并非法律方法预设的真
理。我们清楚地看到它们在历史中沉浮起落，告诉我们这些主要是对各个
法律方法的宪法的政策语境和宪法的法语境（即条件）的关注。与比较一
样，历史因此成为我们不可放弃的认知之路。这取决于在自己和比较法的
框架内对自己时代语境和条件的调查、评价和有意义的建构。^[132]这样，方
法理论确实再次与法哲学和法理论趋近。

人们能够从经验中学习吗？如果愿意，在一定程度上还是可以的。人　　1508a
们在对纳粹法方案的反思中意识到了一个康德本体主义意义上形而上的**结
构的连续性**（**strukturelle Kontinuität**）（边码1445a）。这是一个特定的思维
形式、一个受哲学影响的特定逻辑，它与伦理、道德、政治和较早的宗教

---

[131]　参见本书上文边码1495。
[132]　在此意义上的著作还有 *Neumann* in：Einführung（Fn. 83）unter 9.5.5："论证标准的历
史和文化上的相对性"。

的规范上的直接约束相一致。这些**思维类型**（**Denktypen**）在 19 世纪被专门研究，并被大量使用。[133] 人们以此对各个危机时代作了回应。1789 年、1918 年、1945 年以及 1989 年之后，这具有较高的发展势头。它在一定程度上基于近似的条件回归。毫无疑问，与正常环境相比，这些危机时代需要更多的道德措施。只是存在的问题是，"道德"是否因此就应该直接由法院用于"解释"过程之中？这是制度性问题。权力制衡是对此的首要回应。不管如何，在司法面前首先应被拷问的是议会。此外，任何机构都应拷问自己的道德性。[134] 不管如何，在宪法政策上涉及一个老问题。"基于制定法实证主义的防御失败"这一命题下，人们对"自由主义的精神使者……只理解了一半"而已。[135] 对于法的方法论而言，这一关联一样有效，它并非纯粹中立的活动。如果将所有关于"法"的东西统合为政治优先下的价值工具——就如在一些专制国家中那样，那么其他路径和手段最终就或好或坏地被认定为法。而各种危机来自其他因素，而非来自法。

十六、案例比较

1508b

最后了解一个**方法的经验**（**Methodenerfahrung**）。它被称为**案例比较**（**Fallvergleich**）。虽然听起来非常容易，但非常有意义且有效。在通往法律规范或法律规则的道路上，往往会经历案例比较和案例类型建构，从具体的法律规范到一般性的法律规范，简言之到法学上的原理，即教义学，它还在"概念法学层面"被打磨过。这始终首先涉及一些特定的案例。案例比较并不仅仅适用于司法判决，而且还适用于立法者的立法决定。的确，这适用于所有促进同等事物同等对待的规范性裁判，即期待是公正的。以类推和不类推、遵循先例和区分技术之形式的案例比较是其他法文化中的

---

[133]　对此具有示范性的是萨维尼，参见 *Rückert*, Idealismus, Politik und Jurisprudenz bei Friedrich Carl von Savigny, 1984, besonders S. 240 f.。关于 19 世纪"他那形而上学理念论的基本模式和标识"见 *Rückert*, Das „gesunde Volksempfinden"-eine Erbschaft Savignys?, In Zs. Der Savigny-Stiftung für Rechtsgeschichte.Germ.Abt. 103（1986）S. 199-247, hier unter 7., S. 224-231，涉及法学逻辑和一般逻辑。

[134]　对此问题非常具有启发性的是关于所谓的 1946 年对拉德布鲁赫公式（Radbruch-Thesen）的讨论（脚注 43），关于立场内容首先见 *Hart*, dem führenden sog. Rechtspositivisten, s. die kleine Edition von Norbert Hoerster, *H.L.A. Hart*, Recht und Moral. Drei Aufsätze（aus dem Englischen），Göttingen 1971, bes. S. 14 ff. und 39-46。Hart 主要还考虑了宪法政策和社会政策上的立场。

[135]　Hart, ebda. 42.

古老传统。[136]正义一步步地成长，但不会成为一个普遍的正义。令人惊讶的是，这一原始的法学方法在现行方法中极少被分析。[137]但从不缺少好的示例。[138]对于萨维尼而言，这曾是一个不言而喻的研究方式，这从他对罗马裁判的各方面教义化就容易看出来。[139]众所周知，潘德克顿的罗马民法这一伟大的欧洲法学遗产几乎都源自对案例裁判的论述和教义内容。依据是否直接契合制定法条文，法律实践一直或多或少地运用案例比较。裁判的语境和规则在案例比较中才变得清楚。在这里细节说明一切。像德国最高法院这样将判决链僵化为非历史性的形式提示且不重视判决的数据[140]的实践，从一开始就投身于纯粹的教义。这可能不再是一个重要的实用主义的习惯。但是这明显显示，基于此被付诸实践的是教义主义，而非契合方法的法学。

十七、研究

研究自称是为了一个目的而**热忱地努力（heiß bemühen）**（《浮士德》，　　1509
第 357 节）。我们的主题仍停留在原始文献和辅助文献中。因此，本书的一个独立章节给出了相当完全的评论性的文献概述，包括方法史和理论史（边码 1567 及以下）。因此，这里仅取决于对这一概述的最近 30 年研究成果的专门提示。因为这些最终批判性地缓和了 20 世纪 30 年代和 50

---

[136]　对这一宏大的主题的研究见 J. Rückert, Denktraditionen, Schulbildungen und Arbeitsweisen in der Rechtswissenschaft-gestern und heute, in Selbstreflexion der Rechtswissenschaft, hg. von E. Hilgendorf und H. Schulze-Fielitz, Tübingen 2015, S. 13, 52。关于此处内容特别参见该文献第 28 页，关于罗马，见该文献第 32 页及以下，关于"MA"，见文献第 38 页及以下，关于温特沙伊德的总结性内容，见文献第 46 页、第 48 页及以下；关于英国的内容见 Rückert, in HKK（Fn. 4）Bd.1, 2003, vor§1 Rn. 7。

[137]　对此清楚的论述是 R. Wank, Die Auslegung von Gesetzen, S. A. 2011, §5 VII（富有助益的程序）；较早的论述见 R. Zippelius, Juristische Methodenlehre（1971），11.A. 2012, §12 S. 58-63（类型化的案例比较）；F. Bydlinski, Juristische Methodenlehre und Rechtsbegriff, Wien-New York, 1982, S. 548-552（类型比较）；J. Vogel, Juristische Methodik, Berlin-New York 1988, S. 145-147（具有概括性）；比较 R. Gröschner, Judiz-was ist das und wie läßt es sich erlernen?, JZ 1987, S. 903-908（905 b）；关于一般案例方法，比较 F. Haft, Einführung in das juristische Lernen, 7. A. 2015。

[138]　一直具有典范性的著作是 F. Wieacker, Zur rechtstheoretischen Präzisierung des§242, Tübingen 1956, erneut in Wieacker, Ausgewählte Schriften II, 1983, u. Kleine juristische Schriften, 1988; 对此见本书上文边码 1421 ff.。

[139]　萨维尼，见本书上文边码 182、183。

[140]　对此非常恰当的且具有比较性内容的是：Lepsius（Fn. 75）244；不同于这里所引述的数据：HKK（Fn. 4）。

年代几乎统领性的、反自由的、有先见的观点（**antifreiheitlich befangenen Perspektiven**），这些观点由 G. 伯梅、维亚克尔、拉伦茨甚至 A. 考夫曼所代表。[141] 原始的内容在这里已经被重新发掘、阅读和分析。我们方法史的新房子已经初具规模。它看起来非常不同于过去的房子，但是这一建筑尚未完工。尚缺乏总结。因此，这里的概述部分和总结部分想要涉及一些最重要的结论，这对于所有新的讨论和评价而言是根本性的。

1510　　　此处的历史概述部分紧随本书中的具体研究部分，自然就**不会**重复展开已经详细介绍过的作者（萨维尼、普赫塔、耶林、温特沙伊德、黑克、尼佩代、朗格、拉伦茨、维亚克尔、科殷、埃塞尔、维特豪尔特、卡纳里斯、F. 穆勒、托依布纳）以及他们在导论和总结中出现的重要文献。这些请在其他章节查询。之后的内容只重点简要提示一下概述内容和新近的具体研究。

1. 纵览性内容

近期对方式史的研究明显活跃起来。然而并未主要改变我们新的呼声，"只是"勾画出一些其他的视角。1967 年维亚克尔和 1960 年拉伦茨的较早概述虽然流传较久，但也难以胜任，对此见"导论"部分边码 8 及以下内容。

对到 1900 年的极其简单的概述见：*Jan Schröder*, Juristische Methode, in Hwb. zur deutschen Rechtsgeschichte, 2.A. Bd. 2, hier 2011, Sp. 1449-1456。

1900—1960 年见：*Joachim Rückert*, Vom „Freirecht"zur freien „Wertungsjurisprudenz"- eine Geschichte voller Legenden, in Zs. der Savigny-Stiftung für Rechtsgeschichte. Germanistische Abt. 125（2008）S.199-255。*Joachim Rückert*, Zu Kontinuitäten und Diskontinuitäten in der juristischen Methodendiskussion nach 1945, in: Erkenntnisgewinne, Erkenntnisverluste. Kontinuitäten und Diskontinuitäten in den Wirtschafts-, Rechts-und Sozialwissenschaften zwischen den 20er und den 50er Jahren, hg. von K. Acham, K.W. Nörr und B. Schefold, Stuttgart 1998, S. 113-165.

较宏大的梳理见：*H.-P. Haferkamp*, Richter, Gesetz und juristische Methode in der Wertungsjurisprudenz, Zs. für die gesamte Privatrechtswissenschaft 2016, S. 319-334。

同上述文献，S. 307-318 bei J. *Schröder, Richter,* Gesetz und juristische Methode in der Zweck- und Interessenjurisprudenz（核心视角是对目的法学进行重新审视）。

---

[141]　参见本书上文边码 8。

关于 1850—1933 年见：*Jan Schröder*, Zur Geschichte der juristischen Methodenlehre zwischen 1850-1933, in: Rechtsgeschichte 13（2008）S.160-175。虽然题目上近似，但是这里涉及在客体层面上对基于意志的"唯意志论的"法概念的重塑——这在一定程度上是正确的。对 1885 年以来客观解释和主观解释的讨论被视为具有一贯性（S.172ff.）。简约版见：*Jan Schröder*, Recht als Wissenschaft. Geschichte der juristischen Methodenlehre in der Neuzeit（1500-1933），2.Aufl. 2012，内容截至 1933 年。此外，2016 年增添了纳粹时代和德意志民主德国的内容（Fn. 87）。重点述及了该主题的教义史，较少涉及此处所强调的宪法政策特征。对于法理概括较好的内容见：*E. Hilgendorf*, Die Renaissance der Rechtstheorie zwischen 1965 und 1985, Würzburg 2005（auch hilfreich zum Forschungsstand, S.11f.）。

2. 关于概念法学和原则法学

对此最新概述见：*Hans-Peter Haferkamp*, Begriffsjurisprudenz, in: Enzyklopädie der Neuzeit, Bd. 1, 2006, 1150-1152; n Ebenso Jan Schröder, Begriffsjurisprudenz, in: Handwörterbuch zur deutschen Rechtsgeschichte Bd. 1, 2. A. 2006, Sp. 500-502。

3. 关于自由法运动

最新总结见：*Joachim Rückert*, Freirechtsbewegung, in: Handwörterbuch zur deutschen Rechtsgeschichte, Bd. 1, Lieferung 8, 2. A. 2008, Sp. 1772-1777。

4. 关于利益法学

最新的见：*Joachim Rückert*, Interessenjurisprudenz, in: Staatslexikon der Görres-Gesellschaft, Bd. 8, 2017. n Jan Schröder, Interessenjurisprudenz, in: Handwörterbuch zur deutschen Rechtsgeschichte, Bd. 2, 2. A. 2012, Sp. 1267-1269。

基础性的见：*Heinrich Schoppmeyer*, Juristische Methode als Lebensaufgabe. Leben, Werk und Wirkungsgeschichte Philipp Hecks, 2001。

对此雷曼（*Heinrich Lehmann*）的立场颇具价值，包括受此影响的民法学者：André Depping, Das BGB als Durchgangspunkt. Privatrechtsmethode und Privatrechtsleitbilder bei Heinrich Lehmann（1876-1963），2002。

对于公法首先关注：*Michael Stolleis*, Geschichte des öffentlichen Rechts, Bd. 2, München 1999, S.172f.。

5. 关于纳粹法学

关于法的概念和方法：

J. Schröder 2016, 与上文 1 同。

对于广博的知识而言具有价值的首先是：*Depping*（同前述文献）
und *Hollstein*（见 6），以及 *Frassek* 和 *W. Wolf*（见边码 580 及以下和 536 及
以下）。

此外，关于主持《人民法典（草案）》起草的民法学者海德曼（Justus
Wilhelm Hedemann）的作品：*Christine Wegerich*, Die Flucht in die Grenzenlosigkeit.
Justus Wilhelm Hedemann（1878-1963），2004。

关于核心概念的一般介绍：*Joachim Rückert*, Das„gesunde Volksempfinden"-
eine Erbschaft Savignys?, in：Zeitschrift der Savigny-Stiftung für Rechtsgeschichte 103
（1986）S.199-247。

6. 关于 1945 年之后的评价法学

一般的基础性作品：*Ilka Kauhausen*, Nach der „Stunde Null". Prinzipiendiskussionen
im Privatrecht nach 1945, 2007。

Lena Foljanty, Recht oder Gesetz. Juristische Identität und Autorität in den
Naturrechtsdebatten der Nachkriegszeit, 2013.

新脉络：*Haferkamp*（见上文 1）。

关于尼佩代（Nipperdey）的立场的基础作品：*Thorsten Hollstein*, Die Verfassung
als„Allgemeiner Teil". Privatrechtsmethode und Privatrechtskonzeption bei Hans Carl
Nipperdey（1895-1968），2007。

关于雷曼战后立场的富有价值的作品：*Depping* 2002（s.o.），以及一个
主要富有影响的法官的立场（涉及主审法官最具影响的立场）：*Daniel Herbe*,
Hermann Weinkauff（1894-1981）. Der erste Präsident des Bundesgerichtshofs,
2008。

关于 1945 年后法学学习和主要立场的作品：*J. Rückert*, Abbau und Aufbau
der Rechtswissenschaft nach 1945, in：NJW 48（1995）S.1151-1159。

7. 关于政策批判法学

至今缺乏批判性的历史分析。

简单概述见：Hilgendorf, 2005（wie unter 1.）S. 56-58。

8. 关于经济分析和制度经济学

迄今缺乏批判性的历史分析。

对于原始文献的基础选读物一直是：*Assmann, Heinz-Dieter/Kirchner, Christian/
Schanze, Erich*（Hg.），Ökonomische Analyse des Rechts, Kronberg 1978。

前瞻性的教科书见：*Bernd Schäfer* u. *Claus Ott*, Lehrbuch der ökonomischen

Analyse des Rechts（1986）, 5.Aufl. 2012。

关于制度经济学的具有前瞻性的教科书是：*Rudolf Richter* u. *Eirik Furubotn*, Neue Institutionenökonomik（1996）, 4.Aufl. Tübingen 2010；Gute Kurzfassung bei R. Richter, Institutionen ökonomisch analysiert, 1994。

对示例有较好分析的是：*Gunnar Janson*, Ökonomische Theorie im Recht. Anwendbarkeit und Erkenntniswert im Allgemeinen und am Beispiel des Arbeitsrechts, Berlin 2004。

9. 关于社会学法学

始终具有较好批判视角的是：*Hans Ryffel*, Rechtssoziologie. Eine systematische Orientierung, Neuwied 1974, S. 13-114。

对 1907 年《瑞士民法典》中著名的第 1 条在漏洞填补中的法官工作富有启发性的讨论，且今天仍具有直观清楚的讨论的是：*Sibylle Hofer*, Das schweizerische Zivilgesetzbuch und das Problem der Gesetzeslücken. Zur Frage der Vollständigkeit einer Kodifikation, in ZNR 32（2010）S. 189-207。

10. 关于衡量法学

对衡量的更大**关联（Zusammenhänge）**和功能作为方法的首次分析尝试见：*Joachim Rückert*, Abwägung - die juristische Karriere eines unjuristischen Begriffs, oder：Normenstrenge und Abwägung im Funktionswandel, in：JZ 66（2011）, 913-923。

对具体衡量相对较为清楚的**说明（Erklärung）**见：*Joachim Vogel*, Juristische Methodik, München 1999, 150-159。

关于 1945 年之后的国家法发展，但是对方法问题并无更准确关注的一般性阐述见：*Frieder Günther*, Denken vom Staat her. Die bundesdeutsche Staatsrechtslehre zwischen Dezision und Integration. 1949-1970, München 2004；在文本背后借助原始文件和书信作了令人期待的分析。

对**吕特判决（Lüth-Urteil）**非常富有启发性的是：Thomas Henne und Arne Riedlinger（Hg.）, Das Lüth-Urteil aus（rechts-）historischer Sicht, 2005；但是对方法史的关注要少于对政策因素的关注。

对方法的透彻分析见：*Oliver Lepsius*, Die maßstabsetzende Gewalt, in: 2011（wie Fn. 71）159-279。关于衡量特别见：*Friedemann Vogel* und *Ralph Christensen*, Korpusgestützte Analyse der Verfassungsrechtsprechung: eine Abwägung von Prinzipien findet nicht statt, in Rechtstheorie 44（2013）S. 29-60。

一个示范性的练习文本？有一本关于民法的极富教益的入门书籍。该书是具有较好历史语境的判决分析书籍：*Roland Dubischar*, Prozesse, die Geschichte machten. Zehn aufsehenerregende Zivilprozesse aus 25 Jahren Bundesrepublik, München 1997；不管怎样，该书对我们实践中的法是不可或缺的。该书中的方法分析尚显太短。但是诸如第 7 章中对 Wallraff-Bild-Zeitung-Springerverlag 一案的判决理由总结非常适合作为独立的分析，在这里法学家意见分歧较大：der BGH（20.1.1981, NJW 81, 1366 und 1089）, das Bundesverfassungsgericht（25.1.1984, E 66, 116），这一文献——首先是三个公法学者（Bettermann, Schmitt-Glaeser, Roellecke）和一个刑法学者（Geerds），后来还有一个民法学者（卡纳里斯反对联邦宪法法院），他们都在互相批判地作出评价。实践上的调和也开展了（25.1.1984, E66, 117）——大量法学上的循环往复，一切都完全在"方法上"展开。

如上所述（边码 1459 及以下），《德国民法典》第 826 条、第 823 条和违法侵犯的正当化的可能性，过去是，现在也是民法上的法律问题——问题、规则和例外问题在方法上本来非常简单，方法上对此已经取得了决定性胜利。因为例外在与规则的关系上是被作为特殊情形构建的。在宪法上现在遇到的问题是对两个基本权利第三人效力的衡量，而非例外、规则和等级、案例比较或类似方法上的控制。对此宪法绝未构建事实要件（但是见《德国基本法》第 9 条第 3 款），因为并未考虑到这一一般性的基本权的效力。

示例上类似的是普柯特（A. Peukert）关于法学衡量的"原始文本"，即第一个大概括条款《德国反不正当竞争法》（1909）第 1 条以及《德国反不正当竞争法》（2008）第 3 条的评注：in Großkommentar UWG, hg. von O. Teplitzky u.a., 2. A. Berlin 2014, zu § 3, bes. Rn. 234 ff. die Fallgruppen- und zu § 1 Rn. 58 ff. die Prjnzipiendiskussion。

11. 关于论证理论
迄今缺乏历史批判性分析。

简要总结见：*Hilgendorf*, 2005（wie unter 1.）S. 39-42。

12. 关于最新内容
尚无"实质性"内容。

13. 关于欧洲法方法
尚无"实质性"内容。

14. 关于案例比较

迄今缺乏对 1800 年以来的历史批判性分析。

但是在我对自罗马时代以来的法学研究方法传统的概览中，案例比较构成了主要视角见：Denktraditionen, Schulbildungen und Arbeitsweisen in der Rechtswissenschaft - gestern und heute, in: Selbstreflexion der Rechtswissenschaft, hg. von E. Hilgendorf und H. Schulze-Fielitz, Tübingen 2015, S. 13-52。

第五章　总　结[*]

要目

一、方法

1511　　对所述法学方法内容的总结评价在刚开始时显得绝不可能："制定法内在思想的重构"[1]、"此类法学家"[2]从"法体系"[3]和制定法中的解释、作为"建构"法学之要素的解释[4]、"以自由的法发现来代替解释"[5]、"理智臣服"下的解释[6]、"具有明确价值后果"的世界观贯彻下的解释[7]、"《德国基本法》中具有约束的价值"[8]、依据目的和法理念的解释[9]、"秩序利益"中

---

[*]　弗兰克·劳登克劳斯（Frank Laudenklos）、米歇尔·罗尔斯（Michael Rohls）和威廉·沃尔夫（Wilhelm Wolf）撰，约阿希姆·吕克特（Joachim Rückert）和拉尔夫·萨伊内克（Ralf Seinecke）补充［第三版由吕克特（J. Rückert）审校并修订］，刘志阳译。

[1]　见本书上文吕克特（Rückert）所撰关于萨维尼（Savigny）的内容，边码 76 及以下。

[2]　见本书上文哈夫卡姆普（Haferkamp）所撰关于普赫塔（Puchta）的内容，边码 213 及以下。

[3]　见本书上文吕克特所撰关于温特沙伊德（Windscheid）的内容，边码 280 及以下。

[4]　见本书上文萨伊内克（Seinecke）所撰关于早期耶林（Jhering）的内容，边码 352 及以下。

[5]　见本书上文吕克特所撰关于自由法运动的内容，边码 1407、1408。

[6]　见本书上文玛内戈德（Manegold）所撰关于黑克（Heck）的内容，边码 428 及以下；皮尔森（Pierson）所撰关于吕特斯（Rüthers）的内容，边码 929 及以下。

[7]　见本书上文沃尔夫（Wolf）所撰关于朗格（Heinrich Lange）的内容，边码 536 及以下、边码 554。

[8]　关于维亚克尔（Wieacker），见本书上文特雷格尔（Träger）所撰内容，边码 656 及以下；关于尼佩代（Nipperdey），更详细的内容见本书上文霍尔施泰因（Hollstein）所撰，边码 493 及以下。

[9]　见本书上文弗拉塞克（Frassek）所撰关于拉伦茨（Larenz）的内容，边码 580 及以下。

的诠释性解释[10]、法律否定主义（juristischer Negativismus）和社会学增益法学（soziologisch bereicherte Jurisprudenz）[11]、"动态体系"和原则[12]、效率分析和严格经验上的制度分析[13]直到"架构法学"[14]、社会学法学[15]和自主的欧洲法方法[16]——这一切都是不同的。各个方法构想的前提条件之间显得似乎并无关联。扩展的方式只是去寻找论战。[17]自耶林最后变质的"戏谑"（1884）以来只在应该拒绝什么这一方面存在一致：拒绝所谓的制定法实证主义的概念法学。实证上的转向意味着，19世纪时即已试图对这一方法在方法论上作出改革，这一方法在实践性法律工作的事实条件和必要条件方面显得越发不合理。对于**规范—现实性（Norm-Wirklichkeit）**这一轴心而言，现代宪制国家意味着论证上的要求，而使用所谓的概念法学这一工具明显不能满足。而法学本身必须在宪法的四角——"法律科学"（如费尔巴哈、萨维尼）和"法学家法"（如普赫塔）、"民间法"（如雷舍尔、贝斯勒）、法官法〔如比洛（Bülow），康特洛维茨〕、议会民主式的法（如温特沙伊德、黑克、凯尔森）之中重新塑造。学术性的法学家法的明晰概念和固定体系曾用于防御君主和人民的恣意。同样，法官只受制定法约束，实际上将法官束缚在君主的命令、行政规范和政策之上。如今，君主不再作为法源，而人民成了议会中的制定法之源。曾经的**防御恣意（Willkürabwehr）**已然成空。法官受制定法约束不再是防御，只剩下制约。学术性的法学家法如今显得僵化和脱离生活。针对最终毫无功效的所谓的概念法学产生了论战上的改革同盟。

---

[10] 见本书上文谢弗（Schäfer）所撰关于埃塞尔（Esser）的内容，边码755及以下；富尔雅提（Foljanty）所撰关于科殷（Coing）的内容，边码810及以下。

[11] 见本书上文罗尔斯（Rohls）所撰关于维特豪尔特（Wiethölter）的内容，边码878及以下；萨姆（Sahm）所撰关于托依布纳（Teubner）的内容，边码1136及以下。

[12] 见本书上文萨伊内克所撰关于卡纳里斯（Canaris）的内容，边码991及以下。

[13] 见本书上文劳登克劳斯（Laudenklos）所撰关于法的经济分析的内容，边码1210及以下；凯西讷（Kirchner）所撰关于制度经济学的内容，边码1252及以下。

[14] 见本书上文劳登克劳斯所撰关于穆勒（Friedrich Müller）的内容，边码1181及以下。

[15] 见本书上文吕克特所撰关于社会学法学的内容，边码1455a—1455l。

[16] 见本书上文吕克特所撰关于欧洲的内容，边码1496a—1496e、1507。

[17] 参见对维特豪尔特的批判：Bydlinski, Juristische Methodenlehre und Rechtsbegriff, Wien u. New York 1992, S. 158。他的构想导致了"方法实践上的虚无"。克里勒（Kriele）明确地警告学生，不要运用穆勒的方法学，因为"他的研究毫无用处，且可能存在'缺陷'"。Kriele, Recht und praktische Vernunft, Göttingen 1979, S. 95.

1512   辐射广大的**论战同盟**（polemische Allianz）在它的多面性中也引起了误解：如果人们几乎一致地、有点笼统地拒绝了所谓的概念法学，那么人们基于此获得了什么？或者基于此究竟对谁有利？它难道真的具有这一风险——就连最基本的法律理性都不再被重视？[18] 如果主张回避脱离生活的所谓的概念法学[19]，那么这究竟代表了谁的利益？当时的人民知道得更多。在历史上这关涉**原则法学**（Prinzipienjurisprudenz），它作为工具来通过**实在的人类的法**（positives menschliches Recht）去实现尽可能广泛的控制。这里存在一个关键性的、在形而上学上向上帝、自然、历史或理性认可的法的回转。19 世纪后期，在此脉络中所谓的概念法学中被强调的法治国导向一直在发展。基于此，实在法自主性危机在法上被束缚——至少在形式上。该形式成了"自由的孪生姊妹"（耶林，1854[20]）。

1513   值得关注的是，"时代见证人"黑克采用了不同的批判标准。[21] 该批判并非针对作为纯粹语言游戏的"概念法学"或必要的概念研究，而是针对所谓的颠倒方法和其形而上的条件。该形而上学以具有良好秩序的世界为前提，而且似乎只能是已知的且被概念化的世界。这一确定的概念世界显得似乎只有在形而上学上是确定的。黑克直接回应了这一概念构想，并怀疑其为**概念理念论**（Begriffsidealismus）。在具体的法研究中和在立法者在制定法中所贯彻的利益衡量的实现中，它无法起作用。他反对"**概念理念论**"的方案。因此，仍停留在法概念和法安定与制定法对法官的强约束力这一观点上进行研究。[22] 实际上，概念法学现在却打开了对概念的基础更直接和更强大的依赖之门：事物本身、与法律裁判程序相关的事物以及更丰富的"生活"。对"全部生活"的依赖引出了晚期耶林在批判上的目的动机。此处，黑克将现象学的纲要（"关于事物本身"）转化到了法学之中。因此，人们在两处都区分概念逻辑的和理念论的思维形态——对于法学而言具有其他过程中无法预见的结果（如前所示）。

1514   这一**方法转变**（Methodenwechsel）具体指给法官一个有意作出根本性

---

[18]   如本书上文特雷格尔所撰关于维亚克尔的内容，边码 672。

[19]   如本书上文弗拉塞克所撰关于拉伦茨的内容，边码 593。

[20]   见本书上文边码 11。

[21]   见本书上文玛内戈德所撰内容，边码 438 及以下。

[22]   该法律约束对黑克而言"具有不可更改的必要性"，见玛内戈德所撰内容，边码 447。

扩张的裁量权。各种裁量权在过去当然一直存在。但是从现在开始，法秩序中的漏洞性可以首次以"评价漏洞"的形式在方法框架内被考虑，并在概念上得以体现。无漏洞的法"体系"这一教条因此也已变得脆弱。依据黑克之见，法官同样可以基于自己的认知和生活经验、凭借自己的法官地位来宣称某些利益是值得保护的。[23]但这对黑克而言也是例外情形。相反，对其具有决定性的是尽可能严格地重视制定法的约束力，并十分强调规范的语义。因此，有意为之的是，对于待判案例通过法官分析使得在历史上可理解的立法者的，且在制定法文本中得以贯彻的真实的利益评价获得尽可能直接的标准。据此，**历史解释（historische Interpretation）**在这里是**核心的方法要素（zentrale methodische Element）**。黑克的利益法学在正常情况下是呼吁尽可能中立地作出立法者的评价，即不考虑独立的法官判断或评价。因此，它重视立法者的评价权限和立法权限，并视之为有效的分权原则的基石。新的宪法状况明确将之作为方法问题。[24]

因此，黑克加入了20世纪之初泛滥且强劲的**精神科学潮流** 1515
（**geistwissenschaftliche Strömung**），并将生活需求和对其评价——通过在命令性概念和法律规范中对立法者评价的分析——在方法上可控地引入了法官的案例判决。他发展出了一个理论模式，这克服了有争议的概念理解，同时试图维护原则法学和概念法学所实现的法治国标准。

对"**全部生活现实**"的着重强调（**Akzentuierung der "vollen Lebenswirklichkeit"** ） 1516
会引起何种导向？[25]拉伦茨后来对之极少关注：他放弃了对社会现实利益评价后的规范化，认为社会现实可以具有直接的规范性，"生活会自动调节"。这意味着法官审判权的极大集中，法官成为集体生活中各种准则的代言人。[26]这直接违反了1871年《法院宪法法》第1条和1919年《魏玛宪法》

---

[23] 见本书上文玛内戈德所撰内容，边码460。

[24] 参见本书上文边码1410，关于1905年左右的讨论。

[25] 关于生活相关性问题以及被其影响的法概念，见 *Rückert*, Der Rechtsbegriff der Deutschen Rechtsgeschichte in der NS-Zeit: der Sieg des "Lebens"und des konkreten Ordnungsdenkens..., in: Die Deutsche Rechtsgeschichte in der NS-Zeit, hrsg. von Joachim Rückert und Dietmar Willoweit, Tübingen 1995, S. 177-240; *Haferkamp*, Der Jurist, das Recht und das Leben, in: Verein zur Förderung der Rechtswissenschaft (Hrsg.), Fakultätsspiegel n.F. Bd. 3, Köln 2005, S. 83-98; *Haferkamp*, Lebensbezüge in der Zivilrechtsdogmatik des 19. und 20. Jahrhunderts, in: Gedächtnisschrift für Valtazar Bogisic Band 1, Belgrad 2011, S. 301-313。

[26] 见本书上文弗拉塞克所撰内容，边码597。

第 102 条 [27] 中确立的法官受制于制定法这一原则。该原则此时被厌弃，因为它似乎去阻止 1919 年之后和 1933 年之后的"革命性"变动。对于案例裁判常见的重要问题是，一定的社会现实是否可以决定案件？此处的规范性问题似乎仍需要被判定。今天，这种裁判需要对诸如立法者的利益评价等相对确定的、文本化的标准分析后才能作出，而立法者的利益评价需要通过对立法者所制定的规范的基础进行研究后才能够得出。规范性结构当时被彻底改观了：法的概念在"生活需求之前"被视为太"僵化"，在判决理由中对具体规范性生活关系的倚重，或者在 1933 年之后对"具体秩序"的倚重，越来越常见。在当时改变了的政治框架条件下，这一发展意在实现灵活的"应急"之法。[28] 对此，是否有事实以及哪些事实可以具有规范性这一判断对拉伦茨而言在方法上仍毫无影响力。制定法约束具有了修辞性的正当化色彩，而宪法政策上的语境亦不再得到保障。

1517   *朗格*在权力政治上以结果为导向的"方法"走得更远。他让法官受制于**"效果上确定的""评价法学"**（ „erfolgsbestimmte"„Wertungsjurisprudenz" ），[29] 这样法官在他的创设自由中就受制于"元首"的意志。如果待适用的制定法具体地表达了"现实的"元首的决定，则可以被使用——否则即无意义。有关公共权力制约的一般性制定法的原初的法治国功能已经被抛弃。它已经不再是独立判断法学案例的基础，而是受制于法外的评价、受制于控制法和国家的主体的具体意愿。此处的第一个结论就是：只有"生活"、只有现实、只有"实然"。"应然"不再体现在法律规范之中，对政治决定直接的贯彻可能性只剩下"实然"———一般性制定法已经消失。法学方法失去了它迄今为止的客体，除了政治性外别无其他功能。除了政治上的结果相关性之外，那些方法导向上的差异已无意义，并最终"不受关注"。[30]

---

[27]　这些条文在整个纳粹时期都有效。

[28]　关于这一"现代化的延宕"，见 *Ingeborg* Maus, Juristische Methodik und Justizfunktion im Nationalsozialismus, in: Recht, Rechtsphilosophie und Nationalsozialismus, hrsg. von Hubert Rottleuthner, ARSP Beiheft Nr. 18, Wiesbaden 1983, S. 176-196。更详细的内容见 *Rückert*, Zu Kontinuitäten und Diskontinuitäten in der juristischen Methodendiskussion nach 1945, in: Erkenntnisgewinne, Erkenntnisverluste, Stuttgart 1997, S. 113-165, bes. 140 ff.；以及本书第四章"历史概述"部分，边码 1421 及以下。

[29]　*Lange*, Justizreform und der deutsche Richter. Deutscher Juristentag 1933, S. 181-189, hier 185 u. Lange, Mittel und Ziel der Rechtsfindung, in: ZsAkadfDtR 1936, S. 922 ff.

[30]　见本书上文沃尔夫所撰内容，边码 554。

鉴于 1933 年到 1945 年的经历，"二战"后人们根本未料到法治国原则 1518
下的法实证主义的回归。人们未作详细探究就将*朗格*作为纳粹期间"法律
变态"的替罪羊。[31] 法官"被束缚的双手"这一固定用语被流传开来。这
涉及法律规范的有效"约束"，且在法治国原则意义下的制定法实证主义
（Gesetzespositivismus）首先涉及此，这在纳粹时期恰恰所剩无几，显然这
主要是*拉伦茨和朗格*的"功劳"。[32] 针对纳粹时期的审判，对于很可能是
有问题的且有时认为颠倒的观点的批判声音只是非常压抑地在没有什么声
望的地方发出来——包括在"二战"之后不久。[33]

另一方面，这也吸纳了"现代化的动力"，即法律规范和规范性 1519
（Normativität）的结构革新。然而，首先存在的是对法律规范正确"理解"
的问题。其次则是为规范文本的处理引入**"诠释学方法"**（**Hermeneutische
Methode**）这一法外的思潮——恰如之前在介绍黑克章节所见那样。对拉
伦茨而言，诠释学所描述的就是一种在两个立场之间发生的相互协调的活
动，因此无非是黑格尔认识论在知性上的具体化。他的前提条件同样以*拉
伦茨*的"类型"为基础。这一哲学—诠释学方法很快晋升为"批判性"文
本理解的标准，这无疑推动了法学对其的吸纳。与此方法相关的作者有*拉
伦茨、维亚克尔、埃塞尔和科殷（依据事实），以及穆勒（在目的上）*。[34]
总体而言，在此原则上具有共同性，在此意义上，"前理解"的自动反应（埃

---

[31] 这一正当化的模式当时被视为反对，对此参见如 die Beiträge in Recht, Rechtsphilosophie
und Nationalsozialismus (Fn.18)，特别是 *Manfred Walther*, Hat der juristische Positivismus die deutschen
Juristen wehrlos gemacht?, in: Recht und Justiz im „Dritten Reich", hrsg. von Ralf Dreier und Wolfgang Sellert,
Frankfurt 1989, S. 323-354; 以 及 J. *Rückert*, Das „gesunde Volksempfinden"- eine Erbschaft Savignys?, in:
ZSGerm 103 (1986) S. 199-247, hier 208 mit weiteren Nwn。

[32] 对此见本书上文弗拉塞克和沃尔夫所撰内容；Manfred Walther, Fn. 31. 基于对大量判
决的探讨，但是对法律方法的界限和贡献能力的结论也不是完全没有问题：*Bernd Rüthers*, Die
unbegrenzte Auslegung. Zum Wandel der Privatrechtsordnung im Nationalsozialismus, 1. Auflage Tübingen
1968, jetzt 6. Auflage, Tübingen 2005 (mit dazu weiterentwickelter Analyse in §22)；下文所引版本为
1991 年第 4 版。不管怎样，现在可见本书上文皮尔森所撰内容，边码 922 及以下。

[33] 参见拉德布鲁赫（Gustav Radbruch）在他 1939 年致埃瑞克·沃尔夫（Erik Wolf）信
中的提示："现在，对我而言实证主义再次显得是一个理想，这使我们痛苦。"这在下面的文
献中被再次强调：Radbruch in Briefe II (Bd. 18 der Gesamtausgabe), Heidelberg 1995, Brief Nr. 166, S.
153, 154。

[34] "诠释学"（Hermeneutik）这一语词被穆勒以非常不同于习惯用法中的意义使用着，
参见他的著作（Juristische Methodik 6, S. 27）："诠释学在此并不是法学用法中传统修辞上的技
艺理论，而是对法上规范的结构和法的具体化的原则性条件的研究。"

塞尔）和无意识的、潜在的评价都体现在了案件裁判中。因此，诠释性方法首先利于解释者对每一个文本理解的条件的合理化，以及部分利于法律裁判过程中理解要素的运转。

1520　　　这样，判决程序**合理化的界限**（**Grenzen für eine Rationalisierung**）同时就全部变得清晰：虽然诠释学可以反映出理解的过程。然而它对于纳粹的法律适用背景下仍开放的、有迫切现实意义的问题——在何条件下现实之物（"生活关系"、具体秩序等）可以具有规范性，以及对此的决定应该或可以如何被控制或约束这一问题的处理而言，只能间接地且在结果上非常有限地发挥作用。这首先被埃塞尔认识到，他指出，法学的利益首先并非*知性利益*（*Verstehensinteresse*），而应该是**秩序利益**（**Ordnungsinteresse**）。[35] 此处具有决定性的是：与法的规范性紧密相关的秩序利益，试图通过一个对法律文本反身性、诠释性的工作来获得秩序标准，这在有关生活内容的问题方面（这些用《德国民法典》的规则显得不能解决）发现了一条完全不同于*拉伦茨*的出路。由于自己的概念构想，*拉伦茨*已经做好了接受概念和客体之间的"互动"的准备，在此过程中，为了规范的实际秩序，法律规范的规范性可能被舍弃。[36] 由于这一"互动"由实际之物引起，与之相应，需要做好确定规范漏洞的更高准备。因此，实际之物常常是确定之物，并将所谓的"必要性"作为应然之物强加于法之中。相反，对于埃塞尔而言，社会现象原则上并非权威，而是法律批判的客体，这样就可以在不出卖已经取得的法律进步的基础上改善事实构成。[37] 这一结论可从弗拉塞克（Frassek）和谢弗（Schäfer）选择的例子中得知：对于一些特定条件下的合同"成立"，拉伦茨会放弃意思原则，而对埃塞尔而言，作为法律行为私人自治体现的意思原则恰恰是不该被轻易放弃的成就。对于现实的关注导致对合同无效学说的检视和优化——此处无需对新事实构成的确认。在此，科殷和尼佩代亦坚持这一法上成就的优先性。

1521　　　**法律裁判合理化**（**Rationalisierung juristischen Entscheidens**）的趋势在*维特豪尔特*和*穆勒*处和法的经济分析中被极端化，但是都具有一定的条

---

[35]　见本书上文谢弗所撰内容，边码 789。

[36]　这些问题只片面地被论断，在分析它们与法的建构时，这些问题并未被合理地阐述。参见弗拉塞克所撰内容，边码 633、634。

[37]　见本书上文谢弗所撰内容，边码 800；在这里，法规范和社会事实之间因此开始磨合，但是在首要的规范法的秩序利益上被控制。

件。此外，制度经济学还更严格地分析了行为—效果条件。[38] *维特豪尔特*接受了 1937 年霍克海默（Horkheimer）所分析的对于法学而言的理论概念的缺乏[39]，这些理论概念并未反映自己的社会条件：法似乎必须在其社会背景中被审视，且不能被视为孤立的概念物体。[40] 在他的批判中，在传统上法以隐秘的方式在政治上被使用，这听起来像服务于集团利益和难以控制的国家权力的老问题，基于此司法被定为"阶级司法"。但仍具有疑问的是，这一分析是否是该问题在法理论上明确化的可靠基础？具有决定性的问题是，是否及如何确定这一点，即合法确定的、国家层面上协商的权力的决定，转化为仅为政治上推动的、非协商性的"纯粹暴力"。为了能够获得法律实践上的结果，这一区分的确定似乎是必要的。*维特豪尔特*并不试图在法律实践上处理问题。法律人并不知道自己做了什么，这一常用的论断在此处所阐述的方法构想背景下不仅仅是可疑的，特别是*朗格*的明确的权力政治—效果相关性的方法。相反，这显得法官和法律人已经知道是在完全有意地利用每一个理应得到的自由裁量权。[41]

　　同样，**法的经济分析**（ökonomische Analyse des Rechts）试图以效率分析来提供一个客观化的裁判标准，以便实现裁判过程的合理化。它以此确定了具体法律规则的效率。因此，作为后果估量的控制工具在起作用；但是它并非一个封闭的法学方法构想。同样，**制度经济学**（**Institutionenökonomik**）带来了实质上是分析上的增益。然而，法学方法构想并非其关切所在。

1522

---

[38]　见本书上文凯西讷所撰内容，边码 1252 及以下。

[39]　"该理论的传统观念是通过学术分析得来，就如在既有层面上来实施的任务分配。这与学者的活动相应，就如在社会的其他活动之外被实施一样，而非各个具体活动之间的关系变得透明。"*Max Horkheimer*, Traditionelle und Kritische Theorie (1937), Sonderausgabe bei Fischer, Frankfurt 1992, S. 205-259, S. 214. 与之相对的是批判性思维，在其与其他个体和团体的实际关系之中，在特定的阶级的分析中，以及在对与社会整体的关联和主体本质的分析中，该思维"明显"具有一个"特定的个体"。Ebda. S. 227.

[40]　见本书上文罗尔斯所撰内容，边码 917。

[41]　关于民族社会主义，参见本书上文吕克特所撰关于萨维尼的内容，脚注 32[参见该文献第 170 页：解释行为在具有不同方法要素的判决论证框架内被划分；或者该文献第 167、168 页：对《租赁保护法》（MietSchutzG）第 2 条法定构成要件的非常"自由的"处理]。关于魏玛（Weimar），参见 *Rückert*, Richtertum als Organ des Rechtsgeistes: die Weimarer Erfüllung einer alten Versuchung, in: Geisteswissenschaften zwischen Kaiserreich und Republik, hrsg. von K. W. Nörr, B. Schefold und F. Tenbruck, Stuttgart 1994, S. 267-313, hier S. 281-294，对判决理由具有更正确的分析。

1523　　　维特豪尔特、法的经济分析和制度经济学都展示了整体上的**例外立场（Ausnahmepositionen）**：对于法律人的耳朵而言，这里所言的是另外一种语言，制定法、法律规范、规范性在这里处于一个被彻底改变的功能关系上。同样，*托依布纳*也在追求一个独立的开始。他如今完全切实且富有成效地在贯彻社会学上的增益。[42] 所有这些立场都可以在此种效率上去理解和应用。

1524　　　*穆勒*则不同。他非常不同地对待这些概念，并批判所谓的概念法学（准确地说是原则法学）的不足。但是他对此模式的批判现在不再针对该模式所谓的不能合理地分析生活现象，而是在当前的**宪法标准（verfassungsrechtlicher Standard）**下该模式没有能力描述法学的实践工作（主要是法官的案件审理）的实际过程。相反，该模式将大量的法官评价隐藏于其所认可的法学认知的修辞的背面。法官判决中实际上常常贯彻的是未明示的，并因此在方法上不可控的立法权力，但是也并非社会性的和法定的立法权，而是朴素的法律权力（Rechtsgewalt）。

1525　　　与之相对，*穆勒*提出了**法律规范理论（Rechtsnormtheorie）**，它重新描述了规范的概念。就如*穆勒*欲使实证主义所表达的那样，规范性不再是各个规范文本（Texten）的特征，而是法官制造出来的工作结果：法律规范。它由对（规范）内容的分析和对事实内容的择取这两要素同等组成。因此，*穆勒*的法学方法的主要目的首先是使得*产生规范性*的过程可以被控制。法官的（规范）文本分析在此所述工作程序中不再只被认为是一个查明行为（Verständlichmachen）。相反，诉讼各方在为贯彻不同的含义而争辩。他们处在一个语义学的斗争（semantischer Kampf）之中。法学方法必须关心的是，该斗争能够以平等的、法治国意义上的手段决出胜负。因此，针对特定的支持主张的论据可能不再仅仅是事实。相反，这些可能只称为法律规范的组成部分——如果被具体化了的规范文本允许这样：立法机关通过的文本是裁判程序的出发点。因此，依据是否允许具有规范性以及允许哪些事实具有规范性这一问题，裁判程序间接地、"重要地／一致地"作出决定——这样（通过法官积极的裁判行为而不仅仅是识别行为），规范性必然被赋予在个案中的某个事实之上。一个具体判决前提的"事实规范性"不可能存在这一法秩序之中，即《德国基本法》的效力范围内。

---

[42]　见本书上文萨姆所撰内容，边码 1136 及以下。

宪法理论上的关联（verfassungstheoretischer Bezug），以及在"文本解 　1526
释"框架内究竟什么是可能的这一考虑的意义，在与*萨维尼*的古典方法要
素（位于我们对不同方法立场研究之始[43]）比较后会变得清晰。他所表述
的解释要素［今天称为"解释规准"（canones）］曾为"健全状态"中的制
定法的处理和制定法的完全发挥而设置。因此，此处并无实质性的障碍来
阻挠对制定法的"思想"及对其"真实内容"的推断。因此，对*萨维尼*而言，
在此"解释规准"之中并不需要次序规则。在文本种类和它们的每一个政
治上的合法性之间并不作区分。解释针对整体，且寻找统一的客体。[44] 与
之相反，在今天"解释规准"所余下的部分恰恰被用于对"有缺陷的"制
定法进行解释。但是，对此*萨维尼*也构建了一种序列———一种论据上的"柔
性"等级，且常常（不当）丢失的目的—论据也具有它的方法地位。萨维
尼最终在制度机构上解决了这一冲突，即涉及该种情形中被选择的法院。[45]
这样，*穆勒*对"方法论上的冲突"明确地给出了一个次序规则。由于在他
这里法的应用适应了宪法上的功能理论，因此并不针对"整体"，相反，
与对整体框架内的具体部分作出法律上的裁判相比，较少追求"统一的
创造"[46]。

对宪法理论语境的关注在**文本分析**（Bearbeitung der Texte）中同样变得 　1527
清晰。*萨维尼*区分了法的表达（*Ausdruck*）和思想（*Gedanke*）。对他而言，
解释是对"制定法内在思想的重构"。[47] 重构的过程成为"自由的活动"：*萨
维尼*意义上的科学和艺术是在"还原一个遗失的作品"。[48] "遗失的作品"这
一措辞更准确地表述了立足于文本的立法者的窘境，它并未成功地以"法律
文本"形式实现"所言—所想"。然而，为了将"仿造"限制在宪法规定的
框架之内，当法律有缺陷时必须使用一切工具，以此为帮助能够对"所言—
所想"这一媒介提出特殊的问题，即在与文本相关的贯彻要素方面。只有
紧密依靠法律的"表达"（文本符号）才可能实现立法者预设内容的具体化。

---

[43]　见本书上文吕克特所撰内容，边码 76 及以下。

[44]　吕克特，见本书上文边码 101、111。*Rückert*, Idealismus, Jurisprudenz und Politik bei Friedrich
Carl von Savigny, Ebelsbach 1984, S. 352.

[45]　见本书上文吕克特所撰内容，边码 154、155。

[46]　*Rückert*, Savigny (Fn. 44), S. 352.

[47]　*Rückert*, Savigny (Fn. 44), S. 352.

[48]　*Rückert*, Savigny (Fn. 44), S. 352.

将文本引向它的"思想"似乎容易导致文本与起草者相冲突。[49]

1528   在本书所介绍的构想中，*穆勒的法学方法具有最明显的现代宪法理论的特征*（ den deutlichsten modern verfassungstheorethischen Bezug ）。他将对传统规范性、法律规范和具体化等的激进批判引向了一点，从此点开始必须对核心的方法问题给出一个全新的回答。在官方的规范文本尚未在规范上规定这一背景前，法官在《德国基本法》第 97 条第 1 款框架内究竟受制于什么？这一疑问（"制定法"）已然成为问题。这里需要明确的是与问题相应的可以提出该疑问的条件。只有在这一条件下能够放弃预设含义的决定性模式。这样，诠释上的各种情形最终会起作用，因为"对意识的理解性入侵"同样以独立于**法官的活动（ Tätigkeit des Richters ）**的该意识的先在性为前提。从基于对法律实践观察所获得的观点来看，法官界定含义的事实上的裁量空间已经变得明晰。只有当该裁量空间在其全部（巨大的）范围内被认知，它才可能被有效地约束。关于法官约束的可能性条件的基本问题回来了：这一领域被重新划分、不再适用之物被放弃、所剩之物和新添之物被更加精确地表述。

1529   对于**民法**需要强调的是，*穆勒方法论的宪法理论语境绝非将之局限于宪法*。该方法构想认为，与法律规范理论相应，在任一法域之中，适用必须将规范文本置于法具体化之始。《德国基本法》第 97 条第 1 款并未依据具体的法域来区分。对于该方法论对被分立的国家权力在**宪法理论上的功能条件（ die verfassungstheoretischen Funktionsbedingungen ）**的敏锐性而言，该方法论不同于此处所介绍的其他方案，它适于尊重主体间基于私人自治的约定，并允许准立法者活动形式的司法干预。[50] 以对法律权力（ Rechtsmacht ）批判性地作出反应，并在架构方案中用方法加以束缚的形式，这一架构法学说可能是一个重新思考的私法理论的基石。

二、私法与宪法

1530   方法始终处于与客体的关系中。因此，民法的概念在这里也一同被分析。一个私法理论的新方向以对上述方法构想的相应分析为前提，以便确

---

[49]   *Rückert*, Savigny (Fn. 44), S. 356.

[50]   比如通过自由的评价或者通过对合同订立的直接干涉性纠正，来保障无合同的合同性请求权基础。

定私法这一客体的宪法意义和它在我们宪法构造中的地位。

　　至少作为初始命题来表述的是，所有此处介绍的民法方法同样需要**制定法之外的价值标准（außergesetzlicher Wertmaßstäbe）**。这些价值标准用于从法创制到法发现之路上的定位和矫正。这一命题得到了支持，比如*黑克的评价性要求的塑造*[51]、*朗格的法感的功能*[52]、*维亚克尔的依据实践理性理由的评价*[53]、*拉伦茨对超实证的法理念的认可*[54]、*埃塞尔的法发现中的意志因素*[55]、*维特豪尔特的开放的政策评价*[56]、*卡纳里斯的"动态体系"原则*[57]、*穆勒的规范性的创造性制造*[58]、*托依布纳的社会学上的增益*[59]和法的经济分析的效率导向评价[60]。由于缺少法典，这些问题对于萨维尼、普赫塔、温特沙伊德和耶林来说较无意义。他们的教义学源自《国法大全》中的法言，并将这些变成"体系"。在这一改编中同样加入新的评价。不管怎样，引入从黑克到法的经济分析这些制定法之外的价值标准中对这一**方法学说的连续性（Kontinuität der Methodenlehre）**的介绍仍太概括，且易受攻击。它不能澄清为什么诸如*黑克*和*拉伦茨*在 20 世纪 30 年代中期在纳粹政治极权背景下对他们方法价值和无价值产生了争议。它在这一问题上保持了沉默，即为什么将*埃塞尔*和*维特豪尔特*的研究视为时代重大转折？除了狭小的专业范围，它对*穆勒*更广泛的其他内容——法的经济分析和制度经济学并未作出任何分析。

　　仔细观察会发现，对于拉伦茨和黑克以及维亚克尔和朗格而言，**历史性的宪法政策框架（historisch-verfassungspolitische Rahmen）**为他们提供了法创制和法发现的技术，也为他们的方法论研究提供了受时代限制的标准。本书的历史概述部分也特别强调了这一阐述视角。1933 年至 1945 年，上述四位法学家都曾在极权（totalitär）体制中生活过，该极权体制要求在

1531

1532

---

[51]　见本书上文玛内戈德所撰内容，边码 457。

[52]　见本书上文沃尔夫所撰内容，边码 556。

[53]　见本书上文特雷格尔所撰内容，边码 712。

[54]　见本书上文弗拉塞克所撰内容，边码 601。

[55]　见本书上文谢弗所撰内容，边码 790。

[56]　见本书上文罗尔斯所撰内容，边码 889、890。

[57]　见本书上文萨伊内克所撰内容，边码 1034 及以下。

[58]　见本书上文劳登克劳斯所撰内容，边码 1119。

[59]　见本书上文萨姆所撰内容，边码 1202 及以下。

[60]　见本书上文劳登克劳斯所撰内容，边码 1210 及以下。

国家生活的各个方面都贯彻纳粹的政治价值和秩序观。这一价值秩序的"统一性"决定了"具体秩序和塑造"的统一的民法方法，这必须被称为异谈。事实上的内容明显迥异。当黑克以在世界观上并不适于作为中立的方法的[61]利益法学来对抗影响，并以此论据来自卫，利益研究恰恰因统一的世界观而越发有效率，[62]拉伦茨则在对"脱离生活的所谓的概念法学"[63]的平衡批判中追求扩大围绕着直接贯彻纳粹的价值信念[64]的"健康的人民信念"的法源。假如没有新的制定法，那么这两个方法构想似乎只是纸上谈兵。

1533   另一方面，*朗格*也在构思，他无意在方法上对新的价值观念进行贯彻，而是寻求一个方法上的双重战略，这实际上已经被他称为**评价法学（Wertungsjurisprudenz）**。不管是法创制之路中作为"国家治理工具"的制定法的重新拟定[65]，还是审判直接定位于纳粹去多元化的世界观[66]，都决定着法的革新。有争议的曾是纳粹法政策的兼容性。得到坚守的是，该方法模式中的目标设定是一致的：被放弃的是指向个人主义和他在法上的自由和平等的私法和公法构想，以便利于将法发现的目标定位于极权国家的政治预设。政治优先具有决定性。[67]

1534   因此，民事方法的客体也在与时俱进。1942 年哈尔斯坦因（Walter Hallstein）将之付诸概念："私法的社会主义化"[68]使得平等、自由的法服务于国家。方法的这一导向实现并保障了在法律适用中**政治上价值设定的影响（Einfluss der politischen Wertvorgaben）**，它剥夺了私人自治这一民法基本原则的原则性和根本性的宪法意义，仅赋予其无冲突之时只具有次要功用的隐性地位。

1535   这样，基于非自由国家及其利益考量的私法失去了它的自治，与公法的区分只具有作为法路径标准或材料领域指称的实用意义，原则性的区分

---

[61]   对利益法学的详细阐述见 *Rüthers*, Die unbegrenzte Auslegung, Fn. 32, S. 271-275。

[62]   见本书上文玛内戈德所撰内容，边码 491。

[63]   *Larenz*, Über Gegenstand und Methode des völkischen Rechtsdenkens (1938), S. 8.

[64]   见本书上文弗拉塞克所撰内容，边码 593 及以下；*Rückert*, Volksempfinden (Fn. 31).

[65]   见本书上文沃尔夫所撰内容，边码 553、554。

[66]   对此最详细的内容见 Mittel und Ziel de Rechtsfindung, ZsAkadfDtR 1936, S. 922 ff., 924。

[67]   对此，关于刑法的例子见 *Rückert*, Strafrechtliche Zeitgeschichten- Vermutungen und Widerlegungen, in: Kritische Vierteljahresschrift 84 (2001), S. 223-264, und genereller jetzt Rückert, Unrecht durch Recht- zum Profil der Rechtsgeschichte der NS-Zeit, in JZ 70 (2015) S. 793-804。

[68]   ZgStW 102 (1942), S. 530-554.

不再具有意义。

　　朗格和拉伦茨的方法构想中明确的政治价值定位以及黑克塑造的利益 1536
法学的对于纳粹价值的开放性，不仅使得法创制和法发现的政治化成为可
能，而且使得**私法（Privatrecht）**被完全**重塑（Umformung）**，且失去了它
宪法意义上的自治。

　　1945 年之后，宪法政策框架（der **verfassungspolitische Rahmen**）再次 1537
以利于法律方法的方式被改变。作为政治指导原则的人民、仇恨、集体和
元首制[69]不仅仅已经丧失信誉，而且被 1949 年生效的《德国基本法》从
法律方法论的每一个意义上剔除。一个新的、在法学上被认为是位于根
基之中的民法方法坐标体系凭借《德国基本法》登场，不仅仅是*维亚克
尔、尼佩代和科殷*认为其具有最强约束性标准的属性。[70]在将《德国基本
法》有效认定为价值标准的背后，同时也恰恰在探寻是否存在一个超制定
法的、直接有效的法基本原理。出发点是在危机中几乎称为共同精神财富
的信念，即只有受实质正义这一"最高的基本原理"约束的立法和法律适
用，才能对过去纳粹时代违背正义地去追求理想和维护权力的行为作出合
理反应。[71]恰恰是"实证主义"使得法学家毫无防备，[72]陷入错误，[73]并将
诸如*凯尔森*这样的纳粹意识形态的牺牲品错误地诋毁为凶手，此命题丝毫
未改变维亚克尔 1952 年即已描述的**质料上的价值伦理学兴旺（Aufblühens
maerialer Wertethik）**的事实。[74]然而，如果比较*维亚克尔、朗格、尼佩代、*

---

　　[69]　O. *Lepsius*, Die gegensatzaufhebende Begriffsbildung, München 1994, S. 13-100. 在具有示范
意义的研究中，从魏玛共和国到 1945 年，这四个概念被当作法学讨论的核心术语来研究。

　　[70]　见本书上文特雷格尔所撰内容，边码 706；霍尔施泰因所撰内容，边码 518 及以下；
富尔雅提所撰内容，边码 856。

　　[71]　如维亚克尔在其著作中的论述：Privatrechtsgeschichte der Neuzeit, 2.A. Göttingen 1967,
S. 604。相关关键性的论述见 *Lena Foljanty*, Recht oder Gesetz. Juristische Identität und Autorität in den
Naturrechtsdebatten der Nachkriegszeit, Tübingen 2012。

　　[72]　G. *Radbruch*, Gesetzliches Unrecht und übergesetzliches Recht (1946), in: Gustav Radbruch
Gesamtausgabe, hrsg. von Arthur Kaufmann (1987ff.), Bd. 1 (Rechtsphilosophie), S. 83-93. 类似的内容见 *H.
Schorn*, Der Richter im Dritten Reich (1963); H. Weinkauff, Die deutsche Justiz und der Nationalsozialismus
(1968)。

　　[73]　参见 *Rüthers*, Die unbegrenzte Auslegung (1968)，在此才得到清楚的承认。不管怎样，
方法是转换解释的制动器，见本书上文皮尔森所撰内容，边码 922 及以下。

　　[74]　*Wieacker*, Privatrechtsgeschichte der Neuzeit, 1.A. 1952, S. 351f., 356; 同样富有影响力的著
作见 Hans Welzel, Naturrecht und materiale Gerechtigkeit, zuerst Göttingen 1951, 最终版本为 1962 年
第 4 版，带有他的"事实逻辑上的结构"（Siehe Wieacker S. 357, in der Fn.）。

*科殷*和*拉伦茨*在联邦共和国早期的方法构想就会清楚，新的伦理标准也完全可以相异。对于维亚克尔而言，在法治国原则下的法发现的预备空间中，除了十分强调任一法律方法的法安定和意志自由外，只允许参照《德国基本法》的明确价值"[75]，而朗格——他不再允许其在民族社会主义中鼓吹的"法感"作为法律适用中的控制工具，他现在最希望基于对法律生活和法发现的"伦理要求"的强调，来对强化对合同主体的强制约束进行正当化，因为人民共同体思想在政治上已经被抛弃。[76] 这里受制于一切言辞：与维亚克尔对法律生活的"伦理要求"形成鲜明对比，对"《德国基本法》明确价值"的参照给出了一个相对清晰的争议标准，相反在*朗格*的表述上则存在只用一个概念替换另一概念的嫌疑，并未想要借此得出一个新的内容。同样，拉伦茨也几乎未明确针对某个客观的法理念。

1538   不管怎样，依据**制定法之外的价值标准**（**übergesetzliche Wertmaßstäbe**）对法律方法进行校准这一长期经典问题变得显而易见。尚缺的是对其效力基础和"其法伦理所要求的高度"的释明。[77] 另一种表述则为:《德国基本法》是否具有价值评价的最终话语权？还是假定可知的但并未表述出来的永恒伦理的天空将之覆盖？这一问题迫切需要联邦宪法法院对《德国基本法》作出解释。因为将《德国基本法》作为受价值约束的秩序[78]撼动了被假设的稳固的支撑，而作为所有法律方法最终价值标准的新的法治国意义上的宪法似乎已经能够提供该支撑。这样，《**德国基本法**》自身就成为完全有争议的价值评价的客体。[79]

1539   1960年，*拉伦茨*将法律方法的标准引向被广泛认可且有效的法秩序和宪法，[80]这似乎成了结论。这样，超制定法价值的标准是否只是比超越

---

[75]   见本书上文特雷格尔所撰内容，边码697。

[76]   *Lange*, Ausgangspunkte, Wege und Mittel zur Berücksichtigung der Geschäftsgrundlage, in: Festschrift für Paul Gieseke, Karlsruhe 1958, S. 21-58, hier 36. 对此见本书上文沃尔夫所撰内容，边码 1537。

[77]   Wieacker, Fn. 72, S. 605.

[78]   BVerfGE 2, 1, 12; BVerfGE 6, 32, 40.

[79]   *Horst Dreier*, Dimensionen der Grundrechte, Hannover 1993, S.18 f. 对作为客观价值秩序理解的批判总结："该流派作为'法的评价基础理论'的观点并不适合"［*Adalbert Podlech*, Recht und Moral, in: Rechtstheorie 3 (1972), S. 129ff., 136］。因为对于当代复杂社会的中心问题而言，即"多元的事实（John Rawls）和由此引发的高度的差异、个人和社会的价值经验的矛盾性，对于质料的价值伦理既没有清晰的说明，也没有有益的解答"。

[80]   见上文弗拉塞克所撰内容，边码612。

宪法的法律原则表述得更好这一问题，最终被搁置。然而，值得注意的是，**法官责任被越来越强调**（**Betonung der richterlichen Verantwortlichkeit**）为一切法律适用的关键要素。[81]

对于在探寻方法引导的价值预设之后存在的**私法理解**（**Privatrechtsverständnis**）而言，对宪法的解释再次体现出核心性。如果宪法不仅仅在自由的基本权利理论的意义上被理解为面对国家时个人防御权的圣经，而且同样作为合作性制度，那么它必定决定性地受制于《德国基本法》中所确定的价值秩序的实现。

如果想**在私法范围内对这一价值秩序**可能的**具体化**（**konkretisierungen dieser Werteordnungen im Bereich des Privatrechts**）作出最终分析，那么这可能不但突破了这一简短评价的框架，而且在提出问题之初可能就已有研究结果。[82] 但是《德国基本法》下的实体私法构想的多样性可以被语言概括。除了奥多（Ordo）自由私法理论[83]，最新被明确提及的是拉塞尔（Ludwig Raiser）的社会性私法和维亚克尔的社会伦理私法。[84] 在这一模式的急剧减弱中，各个构想的真正选择性开始结晶：这涉及**原则上自由的或社会福利性的私法**（**prinzipiell liberales oder prinzipiell soziales Privatrecht**）。[85] 但是谁若原则上从社会上来构思，谁就会被强迫在规范等级的顶端去发现原则上具有社会性的要素。强调客观价值秩序的基本权利观点在这里将会更容

1540

1541

---

[81]　关于拉伦茨，见本书上文弗拉塞克所撰内容，边码 612；同样，维亚克尔也赋予法官评价的自由空间，见本书上文特雷格尔所撰内容，边码 695。

[82]　参见 *Christian Joerges*, Die Wissenschaft vom Privatrecht und der Nationalstaat, in: D. Simon (Hg.), Rechtswissenschaft in der Bonner Republik, Frankfurt am Main 1994, S.311-363, hier 332-334；*C.-W. Canaris*, Verfassungs- und europarechtliche Aspekte der Vertragsfreiheit in der Privatrechtsgesellschaft, in: Festschrift für Peter Lerche, München 1993, S. 873-891。关于 1990 年左右的初始模式和今天的偏见、错误经验参见 *Rückert*, Frei und sozial..., in: ZfArbR 23 (1992) S.225-294, bes. 243 ff., 281 ff.; ders, Das Bürgerliche Gesetzbuch-ein Gesetzbuch ohne Chance?, behein: JZ 2003, S. 749-760; HKK (unten Fn. 102), Bd.1, 2003, vor §1 Rn 44, 69 ff., 78 f., 93 ff., 172 f.。关于劳务合同的经典内容见 Bd.3, 2013, §611 Rn 87 f., 264 ff., 366 ff.。

[83]　还有一些人名需要提及，年轻一代法律人对这些人名绝大多数都比较陌生，比如：伯梅（Franz Böhm）、奥于肯（Walter Eucken）、哈尔斯坦因（Walther Hallstein）、吕斯陀（Alexander Rüstow）、梅斯特梅克（Ernst Joachim Mestmäcker）。

[84]　Bei Joerges, Fn. 83, S. 324-332.

[85]　对此现在可参见 *Rückert*, „Frei und sozial" als Rechtsprinzip, Baden-Baden 2007。1945 年之后的内容见 *Ilka Kauhausen*, Nach der „Stunde Nul". Prinzipiendiskussionen im Privatrecht nach 1945, Tübingen 2007。非常富有启发性的内容以及之前的历史，见 *Sibylle Hofer*, Freiheit ohne Grenzen? Privatrechtstheoretische Diskussionen im 19. Jahrhundert, Tübingen 2001。

易获得前景,以此为导向的法律方法更容易使得原则上具有社会性的要素在具体的法律适用中具有决定性。这一理论考量合理化了这一推断,[86] 即原则上具有社会性的私法理论 [87] 已经以《德国基本法》的客观价值秩序为方法参照。在教义学上这可能被这样表达出来,比如*朗格*[88] 在债法中强调对合同相对方增加注意的义务,*拉伦茨*[89] 在合同法中以社会典型行为来替代意思表示,*卡纳里斯*对于"固有"原则的信赖责任的削减。这些原则是内在于实在法之中的,但是具有先验的前提。不管怎样,为了纳入个人的自主的私法权能,在这些示例中都再次动用了超越制定法的原则。

1542   *埃塞尔*对这一法律方法流派作了批判分析。[90] **方法选择时的前理解**(**Vorverständnis bei der Methodenwahl**)表明,基于各种因素的主观评价已经在理解上制约了法律适用,也因此影响到了将规范文本适用于某生活事实。[91] 同时,对诠释学的认知也因此进入法律方法论之中。然而,在对这一功绩的高度赞扬中被忽略的是,虽然他维护着正确性控制和协调性控制 [92],但是埃塞尔并不愿称之为决定性的最终评价,或者使用他的术语:法上具有约束性的前理解。对司法判决的透明性和合理可靠性不断增长的要求可能并不允许这一缺陷存在。他并不践行这些——实际上他是社会分析学者,因此是凭借正当权限,并在此受制于一定的和谐主义,尽管这些评价在当代利益多元性中恰恰是有争议的。现行法的既有秩序因此就有利于法官和法律人阶层被置于次要地位。[93] 这正是 1914 年之前激烈争议中最具批判性的一点(边码 1407 及以下)。基于今天新的明确的民主议会上的宪法关联的新理由令人失望地只起到了较小的作用。

1543   **维特豪尔特(Wiethölter)**对流传下来的方法论的**批判**也并未呈现太

---

[86]   Der Beitrag von Joerges, wie Fn. 77, S. 319-334,在此处并未释明。

[87]   动机方式上的明确内容见 *G. Boehmer*, Grundlagen der bürgerlichen Rechtsordnung, 2. Buch, 1. Abteilung, Tübingen 1951, S. 194 ff., 219 ff.;更详尽的内容见 Rückert, Kontinuitäten (Fn. 28)。

[88]   见本书上文沃尔夫所撰内容,边码 570。

[89]   见本书上文弗拉塞克所撰内容,边码 648、649。

[90]   在拉伦茨的书评中有特别生动的描述,见 Geschäftsgrundlage und Vertragserfüllung unter dem Titel: Fortschritte und Grenzen der Theorie von der Geschäftsgrundlage bei Larenz, JZ 1958, S. 113-116, S. 115 f., in der er Larenz Psychologismen vorwirft。

[91]   见本书上文谢弗所撰内容,边码 786 及以下。

[92]   关于这些方法论上的意义,见本书上文谢弗所撰内容,边码 794 及以下。

[93]   非常谨慎的论述见 *H. Ryffel*, Rechtssoziologie. Eine systematische Orientierung, Neuwied 1974, S. 232-234。

多差异。虽然他成功地展示，法在他那整体社会语境中要以他的全部社会性寓意去理解，而非理解为实现预定的概念实体。[94] 然而，在《德国基本法》第 97 条第 1 款的司法受制于制定法这一条件下，如何将法的社会复杂性在没有制定法之外的价值评价这一条件下贯彻于具体判决之中，仍然无解。新的、断然的政策性评价的设计并不意味着方法的进步。这可能只是结果上的改变，并非通过对《德国基本法》根本民主性的、强调社会性的解释[95] 这一路径的改变所获得的。因此始终被关注的是具有决定意义的规范上的联系。

　　从今天视角看，**这一批判性方法萌芽的时间局限性**显而易见。它们　　1544
几乎非常容易地适应了 20 世纪六七十年代的学生运动、经济萧条、寻找新的经济调控机制和法兰克福学派影响下的改革运动。在法学上，这一时期更明显体现了代表它们当时背景下的时代改革的语词：法律教育的改革、法对民族社会主义更具批判性的分析[96]、法学与社会学的交叉、已经稳固的私法理论的流失等。尽管奥多（Ordo）自由主义［在法学上的代表者是它的策划者伯梅（Franz Böhm）[97] 和马斯特梅歇尔（Ernst-Joachim Meistmächer）[98]］被宣告为该时期私法理论的主流思想流派，[99] 但这不能让人信服。这是因为这一评估与**维特豪尔特方法构想的非常规影响力**[100] 完全不

---

[94]　见本书上文罗尔斯所撰内容，边码 914、915。

[95]　见本书上文罗尔斯所撰内容，边码 914、915；见本书第四章"八、政策批判法学"部分，边码 1447 及以下。

[96]　入门性内容首先是 *Bernd Rüthers*, Unbegrenzte Auslegung (1968), vgl. Fn. 27 和 Michael Stolleis, Gemeinwohlformeln im nationalsozialistischen Recht, München 1974。首波批判浪潮见 *Ernst Fraenkel*, Otto Kirchheimer und Franz Neumann war bis dahin in Deutschland ohne Echo geblieben，对此参见 *J. Rückert*, Geschichte des Privatrechts als Apologie des Juristen-Franz Wieacker zum Gedächtnis, in: Quaderni fiorentini per la storia del pensiero giuridico moderno 24 (1995), S. 531-562, hier 540。

[97]　作为例证的是他的著作：Privatrechtsgesellschaft und Marktwirtschaft, in: Ordo 17 (1966), S. 75-151。

[98]　首先是 Macht-Recht-Wirtschaftsverfassung (1972)，见他的汇编本：Recht und ökonomisches Gesetz (1978), S. 11 ff.。

[99]　So Joerges, Rn 83, S. 343.

[100]　这一提示作为附加内容已足够，即 1968 年到 1976 年的奠基性著作《法学》（Rechtswissenschaft），作为口袋书每版销量达到 5 万册。同样，该书中对哈贝马斯（Habermas）、西蒙（Simon）和费肯杰（Fikentscher）的评价被认为是"不可信的"，"如果法学家拥有一本文化书籍的话……"，"那么这就具有奠基性作用"。对此见本书上文罗尔斯所撰内容，边码 878，脚注 2。

符，*维特豪尔特*的研究被其他法学代表者推向了新马克思主义，[101]但绝不与奥多自由主义的观念相吻合。同样，对*埃塞尔*的方法批判和他那并非特殊的奥多自由式信念的方法构想令人印象深刻的影响，并不支持该私法理论的统治地位。这一命题最终在现在已经繁荣的私法中的改革立法，特别是消费者保护法中受到绝对质疑，[102]因为从整体上看这的确完全不立足于奥多自由式的动因。[103]

1545　　　　　相反，恰恰是*维特豪尔特*和*埃塞尔*的方法论研究不仅支持对制定法之外的评价的质疑，而且支持对封闭的私法理论模式的**有针对性的质疑**（**gezielte Infragestellung**）。由于通过决策上重要的价值评价的透明性与讨论，对隐藏其后的私法模式的讨论亦被启动。如果缺少令人确信的与被主流认同的新模式，[104]那么起初法学上的讨论最终会对政治实用主义的创制领地感兴趣。[105]这样，当一个新的政治多数——如社会自由主义联盟（1969）将社会改革立为纲领时，该领域就越发开放地被利用。由于这些创制力量绝未被强制臣服于法律思维之下，不管在 20 世纪 70 年代的改革立法中是否涉及对私法统一的威胁，抑或超越体系的诉求[106]，抑或社会性私法的重要关切的实现[107]，这一历史中所罗门式判决的动因都可能处于争议之中。

　　　　　人们在该期间活跃于方法程序影响下的领域。**衡量法学**（**Abwägungsjurisprudenz**）和**论证理论**（**Argumentationstheorie**）占据着该方法领域。此外，"新的法理论"[108]维护该批判上的遗产——但是没有法律方法上的结果。[109]

---

[101]　参见本书上文罗尔斯所撰内容，边码 880。

[102]　紧凑又精练的描述内容见 *Kroeschell*, Rechtsgeschichte Deutschlands im 20. Jahrhundert (1992), S.211 f.；关键性内容目前可参见 Historisch-kritischer Kommentar zum BGB, hg. von M. Schmoeckel, J. Rückert u. R. Zimmermann, Bd. 1, Tübingen 2007, Duve zu §§1-14 Rn 66 ff. und Bd. 2, 2007, Schmoeckel vor §§312 ff.。

[103]　So Joerges, Fn. 83, S. 345.

[104]　他似乎承认，维特豪尔特并未提供实证的方法模式，见本书上文罗尔斯所撰内容，边码 916。

[105]　对法的多重要求的政策化内容见该流派：本书上文罗尔斯所撰内容，边码916。

[106]　*M. Lieb*, Grundfragen einer Schuldrechtsreform, AcP 183 (1983), S. 327, 349.

[107]　*N. Reich*, Zivilrechtstheorie, Sozialwissenschaft und Verbraucherschutz, ZRP 1974, S. 187 ff.

[108]　Buckel/Christensen/Fischer-Lescano, 1. Aufl. 2004, 2. Aufl. 2007.

[109]　见本书第四章"历史概述"部分，边码1457 及以下。

如何将 20 世纪 60 年代同时在美国发展、在德国较为迟滞才继受[110]
的**法的经济分析（ökomonische Analyse des Rechts）**绘入该图景中？在
合理对待法律规则的要求中，[111] 这一由经济学引发的方法契合了对法律
上裁判的透明性和其标准的批判。这一路径在两个关键方面超越了*埃
塞尔*、*维特豪尔特*、*托依布纳*以及其他人，一个方面是虚假的，另一
个方面则是切实的。在对能使法律适用被制约的、合理的学术论证的
探索中，它在经济学中发现了效率标准。[112] 它提供了一种价值评价，它
不仅超越了维特豪尔特纯粹消极的立场以及*托依布纳*在社会学上的发
展，而且通过一个恰恰排除了政策化的、客观的经济学标准取代了*维
特豪尔特*失败了的政策化方案。基于*埃塞尔*的概念，不仅仅是前理解，
还有前理解在学术上的预期，在这里都被揭示出来。但是，此处还同时
存在**经济分析（ökonomische Analyse）**上的虚假进步。在法律适用和
法创制领域中，效率标准所证成的合理性，并不改变超越制定法的评价
（übergesetzliche Wertungen）所证成的合理性，因此，与从《德国基本法》
的客观价值秩序中推导出法律原则相比，对经济合理性的证成并不显得
轻松。与实在价值伦理相反，对效率标准立法的努力在一开始就不可付
诸实施。[113]

　　经济分析明显可感知的追求是为法发现和法创制过程的合理化作贡
献，同样不可被蒙蔽的是，它对德国法律方法的影响和它的私法构想仍有
限。[114] 这一结果也许是对它的批判所造成的，即使对该批判的可信度存在
合理怀疑。[115] 相反，当代的**制度经济学（Institutionsökonomie）**则限于对
法律分析条件的经验分析上的解释。它基于此探寻出了方法讨论上的一个
牢固的、以待规范上分析的新事实基础。[116]

　　在效果上较为近似的是**穆勒的方法论（Methodik Friedrich Müllers）**。
尽管人们也在私法背景下对之感兴趣，但将注意力集中于《德国基本法》

1546

1547

1548

---

[110]　见本书上文劳登克劳斯所撰内容，边码 1212 及以下。

[111]　见本书上文劳登克劳斯所撰内容，边码 1214。

[112]　见本书上文劳登克劳斯所撰内容，边码 1215。

[113]　见本书上文劳登克劳斯所撰内容，边码 1223 及以下。

[114]　见本书上文劳登克劳斯所撰内容，边码 1244 及以下。

[115]　见本书上文劳登克劳斯所撰内容，边码 1244 及以下，呈现出了批判者的论证不足。

[116]　对此的提示内容见本书上文凯西讷所撰内容，边码 1269 及以下。

第 97 条第 1 款确立的判决严格受制于"制定法"，且"仅仅"是制定法。基于此，*穆勒*将进行造法活动的法官的制定法约束扩展至法官应当有必要对此作出**方法论上的说明**（methodische Darlegung），即他作出判决所引用的法律规范，而这一法律规范再次归结于他所基于的规范文本；[117] 他通过制定法对司法的约束来控制该权力，特别是将此处的法安定性和法确定性这一经典问题引向了利益的中心。或许人们可以估计到，这一重视法治国原则下的法安定的方法源于 20 世纪 60 年代末期对当时特殊状态立法的法政策讨论的批判性反应。

1549　　从本书内容中可以得知，在对本书所研究的与所谓的概念法学对抗的方法构想的整合中，如果排除制定法之外的或超越制定法的评价（不管来源如何），那么就无法发现法发现或法塑造的法律方法动因。20 世纪民事方法**连续性**（Kontinuität）的一个要素在此处被以自相矛盾的方式发现。这在对法官法的持续胶着的论战中同样有影响。

1550　　然而，对受这些方法构想约束的私法模式的分析已经得知，在方法中对超制定法的价值评价的依赖还不必然引起特定的私法观念（**spezifische Privatrechtsvorstellungen**）。这一结论极佳地体现在，*黑克*的利益法学同样能够利于民族社会主义的法政策上的构想，恰如《德国基本法》所确立的价值。**方法的宪法政策框架**（der **verfassungspolitische Rahmen von Methode**）因此不仅对其在法发现的实际结果中，而且对其在私法理论中的结果都具有决定性意义。1945 年以来人们在方向上走得越宽，私法的构想就越不确定且具有争议，对于多元的法和国家来说这可能并无特殊之处，但是其一再体现在了方法论之中。人们认识到了超越制定法的价值评价问题，支持透明和争论，但是并未找到令人信服、靠得住的其他替代可能。这一相对的无能为力体现在任一简洁、现代的私法理论的缺失中。然而，在此出现了对个人自由，尽可能平等的自由，对弱者的解放进行友好的、福利性的支持这些**经典要求**（die **klassischen Postulate**）已经是当然的条件。这需要有力的提醒。

1551　　如果没有这一提醒，那么这一危险就会来临，即毫无规划的法政策就

---

[117]　关于此术语，见本书上文劳登克劳斯所撰内容，边码 1101。

会相应地将私法贬低为实用主义考量下的玩物。私人自治似乎就因此同样会最终丢失，就如宪法中类似的自由的基础——迄今的公法和私法间的区别被以新的方法相对化。

三、其他内容

请您告诉我们，

如今还可以相信什么？

君若无力，抑或无意：

那么请不要将我们从这甜蜜又幸福的梦中唤醒！

——鲁道夫·安东·韦尔（1789）

还剩下什么？一个可能性是，继续沉醉于纯粹的涵摄推理这一"甜蜜又幸福的梦"中——这确实是一个可能性，但并无出路。相反，作为一般性法律方法的衡量之路则意味着对现实判断可能的合理性的弱化。新的论证理论的贡献是将法律裁判过程合理化，但是只针对此处具有问题的"剩余部分"。[118]诸如英国和普通法中的其他路径则始终以其他制度发展为前提。[119]它们对一个更加欧洲式的法学未来比较重要。[120]作为大陆法之路，那些能够在方法上保障裁判的标准则倾向于更准确地展露自己，并与其他标准相互协调。这里首先涉及法律裁判的**后果考量（Folgenbetrachtungen）**，就如它所作出的法的经济分析。这呈现的问题是真正有效地估计结果。在此范围内法的经济分析在德国恰恰还需要继续重构，以便尽可能地成为一个合适的、更精密的工具。只有当负责审判的法官拥有一个制定法规定的、用于选择判决的各种可能结果的工具时，原则上这一结果预测才会有所收获。其他的结果预测则一般并不基于可以验证的对人类未来行为的假设和猜测，而是基于一定的人类印象——这值得继续深究。[121]

　　一些动因显得大有可为，它们研究问题不再仅仅基于传统的规则和

1552

1553

---

[118]　对此见本书第四章"历史概述"部分，边码1457及以下、1476及以下。

[119]　见本书上文毛齐（Maultzsch）所撰内容，边码1314及以下。

[120]　参见本书边码1574、1575的文献提示。

[121]　对于结果观察这一问题始终具有意义的内容是：*Koch/Rüssmann*, Juristische Begründungslehre, München 1982, S. 227 ff.。

涵摄推理的视角。穆勒对规则产生的相应分析也不再强制引向判决。或许人们可以从*穆勒*关于上述各种方法构想的法理论之中发现*萨维尼*的一些重要观点。人们必须看到，法律裁判同样没有被彻底保障，而是仅仅在方法上被守护。这样，需要重视**制度化的裁判框架（institutionalisierter Entscheidungsrahmen）**——从具有最高法院的审级直到一个真正的法学，恰如*萨维尼*对批判情形所强调的，[122] 也如在*哈耶克*意义上发展出的自主秩序的领域[123]。联邦宪法法院成功地塑造了这一角色，即使它的衡量方法并不能被确信为法律方法。[124]

1554　　鉴于无法解决的不安定性，对法院判决的前期批判性分析和事后反思就如基础领域中扎实的职业教育一样表现为**法律科学（Rechtswissenschaft）**上的进谏。二者可同时作为工具来对主观上不明确的判决作出关切和合理分析、对法治国的标准进行维护与改进，即使人们可以将这一"柔性的"方法划入"后现代"，但此方法同样缺乏最终程序中确立的价值，且必须与不安定性和多余的可能性共存。但是它与*萨维尼*在其时代所强调的并无二致：一个在始终受时代限制的制度性框架中的具有多重创造性"要素"的**"技艺"理论（„Kunst"- Lehre）**。

1555　　然而，无论如何我们都不应该择取这一路径。这一将任一规则和法约束都解释为幻想的**宿命论式的方法怀疑（fatalistische Methodenskepsis）**或许提供了一个诊断和警告，但绝非法学上的路径。这一怀疑不可成为规则。康德已经将此问题作为判断力问题对待。[125] 对此，维特根斯坦（Wittgenstein）在他的《哲学研究》（Philosophische Untersuchungen）中道：

　　"对于某语词的应用我认为：这一应用不应完全受规则限制。但是就如博弈所透露的，它完全受规则所限制吗？它的规则毋庸置疑；所有漏洞都被堵死。——我们能够想出一个规制应用规则的规则吗？且任一规则都已排除了质疑？——立刻？

　　"但是这并不表明我们质疑因为我们能够想到一个疑问。我可以很

[122]　见本书上文吕克特所撰内容，边码154。

[123]　见本书上文吕克特所撰内容，边码177。

[124]　*Rückert*, Abwägung-die juristische Karriere eines unjuristischen Begriffs, in: JZ 66 (2011), S. 913-923.

[125]　对此见本书第四章"历史概述"部分，边码1402及以下。

好地想到，某人每次在开门之前都怀疑，其后是否有深渊，他将此弄清楚后，便踏入该门（这可以表明，他是对的）——但是我的确并不因此在同样情形中产生怀疑。"（84）

我们的"并非戏谑的十二条方法规则"有责任用规则针对不可避免的 1556
质疑开辟一条法学路径——哪怕还有更多的质疑。

第六章 阅读书目推荐[*]

要目

一、引言

1557　　"方法和民法"这一主题的独立探讨可以基于不同的旨趣。因此，迥然相异的著作都可以纳入考虑范围。人们一贯使用书目来作为索引——从各种专业工具书的细致整理，到教科书的选择性推荐，再到论文中小的脚注标注。

1558　　下面列出 **11 个主要问题**以作提示。如果您想了解，这些应该能够帮助到您。

　　· 为什么此处不像绝大多数**文献目录（Bibliographie）**那样列出（供参

---

[*]　约阿希姆·吕克特（Joachim Rückert）撰，刘志阳译。

考的书目）（参见二、1）；

　　·哪些是今天**最流行（gänglichst）**的教科书、工具书和科普书——为了共同参与（参见二、2）；

　　·如何尽可能**全面地（vollständig）**知晓迄今为止的研究成果——为了共同研究（参见二、3）；

　　·哪些是**关键的（wesentlich）**流派——为了共同思考（参见二、4）；

　　·如何实现简明扼要地**（kurz）**弄清楚各个流派——为了共同讨论（参见二、5）；

　　·什么是**"其他"（üblich）**法律**解释技术（Auslegungstecknik）**所指——也为了共同讨论（参见二、6）；

　　·如何**使用（üben）**这些实践的艺术工具——为了共同解释（参见二、7）；

　　·**民法的（zivilrechtlich）**方法具有哪些特点——也为了共同分析（参见二、8）；

　　·究竟**允许（darf）**怎样解释或不允许怎样解释——为了共同辩论（参见二、9）；

　　·何谓**最新的趋势（neueste Tendenzen）**——为了共同分析或共同讨论（参见二、10）；或

　　·我们有哪些**特别的建议（besondere Tipps）**（参见二、11）。

　　很遗憾一些标题已经长期被滥用——当然，不管怎样这里还是要推荐。 1559
其中最新的常常并非最好的（参见二、2 和 11）。这一选择源自非常全备的概览。当然，当您的个人"私藏"未被提到时，可能有其他原因。您也可以认真地比较一下推荐的书目。下列将在二、2 和二、3 中给出全部标题，如果没有标题，则会给出作者姓名。欢迎补充性的或批判性的提示（rueckert@jur.uni-frankfurt.de）。

二、文献推荐

1. 为何无书目汇总？

　　无**图书信息（Bücherkunde）**则无学术，这就需要一个**书目汇总** 1560
（**Bibliographie**），即一个纯粹关于"方法和民法"这一主题的概览会有一个巨大的、混乱的主题汇总。对法的技术、方法、教义、理论和哲学很难界分，同样"民法"的界限也是越来越模糊；可以联想到商法、经济法、劳动法、消费者法等。教科书中都或多或少地具有一些目前最常见的一般

性内容。当前特别具有概括性和及时性的整理是：*Frank Reimer*, Juristische Methoedenlehre, Baden-Baden 2016。在本书前面的具体探讨中也可以发现一些专门的文献。因此书目概览在此可以放弃。

2. 畅销书——为了研究

1561　　若关注当前，则可以发现一些**畅销的教科书、工具书和科普书**（**gängige Lehrbücher, Handbücher und Überblicke**）中具有各自不同的重点，这些在上述导论部分几乎都被批判性地使用过，比如：[1]

Engisch, Einführung in das juristische Denken, 1956, fortgeführt von *Th. Würtenberger* u. *D. Otto*, 11. A. Stuttgart 2010,

Larenz, Methodenlehre der Rechtswissenschaft, Berlin 1960, 6. A. Berlin 1991 mit *Canaris,*

Kaufmann/Hassemer（Hg.），Einführung in die Rechtsphilosophie und Rechtstheorie der Gegenwart,

Heidelberg 1976, 8. A. 2011 mit *Neumann*, 9. A. 2016 ohne *Kaufmann*, mit *Saliger,*

Alexy, Theorie der juristischen Argumentation, Frankfurt 1978, 3. A. 1996,

Adomeit, Rechtstheorie für Studenten, Heidelberg 1979, 6. A. 2012 mit *Hähnchen,*

Pawlowski, Methodenlehre für Juristen. Theorie der Norm und des Gesetzes, Heidelberg 1981, 3. A. 1999,

Haft, Einführung in das juristische Lernen（1983），7. A. 2005,

Schmalz, Methodenlehre für das Studium, 1988,

Pawlowski, Einführung in die juristische Methodenehre, 1986, 2. A. 2000,

Zippelius, Juristische Methodenlehre, München 1990, 11. A. 2012,

Koller, Theorie des Rechts, Wien 1992, 2. A. 1997,

Müller, F., Juristische Methodik, Berlin 1993, 6. A. 1995, fortgeführt mit *R. Christensen*, Bd. 1：Grundlagen, 11. A. 2013, Bd.2：Europarecht, 2003, 3. A. 2012,

Seelmann, Rechtsphilosophie, München 1994, 6. A. 2014 mit *Demko,*

Röhl, K.F., Allgemeine Rechtslehre, Köln 1995, 4. A. 2014 mit *Röhl, H.-Chr.,*

Horn, Einführung in die Rechtswissenschaft und Rechtsphilosophie, Heidelberg 1996, 6. A. 2016, Kapitel 2,

---

[1]　确切地说是历时性地依据第一版。只在混淆风险时才使用全称。

Wank, Die Auslegung von Gesetzen, Köln 1997, 6. A. 2015,

Vogel, J., Juristische Methodik, München 1998,

Kramer, Juristische Methodenlehre, Bern/München/Wien 1998, 5. A. 2016,

Beaucamp/Treder, Methoden und Technik der Rechtsanwendung（1998）, 3. A. Heidelberg 2015,

Rüthers, Rechtstheorie, München 1999, 9. A. 2016 mit *Chr. Fischer* u. *A. Birk,*

Mastronardi, Juristisches Denken. Eine Einführung, Bern u.a. 2001,

Bydlinski, Grundzüge der juristischen Methodenlehre, Wien 2005, 2. A. 2011,

Vesting, Rechtstheorie, München 2007, 2. A. 2015,

Reimer, F., Juristische Methodenlehre, Baden-Baden 2016,

Braun, Johannes, Deduktion und Invention. Gesetzesauslegung im Widerstreit von Gehorsamskunst, Rechtsgefühl unmd Wahrheitsuche, Tübingen 2016.

此外还有一些较老的文献，这些也经常被使用，且常常一如既往地贡 1562
献着较好的内容。在此需要整理，其中一些已经被解释和应用：

Boehmer, Grundlagen der bürgerlichen Rechtsordnung, 2. Buch 1. Abteilung：Dogmengeschichtliche Grundlagen[aber i.w. Methodengeschichte], Tübingen 1951,

Coing, Juristische Methodenlehre, Berlin 1972,

Fikentscher, Methoden des Rechts in vergleichender Darstellung, Tübingen 1975-1977,

Rinken, Einführung in das juristische Studium, München 1977, 3. A. 1996,

Herberger/Simon, Wissenschaftstheorie für Juristen, Frankfurt 1980,

Bydlinski, F., Juristische Methodenlehre und Rechtsbegriff, Wien 1982, 2. A. 1991,

Koch/Rüßmann, Juristische Begründungslehre, München 1982,

Neumann, U., Juristische Argumentationslehre, Darmstadt 1986,

Smid, Einführung in die Philosophie des Rechts, München 1991,

Raisch, Juristische Methoden. Vom antiken Rom bis zur Gegenwart, Heidelberg 1995,

Looschelders/D. Roth, Juristische Methodik im Prozess der Rechtsanwendung, Berlin 1996.

本书的所有文献提示——并非真正的推荐——都难以定夺。若想要多 1563
看一点关于法学形式逻辑的内容可以看：*Klug,* Juristische Logik，Berlin 1951

（4. A. 1982），需要概述可以看：*Neumann* in *Kaufmann/Hassemer/Neumann/Saliger*（见边码 1561）。此外目前非常清晰且具有丰富示例的著作有：*Puppe*，Kleine Schule des juristischen Denkens，Göttingen 2008，3.A. 2014（=UTB 3053）。

3. 追求"完备"——为了共同研究

1564   无一定的**完备性**（**Vollständigkeit**）即无学术，选择是第二步——之前的完善才是艰辛的过程。一定程度的完备意味着什么——下列非常好的补充性归纳可以对此给出回应：

Maihofer（Hg.），Naturrecht oder Rechtspositivismus?, Darmstadt 1962, S. 580-623：Bibliographie 1945-1960

Kaufmann（Hg.）Die ontologische Begründung des Rechts, Darmstadt 1965, S. 664-742：Bibliographie

von Hassemer, alphabethisch u. systematisch,

Maihofer（Hg.），Begriff und Wesen des Rechts, Darmstadt 1973, S. 459-490：Bibliographie（ca.1830-1945），

Ellscheid/Hassemer（Hg.），Interessenjurisprudenz, Darmstadt 1974, S. 463-490：Bibliographie,

Fikentscher, Methoden des Rechts, Bd. 5, Tübingen 1977, S. 65-286：Literaturverzeichnis,

Roellecke（Hg.），Zur Problematik der höchstrichterlichen Entscheidung, Darmstadt 1982, S.403-416：Auswahlbibliographie,

Roellecke（Hg.），Rechtsphilosophie oder Rechtstheorie?, Darmstadt 1988, S. 379-400：Auswahlbibliographie,

Gängel/Mollnau（Hg.），Gesetzesbindung und Richterfreiheit：Texte zur Methodendebatte 1900-1914, Freiburg 1992, S. 411-440：Bibliographie,

F. Müller, Juristische Methodik, Bd. I, Abschnitt 7：Literatur, in der 11. Aufl. 2013, 596-682, alphabetisch und nach Sachgebieten.

1565   这一补充是惊人的。方法论的发展走得较慢——不要惊讶有如此原则性的主题。特别具有价值的是穆勒（F.Müller）依据专业领域的概括；但是他在"民法方法论"这一方面涉及的明显较少。

1566   当然，自己必须努力争取对一般和特殊的书目进行真正的全面了解——太多仅仅是为了初期学习和简单了解。自己探寻关键题目（即在"书

目汇总"中）的**工作方式**（**Arbeitsweise**）在此只作提示。最重要的**一般性书目**（**Allgemeinbibliographie**）（比如我们的参考书书目概览）最好由法律史研究者给出答案。比如较好的简易工具书有：Baumgart, Bücherverzeichnis zur deutschen Geschichte, 18. A. Stuttgart 2014 或者 *Peter/Schröder*, Einführung in das Studium der Zeitgeschichte, Paderborn 1994（=UTB 1742），hier S. 127 ff.: „Wege zur...Literatur"。法律人发展中，这一根本的且彻底学术性的研究方法在具有辩论色彩的论证之前已经被严重忽略。自 1961 年以来，具有全面性的只是《**卡尔斯鲁厄的法律书目概览**》（**Karsruher Juristische Bibliographie**）。曾经具有一定帮助的著作有：*Rinken*（Einführung in das juristische Studium, 2. A. 1991, S. 315-320-fehlt leider in der 3. A. 1996）；现在相当有益的著作是：*Hirte*, Der Zugang zu Rechtsquellen und Rechtsliteratur Köln 1991, hier S. 105-110；严肃且并非太确切的著作有：*Tettinger/Mann*, Einführung in die juristische Arbeitstechnik（1992），5.A. München 2015, §4 XI。关于法学上的专业书目还有：*G. Hoffmann*, Bibliographie der deutschen Rechtsbibliographien. Sachlich geordnet und mit kurzen Anmerkungen und Standortangabe versehen, Schifferstadt 1994。一些基础的领域在此反而被严重忽视。最新的信息可以关注一些专业杂志，此处特别是：*Archiv für Rechts-und Sozialphilosophie*（1907 ff.），*Rechtstheorie*（1970 ff.）und neuestens *Rechtswissenschaft*（2010 ff.）。

4. 关于"自治"——为了共同探索

没有一定的**独立性**（**Selbständigkeit**）和**对本质内容的掌握**（**Beherrschung des Wesentlichen**）就没有学术。但是何谓本质？一些文献内容已经呈现出巨大的波动：作者的专业和兴趣在这一广阔的"方法"领域上仍扮演特殊的角色。因此，与一些十分统一且教义化的专业相比，在此必须关注书籍的作者。人们需要更关注什么才是**主要思潮和问题**（**wesentliche Strömungen und Probleme**）。由于在此原则领域进展更慢，且现实的文献绝大多数相当片面，最好借助对法学方法史的关注来改善。 1567

似乎有必要具有一个独立的**新视角**（**eine Überblick**），因为长期以来研究已经涉猎众多他物。这在上文新的历史视角中被研究过。*Jan Schröder* 对此已经做过经典的阐述：Recht als Wissenschaft. Geschichte der juristischen Methode vom Humanismus bis zur historischen Schule, München 2001, 2. A. 2012, 直到 1933 年，如今到 1945 年和 1990 年，见他的著作：Rechtswissenschaft in Diktaturen. Die juristische Methodenlehre im NS-Staat und der DDR, München 1568

2016。这些方法在固定的领域中被分析，而非依据"流派"来分析。常被使用的经典学者如：*Wieacker*, Privatrechtsgeschichte der Neuzeit, Göttingen 1952, 2. A. 1967 和 *Larenz*, Methodenlehre der Rechtswissenschaft, Berlin 1960, 6. A. 1991, Teil 1——二者写得都很精彩，还有如 *Boehmer*, Grundlagen（II 1, 1951）。但是所有这些都已陈旧，且都已为首版所囊括。与之相关的著作有：*H. Schlosser*, Grundzüge der neueren Privatrechtsgeschichte Heidelberg 1975, 10. A. 2005，目前还有：Europäische Rechtsgeschichte der Neuzeit, München 2012；以及较为详细的著作：*Kaufmann* u.a.（边码 1561），Teil B，过于专业的著作：*Raisch*（见上文"2. 畅销书——为了研究"），特别是对于维亚克尔、拉伦茨和伯梅，但是对于严重依赖于此的后来的论述主要有**三个视角（dreifache Vorsicht）**：（1）与他处一样，这里或多或少受制于重要的经典作家如维亚克尔和拉伦茨的影响，他们都在 20 世纪 30 年代和 40 年代构思出了自己的发展方向。（2）这两个层面被严重混淆：更多实践和更多法哲学—法学的方法教义的历史；（3）最后，概念法学—自由法运动—具体秩序思维（如果被提到的话）—利益法学—评价法学这一老的发展框架被过于僵化和片面地使用。这些问题已经在上述导论中被较为详细地分析（边码 6 及以下）。此外，前述总结部分（边码 1511 及以下）侧重于方法论的时代局限性进行分析，并作出了建设性研究。

1569　　绝大多数对于实践和当前非常重要的**司法层面（Justizseite）**（法官法）的方法问题涉猎较少，此处则被特意区分（见导论，边码 23 及以下）。对此相对充分且非常富有启发性的概览内容可以在西蒙（Simon）的论著中找到（人们对此并未发现）：Die Unabhängigkeit des Richters, Darmstadt 1975；然而并无总结。对宪法法院的判决值得注意的分析有：*F. Vogel, S. Pötters, R. Christensen*, Richterrecht empirisch untersucht. Möglichkeiten und Grenzen computergestützter Textanalyse am Beispiel des Arbeitnehmerbegriffs, Berlin 2015 以及 *F. Vogel* u. *R. Christensen*, Korpusgestützte Analyse der Verfassungsrechtsprechung: eine Abwägung von Prinzipien findet nicht statt, in: Rechtstheorie 44（2013）S. 29-60。更早的富有启发性的著作有：*K. J. Philippi*, Tatsachenfeststellungen des Bundesverfassungsgerichts, Köln 1971 和 *F. Jost*, Soziologische Feststellungen in der Rechtsprechung des Bundesgerichtshofs in Zivilsachen, Berlin 1979。其他判决分析未给出定论：如 *W. Seiler*, Höchstrichterliche Entscheidungsbegründung und Methode im Zivilrecht, Baden-Baden 1992, *M. Reichelt*, Die Absicherung teleologischer Argumente in der Zivilrechtsprechung des

Bundesgerichtshofes. Eine empirisch-deskriptive Analyse，Berlin 2011。更富有成效的对于判决风格的研究见：bes. *J.-L. Goutal*，Characteristics of Judicial Style in France，Great Britain and the U.S.A.，in American Journal of Comparative Law 24（1976）S. 43-72，*L. Foljanty*，Zur Problematik der Übersetzung richterlicher Methoden：Frankreich und Japan，in：Zs. der Savigny-Stiftung für Rechtsgeschichte. Germanistische Abt. 133（2016）S. 499-515。

恰如**新开辟的视角**（**neu erarbeitete Perspektiven**）所能够呈现的内容 　1570
那样，一些成果已经体现在：*Neumann*，Rechtsphilosophie in Deutschland seit 1945，in：Simon（Hg.）Rechtswissenschaft in der Bonner Republik. Studien zur Wissenschaftsgeschichte der Jurisprudenz 1994，S. 145-187 以及 *Rückert*，Zu Kontinuitäten und Diskontinuitäten in der juristischen Methodendiskussion nach 1945，in：Acham（Hg.）Erkenntnisgewinne，Erkenntnisverluste. Kontinuitäten und Diskontinuitäten in den Wirtschafts-，Rechts-und Sozialwissenschaften zwischen den 20er und 50er Jahren，Stuttgart 1997，S. 113-165。

值得关注的还有一些其他视角：*E. Hilgendorf*，Die Renaissance der Rechtstheorie zwischen 1965 und 1985，Würzburg 2005。

我们现已在本书边码 1457 及以下中的历史概述部分新引入了一些十分重要的发展脉络，其中一些内容较为关键。

5. 第一印象——为了共同探讨

对此值得介绍的是一个**简易的概览**（**handliche Übersicht**）——尽 　1571
可能地充分且不复杂。契合这两个要求的首先是：*Zippelius*，Juristische Methodenlehre，*Horn*，Einführung，hier Kapitel 2 以及 *Wank*，Auslegung；不太清晰的论述有：*Pawlowski*，Einführung（边码 1561）。我们在本书的"十二条方法规则"部分（边码 32 及以下）中提供了一个其他方法分析规则的精华。

6. 关于解释技术——同样为了共同探讨

这些方法在解释规准这一语词之下几乎被到处提到，即从语法、逻 　1572
辑、历史、体系以及目的等诸方面。具有传奇色彩的原论在萨维尼（Savigny）（见边码 76）处，但是在绝大多数情况下这都基于现实利益而被误解，且在事物的"目的上"存在混乱，因为他完全在宪法政策上确立了原论（见边码 145 及以下）。直观明了的解释有：*Raisch*，Vom Nutzen der überkommenen Auslegungskanones für die praktische Rechtsanwendung，1988。示例丰富，但是众多问题被省略阐述的著作是：*Schmalz*，1998（边码 1561）。

与本版一些内容进行简单比较后就会发现，过于技术性的手段如何被限制，且这一限制非常少地改善对问题的掌控。这只是表面上值得阅读，但也会引起危险的错觉。

7. 为了自己的练习——为了共同适用

1573　　　　在对诸如解释规准（或更佳的：解释要素，见边码 80）、类推与从各方面的推论这些标准性论证的提醒之外，人们还首先需要一个**后来研究的典范（Vorbilder zum Nacharbeiten）**。富有启发性的是：*F. Müller*，Fallanalysen zur juristischen Methodik，2. A. 1989——人们似乎应该了解一下。最简单的入门书籍见：*Adomeit/Hähnchen*，Kap. II 2：Methodenlehre für Jura-Studenten（边码 1561）或者见我们的"十二条方法规则"（边码 32 及以下）。伟大的民法学者 *Heck* 写了两整本关于方法上"利益法学"的著作（边码 428 及以下）。他 的 „Grundriß des Schuldrechts"（zuerst 1929，Neudruck 1958）和 „Grundriß des Sachenrechts"（zuerst 1930，Neudruck 1960）始终是伟大且富有启发性的典范。可以阅读《债法》（Schuldrecht）中第 30 章以下关于履行不能的学说，并继续阅读更多章节，比如在"附录"，或第 3、17 章物权法部分中关于占有的内容，甚至"说明"部分——简直不可复制！从法治国原则上更苛刻的刑法经验看目前较好的有：*Puppe*，Kleine Schule des juristischen Denkens，Göttingen 2008；较新且很好的关于法官法讨论内容见：*G. Duttge*，Gesetzesuntreue unter der Maske strafgerichtlicher Auslegung，in：Festschrift für V. Krey zum 70. Geburtstag，hg. v. K. Amelung u.a.，Stuttgart 2010，S. 39-69。

8. 专注于民法方法论——为了共同思考

1574　　　　"法律方法对于一切法域都是平等的"（*Schmalz*，边码 1561，3. A. S. 5）——该简化内容在经验上较少有助益，但是在规范上却具有较强烈的要求。在方法与客体的协调上就已经存在明显的差异。这一方法的应用**领域层面（Bereichsebene）**很少受到注意。显然，刑法和民法的任务是不同的，这就关涉到方法上的贯彻手段。在一个鲜有人知的更大的文集中更可以看到关于民法（Esser）、刑法（Engisch）、犯罪学（Würtenberger）、宪 法（F. Müller）和诉讼法（Bruns）的 内 容 请 见：„Enzyklopädie der geisteswissenschaftlichen Arbeitsmethoden"，hg. von *M. Thiel*，hier 11. Lieferung：Methoden der Rechtswissenschaft，Teil 1，München 1972——其中"往日的学者"恩吉施（Engisch）的内容特别有助益。对于民法值得重视和期待的是：*J. Schapp*，Methodenlehre des Zivilrechts，Tübingen 1998。在我们的书中范围问题不断被强调，现在具有教益的是在鉴定式案例研究层面对《德国民法典》的关注：*D. Leenen*，Anspruchsaufbau und Gesetz：Wie die Methodik der Fallbearbeitung hilft，das Gesetz leichter zu verstehen，in：JURA 2011，S. 723-729。

欧洲法学者和比较法学者（Europarechtler und Rechtsvergleichender） 1575 开启了一个新的、独特的平台，这开创于：*A. Flessner*，Juristische Methode und europäisches Privatrecht（2001），JZ 57（2002）S. 14-23；*S. Vogenauer*，Die gemeineuropäische Methodenlehre des Rechts-Plädoyer und Programm，ZEuP 2005，S. 234-263；*W. Buerstedde*，Juristische Methodik des Europäischen Gemeinschaftsrechts：ein Leitfaden，Baden-Baden 2006；*K. Riesenhuber*，Europäische Methodenlehre. Handbuch für Ausbildung und Praxis（2006），5. Aufl. Berlin 2015；*Cl. Höpfner* u. *B. Rüthers*；Grundlagen einer euroopäischen Methodenlehre，AcP 209（2009）S. 1-36；*G. Hager*，Rechtsmethoden in Europa，Tübingen 2009；*Th. Henninger*，Europäisches Privatrecht und Methode. Entwurf einer rechtsvergleichend gewonnenen Methode，Tübingen 2009；*S. Martens*，Methodenlehre des Unionsrechts，Tübingen 2013；对此合理、谨慎的概述内容见：*W. Kilian*，Europäisches Wirtschaftsrecht（1996），4. A. München 2011，Rz. 347 ff.；简要的批判性概述见：*Rüthers* u.a.，Rechtstheorie，Rn. 648 a u. 766ff.（边码 1561）。对于判决的批判见：*St. Pötters/R. Christensen*，Richtlinienkonforme Rechtsfortbildung und Wortlautgrenze，in：JZ 66（2011）S. 387-394.。不管怎样现在可见本书之前部分的内容（边码 1496a 及以下、1507）。

9. 对于正确的解释和基础——为了对可讨论内容的共同讨论

方法论的规范性问题（normative Probleme）——它的标准和正确性 1576 以及它与近代民主宪制国家要求的关联与其他诸如法的概念、法源理论和法律续造等这些法律的基本概念，常常变得并非足够清楚。目前非常透彻的概述和争论见：*F. Müller*，Juristische Methodik（s.o. unter 2.）——该书非常容易读懂。目前简明扼要地阐述了宪法关联的有：*Rüthers* u.a.（边码 1561），Rn. 649 ff.。在社会学和法学视角下分析较为详细，且特别具有信息量、容易阅读的是：*Hans Ryffel*，Rechtssoziologie. Eine systematische Orientierung，Neuwied 1974，S. 13-114。从瑞士法学家和法哲学家稳妥的视角和民主经验上的视角来看，他们特别重视法律方法的规范方面。首先见：*Koller*，Theorie des Rechts（边码 1561），S. 217 f，und 224 f.，或者 *R. Dreier*，Zum Selbstverständnis der Jurisprudenz als Wissenschaft（1971），in *R. Dreier*，Recht-Moral-Ideologie，

Frankfurt 1981，S. 48-69，51ff.。仍富有启发性的论文：*Franssen*, Positivismus als juristische Strategie，in JZ 1969，S. 766-779，如对或许并非如此重要的"未来法官"的高度复杂的推断见：*Simon*（1976，边码 1569）S. 167 ff.；引人深思的内容见：*Th. Viehweg*, Was heißt Rechtspositivismus?（1968），in：Th. *Viehweg*, Rechtsphilosophie und Rhetorische Rechtstheorie，Baden-Baden 1995，S. 166-175。关于已然非常著名的"衡量"这一宪法法院的方法的历史批判见：*J. Rückert*, Abwägung. Zur juristischen Karriere eines unjuristischen Begriffs，in：JZ 66（2011）S. 913-923。

在此存在一般性的警示：在此规范性问题上必须在**渊源上批判性地阅读（quellenkristisch lesen）**，即谁在何时、何地写了何物来支持或反对何人？对于历史学者而言这不言自明。法学家在此必须关注一定的引用的联合体甚至是垄断体（比如在公法和私法之间），搜集一定的意见，并转向另一种意见——一种古老的好的诡辩方法，但是事实上并不足够。

1577　　对法律约束力的精练介绍见：*Schroth bei Kaufmann/Hassemer/Neumann/Saliger*（2016，见上文边码 1561）。对于偶具迷惑性的表述方式富有助益的是：*F.C. Schröder*, Die normative Auslegung，in：JZ 66（2011）S. 187-194（不仅仅关于刑法）。此外，最好可以通过在法政策基础中的伟大模式的比较，以及在清晰的例子中，弄清楚涉及什么。对此之前的版本非常具有帮助，因为它始终注重宪法语境主导基础。

10. 关于特别好奇——同样为了共同思考

1578　　方法论长期处于剧烈变动之中。**新的关键语词**为：语言哲学和法（较早的语言分析学）、法律语言学、后果考量、修辞的法理论（Rhetorische Rechtstheorie）和功能主义或简单的"Neue Theorien des Rechts"（*Buckel* u.a. 2.A. 2009，见边码 1491）——此处给出了 20 种新的理论，但是几乎与方法无涉（见本书"历史概述"部分，边码 1492 及以下）。显然，新事物的设想首先关涉到法。人们带着好奇远离了此处所强调的问题。作为对此值得称赞的跨专业探索的入门首先推荐这一极其清晰的简洁介绍：*Hilgendorf*, Rechtstheorie（边码 1579），这里针对修辞学、诠释学、论辩哲学、学术理论、社会科学、系统论、马克思理论和政治哲学与法律逻辑学。似乎是对于语言哲学和法的专门提示参见：*Hilgendorf*, Argumentation in der Jurisprudenz，Berlin 1991，此外还有 *Koch/Rüßmann*, Juristische Begründungslehre，München 1982；关于**法律语言学（Rechtslinguistik）**：*F. Müller*, Untersuchungen zur Rechtslinguistik，Berlin 1989；*F. Müller/Christensen/Sokolowski*，Rechtstext und Textarbeit，Berlin 1997；*Busse*，Juristische Semantik Berlin 1993（2. A. 2010）；专门针对民法：*Schiffauer*，Wortbedeutung und Rechtserkenntnis，Berlin 1979；关于**后果考量（Folgenbetrachtung）**：*Koch/Rüßmann* 1982（边码 1561），此外还有：*Schäfer/Ott*，Lehrbuch der ökonomischen Analyse des Zivilrechts，4. A. Berlin 2005，S. 15ff.，23ff.，5. A. 2013；以及 *G. Teubner*（Hg.），Entscheidungsfolgen als Rechtsgründe-folgenorientiertes Argumentieren in rechtsvergleichender Sicht，Baden-Baden 1995；关于**修辞的法理论（Rhetorische Rechtstheorie）**：*Gast*，Juristische Rhetorik. Auslegung. Begründung. Subsumtion（1988），5.A. Heidelberg 2015，但还有"往日的学者"菲韦格（Viehweg）著名的小册子 „Topik und Jurisprudenz"，1953（最新版 1975）；现在更有教益的是：Rechtsphilosophie und Rhetorische Rechtstheorie，Baden-Baden 1995；这丰富到甚至导致混乱，目前为 *Soudry*（Hg.），Rhetorik. Eine interdisziplinäre Einführung in die rhetorische Praxis，2.A. Heidelberg 2005，在内容上只涉及法学实践中的修辞学；构思自己模式的有：*K. Gräfin von Schlieffen*，Wie Juristen begründen. Entwurf eines rhetorischen Argumentationsmodells für die Rechtswissenschaft，in：JZ 66(2011)S. 109-116；对于**功能主义（Funktionalismus）**［也为系统论和制度论（Institutionalismus）］具有众多非常抽象的，也很模糊的文本和非常容易阅读、富有启发性的对法学家关注的任一例子的处理：*Drosdeck*，Die herrschende Meinung.-Autorität als Rechtsquelle-Funktionen einer juristischen Argumentationsfigur，Berlin 1989。关于**逻辑学和科学理论（Logik und Wissenschaftstheorie）**可以阅读：*Herberger/Simon*（1980）und *Joerden*，Logik im Recht，2. Aufl. Berlin 2009（边码 1563）。不同于主标题《涵摄和归纳》（Deduktion und Invention）可能会带来的内容，在 *Braun* 2016（边码 1561）与一般的学术理论情形相比，这里涉及极其值得期待的反省中的法学和方法。因此，哲学上的要求非常之高。立法和法律解释在反法实证主义上被视为原则上同意的认知过程。这当然变革颇多。

11. 特别的建议

最后的**特别建议（das besondere Tipp）**恰如方法鹅卵石中的三颗珠宝：这一耀眼的极具解释性的论文是关于法和法律适用中被多次使用和滥用的**评价要素（Wertungselement）**：*Podlech*，Wertungen und Werte im Recht，in：Archiv des öff. Rechts 95（1970）S. 185-223；过时但极具说服力的："证立学说"（Juristische **Begründungslehre**），*Koch/Rüßmann* von 1982，以及并

1579

未过时的、极具价值的、十分基础性、特别具有概括性和信息量的**权威
著 作**（**Standardwerk**）: *Felix Somló*, Juristische Grundlehre, Leipzig 1917, 2.
unveränderte Auflage 1927。该书对过去高水平的商谈和相关精华进行了梳理，
这对于我们常常贫乏的认知而言的确让人惊讶，同时也不能为我们的历史
概述部分（边码 1357 及以下）所取代。

作者简介

莱娜·富尔雅提（Dr. Lena Foljanty），法兰克福马克斯·普朗克欧洲法律史研究所特聘讲师、教授候选人。

拉尔夫·弗拉塞克（Dr. Ralf Frassek），维滕堡大学民法、德国和欧洲法律史特聘讲师。

托尔斯腾·霍尔施泰因（Dr. Thorsten Hollstein），曾为吕克特教席助教，现在巴特霍姆堡政府税务部门工作。

汉斯-彼得·哈夫卡姆普（Dr. Hans-Peter Haferkamp），科隆大学民法、近代私法史和德国法律史教席教授。

克里斯蒂安·凯西讷 [Dr. Dr. Dr. h.c. Christian Kirchner, LL.M. (Harvard)]，曾为柏林洪堡大学德国、欧洲和国际民法、经济法和制度经济学教授，2014 年去世。

弗兰克·劳登克劳斯（Dr. Frank Laudenklos），曾为吕克特教席助教，参与首版的设计，目前为法兰克福富而德（Freshfields Bruckhaus Deringer）律师事务所律师、合伙人。

于塔·C. 玛内戈德 [Jutta C. Manegold (geb. Oldag)]，1994 年夏天参与"民法新方法"讨论课。

菲力克斯·毛齐 [Dr. Felix Maultzsch, LL.M. (NYU)]，法兰克福大学民法、民事诉讼法、国际私法和比较法教授。

托马斯·皮尔森（Dr. Thomas Pierson, M.A.），曾为吕克特教席助教，目前为吉森大学助理研究员、教授候选人。

米歇尔·罗尔斯 [Dr. Michael Rohls, LL.M. (Berkeley)]，曾为吕克特教席助教，参与首版的设计，目前为慕尼黑富而德（Freshfields Bruckhaus Deringer）律师事务所律师、合伙人。

约阿希姆·吕克特（Dr. Dr. h.c. Joachim Rückert），曾为法兰克福大学近代法律史、法律时代史、民法和法哲学教授。

菲利普·萨姆 [Philipp Sahm, LL.M. (Florenz)]，法兰克福律师。

比尔吉特·谢弗（Birgit Schäfer），1994年夏天参与"民法新方法"讨论课。

拉尔夫·萨伊内克（Dr. Ralf Seinecke, M.A.），法兰克福大学学术顾问、教授候选人。

马里昂·特雷格尔（Dr. Marion Träger），1994年夏天参与"民法新方法"讨论课，目前在乌尔姆从事律师工作。

威廉·沃尔夫（Dr. Wilhelm Wolf），曾为吕克特教席助教，参与首版的设计，目前为法兰克福州法院院长。

人物索引

数字表示编码。

关键词索引

数字为书中边码。

后　记

　　历经两年多的翻译，四年多的统校，本书终于出版。

　　本书德文版是针对德国大学法学院高年级本科生、硕士生以及博士生研讨课的民法方法论专业书，因此并非简单地介绍历史中的方法论，而是以历史批判视角对各个方法论进行分析，因此用语晦涩又深奥，内容纵深而广博。与译者已经翻译的多本德国法译著比较，本书内容体量最大，语言难度最大，专业知识最深！因此，这是一场异常艰辛的学术翻译之旅！

　　本书中的每个核心专业术语背后都含有一定的法学、哲学、社会、历史及文化背景，因此译者需要查阅大量资料。鉴于国内学界对德语法学词汇的翻译并不统一，译者为选择较佳汉译常需反复斟酌。就连本书书名中的"Methodik"究竟译为"方法学"还是"方法论"，译者也颇为纠结了一番，为此征求了国内多位专家学者的意见。最终参照了作者吕克特对书名翻译的建议，将其译作"方法论"。本书旨在讲述方法论，故而行文用语均需谨慎而精准。因此一些专业词汇的译法与部门法中的翻译有所不同。例如"Recht"一般翻译为"法"或"权利"，而"Gesetz"则一般译作"制定法"。以这两个词为基础的合成词术语则作类似译法，比如"Rechtsbegriff"一般译作"法概念"，"Gesetzesbegriff"一般译为"制定法概念"；"Rechtsanwendung"一般译作"法律适用"，"Gesetzesanwenung"一般译为"制定法适用"。但本书也会根据具体文本语境对相应术语翻译作出调整，以使读者更容易理解本书所撰内容的体系与逻辑。

　　本书中许多欧洲法学家的名字国内汉译未臻统一。诸如 Rüthers 的汉译名字有魏德士、吕德士和吕特斯，Canaris 则常被译为卡纳里斯或卡纳利斯，等等。与丛书主编和出版社商量后，本书对人名、文献和脚注等尽量保持原文，以便读者阅检。文本中德文人名的汉译选择通用译法，但若汉译不统一，则选择更合乎德文读音的译法，如 Rüthers 在本书译作吕特斯。

　　除了对本书翻译作一些简略交代之外，译者还要衷心感谢为本书翻译提供宝贵意见的中南财经政法大学李昊老师、《德汉法律词典》编著者周恒祥先生、中国政法大学雷磊老师、中国政法大学张焕然老师、奥古斯堡大学和江苏大学申柳华老师、南京大学中德法学研究所杨阳老师、武汉大学法学院冉克平老师、浙江财经大学钱炜江老师、常州大学周平奇老师、德国明斯特大学博士研究生陈欢、武汉起源教育有限公司陈元鑫先生。感谢南京大学哲学系张力锋老师、南京大学和德国柏林洪堡大学联合培养哲学博士研究生魏非夺学友为本书的哲学词汇翻译提出了很好的参考意见。此外，"民法教义学群""民法教义学二群""中德交流与法律语言翻译""留德法学人实名群"等微信群中诸多师友对一些专业词汇提出的真知灼见，亦使本书译者受益良多。当然，中国法制出版社的编辑为本书出版付出了大量心血，在此表示感谢！

　　为了保障翻译质量和阅读体验，本书在翻译完成后，译稿交由北京大学、清华大学、中国人民大学、中国政法大学、华东政法大学、中南财经政法大学、华中科技大学、南京师范大学、武汉大学、江苏大学等高校法学院的博士研究生、硕士研究生进行了审阅。在此向这些为中文译稿提供了宝贵意见的审阅者致以衷心的感谢！感谢对本书初译稿提供修改意见和帮助的中国政法大学法理学博士吕思远，上海交通大学博士翁壮壮，清华大学民商法博士余亮亮（现为《中国法律评论》编辑）、孙鸿亮、吕斌，中国人民大学民商法博士曾佳，武汉大学民商法博士谭佐财（现为华中科技大学法学院讲师）、国凯、张仪昭、陈丹怡，华东政法大学法理学博士韦达，北京大学民商法博士王萌、国际法学院硕士苏诺，中国政法大学经济法硕士张谦，吉林大学法理学博士于洁阳，华中科技大学法学院法理学硕士刘宇，南京师范大学法理学硕士王雪倩、邹雪健、丁文慧，武汉大学民商法硕士黄丽丽、黄若薇、曾彪、鲁明、李诗、李宝军、胡炜媛、刘凯欣、朱珏磊等，武汉大学法学院19级法律硕士（非本科）蒋欣雨、李雅慧、曹馨元、曲晓霖，武汉大学法学院19级法律硕士（法本）杨孝通、张勇志、金鑫、田蓉、彭美玲、宋依语、喻心雨、任韵薇、吴星怡、林丹滢、唐冰洁、杨鑫、左进玮、李银丽、罗茜，江苏大学法学院硕士李春、钱霜。

　　本书的翻译与出版还受到江苏大学高级专业人才科研启动基金（"民法典适用中的重大疑难问题研究"）、武汉大学人文社会科学青年学术重点资助团队（"大健康法制的理论与实践"）、海华永泰（武汉）律师事务所的支持，在此表示感谢！

　　本书中的章节较为独立，且由不同的作者撰写，因而为本书的分工翻译提供了可能。本书从尼佩代到卡纳里斯部分由王战涛翻译，从穆勒到英国案例法部分由田文洁翻译，其他部分由刘志阳翻译或整理，本书译稿最终由刘志阳校对并统稿。

　　本书历经近四年的校对，但限于能力与时间，无法绝对排除错误。真诚欢迎同行批判指正，以便继续完善。本书译者联系方式为：tobias.china@aliyun.com。

本书译者

2020 年春于武汉大学法学院 420 室

2023 年秋修订于江苏大学法学院

著作权合同登记号　图字：01-2017-8690

© Nomos Verlagsgesellschaft mbH, Baden-Baden

图书在版编目 (CIP) 数据

民法方法论：从萨维尼到托依布纳：第三版 /
（德）约阿希姆·吕克特,（德）拉尔夫·萨伊内克主编；
刘志阳,王战涛,田文洁译. —北京：中国法制出版社,
2023.11

（欧洲法与比较法前沿译丛）

ISBN 978-7-5216-3177-7

Ⅰ.①民…　Ⅱ.①约…②拉…③刘…④王…⑤田
…　Ⅲ.①民法－方法论－研究　Ⅳ.① D913.04

中国版本图书馆 CIP 数据核字（2022）第 220152 号

项目策划：马　颖

本书策划 / 责任编辑：靳晓婷　　　　　　　　　　　封面设计：李　宁

民法方法论：从萨维尼到托依布纳：第三版
MINFA FANGFA LUN: CONG SAWEINI DAO TUOYIBUNA: DI-SAN BAN

主编 / ［德］约阿希姆·吕克特　［德］拉尔夫·萨伊内克

译者 / 刘志阳　王战涛　田文洁

经销 / 新华书店

印刷 / 三河市紫恒印装有限公司

开本 / 710 毫米 × 1000 毫米　16 开　　　　　（上下册）总印张 / 51　字数 / 836 千

版次 / 2023 年 11 月第 1 版　　　　　　　　　2023 年 11 月第 1 次印刷

中国法制出版社出版

书号 ISBN 978-7-5216-3177-7　　　　　　　　（上下册）总定价：178.00 元

北京市西城区西便门西里甲 16 号西便门办公区

邮政编码：100053　　　　　　　　　　　　　传真：010-63141600

网址：**http://www.zgfzs.com**　　　　　　　编辑部电话：**010-63141827**

市场营销部电话：010-63141612　　　　　　印务部电话：**010-63141606**

（如有印装质量问题，请与本社印务部联系。）